AN ANTHOLOGY OF
Spanish American Literature

AN ANTHOLOGY OF

SECOND EDITION

Spanish

Appleton-Century-Crofts

Division of Meredith Corporation / New York

American Literature

*Prepared by special committee
under the auspices of the
Instituto Internacional de Literatura Iberoamericana*

JOHN E. ENGLEKIRK

University of California, Los Angeles

IRVING A. LEONARD

University of Michigan

JOHN T. REID

United States Information Agency

JOHN A. CROW

University of California, Los Angeles

PREFACE

IN THIS second edition, the *Anthology* has been revised to serve as a companion volume to the third edition of the *Outline History of Spanish American Literature* published by the same committee under the auspices of the Instituto Internacional de Literatura Iberoamericana (New York, Appleton-Century-Crofts, 1965).

Because of the addition of twenty-four important authors to the *Outline History* (those marked with a single or double asterisk), the problem of space became even more acute in the preparation of this revised edition of the *Anthology*. Consequently, the editors had to subject themselves to further restrictions in the choice and scope of materials. It was decided to abide by the policy of not including excerpts from novels or plays. Only two exceptions have been added to those (all prior to the romantic period) of the first edition. These added exceptions are of the contemporary novelists Agustín Yáñez and Alejo Carpentier—Eduardo Mallea is represented by an essay. The selections from Yáñez and Carpentier are self-sustained units of unusual artistic and thematic significance. It is heartening to note that this inescapable gap in any anthology is being covered by a growing number of adequate text editions of novels and plays.

Furthermore, in the selection of materials, the editors did not adhere slavishly to the pattern of starred authors adopted for the *Outline History*. Here, too, space restrictions dictated that several recommended authors (La Avellaneda, Díaz Mirón, F. García Calderón, López Albújar, Arrieta) be excluded from the *Anthology*. On the other hand, in the interest of offering more samplings of contemporary writing of highest readability for the student, it was decided to include selections from three authors (Arreola, Rulfo, Benedetti) not given individual attention in the *Outline History*. Obviously, in perpetrating these deviations, the editors have followed the golden rule of practicing what they preach: the *Outline History* was not designed as a straitjacket for the imaginative teacher. And, with equal conviction, the same should be said for the *Anthology*.

Further liberties were taken in the arrangement of the authors and their writings. These departures from the order established in the *Outline History* would appear to provide a more natural and effective grouping of the materials for purposes of classroom reading and discussion. For example, from a pedagogical standpoint it seems advisable to carry through on the development of romanticism in Argentina from Echeverría to modernism rather than to adhere strictly to the genre-country-chronological arrangement that was considered more appropriate for the *Outline History*. It is hoped that a number of similar rearrangements will prove equally helpful to both student and teacher.

In writing the introductory paragraphs before the selections from each author, the editors attempted to avoid all unnecessary duplication of information already given in the *Outline History;* more stress was placed on the interpretation and critique of the material presented. More attention has been given to words and idioms of limited frequency or uncommon meaning, and more notes have been provided for biographical, historical, and cultural references and allusions. Some duplication or overlap in the notes seemed desirable. Dates of publication of the works from which the selections have been made and the dates of composition of some of the individual selections have been entered in the introductory paragraphs and in many cases repeated after the selection. Discreet repetition here, as in the case of the notes, was deemed pedagogically sound. Although some difference in emphasis and in technique may be evident in the several sections, it is hoped that a reasonable degree of uniformity has been attained and that the *Anthology* is the more valuable for being the expression of the taste and judgment of more than one compiler.

Finally, the committee wishes to thank all those many colleagues who contributed toward the reshaping of the *Outline History* and made helpful suggestions for preparing this revised edition of the *Anthology*. The committee also wishes to make grateful acknowledgment to the individual authors who have kindly consented to the inclusion of their work in this anthology.

J. E. E.

Contents

PART THREE.   FROM THE MEXICAN REVOLUTION
TO THE PRESENT

A.   POETRY—POSTMODERNISM

B.   POETRY—VANGUARDISMO

C.   PROSE—ESSAY

D. PROSE—FICTION

ONE

FROM DISCOVERY TO INDEPENDENCE

A. LITERATURE OF DISCOVERY, CONQUEST, EXPLORATION, AND EVANGELIZATION (1492-1600)

ᕯᕮᕯᕮ Hernán Cortés

MEXICO, 1485–1547   The first history of the Conquest of Mexico was
written by the chief protagonist himself, Hernán Cortés, in his series of
five *cartas de relación* dispatched successively in the years 1519, 1520, 1522,
1524, and 1526 to the Emperor and King of Spain, Charles V. The
stirring events of this epic adventure are set forth in these soldierly
reports in simple, terse prose free of the affectation and pedantry
characterizing the works of the more academic court chroniclers, and
these firsthand accounts afford vivid, sharply etched sketches of incidents
and participants. The following selections are taken from the *Carta
segunda*, dated at Segura de la Frontera, New Spain (Mexico), October
30, 1520, which graphically records some of the most exciting phases of
the Conquest.

ᕰᖆTHE MEETING OF CORTÉS AND MOCTEZUMA

Having successfully conquered or won over the Indians that they met
as they pushed inland from Vera Cruz toward the central highland of
Mexico, Cortés and his men advanced toward their great objective—
the Aztec capital, Tenochtitlán, later called Mexico City. Some distance
away the Spaniards were met by a delegation of Aztec nobles sent by
their Emperor, Moctezuma, to conduct Cortés and his men into the city.

Yo me partí luègo tras ellos, muy acompañado de muchas personas, que parecían de
mucha cuenta, como después pareció serlo;
y todavía seguía el camino por la costa de
aquella gran laguna.[1] A una legua del aposento de donde partí, vi dentro de ella, casi a
dos tiros de ballesta, una ciudad pequeña[2]
que podría ser hasta de mil o dos mil vecinos,
toda armada sobre el agua, sin haber para ella
ninguna entrada, y muy torreada, según lo
que de fuera parecía. Otra legua adelante
entramos por una calzada tan ancha como
una lanza jineta, por la laguna adentro, de
dos tercios de legua, y por ella fuimos a dar a
una ciudad, la más hermosa aunque pequeña
que hasta entonces habíamos visto, así de muy

---

[1] laguna: Lake Chalco. The bottom of the Valley of
Anáhuac or Mexico was covered by a series of lakes,
some of fresh and some of saline water. Tenochtitlán or
Mexico City was situated in the middle of Lake
Texcoco and was approached from the mainland by

three important causeways. The lakes subsequently
receded or were drained.

[2] ciudad pequeña: Cuitlahuac. A causeway between
it and the mainland divided Lake Chalco from Lake
Xochimilco.

bien obradas casas y torres como de la buena orden que en el fundamento de ella había, por ser armada toda sobre agua.

En esta ciudad, que será hasta de dos mil vecinos, nos recibieron muy bien y nos dieron muy bien de comer. Allí me vinieron a hablar el señor y las personas principales de ella, y me rogaron que me quedase allí a dormir. Aquellas personas que conmigo iban de Moctezuma me dijeron que no parase, sino que me fuese a otra ciudad que está tres leguas de allí, que se dice Iztapalapa, que es de un hermano de Moctezuma;[3] y así lo hice. La salida de esta ciudad donde comimos, cuyo nombre al presente no me ocurre a la memoria, es por otra calzada que tira una legua grande hasta llegar a la tierra firme.

Llegado a esta ciudad de Iztapalapa, me salió a recibir algo fuera de ella el señor, y otro de una gran ciudad que está cerca de ella, que será obra de tres leguas, que se llama Coyoacán, y otros muchos señores que allí me estaban esperando; me dieron hasta tres o cuatro mil castellanos y algunas esclavas y ropa, y me hicieron muy buen acogimiento.

Tendrá esta ciudad de Iztapalapa doce o quince mil vecinos; está en la costa de una laguna salada grande,[4] la mitad en el agua y la otra mitad en la tierra firme. Tiene el señor de ella unas casas nuevas que aún no están acabadas, que son tan buenas como las mejores de España; digo, de grandes y bien labradas, así de obra de cantería como de carpintería, y suelos y cumplimientos[5] para todo género de servicio de casa, excepto mazonerías[6] y otras cosas ricas que en España usan en las casas; acá no las tienen. Tiene en muchos cuartos, altos y bajos, jardines muy frescos de muchos árboles y flores olorosas; asimismo albercas de agua dulce muy bien labradas, con sus escaleras hasta lo fondo. Tiene una muy grande huerta junto a la casa, y sobre ella un mirador de muy hermosos corredores y salas, y dentro de la huerta una muy grande alberca de agua dulce, muy

cuadrada, y las paredes de ella de gentil cantería, y alrededor de ella un andén de muy buen suelo ladrillado, tan ancho que pueden ir por él cuatro, paseándose; y tiene de cuadra cuatrocientos pasos, que son en torno mil seiscientos.[7] De la otra parte del andén, hacia la pared de la huerta, va todo labrado de cañas, y detrás de ellas todo de arboledas y yerbas olorosas; dentro del alberca hay mucho pescado y muchas aves, así como lavancos y cercetas[8] y otros géneros de aves de agua; y tantas que muchas veces casi cubren el agua.

Otro día después que llegué a esta ciudad, me partí y, a media legua andada, entré por una calzada que va por medio de esta dicha laguna dos leguas, hasta llegar a la gran ciudad de Tenochtitlán, que está fundada en medio de la dicha laguna. Esta calzada es tan ancha como dos lanzas y muy bien obrada; pueden ir por toda ella ocho de caballo a la par. En estas dos leguas de la una parte y de la otra de la dicha calzada están tres ciudades. Una de ellas, que se llama Mexicaltzingo, está fundada, la mayor parte de ella, dentro de la dicha laguna; las otras dos, que se llaman, la una Mixiuacán y la otra Huitzilopocho, están en la costa de ella, y muchas casas de ellas están dentro del agua.

La primera ciudad de éstas tendrá tres mil vecinos, la segunda más de seis mil, y la tercera otro cuatro o cinco mil vecinos; y en todas hay muy buenos edificios de casas y torres, en especial las casas de los señores y personas principales, y las casas de sus mezquitas u oratorios donde ellos tienen sus ídolos. En estas ciudades hay mucho trato de sal, que hacen del agua de la dicha laguna y de la superficie que está en la tierra que baña la laguna; la cuecen en cierta manera y hacen panes de la dicha sal, que venden para los naturales y para fuera de la comarca.

Así seguí la dicha calzada y, a media legua antes de llegar al cuerpo de la ciudad[9] de Tenochtitlán, a la entrada de otra calzada que viene a dar de la tierra firme a esta otra,

---

[3] This brother was named Cuitlahuac and was chosen Emperor of the Aztecs after Moctezuma's downfall.

[4] laguna . . . grande: *Lake Texcoco.*

[5] cumplimientos: *finishings (adornments).*

[6] mazonerías: *stone-relief work.*

[7] tiene . . .seiscientos: *it is four hundred paces long on each of its four sides or one thousand six hundred all around.*

[8] lavancos y cercetas: *wild ducks and widgeons.*

[9] al cuerpo . . . ciudad: *to the main part of the city.*

está un muy fuerte baluarte con dos torres, cercado de muro de dos estados, con su pretil almenado por toda la cerca que toma con ambas calzadas,[10] y no tiene más de dos puertas, una por donde entran y otra por donde salen.

Aquí me salieron a ver y a hablar hasta mil hombres principales, ciudadanos de la dicha ciudad, todos vestidos de la misma manera y hábito y, según su costumbre, bien rico. Cuando habían llegado para hablarme, cada uno por sí, en llegando a mí, hacía una ceremonia que entre ellos se usa mucho; ponía cada uno la mano en la tierra y la besaba. Así estuve esperando casi una hora hasta que cada uno hiciese su ceremonia.

Ya junto a la ciudad está una puente de madera de diez pasos de anchura, y por allí está abierta la calzada para que tenga lugar el agua de entrar y salir, porque crece y mengua,[11] y también para fortaleza de la ciudad, porque quitan y ponen unas vigas muy luengas[12] y anchas, de que la dicha puente está hecha, todas las veces que quieren. De éstas hay muchas por toda la ciudad como adelante, en la relación que haré de las cosas de ella, vuestra alteza verá.[13]

Pasada esta puente, nos salió a recibir aquel señor Moctezuma con hasta doscientos señores, todos descalzos y vestidos de otra librea o manera de ropa, asimismo bien rica a su uso y más que la ropa de los otros. Venían en dos procesiones, muy arrimados a las paredes de la calle, que es tan ancha, hermosa y derecha que de un cabo se parece el otro; tiene dos tercios de legua y de la una parte y de la otra muy buenas y grandes casas, así de aposentamientos como de mezquitas. Moctezuma venía por medio de la calle con dos señores,[14] el uno a la mano derecha, y el otro a la izquierda, de los cuales uno era aquel señor grande que dije que me había salido a hablar en las andas; el otro era el hermano de Moctezuma, señor de aquella ciudad de Iztapalapa, de donde yo había par-

tido aquel día. Todos los tres estaban vestidos de la misma manera, excepto Moctezuma que iba calzado, y los otros dos señores descalzos. Cada uno le llevaba del brazo y, como nos juntamos, yo me apeé y le fui a abrazar solo. Aquellos dos señores que con él iban me detuvieron con las manos para que no le tocase; y ellos y él hicieron asimismo ceremonia de besar la tierra. Hecha esta ceremonia, mandó a su hermano, que venía con él, que se quedase conmigo y que me llevase por el brazo, y él con el otro se iba adelante de mí un poquito trecho. Después de haberme hablado él, vinieron asimismo a hablarme todos los otros señores que iban en las dos procesiones en orden, uno en pos de otro, y luego se tornaban a su procesión. Al tiempo que yo llegué a hablar al dicho Moctezuma, me quité un collar que llevaba de margaritas y diamantes de vidrio y se lo eché al cuello; y, después de haber andado la calle adelante, vino un servidor suyo con dos collares de camarones, envueltos en un paño, que eran hechos de huesos de caracoles colorados que ellos tienen en mucho;[15] y de cada collar colgaban ocho camarones de oro, de mucha perfección, tan largos casi como un jeme. Como se los trajeron, se volvió a mí y me los echó al cuello; luego tornó a seguir por la calle en la forma ya dicha, hasta llegar a una casa muy grande y hermosa que él tenía para aposentarnos, bien aderezada. Allí me tomó por la mano y me llevó a una gran sala que estaba frontera de un patio por donde entramos. Allí me hizo sentar en un estrado muy rico, que para él lo tenía mandado hacer, y me dijo que le esperase allí, y él se fue.

Después de poco, ya que toda la gente de mi compañía estaba aposentada, volvió con muchas y diversas joyas de oro y plata y plumajes, y con hasta cinco o seis mil piezas de ropa de algodón, muy rica y tejida y labrada de diversas maneras. Después de habérmela dado, se sentó en otro estrado, que luego le hicieron allí junto con el otro donde

---

[10] está . . . calzadas: *a very strong bastion with two towers and surrounded by a wall about eleven feet high with crenelated battlements extending the entire length between the two causeways. An estado is equivalent to 1.85 yards.*

[11] crece y mengua: *flows and ebbs.*

[12] luengas=largas.

[13] Cf. pp. 10–12.

[14] Cacamatzín and Cuitlahuac.

[15] tener en mucho=estimar.

yo estaba; y sentado me habló en esta manera:

"Muchos días hay que, por nuestras escrituras, tenemos noticia de nuestros antepasados que yo, ni todos los que en esta tierra habitamos, no somos naturales de ella, sino extranjeros y venidos a ella de partes muy extrañas.[16] Tenemos noticia asimismo de que a estas partes trajo a nuestra generación un señor, cuyos vasallos todos eran, el cual se volvió a su naturaleza.[17] Luego tornó a venir después de mucho tiempo, y tanto tiempo que ya estaban casados los que habían quedado con las mujeres, naturales de la tierra; tenían mucha generación[18] y tenían hechos pueblos donde vivían; y queriéndolos llevar consigo, no quisieron ir, ni menos recibirle por señor; y así se volvió. Siempre hemos tenido seguridad de que, de los que descendiesen de él, habían de venir a sojuzgar esta tierra y a nosotros como a sus vasallos.[19] Según de la parte que vos decís que venís, que es donde sale el sol, y las cosas que decís de este gran señor o rey que acá os envió, creemos y tenemos por cierto ser él nuestro señor natural; en especial porque nos decís que hace muchos días que él tiene noticia de nosotros. Por tanto, vos sed cierto que os obedeceremos y os tendremos por señor en lugar de ese gran señor que decís, y que en ello no había falta ni engaño alguno. En toda la tierra, digo que en la que yo poseo en mi señorío, bien podéis mandar a vuestra voluntad, porque será obedecido y hecho, y todo lo que nosotros tenemos es para lo que vos quisierais disponer de ello.

"Pues estáis en vuestra naturaleza[20] y en vuestra casa, holgad y descansad del trabajo del camino y guerras que habéis tenido, porque muy bien sé todos los trabajos que se os han ofrecido de Potonchán acá; y bien sé que los de Cempoala y de Tlascala os han dicho muchos males de mí. No creáis más de lo que por vuestros ojos veréis, en especial de aquellos que son mis enemigos; y algunos de ellos eran mis vasallos y se me han rebelado con vuestra venida y, por favorecerse con vos, lo dicen. Sé también que os han dicho que yo tenía las casas con paredes de oro y que las esteras de mis estrados y otras cosas de mi servicio eran asimismo de oro, y que yo era y que me hacía dios,[21] y otras muchas cosas. Las casas ya las veis que son de piedra, cal y tierra."

Entonces alzó las vestiduras y me mostró el cuerpo, diciendo a mí: "Veisme aquí, que soy de carne y hueso como vos y como cada uno; veis que soy mortal y palpable." Asiéndose él con sus manos de los brazos y del cuerpo: "Ved como os han mentido. Verdad es que yo tengo algunas cosas de oro que me han quedado de mis abuelos. Todo lo que yo tuviera, tenéis cada vez que vos lo quisierais. Yo me voy a otras casas donde vivo. Aquí seréis proveído de todas las cosas necesarias para vos y vuestra gente. No recibáis pena alguna, pues estáis en vuestra casa y naturaleza."

Yo le respondí a todo lo que me dijo, satisfaciendo a aquello que me pareció que convenía, en especial en hacerle creer que vuestra majestad era a quien ellos esperaban, y con eso se despidió. Habiendo ido, fuimos muy bien proveídos de muchas gallinas, pan, frutas y otras cosas necesarias especialmente para el servicio del aposento. De esta manera estuve seis días, muy bien proveído de todo lo necesario y visitado de muchos de aquellos señores.

---

[16] The Aztecs or Culuans had come down from the north as barbarian invaders and had gradually conquered the more civilized Toltecs and Mayas.

[17] Tenemos . . . naturaleza: *We have knowledge likewise that our race was led hither by a lord, of whom all were vassals, who returned to his own country.*

[18] generación: *offspring, descendants.*

[19] It was this legend of Quetzalcoatl or the "Fair God" that engendered the fatalistic acceptance of events by Moctezuma and to that extent facilitated Cortés' great achievement.

[20] naturaleza = país.

[21] que yo . . . dios: *that I was or pretended to be a god.*

∽THE DEATH OF MOCTEZUMA AND THE TRAGIC RETREAT OF THE SPANIARDS FROM THE AZTEC CAPITAL THE NIGHT OF JUNE 30, 1520

Leaving a garrison in Tenochtitlán, Cortés had descended to the coast and defeated the expedition of Narváez sent to arrest the conqueror. During this absence from the Aztec capital relations between the Indians and the Spanish garrison had become bitterly hostile, and the bad reports reaching him caused Cortés to hurry back to his beleaguered followers in Tenochtitlán. Previously, in a bold move, he had made Moctezuma a captive in his own capital and was holding him as a hostage. (Cf. pp. 15–19.)

Otro día,[22] después de misa, enviaba un mensajero a la villa de la Veracruz por darles buenas nuevas de como los cristianos eran vivos, y que yo había entrado en la ciudad y que estaba segura. Este mensajero volvió después de media hora todo descalabrado y herido, dando voces que todos los indios de la ciudad venían de guerra, y que tenían todas las puentes alzadas; y junto tras él da sobre nosotros tanta multitud de gente por todas partes, que ni las calles ni las azoteas se parecían con gente,[23] la cual venía con los mayores alaridos y grita más espantable que en el mundo se puede pensar. Eran tantas las piedras que nos echaban con hondas dentro de la fortaleza, que no parecía sino que el cielo las llovía, y las flechas y tiraderas eran tantas que todas las paredes y patios estaban llenos, que casi no podíamos andar con ellas.

Yo salí fuera a ellos por dos o tres partes, y los indios pelearon con nosotros muy reciamente, aunque por una parte un capitán salió con doscientos hombres y, antes que se pudiese recogerle, mataron cuatro e hirieron a él y a muchos de los otros. Por la parte que yo andaba me hirieron a mí y a muchos de los españoles. Nosotros matamos a pocos de ellos, porque se nos acogían de la otra parte de las puentes, y desde las azoteas y terrados nos hacían daño con piedras. De estas azoteas ganamos algunas y las quemamos; pero eran tantas y tan fuertes, pobladas de tanta gente, y tan abastecidas de piedras y otros géneros

de armas, que no bastábamos para tomárselas todas, ni defender, para que ellos no nos ofendiesen a su placer. En la fortaleza daban tan recio combate que, por muchas partes, nos pusieron fuego, y por un lado se quemó mucha parte de ella, sin que la pudiéramos remediar, hasta que la atajamos, cortando las paredes y derrocando un pedazo que mató el fuego. Si no fuera por la mucha guarda que allí puse de escopeteros y ballesteros y otros tiros de pólvora, nos entraran a escala vista sin poder resistirlos.

Así estuvimos peleando todo aquel día, hasta que fue la noche bien cerrada, y aun en ella no nos dejaron sin grita y rebato hasta el día. Aquella noche hice reparar los portillos de aquello quemado, y todo lo demás que me pareció que había flaco en la fortaleza. Concerté las estancias y gente que en ellas había de estar,[24] y la que otro día habíamos de salir a pelear afuera, e hice curar los heridos que eran más de ochenta.

Luego que fue de día, ya la gente de los enemigos nos comenzaba a combatir mucho más reciamente que el día pasado, porque estaba tanta cantidad de ellos que los artilleros no tenían necesidad de puntería, sino asestar en los escuadrones de los indios, aunque la artillería hacía mucho daño, porque jugaban trece arcabuces, sin contar las escopetas y ballestas; pero hacían tan poca mella que se parecía que no lo sentían porque, por donde llevaba el tiro diez o doce hombres, se

---

[22] June 24, 1520.

[23] tanta multitud . . . gente: *such a crowd of people swarmed everywhere that neither the streets nor the flat roof-tops could be seen because of them.*

[24] Concerté . . . estar: *I arranged for the positions and the men who should occupy them.*

cerraba luego de gente, de modo que no parecía que hacía daño ninguno.[25]

Dejado en la fortaleza la guarda que convenía y se podía dejar, yo torné a salir y les gané algunas de las puentes y quemé algunas casas. Matamos a muchos en ellas que las defendían, y eran tantos que, aunque más daño se hiciera, hacíamos muy poquita mella. A nosotros convenía pelear todo el día, y ellos peleaban por horas, se remudaban y aún les sobraba gente. También hirieron aquel día otros cincuenta o sesenta españoles, aunque no murió ninguno, y peleamos hasta que fue noche cuando, cansados, nos retrajimos a la fortaleza. Viendo el gran daño que los enemigos nos hacían y como nos herían y mataban a su salvo, y viendo que, aunque nosotros hacíamos daño en ellos, por ser tantos los enemigos no se parecía, gastamos toda aquella noche y otro día en hacer tres ingenios de madera. Cada uno llevaba veinte hombres, los cuales iban adentro para que, con las piedras que nos tiraban desde las azoteas, no los pudiesen ofender, porque iban los ingenios cubiertos de tablas. Los que iban adentro eran ballesteros y escopeteros, y los demás llevaban picos, azadones y varas de hierro para horadarles las casas y derrocar las albarradas que tenían hechas en las calles.

En tanto que[26] estos artificios se hacían, no cesaba el combate de los contrarios en tanta manera que, como nos salíamos fuera de la fortaleza, se querían ellos entrar adentro, a los cuales resistimos con harto trabajo. Moctezuma, que todavía estaba preso, y un hijo suyo, con otros muchos señores que al principio se habían tomado, dijo que le sacasen a las azoteas de la fortaleza y que él hablaría a los capitanes de aquella gente, y les haría que cesasen la guerra. Yo lo hice sacar y, en llegando a un pretil que salía fuera de la fortaleza y en queriendo hablar a la gente que por allí combatía, los suyos le dieron una pedrada en la cabeza tan grande que de allí a tres días murió. Así muerto yo le hice sacar a dos indios de los que estaban presos y a

cuestas lo llevaron a su gente. No sé lo que de él se hicieron, salvo que no por eso cesó la guerra, siendo mucho más recia y muy cruda cada día.

Este día llamaron por aquella parte por donde habían herido a Moctezuma, diciendo que me allegase yo allí porque me querían hablar ciertos capitanes. Así lo hice y pasamos entre ellos y mí muchas razones, rogándoles que no peleasen conmigo, pues ninguna razón tenían para ello, y que mirasen las buenas obras que habían recibido de mí y como habían sido muy bien tratados de mí. La respuesta suya era que me fuese y que les dejase la tierra y que luego dejarían la guerra; y que, de otra manera, yo creyese que los indios habían de morir todos o dar fin de nosotros. Lo hacían, según pareció, para que yo me saliese de la fortaleza para tomarme a su placer al salir de la ciudad entre las puentes. Yo les respondí que no pensasen que les rogaba con la paz por temor que les tenía, sino porque me pesaba del daño que les hacía y les había de hacer, y por no destruir tan buena ciudad como aquélla era. Todavía respondían que no cesarían de darme guerra hasta que saliese de la ciudad.

Después de acabados aquellos ingenios, luego otro día salí para ganarles ciertas azoteas y puentes. Los ingenios fueron en adelante y tras ellos cuatro tiros de fuego y otra mucha gente de ballesteros y rodeleros y más de tres mil indios de los naturales de Tlascala, que habían venido conmigo y servían a los españoles. Llegados a una puente, pusimos los ingenios arrimados a las paredes de unas azoteas y ciertas escalas que llevábamos para subirlas. Era tanta la gente que estaba en defensa de la dicha puente y azoteas, y tantas las piedras que de arriba tiraban, y tan grandes, que nos desconcertaron los ingenios, nos mataron un español e hirieron muchos, sin que pudiéramos ganar un paso, aunque pugnábamos mucho por ello. Peleamos desde la mañana hasta mediodía cuando nos volvimos con harta tristeza a la

---

[25] pero . . . ninguno: *but they had so little effect that it seemed as if the Indians did not feel it at all for, whenever a shot swept away ten or twelve men, others immediately closed in,* *filling the ranks so that it looked as if they were suffering no loss at all.*

[26] en tanto que=mientras (que).

fortaleza, de lo cual los indios enemigos cobraron tanto ánimo que casi a las puertas nos llegaban, y tomaron aquella mezquita grande; en la torre más alta y más principal de ella se subieron hasta quinientos indios que, según me pareció, eran personas principales. En ella subieron mucho mantenimiento de pan y agua y otras cosas de comer, y muchas piedras; todos los demás tenían lanzas muy largas con unos hierros de pedernal más anchos que los de las nuestras, y no menos agudos. De allí hacían mucho daño a la gente de la fortaleza porque estaba muy cerca de ella. Esta torre combatieron los españoles dos o tres veces y la acometieron a subir. Como era muy alta y tenía la subida agria, porque tiene ciento y tantos escalones, y los de arriba estaban bien pertrechados de piedras y otras armas y favorecidos a causa de no haberles podido ganar las otras azoteas, ninguna vez los españoles comenzaban a subir que no volvían rodando,[27] y los indios herían a mucha gente. Los indios que de las otras partes los veían, cobraban tanto ánimo que se nos venían hasta la fortaleza sin ningún temor.

Yo, viendo que si aquéllos salían con tener aquella torre,[28] además de hacernos desde ella mucho daño, cobraban esfuerzo para ofendernos, salí fuera de la fortaleza, aunque manco de la mano izquierda de una herida que me habían dado el primer día. Liada la rodela en el brazo,[29] fui a la torre con algunos españoles que me siguieron y la hice cercar toda por bajo, porque esto se podía hacer muy bien, aunque los cercadores no estaban de balde,[30] pues por todas partes peleaban con los contrarios a los cuales se juntaron muchos por favorecer a los suyos. Yo comencé a subir por la escalera de la torre y detrás de mí varios españoles. Aunque nos defendían la subida muy reciamente, y tanto que derrocaron a tres o cuatro españoles, con la ayuda de Dios y de su gloriosa Madre, por cuya casa aquella torre se había señalado y se había puesto en ella su imagen, les subimos la torre. Arriba peleamos con ellos tanto que les fue forzado saltar de ella abajo a unas azoteas tan anchas como un paso que tenía alrededor. De estas azoteas tenía la torre tres o cuatro, tan altas una de la otra como tres estados. Algunos enemigos cayeron abajo del todo[31] donde, además del daño que recibían de la caída, los mataban los españoles que estaban abajo alrededor de la torre. Los enemigos que en aquellas azoteas quedaron, pelearon desde allí tan reciamente que estuvimos más de tres horas en acabar de matarlos, de modo que murieron todos, y ninguno escapó. Y crea vuestra sacra majestad que fue tanto ganarles esta torre que si Dios les quebrara las alas, pues bastaban veinte de ellos para resistir la subida a mil hombres, como quiera que pelearon muy valientemente hasta que murieron. Hice poner fuego a la torre y a las otras que había en la mezquita, de las cuales ya habían quitado y llevado las imágenes que en ellas teníamos.

Algo perdieron del orgullo los enemigos con haberles tomado esta fuerza, y tanto fue que, por todas partes, aflojaron en mucha manera. Luego torné a aquella azotea y hablé a los capitanes que antes habían hablado conmigo, que estaban algo desmayados por lo que habían visto. Luego éstos llegaron y les dije que mirasen que no se podían amparar; y que les hacíamos cada día mucho daño y morían muchos de ellos; que quemábamos y destruíamos su ciudad; y que no había de parar hasta no dejar cosa alguna de ella ni de ellos. Ellos me respondieron que bien veían que recibían de nosotros mucho daño y que morían muchos de ellos; pero que ellos estaban ya determinados de morir todos por acabarnos; que mirase yo por todas aquellas calles y plazas y azoteas cuan llenas de gente estaban, y que ellos tenían hecha cuenta que, a morir veinticinco mil de ellos y uno de los nuestros, nos acabaríamos nosotros primero, porque éramos pocos y ellos muchos; que me hacían saber que todas las calzadas de las entradas de la ciudad eran deshechas,

---

[27] ninguna . . . rodando: *every time that the Spaniards tried to climb up, they fell tumbling back.*

[28] Yo . . . torre: *I, perceiving that if those Indians succeeded in holding that tower.*

[29] Liada . . . brazo: *The round shield fastened to my arm.*

[30] aunque . . . balde: *although the besiegers were not idle.*

[31] Algunos . . . todo: *Several of the enemy fell down the whole way.*

como de hecho pasaba, que las habían deshecho todas excepto una; y que ninguna parte teníamos por donde salir sino por el agua; y que bien sabían que teníamos pocos mantenimientos y poca agua dulce; que no podíamos durar mucho porque de hambre nos muriésemos, aunque ellos no nos matasen.

Es verdad que ellos tenían mucha razón pues, aunque no tuviéramos otra guerra más que el hambre y necesidad de mantenimientos, bastaba para morir todos en breve tiempo. Y pasamos otras muchas razones, favoreciendo cada uno sus partidos.

Ya que fue de noche, salí con varios españoles y, como los tomé descuidados, les ganamos una calle donde les quemamos más de trescientas casas. Luego volví por otra calle, ya que acudía la gente; asimismo quemé muchas casas de ella, en especial ciertas azoteas que estaban junto a la fortaleza, de donde nos hacían mucho daño. Con lo que aquella noche se les hizo, recibieron mucho temor; y en esta misma noche hice tornar a aderezar los ingenios que el día antes nos habían desconcertado.

Por seguir la victoria que Dios nos daba, salí en amaneciendo por aquella calle donde el día antes nos habían desbaratado y donde no menos defensa hallamos que el primero. Pero, como nos iban las vidas y la honra,[32] porque por aquella calle estaba la sana calzada que iba a la tierra firme, aunque hasta llegar a ella había ocho puentes muy grandes y hondas, y toda la calle con muchas y altas azoteas y torres, pusimos tanta determinación y ánimo que, ayudándonos Nuestro Señor, les ganamos aquel día las cuatro, y se quemaron todas las azoteas, casas y torres que había, hasta la postrera de ellas. Lo hicimos aunque, por lo de la noche pasada, tenían hechas en todas las puentes muchas y muy fuertes albarradas de adobes y barro, de manera que los tiros y ballestas no les podían hacer daño. Estas cuatro puentes cegamos con los adobes y tierra de las albarradas y con mucha piedra y madera de las casas que-

madas, aunque todo no fue tan sin peligro que no hiriesen a muchos españoles. Aquella noche puse mucho recaudo en guardar aquellas puentes para que no las tornasen a ganar.

Otro día de mañana torné a salir y Dios nos dio asimismo tan buena dicha y victoria, aunque era innumerable gente que defendía las puentes y muy grandes albarradas y ojos[33] que aquella noche habían hecho, se las ganamos todas y las cegamos. Asimismo fueron ciertos hombres de caballo, siguiendo el alcance y victoria hasta la tierra firme. Estando yo reparando aquellas puentes y haciéndolas cegar, me vinieron a llamar a mucha prisa, diciendo que los indios que combatían la fortaleza pedían paces, y me estaban esperando allí varios capitanes de ellos. Dejando allí toda la gente y ciertos tiros, me fui solo con dos de caballo a ver lo que aquellos principales querían. Éstos me dijeron que, si yo les aseguraba que por lo hecho no serían castigados, ellos harían alzar el cerco y harían tornar a poner las puentes y hacer las calzadas, y que servirían a vuestra majestad como antes lo hacían. Me rogaron que hiciese traer allí a uno como religioso de los suyos que yo tenía preso, el cual era como general de aquella religión. Él vino y les habló y dio concierto entre ellos y mí. Luego pareció que enviaban mensajeros, según ellos dijeron, a los capitanes y a la gente que tenían en las estancias, para decir que cesase el combate que daban a la fortaleza y toda la otra guerra.

Con esto nos despedimos, y yo me metí en la fortaleza a comer. En comenzando, vinieron a mucha prisa a decirme que los indios habían tornado a ganar las puentes que aquel día les habíamos ganado, y habían muerto a varios españoles, de lo que Dios sabe cuanta alteración recibí, porque yo no pensé que habíamos que hacer con tener ganada la salida.[34] Cabalgué a la mayor prisa que pude y corrí por toda la calle adelante con algunos de caballo que me siguieron. Sin detenerme

---

[32] Pero, . . . honra: *But, as our lives and honor were at stake.*

[33] ojos: *gaps* or *breaches.*

[34] porque yo . . . salida: *because I did not think that we would have trouble after gaining an exit.*

en ninguna parte, torné a romper por los indios, y les torné a ganar las puentes, y fui en alcance de ellos hasta la tierra firme.

Como los peones[35] estaban cansados, heridos y atemorizados y vieron al instante el grandísimo peligro, ninguno me siguió. Por esta causa, después de pasadas yo las puentes, cuando me quise volver, las hallé tomadas y ahondadas mucho de lo que habíamos cegado; por una y por la otra parte de toda la calzada estaba llena de gente, así en la tierra como en el agua en canoas. Nos agarrochaba y apedreaba de tal manera que, si Dios misteriosamente no nos quisiera salvar, era imposible escapar de allí; y aun ya era público entre los que quedaban en la ciudad que yo era muerto. Cuando llegué a la postrera puente de hacia la ciudad, hallé a todos los de caballo que iban conmigo, caídos en ella y un caballo suelto, de manera que yo no pude pasar y me fui forzado de revolver solo contra mis enemigos. Con aquello hice algún tanto de lugar para que los caballos pudiesen pasar. Yo hallé la puente desembarazada y pasé, aunque con harto trabajo, porque de una a la otra parte había casi un estado de saltar con el caballo. Por ir yo y el caballo bien armados, los indios no nos hirieron más que atormentar el cuerpo. Así quedaron aquella noche con victoria y ganadas las cuatro puentes.

Yo dejé en las otras cuatro buen recaudo y fui a la fortaleza. Hice hacer una puente de madera que llevaban cuarenta hombres. Viendo el gran peligro en que estábamos y el mucho daño que cada día los indios nos hacían, y temiendo que también deshiciesen aquella calzada como las otras pues, deshecha, era forzado morir todos, y porque de todos los de mi compañía fui requerido muchas veces que no saliese, y porque todos o los más estaban heridos y tan mal que no podían pelear, acordé de hacerlo aquella noche. Tomé todo el oro y joyas de vuestra majestad que se podían sacar y lo puse en una sala. Allí lo entregué en varios líos a los oficiales de vuestra alteza, que yo en su real nombre tenía señalados; a los alcaldes y regidores, y a toda la gente que allí estaba, les

rogué y requerí que me ayudasen a sacar y a salvarlo. Di una yegua mía para ello, en la cual se cargó cuanto yo podía llevar; y señalé a varios españoles, así criados míos como de los otros, que viniesen con el dicho oro y yegua. Lo demás los dichos oficiales, alcaldes, regidores y yo lo dimos y repartimos por los españoles para que lo sacasen.

Desamparada la fortaleza y con mucha riqueza, así de vuestra alteza como de los españoles y mía, me salí lo más secreto que yo pude, sacando conmigo un hijo y dos hijas de Moctezuma, y a Cacamatzín, señor de Acolhuacán, y al otro su hermano que yo había puesto en su lugar, y a otros señores de provincias y ciudades que allí tenía presos. Llegando a las puentes que los indios tenían quitadas, a la primera de ellas se echó con poco trabajo la puente que yo traía hecha, porque no hubo quien la resistiese, excepto ciertas velas que estaban en ella, las cuales apellidaban tan recio que, antes de llegar nosotros a la segunda puente, estaba infinito número de gente de los contrarios sobre nosotros, combatiéndonos por todas partes, así desde el agua como de la tierra. Yo pasé presto con cinco de caballo y con cien peones, con los cuales pasé a nado todas las puentes y las gané hasta la tierra firme. Dejando aquella gente en la delantera, torné a la rezaga donde hallé que peleaba reciamente, y era sin comparación el daño que los nuestros recibían, así los españoles como los indios de Tlaxcala que estaban con nosotros. Así a todos los mataron los españoles y a muchos naturales, y asimismo habían muerto muchos españoles y caballos, y se habían perdido todo el oro, joyas, ropa y otras muchas cosas que sacábamos, y toda la artillería.

Recogidos los que estaban vivos, los eché para adelante y yo, con tres o cuatro de caballo y hasta veinte peones que osaron quedar conmigo, me fui en la rezaga, peleando con los indios hasta llegar a una ciudad que se llama Tacuba, que está fuera de toda la calzada. Dios sabe cuánto trabajo y peligro recibí porque todas las veces que volvía sobre los contrarios, salía lleno de

---

[35] peones: *foot soldiers.*

flechas y viras y apedreado; como era agua de una y otra parte, los indios herían a su salvo sin temor a los que salían a tierra. Luego volvíamos sobre ellos y saltaban al agua y así es que recibían muy poco daño exceptuando algunos indios que, con los muchos se tropezaban, unos con otros, y caían y así morían.

Con este trabajo y fatiga llevé a toda la gente hasta la ciudad de Tacuba, sin matar ni herirme ningún español ni indio, si no fue uno de los de caballo que iba conmigo en la rezaga. Y no menos peleaban, así en la delantera como por los lados, aunque la mayor fuerza era en las espaldas, por donde venía la gente de la gran ciudad.

$\sim\sim\sim$Bernal Díaz del Castillo

MEXICO, 1495?–1584   Hernán Cortés was not the only participant in the Conquest of Mexico who gave to posterity a first-hand account of that notable exploit. Among his soldiers was one who, late in life, composed and wrote a voluminous history which not only exceeds the record left by the Spanish leader in length, wealth of detail, and interest, but is characterized by greater objectivity, impartiality and justice in the recital of events and in judgments on participants. Bernal Díaz del Castillo, a native of Castile and a veteran of the expeditions of Hernández de Córdova, Juan de Grijalva, and of all the campaigns of Cortés' conquest, was moved, while living in his old age on his estate in Guatemala, by misstatements he detected in an official history of the Conquest by a court chronicler, López de Gómara, to write the *True History of the Conquest of New Spain*. The forthright, unvarnished and often careless prose of this historical account affords one of the most vivid and colorful narratives of the sixteenth century.

$\sim\sim$DOÑA MARINA

The enterprise, resourcefulness and daring of Cortés largely explain his spectacular conquest of Mexico against overwhelming odds, but if singularly fortunate circumstances had not cooperated, even those extraordinary qualities of the Spanish conqueror might not have availed. Fortune favored Cortés in the matter of capable interpreters, first in Jerónimo de Aguilar, a shipwrecked Spaniard rescued after many years on the island of Cozumel, where he learned the Mayan language, and later in an Indian maiden, baptized Doña Marina, whose knowledge of Mexican and Mayan permitted Cortés, through Aguilar, to communicate readily with the Aztecs. So important a part did Doña Marina play in the conquest that Bernal Díaz devoted Chapter 37 of of his *Historia verdadera de los sucesos de la conquista de la Nueva España* to the brief biographical sketch which follows:

Antes que más yo meta la mano en lo del gran Moctezuma[1] y su gran Méjico y mejicanos, quiero decir lo de doña Marina y como, desde su niñez, fue gran señora de pueblos y vasallos, y es de esta manera:

Su padre y su madre eran señores y caciques de un pueblo que se llama Painala, y tenía otros pueblos sujetos a él, cosa de ocho leguas de la villa de Coatzacoalcos.[2] Murió el padre, quedando doña Marina muy niña, y la madre se casó con otro cacique mancebo y tuvieron un hijo. Según pareció, querían bien al hijo que habían tenido y entre el padre y la madre acordaron de darle al hijo el cargo después de sus días.[3] Para que no hubiese estorbo en ello, dieron de noche la niña a unos indios de Xicalango[4] para que no fuese vista, y echaron fama de que se había muerto. En aquella sazón murió una hija de una india esclava suya y publicaron que era la heredera, de manera que los indios de Xicalango la dieron a los de Tabasco[5] y los de Tabasco a Cortés.

Yo conocí a su madre y a su hermano de madre,[6] hijo de la vieja, que ya era hombre y mandaba juntamente con la madre a su pueblo, porque el marido postrero de la vieja ya era fallecido. Después de vueltos cristianos la vieja se llamó Marta y el hijo, Lázaro. Esto lo sé muy bien porque, en el año de 1523 después de ganado Méjico y otras provincias y se había alzado Cristóbal de Olid en las Higueras, fue Cortés allá y pasó por Coatzacoalcos. Fuimos con él a aquel viaje toda la mayor parte de los vecinos de aquella villa, como diré en su tiempo y lugar.

Como doña Marina, en todas las guerras de la Nueva España, Tlascala y Méjico, fue tan excelente mujer y buena intérprete, como adelante diré, que la traía siempre Cortés consigo. En aquella sazón y viaje se casó con ella un hidalgo que se llamaba Juan Jaramillo en un pueblo llamado Orizaba delante de varios testigos. Uno de ellos se llamaba Aranda, vecino que fue de Tabasco, y aquél contaba el casamiento, y no como lo dice el cronista, Gómara.[7] Doña Marina tenía mucho ser[8] y mandaba absolutamente entre los indios en toda la Nueva España. Estando Cortés en la villa de Coatzacoalcos, envió a llamar a todos los caciques de aquella provincia para hacerles un parlamento acerca de la santa doctrina y sobre su buen tratamiento, y entonces vino la madre de doña Marina y su hermano de madre, Lázaro, con otros caciques. Días hacía que me había dicho doña Marina que era de aquella provincia y señora de vasallos. Bien lo sabía Cortés, y Aguilar, el intérprete, de manera que cuando vinieron la madre, su hija y el hermano, conocieron claramente que era su hija porque se le parecía mucho. Ellos tuvieron miedo de ella porque creyeron que los enviaba a llamar para matarlos, y lloraban. Cuando doña Marina los vio llorar así, los consoló y dijo que no tuviesen miedo, porque cuando la entregaron a los indios de Xicalango, no supieron lo que se hacían, y se lo perdonaba. Les dio muchas joyas de oro y de ropa y les dijo que se volviesen a su pueblo, y que Dios le había hecho a ella mucha merced en quitarla de adorar ídolos ahora, en ser cristiana, y en ser casada con un caballero, pues era su marido Juan Jaramillo. Dijo que, aunque la hiciesen cacica de todas cuantas provincias había en la Nueva España, no lo sería, porque tenía en más estima servir a su marido y a Cortés que cuanto hay en el mundo. Todo esto que digo, se lo oí muy certificadamente, y se lo juro, amen.

---

[1] lo del gran Moctezuma: *the matter of the great Moctezuma.* Bernal Díaz makes frequent use of this compact, convenient construction, which is common in modern speech, throughout his long account.

[2] Town on a river of the same name between Yucatán and Vera Cruz on the east coast of Mexico.

[3] entre . . . de sus días: *between the father and the mother it was agreed that their son should succeed to their honors when their days were done.*

[4] An outlying stronghold of the Aztec empire lying on the southern side of the Laguna de Términos, near Yucatán.

[5] A province between Laguna de Términos and the Isthmus of Tehuantepec.

[6] su hermano de madre: *her half-brother* (by her mother).

[7] Bernal Díaz seldom misses an opportunity in his history to correct alleged misstatements made in the work of the more learned historian, López de Gómara.

[8] Doña . . . ser: *Doña Marina had considerable influence* (or *importance*).

Esto me parece que quiere remedar a lo que le acaeció a Josef con sus hermanos en Egipto, que vinieron a su poder cuando lo del trigo.[9] Esto es lo que pasó y no como en la relación que dieron a Gómara. También él dice otras cosas que dejo por alto.

Volviendo a nuestra materia, doña Marina sabía la lengua de Guacacualco, que es la propia de Méjico, y sabía la de Tabasco, como Jerónimo de Aguilar sabía la de Yucatán y Tabasco, que es toda una. Se entendían bien y Aguilar lo declaraba en castellano a Cortés. Fue gran principio para nuestra conquista, y así se nos hacían las cosas, loado sea Dios, muy prósperamente. He querido declarar esto porque, sin doña Marina, no podíamos entender la lengua de Nueva España y Méjico.

༄The imprisonment of Moctezuma

The growing unfriendliness of his unwilling Indian hosts made Cortés and his followers keenly aware of the precariousness of their situation within the lake-locked Aztec capital whose few avenues of escape to the mainland could readily be cut off. As their plight was desperate, several of Cortés' officers convinced him that the safety of the Spaniards could be assured only by the bold expedient of making Moctezuma, the emperor, a prisoner and by holding him as a hostage. The effect of the agreement to the prompt execution of this hazardous plan is vividly described in Chapter 95 of Bernal Díaz' *Historia verdadera* which follows.

Como teníamos acordado el día antes de prender a Moctezuma, toda la noche estuvimos en oración con el padre de la Merced,[10] rogando a Dios que fuese de tal modo que redundase para su santo servicio, y otro día de mañana fue acordado de la manera que había de ser. Llevó consigo Cortés a cinco capitanes que fueron: Pedro de Alvarado, Gonzalo de Sandoval, Juan Velásquez de León, Francisco de Lugo y Alonso de Ávila, y nuestros intérpretes, doña Marina y Aguilar.[11] A todos nosotros Cortés mandó que estuviésemos muy a punto[12] y los caballos ensillados y enfrenados. En lo de las armas no había necesidad de ponerlo aquí por memoria, porque siempre de día y de noche estábamos armados y calzados nuestras alpargatas que en aquella sazón era nuestro calzado. Y cuando solíamos ir a hablar a Moctezuma, siempre nos veía armados de aquella manera. Esto digo porque, aunque Cortés iba con los cinco capitanes con todas sus armas para prenderle, Moctezuma no lo tendría por cosa nueva, ni se alteraría por ello.

Ya puestos a punto todos, nuestro capitán envió a hacerle saber que iba a su palacio, porque así lo tenía por costumbre y para que no se alterase, viéndole a Cortés venir de sobresalto. Moctezuma bien entendió poco más o menos que Cortés iba enojado por lo de Almería[13] y no lo tenía en una castaña;[14] mandó recado, por lo tanto, que fuese muy en buen hora.[15]

Cuando entró Cortés, después de haberle hecho sus acatos acostumbrados, le dijo a Moctezuma con nuestros intérpretes:

[9] Cf. *Genesis*, XLV.

[10] el padre de la Merced: Bartolomé de Olmedo, a friar of the Order of Mercy.

[11] Bernal Díaz was also present. Cf. Alfred P. Maudslay (trans.). Bernal Díaz del Castillo. *The True History of the Conquest of New Spain.* Hakluyt Society Publications (London, 1908–1916. 5 vols.).

[12] muy a punto: *alert, ready.*

[13] por . . . Almería: *the Almería affair.* A dispute over the question of collecting tributes brought on a skirmish between a large force of Indian subjects of Moctezuma and a small band of Spaniards in a small town, called Almería by Cortés' men, located in the province of Pánuco on the Gulf of Mexico. The result of this encounter was fatal to the Spaniards.

[14] no . . . castaña: *and he was afraid of him* (Cortés).

[15] mandó . . . hora: *he sent word, therefore, that he (Cortés) would be quite welcome.*

"Señor Moctezuma, muy maravillado estoy de vos, siendo tan valeroso príncipe y habiéndose dado por nuestro amigo, por haber mandado a vuestros capitanes que teníais en la costa cerca de Tuzapán que 5 tomasen armas contra mis españoles que están en guarda por nuestro rey y señor,[16] y por haberles mandado indios e indias para sacrificar, y por haber matado un español, hermano mío, y un caballo."

Cortés no le quiso decir del capitán, ni de los seis soldados que murieron luego que llegaron a la Villa Rica de la Vera Cruz,[17] porque Moctezuma no lo alcanzó a saber, ni tampoco lo supieron los indios capitanes que 15 les dieron la guerra. Añadió:

"Teniéndoos por tan buen amigo, mandé a mis capitanes que, en todo lo que fuese posible, os sirviesen y favoreciesen, pero vuestra majestad, por el contrario, no lo ha 20 hecho. Y asimismo en lo de Cholula[18] tuvieron vuestros capitanes gran copia de guerreros ordenada por vuestro mandado para que nos matasen. He disimulado lo de entonces por lo mucho que os quiero. Asimismo ahora 25 vuestros vasallos y capitanes se han desvergonzado y tienen pláticas secretas porque nos queréis mandar matar; pero por estas causas yo no querría comenzar guerra ni destruir esta ciudad; para excusarlo todo conviene que, 30 callando y sin hacer ningún alboroto, os vayáis con nosotros a nuestro aposento. Allí seréis servido y mirado tan bien como en vuestra propia casa; pero si alboroto o voces se dieran, luego seréis muerto por estos mis capi- 35 tanes, porque no los traigo para otro efecto."

Cuando Moctezuma oyó esto, estuvo muy espantado y sin sentido.[19] Respondió que nunca mandó que tomasen armas contra 40

nosotros y que enviaría luego a llamar a sus capitanes, que sabría la verdad y que los castigaría. Luego en aquel instante se quitó del brazo y muñeca el sello y señal de Huitzipochtli,[20] pues hacía aquello cuando mandaba alguna cosa grave y de peso para que se cumpliese, y luego se cumplía. Pero dijo que, en lo de ir preso y salir de sus palacios contra su voluntad, no era persona la suya para que tal le 10 mandasen, y que no era su voluntad salir. Cortés le replicó muy buenas razones y Moctezuma le respondía con muchas mejores y que no había de salir de sus casas, y así estuvieron más de media hora en estas pláticas.

Cuando Juan Velásquez de León y los demás 15 capitanes vieron que Cortés se detenía con Moctezuma y no veían la hora de haberle sacado a éste de sus casas y tenerle preso,[21] hablaron a Cortés algo alterados y dijeron:

"¿Qué hace vuestra merced ya con tantas 20 palabras? O le llevemos preso o le daremos de estocadas. Por eso, tornadle a decir que, si da voces o hace alboroto, le mataréis, porque más vale que esta vez aseguremos nuestras vidas o las perdamos." 25

Como Juan Velásquez lo decía con voz algo alta y espantosa, porque así era su hablar, y Moctezuma vio a nuestros capitanes como enojados, preguntó a doña Marina: "¿Qué decían con aquellas palabras altas?" Como 30 doña Marina era muy entendida, le dijo:

"Señor Moctezuma, lo que yo os aconsejo es que vais luego con ellos a su aposento sin ruido ninguno, porque yo sé que os harán mucha honra como gran señor que sois; de 35 otra manera, aquí quedaréis muerto y en su aposento se sabrá la verdad."

Entonces Moctezuma le dijo a Cortés: "Señor Malinche,[22] ya que eso queréis que

---

[16] Cf. *supra*, note 13.

[17] Juan de Escalante and six of his soldiers were so badly wounded in the encounter at Almería that they all died three days after returning to Vera Cruz. Moctezuma knew of the defeat of the Spaniards on this occasion but was unaware, apparently, of the extent of the losses by the Spaniards.

[18] lo de Cholula: On the march from the coast up to the Aztec capital Cortés and his men stopped at Cholula, near the present city of Puebla de los Ángeles. There he learned through Doña Marina of a plot, inspired by Moctezuma, to kill all the Spaniards to a

man. For this intended treachery of the *cholutecas* (natives of Cholula) Cortés massacred a large number of them.

[19] sin sentido = aturdido.

[20] War god of the Aztecs.

[21] no . . . preso: *they could not wait to get Moctezuma out of his palace and hold him as a prisoner.*

[22] The name by which Cortés was known to the Indians. It was derived from Malintzin, the Indian name of Doña Marina, later corrupted to Malinche, and by association became transferred from his close companion and interpreter to Cortés himself.

sea, yo tengo un hijo y dos hijas legítimas. Tomadlas en rehenes[23] y a mí no me hagáis esta afrenta. ¿Qué dirán mis principales si me viesen llevar preso?"

Cortés volvió a decir que su persona había de ir con ellos y no había de ser otra cosa. En fin de muchas más razones que pasaron, Moctezuma dijo que iría de buena voluntad. Entonces nuestros capitanes le hicieron muchas caricias y le dijeron que le pedían por merced que no tuviese enojo y que dijese a sus capitanes y a los de su guarda que iba de su voluntad porque había tenido plática con su ídolo Huitzipochtli y con los papas[24] que le servían y que convenía para su salud y para guardar su vida estar con nosotros. Luego le trajeron sus ricas andas en que solía salir con todos sus capitanes que le acompañaron y fue a nuestro aposento donde le pusimos guardas y velas, y todos cuantos servicios y placeres que le podíamos hacer, así Cortés como todos nosotros. Tantos le hacíamos y no se le echó prisiones ningunas. Luego le vinieron a ver todos los mayores principales mejicanos y sus sobrinos, y a hablar con él y a saber la causa de su prisión, y si mandaba que nos diesen guerra. Moctezuma les respondía que a él le gustaba estar algunos días allí con nosotros de buena voluntad y no por fuerza; y cuando él algo quisiese, se lo diría y que no se alborotasen ellos ni la ciudad, y que no tomasen pesar de ello porque esto de estar allí que ha pasado lo tiene por bien su Huitzipochtli, y se lo han dicho ciertos papas que lo saben, porque hablaron con su ídolo sobre ello.

De esta manera que he dicho fue la prisión del gran Moctezuma, y allí donde estaba tenía su servicio y mujeres y baños en que se bañaba; siempre estaban en su compañía veinte grandes señores y consejeros y capitanes, y se conformó con estar preso sin mostrar pasión en ello. Allí venían con pleitos embajadores de lejanas tierras y le traían sus tributos y despachaba negocios de importancia. Me acuerdo de que, cuando grandes caciques de otras tierras venían ante él sobre términos, pueblos u otras cosas de aquel arte, por muy grande señor que fuese, se quitaba las mantas ricas y se ponía otras de nequen[25] y de poca valía, y descalzo había de venir. Cuando llegaba a los aposentos, no entraba derecho sino por un lado de ellos; cuando parecían delante del gran Moctezuma, tenían los ojos bajos en tierra, y antes que a él llegasen, le hacían tres reverencias y le decían: "Señor, mi señor, gran señor." Entonces le traían pintado y dibujado el pleito o negocio sobre que venían en unos paños o mantas de nequen, y con unas varitas muy delgadas y pulidas le señalaban la causa del pleito. Estaban allí junto a Moctezuma dos hombres viejos, grandes caciques, y cuando bien habían entendido el pleito aquellos jueces, le decían a Moctezuma la justicia que tenían y con pocas palabras los despachaba y mandaba quien había de llevar las tierras o pueblos. Sin más replicar en ello, los pleiteantes se salían sin volver las espaldas, y con las tres reverencias se salían hasta la sala; cuando se veían fuera de su presencia de Moctezuma, se ponían otras mantas ricas y se paseaban por Méjico.

Dejaré de contar al presente esta prisión y digamos cómo los mensajeros, que Moctezuma envió con su señal y sello a llamar a sus capitanes que mataron a nuestros soldados, los trajeron ante él presos. Lo que habló con ellos, yo no lo sé, pero se los envió a Cortés para que hiciese justicia en ellos. Tomada su confesión sin estar Moctezuma delante, ellos confesaron ser verdad lo dicho atrás por mí,[26] y que su señor se lo había mandado que diesen guerra y cobrasen los tributos, y si algunos *teules*[27] fuesen en su defensa, también les diesen guerra o matasen. Vista esta confesión por Cortés, se lo envió a decir a Moctezuma que le condenaban en aquella cosa. Moctezuma se disculpó cuanto pudo y nuestro capitán le envió a decir que él, Cortés, así lo creía y que, aunque merecía castigo, conforme a lo que nuestro rey manda

---

[23] en rehenes: *as hostages.*
[24] papas: *priests.*
[25] nequen: *henequen, a fiber plant.*
[26] Cf. *supra*, note 13.

[27] *teules:* from the Aztec word *teutl* meaning *god.* The Spaniards at first were thought by the Indians to be gods.

porque la persona que manda matar a otros sin culpa o con culpa, que muera por ello. Pero, dijo Cortés, le quiere tanto y le desea todo bien y ya que Moctezuma tuviese aquella culpa, antes la pagaría Cortés por su persona que vérsela pasar a Moctezuma;[28] con todo esto, le envió a decir que estaba temoroso. Sin gastar más razones Cortés sentenció a muerte a aquellos capitanes y que fuesen quemados delante de los palacios de Moctezuma.

Así se ejecutó la sentencia y, para que no hubiese algún impedimento, mientras se quemaban, mandó echar unos grillos al mismo Moctezuma. Cuando se los echaron, Moctezuma bramaba y, si antes estaba temoroso, entonces lo estuvo mucho más. Después de quemados, fue Cortés con cinco de nuestros capitanes a su aposento y él mismo le quitó los grillos, y tales palabras le dijo que, no solamente lo tenía por hermano sino en mucho más; y como Moctezuma es señor y rey de tantos pueblos y provincias, si Cortés podía, andando el tiempo, le haría que fuese señor de más tierras que las que no había podido conquistar, ni las que no le obedecían;[29] que si Moctezuma quiere ir a sus palacios, le da licencia para ello.

Se lo decía Cortés mediante nuestros intérpretes y cuando se lo estaba diciendo Cortés, parecía que se le saltaban las lágrimas de los ojos a Moctezuma. Respondió con gran cortesía que se lo tenía en merced, porque bien entendió Moctezuma que todo era palabras las de Cortés, y que ahora le convenía estar preso allí porque, por ventura, como sus principales son muchos y sus sobrinos y parientes le vienen cada día para decir que será bien darnos guerra y sacarle de prisión, cuando le vean fuera a Moctezuma, le atraerán a ello; pero él no quería ver revueltas en su ciudad y si no hace su voluntad, por ventura querrán alzar a otro señor.[30] Así él

les quitaba aquellos pensamientos con decirles que su dios Huitzipochtli se lo ha enviado a decir que esté preso. A lo que entendimos y lo que es más cierto, Cortés había dicho a Aguilar, el intérprete, que le dijese en secreto que, aunque Malinche le manda salir de la prisión, los capitanes nuestros y soldados no lo querríamos. Cuando le oyó aquello, Cortés le echó los brazos encima y le abrazó y dijo:

"No en balde, señor Moctezuma, os quiero tanto como a mí mismo."

Luego Moctezuma demandó a Cortés un paje español que le servía que ya sabía la lengua y que se llamaba Orteguilla; fue harto provechoso así para Moctezuma como para nosotros porque él preguntaba a aquel paje y sabía muchas cosas de las de Castilla, y nosotros de lo que decían los capitanes de Moctezuma. Y verdaderamente el paje le era tan servicial que Moctezuma le quería mucho.

Dejemos de hablar como ya estaba Moctezuma contento con los grandes halagos, servicios y conversaciones que tenía con todos nosotros, porque siempre que pasábamos ante él, y aunque fuese Cortés, le quitábamos los bonetes de armas o cascos, pues siempre estábamos armados y él nos hacía gran mesura y honra a todos; y digamos los nombres de aquellos capitanes de Moctezuma que se quemaron por justicia. Se llamaba el principal Quetzalpopoca y los otros se llamaban, el uno Coatl, el otro Quiabuitle y el otro no me acuerdo el nombre; poco va en saber sus nombres. Y digamos que, cuando se supo este castigo en todas las provincias de la Nueva España, temieron, y los pueblos de la costa donde mataron a nuestros soldados volvieron a servir muy bien a los vecinos que quedaban en la Villa Rica de la Vera Cruz.

Los curiosos que leyeran esto han de considerar tan grandes hechos como: que hicimos dar con los navíos al través;[31] lo otro,

[28] Pero, . . . pasar a Moctezuma: *But Cortés said that he had much affection for Moctezuma and wished all good for him and so, even though Moctezuma were guilty, Cortés would rather pay the penalty in his own person than see it fall upon Moctezuma.*

[29] no solamente . . . obedecían: *not only considered him a brother but a great deal more, and though Moctezuma is lord and king of so many towns and provinces, Cortés would, if he could in the course of time, make Moctezuma lord of more lands than he had been able to conquer or those which acknowledged his sovereignty.*

[30] pero . . . señor: *but he did not wish any uprisings in his city and if he does not do their will, perchance they will rise up with another prince in his place.*

[31] que hicimos . . . través: *that we destroyed our ships.*

osar entrar en ciudad tan fuerte, teniendo tantos avisos que allí nos habían de matar cuando nos tuviesen adentro; lo otro tener tanta osadía de osar prender al gran Moctezuma, que era rey de aquella tierra, dentro de su gran ciudad y en sus mismos palacios, teniendo tan gran número de guerreros de su guarda; y lo otro osar quemar a sus capitanes delante de sus palacios y echarle grillos entre tanto que se hacía la justicia. Muchas veces, ahora que soy viejo, me paro a considerar las cosas heroicas que en aquel tiempo pasamos y me parece que las veo presentes. Y digo que nuestros hechos, no los hacíamos nosotros, sino que venían todos encaminados por Dios porque ¿qué hombres ha habido en el mundo que osasen entrar cuatrocientos cincuenta soldados, y aun no llegábamos a ellos, en una tan fuerte ciudad como Méjico, que es mayor que Venecia, estando tan apartados de nuestra Castilla sobre más de mil quinientas leguas, y prender a un señor tan grande y hacer justicia de sus capitanes delante de él? Porque hay mucho que ponderar en ello y no así secamente como yo lo digo.

∽∾ LA NOCHE TRISTE

During the absence of Cortés in Vera Cruz impetuous Pedro de Alvarado, who was left temporarily in command, had worsened the plight of the Spaniards in Tenochtitlán by killing some two hundred Aztec nobles and committing other excesses. On his return Cortés soon found the Spanish position in the Mexican capital untenable and decided to withdraw from the city on the night of June 30, 1520, using a movable bridge to cross the gaps in the causeway that led across the lake to the mainland. This disastrous flight, accompanied by heavy losses, which are described below, is referred to as *la noche triste*, the tragic night.

Pues de que supimos el concierto que Cortés había hecho de la manera que habíamos de salir e ir aquella noche a las puentes, y como hacía obscuro y hacía niebla y lloviznaba, antes de medianoche se comenzó a traer la puente y caminar el fardaje y los caballos y la yegua y los tlaxcaltecas cargados con el oro. De presto se puso la puente y pasó Cortés y los demás consigo que traía primero, y muchos de a caballo. Y estando en esto suenan las voces y cornetas y gritas y silbas de los mexicanos, y decían en su lengua a los del Tateluco:[32] "¡Salid presto con vuestras canoas, que se van los *teules*[33] y atajadlos [para] que quede ninguno a vida!" Y cuando no lo esperaba vimos tantos escuadrones de guerreros sobre nosotros y toda la laguna cuajada de canoas que no nos podíamos valer y muchos de nuestros soldados habían pasado. Y, estando de esta manera, cargan tanta multitud de mexicanos a quitar la puente y a herir y matar en los nuestros, que no se daban a manos.[34] Como la desdicha es mala en tales tiempos, ocurre un mal sobre otro; como llovía, resbalaron dos caballos y caen en el agua. Cuando aquello vimos yo y otros de los de Cortés, nos pusimos en salvo de esa parte de la puente, y cargaron tanto guerrero que, por bien que peleábamos, no se pudo más aprovechar de la puente. De manera que, en aquel paso y abertura del agua, de presto se hinchó de caballos muertos y de indios e indias y *naborías*[35] y fardaje y petacas. Temiendo no nos acabasen de matar,[36] tiramos por

[32] Tateluco = *Tlaltelolco*, an important town, formerly a rival of Tenochtitlán, which became a part of the latter city.

[33] Cf. *supra*, note 27.

[34] que no se daban a manos: *that they could not help each other.*

[35] naborías: *porters, carriers, servants.*

[36] Temiendo no ... de matar: *fearing lest they should kill us all.*

nuestra calzada adelante y hallamos muchos escuadrones que estaban aguardándonos con lanzas grandes, y nos decían palabras vituperiosas, entre ellas decían: "¡Oh, *cuilones*,[37] y aún vivos quedáis!"

A estocadas y cuchilladas que les dábamos pasamos, aunque hirieron allí a seis de los que íbamos; pues quizá había algún concierto como lo habíamos concertado, maldito aquél;[38] porque Cortés y los capitanes y soldados que pasaron primero a caballo, por salvarse y llegar a tierra firme y asegurar sus vidas, aguijaron por la calzada adelante y no la erraron. También salieron en salvo los caballos con el oro y los tlaxcaltecas, y digo que, si aguardáramos, así los de a caballo como los soldados, unos a otros, todos feneciéramos[39] y no quedara ninguno a vida. La causa es ésta: porque yendo por la calzada, ya que arremetíamos a los escuadrones mexicanos, de la una parte es agua y de la otra parte azoteas, y la laguna llena de canoas, no podíamos hacer cosa ninguna, pues escopetas y ballestas todas quedaban en la puente y, siendo de noche, ¿qué podíamos hacer sino lo que hacíamos, que era arremeter y dar algunas cuchilladas a los que nos venían a echar mano, y andar y pasar adelante hasta salir de las calzadas? Si fuera de día, muy peor fuera. Y aun los que escapamos fue Nuestro Señor servido de ello. Y para quien no vio aquella noche la multitud de guerreros que sobre nosotros estaban y las canoas que ellos andaban a arrebatar nuestros soldados, es cosa de espanto.

Ya que íbamos por nuestra calzada adelante, cabe[40] el pueblo de Tacuba, donde ya estaba Cortés con todos los capitanes, Gonzalo de Sandoval y Cristóbal de Olid y otros de a caballo de los que pasaron adelante, decían a voces: "Señor capitán, aguárdenos, que dicen que vamos huyendo y los dejamos morir en las puentes. Tornémoslos a amparar si algunos han quedado y no salen ni vienen ninguno."[41] La respuesta de Cortés fue que los que habíamos salido era milagro, y luego volvió con los de a caballo y soldados que no estaban heridos. No anduvieron mucho trecho porque luego vino Pedro de Alvarado, bien herido, a pie, con una lanza en la mano porque la yegua alazana ya se la habían muerto, y traía consigo cuatro soldados tan heridos como él y ocho tlaxcaltecas, todos corriendo sangre de muchas heridas. Y entretanto que fue Cortés por la calzada con los demás capitanes y reparamos en los indios de Tacuba, ya habían venido de México muchos escuadrones dando voces a dar mandatos a Tacuba y a otro pueblo que se dice Atzcapotzalco, de manera que comenzaron a tirar vara y piedra y flecha y con sus lanzas grandes. Nosotros hacíamos algunas arremetidas en que nos defendíamos y ofendíamos. . . .

---

[37] *cuilones: villains, devils, fiends.*

[38] *pues quizá . . . maldito aquél: for if there were some sort of a plan such as we had agreed upon, it was an accursed one.*

[39] feneciéramos = pereciéramos.

[40] cabe = cerca de.

[41] *Tornémoslos a amparar . . . ni vienen ninguno: Let us go back and help them, if any of them survive.*

～～Álvar Núñez Cabeza de Vaca

MEXICO AND PARAGUAY, 1490?–1559? The *Relación* or *Naufragios* (1541) of Cabeza de Vaca is an epic of human survival. In a terse, realistic prose that bestows an enduring vitality on the narrative, the author, second in command, recounts the incredible hardships and sufferings of the ill-fated Pánfilo de Narváez expedition which began with a land force of 300 men at the Tampa bay in Florida in 1528 and ended with four survivors eight years later near the Gulf of California in western Mexico. Marching north in Florida the Spaniards met disillusionment and starvation. Embarking at St. Marks Bay in crudely constructed barges of horsehide, they sailed west along the coast of the Gulf of Mexico only to meet disaster as storms scattered a few remnants on the Texas coast near Galveston on an island which Cabeza de Vaca called "The Isle of Doom." Later less than a handful wandered through southern Texas and northern Mexico, barely surviving a precarious existence among the wild, nomadic Indians of that gaunt region. In the following, Chapters 15 and 16 of his narrative, Cabeza de Vaca tells of the years that he and a few companions spent among the Stone-Age inhabitants of the Texas coast.

～～DE LO QUE NOS ACAESCIÓ EN LA ISLA DE MAL-HADO

En aquella isla que he contado nos quisieron hacer médicos sin examinarnos ni pedirnos los títulos, porque ellos curan las enfermedades soplando al enfermo, y con aquel soplo y las manos echan de él la enfermedad. Mandáronnos que hiciésemos lo mismo y sirviésemos en algo. Nosotros nos reíamos de ello, diciendo que era burla y que no sabíamos curar, y por esto nos quitaban la comida hasta que hiciésemos lo que nos decían. Viendo nuestra porfía, un indio me dijo a mí que yo no sabía lo que decía en decir que no aprovecharía nada aquello que él sabía, pues las piedras y otras cosas que se crían por los campos tienen virtud; y que él, 5 con una piedra caliente, trayéndola por el estómago, sanaba y quitaba el dolor, y que nosotros, que éramos hombres, cierto era que teníamos mayor virtud y poder.

En fin, nos vimos en tanta necesidad que lo 10 hubimos de hacer, sin temer que nadie nos llevase por ello la pena.[1] La manera que ellos

---

[1] sin temer . . . pena: *without fear that any one would be the worse for our act.*

tienen en curarse es ésta: que, en viéndose enfermos, llaman un médico y, después de curado, no sólo le dan todo lo que poseen, sino entre sus parientes buscan cosas para darle. Lo que el médico hace es darle unas sajas[2] donde tiene el dolor, y chúpanles al derredor de ellas. Dan cauterios de fuego, que es cosa entre ellos tenida por muy provechosa. Yo lo he experimentado y me sucedió bien de ello. Después de esto, soplan aquel lugar que les duele, y con esto creen ellos que se les quita el mal. La manera con que nosotros curamos era santiguándolos y soplarlos y rezar un *Pater noster* y un *Ave María*, y rogar lo mejor que podíamos a Dios Nuestro Señor que les diese salud y espirase en ellos que nos hiciesen algún buen tratamiento. Quiso Dios Nuestro Señor y su misericordia que todos aquéllos por quien suplicamos, luego que los santiguamos, decían a los otros que estaban sanos y buenos y, por este respecto, nos hacían buen tratamiento y dejaban ellos de comer por dárnoslo a nosotros, y nos daban cueros y otras cosillas. Fue tan extremada el hambre que allí se pasó que muchas veces estuve tres días sin comer ninguna cosa, y ellos también estaban. Parecíame ser cosa imposible durar la vida, aunque en otras mayores hambres y necesidades me vi después, como adelante diré. Los indios que tenían a Alonso de Castillo y Andrés Dorantes y a los demás que habían quedado vivos, como eran de otra lengua y de otra parentela, se pasaron a otra parte de la Tierra Firme[3] a comer ostiones. Allí estuvieron hasta el primer día del mes de abril. Luego volvieron a la isla, que estaba de allí hasta dos leguas[4] por lo mucho ancho del agua, y la isla tiene media legua de ancho y cinco en largo. . . .

Después que Dorantes y Castillo volvieron a la isla recogieron consigo todos los cristianos, que estaban algo esparcidos, y halláronse por todos catorce. Yo, como he dicho, estaba en la otra parte, en Tierra Firme, donde mis indios me habían llevado y donde me había dado tan gran enfermedad que, ya que alguna otra cosa me diera esperanza de vida, aquélla bastaba para del todo quitármela. Cuando los cristianos esto supieron, dieron a un indio la manta de martas que del cacique habíamos tomado,[5] como arriba dijimos, por que los pasase donde yo estaba para verme. Así vinieron doce porque los dos quedaron tan flacos que no se atrevieron a traerlos consigo. Los nombres de los que entonces vinieron son: Alonso de Castillo, Andrés Dorantes y Diego Dorantes, Valdivieso, Estrada, Tostado, Chaves, Gutiérrez, asturiano, clérigo; Diego de Huelva, Estebanico, el negro,[6] y Benítez. Como fueron venidos a Tierra Firme, hallaron otro que era de los nuestros que se llamaba Francisco de León, y todos trece por luengo de costa. Luego que fueron pasados, los indios que me tenían me avisaron de ello y como quedaban en la isla Hierónimo de Alaniz y Lope de Oviedo. Mi enfermedad estorbó, que no les pude seguir ni los vi.

Yo hube de quedar con estos mismos indios de la isla más de un año y, por el mucho trabajo que me daban y mal tratamiento que me hacían, determiné de huir de ellos e irme a los que moran en los montes y Tierra Firme, que se llaman los de Charruco, porque no podía sufrir la vida que con estos otros tenía y porque, entre otros trabajos muchos, había de sacar las raíces para comer debajo del agua y entre las cañas donde estaban metidas en la tierra. De esto traía yo los dedos tan gastados que una paja que me tocase me hacía sangre de ellos; las cañas me rompían por muchas partes porque muchas de ellas estaban quebradas y había de entrar por medio de ellas con la ropa que he dicho que traía. Por esto yo puse en obra de pasarme a los otros y con ellos me sucedió algo mejor; y porque yo me hice mercader, procuré de usar el oficio lo mejor que supe. Por esto ellos me daban de comer y me hacían buen tratamiento. Rogábanme que me fuese de unas partes a otras

---

[2] sajas: *small incisions.*

[3] Tierra Firme: mainland of present-day Texas.

[4] A league was presumably about 3.1 miles.

[5] la manta . . . tomado: *the robe of marten-skin taken from the chieftain* (in the vicinity of Pensacola, Florida,

where the Indians attacked the Spaniards).

[6] A Moor from the west coast of Morocco who accompanied Cabeza de Vaca in much of his subsequent wandering.

por cosas que ellos habían menester porque, por razón de la guerra que de continuo traen, la tierra no se anda ni se contrata tanto. Ya con mis tratos y mercadurías entraba la tierra adentro todo lo que quería y, por luengo de costa, me alargaba cuarenta o cincuenta leguas. Lo principal de mi trato era pedazos de caracoles de mar y corazones de ellos y conchas con que ellos cortan una fruta que es como frijoles,[7] con que se curan y hacen sus bailes y fiestas. Esta es la cosa de mayor precio que entre ellos hay, y cuentas de la mar[8] y otras cosas.

Así esto era lo que yo llevaba la tierra adentro y, en cambio y trueco de ellos traía cueros y almagra [almagre], con que ellos se untan y tiñen las caras y cabellos, pedernales para puntas de flechas, engrudo y cañas duras para hacerlas, y unas borlas que se hacen de pelos de venados, que las tiñen y paran coloradas.[9] Este oficio me estaba a mí bien[10] porque, andando en él, tenía libertad para ir adonde quería y no era obligado a cosa alguna y no era esclavo; dondequiera que iba me hacían buen tratamiento y me daban de comer por respecto de mis mercadurías, y lo más principal porque, andando en ello, yo buscaba por donde me había de ir adelante y entre ellos era muy conocido. Holgaban mucho cuando me veían y les traía lo que habían menester, y los que no me conocían me procuraban y deseaban ver por mi fama.

Los trabajos que en esto pasé sería largo contarlos, así de peligros y hambres como de tempestades y fríos, que muchos de ellos me tomaron en el campo y solo donde, por gran misericordia de Dios Nuestro Señor, escapé. Por esta causa yo no trataba el oficio en invierno por ser tiempo que ellos mismos en sus chozas y ranchos metidos no podían valerse ni ampararse.

Fueron casi seis años el tiempo que yo estuve en esta tierra solo entre ellos y desnudo como todos andaban. La razón porque tanto

me detuve fue por llevar conmigo un cristiano que estaba en la isla, llamado Lope de Oviedo. El otro compañero de Alaniz que con él había quedado cuando Alonso de Castillo y Andrés Dorantes, con todos los otros, se fueron, murió luego. Por sacarlo de allí yo pasaba a la isla cada año y le rogaba que nos fuésemos a la mejor maña que pudiésemos en busca de cristianos, y cada año me detenía diciendo que el otro siguiente nos iríamos. En fin al cabo lo saqué y le pasé el ancón[11] y cuatro ríos que hay por la costa, porque él no sabía nadar. Así fuimos con algunos indios adelante hasta que llegamos a un ancón que tiene una legua de ancho y es por todas partes hondo. Por lo que de él nos pareció y vimos, es el que llaman del Espíritu Santo,[12] y de la otra parte de él vimos unos indios que vinieron a ver los nuestros, y nos dijeron como más adelante había tres hombres como nosotros y nos dijeron los nombres de ellos. Preguntándoles por los demás, nos respondieron que todos eran muertos de frío y de hambre, y que aquellos indios de adelante, ellos mismos por su pasatiempo, habían muerto a Diego Dorantes y a Valdivieso y a Diego de Huelva porque se habían pasado de una casa a otra; y que los otros indios, sus vecinos, con quien ahora estaba el Capitán Dorantes, por razón de un sueño que habían soñado, habían muerto a Esquivel y a Méndez. Preguntámosles qué tales estaban vivos; dijéronnos que muy maltratados porque los muchachos y otros indios, que entre ellos son muy holgazanes y de mal trato, les daban muchas coces, bofetones, y palos, y que era ésta la vida que con ellos tenían.

Quisímonos informar de la tierra adelante y de los mantenimientos que en ella había. Respondieron que era muy pobre de gente y que en ella no había qué comer y que morían de frío, porque no tenían cueros ni con qué cubrirse. Dijéronnos también [que], si queríamos ver aquellos tres cristianos que de ahí

---

[7] Probably a tiny, gray-green, spineless cactus called "peyote" (*Lophophora Williamsii*), whose narcotic properties induce hallucinations.

[8] cuentas de la mar: *sea-beads.*

[9] engrudo . . . coloradas: *a glue or cement and hard reeds to make arrows, and tassels of deer hair dyed red.*

[10] Este oficio . . . bien: *This occupation was advantageous for me.*

[11] ancón: *strait.*

[12] Espíritu Santo: a legendary bay on the northern coast of the Gulf of Mexico whose name was variously applied to Mobile, Pensacola. and other large inlets.

a dos días los indios que los tenían venían a comer nueces una legua de allí a la vera de aquel río. Para que viésemos que lo que nos habían dicho del mal tratamiento de los otros era verdad, estando con ellos dieron al com-[5] pañero mío de bofetones y palos. Y yo no quedé sin mi parte y de muchos pellazos de lodo que nos tiraban, y nos ponían cada día las flechas al corazón diciendo que nos querían matar como a los otros nuestros [10] compañeros. Temiendo esto Lope de Oviedo, mi compañero, dijo que quería volverse con unas mujeres de aquellos indios con quien habíamos pasado el ancón y que quedaban algo atrás. Yo porfié mucho con él que no lo hiciese y pasé muchas cosas, pero por ninguna vía lo pude detener.[13] Así se volvió y yo quedé con aquellos indios, los cuales se llamaban quevenes y los otros, con quien él se fue, llaman deaguanes.

---

[13] Yo porfié . . . detener: *I argued strongly with him not to do so and I tried every means, but by none of them could I deter him.*

⤳Inca Garcilaso de la Vega

Peru, 1539–1616   The first South American to win a permanent place in the history of Spanish and Spanish American literature was the son of a Spanish conqueror and an Inca princess, who was known as the Inca Garcilaso de la Vega (sometimes Garcilaso de la Vega, el Inca). His literary reputation rests chiefly on two historical works, *La Florida del Inca* (1605) and the more important *Comentarios reales* (1609–1617).

⤳LA FLORIDA DEL INCA

It appears that around 1570 the Inca Garcilaso, then living near Cordoba, Spain, met a veteran of the Hernando de Soto expedition named Gonzalo Silvestre and began to record the recollections of this impoverished survivor of the wanderings of the luckless Spaniards in the lower Mississippi valley from 1539 to 1543. Believing that he contributed "no more than his quill" to an accurate account, the Inca Garcilaso created his novelesque *La Florida del Inca*, an adventurous tale published in 1605 in six parts. Its vivid descriptions of battles, individual combats, strange communities, treasure, exotic nature, and incredible feats of human endurance are reminiscent of the contemporary romances of chivalry and form one of the most readable narratives in colonial literature.

The following two selections are from Part II, and Book III, Chapters 10 and 29 respectively. The first tells of de Soto's meeting on May 1, 1540, with the Indian "Lady of Cofachiqui" near present-day Augusta on the Savannah River in Georgia. The second selection recounts the end of the disastrous battle with the Indians at Mauvila on October 18, 1540, in southern Alabama north of the Mobile bay.

⤳SALE LA SEÑORA DE COFACHIQUI A HABLAR AL GOBERNADOR Y OFRECE BASTIMENTO Y PASAJE PARA EL EJÉRCITO

Poco después que los indios dieron la nueva en el pueblo, salieron seis indios principales que, a lo que se entendió, debían ser regidores. Eran de buena presencia y casi de una edad de cuarenta a cincuenta años, los cuales entraron en una gran canoa y con ellos otros indios de servicio que la guiaban y gobernaban.

Puestos los seis indios ante el gobernador, hicieron todos juntos a una tres diversas y grandes reverencias; la primera al Sol, volviéndose todos al oriente, y la segunda a la Luna, volviendo los rostros al occidente, y la tercera al gobernador, enderezándose hacia donde él estaba. El cual estaba sentado en una silla que llaman de descanso, que solían llevar siempre doquiera que iba, en que se asentase y recibiese los curacas y embajadores con la gravedad y ornamento que a la grandeza de su cargo y oficio convenía. Los seis indios principales, hecho el acatamiento, la primera palabra que hablaron fue decir al gobernador: "Señor, ¿queréis paz o guerra?" Y, porque sea regla general, es de saber que en todas las provincias que el gobernador descubrió siempre, al entrar en ellas, le hacían esta pregunta a las primeras palabras que le hablaban. El general respondió que quería la paz y no guerra y les pedía solamente paso y bastimento para pasar adelante a ciertas provincias en cuya demanda iba y que, pues sabían que la comida era cosa que no se podía excusar, le perdonasen la pesadumbre que en dársela podían recibir, y les rogaba le proveyesen de balsas y canoas para pasar aquel río y le hiciesen amistad mientras caminasen por sus tierras, que él procuraría darles la menos molestia que pudiese.

Los indios respondieron que aceptaban la paz y que, en lo de la comida, ellos tenían poca porque el año pasado en toda su provincia habían tenido una gran pestilencia con mucha mortandad de gente de la cual sólo aquel pueblo se había librado, de cuya causa los moradores de los demás pueblos de aquel estado se habían huido a los montes y no habían sembrado y que, con ser pasada la peste, aún no se habían recogido todos los indios a sus casas y pueblos; y que eran vasallos de una señora, moza por casar, recién heredada; que volverían a darle cuenta de lo que su señoría pedía y, con lo que res-

pondiese, le avisarían luego, y entretanto esperase con buena confianza porque entendían que su señora, siendo como era mujer discreta y de pecho señoril, haría un servicio de los cristianos todo lo que le fuese posible. Dichas estas razones, y habida licencia del gobernador, se fueron a su pueblo y dieron aviso a su señora de lo que el capitán de los cristianos les había pedido para su camino.

Apenas pudieron haber dado los indios la embajada a su señora cuando vieron los castellanos aderezar dos grandes canoas y entoldar una de ellas con grande aparato y ornamento, en la cual se embarcó la señora del pueblo y ocho mujeres nobles que vinieron en su compañía, y no se embarcó más gente en aquella canoa. En la otra se embarcaron los seis indios principales que llevaron el recaudo, y con ellos venían muchos remeros que bogaban y gobernaban la canoa, la cual traía a jorro[1] la canoa de la señora, donde no venían remeros ni hombre alguno sino las mujeres solas. Con este concierto pasaron el río y llegaron donde el gobernador estaba. Escena es ésta bien al propio semejante, aunque inferior en grandeza y majestad, al de Cleopatra cuando por el río Cindo, en Cilicia, salió a recibir a Marco Antonio, donde se trocaron las suertes de tal manera que la que había sido acusada de crimen *lesae maiestatis*[2] salió por juez del que la había de condenar, y el emperador y señor, por esclavo de su sierva, hecha ya señora suya por la fuerza del amor mediante las excelencias, hermosura y discreción de aquella famosísima gitana, como larga y galanamente lo cuenta todo el maestro del gran español Trajano, digno discípulo de tal maestro del cual, pues se asemejan tanto los pasos de las historias, pudiéramos hurtar aquí lo que bien nos estuviera, como lo han hecho otros del mismo autor, que tiene para todos, si no temiéramos que tan al descubierto se había de descubrir su galanísimo brocado entre nuestro bajo sayal.[3]

La india señora de la provincia de Cofachiqui, puesta ante el gobernador, habiéndole

---

[1] traía a jorro: *was towing.*
[2] *lesae maiestatis = lése majesté : disrespect.*
[3] Steeped in the Renaissance learning of his time the

Inca Garcilaso is often unable to resist the temptation to make classical allusions and comparisons in his narratives.

hecho su acatamiento, se sentó en un asiento que los suyos le traían y ella sola habló al gobernador sin que indio ni india de las suyas hablase palabra. Volvió a referir el recaudo que sus vasallos le habían dado y dijo que la pestilencia del año pasado le había quitado la posibilidad del bastimento que ella quisiera tener para mejor servir a su señoría, mas que haría todo lo que pudiese en su servicio; y, para que lo viese por la obra, luego de presente ofrecía una de dos casas que en aquel pueblo tenía de depósito con cada seiscientas fanegas de zara que había hecho recoger para socorrer los vasallos que de la peste hubiese escapado; y le suplicaba tuviese por bien de dejarle la otra para su necesidad, que era mucha; y que, si adelante su señoría hubiese menester maíz, que en otro pueblo cerca de allí tenía recogidas dos mil fanegas para la misma necesidad, que de allí tomaría lo que más quisiese; y para alojamiento de su señoría desembarazaría su propia casa, y para los capitanes y soldados más principales mandaría desocupar la mitad del pueblo, y para la demás gente se harían muy buenas ramadas en que estuviesen a placer; y que, si gustaba de ello, le desembarazarían todo el pueblo y se irían los indios a otro que estaba cerca, y para pasar el ejército aquel río, se proveerían con brevedad balsas y canoas de madera, que para el día siguiente habría todo recaudo de ellas, porque su señoría viese con cuanta prontitud y voluntad le servían.

El gobernador respondió con mucho agradecimiento a sus buenas palabras y promesas y estimó en mucho que, en tiempo que su tierra pasaba necesidad, le ofreciese más de lo que pedía. En correspondencia de aquel beneficio dijo que él y su gente procurarían pasarse con la menos comida que ser pudiese

por no darle tanta molestia, y que al alojamiento y las demás provisiones estaban bien ordenadas y trazadas, por lo cual, en nombre del emperador de los cristianos y rey de España, su señor, lo recibía en servicio para gratificárselo a su tiempo y ocasiones y, de parte de todo el ejército y suya, lo recibía en particular favor y regalo para nunca olvidarlo.

Además de esto hablaron en otras cosas de aquella provincia y de las que había por la comarca; y a todo lo que el gobernador le preguntó, respondió la india con mucha satisfacción de los circunstantes,[4] de manera que los españoles se admiraban de oír tan buenas palabras, tan bien concertadas que mostraban la discreción de una bárbara nacida y criada lejos de toda buena enseñanza y policía. Mas el buen natural, doquiera que lo hay, de suyo y sin doctrina florece en discreciones y gentilezas y, al contrario, el necio cuanto más le enseñan, tanto más torpe se muestra.

Notaron particularmente nuestros españoles que los indios de esta provincia y de las dos que atrás quedaron, fueron más blandos de condición, más afables y menos feroces que todos los demás que en este descubrimiento hallaron, porque en las provincias, aunque ofrecían paz y la guardaban, siempre era sospechosa, que en sus ademanes y palabras ásperas se les veía que la amistad era más fingida que la verdadera. Lo cual no hubo en la gente de esta provincia Cofachiqui, ni en la de Cofaqui y Cofa que atrás quedan, sino que parecía que toda su vida habían criado con los españoles. En todas sus obras y palabras procuraban descubrir y mostrar el amor verdadero que les tenían, que cierto era de agradecerles que con gente nunca jamás hasta entonces vista usasen de tanta familiaridad.

◆◆◆ CUENTA EL FIN DE LA BATALLA DE MAUVILA Y CUÁN MAL PARADOS QUEDARON LOS ESPAÑOLES

No fue menos sangrienta la batalla que hubo en el campo, para lo cual se había limpiado y

rozado hasta arrancar las yerbas y raíces porque los indios, habiéndose encerrado en el

---

[4] circunstantes: *bystanders*

pueblo para defenderse en él y reconociendo que por ser muchos se estorbaban unos a otros en la pelea y que, por ser el lugar estrecho, no podían aprovecharse de su ligereza, acordaron muchos de ellos salir al campo descolgándose por las cercas abajo,[5] donde pelearon con todo buen ánimo y esfuerzo y deseo de vencer. Mas en poco tiempo reconocieron que el consejo les salía a mal porque, si ellos les hacían ventaja con la ligereza a los españoles de a pie, los de a caballo les eran superiores y los alanceaban en el campo a toda su voluntad sin que pudiesen defenderse, porque estos indios no usan de picas, aunque las tienen, que son la defensa contra los caballos, porque no tienen sufrimiento para esperar que el enemigo llegue a golpe de pica, sino que quieren tenerlo asaetado y lleno de flechas antes que llegue a ellos con buen trecho. Ésta es la causa principal porque usan más del arco y flechas que de otra arma alguna, y así murieron muy muchos en el campo mal aconsejados de su ferocidad y vana presunción. Los españoles de la retaguardia, caballeros e infantes, llegaron y todos arremetieron a los indios que en el campo andaban peleando y, después de haber batallado gran espacio de tiempo, con muchas muertes y heridas que recibieron que, aunque llegaron tarde, les cupo muy buena parte de ellas, como vimos en Diego de Soto y presto veremos en los demás, los desbarataron y mataron los más de ellos. Algunos se escaparon con la huida.

En este tiempo, que era ya cerca de ponerse el sol, todavía sonaba la grita y vocería de los que peleaban en el pueblo. Al socorro de los suyos entraron muchos de a caballo; otros quedaron fuera para lo que fuese menester. Hasta entonces, por la estrechura del sitio, ninguno de a caballo había peleado dentro en el pueblo, sino el general y Nuño Tovar. Entrando, pues, ahora muchos caballeros, se dividieron por las calles, que en todas ellas había que hacer y, rompiendo los indios que en ellas peleaban, los mataron.

Diez o doce caballos entraron por la calle principal, donde la batalla era más feroz y sangrienta y donde todavía estaba un escuadrón de indios e indias que peleaban con toda desesperación, que ya no pretendían más que morir peleando. Contra éstos arremetieron los de a caballo y, tomándolos por las espaldas, los rompieron con más facilidad y pasaron por ellos con tanta furia que a vueltas de los indios derribaron muchos españoles que pie a pie peleaban con los enemigos, los cuales murieron todos, que ninguno quiso rendirse ni dar las armas sino morir con ellas peleando como buenos soldados.

Éste fue el postrer encuentro de la batalla con que acabaron de vencer los españoles al tiempo que el sol se ponía, habiéndose peleado de ambas partes nueve horas de tiempo sin cesar. Fue día del bienaventurado San Lucas Evangelista, año de 1540, y este mismo día, aunque muchos años después, se escribió la relación de ella. . . .

Acabada la batalla, el gobernador Hernando de Soto, aunque salió mal herido, tuvo cuidado de mandar que los españoles muertos se recogiesen para los enterrar otro día, y los heridos se curasen; para los curar había tanta falta de lo necesario que murieron muchos de ellos antes de ser curados, porque se halló por cuenta que hubo 1,770 y tantas heridas de cura, y llamaban heridas de cura a las que eran las penetrantes y que era forzoso que las curase el cirujano, como eran las penetrantes a lo hueco,[6] o casco quebrado en la cabeza, o flechazo en el codo, rodilla o tobillo, de que temiese que el herido había de quedar cojo o manco.

De estas heridas se halló el número que hemos dicho, que de las que pasaban la pantorrilla de una parte a otra, o el muslo, o las asentaduras, o el brazo por la tabla o por el molledo, aunque fuese con lanza, ni de las cuchilladas o estocadas que no eran peligrosas de muerte no hacían caso de ellas para que las curase el cirujano, sino que los mismos heridos se curaban unos a otros, aunque fuesen capitanes ni oficiales de la Hacienda Real. De las cuales heridas hubo casi

---

[5] descolgándose . . . abajo: *dropping down from the stockades.*

[6] las penetrantes a lo hueco: (*wounds*) *reaching into the vital organs.*

infinito número, porque apenas quedó hombre que no saliese herido y los más sacaron a cinco y seis heridas, y muchos salieron con diez. . . .

En esta necesidad se vieron nuestros españoles sin médicos ni medicinas, sin vendas 5 ni hilas, sin comida ni ropa con que abrigarse, sin casas ni aun chozas en que meterse para huir del frío y sereno de la noche, que de todo socorro los dejó despojados la desventura de aquel día. Y aunque quisieran ir a buscar 10 alguna cosa para su remedio, les estorbaba la oscuridad de la noche, y el no saber dónde hallarla, y el verse todos tan heridos y desangrados que los más de ellos no podían

tenerse en pie. Sólo tenían abundancia de suspiros y gemidos que el dolor de las heridas y el mal remedio de ellas les sacaban de las entrañas.

En lo interior de sus corazones y, a voces altas, llamaban a Dios los amparase y socorriese en aquella aflicción. Nuestro Señor, como padre piadoso, les socorrió con darles en aquel trabajo un ánimo invencible, cual siempre lo tuvo la nación española sobre todas las naciones del mundo para valerse en sus mayores necesidades, como éstos se valieron en la presente, según veremos en el capítulo venidero.

⤳COMENTARIOS REALES DE LOS INCAS

In this work Garcilaso describes the empire of the Incas, their legends, customs, and monuments, together with many digressions and interpolated anecdotes. His style is natural, sometimes naive, and carries the reader along with relative ease. He was inspired by a genuine love for his theme and drew his materials not only from reliable written sources but also from his memory of his childhood when he had listened to his mother's conversations with her people and had heard much concerning the rites and ceremonies of the ancient Incas.

⤳Pedro Serrano, a Spanish "Robinson Crusoe"

The opening chapters of the *Comentarios reales* are discursive and treat of matters somewhat remote from Garcilaso's subject. Having discussed the origin of the name Peru, he then devotes Chapter VII to telling how other geographical localities in the New World received their designations; among them he includes some reefs between the coasts of Colombia and Cuba, the Serrano Bank, named for a sailor marooned upon them. This story fascinated him, apparently, for he states: "Quizá lo diremos en otra parte." The temptation to intercalate this tale is too great for, in the very next chapter, after a succinct description of the geographical extent of Peru, he returns to it saying: "Será bien, antes que pasemos adelante, digamos aquí el suceso de Pedro Serrano," and adds naively that he does this "para que este capítulo no sea tan corto." This curious interpolation follows:[7]

[7] This and the following selections are taken from the text printed in the *Biblioteca de cultura peruana* edition, Vol. 3, *Garcilaso de la Vega Inca: Páginas escogidas* (Paris, 1938), Book I, Chapters VIII, XVIII, XIX; Bk. II, Ch. XXVII; Bk. III, Ch. XXV; Bk. IV, Ch. XIII; Bk. VI, Ch. VII; and Bk. VII, Ch. XXVII.

Pedro Serrano salió a nado a aquella isla desierta[8] que, antes de él, no tenía nombre, la cual, como él decía, tendría dos leguas en contorno. Casi lo mismo dice la carta de marear, porque pinta tres islas muy pequeñas, con muchos bajíos a la redonda; y la misma figura le da a la que llaman Serranilla, que son cinco isletas pequeñas, con muchos más bajíos que la Serrana. En todo aquel parage los hay, por lo cual huyen los navíos de ellos por no caer en peligro.

A Pedro Serrano le cupo en suerte perderse en ellos[9] y llegar nadando a la isla donde se halló desconsoladísimo, porque no halló en ella agua, ni leña, ni aun hierba que pudiera comer, ni otra cosa alguna con que mantener la vida mientras pasase algún navío que lo sacase de allí para que no pereciese de hambre y sed. Le parecía muerte más cruel que haber muerto ahogado porque ésta es más breve.

Así pasó la primera noche, llorando su desventura, tan afligido como se puede imaginar que estaría un hombre puesto en tal extremo. Luego que amaneció, volvió a pasearse por la isla; halló algún marisco[10] que salía de la mar como son cangrejos, camarones y otras sabandijas, de las cuales cogió las que pudo y se las comió crudas porque no había candela donde asar o cocerlas. Así se mantuvo hasta que vio salir tortugas. Viéndolas lejos de la mar, arremetió con una de ellas y la volvió de espaldas. Lo mismo hizo de todas las que pudo, pues para volverse a enderezar, son torpes;[11] sacando un cuchillo, que de ordinario solía traer en la cinta y que fue el medio para escapar de la muerte, la degolló y bebió la sangre en lugar de agua. Lo mismo hizo de las demás; la carne la puso al sol para comerla hecha tasajos,[12] y desembarazó las conchas para coger agua en ellas de la lluvia, porque toda aquella región, como es notorio, es muy lluviosa.

De esta manera se sustentó los primeros días, con matar todas las tortugas que podía. Algunas había tan grandes, y mayores que las mayores adargas,[13] y otras como rodelas y como broqueles, de modo que las había de todos tamaños. Con las más grandes Serrano no podía valer para volverlas de espaldas porque le vencían de fuerzas y, aunque subía sobre ellas para cansarlas y sujetarlas, no le aprovechaba nada porque, con él a cuestas, se iban a la mar.[14] Así es que la experiencia le decía a cuáles tortugas había de acometer y a cuáles se había de rendir. En las conchas recogió mucha agua porque había algunas que cabían a dos arrobas y de allí abajo.[15]

Viéndose Pedro Serrano con bastante recaudo para comer y beber, le pareció que, si pudiese sacar fuego para asar la comida y para hacer ahumadas cuando viese pasar algún navío, no le faltaría nada. Con esta imaginación, como hombre que había andado por la mar—y es cierto que los tales hombres, en cualquier trabajo, hacen mucha ventaja a los demás—dio en buscar un par de guijarros que le sirviesen de pedernal, porque del cuchillo pensaba hacer eslabón. Como no los halló en la isla, porque toda ella estaba cubierta de arena muerta, entraba en la mar nadando y se zambullía. Buscaba con gran diligencia en el suelo, ya en unas partes, ya en otras, lo que quería, y tanto porfió en su trabajo que halló guijarros. Sacó los que pudo y escogió los mejores de ellos; quebrando los unos con los otros para que tuviesen esquinas donde dar con el cuchillo, tentó su artificio. Viendo que sacaba fuego, hizo hilas tan desmenuzadas de un pedazo de la camisa que

---

[8] This appears to have been Serranilla, about a hundred miles north of the Serrana keys at latitude 80° west, longitude 14° north in the western Caribbean, to both of which groups Serrano gave his name.

[9] A Pedro . . . en ellos: *It was Pedro Serrano's fate to be cast away in them.*

[10] algún marisco: *an occasional shellfish.*

[11] pues . . . torpes: *because they are helpless to right themselves again.*

[12] hecha tasajo: *as jerked meat.*

[13] mayores . . . adargas: *larger than the largest shields; adargas, rodelas* and *broqueles,* names of various types of shields and bucklers.

[14] aunque . . . mar: *although he clambered on their backs to tire them out and thus subdue them, it did him no good because they crawled off into the water with him on their backs.*

[15] porque había . . . abajo: *for there were some which held two arrobas of water and were from that size down.* An *arroba* is a variable measure usually considered about 25 pounds.

parecían algodón carmenado[16] y le sirvieron de yesca; habiéndolo porfiado muchas veces, con su industria y buena maña, sacó fuego.

Cuando se vio con fuego se dio por muy dichoso y, para sustentarlo, recogió las basuras que la mar echaba en tierra. Por horas las recogía donde hallaba mucha hierba, que se llama ovas marinas,[17] y madera de navíos que se perdían por la mar, y conchas, huesos de pescados y otras cosas con que alimentaba el fuego. Para que los aguaceros no se lo apagasen, hizo una choza de las mayores conchas que tenía de las tortugas que había muerto, y con grandísima vigilancia cebaba el fuego para que no se le fuese de las manos.[18]

Dentro de dos meses, y aun antes, se vio como nació[19] porque, con las muchas aguas, calor y humedad de la región, se le pudrió la poca ropa que tenía. El sol, con su gran calor, le fatigaba mucho porque ni tenía ropa con que defenderse, ni había sombra a que ponerse. Cuando se veía muy fatigado, entraba en el agua para cubrirse con ella. Con este trabajo y cuidado vivió tres años, y en este tiempo vio pasar algunos navíos pero, aunque él hacía su ahumada, que en la mar es señal de gente perdida, no echaban de ver en ella o, por el temor de los bajíos, no osaban llegar donde él estaba y se pasaban de largo. De lo cual Pedro Serrano quedaba tan desconsolado que casi tomaba el partido de morirse y acabar ya. Con las inclemencias del cielo le creció el vello en todo el cuerpo tan excesivamente que parecía pellejo de animal, y no como cualquier animal sino el de un jabalí; el cabello y la barba le pasaban de la cinta.

Al cabo de los tres años una tarde, sin pensarlo, vio Pedro Serrano a un hombre en la isla que la noche antes se había perdido en los bajíos de ella y se había sostenido en una tabla del navío; luego que amaneció, había visto el humo del fuego de Pedro Serrano y, sospechando lo que fue, se había ido a él, ayudado de la tabla y de su buen nadar. Cuando se vieron ambos no se puede certificar cuál quedó más asombrado de cuál. Serrano imaginó que era el demonio que venía en figura de hombre para tentarle en alguna desesperación. El huésped entendió que Serrano era el demonio en su propia figura según lo vio cubierto de cabellos, barbas y pelaje. Cada uno huyó del otro y Pedro Serrano fue diciendo:

"¡Jesús! ¡Jesús! ¡Líbrame, Señor, del demonio!"

Oyendo esto se aseguró el otro, y, volviendo a él, le dijo:

"No huyáis, hermano mío, porque soy cristiano como vos."

Y, para que se certificase, porque todavía huía, dijo a voces el Credo, lo cual oído por Pedro Serrano, volvió a él y se abrazaron con grandísima ternura y muchas lágrimas y gemidos, viéndose ambos en una misma desventura sin esperanza de salir de ella. Cada uno de ellos brevemente contó al otro su vida pasada. Pedro Serrano, sospechando la necesidad del huésped, le dio de comer y de beber de lo que tenía, con que quedó algún tanto consolado, y hablaron de nuevo de su desventura. Acomodaron su vida como mejor supieron, repartiendo las horas del día y de la noche en sus menesteres de buscar marisco para comer, ovas, leña, huesos de pescado, y cualquier otra cosa que la mar echase, para sustentar el fuego; y sobre todo la perpetua vigilia sobre el fuego que tenían que tener, velando por horas para que no se les apagase.

Así vivieron algunos días, pero no pasaron muchos que no riñeron de manera que apartaron rancho y no faltó sino llegar a las manos[20] (para que se vea cuán grande es la miseria de nuestras pasiones). La causa de la pendencia fue decir el uno al otro que no cuidaba como convenía de lo que era necesario. Este enojo y las palabras que se dijeron con él los descompusieron y apartaron. Pero ellos mismos, cayendo en su disparate, se pidieron perdón y se hicieron amigos; volvieron a su compañía y en ella vivieron otros cuatro años. En este tiempo vieron pasar

[16] algodón carmenado: *finely combed cotton.*
[17] ovas marinas: *sea lettuce.*
[18] para que . . . manos: *so that the fire should not go out on him.*

[19] se vio como nació: *he was stark naked.*
[20] de manera que . . . manos: *so that they ate apart and they almost came to blows.*

algunos navíos y hacían sus ahumadas, pero no les aprovechaba, y así es que ellos quedaban tan desconsolados que no les faltaba sino morir.[21]

Al cabo de este largo tiempo acertó a pasar un navío tan cerca de ellos que vio la ahumada y les echó el bote para recogerlos. Pedro Serrano y su compañero, que se había puesto de su mismo pelaje, viendo el bote cerca y, para que los marineros que iban por ellos no creyesen que eran demonios y huyesen de ellos, dieron en decir el Credo y llamar el nombre de Nuestro Redentor a voces. Les sirvió el aviso porque, de otra manera, sin duda hubieran huido los marineros porque Serrano y su compañero no tenían figura de hombres humanos. Los llevaron al navío donde admiraron a cuantos los vieron y oyeron sus trabajos pasados. El compañero murió en la mar, regresando a España. Pedro Serrano llegó acá y pasó a Alemania donde el Emperador[22] estaba entonces. Serrano llevó su pelaje como lo traía para que fuese prueba de su naufragio y de lo que le había pasado en él. Por todos los pueblos que pasaba en la ida, si hubiera querido mostrarse, hubiera ganado muchos dineros. Algunos señores y caballeros principales, a quienes les gustaba ver su figura, le dieron ayudas de costa para el camino, y la Majestad Imperial, habiéndole visto y oído, le concedió cuatro mil pesos de renta, que son cuatro mil ochocientos ducados en el Perú. Al ir a gozarlos, murió Serrano en Panamá y así no llegó a verlos.

Todo este cuento, como se ha dicho, contaba un caballero que se llamaba Garci Sánchez de Figueroa, a quien yo se lo oí, y él conoció a Pedro Serrano y certificaba que se lo había oído a él mismo. Después de haber visto al Emperador, Serrano se había quitado el cabello y la barba, y la había dejado poco más corta que hasta la cinta. Para dormir de noche Serrano se la trenzaba porque, si no la trenzaba, se tendía por toda la cama y le estorbaba el sueño.

TWO LEGENDS OF THE ORIGIN OF THE INCAS

In these selections the Inca Garcilaso de la Vega confines himself more closely to his description of the legends, practices, customs, and monuments of his maternal ancestors, the Incas.

Otra fábula cuenta la gente común del Perú del origen de sus reyes Incas, y son los indios que caen al Mediodía del Cuzco, que llaman Collasuyu, y los del Poniente, que llaman Cuntisuyu. Dicen que pasado el diluvio, del cual no saben dar más razón de decir que lo hubo, ni se entiende si fue el general del tiempo de Noé,[23] o algún otro en particular; por lo cual dejaremos de decir lo que cuenta de él, y de otras cosas semejantes, que, de la manera que las dicen, más parecen sueños o fábulas mal ordenadas que sucesos historiales. Dicen, pues, que, cesadas las aguas, se apareció un hombre en Tiahuanacu, que está al Mediodía del Cuzco, que fue tan poderoso que repartió el mundo en cuatro partes, y las dio a cuatro hombres, que llamó reyes; el primero se llamó Manco Cápac, y el segundo Colla, y el tercero Tocay, y el cuarto Pinahua. Dicen que a Manco Cápac dio la parte septentrional, y al Colla la parte meridional (de cuyo nombre se llamó después Colla aquella gran provincia), al tercero, llamado Tocay, dio la parte del Levante, y al cuarto, que llaman Pinahua, la del Poniente; y que les mandó fuese cada uno a su distrito, y conquistase y gobernase la gente que hallase; y no advierten a decir si el diluvio los había

---

[21] y así es . . . morir: *and so they were so disconsolate that there was nothing left to them but to die.*

[22] Charles V, Emperor of the Holy Roman Empire, who was also Charles I, King of Spain.

[23] For a description of the flood at the time of Noah see *Genesis*, VII–VIII.

ahogado o si los indios habían resucitado para ser conquistados y doctrinados, y así en todo cuanto dicen de aquellos tiempos. Dicen que de este repartimiento del mundo nació después el que hicieron los Incas de su reino, llamada Tahuantinsuyu. Dicen que el Manco Cápac fue hacia el Norte, y llegó al valle del Cuzco, y fundó aquella ciudad, y sujetó los circunvecinos, y los doctrinó; y con estos principios dicen de Manco Cápac casi lo mismo que hemos dicho de él; y que los reyes Incas descienden de él; y de los otros tres reyes no saben decir qué fue de ellos; y de esta manera son todas las historias de aquella antigüedad; y no hay que espantarnos de que gente, que no tuvo letras con que conservar la memoria de sus antiguallas, trate de aquellos principios tan confusamente; pues los de la gentilidad del mundo viejo con tener letras y ser tan curiosos en ella, inventaron fábulas tan dignas de risa, y más que estas otras; pues una de ellas es la de Pirra y Deucalion,[24] y otras que pudiéramos traer a cuenta, y también se pueden cotejar las de la una gentilidad con las de la otra, que en muchos pedazos se remedan, y asimismo tienen algo semejante a la historia de Noé, como algunos españoles han querido decir, según veremos luego. Lo que yo siento de este origen de los Incas diré al fin.

Otra manera del origen de los Incas cuentan semejante a la pasada, y éstos son indios que viven al Levante y al Norte de la ciudad del Cuzco. Dicen que al principio del mundo salieron por unas ventanas de unas peñas que están cerca de la ciudad, en un puesto que llaman Paucartampu, cuatro hombres y cuatro mujeres, todos hermanos, y que salieron por la ventana de en medio, que ellas son tres, la cual llamaron ventana real; por esta fábula aforraron aquella ventana por todas partes con grandes planchas de oro y muchas piedras preciosas: las ventanas de los lados guarnecieron solamente con oro, mas no con pedrería. Al primer hermano llamaron Manco Cápac, y a su mujer Mama Ocllo: dicen que éste fundó la ciudad, y que la llamó Cuzco, que, en la lengua particular de los Incas, quiere decir ombligo, y que sujetó aquellas naciones y les enseñó a ser hombres, y que de éste descienden todos los Incas. * * *

Algunos españoles curiosos quieren decir, oyendo estos cuentos, que aquellos indios tuvieron noticia de la historia de Noé, de sus tres hijos, mujer y nueras, que fueron cuatro hombres y cuatro mujeres que Dios reservó del diluvio, que son los que dicen en la fábula, y que, por la ventana del arca de Noé, dijeron los indios la de Paucartampu, y que el hombre poderoso que la primera fábula dice que se apareció en Tiahuanacu, que dicen repartió el mundo en aquellos cuatro hombres, quieren los curiosos que sea Dios quien mandó a Noé y a sus tres hijos que poblasen el mundo. Otros pasos de la una fábula y de la otra quieren semejar a los de la santa historia, que les parece que se semejan. Yo no me entremeto en cosas tan hondas; digo llanamente las fábulas historiales que en mis niñeces oí a los míos; tómelas cada uno como quisiere, y déles la alegoría que más le cuadrare. A semejanza de las fábulas que hemos dicho de los Incas, inventan las demás naciones del Perú otra infinidad de ellas del origen y principio de sus primeros padres, diferenciándose unos de otros, como las veremos en el discurso de la historia: que no se tiene por honrado el indio que no desciende de fuente, río o lago, aunque sea de la mar o de animales fieros, como el oso, león o tigre, o de águila, o del ave que llaman cúntur [cóndor], o de otras aves de rapiña o de sierras, montes, riscos o cavernas, cada uno como se le antoja, para su mayor loa y blasón; y para fábulas baste lo que se ha dicho.

---

[24] According to Greek legend, Deucalion, King of Thessaly and son of Prometheus, and Pirra, his wife, were the only ones to be saved from the deluge. They re-peopled the land by throwing behind them stones which were transformed into human beings.

⟨⟩THE AUTHOR'S SOURCES

Ya que hemos puesto la primera piedra de nuestro edificio (aunque fabulosa) en el origen de los Incas, reyes del Perú, será razón pasemos adelante en la conquista y reducción de los indios, extendiendo algo más la relación sumaria que me dio aquel Inca, con la relación de otros muchos Incas e indios, naturales de los pueblos que este primer Inca Manco Cápac mandó poblar, y redujo a su imperio, con los cuales me crié y comuniqué hasta los veinte años. En este tiempo tuve noticia de todo lo que vamos escribiendo, porque en mis niñeces me contaban sus historias, como se cuentan las fábulas a los niños. Después, en edad más crecida, me dieron larga noticia de sus leyes y gobierno; cotejando el nuevo gobierno de los españoles con el de los Incas: dividiendo en particular los delitos y las penas, y el rigor de ellas: decíanme cómo procedían sus reyes en paz y en guerra, de qué manera trataban a sus vasallos, y cómo eran servidos de ellos. Demás de esto, me contaban, como a propio hijo, toda su idolatría, sus ritos, ceremonias y sacrificios; sus fiestas principales y no principales, y cómo las celebraban; decíanme sus abusos y supersticiones, sus agüeros malos y buenos, así los que miraban en sus sacrificios como fuera de ellos. En suma, digo que me dieron noticia de todo lo que tuvieron en su república, que si entonces lo escribiera, fuera más copiosa esta historia. Demás de habérmelo dicho los indios, alcancé y vi por mis ojos mucha parte de aquella idolatría, sus fiestas y supersticiones, que aún en mis tiempos, hasta los doce o trece años de mi edad, no se habían acabado del todo. Yo nací ocho años después que los españoles ganaron mi tierra, y como lo he dicho, me crié en ella hasta los veinte años, y así vi muchas cosas de las que hacían los indios en aquella su gentilidad, las cuales contaré, diciendo que las vi. Sin la relación que mis parientes me dieron de las cosas dichas, y sin lo que yo vi, he habido[25] otras muchas relaciones de las conquistas y hechos de aquellos reyes; porque luego que propuse escribir esta historia, escribí a los condiscípulos de escuela y gramática, encargándoles que cada uno me ayudase con la relación que pudiese haber de las particulares conquistas que los Incas hicieron de las provincias de sus madres; porque cada provincia tiene sus cuentas y nudos[26] con sus historias, anales y la tradición dellas; y por esto retiene mejor lo que en ella pasó que lo que pasó en la ajena. Los condiscípulos, tomando de veras lo que les pedí, cada cual dellos dio cuenta de mi intención a su madre y parientes; los cuales, sabiendo que un indio, hijo de su tierra, quería escribir los sucesos de ella, sacaron de sus archivos las relaciones que tenían de sus historias, y me las enviaron; y así tuve la noticia de los hechos y conquistas de cada Inca, que es la misma que los historiadores españoles tuvieron, sino que ésta será más larga, como lo advertiremos en muchas partes della. Y porque todos los hechos deste primer Inca son principios y fundamento de la historia que hemos de escribir, nos valdrá mucho decirlos aquí, a lo menos los más importantes, porque no los repitamos adelante en las vidas y hechos de cada uno de los Incas sus descendientes; porque todos ellos generalmente, así los reyes como los no reyes, se preciaron de imitar en todo y por todo la condición, obras y costumbres deste primer príncipe Manco Cápac; y dichas sus cosas, habremos dicho las de todos ellos. Iremos con atención de decir las hazañas más historiales, dejando otras muchas por impertinentes y prolijas; y aunque algunas cosas de las dichas, y otras que se dirán, parezcan fabulosas, me pareció no dejar de escribirlas, por no quitar los fundamentos sobre que los indios se fundan para las cosas mayores y mejores que de su imperio cuentan; porque en fin destos principios fabulosos procedieron las grandezas que

---

[25] habido=tenido.
[26] nudos: for more details on the use of knots (*quipus*) as mnemonic devices see p. 41.

en realidad de verdad posee hoy España; por lo cual se me permitirá decir lo que conviniere para la mejor noticia que se pueda dar de los principios, medios y fines de aquella monarquía, que yo protesto decir llanamente la relación que mamé en la leche, y la que después acá he habido, pedida a los propios míos, y prometo que la afición dellos no sea parte para dejar de decir la verdad del hecho, sin quitar de lo malo ni añadir a lo bueno que tuvieron; que bien sé que la gentilidad es un mar de errores, y no escribiré novedades que no se hayan oído, sino las mismas cosas que los historiadores españoles han escrito de aquella tierra, y de los reyes della, y alegaré las mismas palabras dellos donde conviniere, para que se vea que no finjo ficciones en favor de mis parientes, sino que digo lo mismo que los españoles dijeron; sólo serviré de comento para declarar y ampliar muchas cosas que ellos asomaron a decir, y las dejaron imperfectas, por haberles faltado relación entera. Otras muchas se añadirán que faltan de sus historias, y pasaron en hecho de verdad, y algunas se quitarán, que sobran, por falsa relación que tuvieron, por no saberla pedir el español con distinción de tiempos y edades, y división de provincias y naciones, o por no entender al indio que se la daba, o por no entender el uno al otro, por la dificultad del lenguaje; que el español que piensa que sabe más dél, ignora de diez partes las nueve, por las muchas cosas que un mismo vocablo significa, y por las diferentes pronunciaciones que una misma dicción tiene para muy diferentes significaciones, como se verá adelante en algunos vocablos que será forzoso traerlos a cuenta.

Demás desto, en todo lo que desta república,[27] antes destruida que conocida, dijere, será contando llanamente lo que en su antigüedad tuvo de su idolatría, ritos, sacrificios y ceremonias, y en su gobierno, leyes y costumbres, en paz y en guerra, sin comparar cosa alguna de éstas a otras semejantes que en las historias divinas y humanas se hallan, ni al gobierno de nuestros tiempos, porque toda comparación es odiosa. El que las leyere podrá cotejarlas a su gusto, que muchas hallará semejantes a las antiguas, así de la Santa Escritura, como de las profanas y fábulas de la gentilidad antigua: muchas leyes y costumbres verá que parecen a las de nuestro siglo; otras muchas oirá en todo contrarias: de mi parte he hecho lo que he podido, no habiendo podido lo que he deseado. Al discreto lector suplico reciba mi ánimo, que es de darle gusto y contento, aunque las fuerzas, ni la habilidad de un indio, nacido entre los indios, criado entre armas y caballos, no puedan llegar allá.

THE POETRY OF THE INCAS

No les faltó habilidad a los amautas, que eran los filósofos, para componer comedias y tragedias, que en días y fiestas solemnes representaban delante de sus reyes y de los señores que asistían en la corte. Los representantes no eran viles, sino Incas y gente noble, hijos de curacas, y los mismos curacas y capitanes hasta maestres de campo; porque los autos de las tragedias se representasen al propio; cuyos argumentos siempre eran de hechos militares, de triunfos y victorias de las hazañas y grandezas de los reyes pasados, y de otros heroicos varones. Los argumentos de las comedias eran de agricultura, de hacienda, de cosas caseras y familiares. Los representantes, luego que se acababa la comedia, se sentaban en sus lugares conforme a su calidad y oficios. No hacían entremeses deshonestos, viles y bajos: todo era de cosas graves y honestas, con sentencias y donaires permitidos en tal lugar. A los que se aventajaban en la gracia del representar les daban joyas y favores de mucha estima.

De la poesía alcanzaron otra poca porque

---

[27] desta república: *of this state*. The term *república* does not have here its modern connotation of representative government.

supieron hacer versos cortos y largos con
medida de sílabas: en ellos ponían sus
cantares amorosos con tonadas diferentes,
como se ha dicho. También componían en
verso las hazañas de sus reyes, y de otros
famosos Incas, y curacas principales, y los
enseñaban a sus descendientes por tradición
para que se acordasen de los buenos hechos
de sus pasados y los imitasen: los versos eran
pocos porque la memoria los guardase;
empero[28] muy compendiosos, como cifras. No
usaron de consonante[29] en los versos, todos
eran sueltos. Por la mayor parte semejaban a
la natural compostura española que llaman
redondillas. Una canción amorosa compuesta
en cuatro versos me ofrece la memoria; por
ellos se verá el artificio de la compostura y la
significación abreviada compendiosa de lo
que en su rusticidad querían decir. Los versos
amorosos hacían cortos porque fuesen más
fáciles de tañer en la flauta. Holgara poner
también la tonada en puntos de canto de
órgano[30] para que se viera lo uno y lo otro,
mas la impertinencia me excusa del trabajo.

La canción es la que se sigue y su traducción en castellano:

Caylla llapi		Al cántico
Puñunqui	*quiere*	dormirás
Chaupituta	*decir*	media noche
Samusac		yo vendré

Y más propiamente dijera, *veniré*, sin el
pronombre yo, haciendo tres sílabas del verbo,
como las hace el indio que no nombra a la
persona, sino que la incluye en el verbo por
la medida del verso. Otras muchas maneras
de versos alcanzaron los Incas poetas, a los
cuales llamaban *harávec*, que en propia significación quiere decir inventador. En los
papeles del P. Blas Valera[31] hallé otros versos
que él llama spondaicos, todos son de a
cuatro sílabas, a diferencia de estos otros que
son de a cuatro y a tres. Escríbelos en indio y
en latín; son en materia de astrología. Los
incas poetas los compusieron filosofando las
causas segundas que Dios puso en la región

del aire para los truenos, relámpagos y rayos,
y para el granizar, nevar y llover, todo lo cual
dan a entender en los versos, como se verá.
Hiciéronlos conforme a una fábula que tuvieron, que es la que se sigue. Dicen que el
Hacedor puso en el cielo una doncella, hija de
un rey, que tiene un cántaro lleno de agua
para derramarla cuando la tierra la ha
menester, y que un hermano de ella le quiebra
a sus tiempos, y que del golpe se causan los
truenos, relámpagos y rayos. Dicen que el
hombre los causa porque son hechos de
hombres feroces, y no de mujeres tiernas.
Dicen que el granizar, llover y nevar lo hace
la doncella, porque son hechos de más
suavidad y blandura, y de tanto provecho:
dicen que un Inca poeta y astrólogo hizo y
dijo los versos loando las excelencias y
virtudes de la dama, y que Dios se las había
dado para que con ellas hiciese bien a las
criaturas de la tierra.

La fábula y los versos, dice el P. Blas
Valera, que halló en los ñudos y cuentas de
unos anales antiguos que estaban en hilos de
diversos colores, y que la tradición de los
versos y de la fábula se la dijeron los indios
contadores que tenían cargo de los ñudos y
cuentas historiales, y que, admirado de que
los amautas hubiesen alcanzado tanto, escribió los versos y los tomó de memoria para
dar cuenta de ellos. Yo me acuerdo haber
oído esta fábula en mis niñeces, con otras
muchas que me contaban mis parientes;
pero como niño y muchacho no les pedí la
significación, ni ellos me la dieron. Para los
que no entienden indio ni latín, me atreví a
traducir los versos en castellano, arrimán-
dome más a la significación de la lengua que
mamé en la leche, que no a la ajena latina,
porque lo poco que de ella sé lo aprendí en el
mayor fuego de las guerras de mi tierra, entre
armas y caballos, pólvora y arcabuces, de que
supe más que de letras. El P. Blas Valera
imitó en su latín las cuatro sílabas del
lenguaje indio en cada verso; y está muy bien

[28] empero=aunque.
[29] consonante: *rhyme*.
[30] en puntos de canto de órgano: *in polyphonic harmony*.
[31] Padre Blas Valera (1540–1596), a Jesuit priest,
and like the Inca, a *mestizo*, was the author of a manuscript history of the Inca empire to part of which
Garcilaso had access (Cf. Book I, Chapter VI of the
Comentarios reales), but which has since been lost.

imitado. Yo salí de ellas, porque en castellano no se pueden guardar, que habiendo de declarar por entero la significación de las palabras indias, en unas son menester más sílabas y en otras menos. *Ñusta*, quiere decir doncella de sangre real y no se interpreta con menos; que, para decir doncella de las comunes, dicen *tazque*; *china* llaman a la doncella muchacha de servicio. *Illapántac* es verbo; incluye en su significación la de tres verbos, que son tronar, relampaguear y caer rayos; y así los puso en dos versos el P. M. Blas Valera, porque el verso anterior, que es *cunuñunun*, significa hacer estruendo, y no lo

puso aquel autor por declarar las tres significaciones del verbo *illapántac*; *unu*, es agua; *para*, es llover; *chichi*, es granizar; *riti*, nevar; *Pachacámac* quiere decir el que hace con el universo lo que el alma con el cuerpo. *Viracocha* es nombre de un dios moderno que adoraban, cuya historia veremos adelante muy a la larga. *Chura* quiere decir poner. *Cama* es dar alma, vida, ser y sustancia. Conforme a esto diremos lo menos mal que supiéremos, sin salir de la propia significación del lenguaje indio; los versos son los que se siguen en las tres lenguas:

Cumac Ñusta	Pulchra Nimpha	Hermosa doncella,
Toralláyquim	Frater tuus	aquese tu hermano,
Puyñuy quita	Urnam tuam	el tu cantarillo
Paquir cayan	Nunc infrigit	lo está quebrantando,
Hina mántara	Cujus ictus	y de aquesta causa
Cunuñunun	Tonat fulget	truena y relampaguea;
Illa pántac	Fulminatque	también caen rayos.
Camri Ñusta	Sed tu Nimpha	Tú, real doncella,
Unuy quita	Tuam limpham	tus muy lindas aguas
Para munqui	Fundens pluis	nos darás lloviendo,
May ñimpiri	Interdumque	también a las veces
Chichi munqui	Grandinem, seu	granizar nos has,
Riti munqui	Nivem mittis	nevarás asimismo,
Pacha rúrac	Mundi Factor	el Hacedor del mundo,
Pachacámac	Pachacamac	el Dios que le anima,
Viracocha	Viracocha	el gran Viracocha
Cay hinápac	Ad hoc munus	para aqueste oficio
Churasunqui	Te sufficit	ya te colocaron
Camasunqui.	Ac praefecit.	y te dieron alma.

Esto puse aquí por enriquecer mi pobre historia, porque cierto sin lisonja alguna, se puede decir que todo lo que el P. Blas Valera tenía escrito, eran perlas y piedras preciosas: no mereció mi tierra verse adornada de ellas. * * *

⟨⟩THE TEMPLE OF TITICACA

Entre otros templos famosos que en el Perú había dedicado al sol que en ornamento y riqueza de oro y plata podían competir con el del Cuzco, hubo uno en la isla llamada Titicaca, que quiere decir sierra de plomo; es compuesto de *Titi*, que es plomo, y de *Caca*, que es sierra.[32] Hanse de pronunciar ambas sílabas, Caca en lo interior de la garganta, porque pronunciadas como suenan las letras españolas, quiere decir, tío, hermano de

[32] This island is, of course, in Lake Titicaca, on the Peruvian-Bolivian border. It is elsewhere claimed that the name is derived from *Titi*, wildcat, and *Kaka*, rock. Hence the name could mean "Wildcat Rock."

madre. El lago llamado Titicaca, donde está la isla, tomó el mismo nombre de ella, la cual está de tierra firme poco más de dos tiros de arcabuz. Tiene de circuito de cinco a seis mil pasos, donde dicen los Incas que el sol puso aquellos sus dos hijos, varón y mujer, cuando los envió a la tierra para que doctrinasen y enseñasen la vida humana a la gente barbarísima que entonces había en aquella tierra. A esta fábula añaden otra de siglos más antiguos. Dicen que después del diluvio vieron los rayos del sol en aquella isla y en aquel gran lago primero que en otra parte alguna. El cual tiene por partes setenta y ochenta brazas de fondo, y ochenta leguas de contorno. De sus propiedades y causas, porque no admita barcos que anden encima de sus aguas, escribía el P. Blas Valera, en lo cual yo no me entremeto, porque dice que tiene mucha piedra imán.

El primer Inca Manco Cápac, favorecido de esta fábula antigua y de su buen ingenio, inventiva y sagacidad, viendo que los indios la creían y tenían el lago y la isla por lugar sagrado, compuso la segunda fábula, diciendo que él y su mujer eran hijos del sol, y que su padre los había puesto en aquella isla para que de allí fuesen por toda la tierra doctrinando aquellas gentes, como al principio de esta historia se dijo largamente. Los Incas amautas, que eran los filósofos y sabios de su república, reducían la primera fábula a la segunda, dándosela por pronóstico o profecía, si así se puede decir. Decían que el haber echado el sol en aquella isla sus primeros rayos para alumbrar el mundo, había sido señal y promesa de que en el mismo lugar pondría sus dos primeros hijos para que enseñasen y alumbrasen aquellas gentes, sacándolas de las bestialidades en que vivían, como lo habían hecho después aquellos reyes. Con estas invenciones y otras semejantes, hechas en su favor hicieron los Incas creer a los demás indios que eran hijos del sol, y con sus muchos beneficios lo confirmaron. Por estas dos fábulas tuvieron los Incas, y todos los de su imperio, aquella isla por lugar sagrado,

y así mandaron hacer en ella un riquísimo templo, todo aforrado con tablones de oro, dedicado al sol, donde universalmente todas las provincias sujetas al Inca ofrecían cada año mucho oro y plata, y piedras preciosas, en hacimiento de gracias al sol por los dos beneficios que en aquel lugar les había hecho.

Aquel templo tenía el mismo servicio que el templo del Cuzco. De las ofrendas de oro y plata había tanta cantidad amontonada en la isla, fuera de lo que para el servicio del templo estaba labrado, que lo que dicen los indios acerca de esto más es para admirar que para lo creer. El P. Blas Valera, hablando de la riqueza de aquel templo, y de lo mucho que fuera de él había sobrado y amontonado, dice que los indios trasplantados (que llaman Mitmac) que viven en Copacabana le certificaron que era tanto lo que había sobrado de oro y plata, que pudieran hacer de ello otro templo desde los fundamentos hasta la cumbre, sin mezcla de otro material; y que luego que los indios supieron la entrada de los españoles en aquella tierra, y que iban tomando para sí cuanta riqueza hallaban, la echaron toda aquella en aquel gran lago.

Otro cuento semejante se me ofrece, y es que en valle de Orcos, que está seis leguas al Sur del Cuzco, hay una laguna pequeña que tiene menos de media legua de circuito, empero muy honda y rodeada de cerros altos. Es fama que los indios echaron en ella mucho tesoro de lo que había en el Cuzco, luego que supieron la ida de los españoles; y que entre otras riquezas echaron la cadena de oro que Huayna Cápac mandó hacer, de la cual diremos en su lugar. Doce o trece españoles moradores del Cuzco, no de los vecinos que tienen indios,[33] sino de los mercaderes y tratantes, movidos de esta fama hicieron compañía a pérdida o ganancia para desaguar aquella laguna y gozar de su tesoro. Sondáronla y hallaron que tenía veinte y tres o veinte y cuatro brazas de agua, sin el cieno, que era mucho. Acordaron hacer una mina por parte del Oriente de la laguna, por do pasa el río llamado Yucay, porque por aquella parte

---

[33] vecinos . . . indios: *encomenderos,* or Spaniards to whom the privilege of collecting tribute, often in the form of personal services, from a group of Indians in exchange for their conversion and education, was given.

está la tierra más baja que el suelo de la laguna, por do podía correr el agua, y quedar en seco la laguna, y por las otras partes no podían desaguarla porque está rodeada de sierras. No abrieron el desaguadero a tajo abierto desde lo alto (que quizá les fuera mejor), por parecerles más barato entrar por debajo de tierra con el socavón. Empezaron su obra el año de mil y quinientos y cincuenta y siete, con grandes esperanzas de haber el tesoro, y entrados ya más de cincuenta pasos por el cerro adelante, toparon con una peña; y aunque se esforzaron a romperla, hallaron que era de pedernal, y porfiando con ella, vieron que sacaban más fuego que piedra, por lo cual, gastados muchos ducados de su caudal, perdieron sus esperanzas y dejaron la empresa. Yo entré por la cueva dos o tres veces cuando andaban en la obra. Así que hay fama pública como la tuvieron aquellos españoles de haber escondido los indios infinito tesoro en lagos, cuevas y en montañas, sin que haya esperanza de que se pueda cobrar.[34]

Los reyes Incas, además del templo y su gran ornamento, ennoblecieron mucho aquella isla por ser la primera tierra que sus primeros progenitores, viniendo del cielo, habían pisado, como ellos decían. Allanáronla todo lo que se pudo, quitándole peñas y peñascos; hicieron andenes, los cuales cu-

brieron con tierra buena y fértil, traída de lejos para que pudiese llevar maíz, porque en toda aquella región, por ser tierra muy fría, no se coge de ninguna manera. En aquellos andenes lo sembraban con otras semillas, y, con los muchos beneficios que le hacían, cogían algunas mazorcas en poca cantidad, las cuales llevaban al rey por cosa sagrada, y él las llevaba al templo del sol, y de ellas enviaba a las vírgenes escogidas, que estaban en el Cuzco, y mandaba que se llevasen a otros conventos y templos que por el reino había; un año a unos, y otro año a otros, para que todos gozasen de aquel grano, que era como traído del cielo. Sembraban de ello en los jardines de los templos del sol, y de las casas de las escogidas en las provincias donde las había, y lo que se cogía se repartía por los pueblos de las tales provincias. Echaban algunos granos en los graneros del sol y en los del rey, y en los pósitos de los concejos para que, como cosa divina, guardase, aumentase y librase de corrupción el pan, que para el sustento común allí estaba recogido. Y el indio que podía haber un grano de aquel maíz o de cualquiera otra semilla para echarlo en sus orones, creía que no le había de faltar pan en toda su vida: tan supersticiosos como esto fueron en cualquiera cosa que tocaba a sus Incas.

THE LIFE OF THE MARRIED WOMEN

La vida de las mujeres casadas en común era con perpetua asistencia de sus casas. Entendían en hilar y tejer lana en las tierras frías y algodón en las calientes. Cada una hilaba y tejía para sí y para su marido y sus hijos. Cosían poco, porque los vestidos que vestían, así hombres como mujeres eran de poca costura. Todo lo que tejían era torcido, así algodón como lana. Todas las telas, cualesquiera que fuesen, las sacaban de cuatro orillos. No las urdían más largas de como las

habían menester para cada manta o camiseta. Los vestidos no eran cortados, sino enterizos, como la tela salía del telar; porque antes que la tejiesen, le daban el ancho y largo que había de tener más o menos.

No hubo sastres, ni zapateros, ni calceteros entre aquellos indios. ¡Oh qué de cosas de las que por acá hay no hubieron menester, que se pasaban sin ellas! Las mujeres cuidaban del vestido de sus casas y los varones del calzado que, como dijimos, en el armarse

---

[34] Many similar attempts down to recent times have been made by private individuals and companies to locate the treasure of the Incas.

caballeros, lo habían de saber hacer; y aunque los Incas de la sangre real y los curacas y la gente rica tenían criados que hacían de calzar, no se desdeñaban ellos de ejercitarse de cuando en cuando en hacer un calzado y cualquier género de armas que su profesión les mandaba que supiesen hacer, porque se preciaron mucho de cumplir sus estatutos. Al trabajo del campo acudían todos hombres y mujeres para ayudarse unos a otros.

En algunas provincias muy apartadas del Cuzco, que aún no estaban bien cultivadas por los reyes Incas, iban las mujeres a trabajar al campo, y los maridos quedaban en casa a hilar y tejer. Mas yo hablo de aquella corte y de las naciones que la imitaban, que eran casi todas las de su imperio, que esas otras por bárbaras merecían quedar en olvido. Las indias eran tan amigas de hilar y tan enemigas de perder cualquier pequeño espacio de tiempo que, yendo o viniendo de las aldeas a la ciudad, y aun pasando de un barrio a otro a visitarse en ocasiones forzosas, llevaban recaudo para dos maneras de hilado, quiero decir para hilar y torcer. Por el camino iban torciendo lo que llevaban hilado por ser oficio más fácil, y en sus visitas sacaban la rueca del hilado, e hilaban en buena conversación. Esto de ir hilando o torciendo por los caminos era de la gente común; mas las pallas, que eran las de la sangre real, cuando se visitaban unas a otras llevaban sus hilados y labores con sus criadas; y así las que iban a visitar como las visitadas estaban en su conversación ocupadas por no estar ociosas. Los husos hacen de caña, como en España los de hierro; échanles torteros, mas no les hacen huecas a la punta; con la hebra que van hilando les echan una lazada y al hilar sueltan el huso como cuando tuercen, hacen la hebra cuan larga pueden; recógenla en los dedos mayores de la mano izquierda para meterla en el huso. La rueca traen en la mano izquierda, y no en la cinta. Es de una cuarta de largo, tiénenla con los dedos menores, acuden con ambas manos a adelgazar la hebra y quitar las motas; no la llevan a la boca porque en mis tiempos no hilaban lino, que no lo había, sino lana y algodón. Hilan poco, porque es con las prolijidades que hemos dicho.

⚬⚬The Inca Post

Chasqui llamaban a los correos que había puestos por los caminos para llevar con brevedad los mandatos del rey y traer las nuevas y avisos que por sus reinos y provincias, lejos o cerca, hubiese de importancia. Para lo cual tenían a cada cuarto de legua cuatro o seis indios mozos y ligeros, los cuales estaban en dos chozas para repararse de las inclemencias del cielo. Llevaban los recaudos por su vez, ya los de una choza, ya los de la otra; los unos miraban a la una parte del camino, y los otros a la otra, para descubrir los mensajeros antes que llegasen a ellos, y apercibirse para tomar el recaudo, porque no se perdiese tiempo alguno. Y para esto ponían siempre las chozas en alto, y también las ponían de manera que se viesen las unas a las otras. Estaban a cuarto de legua, porque decían que aquello era lo que un indio podía correr con ligereza y aliento sin cansarse.

Llamáronlos *chasqui*, que quiere decir trocar, o dar y tomar, que es lo mismo, porque trocaban, daban y tomaban de uno en otro, y de otro en otro, los recaudos que llevaban. No les llamaron *cacha*, que quiere decir mensajeros, porque este nombre lo daban al embajador o mensajero propio que personalmente iba de un príncipe al otro, o del señor al súbdito. El recaudo o mensaje que los chasquis llevaban era de palabra, porque los indios del Perú no supieron escribir. Las palabras eran pocas, y muy concertadas y corrientes, por que no se trocasen, y por ser muchas no se olvidasen. El que venía con el mensaje daba voces, llegando a la vista de la choza, para que se apercibiese el que había de ir, como hace el correo en tocar su bocina, para que le tengan ensillada la posta; y en llegando donde le podían entender, daba su recaudo, repitiéndolo dos y tres, y cuatro veces, hasta que lo entendía el que lo había de llevar; y si no lo entendía, aguardaba a que llegase y diese muy en forma su recaudo; y de esta manera pasaba de uno en otro hasta donde había de llegar.

Otros recaudos llevaban, no de palabra, sino por escrito, digámoslo así, aunque hemos dicho que no tuvieron letras, las cuales eran *ñudos*, dados en diferentes hilos de diversos colores, que iban puestos por su orden, mas no siempre de una misma manera, sino unas veces antepuesto el un color al otro, y otras veces trocados al revés; y esta manera de recaudos eran cifras, por las cuales se entendían el Inca y sus gobernadores, para lo que había de hacer, y los *ñudos* y las colores[35] de los hilos significaban el número de gente, armas, o vestidos, o bastimento, o cualquiera otra cosa que se hubiese de hacer, enviar o aprestar. A estos hilos añudados llamaban los indios *quipu* (que quiere decir añudar, y *ñudo*, que sirve de nombre y verbo), por los cuales se entendían en sus cuentas. En otra parte, capítulo de por sí, diremos largamente cómo eran y de qué servían. Cuando había priesa[36] de mensajes, añadían correos, y ponían en cada posta ocho, y diez, y doce indios chasquis. Tenían otra manera de dar aviso por estos correos, y era haciendo ahumadas de día de uno en otro, y llamaradas de noche. Para lo cual tenían siempre los chasquis apercibido el fuego y los hachos, y velaban perpetuamente de noche y de día por su rueda, para estar apercibidos para cualquier suceso que se ofreciese. Esta manera de aviso por los fuegos era solamente cuando había algún levantamiento y rebelión de reino o provincia grande, y hacíase para que el Inca lo supiese dentro de dos o tres horas cuando mucho (aunque fuese de quinientas o seiscientas leguas de la corte), y mandase apercibir lo necesario para cuando llegase la nueva cierta de cuál provincia o reino era el levantamiento. Éste era el oficio de los chasquis y los recaudos que llevaban.

⌒THE FORTRESS OF CUZCO

Maravillosos edificios hicieron los Incas, reyes del Perú, en fortalezas, en templos, en casas reales, en jardines, en pósitos y en caminos, y otras fábricas de grande excelencia, como se muestran hoy por las ruinas que de ellas han quedado; aunque mal se puede ver por los cimientos lo que fue todo el edificio.

La obra mayor y más soberbia, que mandaron hacer para mostrar su poder y majestad, fue la fortaleza del Cuzco, cuyas grandezas son increíbles a quien no las ha visto, y al que las ha visto y mirado con atención, le hacen imaginar, y aun creer, que son hechas por vía de encantamiento, y que las hicieron demonios y no hombres; porque la multitud de las piedras, tantas y tan grandes, como las que hay puestas en las tres cercas (que más son peñas que piedras) causa admiración imaginar, cómo las pudieron cortar de las canteras de donde se sacaron, porque los indios no tuvieron hierro ni acero para las cortar ni labrar; pues pensar cómo las trajeron al edificio, es dar en otra dificultad no menor, porque no tuvieron bueyes, ni supieron hacer carros, ni hay carros que las puedan sufrir, ni bueyes que basten a tirarlas. Llevábanlas arrastrando a fuerza de brazos con gruesas maromas; ni los caminos por donde las llevaban eran llanos, sino sierras muy ásperas, con grandes cuestas por do las subían y bajaban a pura fuerza de hombres. Muchas de ellas llevaron de diez, doce, quince leguas, particularmente la piedra, o por mejor decir la peña, que los indios llaman Saycusca, que quiere decir cansada

---

[35] Note that the noun *color* was both masculine and feminine in the Inca Garcilaso's time.

[36] priesa = prisa.

(porque no llegó al edificio), se sabe que la trajeron de quince leguas de la ciudad, y que pasó el río de Yucay, que es poco menor que Guadalquivir por Córdoba. Las que llevaron de más cerca fueron de Muyna, que está cinco leguas del Cuzco; pues pasar adelante con la imaginación, y pensar cómo pudieron ajustar tanto unas piedras tan grandes, que apenas pueden meter la punta de un cuchillo por ellas, es nunca acabar.* * * Tampoco supieron hacer grúas, ni garruchas, ni otro ingenio alguno que les ayudara a subir y bajar las piedras, siendo ellas tan grandes que espantan, como lo dice el M. R. P. José de Acosta, hablando de esta misma fortaleza que yo, por tener la precisa medida del grandor de muchas dellas, me quiero valer de la autoridad de este gran varón, que, aunque la he pedido a los condiscípulos, y me la han enviado, no ha sido la relación tan clara y distinta como yo la pedía de los tamaños de las piedras mayores, que quisiera la medida por varas y ochavas, y no por brazas, como me la enviaron. Quisiérala con testimonios de escribanos, porque lo más maravilloso de aquel edificio es la increíble grandeza de las piedras, por el incomportable trabajo que era menester para las alzar y bajar hasta ajustarlas y ponerlas como están; porque no se alcanza cómo se pudo hacer con no más ayuda de costa que la de los brazos. Dice, pues, el P. Acosta, libro sexto, capítulo catorce:

"Los edificios y fábricas que los Incas hicieron en fortalezas, en templos, en caminos, en casas de campo y otras, fueron muchos y de excesivo trabajo, como lo manifiestan el día de hoy las ruinas y pedazos que han quedado, como se ven en el Cuzco, y en Tiahuanaco, y en Tambo, y en otras partes donde hay piedras de inmensa grandeza, que no se puede pensar cómo se cortaron, y trajeron, y asentaron donde están; para todos estos edificios y fortalezas que el Inca mandaba hacer en el Cuzco, y en diversas partes de su reino, acudía grandísimo número de todas las provincias, porque la labor es extraña y para espantar, y no usaban de mezcla, ni tenían hierro ni acero para cortar y labrar las

piedras, ni máquinas, ni instrumentos para traerlas; y con todo eso están tan sólidamente labradas, que en muchas partes apenas se ve la juntura de unas con otras. Y son tan grandes muchas piedras de éstas, como está dicho, que sería cosa increíble si no se viese. En Tiahuanaco medí yo una piedra de treinta y ocho pies de largo y de diez y ocho de ancho, y el grueso sería de seis pies; y en la muralla de la fortaleza del Cuzco, que es de mampostería, hay muchas piedras de mucha mayor grandeza; y lo que más admira es que, no siendo cortadas éstas que digo de la muralla por regla, sino entre sí muy desiguales en el tamaño y en la facción, encajan unas con otras con increíble juntura, sin mezcla. Todo esto se hacía a poder de mucha gente, y con gran sufrimiento en el labrar, porque para encajar una piedra con otra era forzoso probarla muchas veces, no estando las más de ellas iguales ni llanas, etc."

Todas son palabras del P. M. Acosta, sacadas a la letra, por las cuales se verá la dificultad y el trabajo con que hicieron aquella fortaleza, porque no tuvieron instrumentos ni máquinas de que ayudarse.

Los Incas, según lo manifiesta aquella su fábrica, parece que quisieron mostrar por ella la grandeza de su poder, como se ve en la inmensidad y majestad de la obra, la cual se hizo más para admirar que no para otro fin. También quisieron hacer muestra del ingenio de sus maestros y artífices, no sólo en la labor de la cantería pulida (que los españoles no acaban de encarecer), mas también en la obra de la cantería tosca, en la cual no mostraron menos primor que en la otra. Pretendieron asimismo mostrarse hombres de guerra en la traza del edificio, dando a cada lugar lo necesario para defensa contra los enemigos.

La fortaleza edificaron en un cerro alto, que está al Septentrión de la ciudad, llamado Sacsahuaman, de cuyas faldas empieza la población del Cuzco, y se tiende a todas partes por gran espacio. Aquel cerro (a la parte de la ciudad) está derecho, casi perpendicular, de manera que está segura la fortaleza de que por aquella banda la acometan los enemigos en escuadrón formado, ni de otra manera, ni hay sitio por allí donde puedan plantar artillería, aunque los indios no tuvieron noticia de ella hasta que fueron los españoles. Por la seguridad que por aquella banda tenía, les pareció que bastaba cualquiera defensa, y así echaron solamente un muro grueso de cantería de piedra, ricamente labrada por todas cinco partes, si no era por el *trasdós*[37] como dicen los albañiles. Tenía aquel muro más de doscientas brazas de largo. Cada hilada de piedra era de diferente altor, y todas las piedras de cada hilada muy iguales, y asentadas por hilo con muy buena trabazón, y tan ajustadas unas con otras por todas cuatro partes, que no admitían mezcla. Verdad es que no se la echaban de cal ni arena, porque no supieron hacer cal; empero echaban por mezcla una lechada de un barro colorado, que hay muy pegajoso, para que hinchase y llenase las picaduras que al labrar la piedra se hacían. En esta cerca mostraron fortaleza y policía, porque el muro era grueso, y la labor muy pulida a ambas partes.

---

[37] *trasdós* (extrados): *the exterior curve of an arch.*

Alonso de Ercilla y Zúñiga

CHILE, 1533–1594   The distinction of composing the first poem of genuine literary merit on the American continent belongs to a young Spanish officer, an active participant in campaigns against the Araucanian Indians of Chile, Alonso de Ercilla, whose epic of thirty-seven cantos and about two thousand seven hundred *octavas*, entitled *La Araucana* (1569–1589), is one of the greatest in the Spanish language. Even more than the valor of the conquerors it sings of the courage and the heroic resistance of the Indians in defending their native soil. The vivid descriptions of this verse narrative and the verve with which incidents are related won the poem and its author extraordinary popularity in the sixteenth century, and *La Araucana* became a model for a school of imitators, none of whom equalled the inspiration and skill of Ercilla. The following fragments of this great epic are mainly descriptive of the hardy Indians and their leaders of central and southern Chile whose gallantry won the respect and admiration of their Spanish foes. In his dedication of the poem to Philip II, Ercilla declared that all of it was historically true, and he mentioned the interesting fact that he had often composed parts of it while in the field against the Indians, where for lack of paper he had written many fragments down in fine hand-writing on pieces of leather. Other fragments had been written on scraps of paper so small that they would hold only five or six lines.

LA ARAUCANA

Ercilla begins the poem with a ringing introduction:

No las damas, amor, no gentilezas
de caballeros canto enamorados;
ni las muestras, regalos y ternezas
de amorosos afectos y cuidados;

5 mas el valor, los hechos, las proezas
de aquellos españoles esforzados,
que a la cerviz de Arauco, no domada,
pusieron duro yugo por la espada.* * *

ᕫᴅᴇscRIPTION OF THE ARAUCANIANS

Son de gestos robustos, desbarbados,[1]
bien formados los cuerpos y crecidos,
espaldas grandes pechos levantados,
recios miembros, de nervios bien fornidos,
5 ágiles, desenvueltos, alentados,
animosos, valientes, atrevidos,
duros en el trabajo, y sufridores
de fríos mortales, hambres y calores.

No ha habido rey jamás que sujetase
10 esta soberbia gente libertada,
ni extranjera nación que se jactase
de haber dado en sus términos pisada;
ni comarcana tierra que se osase
mover en contra y levantar espada:
15 siempre fue exenta, indómita, temida,
de leyes libre y de cerviz erguida.* * *

ᕫᴀLMAGRO AND VALDIVIA

Pues don Diego de Almagro,[2] adelantado,
que en otras mil conquistas se había visto,
por sabio en todas ellas reputado,
animoso, valiente, franco y quisto,[3]
5 a Chile caminó, determinado
de extender y ensanchar la fe de Cristo;
pero, en llegando al fin de este camino,
dar en breve la vuelta le convino.

A sólo el de Valdivia[4] esta victoria
10 con justa y gran razón le fue otorgada,
y es bien que se celebre su memoria,
pues pudo adelantar tanto su espada;

éste alcanzó en Arauco aquella gloria
que de nadie hasta allí fuera alcanzada:
15 la altiva gente al grave yugo trujo[5]
y en opresión la libertad redujo.* * *

Viose en el largo y áspero camino
por la hambre, sed y frío en gran estrecho;
pero, con la constancia que convino,
20 puso al trabajo el animoso pecho;
y el diestro hado y próspero destino
en Chile le metieron, a despecho
de cuantos estorbarlo procuraron,
que en su daño las armas levantaron.* * *

ᕫᴠᴀNITY OF THE SPANIARDS

El felice[6] suceso, la victoria,
la fama y posesiones que adquirían
los trujo a tal soberbia y vanagloria,
que en mil leguas diez hombres no cabían;[7]
5 sin pasarles jamás por la memoria
que en siete pies de tierra al fin habían
de venir a caber sus hinchazones,
su gloria vana y vanas pretensiones.

Crecían los intereses y malicia,
10 a costa del sudor y daño ajeno,
y la hambrienta y mísera codicia
con libertad paciendo iba sin freno:
la ley, derecho, el fuero y la justicia
era lo que Valdivia había por bueno,
15 remiso en graves culpas y piadoso,
y en los casos livianos riguroso.

[1] desbarbados: *beardless.*
[2] Diego de Almagro (1475–1538), the companion of
Pizarro in the conquest of Peru, to whom much of the
territory to the south, including Chile, was assigned.
Almagro later rebelled against Pizarro and was put to
death by his former comrade in arms.
[3] quisto=bienquisto.
[4] Pedro de Valdivia (ca. 1510–1569), the first conqueror of Chile, who founded the cities of Santiago de
Chile and Concepción. He met death by torture at the

hands of the Araucanian Indians.
[5] trujo=trajo.
[6] felice=feliz.
[7] The reference here is to the inordinate vanity and
swelled-headedness of the Spanish soldier, which were
so great that in a thousand leagues there was not room
enough for a mere ten men. Ercilla goes on to point
out the crass stupidity of this attitude in the face of that
certain democracy of the graveyard, under which they
will each occupy a small plot of seven feet.

Así el ingrato pueblo castellano,
en mal y estimación iba creciendo,
y siguiendo el soberbio intento vano
20 tras su fortuna próspera corriendo;
pero el Padre del cielo soberano
atajó este camino, permitiendo
que aquél a quien él mismo puso el yugo
fuese el cuchillo y áspero verdugo.

25 El estado araucano acostumbrado
a dar leyes, mandar y ser temido,
viéndose de su trono derribado,
y de mortales hombres oprimido;
de adquirir libertad determinado,
30 reprobando el subsidio[8] padecido,
acude al ejercicio de la espada,
ya por la paz ociosa desusada.* * *

ᏜᏜARAUCANIAN POW-WOW

Por dioses, como dije, eran tenidos
de los indios los nuestros; pero olieron
que de mujer y hombre eran nacidos
y todas sus flaquezas entendieron:
5 viéndolos a miserias sometidos,
el error ignorante conocieron,
ardiendo en viva rabia avergonzados
por verse de mortales conquistados.

No queriendo a más plazo diferirlo,
10 entre ellos comenzó luego a tratarse
que, para en breve tiempo concluirlo
y dar el modo y orden de vengarse,

se junten en consulta a definirlo,
do venga la sentencia a pronunciarse,
15 dura, ejemplar, cruel, irrevocable,
horrenda a todo el mundo y espantable.

Iban ya los caciques ocupando
los campos con la gente que marchaba,
y no fue menester general bando,
20 que el deseo de guerra los llamaba
sin promesas ni pagas, deseando
el esperado tiempo, que tardaba
por el decreto y áspero castigo,
con muerte y destrucción del enemigo.* * *

ᏜᏜSPEECH OF COLOCOLO

At the great pow-wow of Araucanian chiefs there were heated disputes
over the selection of a leader in the war against the Spaniards. Ill feeling,
stimulated by the customary heavy drinking on such occasions, was
flaming into bloody conflict when the aged and venerated Indian chief,
Colocolo, arose and addressed the assemblage as follows:

Caciques, del estado defensores,
codicia del mandar no me convida
a pesarme de veros pretensores
de cosa que a mí tanto era debida:
5 porque, según mi edad, ya veis, señores,
que estoy al otro mundo de partida;
mas el amor que siempre os he mostrado
a bien aconsejaros me ha incitado.

[8] subsidio: *tribute.*

¿Por qué cargos honrosos pretendemos,[9]
10 y ser en opinión grande tenidos,
pues que negar al mundo no podemos
haber sido sujetos y vencidos?
Y en esto averiguarnos no queremos,
estando aún de españoles oprimidos:
15 mejor fuera esa furia ejecutalla[10]
contra el fiero enemigo en la batalla.

¿Qué furor es el vuestro ¡oh araucanos!
que a perdición os lleva sin sentillo?[11]
¿Contra vuestras entrañas tenéis mano
20 y no contra el tirano en resistillo?[12]
¿Teniendo tan a golpe a los cristianos
volvéis contra vosotros el cuchillo?
Si gana de morir os ha movido,
no sea en tan bajo estado y abatido.

25 Volved las armas y ánimo furioso
a los pechos de aquellos que os han puesto
en dura sujeción, con afrentoso
partido, a todo el mundo manifiesto:
lanzad de vos el yugo vergonzoso;
30 mostrad vuestro valor y fuerza en esto;
no derraméis la sangre del estado
que para redimirnos ha quedado.

No me pesa de ver la lozanía
de vuestro corazón, antes me esfuerza;
35 mas temo que esta vuestra valentía,
por mal gobierno el buen camino tuerza:
que, vuelta entre nosotros la porfía,
degolléis nuestra Patria con su fuerza:
cortad, pues, si ha de ser de esa manera,
40 esta vieja garganta la primera.* * *

Pares sois en valor y fortaleza,
el cielo os igualó en el nacimiento;
de linaje, de estado y de riqueza
hizo a todos igual repartimiento;
45 y en singular por ánimo y grandeza
podéis tener del mundo el regimiento:
que este precioso don, no agradecido,
nos ha al presente término traído.

En la virtud de vuestro brazo espero
50 que puede en breve tiempo remediarse,
mas ha de haber un capitán primero
que todos por él quieran gobernarse:
éste será quien más un gran madero
sustentare en el hombro sin pararse;
55 y pues que sois iguales en la suerte
procure cada cual ser el más fuerte.* * *

THE CONTEST

Accepting Colocolo's advice, a huge log was brought and various candidates submitted themselves to the test of bearing this great weight on their shoulders. Paicabí supported the great log six hours, Elicura, nine hours, Purén, half a day, Ongolmo, more than half a day, Tucapel, fourteen hours, and finally, Lincoya held it for twenty-four hours.

No se vio allí persona en tanta gente
que no quedase atónita de espanto,
creyendo no haber hombre tan potente
que la pesada carga sufra tanto.

5 La ventaja le daban, juntamente
con el gobierno, mando y todo cuanto
a digno general era debido,
hasta allí justamente merecido.

[9] In his *Essay on Epic Poetry; in Five Epistles* (London, 1782, Third Epistle), William Hayley (1745–1820) translated this stanza as follows:
  Why should we now for marks of glory jar?
  Why wish to spread our martial name afar?
  Crushed as we are by Fortune's cruel stroke,
  and bent beneath an ignominious yoke,
  ill can our minds such noble pride maintain,
  while the fierce Spaniard holds our galling chain.
  Your generous fury here ye vainly show;

ah! rather pour it on the embattled foe!
  Voltaire, in his "Essay on Epic Poetry," compares this speech of Colocolo with that of Nestor in the first book of the *Iliad*, and declares that Ercilla's lines are finer than those of Homer. However, he was of the opinion that the rest of the poem was "as barbarous as the nations of which it treats."

[10] ejecutalla = ejecutarla.
[11] sentillo = sentirlo.
[12] resistillo = resistirlo.

Ufano andaba el bárbaro y contento
10 de haberse más que todos señalado;
cuando Caupolicán a aquel asiento
sin gente a la ligera había llegado.
Tenía un ojo sin luz de nacimiento
como un fino granate[13] colorado;
15 pero lo que en la vista le faltaba,
en la fuerza y esfuerzo le sobraba.

Era este noble mozo de alto hecho,
varón de autoridad, grave y severo,
amigo de guardar todo derecho,
20 áspero, riguroso, justiciero,
de cuerpo grande y relevado pecho,
hábil, diestro, fortísimo y ligero,
sabio, astuto, sagaz, determinado,
y en casos de repente reportado.[14] * * *

25 Con un desdén y muestra confiada
asiendo del troncón duro y nudoso,
como si fuera vara delicada,
se le pone en el hombro poderoso:
la gente enmudeció, maravillada
30 de ver el fuerte cuerpo tan nervoso;
la color a Lincoya se le muda,
poniendo en su victoria mucha duda.

El bárbaro sagaz despacio andaba,
y a toda prisa entraba el claro día,
35 el sol las largas sombras acortaba,
mas él nunca decrece en su porfía:
al ocaso la luz se retiraba,
ni por esto flaqueza en él había:
las estrellas se muestran claramente
40 y no muestra flaqueza aquel valiente.

Salió la clara luna a ver la fiesta
del tenebroso albergue húmedo y frío,
desocupando el campo y la floresta
de un negro velo lóbrego y sombrío:
45 Caupolicán no afloja de su apuesta,
antes, con nueva fuerza y mayor brío,
se mueve y representa de manera
como si peso alguno no trajera.* * *

Era salido el sol cuando el enorme
50 peso de las espaldas despedía,
y un salto dio en lanzándole disforme,[15]
mostrando que aún más ánimo tenía.
El circunstante pueblo en voz conforme
pronunció la sentencia y le decía:
55 "Sobre tan firmes hombros descargamos
el peso y grave carga que tomamos."

Al nuevo juego y pleito definido,
con las más ceremonias que supieron
por sumo capitán fue recibido,
60 y a su gobernación se sometieron.
Creció en reputación, fue tan temido,
y en opinión tan grande le tuvieron,
que ausentes muchas leguas de él temblaban
y casi como a rey le respetaban.* * *

ᗦᑋᗦ BATTLE WITH THE ARAUCANIANS

Like Ariosto, the style of whose *Orlando Furioso* he frequently follows, Ercilla often begins his cantos with reflections or moralizations like the following. The brief description of the battle which follows is only one of many such encounters described in *La araucana*.

¡Oh incurable mal! ¡oh gran fatiga
con tanta diligencia alimentada!
¡Vicio común pegajosa liga,
voluntad sin razón desenfrenada,

5 del provecho y bien público enemiga,
sedienta bestia, hidrópica, hinchada,
principio y fin de todos nuestros males,
oh insaciable codicia de mortales! * * *

---

[13] granate: *garnet, a precious red stone.*
[14] en casos . . . reportado: *in cases where others would act impulsively, he was cool and collected.*

[15] un salto . . . disforme: *he took a huge jump in throwing it off his shoulders.*

The Spanish advance guard now attacks and is annihilated.

La piquería del bárbaro calada
10 a los pocos soldados atendía;
pero al tiempo del golpe levantada
abriendo un gran portillo se desvía:
dales sin resistencia franca la entrada,
y en medio el escuadrón los recogía;
15 las hileras abiertas se cerraron,
y dentro a los cristianos sepultaron.

Como el caimán hambriento, cuando siente
el escuadrón de peces, que cortando
viene con gran bullicio la corriente,
20 el agua clara en torno alborotando;
que abriendo la gran boca cautamente
recoge allí el pescado, y apretando
las cóncavas quijadas lo deshace,
y al insaciable vientre satisface;

25 Pues de aquella manera recogido
fue el pequeño escuadrón del homicida,
y en breve espacio consumido
sin escapar cristiano con la vida.
Ya el araucano ejército movido
30 por la ronca trompeta obedecida,
con gran estruendo y pasos ordenados
cerraba sin temor por todos lados.* * *

Salen los españoles de tal suerte,
los dientes y las lanzas apretando,
35 que de cuatro escuadrones al más fuerte
le van un largo trecho retirando:
hieren, dañan, tropellan, dan la muerte,
piernas, brazos, cabezas cercenando:
los bárbaros por esto no se admiran,
40 antes cobran el campo y los retiran.

Sobre la vida y muerte se contiende,
perdone Dios a aquel que allí cayere;
del un bando y del otro así se ofende
que de ambas partes mucha gente muere:
45 bien se estima la plaza y se defiende,
volver un paso atrás ninguno quiere,
cubre la roja sangre todo el prado,
tornándole de verde colorado.* * *

El enemigo hierro riguroso
50 todo en color de sangre lo convierte,
siempre el acometer es más furioso,
pero ya el combatir es menos fuerte:
ninguno allí pretende otro reposo
que el último reposo de la muerte,
55 al más medroso atiende con cuidado
a sólo procurar morir vengado.

La rabia de la muerte y fin presente
crió en los nuestros fuerza tan extraña,
que con deshonra y daño de la gente
60 pierden los araucanos la campaña;
al fin dan las espaldas claramente,
suenan voces: "Victoria, España, España,"
mas el incontrastable y duro hado
dio un extraño principio a lo ordenado.* * *

The strange incident referred to is that of Lautaro, an Indian page of
Valdivia, who, on seeing his countrymen flee, is suddenly seized with
patriotic fervor and, deserting the Spaniards, rallies the scattered Araucanians. Caupolicán re-groups his forces and with Lautaro's aid resumes
battle. The latter's heroism turns the day in the Indians' favor, and the
Spaniards are soundly beaten. Valdivia manages to escape temporarily
but is pursued, captured, and finally killed. Despite this and many other
brave battles the Indians eventually lose the war and Caupolicán is
captured.

The poet states that he has grown tired of depicting scenes of the war,
and after briefly sketching some of the rigors of the campaign during
which his main sustenance had been mouldy biscuits and rain-water,
he relates what happened one night when he was on watch struggling
manfully against "the all-oppressive weight of sleep."

65 ¿Todo ha de ser batallas y asperezas,
discordia, fuego, sangre, enemistades,
odios, rencores, sañas y bravezas,[16]
desatino, furor, temeridades,
rabias, iras, venganzas y fierezas,
70 muertes, destrozos, rizas,[17] crueldades,
que al mismo Marte[18] ya pondrán hastío,
agotando un caudal mayor que el mío? * * *

La negra noche a más andar cubriendo
la tierra que la luz desamparaba,[19]
75 se fue toda la gente recogiendo
según y en el lugar que le tocaba;
la guardia y centinelas repartiendo,
que el tiempo estrecho a nadie reservaba,
me cupo el cuarto de la prima en suerte
80 en un bajo recuesto junto al fuerte;[20]

Donde con el trabajo de aquel día,
y no me haber en quince desarmado,
el importuno sueño me afligía,
hallándome molido y quebrantado;
85 mas con nuevo ejercicio resistía,
paseándome de este y de aquel lado
sin parar un momento: tal estaba
que de mis propios pies no me fiaba.

No el manjar[21] de sustancia vaporoso,
90 ni vino muchas veces trasegado,
ni el hábito y costumbre de reposo
me habían el grave sueño acarreado:
que bizcocho negrísimo y mohoso,
por medida de escasa mano dado,
95 y la agua llovediza desabrida,
era el mantenimiento de mi vida.

Y a veces la ración se convertía
en dos tasados puños de cebada,[22]
que cocida con hierbas nos servía,
100 por la falta de sal, la agua salada;
la regalada cama en que dormía
era la húmida tierra empantanada,[23]
armado siempre y siempre en ordenanza,[24]
la pluma ora en la mano, ora la lanza.

105 Andando pues así, con el molesto
sueño que me aquejaba porfiando,[25]
y en gran silencio el encargado puesto
de un canto al otro canto paseando,
vi que estaba el un lado del recuesto
110 lleno de cuerpos muertos blanqueando;
que nuestros arcabuces aquel día
habían hecho gran riza y batería.* * *

The poet is startled by a faint sound which seems to be moving from body to body across the dark field. He creeps forward and on reaching the spot is suddenly confronted by an Indian girl who begs for mercy. She is Tegualda, daughter of a native chieftain, and is looking for the body of her dead husband. Ercilla learns the story of her life and in some detail dwells on the depth of her love which he compares to that of other women famous in classical literature. On the following day he is a witness to her anguish when the husband's corpse is encountered.

¿Quién de amor hizo prueba tan bastante?
¿Quién vio tal muestra y obra tan piadosa
115 como la que tenemos hoy delante
desta infelice bárbara hermosa?

La fama engrandeciéndola levante
mi baja voz en alta y sonorosa;
dando noticia de ella eternamente
120 corra de lengua en lengua y gente en gente.

---

16 sañas y bravezas: *acts of rage and ferocity.*
17 rizas: *destruction, desolation.*
18 Marte: Mars, God of War.
19 La negra noche . . . desamparaba: *the black night quickly covering the earth which was abandoned by the light.*
20 el tiempo . . . fuerte: *the danger was so critical that no one was spared, and it fell to me to stand watch from eight to eleven in a small hollow near the fort.*
21 No el manjar . . .: the idea here is that the poet's

painful sleepiness was not caused (*acarreado*) by any habit of repose nor indeed by any intemperance in eating the skimpy rations or drinking the often weakened wine.
22 cebada: *barley.*
23 empantanada: *marshy.*
24 en ordenanza: *on duty, on the alert.*
25 me aquejaba porfiando: *persistently goaded me.*

Cese el uso dañoso y ejercicio
de las mordaces lenguas ponzoñosas
que tienen de costumbre y por oficio
ofender las mujeres virtuosas;

125 pues mirándolo bien, sólo este indicio,[26]
sin haber en contrario tantas cosas,
confunde su malicia, y las condena
a duro freno y vergonzosa pena.* * *

After this episode the poet returns to his narrative of the War. There
is one extremely furious battle in which the Araucanians under Caupolicán, Galvarino, Tucupel, and other chieftains, almost win a decisive
victory. The Spanish reserves, among whom Ercilla is stationed, arrive
just in time and manage to recover the field. The poet moralizes:

Nadie puede llamarse venturoso
130 hasta ver de la vida el fin incierto,
ni está libre del mar tempestuoso
quien surto[27] no se ve dentro del puerto;
venir un bien tras otro es muy dudoso,
y un mal tras otro mal es siempre cierto:
135 jamás próspero tiempo fue durable,
ni dejó de durar el miserable.

El ejemplo tenemos en las manos,
y nos muestra bien claro aquí la historia
cuán poco les duró a los araucanos
140 el nuevo gozo y engañosa gloria;
pues llevando derrota a los cristianos,
y habiendo ya cantado la victoria,
de los contrarios hados rebatidos
quedaron vencedores los vencidos.* * *

⁓CAUPOLICÁN'S CAPTIVITY

After a long digression about Queen Dido, Ercilla returns to the fate
of Caupolicán. One of the prisoners of the Spaniards is tempted by
bribes to betray his chief, and leads a party of Spanish soldiers to the
Indian leader's retreat. The place is quickly surrounded and Caupolicán
is taken prisoner. He is sentenced to be impaled and shot to death with
arrows. His wife Fresia and their infant son are also captured, and when
she sees her husband as prisoner she taunts him for what she believes has
been his cowardice. Caupolicán is led in chains, his hands tied behind
his back, to the scaffold where he displays a calm contempt of death.

No reventó con llanto la gran pena,
ni de flaca mujer dio allí la muestra:
antes, de furia y viva rabia llena,
con el hijo delante se le muestra,
5 diciendo: "La robusta mano ajena
que así ligó tu afeminada diestra,
más clemencia y piedad contigo usara,
si ese cobarde pecho atravesara.

¿Eres tú aquel varón que en pocos días
10 hinchó la redondez de sus hazañas,
que, con sólo la voz, temblar hacías
las remotas naciones más extrañas?
¿Eres tú el capitán que prometías
de conquistar en breve las Españas
15 y someter el ártico hemisferio
al yugo y ley del araucano imperio?

[26] indicio: this habit of slandering virtuous women, even without taking into account so many other things against these persons ... Ercilla here makes himself out to be the defender of womankind. In cantos XXXII and XXXIII he digresses from his main story of the Araucanian War in order to tell "the true story of Queen Dido" whom he also defends against "the calumnies of Virgil." It is the Spanish *punto de honor* coming to the fore as it did in so many Siglo de Oro dramas.

[27] surto: *anchored safely.*

¡Ay de mí! ¡Cómo andaba yo engañada
con mi altivez y pensamiento ufano,
viendo que, en todo el mundo, era llamada
20 Fresia, mujer del gran Caupolicano!
Y ahora, miserable y desdichada,
todo en un punto me ha salido vano,
viéndote prisionero en un desierto,
pudiendo haber honradamente muerto.

25 ¿Qué son de aquellas pruebas peligrosas,
que así costaron tanta sangre y vidas:
las empresas difíciles, dudosas,
por ti con tanto esfuerzo acometidas?
¿Qué es de aquellas victorias gloriosas
30 de esos atados brazos adquiridas?
¿Todo, al fin, ha parado y se ha resuelto
en ir con esa gente infame envuelto?

Dime ¿faltóte esfuerzo, faltó espada
para triunfar de la mudable diosa?
35 ¿No sabes que una breve muerte honrada
hace inmortal la vida y gloriosa?
Miraras a esta prenda desdichada,
pues que de ti no queda ya otra cosa,
que yo, apenas la nueva me viniera,
40 cuando muriendo alegre te siguiera.

Toma, toma tu hijo, que era el nudo
con que el lícito amor me había ligado;
que el sensible dolor y golpe agudo
estos fértiles pechos han secado:
45 cría, críalo tú, que ese membrudo
cuerpo en sexo de hembra se ha trocado:
que yo no quiero título de madre
del hijo infame del infame padre."

Diciendo esto, colérica y rabiosa
50 el tierno niño le arrojó delante,
y con ira frenética y furiosa
se fue por otra parte en el instante:
en fin, por abreviar, ninguna cosa
de ruegos ni amenazas fue bastante
55 a que la madre, ya cruel, volviese
y el inocente hijo recibiese.* * *

⌘TORTURE OF CAUPOLICÁN

Descalzo, destocado,[28] a pie desnudo,
dos pesadas cadenas arrastrando,
con una soga al cuello y grueso nudo
de la cual el verdugo iba tirando,
5 cercado en torno de armas, y el menudo
pueblo detrás, mirando y remirando
si era posible aquello que pasaba,
que visto por los ojos aún dudaba.

De esta manera, pues, llegó al tablado
10 que estaba un tiro de arco del asiento,
media pica del suelo levantado,
de todas partes a la vista exento;
donde, con el esfuerzo acostumbrado,
sin mudanza y señal de sentimiento,
15 por la escala subió tan desenvuelto
como si de prisiones fuera suelto.

Puesto ya en lo más alto, revolviendo
a un lado y otro la serena frente,
estuvo allí parado un rato viendo
20 el gran concurso y multitud de gente,
que el increíble caso y estupendo
atónita miraba atentamente,
teniendo a maravilla y gran espanto
haber podido la fortuna tanto.

25 Llegóse él mismo al palo donde había
de ser la atroz sentencia ejecutada,
con un semblante tal que parecía
tener aquel terrible trance en nada,
diciendo: "Pues el hado y suerte mía
30 me tienen esta muerte aparejada,
venga, que yo la pido, yo la quiero,
que ningún mal hay grande si es postrero."

[28] destocado: *bare-headed.*

Luego llegó el verdugo diligente,
que era un negro gelofo,[29] mal vestido,
35 el cual viéndole el bárbaro presente
para darle la muerte prevenido,
bien que con rostro y ánimo paciente
las afrentas demás había sufrido,
sufrir no pudo aquélla, aunque postrera,
40 diciendo en alta voz de esta manera:

"¿Cómo? que en cristiandad y pecho honrado
cabe cosa tan fuera de medida
que a un hombre como yo tan señalado,
le dé muerte una mano así abatida?
45 Basta, basta morir al más culpado,
que, al fin, todo se paga con la vida,
y es usar deste término conmigo
inhumana venganza y no castigo.

¿No hubiera alguna espada aquí de cuantas
50 contra mí se arrancaron a porfía,
que, usada a nuestras míseras gargantas,
cercenara de un golpe aquésta mía?
que, aunque ensaye su fuerza en mí de tantas
maneras la fortuna en este día,
55 acabar no podrá que bruta mano
toque al gran general Caupolicano."

Esto dicho, y alzando el pie derecho,
(aunque de las cadenas impedido),
dio tal coz al verdugo que gran trecho
60 lo echó rodando abajo mal herido:
reprehendido el impaciente hecho,
y él del súbito enojo reducido,
le sentaron después con poca ayuda
sobre la punta de la estaca aguda.

65 No el aguzado palo penetrante,
por más que las entrañas le rompiese,
barrenándole el cuerpo, fue bastante
a que al dolor intenso se rindiese:
que, con sereno término y semblante,
70 sin que labio ni ceja retorciese,
sosegado quedó de la manera
que si asentado en tálamo estuviera.

En esto seis flecheros señalados
que, prevenidos para aquello, estaban
75 treinta pasos de trecho desviados
por orden y despacio le tiraban:
y, aunque en toda maldad ejercitados,
al despedir la flecha vacilaban,
temiendo poner mano en un tal hombre,
80 de tanta autoridad y tan gran nombre.

Mas fortuna cruel, que ya tenía
tan poco por hacer y tanto hecho,
si tiro alguno avieso[30] allí salía,
forzando el curso le traía derecho:
85 y en breve, sin dejar parte vacía,
de cien flechas quedó pasado el pecho,
por do aquel grande espíritu echó fuera,
que por menos heridas no cupiera.* * *

Paréceme que siento enternecido
90 al más cruel y endurecido oyente
deste bárbaro caso referido
al cual, señor, no estuve yo presente,
que a la nueva conquista había partido
de la remota y nunca vista gente;
95 que si yo a la sazón allí estuviera
la cruda ejecución se suspendiera.

Quedó abiertos los ojos, y de suerte
que por vivo llegaban a mirarle,
que la amarilla y afeada muerte
100 no pudo aún puesto allí desfigurarle:
era el miedo en los bárbaros tan fuerte
que no osaban dejar de respetarle;
ni allí se vio en alguno tal denuedo
que, puesto cerca dél, no hubiese miedo.* * *

---

[29] gelofo: *Jolof, Wolof*, Negro tribesman from vicinity of Senegal, Africa.

[30] tiro . . . avieso: *cruel fate even turned the badly aimed arrows straight toward him.*

ᔏᕗDISCOVERY OF ANCUD

The Spaniards enter the southern part of Chile where white men had never been before. Ercilla describes some of the difficulties of the passage, then he comments on the nature of the inhabitants. He reflects for a moment on the consequences of the great epic clash between the primitive goodness of the natives and the more powerful civilized cupidity of the Spaniards which had been the main subject of his poem.

Pasamos adelante descubriendo
siempre más arcabucos y breñales,[31]
la cerrada espesura y paso abriendo
con hachas, con machetes y destrales:
5 otros con pico y azadón[32] rompiendo
las peñas y arraigados matorrales,
do el caballo hostigado y receloso
afirmase seguro el pie medroso.

Nunca con tanto estorbo a los humanos
10 quiso impedir el paso la natura,
y que así de los cielos soberanos
los árboles midiesen la altura,
ni entre tantos peñascos y pantanos
mezcló tanta maleza y espesura
15 como en este camino defendido
de zarzas, breñas y árboles tejido.

También el cielo en contra conjurado,
la escasa y turbia luz nos encubría,
de espesas nubes lóbregas cerrado,
20 volviendo en tenebrosa noche el día,
y de granizo y tempestad cargado,
con tal furor el paso defendía,
que era mayor del cielo ya la guerra
que el trabajo y peligro de la tierra.

25 Unos presto socorro demandaban
en las hondas malezas sepultados;
otros, ¡ayuda! ¡ayuda! voceaban,
en húmidos pantanos atascados[33];
otros iban trepando, otros rodaban,
30 los pies, manos y rostros desollados,[34]
oyendo aquí y allí voces en vano,
sin poderse ayudar ni dar la mano.

Era lástima oír los alaridos,
ver los impedimentos y embarazos,
35 los caballos sin ánimo caídos,
destroncados los pies, rotos los brazos.
Nuestros sencillos débiles vestidos
quedaban por las zarzas a pedazos,
descalzos y desnudos, sólo armados[35]
40 en sangre, lodo y en sudor bañados.

Y demás del trabajo incomportable,
faltando ya el refresco y bastimento,
la aquejadora hambre miserable
las cuerdas apretaba del tormento;
45 y el bien dudoso y daño indubitable
desmayaba la fuerza y el aliento,
cortando un dejativo sudor frío
de los cansados miembros todo el brío.* * *

Siete días perdidos anduvimos
50 abriendo a hierro el impedido paso,
que en todo aquel discurso no tuvimos
do poder reclinar el cuerpo laso[36]:
al fin una mañana descubrimos
de Ancud el espacioso y fértil raso,[37]
55 y al pie del monte y áspera ladera
un estendido lago y gran ribera.

Era un ancho archipiélago poblado
de innumerables islas deleitosas,
cruzando por el uno y otro lado
60 góndolas y piraguas[38] presurosas:
marinero jamás desesperado
en medio de las olas fluctuosas
con tanto gozo vio el vecino puerto
como nosotros el camino abierto.* * *

---

[31] arcabucos y breñales: *craggy spots filled with brambles.*
[32] destrales . . . pico y azadón: different kinds of pickaxes.
[33] pantanos atascados: *mired down in the swamps.*

[34] desollados: *with the skin stripped off.*
[35] sólo armados: *clothed only in our armor.*
[36] laso: worn out.
[37] raso: *level land.*
[38] piragua: *dugout.*

65 La sincera bondad y la caricia
de la sencilla gente de estas tierras
daban bien a entender que la codicia
aún no había penetrado aquellas sierras,
ni la maldad, el robo y la injusticia,
70 alimento ordinario de las guerras,
entrada en esta parte habían hallado,
ni la ley natural inficionado.

Pero luego nosotros destruyendo
todo lo que tocamos de pasada,
75 con la usada insolencia el paso abriendo
les dimos lugar ancho y ancha entrada[39];
y la antigua costumbre corrompiendo
de los nuevos insultos estragada,
plantó aquí la codicia su estandarte
80 con más seguridad que en otra parte.* * *

In his final Canto (**XXXVII**) Ercilla commences to discuss the right
of Philip II to be sovereign of Portugal, but he soon loses heart in the
subject and decides to leave it to others. His last stanzas are a sort of
general religious confession to God "who forgets the offence but not
the service."
Then the poet concludes with these words:

Y yo, que tan sin rienda al mundo he dado
el tiempo de mi vida más florido,
y siempre por camino despeñado
mis vanas esperanzas he seguido:
85 visto ya el poco fruto que he sacado,
y lo mucho que a Dios tengo ofendido,
conociendo mi error, de aquí adelante
será razón que llore y que no cante.

---

[39] les dimos . . . entrada: the antecedents here are *maldad, robo, injusticia,* from the preceding stanza.

⮞⮞⮞Fernán González de Eslava

MEXICO, 1534?–1601?   A sixteenth-century dramatist who is acquiring the status of a classic of early Spanish American literature is the Mexican González de Eslava, author of sixteen *coloquios* and an *entremés*. These *coloquios* resemble *autos sacramentales*, sacred plays, though only a few deal primarily with sacred themes. Usually allegorical, their characters are both symbolical and popular, the latter drawn from local types. The dialogue is often lively and natural with passages of lyric verse in the purest Castilian and others with popular expressions then current in Mexico. In these latter the influences of Andalusian Spanish and of the Indian language are discernible. The dramatic writings of this sixteenth-century poet have value today not only for the lover of verse, but for the student of linguistics. From these plays the historian also may glean much knowledge and insight into the life, customs and manners of Mexico a half century and more after the Conquest.

⮞⮞ENTREMÉS DEL AHORCADO

González de Eslava's humor is particularly evident in this brief skit in which one rascal, pretending to have hung himself, thus avoiding another rascal's vengeance, listens, while feigning death, to the boastful speech of his enemy; after the second rascal's departure, the first rises, removes the rope about his neck, and wittily parodies the discourse of the first.

Entre dos rufianes, que el uno había dado al otro un bofetón, y el que le había recibido venía a buscar al otro para vengarse. El agresor, viendo venir de lejos a su contrario,
5 se fingió ahorcado; y viéndole así afrentado, dijo lo siguiente:

Mi espada y mi brazo fuerte,
mi tajo con mi revés,[1]
en blanco salió esta suerte,[2]
10 pues éste se os fue por pies[3]
a la cueva de la muerte.

---

[1] mi tajo . . . revés: *my backstroke cut* (with a sword).
[2] en blanco salió: *missed the mark this time.*
[3] pues . . . pies: *because this chap fled from you.* The *os*

refers to *mi espada y mi brazo fuerte* to which the *rufián* addresses his first remarks.

Porque juro al mar salado,
no se me hubiera[4] escapado
en vientre de la ballena,
15 que allí le diera carena,[5]
si no se hubiera ahorcado.

Estoy por ir a sacallo[6]
del infierno, cueva esquiva,
y esto no por remediallo,[7]
20 sino por hacer que viva,
y vivo, después matallo.[8]

Y esto fuera al desdichado
pena y tormento doblado
verse puesto en mi presencia.
25 Hiciéralo,[9] en mi conciencia,
si no se hubiera ahorcado.

Repartiera como pan
al hijo de la bellaca,
los brazos en Coyoacán,[10]
30 y las piernas en Oaxaca,
y la panza en Michoacán.[11]

Y lo que queda sobrado
ante mí fuera quemado,
y fuera poco castigo.
35 Yo hiciera lo que digo,
si no se hubiera ahorcado.

De mis hechos inhumanos
éste ha dado testimonio,
pues tuvo por más livianos
40 los tormentos del demonio
que los que doy con mis manos.

Él hizo como avisado,
porque lo hubiera pringado,[12]
o hecho cien mil añicos
45 y quebrado los hocicos,
si no se hubiera ahorcado.

Cada vez que acaba de glosar "Si no
estuviera ahorcado," acometía a darle una

estocada, y el que le ahorcó, le tenía el brazo,
diciéndole: "No ensucie vuesa merced su
espada en un hombre muerto, porque no es
50 valentía." Y, habiéndose ido el rufián agra-
viado, el otro se desenlazó y dijo al que estaba
presente: "Oiga vuesa merced cómo le voy
glosando la letra."

Aquel bellaco putillo,
55 más menguado que la mengua,[13]
me huyó. Quiero seguillo
para sacalle[14] la lengua
por detrás del colodrillo.[15]

Aquel bellaco azotado,
60 sucio, puerco y apocado,
puso lengua en mi persona.
Hiciérale la mamona,[16]
si no estuviera ahorcado.

El brazo y el pie derecho
65 con que me hizo ademanes,
le cortara y, esto hecho,
los echara en el estrecho
que llaman de Magallanes.

Y, estando aquí arrodillado,
70 le diera un tajo volado[17]
que le cortara por medio.
Hiciéralo sin remedio,
si no estuviera ahorcado.

Las barbas, por más tormento,
75 una a una le pelara,
y después, por mi contento,
por escobas[18] las tomara,
y barriera mi aposento.

Y no quedara vengado
80 con velle[19] barbipelado,
que en ellas, por vida mía,
escupiera cada día,
si no estuviera ahorcado.

[4] hubiera escapado: The *-ra* form of the imperfect subjunctive is used for the conditional tense throughout the *entremés*.
[5] le diera carena: *I'd lay him out there (even in a whale's belly).*
[6] sacallo=sacarlo.
[7] remediallo=remediarlo.
[8] matallo=matarlo.
[9] Hiciéralo: cf. note 4.
[10] A suburb of Mexico City.
[11] Oaxaca, Michoacán: states in the southern part of Mexico.
[12] Él . . . pringado: *He acted wisely for I would have stuck him full of holes.*
[13] bellaco . . . mengua: *loutish pimp, lowest of the low.*
[14] seguillo, sacalle: cf. note 6.
[15] colodrillo: *nape of the neck.*
[16] mamona: *a mocking gesture.*
[17] tajo volado: *a quick slash.*
[18] escobas: *broom straws.*
[19] velle: cf. note 6.

¿Éste, dicen, que es valiente?
85 ¿y anda conmigo en consejas?
Si estuviera aquí presente,
le cortara las orejas,
y las clavara en su frente.

Y así quedara afrentado,
90 de todos vituperado,
y después de esto hiciera
que en viernes se las comiera,
si no estuviera ahorcado.

~~~~~ONE

From Discovery to Independence

B. FLOWERING AND DECLINE OF COLONIAL LETTERS (1600-1750)

⌐⌐⌐Bernardo de Balbuena

MEXICO, 1562–1627   One of the greatest poets in Castilian was Bernardo de Balbuena who, by the resonant elegance of his verse, marks a transition from the Renaissance to Baroque poetry. His major works were: *El siglo de oro en las selvas de Erífile*[1] (1608), a notable collection of eclogues, written in the highly stylized prose and verse of the current pastoral novels, and an imposing, vast epic *Bernardo*,[2] *o victoria de Roncesvalles* (1624), a complex composition which a critic declared was "a delight for the eyes, a delight for the ears, and a delight for the mind."

A shorter and more spontaneous poem which probably retains more readers today is his *La grandeza mexicana* (1604), a lyrical description of the viceregal capital, its climate, surroundings, public buildings, gardens, diversions, horses, intellectuals, clergy, and the like. Its altisonant verses, in tercets after the manner of Dante and the Italian tradition, are strewn with colorful adjectives, intricate metaphors, alliterations, ingenious wordplay, and verbal catalogues which, despite a pyrotechnic effect, convey a sincere admiration for the colonial metropolis and a lyrical description of the lake-circled city with its causeways leading to the mainland. The following selections include the initial octave, indicating the full scope of the description, and eleven-syllable tercets from Chapter 1. The original poem was conceived as a letter to his patroness, Doña Isabel de Tovar y Guzmán.

⌐⌐LA GRANDEZA MEXICANA

De la famosa México el asiento,
origen y grandeza de edificios,
caballos, calles, trato, cumplimiento,
letras, virtudes, variedad de oficios,

5 regalos, ocasiones de contento,
primavera inmortal y sus indicios,
gobierno ilustre, religión, estado,
todo en este discurso está cifrado.* * *

---

[1] Erífile: fabled wife of the Wizard Anfiaro who, for a necklace, betrayed her husband hiding out from participation in the war of Thebes, and was killed by her son Alcmeon.

[2] Bernardo: legendary Spanish hero who defeated the French hero Rolando at the battle of Roncesvalles in 778.

Mándasme que te escriba algún indicio
10 de que he llegado a esta ciudad famosa,
centro de perfección, del mundo el quicio;

su asiento, su grandeza populosa,
sus cosas raras, su riqueza y trato,
su gente ilustre, su labor pomposa.

15   Al fin, un perfectísimo retrato
pides de la Grandeza Mexicana,
ahora cueste caro, ahora barato.

Cuidado es grave y carga no liviana
la que impones a fuerzas tan pequeñas,
20 mas no al deseo de servirte y gana.

Y así, en virtud del gusto con que enseñas
el mío a hacer su ley de tu contento,
aquéstas son de México las señas:

Bañada de un templado y fresco viento
25 donde nadie creyó que hubiese mundo
goza florido y regalado asiento.

Casi debajo el trópico fecundo,
que reparte las flores de Amaltea[3]
y de perlas empreña el mar profundo,

30   dentro en la zona por do el sol pasea,
y el tierno abril envuelto en rosas anda,
sembrando olores hechos de librea;

sobre una delicada costra blanda,
que en dos claras lagunas se sustenta,
35 cercada de olas por cualquiera banda,

labrada en grande proporción y cuenta
de torres, capiteles, ventanajes,
su máquina soberbia se presenta.

Con bellísimos lejos y paisajes,
40 salidas, recreaciones y holguras,
huertas, granjas, molinos y boscajes,

alamedas, jardines, espesuras
de varias plantas y de frutas bellas
en flor, en cierne, en leche, ya maduras.

45   No tiene tanto número de estrellas
el cielo, como flores su guirnalda,
ni más virtudes hay en él que en ellas.

De sus altos vestidos de esmeralda,
que en rico agosto y abundantes mieses
50 el bien y el mal reparten de su falda,

nacen llanos de iguales intereses,
cuya labor y fértiles cosechas
en uno rinden para muchos meses.

Tiene esta gran ciudad sobre agua hechas
55 firmes calzadas, que a su mucha gente
por capaces que son vienen estrechas;

que ni el caballo griego hizo puente
tan llena de armas al troyano muro,
ni a tantos guió Ulises el prudente;

60   ni cuando con su cierzo el frío Arturo[4]
los árboles desnuda, de agostadas
hojas así se cubre el suelo duro,

como en estos caminos y calzadas
en todo tiempo y todas ocasiones,
65 se ven gentes cruzar amontonadas.

Recuas, carros, carretas, carretones,
de plata, oro, riquezas, bastimentos
cargados salen, y entran a montones.

De varia traza y varios movimientos
70 varias figuras, rostros y semblantes,
de hombres varios, de varios pensamientos;

arrieros, oficiales, contratantes,
gachupines, soldados, mercaderes,
galanes, caballeros, pleiteantes;

75   clérigos, frailes, hombres y mujeres,
de diversa color y profesiones,
de vario estado y varios pareceres;

diferentes en lenguas y naciones,
en propósitos, fines, y deseos,
80 y aun a veces en leyes y opiniones;

y todos por atajos y rodeos
en esta gran ciudad desaparecen,
de gigantes volviéndose pigmeos.

¡Oh inmenso mar, donde por más que
85   crecen
las olas y avenidas de las cosas,
ni las echan de ver ni se parecen!

Cruzan sus anchas calles mil hermosas
acequias que cual sierpes cristalinas
90 dan vueltas y revueltas deleitosas,

---

[3] Amaltea: the she-goat that nursed and reared Jupiter or Zeus, father of the Greek and Roman gods.

[4] Arturo: *Arcturus*, a fixed star of the first magnitude in the northern constellation.

llenas de estrechos barcos, ricas minas
de provisión, sustento y materiales
a sus fábricas y obras peregrinas.

Anchos caminos, puertos principales
95 por tierra y agua a cuanto el gusto pide
y pueden alcanzar deseos mortales.

Entra una flota y otra se despide,
de regalos cargada la que viene,
la que se va del precio que los mide:

100   su sordo ruido y tráfico entretiene,
el contratar y aquel bullirse todo,
que nadie un punto de sosiego tiene.* * *

Éste es el sol que al mundo vivifica;
quien lo conserva, rige, y acrecienta,
105 lo ampara, lo defiende y fortifica.* * *

Pues esta oculta fuerza, fuente viva
de la vida política, y aliento
que al más tibio y helado pecho aviva,

entre otros bienes suyos dio asiento
110 a esta insigne ciudad en sierras de agua,
y en su edificio abrió el primer cimiento.

Y así cuanto el ingenio humano fragua,
alcanza el arte, y el deseo practica
en ella y su laguna se desagua
115 y la vuelve agradable, ilustre y rica.

ᖇᖇᖇᖇSor Juana Inés de la Cruz

MEXICO, 1648–1695   The greatest lyric poet of the colonial period was the Mexican Creole nun, Sor Juana Inés de la Cruz, much of whose poetry is marked by a simplicity and beauty which stand in sharp contrast to the pompous literature of her time, when affectation and artificiality of form were often exalted above substance and content. Sor Juana did not escape entirely from the prevailing gongoristic influences, but a large part of her verse is remarkably clear and outspoken, and her themes are varied. Her finest poems deal with religious or profane love, some of them clearly marking her as the foremost feminist of her age. In addition to these she composed many occasional pieces, sacred plays, and *comedias*; and some examples of her prose indicate an exceptional talent in that direction also.

ᖇᖇRESPUESTA A SOR FILOTEA DE LA CRUZ

Of especial interest for the biographical details offered, and a typical example of Sor Juana's prose, is the candid epistle entitled *Respuesta a Sor Filotea de la Cruz*, some fragments of which are given below. It is dated at the Convent of Nuestro Padre San Jerónimo in Mexico City, March 1, 1691. "Sor Filotea de la Cruz" is said to be a pseudonym of the Bishop of Puebla de los Ángeles, Manuel Fernández de Santa Cruz (1637–1699).

The circumstances under which this letter was written were these: Sor Juana had written a critical study of a sermon by the well-known Brazilian Jesuit, Padre Antônio Vieira (1608–1697), and the Bishop of Puebla was so impressed by this criticism and Sor Juana's show of erudition that he had the study printed. When he sent her a copy of the printed criticism, he accompanied it with a letter, signed "Sor Filotea de la Cruz," in which he lauded her knowledge but urged her to dedicate herself entirely to religious writings. Sor Juana answered with the following letter, which is a mixture of biographical notes and a defense of her intellectual life.

El escribir nunca ha sido dictamen propio, sino fuerza ajena, que les pudiera decir con verdad: *Vos me coegistis.*[1] Lo que sí es verdad, que no negaré (lo uno porque es notorio a todos; y lo otro porque, aunque sea contra mí, me ha hecho Dios la merced de darme grandísimo amor a la verdad) que, desde que me rayó la primera luz de la razón, fue tan vehemente y poderosa la inclinación a las letras, que ni ajenas reprehensiones (que he tenido muchas), ni propias reflejas (que he hecho no pocas) han bastado a que[2] deje de seguir este natural impulso que Dios puso en mí, su Majestad sabe por qué y para qué. Y sabe que le he pedido que apague la luz de mi entendimiento,[3] dejando sólo lo que baste para guardar su Ley, pues lo demás sobra (según algunos) en una mujer; y aun hay quien diga que daña. Sabe también su Majestad que no consiguiendo esto, he intentado sepultar con mi nombre mi entendimiento, y sacrificársele sólo a quien me lo dio y, que no otro motivo me entró en la Religión, no obstante que, al desembarazo y quietud que pedía mi estudiosa intención, eran repugnantes los ejercicios y compañía de una comunidad. Después en ella, sabe el Señor, y lo sabe en el mundo quien sólo lo debió saber,[4] lo que intenté en orden a esconder mi nombre, y que no me lo permitió, diciendo que era tentación: y sí sería. Si yo pudiera pagaros algo de lo que os debo (señora mía) creo que sólo os pagara en contaros esto, pues no ha salido de mi boca jamás, excepto para quien debió salir. Pero quiero que, con haberos franqueado de par en par las puertas de mi corazón, haciéndoos patente sus más sellados secretos, conozcáis que no desdice de mi confianza, lo que debo a vuestra venerable persona y excesivos favores.

Prosiguiendo en la narración de mi inclinación (de que os quiero dar entera noticia), digo que no había cumplido los tres años de mi edad cuando, enviando mi madre a una hermana mía, mayor que yo, a que se enseñase a leer en una de las que llaman *Amigas*,[5] me llevó a mí tras ella el cariño y la travesura. Viendo que le daban lecciones, me encendí yo de manera en el deseo de saber leer que, engañando, a mi parecer, a la maestra, le dije: "Que mi madre ordenaba me diese lección."

Ella no lo creyó, porque no era creíble; pero, por complacer al donaire, me la dio. Proseguí yo en ir y ella prosiguió en enseñarme, ya no de burlas, porque la desengañó la experiencia, y supe leer en tan breve tiempo, que ya sabía, cuando lo supo mi madre, a quien la maestra lo ocultó, por darle el gusto por entero, y recibir el galardón por junto. Yo lo callé, creyendo que me azotarían por haberlo hecho sin orden. Aún vive la que me enseñó, Dios la guarde, y puede testificarlo. Acuérdome que, en estos tiempos, siendo mi golosina la que es ordinaria en aquella edad, me abstenía de comer queso, porque oí decir que hacía rudos y podía conmigo más el deseo de saber que el de comer, siendo éste tan poderoso en los niños.

Teniendo yo después como seis o siete años, y sabiendo ya leer y escribir, con todas las otras habilidades de labores y costuras que aprenden las mujeres, oí decir que había Universidad y Escuelas, en que se estudiaban las ciencias, en México. Apenas oído, cuando empecé a matar a mi madre con instantes e importunos ruegos sobre que, mudándome el traje,[6] me enviase a México, en casa de unos deudos que tenía, para estudiar, y cursar la universidad. Ella no lo quiso hacer (e hizo muy bien), pero yo despiqué el deseo en leer muchos libros varios, que tenía mi abuelo, sin que bastasen castigos, ni reprehensiones a estorbarlo; de manera que, cuando vine a México, se admiraban, no tanto del ingenio cuanto de la memoria y noticias, que tenía en edad que parecía que apenas había tenido tiempo para aprender a hablar.

---

[1] *Vos me coegistis* (Latin): *You compelled me.* In Sor Juana's time and later a liberal sprinkling of appropriate Latin quotations in one's prose was a mark of learning and culture.

[2] a que=para que.

[3] Sor Juana's real interest had been in secular rather than religious learning, and she was by nature an intellectual rather than a mystic.

[4] Possibly her confessor, Father Antonio Núñez.

[5] *Amigas: schools for small children.*

[6] mudándome el traje: *dressing me in boy's clothes.*

Empecé a aprender Gramática,[7] en que creo no llegaron a veinte las lecciones que tomé; y era tan intenso mi cuidado que, siendo así que en las mujeres (y más en tan florida juventud) es tan apreciable el adorno natural del cabello, yo me cortaba de él cuatro o seis dedos, midiendo hasta dónde llegaba antes, e imponiéndome ley de que, si cuando volviese a crecer hasta allí, no sabía tal o tal cosa que me había propuesto aprender, en tanto que crecía, me lo había de volver a cortar en pena de la rudeza. Sucedía así que él crecía y yo no sabía lo propuesto, porque el pelo crecía aprisa y yo aprendía despacio, y con efecto le cortaba, en pena de la rudeza; porque no me parecía razón que estuviese vestida de cabellos cabeza que estaba tan desnuda de noticias, que era más apetecible adorno.

Entréme religiosa porque, aunque conocía que tenía el estado cosas (de las accesorias hablo, no de las formales) muchas repugnantes a mi genio, con todo, para la total negación que tenía al matrimonio,[8] era lo menos desproporcionado y lo más decente que podía elegir, en materia de la seguridad que deseaba de mi salvación: a cuyo primer respeto (como, al fin, más importante) cedieron y sujetaron la cerviz todas las impertinencillas de mi genio, que eran: de querer vivir sola; de no querer tener ocupación obligatoria que embarazase la libertad de mi estudio, ni rumor de comunidad que impidiese el sosegado silencio de mis libros. Esto

me hizo vacilar algo en la determinación hasta que, alumbrándome personas doctas, de que era tentación, la vencí con el favor divino, y tomé el estado que tan indignamente tengo. Pensé yo que huía de mí misma; pero ¡miserable de mí! trájeme a mí conmigo y traje mi mayor enemigo en esta inclinación, porque no sé determinar si, por prenda o castigo, me dio el Cielo, pues de apagarse, o embarazarse con tanto ejercicio que la Religión tiene, reventaba, como pólvora, y se verificaba en mí el *privatio est causa appetitus.*[9]

* * *

Yo confieso que me hallo muy distante de los términos de la sabiduría y que la he deseado seguir, aunque a *longe.*[10] Pero todo ha sido acercarme más al fuego de la persecución, al crisol del tormento; y ha sido con tal extremo que han llegado a solicitar que se me prohiba el estudio. Una vez lo consiguieron con una Prelada muy santa y muy cándida que creyó que el estudio era cosa de Inquisición,[11] y me mandó que no estudiase; yo la obedecí (unos tres meses que duró el poder ella mandar), en cuanto a no tomar libro, que en cuanto a no estudiar absolutamente, como no cae debajo de mi potestad no lo pude hacer porque, aunque no estudiaba en los libros, estudiaba en todas las cosas que Dios crió, sirviéndome ellas de letras, y de libro toda esta máquina universal. Nada veía sin refleja, nada oía sin consideración, aun en las cosas más menudas y materiales.* * *

---

[7] Gramática here means *Latin.* Her teacher was a Martín de Olivas.

[8] con todo, . . . matrimonio: *notwithstanding, considering my complete disinclination to marriage.*

[9] *privatio est causa appetitus* (Latin): *deprivation is the cause of appetite.*

[10] a *longe: at a distance.*

[11] cosa de Inquisición: *a thing which ought to be punished by the Inquisition.* As a matter of fact, two years

before her death, Sor Juana did abandon study completely, and sold all her books (about 4,000 volumes), maps, scientific and musical instruments. She then underwent a sustained period of extreme penance to which she gave herself with such zeal that her confessor had to ask her to be more moderate. It was also reported that she wrote two protestations of faith in her own blood.

❦SONETOS

I

PROCURA DESMENTIR LOS ELOGIOS QUE A UN RETRATO DE LA POETISA INSCRIBIÓ LA VERDAD, QUE LLAMA PASIÓN

Éste, que ves, engaño colorido,
que del arte ostentando los primores,
con falsos silogismos de colores
es cauteloso engaño del sentido:

5   éste en quien la lisonja ha pretendido
excusar de los años los horrores,
y, venciendo del tiempo los rigores,
triunfar de la vejez y del olvido:

es un vano artificio del cuidado;
10 es una flor al viento delicada;
es un resguardo inútil para el hado;

es una necia diligencia errada;
es un afán caduco; y bien mirado,
es cadáver, es polvo, es sombra, es nada.

II

EN QUE DA MORAL CENSURA A UNA ROSA, Y EN ELLA A SUS SEMEJANTES

Rosa divina que en gentil cultura
eres, con tu fragante sutileza,
magisterio purpúreo en la belleza,
enseñanza nevada a la hermosura;

5   amago de la humana arquitectura,
ejemplo de la vana gentileza,
en cuyo ser unió naturaleza
la cuna alegre y triste sepultura.

¡Cuán altiva en tu pompa, presumida,
10 soberbia, el riesgo de morir desdeñas;
y luego, desmayada y encogida,

de tu caduco ser das mustias señas!
¡Conque, con docta muerte y necia vida,
viviendo engañas y muriendo enseñas!

III

MUESTRA SE DEBE ESCOGER ANTES MORIR QUE EXPONERSE A LOS ULTRAJES DE LA VEJEZ

Miró Celia una rosa, que en el prado
ostentaba feliz la pompa vana,
y con afeites de carmín y grana
bañaba alegre el rostro delicado;

5   y dijo: —Goza sin temor del hado
el curso breve de tu edad lozana;
pues no podrá la muerte de mañana
quitarte lo que hubieres hoy gozado.

Y aunque llega la muerte presurosa,
10 y tu fragante vida se te aleja,
no sientas el morir tan bella y moza;

mira que la experiencia te aconseja,
que es fortuna morirte siendo hermosa,
y no ver el ultraje de ser vieja.

IV

CONTIENE UNA FANTASÍA CONTENTA CON AMOR DECENTE

Detente, sombra de mi bien esquivo,
imagen del hechizo que más quiero,
bella ilusión por quien alegre muero,
dulce ficción por quien penosa vivo.

5   Si al imán de tus gracias atractivo
sirve mi pecho de obediente acero,
¿para qué me enamoras lisonjero,
si has de burlarme luego fugitivo?

Mas blasonar no puedes satisfecho
10 de que triunfa de mí tu tiranía;
que, aunque dejas burlado el lazo estrecho,

que tu forma fantástica ceñía,
poco importa burlar brazos y pecho
si te labra prisión mi fantasía.

V

EN QUE SATISFACE UN RECELO CON LA RETÓRICA DEL LLANTO

Esta tarde, mi bien, cuando te hablaba,
como en tu rostro y tus acciones vía[12]
que con palabras no te persuadía,
que el corazón me vieses deseaba.

5   Y amor, que mis intentos ayudaba,
venció lo que imposible parecía;
pues entre el llanto que el dolor vertía
el corazón deshecho destilaba.

Baste ya de rigores, mi bien, baste,
10 no te atormenten más celos tiranos,
ni el vil recelo tu quietud contraste

con sombras necias, con indicios vanos;
pues ya en líquido humor viste y tocaste
mi corazón deshecho entre tus manos.

VI

EFECTOS MUY PENOSOS DE AMOR, Y QUE NO POR GRANDES IGUALAN CON LAS PRENDAS DE QUIEN LE CAUSA

¿Vesme, Alcino, que atada a la cadena
de amor, paso, en sus hierros aherrojada
mísera esclavitud, desesperada,
de libertad y de consuelo ajena?

5   ¿Ves de dolor y angustia el alma llena,
de tan fieros tormentos lastimada,
y entre las vivas llamas abrasada,
juzgarse por indigna de su pena?

¿Vesme seguir sin alma un desatino,
10 que yo misma condeno por extraño?
¿Vesme derramar sangre en el camino,

siguiendo los vestigios de un engaño?
¿Muy admirado estás? ¿Pues, ves, Alcino?
Más merece la causa de mi daño.

VII

RESUELVE LA CUESTIÓN DE CUÁL SEA PESAR MÁS MOLESTO EN ENCONTRADAS CORRESPONDENCIAS, AMAR O ABORRECER

Que no me quiera Fabio, al verse amado,
es dolor, sin igual, en mi sentido;
mas, que me quiera Silvio aborrecido,
es menor mal, mas no menor enfado.

5   ¿Qué sufrimiento no estará cansado,
si siempre le resuenan al oído,
tras la vana arrogancia de un querido,
el cansado gemir de un desdeñado?

Si de Silvio me cansa el rendimiento,
10 a Fabio canso con estar rendida;
si de éste busco el agradecimiento,

a mí me busca el otro agradecida;
por activa y pasiva es mi tormento,
pues padezco en querer y en ser querida.

VIII

ENTRE ENCONTRADAS CORRESPONDENCIAS VALE MÁS AMAR QUE ABORRECER

Al que ingrato me deja, busco amante;
al que amante me sigue, dejo ingrata;
constante adoro a quien mi amor maltrata;
maltrato a quien mi amor busca constante.

5   Al que trato de amor hallo diamante,
y soy diamante al que de amor me trata;
triunfante quiero ver al que me mata,
y mato al que me quiere ver triunfante.

[12] vía=veía.

Si a éste pago, padece mi deseo;
10 si ruego a aquél, mi pundonor enojo;
de entrambos modos infeliz me veo.

Pero yo por mejor partido escojo,
de quien no quiero, ser violento empleo,
que, de quien no me quiere, vil despojo.

IX

CONTRAPONE EL AMOR AL FUEGO MATERIAL Y QUIERE ACHACAR REMISIONES A ÉSTE, CON OCASIÓN DE CONTAR EL SUCESO DE PORCIA

¿Qué pasión, Porcia, qué dolor tan ciego
te obliga a ser de ti fiera homicida?
¿O en qué te ofende tu inocente vida
que así le das batalla a sangre y fuego?

5 Si la fortuna airada al justo ruego
de tu esposo se muestra endurecida,
bástale el mal de ver su acción perdida:
no acabes con tu vida su sosiego.

Deja las brasas, Porcia, que mortales
10 impaciente tu amor elegir quiere;
no al fuego de tu amor el fuego iguales;

porque, si bien de tu pasión se infiere,
mal morirá a las brasas materiales
quien a las llamas del amor no muere.

ᕬᕟᕬDÉCIMAS

¿Ves de tu candor que apura
al alba el primer albor?
Pues tanto el riesgo es mayor,
cuanto es mayor la hermosura.
5 No vivas de ello segura,
que si consientes errada
que te corte mano osada
por gozar beldad y olor,
en perdiéndose el color,
10 también serás desdichada.

¿Ves a aquel que más indicia
de seguro en su fineza?
Pues no estima la belleza
más de en cuanto la codicia.
15 Huye la astuta caricia,

que si necia y confiada
te aseguras en lo amada,
te hallarás después corrida;
que, en llegando a poseída,
20 también serás desdichada.

A ninguno tu beldad
entregues, que es sin razón
que sirva tu perfección
de triunfo a su vanidad.
25 Goza la celebridad
común, sin verte empleada
en quien, después de lograda,
no te acierte a venerar;
que, en siendo particular,
30 también serás desdichada.

ᕬᕟᕬREDONDILLAS

CONTRA LAS INJUSTICIAS DE LOS HOMBRES AL HABLAR DE LAS MUJERES

Hombres necios, que acusáis
a la mujer sin razón
sin ver que sois la ocasión
de lo mismo que culpáis.

5 ¿por qué queréis que obren bien
si las incitáis al mal?
Si con ansia sin igual
solicitáis su desdén,

Queréis con presunción necia
10 hallar a la que buscáis,
para pretendida, Tais,[13]
y en la posesión, Lucrecia.[14]

¿Qué humor puede ser más raro
que el que, falto de consejo,
15 el mismo empaña el espejo
y siente que no esté claro?

Con el favor y el desdén
tenéis condición igual,
quejándoos si os tratan mal,
20 burlándoos si os quieren bien.

Opinión ninguna gana,
pues la que más se recata,
si no os admite, es ingrata,
y si os admite, es liviana.

25 Siempre tan necios andáis,
que, con desigual nivel,
a una culpáis por cruel,
de fácil a otra culpáis.

Pues ¿cómo ha de estar templada
30 la que vuestro amor pretende,
si la que es ingrata ofende,
y la que es fácil enfada?

Mas entre el enfado y pena
que vuestro gusto refiere,
35 bien haya la que no os quiere,
y quejaos enhorabuena.

Dan vuestras amantes penas
a sus libertades alas;
y después de hacerlas malas,
40 las queréis hallar muy buenas.

¿Cuál mayor culpa ha tenido
en una pasión errada?
¿La que cae de rogada
o el que ruega de caído?

45 O ¿cuál es más de culpar,
aunque cualquiera mal haga,
la que peca por la paga
o el que paga por pecar?

Pues ¿para qué os espantáis
50 de la culpa que tenéis?
Queredlas cual las hacéis,
o hacedlas cual las buscáis.

Dejad de solicitar,
y después, con más razón,
55 acusaréis la afición
de la que os fuere a rogar.

Bien con muchas armas fundo
que lidia vuestra arrogancia,
pues en promesa e instancia,
60 juntáis diablo, carne y mundo.

Combatís su resistencia,
y luego con gravedad
decís que fue liviandad
lo que hizo la diligencia.* * *

EN QUE DESCRIBE RACIONALMENTE LOS EFECTOS IRRACIONALES DEL AMOR

Este amoroso tormento,
que en mi corazón se ve,
sé que lo siento, y no sé
la causa por que lo siento.

5 Siento una grave agonía
por lograr un devaneo,
que empieza como deseo,
y para en melancolía.

Y cuando, con más terneza,
10 mi infeliz estado lloro,
sé que estoy triste, e ignoro
la causa de mi tristeza.

Siento un anhelo tirano,
por la ocasión a que aspiro,
15 y cuando cerca la miro,
yo mismo aparto la mano.* * *

Con poca causa ofendida
suelo, en mitad de mi amor,
negar un leve favor
20 a quien le diera la vida.

Ya sufrida, ya irritada
con contrarias penas lucho,
que por él sufriré mucho,
y con él, sufriré nada.

[13] A famous Greek courtesan.
[14] A Roman lady who killed herself after being violated; her name is synonymous with virtuous womanhood.

25 No sé en qué lógica cabe,
el que tal cuestión se pruebe,
que por él, lo grave es leve,
y con él, lo leve es grave.

Sin bastantes fundamentos
30 forman mis tristes cuidados,
de conceptos engañados,
un monte de sentimientos.* * *

Cuando por soñada culpa
con más enojo me incito,
35 yo le acrimino el delito,
y le busco la disculpa.* * *

Nunca hallo gusto cumplido,
porque entre alivio y dolor,
hallo culpa en el amor,
40 y disculpa en el olvido.

Esto de mi pena dura
es algo del dolor fiero,
y mucho más no refiero,
porque pasa de locura.

45 Si acaso me contradigo
en este confuso error,
aquel que tuviere amor
entenderá lo que digo.

ROMANCE

EN QUE EXPRESA LOS EFECTOS DEL AMOR DIVINO

Mientras la gracia me excita
por elevarme a la esfera,
más me abate hasta el profundo
el peso de mis miserias.

5 La virtud y la costumbre
en el corazón pelean;
y el corazón agoniza,
en tanto que lidian ellas.

Y, aunque es la virtud tan fuerte,
10 temo que tal vez la venzan;
que es muy grande la costumbre,
y está la virtud muy tierna.

Obscurécese el discurso
entre confusas tinieblas;
15 pues ¿quién podrá darme luz,
si está la razón a ciegas?

De mí misma soy verdugo,
y soy cárcel de mí mesma,
¿quién vio que pena y penante
20 una propia cosa sean?

Hago disgusto a lo mismo
que más agradar quisiera;
y del disgusto que doy,
en mí resulta la pena.

25 Amo a Dios, y siento en Dios;
y hace mi voluntad mesma
de lo que es alivio, cruz,
del mismo puerto, tormenta.

Padezca, pues Dios lo manda;
30 mas de tal manera sea,
que si son penas mis culpas,
que no sean culpas las penas.

AUTO SACRAMENTAL

EL DIVINO NARCISO (FRAGMENT)

Ovejuela perdida,
de tu dueño olvidada
¿adónde vas errada?
Mira que dividida
5 de mí, también te apartas de tu vida.

Por las cisternas viejas
bebiendo turbias aguas,
tu necia sed enjuagas
y con sordas orejas,
10 de las aguas vivíficas te alejas.

En mis finezas piensa:
verás que siempre amante
te guardo vigilante,
te libro de la ofensa,
15 y que pongo la vida en tu defensa.

De la escarcha y la nieve
cubierto voy siguiendo
tus necios pasos, viendo
que ingrata no te mueve
20 ver que dejo por ti noventa y nueve.

Mira que mi hermosura
de todas es amada,
de todas es buscada,
sin reservar criatura,
25 y sola a ti te elige tu ventura.

Por sendas horrorosas
tus pasos voy siguiendo,
y mis plantas hiriendo
de espinas dolorosas,
30 que estas selvas producen escabrosas.

Yo tengo de buscarte,
y aunque tema perdida,
por buscarte, la vida,
no tengo de dejarte,
35 que antes quiero perderla, por hallarte.

~~~Juan del Valle y Caviedes

PERU, 1652–1697? The pernicious effect of gongorism reduced much of colonial verse to mere verbal gymnastics and pedantic exhibitionism. The barbed satire, the blunt language, and the picaresque, sometimes vulgar, themes of a Lima shopkeeper-poet, Juan del Valle y Caviedes, offer a welcome contrast to the artificial, pompous, and often meaningless verse of his contemporaries. His satiric poems have, besides humor, the ring of sincerity, and much more realism is discernible in the exaggerated caricatures of viceregal types and manners than in the more refined verse of his time. Little of Caviedes' poetry found its way into print until the nineteenth century, which makes some attributions of specific poems to him still doubtful, but there are indications that it circulated widely in manuscript form in his own time and later. His inspiration was not solely iconoclastic, however, for numerous poems reveal profound depths of religious sentiment, sorrow, and a feeling for beauty.

Like many satirists before, during, and after his time, Caviedes directed many of his darts at medical quacks who, as practitioners of the undeveloped science of medicine, were legion, and most of his verses in the collection called *Diente del Parnaso* harp continually on this theme as well as other forms of hypocrisy.

~~~DIENTE DEL PARNASO

COLOQUIO QUE TUVO CON LA MUERTE UN MÉDICO MORIBUNDO

El mundo todo es testigo,
Muerte de mi corazón,
que no has tenido razón
de portarte así conmigo.
5 Repara que soy tu amigo,
y que de tus tiros tuertos
en mí tienes los aciertos;
excúsame la partida,
que por cada mes de vida
10 te daré treinta y un muertos.

¡Muerte! Si los labradores
dejan siempre que sembrar
¿cómo quieres agotar
la semilla de doctores?
15 Frutos te damos mayores;
pues, con purgas y con untos,
damos a tu hoz asuntos
para que llenes las trojes,
y por cada doctor coges
20 diez fanegas de difuntos.

No seas desconocida
ni contigo uses rigores,
pues la Muerte sin doctores
no es muerte, que es media vida.
25 Pobre, ociosa y desvalida
quedarás en esta suerte,
sin que tu aljaba[1] concierte,
siendo en tan grande mancilla
una pobre muertecilla
30 o Muerte de mala muerte.

Muerte sin médico es llano
que será por lo que infiero,
mosquete sin mosquetero,
espada o puñal sin mano.
35 Este concepto no es vano
porque, aunque la muerte sea
tal, que todo cuanto vea
se lo lleve por delante,
que a nadie mata es constante
40 si el doctor no la menea.

¡Muerte injusta! Tú también
me tiras por la tetilla;[2]
mas ya sé no es maravilla
pagar mal el servir bien.
45 Por Galeno[3] juro, a quien
venero que, si el rigor
no conviertes en amor,
sanándome de repente,
y muero de este accidente,
50 que no he de ser más doctor.

Mira que, en estos afanes,
si así a los médicos tratas,
han de andar después a gatas
los curas y sacristanes.
55 Porque soles ni desmanes,[4]
la suegra y suegro peor,
fruta y nieve[5] sin licor,
bala, estocadas y canto,
no matan al año tanto
60 como el médico mejor.* * *

CUATRO CONTRAS QUE HA DE TENER EL ENTENDIDO PARA SERLO

Contra médicos es todo entendido,
contra vulgo y sus falsas opiniones,
contra hipócritas y viles santurrones,[6]
y contra la astrología si ha mentido.
5 Porque el médico en nada es advertido,
el vulgo se compone de ficciones,
el santurrón de engaños e ilusiones,

y el pronóstico es hurto conocido.
Cuando el médico alguno desahuciare,[7]
10 di tú que vive; cuando la beata
las cosas por venir te revelare,
entiende que al presente quiere plata,
que el astro luego miente en cuanto hablare,
y que la voz del vulgo es patarata.[8]

A MI MUERTE PRÓXIMA

Que no moriré de viejo,
que no llego a los cuarenta,
pronosticado me tiene
de físicos la caterva.[9]
5 Que una entraña hecha gigote[10]
al otro mundo me lleva,
y el día menos pensado
tronaré como arpa vieja.[11]
Nada me dicen de nuevo;
10 sé que la muerte me espera,

y pronto; pero no piensen
que he de cambiar de bandera.
Odiando las medicinas
como viví, así perezca;
15 que siempre el buen artillero
al pie del cañón revienta.
Mátenme de sus palabras
pero no de sus recetas,
que así matarme es venganza
20 pero no muerte a derechas.

[1] aljaba: *quiver.*
[2] ¡Muerte . . . tetilla: *Unjust Death, now you are easing me out, too.*
[3] Galeno: Claudius Galen (131–201), a Greek physician and ancient authority on medicine.
[4] Porque . . . desmanes: *For neither sun-strokes, nor excesses.*
[5] nieve: Snow was brought down to the capital from the nearby Andes to chill beverages; the latter were

considered detrimental to health.
[6] santurrones: *canting hypocrites, false zealots.*
[7] desahuciare: *declares a patient past recovery* (fut. subj.).
[8] patarata: *idle talk.*
[9] de físicos la caterva: *the swarm of doctors.*
[10] gigote=jigote.
[11] y el día . . . vieja: (colloquial) *and pretty soon I'll bust up like an old harp.*

Para morirme a mi gusto
no recurriré a la ciencia
de matalotes idiotas
que por la ciudad pasean.[12]
25 ¿Yo a mi *Diente del Parnaso*
por miedo traición hiciera?
¡Cuál rieran del cronista
las edades venideras!
Jesucristo unió el ejemplo
30 a la doctrina, y quien piensa
predicando ser apóstol,
de sus obras no reniega.

¡Me moriré! buen provecho.
¡Me moriré! en hora buena,[13]
35 pero sin médicos cuervos
junto de mi cabecera.
Un amigo, si esta *avis*[14]
rara mi fortuna encuentra,
y un franciscano que me hable
40 de las verdades eternas,
y venga lo que viniere,
que apercibido me encuentra
para reventar lo mismo
que cargada camareta.[15]

REMEDIOS PARA SER LO QUE QUISIERES

I

HIPÓCRITAS

Quien trate de fingirse virtuoso,
que es ejercicio grave y fructuoso,
póngase gran sombrero y zapatones,
aunque otra cosa digan calzones,
5 que a esos seres tan sucios y amarillos
nadie va a registrarles los fondillos.
Procure conocer la gente rica,
porque ella es la botica
donde el récipe está de su remedio,
10 y adúlela sin excusarse medio;
de esta suerte tendrá capellanías,
legados que le dejen y obras pías.
Ancho el cuello traerá con un rosario
que parezca en las cruces un calvario;
15 un denario en la mano de contino
de unas cuentas tan grandes, que el vecino
cuando él pase las oiga, y sea testigo
de que diciendo va: "¡Jesús sea conmigo!"
En su estilo usará muy cotidiano
20 "hermanica" o "hermano,"
aunque en tal trato son impropiedades
el que busque un ladrón las hermandades.
Cojerá algún pretexto de mandante
porque es muy socorrido un postulante.
25 Tratará con palabras generales

profecías de males,
como que sabe bien lo que se dice,
porque así con misterios se predice;
y, en pillando algún rico albaceazgo,
30 vístase de mocito mayorazgo,
diciendo a su quebranto:
"¿Hasta cuándo? Ya basta para santo;
y pues que ya he pescado,
sea mi Dios bendito y alabado."
35 Una mula aderece con decencia,
con los lacayos negros de la herencia;
ajústese el zapato, achique el cuello,
pues se ha llegado el tiempo del degüello,
quítese de cilicios tanta enjalma
40 y vístase de verde, cuerpo y alma.
Y si le censurasen los parientes
del muerto, que entre dientes
le traerán por la herencia,
culpándole su obrar y su conciencia,
45 por no haber dado justo cumplimiento
a las mandas que tiene el testamento,
como el talego quede aprovechado,
no importa que esté el otro condenado;
porque en eso de misas al difunto
50 que hay su más y su menos yo barrunto,

[12] Para . . . pasean: *To die comfortably I'll not call upon the science of broken-down old fools (i.e., doctors) who hang about the city.*
[13] ¡Me moriré! buen . . . buena: *I'm going to die! Well and good. I'm going to die! All right, then.*

[14] *avis* (Latin): *bird,* avis rara *(meaning any* rare *thing).*
[15] que apercibido . . . camareta: *he'll find me ready to blow up like a loaded powder magazine.*

y no cumpliendo misa ni memoria
él tendrá menos pena y tú más gloria;
pues, si por ventura se fue al cielo,
no ha menester sufragios ni consuelo;
55 y si al presente está en el purgatorio
es lugar accesorio
a la gloria, y en él no gasta reales.
Purgue, y venga a salir por sus cabales.

PRIVILEGIOS DEL POBRE

El pobre es tonto, si calla;
y si habla es un majadero;
si sabe, es un hablador;
y si afable, es embustero;
5 si es cortés, entrometido;
cuando no sufre, soberbio;
cobarde, cuando es humilde;
y loco, cuando es resuelto;
si valiente, es temerario;
10 presumido, si es discreto;
adulador, si obedece;
y si se excusa, grosero;
si pretende, es atrevido;
si merece, es sin aprecio;
15 su nobleza es nada vista,
y su gala, sin aseo;
si trabaja, es codicioso,
y por el contrario extremo
un perdido, si descansa . . .
20 ¡Miren si son privilegios!

ROMANCE AMOROSO V

En un laurel convertida
vio Apolo[16] a su Dafne amada;[17]
¿quién pensara que en lo verde
murieron sus esperanzas?
5 Abrazado con el tronco
y cubierto con las ramas,
pegó la boca a los nudos
y a la corteza la cara.
Con mil almas le decía
10 a la que sin ella estaba:
No para mí, para ti,
Dafne, ha sido la mudanza;
pues tanto vale el ser tronco
como ser ninfa tirana;
15 porque tanto favorece
un leño como una ingrata.
Sólo la forma ha perdido
en sus perfecciones raras;
pero en la materia toco,
20 que la de un tronco es más blanda.
Primero piedad espero
en quien no escuche mis ansias,
moción es lo que está muerto,
que en ti estando como estabas.
25 Por lo menos grabaré
en tu tronco mis palabras
que en ti, ninfa, jamás pude
que quisieras escucharlas.
Desesperación ha sido
30 tu belleza malograda,
pues por agraviarme esquiva
hasta a ti misma te agravias.
Si hubiera sabido, ninfa,
tu venganza, en mi venganza
35 por quererte más te hubiera
querido con menos ansia.

EN LA MUERTE DE MI ESPOSA

¡Ay de mí! solo quedo,
mas no, si me acompaño
con penas, que son siempre
compañía infeliz del desdichado.

[16] Apolo: *Apollo*, famed Greek and Roman god of oracles, medicine, poetry, the arts, and of the sun, son of Jupiter and Latona, and twin brother of Diana, goddess of the hunt.

[17] Dafne: *Daphne*, a nymph changed into a laure when pursued by Apollo.

5 No me aneguéis, tormentos,
  que no hacéis dos fracasos,
  si le sobra a una vida
  muchos golfos que aniegan con su llanto.
  Con esperanzas muertas,
10 ni aun el mayor aguardo,
  porque los daños huyen
  de quien busca remedios en los daños.
  No digan que suspiros
  conducen al descanso,
15 que un usurpado aliento
  tan sólo dará alientos usurpados.

  De mí aprendan las rocas
  que no toleran tanto,
  que en resistir los males
20 puedo vencerlos y también llorarlos.
  Fallece Febo[18] y queda
  el mundo deslumbrado.
  ¡Mi sol! ¡Mi sol ha muerto!
  Me faltan luces y me faltan rayos.
25 Si al morir una vida
  le corresponde al tanto,
  logro soy de la muerte,
  pues cobra en una réditos tiranos.

ᎧᎧAL CONOCIMIENTO DE DIOS Y LA CRIATURA

  Yo la más vil criatura de la tierra,
Vos, el grande, el Señor, el Poderoso.
Yo el inmundo, el soez, el asqueroso,
Vos aquel en quien todo bien se encierra.

5   Yo el incapaz que ciego siempre yerra,
Vos el sabio, el prudente, el portentoso,
yo el pecador injusto, al cielo odioso.
Vos, quien de él, por mis culpas, me destierra.

  Parece que en extremos competimos,
10 yo en lo malo, Señor, Vos en lo bueno,
títulos bien contrarios adquirimos;

  Pero Vos me excedéis, siendo más lleno
del bien que yo del mal que repartimos.
Pues, ¿qué dirán de Vos, si me condeno?

---

[18] Febo: *Phoebus*, a name by which Apollo was also known in connection with his association with the sun.

ᑫᑫᑫᑫᑫ Carlos de Sigüenza y Góngora

Mexico, 1645–1700   The novel as a literary form is almost entirely absent in colonial literature for reasons that are obscure, particularly in view of the fact that reading of this type of literature imported from Spain was general. The absence of any authentic novels written in the colonies can be attributed in part to the disapproval of the clergy since the influence of the Church on intellectual life was dominant. It can also be attributed to the monopolistic policies which characterized the commercial relations of Spain and its former possessions, and which extended even to the book trade. However, numerous works published in colonial Spanish America contained novelistic elements and offered, therefore, the germ of the later novel. Among these forerunners is a narrative of adventure, purporting to be factual, entitled *Infortunios de Alonso Ramírez*. Told in the first person, it is the account of an adventurous journey around the world in the late seventeenth century by a youthful Puerto Rican, and betrays some influence of the picaresque tales for which the literature of Spain is famous. The style of writing is relatively simple and unaffected and this short work with its sometimes vivid narrative contrasts, both in content and form, with the dullness and heaviness characteristic of the prose of the time.

ᑫᑫᑫ INFORTUNIOS DE ALONSO RAMÍREZ

The hero, a thirteen-year-old Puerto Rican lad, went to New Spain or Mexico in quest of a relative who disclaimed any connection with him. After various incidents Ramírez embarked for the Philippine islands, then a part of the Viceroyalty of New Spain. The lure of strange ports in the Far East led him to follow the sea and while on a small, inter-island craft in the Philippines, he was captured by English pirates. The latter carried him from place to place, subjecting him to many indignities, and finally, after reaching the Atlantic ocean, set him and seven companions, a Creole of Puebla, Mexico, two Filipinos, two Chinese, a native of Malabar, and Ramírez' personal slave, a Negro named Pedro, adrift in a small frigate off the coast of Brazil. Sailing without charts and uncertain of their position, they anchored off an unknown coast which proved to be that of Yucatan. A heavy wind rose, broke their cables

78

and drove their tiny craft aground. The waves broke over with such fury that the ship threatened to break up. In despair Ramírez seized a rope and swam to the barren shore and, with this line as a ferry, his companions finally reached the beach in safety.

SED, HAMBRE, ENFERMEDADES, MUERTES CON QUE FUERON ATRIBULADOS EN ESTA COSTA; HALLAN INOPINADAMENTE GENTE CATÓLICA Y SABEN ESTAR EN TIERRA FIRME DE YUCATÁN EN LA SEPTENTRIONAL AMÉRICA

Tendría de ámbito la peña que terminaba esta punta como doscientos pasos, y por todas partes la cercaba el mar y aun, tal vez por la violencia con que la hería, se derramaba por toda ella con gran ímpetu.

No tenía árbol ni cosa alguna a cuyo abrigo pudiésemos repararnos contra el viento que soplaba vehementísimo y destemplado; pero, haciéndole a Dios Nuestro Señor repetidas súplicas y promesas y persuadidos a que estábamos en parte donde jamás saldríamos, se pasó la noche.

Perseveró el viento y, por el consiguiente, no se sosegó el mar hasta de allí a tres días. Pero, no obstante, después de haber amanecido, reconociendo su cercanía, nos cambiamos a tierra firme, que distaría de nosotros como cien pasos y no pasaba de la cintura el agua donde más hondo.

Estando todos muertos de sed, y no habiendo agua dulce en cuanto se pudo reconocer en algún espacio, posponiendo mi riesgo al alivio y conveniencia de aquellos míseros,[1] determiné ir a bordo. Encomendándome con todo afecto a María Santísima de Guadalupe,[2] me arrojé al mar y llegué al navío, de donde saqué un hacha para cortar y cuanto me pareció necesario para hacer fuego.

Hice segundo viaje y, a empellones, o por mejor decir, milagrosamente, puse un barrilete de agua en la misma playa. No atreviéndome aquel día a tercer viaje, después que apagamos todos nuestra ardiente sed, hice que comenzasen los más fuertes[3] a destrozar palmas de las muchas que allí había para comer los cogollos y, encendiendo candela, se pasó la noche.

Halláronse el día siguiente unos charcos de agua (aunque algo salobre) entre aquellas palmas y, mientras se congratulaban los compañeros por este hallazgo, acompañándome Juan de Casas, pasé al navío de donde, en el cayuco[4] que allí traíamos (siempre con riesgo por el mucho mar y la vehemencia del viento), sacamos a tierra el velacho, las dos velas del trinquete y gavia,[5] y pedazos de otras.

Sacamos también escopetas, pólvora y municiones y cuanto nos pareció por entonces más necesario para cualquier accidente.

Dispuesta una barraca en que cómodamente cabíamos todos, no sabiendo a qué parte de la costa se había de caminar para buscar gente, elegí, sin motivo especial, la que corre al sur. Fue conmigo Juan de Casas y, después de haber caminado aquel día como cuatro leguas, matamos dos puercos monteses. Escrupulizando el que se perdiese aquella carne en tanta necesidad, cargamos con ellos para que los lograsen los compañeros.[6]

Repetimos lo andado a la mañana siguiente hasta llegar a un río de agua salada, cuya ancha y profunda boca nos atajó los pasos y, aunque por haber descubierto unos ranchos antiquísimos hechos de paja, estábamos

---

[1] posponiendo . . . míseros: *subordinating my own danger to the relief and comfort of those poor wretches.*

[2] Guadalupe: A national shrine to the Virgin of Guadalupe is located in a town just outside of Mexico City, now called Guadalupe-Hidalgo.

[3] los más fuertes=los compañeros más fuertes.

[4] cayuco: *small craft, tender, dinghy.*

[5] sacamos . . . gavia: *we brought ashore the fore-topsail, the two foresails, and the main topsail.*

[6] Escrupulizando . . . compañeros: *Hesitating whether to waste that meat in such a state of dire need as ours, we loaded ourselves up with them so that our companions might have them to eat.*

persuadidos a que dentro de breve se hallaría gente, con la imposibilidad de pasar adelante, después de cuatro días de trabajo nos volvimos tristes.

Hallé a los compañeros con mucho mayores aflicciones que las que yo traía, porque los charcos de donde se proveían de agua se iban secando, y todos estaban tan hinchados que parecían hidrópicos.

Al segundo día de mi llegada se acabó el agua y, aunque por el término de cinco días se hicieron cuantas diligencias nos dictó la necesidad para conseguirla, excedía a la de la mar en la amargura la que se hallaba.

A la noche del quinto día, postrados todos en tierra, y más con los afectos que con las voces por sernos imposible el articularlas, le pedimos a la Santísima Virgen de Guadalupe el que, pues era fuente de aguas vivas para sus devotos, compadeciéndose de lo que ya casi agonizábamos con la muerte, nos socorriese como a hijos,[7] protestando no apartar jamás de nuestra memoria beneficio tanto, para agradecérselo. Bien sabéis, Madre y Señora mía amantísima, el que así pasó.

Antes de que se acabase la súplica, viniendo por el sueste la turbonada, cayó un aguacero tan copioso sobre nosotros que, refrigerando los cuerpos y dejándonos provisión bastante en el cayuco y en cuantas vasijas allí teníamos, nos dio las vidas.

Era aquel sitio no sólo estéril y falto de agua sino muy enfermo y, aunque así lo reconocían los compañeros, por temor de morir en el camino, no había modo de convencerlos para que lo dejásemos. Pero quiso Dios que lo que no recabaron mis súplicas, lo consiguieron los mosquitos (que también allí había) con su molestia. Ellos eran, sin duda alguna los que en parte les habían causado las hinchazones, que he dicho, con sus picadas.

Treinta días se pasaron en aquel puesto,

comiendo chachalacas,[8] palmitos y algún marisco. Antes de salir de él, por no omitir diligencia, pasé al navío que hasta entonces no se había escatimado y, cargando con bala toda la artillería, la disparé dos veces. Fue mi intento el que, si acaso había gente la tierra adentro, podía ser que el estruendo les moviese a saber la causa y que, acudiendo allí, se acabasen nuestros trabajos con su venida.

Con esta esperanza me mantuve hasta el siguiente día, en cuya noche (no sé cómo), tomando fuego un cartucho que tenía en la mano, no sólo me la abrasó, sino que me maltrató un muslo, parte del pecho, toda la cara y me voló el cabello. Curado como mejor se pudo con ungüento blanco que se había hallado en la caja de medicina que me dejó el Condestable,[9] salí de allí la subsecuente mañana, dándoles a los compañeros el aliento de que yo, más que ellos, necesitaba.

Quedóse (¡ojalá la pudiéramos haber traído con nosotros, aunque fuera a cuestas, por lo que adelante diré!), quedóse, digo, la fragata que, en pago de lo mucho que yo y los míos servimos a los ingleses, nos dieron graciosamente. Era (y no sé si todavía lo es) de treinta y tres codos de quilla y con tres aforros, los palos y vergas de excelentísimo pino, la fábrica toda de lindo gálibo y tanto que corría ochenta leguas por singladura con viento fresco.[10] Se quedaron en ella y en las playas nueve piezas de artillería de hierro, con más de dos mil balas de a cuatro, de a seis y de a diez,[11] y todas de plomo; cien quintales, por lo menos, de este metal; cincuenta barras de estaño; sesenta arrobas de hierro; ochenta barras de cobre del Japón; muchas tinajas de la China; siete colmillos de elefante; tres barriles de pólvora; cuarenta cañones de escopetas; diez llaves; una caja de medicinas, y muchas herramientas de cirujano.

Bien provisionados de pólvora y muni-

---

[7] le pedimos . . . hijos: *we prayed the Most Holy Virgin of Guadalupe, since she is a fountain of living waters for her devotees, to take pity on us who were already in the very shadows of death and to succor us like children.*

[8] chachalacas: a sort of Guinea hen.

[9] Earlier in the narrative Alonso Ramírez tells of a friendly member of the English pirate crew that had captured him, a master-gunner whom he called "Condestable Nicpat."

[10] Era . . . fresco: *It had (I don't know whether it still has) a keel thirty-three cubits long and with three layers of sheathing; its masts and yardarms were of the finest pine, and the whole framework was of such excellent construction that, with a fresh breeze, it could cover eighty leagues in a single day's run.*

[11] dos . . . diez: *two thousand cannonballs, four, six, and ten pounders.*

ciones y no otra cosa, y cada uno de nosotros con escopeta, comenzamos a caminar por la misma marina la vuelta del norte, pero muy despacio por la debilidad y flaqueza de los compañeros. Al llegar a un arroyo de agua dulce pero bermeja, que distaría del primer sitio menos de cuatro leguas, se pasaron dos días.

La consideración de que, a este paso sólo podíamos acercarnos a la muerte y con mucha prisa, me obligó a que, valiéndome de las más suaves palabras que me dictó el cariño, les propusiese el que, pues ya no les podía faltar el agua y, como veíamos que acudía allí mucha volatería que les aseguraba el sustento, tuviesen a bien el que yo, acompañado de Juan de Casas, me adelantase hasta hallar poblado.[12] De allí, yo protestaba, volvería cargado de refresco para sacarlos de allí. Respondieron a esta proposición con tan lastimeras voces y copiosas lágrimas que me las sacaron de lo más tierno del corazón en mayor raudal.

Abrazándose de mí, me pedían con mil amores y ternuras que no les desamparase y pareciéndoles imposible en lo natural poder vivir el más robusto ni aun cuatro días y la demora, por lo tanto, tan corta, pedían que yo quisiese, como padre que era de todos, darles mi bendición en sus postreras boqueadas; después pudiese proseguir, muy enhorabuena, a buscar el descanso que a ellos les negaba su infelicidad y desventura en tan extraños climas.[13] Me convencieron sus lágrimas a que así lo hiciese pero, pasados seis días sin que mejorasen y, reconociendo el que yo me iba hinchando y que mi falta les aceleraría la muerte, y temiendo ante todas cosas la mía, conseguí el que, aunque fuese muy poco a poco, se prosiguiese el viaje.

Iba yo y Juan de Casas descubriendo lo que habían de caminar los que me seguían.

Era el último, como más enfermo, Francisco de la Cruz, sangley,[14] a quien, desde el trato de cuerda que le dieron los ingleses antes de llegar a Caponiz, le sobrevinieron mil males, siendo el que ahora le quitó la vida dos hinchazones en los pechos y otra en el medio de las espaldas que le llegaba al cerebro.

Habiendo caminado como una legua, hicimos alto y, siendo la llegada de cada uno según sus fuerzas, aun después de las nueve de la noche no estaban juntos, porque este Francisco de la Cruz no había llegado todavía. En espera suya se pasó la noche y, dándole orden a Juan de Casas que prosiguiera el camino antes de que amaneciese, volví en su busca. Lo hallé a cosa de media legua, ya casi boqueando pero en su sentido. Deshecho en lágrimas y con mal articuladas razones porque me las embargaba el sentimiento, le dije lo que me pareció a propósito para que muriese, conformándose con la voluntad de Dios y en gracia suya. Poco antes del medio día rindió el espíritu.

Pasadas como dos horas, hice un profundo hoyo en la misma arena y, pidiéndole a la Divina Majestad el descanso de su alma, lo sepulté y, levantando una cruz (hecha de dos toscos maderos) en aquel lugar, me volví a los míos. Los hallé alojados delante de donde habían salido como otra legua y a Antonio González, el otro sangley, casi moribundo. No habiendo regalo que poder hacerle, ni medicina alguna con que esforzarlo, mientras estaba consolándolo, o de triste o de cansado, me quedé dormido. Dispertándome el cuidado a muy breve rato, lo hallé difunto. Le dimos sepultura entre todos el siguiente día y, tomando por asunto una y otra muerte, los exhorté a que caminásemos cuanto más pudiésemos, persuadidos a que así sólo se salvarían las vidas.

Se anduvieron aquel día como tres leguas

---

[12] La consideración . . . poblado: *The fact that, at this slow pace, we could only get nearer death that much faster, forced me to suggest, using the gentlest words inspired by my sympathetic regard for them, that they should look with favor on my going ahead with Juan de Casas until we reached a settlement, inasmuch as there was no longer any lack of water and, as we could see, a lot of birds flocked there thus assuring them food.*

[13] después . . . climas: *then, I could continue happily on my way in search of the haven which their unhappiness and misfortune denied them in such strange lands.* It will be remembered that the companions of Ramírez and Juan de Casas were all Asiatics, except the Negro slave, Pedro.

[14] sangley: a Chinese trader of the Philippines.

y en los tres siguientes se granjearon quince. La causa fue que, con el ejercicio del caminar, al paso que se sudaba, se revolvían las hinchazones y se nos aumentaban las fuerzas.[15] Se halló aquí un río de agua salada muy poco ancho y en extremo hondo. Aunque retardó por todo un día un manglar muy espeso el llegar a él, fue reconocido el río y, después de sondearlo, se halló que faltaba vado. Con palmas que se cortaron se le hizo puente y se fue adelante, sin que el hallarme en esta ocasión con calentura me fuese estorbo.

Al segundo día que salimos de allí, precediendo a todos yo y Juan de Casas, atravesó por el camino que llevábamos un disforme oso. No obstante el haberlo herido con la escopeta, se vino para mí y, aunque me defendía yo con el mocho como mejor podía, siendo pocas mis fuerzas y muchas las suyas, a no acudir a ayudarme mi compañero, me hubiera muerto. Lo dejamos allí tendido y se pasó de largo.

Cinco días después de este suceso, llegamos a una punta de piedra de donde me parecía imposible pasar con vida por lo mucho que me había postrado la calentura. Ya entonces estaban notablemente recobrados todos o, por decir mejor, con salud perfecta. Hecha mansión[16] y mientras entraban en el monte adentro a buscar comida, me recogí a un rancho que, con una manta que llevábamos, al abrigo de una peña me habían hecho; quedó en guardia mi esclavo, Pedro. Entre las muchas imaginaciones que me ofreció el desconsuelo en esta ocasión, fue la más molesta el que sin duda estaba en las costas de la Florida en la América y que, siendo cruelísimos en extremo sus habitadores, por último habíamos de rendir las vidas en sus sangrientas manos.

Interrumpióme estos discursos mi muchacho con grandes gritos, diciéndome que descubría gente por la costa y que venía desnuda. Me levanté asustado y, tomando en la mano la escopeta, me salí fuera y, encubierto de la peña a cuyo abrigo estaba, reconocí dos hombres desnudos con cargas pequeñas a las espaldas y haciendo ademanes con la cabeza como quien busca algo. No me pesó de que viniesen sin armas y, por estar a tiro mío, les salí al encuentro. Turbados ellos mucho más sin comparación que lo que yo lo estaba, lo mismo fue verme que arrodillarse y, puestas las manos, comenzaron a dar voces en castellano y a pedir cuartel.

Arrojé yo la escopeta y, llegándome a ellos, los abracé. Me respondieron a las preguntas que inmediatamente les hice. Me dijeron quo eran católicos y que, acompañando a su ame que venía atrás y se llamaba Juan González y era vecino del pueblo de Tejozuco, andaban por aquellas playas buscando ámbar; dijeron también el que era aquella costa la que llamaban de Bacalal en la Provincia de Yucatán.

Se siguió a estas noticias tan en extremo alegres, y más en ocasión en que la vehemencia de mi tristeza me ideaba muerto entre gentes bárbaras, el darle a Dios y a su Santísima Madre repetidas gracias. Disparando tres veces, que era contraseña para que acudiesen los compañeros, con su venida, que fue inmediata y acelerada, fue común entre todos el regocijo. * * *

---

[15] La causa . . . fuerzas: *The reason* (for this greater progress) *was that as we perspired with the exercise of walking, our swellings went down and our strength increased.*
[16] Hecha mansión: *Having made a stop.*

~~~~~ONE

FROM DISCOVERY TO INDEPENDENCE

C. ENLIGHTENMENT AND REVOLT (1750-1832)

Alonso Carrió de la Vandera—"Concolorcorvo"

PERU, 1715–1778?   A curious travelogue entitled *El lazarillo de ciegos caminantes* (A guide for inexperienced travelers between Buenos Aires and Lima) was first published at Lima, Peru, in 1775–1776, with its author indicated as "Concolorcorvo," allegedly Calixto Bustamente Carlos Inga. The true author, however, is positively identified as a Spaniard, Alonso Carrió de la Vandera, appointed Inspector of Postal Routes between Buenos Aires and Lima. In 1773 and in company with Concolorcorvo as his *lazarillo* or secretary he made the long trek across the plains and mountains of South America, about which he wrote a flavorsome description of towns, settlements, mines, people, mule trains, wagon traffic, and the like along the way. The result is an entertaining compendium of facts and impressions spiced with the author's asides, digressions, opinions, and gossip. The author writes in colloquial language after the manner of the tales of roguery; his light touches and picaresque humor provide one of the best and most readable travel narratives of eighteenth-century Peru.

EL LAZARILLO DE CIEGOS CAMINANTES

The following selection is taken from Chapter VIII of the book in which the author describes some of the province of Tucumán, now the extreme northwest of the Republic of Argentina. While depicting the fortunate conditions of this particular section, Concolorcorvo gives us an intimate glimpse of some of the gay customs of the happy-go-lucky inhabitants of this favored region. These *gauderios* were the forerunners of the wild, free, and colorful *gauchos* who subsequently lent so much color to the political and cultural life of Argentina and who have since inspired so much of the best of Argentine literature and art.

Acaso en todo el mundo no habrá igual territorio unido más a propósito para producir con abundancia todo cuanto se sembrase. Se han contado 12 especies de abejas, que todas producen miel de distinto gusto. La mayor parte de estos útiles animalitos hacen sus casas en los troncos de los árboles, en lo interior de los montes, que son comunes, y regularmente se pierde un árbol cada vez que se recoge miel y cera, porque la buena gente que se aplica a este comercio, por excusar alguna corta prolijidad, hace a boca de hacha unos cortes que aniquilan al árbol.[1] Hay algunas abejas que fabrican sus casas bajo de la tierra, y algunas veces inmediato a las casas, de cuyo fruto se aprovechan los muchachos y criados de los pasajeros.[2] Hemos visto que las abejas no defienden la miel y cera con el rigor que en la Europa, ni usan de artificio alguno para conservar una especie tan útil; ni tampoco hemos visto colmenas ni prevención alguna para hacerlas caseras y domesticarlas, proviniendo este abandono y desidia de la escasez de poblaciones grandes para consumir estas especies y otras infinitas, como la grana y añil,[3] y la seda de gusano y araña, con otras infinitas producciones. Y así el corto número de colonos se contenta con vivir rústicamente, manteniéndose de un trozo pe vaca y bebiendo sus alojas,[4] que hacen muchas veces dentro de los montes, a la sombra de los coposos árboles que producen la algarroba.

Allí tienen sus bacanales, dándose cuenta unos gauderios[5] a otros, como a sus campestres cortejos, que al son de la mal encordada y destemplada guitarrilla cantan y se echan unos a otros sus coplas, que más parecen pullas.[6] Si lo permitiera la honestidad, copiaría algunas muy extravagantes sobre amores, todas de su propio numen, y después de calentarse con la aloja y recalentarse con la post aloja, aunque este postre no

es común entre la gente moza.[7]

Los principios de sus cantos son regularmente concertados, respecto de su modo bárbaro y grosero, porque llevan sus coplas estudiadas y fabricadas en la cabeza de algún tunante chusco. Cierta tarde que el visitador[8] quiso pasearse a caballo, nos guió con su baqueano[9] a uno de estos montes espesos, a donde estaba una numerosa cuadrilla de gauderios de ambos sexos, y nos advirtió que nos riéramos con ellos sin tomar partido, por las resultas de algunos bolazos.[10] El visitador, como más baqueano,[11] se acercó el primero a la asamblea, que saludó a su modo, y pidió licencia para descansar un rato a la sombra de aquellos coposos árboles, juntamente con sus compañeros, que venían fatigados del sol. A todos nos recibieron con agrado y con el mate de aloja[12] en la mano. Bebió el visitador de aquella zupia[13] y todos hicimos lo mismo, bajo de su buena fe y crédito. Desocuparon cuatro jayanes[14] un tronco en que estaban sentados, y nos lo cedieron con bizarría. Dos mozas rollizas se estaban columpiando sobre dos lazos fuertemente amarrados a dos gruesos árboles. Otras, hasta completar como doce, se entretenían en exprimir la aloja y proveer los mates y rebanar sandías. Dos o tres hombres se aplicaron a calentar en las brasas unos trozos de carne entre fresca y seca, con algunos

[1] por excusar . . . árbol: *not bothering to take any care, they make slashing blows with the ax which destroy the tree.*

[2] los pasajeros: *passing travelers.*

[3] la grana y añil: *cochineal and indigo* (for dyes).

[4] alojas: a beverage made from the juice of the *algarrobo* or carobe tree.

[5] gauderios: "The *gauderios* were happy-go-lucky, thieving, guitar-strumming roamers of the Uruguayan plain at that time [1750] almost a desert solitude." (Henry A. Holmes, *Martín Fierro, an Epic of the Argentine,* New York, 1923, p. 19). The term was of equal application to the same type in Tucumán.

[6] que al son . . . pullas: *to the accompaniment of poorly rung and badly tuned little guitars they alternate in singing* [improvised] *couplets which seem more like witty repartee.* The Argentine critic and writer, Ricardo Rojas, cites this description of Concolorcorvo in proof of the early manifestation of popular lyric customs associated with the *gaucho* of the nineteenth century (*La literatura argentina. Los gauchescos,* I, p. 343–4).

[7] todas . . . moza: *all of their own inspiration and after warming up with a drink and still more with another drink, though this dessert is not usual among the young people.* Concolorcorvo liked to pun as in this case with *post,*

meaning *after* and *postre,* meaning *dessert.*

[8] el visitador: the postal commissioner and author, Alonso Carrió de la Vandera.

[9] baqueano: *guide-scout.*

[10] sin . . . bolazos: *without joining in for fear that it might end up in a fight with 'bolas.'* The *bolas* or *boleadoras,* a weapon of Indian origin, usually consisted of three separate balls of stone or heavy material encased in leather and tied to the ends of three connected thongs. This was swung around the head and then turned loose in the direction of fleeing horses or cattle who were thus entangled or stunned and captured. It was a standard part of the equipment of a *gauderio* and later the *gaucho.* Evidently the *bolas* came into use in brawls and fights.

[11] Here the word 'baqueano' is used in the adjectival sense of *crafty, wise.*

[12] mate de aloja: *mate* usually refers to the *yerba mate* or Paraguayan tea, a popular beverage in the rural districts of Argentina, Uruguay and Paraguay. (Cf. p. 88.) Here it applies to a gourd or vessel containing *aloja.*

[13] zupia: *foul drink.*

[14] jayanes: *burly fellows.*

caracúes,[15] y finalmente otros procuraban aderezar sus guitarrillas, empalmando las rozadas cuerdas. Un viejo, que parecía de sesenta años y gozaba de vida 104, estaba recostado al pie de una coposa haya,[16] desde donde daba sus órdenes, y pareciéndole que ya era tiempo de la merienda, se sentó y dijo a las mujeres que para cuándo esperaban darla a sus huéspedes; y las mozas respondieron que estaban esperando de sus casas algunos quesillos y miel para postres. El viejo dijo que le parecía muy bien.

El visitador, que no se acomoda a calentar mucho su asiento,[17] dijo al viejo con prontitud que aquella expresión le parecía muy mal. "Y así, señor Gorgonio, sírvase Vd. mandar a las muchachas y mancebos que canten algunas coplas de gusto, al son de sus acordados instrumentos." "Sea enhorabuena," dijo el honrado viejo, "y salga en primer lugar a cantar *Cenobia y Saturnina, con Espiridión y Horno de Babilonia.*" Se presentaron muy gallardos y preguntaron al buen viejo si repetirían las coplas que habían cantado en el día o cantarían otras de su cabeza.[18] Aquí el visitador dijo: "Estas últimas son las que me gustan, que desde luego serán muy saladas." Cantaron hasta veinte horrorosas coplas, como las llamaba el buen viejo, y habiendo entrado en el instante la madre Nazaria con sus hijas Capracia y Clotilde, recibieron mucho gusto Pantaleón y Torcuato,[19] que corrían con la chamuscada carne. Ya el visitador había sacado su reloj dos veces, por lo que conocimos todos que se quería ausentar, pero el viejo, que lo conoció, mandó a Rudesinda y a Nemesio que can-

tasen tres o cuatro coplitas de las que había hecho el fraile que había pasado por allí la otra semana. El visitador nos previno que estuviésemos con atención y que cada uno tomásemos de memoria una copla que fuese más de nuestro agrado. Las primeras que cantaron, en la realidad, no contenían cosa que de contar fuese.[20] Las dos últimas me parece que son dignas de imprimirse, por ser extravagantes, y así las voy a copiar, para perpetua memoria.

Dama: Ya conozco tu ruin trato
y tus muchas trafacías,[21]
comes las buenas sandías
y nos das liebre por gato.[22]

Galán: Déjate de pataratas,[23]
con ellas nadie me obliga,
porque tengo la barriga
pelada de andar a gatas.

"Ya escampa, dijo el visitador, y antes que lluevan bolazos, ya que no hay guijarros, vámonos a la tropa,"[24] con que nos despedimos con bastante dolor, porque los muchachos deseábamos la conclusión de la fiesta, aunque velásemos toda la noche; pero el visitador no lo tuvo por conveniente, por las resultas del trago sesenta y nueve.[25] El chiste de liebre por gato nos pareció invención del fraile, pero el visitador nos dijo que, aunque no era muy usado en el Tucumán, era frase corriente en el Paraguay y pampas de Buenos Aires, y que los versos de su propio numen eran tan buenos como los que cantaron los antiguos pastores de la Arcadia, a pesar de las ponderaciones de Garcilaso y Lope de Vega.[26] * * *

---

[15] caracúes: a word from the Guaraní language of Paraguay, here referring to bones containing marrow.

[16] haya: *beech-tree.*

[17] El visitador . . . asiento: *The commissioner, who didn't like to sit around waiting.*

[18] de su cabeza: *improvised.*

[19] Nazaria, Capracia, Clotilde, Pantaleón, Torcuato, etc.: apparently the names of members of the families of the *gauderios.*

[20] no . . . fuese: *contained nothing worth mentioning.*

[21] trafacías: *tricks, wiles.*

[22] y nos . . . gato: *you deceive us* (colloquial, 'you pull a

fast one on us'), a common expression in Spanish.

[23] pataratas: *nonsense.*

[24] ya . . . tropa: *"Things are getting hot now," said the commissioner, "and, before they go too far, let's get back to the wagons."*

[25] por . . . nueve: *because of the effect of too many drinks.*

[26] (1503?–1536), the great Spanish lyric poet who wrote several *églogas* or pastoral poems. The great Spanish dramatist, Lope de Vega (1562–1635), wrote a novel entitled *Arcadia* dealing with the love of the shepherds Anfriso and Belisarda.

Concolorcorvo then discusses the backward state of these people living in the sparsely inhabited districts of a potentially prosperous country.

Si la centésima parte de los pequeños y míseros labradores que hay en España, Portugal y Francia, tuvieran perfecto conocimiento de este país, abandonarían el suyo y se trasladarían a él: el cántabro español,[27] de buena gana; el lusitano, en *boahora*; y el francés *très volontiers*,[28] con tal que el Gran Carlos, nuestro Monarca,[29] les costeara el viaje con los instrumentos de la labor del campo y se les diera por cuenta de su real erario una ayuda de costas, que sería muy corta, para comprar cada familia dos yuntas de bueyes, un par de vacas y dos jumentos, señalándoles tierras para la labranza y pastos de ganados bajo de unos límites estrechos y proporcionados a su familia, para que trabajasen bien, y no como actualmente sucede. Pues un solo hacendado tiene doce leguas de circunferencia, no pudiendo trabajar con su familia dos, de que resulta, como lo he visto prácticamente, que alojándose en los términos de su hacienda, una o dos familias cortas se acomodan en unos estrechos ranchos, que fabrican de la mañana a la noche, y una corta ramada para defenderse de los rigores del sol. Preguntándoles que por qué no hacían casas más cómodas y desahogadas respecto de tener abundantes maderas, respondieron que para que no los echasen del sitio o hiciesen pagar un crecido arrendamiento cada año de cuatro a seis pesos, para esta gente inasequible pues, aunque vendan algunos pollos, huevos o corderos a algún pasajero, no les alcanza su valor para proveerse de aquel vestuario que no fabrican sus mujeres, y para zapatos y alguna yerba del Paraguay que beben en agua hirviendo sin azúcar por gran regalo.[30]

No conoce esta miserable gente en tierra tan abundante más regalo que la yerba del Paraguay y tabaco, azúcar y aguardiente, y así piden de limosna estas especies, como para socorrer enfermos, no rehusando dar por ellas sus gallinas, pollos y terneras, mejor que por la plata sellada. Para comer no tienen hora fija, y cada individuo de estos rústicos campestres, no siendo casado, se asa su carne, que es principio, medio y postre. A las orillas del río Cuarto hay hombre que, no teniendo con qué comprar unas polainas y calzones, mata todos los días una vaca o novillo para mantener de siete a ocho personas, principalmente si es tiempo de lluvias. Voy a explicar cómo se consume esta res. Salen dos o tres mozos al campo a rodear su ganado, y a la vuelta traen una vaca o novillo de los más gordos que encierran en el corral y matan a cuchillo después de liado de pies y manos; y medio muerto le desuellan mal; sin hacer caso más que de los cuatro cuartos y tal vez del pellejo y lengua, cuelgan cada uno en los cuatro ángulos del corral, que regularmente se compone de cuatro troncos fuertes de aquel inmortal guarango.[31] De ellos corta cada individuo el trozo necesario para desayunarse, y queda el resto colgado y expuesto a la lluvia, caranchos y multitud de moscones. A las cuatro de la tarde ya aquella familia encuentra aquella carne roída y con algunos gusanos, y les es preciso descarnarla bien para aprovecharse de la que está cerca de los huesos, que con ellos arriman a sus grandes fuegos y aprovechan los caracúes. Al día siguiente se ejecuta la misma tragedia que se representa de enero a enero.[32] Toda esta grandeza, que acaso asombrará a toda Europa, se reduce a ocho reales de gasto de valor intrínseco, respecto de la abundancia y situación del país.* * *

[27] el cántabro español: the Spaniard of northern Spain.

[28] boahora, *très volontiers*: Portuguese and French expressions meaning *gladly*.

[29] Charles III of Spain, who reigned from 1759 to 1788.

[30] por gran regalo: *as a great luxury*.

[31] guarango: *acacia tree*.

[32] This description applies equally well to the life and customs of the later *gauchos* on the Argentine and Uruguayan plains.

~~~~~José Joaquín Fernández de Lizardi

MEXICO, 1776–1827   Published first in 1816 and in the midst of the
stirring events of the wars for independence, *El Periquillo Sarniento* shows
little relation to those events, and is a complete contrast to the serious
political prose of Bolívar, Monteagudo, and other patriots of the time.
Nevertheless, its wryly humorous, and sometimes savage criticism of
colonial society is representative of the revolutionary spirit which led to
the dissolution of Spain's empire in America.

Although the origins of the type of novel—the picaresque genre, of
which *El Periquillo Sarniento* is a late sample, go back to the Golden Age of
Spanish literature, the direct and immediate model for this first Mexican
novel was probably *Gil Blas de Santillane* by the French author Le Sage
(1668–1747). *Gil Blas* had been translated by Padre José Francisco de
Isla (1703–1781) and published in Madrid in 1787. Like Gil Blas,
Periquillo gains access to various strata of society and lays bare the vices
and false pretensions he finds there. Physicians are a particular target of
ridicule in both novels. In the case of *El Periquillo Sarniento*, the antho-
logist's task of snatching from a whole novel a representative portion is
made easier by the very nature of the picaresque tradition. Only the
continuity of a principal character joins together what amounts to a
series of short tales, of which we present one.

Periquillo's real name was Pedro, but since he used to go to school in a
somewhat fantastic garb, in which the little parrot's colors of yellow and
green predominated, he was nicknamed "Periquillo" by his taunting
fellow students. "Sarniento" (mangy) was added, making cruel reference
to a skin disease which Pedro suffered.

In an important sense, *El Periquillo Sarniento* is a kind of forerunner of
a genre which was to become so popular in the Hispanic world—
costumbrismo. One finds the same predilection for local phrase and
idiom, the description of odd and yet typical characters, and the
satire—sometimes gentle and occasionally biting—which characterized
the sketches of the romantic *costumbristas* in Colombia and Chile, for
example. What is different, of course, is the heavy moralizing in the
Mexican work.

J. R. Spell's brief résumé of the novel will provide a setting for the
selection included in this anthology: ". . . he (Periquillo) was sent as a

gentleman's son to the university, although he had neither an inclination for study nor any real desire to engage in a learned profession. After obtaining the degree of *bachiller*, Periquillo cast about for the profession requiring the least amount of preparation. As theology best met his requirement, he began to prepare for the priesthood; but he wasted his time, and evil companions diverted him from his studies. The threat of his father to apprentice him to a trade drove him in desperation to entering a monastery, for anything, he thought, was preferable to tarnishing his honor by engaging in a trade. . . .

The rigorous life held few charms, and his stay within the walls was short. A small inheritance left on the death of his father a few months later was quickly squandered. An escapade followed which led to his imprisonment. His release was obtained by an unscrupulous notary whose only purpose was to secure Periquillo's services as a clerk. After freeing himself from this master, our hero passed from one adventure to another, suffered dire poverty, enjoyed to the fullest such wealth as came through occasional turns of fortune and, with it all, ran the whole gamut of masters usually found in a picaresque novel. . . . In the end, in contrast to the typical Spanish *pícaro*, he mended his ways and died a respected citizen." (J. R. Spell, *The Life and Works of José Fernández de Lizardi*, Philadelphia, 1931, pp. 74–75.)

The following excerpt from chapter two of the third volume is a satire on the charlatanism of the medical profession. This satire is part of a long tradition which included among its best exponents Quevedo (1580–1645) and Feijoo (1675–1764) in Spain, Molière (1622–1673) and Rabelais (1490?–1553) in France. The direct prototype of Dr. Purgante in Lizardi's novel is Dr. Sangredo in Le Sage's *Gil Blas de Santillane*.

ᴄᴍ EL PERIQUILLO SARNIENTO

EN EL QUE REFIERE PERIQUILLO CÓMO SE ACOMODÓ CON EL DOCTOR PURGANTE; LO QUE APRENDIÓ A SU LADO; EL ROBO QUE LE HIZO; SU FUGA, Y LAS AVENTURAS QUE LE PASARON EN TULA, DONDE SE FINGIÓ MÉDICO[1]

"Ninguno diga quién es, que sus obras lo dirán." Este proloquio es tan antiguo como cierto; todo el mundo está convencido de su infalibilidad; y así ¿qué tengo yo que ponderar mis malos procederes cuando con referirlos se ponderan? Lo que apeteciera, hijos míos, sería que no leyerais mi vida como quien lee una novela, sino que pararais la consideración más allá de la cáscara de los hechos, advirtiendo los tristes resultados de la holgazanería, inutilidad, inconstancia y demás vicios que me afectaron; haciendo análisis de los extraviados sucesos de mi vida, indagando sus causas, temiendo sus consecuencias y desechando los errores vulgares que veis adoptados por mí y por otros; empapándoos en las sólidas máximas de la sana y cristiana moral que os presentan a la vista

---

[1] Periquillo: the diminutive of Perico which, in turn, is a diminutive of Pedro: *little Pete*. Periquillo also means parrot.

mis reflexiones, y en una palabra, desearía que penetrarais en todas sus partes la substancia de la obra; que os divirtierais con lo ridículo; que conocierais el error y el abuso para no imitar el uno ni abrazar el otro, y que donde hallarais algún hecho virtuoso os enamorarais de su dulce fuerza y procuraríais imitarlo. Esto es deciros, hijos míos, que deseara que de la lectura de mi vida sacarais tres frutos, dos principales y uno accesorio: amor a la virtud, aborrecimiento al vicio y diversión. Ése es mi deseo, y por esto, más que por otra cosa, me tomo la molestia de escribiros mis más escondidos crímenes y defectos; si no lo consiguiere,[2] moriré al menos con el consuelo de que mis intenciones son laudables. Basta de digresiones, que está el papel caro.

Quedamos en que fui a ver al doctor Purgante,[3] y en efecto, lo hallé una tarde después de siesta en su estudio, sentado en una silla poltrona, con un libro delante y la caja de polvos[4] a un lado. Era este sujeto alto, flaco de cara y piernas, y abultado de panza, trigueño y muy cejudo, ojos verdes, nariz de caballete,[5] boca grande y despoblada de dientes, calvo, por cuya razón usaba en la calle peluquín con bucles. Su vestido, cuando lo fui a ver, era una bata hasta los pies, de aquellas que llaman de quimones, llena de flores y ramaje, y un gran birrete muy tieso de almidón y relumbroso[6] de la plancha.

Luego que entré me conoció y me dijo:

—¡Oh, Periquillo, hijo! ¿por qué extraños horizontes has venido a visitar este tugurio?[7]

No me hizo fuerza[8] su estilo, porque ya sabía yo que era muy pedante, y así le iba a relatar mi aventura con intención de mentir en lo que me pareciera; pero el doctor me interrumpió, diciéndome:

—Ya, ya sé la turbulenta catástrofe que te pasó con tu amo, el farmacéutico. En efecto, Perico, tú ibas a despachar en un instante el pacato[9] paciente del lecho al féretro improvisadamente, con el trueque del arsénico por la magnesia. Es cierto que tu mano trémula y atolondrada tuvo mucha parte de la culpa, mas no la tiene menos tu preceptor, el *fármaco*,[10] y todo fue por seguir su capricho. Yo le documenté[11] que todas estas drogas nocivas y *venenáticas*[12] las encubriera bajo una llave bien segura que sólo tuviera el oficial más diestro, y con esta asidua diligencia se evitarían estos equívocos mortales; pero a pesar de mis insinuaciones, no me respondía más sino que eso era particularizarse[13] e ir contra la escuela de los *fármacos*, sin advertir que es propio del sabio mudar de parecer, *sapientis*[14] *est mutare consilium*, y que la costumbre es otra naturaleza, *consuetudo est altera natura*. Allá se lo haya.[15] Pero dime, ¿qué te has hecho tanto tiempo? Porque si no han fallado las noticias que en alas de la fama han penetrado mis *aurículas*,[16] ya días hace que te lanzaste a la calle de la oficina de Esculapio.[17]

—Es verdad, señor,—le dije,—pero no había venido de vergüenza, y me ha pesado porque en estos días he vendido para comer mi capote, chupa y pañuelo.

—¡Qué estulticia!—exclamó el doctor;—la *verecundia*[18] es muy buena, *optime bona*, cuando la origina crimen de *cogitatis*; mas no cuando se comete *involuntaria*, pues si en aquel *hic te nunc*, esto es, en aquel acto, supiera el

---

[2] consiguiere; the future subjunctive. The form in modern Spanish would be *consigo*.

[3] Doctor Purgante: The name recalls Monsieur Purgon, one of the burlesqued doctors in Molière's *Le malade imaginaire*.

[4] caja de polvos: *snuffbox*.

[5] nariz de caballete: *beaked nose*.

[6] relumbroso: *shiny*.

[7] tugurio: *poor hut;* a somewhat pedantic word befitting the doctor's character.

[8] No me hizo fuerza: *had no effect on me*.

[9] pacato: *quiet, mild*.

[10] *fármaco:* The meaning here must be *druggist*, although the only meaning recognized by the dictionaries is *drug*; an example of the doctor's pseudo-

erudition.

[11] documenté: *I proved*.

[12] *venenáticas:* (a coined word) *poisonous*.

[13] particularizarse: *being crotchety*.

[14] *sapientis*, etc.: In satire, physicians are conventionally represented as interlarding their speech with Latinisms to give themselves a learned air (cf. Molière). Lizardi translated most of these *latinajos* in his text. If the reader is something of a Latin scholar, he may observe that the doctor's Latin is fairly shoddy.

[15] Allá se lo haya: *Well, that's his affair*.

[16] *aurículas* (popular Latin)=orejas.

[17] te . . . Esculapio: *you started out to be a doctor*. Asclepius, son of Apollo, was the Greek god of medicine.

[18] *verecundia* (Latin)=vergüenza.

individuo que hacía mal, *absque dubio*,[19] se abstendría de cometerlo. En fin, hijo carísimo, ¿tú quieres quedarte en mi servicio y ser mi *consodal in perpetuum*, para siempre?

—Sí, señor—le respondí.

—Pues bien. En este *domo*, casa, tendrás desde luego, o en primer lugar, *in primis*, el *panem nostrum quotidianum*, el pan de cada día; a más de esto, *aliunde*, lo potable necesario;[20] *tertio*, la cama, *sic vel sic*, según se proporcione; *quarto*, los tegumentos exteriores heterogéneos de tu materia física;[21] *quinto*, asegurada la parte de la higiene que apetecer puedes, pues aquí se tiene mucho cuidado con la dieta y con la observancia de las seis cosas naturales y de las seis no naturales prescritas por los hombres más luminosos de la facultad médica; *sexto*, beberás la ciencia de Apolo[22] *ex ore meo ex visu tuo* y *ex bibliotheca nostra*, de mi boca, de tu vista y de esta librería; por último, *postremo*, contarás cada mes para tus *surrupios* o para *quodcumque velis*, esto es, para tus cigarros o lo que se te antoje, quinientos cuarenta y cuatro maravedís limpios de polvo y paja,[23] siendo tu obligación solamente hacer los mandamientos de la señora mi hermana; observar *modo naturalistarum*, al modo de los naturalistas, cuando estén las aves *gallináceas* para *oviparar* y recoger los albos huevos, o por mejor decir, los pollos por ser, o *in fieri*;[24] servir las viandas a la mesa, y finalmente, y lo que más te encargo, cuidar de la refacción[25] ordinaria y *puridad* de mi mula, a quien deberás atender y servir con más prolijidad[26] que a mi persona.

He aquí ¡oh caro Perico! todas tus obligaciones y comodidades en *sinopsium* o compendio. Yo, cuando te invité con mi pobre *tugurio* y consorcio, tenía el deliberado ánimo de poner un laboratorio de química y botánica; pero los continuos desembolsos que he sufrido me han reducido a la pobreza, *ad inopiam*, y me han frustrado mis primordiales designios; sin embargo, te cumplo la palabra de admisión,[27] y tus servicios los retribuiré justamente, porque *dignus est operarius mercede sua*, el que trabaja es digno de la paga.

Yo, aunque muchos terminotes no entendí, conocí que me quería para criado entre de escalera abajo y de arriba;[28] advertí que mi trabajo no era demasiado; que la conveniencia no podía ser mejor y, que yo estaba en el caso de admitir cosa menos;[29] pero no podía comprender a cuánto llegaba mi salario; por lo que le pregunté, que por fin cuánto ganaba cada mes. A lo que el doctorete,[30] como enfadándose me respondió: —¿Ya no te dije *claris verbis*, con claridad, que disfrutarías quinientos cuarenta y cuatro maravedís?[31]

—Pero, señor—insté yo,—¿cuánto montan en dinero efectivo quinientos cuarenta y cuatro maravedís? Porque a mí me parece que no merece mi trabajo tanto dinero.

—Sí merece, *stultissime famule*, mozo atontadísimo, pues no importan esos centenares más que dos pesos.

—Pues bien, señor doctor—le dije,—no es menester incomodarse; ya sé que tengo dos pesos de salario, y me doy por muy contento, sólo por estar en compañía de un caballero tan *sapiente*[32] como usted, de quien sacaré más provecho con sus lecciones que no[33] con los polvos y mantecas de don Nicolás.[34]

—Y como que sí,[35] dijo el señor Purgante, pues yo te abriré, como te apliques, los palacios de Minerva, y será esto premio superabundante a tus servicios, pues sólo con mi doctrina conservarás tu salud luengos

---

[19] *absque dubio* (Latin)=sin duda.

[20] lo potable necesario: *enough to drink.*

[21] los tegumentos . . . física: *your clothes.*

[22] Apolo: The Greek god, Apollo, was the patron of the healing arts, as well as of poetry, etc.

[23] limpios . . . paja: *absolutely clear.*

[24] cuando . . . *in fieri: when the chickens are about to lay, and gather the white eggs, or rather the chicks-to-be.*

[25] refacción: *nourishment;* puridad: *cleanliness.*

[26] prolijidad: *attention.*

[27] te cumplo la palabra de admisión: *I shall keep our agreement.*

[28] criado . . . arriba: *a boy of all work.*

[29] yo estaba . . . menos: *I was so hard up that I would have taken a much worse position.*

[30] doctorete: *quack.*

[31] maravedí: the smallest Spanish coin used in the colonies and worth only a small fraction of a common silver *peso.*

[32] *sapiente*=sabio.

[33] no: redundant; omit in translation.

[34] don Nicolás: a druggist for whom Periquillo had worked before coming to Dr. Purgante's house (Book II, Chap. XI).

[35] Y como que sí: *Why, of course.*

años, y acaso, acaso, te contraerás algunos intereses y estimaciones.

Quedamos corrientes desde ese instante, y comencé a cuidar de lisonjearlo, igualmente que a su señora hermana, que era una vieja beata, Rosa, tan ridícula como mi amo, y aunque yo quisiera lisonjear a Manuelita, que era una muchachilla de catorce años, sobrina de los dos y bonita como una plata, no podía, porque la vieja condenada la cuidaba más que si fuera de oro, y muy bien hecho.[36]

Siete u ocho meses permanecí con mi viejo, cumpliendo con mis obligaciones perfectamente; esto es, sirviendo la mesa, mirando cuándo ponían las gallinas, cuidando la mula y haciendo los mandados. La vieja y el hermano me tenían por un santo, porque en las horas que no tenía qué hacer me estaba en el estudio, según las sólitas concedidas,[37] mirando las estampas anatómicas del Porras,[38] del Willis y otras, y entreteniéndome de cuando en cuando con leer aforismos de Hipócrates, algo de Boerhave y de Van Swieten; el Etmulero, el Tissot, el Buchan, el Tratado de tabardillos, por Amar, el Compendio anatómico de Juan de Dios López, la Cirugía de La Faye, el Lázaro Riverio y otros libros antiguos y modernos, según me venía la gana de sacarlos de los estantes.

Esto, las observaciones que yo hacía de los remedios que mi amo recetaba a los enfermos pobres que iban a verlo a su casa, que siempre eran a poco más o menos,[39] pues llevaba como regla el trillado refrán de "como te pagan vas,"[40] y las lecciones verbales que me daba, me hicieron creer que yo sabía medicina, y un día que me riñó ásperamente, y aun me quiso dar de palos porque se me olvidó darle de cenar a la mula, prometí

vengarme de él y mudar de fortuna de una vez

Con esta resolución, esa misma noche le di a doña mula ración doble de maíz y cebada, y cuando estaba toda la casa en lo más pesado de su sueño, la ensillé con todos sus arneses, sin olvidarme de la gualdrapa; hice un lío en el que escondí catorce libros, unos truncos, otros en latín y otros en castellano; porque yo pensaba que a los médicos y a los abogados los suelen acreditar los muchos libros, aunque no sirvan o no los entiendan; guardé en el dicho maletón la capa de golilla y la golilla misma de mi amo, juntamente con una peluca vieja de pita,[41] un formulario de recetas, y lo más importante, sus títulos de bachiller en medicina y la carta de examen, cuyos documentos los hice míos a favor de una navajita y un poquito de limón, con lo que raspé y borré lo bastante para mudar los nombres y las fechas.

No se me olvidó habilitarme de monedas, pues aunque en todo el tiempo que estuve en la casa no me habían pagado nada de salario, yo sabía en dónde tenía la señora hermana una alcancía[42] en la que rehundía lo que cercenaba del gasto, y acordándome de aquello de que quien roba al ladrón, etc.,[43] le robé la alcancía diestramente; la abrí y vi con la mayor complacencia que tenía muy cerca de cuarenta duros, aunque para hacerlos caber por la estrecha rendija de la alcancía los puso blandos.[44]

Con este viático tan competente, emprendí mi salida de la casa a las cuatro y media de la mañana, cerrando el zaguán y dejándoles la llave por debajo de la puerta.

A las cinco o seis del día me entré en un mesón, diciendo que en el que estaba había tenido una mohina[45] la noche anterior y quería mudar de posada.

---

[36] y muy bien hecho: *and it's a good thing she did.*

[37] según . . . concedidas: *since permission was granted to do so.*

[38] del Porras, etc.=del tratado médico de Porras y de Willis. These names and those following are of physicians and writers on medical subjects, mostly of the seventeenth and eighteenth centuries. Hippocrates, of course, was a renowned Greek physician (460–357 B.C.) who has become the patron saint of the medical profession. Buchan and Amar seem to be unknown to medical historians.

[39] que . . . menos: *who always were of little importance to him.*

[40] "como te pagan vas": *give them only what they pay for.*

[41] pita: *sisal,* a kind of white fiber obtained from the maguey or century plant.

[42] alcancía: *money-box.*

[43] quien roba al ladrón (tiene cien años de perdón).

[44] los puso blandos: *she had packed them in so tightly that she nearly mashed them.*

[45] había . . . mohina: *I had had some trouble.*

Como pagaba bien, se me atendía puntual-
mente. Hice traer café, y que se pusiera la
mula en caballeriza, para que almorzara
harto.

En todo el día no salí del cuarto, pensando
a qué pueblo dirigiría mi marcha y con
quién, pues ni yo sabía caminos ni pueblos, ni
era decente aparecerse un médico sin equipaje
ni mozo.

En estas dudas, dio la una del día, hora en
que me subieron de comer, y en esta diligencia estaba cuando se acercó a la puerta un
muchacho a pedir por Dios un bocadito.

Al punto que lo vi y lo oí, conocí que era
Andrés, el aprendiz de casa de don Agustín,[46]
muchacho, no sé si lo he dicho, como de
catorce años, pero de estatura de diez y ocho.
Luego luego[47] lo hice entrar, y a pocas
vueltas de la conversación me conoció, y le
conté como era médico y trataba de irme a
algún pueblecillo a buscar fortuna, porque en
México había más médicos que enfermos;
pero que me detenía carecer de un mozo fiel
que me acompañara y que supiera de algún
pueblo donde no hubiera médico.

El pobre muchacho se me ofreció y aun me
rogó que lo llevara en mi compañía, que él
había ido a Tepejí del Río[48] en donde no
había médico y no era pueblo corto, y que si
nos iba mal allí, nos iríamos a Tula[49] que era
pueblo más grande.

Me agradó mucho el desembarazo de
Andrés, y habiéndole mandado subir que
comer,[50] comió el pobre con bastante apeten-
cia, y me contó[51] cómo se estuvo escondido en
un zaguán, y me vio salir corriendo de la
barbería, y a la vieja tras de mí con el
cuchillo; que yo pasé por el mismo zaguán
donde estaba, y a poco de que la vieja se
metió a su casa, corrió a alcanzarme, pero que
no le fue posible; y no lo dudo; ¡tal corría yo

cuando me espoleaba el miedo!

Díjome también Andrés, que él se fue a su
casa y contó todo el pasaje; que su padrastro
lo regañó y lo golpeó mucho, y después lo
llevó con una corma a casa de don Agustín;
que la maldita vieja, cuando vio que yo no
parecía, se vengó con él levantándole tantos
testimonios que se irritó el maestro demasiado,
y dispuso darle un novenario de azotes, como
lo verificó, poniéndolo en los nueve días
hecho una lástima,[52] así por los muchos y
crueles azotes que le dio, como por los ayunos
que le hicieron sufrir al traspaso;[53] que así
que se vengó a su satisfacción la inicua vieja,
lo puso en libertad quitándole la corma,
echándole su buen sermón, y concluyendo
con aquello de *cuidado con otra*; pero que él,
luego que tuvo ocasión, se huyó de la casa
con ánimo de salirse de México,[54] y para esto
se andaba en los mesones pidiendo un bocadito y esperando coyuntura de marcharse
con el primero que encontrase.

Acabó Andrés de contarme todo esto
mientras comió, y yo le disfracé mis aventuras haciéndole creer que me había acabado
de examinar en medicina; que ya le había
insinuado que quería salir de esta ciudad, y
así que me lo llevaría de buena gana,
dándole de comer y haciéndolo pasar por
barbero en caso de que no lo hubiera en el
pueblo de nuestra ubicación.[55]

—Pero, señor—decía Andrés,—todo está
muy bien; pero si yo apenas sé afeitar un
perro, ¿cómo me arriesgaré a meterme a lo
que no entiendo?

—Cállate—le dije,—no seas cobarde: sábe-
te que *audaces fortuna juvat, timidosque repellit* . . .

—¿Qué dice usted, señor, que no lo
entiendo?

—Que a los atrevidos—le respondí,—favorece la fortuna, y a los cobardes los desecha;

---

[46] don Agustín: a barber-surgeon in whose house
Periquillo lived for a time (Book II, Chap. XI).

[47] Luego luego: repetition for the sake of emphasis.

[48] Tepejí del Río: a small town in the state of
Hidalgo, about 14 miles from Tula.

[49] Tula (de Allende): a city eighty kilometers from
Mexico City; probably the ancient capital of the
Toltecs.

[50] subir que comer: *bring up something to eat.*

[51] me contó, etc.: The episode to which Andrés

refers here appears in the latter part of Chapter XI of
Book II. Periquillo spoke ill of the barber's wife and she
chased him from the house.

[52] poniéndole . . . lástima: *leaving him in a pitiful state
after the nine days.* A *novenario* literally is a nine-day
period of prayer and devotion.

[53] al traspaso: *for his sins.*

[54] de México: from Mexico City, which is nearly
always referred to as México or *la capital.*

[55] de nuestra ubicación: *where we would settle.*

y así no hay que desmayar; tú serás tan barbero en un mes que estés en mi compañía, como yo fui médico en el poco tiempo que estuve con mi maestro, a quien no sé bien cuánto le debo a esta hora.

Admirado me escuchaba Andrés, y más lo estaba al oírme disparar mis latinajos con frecuencia, pues no sabía que lo mejor que yo aprendí del doctor Purgante fue su pedantismo y su modo de curar, *methodus medendi*.

En fin, dieron las tres de la tarde y me salí con Andrés al baratillo, en donde compré un colchón, una cubierta de vaqueta para envolverlo, un baúl, una chupa negra y unos calzones verdes con sus correspondientes medias negras, zapatos, sombrero, chaleco encarnado, corbatín y un capotito para mi fámulo y barbero que iba a ser, a quien también le compré seis navajas, una bacía, un espejo, cuatro ventosas, dos lancetas, un trapo para paños, unas tijeras, una jeringa grande y no sé qué otras baratijas; siendo lo más raro que en todo este ajuar apenas gasté veintisiete o veintiocho pesos. Ya se deja entender que todo ello estaba como del baratillo; pero con todo esto, Andrés volvió al mesón contentísimo.

Luego que llegamos, pagué al cargador y acomodamos en el baúl nuestras alhajas. En esta operación vio Andrés que mi haber en plata efectiva apenas llegaba a ocho o diez pesos. Entonces, muy espantado, me dijo:

—¡Ay, señor! ¿Y qué, con ese dinero no más nos hemos de ir?

—Sí, Andrés—le dije,—¿pues y qué no alcanza?

—¿Cómo ha de alcanzar, señor? ¿Pues y quién carga el baúl y el colchón de aquí a Tepejí o a Tula? ¿Qué comemos en le camino? ¿Y por fin, con qué nos mantenemos allí mientras que tomamos crédito? Ese dinero *orita orita* [56] se acaba, y yo no veo que usted tenga ni ropa ni alhajas, ni cosa que lo valga, que empeñar.

No dejaron de ponerme en cuidado las reflexiones de Andrés; pero ya, para no acobardarlo más, y ya porque me iba mucho[57] en salir de México, pues yo tenía bien tragado que el médico me andaría buscando como a una aguja (por señas que cuando fui al baratillo, en un zaguán compré la mayor parte de los tiliches que dije) y temía que si me hallaba, iba yo a dar a la cárcel, y de consiguiente a poder de Chanfaina.[58] Por esto, con todo disimulo y pedantería, le dije a Andrés:

—No te apures, hijo: *Deus providebit.*[59]

—No sé lo que usted me dice—contestó Andrés;—lo que sé es que con ese dinero no hay ni para empezar.

En estas pláticas estábamos, cuando a cosa de las siete de la noche, en el cuarto inmediato oí ruido de voces y pesos. Mandé a Andrés que fuera a espiar qué cosa era. Él fue corriendo y volvió muy contento diciéndome;

—Señor, señor, ¡qué bueno está el juego!

—Pues qué ¿están jugando?

—Sí, señor—dijo Andrés,—están en el cuarto diez o doce payos jugando albures, pero ponen los chorizos de pesos.[60]

Picóme la culebra, y abrí el baúl, cogí seis pesos de los diez que tenía y le di la llave a Andrés diciéndole que la guardara y que aunque se la pidiera y me matara, no me la diera, pues iba a arriesgar aquellos seis pesos solamente, y si se perdían los cuatro que quedaban, no teníamos ni con qué comer, ni con qué pagar el pesebre de la mula al otro día. Andrés, un poco triste y desconfiado, tomó la llave, y yo me fui a entremeter en la rueda de los tahures.

No eran éstos tan payos como yo los había menester; estaban más que medianamente instruidos en el arte de la baraja, y así fue preciso irme con tiento. Sin embargo, tuve la fortuna de ganarles cosa de veinticinco pesos, con los que me salí muy contento, y hallé a Andrés durmiéndose sentado.

---

[56] *orita orita* (colloquial): *right away;* the use of the diminutive (*ahorita*) and repetition for the sake of emphasis is very common in popular Spanish.

[57] *me iba mucho: I was very anxious.*

[58] Chanfaina: a crooked lawyer who was Periquillo's first master. Pedro had to leave the lawyer's house because he became involved with the maid-servant. (Book II, Chap. X.)

[59] *Deus providebit* (Latin): *The Lord will provide.*

[60] *chorizos de pesos: rolls of money; chorizo* in this sense is a Mexicanism.

Lo desperté y le mostré la ganancia, la que guardó muy placentero contándome cómo ya tenía el viaje dispuesto y todo corriente; porque abajo estaban unos mozos de Tula que habían traído un colegial y se iban de vacío; que con ellos había propalado el viaje, y aun se había determinado a ajustarlo en cuatro pesos, y que sólo esperaban los mozos que yo confirmara el ajuste.

—¿Pues no lo he de confirmar, hijo?—le dije a Andrés.—Anda y llama a esos mozos ahora mismo.

Bajó Andrés como un rayo y subió luego luego con los mozos, con quienes quedó en que me habían de madrugar antes del alba, y se fueron a recoger.

A seguida mandé a mi criado que fuera a comprar una botella de aguardiente, queso, bizcochos y chorizones para otro día, y, mientras que él volvía hice subir la cena.

No me cansaba yo de complacerme en mi determinación de hacerme médico, viendo cuán bien se facilitaban todas las cosas, y al mismo tiempo daba gracias a Dios que me había proporcionado un criado tan fiel, vivo y servicial como Andresillo, quien en medio de estas contemplaciones fue entrando cargado con el repuesto.

Cenamos los dos amigablemente, echamos un buen trago y nos fuimos a acostar temprano, para madrugar, despertando a buena hora.

A las cuatro de la mañana ya estaban los mozos tocándonos la puerta. Nos levantamos y desayunamos mientras que los arrieros cargaban.

Luego que se concluyó esta diligencia, pagué el gasto que habíamos hecho yo y mi mula, y nos pusimos en camino.

Yo no estaba acostumbrado a caminar, con esto me cansé pronto y no quise pasar de Cuautitlán,[61] por más que los mozos me porfiaban que fuéramos a dormir a Tula.

Al segundo día llegamos al dicho pueblo, y yo posé o me hospedé en la casa de uno de los arrieros, que era un pobre viejo, sencillote y hombre de bien, a quien llamaban tío Bernabé, con el que me convine en pagar mi plato,[62] el de Andrés y el de la mula, sirviéndole, por vía de gratificación, de médico de cámara para toda su familia, que eran: dos viejas, una su mujer y otra su hermana, dos hijos grandes y una hija pequeña como de doce años.

El pobre admitió[63] muy contento, y cátenme ustedes[64] ya radicado en Tula, y teniendo que mantener al maestro barbero, que así llamaremos a Andrés, a mí y a mi macha;[65] que aunque no era mía, yo la nombraba por tal; bien que siempre que la miraba me parecía ver delante de mí al doctor Purgante con su gran bata y birrete parado, que lanzando fuego por los ojos me decía:

—Pícaro, vuélveme mi mula, mi gualdrapa, mi golilla, mi peluca, mis libros, mi capa y mi dinero, que nada es tuyo.

Tan cierto es, hijos míos, aquel principio de derecho natural que nos dice, que en donde quiera que está la cosa clama por su dueño. *Ubicumque res est, pro domino suo clamat.* ¿Qué importa que el albacea se quede con la herencia de los menores porque éstos no son capaces de reclamarla? ¿qué con que[66] el usurero retenga los lucros? ¿qué con que el comerciante se engrandezca con las ganancias ilícitas? ¿ni qué con que otros muchos, valiéndose de su poder o de la ignorancia de los demás, disfruten procazmente los bienes que les usurpan? Jamás los gozarán sin zozobras, ni por más que disimulen podrán acallar su conciencia, que incesantemente les gritará: Esto no es tuyo, esto es mal habido; restitúyelo o perecerás eternamente.

Así me sucedía con lo que le hurté a mi pobre amo; pero como los remordimientos interiores rara vez se conocen en la cara, procuré asentar mi conducta de buen médico en aquel pueblo, prometiendo interiormente restituirle al doctor todos sus muebles en

---

[61] Cuautitlán: a town 28 kilometers from Mexico City on the way to Tula.

[62] plato: *board.*

[63] admitió: *accepted* (my proposition). This verb is not usually intransitive.

[64] cátenme ustedes: *there I was.*

[65] macha: *mule.*

[66] ¿qué con que = ¿qué importa que.

cuanto tuviera proporción. Bien que en esto no hacía yo más que ir con la corriente.

Como no se me habían olvidado aquellos principios de urbanidad que me enseñaron mis padres, a los dos días, luego que descansé, me informé de quiénes eran los sujetos principales del pueblo, tales como el cura y sus vicarios, el subdelegado y su director, el alcabalero, el administrador de correos, tal cual tendero y otros señores decentes; y a todos ellos envié recado con el bueno de mi patrón[67] y Andrés, ofreciéndoles mi persona e inutilidad.

Con la mayor satisfacción recibieron todos la noticia, correspondiendo corteses a mi cumplimiento, y haciéndome mis visitas de estilo,[68] las que yo también les hice de noche, vestido de ceremonia, quiero decir, con mi capa de golilla, la golilla misma, y mi peluca encasquetada, porque no tenía traje mejor ni peor; siendo lo más ridículo que mis medias eran blancas, todo el vestido de color y los zapatos abotinados, con lo que parecía más bien alguacil que médico; y para realzar mejor el cuadro de mi ridiculez, hice andar conmigo a Andrés con el traje que le compré, que os acordaréis que era chupa y medias negras, calzones verdes, chaleco encarnado, sombrero blanco y su capotillo azul rabón y remendado.

Ya los señores principales me habían visitado, según dije, y habían formado de mí el concepto que quisieron; pero no me había visto el común del pueblo vestido de punta en blanco[69] ni acompañado de mi escudero; mas el domingo que me presenté en la iglesia vestido a mi modo entre médico y corchete,[70] y Andrés entre tordo y perico, fue increíble la distracción del pueblo, y creo que nadie oyó misa por mirarnos; unos burlándose de nuestras extravagantes figuras, y otros admirándose de semejantes trajes. Lo cierto es que, cuando volví a mi posada, fui acompañado de una multitud de muchachos, mujeres, indios, indias y pobres rancheros que no cesaban de preguntar a Andrés quiénes éramos. Y él muy mesurado les decía:

—Este señor es mi amo, se llama el señor doctor don Pedro Sarniento, y médico como él no lo ha parido el reino de Nueva España;[71] y yo soy su mozo; me llamo Andrés Cascajo y soy maestro barbero, y muy capaz de afeitar a un capón, de sacarle sangre a un muerto y desquijar a un león si trata de sacarse alguna muela.

Estas conversaciones eran a mis espaldas; porque yo, a fuer de amo, no iba lado a lado con Andrés, sino por delante y muy gravedoso y presumido, escuchando mis elogios; pero por poco me echo a reír a dos carrillos[72] cuando oí los despropósitos de Andrés y advertí la seriedad con que los decía, y la sencillez de los muchachos y gente pobre que nos seguía colgados de la lengua de mi lacayo.

Llegamos a la casa entre la admiración de nuestra comitiva, a la que despidió el tío Bernabé con buen modo, diciéndoles que ya sabían dónde vivía el señor doctor para cuando se les ofreciera.[73] Con esto se fueron retirando todos a sus casas y nos dejaron en paz.

De los mediecillos que me sobraron compré, por medio del patrón, unas cuantas varas de *pontiví*,[74] y me hice una camisa y otra a Andrés, dándole a la vieja casi el resto para que nos dieran de comer algunos días, sin embargo del primer ajuste.

Como en los pueblos son muy noveleros, lo mismo que en las ciudades, al momento corrió por toda aquella comarca la noticia de que había médico y barbero en la cabecera, y de todas partes iban a consultarme sobre sus enfermedades.

Por fortuna, los primeros que me consultaron fueron de aquellos que sanan aunque no se curen, pues les bastan los auxilios de la

---

[67] el bueno . . . patrón: *my good host.*

[68] mis . . . estilo: *formal visits to me;* the usual expression is: *visitas de cumplido.*

[69] de . . . blanco: *in full regalia.*

[70] entre . . . corchete: *partly like a doctor and partly like a village constable.*

[71] y médico . . . España: *and the Kingdom of New Spain*

[Mexico] *has never produced a better doctor than he.*

[72] por poco . . . carrillos: *I almost burst out into loud guffaws.*

[73] para . . . ofreciera: *whenever he could be of service to them.*

[74] *pontiví*: a kind of cloth originally made at Pontivy, France.

sabia naturaleza, y otros padecían porque o no querían o no sabían sujetarse a la dieta que les interesaba. Sea como fuere, ellos sanaron con lo que les ordené, y en cada uno labré un clarín a mi fama.

A los quince o veinte días, ya yo no me entendía de enfermos,[75] especialmente indios, los que nunca venían con las manos vacías, sino cargando gallinas, frutas, huevos, verduras, quesos y cuanto los pobres encontraban. De suerte que el tío Bernabé y sus viejas estaban contentísimos con su huésped. Yo y Andrés no estábamos tristes, pero más quisiéramos monedas; sin embargo de que Andrés estaba mejor que yo, pues los domingos desollaba indios a medio real, que era una gloria, llegando a tal grado su atrevimiento, que una vez se arriesgó a sangrar a uno y por accidente quedó bien. Ello es que con lo poco que había visto y el ejercicio que tuvo, se le agilitó la mano, en términos que un día me dijo: *Ora*[76] sí, señor, ya no tengo miedo, y soy capaz de afeitar al *Sursum corda*.[77]

Volaba mi fama de día en día, pero lo que me encumbró a los cuernos de la luna[78] fue una curación que hice (también de accidente como Andrés) con el alcabalero, para quien una noche me llamaron a toda prisa.

Fui corriendo, y encomendándome a Dios para que me sacara con bien de aquel trance, del que no sin razón pensaba que pendía mi felicidad.

Llevé conmigo a Andrés con todos sus instrumentos, encargándole en voz baja, porque no lo oyera el mozo, que no tuviera miedo como yo no lo tenía; que para el caso de matar a un enfermo, lo mismo tenía que fuera indio que español,[79] y que nadie llevaba su pelea más segura que nosotros; pues si el alcabalero sanaba, nos pagarían bien y se aseguraría nuestra fama; y si se moría, como de nuestra habilidad se podía esperar, con decir que ya estaba de Dios[80] y que se le había llegado su hora, estábamos del otro lado, sin que hubiera quien nos acusara de homicidio.

En estas pláticas llegamos a la casa, que la hallamos hecha una Babilonia;[81] porque unos entraban, otros salían, otros lloraban y todos estaban aturdidos.

A este tiempo llegó el señor cura y el padre vicario con los santos óleos.

—Malo—dije a Andrés;—ésta es enfermedad ejecutiva, aquí no hay remedio; o quedamos bien o quedamos mal. Vamos a ver cómo nos sale este albur.

Entramos todos juntos a la recámara y vimos al enfermo tirado boca arriba en la cama, privado de sentidos, cerrados los ojos, la boca abierta, el semblante denegrido y con todos los síntomas de un apoplético.

Luego que me vieron junto a la cama, la señora su esposa y sus niñas, se rodearon de mí y me preguntaron, hechas un mar de lágrimas:

—¡Ay, señor! ¿Qué dice usted, se muere mi padre? Yo, afectando mucha serenidad de espíritu y con una confianza de un profeta, les respondí:

—Callen ustedes, niñas, ¡qué se ha de morir! Éstas son efervescencias del humor sanguíneo que oprimiendo los ventrículos del corazón embargan el cerebro, porque cargan con el *pondus*[82] de la sangre sobre la espina medular y la traquearteria· pero todo esto se quitará en un instante, pues si *evaquatio fit, recedet pletora*, con la evacuación nos libraremos de la plétora.

Las señoras me escuchaban atónitas, y el cura no se cansaba de mirarme de hito en hito, sin duda mofándose de mis desatinos, los que interrumpió diciendo:

—Señoras, los remedios espirituales nunca dañan ni se oponen a los temporales. Bueno será absolver a mi amigo por la bula y olearlo, y obre Dios.

—Señor cura—dije yo con toda la pedantería que acostumbraba, que era tal que no parecía sino que la había aprendido con

---

[75] ya yo . . . enfermos: *I had so many patients I scarcely knew what to do.*

[76] *Ora*=Ahora.

[77] *Sursum corda:* "Supuesto personaje anónimo de mucha importancia." *Diccionario de la lengua española* (Academia Española).

[78] lo que . . . luna: *what sent my stock sky-high.*

[79] lo mismo . . . español: *it made no difference whether he was Indian or Spanish.*

[80] ya . . . Dios: *it was God's will.*

[81] que . . . Babilonia: *which was like a madhouse.*

[82] *pondus* (Latin): *weight.*

escritura;—señor cura, usted dice bien, y yo no soy capaz de introducir mi hoz en mies ajena; pero, *venia tanti*,[83] digo que esos remedios espirituales, no sólo son buenos, sino necesarios, *necesitate medii* y *necesitate praecepti in articulo mortis: sed sic est*,[84] que no estamos en ese caso; *ergo*, etc.

El cura, que era harto prudente e instruido, no quiso hacer alto[85] en mis charlatanerías, y así me contestó:

—Señor doctor, el caso en que estamos no da lugar a argumentos, porque el tiempo urge; yo sé mi obligación y esto importa.

Decir esto y comenzar a absolver al enfermo, y el vicario a aplicarle el santo sacramento de la unción, todo fue uno.[86] Los dolientes, como si aquellos socorros espirituales fueran el fallo cierto de la muerte del deudo, comenzaron a aturdir la casa a gritos. Luego que los señores eclesiásticos concluyeron sus funciones, se retiraron a otra pieza, cediéndome el campo y el enfermo.

Inmediatamente me acerqué a la cama, le tomé el pulso, miré a las vigas del techo por largo rato; después le tomé el otro pulso haciendo mil monerías, como eran arquear las cejas, arrugar la nariz, mirar al suelo, morderme los labios, mover la cabeza a uno y otro lado y hacer cuantas mudanzas pantomímicas me parecieron oportunas para aturdir a aquellas pobres gentes que, puestos los ojos en mí, guardaban un profundo silencio, teniéndome sin duda por un segundo Hipócrates; a lo menos ésa fue mi intención, como también ponderar el gravísimo riesgo del enfermo y lo difícil de la curación, arrepentido de haberles dicho que no era cosa de cuidado.

Acabada la tocada del pulso, le miré el semblante atentamente, le hice abrir la boca con una cuchara para verle la lengua, le alcé los párpados, le toqué el vientre y los pies, e hice dos mil preguntas a los asistentes sin acabar de ordenar ninguna cosa, hasta que la señora, que ya no podía sufrir mi cachaza, me dijo:

—Por fin, señor, ¿qué dice usted de mi marido, es de vida o de muerte?

—Señora—le dije,—no sé de lo que será; sólo Dios puede decir que es de vida y resurrección como lo fue *Lazarum quem resuscitavit a monumento foetidum*,[87] y si lo dice, vivirá aunque esté muerto. *Ego sum resurrectio et vita, qui credit in me, etiam si mortuus fuerit, vivet.*[88]

—¡Ay, Jesús! gritó una de las niñas, ya se murió mi padrecito.

Como ella estaba junto al enfermo, su grito fue tan extraño y doloroso, y cayó privada[89] de la silla, pensamos todos que en realidad había espirado, y nos rodeamos de la cama.

El señor cura y el vicario, al oír la bulla, entraron corriendo, y no sabían a quién atender, si al apoplético o a la histérica, pues ambos estaban privados. La señora ya medio colérica, me dijo:

—Déjese usted de latines, y vea si cura o no cura a mi marido. ¿Para qué me dijo, cuando entró, que no era cosa de cuidado y me aseguró que no se moría?

—Yo lo hice, señora, por no afligir a usted —le dije,—pero no había examinado al enfermo *methodice vel juxta artis nostrae praecepta*, esto, con método o según las reglas del arte; pero encomiéndese usted a Dios y vamos a ver. Primeramente que se ponga una olla grande de agua a calentar.

—Esto sobra—dijo la cocinera.

—Pues bien, maestro Andrés—continué yo, —usted, como buen flebotomiano,[90] déle luego luego un par de sangrías de la vena cava.[91]

Andrés, aunque con miedo y sabiendo tanto

---

[83] *venia tanti* (bad Latin): *with your permission.*

[84] *necesitate . . . est* (exceptionally bad Latin): *such procedure is necessary when the patient is near death; but the fact is; ergo; therefore.*

[85] hacer alto: *pay any attention.*

[86] Decir . . . uno: *No sooner had he said this than he began to absolve the sick man and the vicar started to administer the last sacraments.*

[87] *Lazarum . . . foetidum* (Latin): *Lazarus whom he* [Jesus] *raised from a tomb of corruption* (cf. *John*, XII: 1).

[88] *Ego . . . vivet* (Latin): *I am the resurrection and the life: he that believeth in me, though he were dead, yet shall he live.* (*John*, XI: 25.)

[89] privada [de sentido]: *unconscious.*

[90] flebotomiano: *phlebotomist, blood-letter.*

[91] vena cava: one of two large trunk veins which lead directly to the heart. The idea of piercing them, as suggested here, is representative of Periquillo's medical ignorance.

como yo de venas cavas, le ligó los brazos y le dio dos piquetes que parecían puñaladas, con cuyo auxilio, al cabo de haberse llenado dos borcelanas[92] de sangre, cuya profusión escandalizaba a los espectadores, abrió los ojos el enfermo, y comenzó a conocer a los circunstantes y a hablarles.

Inmediatamente hice que Andrés aflojara las vendas y cerrara las cisuras, lo que no costó poco trabajo, tales fueron de prolongadas.

Después hice que se le untase vino blanco en el cerebro y pulsos, que se le confortara el estómago por dentro con atole de huevos y por fuera con una tortilla de los mismos, condimentada con aceite rosado, vino, culantro y cuantas porquerías se me antojaron; encargando mucho que no lo resupinaran.[93]

—¿Qué es eso de resupinar, señor doctor? —preguntó la señora. Y el cura, sonriéndose, le dijo:

—Que no lo tengan boca arriba.

—Pues tatita,[94] por Dios—siguió la matrona,—hablemos en lengua que nos entendamos como la gente.[95]

A ese tiempo, ya la niña había vuelto de su desmayo y estaba en la conversación, y luego que oyó a su madre, dijo:

—Sí, señor, mi madre dice muy bien; sepa usted que por eso me privé endenantes,[96] porque como empezó a rezar aquello[97] que los padres les cantan a los muertos cuando los entierran, pensé que ya se había muerto mi padrecito y que usted le cantaba la vigilia.

Rióse el cura de gana por la sencillez de la niña y los demás lo acompañaron, pues ya todos estaban contentos al ver al señor alcabalero fuera de riesgo, tomando su atole y platicando muy sereno como uno de tantos.

Le prescribí su régimen para los días sucesivos, ofreciéndome a continuar su curación hasta que estuviera enteramente bueno.

Me dieron todos las gracias, y al despedirme, la señora me puso en la mano una onza de oro, que yo la juzgué peso en aquel acto,[98] y me daba al diablo de ver mi acierto tan mal pagado; y así se lo iba diciendo a Andrés, el que me dijo:

—No, señor; no puede ser plata, sobre que a mí me dieron cuatro pesos.

—En efecto, dices bien—le contesté. Y acelerando el paso llegamos a la casa donde vi que era una onza de oro amarilla como un azafrán refino.

---

[92] borcelanas (Mexicanism): *small basins.*
[93] no lo resupinaran: *should not lay him on his back.*
[94] tatita (American Spanish): *daddy;* used here as a term of qualified respect.
[95] que . . . gente: *so that we can understand each other like ordinary people.*
[96] endenantes (American Spanish and archaic)= antes.
[97] aquello: i.e., Ego sum resurrectio, etc.
[98] en aquel acto: *at that moment.*

ᨆᨆSimón Bolívar

VENEZUELA, 1783–1830   The selection below is an extract from one of Bolívar's most remarkable documents, a letter written September 6, 1815, while he was on the British island of Jamaica, seeking arms and men for the revolutionary cause. It is probable that the letter was addressed to the Duke of Manchester, governor of Jamaica. The first part of the epistle outlines the situation of the revolting colonies in 1815 and indicates the historical antecedents of the struggle, emphasizing the inadequate preparation for self-government given by the Spanish colonial system. Then follows the section presented here, which attempts a prophecy of the political future of Spanish America as a whole and of each of its regions. Considering Bolívar's insufficient data, the prophecy has an uncanny accuracy which testifies to the Liberator's amazing historical intuition.

ᨆᨆCARTA A UN CABALLERO QUE TOMABA GRAN INTERÉS EN LA CAUSA REPUBLICANA EN LA AMÉRICA DEL SUR

En tanto que nuestros compatriotas no adquieran los talentos y las virtudes políticas que distinguen a nuestros hermanos del Norte,[1] los sistemas enteramente populares, lejos de sernos favorables, temo mucho que vengan a ser nuestra ruina. Desgraciadamente, estas cualidades parecen estar muy distantes de nosotros, en el grado que se requiere; y, por el contrario, estamos dominados de los vicios que se contraen bajo la dirección de una nación como la española, que sólo ha sobresalido en fiereza, ambición, venganza y codicia.

"Es más difícil, dice Montesquieu,[2] sacar un pueblo de la servidumbre, que subyugar uno libre." Esta verdad está comprobada por los anales de todos los tiempos, que nos muestran las más de las naciones libres, sometidas al yugo, y muy pocas de las esclavas recobrando su libertad. A pesar de este convencimiento, los meridionales de este continente han manifestado el conato de conseguir instituciones liberales y aun perfectas, sin duda por efecto del instinto que tienen todos los hombres de aspirar a la mayor felicidad posible, la que se alcanza infaliblemente en las sociedades civiles, cuando ellas están fundadas sobre las bases de la justicia, de la

---

[1] nuestros . . . Norte: *citizens of the United States.*
[2] the famous French political philosopher (1689– 1755), author of *L'esprit des lois, Lettres persanes,* and many other essays.

libertad, y de la igualdad.[3] Pero, ¿seremos nosotros capaces de mantener en su verdadero equilibrio la difícil carga de una república? ¿Se puede concebir que un pueblo, recientemente desencadenado, se lance a la esfera de la libertad, sin que, como a Ícaro,[4] se le deshagan las alas y recaiga en el abismo? Tal prodigio es inconcebible, nunca visto. Por consiguiente, no hay un raciocinio verosímil que nos halague con esta esperanza.

Yo deseo, más que otro alguno, ver formar en América la más grande nación del mundo, menos por su extensión y riquezas que por su libertad y gloria. Aunque aspiro a la perfección del gobierno de mi patria, no puedo persuadirme que el Nuevo Mundo sea, por el momento, regido por una gran república; como es imposible, no me atrevo a desearlo, y menos deseo una monarquía universal de América, porque este proyecto, sin ser útil, es también imposible. Los abusos que actualmente existen no se reformarían y nuestra regeneración sería infructuosa. Los estados americanos han menester de los cuidados de gobiernos paternales que curen las llagas y las heridas del despotismo y la guerra. La metrópoli,[5] por ejemplo, sería Méjico, que es la única que puede serlo por su poder intrínseco, sin el cual no hay metrópoli. Supongamos que fuese el istmo de Panamá, punto céntrico para todos los extremos de este vasto continente, ¿no continuarían éstos en la languidez y aun en el desorden actual? Para que un solo Gobierno dé vida, anime, ponga en acción todos los resortes de la prosperidad pública, corrija, ilustre y perfeccione al Nuevo Mundo, sería necesario que tuviese las facultades de un Dios, y cuando menos las luces y virtudes de todos los hombres.

El espíritu de partido, que al presente agita a nuestros estados, se encendería entonces con mayor encono, hallándose ausente la fuente del poder, que únicamente puede reprimirlo. Además, los magnates de las capitales[6] no sufrirían la preponderancia de los metropolitanos, a quienes considerarían como a otros tantos tiranos; sus celos llegarían hasta el punto de comparar a éstos con los odiosos españoles. En fin, una monarquía semejante sería un coloso deforme, que su propio peso desplomaría a la menor convulsión.

M. de Pradt[7] ha dividido sabiamente a la América en quince a diecisiete estados independientes entre sí, gobernados por otros tantos monarcas. Estoy de acuerdo en cuanto a lo primero, pues la América comporta la creación de diecisiete naciones; en cuanto a lo segundo, aunque es más fácil conseguirlo, es menos útil, y así no soy de la opinión de las monarquías americanas.

He aquí mis razones:

El interés bien entendido de una república se circunscribe en la esfera de su conservación, prosperidad y gloria. No ejerciendo la libertad imperio, porque es precisamente su opuesto, ningún estímulo excita a los republicanos a extender los términos de su nación, en detrimento de sus propios medios, con el único objeto de hacer participar a sus vecinos de una constitución liberal. Ningún derecho adquieren, ninguna ventaja sacan venciéndolos, a menos que los reduzcan a colonias, conquistas o aliados, siguiendo el ejemplo de Roma. Máximas y ejemplos tales están en oposición directa con los principios de justicia de los sistemas republicanos, y aun diré más, en oposición manifiesta con los intereses de sus ciudadanos, porque un estado demasiado extenso en sí mismo o por sus dependencias, al cabo viene en decadencia y convierte su forma libre en otra tiránica, relaja los principios que deben conservarla y recurre, por último, al despotismo.

El distintivo de las pequeñas repúblicas es la permanencia; el de las grandes es vario, pero

---

[3] la que . . . la igualdad: a good example of the optimistic theory of progress which Bolívar inherited from eighteenth-century French thought.
[4] Ícaro: in Greek mythology, Icarus fled from the Cretan labyrinth with wings stuck on with wax. When he flew too near the sun, the wax melted, the wings dropped off, and Icarus tumbled into the sea.

[5] metrópoli: *the capital* (of a single, united Spanish America).
[6] las capitales: the provincial capitals of the Union.
[7] Dominique-Georges-Frédéric de Pradt (1759–1837) was a French churchman who had been interested in Bolívar's cause and predicted his triumph.

siempre se inclina al imperio. Casi todas las primeras han tenido una larga duración; de las segundas sólo Roma se mantuvo algunos siglos, pero fue porque era república la capital y no lo era el resto de sus dominios, que se gobernaban por leyes e instituciones diferentes. Muy contraria es la política de un rey, cuya inclinación constante se dirige al aumento de sus posesiones, riquezas y facultades; con razón, porque su autoridad crece con estas adquisiciones, tanto con respecto a sus vecinos, como a sus propios vasallos, que temen en él un poder tan formidable cuanto es su imperio, que se conserva por medio de la guerra y de las conquistas. Por estas razones pienso que los americanos, ansiosos de paz, ciencias, artes, comercio y agricultura, preferirían las repúblicas a los reinos, y me parece que estos deseos se conforman con las miras de la Europa.

No convengo en el sistema federal, entre los populares y representativos, por ser demasiado perfecto y exigir virtudes y talentos políticos muy superiores a los nuestros; por igual razón rehuso la monarquía mixta de aristocracia y democracia que tanta fortuna y esplendor ha procurado a la Inglaterra. No siéndonos posible lograr entre las repúblicas y monarquías lo más perfecto y acabado, evitemos caer en anarquías demagógicas, o en tiranías monócratas.[8] Busquemos un medio entre extremos opuestos que nos conducirían a los mismos escollos, a la infelicidad y al deshonor.

Voy a arriesgar el resultado de mis cavilaciones sobre la suerte futura de la América, no la mejor, sino la que sea más asequible.

Por la naturaleza de las localidades, riquezas, población y carácter de los mejicanos, imagino que intentarán al principio establecer una república representativa, en la cual tenga grandes atribuciones el Poder Ejecutivo, concentrándolo en un individuo, que si desempeña sus funciones con acierto y justicia, casi naturalmente vendrá a conservar una autoridad vitalicia. Si su incapacidad o violenta administración excita una conmoción popular que triunfe, este mismo Poder Ejecutivo quizá se difundirá en una asamblea. Si el partido preponderante es militar o aristocrático, exigirá, probablemente, una monarquía que, al principio, será limitada y constitucional, y después, inevitablemente, declinará en absoluta,[9] pues debemos convenir en que nada hay más difícil en el orden político que la conservación de una monarquía mixta, y también es preciso convenir en que sólo un pueblo tan patriota como el inglés, es capaz de contener la autoridad de un rey, y de sostener el espíritu de libertad bajo un cetro y una corona.

Los estados del istmo de Panamá, hasta Guatemala, formarán, quizás, una asociación.[10] Esta magnífica posición entre los dos mares, podrá ser, con el tiempo, el emporio del universo; sus canales acortarán las distancias del mundo, estrecharán los lazos comerciales de Europa, América y Asia, traerán a tan feliz región los tributos de las cuatro partes del globo. Acaso sólo allí podrá fijarse algún día la capital de la tierra, como pretendió Constantino que fuese Bizancio la del antiguo hemisferio.

La Nueva Granada[11] se unirá con Venezuela, si llegan a convenir en formar una república central, cuya capital sea Maracaibo o una nueva ciudad que con el nombre de Las Casas, en honor de este héroe de la filantropía, se funde entre los confines de ambos países, en el soberbio puerto de Bahíahonda.[12] Esta posición, aunque desconocida, es más ventajosa por todos respectos. Su acceso es fácil y su situación tan fuerte, que puede hacerse inexpugnable. Posee un

---

[8] tiranías monócratas: *the tyrannical rule of one man.*

[9] Si el partido . . . absoluta: These lines should be compared with the facts concerning Iturbide's short reign as Emperor of Mexico (1822–1823).

[10] una asociación: "The ideal of uniting Central America under one government has been one of the strongest forces which have influenced internal politics and international relations in the Isthmus from the declaration of independence to the present day." Dana

G. Munro, *The Five Republics of Central America.* Quoted in Williams, *People and Politics of Latin America*, p. 419.

[11] Nueva Granada: the present-day Colombia. Nueva Granada and Venezuela were united by Bolívar as the Republic of Colombia in 1819. Ecuador later was included. The union fell apart in 1830.

[12] Bahíahonda: a bay situated on the Goajira peninsula, the northeastern tip of Colombia. The dream city of Las Casas was never founded.

clima puro y saludable, un territorio tan propio para la agricultura como para la cría de ganado, y una grande abundancia de maderas de construcción. Los salvajes que la habitan serían civilizados, y nuestras posesiones se aumentarían con la adquisición de la Goagira. Esta nación se llamaría Colombia, como un tributo de justicia y gratitud al creador de nuestro hemisferio. Su gobierno podrá imitar al inglés, con la diferencia de que en lugar de un rey habrá un poder ejecutivo electivo, cuando más vitalicio,[13] y jamás hereditario si se quiere república, · una cámara o senado legislativo hereditario que en las tempestades políticas se interponga entre las olas populares y los rayos del gobierno, y un cuerpo legislativo, de libre elección, sin otras restricciones que las de la cámara baja de Inglaterra. Esta constitución[14] participaría de todas las formas y yo deseo que no participe de todos los vicios. Como ésta es mi patria, tengo un derecho incontestable para desearla lo que en mi opinión es mejor. Es muy posible que la Nueva Granada no convenga en el reconocimiento de un Gobierno central, porque es en extremo adicta a la federación,[15] y entonces formaría por sí sola un estado que, si subsiste, podrá ser muy dichoso por sus grandes recursos de todo género.

Poco sabemos de las opiniones que prevalecen en Buenos Aires, Chile y el Perú. Juzgando por lo que se trasluce y por las apariencias, en Buenos Aires habrá un gobierno central, en que los militares se lleven la primacía, por consecuencia de sus divisiones intestinas y guerras externas. Esta constitución degenerará, necesariamente, en una oligarquía o una monocracia,[16] con más

o menos restricciones, y cuya denominación nadie puede adivinar. Sería doloroso que tal cosa sucediese, porque aquellos habitantes son acreedores a la más espléndida gloria.

El reino de Chile[17] está llamado, por la naturaleza de su situación, por las costumbres inocentes y virtuosas de sus moradores, por el ejemplo de sus vecinos, los fieros republicanos del Arauco,[18] a gozar de las bendiciones que derraman las justas y dulces leyes de una república. Si alguna permanece largo tiempo en América, me inclino a pensar que será la chilena. Jamás se ha extinguido allí el espíritu de libertad; los vicios de la Europa y el Asia llegarán tarde o nunca a corromper las costumbres de aquel extremo del universo. Su territorio es limitado; estará siempre fuera del contacto inficionado del resto de los hombres, no alterará sus leyes, usos y prácticas, preservará su uniformidad en opiniones políticas y religiosas. En una palabra, Chile puede ser libre.

El Perú, por el contrario, encierra dos elementos enemigos de todo régimen justo y liberal: oro y esclavos. El primero, lo corrompe todo; el segundo, está corrompido por sí mismo. El alma de un siervo rara vez alcanza a apreciar la sana libertad: se enfurece en los tumultos o se humilla en las cadenas. Aunque estas reglas serían aplicables a toda la América, creo que con más justicia las merece Lima, por los conceptos que he expuesto y por la cooperación que ha prestado a sus señores contra sus propios hermanos, los ilustres hijos de Quito, Chile y Buenos Aires. Es constante que el que aspira a obtener la libertad, a lo menos lo intenta. Supongo que en Lima[19] no tolerarán los ricos la democracia, ni los esclavos y pardos

---

[13] vitalicio: Bolívar himself was elected president of *la Gran Colombia* and wielded almost regal power.

[14] esta constitución: cf. Bolívar's *Discurso ante el congreso en Angostura* in which he outlines in fuller detail his ideal of a republic.

[15] adicta . . . federación: In fact, Colombia's history during the nineteenth century is a confused tale of conflict between centralized power and an ingrained regionalistic spirit (federalism or *federación*).

[16] monocracia: cf. the dictatorship of Rosas (1835–1852).

[17] El . . . Chile etc.: It is a matter of historical record

that Chile was one of the first Latin American republics to achieve political and economic stability.

[18] los fieros . . . Arauco: The Araucanian Indians had been famed for their tenacious love of liberty since the bloody days of the conquistadors.

[19] Supongo que en Lima etc.: A modern Peruvian commentator says: "The evolution of Peru proved the profound truth of this statement. The oligarchy accepted military dictators, who upheld property and preserved peace." F. García Calderón, *Latin America; Its Rise and Progress*, p. 78.

libertos la aristocracia; los primeros preferirán la tiranía de uno solo, por no padecer las persecuciones tumultuarias y por establecer un orden siquiera pacífico. Mucho hará si consigue recobrar su independencia.

De todo lo expuesto, podemos deducir estas consecuencias: las provincias americanas se hallan lidiando por emanciparse, al fin obtendrán el suceso; algunas se constituirán de un modo regular en repúblicas federales y centrales; se fundarán monarquías casi inevitablemente en las grandes secciones, y algunas serán tan infelices que devorarán sus elementos, ya en la actual, ya en las futuras revoluciones. Una gran monarquía, no será fácil consolidar; una gran república, imposible.

Es una idea grandiosa pretender formar de todo el Mundo Nuevo una sola nación con un solo vínculo que ligue sus partes entre sí y con el todo. Ya que tiene un origen, una lengua, unas costumbres y una religión, debería, por

consiguiente, tener un solo gobierno que confederase los diferentes estados que hayan de formarse; mas no es posible, porque climas remotos, situaciones diversas, intereses opuestos, caracteres desemejantes dividen a la América. ¡Qué bello sería que el istmo de Panamá fuese para nosotros lo que el de Corinto para los griegos! ¡Ojalá que algún día tengamos la fortuna de instalar allí un augusto Congreso[20] de los representantes de las repúblicas, reinos e imperios, a tratar y discutir sobre los altos intereses de la paz y de la guerra, con las naciones de las otras tres partes del mundo! Esta especie de corporación podrá tener lugar en alguna época dichosa de nuestra regeneración; otra esperanza es infundada, semejante a la del abate Saint-Pierre,[21] que concibió el laudable delirio de reunir un Congreso europeo para decidir de la suerte y de los intereses de aquellas naciones.

---

[20] un augusto Congreso: Nine years after this letter was written, Bolívar, as president of Colombia, invited the new American nations to participate in an international Congress in Panama (held in 1826). While grandiose plans for a league of the nations of the Hemisphere were discussed, the meeting was a practical failure, mainly for the very reasons expressed by Bolívar in this letter.

[21] el abate Saint-Pierre: Charles Irénée Castel, Abbé de Saint-Pierre (1658–1734), was an acute critic of social institutions whose ideas greatly influenced Rousseau. His proposal for a union of European powers is found in his *Projet de paix perpétuelle*.

~~~~~Bartolomé Hidalgo

URUGUAY, 1788–1822   The *cielito militante*, of which only an illustrative example is included here, was an adaptation to the spirit of
revolutionary times of a folk verse form popular in colonial days.
"Cielito" was a term also applied to the music and popular dance
associated with the poetry.

This verse, traditionally a form for conventional love themes, was
used to arouse patriotic fervor and hatred of the supporters of the
Spanish throne. The *cielitos militantes* were enormously popular from
Uruguay to Peru and were distributed to soldiers and the populace in
broadsides. Although the language was that of the countryman or
gaucho, many or perhaps most of them were composed by educated
men.

Of these the first and foremost was Bartolomé Hidalgo, an otherwise
obscure Uruguayan poet who also tried his hand at more high-flown
verse. It is not certain just how many *cielitos militantes* Hidalgo wrote,
since they were often published anonymously, but at least ten were
surely from his fiery pen.

While the *cielitos* were useful for their immediate purposes and offer
interesting early examples of gaucho language, they are likely to be
monotonous to the modern reader who is not deeply interested in the
events of the wars for independence and the first years of the new
nations. Much more versatile and significant in the laterdevelopment of
gaucho literature were the three *Diálogos* composed by Hidalgo in
1821–1822.

These conversations between Chano, a ranch forema n, and Contreras,
a gaucho, comment on the political events of the time, but also provide
in popular language a profile of the gaucho's outlook on life. The
selection presented here, taken from a dialogue called *Relación*, gives
Contreras' impression of the celebration of May 25 (Argentine independence day) in 1822, and involves a theme which later became a constant
in Argentine literature: the contrast between the sophisticated life of
Buenos Aires and the simple, rough existence of the *paisano* or gaucho.

ᕀᴄCIELITOS—QUE CON ACOMPAÑAMIENTO DE GUITARRA CANTABAN LOS PATRIOTAS AL FRENTE DE LAS MURALLAS DE MONTEVIDEO[1]

Los chanchos que Vigodet[2]
ha encerrado en su chiquero,
marchan al son de una gaita
echando al hombro un *fungeiro*.[3]
5 Cielito de los gallegos,
¡ay!, cielito del dios Baco,
que salgan al campo limpio
y verán lo que es tabaco.[4]

Vigodet en su corral
10 se encerró con sus gallegos,
y temiendo que lo *pialen*[5]
se anda haciendo el chancho rengo.[6]
   Cielo de los *mancarrones*,[7]
¡ay!, cielo de los potrillos,
15 ya brincarán cuando sientan
las espuelas y el lomillo.[8]

ᕀᴄRELACIÓN—QUE HACE EL GAUCHO RAMÓN CONTRERAS A JACINTO CHANO DE TODO LO QUE VIO EN LAS FIESTAS MAYAS DE BUENOS AIRES EN 1822

CONTRERAS

* * * ¡Ah fiestas lindas, amigo!
No he visto en los otros años
junciones más mandadoras,[9]
y mire que no lo engaño.
5 El veinticuatro a la noche
como es costumbre empezaron.
Yo vi unas grandes colunas
en coronas rematando
y ramos llenos de flores
10 puestos a modo de lazos.
Las luces como aguacero
colgadas entre los arcos,
el Cabildo, la pirame,[10]
la recova y otros laos,
15 y luego la versería.[11]
¡Ah cosa linda! Un paisano
me los estuvo leyendo,
pero ¡ah pueta cristiano,

qué décimas y qué *trobos*![12]
20 Y todo siempre tirando
a favor de nuestro *Aquél*;[13]
luego había en un tablao
musiquería con juerza
y bailando unos muchachos
25 con arcos y muy compuestos,
vestíos de azul y blanco,[14]
y al acabar, el más chico
una relación echando,
me dejó medio . . . quién sabe,
30 ¡ah muchachito liviano,
por Cristo que le habló lindo
AL VEINTICINCO DE MAYO!
Después siguieron los juegos[15]
y cierto que me quemaron
35 porque me puse cerquita
y de golpe me largaron

---

[1] It is said that this *cielito* was sung at night by the insurgent besiegers of Montevideo (1813) to taunt the Spaniards. It was published anonymously, but it is generally attributed to Hidalgo. For observations on irregularities of the gaucho dialect, see "Note on the *Gaucho Dialect*," pp. 205–206.
[2] Gaspar Vigodet, a Spanish professional soldier, was Governor of Montevideo during the siege.
[3] *fungeiro*: i.e., Galician "fungueiro," a noise-making club," or gun.
[4] y verán . . . tabaco: *And they'll see some real fighting.*
[5] *pialen*: lasso.
[6] se . . . rengo: *is hiding.*
[7] *mancarrones*: old nags.

[8] lomillo: saddle typical of the River Plate cattle country.
[9] junciones más mandadoras: *more elegant celebrations.*
[10] el Cabildo, la pirame: The Cabildo was the colonial government building on Buenos Aires "Plaza de Mayo" where the first independent *junta* was constituted on May 25, 1810; the *pirámide* (*pirame*) is a monument in the same plaza commemorating Argentine independence.
[11] versería: *the reciting of poetic compositions.*
[12] trobos (*trovos*): *short, popular songs or verses.*
[13] *Aquél*: General San Martín.
[14] azul y blanco: the Argentine colors.
[15] los juegos=fuegos artificiales: *fireworks.*

unas cuantas escupidas
que el *poncho* me lo *cribaron*.
A las ocho de tropel
40 para la Mercé tiraron
las gentes a las comedias:
yo estaba medio cansao
y enderecé a lo de Roque:
dormí, y al cantar los gallos
45 ya me vestí: calenté agua,
estuve *cimarroniando*:[16]
y luego para la plaza
agarré[17] y vine despacio:
llegué ¡bien haiga el humor![18]
50 Llenitos todos los bancos
de pura mujerería,
y no amigo cualquier trapo
sino mozas como azúcar.
Hombres, eso era un milagro;
55 y al punto en varias tropillas
se vinieron acercando
los escueleros[19] mayores
cada uno con sus muchachos,
con banderas de la Patria
60 ocupando un trecho largo;
llegaron a la pirame,
y al dir el sol coloriando
y asomando una puntita . . .
bracatán,[20] los cañonazos,
65 la gritería, el tropel,
música por todos laos,
banderas, danzas, junciones,
los escuelistas[21] cantando,
y después salió uno solo
70 que tendría doce años.
Nos echó una relación . . .
¡Cosa linda, amigo Chano!
Mire que a muchos patriotas
las lágrimas les saltaron.
75 Más tarde la soldadesca

a la plaza *jue dentrando*,[22]
y desde el *juerte* a la Iglesia
todo ese *tiro* ocupando.
Salió el gobierno a las once
80 con escolta de a caballo,
con jefes y comendantes
y otros muchos *convidaos*,
dotores, *escribanistas*,
las *justicias* a otro *lao*,
85 detrás la *oficialería*,
los *latones culebriando*.[23]
La soldadesca hizo *cancha*[24]
y todos *jueron* pasando
hasta llegar a la Iglesia.
90 Yo estaba medio *delgao*[25]
y enderesé a un bodegón.
Comí con Antonio el Manco,
y a la tarde me dijeron
que había sortija en el Bajo;[26]
95 me *jui* de un hilo[27] al paraje,
y, cierto, no me engañaron.
En medio de la *Alamera*
había un arco muy *pintao*
con colores de la Patria:
100 gente, amigo, como pasto,
y una mozada lucida[28]
en caballos *aperados*
con pretales y coscojas,[29]
pero *pingos* tan livianos
105 que a *la más chica pregunta*
no los sujetaba el diablo.[30]
Uno por uno rompía
tendido como lagarto,
y . . . zas . . . ya ensartó . . . ya no . . .
110 ¡Oiganlé que pegó en falso!
¡Qué risa, y qué *boraciar*![31]
Hasta que un mocito amargo
la aflojó todo al rocín,
y ¡bien haiga el ojo claro!

[16] cimarroniando: *drinking my mate.*
[17] agarré: *I took off.*
[18] ¡bien haiga el humor!: *bless my luck.*
[19] escueleros: *primary school teachers.*
[20] y al dir . . . bracatán: *and, as the first red rays of the sun appeared, bang!*
[21] escuelistas: *school children.*
[22] jue dentrando: *entered.*
[23] los latones culebriando: *rattling their sabres.*
[24] hizo cancha: *made way for them.*
[25] medio delgao: *sort of hungry.*
[26] sortija en el Bajo: *sortija* is a game in which a

horseman at full gallop tries to catch a suspended ring; el Bajo, or la Alameda (Alamera), is a promenade near the Cabildo.
[27] me jui de un hilo: *I went straight there.*
[28] una mozada lucida: *a handsome bunch of young fellows.*
[29] pretales y coscojas: *fancy harnesses and bridles.*
[30] que . . . el diablo: *the devil couldn't hold them if the rider gave the slightest indication.*
[31] Oiganlé . . . boraciar: *Listen to the fellow who missed! How they laughed and boasted!*

115 se vino al humo, llegó
y la sortija ensartando
le dio una sentada al pingo[32]
y todos VIVA gritaron.

Vine a la plaza: las danzas
120 seguían en el tablao;
y vi subir a un inglés
en un palo jabonao
tan alto como un ombú,
y allá en la punta colgando
125 una *chuspa*[33] con pesetas,
una muestra y otros varios
premios para el que llegase.
El inglés era *baquiano*:[34]
se le prendió al palo viejo
130 y moviendo pies y manos
al galope llegó arriba,
y al grito, ya le echó mano
a la *chuspa* y se largó
de un pataplús[35] hasta abajo.
135 De allí a otro rato volvió
y se trepó en otro palo
y también sacó una muestra.
¡Bien haiga el bisquete diablo![36]
Después se treparon otros
140 y algunos también llegaron.
Pero lo que me dio risa
jueron, amigo, otros palos
que había con unas *guascas*[37]
con casitas de madera
145 y en el medio muchos bancos.
No salían las comedias
y yo ya estaba sudando,
cuando, amigo, de repente,
árdese un maldito vaso
150 que tenía luces adentro,
y la llama subió tanto
para montar los muchachos,
por nombre rompe-cabezas;
y en frente, en otro lao,
155 un premio para el que juese

hecho rana hasta toparlo;[38]
pero era tan belicoso
aquel potro, amigo Chano,
que muchacho que montaba,
160 contra el suelo, y ya trepando
estaba otro, y zas al suelo;
hasta que vino un muchacho
y sin respirar siquiera,
se fue el pobre refalando[39]
165 por la *guasca*, llegó al fin
y sacó el premio acordao.
Pusieron luego un pañuelo
y me tenté ¡mire el diablo!
Con *poncho* y todo monté
170 y en cuanto me lo largaron
al infierno me tiré,
y sin poder remediarlo
(perdonando el mal estilo)
me pegué tan gran culazo,
175 que si allí tengo narices
quedo para siempre ñato . . .[40]
Luego encendieron las velas
y los bailes continuaron,
la cuetería[41] y los juegos.
180 Después todos se marcharon
otra vez a las comedias.
Yo quise verlas un rato
y me metí en el montón,
y tanto me *rempujaron*,
185 que me encontré en un galpón
todo muy *iluminao*,
que pegó *juego* con el techo;
alborotóse el cotarro,[42]
y yo que estaba cerquita
190 de la puerta, *pegué* un salto
y ya no quise volver.
Después me anduve *pasiando*
por los cuarteles, que había
también muy bonitos arcos
195 y versos, que daba miedo.
Llegó el veintiseis de Mayo
y siguieron las *junciones*

---

[32] se vino . . . una sentada al pingo: *came racing along and, catching the ring, stopped his horse short.*
[33] chuspa: *a purse.*
[34] baquiano: *an expert.*
[35] de un pataplús: *in a jiffy.*
[36] ¡Bien haiga . . . diablo!: *The lucky English devil!* (bisquete—a deformation of *bisteque* or beefsteak, associated with the English).

[37] guascas: *leather straps.*
[38] hecho . . . toparlo: *was skillful enough to get it.*
[39] refalando: *sliding.*
[40] que . . . ñato: *as sure as I have a nose it will always be flat.*
[41] cuetería: *the shooting of rockets* (cohetes).
[42] alborotóse el cotarro: *everybody went wild.*

como habían *empezao*.
El veintisiete, lo *mesmo*:
200 un gentío temerario
vino a la plaza; las danzas,
los hombres subiendo al palo
y allá en el rompe-cabezas
a porfía, los muchachos.
205 Luego con muchas banderas
otros niños se acercaron,
con una imagen muy linda
y un tamborcito tocando.
Pregunté qué virgen era,
210 la Fama me contestaron:
al tablao la subieron
y allí estuvieron un rato,
aonde uno de los niños
los estuvo proclamando
215 a todos sus compañeros.
¡Ah, pico de oro! Era un pasmo
ver al muchacho caliente,
y más patriota que el diablo.
Después hubo volantines.[43]
220 Y un inglés todo pintao[44]

en un caballo al galope
iba dando muchos saltos.
Entre tanto la sortija
la jugaban en el Bajo,
225 por la plaza de Lorea
otros también me contaron
que había habido toros lindos;
yo estaba ya tan cansao
que así que dieron las ocho
230 corté para lo de Alfaro,
aonde estaban los amigos
en beberaje y fandango;[45]
eché un *cielito* en batalla,
y me resfalé hasta un cuarto
235 aonde encontré a unos calandrias
calientes jugando al paro.[46]
Yo llevaba unos rialitos,
y así que echaron el cuatro
se los planté, perdí en boca,[47]
240 y sin medio me dejaron.
En esto un catre *viché*[48]
yme le jui acomodando.* * *

(*Diálogos*, 1821–1822)

---

[43] volantines: *tight-rope walkers or other performers of the sort.*
[44] un inglés: Bradley, an English clown and circus owner.
[45] en . . . fandango: *drinking and having a wild time.*

[46] eché . . . jugando al paro: *I danced a popular dance and went to a room where I found some smart fellows gambling.*
[47] perdí en boca: *I lost right away.*
[48] En esto . . . acomodando: *Then I spied a cot and made myself comfortable on it.*

~~~~José Joaquín Olmedo

ECUADOR, 1780–1847   Olmedo's poem, *La victoria de Junín: canto a
Bolívar* (1825), is important for an understanding of the prevailing mood
of the revolutionary period and even of contemporary Spanish Americans. Worship of the heroes of the wars for independence and a sonorous
manner of expressing it are still characteristic of commemorative
oratory in many parts of Spanish America. This poem is generally
considered the finest example of heroic poetry in the classical style
composed in America.

Bolívar's heroism, and victory at the battle of Junín, decisive in the
liberation of Peru, roused the classical muse of Olmedo, and he wrote
the original form of this well-known poem soon after the battle.
Considerably shorter than the poem we know today, it probably ended
with the line: "¡Triunfo a Colombia; y a Bolívar gloria!" The much
more important victory at Ayacucho made it almost essential to continue the ode so that it might also deal with the greater battle. ". . . el
canto quedaría defectuoso, manco, incompleto, sin anunciar la segunda
victoria que fue decisiva," Olmedo wrote in a letter to Bolívar.

There were certain difficulties in his path. The hymn to Junín was an
artistic unit in its primitive form. The addition of another battle would
disturb this unity of theme as well as the unity of place, so sacred to
neoclassical precept. Moreover, since his idea was to glorify the Liberator
and since not Bolívar but Sucre was in command at Ayacucho, it was
necessary to avoid the risk of relegating the figure of Bolívar to the
background. A solution occurred to Olmedo which he himself considered "grande y bello"; the shade of the great Inca, Huaina-Cápac,
would appear to the victorious troops at Junín and, with prophetic
vision and abundant praise for the Liberator, would depict the action at
Ayacucho. This device lengthened the poem to its final form of some
nine hundred verses. The poet himself confesses that the confusing
prolixity of the poem is its principal defect. Without essentially altering
the general plan of the composition, we have excised more than 430 lines
in the present text.

Bolívar was the first of a number of critics who have harshly criticized
Olmedo's introduction of the Inca. Apparently the General's pride was
piqued, for he complained that Huaina-Cápac ". . . cubre con su

sombra a los demás personajes . . . parece que es el asunto del poema." Furthermore, he notes that the Inca speaks out of character and is "un poco hablador y embrollón." Other critics (notably M. A. Caro) have remarked on the unconvincing and even absurd elements in the apparition, insisting that the way of life for which the revolting colonists fought had nothing in common with the vanished Inca empire.

The first edition of the poem, made in Guayaquil in 1825, is defective; the definitive edition appeared in London and Paris in 1826, and contained three curious engravings, one of the Inca's appearance in the clouds. (See A. Coester, "Olmedo y Miguel Antonio Caro," *Revista de las Indias*, Oct., 1939, pp. 399–403.) The present text, with some modifications of the punctuation, is based on that of the London edition.

ᏜᏜLA VICTORIA DE JUNÍN: CANTO A BOLÍVAR

El trueno horrendo que en fragor revienta
y sordo retumbando[1] se dilata
por la inflamada esfera,
al Dios anuncia que en el cielo impera.

5 Y el rayo que en Junín rompe y ahuyenta
la hispana muchedumbre
que más feroz que nunca amenazaba
a sangre y fuego eterna servidumbre:
y el canto de victoria
10 que en ecos mil discurre ensordeciendo
el hondo valle y enriscada cumbre,
proclaman a Bolívar en la tierra
árbitro de la paz y de la guerra.

Las soberbias pirámides que al cielo
15 el arte humano osado levantaba
para hablar a los siglos y naciones;
templos, do esclavas manos
deificaban en pompa a sus tiranos,
ludibrio son del tiempo, que con su ala
20 débil las toca, y las derriba al suelo,
después que en fácil juego el fugaz viento
borró sus mentirosas inscripciones;
y bajo los escombros confundido

entre la sombra del eterno olvido,
25 ¡oh de ambición y de miseria ejemplo!
el sacerdote yace, el Dios y el templo;

mas los sublimes montes, cuya frente
a la región etérea se levanta,
que ven las tempestades a su planta
30 brillar, rugir, romperse, disiparse;
los Andes . . . las enormes, estupendas
moles sentadas sobre bases de oro,[2]
la tierra con su peso equilibrando,[3]
jamás se moverán. Ellos burlando
35 de ajena envidia y del protervo tiempo
la furia y el poder, serán eternos
de Libertad y de Victoria heraldos,[4]
que con eco profundo
a la postrema edad dirán del mundo:[5]
40 "Nosotros vimos de Junín el campo;
vimos que al desplegarse
del Perú y de Colombia[6] las banderas
se turban las legiones altaneras,
huye el fiero español despavorido,
45 o pide paz rendido.
Venció Bolívar: el Perú fue libre;
y en triunfal pompa Libertad sagrada

---

[1] Note the onomatopoetic effect of these lines: the abundance of rolled "r's" imitates the thunder.

[2] bases de oro: refer to the rich Andean gold mines.

[3] la tierra . . . equilibrando: "Los físicos han procurado explicar el equilibrio que guarda la tierra a pesar de la diferencia de masas en sus dos hemisferios. ¿El enorme peso de los Andes no podrá ser uno de los datos para resolver este curioso problema?" (Olmedo's note; an indication of the late eighteenth-century

interest in science, stimulated in Spanish America by the reading of the French *philosophes*.)

[4] la furia . . . heraldos=serán eternos heraldos de libertad.

[5] a la postrema . . . mundo=dirán a la postrema edad del mundo.

[6] Colombia: It should be recalled that Colombia at this time included the present republics of Venezuela, Colombia and Ecuador.

en el templo del Sol[7] fue colocada." * * *[8]
¿Quién es aquel que el paso lento mueve
50 sobre el collado que a Junín domina?
¿que el campo desde allí mide, y el sitio
del combatir y del vencer designa?
¿que la hueste contraria observa, cuenta,
y en su mente la rompe y desordena,
55 y a los más bravos a morir condena,
cual águila caudal que se complace
del alto cielo en divisar su presa
que entre el rebaño mal segura[9] pace?
¿Quién el que ya desciende
60 pronto y apercibido a la pelea?
Preñada en tempestades le rodea
nube tremenda; el brillo de su espada
es el vivo reflejo de la gloria;
su voz un trueno; su mirada un rayo.
65 ¿Quién, aquel que al trabarse la batalla,
ufano como nuncio de victoria,
un corcel impetuoso fatigando
discurre sin cesar por toda parte . . .?
¿Quién, sino el hijo de Colombia y Marte?[10]
70 Sonó su voz: "Peruanos,
mirad allí los duros opresores
de vuestra patria. Bravos colombianos,
en cien crudas batallas vencedores,
mirad allí los enemigos fieros
75 que buscando venís desde Orinoco:[11]
suya es la fuerza, y el valor es vuestro:
vuestra será la gloria;
pues lidiar con valor y por la patria
es el mejor presagio de victoria.
80 Acomed: que siempre
de quien se atreve más el triunfo ha sido:
quien no espera vencer, ya está vencido."

Dice; y al punto cual fugaces carros,[12]

que dada la señal, parten, y en densos
85 de arena y polvo torbellinos ruedan;[13]
arden los ejes; se estremece el suelo;
estrépito confuso asorda el cielo;
y en medio del afán cada cual teme
que los demás adelantarse puedan;
90 así los ordenados escuadrones
que del iris reflejan los colores
o la imagen del sol en sus pendones,[14]
se avanzan a la lid. ¡Oh! ¡Quién temiera,
quién, que su ímpetu mismo los perdiera![15]

95 ¡Perderse! No, jamás; que en la pelea
los arrastra y anima e importuna
de Bolívar el genio y la fortuna.
Llama improviso al bravo Necochea;[16]
y mostrándole el campo,
100 partir, acometer, vencer le manda,
y el guerrero esforzado,
otra vez vencedor, y otra cantado,
dentro en el corazón por Patria jura
cumplir la orden fatal; y a la victoria
105 o a noble y cierta muerte se apresura.

Ya el formidable estruendo
del atambor en uno y otro bando;
y el son de las trompetas clamoroso,
y el relinchar del alazán fogoso,
110 que erguida la cerviz y el ojo ardiendo,
en bélico furor salta impaciente
do más se encruelece la pelea;
y el silbo de las balas,[17] que rasgando
el aire, llevan por doquier la muerte;
115 y el choque asaz horrendo
de selvas densas de ferradas picas;
y el brillo y estridor de los aceros
que al sol reflectan sanguinosos visos;
y espadas, lanzas, miembros esparcidos

---

[7] The sun was the principal deity of the Incas.

[8] 43 lines omitted. They give the customary classical invocation to the muse. Olmedo compares his martial muse to that of Pindar.

[9] mal segura: *uneasily.*

[10] el hijo . . . Marte: Bolívar was born in Caracas, which at this time was part of *la Gran Colombia.*

[11] desde [el] Orinoco: Bolívar's army had begun its victorious liberation of Colombia and Ecuador from his stronghold in the Orinoco valley (1819).

[12] The poet compares the movement of the troops to battle to a chariot race.

[13] y en densos . . . ruedan=y ruedan en densos torbellinos de arena y polvo.

[14] "El pabellón [bandera] de Colombia lleva los principales colores del Iris [yellow, blue, red]; el del

Perú lleva un Sol en el centro." (Olmedo's note.)

[15] "El primer encuentro de nuestra caballería con la enemiga en el campo de Junín, nos fue sumamente desfavorable." (Olmedo's note.)

[16] Mariano Necochea (1791–1849), an Argentine general in Bolívar's army who had distinguished himself at the battle of Chacabuco in Chile.

[17] General O'Leary's description of the battle makes it out to be mainly a cavalry engagement and disagrees somewhat with the poet's lines: "Not a shot was fired: the awful silence was only broken by the shrill voice of the bugle, the clash of steel, the stamping of horses, the muttered curses of the vanquished, the moans of the wounded and dying." Quoted by M. A. Caro, *Obras completas,* Bogotá, 1921, III, p. 15.

120 o en torrentes de sangre arrebatados,
y el violento tropel de los guerreros
que más feroces mientras más heridos,
dando y volviendo el golpe redoblado,
mueren, mas no se rinden . . . Todo anuncia
125 que el momento ha llegado,
en el gran libro del Destino escrito,
de la venganza al pueblo americano,
de mengua y de baldón al castellano.* * *18

Ora mi lira resonar debía
130 del nombre y las hazañas portentosas
de tantos capitanes que este día
la palma del valor se disputaron,
digna de todos . . . Carbajal . . . y Silva . . .
y Suárez . . . y otros mil19 . . . Mas de improviso
135 la espada de Bolívar aparece,
y a todos los guerreros,
como el sol a los astros, obscurece.

Yo acaso más osado le cantara,
si la meonia Musa20 me prestara
140 la resonante trompa que otro tiempo
cantaba al crudo Marte entre los Traces,21
bien animando las terribles haces,
bien22 los fieros caballos, que la lumbre
de la égida de Palas23 espantaba.

145 Tal el héroe brillaba
por las primeras filas discurriendo.
Se oye su voz, su acero resplandece
do más la pugna y el peligro crece.
Nada le puede resistir . . . Y es fama,
150 ¡oh portento inaudito!
que el bello nombre de Colombia escrito
sobre su frente en torno despedía
rayos de luz tan viva y refulgente
que deslumbrado el español desmaya,
155 tiembla, pierde la voz, el movimiento:
sólo para la fuga tiene aliento.
Así cuando en la noche algún malvado

va a descargar el brazo levantado;
si de improviso lanza un rayo el cielo,
160 se pasma, y el puñal trémulo suelta;
hielo mortal a su furor sucede;
tiembla, y horrorizado retrocede.
Ya no hay más combatir. El enemigo
el campo todo y la victoria cede.

165 Huye cual ciervo herido; y adonde huye
allí encuentra la muerte. Los caballos
que fueron su esperanza en la pelea,
heridos, espantados, por el campo
o entre las filas vagan, salpicando
170 el suelo en sangre que su crin gotea;
derriban al jinete, lo atropellan,
y las catervas van despavoridas,
o unas con otras con terror se estrellan.
Crece la confusión, crece el espanto;
175 y al impulso del aire, que vibrando
sube en clamores y alaridos lleno,
tremen las cumbres que respeta el trueno.
Y discurriendo el vencedor en tanto
por cimas de cadáveres y heridos
180 postra al que huye, perdona a los rendidos.

¡Padre del universo! ¡Sol radioso!
¡Dios del Perú! ¡Modera omnipotente
el ardor de tu carro impetüoso,
y no escondas tu luz indeficiente . . .
185 una hora más de luz!24 . . . Pero esta hora
no fue la del Destino. El Dios oía
el voto de su pueblo; y de la frente
el cerco de diamantes desceñía.
En fugaz rayo el horizonte dora;
190 en mayor disco menos luz ofrece,
y veloz tras los Andes se obscurece.

Tendió su manto lóbrego la noche;
y las reliquias del perdido bando,
con sus tristes y atónitos caudillos,
195 corren sin saber dónde espavoridas,25
y de su sombra misma se estremecen.

---

18 81 lines omitted. The poet continues to recount the horrors of the battle, emphasizing the heroism of Generals Necochea and Miller and the valor of the Peruvian troops, in spite of their reputation for soft living. In this regard they resemble ancient Achilles.

19 In a note, Olmedo regrets the omission of many other valiant officers and enumerates their names.

20 la meoniaMusa: *the Homeric (epic) muse.*

21 los Traces=tracios: *Thracians.*

22 bien . . . bien: *now . . . now.*

23 la lumbre . . . Palas: *the glare from Minerva's shield* (adorned with a horrible Medusa's head).

24 "La acción de Junín empezó a las cinco de la tarde: la noche sobreviniendo tan pronto impidió la completa destrucción del ejército real." (Olmedo's note.) At night the officers of both sides got together and chatted amicably, but resumed the fight on the following day.

25 espavoridas: modifies *reliquias* (l. 193).

Y al fin, en las tinieblas ocultando
su afrenta y su pavor, desaparecen.
¡Victoria por la Patria! ¡oh Dios! ¡Victoria!
200 ¡Triunfo a Colombia; y a Bolívar gloria!

Ya el ronco parche y el clarín sonoro
no a presagiar batalla y muerte suena,
ni a enfurecer las almas; mas se estrena
en alentar el bullicioso coro
205 de vivas y patrióticas canciones.
Arden cien pinos[26]; y a su luz las sombras
huyeron, cual poco antes desbandadas
huyeron de la Espada de Colombia
las vandálicas huestes debeladas.[27]

210 En torno de la lumbre,
el nombre de Bolívar repitiendo
y las hazañas de tan claro día,
los jefes, y la alegre muchedumbre
consumen en acordes libaciones
215 de Baco y Ceres los celestes dones.[28]

"Victoria, paz, clamaban,
paz para siempre. Furia de la guerra,
húndete al hondo averno[29] derrocada;
ya cesa el mal y el llanto de la tierra.
220 Paz para siempre. La sanguínea espada,
o cubierta de orín ignominioso,
o en el útil arado trasformada,
nuevas leyes dará. Las varias gentes
del mundo, que a despecho de los cielos
225 y del ignoto ponto proceloso,
abrió a Colón su audacia o su codicia,
todas ya para siempre recobraron
en Junín libertad, gloria y reposo."

Gloria, *mas no reposo*: de repente
230 clamó una voz de lo alto de los cielos;
y a los ecos los ecos por tres veces
Gloria, mas no reposo, respondieron.
El suelo tiembla; y cual fulgentes faros
de los Andes las cúspides ardieron;

235 y de la noche el pavoroso manto
se trasparenta, y rásgase, y el éter
allá lejos purísimo aparece,
y en rósea luz bañado resplandece;
cuando improviso[30] veneranda sombra
240 en faz serena y ademán augusto
entre cándidas nubes se levanta.
Del hombro izquierdo nebuloso manto
pende, y su diestra aéreo cetro rige;
su mirar noble, pero no sañudo;
245 y nieblas figuraban a su planta
penacho, arco, carcax, flechas y escudo.
Una zona de estrellas
glorificaba en derredor su frente
y la borla imperial de ella pendiente.

250 Miró a Junín; y plácida sonrisa
vagó sobre su faz. "Hijos, decía,
generación del Sol afortunada,
que con placer yo puedo llamar mía,
yo soy Huaina Cápac;[31] soy el postrero
255 del vástago sagrado:
dichoso rey, mas padre desgraciado.
De esta mansión de paz y luz he visto
correr las tres centurias
de maldición, de sangre y servidumbre,
260 y el Imperio regido por las Furias.

No hay punto en estos valles y estos cerros
que no mande tristísimas memorias.
Torrentes mil de sangre se cruzaron
aquí y allí; las tribus numerosas
265 al ruido del cañon se disiparon;
y los restos mortales de mi gente
aun a las mismas rocas fecundaron.
Más allá un hijo[32] expira entre los hierros
de su sagrada majestad indignos . . .

270 un insolente y vil aventurero
y un iracundo sacerdote fueron[33]
de un poderoso rey los asesinos . . .

---

[26] pinos: *torches of pine pitch.*

[27] las . . . debeladas: *the conquered hosts of the invaders.*
The Vandals were a Germanic tribe which invaded
Spain in the fifth century.

[28] consumen . . . dones: *drink moderately the heavenly
gifts of Bacchus and Ceres.* Bacchus was the god of wine
and Ceres the goddess of grain, from which are made
such alcoholic beverages as *chicha.*

[29] averno: infierno.

[30] improviso=de improviso: *suddenly.*

[31] Huaina-Cápac: emperor of the Incas who died
(1525) shortly before Pizarro's invasion. "Después de
Huaina-Cápac reinaron algunos Incas; pero él fue el
último que poseyó íntegro el imperio." (Olmedo's
note.) He divided the empire between two sons,
Huascar and Atahualpa; both of them were deposed by
Pizarro.

[32] un hijo: Atahualpa.

[33] Pizarro and Fray Valverde; the latter aided and
justified the conquistador's crime.

¡tantos horrores y maldades tantas
por el oro que hollaban nuestras plantas!
    * * *[34]

275 "¡Guerra al usurpador!—¿Qué le debemos?
¿Luces, costumbres, religión o leyes? . . .
¡si ellos fueron estúpidos, viciosos,
feroces, y por fin supersticiosos!
¿Qué religión? ¿la de Jesús? . . . ¡Blasfemos!
280 Sangre, plomo veloz, cadenas fueron
los sacramentos santos que trajeron.
¡Oh religión! ¡Oh fuente pura y santa
de amor y de consuelo para el hombre!
¡Cuántos males se hicieron en tu nombre!
285 ¿Y qué lazos de amor? . . . Por los oficios
de la hospitalidad más generosa
hierros nos dan; por gratitud, suplicios;
todos, sí, todos, menos uno solo;
el mártir del amor americano,
290 de paz, de caridad apóstol santo;
divino Casas,[35] de otra patria digno.
Nos amó hasta morir.[36]—Por tanto ahora
en el empíreo entre los Incas mora." * * *[37]

        El Inca esclarecido
295 iba a seguir; mas de repente queda
en éxtasis profundo embebecido:
atónito en el cielo
ambos ojos inmóviles ponía,
y en la improvisa inspiración absorto
300 la sombra de una estatua parecía.

Cobró la voz al fin. "Pueblos, decía,
la página fatal ante mis ojos
desenvolvió el Destino, salpicada
toda en purpúrea sangre; mas en torno
305 también en bello resplandor bañada.

Jefe de mi nación, nobles guerreros,
oíd cuanto mi oráculo os previene,
y requerid los ínclitos aceros,
y en vez de cantos nueva alarma suene;
310 que en otros campos de inmortal memoria
la Patria os pide, y el Destino os manda
otro afán, nueva lid, mayor victoria".·[38]
    * * *[39]

"Allí Bolívar, en su heroica mente
mayores pensamientos revolviendo,
315 el nuevo triunfo trazará, y haciendo
de su genio y poder un nuevo ensayo,
al joven Sucre[40] prestará su rayo,
al joven animoso,
a quien del Ecuador montes y ríos
320 dos veces aclamaron victorioso.
Ya se verá en la frente del guerrero
toda el alma del Héroe[41] reflejada,
que él le quiso infundir de una mirada.

"Como torrentes desde la alta cumbre
325 al valle en mil raudales despeñados,
vendrán los hijos de la infanda Iberia,
soberbios en su fiera muchedumbre,
cuando a su encuentro volará impaciente
tu juventud, Colombia belicosa,
330 y la tuya, ¡oh Perú! de fama ansiosa,
y el caudillo impertérrito a su frente.* * *[42]

"Tuya será, Bolívar, esta gloria;
tuya romper el yugo de los reyes,
y a su despecho entronizar las leyes;
335 y la discordia en áspides crinada,[43]
por tu brazo en cien nudos aherrojada,
ante los Haces[44] santos confundidas
harás temblar las armas parricidas.

---

[34] 17 lines omitted. The Inca laments the evil fate of his son Huascar and recalls the equally sad cases of the Mexicans, Cuauhtémoc and Moctezuma.

[35] divino Casas: Bartolomé de las Casas (1474–1565) was an idealistic missionary who spent his life attempting to restrain the brutality of the conquistadors toward the Indians.

[36] The Colombian critic, Caro, says of these lines: "Tratar a 'todos, sí todos' . . . de 'estúpidos, viciosos y feroces' . . . hacer solamente una excepción en favor del nombre de las Casas, condenando a olvido o a ignominia la multitud de varones apostólicos que evangelizaron la tierra americana . . . es un rasgo de flagrante injusticia e ingratitud." (*Obras*, III, p. 29.)

[37] 13 lines omitted. The Inca proceeds to apostrophize Bolívar as the avenger of the downtrodden Indians.

[38] nueva . . . victoria: the battle of Ayacucho.

[39] 32 lines omitted. Hearing the prophecy of the coming battle, the troops stir with excitement. The Inca warns that the struggle will be hard.

[40] Antonio José de Sucre (1795–1830), who had distinguished himself in the liberation of Ecuador (1821–1822), was named commander-in-chief at Ayacucho and planned the strategy of the battle.

[41] Héroe: Bolívar.

[42] 163 lines omitted. The prophetic apparition continues his description of the coming battle, giving full praise to the various commanders and especially to Sucre. Of course, Bolívar is again lauded as the Liberator.

[43] en . . . crinada: In Greek mythology the Gorgons, three monstrous sisters personifying discord, perversity, etc., were snaky-haired.

[44] Haces: *fasces*, a bundle of rods which was the symbol of civil law and order in the Roman Republic.

"Ya las hondas entrañas de la tierra
340 en larga vena ofrecen el tesoro
que en ellas guarda el sol; y nuestros montes
los valles regarán con lava de oro;
y el pueblo primogénito dichoso[45]
de libertad, que sobre todos tanto
345 por su poder y gloria se enaltece,
como entre sus estrellas
la estrella de Virginia[46] resplandece,
nos da el ósculo santo
de amistad fraternal. Y las naciones
350 del remoto hemisferio celebrado,
al contemplar el vuelo arrebatado
de nuestras musas y artes,
como iguales amigos nos saludan,
con el tridente abriendo la carrera
355 la reina de los mares[47] la primera.

"Será perpetua, oh pueblos, esta gloria
y vuestra libertad incontrastable
contra el poder y liga detestable[48]
de todos los tiranos conjurados,
360 si en lazo federal de polo a polo
en la guerra y la paz vivís unidos.
Vuestra fuerza es la unión.[49] ¡Unión, oh
      pueblos,
para ser libres y jamás vencidos!
Esta unión, este lazo poderoso
365 la gran cadena de los Andes sea,
que en fortísimo enlace se dilatan
del uno al otro mar. Las tempestades

del cielo ardiendo en fuego se arrebatan;
erupciones volcánicas arrasan
370 campos, pueblos, vastísimas regiones,

y amenazan horrendas convulsiones
el globo destrozar desde el profundo:
ellos,[50] empero, firmes y serenos
ven el estrago funeral del mundo.

375 "Ésta es, Bolívar, aun mayor hazaña
que destrozar el férreo cetro a España.
Y es digna de ti solo. En tanto triunfa . . .
ya se alzan los magníficos trofeos.
Y tu nombre aclamado
380 por las vecinas y remotas gentes
en lenguas, voces, metros diferentes,
recorrerá la serie de los siglos
en las alas del canto arrebatado . . .
Y en medio del concento numeroso
385 la voz del Guayas[51] crece
y a las más resonantes enmudece.

"Tú la salud y honor de nuestro pueblo
serás viviendo, y ángel poderoso
que lo proteja cuando
390 tarde al empíreo el vuelo arrebatares,
y entre los claros Incas
a la diestra de Manco[52] te sentares.

"Así place al destino. ¡Oh! ved al cóndor,[53]
al peruviano rey del pueblo aerio,
395 a quien ya cede el águila el imperio,
vedle cual desplegando en nuevas galas
las espléndidas alas
sublime a la región del sol se eleva
y el alto augurio que os revelo aprueba.

400 "Marchad, marchad guerreros,
y apresurad el día de la gloria;
que en la fragosa margen de Apurímac[54]
con palmas os espera la Victoria."

---

[45] el pueblo . . . dichoso: the United States. "Nuestros hermanos del Norte han sido los primeros en reconocer la independencia de los Pueblos del Sur, a la que los excitaron con su ejemplo y ayudaron con su amistad." (Olmedo's note.) Colombia was recognized by the United States in 1822.

[46] "El Estado de Virginia tiene sobre todos la gloria de ser la patria de Wáshington." (Olmedo's note.)

[47] la reina . . . mares: England was the first great European nation to recognize the independence of the Spanish American states. Britannia is conventionally represented with the three-pronged spear, the attribute of Neptune.

[48] liga detestable: the Holy Alliance of reactionary European powers which threatened to assist in crushing the independence movement.

[49] Vuestra . . . unión: Olmedo here echoes in part Bolívar's dream of uniting the Spanish American states

(see his *Carta de Jamaica*). But Bolívar was opposed to "el lazo federal" (l. 360).

[50] ellos: los Andes.

[51] la . . . Guayas: Olmedo himself. The Guayas is a river flowing by Guayaquil, where Olmedo composed this ode.

[52] "Manco-Cápac fue el primer Inca [emperor] . . . descendido del cielo y venerado siempre como una divinidad." (Olmedo's note.) Caro mocks these lines: "Lo más gracioso es que en aquella morada de los justos Bolívar se habría de hallar entre incas e indígenas peruanos . . . ¡Pobre Bolívar en semejante cielo!" (*Obras*, II, p. 29.)

[53] The condor has become symbolic of the western republics of South America, as was the eagle (l. 395) of imperial Spain.

[54] Apurímac: a river in Peru which flows near Ayacucho.

Dijo el Inca. Y las bóvedas etéreas
405 de par en par se abrieron,
en viva luz y resplandor brillaron
y en celestiales cantos resonaron.

Era el coro de cándidas vestales,
las vírgenes del sol, que rodeando
410 al Inca como a sumo sacerdote,
en gozo santo y ecos virginales
en torno van cantando
del sol las alabanzas inmortales:

"Alma eterna del mundo,
415 Dios santo del Perú, padre del Inca,
en tu giro fecundo
gózate sin cesar, luz bienhechora,
viendo ya libre el pueblo que te adora.
La tiniebla de sangre y servidumbre
420 que ofuscaba la lumbre
de tu radiante faz pura y serena
se disipó, y en cantos se convierte
la querella de muerte
y el ruido antiguo de servil cadena.* * *55

425 "¡Oh Padre, oh claro sol! no desampares
este suelo jamás, ni estos altares.* * *56
Fecunda ¡oh Sol! tu tierra,
y los males repara de la guerra.
Da a nuestros campos frutos abundosos
430 aunque niegues el brillo a los metales;
da naves a los puertos,
pueblos a los desiertos,
a las armas victoria,
alas al genio y a las musas gloria.
435 Dios del Perú, sostén, salva, conforta
el brazo que te venga,57
no para nuevas lides sanguinosas,
que miran con horror madres y esposas,
sino para poner a olas civiles
440 límites ciertos, y que en paz florezcan
de la alma paz58 los dones soberanos;
y arredre a sediciosos y a tiranos.

"Brilla con nueva luz, Rey de los cielos,
brilla con nueva luz en aquel día
445 del triunfo que magnífica prepara

a su libertador la patria mía.
¡Pompa digna del Inca y del imperio
que hoy de su ruina a nuevo ser revive! * * *59

"El sol suspenso en la mitad del cielo
450 aplaudirá esta pompa.—¡Oh Sol, oh Padre,
tu luz rompa y disipe
las sombras del antiguo cautiverio;
tu luz nos dé el imperio;
tu luz la libertad nos restituya;
455 tuya es la tierra, y la victoria es tuya!"

Cesó el canto. Los cielos aplaudieron,
y en plácido fulgor resplandecieron.
Todos quedan atónitos. Y en tanto,
tras la dorada nube el Inca santo
460 y las santas Vestales se escondieron.

* * * *

Mas ¿cuál audacia te elevó a los cielos,
humilde Musa mía? ¡Oh! no reveles
a los seres mortales
en débil canto arcanos celestiales;
465 y ciñan otros la apolínea rama60
y siéntense a la mesa de los dioses,
y los arrulle la parlera fama,
que es la gloria y tormento de la vida.
Yo volveré a mi flauta conocida
470 libre vagando por el bosque umbrío
de naranjos y opacos tamarindos,
o entre el rosal pintado y oloroso
que matiza la margen de mi río,
o entre risueños campos do en pomposo
475 trono piramidal y alta corona
la Piña ostenta el cetro de Pomona.61
Y me diré62 feliz si mereciere,
al colgar esta lira en que he cantado
en tono menos digno
480 la gloria y el destino
del venturoso pueblo americano.
Yo me diré feliz si mereciere
por premio a mi osadía,
una mirada tierna de las Gracias,
485 y el aprecio y amor de mis hermanos,
una sonrisa de la Patria mía,
y el odio y el furor de los tiranos.

---

55 11 lines omitted. The Vestals of the Sun praise the land as a refuge for liberty.

56 A dozen lines of praise to the sun are omitted.

57 *que te venga: which avenges you.*

58 *de la alma paz: of cherished peace.*

59 46 lines omitted. The Sun Virgins conclude their song with a vision of Bolívar's triumphant reception in Lima.

60 *la apolínea rama: the wreath of Apollo* (the god of music and poetry).

61 "Esta descripción alude a la forma de la planta que produce la piña" (Olmedo's note). Pomona was the ancient Italian goddess of the fruits.

62 *me diré: I shall consider myself.*

ᨒᨒᨒᨒᨒAndrés Bello

Venezuela, 1781–1865   *Silva a la agricultura de la zona tórrida* (1826)
is one of the best known poems in nineteenth-century Spanish American
literature. Together with his *Alocución a la poesía*, Bello originally composed it to form part of an ambitious epic poem, to be called *América*,
which unfortunately was never finished.

The *Silva a la agricultura* may be divided into six sections: The first is a
poetic description of the typical products of tropical America; it reflects
Bello's interest in botany and geography which probably began early in
his life by the visit of the German naturalist, Alexander von Humboldt
(1769–1859), to Caracas in 1799. The second section warns the inhabitants of the New World of the enervating evils of city life, while the
third exalts the virtues of life in the country. It is here that Bello's debt
to Virgil is especially evident (see Book II of the *Georgics*). The remaining
sections are also didactic, being an exhortation to the Spanish Americans
to return to agricultural pursuits and a prayer for divine blessing on their
labors. The subject matter of the *Silva*, as well as its majestic, calm style,
moved Menéndez y Pelayo to call Bello "the most Virgilian of our
poets."

ᨒᨒᨒSILVA A LA AGRICULTURA DE LA ZONA TÓRRIDA

¡Salve, fecunda zona,
que al sol enamorado circunscribes
el vago curso, y cuanto ser se anima
en cada vario clima,
5 acariciada de su luz, concibes![1]
Tú tejes al verano su guirnalda
a tus florestas bellas
falta matiz alguno; y bebe en ellas
aromas mil el viento;

10 de granadas espigas; tú la uva
das a la hirviente cuba;
no de purpúrea fruta, o roja, o gualda,
y greyes van sin cuento
paciendo tu verdura, desde el llano
15 que tiene por lindero el horizonte,
hasta el erguido monte
de inaccesible nieve siempre cano.

[1] que al sol . . . concibes!=que circunscribes el vago curso al sol enamorado, y, acariciada [refers to zona] de su [del sol] luz, concibes cuanto ser (*every living being that*) se anima en cada vario clima. Because of the great variation in altitudes the American tropics provide habitat for the widest variety of plants and animals.

Tú das la caña hermosa,
de do la miel se acendra,
20 por quien[2] desdeña el mundo los panales;
tú en urnas de coral cuajas la almendra
que en la espumante jícara rebosa;
bulle carmín viviente[3] en tus nopales,
que afrenta fuera al múrice de Tiro
25 y de tu añil la tinta generosa
émula es de la lumbre del zafiro;
el vino es tuyo, que la herida agave[4]
para los hijos vierte
del Anáhuac[5] feliz; y la hoja es tuya,
30 que cuando de süave
humo en espiras vagarosas huya,
solazará el fastidio al ocio inerte.
Tú vistes de jazmines
el arbusto sabeo,[6]
35 y el perfume le das que en los festines
la fiebre insana templará a Lieo,[7]
para tus hijos la procera palma[8]
su vario feudo cría,
y el ananás[9] sazona su ambrosía;
40 su blanco pan la yuca,[10]
sus rubias pomas la patata educa;
y el algodón despliega al aura leve
las rosas de oro[11] y el vellón de nieve.
Tendida para ti la fresca parcha[12]
45 en enramadas de verdor lozano,
cuelga de sus sarmientos trepadores
nectáreos globos y franjadas flores;
y para ti el maíz, jefe altanero
de la espigada tribu, hincha su grano;
50 y para ti el banano

desmaya al peso de su dulce carga;
el banano, primero
de cuantos concedió bellos presentes[13]
providencia a las gentes
55 del ecuador feliz con mano larga.
No ya de humanas artes obligado
el premio rinde opimo;
no es a la podadera, no al arado
deudor de su racimo;
60 escasa industria bástale, cual puede
hurtar a sus fatigas mano esclava:
crece veloz, y cuando exhausto acaba,
adulta prole en torno le sucede.

Mas ¡oh! ¡si cual no cede
65 el tuyo, fértil zona, a suelo alguno,
y como de natura esmero ha sido,
de tu indolente habitador lo fuera!
¡Oh! ¡Si al falaz ruído
la dicha al fin supiese verdadera
70 anteponer, que del umbral le llama
del labrador sencillo,
lejos del necio y vano
fasto, el mentido brillo,
el ocio pestilente ciudadano![14]
75 ¿Por qué ilusión funesta
aquellos que fortuna hizo señores
de tan dichosa tierra y pingüe y varia,
al cuidado abandonan
y a la fe mercenaria
80 las patrias heredades,
y en el ciego tumulto se aprisionan
de míseras ciudades,

---

[2] por quien: *quien* instead of *la que* is used here because *la miel* is personified in a poetic sense. The usage is archaic.

[3] carmín viviente: refers to the brilliant red dye obtained from the dried cochineal, a scale insect native to Mexico and Central America and which is found on the cactus (*nopal*). According to Bello, cochineal dye is finer than the scarlet obtained in ancient times from the Murex, a shell-fish.

[4] The *agave* (maguey or century plant) is the source of *pulque*, a mildly alcoholic beverage which is very common in Mexico.

[5] Anáhuac was the Aztec name for the valley of Mexico, later extended to include the central plateau.

[6] arbusto sabeo: the coffee plant. It is called Sabean because the best coffee used to come from the ancient Arabian kingdom of Saba (the Biblical Sheba).

[7] Lieo: Bacchus, the god of wine; the poet means that coffee checks the intemperate use of alcohol.

[8] "Ninguna familia de vegetales puede competir con las palmas en la variedad de productos útiles al hombre:

pan, leche, vino, fruta, hortaliza, cera, leña, cuerdas, vestido, etc." (Bello's note.)

[9] ananás: *pineapple* (usually called *piña*).

[10] yuca: *cassava;* a plant grown in the tropics for its edible root-stocks. The flour made from it is basic to the diet of the poor in many parts of Latin America.

[11] rosas de oro: The blossom of the cotton plant is yellow when it first blooms.

[12] parcha: *passionflower* (Amer.); a great number of species of *passiflora* grow in the tropics; some of them yield delicious fruit.

[13] =de cuantos bellos presentes concedió.

[14] Mas . . . ciudadano: *But if indeed thy soil, oh fertile zone, is inferior to none and has been Nature's special care, would that it might also be the special care of the indolent dweller therein. If only he be wise enough to disregard the deceptive shouting which calls him from his threshold and prefer the true happiness of the simple farmer, far from the stupid, vain pomp, the false brilliance, and the enervating leisure of the city!*

do la ambición proterva
sopla la llama de civiles bandos,
85 o al patriotismo la desidia enerva;
do el lujo las costumbres atosiga,
y combaten los vicios
la incauta edad en poderosa liga?
No allí con varoniles ejercicios
90 se endurece el mancebo a la fatiga;
mas la salud estraga en el abrazo
de pérfida hermosura,
que pone en almoneda los favores;
mas pasatiempo estima
95 prender aleve en casto seno el fuego
de ilícitos amores;
o embebecido le hallará la aurora
en mesa infame de ruinoso juego.
En tanto a la lisonja seductora
100 del asiduo amador fácil oído
da la consorte:[15] crece
en la materna escuela
de la disipación y el galanteo
la tierna virgen, y al delito espuela
105 es antes el ejemplo que el deseo.[16]
¿Y será que se formen de ese modo
los ánimos heroicos denodados
que fundan y sustentan los estados?
¿De la algazara del festín beodo,
110 o de los coros de liviana danza,
la dura juventud saldrá, modesta,
orgullo de la patria y esperanza?
¿Sabrá con firme pulso
de la severa ley regir el freno;
115 brillar en torno aceros homicidas
en la dudosa lid verá sereno;[17]
o animoso hará frente al genio altivo
del engreído mando en la tribuna,
aquel que ya en la cuna
120 durmió al arrullo del cantar lascivo,
que riza el pelo, y se unge, y se atavía
con femenil esmero,
y en indolente ociosidad el día,
o en criminal lujuria, pasa entero?
125 No así trató la triunfadora Roma

las artes de la paz y de la guerra;
antes fió las riendas del estado
a la mano robusta
que tostó el sol y encalleció el arado;
130 y bajo el techo humoso campesino
los hijos educó, que el conjurado
mundo allanaron al valor latino.

¡Oh! ¡Los que, afortunados poseedores,
habéis nacido de la tierra hermosa
135 en que reseña hacer de sus favores,
como para ganaros y atraeros,
quiso naturaleza bondadosa![18]
Romped el duro encanto
que os tiene entre murallas prisioneros.
140 El vulgo de las artes laborioso,
el mercader, que necesario al lujo,
al lujo necesita,
los que anhelando van tras el señuelo
del alto cargo y del honor ruidoso,
145 la grey de aduladores parasita,[19]
gustosos pueblen ese infecto caos:
el campo es vuestra herencia: en él gozaos.
¿Amáis la libertad? El campo habita,
no allá donde el magnate
150 entre armados satélites se mueve,
y de la moda, universal señora,
va la razón al triunfal carro atada,[20]
y a la fortuna la insensata plebe,
y el noble al aura popular adora.
155 ¿O la virtud amáis? ¡Ah! ¡Que el retiro,
la solitaria calma
en que, juez de sí misma, pasa el alma
a las acciones muestra,[21]
es de la vida la mejor maestra.
160 ¿Buscáis durables goces,
felicidad, cuanta es al hombre dada
y a su terreno asiento, en que vecina
está la risa al llanto, y siempre, ¡ah! siempre
donde halaga la flor, punza la espina?
165 Id a gozar la suerte campesina;
la regalada paz, que ni rencores
al labrador, ni envidias acibaran;

---

[15] a la lisonja . . . consorte=la consorte (*the married woman*) da fácil oído a la lisonja seductora del asiduo amador (*amante*).

[16] y al delito . . . deseo: *and (bad) example, rather than her own desire, spurs her on to sin.*

[17] brillar . . .sereno=verá sereno [serenamente] aceros [*swords*] homicidas brillar en torno en la dudosa lid.

[18] en que . . . bondadosa!=en que [la] naturaleza bondadosa quiso hacer reseña (*make a pageant*) de sus favores, como para.

[19] *parásita* is the preferred form in contemporary Spanish.

[20] y de la moda . . . atada=y la razón va atada al triunfal carro de la moda, universal señora.

[21] en que . . . muestra: *where the soul, as its own judge, passes its deeds in review.*

la cama que mullida le preparan
el contento, el trabajo, el aire puro;
170 y el sabor de los fáciles manjares,
que dispendiosa gula no le aceda;[22]
y el asilo seguro
de sus patrios hogares
que a la salud y al regocijo hospeda.
175 El aura respirad de la montaña,
que vuelve al cuerpo laso
el perdido vigor, que a la enojosa
vejez retarda el paso,
y el rostro a la beldad tiñe de rosa.
180 ¿Es allí menos blanda por ventura
de amor la llama, que templó el recato?
¿O menos aficiona la hermosura
que de extranjero ornato
y afeites impostores no se cura?[23]
185 ¿O el corazón escucha indiferente
el lenguaje inocente
que los afectos sin disfraz expresa
y a la intención ajusta la promesa?
No del espejo al importuno ensayo
190 la risa se compone, el paso, el gesto;[24]
ni falta allí carmín al rostro honesto
que la modestia y la salud colora;
ni la mirada que lanzó al soslayo
tímido amor, la senda al alma ignora.
195 ¿Esperaréis que forme
más venturosos lazos himeneo,
do el interés barata,
tirano del deseo,
ajena mano y fe por nombre o plata,
200 que do conforme gusto, edad conforme,
y elección libre y mutuo ardor los ata?[25]

Allí también deberes
hay que llenar: cerrad, cerrad las hondas
heridas de la guerra; [26] el fértil suelo,
205 áspero ahora y bravo,

al desacostumbrado yugo torne
del arte humana, y le tribute esclavo.[27]
Del obstruido estanque y del molino
recuerden ya las aguas el camino;
210 el intrincado bosque el hacha rompa,
consuma el fuego; abrid en luengas calles
la obscuridad de su infructuosa pompa.
Abrigo den los valles
a la sedienta caña;
215 la manzana y la pera
en la fresca montaña
el cielo olviden de su madre España;
adorne la ladera
el cafetal; ampare
220 a la tierna teobroma en la ribera
la sombra maternal de su bucare;[28]
aquí el verjel, allá la huerta ría . . .
¿Es ciego error de ilusa fantasía?
Ya dócil a tu voz, Agricultura,
225 nodriza de las gentes, la caterva
servil[29] armada va de corvas hoces:
mírola ya que invade la espesura
de la floresta opaca; oigo las voces;
siento el rumor confuso; el hierro suena;
230 los golpes el lejano
eco redobla; gime el ceibo[30] anciano,
que a numerosa tropa
largo tiempo fatiga:
batido de cien hachas se estremece,
235 estalla al fin, y rinde el ancha copa.
Huyó la fiera; deja el caro nido,
deja la prole implume
el ave, y otro bosque no sabido
de los humanos, va a buscar doliente . . .
240 ¿Qué miro? Alto torrente
de sonorosa llama
corre, y sobre las áridas ruïnas
de la postrada selva se derrama.
El raudo incendio a gran distancia brama,

[22] que . . . aceda: *which are not spoiled for him by a pampered appetite.*

[23] no se cura: *pays no heed.*

[24] no . . . gesto: *nor are smiles, gestures and steps wearily rehearsed before the mirror.*

[25] ¿Esperaréis . . . ata?=¿Esperaréis que [el] himeneo (*marriage*) forme más venturosos lazos do el interés, tirano del deseo, barata (*barters*) ajena mano y fe por nombre o plata, que do conforme (*similar*) gusto, conforme edad, y elección libre y mutuo ardor ata [los lazos]?

[26] guerra: the Spanish American wars of independence (1810–1826).

[27] y le . . . esclavo: *and let it* (the soil) *pay tribute as a slave.*

[28] "El cacao (Theobroma cacao, Latin) suele plantarse en Venezuela a la sombra de árboles corpulentos llamados *bucares*." (Bello's note.)

[29] caterva servil: *troops of workers.* Here begins a graphic description of how the jungle is cleared for planting. Bello's classicism is evident in his interest in the jungle as a source of human well-being rather than as a romantic retreat, unspoiled by human hands.

[30] ceibo: a tree of the American tropics notable for its brilliant red flowers.

245 y el humo en negro remolino sube,
aglomerando nube sobre nube.
Ya de lo que antes era
verdor hermoso y fresca lozanía,
sólo difuntos troncos,
250 sólo cenizas quedan, monumento
de la dicha mortal, burla del viento.
Mas al vulgo bravío
de las tupidas plantas montaraces
sucede ya el fructífero plantío
255 en muestra ufana de ordenadas haces.
Ya ramo a ramo alcanza,
y a los rollizos tallos hurta el día;[31]
ya la primera flor desvuelve el seno,
bello a la vista, alegre a la esperanza:
260 a la esperanza,[32] que riendo enjuga
del fatigado agricultor la frente,
y allá a lo lejos el opimo fruto
y la cosecha apañadora pinta,[33]
que lleva de los campos el tributo,
265 colmado el cesto, y con la falda en cinta,
y bajo el peso de los largos bienes
con que al colono acude,
hace crujir los vastos almacenes.

¡Buen Dios! no en vano sude,
270 mas a merced y a compasión te mueva
la gente agricultora
del ecuador, que del desmayo triste
con renovado aliento vuelve ahora,
y tras tanta zozobra, ansia, tumulto,
275 tantos años de fiera
devastación y militar insulto,
aun más que tu clemencia antigua implora.
Su rústica piedad, pero sincera,
halle a tus ojos gracia: no el risueño
280 porvenir que las penas le aligera,
cual de dorado sueño
visión falaz, desvanecido llore:[34]
intempestiva lluvia no maltrate

el delicado embrión:[35] el diente impío
285 de insecto roedor no lo devore:
sañudo vendaval no lo arrebate,
ni agote al árbol el materno jugo
la calorosa sed de largo estío.[36]
Y pues al fin te plugo,
290 árbitro de la suerte soberano,
que suelto el cuello de extranjero yugo
irguiese al cielo el hombre americano,
bendecida de ti se arraigue y medre
su libertad: en el más hondo encierra
295 de los abismos la malvada guerra,
y el miedo de la espada asoladora
al suspicaz cultivador no arredre
del arte bienhechora,
que las familias nutre y los estados:
300 la azorada inquietud deje las almas,
deje la triste herrumbre los arados.
Asaz de nuestros padres malhadados
expiamos la bárbara conquista.
¿Cuántas doquier la vista
305 no asombran erizadas soledades,[37]
do cultos campos fueron, do ciudades?
De muertes, proscripciones,
suplicios, orfandades,
¿quién contará la pavorosa suma?
310 Saciadas duermen ya de sangre ibera
las sombras de Atahualpa y Motezuma.[38]
¡Ah! Desde el alto asiento
en que escabel te son alados coros
que velan en pasmado acatamiento
315 la faz ante la lumbre de tu frente
(si merece por dicha una mirada
tuya la sin ventura humana gente),
el ángel nos envía,[39]
el ángel de la paz, que al crudo ibero
320 haga olvidar la antigua tiranía,
y acatar reverente el que a los hombres
sagrado diste, imprescriptible fuero;[40]
que alargar le haga al injuriado hermano

---

[31] Ya ramo . . . día: *The branches touch and hide the sturdy stalks from the sunlight.*

[32] esperanza (l. 260) is the logical subject of *enjuga*, (l. 260) *pinta* (l. 263), *lleva* (l. 264), *acude* (l. 267) and *hace* (l. 268).

[33] apañadora pinta: *paints in brilliant raiment.*

[34] no el risueño . . . llore=[que] no llore [la gente agricultora] el risueño porvenir que le aligera las penas, desvanecido [ahora] cual visión falaz de dorado sueño.

[35] embrión: *young seedling.*

[36] estío: In the equatorial regions, where tempera-

ture does not depend on the seasons but on altitude: "summer" simply means a comparatively dry season,

[37] ¿Cuántas . . . soledades=¿Cuántas erizadas soledades no asombran la vista doquier [en todas partes].

[38] Atahualpa, the last of the Inca princes, was strangled by Pizarro's order in 1533. On Motezuma (usually written Moctezuma) see pp. 7–8.

[39] nos envía=envíanos.

[40] y acatar . . . fuero: *and look with reverence upon that inalienable right (to freedom) which thou didst bestow upon man as a sacred gift.*

(¡ensangrentóla asaz!) la diestra inerme;
325 y si la innata mansedumbre duerme,
la despierte en el pecho americano.
El corazón lozano
que una feliz obscuridad desdeña,
que en el azar sangriento del combate
330 alborozado late,
y codicioso de poder o fama,
nobles peligros ama;
baldón estime[41] sólo y vituperio
el prez que de la patria no reciba,
335 la libertad más dulce que el imperio,
y más hermosa que el laurel la oliva.
Ciudadano el soldado,
deponga de la guerra la librea;
el ramo de victoria
340 colgado al ara de la patria sea,
y sola adorne al mérito la gloria.
De su trïunfo entonces, patria mía,
verá la paz el suspirado día;
la paz, a cuya vista el mundo llena[42]
345 alma serenidad y regocijo,
vuelve alentado el hombre a la faena,
alza el ancla la nave, a las amigas
auras encomendándose animosa,
enjámbrase el taller, hierve el cortijo,

350 y no basta la hoz a las espigas.

¡Oh jóvenes naciones, que ceñida
alzáis sobre el atónito occidente
de tempranos laureles la cabeza![43]
Honrad el campo, honrad la simple vida
355 del labrador, y su frugal llaneza.
Así tendrán en vos perpetuamente
la libertad morada,
y freno la ambición, y la ley templo.
Las gentes a la senda
360 de la inmortalidad, ardua y fragosa,
se animarán, citando vuestro ejemplo.
Lo emulará celosa
vuestra posteridad y nuevos nombres
añadiendo la fama
365 a los que ahora aclama,
"Hijos son éstos, hijos
(pregonará a los hombres)
de los que vencedores superaron
de los Andes la cima;
370 de los que en Boyacá, los que en la arena
de Maipó, y en Junín, y en la campaña
gloriosa de Apurima,[44]
postrar supieron al león de España."

⟋⟍LA ORACIÓN POR TODOS

This poem, in part a translation and in part an adaptation of Victor Hugo's *La prière pour tous* (from *Les feuilles d'automne*), was written when Bello was sixty-two years old, during his residence in Chile. In spite of his tirades against the romantic theories of the Argentine exiles in Chile, Bello in his later years shows certain romantic touches in such poems as this. The strophe forms are the *octava italiana* and the *octavilla italiana*, both widely used in Spanish romantic poetry. Hugo's poem contains six more cantos than Bello's adaptation, and is rather wordy.

I

Ve a rezar, hija mía. Ya es la hora
de la conciencia y del pensar profundo.
Cesó el trabajo afanador, y al mundo
la sombra va a colgar su pabellón.

5 Sacude el polvo el árbol del camino
al soplo de la noche, y en el suelto
manto de la sutil neblina envuelto,
se ve temblar el viejo torreón.

[41] The subject of *estime* is *el corazón lozano* (l. 327).

[42] la paz . . . llena: *peace, at the sight of which life-giving tranquility and joy fills the world. Alma is a purely poetic adjective.*

[43] que ceñida . . . la cabeza=que alzáis sobre el atónito occidente la cabeza ceñida de tempranos laureles.

[44] Boyacá (1819), Junín (1824), and Apurima (1824) were decisive victories of Bolívar's forces in the northern struggle for independence. Maipó (1818) was a battle won in Chile by San Martín. Note that this is the only important reference in the poem to the martial glory of the Revolution. Contrast the poem by Olmedo, *A la victoria de Junín.*

¡Mira! Su ruedo[45] de cambiante nácar
10 el Occidente más y más angosta;
y enciende sobre el cerro de la costa
el astro de la tarde su fanal.
Para la pobre cena aderezado
brilla el albergue rústico, y la tarda
15 vuelta del labrador la esposa aguarda
con su tierna familia en el umbral.

Brota del seno de la azul esfera
uno tras otro fúlgido diamante;
y ya apenas de un carro vacilante
20 se oye a distancia el desigual rumor.
Todo se hunde en la sombra: el monte, el valle,
y la iglesia, y la choza, y la alquería;
y a los destellos últimos del día
se orienta en el desierto el viajador.[46]

25 Naturaleza toda gime; el viento
en la arboleda, el pájaro en el nido,
y la oveja en su trémulo balido,
y el arroyuelo en su correr fugaz.
El día es para el mal y los afanes.
30 ¡He aquí la noche plácida y serena!
El hombre tras la cuita y la faena
quiere descanso y oración y paz.

Sonó en la torre la señal. Los niños
conversan con espíritus alados;
35 y los ojos al cielo levantados
invocan de rodillas al Señor.
Las manos juntas y los pies desnudos,
fe en el pecho, alegría en el semblante,
con una misma voz, a un mismo instante,
40 al Padre Universal piden amor.

Y luego dormirán; y en leda[47] tropa
sobre la cuna volarán ensueños,
ensueños de oro, diáfanos, risueños.
Visiones que imitar no osó el pincel.
45 Y ya sobre la tersa frente posan,
ya beben el aliento a las bermejas
bocas como lo chupan las abejas
a la fresca azucena y al clavel.

Como para dormirse, bajo el ala
50 esconde su cabeza la avecilla;
tal la niñez en su oración sencilla
adormece su mente virginal.
¡Oh dulce devoción, que reza y ríe!
¡de natural piedad primer aviso!
55 ¡fragancia de la flor del paraíso!
¡preludio del concierto celestial!

2

Ve a rezar, hija mía. Y ante todo
ruega a Dios por tu madre; por aquella
que te dio el ser, y la mitad más bella
de su existencia ha vinculado en él;
5 que en su seno hospedó tu joven alma,
de una llama celeste desprendida;
y haciendo dos porciones de la vida,
tomó el acíbar y te dio la miel.

Ruega después por mí. ¡Más que tu madre
10 lo necesito yo! . . . Sencilla, buena,
modesta como tú, sufre la pena,
y devora en silencio su dolor.
A muchos compasión, a nadie envidia
la vi tener en mi fortuna escasa;
15 como sobre el cristal la sombra, pasa
sobre su alma el ejemplo corruptor.

No le son conocidos . . . ni lo sean
a ti jamás . . . los frívolos azares
de la vana fortuna, los pesares
20 ceñudos que anticipan la vejez;
de oculto oprobio el torcedor,[48] la espina
que punza a la conciencia delincuente,
la honda fiebre del alma, que la frente
tiñe con enfermiza palidez.

25 Mas yo la vida por mi mal conozco,
conozco el mundo y sé su alevosía;
y tal vez de mi boca oirás un día
lo que valen las dichas que nos da.
Y sabrás lo que guarda a los que rifan
30 riquezas y poder, la urna aleatoria,[49]
y que tal vez la senda que a la gloria
guiar parece, a la miseria va.

---

45 ruedo: *horizon;* object of the verb, *angosta.*
46 viajador = viajero (poetic).
47 leda: *happy* (poetic).

48 torcedor: *anguish.*
49 la urna aleatoria: *the bowl of chance;* subject of
guarda.

Viviendo, su pureza empaña el alma,
y cada instante alguna culpa nueva
35 arrastra en la corriente que la lleva
con rápido descenso al ataúd.
La tentación seduce; el juicio engaña:
en los zarzales del camino deja
alguna cosa cada cual: la oveja
40 su blanca lana, el hombre su virtud.

Ve, hija mía, a rezar por mí, y al cielo
pocas palabras dirigir te baste:
"Piedad, Señor, al hombre que criaste;
eres grandeza; eres bondad. ¡Perdón!"
45 Y Dios te oirá; que cual del ara santa
sube el humo a la cúpula eminente,
sube del pecho cándido, inocente,
al trono del Eterno la oración.

Todo tiende a su fin; a la luz pura
50 del sol, la planta; el cervatillo atado,
a la libre montaña; el desterrado,
al caro suelo que le vio nacer;
y la abejilla en el frondoso valle,
de los nuevos tomillos al aroma;
55 y la oración en alas de paloma
a la morada del Supremo Ser.

Cuando por mí se eleva a Dios tu ruego,
soy como el fatigado peregrino,
que su carga a la orilla del camino
60 deposita y se sienta a respirar.
Porque de tu plegaria el dulce canto
alivia el peso a mi existencia amarga,
y quita de mis hombros esta carga
que me agobia, de culpa y de pesar.

Ruega por mí, y alcánzame que vea[50]
en esta noche de pavor, el vuelo
65 de un ángel compasivo, que del cielo
traiga a mis ojos la perdida luz.
Y pura, finalmente, como el mármol
que se lava en el templo cada día,
arda en sagrado fuego el alma mía,
70 como arde el incensario ante la cruz.

3

Ruega, hija, por tus hermanos,
los que contigo crecieron,
y un mismo seno exprimieron,
y un mismo techo abrigó.
5 No por los que te amen sólo
el favor del cielo implores;
por justos y pecadores
Cristo en la cruz expiró.

Ruega por el orgulloso
10 que ufano se pavonea,
y en su dorada librea
funda insensata altivez;
y por el mendigo humilde
que sufre el ceño mezquino
15 de los que beben el vino
porque le dejen la hez;

Por el que de torpes vicios
sumido en profundo cieno,
hace aullar el canto obsceno
20 de nocturna bacanal;
y por la velada virgen
que en su solitario lecho,
con la mano hiriendo el pecho,
reza el himno sepulcral;

25 Por el hombre sin entrañas,
en cuyo pecho no vibra
una simpática fibra
al pesar y a la aflicción;
que no da sustento al hambre,
30 ni a la desnudez vestido,
ni da la mano al caído,
ni da a la injuria perdón;

---

[50] alcánzame que vea: *make it possible for me to see.*

Por el que en mirar se goza
su puñal en sangre rojo,
35 buscando el rico despojo
y la venganza cruel;
y por el que en vil libelo
destroza una fama pura,
y en la aleve mordedura
40 escupe asquerosa hiel;

Por el que surca animoso
la mar, de peligros llena;
por el que arrastra cadena,
y por su duro señor;
45 por la razón[51] que leyendo
en el gran libro, vigila;
por la razón que vacila,
por la que abraza el error.

Acuérdate, en fin, de todos
50 los que penan y trabajan;
y de todos los que viajan
por esta vida mortal.
Acuérdate aun del malvado
que a Dios blasfemando irrita.
55 La oración es infinita.
Nada agota su caudal.

4

Hija, reza también por los que cubre
la soporosa piedra de la tumba,
profunda sima adonde se derrumba
la turba de los hombres mil a mil:
5 abismo en que se mezcla polvo a polvo,
y pueblo a pueblo; cual se ve a la hoja
de que al añoso bosque Abril despoja,
mezclar las suyas otro y otro Abril.[52]

Arrodilla, arrodíllate en la tierra
10 donde segada en flor yace mi Lola,[53]
coronada de angélica aureola;
do helado duerme cuanto fue mortal;
donde cautivas almas piden preces
que las restauren a su ser primero,
15 y purguen las reliquias del grosero
vaso, que las contuvo, terrenal.

Hija, cuando tú duermes, te sonríes,
y cien apariciones peregrinas
sacuden retozando tus cortinas;
20 travieso enjambre, alegre, volador;
y otra vez a la luz abres los ojos,
al mismo tiempo que la aurora hermosa
abre también sus párpados de rosa,
y da a la tierra el deseado albor.

25 ¡Pero esas pobres almas[54]! . . . ¡Si supieras
qué sueño duermen! . . . Su almohada es fría,
duro su lecho; angélica armonía
no regocija nunca su prisión,
no es reposo el sudor que las abruma;
30 para su noche no hay albor temprano,
y la conciencia, velador gusano,
les roe inexorable el corazón.

Una plegaria, un solo acento tuyo,
hará que gocen pasajero alivio,
35 y que de luz celeste un rayo tibio
logre a su obscura estancia penetrar;
que el atormentador remordimiento
una tregua a sus víctimas conceda,
y del aire, y el agua, y la arboleda,
40 oigan el apacible susurrar.

Cuando en el campo, con pavor secreto
la sombra ves que de los cielos baja,
la nieve que las cumbres amortaja,
y del ocaso el tinte carmesí;
45 en las quejas del aura y de la fuente
¿no te parece que una voz retiña,
una doliente voz que dice: "*Niña,
cuando tú reces, ¿rezarás por mí?*"

[51] razón: *mind, thinker.*
[52] cual . . . Abril: *just as each succeeding April mingles
its leaves with those which (this) April plucks from the ancient
forest.* In Chile, where Bello composed this poem, April
is an autumn month.
[53] Lola: one of Bello's daughters.
[54] esas pobres almas: souls in Purgatory.

Es la voz de las almas. A los muertos
50 que oraciones alcanzan, no escarnece
el rebelado arcángel, y florece
sobre su tumba perennal tapiz.
Mas ¡ay! a los que yacen olvidados
cobre perpetuo horror; hierbas extrañas
55 ciegan su sepultura; a sus entrañas
árbol funesto enreda la raíz.

Y yo también (no dista mucho el día)
huésped seré de la morada obscura,
y el ruego invocaré de un alma pura,
60 que a mi largo penar consuelo dé.
Y dulce entonces me será que vengas,
y para mí la eterna paz implores,
y en la desnuda losa esparzas flores,
simple tributo de amorosa fe.

65   ¿Perdonarás a mi enemiga estrella,
si disipadas fueron una a una
las que mecieron tu mullida cuna
esperanzas de alegre porvenir?[55]
Sí, le perdonarás; y mi memoria
70 te arrancará una lágrima, un suspiro
que llegue hasta mi lóbrego retiro
y haga mi helado polvo rebullir.

---

[55] las que . . . porvenir=las esperanzas de alegre porvenir que mecieron tu mullida cuna.

⟋⟍⟍⟍José María Heredia

CUBA, 1803–1839   By some critics this quiet poem of evocation, *En el teocalli de Cholula*[1] (1820), is considered Heredia's most lyrical piece. It is not marred by the false and emphatic rhetoric which characterizes some of his poetry and that of the neoclassical school as a whole. Two elements which are typical of Heredia's best work are notable here: his skill in expressing nature's moods in relation to his own, and his humanitarianism. He and many Spanish American writers of the period adopted a humanitarian attitude from the eighteenth-century French thinkers. It is evident in this poem in his condemnation of a tyranny of superstition.

To these essentially romantic characteristics, one must also add his obsession with the implacable and devastating flight of time, as it affects both men and their supposedly time-defying works.

The poem was written when the author was only seventeen years old and while he was studying law at the University of Mexico.

⟋⟍⟍EN EL TEOCALLI DE CHOLULA

¡Cuánto es bella la tierra que habitaban
los aztecas valientes! En su seno
en una estrecha zona concentrados
con asombro se ven todos los climas[2]
5 que hay desde el polo al ecuador. Sus llanos
cubren a par de las doradas mieses
las cañas deliciosas. El naranjo
y la piña y el plátano sonante,
hijos del suelo equinoccial, se mezclan
10 a la frondosa vid, al pino agreste,
y de Minerva al árbol majestuoso.[3]
Nieve eternal corona las cabezas
de Iztaccíhual[4] purísimo, Orizaba
y Popocatepec;[5] sin que el invierno
15 toque jamás con destructora mano
los campos fertilísimos, do ledo
los mira el indio en púrpura ligera
y oro teñirse, reflejando el brillo
del sol en occidente, que sereno
20 en hielo eterno y perennal verdura
a torrentes vertió su luz dorada,
y vio a naturaleza conmovida,
con su dulce calor hervir en vida.

[1] The *teocalli* or pyramid of Cholula is an immense mound located eight miles from the city of Puebla. Now crowned by a lovely church, it once was a temple pyramid sacred to Quetzalcoatl, the bird-god of the Toltecs.

[2] todos los climas: The Aztec empire reached from the tropical gulf coast to the snow-clad peaks of the central *meseta*.

[3] The olive tree was especially sacred to Minerva.

Era la tarde: su ligera brisa
25 las alas en silencio ya plegaba
y entre la hierba y árboles dormía,
mientras el ancho sol su disco hundía
detrás de Iztaccíhual. La nieve eterna,
cual disuelta en mar de oro, semejaba
30 temblar en torno de él; un arco inmenso
que del empíreo en el cenit finaba
como espléndido pórtico del cielo
de luz vestido y centellante gloria,
de sus últimos rayos recibía
35 los colores riquísimos. Su brillo
desfalleciendo fue: la blanca luna
y de Venus la estrella solitaria
en el cielo desierto se veían.
¡Crepúsculo feliz! Hora más bella
40 que la alma noche y el brillante día,
¡cuánto es dulce tu paz al alma mía!

Hallábame sentado en la famosa
choluteca pirámide. Tendido
el llano inmenso que ante mí yacía,
45 los ojos a espaciarse convidaba.
¡Qué silencio! ¡qué paz! ¡Oh! ¿quién diría
que en estos bellos campos reina alzada
la bárbara opresión,[6] y que esta tierra
brota mieses tan ricas, abonada
50 con sangre de hombres, en que fue inundada
por la superstición y por la guerra? . . .

Bajó la noche en tanto. De la esfera
el leve azul, obscuro y más obscuro
se fue tornando: la movible sombra
55 de las nubes serenas, que volaban
por el espacio en alas de la brisa,
era visible en el tendido llano.
Iztaccíhual purísimo volvía
del argentado rayo de la luna
60 el plácido fulgor, y en el oriente
bien como puntos de oro centellaban
mil estrellas y mil . . . ¡Oh! os saludo,
fuentes de luz, que de la noche umbría
ilumináis el velo,
65 y sois del firmamento poesía.

Al paso que la luna declinaba,
y al ocaso fulgente descendía
con lentitud, la sombra se extendía
del Popocatepec, y semejaba
70 fantasma colosal. El arco obscuro
a mí llegó, cubrióme, y su grandeza
fue mayor y mayor, hasta que al cabo
en sombra universal veló la tierra.

Volví los ojos al volcán sublime,
75 que velado en vapores transparentes,
sus inmensos contornos dibujaba
de occidente en el cielo.
¡Gigante del Anáhuac![7] ¿cómo el vuelo
de las edades rápidas no imprime
80 alguna huella en tu nevada frente?
Corre el tiempo veloz, arrebatando
años y siglos, como el norte fiero
precipita ante sí la muchedumbre
de las olas del mar. Pueblos y reyes
85 viste hervir a tus pies, que combatían
cual hora[8] combatimos, y llamaban
eternas sus ciudades, y creían
fatigar a la tierra con su gloria.
Fueron:[9] de ellos no resta ni memoria.
90 ¿Y tú eterno serás? Tal vez un día
de tus profundas bases desquiciado
caerás; abrumará tu gran ruïna
al yermo Anáhuac; alzaránse en ella
nuevas generaciones y orgullosas
95 que fuiste negarán . . .
　　　　　　　　　Todo perece
por ley universal. Aun este mundo
tan bello y tan brillante que habitamos,
es el cadáver pálido y deforme
de otro mundo que fue . . .

100 　En tal contemplación embebecido
sorprendióme el sopor. Un largo sueño
de glorias engolfadas y perdidas
en la profunda noche de los tiempos,
descendió sobre mí. La agreste pompa
105 de los reyes aztecas desplegóse
a mis ojos atónitos. Veía

---

[4] Iztaccíhual (Iztaccíhuatl): a volcanic mountain about 17,000 feet high some forty miles southeast of Mexico City near Cholula; Orizaba: Mexico's highest peak (18,205 feet), about 150 miles from Mexico City.
[5] Popocatepec (Popocatépetl): a volcano near Iztaccíhuatl; 17,784 feet high; popularly called "Popo."
[6] At the time this poem was written (1820), Iturbide was crushing the early liberal revolution against Spain in the name of the clerical-conservative elements.
[7] Anáhuac: see p. 120 n. 5.
[8] cual hora=como ahora.
[9] fueron: *they are no more;* a latinism; cf. fuit Ilium (*Aeneid* II, 325): *Troy is no more.*

entre la muchedumbre silenciosa
de emplumados caudillos levantarse
el déspota salvaje en rico trono,
110 de oro, perlas y plumas recamado;
y al son de caracoles[10] belicosos
ir lentamente caminando al templo
la vasta procesión, do la aguardaban
sacerdotes horribles, salpicados
115 con sangre humana rostros y vestidos.
Con profundo estupor el pueblo esclavo
las bajas frentes en el polvo hundía,
y ni mirar a su señor osaba,
de cuyos ojos férvidos brotaba
120 la saña del poder.
                    Tales ya fueron
tus monarcas, Anáhuac, y su orgullo:
su vil superstición y tiranía
en el abismo del no ser[11] se hundieron.
Sí, que la muerte, universal señora,
125 hiriendo al par al déspota y esclavo,
escribe la igualdad sobre la tumba.
Con su manto benéfico el olvido
tu insensatez oculta y tus furores

a la raza presente y la futura.
130 Esta inmensa estructura
vio la superstición más inhumana
en ella entronizarse. Oyó sus gritos
de agonizantes víctimas, en tanto
que el sacerdote, sin piedad ni espanto,
135 les arrancaba el corazón sangriento;
miró el vapor espeso de la sangre
subir caliente al ofendido cielo
y tender en el sol fúnebre velo,
y escuchó los horrendos alaridos
140 con que los sacerdotes sofocaban
el grito del dolor.
                    Muda y desierta
ahora te ves, pirámide. ¡Más vale
que semanas de siglos yazcas yerma,
y la superstición a quien serviste
145 en el abismo del infierno duerma!
A nuestros nietos últimos, empero,
sé lección saludable; y hoy que el hombre
al cielo, cual Titán,[12] truena orgulloso,
sé ejemplo ignominioso
150 de la demencia y del furor humano.

∾EN UNA TEMPESTAD

Nature in her more savage moods was a common romantic theme. Some of the more violent poets undoubtedly saw in the wild wind and the barren peaks a reflection of their own chaotic emotions; moreover, such scenes emphasized their sense of lonely isolation: "El huracán y yo solos estamos." These verses were composed (1822) in Matanzas, Cuba, a coastal town where Heredia must have felt the full force of many a tropical storm.

Huracán, huracán, venir te siento,
y en tu soplo abrasado
respiro entusiasmado
del señor de los aires el aliento.

5   En las alas del viento suspendido
vedle rodar por el espacio inmenso,
silencioso, tremendo, irresistible,
en su curso veloz. La tierra en calma
siniestra, misteriosa,
10 contempla con pavor su faz terrible.

¿Al toro no miráis? El suelo escarban
de insoportable ardor sus pies heridos:
la frente poderosa levantando,
y en la hinchada nariz fuego aspirando,
15 llama la tempestad con sus bramidos.

¡Qué nubes! ¡qué furor! El sol temblando
vela en triste vapor su faz gloriosa,
y su disco nublado sólo vierte
luz fúnebre y sombría,
20 que no es noche ni día . . .

[10] caracoles: *horns made from conch shells.*
[11] no ser: *annihilation.*
[12] Titán: In Greek mythology the Titans were primitive deities who waged war against the gods of Olympus and were defeated.

¡Pavoroso color, velo de muerte!
Los pajarillos tiemblan y se esconden
al acercarse el huracán bramando,
y en los lejanos montes retumbando
25 le oyen los bosques, y a su voz responden.

 Llega ya . . . ¿No le veis? ¡Cuál desenvuelve
su manto aterrador y majestuoso! . . .
¡Gigante de los aires, te saludo! . . .
En fiera confusión el viento agita
30 las orlas de su parda vestidura . . .
¡Ved! . . . ¡En el horizonte
los brazos rapidísimos enarca,
y con ellos abarca
cuanto alcanzo a mirar de monte a monte!

35 ¡Obscuridad universal! . . . ¡Su soplo
levanta en torbellinos
el polvo de los campos agitado! . . .
En las nubes retumba despeñado
el carro del Señor, y de sus ruedas
40 brota el rayo veloz, se precipita,
hiere y aterra al suelo,
y su lívida luz inunda al cielo.

¿Qué rumor? ¿Es la lluvia? . . . Desatada
cae a torrentes, obscurece al mundo,
45 y todo es confusión, horror profundo.
Cielo, nubes, colinas, caro bosque,
¿dó estáis? . . . os busco en vano.
Desparecisteis . . . La tormenta umbría
en los aires revuelve un océano
50 que todo lo sepulta . . .
Al fin, mundo fatal, nos separamos.
El huracán y yo solos estamos.

 ¡Sublime tempestad! ¡Cómo en tu seno,
de tu solemne inspiración henchido,
55 al mundo vil y miserable olvido,
y alzo la frente, de delicia lleno!
¿Dó está el alma cobarde
que teme tu rugir? . . . Yo en ti me elevo
al trono del Señor; oigo en las nubes
60 el eco de su voz; siento a la tierra
escucharle y temblar. Ferviente lloro
desciende por mis pálidas mejillas,
y su alta majestad trémulo adoro.

⌘ NIÁGARA

From 1823 to 1825 Heredia was an unhappy exile in the United States, residing in Boston and New York. He visited Niagara Falls in June, 1824, and, while sitting spellbound by them, he wrote his famous poem. Filled with emotion as they are, these lines, Heredia says, "sólo expresan débilmente una parte de mis sensaciones." The poem first appeared in a small collection of his verses published in New York in 1825. In a second edition of Heredia's poems, published in 1832 in Toluca, Mexico, *Niágara* was included in a somewhat revised form with a number of changes in phraseology. The text presented in the present volume is the retouched version.

 Niágara well illustrates the romantic note in Heredia's character. Like Byron, he was attracted by the violent grandeur of nature, which leads him to melancholy reflections on his own emotional states. "Me parecía ver en aquel torrente la imagen de mis pasiones y de las borrascas de mi vida," he writes. It is worth remembering that the poem was written when the author was only twenty years old.

 Templad mi lira, dádmela, que siento
en mi alma estremecida y agitada
arder la inspiración. ¡Oh! ¡cuánto tiempo
en tinieblas pasó, sin que mi frente

5 brillase con su luz! . . . Niágara undoso,
tu sublime terror solo podría
tornarme el don divino, que ensañada
me robó del dolor la mano impía.[13]

---

[13] del dolor . . . impía: Eight months before writing this poem, Heredia had been forced to leave Cuba because of alleged participation in a conspiracy against the Spanish government. He was ill and unhappy in the United States.

Torrente prodigioso, calma, calla
10 tu trueno aterrador; disipa un tanto
las tinieblas que en torno te circundan;
déjame contemplar tu faz serena,
y de entusiasmo ardiente mi alma llena.
Yo digno soy de contemplarte: siempre
15 lo común y mezquino desdeñando,
ansié por lo terrífico y sublime.
Al despeñarse el huracán furioso,[14]
al retumbar sobre mi frente el rayo,
palpitando gocé. Vi al Océano,
20 azotado por austro proceloso,
combatir mi bajel, y ante mis plantas
vórtice hirviente abrir, y amé el peligro.
Mas del mar la fiereza
en mi alma no produjo
25 la profunda impresión que tu grandeza.

Sereno corres, majestuoso; y luego,
en ásperos peñascos quebrantado,
te abalanzas violento, arrebatado,
como el destino irresistible y ciego.
30 ¿Qué voz humana describir podría
de la sirte rugiente
la aterradora faz? El alma mía
en vago pensamiento se confunde
al mirar esa férvida corriente,
35 que en vano quiere la turbada vista
en su vuelo seguir al borde obscuro
del precipicio altísimo. Mil olas,
cual pensamiento rápidas pasando,
chocan, y se enfurecen,
40 y otras mil y otras mil ya las alcanzan,
y entre espuma y fragor desaparecen.

¡Ved! ¡llegan, saltan! El abismo horrendo
devora los torrentes despeñados:
crúzanse en él mil iris, y asordados
45 vuelven los bosques el fragor tremendo.
En las rígidas peñas
rómpese el agua: vaporosa nube
con elástica fuerza
llena el abismo en torbellino, sube,
50 gira en torno, y al éter

luminosa pirámide levanta,
y por sobre los montes que le cercan
al solitario cazador espanta.

Mas ¿qué en ti busca mi anhelante vista
55 con inútil afán? ¿Por qué no miro
alrededor de tu caverna inmensa
las palmas ¡ay! las palmas deliciosas,
que en las llanuras de mi ardiente patria
nacen del sol a la sonrisa, y crecen,
60 y al soplo de las brisas del océano
bajo un cielo purísimo se mecen?[15]

Este recuerdo a mi pesar me viene . . .
Nada ¡oh Niágara! falta a tu destino,
ni otra corona que el agreste pino
65 a tu terrible majestad conviene.
La palma y mirto y delicada rosa
muelle placer inspiren y ocio blando
en frívolo jardín: a ti la suerte
guardó más digno objeto, más sublime.
70 El alma libre, generosa, fuerte,
viene, te ve, se asombra,
el mezquino deleite menosprecia,
y aun se siente elevar cuando te nombra.

¡Omnipotente Dios! En otros climas
75 vi monstruos execrables,[16]
blasfemando tu nombre sacrosanto,
sembrar error y fanatismo impío,
los campos inundar en sangre y llanto,
de hermanos atizar la infanda guerra,
80 y desolar frenéticos la tierra.
Vilos, y el pecho se inflamó a su vista
en grave indignación. Por otra parte
vi mentidos filósofos, que osaban
escrutar tus misterios, ultrajarte,
85 y de impiedad al lamentable abismo
a los míseros hombres arrastraban.
Por eso te buscó mi débil mente
en la sublime soledad; ahora
entera se abre a ti, tu mano siente
90 en esta inmensidad que me circunda,
y tu profunda voz hiere mi seno
de este raudal en el eterno trueno.

[14] el huracán furioso: cf. his poem, *En una tempestad.*
[15] Heredia's nostalgia for Cuba's palms and sun is also evident in his poem, *Al Sol*; read the lines beginning "*¡Mi patria! ¡Oh, Sol! Mi suspirada Cuba . . .*"
[16] In the following lines the poet apparently condemns both the reactionary Spanish rule in Cuba ("*fanatismo impío*") and certain liberal Spanish and Spanish American revolutionaries whose faith in divine revealed religion had been corrupted by reading the French *philosophes* ("*mentidos filósofos*").

¡Asombroso torrente!
¡Cómo tu vista el ánimo enajena,
95 y de terror y admiración me llena!
¿Dó tu origen está? ¿Quién fertiliza
por tantos siglos tu inexhausta fuente?
¿Qué poderosa mano
hace que al recibirte
100 no rebose en la tierra el Océano?

Abrió el Señor su mano omnipotente,
cubrió tu faz de nubes agitadas,
dio su voz a tus aguas despeñadas,
y ornó con su arco[17] tu terrible frente.
105 ¡Ciego, profundo, infatigable corres,
como el torrente obscuro de los siglos
en insondable eternidad! . . . ¡Al hombre
huyen así las ilusiones gratas,
los florecientes días,
110 y despierta al dolor! . . . ¡Ay! agostada
yace mi juventud; mi faz, marchita;
y la profunda pena que me agita
ruga mi frente de dolor nublada.

Nunca tanto sentí como este día
115 mi soledad y mísero abandono
y lamentable desamor . . . ¿Podría

en edad borrascosa
sin amor ser feliz? ¡Oh! ¡si una hermosa
mi cariño fijase,[18]
120 y de este abismo al borde turbulento
mi vago pensamiento
y ardiente admiración acompañase!
¡Cómo gozara, viéndola cubrirse
de leve palidez, y ser más bella
125 en su dulce terror, y sonreírse
al sostenerla mis amantes brazos . . .!
Delirios de virtud . . . ¡Ay! Desterrado,
sin patria, sin amores,
sólo miro ante mí llanto y dolores!

130   ¡Niágara poderoso!
¡Adiós! ¡adiós! Dentro de pocos años
ya devorado habrá la tumba fría
a tu débil cantor. ¡Duren mis versos
cual tu gloria inmortal! ¡Pueda piadoso,
135 viéndote algún viajero,
dar un suspiro a la memoria mía![19]
y al abismarse Febo[20] en occidente,
feliz yo vuele do el Señor me llama,
y al escuchar los ecos de mi fama,
140 alce en las nubes la radiosa frente.

❧ AL SOL

It was sad and ironic that Heredia, who loved the tropical sun of his native Cuba, should have been forced to spend so large a part of his life in the relatively cold climates of the Mexican central plateau and of New York. Typical of Heredia's manner and that of the Spanish neo-classical school was their insistence on mingling lyrical material with moral and philosophical reflections. Thus, a poem to the sun (1830) becomes in the last stanza a moral judgment of the Spanish *conquistadores* in Peru.

Yo te amo, Sol: tú sabes cuán gozoso,
cuando en las puertas del oriente asomas,
siempre te saludé. Cuando tus rayos
nos arrojas fogoso
5 desde tu trono en el desierto cielo,
del bosque hojoso entre la sombra grata
me deleito al bañarme en la frescura
que los céfiros vierten en su vuelo;
y me abandono a mil cavilaciones

10 de inefable dulzura
cuando reclinas la radiosa frente
en las trémulas nubes de occidente.

Empero el opulento en su delirio
sólo de vicios y maldad ansioso,
15 rara vez alza a ti su faz ingrata.
Tras el festín nocturno crapuloso
tu luz sus ojos lánguidos maltrata,

---

17 arco=arco iris.
18 si . . . fijase: In the first edition this line is somewhat clearer: *¡Si una hermosa digna de mí me amase!*

19 ¡Pueda . . . mía!: *May some pious traveller sigh in memory of me when he sees thee!*
20 Febo: *Apollo; the sun.*

y tu fuego le ofende,
tu fuego puro, que en tu amor me enciende.
20 ¡Oh! si el oro fatal cierra las almas
a admirar y gozar, yo le desprecio;
disfruten otros su letal riqueza,
y yo contigo mi feliz pobreza.

¡Oh! ¡Cuánto en el Anáhuac
25 por tu ardor suspiré! Mi cuerpo helado
mirábase encorvado
hacia la tumba obscura.
En el invierno rígido, inclemente,[21]
me viste, al contemplar tu tibio rayo,
30 triste acordarme del fulgor de mayo,
y alzar a ti la moribunda frente.
"¡Dadme," clamaba, "dadme un sol de fuego
y bajo el agua, sombras y verduras,
y me veréis feliz! . . ." Tú, Sol, tú solo
35 mi vida conservaste; mis dolores
cual humo al aquilón desaparecieron,
cuando en Cuba tus rayos bienhechores
en mi pálida faz resplandecieron.

¡Mi patria! . . . ¡Oh Sol! Mi suspirada Cuba,
40 ¿a quién debe su gloria,
a quién su eterna virginal belleza?
Sólo a tu amor. Del capricornio al cáncer
en giro eterno recorriendo el cielo,
jamás de ella[22] te apartas, y a tus ojos
45 de cocoteros cúbrese y de palmas,
y naranjos preciosos, cuya pompa
nunca destroza el inclemente hielo.
Tus rayos en sus vegas
desenvuelven los lirios y las rosas,
50 maduran la más dulce de las plantas,[23]
y del café las sales deliciosas.
Cuando en tu ardor vivífico la[24] viertes
larga fuente de vida y de ventura,
¿no te gozas ¡oh Sol! en su hermosura?

55 Mas a veces también por nuestras cumbres
truena la tempestad. Entristecido
velas tu pura faz, mientras las nubes
sus negras olas por el aire ardiente
revuelven con furor, y comprimido
60 ruge el rayo impaciente,

estalla, luce, hiere, y un diluvio
de viento y agua y fuego se desata
sobre la tierra trémula, y el caos
amenaza tornar . . . Mas no, que lanzas
65 ¡oh Sol! tu dardo irresistible, y rompe
la confusión de nubes, y a la tierra
llega a dar esperanza. Ella con ansia
le[25] recibe, sonríe, y rebramando
huye ante ti la tempestad. Más puro
70 centella tu ancho disco en occidente.
Respira el mundo paz: bosque y pradera
se ornan de nuevas galas,
mientras al cielo con la tierra uniendo
el iris tiende sus brillantes alas.

75 ¡Alma de la creación! Cuando el Eterno
del primitivo caos
con imperiosa voz sacó la tierra,
¿qué fue sin tu presencia? yermo triste,
do inmóviles reinaban
80 frialdad, silencio, obscuridad . . . Empero
la voz omnipotente
dijo: *¡Enciéndase el Sol!* y te encendiste,
y brotaste la luz, que en raudo vuelo
pobló los campos del desierto cielo.

85 ¡Oh! ¡Cuán ardiente, al recibir la vida,
al curso eterno te lanzaste luego!
¡Cómo, al sentir tu delicioso fuego,
se animó la creación estremecida!
La sombra de los bosques,
90 el cristal de las aguas,
las brisas y las flores,
y el rutilante cielo y sus colores
a una mirada tuya parecieron,
y el placer y la vida
95 su germen inmortal desenvolvieron.

Y esos planetas, tu feliz corona,
te obedecen también: raudos giraban
sin órbita ni centro
del éter en las vastas soledades.
100 El Creador soberano sujetólos
a tu poder, y les pusiste rienda,
a tu fuerte atracción los enlazaste,
y en derredor de ti los obligaste
a que siguiesen inerrable senda.

[21] Although there is considerable difference in laimate between the highlands of Mexico (Anáhuac) cnd Cuba, it is something of a poetic exaggeration to describe Mexico's winter as "rígido, inclemente." Heredia spent a good part of his life in Mexico.

[22] de ella: de Cuba; a tus ojos: *through thy warmth.*
[23] la . . . plantas: *sugar cane.*
[24] la: *upon her* (Cuba).
[25] le = tu dardo.

105 Y tú sigues la tuya, que eres sólo
criatura, como yo, y estrella débil,
(como las que arden por la noche umbría
en el cielo sin nubes) en presencia
de tu Hacedor y mi Hacedor, que eterno,
110 omniscio, omnipotente, dirigiendo
con designios profundos
tantos millones férvidos de mundos,
reina en el corazón del universo.

Espejo ardiente en que el Señor se mira,
115 ya nos dé[26] vida en tu fulgor sereno,
ya con el rayo y espantoso trueno
al mundo lance su terrible ira;
gloria del universo,
del empíreo señor, padre del día,
120 ¡Sol! oye: si mi mente
alta revelación no iluminara,
en mi entusiasmo ardiente
a ti, rey de los astros, adorara.

Así en los campos de la antigua Persia[27]
125 resplandeció tu altar; así en el Cuzco[28]
los Incas y su pueblo te acataban.
¡Los Incas! ¿Quién, al pronunciar su nombre,
si no nació perverso,
podrá el llanto frenar? . . . Sencillo y puro,
130 de sus criaturas en la más sublime
adorando al autor del universo
aquel pueblo de hermanos,[29]
alzaba a ti sus inocentes manos.

¡Oh dulcísimo error! ¡Oh Sol! Tú viste
135 a tu pueblo inocente
bajo el hierro inclemente[30]
como pálida mies gemir segado.
Vanamente sus ojos moribundos
por venganza o favor a ti se alzaban.
140 Tú los desatendías,
y tu carrera eterna proseguías,
y sangrientos y yertos expiraban.

---

[26] ya nos dé=dénos ya.

[27] The ancient Persian deity, Mithra, was usually identified with the sun.

[28] Cuzco, more than 11,000 feet up in the Peruvian Andes, was the capital of the vast empire of the sun-worshipping Incas.

[29] pueblo de hermanos: so-called because of the primitive, cooperative socialism of the Incas.

[30] bajo . . . inclemente: *under the pitiless sword* (of the Spaniards).

TWO

FROM INDEPENDENCE TO THE MEXICAN REVOLUTION

A. ROMANTICISM (1832-1888)

Esteban Echeverría

ARGENTINA, 1805–1851   Beside a goodly packet of purely romantic verse, imitative of European models and fairly trite in expression and theme (e.g. *Los consuelos*, 1834), Esteban Echeverría composed two pieces which show considerable originality and devotion to the ideal of creating a native American literature.

One of them, *La cautiva* (1837)—the first poetic *leyenda* or verse-romance in Spanish America to treat native themes and scenes—was well within the romantic tradition both in form and tone: popular verse forms in place of the sonorous alexandrines of the neoclassic poets; localism in place of the abstraction so dear to Olmedo, for example; and a brooding sadness, an obsession with the pathetic in contrast to the rigid optimism of the neoclassicists. That *La cautiva* was a conscious attempt on the part of the author to create an original Argentine kind of poetry is explicit in the poem's preface:

"El principal designio del autor de *La cautiva* ha sido pintar algunos rasgos de la fisonomía poética del desierto, y para no reducir su obra a una mera descripción ha colocado en las vastas soledades de la pampa dos seres ideales, o dos almas unidas por el doble vínculo del amor y el infortunio . . . El desierto es nuestro más pingüe patrimonio, y debemos poner nuestro conato en sacar de su seno no sólo riqueza para nuestro engrandecimiento y bienestar, sino también poesía para nuestro deleite moral y fomento de nuestra literatura nacional."

The other, *El matadero* (1838?), also deals with a distinctively Argentine theme, but in a manner which has little relation to typical romanticism. In this short story, Echeverría, the vehement opponent of Rosas, uses a style and a literary vision which are surprisingly realistic and even naturalistic. The language (some of which is abbreviated here for decorous reasons), the lack of tender nonsense, the forthright descriptions of brutality are more like Hemingway than Sir Walter Scott, and in an odd way, more twentieth century than nineteenth.

⚒LA CAUTIVA

EL DESIERTO

Ils vont. L'espace est grand.[1]—Victor Hugo

En todo clima el corazón de la mujer es tierra fértil en afectos generosos; ellas en cualquier circunstancia de la vida saben, como la Samaritana, prodigar el óleo y el vino.—Byron

Era la tarde, y la hora
en que el sol la cresta dora
de los Andes. El desierto[2]
inconmensurable, abierto
5 y misterioso a sus pies
se extiende, triste el semblante,
solitario y taciturno
como el mar, cuando un instante,
el crepúsculo nocturno,
10 pone rienda a su altivez.

Gira en vano, reconcentra
su inmensidad, y no encuentra
la vista, en su vivo anhelo,
do fijar su fugaz vuelo,
15 como el pájaro en el mar.
Doquier campos y heredades[3]
de ave y bruto guaridas;[4]
doquier cielo y soledades
de Dios sólo conocidas,
20 que Él sólo puede sondar.* * *

Sólo a ratos, altanero
relinchaba un bruto fiero
aquí o allá, en la campaña;
bramaba un toro de saña,
25 rugía un tigre feroz,
o las nubes contemplando,
como extático gozoso,
el yajá,[5] de cuando en cuando,
turbaba el mudo reposo
30 con su fatídica voz.

Se puso el sol; parecía
que el vasto horizonte ardía:
la silenciosa llanura
fue quedando más obscura,
35 más pardo el cielo, y en él,
con luz trémula brillaba
una que otra estrella, y luego
a los ojos se ocultaba,
como vacilante fuego
40 en soberbio chapitel.

El crepúsculo, entretanto,
con su claroscuro manto,
veló la tierra; una faja,
negra como una mortaja,
45 el occidente cubrió,
mientras la noche bajando
lenta venía, la calma
que contempla suspirando
inquieta a veces el alma,
50 con el silencio reinó.

Entonces, como el ruido
que suele hacer el tronido
cuando retumba lejano,
se oyó en el tranquilo llano
55 sordo y confuso clamor;
se perdió . . . y luego violento,
como baladro[6] espantoso
de turba inmensa, en el viento
se dilató sonoroso,
60 dando a los brutos pavor.

---

[1] The two epigraphs give the *leitmotifs* of the poem: the vastness of the pampas; the nobility of a courageous woman.

[2] El desierto: the uncultivated pampa, vast as a desert, but green, not arid.

[3] heredades: *pieces of ground.*

[4] guaridas: *haunts.*

[5] yajá: this bird (the modern form of his name is *chajá*) is described by Padre Guevara in his history of Paraguay as follows: "El yahá justamente lo podemos llamar el volador y centinela. Es grande de cuerpo y de pico pequeño. El color es ceniciento, con un collarín de plumas blancas que le rodean. Las alas están armadas de un espolón colorado, duro y fuerte, con que pelea . . . En su canto repite estas voces: *yahá, yahá*, que significa en guaraní 'vamos, vamos,' de donde se les impuso el nombre. El misterio y significación es que estos pájaros velan de noche, y en sintiendo ruido de gente que viene, empiezan a repetir *yahá*, como si dijeran: 'Vamos, vamos, que hay enemigos, y no estamos seguros de sus asechanzas.' "

[6] baladro: *scream, cry of fright.*

Bajo la planta sonante
del ágil potro arrogante
el duro suelo temblaba,
y envuelto en polvo cruzaba
65 como animado tropel,
velozmente cabalgando.
Veíanse lanzas agudas,
cabezas, crines ondeando;
y como formas desnudas
70 de aspecto extraño y cruel.

¿Quién es? ¿Que insensata turba
con su alarido perturba
las calladas soledades
de Dios, do las tempestades
75 sólo se oyen resonar?
¿Qué humana planta orgullosa
se atreve a hollar el desierto
cuando todo en él reposa?
¿Quién viene seguro puerto
80 en sus yermos[7] a buscar?

¡Oíd! Ya se acerca el bando
de salvajes, atronando
todo el campo convecino.
¡Mirad! Como torbellino
85 hiende el espacio veloz;
el fiero ímpetu no enfrena
del bruto que arroja espuma;
vaga al viento su melena,
y con ligereza suma
90 pasa en ademán atroz.

¿Dónde va? ¿De dónde viene?
¿De qué su gozo proviene?
¿Por qué grita, corre, vuela,
clavando al bruto la espuela,
95 sin mirar alrededor?

¡Ved! que las puntas ufanas
de sus lanzas por despojos
llevan cabezas humanas,
cuyos inflamados ojos
100 respiran aún furor.

Así el bárbaro hace ultraje
al indomable coraje
que abatió su alevosía,
y su rencor todavía
105 mira, con torpe placer,
las cabezas que cortaron
sus inhumanos cuchillos,
exclamando: —Ya pagaron
del cristiano los caudillos
110 el feudo a nuestro poder.

Ya los ranchos[8] do vivieron
presa de las llamas fueron,
y muerde el polvo abatida
su pujanza tan erguida.
115 ¿Dónde sus bravos están?
Vengan hoy del vituperio
sus mujeres, sus infantes,
que gimen en cautiverio,
a libertar, y como antes,
120 nuestras lanzas probarán.

Tal decía, y bajo el callo[9]
del indómito caballo
crujiendo el suelo temblaba;
hueco y sordo retumbaba
125 su grito en la soledad;
mientras la noche, cubierto
el rostro en manto nubloso,
echó en el vasto desierto
su silencio pavoroso,
130 su sombría majestad.

EL FESTÍN

. . . orribile favelle,
parole di dolor, accenti d'ira,
voci alte e fioche, e suon di man con elle
facevan un tumulto . . .[10]
—Dante

Noche es el vasto horizonte,
noche el aire, cielo y tierra.

Parece haber apiñado
el genio de las tinieblas,

[7] vermos: *desert wastes.*
[8] ranchos: (straw-thatched) *huts.*
[9] callo: part of horseshoe; here *hoof.*
[10] This passage is in Canto III of the *Inferno. Strange*

tongues, horrible utterances, words of woe, accents of anger,
voices high and faint and sounds of hands with them were
making a tumult . . .

5 para algún misterio inmundo,
sobre la llanura inmensa,
la lobreguez del abismo
donde inalterable reina.
Sólo inquietos divagando,
10 por entre las sombras negras,
los espíritus foletos
con viva luz reverberan,
se disipan, reaparecen,
vienen, van, brillan, se alejan,
15 mientras el insecto chilla,
y en fachinales[11] o cuevas
los nocturnos animales
con triste aullido se quejan.

La tribu aleve, entretanto,
20 allá en la pampa desierta,
donde el cristiano atrevido
jamás estampa la huella,
ha reprimido del bruto
la estrepitosa carrera;
25 y campo tiene fecundo
al pie de una loma extensa,
lugar hermoso do a veces
sus tolderías asienta.
Feliz la maloca[12] ha sido,
30 rica y de estima la presa
que arrebató a los cristianos:
caballos, potros y yeguas,
bienes que en su vida errante
ella más que el oro aprecia;
35 muchedumbre de cautivas,
todas jóvenes y bellas.* * *

Arden en medio del campo
con viva luz las hogueras;
sopla el viento de la pampa
40 y el humo y las chispas vuelan.
A la charla interrumpida,
cuando el hambre está repleta,
sigue el cordial regocijo,

el beberaje y la gresca,
45 que apetecen los varones
y las mujeres detestan.
El licor espirituoso
en grandes vacías echan,
y, tendidos de barriga
50 en derredor, la cabeza
meten sedientos, y apuran
el apetecido néctar
que bien pronto los convierte
en abominables fieras.
55 Cuando algún indio, medio ebrio,
tenaz metiendo la lengua
sigue en la preciosa fuente,
y beber también no deja
a los que aguijan furiosos,
60 otro viene, de las piernas
lo agarra, tira y arrastra
y en lugar suyo se espeta.
Así bebe, ríe, canta,
y al regocijo sin rienda
65 se da la tribu: aquel ebrio
se levanta, bambolea,
a plomo cae, y gruñendo
como animal se revuelca.
Éste chilla, algunos lloran,
70 y otros a beber empiezan.

De la chusma toda al cabo
la embriaguez se enseñorea
y hace andar en remolino
sus delirantes cabezas.
75 Entonces empieza el bullicio
y la algazara tremenda,
el infernal alarido
y las voces lastimeras,
mientras sin alivio lloran
80 las cautivas miserables
y los ternezuelos niños,
al ver llorar a sus madres.

EL PUÑAL

Yo iba a morir es verdad
entre bárbaros crueles,
y allí el pensar me mataba

de morir, mi bien, sin verte.
A darme la vida tú
saliste, hermosa, y valiente.
—Calderón

[11] fachinales: colloquial for *moist lowlands covered with weeds.*

[12] maloca: *sortie, expedition, foray.*

Yace en el campo tendida,
cual si estuviera sin vida,
ebria la salvaje turba,
y ningún ruido perturba
5 su sueño o sopor mortal.
Varones y hembras mezclados,
todos duermen sosegados.
Sólo, en vano tal vez, velan
los que libertarse anhelan
10 del cautiverio fatal.

Paran la oreja bufando
los caballos, que vagando
libres despuntan la grama;
y a la moribunda llama
15 de las hogueras se ve,
se ve sola y taciturna,
símil a sombra nocturna,
moverse una forma humana,
como quien lucha y se afana,
20 y oprime algo bajo el pie.* * *

Silencio: ya el paso leve
por entre la hierba mueve,
como quien busca y no atina,
y temerosa camina
25 por ser vista o tropezar,
una mujer; en la diestra
un puñal sangriento muestra,
sus largos cabellos flotan
desgreñados, y denotan
30 de su ánimo el batallar.

Ella va. Toda es oídos;
sobre salvajes dormidos
va pasando; escucha, mira,
se para, apenas respira,
35 y vuelve de nuevo a andar.* * *

Un instinto poderoso
un afecto generoso
la impele y guía segura,
como luz de estrella pura,
40 por aquella obscuridad.
Su corazón de alegría
palpita. Lo que quería,
lo que buscaba con ansia
su amorosa vigilancia
45 encontró gozosa al fin.
Allí, allí está su universo,
de su alma el espejo terso,
su amor, esperanza y vida;

allí contempla embebida
50 su terrestre serafín.* * *

Allí está su amante herido,
mirando al cielo, y ceñido
el cuerpo con duros lazos,
abiertos en cruz los brazos,
55 ligadas manos y pies.
Cautivo está, pero duerme;
inmoble, sin fuerza, inerme
yace su brazo invencible;
de la pampa el león terrible
60 preso de los buitres es.* * *

Allí está; silenciosa ella,
como tímida doncella,
besa su entreabierta boca,
cual si dudara le toca
65 por ver si respira aún.
Entonces las ataduras,
que sus carnes roen duras,
corta, corta velozmente
con su puñal obediente,
70 teñido en sangre común.

Brian despierta; su alma fuerte,
conforme ya con su suerte,
no se conturba, ni azora;
poco a poco se incorpora,
75 mira sereno y cree ver
un asesino: echan fuego
sus ojos de ira; mas luego
se siente libre, y se calma,
y dice:—¿Eres alguna alma
80 que pueda y deba querer?

¿Eres espíritu errante,
ángel bueno, o vacilante
parto de mi fantasía?
—Mi vulgar nombre es María,
85 ángel de tu guarda soy;
y mientras cobra pujanza
ebria la feroz venganza
de los bárbaros, segura,
en aquesta noche obscura,
90 velando a tu lado estoy.* * *

Levanta, mi Brian, levanta,
sigue, sigue mi ágil planta;
huyamos de esta guarida
donde la turba se anida
95 más inhumana y fatal.

—¿Pero a dónde iremos?
¿Por fortuna encontraremos
en la pampa algún asilo,
donde nuestro amor tranquilo
100 logre burlar su furor?
¿Podremos, sin ser sentidos,
escapar, y desvalidos,
caminar a pie, y jadeando,
con el hambre y sed luchando,
105 el cansancio y el dolor?

—Sí, el anchuroso desierto
más de un abrigo encubierto
ofrece, y la densa niebla,
que el cielo y la tierra puebla,
110 nuestra fuga ocultará.
Brian, cuando aparezca el día,
palpitantes de alegría,
lejos de aquí ya estaremos
y el alimento hallaremos
115 que el cielo al infeliz da.

—Tu podrás, querida amiga,
hacer rostro a la fatiga,
mas yo, llagado y herido,
débil, exangüe, abatido,
120 ¿cómo podré resistir?
Huye tú, mujer sublime,
y del oprobio redime
tu vivir predestinado;
deja a Brian infortunado,
125 solo, en tormentos morir.

—No, no, tú vendrás conmigo
o pereceré contigo.
De la amada patria nuestra
escudo fuerte es tu diestra,
130 y, ¿qué vale una mujer?
Huyamos, tú de la muerte,
yo de la oprobiosa suerte
de los esclavos; propicio
el cielo este beneficio
135 nos ha querido ofrecer.

No insensatos lo perdamos.
Huyamos, mi Brian, huyamos;
que en el áspero camino
mi brazo y poder divino
140 te servirán de sostén.
—Tu valor me infunde fuerza,
y de la fortuna adversa
amor, gloria o agonía
participar con María
145 yo quiero. Huyamos; ven, ven—

dice Brian y se levanta;
el dolar traba su planta,
mas devora el sufrimiento,
y ambos caminan a tiento
150 por aquella obscuridad.
Tristes van, de cuando en cuando,
la vista al cielo llevando,
que da esperanza al que gime.
¿Qué busca su alma sublime,
155 la muerte o la libertad?* * *

LA ALBORADA

*Già la terra e coperta d'uccisi; tutta e sangue la vasta
pianura . . .*[13]—Manzoni

Todo estaba silencioso:
la brisa de la mañana
recién la hierba lozana
acariciaba, y la flor;
5 y en el oriente nubloso,
la luz apenas rayando,
iba el campo matizando
de claroscuro verdor.

Posaba el ave en su nido:
10 ni del pájaro se oía
la variada melodía,

música que el alba da;
y sólo al ronco bufido
de algún potro que se azora,
15 mezclaba su voz sonora
el agorero yajá.

En el campo de la holganza,
so la techumbre del cielo,
libre, ajena de recelo
20 dormía la tribu infiel;
mas la terrible venganza
de su constante enemigo

---

[13] Alessandro Manzoni (1785–1873), Italian novelist and poet. *Now the earth is covered with dead; the vast plain
is all blood . . .*

alerta estaba, y castigo
le preparaba cruel.

25 Súbito, al trote asomaron
sobre la extendida loma
dos jinetes, como asoma
el astuto cazador;
al pie de ella divisaron
30 la chusma quieta y dormida,
y volviendo atrás la brida
fueron a dar el clamor
de alarma al campo cristiano.

Pronto en brutos altaneros
35 un escuadrón de lanceros
trotando allí se acercó,
con acero y lanza en mano;
y en hileras dividido
al indio, no apercibido,
40 en doble muro encerró.

Entonces el grito "Cristiano, cristiano"
resuena en el llano,
"Cristiano" repite confuso clamor.
La turba que duerme despierta turbada
45   clamando azorada
"Cristiano nos cerca, cristiano traidor."

Niños y mujeres, llenos de conflito,
   levantan el grito;
sus almas conturba la tribulación;
50 los unos pasmados, al peligro horrendo
   los otros huyendo,
corren, gritan, llevan miedo y confusión.

Quien salta al caballo que encontró primero,
   quien toma el acero,
55 quien corre su potro querido a buscar;
mas ya la llanura cruzan desbandadas,
   yeguas y manadas,
que el canto enemigo las hizo espantar.

En trance tan duro los carga el cristiano,
60   blandiendo en su mano
la terrible lanza que no da cuartel.
Los indios más bravos luchando resisten,
   cual fieras embisten;
el brazo sacude la matanza cruel.

65 El sol aparece; las armas agudas
   relucen desnudas,
horrible la muerte se muestra doquier.
En lomos del bruto, la fuerza y coraje,
   crece del salvaje,
70 sin su apoyo, inerme se deja vencer.

Pie en tierra poniendo la fácil victoria,
   que no le da gloria
prosigue el cristiano lleno de rencor.
Caen luego caciques, soberbios caudillos;
75   los fieros cuchillos
degüellan, degüellan, sin sentir horror.

Los ayes, los gritos, clamor del que llora,
   gemir del que implora,
puesto de rodillas, en vano piedad,
80 todo se confunde: del plomo el silbido,
   del hierro el crujido,
que ciego no acata ni sexo, ni edad.

Horrible, horrible matanza
hizo el cristiano aquel día;
85 ni hembra, ni varón, ni cría
de aquella tribu quedó.
La inexorable venganza
siguió el paso a la perfidia,
y en no cara y breve lidia
90 su cerviz al hierro dio.

Viose la hierba teñida
de sangre hedionda, y sembrado
de cadáveres el prado
donde resonó el festín.
95 Y del sueño de la vida
al de la muerte pasaron
los que poco antes holgaron
sin temer aciago fin.

Las cautivas derramaban
100 lágrimas de regocijo;
una al esposo, otra al hijo
debió allí la libertad;
pero ellos tristes estaban,
porque ni vivo ni muerto
105 halló a Brian en el desierto,
su valor y su lealtad.

Meanwhile Brian, supported and tended by María, has made his way
across the pampa to a *pajonal*, a fertile, moist oasis in that grassy desert.

Here Brian faints, exhausted from his wounds. María finds a spring of
water with which she revives him. But when night falls and they can
safely proceed on their journey without fear of discovery by the Indians,
he is still too weak to stand. Suddenly María sees a luminous streak on
the horizon.

LA QUEMAZÓN

Mirad, ya en torrente se extiende la llama.
—Lamartine[14]

El aire estaba inflamado;
turbia la región suprema,
envuelto el campo en vapor;
rojo el sol, y coronado
5 de parda oscura diadema,
amarillo resplandor
en la atmósfera esparcía.
El bruto, y el pájaro huía,
y agua la tierra pedía
10 sedienta y llena de ardor.

Soplando a veces el viento
limpiaba los horizontes,
y de la tierra, brotar
de humo rojo y ceniciento
15 se veían como montes,
y en la llanura ondear,
formando espiras doradas
como lenguas inflamadas,
o melenas encrespadas
20 de ardiente, agitado mar.

Cruzándose nubes densas,
por la esfera dilataban,
como cuando hay tempestad,
sus negras alas inmensas;
25 y más y más aumentaban
el pavor y oscuridad.
El cielo entenebrecido,
el aire, el humo encendido,
eran, con el sordo ruido,
30 signo de calamidad.

El pueblo de lejos
contempla asombrado
los turbios reflejos,
del día enlutado
35 la ceñuda faz.
El humilde llora;
el piadoso implora;

se turba y azora
la malicia audaz.

40 Quien cree ser indicio
fatal, estupendo,
del día del juicio,
del día tremendo
que anunciado está.
45 Quien piensa que al mundo,
sumido en lo inmundo,
el cielo iracundo
pone a prueba ya.

Era la plaga que cría
50 la devorante sequía
para estrago y confusión;
de la chispa de una hoguera
que llevó el viento ligera,
nació grande, cundió fiera,
55 la terrible quemazón.

Ardiendo sus ojos
relucen, chispean;
en rubios manojos
sus crines ondean,
60 flameando también.
La tierra gimiendo,
los brutos rugiendo,
los hombres huyendo,
confusos la ven.

65 Sutil se difunde,
camina, se mueve,
penetra, se infunde;
cuanto toca en breve
reduce a tizón.
70 Ella era; y pastales,
densos pajonales,
cardos y animales,
ceniza, humo son.

14 Alfonse de Lamartine (1790–1869), French poet, novelist, and statesman.

Raudal vomitando
75 venía de llama,
que hirviendo, silbando,
se enrosca y derrama
con velocidad.
Sentada María
80 con su Brian la vía.
—¡Dios mío!—decía,—
¡de nos ten piedad!

Piedad María imploraba,
y piedad necesitaba
85 de potencia celestial.
Brian caminar no podía,
y la quemazón cundía
por el vasto pajonal.

Allí pábulo encontrando,
90 como culebra serpeando,
velozmente caminó;
y agitando desbocada,
su crin de fuego erizada,
gigante cuerpo tomó.

95 Lodo, paja, restos viles
de animales y reptiles,
quema el fuego vencedor,
que el viento iracundo atiza.
Vuelan el humo y ceniza,
100 y el inflamado vapor

al lugar donde, pasmados,
los cautivos desdichados,
con despavoridos ojos
están, su hervidero oyendo,
105 y las llamaradas viendo
subir en penachos rojos.

No hay cómo huir; no hay efugio,
esperanza ni refugio.
¿Dónde auxilio encontrarán?
110 Postrado Brian yace inmoble
como el orgulloso roble
que derribó el huracán.

Para ellos no existe el mundo.
Detrás, arroyo profundo,
115 ancho se extiende; y delante,
formidable y horroroso,
alza la cresta furioso
mar de fuego devorante.

—Huye presto—Brian decía
120 con voz débil a María,—
déjame solo morir.
Este lugar es un horno.
Huye ¿no miras en torno
vapor cárdeno subir?

125 Ella calla, o le responde:
—Dios largo tiempo no esconde
su divina protección.
¿Crees tú nos haya olvidado?
Salvar tu vida he jurado
130 o morir mi corazón.

Pero del cielo era juicio
que en tan horrendo suplicio
no debían perecer;
y que otra vez de la muerte
135 inexorable, amor fuerte
triunfase, amor de mujer.

Súbito ella se incorpora;
de la pasión que atesora
el espíritu inmortal
140 brota en su faz la belleza,
estampando fortaleza
de criatura celestial

no sujeta a ley humana.
Y como cosa liviana
145 carga el cuerpo amortecido
de su amante, y con él junto,
sin cejar, se arroja al punto
en el arroyo extendido.

Cruje el agua, y suavemente
150 surca la mansa corriente
con el tesoro de amor.
Semejante a Ondina[15] bella,
su cuerpo airoso descuella,
y hace, nadando, rumor.

155 Los cabellos atezados,
sobre sus hombros nevados,
sueltos, reluciendo van;
boga con un brazo lenta,
y con el otro sustenta,
160 a flor, el cuerpo de Brian.

Aran la corriente unidos,
como dos cisnes queridos

---

[15] Ondina: Undine, a water sprite, a favorite figure of the romanticists.

que huyen de águila cruel,
cuya garra siempre lista,
165 desde la nube se alista
a separar su amor fiel.

La suerte injusta se afana
en perseguirlos. Ufana
en la orilla opuesta el pie
170 pone María triunfante,
y otra vez libre a su amante
de horrenda agonía ve.

¡Oh del amor maravilla!
En sus bellos ojos brota
175 del corazón gota a gota,
el tesoro sin mancilla,

celeste, inefable unción;
sale en lágrimas deshecho
su heroico amor satisfecho;
180 y su formidable cresta
sacude, enrosca y enhiesta
la terrible quemazón.

Calmó después el violento
soplar del airado viento;
185 el fuego a paso más lento
surcó por el pajonal
sin tocar ningún escollo;
y a la orilla de un arroyo
a morir al cabo vino,
190 dejando en su ancho camino
negra y profunda señal.

The following day Brian becomes delirious from the fever caused by his wounds. His reason returns to him, but with it the realization that his death is near. He accepts his fate with manly fortitude, speaks words of comfort to María and bids her live for their child. After his death María starts out alone across the plains. After she has wandered for two days the cry of a *yajá* warns her that human beings are approaching.

MARÍA

* * * Pero nada ella divisa,
ni el feliz reclamo escucha;
y caminando va aprisa.
El demonio con que lucha
5 la turba, impele y amaga.
Turbios, confusos y rojos
se presentan a sus ojos
cielo, espacio, sol, verdura,
quieta insondable llanura
10 donde sin brújula vaga.

Mas, ¡ah!, que en vivos corceles
un grupo de hombres armados
se acerca. ¿Serán infieles,
enemigos? No, soldados
15 son del desdichado Brian.
Llegan; su vista se pasma;
ya no es la mujer hermosa,
sino pálido fantasma;

mas reconocen la esposa
20 de su fuerte capitán.

¡Creíanla cautiva o muerta!
Grande fue su regocijo.
Ella los mira, y despierta:
—¿No sabéis qué es de mi hijo?—
25 con toda el alma exclamó.
Tristes mirando a María
todos el labio sellaron.
Mas luego una voz impía:
—Los indios le degollaron—
30 roncamente articuló.

Y al oír tan crudo acento,
como quiebra el seco tallo
el menor soplo de viento
o como herida del rayo
35 cayó la infeliz allí.* * *

EPÍLOGO

¿Eres, plácida luz, el alma de ellos?—Lamartine

¡Oh, María! Tu heroísmo,
tu varonil fortaleza,

tu juventud y belleza
merecieran fin mejor.

5 Ciegos de amor el abismo
fatal tus ojos no vieron,
y sin vacilar se hundieron
en él ardiendo en amor.

De la más cruda agonía
10 salvar quisiste a tu amante,
y lo viste delirante
en el desierto morir.
¡Cuál tu congoja sería!
¡Cuál tu dolor y amargura!
15 Y no hubo humana criatura
que te ayudase a sentir.

Se malogró tu esperanza;
y cuando sola te viste,
también mísera caíste
20 como árbol cuya raíz
en la tierra ya no afianza
su pompa y florido ornato.
Nada supo el mundo ingrato
de tu constancia infeliz.

25 Naciste humilde y oculta
como diamante en la mina;
la belleza peregrina
de tu noble alma quedó.
El desierto la sepulta,
30 tumba sublime y grandiosa,
do el héroe también reposa
que la gozó y admiró.* * *

Hoy, en la vasta llanura,
inhospitable morada
35 que no siempre sosegada
mira el astro de la luz,
descollando en una altura,
entre agreste flor y hierba,
hoy el caminante observa
40 una solitaria cruz.

Fórmale grata techumbre
la copa extensa y tupida
de un ombú[16] donde se anida
la altiva águila real;
45 y la varia muchedumbre
de aves que cría el desierto

se posa en ella a cubierto
del frío y sol estival.

Nadie sabe cuya mano
50 plantó aquel árbol benigno,
ni quién a su sombra el signo
puso de la redención.
Cuando el cautivo cristiano
se acerca a aquellos lugares,
55 recordando sus hogares,
se postra a hacer oración.

Fama es que la tribu errante,
si hasta allí llega embebida
en la caza apetecida
60 de la gama y avestruz,
al ver del ombú gigante
la verdosa cabellera,
suelta al potro la carrera
gritando: "¡Allí está la cruz!"

65 Y revuelve atrás la vista,
como quien huye aterrado,
creyendo se alza el airado,
terrible espectro de Brian.
Pálido el indio exorcista
70 el fatídico árbol nombra;
ni a hollar se atreven su sombra
los que de camino van.

También el vulgo asombrado
cuenta que en la noche obscura
75 suelen en aquella altura
dos luces aparecer;
que salen y habiendo errado
por el desierto tranquilo,
juntas a su triste asilo
80 vuelven al amanecer.

Quizá mudos habitantes
serán del páramo aerio;
quizá espíritus, ¡misterio!
visiones del alma son.
85 Quizá los sueños brillantes
de la inquieta fantasía
forman coro en la armonía
de la invisible creación.

---

[16] ombú: a tree indigenous to the river Plate countries; it grows to a height of 50 to 60 feet. Zorrilla de San Martín says of it: "*Es el árbol de nuestras ruinas y de nuestras soledades.*"

⚬⚬EL MATADERO

* * * El Matadero de la Convalecencia o del Alto, sito en las quintas al sud de la ciudad, es una gran playa en forma rectangular, colocada al extremo de dos calles, una de las cuales allí termina y la otra se prolonga hasta [5] el este. Esta playa, con declive al sud, está cortada por un zanjón labrado por la corriente de las aguas pluviales, en cuyos bordes Iaterales se muestran innumerables cuevas de ratones y cuyo cauce recoge en tiempo de [10] lluvia toda la sangraza seca o reciente del Matadero. En la junción del ángulo recto, hacia el oeste, está lo que llaman la casilla, edificio bajo, de tres piezas de media agua con corredor al frente que da a la calle y palenque [15] para atar caballos, a cuya espalda se notan varios corrales de palo a pique de ñandubay[17] con sus fornidas puertas para encerrar el ganado.

Estos corrales son en tiempo de invierno un [20] verdadero lodazal, en el cual los animales apeñuscados se hunden hasta el encuentro, y quedan como pegados y casi sin movimiento. En la casilla se hace la recaudación del impuesto de corrales, se cobran las multas por [25] violación de reglamentos y se sienta el Juez del Matadero, personaje importante, caudillo de los carniceros y que ejerce la suma del poder en aquella pequeña república, por delegación del Restaurador.[18] Fácil es calcu-[30] lar qué clase de hombre se requiere para el desempeño de semejante cargo. La casilla, por otra parte, es un edificio tan ruin y pequeño que nadie lo notaría en los corrales a no estar asociado su nombre al del terrible [35] juez y no resaltar sobre su blanca cintura los siguientes letreros rojos: "Viva la Federación," "Viva el Restaurador y la heroica doña Encarnación Ezcurra," "Mueran los salvajes unitarios."[19] Letreros muy significa-[40] tivos, símbolo de la fe política y religiosa de la gente del matadero. Pero algunos lectores no sabrán que la tal heroína es la difunta esposa del Restaurador, patrona muy querida de los carniceros, quienes, ya muerta, la veneraban por sus virtudes cristianas y su federal heroísmo en la revolución contra Balcarce.[20] Es el caso que en un aniversario de aquella memorable hazaña de la mazorca[21] los carniceros festejaron con un espléndido banquete en la casilla a la heroína, banquete a que concurrió con su hija y otras señoras federales, y que allí, en presencia de un gran concurso, ofreció a los señores carniceros en un solemne brindis su federal patrocinio, por cuyo motivo ellos la proclamaron entusiasmados patrona del matadero, estampando su nombre en las paredes de la casilla, donde estará hasta que lo borre la mano del tiempo.

La perspectiva del Matadero a la distancia era grotesca, llena de animación. Cuarenta y nueve reses estaban tendidas sobre sus cueros, y cerca de doscientas personas hollaban aquel suelo de lodo regado con la sangre de sus arterias. En torno de cada res resaltaba un grupo de figuras humanas de tez y raza distintas. La figura más prominente de cada grupo era el carnicero con el cuchillo en mano, brazo y pecho desnudos, cabello largo y revuelto, camisa y chiripá[22] y rostro embadurnados de sangre. A sus espaldas se rebullían, caracoleando y siguiendo los movimientos, una comparsa de muchachos, de negras y mulatas achuradoras,[23] cuya fealdad trasuntaba las harpías de la fábula, y entremezclados con ellas algunos enormes mastines, olfateaban, gruñían o se daban de tarascones por la presa. Cuarenta y tantas carretas, toldadas con negruzco y pelado cuero, se escalonaban irregularmente a lo largo de la playa, y algunos jinetes con el

---

[17] corrales de . . . ñandubay: *staked corrals of ñandubay* (hard, tough wood of a tree common in northern Argentina).

[18] Restaurador: the dictator Juan Manuel Rosas (1793–1877).

[19] unitario: a proponent of centralized government; an enemy of Rosas.

[20] General Juan Ramón Balcarce (1773–1835), Independence hero and later enemy of Rosas.

[21] la mazorca: Rosas' gang.

[22] chiripá: loose garment worn by the gaucho in place of trousers.

[23] achuradoras: women who collected the animal's "innards"—liver, heart, etc.

poncho calado y el lazo prendido al tiento[24] cruzaban por entre ellas al tranco o reclinados sobre el pescuezo de los caballos echaban ojo indolente sobre uno de aquellos animados grupos, al paso que, más arriba, en el aire, un enjambre de gaviotas blanquiazules, que habían vuelto de la emigración al olor de carne, revoloteaban, cubriendo con su disonante graznido todos los ruidos y voces del matadero y proyectando una sombra clara sobre aquel campo de horrible carnicería. Esto se notaba al principio de la matanza.

Pero a medida que adelantaba, la perspectiva variaba; los grupos se deshacían, venían a formarse tomando diversas actitudes y se desparramaban corriendo como si en medio de ellos cayese alguna bala perdida, o asomase la quijada de algún encolerizado mastín. Esto era que, ínter[25] el carnicero en un grupo descuartizaba a golpe de hacha, colgaba en otro los cuartos en los ganchos a su carreta, despellejaba en éste, sacaba el sebo en aquél; de entre la chusma que ojeaba y aguardaba la presa de achura, salía de cuando en cuando una mugrienta mano a dar un tarazón con el cuchillo al sebo o a los cuartos de la res, lo que originaba gritos y explosión de cólera del carnicero y el continuo hervidero de los grupos, dichos y gritería descompasada de los muchachos.* * *

Hacia otra parte, entre tanto, dos africanas llevaban arrastrando las entrañas de un animal; allá una mulata se alejaba con un ovillo de tripas y, resbalando de repente sobre un charco de sangre, caía a plomo, cubriendo con su cuerpo la codiciada presa. Acullá se veían acurrucadas en hilera cuatrocientas negras destejiendo sobre las faldas el ovillo y arrancando, uno a uno, los sebitos que el avaro cuchillo del carnicero había dejado en la tripa como rezagados, al paso que otras vaciaban panzas y vejigas y las henchían de aire de sus pulmones para depositar en ellas, luego de secas,[26] la achura.

Varios muchachos, gambeteando a pie y a caballo, se daban vejigazos o se tiraban bolas de carne, desparramando con ellas y su algazara la nube de gaviotas que, columpiándose en el aire, celebraban chillando la matanza. Oíanse a menudo, a pesar del veto del Restaurador y de la santidad del día, palabras inmundas y obscenas, vociferaciones preñadas de todo el cinismo bestial que caracteriza a la chusma de nuestros mataderos, con las cuales no quiero regalar a los lectores.

De repente caía un bofe sangriento sobre la cabeza de alguno, que allí pasaba a la de otro, hasta que algún deforme mastín lo hacía buena presa, y una cuadrilla de otros, por si estrujo o no estrujo, armaba una tremenda[27] de gruñidos y mordiscones. Alguna tía vieja salía furiosa en persecución de un muchacho que le había embadurnado el rostro con sangre, y acudiendo a sus gritos y puteadas los compañeros del rapaz la rodeaban y azuzaban como los perros al toro, y llovían sobre ella zoquetes de carne, bolas de estiércol, con groseras carcajadas y gritos frecuentes, hasta que el Juez mandaba restablecer el orden y despejar el campo.

Por un lado, dos muchachos se adiestraban en el manejo del cuchillo, tirándose horrendos tajos y reveses; por otro, cuatro, ya adolescentes, ventilaban a cuchilladas el derecho a una tripa gorda y un mondongo que habían robado a un carnicero; y no de ellos distante, porción de perros, flacos ya de la forzosa abstinencia, empleaban el mismo medio para saber quién se llevaría un hígado envuelto en barro. Simulacro en pequeño era éste del modo bárbaro con que se ventilan en nuestro país las cuestiones y los derechos individuales y sociales. En fin, la escena que se representaba en el Matadero era para vista, no para escrita.

Un animal había quedado en los corrales, de corta y ancha cerviz, de mirar fiero, sobre cuyos órganos genitales no estaban conformes los pareceres, porque tenían apariencias de

---

[24] el lazo prendido al tiento: *their lasso tightly rolled.*
[25] ínter: *while.*
[26] luego de secas: *when they were dry.*

[27] por si . . . una tremenda: *squeezing and pushing raised an awful row.*

toro y de novillo. Llególe su hora. Dos enlazadores, a caballo, pentraron en el corral, en cuyo contorno hervía la chusma a pie, a caballo y horqueteada sobre sus ñudosos palos. Formaban en la puerta el más grotesco y sobresaliente grupo varios pialadores[28] y enlazadores de a pie, con el brazo desnudo y armados del certero lazo, la cabeza cubierta con un pañuelo punzó[29] y chaleco y chiripá colorado, teniendo a sus espaldas varios jinetes y espectadores de ojo escrutador y anhelante.

El animal, prendido ya al lazo por las astas, bramaba echando espuma furibundo, y no había demonio que lo hiciera salir del pegajoso barro donde estaba como clavado y era imposible pialarlo. Gritábanle, lo azuzaban en vano con las mantas y pañuelos los muchachos que estaban prendidos sobre las horquetas del corral y era de oír la disonante batahola de silbidos, palmadas y voces, tiples y roncas, que se desprendía de aquella singular orquesta.

Los dicharachos, las exclamaciones chistosas y obscenas rodaban de boca en boca, y cada cual hacía alarde espontáneamente de su ingenio y de su agudeza, excitado por el espectáculo o picado por el aguijón de alguna lengua locuaz.* * *

—El matahambre, a Matasiete,[30] degollador de unitarios: ¡Viva Matasiete!

—¡A Matasiete, el matahambre!

—Allá va—gritó una voz ronca, interrumpiendo aquellos desahogos de la cobardía feroz.—¡Allá va el toro!

—¡Alerta! ¡Guarda los de la puerta! ¡Allá va furioso como un demonio!

Y, en efecto, el animal, acosado por los gritos y sobre todo por dos pécanas agudas que le espoleaban la cola, sintiendo flojo el lazo, arremetió bufando a la puerta, lanzando a entrambos lados una rojiza y fosfórica mirada. Diole el tirón el enlazador sentando su caballo, desprendió el lazo de la

asta, crujió por el aire un áspero zumbido y al mismo tiempo se vio rodar desde lo alto de una horqueta del corral, como si un golpe de hacha la hubiese dividido a cercén, una cabeza de niño cuyo tronco permaneció inmóvil sobre su caballo de palo, lanzando por cada arteria un largo chorro de sangre.

—¡Se cortó el lazo!—gritaron unos— ¡Allá va el toro!

Pero otros, deslumbrados y atónitos, guardaron silencio, porque todo fue como un relámpago.

Desparramóse un tanto el grupo de la puerta. Una parte se agolpó sobre la cabeza y el cadáver palpitante del muchacho degollado por el lazo, manifestando horror en su atónito semblante, y la otra parte, compuesta de jinetes que no vieron la catástrofe, se escurrió en distintas direcciones en pos del toro, vociferando y gritando: ¡Allá va el toro! ¡Atajen! ¡Guarda! ¡Enlaza, Sietepelos![31] ¡Que te agarra, Botija! ¡Va furioso; no se le pongan delante! ¡Ataja, ataja, morado! ¡Déle espuela al mancarrón![32] ¡Ya se metió en la calle sola! ¡Que lo ataje el diablo!

El tropel y vocería era infernal. Unas cuantas negras achuradoras, sentadas en hilera al borde del zanjón, oyendo el tumulto se acogieron y agazaparon entre las panzas y tripas que desenredaban y devanaban con la paciencia de Penélope, lo que sin duda las salvó, porque el animal lanzó al mirarlas un bufido aterrador, dio un brinco sesgado y siguió adelante perseguido por los jinetes. Cuentan que una de ellas se fue de cámaras;[33] otra rezó diez salves en dos minutos, y dos prometieron a San Benito no volver jamás a aquellos malditos corrales y abandonar el oficio de achuradoras. No se sabe si cumplieron la promesa.

El toro, entre tanto, tomó hacia la ciudad por una larga y angosta calle que parte de la punta más aguda del rectángulo anteriormente descripto, calle encerrada por una zanja y un cerco de tunas,[34] que llaman *sola*

---

[28] pialadores: *those who lasso.*

[29] pañuelo punzó: *red handkerchief.*

[30] El matahambre, a Matasiete: *choice beef between the ribs and the hide;* nickname of one of Rosas' principal tough boys.

[31] Sietepelos: another tough boy's nickname.

[32] mancarrón: *old nag.*

[33] se fue de cámaras: *went crazy.*

[34] tunas: *fruit-bearing cactus.*

por no tener más de dos casas laterales, y en cuyo aposado centro había un profundo pantano que tomaba de zanja a zanja. Cierto inglés, vuelta de su saladero, vadeaba a la sazón este pantano, paso a paso, en un caballo algo arisco, y, sin duda, iba tan absorto en sus cálculos que no oyó el tropel de jinetes ni la gritería sino cuando el toro arremetía al pantano. Azoróse de repente su caballo dando un brinco al sesgo y echó a correr, dejando el pobre hombre hundido media vara en el fango. Este accidente, sin embargo, no detuvo ni frenó la carrera de los perseguidores del toro, antes al contrario, soltando carcajadas sarcásticas—¡Se amoló el gringo![35] ¡Levántaté, gringo!—exclamaron, y cruzando el pantano, amasando con barro bajo las patas de sus caballos su miserable cuerpo. Salió el gringo, como pudo, después, a la orilla, más con la apariencia de un demonio tostado por las llamas del infierno que de un hombre blanco pelirrubio. Más adelante, al grito de ¡al toro!, ¡al toro!, cuatro negras achuradoras que se retiraban con su presa se zambulleron en la zanja llena de agua, único refugio que les quedaba.

El animal, entretanto, después de haber corrido unas veinte cuadras en distintas direcciones, azorando con su presencia a todo viviente, se metió por la tranquera[36] de una quinta, donde halló su perdición. Aunque cansado, manifestaba brío y colérico ceño; pero rodeábalo una zanja profunda y un tupido cerco de pitas, y no había escape. Juntáronse luego sus perseguidores, que se hallaban desbandados, y resolvieron llevarlo en un señuelo de bueyes para que expiase su atentado en el lugar mismo donde lo había cometido.

Una hora después de su fuga, el toro estaba otra vez en el Matadero, donde la poca chusma que había quedado no hablaba sino de sus fechorías. La aventura del gringo en el pantano excitaba principalmente la risa y el sarcasmo. Del niño degollado por el lazo no quedaba sino un charco de sangre: su cadáver estaba en el cementerio.

Enlazaron muy luego por las astas al animal, que brincaba haciendo hincapié y lanzando roncos bramidos. Echáronle uno, dos, tres piales; pero infructuosos: al cuarto quedó prendido de una pata: su brío y su furia redoblaron; su lengua, estirándose convulsiva, arrojaba espuma, su nariz humo, sus ojos miradas encendidas.

—¡Desjarreten ese animal!—exclamó una voz imperiosa. Matasiete se tiró al punto del caballo, cortóle el garrón de una cuchillada y gambeteando en torno de él con su enorme daga en mano, se la hundió al cabo hasta el puño en la garganta, mostrándola en seguida humeante y roja a los espectadores. Brotó un torrente de la herida, exhaló algunos bramidos roncos, y cayó el soberbio animal entre los gritos de la chusma que proclamaba a Matasiete vencedor y le adjudicaba en premio el matambre. Matasiete extendió, como orgulloso, por segunda vez el brazo y el cuchillo ensangrentado, y se agachó a desollarlo con otros compañeros.

Faltaba que resolver la duda sobre los órganos genitales del muerto, clasificado provisoriamente de toro por su indomable fiereza; pero estaban todos tan fatigados de la larga tarea, que lo echaron por lo pronto en olvido. Mas, de repente, una voz ruda exclamó:

—Aquí están los huevos—sacando de la barriga del animal y mostrando a los espectadores dos enormes testículos, signo inequívoco de su dignidad de toro. La risa y la charla fueron grandes; todos los accidentes desgraciados pudieron fácilmente explicarse. Un toro en el Matadero era cosa muy rara, y aun vedada. Aquél, según reglas de buena policía, debía arrojarse a los perros; pero había tanta escasez de carne y tantos hambrientos en la población que el señor Juez tuvo a bien hacer ojo lerdo.[37]

En dos por tres estuvo desollado, descuartizado y colgado en la carreta el maldito toro. Matasiete colocó el matambre bajo el pellón de su recado y se preparaba a partir. La matanza estaba concluida a las doce, y la

---

[35] gringo: a general term for foreigners; here applied to the Englishman.

[36] tranquera: *gate.*

[37] hacer ojo lerdo: *to relax the rules.*

poca chusma que había presenciado hasta el fin, se retiraba en grupos de a pie y de a caballo, o tirando a la cincha algunas carretas cargadas de carne.

Mas, de repente, la ronca voz de un carnicero gritó:

—¡Allí viene un unitario!—y al oír tan significativa palabra toda aquella chusma se detuvo como herida de una impresión subitánea.

—¿No le ven la patilla en forma de U?[38] No trae divisa en el fraque ni luto en el sombrero.

—Perro unitario.

—Es un cajetilla.[39]

—Monta en silla como los gringos.

—La Mazorca con él.

—¡La tijera![40]

—Es preciso sobarlo.

—Trae pistoleras por pintar.[41]

—Todos estos cajetillas unitarios son pintores como el diablo.

—¿A que no te le animas, Matasiete?

—¿A que no?

—A que sí.

Matasiete era un hombre de pocas palabras y de mucha acción. Tratándose de violencia, de agilidad, de destreza en el hacha, el cuchillo o el caballo, no hablaba y obraba. Lo habían picado: prendió la espuela a su caballo y se lanzó a brida suelta al encuentro del unitario.

Era éste un joven como de veinticinco años, de gallarda y bien apuesta persona, que mientras salían en borbotones de aquellas desaforadas bocas las anteriores exclamaciones, trotaba hacia Barracas, muy ajeno de temer peligro alguno. Notando, empero, las significativas miradas de aquel grupo de dogos de matadero, echa maquinalmente la diestra sobre las pistoleras de su silla inglesa, cuando una pechada al sesgo del caballo de Matasiete lo arroja de los lomos del suyo tendiéndolo a la distancia boca arriba y sin movimiento alguno.

—¡Viva Matasiete!—exclamó toda aquella

chusma, cayendo en tropel sobre la víctima como los caranchos rapaces sobre la osamenta de un buey devorado por el tigre.

Atolondrado todavía el joven, fue, lanzando una mirada de fuego sobre aquellos hombres feroces, hacia su caballo que permanecía inmóvil no muy distante, a buscar en sus pistolas el desagravio y la venganza. Matasiete, dando un salto, le salió al encuentro y con fornido brazo, asiéndolo de la corbata, lo tendió en el suelo tirando al mismo tiempo la daga de la cintura y llevándola a su garganta.

Una tremenda carcajada y un nuevo viva estentóreo volvió a victoriarlo.

¡Qué nobleza de alma! ¡Qué bravura en los federales! Siempre en pandilla cayendo como buitres sobre la víctima inerte.

—Degüéllalo, Matasiete; quiso sacar las pistolas. Degüéllalo como al toro.

—Pícaro unitario. Es preciso tusarlo.[42]

—Tiene buen pescuezo para el violín.[43]

—Tócalé el violín.

—Mejor es la resbalosa.[44]

—Probaremos—dijo Matasiete, y empezó sonriendo a pasar el filo de su daga por la garganta del caído, mientras con la rodilla izquierda le comprimía el pecho y con la siniestra mano le sujetaba por los cabellos.

—No, no lo degüellen—exclamó de lejos la voz imponente del Juez del Matadero que se acercaba a caballo.

—A la casilla con él, a la casilla. Preparen la mazorca y las tijeras. ¡Mueran los salvajes unitarios! ¡Viva el Restaurador de las leyes!

—¡Viva Matasiete!

—¡Mueran! ¡Vivan!—repitieron en coro los espectadores, y atándolo codo con codo, entre moquetes y tirones, entre vociferaciones e injurias, arrastraron al infeliz joven al banco del tormento, como los sayones al Cristo.

La sala de la casilla tenía en su centro una grande y fornida mesa de la cual no salían los vasos de bebida y los naipes sino para dar lugar a las ejecuciones y torturas de los sayones federales del Matadero. Notábanse

---

[38] la patilla en forma de U: symbolic of the unitarios.
[39] cajetilla: Buenos Aires dandy.
[40] la tijera: *sheep sheers* (for him).
[41] pistoleras por pintar: *holsters to show off.*

[42] tusarlo: *clip him close* (like a sheep).
[43] violín: *the cord* (to choke him).
[44] la resbalosa: *knife.*

además, en un rincón, otra mesa chica, con recado de escribir y un cuaderno de apuntes, y porción de sillas entre las que resaltaba un sillón de brazos destinado para el Juez. Un hombre, soldado en apariencia, sentado en una de ellas, cantaba al son de la guitarra la resbalosa, tonada de inmensa popularidad entre los federales, cuando la chusma, llegando en tropel al corredor de la casilla, lanzó a empellones al joven unitario hacia el centro de la sala.

—A ti te toca la resbalosa—gritó uno.

—Encomienda tu alma al diablo.

—Está furioso, como toro montaraz.

—Ya le amansará el palo.

—Es preciso sobarlo.

—Por ahora verga[45] y tijera.

—Si no, la vela.

—Mejor será la mazorca.

—Silencio y sentarse—exclamó el Juez dejándose caer sobre el sillón. Todos obedecieron, mientras el joven, de pie, encarando al Juez, exclamó con voz preñada de indignación:

—¡Infames sayones!, ¿qué intentan hacer de mí?

—¡Calma!—dijo sonriendo el Juez,—no hay que encolerizarse. Ya lo verás.

El joven, en efecto, estaba fuera de sí de cólera. Todo su cuerpo parecía estar en convulsión. Su pálido y amoratado rostro, su voz, su labio trémulo, mostraban el movimiento convulsivo de su corazón, la agitación de los nervios. Sus ojos de fuego parecían salirse de las órbitas, su negro y lacio cabello se levantaba erizado. Su cuello desnudo y la pechera de su camisa dejaban entrever el latido violento de sus arterias y la respiración anhelante de sus pulmones.

—¿Tiemblas?—le dijo el Juez.

—De rabia, porque no puedo sofocarte entre mis brazos.

—¿Tendrías fuerza y valor para eso?

—Tengo de sobra voluntad y coraje para ti, infame.

—A ver las tijeras de tusar mi caballo: túsenlo a la federala.

Dos hombres le asieron, uno de la ligadura del brazo, otro de la cabeza, y en un minuto cortáronle la patilla que poblaba toda su barba por bajo, con risa estrepitosa de sus espectadores.

—A ver—dijo el Juez,—un vaso de agua para que se refresque.

—Uno de hiel te haría yo beber, infame.

Un negro petiso[46] púsosele al punto delante, con un vaso de agua en la mano. Diole el joven un puntapié en el brazo y el vaso fue a estrellarse en el techo, salpicando el asombrado rostro de los espectadores.

—Éste es incorregible.

—Ya lo domaremos.

—Silencio—dijo el Juez,—ya estás afeitado a la federala, sólo te falta el bigote. Cuidado con olvidarlo. Ahora vamos a cuentas.[47]

—¿Por qué no traes divisa?

—Porque no quiero.

—¿No sabes que lo manda el Restaurador?

—La librea es para vosotros, esclavos, no para los hombres libres.

—A los libres se les hace llevar a la fuerza.

—Sí, la fuerza y la violencia bestial. Esas son vuestras armas, infames. El lobo, el tigre, la pantera, también son fuertes como vosotros. Deberíais andar como ellos, en cuatro patas.

—¿No temes que el tigre te despedace?

—Lo prefiero a que, maniatado, me arranquen, como el cuervo, una a una las entrañas.

—¿Por qué no llevas luto en el sombrero por la heroína?

—Porque lo llevo en el corazón por la Patria, por la Patria que vosotros habéis asesinado, infames.

—¿No sabes que así lo dispuso el Restaurador?

—Lo dispusisteis vosotros, esclavos, para lisonjear el orgullo de vuestro señor y tributarle vasallaje infame.

—¡Insolente!, te has embravecido mucho. Te haré cortar la lengua si chistas.

—Abajo los calzones a ese mentecato cajetilla y a nalga pelada denle verga, bien atado a la mesa.

Apenas articuló esto el Juez, cuatro sayones

---

[45] verga: *stick, club.*
[46] petiso: *stocky.*

[47] vamos a cuentas: *let's get down to business.*

salpicados de sangre suspendieron al joven y lo tendieron largo a largo sobre la mesa comprimiéndole todos sus miembros.

—Primero degollarme que desnudarme, infame canalla.

Atáronle un pañuelo a la boca y empezaron a tironear sus vestidos. Encogíase el joven, pateaba, hacía rechinar los dientes. Tomaban ora sus miembros la flexibilidad del junco, ora la dureza del fierro y su espina dorsal era el eje de un movimiento parecido al de la serpiente. Gotas de sudor fluían por su rostro, grandes como perlas; echaban fuego sus pupilas, su boca espuma, y las venas de su cuello y frente negreaban en relieve sobre su blanco cutis como si estuvieran repletas de sangre.

—Átenlo primero—exclamó el Juez.

—Está rugiendo de rabia—articuló un sayón.

En un momento liaron sus piernas en ángulo a los cuatro pies de la mesa, volcando su cuerpo boca abajo. Era preciso hacer igual operación con las manos, para lo cual soltaron las ataduras que la comprimían en la espalda. Sintiéndolas libres el joven, por un movimiento brusco en el cual pareció agotarse toda su fuerza y vitalidad, se incorporó primero sobre sus brazos, después sobre sus rodillas y se desplomó al momento murmurando:

—Primero degollarme que desnudarme, infame canalla.

Sus fuerzas se habían agotado. Inmediatamente quedó atado en cruz y empezaron la obra de desnudarlo. Entonces un torrente de sangre brotó borbolloneando de la boca y las narices del joven, y extendiéndose empezó a caer a chorros por entrambos lados de la 5 mesa. Los sayones quedaron inmóviles y los espectadores estupefactos.

—Reventó de rabia el salvaje unitario— dijo uno.

—Tenía un río de sangre en las venas— 10 articuló otro.

—Pobre diablo: queríamos únicamente divertirnos con él y tomó la cosa demasiado a lo serio—exclamó el Juez frunciendo el ceño de tigre—. Es preciso dar parte; desátenlo y 15 vamos.

Verificaron la orden: echaron llave a la puerta y en un momento se escurrió la chusma en pos del caballo del Juez cabizbajo y taciturno.

20 Los federales habían dado fin a una de sus innumerables proezas.

En aquel tiempo los carniceros degolladores del Matadero eran los apóstoles que propagaban a verga y puñal la federación rosina, y no es difícil imaginarse qué federación saldría de sus cabezas y cuchillas. Llamaban ellos salvaje unitario, conforme a la jerga inventada por el Restaurador, patrón de la cofradía, a todo el que no era 30 degollador, carnicero, ni salvaje, ni ladrón; a todo hombre decente y de corazón bien puesto, a todo patriota ilustrado amigo de las luces y de la libertad; y por el suceso anterior puede verse a las claras que el foco de la 35 federación estaba en el Matadero.

~~~~José Mármol

ARGENTINA, 1817–1871
The central inspiration for most of Mármol's
literary work, both in prose and poetry, was an almost obsessive hatred
for the dictator (1835–1852), Juan Manuel Rosas. The *Cantos del
peregrino* (1846–1857) express in Byronic style the loneliness and resent-
ment of a political exile; *Amalia* (1851–1855) is a novel whose plot
depends on the tyrant's misdeeds. The eloquent invective of many of
Mármol's poems earned for him the title of "verdugo poético de Rosas."
By its nature such political verse is seldom great poetry, and certainly
the piece included in these pages cannot be so described. But it is illustrative of a mood in a very important epoch of Argentine history. The
student seeking more genuinely lyrical expression should read Mármol's
long poem, *Cantos del peregrino*. There he would find excellent descriptions
of nature in tropical America, the author's anguish as human love and
religious faith trouble his soul, and of course sorrow as he recalls his
homeland's sad plight.

~~~ROSAS

El 25 de Mayo[1] de 1850.

¡Rosas! ¡Rosas! un genio sin segundo
formó a su antojo tu destino extraño:
después de Satanás, nadie en el mundo,
cual tú, hizo menos bien ni tanto daño.

5 Abortado de un crimen, has querido
que se hermanen tus obras con tu origen;
y, jamás del delito arrepentido,
sólo las horas de quietud te afligen.

Con las llamas del Tártaro[2] encendidas
10 una nube de sangre te rodea;
y en todo el horizonte de tu vida
sangre, ¡bárbaro!, y sangre, y sangre humea.

Tu mano conmoviera como el rayo
los cimientos de un templo, y, de repente,
15 desde el altar los ídolos de Mayo
vertieron sangre de su rota frente.

---

[1] The 25th of May, 1810, is looked upon by the
Argentines as the birthday of their country. On that
day, twelve days after the word reached the colony that
Seville had fallen before Napoleon's troops, a bloodless
revolution took place and a *Junta*, or Council, took over
the administrative duties formerly reserved to the
Spanish crown.

[2] Tártaro: Tartarus, a region of hell.

La Justicia se acerca religiosa
a llamar en la tumba de Belgrano;[3]
y ese muerto inmortal le abre su losa,
20 alzando al cielo su impotente mano.

La Libertad se escapa con la Gloria
a esconderse en las grietas de los Andes;
reclamando a los hielos la memoria
de aquellos tiempos en que fueron grandes.

25 Los ídolos y el tiempo desparecen;
se apagan los radiantes luminares,
y en sangre inmaculada se enrojecen
los fragmentos de piras y de altares.

Gloria, nombre, virtud, patria argentina,—
30 todo perece do tu pie se estampa,
todo hacen polvo, en tu ambición de ruina,
bajo el casco los potros de tu pampa.

Y bien, Rosas, ¿después? Tal es—atiende—
la pregunta de Dios y de la historia:
35 ese *después* que acusa o que defiende
en la ruina de un pueblo o en su gloria.

Ese *después* fatal a que te reta
sobre el cadáver de la patria mía,
en mi voz inspirada de poeta,
40 la voz tremenda del que alumbra el día.

Habla, y, en pos la destrucción, responde:
¿Dó están las obras que brotó tu mano?
¿Dónde tu creación? ¿Las bases dónde
de grande idea o pensamiento vano?

45 ¿Qué mente hubiste en tu sangriento insomnio
que a tanto crimen te impeliese tanto?
¡Aparta, aparta, aborto del demonio,
que haces el mal para gozar del llanto!

La raza humana se horroriza al verte,
50 hiena del Indo transformada en hombre;
mas ¡ay de ti, que un día al comprenderte
no te odiará, despreciará tu nombre!

El tiempo sus monumentos te ha ofrecido;
la fortuna ha rozado tu cabeza;
55 y, bárbaro y no más, tú no has sabido
ni ganar tiempo, ni ganar grandeza.

Tumbaste una república, y tu frente
con diadema imperial no elevas ledo;
murió la libertad y, omnipotente,
60 esclavo vives de tu propio miedo.

Quieres ser rey, y temes se convierta
en la corona de Milán[4] la tuya;
quieres ser grande, y tu ánima no acierta
cómo elevarte de la esfera suya.

65 Tu reino es el imperio de la muerte;
tu grandeza, el terror por tus delitos;
y tu ambición, tu libertad, tu suerte
abrir sepulcros y formar proscritos.

Gaucho salvaje de la pampa ruda,
70 eso no es gloria, ni valor, ni vida;
eso sólo es matar porque desnuda
te dieron una espada fratricida.

Y, grande criminal en la memoria
del mundo entero, de tu crimen lleno,
75 serás reptil que pisará la historia
con asco de tu forma y tu veneno.

Nerón da fuego a Roma, y la contempla,
y hay no sé qué de heroico en tal delito;
mas tú, con alma que el demonio templa,
80 cuanto haces lleva tu miseria escrito.

Ningún Atrida[5] al peligrar vacila,
y tú, más que ellos para el mal, temblaste;
y más sangriento que el sangriento Atila,
jamás la sangre de la lid miraste.

85 En todas esas águilas que asieron
la humanidad, y en fiebre carnicera
con sus garras metálicas la hirieron,
cupo alguna virtud: valor siquiera.

Pero tu corazón sólo rebosa
90 de miserias y crímenes y vicios,
con una sed estúpida y rabiosa
de hacer el mal y de inventar suplicios.

Ni siquiera te debes el destino
con que tu sed de sangre has apagado;
95 tigre que te encontraste en el camino
un herido león que has devorado.

---

[3] Manuel Belgrano (1770–1820), Argentine general, one of the heroes of the war for independence.

[4] In 1848 the city of Milán had risen in insurrection against the Austrian troops stationed there and re-nounced all allegiance to the Austrian crown.

[5] Atrida: the sons of Atreus, Agamemnon and Menelaus, heroes of the Trojan War.

Espíritu del mal nacido al mundo,
no has sido bueno ni contigo mismo;
y sólo dejarás un nombre inmundo
100 al descender a tu primer abismo.

Te nombrarán las madres a sus hijos
cuando asustarlos en la cuna quieran;
y ellos, temblando y en tu imagen fijos,
se dormirán soñando que te vieran.

105 Los trovadores pagarán tributo
a los cuentos que invente tu memoria;
y execrando tus crímenes sin fruto,
rudo y vulgar te llamará la historia.

¡Ah, que casi tus crímenes bendigo,
110 ante el enojo de la patria mía,
porque sufras tan bárbaro castigo
mientras alumbre el luminar del día!

Porque mientras el sol brille en el Plata
aquel castigo sufrirás eterno;
115 nunca a tu nombre la memoria ingrata;
nunca a tu maldición el pecho tierno;

y por último azote de tu suerte,
verás al expirar que se levanta
bello y triunfante y poderoso y fuerte
120 el pueblo que ultrajaste con tu planta.

Pues no habrá en él, de tus aleves manos,
más que una mancha sobre el cuello apenas;
que tú no sabes, vulgo de tiranos,
ni dejar la señal de tus cadenas.

⌇⌇⌇Domingo Faustino Sarmiento

ARGENTINA, 1811–1888   Domingo Faustino Sarmiento's *Facundo*
(1845), perhaps the greatest work of Argentine prose, was first printed in
Chile, the first book by a young exile from the tyranny of the dictator
Rosas. Sarmiento's home was in San Juan, one of the provinces which
had suffered most from the cruelties of Rosas' rival caudillo, Juan
Facundo Quiroga (1790–1835). Sarmiento had taken active part in the
civil wars against the dictators and was dividing the months of his
enforced absence from his native land between teaching and writing
newspaper articles. *Facundo* was written in the early months of 1845, and
its first instalment appeared in the feuilleton section of *El progreso* of
Santiago on May 2 of that year. The publication was completed by the
end of July and then reissued in book form. The title of the first edition
read: *Civilización i barbarie—Vida de Juan Facundo Quiroga, i aspecto físico,
costumbres, i ábitos de la República Arjentina, por Domingo F. Sarmiento*. It
became the object of venomous attacks by the political enemies which
its author's strong convictions and plain speech had already gained for
him in Chile. Sarmiento, discouraged by the criticism, obtained a leave
of absence from the paper and started for Europe, stopping on the way
in Montevideo, where his book was enjoying a much more cordial
reception from the "proscripted" intellectual refugees, and finally
reaching Paris, where a very favorable review of the work in the *Revue
des deux mondes* first introduced it to an international audience.

Sarmiento's literary fame rests upon *Facundo* and his autobiographical
account of his youth, *Recuerdos de provincia* (1850). *Facundo* is difficult to
classify. It is a heterogeneous work, composed of three distinct parts:
(1) a study of the history of Argentine customs and types; (2) a biography
of the gaucho caudillo Facundo Quiroga; and (3) a political diatribe
against the Rosas government. The first part has probably the most
universal and permanent appeal. The second and third parts contain
dramatic reporting of stirring events, keen insight into human motives
and human character, but also some statistics and comments on contemporary happenings whose interest has waned with their timeliness.

The text from which the following chapters were taken is that of the
edition in the *Biblioteca de clásicos argentinos* (Buenos Aires, Estrada, 1940)
and follows that of the *Edición crítica* of the Universidad Nacional de la
Plata. The orthography and punctuation have been modernized.

Recuerdos de provincia was written while Sarmiento was still an exile in Chile. But the author, now 40, was no longer an obscure educator. His *Facundo* had won widespread fame for him, and he had travelled intelligently in Europe and the United States. While the twenty-four chapters of this autobiography often reveal a gentle romantic nostalgia for times past (the present selection is a good example), the principal aim of the work was polemic. His attacks on Rosas had caused his name to be reviled in official Argentine circles, and *Recuerdos* was composed as a defense of himself, his ancestry, and his active life; "a patriot's desire to preserve the esteem of his fellow citizens," as he said.

∽∾FACUNDO

Capítulo I—Aspecto Físico de la República Argentina, y caracteres, hábitos e ideas que engendra

> *L'étendue des pampas est si prodigieuse qu'au nord elles sont bornées par des bosquets de palmiers, et au midi par des neiges éternelles.*—Head[1]

El continente americano termina al sur de una punta en cuya extremidad se forma el Estrecho de Magallanes. Al oeste y a corta distancia del Pacífico se extienden, paralelos a la costa, los Andes chilenos. La tierra que 5 queda al oriente de aquella cadena de montañas, y al occidente del Atlántico, siguiendo el Río de la Plata hacia el interior por el Uruguay arriba, es el territorio que se llamó Provincias Unidas del Río de la Plata, y en la 10 que aún se derrama sangre por denominarlo República Argentina o Confederación Argentina.[2] Al norte están el Paraguay y Bolivia, sus límites presuntos.

La inmensa extensión de país que está en 15 sus extremos es enteramente despoblada, y ríos navegables posee que no ha surcado aún el frágil barquichuelo. El mal que aqueja a la República Argentina es la extensión; el desierto la rodea por todas partes, se le insinúa en las entrañas; la soledad, el despoblado sin una habitación humana, son, por lo general, los límites incuestionables entre unas y otras provincias. Allí, la inmensidad por todas partes; inmensa la llanura, inmensos los bosques, inmensos los ríos, el horizonte siempre incierto, siempre confundiéndose con la tierra entre celajes y vapores tenues, que no dejan en la lejana perspectiva señalar el punto en que el mundo acaba y principia el cielo. Al sur y al norte acéchanla los salvajes, que aguardan las noches de luna para caer, cual enjambre de hienas, sobre los ganados que pacen en los campos y en las indefensas poblaciones. En la solitaria caravana de carretas que atraviesa pesadamente las pampas, y que se detiene a reposar por momentos, la tripulación[3] reunida en torno del escaso fuego,

[1] *The extent of the pampas is so enormous that they are bounded on the north by groves of palms and on the south by eternal snows.* The quote is probably from a French translation of *Rough Notes Taken During Some Rapid Journeys Across the Pampas and Among the Andes* (London, Murray, 1826) by the English Captain Francis Bond Head (1793–1875).

[2] Confederación Argentina: On July 9, 1816, at the Congress of Tucumán, the *Provincias Unidas del Río de la Plata* declared themselves independent of Spain. In this they were following the lead of the province of Buenos Aires which had severed its connections with the mother country six years earlier. For nearly half a century thereafter the question of where the supreme authority should be placed—whether there should be a strong, centralized government in Buenos Aires or whether each individual province should have complete sovereignty—divided the people into bitter factions, the "Unitarians" and the "Federalists," and gave rise to a series of civil wars, which were still going on when Sarmiento wrote these lines.

[3] tripulación: *the "crew" of the caravan.*

vuelve maquinalmente la vista hacia el sur al más ligero susurro del viento que agita las hierbas secas, para hundir sus miradas en las tinieblas profundas de la noche en busca de los bultos siniestros de la horda salvaje que puede sorprenderla desapercibida de un momento a otro.

Si el oído no escucha rumor alguno, si la vista no alcanza a calar el velo oscuro que cubre la callada soledad, vuelve sus miradas, para tranquilizarse del todo, a las orejas de algún caballo que está inmediato al fogón,[4] para observar si están inmóviles y negligentemente inclinadas hacia atrás. Entonces continúa la conversación interrumpida, o lleva a la boca el tasajo de carne medio sollamado[5] de que se alimenta.

Si no es la proximidad del salvaje lo que inquieta al hombre del campo, es el temor de un tigre que lo acecha, de una víbora que puede pisar. Esta inseguridad de la vida, que es habitual y permanente en las campañas, imprime, a mi parecer, en el carácter argentino cierta resignación estoica para la muerte violenta, que hace de ella uno de los percances inseparables de la vida, una manera de morir como cualquiera otra; y puede quizá explicar en parte la indiferencia con que dan y reciben la muerte, sin dejar en los que sobreviven impresiones profundas y duraderas.

La parte habitada de este país, privilegiado en dones y que encierra todos los climas, puede dividirse en tres fisonomías distintas, que imprimen a la población condiciones diversas, según la manera como tiene que entenderse con la naturaleza que la rodea. Al norte, confundiéndose con el Chaco, un espeso bosque cubre con su impenetrable ramaje extensiones que llamáramos inauditas si en formas colosales hubiese nada inaudito en toda la extensión de la América. Al centro, y en una zona paralela, se disputan largo tiempo el terreno la pampa y la selva; domina en partes el bosque, se degrada en matorrales enfermizos y espinosos, preséntase de nuevo la selva a merced de algún río

que la favorece, hasta que al fin, al sur, triunfa la pampa y ostenta su lisa y velluda frente infinita, sin límite conocido, sin accidente notable; es la imagen del mar en la tierra; la tierra como en el mapa; la tierra aguardando todavía que se la mande producir las plantas y toda clase de simiente.

Pudiera señalarse como un rasgo notable de la fisonomía de este país la aglomeración de ríos navegables que al este se dan cita de todos los rumbos del horizonte, para reunirse en el Plata, y presentar dignamente su estupendo tributo al Océano, que lo recibe en sus flancos no sin muestras visibles de turbación y respeto. Pero estos inmensos canales excavados por la solícita mano de la naturaleza, no introducen cambio ninguno en las costumbres nacionales. El hijo de los aventureros españoles que colonizaron el país, detesta la navegación, y se considera como aprisionado en los estrechos límites del bote o la lancha. Cuando un gran río le ataja el paso, se desnuda tranquilamente, apresta su caballo y lo endilga nadando a algún islote que se divisa a lo lejos; arriba a él, descansan caballo y caballero, y de islote en islote, se completa al fin la travesía.

De este modo, el favor más grande que la Providencia depara a un pueblo, el gaucho argentino lo desdeña, viendo en él más bien un obstáculo opuesto a sus movimientos, que el medio más poderoso de facilitarlos; de este modo la fuente del engrandecimiento de las naciones, lo que hizo la felicidad remotísima del Egipto, lo que engrandeció a la Holanda, y es la causa del rápido desenvolvimiento de Norte América, la navegación de los ríos o la canalización, es un elemento muerto, inexplotado por el habitante de las márgenes del Bermejo, Pilcomayo, Paraná, Paraguay y Uruguay.[6] Desde el Plata remontan aguas arriba algunas navecillas tripuladas por italianos y carcamanes;[7] pero el movimiento sube unas cuantas leguas y cesa casi de todo punto. No fue dado a los españoles el instinto de la navegación, que poseen en tan alto

---

[4] fogón: *bonfire.*
[5] tasajo . . . sollamado: *piece of dried beef slightly broiled.*
[6] Bermejo, Pilcomayo, Paraná, Paraguay and Uru-

guay are the principal rivers of northern Argentina, tributaries of the Río de la Plata.
[7] carcamanes: *French.*

grado los sajones del Norte. Otro espíritu se necesita que agite esas arterias en que hoy se estagnan los flúidos vivificantes de una nación. De todos esos ríos que debieran llevar la civilización, el poder y la riqueza hasta profundidades más recónditas del continente, y hacer de Santa Fe, Entre Ríos, Corrientes, Córdoba, Salta, Tucumán y Jujuy, otros tantos pueblos nadando en riquezas y rebosando población y cultura, sólo uno hay que es fecundo en beneficios para los que moran en sus riberas: el Plata, que los resume a todos juntos.

En su embocadura están situadas dos ciudades: Montevideo y Buenos Aires, cosechando hoy alternativamente las ventajas de su envidiable posición. Buenos Aires está llamada a ser un día la ciudad más gigantesca de ambas Américas. Bajo un clima benigno, señora de la navegación de cien ríos que fluyen a sus pies, reclinada muellemente sobre un inmenso territorio, y con trece provincias interiores que no conocen otra salida para sus productos, fuera ya la Babilonia americana,[8] si el espíritu de la pampa no hubiese soplado sobre ella y si no ahogase en sus fuentes el tributo de riqueza que los ríos y las provincias tienen que llevarla siempre. Ella sola, en la vasta extensión argentina, está en contacto con las naciones europeas; ella sola explota las ventajas del comercio extranjero; ella sola tiene poder y rentas. En vano le han pedido las provincias que les deje pasar un poco de civilización, de industria y de población europea; una política estúpida y colonial[9] se hizo sorda a estos clamores. Pero las provincias se vengaron mandándole en Rosas,[10] mucho y demasiado de la barbarie que a ellas les sobraba.

Harto caro la han pagado los que decían: "La República Argentina acaba en el Arroyo del Medio."[11] Ahora llega desde los Andes hasta el mar; la barbarie y la violencia bajaron a Buenos Aires, más allá del nivel de las provincias. No hay que quejarse de Buenos Aires, que es grande y lo será más, porque así le cupo en suerte. Debiéramos antes quejarnos de la Providencia y pedirle que rectifique la configuración de la tierra. No siendo esto posible, demos por bien hecho lo que de mano de Maestro está hecho. Quejémonos de la ignorancia de ese poder brutal que esteriliza, para sí y para las provincias, los dones que natura prodigó al pueblo que extravía. Buenos Aires, en lugar de mandar ahora luces, riqueza y prosperidad al interior, mándale sólo cadenas, hordas exterminadoras y tiranuelos subalternos. ¡También se venga del mal que las provincias le hicieron con prepararle a Rosas!

He señalado esta circunstancia de la posición monopolizadora de Buenos Aires, para mostrar que hay una organización del suelo, tan central y unitaria en aquel país, que aunque Rosas hubiera gritado de buena fe "*¡Federación o muerte!*" habría concluido por el sistema unitario que hoy ha establecido. Nosotros, empero, queríamos la unidad en la civilización y en la libertad, y se nos ha dado la unidad en la barbarie y en la esclavitud. Pero otro tiempo vendrá en que las cosas entren en su cauce ordinario. Lo que por ahora interesa conocer, es que los progresos de la civilización se acumulan sólo en Buenos Aires; la pampa es un malísimo conductor para llevarla y distribuirla en las provincias, y ya veremos lo que de aquí resulta.

Pero por sobre todos estos accidentes peculiares a ciertas partes de aquel territorio predomina una facción general, uniforme y constante; ya sea que la tierra esté cubierta de la lujosa y colosal vegetación de los trópicos, ya sea que arbustos enfermizos, espinosos y desapacibles revelen la escasa porción de humedad que les da vida, en fin, que la

---

[8] Babilonia americana: Ancient Babylon in the Euphrates valley was once (in the 6th century B.C.) the center of the world's commerce, the richest and most prosperous city of antiquity.

[9] política . . . colonial: The Spanish colonial commercial policy gave to Buenos Aires the exclusive rights of export and import for the entire viceroyalty. Even after their separation from Spain, Buenos Aires kept this monopoly on the trade of the provinces.

[10] Juan Manuel Rosas, the Federalist dictator.

[11] Arroyo del Medio: This is the natural boundary between the provinces of Buenos Aires and Santa Fe. The statement is equivalent to saying "The republic ends with the province of Buenos Aires."

pampa ostente su despejada y monótona faz, la superficie de la tierra es generalmente llana y unida, sin que basten a interrumpir esta continuidad sin límites las sierras de San Luis y Córdoba en el centro, y algunas ramificaciones avanzadas de los Andes al norte; nuevo elemento de unidad para la nación que pueble un día aquellas grandes soledades, pues que es sabido que las montañas que se interponen entre unos y otros países, y los demás obstáculos naturales, mantienen el aislamiento de los pueblos y conservan sus peculiaridades primitivas.

Norte América está llamada a ser una federación, menos por la primitiva independencia de las plantaciones, que por su ancha exposición al Atlántico y las diversas salidas que al interior dan el San Lorenzo al norte, el Misisipí al sur y las inmensas canalizaciones al centro. La República Argentina es una e indivisible.

Muchos filósofos han creído también que las llanuras preparaban las vías al despotismo, del mismo modo que las montañas prestaban asidero a las resistencias de la libertad. Esta llanura sin límites que desde Salta a Buenos Aires, y de allí a Mendoza, por una distancia de más de setecientas leguas permite rodar enormes y pesadas carretas, sin encontrar obstáculo alguno, por caminos en que la mano del hombre apenas ha necesitado cortar algunos árboles y matorrales, esta llanura constituye uno de los rasgos más notables de la fisonomía interior de la República.

Para preparar vías de comunicación basta sólo el esfuerzo del individuo y los resultados de la naturaleza bruta; si el arte quisiera prestarle su auxilio, si las fuerzas de la sociedad intentaran suplir la debilidad del individuo, las dimensiones colosales de la obra arredrarían a los más emprendedores, y la incapacidad del esfuerzo lo haría inoportuno.

Así, en materia de caminos, la naturaleza salvaje dará la ley por mucho tiempo, y la acción de la civilización permanecerá débil e ineficaz.

Esta extensión de las llanuras imprime, por otra parte, a la vida del interior cierta tintura asiática que no deja de ser bien pronunciada. Muchas veces, al salir la luna tranquila y resplandeciente por entre las hierbas de la tierra, la he saludado maquinalmente con estas palabras de Volney en su descripción de las Ruinas: "La pleine lune à l'Orient s'élevait sur un fond bleuâtre aux plaines rives de l'Euphrate."[12] Y en efecto, hay algo en las soledades argentinas que trae a la memoria las soledades asiáticas; alguna analogía encuentra el espíritu entre la pampa y las llanuras que median entre el Tigris y el Eufrates;[13] algún parentesco en la tropa de carretas solitarias que cruza nuestras soledades para llegar, al fin de una marcha de meses, a Buenos Aires, y la caravana de camellos que se dirige hacia Bagdad o Esmirna.[14] Nuestras carretas viajeras son una especie de escuadra de pequeños bajeles, cuya gente tiene costumbres, idiomas y vestidos peculiares que la distinguen de los otros habitantes, como el marino se distingue de los hombres de tierra.

Es el capataz[15] un caudillo, como en Asia el jefe de la caravana; necesítase para este destino una voluntad de hierro, un carácter arrojado hasta la temeridad, para contener la audacia y turbulencia de los filibusteros de tierra que ha de gobernar y dominar él solo en el desamparo del desierto. A la menor señal de insubordinación, el capataz enarbola su *chicote* de fierro,[16] y descarga sobre el insolente golpes que causan contusiones y heridas; si la resistencia se prolonga, antes de apelar a las pistolas, cuyo auxilio por lo general desdeña, salta del caballo con el formidable cuchillo en mano y reivindica bien pronto su autoridad por la superior destreza con que sabe manejarlo.

El que muere en estas ejecuciones del

---

[12] *The full moon was rising in the east on a blue ground over the plains of the Euphrates.* The quotation is from the first chapter of C. F. Volney's *Les ruines; ou méditation sur les révolutions des empires*, Paris, 1792.

[13] el Tigris y el Eufrates: Between these rivers lies Irak, the ancient Mesopotamia.

[14] Bagdad: the ancient capital of Mesopotamia on the Tigris river; Esmirna: Smyrna, the former capital of Turkey in Asia.

[15] capataz: *foreman in charge of a group of workers.*

[16] *chicote* de fierro (hierro): *iron lash.*

capataz no deja derecho a ningún reclamo, considerándose legítima la autoridad que lo ha asesinado.

Así es como en la vida argentina empieza a establecerse por estas peculiaridades el predominio de la fuerza brutal, la preponderancia del más fuerte, la autoridad sin límites y sin responsabilidad de los que mandan, la justicia administrada sin formas y sin debate. La tropa de carretas lleva además armamento, un fusil o dos por carreta, y a veces un cañoncito giratorio en la que va a la delantera. Si los bárbaros la asaltan, forma un círculo atando unas carretas con otras, y casi siempre resiste victoriosamente a la codicia de los salvajes ávidos de sangre y de pillaje.

La arrea de mulas[17] cae con frecuencia indefensa en manos de estos beduinos americanos, y rara vez los troperos escapan de ser degollados. En estos largos viajes, el proletario argentino adquiere el hábito de vivir lejos de la sociedad y de luchar individualmente con la naturaleza, endurecido en las privaciones, y sin contar con otros recursos que su capacidad y maña personal para precaverse de todos los riesgos que le cercan de continuo.

El pueblo que habita estas extensas comarcas, se compone de dos razas diversas, que mezclándose forman medios tintes imperceptibles, españoles e indígenas. En las campañas de Córdoba y San Luis predomina la raza española pura, y es común encontrar en los campos pastoreando ovejas, muchachas tan blancas, tan rosadas y hermosas, como querrían serlo las elegantes de una capital. En Santiago del Estero el grueso de la población campesina habla aún el quichua,[18] que revela su origen indio. En Corrientes los campesinos usan un dialecto español muy gracioso: "Dame, general, un chiripá," decían a Lavalle[19] sus soldados.

En la campaña de Buenos Aires se reconoce todavía el soldado andaluz, y en la ciudad predominan los apellidos extranjeros. La raza negra, casi extinta ya, excepto en Buenos Aires, ha dejado sus zambos[20] y mulatos, habitantes de las ciudades, eslabón que liga al hombre civilizado con el palurdo;[21] raza inclinada a la civilización, dotada de talento y de los más bellos instintos de progreso.

Por lo demás, de la fusión de estas tres familias ha resultado un todo homogéneo, que se distingue por su amor a la ociosidad e incapacidad industrial, cuando la educación y las exigencias de una posición social no vienen a ponerle espuela y sacarla de su paso habitual. Mucho debe haber contribuido a producir este resultado desgraciado la incorporación de indígenas que hizo la colonización. Las razas americanas viven en la ociosidad, y se muestran incapaces, aun por medio de la compulsión, para dedicarse a un trabajo duro y seguido. Esto sugirió la idea de introducir negros en América, que tan fatales resultados ha producido. Pero no se ha mostrado mejor dotada de acción la raza española cuando se ha visto en los desiertos americanos abandonada a sus propios instintos.

Da compasión y vergüenza en la República Argentina comparar la colonia alemana o escocesa del sur de Buenos Aires, y la villa que se forma en el interior; en la primera las casitas son pintadas, el frente de la casa siempre aseado, adornado de flores y arbustillos graciosos; el amueblado sencillo, pero completo, la vajilla de cobre o estaño, reluciendo siempre, la cama con cortinillas graciosas, y los habitantes en un movimiento y acción continuos. Ordeñando vacas, fabricando mantequilla y queso, han logrado algunas familias hacer fortunas colosales y retirarse a la ciudad a gozar de las comodidades.

La villa nacional es el reverso indigno de esta medalla; niños sucios y cubiertos de harapos viven con una jauría de perros; hombres tendidos por el suelo en la más completa inacción, el desaseo y la pobreza por todas partes, una mesita y petacas por todo amueblado, ranchos miserables por habitación, y un aspecto general de barbarie y de incuria los hacen notables.

---

[17] arrea de mulas: *train of mules*.
[18] quichua: the language of the Indians indigenous to Bolivia and the northern provinces of Argentina; formerly that of the Incas of Peru.

[19] Juan Lavalle (1797–1841), Argentine general of the war for independence.
[20] zambos: progeny of Indian and negro.
[21] palurdo: *country person,* "*boor.*"

Esta miseria que ya va desapareciendo, y que es un accidente de las campañas pastoras, motivó sin duda las palabras que el despecho y la humillación de las armas inglesas arrancaron a Walter Scott. "Las vastas llanuras de Buenos Aires—dice—no están pobladas sino por cristianos salvajes conocidos bajo el nombre de 'huachos' (por decir 'gauchos'), cuyo principal amueblado consiste en cráneos de caballos, cuyo alimento es carne cruda y agua, y cuyo pasatiempo favorito es reventar caballos en carreras forzadas. Desgraciadamente—añade el buen gringo—, prefirieron su independencia nacional a nuestros algodones y muselinas."[22] ¡Sería bueno proponerle a la Inglaterra, por ver no más, cuántas varas de lienzo y cuántas piezas de muselina daría por poseer estas llanuras de Buenos Aires!

Por aquella extensión sin límites, tal como la hemos descrito, están esparcidas aquí y allá catorce ciudades capitales de provincia, que, si hubiéramos de seguir el orden aparente, clasificaríamos por su colocación geográfica: Buenos Aires, Santa Fe, Entre Ríos y Corrientes a las márgenes del Paraná; Mendoza, San Juan, La Rioja, Catamarca, Tucumán, Salta y Jujuy, casi en línea paralela con los Andes chilenos; Santiago, San Luis y Córdoba, al centro.

Pero esta manera de enumerar los pueblos argentinos no conduce a ninguno de los resultados sociales que voy solicitando. La clasificación que hace a mi objeto, es la que resultó de los medios de vivir del pueblo de las campañas, que es lo que influye en su carácter y espíritu. Ya he dicho que la vecindad de los ríos no imprime modificación alguna, puesto que no son navegados sino en una escala insignificante y sin influencia. Ahora, todos los pueblos argentinos, salvo San Juan y Mendoza, viven de los productos del pastoreo; Tucumán explota, además, la agricultura, y Buenos Aires, a más de un pastoreo de millones de cabezas de ganado, se entrega a las múltiples y variadas ocupaciones de la vida civilizada.

Las ciudades argentinas tienen la fisonomía regular de casi todas las ciudades americanas: sus calles cortadas en ángulos rectos, su población diseminada en una ancha superficie, si se exceptúa a Córdoba, que, edificada en corto y limitado recinto, tiene todas las apariencias de una ciudad europea, a que dan mayor realce la multitud de torres y cúpulas de sus numerosos y magníficos templos. La ciudad es el centro de la civilización argentina, española, europea; allí están los talleres de las artes, las tiendas del comercio, las escuelas y colegios, los juzgados, todo lo que caracteriza, en fin, a los pueblos cultos.

La elegancia en los modales, las comodidades del lujo, los vestidos europeos, el frac y la levita, tienen allí su teatro y su lugar conveniente. No sin objeto hago esta enumeración trivial. La ciudad capital de las provincias pastoras existe algunas veces ella sola sin ciudades menores y no falta alguna en que el terreno inculto llegue hasta ligarse con las calles. El desierto las circunda a más o menos distancia, las cerca, las oprime; la naturaleza salvaje las reduce a unos estrechos oasis de civilización enclavados en un llano inculto de centenares de millas cuadradas, apenas interrumpido por una que otra villa de consideración. Buenos Aires y Córdoba son las que mayor número de villas han podido echar sobre la campaña, como otros tantos focos de civilización y de intereses municipales; ya esto es un hecho notable.

El hombre de la ciudad viste el traje europeo, vive de la vida civilizada tal como la conocemos en todas partes; allí están las leyes, las ideas de progreso, los medios de instrucción, alguna organización municipal, el gobierno regular, etc. Saliendo del recinto de la ciudad, todo cambia de aspecto: el hombre de campo lleva otro traje, que llamaré americano, por ser común a todos los pueblos; sus hábitos de vida son diversos, sus necesidades peculiares y limitadas; parecen dos sociedades distintas, dos pueblos extraños uno de otro. Aun hay más: el hombre de la campaña, lejos de aspirar a semejarse al de la ciudad, rechaza con desdén su lujo y sus

---

[22] "*Life of Napoleon Buonaparte*, tomo II, capítulo I." (Sarmiento's note.)

modales corteses; y el vestido del ciudadano, el frac, la capa, la silla, ningún signo europeo puede presentarse impunemente en la campaña. Todo lo que hay de civilizado en la ciudad está bloqueado por allí, proscrito afuera; y el que osara mostrarse con levita, por ejemplo, y montado en silla inglesa, atraería sobre sí las burlas y las agresiones brutales de los campesinos.

Estudiemos ahora la fisonomía exterior de las extensas campañas que rodean las ciudades, y penetremos en la vida interior de sus habitantes. Ya he dicho que en muchas provincias el límite forzoso es un desierto intermedio y sin agua. No sucede así por lo general con la campaña de una provincia, en la que reside la mayor parte de su población. La de Córdoba, por ejemplo, que cuenta ciento sesenta mil almas, apenas veinte de éstas están dentro del recinto de la aislada ciudad; todo el grueso de la población está en los campos, que así como por lo común son llanos, casi por todas partes son pastosos, ya estén cubiertos de bosques, ya desnudos de vegetación mayor, y en algunos con tanta abundancia y de tan exquisita calidad, que el prado artificial no llegaría a aventajarles. Mendoza, y San Juan sobre todo, se exceptúan de esta peculiaridad de la superficie inculta, por lo que sus habitantes viven principalmente de los productos de la agricultura. En todo lo demás, abundando los pastos, la cría de ganado es, no la ocupación de los habitantes, sino su medio de subsistencia. Ya la vida pastoril nos vuelve impensadamente a traer a la imaginación el recuerdo del Asia, cuyas llanuras nos imaginamos siempre cubiertas aquí y allá de las tiendas del calmuco,[23] del cosaco o del árabe. La vida primitiva de los pueblos, la vida eminentemente bárbara y estacionaria, la vida de Abraham, que es la del beduino de hoy, asoma en los campos argentinos, aunque modificada por la civilización de un modo extraño.

La tribu árabe que vaga por las soledades asiáticas, vive reunida bajo el mando de un anciano de la tribu o un jefe guerrero; la sociedad existe, aunque no esté fija en un punto determinado de la tierra; las creencias religiosas, las tradiciones inmemoriales, la invariabilidad de las costumbres, el respeto a los ancianos, forman, reunidos, un código de leyes, de usos y prácticas de gobierno, que mantiene la moral, tal como la comprenden, el orden y la asociación de la tribu. Pero el progreso está sofocado, porque no puede haber progreso sin la posesión permanente del suelo, sin la ciudad, que es la que desenvuelve la capacidad industrial del hombre, y le permite extender sus adquisiciones.

En las llanuras argentinas no existe la tribu nómada; el pastor posee el suelo con títulos de propiedad, está fijo en un punto que le pertenece; pero para ocuparlo, ha sido necesario disolver la asociación y derramar las familias sobre una inmensa superficie. Imaginaos una extensión de dos mil leguas cuadradas cubierta toda de población, pero colocadas las habitaciones a cuatro leguas de distancia unas de otras, a ocho a veces, a dos las más cercanas. El desenvolvimiento de la propiedad mobiliaria no es imposible, los goces del lujo no son del todo incompatibles con este aislamiento: puede levantar la fortuna un soberbio edificio en el desierto; pero el estímulo falta, el ejemplo desaparece, la necesidad de manifestarse con dignidad que se siente en las ciudades, no se hace sentir allí en el aislamiento y la soledad. Las privaciones indispensables justifican la pereza natural, y la frugalidad en los goces trae en seguida todas las exterioridades de la barbarie. La sociedad ha desaparecido completamente; queda sólo la familia feudal aislada, reconcentrada; y no habiendo sociedad reunida, toda clase de gobierno se hace imposible; la municipalidad no existe, la policía no puede ejercerse y la justicia civil no tiene medios de alcanzar a los delincuentes.

Ignoro si el mundo moderno presenta un género de asociación tan monstruoso como éste. Es todo lo contrario del municipio romano, que reconcentraba en un recinto toda la población y de allí salía a labrar los campos circunvecinos. Existía, pues, una

---

[23] calmuco: native of a district of Mongolia.

organización social fuerte, y sus benéficos resultados se hacen sentir hasta hoy y han preparado la civilización moderna. Se asemeja a la antigua slobada esclavona,[24] con la diferencia que aquélla era agrícola y por tanto más susceptible de gobierno; el desparramo[25] de la población no era tan extenso como éste. Se diferencia de la tribu nómada, en que aquélla anda en sociedad siquiera, ya que no se posesiona del suelo. Es, en fin, algo parecida a la feudalidad de la Edad Media, en que los barones residían en el campo, y desde allí hostilizaban las ciudades y asolaban las campañas; pero aquí faltan el barón y el castillo feudal. Si el poder se levanta en el campo, es momentáneamente, es democrático: ni se hereda, ni puede conservarse, por falta de montañas y poblaciones fuertes. De aquí resulta que aun la tribu salvaje de la pampa está organizada mejor que nuestras campañas, para el desarrollo moral.

Pero lo que presenta de notable esta sociedad en cuanto a su aspecto social, es su afinidad con la vida antigua, con la vida espartana o romana, si por otra parte no tuviese una desemejanza radical. El ciudadano libre de Esparta o de Roma echaba sobre sus esclavos el peso de la vida material, el cuidado de proveer a la subsistencia, mientras que él vivía libre de cuidados en el foro, en la plaza pública, ocupándose exclusivamente de los intereses del Estado, de la paz, la guerra, las luchas de partido. El pastoreo proporciona las mismas ventajas, y la función inhumana del ilota[26] antiguo la desempeña el ganado. La procreación espontánea forma y acrece indefinidamente la fortuna; la mano del hombre está por demás; su trabajo, su inteligencia, su tiempo, no son necesarios para la conservación y aumento de los medios de vivir. Pero, si nada de esto necesita para lo material de la vida, las fuerzas que economiza no puede emplearlas como el romano; fáltale la ciudad, el municipio, la asociación íntima, y por tanto, fáltale la base de todo desarrollo social; no

estando reunidos los estancieros, no tienen necesidades públicas que satisfacer: en una palabra, no hay *res pública*.

El progreso moral, la cultura de la inteligencia descuidada en la tribu árabe o tártara, es aquí no sólo descuidada, sino imposible. ¿Dónde colocar la escuela para que asistan a recibir lecciones los niños diseminados a diez leguas de distancia en todas direcciones? Así, pues, la civilización es del todo irrealizable, la barbarie es normal,[27] y gracias si las costumbres domésticas conservan un corto depósito de moral. La religión sufre las consecuencias de la disolución de la sociedad; el curato es nominal, el púlpito no tiene auditorio, el sacerdote huye de la capilla solitaria, o se desmoraliza en la inacción y en la soledad; los vicios, el simoniaquismo, la barbarie normal, penetran en su celda, y convierten su superioridad moral en elementos de fortuna y de ambición, porque al fin concluye por hacerse caudillo de partido.

Yo he presenciado una escena campestre digna de los tiempos primitivos del mundo anteriores a la institución del sacerdocio. Hallábame en 1838 en la sierra de San Luis, en casa de un estanciero cuyas dos ocupaciones favoritas eran rezar y jugar. Había edificado una capilla en la que los domingos por la tarde rezaba él mismo el rosario, para suplir al sacerdote y el oficio divino de que por años habían carecido. Era aquél un cuadro homérico: el sol llegaba al ocaso, las majadas que volvían al redil hendían el aire con sus confusos balidos; el dueño de la casa, hombre de sesenta años, de una fisonomía noble, en que la raza europea pura se ostentaba por la blancura del cutis, los ojos azulados, la frente espaciosa y despejada, hacía coro, a que contestaban una docena de mujeres y algunos mocetones, cuyos caballos, no bien domados aún, estaban amarrados cerca de la puerta de la capilla. Concluido el rosario, hizo un fervoroso ofrecimiento. Jamás he oído voz más llena de unción, fervor más puro, fe más firme, ni oración más

---

[24] slobada esclavona: *Slavonic settlement.*
[25] desparramo: *dispersion.*
[26] ilota: *Spartan serf.*
[27] "El año 1826, durante una residencia de un año

en la sierra de San Luis, enseñé a leer a seis jóvenes de familias pudientes, el menor de los cuales tenía veintidós años." (Sarmiento's note.)

bella, más adecuada a las circunstancias que la que recitó. Pedía en ella a Dios lluvias para los campos, fecundidad para los ganados, paz para la República, seguridad para los caminantes . . . Yo soy muy propenso a llorar, y aquella vez lloré hasta sollozar, porque el sentimiento religioso se había despertado en mi alma con exaltación y con una sensación desconocida, porque nunca he visto escena más religiosa; creía estar en los tiempos de Abraham, en su presencia, en la de Dios y de la naturaleza que lo revela; la voz de aquel hombre, candorosa e inocente, me hacía vibrar todas las fibras, y me penetraba hasta la médula de los huesos.

He aquí a lo que está reducida la religión en las campañas pastoras, a la religión natural; el cristianismo existe, como el idioma español, en clase de tradición que se perpetúa, pero corrompido, encarnado en superticiones groseras, sin instrucción, sin culto y sin convicciones. En casi todas las campañas apartadas de las ciudades ocurre que, cuando llegan comerciantes de San Juan o de Mendoza, les presentan tres o cuatro niños de meses y de un año para que los bauticen, satisfechos de que por su buena educación podrán hacerlo de un modo válido; y no es raro que a la llegada de un sacerdote, se le presenten mocetones que vienen domando un potro, a que les ponga el óleo y administre el bautismo *sub conditione*.

A falta de todos los medios de civilización y de progreso, que no pueden desenvolverse sino a condición de que los hombres estén reunidos en sociedades numerosas, ved la educación del hombre del campo. Las mujeres guardan la casa, preparan la comida, trasquilan las ovejas, ordeñan las vacas, fabrican los quesos y tejen las groseras telas de que se visten; todas las ocupaciones domésticas, todas las industrias caseras, las ejerce la mujer; sobre ella pesa casi todo el trabajo; y gracias, si algunos hombres se dedican a cultivar un poco de maíz para el alimento de la familia, pues el pan es inusitado como mantención ordinaria.[28] Los niños ejercitan sus fuerzas y se adiestran por placer en el manejo del lazo y de las boleadoras, con que molestan y persiguen sin descanso a las terneras y cabras; cuando son jinetes, y esto sucede luego de aprender a caminar, sirven a caballo en algunos quehaceres; más tarde, y cuando ya son fuertes, recorren los campos cayendo y levantando, rodando a designio en las vizcacheras, salvando precipicios y adiestrándose en el manejo del caballo; cuando la pubertad asoma, se consagran a domar potros salvajes y la muerte es el castigo menor que les aguarda, si un momento les faltan las fuerzas o el coraje. Con la juventud primera viene la completa independencia y la desocupación.

Aquí principia la vida pública, diré, del gaucho, pues que su educación está ya terminada. Es preciso ver a estos españoles, por el idioma únicamente y por las confusas nociones religiosas que conservan, para saber apreciar los caracteres indómitos y altivos que nacen de esta lucha del hombre aislado con la naturaleza salvaje, del racional con el bruto; es preciso ver estas caras cerradas de barba, estos semblantes graves y serios, como los de los árabes asiáticos, para juzgar del compasivo desdén que les inspira la vista del hombre sedentario de las ciudades, que puede haber leído muchos libros, pero que no sabe aterrar un toro bravío y darle muerte, que no sabrá proveerse de caballo a campo abierto, a pie y sin auxilio de nadie; que nunca ha parado un tigre, y recibídolo con el puñal en una mano y el poncho envuelto en la otra, para meterlo en la boca, mientras le traspasa el corazón y lo deja tendido a sus pies. Este hábito de triunfar de las resistencias, de mostrarse siempre superior a la naturaleza, de desafiarla y vencerla, desenvuelve prodigiosamente el sentimiento de la importancia individual y de la superioridad. Los argentinos, de cualquier clase que sean, civilizados o ignorantes, tienen una alta conciencia de su valer como nación; todos los demás pueblos americanos les echan en cara esta vanidad, y se muestran ofendidos de su presunción y arrogancia. Creo que el cargo no es del todo infundado, y no me pesa de ello. ¡Ay del

---

[28] mantención ordinaria: *staple food.*

pueblo que no tiene fe en sí mismo! ¡Para ése no se han hecho las grandes cosas! ¿Cuánto no habrá podido contribuir a la independencia de una parte de la América la arrogancia de estos gauchos argentinos que nada han visto bajo el sol mejor que ellos, ni el hombre sabio ni el poderoso? El europeo se para ellos el último de todos, porque no resiste a un par de corcovos[29] del caballo.[30] Si el origen de esta vanidad nacional en las clases inferiores es mezquino, no son por eso menos nobles las consecuencias, como no es menos pura el agua de un río porque nazca de vertientes cenagosas e infectas. Es implacable el odio que les inspiran los hombres cultos, e invencible su disgusto por sus vestidos, usos y maneras. De esta pasta están amasados los soldados argentinos, y es fácil imaginarse lo que hábitos de este género pueden dar en valor y sufrimiento para la guerra. Añádase que desde la infancia están habituados a matar las reses y que este acto de crueldad necesaria los familiariza con el derramamiento de sangre y endurece su corazón contra los gemidos de las víctimas.

La vida del campo, pues, ha desenvuelto en el gaucho las facultades físicas, sin ninguna de las de la inteligencia. Su carácter moral se resiente de su hábito de triunfar de los obstáculos y del poder de la naturaleza: es fuerte, altivo, enérgico. Sin ninguna instrucción, sin necesitarla tampoco, sin medios de subsistencia como sin necesidades, es feliz en medio de su pobreza y de sus privaciones, que no son tales para el que nunca conoció mayores goces, ni extendió más altos sus deseos. De manera que, si en esta disolución de la sociedad radica hondamente la barbarie por la imposibilidad y la inutilidad de la educación moral e intelectual, no deja, por otra parte, de tener sus atractivos. El gaucho no trabaja; el alimento y el vestido lo encuentra preparado en su casa; uno y otro se lo proporcionan sus ganados, si es propietario; la casa del patrón o del pariente, si nada posee. Las atenciones que el ganado exige, se reducen a correrías y partidas de placer. La hierra,[31] que es como la vendimia de los agricultores, es una fiesta cuya llegada se recibe con transportes de júbilo; allí es el punto de reunión de todos los hombres de veinte leguas a la redonda; allí la ostentación de la increíble destreza en el lazo.

El gaucho llega a la hierra al paso lento y mesurado de su mejor *parejero*,[32] que detiene a distancia apartada; y para gozar mejor del espectáculo, cruza la pierna sobre el pescuezo del caballo. Si el entusiasmo lo anima, desciende lentamente del caballo, desarrolla su lazo y lo arroja sobre un toro que pasa con la velocidad del rayo a cuarenta pasos de distancia; lo ha cogido de una uña, que era lo que se proponía, y vuelve tranquilo a enrollar su *cuerda*.[33]

ᙣCAPÍTULO II—ORIGINALIDAD Y CARACTERES ARGENTINOS.—EL RASTREADOR.—EL BAQUIANO.—EL GAUCHO MALO.—EL CANTOR

Ainsi que l'océan, les steppes remplissent l'esprit du sentiment de l'infini.[34]—Humboldt

Si de las condiciones de la vida pastoril, tal como la han constituido la colonización y la incuria, nacen graves dificultades para una organización política cualquiera, y muchas más para el triunfo de la civilización europea, de sus instituciones y de la riqueza y libertad, que son sus consecuencias, no puede, por otra parte, negarse que esta situación tiene su

---

[29] corcovos: *capers.*

[30] "El general Mansilla decía en la Sala durante el bloqueo francés: '¿Y qué nos han de hacer esos europeos que no saben galoparse una noche?' Y la inmensa barra plebeya ahogó la voz del orador con el estrépito de los aplausos." (Sarmiento's note.)

[31] hierra: *branding.*

[32] *parejero*: swift, trained horse.

[33] *cuerda*: lasso.

[34] *Like the ocean, the steppes fill the soul with a sense of infinity.*

costado poético, frases dignas de la pluma del romancista. Si un destello de literatura nacional puede brillar momentáneamente en las nuevas sociedades americanas, es el que resultará de la descripción de las grandiosas escenas naturales, y, sobre todo, de la lucha entre la civilización europea y la barbarie indígena, entre la inteligencia y la materia; lucha imponente en América, y que da lugar a escenas tan peculiares, tan características y tan fuera del círculo de ideas en que se ha educado el espíritu europeo, porque los resortes dramáticos se vuelven desconocidos fuera del país donde se toman, los usos sorprendentes, y originales los caracteres.

El único romancista norteamericano que haya logrado hacerse un nombre europeo, es Fenimore Cooper,[35] y eso, porque transportó la escena de sus descripciones fuera del círculo ocupado por los plantadores al límite entre la vida bárbara y la civilizada, al teatro de la guerra en que las razas indígenas y la raza sajona están combatiendo por la posesión del terreno.

No de otro modo nuestro joven poeta Echeverría ha logrado llamar la atención del mundo literario español con su poema titulado *La cautiva*. Este bardo argentino dejó a un lado a Dido y Argia, que sus predecesores los Varela[36] trataron con maestría clásica y estro poético, pero sin suceso y sin consecuencia, porque nada agregaban al caudal de nociones europeas, y volvió sus miradas al desierto, y allá en la inmensidad sin límites, en las soledades en que vaga el salvaje, en la lejana zona de fuego que el viajero ve acercarse cuando los campos se incendian, halló las inspiraciones que proporciona a la imaginación el espectáculo de una naturaleza solemne, grandiosa, inconmensurable, callada, y entonces el eco de sus versos pudo hacerse oír con aprobación aun por la península española.

Hay que notar de paso un hecho que es muy explicativo de los fenómenos sociales de los pueblos. Los accidentes de la naturaleza producen costumbres y usos peculiares a estos accidentes, haciendo que donde estos accidentes se repiten, vuelvan a encontrarse los mismos medios de parar a ellos, inventados por pueblos distintos. Esto me explica por qué la flecha y el arco se encuentran en todos los pueblos salvajes, cualesquiera que sean su raza, su origen y su colocación geográfica. Cuando leía en *El último de los Mohicanos*, de Cooper, que Ojo de Halcón[37] y Uncas habían perdido el rastro de los Mingos en un arroyo, dije: "Van a tapar el arroyo." Cuando en *La pradera*, el Trampero[38] mantiene la incertidumbre y la agonía mientras el fuego los amenaza, un argentino habría aconsejado lo mismo que el Trampero sugiere, al fin, que es limpiar un lugar para guarecerse, e incendiar a su vez, para poderse retirar del fuego que invade sobre las cenizas del que se ha encendido. Tal es la práctica de los que atraviesan la pampa para salvarse de los incendios del pasto. Cuando los fugitivos de *La pradera* encuentran un río, y Cooper describe la misteriosa operación del Pawnie con el cuero de búfalo que recoge: "Va a hacer la *pelota*,"[39] me dije a mí mismo: "Lástima es que no haya una mujer que la conduzca, que entre nosotros son las mujeres las que cruzan los ríos con la *pelota* tomada con los dientes por un lazo." El procedimiento para asar una cabeza de búfalo en el desierto es el mismo que nosotros usamos para *batear*[40] una cabeza de vaca o un lomo de ternera. En fin, mil otros accidentes que omito, prueban la verdad de que modificaciones análogas del suelo traen análogas costumbres, recursos y expedientes. No es otra la razón de hallar en Fenimore Cooper descripciones de usos y costumbres que parecen plagiadas de la pampa; así, hallamos en

---

[35] James Fenimore Cooper (1789–1851).

[36] los Varela: The brothers Florencio and Juan Cruz Varela, though liberal in politics and among Rosas's "proscripts," were neoclassical in literary taste. Juan Cruz Varela's two tragedies were entitled respectively: *Dido* and *Argia*.

[37] Ojo de Halcón: Hawkeye, Uncas, and the Mingos

are characters in Cooper's *Last of the Mohicans*.

[38] el Trampero: The Trapper is a character in Cooper's *The Prairie*.

[39] la *pelota*: a kind of tub made of hide which can be pulled across a narrow stream.

[40] *batear* (bautizar): baste the roast with salt water before eating it.

los hábitos pastoriles de la América, reproducidos hasta los trajes, el semblante grave y hospitalidad árabes.

Existe, pues, un fondo de poesía que nace de los accidentes naturales del país y de las costumbres excepcionales que engendra. La poesía, para despertarse, (porque la poesía es, como el sentimiento religioso, una facultad del espíritu humano) necesita el espectáculo de lo bello, del poder terrible, de la inmensidad, de la extensión, de lo vago, de lo incomprensible; porque sólo donde acaba lo palpable y vulgar, empiezan las mentiras de la imaginación, el mundo ideal. Ahora, yo pregunto: ¿Qué impresiones ha de dejar en el habitante de la República Argentina el simple acto de clavar los ojos en el horizonte, y ver . . . no ver nada? Porque cuanto más hunde los ojos en aquel horizonte incierto, vaporoso, indefinido, más se aleja, más lo fascina, lo confunde y lo sume en la contemplación y la duda. ¿Dónde termina aquel mundo que quiere en vano penetrar? ¡No lo sabe! ¿Qué hay más allá de lo que ve? La soledad, el peligro, el salvaje, la muerte. He aquí ya la poesía. El hombre que se mueve en estas escenas se siente asaltado de temores e incertidumbres fantásticas, de sueños que lo preocupan despierto.

De aquí resulta que el pueblo argentino es poeta por carácter, por naturaleza. ¿Y cómo ha de dejar de serlo, cuando en medio de una tarde serena y apacible, una nube torva y negra se levanta sin saber de dónde, se extiende sobre el cielo mientras se cruzan dos palabras, y de repente el estampido del trueno anuncia la tormenta que deja frío al viajero, y reteniendo el aliento por temor de atraerse un rayo de dos mil que caen en torno suyo? La oscuridad sucede después a la luz; la muerte está por todas partes; un poder terrible, incontrastable, le ha hecho en un momento reconcentrarse en sí mismo, y sentir su nada en medio de aquella naturaleza irritada; sentir a Dios, por decirlo de una vez, en la aterrante magnificencia de sus obras. ¿Qué más colores para la paleta de la fantasía? Masas de tinieblas que anublan el día, masas de luz lívida, temblorosa, que ilumina un instante las tinieblas y muestra la pampa a distancias infinitas, cruzándolas vivamente el rayo, en fin, símbolo del poder. Estas imágenes han sido hechas para quedarse hondamente grabadas. Así, cuando la tormenta pasa, el gaucho se queda triste, pensativo, serio, y la sucesión de luz y tinieblas se continúa en su imaginación, del mismo modo que, cuando miramos fijamente el sol, nos queda por largo tiempo su disco en la retina.

Preguntadle al gaucho a quién matan con preferencia los rayos, y os introducirá en un mundo de idealizaciones morales y religiosas, mezcladas de hechos naturales, pero mal comprendidos, de tradiciones supersticiosas y groseras. Añádase que si es cierto que el flúido eléctrico entra en la economía de la vida humana, y es el mismo que llaman flúido nervioso, el cual, excitado, subleva las pasiones y enciende el entusiasmo, muchas disposiciones debe tener para los trabajos de la imaginación el pueblo que habita bajo una atmósfera recargada de electricidad hasta el punto que la ropa frotada chisporrotea como el pelo contrariado del gato.

¿Cómo no ha de ser poeta el que presencia estas escenas imponentes?

"Gira en vano, reconcentra
su inmensidad, y no encuentra
la vista en su vivo anhelo
do fijar su fugaz vuelo,
como el pájaro en la mar.
Doquier campo y heredades
del ave y bruto guaridas;
doquier cielo y soledades
de Dios sólo conocidas,
que Él sólo puede sondar."[41]

¿O el que tiene a la vista esta naturaleza engalanada?

"De las entrañas de América
dos raudales se desatan:
el Paraná, faz de perlas,
y el Uruguay, faz de nácar.

---

[41] Cf. page 140, lines 11–20.

Los dos entre bosques corren
o entre floridas barrancas,
como dos grandes espejos
entre marcos de esmeraldas.
Salúdanlos en su paso
la melancólica pava,
el picaflor y jilguero,
el zorzal y la torcaza.[42]
Como ante reyes se inclinan
ante ellos ceibos y palmas,
y le arrojan flor del aire,
aroma y flor de naranja.
Luego en el Guazú se encuentran
y reuniendo sus aguas,
mezclando nácar y perlas,
se derraman en el Plata."[43]

Pero ésta es la poesía culta, la poesía de la ciudad; hay otra que hace oír sus ecos por los campos solitarios: la poesía popular, candorosa y desaliñada del gaucho.

También nuestro pueblo es músico. Ésta es una predisposición nacional que todos los vecinos le reconocen. Cuando en Chile se anuncia por la primera vez un argentino en una casa, lo invitan al piano en el acto, o le pasan una vihuela,[44] y si se excusa diciendo que no sabe pulsarla, lo extrañan, y no le creen, "porque siendo argentino—dicen— debe ser músico." Ésta es una preocupación popular que acusa nuestros hábitos nacionales. En efecto, el joven culto de las ciudades toca el piano o la flauta, el violín o la guitarra; los mestizos se dedican casi exclusivamente a la música, y son muchos los hábiles compositores e instrumentistas que salen de entre ellos. En las noches de verano se oye sin cesar la guitarra en la puerta de las tiendas, y, tarde de la noche, el sueño es dulcemente interrumpido por las serenatas y los conciertos ambulantes.

El pueblo campesino tiene sus cantares propios.

El *triste*, que predomina en los pueblos del norte, es un canto frigio, plañidero, natural al hombre en el estado primitivo de barbarie, según Rousseau.

La *vidalita*, canto popular con coros, acompañado de la guitarra y un tamboril,[45] a cuyos redobles se reúne la muchedumbre y va engrosando el cortejo y el estrépito de las voces; este canto me parece heredado de los indígenas, porque lo he oído en una fiesta de indios en Copiapó,[46] en celebración de la Candelaria,[47] y como canto religioso, debe ser antiguo, y los indios chilenos no lo han de haber adoptado de los españoles argentinos. La *vidalita* es el metro popular en que se cantan los asuntos del día, las canciones guerreras; el gaucho compone el verso que canta, y lo populariza por las asociaciones que su canto exige.

Así, pues, en medio de la rudeza de las costumbres nacionales, estas dos artes que embellecen la vida civilizada y dan desahogo a tantas pasiones generosas, están honradas y favorecidas por las masas mismas que ensayan su áspera musa en composiciones líricas y poéticas. El joven Echeverría residió algunos meses en la campaña en 1840, y la fama de sus versos sobre la pampa le había precedido ya; los gauchos lo rodeaban con respeto y afición, y cuando un recién venido mostraba señales de desdén hacia el *cajetilla*,[48] alguno le insinuaba al oído: "Es poeta," y toda prevención hostil cesaba al oír este título privilegiado.

Sabido es, por otra parte, que la guitarra es el instrumento popular de los españoles, y que es común en América. En Buenos Aires, sobre todo, está todavía muy vivo el tipo popular español, el *majo*.[49] Descúbresele en el compadrito de la ciudad y en el gaucho de la campaña. El *jaleo* español vive en el *cielito*; los dedos sirven de castañuelas. Todos los

---

[42] picaflor (*humming bird*) . . . jilguero (*linnet*) . . . zorzal (*thrush*) . . . torcaza (*wild pigeon*): all birds indigenous to America.

[43] These lines were written by Luis L. Domínguez (1819–1862), an Argentine poet, one of the proscripts of 1839.

[44] vihuela: musical instrument shaped like a large guitar with six strings.

[45] tamboril: *small drum played with one stick.*

[46] Copiapó: city in the province of Atacama, Chile.

[47] Candelaria: Candlemas Day, a religious festival which falls on February 2nd. The candles to be used during the year are blessed on this day.

[48] *cajetilla: weakling,* the gaucho's disdainful epithet for a city man.

[49] *majo:* type of fellow something like our "sport."

movimientos del compadrito revelan al majo; el movimiento de los hombros, los ademanes, la colocación del sombrero, hasta la manera de escupir por entre los colmillos, todo es un andaluz genuino.

Del centro de estas costumbres y gustos generales se levantan especialidades notables, que un día embellecerán y darán un tinte original al drama y al romance nacional. Yo quiero sólo notar aquí algunos que servirán para completar la idea de las costumbres, para trazar en seguida el carácter, causas y efectos de la guerra civil.

EL RASTREADOR

El más conspicuo de todos, el más extraordinario, es el *rastreador*. Todos los gauchos del interior son rastreadores. En llanuras tan dilatadas en donde las sendas y caminos se cruzan en todas direcciones, y los campos en que pacen o transitan las bestias son abiertos, es preciso saber seguir las huellas de un animal, y distinguirlas de entre mil; conocer si va despacio o ligero, suelto o tirado, cargado o de vacío. Ésta es una ciencia casera y popular. Una vez caía yo de un camino de encrucijada al de Buenos Aires, y el peón que me conducía echó, como de costumbre, la vista al suelo. "Aquí va—dijo luego—una mulita mora muy buena . . . ; ésta es la tropa de don N. Zapata . . . , es de muy buena silla . . . , va ensillada . . . , ha pasado ayer." Este hombre venía de la sierra de San Luis, la tropa volvía de Buenos Aires, y hacía un año que él había visto por última vez la mulita mora cuyo rastro estaba confundido con el de toda una tropa en un sendero de dos pies de ancho. Pues esto, que parece increíble, es, con todo, la ciencia vulgar; éste era un peón de arrea,[50] y no un rastreador de profesión.

El rastreador es un personaje grave, circunspecto, cuyas aseveraciones hacen fe en los tribunales inferiores. La conciencia del saber que posee, le da cierta dignidad reservada y misteriosa. Todos lo tratan con consideración; el pobre, porque puede hacerle mal, calum-niándolo o denunciándolo; el propietario, porque su testimonio puede fallarle. Un robo se ha ejecutado durante la noche; no bien se nota, corren a buscar una pisada del ladrón, y encontrada, se cubre con algo para que el viento no la disipe. Se llama en seguida al rastreador, que ve el rastro, y lo sigue sin mirar sino de tarde en tarde el suelo, como si sus ojos vieran de relieve esta pisada que para otro es imperceptible. Sigue el curso de las calles, atraviesa los huertos, entra en una casa, y, señalando un hombre que encuentra, dice fríamente: "¡Éste es!" El delito está probado, y raro es el delincuente que resiste a esta acusación. Para él, más que para el juez, la deposición del rastreador es la evidencia misma; negarla sería ridículo, absurdo. Se somete, pues, a este testigo que considera como el dedo de Dios que lo señala. Yo mismo he conocido a Calíbar, que ha ejercido en una provincia su oficio durante cuarenta años consecutivos. Tiene ahora cerca de ochenta años; encorvado por la edad, conserva, sin embargo, un aspecto venerable y lleno de dignidad. Cuando le hablan de su reputación fabulosa, contesta: "Ya no valgo nada; ahí están los niños." Los niños son sus hijos, que han aprendido en la escuela de tan famoso maestro. Se cuenta de él que durante un viaje a Buenos Aires le robaron una vez su montura de gala. Su mujer tapó el rastro con una artesa.[51] Dos meses después Calíbar regresó, vio el rastro ya borrado e imperceptible para otros ojos, y no se habló más del caso. Año y medio después Calíbar marchaba cabizbajo por una calle de los suburbios, entra en una casa, y encuentra su montura ennegrecida ya, y casi inutilizada por el uso. ¡Había encontrado el rastro de su raptor después de dos años! El año 1830, un reo condenado a muerte se había escapado de la cárcel. Calíbar fue encargado de buscarlo. El infeliz, previendo que sería rastreado, había tomado todas las precauciones que la imagen del cadalso le sugirió. ¡Precauciones inútiles! Acaso sólo sirvieron para perderle; porque, comprometido Calíbar en su reputación, el

---

[50] peón de arrea: peon who drives cattle from place to place.

[51] artesa: *kneading trough.*

amor propio ofendido le hizo desempeñar con calor una tarea que perdía a un hombre, pero que probaba su maravillosa vista.

El prófugo aprovechaba todas las desigualdades del suelo para no dejar huellas; cuadras enteras había marchado pisando con la punta del pie; trepábase en seguida a las murallas bajas, cruzaba un sitio, y volvía atrás. Calíbar lo seguía sin perder la pista; si le sucedía momentáneamente extraviarse, al hallarla de nuevo exclamaba: "¡Dónde te *mi as dir!"*[52] Al fin llegó a una acequia de agua en los suburbios, cuya corriente había seguido aquél para burlar al rastreador . . . ¡Inútil! Calíbar iba por las orillas, sin inquietud, sin vacilar. Al fin se detiene, examina unas hierbas, y dice: "¡Por aquí ha salido; no hay rastro, pero estas gotas de agua en los pastos lo indican!" Entra en una viña; Calíbar reconoció las tapias que la rodeaban, y dijo: "Adentro está." La partida de soldados se cansó de buscar, y volvió a dar cuenta de la inutilidad de la pesquisa. "No ha salido" fue la breve respuesta que sin moverse, sin proceder a nuevo examen, dio el rastreador. No había salido, en efecto, y al día siguiente fue ejecutado. En 1831, algunos presos políticos intentaban una evasión: todo estaba preparado, los auxiliares de afuera prevenidos. En el momento de efectuarla, uno dijo: "¿Y Calíbar?"—"¡Cierto!—contestaron los otros anonadados, aterrados,—¡Calíbar!"

Sus familias pudieron conseguir de Calíbar que estuviese enfermo cuatro días contados desde la evasión, y así pudo efectuarse sin inconveniente.

¿Qué misterio es este del rastreador? ¿Qué poder microscópico se desenvuelve en el órgano de la vista de estos hombres? ¡Cuán sublime criatura es la que Dios hizo a su imagen y semejanza!

EL BAQUEANO

Después del rastreador, viene el *baqueano,* personaje eminente y que tiene en sus manos la suerte de los particulares de las provincias.

El baqueano es un gaucho grave y reservado, que conoce a palmo[53] veinte mil leguas cuadradas de llanuras, bosques y montañas. Es el topógrafo más completo; es el único mapa que lleva un general para dirigir los movimientos de su campaña. El baqueano va siempre a su lado. Modesto y reservado como una tapia; está en todos los secretos de la campaña; la suerte del ejército, el éxito de una batalla, la conquista de una provincia, todo depende de él.

El baqueano es casi siempre fiel a su deber; pero no siempre el general tiene en él plena confianza. Imaginaos la posición de un jefe condenado a llevar un traidor a su lado, y a pedirle los conocimientos indispensables para triunfar. Un baqueano encuentra una sendita que hace cruz con el camino que lleva: él sabe a qué aguada remota conduce; si encuentra mil, y esto sucede en un espacio de cien leguas, él las conoce todas, sabe de dónde vienen y adónde van. Él sabe el vado oculto que tiene un río, más arriba o más abajo del paso ordinario, y esto en cien ríos o arroyos; él conoce en los ciénagos[54] extensos un sendero por donde pueden ser atravesados sin inconveniente, y esto en cien ciénagos distintos.

En lo más oscuro de la noche, en medio de los bosques o en las llanuras sin límites, perdidos sus compañeros, extraviados, da una vuelta en círculo de ellos, observa los árboles; si no los hay, se desmonta, se inclina a tierra, examina algunos matorrales y se orienta de la altura en que se halla; monta en seguida, y les dice para asegurarlos: "Estamos en dereceras de[55] tal lugar, a tantas leguas de las habitaciones; el camino ha de ir al sur"; y se dirige hacia el rumbo que señala, tranquilo, sin prisa de encontrarlo, y sin responder a las objeciones que el temor o la fascinación sugiere a los otros.

Si aún esto no basta, o si se encuentra en la pampa y la oscuridad es impenetrable, entonces arranca pastos de varios puntos, huele la raíz y la tierra, las masca, y después de repetir este procedimiento varias veces, se

---

[52] *mi as dir* = me has de ir.
[53] a palmo: *intimately.*

[54] ciénagos (ciénagas): *marshes, moors.*
[55] en dereceras de: *near* (derecera = derechura).

cerciora de la proximidad de algún lago, o arroyo salado, o de agua dulce, y sale en su busca para orientarse fijamente. El general Rosas, dicen, conoce por el gusto el pasto de cada estancia del sur de Buenos Aires.

Si el baqueano lo es de la pampa donde no hay caminos para atravesarla, y un pasajero le pide que lo lleve directamente a un paraje distante cincuenta leguas, el baqueano se para un momento, reconoce el horizonte, examina el suelo, clava la vista en un punto y se echa a galopar con la rectitud de una flecha, hasta que cambia de rumbo por motivos que sólo él sabe, y galopando día y noche, llega al lugar designado.

El baqueano anuncia también la proximidad del enemigo; esto es, diez leguas,[56] y el rumbo por donde se acerca, por medio del movimiento de los avestruces, de los gamos y guanacos que huyen en cierta dirección. Cuando se aproxima, observa los polvos; y por su espesor cuenta la fuerza: "Son dos mil hombres—dice—, quinientos," "doscientos," y el jefe obra bajo este dato, que casi siempre es infalible. Si los cóndores y cuervos revolotean en un círculo del cielo, él sabrá decir si hay gente escondida, o es un campamento recién abandonado, o un simple animal muerto. El baqueano conoce la distancia que hay de un lugar a otro; los días y las horas necesarias para llegar a él, y a más, una senda extraviada e ignorada por donde se puede llegar de sorpresa y en la mitad del tiempo; así es que las partidas de montoneras emprenden sorpresas sobre pueblos que están a cincuenta leguas de distancia, que casi siempre las aciertan. ¿Creeráse exagerado? ¡No! El general Rivera,[57] de la Banda Oriental, es un simple baqueano que conoce cada árbol que hay en toda la extensión de la República del Uruguay. No la hubieran ocupado los brasileños sin su auxilio, y no la hubieran libertado sin él los argentinos.

Oribe,[58] apoyado por Rosas, sucumbió después de tres años de lucha con el general baqueano, y todo el poder de Buenos Aires, hoy con sus numerosos ejércitos, que cubren toda la campaña del Uruguay, puede desaparecer destruido a pedazos por una sorpresa hoy, por una fuerza cortada mañana, por una victoria que él sabrá convertir en su provecho, por el conocimiento de algún caminito que cae a retaguardia del enemigo, o por otro accidente inadvertido o insignificante.

El general Rivera principió sus estudios del terreno el año 1804, y haciendo la guerra a las autoridades, entonces como contrabandista, a los contrabandistas después como empleado, al rey en seguida como patriota, a los patriotas más tarde como montonero, a los argentinos como jefe brasileño, a éstos como general argentino, a Lavalleja[59] como presidente, al presidente Oribe como jefe proscrito, a Rosas, en fin, aliado de Oribe, como general oriental, ha tenido sobrado tiempo para aprender un poco de la ciencia del baqueano.

EL GAUCHO MALO

Éste es un tipo de ciertas localidades, un *outlaw*, un *squatter*, un misántropo particular. Es el *Ojo del Halcón*, el *Trampero* de Cooper, con toda su ciencia del desierto, con toda su aversión a las poblaciones de los blancos; pero sin su moral natural y sin sus conexiones con los salvajes. Llámanle el *Gaucho Malo*, sin que este epíteto le desfavorezca del todo. La justicia lo persigue desde muchos años; su nombre es temido, pronunciado en voz baja, pero sin odio y casi con respeto. Es un personaje misterioso; mora en la pampa; son su albergue los cardales;[60] vive de perdices y *mulitas*;[61] si alguna vez quiere regalarse con una lengua, enlaza una vaca, la voltea solo, la mata, saca su bocado predilecto, y abandona lo demás a las aves mortecinas. De repente se

---

[56] esto . . . leguas: elliptical expression equivalent to: *cuando éste se halla a diez leguas.*

[57] General José Fructuoso Rivera (1790?–1854) was the first constitutional president of the Banda Oriental (Uruguay) after it won its independence (1830). He fought on the side of Brazil against Artigas; then joined with the Argentine forces against Brazil.

[58] Manuel Oribe (?–1857), Uruguayan minister of war under Rivera, quarreled with him and went over to Rosas in 1838.

[59] Juan Antonio Lavalleja (1786–1853), a Uruguayan patriot.

[60] cardales: land covered with weeds and thistles.

[61] *mulitas: armadillos.*

presenta el Gaucho Malo en un pago de donde la partida[62] acaba de salir; conversa pacíficamente con los buenos gauchos, que lo rodean y lo admiran; se provee *de los vicios*,[63] y si divisa la partida, monta tranquilamente en su caballo, y lo apunta hacia el desierto, sin prisa, sin aparato,[64] desdeñando volver la cabeza. La partida rara vez lo sigue; mataría inútilmente sus caballos, porque el que monta el Gaucho Malo es un parejero *pangaré*[65] tan célebre como su amo. Si el acaso lo echa alguna vez de improviso entre las garras de la justicia, acomete a lo más espeso de la partida, y a merced de cuatro tajadas que con su cuchillo ha abierto en la cara o en el cuerpo de los soldados, se hace paso por entre ellos, y tendiéndose sobre el lomo del caballo para substraerse a la acción de las balas que lo persiguen, endilga[66] hacia el desierto, hasta que, poniendo espacio conveniente entre él y sus perseguidores, refrena su trotón y marcha tranquilamente. Los poetas de los alrededores agregan esta nueva hazaña a la biografía del héroe del desierto, y su nombradía vuela por toda la vasta campaña. A veces se presenta a la puerta de un baile campestre con una muchacha que ha robado; entra en baile con su pareja, confúndese en las mudanzas del *cielito*, y desaparece sin que nadie lo advierta. Otro día se presenta en la casa de la familia ofendida, hace descender de la grupa a la niña que ha seducido, y desdeñando las maldiciones de los padres que lo siguen, se encamina tranquilo a su morada sin límites.

Este hombre divorciado con la sociedad, proscrito por las leyes; este salvaje de color blanco, no es en el fondo un ser más depravado que los que habitan las poblaciones. El osado prófugo que acomete una partida entera es inofensivo para con los viajeros. El Gaucho Malo no es un bandido, no es un salteador[67]; el ataque a la vida no entra en su idea, como el robo no entraba en la idea del *Churriador*; roba, es cierto, pero ésta es su profesión, su tráfico, su ciencia. Roba caballos. Una vez viene al real[68] de una tropa del interior; el patrón propone comprarle un caballo de tal pelo extraordinario, de tal figura, de tales prendas, con una estrella blanca en la paleta. El gaucho se recoge, medita un momento, y después de un rato de silencio, contesta: "No hay actualmente caballo así." ¿Qué ha estado pensando el gaucho? En aquel momento ha recorrido en su mente mil estancias de la pampa, ha visto y examinado todos los caballos que hay en la provincia, con sus marcas, color, señas particulares, y convencídose de que no hay ninguno que tenga una estrella en la paleta; unos la tienen en la frente, otros una mancha blanca en el anca.

¿Es sorprendente esta memoria? ¡No! Napoleón conocía por sus nombres doscientos mil soldados, y recordaba, al verlos, todos los hechos que a cada uno de ellos se referían. Si no se le pide, pues, lo imposible, el día señalado, en un punto dado del camino, entregará un caballo tal como se le pide, sin que el anticiparle el dinero sea un motivo de faltar a la cita. Tiene sobre este punto el honor de los tahures sobre la deuda. Viaja a veces a la campaña de Córdoba, a Santa Fe. Entonces se le ve cruzar la pampa con una tropilla de caballos por delante; si alguno lo encuentra, sigue su camino sin acercársele, a menos que él lo solicite.

EL CANTOR

Aquí tenéis la idealización de aquella vida de revueltas, de civilización, de barbarie y de peligros. El gaucho cantor es el mismo bardo, el vate, el trovador de la Edad Media, que se mueve en la misma escena, entre las luchas de las ciudades y del feudalismo de los campos, entre la vida que se va y la vida que se acerca. El cantor anda de pago en pago, "de tapera[69] en galpón,"[70] cantando sus héroes de la pampa perseguidos por la justicia, los llantos de la viuda a quien los indios robaron

---

[62] la partida: *an armed band representing the law (like the Canadian mounted police, or the rangers).*

[63] *vicios: tobacco and alcohol.*

[64] sin aparato: *without ostentation.*

[65] *pangaré: tawny.*

[66] endilga: *starts off.*

[67] salteador: *highwayman.*

[68] real: *camping place.*

[69] tapera: *abandoned cabin.*

[70] galpón: *shed.*

sus hijos en un malón[71] reciente, la derrota y la muerte del valiente Rauch,[72] la catástrofe de Facundo Quiroga y la suerte que cupo a Santos Pérez.[73] El cantor está haciendo candorosamente el mismo trabajo de crónica, costumbres, historia, biografía, que el bardo de la Edad Media, y sus versos serían recogidos más tarde como los documentos y datos en que habría de apoyarse el historiador futuro, si a su lado no estuviese otra sociedad culta con superior inteligencia de los acontecimientos, que la que el infeliz despliega en sus rapsodias ingenuas. En la República Argentina se ven a un tiempo dos civilizaciones distintas en un mismo suelo; una naciente, que sin conocimiento de lo que tiene sobre su cabeza, está remedando los esfuerzos ingenuos y populares de la Edad Media; otra, que sin cuidarse de lo que tiene a sus pies, intenta realizar los últimos resultados de la civilización europea. El siglo XIX y el siglo XII viven juntos: el uno dentro de las ciudades, el otro en las campañas.

El cantor no tiene residencia fija; su morada está donde la noche lo sorprende; su fortuna en sus versos y en su voz. Dondequiera que el *cielito* enreda sus parejas sin tasa,[74] dondequiera que se apure una copa de vino, el cantor tiene su lugar preferente, su parte escogida en el festín. El gaucho argentino no bebe, si la música y los versos no lo excitan,[75] y cada pulpería tiene su guitarra para poner en manos del cantor, a quien el grupo de caballos estacionados a la puerta anuncia a lo lejos dónde se necesita el concurso de su gaya ciencia.

El cantor mezcla entre sus cantos heroicos la relación de sus propias hazañas. Des-

graciadamente, el cantor, con ser el bardo argentino, no está libre de tener que habérselas con[76] la justicia. También tiene que dar la cuenta de sendas puñaladas que ha distribuido, una o dos *desgracias* (muertes) que tuvo y algún caballo o alguna muchacha que robó. En 1840, entre un grupo de gauchos y a orillas del majestuoso Paraná, estaba sentado en el suelo y con las piernas cruzadas un cantor que tenía azorado y divertido a su auditorio con la larga y animada historia de sus trabajos y aventuras. Había ya contado lo del rapto de la querida, con los trabajos que sufrió; lo de la *desgracia* y la disputa que la motivó; estaba refiriendo su encuentro con la partida y las puñaladas que en su defensa dio, cuando el tropel y los gritos de los soldados le avisaron que esta vez estaba cercado. La partida, en efecto, se había cerrado en forma de herradura; la abertura quedaba hacia el Paraná, que corría veinte varas más abajo: tal era la altura de la barranca. El cantor oyó la grita sin turbarse, viósele de improviso sobre el caballo, y echando una mirada escudriñadora sobre el círculo de soldados con las tercerolas[77] preparadas, vuelve el caballo hacia la barranca, le pone el poncho en los ojos y clávale las espuelas. Algunos instantes después se veía salir de las profundidades del Paraná, el caballo sin freno, a fin de que nadase con más libertad, y el cantor, tomado de la cola, volviendo la cara quietamente, cual si fuera en un bote de ocho remos, hacia la escena que dejaba en la barranca. Algunos balazos de la partida no estorbaron que llegase sano y salvo al primer islote que sus ojos divisaron.

Por lo demás, la poesía original del cantor

---

[71] malón: *raid.*

[72] A colonel in charge of a division under Lavalle, killed at Las Vizcacheras (1829).

[73] Captain of the band which held up the stagecoach and killed Facundo Quiroga at Barranca Yaco (Feb. 16, 1835). Cf. pages 197–200.

[74] sus . . . *tasa: its couples, however many.* Any number of couples could take part in the *cielito*, as in our "Paul Jones." Other dances were limited to a certain number of dancers, a "set."

[75] "No es fuera de propósito recordar aquí las semejanzas notables que representan los argentinos con los árabes. En Argel, en Orán, en Máscara y en los aduares del desierto, vi siempre a los árabes reunidos en

cafés, por estarles completamente prohibido el uso de los licores, apiñados en derredor del cantor, generalmente dos, que se acompañan de la vihuela a dúo, recitando canciones nacionales plañideras como nuestros tristes. La rienda de los árabes es tejida de cuero y con azotera como las nuestras; el freno que usamos es el freno árabe y muchas de nuestras costumbres revelan el contacto de nuestros padres con los moros de la Andalucía. De las fisonomías no se hable: algunos árabes he conocido que jurara haberlos visto en mi país." (Sarmiento's note to the edition of 1851.)

[76] tener . . . con: *having to reckon with.*

[77] tercerolas: *short rifles.*

es pesada, monótona, irregular, cuando se abandona a la inspiración del momento. Más narrativa que sentimental, llena de imágenes tomadas de la vida campestre, del caballo y las escenas del desierto, que la hacen metafórica y pomposa. Cuando refiere sus proezas o las de algún afamado malévolo, parécese al improvisador napolitano, desarreglado, prosaico de ordinario, elevándose a la altura poética por momentos, para caer de nuevo al recitado insípido y casi sin versificación. Fuera de esto, el cantor posee su repertorio de poesías populares, quintillas, décimas y octavas, diversos géneros de versos octosílabos. Entre éstos hay muchas composiciones de mérito, y que descubren inspiración y sentimiento.

Aún podría añadir a estos tipos originales muchos otros igualmente curiosos, igualmente locales, si tuviesen, como los anteriores, la peculiaridad de revelar las costumbres nacionales, sin lo cual es imposible comprender nuestros personajes políticos, ni el carácter primordial y americano de la sangrienta lucha que despedaza a la República Argentina. Andando esta historia, el lector va a descubrir por sí solo dónde se encuentra el rastreador, el baqueano, el gaucho malo, el cantor. Verá en los caudillos cuyos nombres han traspasado las fronteras argentinas, y aun en aquellos que llenan el mundo con el horror de su nombre, el reflejo vivo de la situación interior del país, sus costumbres, su organización.

Capítulo III—Asociación.—La pulpería.

> *Le Gaucho vit de privations, mais son luxe est la liberté.*
> *Fier d'une indépendance sans bornes, ses sentiments,*
> *sauvages, comme sa vie, sont pourtant nobles et bons.*[78]
> —Head

En el capítulo primero hemos dejado al campesino argentino en el momento en que ha llegado a la edad viril, tal cual lo ha formado la naturaleza y la falta de verdadera sociedad en que vive. Lo hemos visto hombre, independiente de toda necesidad, libre de toda sujeción, sin ideas de gobierno, porque todo orden regular y sistemado se hace de todo punto imposible. Con estos hábitos de incuria, de independencia, va a entrar en otra escala de la vida campestre que, aunque vulgar, es el punto de partida de todos los grandes acontecimientos que vamos a ver desenvolverse muy luego.

No se olvide que hablo de los pueblos esencialmente pastores; que en éstos tomo la fisonomía fundamental dejando las modificaciones accidentales que experimentan para indicar a su tiempo los efectos parciales.

Hablo de la asociación de estancias que, distribuidas de cuatro en cuatro leguas más o menos, cubren la superficie de una provincia.

Las campañas agrícolas subdividen y diseminan también la sociedad, pero en una escala muy reducida; un labrador colinda con otro, y los aperos de la labranza y la multitud de instrumentos, aparejos, bestias que ocupa; lo variado de sus productos y las diversas artes que la agricultura llama en su auxilio, establecen relaciones necesarias entre los habitantes de un valle, y hacen indispensable un rudimento de villa que les sirva de centro. Por otra parte, los cuidados y faenas que la labranza exige, requieren tal número de brazos, que la ociosidad se hace imposible, y los varones se ven forzados a permanecer en el recinto de la heredad. Todo lo contrario sucede en esta singular asociación. Los límites de la propiedad no están marcados; los ganados, cuanto más numerosos son, menos brazos ocupan: la mujer se encarga de todas las faenas domésticas y fabriles; el hombre

---

[78] *The gaucho lives a life of privations, but his luxury is liberty. Proud of his unbounded independence, his sentiments, like his life, though savage (barbarous) are nevertheless noble and good.*

queda desocupado, sin goces, sin ideas, sin atenciones forzosas; el hogar doméstico le fastidia, lo expele, digámoslo así. Hay necesidad, pues, de una sociedad ficticia para remediar esta desasociación normal. El hábito contraído desde la infancia de andar a caballo, es un nuevo estímulo para dejar la casa. Los niños tienen el deber de echar caballos al corral apenas sale el sol; y todos los varones, hasta los pequeñuelos, ensillan su caballo, aunque no sepan qué hacerse. El caballo es una parte integrante del argentino de los campos; es para él lo que la corbata para los que viven en el seno de las ciudades. El año 41, el Chacho,[79] caudillo de los Llanos, emigró a Chile. "¿Cómo le va, amigo?—le preguntaba uno.—¡Cómo me ha de ir!—contestó con el acento del dolor y de la melancolía—¡en Chile y a pie!" Sólo un gaucho argentino sabe apreciar todas las desgracias y todas las angustias que estas dos frases expresan.

Aquí vuelve a aparecer la vida árabe, tártara. Las siguientes palabras de Víctor Hugo parecen escritas en la Pampa: "No podría combatir a pie; no hace sino una sola persona en su caballo. Vive a caballo; trata, compra y vende a caballo; bebe, come, duerme y sueña a caballo."

Salen, pues, los varones sin saber fijamente adónde. Una vuelta a los ganados; una visita a una cría o a la querencia de un caballo predilecto, invierte una pequeña parte del día; el resto lo absorbe una reunión en una venta o *pulpería*. Allí concurre cierto número de parroquianos de los alrededores; allí se dan y adquieren las noticias sobre los animales extraviados; trázanse en el suelo las marcas del ganado; sábese dónde caza el tigre, dónde se le han visto los rastros al león; allí se arman las carreras, se reconocen los mejores caballos; allí, en fin, está el cantor; allí se fraterniza por el circular de la copa y las prodigalidades de los que poseen.

En esta vida tan sin emociones, el juego sacude los espíritus enervados, el licor enciende las imaginaciones adormecidas. Esta asociación accidental de todos los días, viene, por su repetición, a formar una sociedad más estrecha que la de donde partió cada individuo; y en esta asamblea sin objeto público, sin interés social, empiezan a echarse los rudimentos de las reputaciones que más tarde, y andando los años, van a aparecer en la escena política. Ved cómo.

El gaucho estima, sobre todas las cosas, las fuerzas físicas, la destreza en el manejo del caballo, y, además, el valor. Esta reunión, este *club* diario, es un verdadero circo olímpico en que se ensayan y comprueban los quilates[80] del mérito de cada uno.

El gaucho anda armado del cuchillo, que ha heredado de los españoles; esta peculiaridad de la Península, este grito característico de Zaragoza: "¡Guerra a cuchillo!" es aquí más real que en España. El cuchillo, a más de un arma, es un instrumento que le sirve para todas sus ocupaciones; no puede vivir sin él; es como la trompa del elefante, su brazo, su mano, su dedo, su todo. El gaucho, a la par de jinete, hace alarde de valiente, y el cuchillo brilla a cada momento, describiendo círculos en el aire, a la menor provocación, o sin provocación alguna, sin otro interés que medirse con un desconocido; juega a las puñaladas, como jugaría a los dados. Tan profundamente entran estos hábitos pendencieros en la vida íntima del gaucho argentino, que las costumbres han creado sentimientos de honor y una esgrima que garantiza la vida. El hombre de la plebe de los demás países toma el cuchillo para matar, y mata; el gaucho argentino lo desenvaina para pelear, y hiere solamente. Es preciso que esté muy borracho, es preciso que tenga instintos verdaderamente malos, o rencores muy profundos, para que atente contra la vida de su adversario. Su objeto es sólo *marcarlo*, darle una tajada en la cara, dejarle una señal indeleble. Así, se ve a estos gauchos llenos de cicatrices que rara vez son profundas. La riña, pues, se traba por brillar, por la gloria del vencimiento, por amor a la reputación. Ancho círculo se forma en torno de los combatientes,

---

[79] el Chacho: the nickname of Ángel Vicente Peñaloza, who was captured and killed in 1863.

[80] quilates: *degree of perfection.*

y los ojos siguen con pasión y avidez el centelleo de los puñales, que no cesan de agitarse un momento. Cuando la sangre corre a torrentes, los espectadores se creen obligados en conciencia a separarlos. Si sucede alguna *desgracia*, las simpatías están por el que desgració; el mejor caballo le sirve para salvarse a parajes lejanos, y allí lo acoge el respeto o la compasión. Si la justicia le da alcance, no es raro que haga frente, y si *corre a la partida*, adquiere un renombre desde entonces, que se dilata sobre una ancha circunferencia. Transcurre el tiempo, el juez ha sido mudado y ya puede presentarse de nuevo en su pago sin que se proceda a ulteriores persecuciones; está absuelto. Matar es una desgracia, a menos que el hecho se repita tantas veces, que inspire horror el contacto del asesino. El estanciero don Juan Manuel Rosas, antes de ser hombre público, había hecho de su residencia una especie de asilo para los homicidas, sin que jamás consintiese en su servicio a los ladrones; preferencias que se explicarían fácilmente por su carácter de gaucho propietario, si su conducta posterior no hubiese revelado afinidades que han llenado de espanto al mundo.

En cuanto a los juegos de equitación, bastaría indicar uno de los muchos en que se ejercitan, para juzgar del arrojo que para entregarse a ellos se requiere. Un gaucho pasa a todo escape por enfrente de sus compañeros. Uno le arroja un tiro de bolas, que en medio de la carrera maniata el caballo. Del torbellino de polvo que levanta éste al caer vese salir al jinete corriendo seguido del caballo, a quien el impulso de la carrera interrumpida hace avanzar obedeciendo a las leyes de la física. En este pasatiempo se juega la vida y a veces se pierde.

¿Creeráse que estas proezas, la destreza y la audacia en el manejo del caballo, son las bases de las grandes ilustraciones que han llenado con su nombre la República Argentina, y cambiado la faz del país? Nada es más cierto, sin embargo. No es mi ánimo persuadir que el asesinato y el crimen hayan sido siempre una escala de ascenso. Millares son los valientes que han parado en bandidos oscuros; pero pasan de centenares los que a estos hechos han debido su posición. En todas las sociedades despotizadas las grandes dotes naturales van a perderse en el crimen; el genio romano que conquistara el mundo, es hoy el terror de los Lagos Pontinos,[81] y los Zumalacárregui,[82] los Mina,[83] españoles, se encuentran a centenares en Sierra Leona. Hay una necesidad tal para el hombre de desenvolver sus fuerzas, su capacidad y ambición, que cuando faltan los medios legítimos, él se forja un mundo con su moral y sus leyes aparte, y en él se complace en mostrar que había nacido Napoleón o César.

Con esta sociedad, pues, en que la cultura del espíritu es inútil e imposible, donde los negocios municipales no existen, donde el bien público es una palabra sin sentido, porque no hay público, el hombre dotado eminentemente se esfuerza por producirse, y adopta para ello los medios y los caminos que encuentra. El gaucho será un malhechor o un caudillo, según el rumbo que las cosas tomen en el momento en que ha llegado a hacerse notable.

Costumbres de este género requieren medios vigorosos de represión, y para reprimir desalmados se necesitan jueces más desalmados aún. Lo que al principio dije del capataz de carretas, se aplica exactamente al juez de campaña. Ante toda otra cosa, necesita valor; el terror de su nombre es más poderoso que los castigos que aplica. El juez es naturalmente algún famoso de tiempo atrás a quien la edad y la familia han llamado a la vida ordenada. Por supuesto, que la justicia que administra, es de todo punto arbitraria; su conciencia o sus pasiones lo guían, y sus sentencias son inapelables.

A veces suele haber jueces de estos, que lo son de por vida, y que dejan una memoria respetada. Pero la conciencia de estos medios ejecutivos y lo arbitrario de las penas, forman

---

[81] Lagos Pontinos: Pontine Lakes, south of Rome.
[82] Tomás Zumalacárregui (killed in 1835), Carlist leader of guerrilla troops during the Civil Wars in Spain (1833-1837).

[83] Javier Espoz y Mina (1784-1836), Spanish general who fought in the war against Napoleon and in the Carlist Wars.

ideas en el pueblo sobre el poder de la *autoridad*, que más tarde vienen a producir sus efectos. El juez se hace obedecer por su reputación de audacia temible, su autoridad, su juicio sin formas, su sentencia, un "yo lo mando" y sus castigos, inventados por él mismo. De este desorden, quizá por mucho tiempo inevitable, resulta que el caudillo que en las revueltas llega a elevarse, posee sin contradicción y sin que sus secuaces duden de ello, el poder amplio y terrible que sólo se encuentra hoy en los pueblos asiáticos.

El caudillo argentino es un Mahoma,[84] que pudiera a su antojo cambiar la religión dominante y forjar una nueva. Tiene todos los poderes; su injusticia es una desgracia para su víctima, pero no un abuso de su parte, porque él puede ser injusto; más todavía, él ha de ser injusto necesariamente, siempre lo ha sido.

Lo que digo del juez es aplicable al comandante de campaña.[85] Éste es un personaje de más alta categoría que el primero, y en quien han de reunirse en más alto grado las cualidades de reputación y antecedentes de aquél. Todavía una circunstancia nueva agrava, lejos de disminuir, el mal. El gobierno de las ciudades es el que da el título de comandante de campaña; pero como la ciudad es débil en el campo, sin influencia y sin adictos, el gobierno echa mano de los hombres que más temor le inspiran, para encomendarles este empleo, a fin de tenerlos en su obediencia; manera muy conocida de proceder de todos los gobiernos débiles, y que alejan el mal del momento presente, para que se produzca más tarde en dimensiones colosales. Así, el gobierno papal hace transacciones con los bandidos, a quienes da empleos en Roma, estimulando con esto el bandidaje, y creándole un porvenir seguro; así el Sultán concedía a Mehemet-Alí la investidura de bajá[86] de Egipto, para tener que reconocerlo más tarde rey hereditario, a trueque de que no lo destronase. Es singular que todos los caudillos de la revolución argentina han sido comandantes de campaña; López[87] e Ibarra,[88] Artigas[89] y Güemes,[90] Facundo y Rosas. Es el punto de partida para todas las ambiciones. Rosas, cuando hubo apoderádose de la ciudad, exterminó a todos los comandantes que lo habían elevado, entregando este influyente cargo a hombres vulgares, que no pudiesen seguir el camino que él había traído: Pajarito, Celarrayán, Arbolito, Pancho el Ñato, Molina, eran otros tantos bandidos comandantes de que Rosas purgó el país.

Doy tanta importancia a estos pormenores, porque ellos servirán para explicar todos nuestros fenómenos sociales y la revolución que se ha estado obrando en la República Argentina, revolución que está desfigurada por las palabras del diccionario civil, que la disfrazan y ocultan, creando ideas erróneas; de la misma manera que los españoles, al desembarcar en América, daban un nombre europeo conocido a un animal nuevo que encontraban, saludando con el terrible de león, que trae al espíritu la idea de la magnanimidad y fuerza del rey de las bestias, al miserable gato llamado puma, que huye a la vista de los perros, y tigre al jaguar de nuestros bosques. Por deleznables e innobles que parezcan estos fundamentos que quiero dar a la guerra civil, la evidencia vendrá luego a mostrar cuán sólidos e indestructibles son.

La vida de los campos argentinos, tal como la he mostrado, no es un accidente vulgar; es un orden de cosas, un sistema de asociación característico, normal, único a mi juicio en el mundo, y él solo basta para explicar toda nuestra revolución. Había antes de 1810 en la República Argentina dos sociedades distintas, rivales e incompatibles; dos civiliza-

---

[84] Mohamed (571–632): founder of the Mohammedan religion.

[85] comandante de campaña: *commander of the militia.*

[86] bajá: *pasha.*

[87] Estanislao López: *caudillo* and later governor of Santa Fe (1818).

[88] Juan Felipe Ibarra (1787–1851): *caudillo* of Santiago del Estero.

[89] José Gervasio Artigas (1774–1850): revolutionary general of the Banda Oriental, revered by Uruguayans as their hero of independence.

[90] Martín Güemes (1785–1821): *caudillo* and later governor of Salta. He held the Spanish forces back from invading Argentina in 1815.

ciones diversas: la una española, europea, civilizada, y la otra bárbara, americana, casi indígena; y la revolución de las ciudades sólo iba a servir de causa, de móvil, para que estas dos maneras distintas de ser de un pueblo se pusiesen en presencia una de otra, se acometiesen y después de largos años de lucha, la una absorbiese a la otra. He indicado la asociación normal de la campaña, la desasociación, peor mil veces que la tribu nómada; he mostrado la asociación ficticia, en la desocupación; en la formación de las reputaciones gauchas: valor, arrojo, destreza, violencias y oposición a la justicia regular, a la justicia civil de la ciudad. Este fenómeno de organización social existía en 1810, existe aún, modificado en muchos puntos, modificándose lentamente en otros e intacto en muchos aún. Estos focos de reunión de gauchaje valiente, ignorante, libre y desocupado, estaban diseminados a millares en la campaña. La revolución de 1810 llevó a todas partes el movimiento y el rumor de las armas. La vida pública, que hasta entonces había faltado a esta asociación árabe-romana, entró en todas las ventas, y el movimiento revolucionario trajo al fin la asociación bélica en la *montonera* provincial, hija legítima de la venta y de la estancia, enemiga de la ciudad y del ejército patriota revolucionario. Desenvolviéndose los acontecimientos, veremos las montoneras provinciales con sus caudillos a la cabeza; en Facundo Quiroga, últimamente triunfante en todas partes, la campaña sobre las ciudades, y dominadas éstas en su espíritu, gobierno, civilización, formarse al fin el gobierno central, unitario, despótico, del estanciero don Juan Manuel Rosas, que clava en la culta Buenos Aires el cuchillo del gaucho y destruye la obra de los siglos, la civilización, las leyes y la libertad.

ᑎᑎᑎCAPÍTULO IV—REVOLUCIÓN DE 1810

Cuando la batalla empieza, el tártaro da un grito terrible, llega, hiere, desaparece y vuelve como el rayo.
—Víctor Hugo

He necesitado andar todo el camino que dejo recorrido para llegar al punto en que nuestro drama comienza. Es inútil detenerse en el carácter, objeto y fin de la revolución de la independencia. En toda la América fueron los mismos, nacidos del mismo origen, a saber: el movimiento de las ideas europeas. La América obraba así porque así obran todos los pueblos. Los libros, los acontecimientos, todo llevaba a la América a asociarse a la impulsión que a la Francia habían dado Norteamérica y sus propios escritores; a la España, la Francia y sus libros. Pero lo que necesito notar para mi objeto es que la revolución, excepto en su símbolo exterior, independencia del rey, era sólo interesante e inteligible para las ciudades argentinas, extraña y sin prestigio para las campañas. En las ciudades había libros, ideas, espíritu municipal, juzgados, derecho, leyes, educación, todos los puntos de contacto y de mancomunidad que tenemos con los europeos; había una base de organización, incompleta, atrasada, si se quiere; pero precisamente porque era incompleta, porque no estaba a la altura de lo que ya se sabía que podía llegar, se adoptaba la revolución con entusiasmo. Para las campañas la revolución era un problema; substraerse a la autoridad del rey era agradable, por cuanto era substraerse a la autoridad. La campaña pastora no podía mirar la cuestión bajo otro aspecto. Libertad, responsabilidad del poder, todas las cuestiones que la revolución se proponía resolver, eran extrañas a su manera de vivir, a sus necesidades. Pero la revolución le era útil en este sentido, que iba a dar objeto y ocupación a ese exceso de vida que hemos indicado, y que iba a añadir un nuevo centro de reunión, mayor que el tan circunscrito a que acudían diariamente los varones en toda la extensión de las campañas.

Aquellas constituciones espartanas, aquellas fuerzas físicas tan desenvueltas, aquellas disposiciones guerreras que se malbarataban en puñaladas y tajos entre unos y otros, aquella desocupación romana a que sólo faltaba un Campo de Marte[91] para ponerse en ejercicio activo, aquella antipatía a la autoridad, con quien vivían en continua lucha, todo encontraba, al fin, camino por donde abrirse paso y salir a la luz, ostentarse y desenvolverse.

Empezaron, pues, en Buenos Aires los movimientos revolucionarios, y todas las ciudades del interior respondieron con decisión al llamamiento.

Las campañas pastoras se agitaron y adhirieron al impulso. En Buenos Aires empezaron a formarse ejércitos, pasablemente disciplinados, para acudir al Alto Perú y a Montevideo, donde se hallaban las fuerzas españolas mandadas por el general Vigodet. El general Rondeau[92] puso sitio a Montevideo con un ejército disciplinado. Concurría al sitio Artigas, caudillo célebre, con algunos millares de gauchos. Artigas había sido contrabandista temible hasta 1804, en que las autoridades civiles de Buenos Aires pudieron ganarlo y hacerle servir en carácter de comandante de campaña en apoyo de esas mismas autoridades a quienes había hecho la guerra hasta entonces. Si el lector no se ha olvidado del baqueano y de las cualidades generales que constituyen el candidato para la comandancia de campaña, comprenderá fácilmente el carácter e instintos de Artigas.

Un día Artigas, con sus gauchos, se separó del general Rondeau y empezó a hacerle la guerra. La posición de éste era la misma que hoy tiene Oribe sitiando a Montevideo y haciendo a retaguardia frente a otro enemigo. La única diferencia consistía en que Artigas era enemigo de los patriotas y de los realistas a la vez. Yo no quiero entrar en la averiguación de las causas o pretextos que motivaron este rompimiento; ni tampoco quiero darle nombre ninguno de los consagrados en el lenguaje de la política, porque ninguno le conviene. Cuando un pueblo entra en revolución, dos intereses opuestos luchan al principio: el revolucionario y el conservador; entre nosotros se han denominado los partidos que los sostenían, patriotas y realistas. Natural es que después del triunfo, el partido vencedor se subdivida en fracciones de moderados y exaltados; los unos que querrían llevar la revolución en todas sus consecuencias, los otros que querrían mantenerla en ciertos límites. También es del carácter de las revoluciones que el partido vencido primitivamente vuelva a reorganizarse y triunfar a merced de la división de los vencedores. Pero, cuando en una revolución, una de las fuerzas llamadas en su auxilio, se desprende inmediatamente, forma una tercera entidad, se muestra indiferentemente hostil a unos y otros combatientes, a realistas y patriotas; esta fuerza que se separa es heterogénea; la sociedad que la encierra no ha conocido hasta entonces su existencia, y la revolución sólo ha servido para que se muestre y desenvuelva.

Éste era el elemento que el célebre Artigas ponía en movimiento; instrumento ciego, pero lleno de vida, de instintos hostiles a la civilización europea y a toda organización regular; adverso a la monarquía como a la república, porque ambas venían de la ciudad, y traían aparejado un orden y la consagración de la autoridad. ¡De este instrumento se sirvieron los partidos diversos de las ciudades cultas, y principalmente el menos revolucionario, hasta que, andando el tiempo, los mismos que lo llamaron en su auxilio, sucumbieron, y con ellos la ciudad, sus ideas, su literatura, sus colegios, sus tribunales, su civilización!

Este movimiento espontáneo de las campañas pastoriles fue tan ingenuo en sus primitivas manifestaciones, tan genial y tan expresivo de su espíritu y tendencias, que abisma hoy el candor de los partidos de las ciudades que lo asimilaron a su causa y lo bautizaron con los nombres políticos que a ellos los dividían. La fuerza que sostenía a Artigas en Entre Ríos era la misma que en

---

[91] Campo de Marte: the field outside Rome where the citizen army was drilled.

[92] José Rondeau (1773–1845), Argentine patriot.

Santa Fe a López, en Santiago a Ibarra, en los Llanos a Facundo. El individualismo constituía su esencia, el caballo su arma exclusiva, la pampa inmensa su teatro. Las hordas beduinas que hoy importunan con sus algaradas y depredaciones las fronteras de la Argelia dan una idea exacta de la montonera argentina, de que se han servido hombres sagaces o malvados insignes. La misma lucha de civilización y barbarie, de la ciudad y el desierto existe hoy en África; los mismos personajes, el mismo espíritu, la misma estrategia indisciplinada, entre la horda y la montonera. Masas inmensas de jinetes vagando por el desierto, ofreciendo el combate a las fuerzas disciplinadas de las ciudades, si se sienten superiores en fuerza; disipándose como las nubes de cosacos, en todas direcciones, si el combate es igual siquiera, para reunirse de nuevo, caer de improviso sobre los que duermen, arrebatarles los caballos, matar a los rezagados y a las partidas avanzadas; presentes siempre, intangibles por su falta de cohesión, débiles en el combate, pero fuertes e invencibles en una larga campaña en que al fin la fuerza organizada, el ejército, sucumbe diezmado por los encuentros parciales, las sorpresas, la fatiga, la extenuación.

La montonera, tal como apareció en los primeros días de la República bajo las órdenes de Artigas, presentó ya ese carácter de ferocidad brutal, y ese espíritu terrorista que al inmortal bandido,[93] al estanciero de Buenos Aires, estaba reservado convertir en un sistema de legislación aplicado a la sociedad culta, y presentarlo, en nombre de la América avergonzada, a la contemplación de la Europa. Rosas no ha inventado nada; su talento ha consistido sólo en plagiar a sus antecesores, y hacer de los instintos brutales de las masas ignorantes un sistema meditado y coordinado fríamente. La correa de cuero sacada al coronel Maciel y de que Rosas se ha hecho una *manea*[94] que enseña a los agentes extranjeros, tiene sus antecedentes en

Artigas y los demás caudillos bárbaros, tártaros. Las montoneras de Artigas *enchalecaban*[95] a sus enemigos; esto es, los cosían dentro de un retobo de cuero fresco, y los dejaban así abandonados en los campos. El lector suplirá todos los horrores de esta muerte lenta. El año 36 se ha repetido este horrible castigo con un coronel del ejército. El ejecutar con el cuchillo, *degollando* y no fusilando, es un instinto de carnicero que Rosas ha sabido aprovechar para dar todavía a la muerte formas gauchas, y al asesino placeres horribles; sobre todo, para cambiar las formas *legales* y admitidas en las sociedades cultas, por otras que él llama americanas y en nombre de las cuales invita a la América a que salga a su defensa, cuando los sufrimientos del Brasil, del Paraguay y del Uruguay invocan la alianza de los poderes europeos, a fin de que les ayuden a librarse de ese caníbal que ya los invade con sus hordas sanguinarias. ¡No es posible mantener la tranquilidad de espíritu necesaria para investigar la verdad histórica, cuando se tropieza a cada paso con la idea de que ha podido engañarse a la América y a la Europa tanto tiempo con un sistema de asesinatos y crueldades, tolerables tan sólo en Ashanthy[96] o Dahomey,[97] en el interior de África!

Tal es el carácter que presenta la montonera desde su aparición: género singular de guerra y enjuiciamiento que sólo tiene antecedentes en los pueblos asiáticos que habitan las llanuras, y que no han debido confundirse con los hábitos, ideas y costumbres de las ciudades argentinas, que eran, como todas las ciudades americanas, una continuación de la Europa y de España. La montonera sólo puede explicarse examinando la organización íntima de la sociedad de donde procede. Artigas, baqueano, contrabandista, esto es, haciendo la guerra a la sociedad civil, a la ciudad, comandante de campaña por transacción, caudillo de las masas de a caballo, es el mismo tipo que con ligeras variantes continúa reproduciéndose en

[93] al . . . bandido: Rosas.
[94] *manea: hobble.*
[95] *enchalecaban: "jacketed."*
[96] Ashanthy: Ashanti, former Negro kingdom, now

a part of Ghana.
[97] Dahomey: formerly a French colony in West Africa, now an independent state.

cada comandante de campaña que ha llegado a hacerse caudillo. Como todas las guerras civiles en que profundas desemejanzas de educación, creencias y objetos dividen a los partidos, la guerra interior de la República Argentina ha sido larga, obstinada, hasta que uno de los elementos ha vencido. La guerra de la revolución argentina ha sido doble: 1°, guerra de las ciudades, iniciada en la cultura europea, contra los españoles, a fin de dar mayor ensanche a esa cultura; 2°, guerra de los caudillos contra las ciudades, a fin de librarse de toda sujeción civil, y desenvolver su carácter y su odio contra la civilización. Las ciudades triunfan de los españoles, y las campañas de las ciudades. He aquí explicado el enigma de la revolución argentina, cuyo primer tiro se disparó en 1810 y el último aún no ha sonado todavía.

No entraré en todos los detalles que requeriría este asunto; la lucha es más o menos larga; unas ciudades sucumben primero, otras después. La vida de Facundo Quiroga nos proporcionará ocasión de mostrarlos en toda su desnudez. Lo que por ahora necesito hacer notar, es que con el triunfo de estos caudillos, toda forma *civil*, aun en el estado en que la usaban los españoles, ha desaparecido totalmente en unas partes; en otras de un modo parcial, pero caminando visiblemente a su destrucción. Los pueblos en masa no son capaces de comparar distintivamente unas épocas con otras; el momento presente es para ellos el único sobre el cual se extienden sus miradas; así es como nadie ha observado hasta ahora la destrucción de las ciudades y su decadencia; lo mismo que no prevén la barbarie total a que marchan visiblemente los pueblos del interior.

Buenos Aires es tan poderosa en elementos de civilización europea, que concluirá al fin por educar a Rosas, y contener sus instintos sanguinarios y bárbaros. El alto puesto que ocupa, las relaciones con los gobiernos europeos, la necesidad en que se ha visto de respetar a los extranjeros, la de mentir por la prensa y negar las atrocidades que ha cometido, a fin de salvarse de la reprobación universal que lo persigue, todo, en fin, contribuirá a contener sus desafueros, como ya se está sintiendo; sin que eso estorbe que Buenos Aires venga a ser, como la Habana, el pueblo más rico de América, pero también el más subyugado y más degradado.* * *

Para hacer sensible la ruina y decadencia de la civilización y los rápidos progresos que la barbarie hace en el interior, necesito tomar dos ciudades; una ya aniquilada, la otra caminando sin sentirlo a la barbarie: La Rioja y San Juan. La Rioja no ha sido en otro tiempo una ciudad de primer orden; pero, comparada con su estado presente, la desconocerían sus mismos hijos. Cuando principió la revolución de 1810, contaba con crecido número de capitalistas y personajes notables, que han figurado de un modo distinguido en las armas, en el foro, en la tribuna, en el púlpito.* * *

Pues bien: veamos el estado de La Rioja, según las soluciones dadas a uno de los muchos interrogatorios que he dirigido para conocer a fondo los hechos sobre que fundo mis teorías. Aquí es una persona respetable la que habla, ignorando siquiera el objeto con que interrogo sus recientes recuerdos, porque sólo hace cuatro meses que dejó La Rioja.[98]

¿A qué número ascenderá aproximadamente la población actual de la ciudad de La Rioja?

R.[99] Apenas mil quinientas almas. Se dice que sólo hay quince varones residentes en la ciudad.

¿Cuántos ciudadanos notables residen en ella?

R. En la ciudad serán seis u ocho.

¿Cuántos abogados tienen estudio abierto?

R. Ninguno.

¿Cuántos médicos asisten a los enfermos?

R. Ninguno.

¿Qué jueces letrados hay?

R. Ninguno.

¿Cuántos hombres visten frac?

R. Ninguno.

---

[98] "El doctor don Manuel Ignacio Castro Barros, canónigo de la Catedral de Córdoba." (Sarmiento's note.)

[99] R.=respuesta.

¿Cuántos jóvenes riojanos están estudiando en Córdoba o Buenos Aires?

R. Sólo sé de uno.

¿Cuántas escuelas hay y cuántos niños asisten?

R. Ninguna.

¿Hay algún establecimiento público de caridad?

R. Ninguno, ni escuela de primeras letras. El único religioso franciscano que hay en aquel convento, tiene algunos niños.

¿Cuántos templos arruinados hay?

R. Cinco; sólo la Matriz sirve de algo.

¿Se edifican casas nuevas?

R. Ninguna, ni se reparan las caídas.

¿Se arruinan las existentes?

R. Casi todas, porque las avenidas de las calles son tantas . . .

¿Cuántos sacerdotes se han ordenado?

R. En la ciudad sólo dos mocitos, uno es clérigo cura, otro es religioso de Catamarca. En la provincia, cuatro más.

¿Hay grandes fortunas de a cincuenta mil pesos? ¿Cuántas de a veinte mil?

R. Ninguna; todos pobrísimos.

¿Ha aumentado o disminuido la población?

R. Ha disminuido más de la mitad.

¿Predomina en el pueblo algún sentimiento de terror?

R. Máximo. Se teme aun hablar lo inocente.

La moneda que se acuña, ¿es de buena ley?

R. La provincial es adulterada.

Aquí los hechos hablan con toda su horrible y espantosa severidad. Sólo la historia de la conquista de los mahometanos sobre la Grecia[100] presenta ejemplos de una barbarización, de una destrucción tan rápida. ¡Y esto sucede en América en el siglo XIX! ¡Es la obra sólo de veinte años, sin embargo! Lo que conviene a La Rioja es exactamente aplicable a Santa Fe, a San Luis, a Santiago del Estero, esqueletos de ciudades, villorrios decrépitos y devastados. En San Luis hace

diez años que sólo hay un sacerdote, y que no hay escuelas, ni una persona que lleve frac. Pero vamos a juzgar en San Juan la suerte de las ciudades que han escapado a la destrucción, pero que van barbarizándose insensiblemente.

San Juan es una provincia agrícola y comerciante exclusivamente; el no tener campaña la ha librado por largo tiempo del dominio de los caudillos. Cualquiera que fuese el partido dominante, gobernador y empleados eran tomados de la parte educada de la población hasta el año 1833, en que Facundo Quiroga colocó a un hombre vulgar en el gobierno. Éste, no pudiéndose substraer a la influencia de las costumbres civilizadas que prevalecían a despecho del poder, se entregó a la dirección de la parte culta, hasta que fue vencido por Brizuela, jefe de los riojanos, sucediéndolo el general Benavides, que conserva el mando hace nueve años, no ya como una magistratura periódica, sino como propiedad suya. San Juan ha crecido en población a causa de los progresos de la agricultura y de la emigración de La Rioja y San Luis, que huye del hambre y la miseria. Sus edificios se han aumentado sensiblemente; lo que prueba toda la riqueza de aquellos países, y cuánto podrían progresar si el gobierno cuidase de fomentar la instrucción y la cultura, únicos medios de elevar a un pueblo.

El despotismo de Benavides es blando y pacífico, lo que mantiene la quietud y la calma en los espíritus. Es el único caudillo de Rosas que no se ha hartado de sangre; pero la influencia barbarizadora del sistema actual no se hace sentir menos por eso.

En una población de cuarenta mil habitantes reunidos en una ciudad, no hay un solo abogado hijo del país ni de las otras provincias.

Todos los tribunales están desempeñados por hombres que no tienen el más leve conocimiento del derecho, y que son, además, hombres estúpidos en toda la extensión de la palabra. No hay establecimiento ninguno de

---

[100] conquista . . . Grecia: The struggle between the Mohammedans (Turkey) and the Greeks in the early nineteenth century was, however, finally decided in favor of Greece by the treaty of Adrianople signed in 1829.

educación pública. Un colegio de señoras fue cerrado en 1840; tres de hombres han sido abiertos y cerrados sucesivamente del 40 al 43, por la indiferencia y aun hostilidad del gobierno.

Sólo tres jóvenes se están educando fuera de la provincia.

Sólo hay un médico sanjuanino.

No hay tres jóvenes que sepan el inglés, ni cuatro que hablen el francés.

Uno solo hay que ha cursado matemáticas.

Un solo joven hay que posee una instrucción digna de un pueblo culto, el señor Rawson, distinguido ya por sus talentos extraordinarios. Su padre es norteamericano, y a esto ha debido que reciba educación.

No hay diez ciudadanos que sepan más que leer y escribir.

No hay un militar que haya servido en los ejércitos de línea fuera de la República.

¿Creeráse que tanta mediocridad es natural a una ciudad del interior? ¡No! Ahí está la tradición para probar lo contrario. Veinte años atrás, San Juan era uno de los pueblos más cultos del interior, y ¿cuál no debe ser la decadencia y postración de una ciudad americana para ir a buscar sus épocas brillantes veinte años atrás del momento presente?

El año 1831 emigraron a Chile doscientos ciudadanos, jefes de familia, jóvenes, literatos, abogados, militares, etc. Copiapó, Coquimbo, Valparaíso y el resto de la República, están llenos aún de estos nobles proscritos, capitalistas algunos, mineros inteligentes otros, comerciantes y hacendados muchos, abogados, médicos varios. Como en la dispersión de Babilonia, todos éstos no volvieron a ver la tierra prometida.

¡Otra emigración ha salido, para no volver, en 1840! * * *

Ésta es la historia de las ciudades argentinas. Todas ellas tienen que reivindicar glorias, civilización y notabilidades pasadas. Ahora el nivel barbarizador pesa sobre todas ellas. La barbarie del interior ha llegado a penetrar hasta las calles de Buenos Aires. Desde 1810 hasta 1840, las provincias que encerraban en sus ciudades tanta civilización, fueron demasiado bárbaras, empero, para destruir con su impulso la obra colosal de la revolución de la independencia. Ahora que nada les queda de lo que en hombres, luces e instituciones tenían, ¿qué va a ser de ellas? La ignorancia y la pobreza, que es la consecuencia, están como las aves mortecinas, esperando que las ciudades del interior den la última boqueada, para devorar su presa, para hacerlas campo, estancia. Buenos Aires puede volver a ser lo que fue, porque la civilización europea es tan fuerte allí, que a despecho de las brutalidades del gobierno se ha de sostener. Pero en las provincias, ¿en qué se apoyará? Dos siglos no bastarán para volverlas al camino que han abandonado, desde que la generación presente educa a sus hijos en la barbarie que a ella le ha alcanzado. Pregúntasenos ahora: ¿por qué combatimos? Combatimos por volver a las ciudades su vida propia.

ꙮCAPÍTULO V—VIDA DE JUAN FACUNDO QUIROGA

Au surplus, ces traits appartiennent au caractère originel du genre humain. L'homme de la nature et qui n'a pas encore appris à contenir ou déguiser ses passions, les montre dans toute leur énergie, et se livre à toute leur impétuosité.[101]—Alix, *Histoire de l'empire ottoman*

INFANCIA Y JUVENTUD

Media entre las ciudades de San Luis y San Juan un dilatado desierto que, por su falta completa de agua, recibe el nombre de *travesía.*[102] El aspecto de aquellas soledades es por lo general triste y desamparado, y el

---

[101] *Moreover these traits belong to the original character of the human race. The natural man, who has not yet learned to restrain or disguise his passions, shows them in all their force and gives himself up to their full impetuosity.*

[102] *travesía: desert, "bad lands."*

viajero que viene de oriente no pasa la última *represa*[103] o aljibe de campo, sin proveer sus *chifles*[104] de suficiente cantidad de agua. En esta travesía tuvo una vez lugar la extraña escena que sigue. Las cuchilladas, tan frecuentes entre nuestros gauchos, habían forzado a uno de ellos a abandonar precipitadamente la ciudad de San Luis y ganar la travesía a pie, con la montura al hombro, a fin de escapar de las persecuciones de la justicia. Debían alcanzarlo dos compañeros tan luego como pudieran robar caballos para los tres.

No eran por entonces sólo el hambre o la sed los peligros que le aguardaban en el desierto aquel, que un tigre *cebado* andaba hacía un año siguiendo los rastros de los viajeros, y pasaban ya de ocho los que habían sido víctimas de su predilección por la carne humana. Suele ocurrir a veces en aquellos países, en que la fiera y el hombre se disputan el dominio de la naturaleza, que éste cae bajo la garra sangrienta de aquélla; entonces el tigre empieza a gustar de preferencia su carne, y se llama *cebado* cuando se ha dado a este nuevo género de caza, la caza de hombres. El juez de la campaña inmediata al teatro de sus devastaciones convoca a los varones hábiles para la correría, y bajo su autoridad y dirección se hace la persecución del tigre *cebado*, que rara vez escapa a la sentencia que lo pone fuera de la ley.

Cuando nuestro prófugo había caminado cosa de seis leguas, creyó oír bramar el tigre a lo lejos, y sus fibras se estremecieron. Es el bramido del tigre un gruñido como el del cerdo, pero agrio, prolongado, estridente, y sin que haya motivo de temor, causa un sacudimiento involuntario en los nervios, como si la carne se agitara, ella sola, al anuncio de la muerte.

Algunos minutos después, el bramido se oyó más distinto y más cercano; el tigre venía ya sobre el rastro, y sólo a una larga distancia se divisaba un pequeño algarrobo. Era preciso apretar el paso, correr, en fin, porque los bramidos se sucedían con más frecuencia, y el último era más distinto, más vibrante que el que le precedía.

Al fin, arrojando la montura a un lado del camino, dirigióse el gaucho al árbol que había divisado, y no obstante la debilidad de su tronco, felizmente bastante elevado, pudo trepar a su copa y mantenerse en una continua oscilación, medio oculto entre el ramaje. Desde allí pudo observar la escena que tenía lugar en el camino: el tigre marchaba a paso precipitado, oliendo el suelo, y bramando con más frecuencia a medida que sentía la proximidad de su presa. Pasa adelante del punto en que aquél se había separado del camino, y pierde el rastro; el tigre se enfurece, remolinea, hasta que divisa la montura, que desgarra de un manotón esparciendo en el aire sus prendas. Más irritado aún con este chasco, vuelve a buscar el rastro, encuentra al fin la dirección en que va, y levantando la vista divisa a su presa, haciendo con el peso balancearse el algarrobillo, cual la frágil caña cuando las aves se posan en sus puntas.

Desde entonces ya no bramó el tigre; acercábase a saltos, y en un abrir y cerrar de ojos, sus poderosas manos estaban apoyándose a dos varas del suelo sobre el delgado tronco, al que comunicaban un temblor convulsivo que iba a obrar sobre los nervios del mal seguro gaucho. Intentó la fiera un salto impotente; dio vuelta en torno del árbol midiendo su altura con ojos enrojecidos por la sed de sangre, y al fin, bramando de cólera, se acostó en el suelo, batiendo sin cesar la cola, los ojos fijos en su presa, la boca entreabierta y reseca. Esta escena horrible duraba ya dos horas mortales; la postura violenta del gaucho y la fascinación aterrante que ejercía sobre él la mirada sanguinaria, inmóvil, del tigre, del que por una fuerza invencible de atracción no podía apartar los ojos, habían empezado a debilitar sus fuerzas, y ya se veía próximo el momento en que su cuerpo extenuado iba a caer en su ancha boca, cuando el rumor lejano de galope de caballos le dio esperanza de salvación.

En efecto, sus amigos habían visto el rastro del tigre, y corrían sin esperanza de salvarlo. El desparramo de la montura les reveló el

---

[103] *represa:* reservoir, well.

[104] *chifles:* cattle skins used to carry water.

lugar de la escena, y volar a él, desenrollar sus lazos, echarlos sobre el tigre *empacado*[105] y ciego de furor, fue la obra de un segundo. La fiera, estirada a los lazos, no pudo escapar a las puñaladas repetidas con que en venganza de su prolongada agonía le traspasó el que iba a ser su víctima. "Entonces supe lo que era tener miedo," decía el general don Juan Facundo Quiroga, contando a un grupo de oficiales este suceso.

También a él le llamaron *Tigre de los Llanos*, y no le sentaba mal esta denominación, a fe. La frenología o la anatomía comparadas han demostrado, en efecto, las relaciones que existen entre las formas exteriores y las disposiciones morales, entre la fisonomía del hombre y de algunos animales a quienes se asemeja en su carácter. Facundo, porque así le llamaron largo tiempo los pueblos del interior; el general don Facundo Quiroga, el excelentísimo brigadier general don Facundo Quiroga, todo eso vino después, cuando la sociedad lo recibió en su seno y la victoria lo hubo coronado de laureles; Facundo, pues, era de estatura baja y fornida; sus anchas espaldas sostenían sobre un cuello corto una cabeza bien formada, cubierta de pelo espesísimo, negro y ensortijado. Su cara, poco ovalada, estaba hundida en medio de un bosque de pelo, a que correspondía una barba igualmente espesa, igualmente crespa y negra, que subía hasta los pómulos, bastante pronunciados, para descubrir una voluntad firme y tenaz.

Sus ojos negros, llenos de fuego y sombreados por pobladas cejas, causaban una sensación involuntaria de terror en aquellos en quienes alguna vez llegaban a fijarse, porque Facundo no miraba nunca de frente, y por hábito, por arte, por deseo de hacerse siempre temible, tenía de ordinario la cabeza siempre inclinada, y miraba por entre las cejas, como el Alí Bajá de Montvoisin.[106] El Caín que representa la famosa compañía Ravel, me despierta la imagen de Quiroga, quitando las posiciones artísticas de la estatuaria, que no le convienen. Por lo demás, su fisonomía era regular, y el pálido moreno de su tez sentaba bien a las sombras espesas en que quedaba encerrada.

La estructura de su cabeza revelaba, sin embargo, bajo esta cubierta selvática, la organización privilegiada de los hombres nacidos para mandar. Quiroga poseía esas cualidades naturales que hicieron del estudiante de Brienne[107] el genio de la Francia, y del mameluco oscuro[108] que se batía con los franceses en las Pirámides, el virrey de Egipto. La sociedad en que nacen da a estos caracteres la manera especial de manifestarse; sublimes, clásicos, por decirlo así, van al frente de la humanidad civilizada en unas partes; terribles, sanguinarios y malvados, son en otras su mancha, su oprobio.

Facundo Quiroga fue hijo de un sanjuanino de humilde condición, pero que, avecindado en los Llanos de La Rioja, había adquirido en el pastoreo una regular fortuna. En 1799 fue enviado Facundo a la patria de su padre,[109] a recibir la educación limitada que podía adquirirse en las escuelas: leer y escribir. Cuando un hombre llega a ocupar las cien trompetas de la fama con el ruido de sus hechos, la curiosidad o el espíritu de investigación van hasta rastrear la insignificante vida del niño, para anudarla a la biografía del héroe; y no pocas veces entre fábulas inventadas por la adulación, se encuentran ya en germen en ella los rasgos característicos del personaje histórico.

Cuéntase de Alcibíades[110] que, jugando en la calle, se tendía a lo largo en el pavimento para contrariar a un cochero que le prevenía que se quitase del paso a fin de no atropellarlo; de Napoleón, que dominaba a sus condiscípulos y se atrincheraba en su cuarto de estudiante para resistir a un ultraje. De Facundo se refieren hoy varias anécdotas, muchas de las cuales lo revelan todo entero.

[105] *empacado: stubbornly resisting, "balking."*

[106] Montvoisin: French painter who emigrated to South America in 1842 and founded a school of painting in Chile.

[107] estudiante de Brienne: Napoleon.

[108] mameluco oscuro: Mehemet=Alí. Cf. page 182, line 42.

[109] la patria . . . padre: his father's birthplace, San Juan.

[110] Alcibíades: Athenian general and politician (450–404 B.C.).

En la casa de sus huéspedes,[111] jamás se consiguió sentarlo a la mesa común; en la escuela era altivo, huraño y solitario; no se mezclaba con los demás niños sino para encabezar actos de rebelión, y para darles de golpes. El *magister*,[112] cansado de luchar con este carácter indomable, se provee una vez de un látigo nuevo y duro, y enseñándolo a los niños aterrados: "Éste es—les dice—para estrenarlo en Facundo." Facundo, de edad de once años, oye esta amenaza, y al día siguiente la pone a prueba. No sabe la lección, pero pide al maestro que se la tome en persona, porque el pasante[113] le quiere mal. El maestro condesciende; Facundo comete un error, comete dos, tres, cuatro; entonces el maestro hace uso del látigo; y Facundo, que todo lo ha calculado, hasta la debilidad de la silla en que su maestro está sentado, dale una bofetada, vuélcalo de espaldas, y entre el alboroto que esta escena suscita, toma la calle y va a esconderse en ciertos parrones de una viña, de donde no se le saca sino después de tres días. ¿No es ya el caudillo que va a desafiar más tarde a la sociedad entera?

Cuando llega a la pubertad, su carácter toma un tinte más pronunciado. Cada vez más sombrío, más imperioso, más selvático, la pasión del juego, la pasión de las almas rudas que necesitan fuertes sacudimientos para salir del sopor que las adormeciera, domínalo irresistiblemente a la edad de quince años. Por ella se hace una reputación en la ciudad; por ella se hace intolerable en la casa en que se hospeda; por ella, en fin, derrama por un balazo dado a Jorge Peña, el primer reguero de sangre que debía entrar en el ancho torrente que ha dejado marcado su paso por la tierra.

Desde que llega a la edad adulta, el hilo de su vida se pierde en un intrincado laberinto de vueltas y revueltas por los diversos pueblos vecinos: oculto unas veces, perseguido siempre, jugando, trabajando en clase de peón, dominando todo lo que se le acerca y distribuyendo puñaladas.* * *

Lo más ordenado que de esta vida oscura y errante he podido recoger, es lo siguiente: Hacia el año 1806 vino a Chile con un cargamento de grano, de cuenta de sus padres. Jugólo con la tropa y los troperos, que eran esclavos de su casa. Solía llevar a San Juan y Mendoza arreos de ganado de la estancia paterna, que tenían siempre la misma suerte, porque en Facundo el juego era una pasión feroz, ardiente, que le resecaba las entrañas. Estas adquisiciones y pérdidas sucesivas debieron cansar las larguezas paternales, porque al fin interrumpió toda relación amigable con su familia. Cuando era ya el terror de la República, preguntábale uno de sus cortesanos: "¿Cuál es, general, la parada más grande que ha hecho en su vida?"—"Sesenta pesos"—contestó Quiroga con indiferencia—; acababa de ganar, sin embargo, una de doscientas onzas. Era, según lo explicó después, que en su juventud, no teniendo sino sesenta pesos, los había perdido juntos a una sota.

Pero este hecho tiene su historia característica. Trabajaba de peón en Mendoza, en la estancia de una señora, sita aquélla en el Plumerillo.[114] Facundo se hacía notar hacía un año por su puntualidad en salir al trabajo y por la influencia y predominio que ejercía sobre los demás peones. Cuando éstos querían hacer falla para dedicar el día a una borrachera, se entendían con Facundo, quien lo avisaba a la señora, prometiéndole responder de la asistencia de todos al día siguiente, la que era siempre puntual. Por esta intercesión llamábanle los peones "el padre."

Facundo al fin de un año de trabajo asiduo, pidió su salario, que ascendía a sesenta pesos; montó en su caballo sin saber adónde iba, vio gente en una pulpería, desmontóse y alargando la mano sobre el grupo que rodeaba al tallador,[115] puso sus sesenta pesos a una carta; perdiólos y montó de nuevo, marchando sin dirección fija, hasta que a poco andar, un juez, Toledo, que acertaba a pasar a la sazón, lo detuvo para pedirle su papeleta de conchavo.[116]

[111] en . . . huéspedes=en su casa de huéspedes: *in the boarding house where he lived.*
[112] *magister*=maestro.
[113] pasante: *assistant teacher.*
[114] Settlement a short distance from Mendoza.
[115] tallador: the *banker* in a card game.
[116] papeleta de conchavo: *identification card issued to workers.*

Facundo aproximó su caballo en ademán de entregársela, afectó buscar algo en su bolsillo, y dejó tendido al juez de una puñalada. ¿Se vengaba en el juez de la reciente pérdida? ¿Quería sólo saciar el encono de gaucho malo contra la autoridad civil y añadir este nuevo hecho al brillo de su naciente fama? Lo uno y lo otro. Estas venganzas sobre el primer objeto que se presentaba, son frecuentes en su vida. Cuando se apellidaba general y tenía coroneles a sus órdenes, hacía dar en su casa en San Juan doscientos azotes a uno de ellos por haberle ganado mal, decía; a un joven, doscientos azotes por haberse permitido una chanza en momentos en que él no estaba para chanzas; a una mujer, en Mendoza, que le había dicho al paso "adiós, mi general," cuando él iba enfurecido porque no había conseguido intimidar a un vecino tan pacífico, tan juicioso, como era valiente y gaucho, doscientos azotes.

Facundo reaparece después en Buenos Aires, donde en 1810 es enrolado como recluta en el regimiento de *Arribeños*,[117] que manda el general Ocampo,[118] su compatriota, después presidente de Charcas. La carrera gloriosa de las armas se abría para él con los primeros rayos del sol de mayo[119]; y no hay duda que con el temple de alma de que estaba dotado, con sus instintos de destrucción y carnicería, Facundo, moralizado por la disciplina y ennoblecido por la sublimidad del objeto de la lucha, habría vuelto un día del Perú, Chile o Bolivia, uno de los generales de la República Argentina, como tantos otros valientes gauchos que principiaron su carrera desde el humilde puesto de soldado. Pero el alma rebelde de Quiroga no podía sufrir el yugo de la disciplina, el orden del cuartel, ni la demora de los ascensos. Se sentía llamado a mandar, a surgir

de un golpe, a crearse él solo, a despecho de la sociedad civilizada, en hostilidad con ella, una carrera a su modo, asociando el valor y el crimen, el gobierno y la desorganización. Más tarde fue reclutado para el ejército de los Andes, y enrolado en los *Granaderos a caballo*;[120] un teniente García lo tomó de asistente, y bien pronto la deserción dejó un vacío en aquellas gloriosas filas. Después, Quiroga, como Rosas, como todas esas víboras que han medrado a la sombra de los laureles de la patria, se ha hecho notar por su odio a los militares de la Independencia, en los que uno y otro han hecho una horrible matanza.

Facundo, desertando de Buenos Aires, se encamina a las provincias con tres compañeros. Una partida le da alcance; hace frente, libra una verdadera batalla, que permancce indecisa por algún tiempo, hasta que, dando muerte a cuatro o cinco, puede continuar su camino, abriéndose paso todavía a puñaladas por entre otras partidas que hasta San Luis le salen al paso.* * *

Facundo reaparece en los Llanos, en la casa paterna. A esta época se refiere un suceso que está muy valido y del que nadie duda. Sin embargo, en uno de los manuscritos que consulto, interrogado su autor sobre este mismo hecho, contesta: "Que no sabe que Quiroga haya tratado nunca de arrancar a sus padres dinero por la fuerza;" y contra la tradición constante, contra el asentimiento general, quiero atenerme a este dato contradictorio. ¡Lo contrario es horrible! Cuéntase que habiéndose negado su padre a darle una suma de dinero que le pedía, acechó el momento en que padre y madre dormían la siesta, para poner aldaba[121] a la pieza donde estaban, y prender fuego al techo de pajas con que están cubiertas, por lo general, las habitaciones de los Llanos.[122]

---

[117] *Arribeños*: a battalion first created in 1806 at the threat of an English invasion. It was composed of men born in the provinces of the interior.

[118] Francisco Antonio Ortiz de Ocampo was also a native of La Rioja.

[119] primeros . . . mayo: Buenos Aires's declaration of independence was proclaimed May 25, 1810.

[120] *Granaderos a caballo*: a unit created by San Martín for crossing the Andes.

[121] aldaba: *bolt*.

[122] "Después de escrito lo que precede, he recibido de persona fidedigna la aseveración de haber el mismo Quiroga contado en Tucumán, ante señoras que viven aún, la historia del incendio de la casa. Toda duda desaparece ante deposiciones de este género. Más tarde he obtenido la narración circunstanciada de un testigo presencial y compañero de infancia de Facundo Quiroga, que le vio a éste dar a su padre una bofetada y huir; pero estos detalles contristan sin aleccionar, y es deber impuesto por el decoro apartarlos de la vista." (Sarmiento's note.)

Pero lo que hay de averiguado es que su padre pidió una vez al gobierno de La Rioja que lo prendieran para contener sus demasías, y que Facundo antes de fugar de los Llanos fue a la ciudad de La Rioja, donde a la sazón se hallaba aquél, y cayendo de improviso sobre él le dio una bofetada diciéndole: "¿Usted me ha mandado prender? ¡Tome, mándeme prender ahora!", con lo cual montó en su caballo y partió a galope para el campo. Pasado un año, preséntase de nuevo en la casa paterna, échase a los pies del anciano ultrajado, confunden ambos sus sollozos, y entre las protestas de enmienda del hijo y las reconvenciones del padre, la paz queda restablecida, aunque sobre base tan deleznable y efímera.

Pero su carácter y hábitos desordenados no cambian, y las carreras y el juego, las correrías del campo, son el teatro de nuevas violencias, de nuevas puñaladas y agresiones, hasta llegar al fin a hacerse intolerable para todos e insegura su posición. Entonces un gran pensamiento viene a apoderarse de su espíritu, y lo anuncia sin empacho. El desertor de los *Arribeños*, el soldado de *Granaderos a caballo* que no ha querido inmortalizarse en Chacabuco[123] y en Maipú,[124] resuelve ir a reunirse a la montonera de Ramírez,[125] vástago de la de Artigas, y cuya celebridad en crímenes y en odio a las ciudades a que hace la guerra ha llegado hasta los Llanos y tiene llenos de espanto a los gobiernos. Facundo parte a asociarse a aquellos filibusteros de la Pampa, y acaso la conciencia que deja de su carácter e instintos y de la importancia del refuerzo que va a dar a aquellos destructores alarma a sus compatriotas, que instruyen a las autoridades de San Luis, por donde debía pasar, del designio infernal que lo guía. Dupuy, gobernador entonces (1818), lo hace prender y por algún tiempo permanece confundido entre los criminales vulgares que las cárceles encierran. Esta cárcel de San Luis, empero, debía ser el primer escalón que había de conducirlo a la altura a que más tarde

llegó. San Martín había hecho conducir a San Luis un gran número de oficiales españoles, de todas graduaciones, de los que habían sido tomados prisioneros en Chile. Sea hostigados por las humillaciones y sufrimientos, sea que previesen la posibilidad de reunirse de nuevo a los ejércitos españoles, el depósito de prisioneros se sublevó un día y abrió la puerta de los calabozos a los reos ordinarios, a fin de que le prestasen ayuda para la común evasión. Facundo era uno de estos reos, y no bien se vio desembarazado de las prisiones, cuando enarbolando el *macho*[126] de los grillos, abre el cráneo al español mismo que se los había quitado, y yendo por entre el grupo de los amotinados, deja una ancha calle sembrada de cadáveres en el espacio que ha querido recorrer. Dícese que el arma de que usó fue una bayoneta, y que los muertos no pasaron de tres; Quiroga, empero, hablaba siempre del *macho* de los grillos y de catorce muertos.

Acaso es ésta una de esas idealizaciones con que la imaginación poética del pueblo embellece los tipos de la fuerza brutal que tanto admira; acaso la historia de los grillos es una traducción argentina de la quijada de Sansón, el hércules hebreo; pero Facundo la aceptaba como un timbre de gloria, según su bello ideal, y *macho* de grillos o bayoneta, él, asociándose a otros soldados y presos, a quienes su ejemplo alentó, logró sofocar el alzamiento y reconciliarse por este acto de valor con la sociedad y ponerse bajo la protección de la patria, consiguiendo que su nombre volase por todas partes ennoblecido y lavado, aunque con sangre, de las manchas que lo afeaban. Facundo, cubierto de gloria, mereciendo bien de la patria, y con una credencial que acredita su comportación, vuelve a La Rioja y ostenta en los Llanos, entre los gauchos, los nuevos títulos que justifican el terror que ya empieza a inspirar su nombre; porque hay algo de imponente, algo que subyuga y domina, en el premiado asesino de catorce hombres a la vez.

[123] Chacabuco: one of San Martín's great victories in Chile, Feb. 12, 1817.

[124] Maipú: cf. p. 142, n. 44.

[125] Francisco Ramírez, a gaucho *cuudillo* from Entre Ríos, who fought in the civil wars on the side of Artigas.

[126] *macho*: "*pin*," cylindrical piece of iron with which the chains were fastened.

Aquí termina la vida privada de Quiroga, de la que he omitido una larga serie de hechos que sólo pintan el mal carácter, la mala educación y los instintos feroces y sanguinarios de que estaba dotado. Sólo he hecho uso de aquellos que explican el carácter de la lucha, de aquellos que entran en proporciones distintas, pero formados de elementos análogos, en el tipo de los caudillos de las campañas que han logrado al fin sofocar la civilización de las ciudades, y que, últimamente, han venido a completarse en Rosas, el legislador de esta civilización tártara, que ha ostentado toda su antipatía a la civilización europea en torpezas y atrocidades sin nombre aún en la historia.

Pero aún queda algo por notar en el carácter y espíritu de esta columna de la Federación. Un hombre literato, un compañero de infancia y de juventud de Quiroga, que me ha suministrado muchos de los hechos que dejo referidos, me incluye en su manuscrito, hablando de los primeros años de Quiroga, estos datos curiosos: "—que no era ladrón antes de figurar como hombre público; que nunca robó, aun en sus mayores necesidades; que no sólo gustaba de pelear, sino que pagaba por hacerlo, y por insultar al más pintado; *que tenía mucha aversión a los hombres decentes;* que no sabía tomar licor nunca; que de joven era muy reservado, y no sólo quería infundir miedo, sino aterrar, para lo que hacía entender a los hombres de su confianza que tenía agoreros o era adivino; que con los que tenía relación los trataba como esclavos; que jamás se ha confesado, rezado, ni oído misa; que cuando estuvo de general, lo vio una vez en misa; que él mismo le decía que no creía en nada." El candor con que estas palabras están escritas revela su verdad.

Toda la vida pública de Quiroga me parece resumida en estos datos. Veo en ellos el hombre grande, el hombre genio, a su pesar, sin saberlo él, el César, el Tamerlán,[127] el Mahoma. Ha nacido así y no es culpa suya; descenderá en las escalas sociales para mandar, para dominar, para combatir el poder de la ciudad, la partida de la policía. Si le ofrecen una plaza en los ejércitos, la desdeñará, porque no tiene paciencia para aguardar los ascensos, porque hay mucha sujeción, muchas trabas puestas a la independencia individual, hay generales que pesan sobre él, hay una casaca que oprime el cuerpo y una táctica que regla los pasos; ¡todo esto es insufrible! La vida de a caballo, la vida de peligros y emociones fuertes, han acerado su espíritu y endurecido su corazón; tiene odio invencible, instintivo, contra las leyes que lo han perseguido, contra los jueces que lo han condenado, contra toda esa sociedad y esa organización a que se ha sustraído desde la infancia, y que lo mira con prevención y menosprecio. Aquí se eslabona insensiblemente el lema de este capítulo: "Es el hombre de la naturaleza que no ha aprendido aún a contener o a disfrazar sus pasiones; que las muestra en toda su energía, entregándose a toda su impetuosidad." Ése es el carácter del género humano, y así se muestra en las campañas pastoras de la República Argentina. Facundo es un tipo de la barbarie primitiva; no conoció sujeción de ningún género; su cólera era la de las fieras; la melena de sus renegridos y ensortijados cabellos caía sobre su frente y sus ojos en guedejas, como las serpientes de la cabeza de Medusa; su voz se enronquecía, sus miradas se convertían en puñaladas.

Dominado por la cólera, mataba a patadas, estrellándole los sesos a N. por una disputa de juego; arrancaba ambas orejas a su querida porque le pedía una vez treinta pesos para celebrar un matrimonio consentido por él; abría a su hijo Juan la cabeza de un hachazo porque no había forma de hacerle callar; daba de bofetadas en Tucumán a una linda señorita, a quien ni seducir ni forzar podía. En todos sus actos mostrábase el hombre bestia aún, sin ser por eso estúpido, y sin carecer de elevación de miras. Incapaz de hacerse admirar o estimar, gustaba de ser temido; pero este gusto era exclusivo, dominante, hasta el punto de arreglar todas las acciones de su vida a producir el terror en torno suyo,

---

[127] Tamerlán: Tamerlain, the Tartar conqueror of Persia.

sobre los pueblos como sobre los soldados, sobre la víctima que iba a ser ejecutada, como sobre su mujer y sus hijos. En la incapacidad de manejar los resortes del gobierno civil, ponía el terror como expediente para suplir el patriotismo y la abnegación; ignorante, rodeándose de misterios y haciéndose impenetrable, valiéndose de una sagacidad natural, una capacidad de observación no común y de la credulidad del vulgo, fingía una presciencia de los acontecimientos, que le daba prestigio y reputación entre las gentes vulgares.

Es inagotable el repertorio de anécdotas de que está llena la memoria de los pueblos con respecto a Quiroga; sus dichos, sus expedientes, tienen un sello de originalidad que le daban ciertos visos orientales, cierta tintura de sabiduría salomónica[128] en el concepto de la plebe. ¿Qué diferencia hay, en efecto, entre aquel famoso expediente de mandar partir en dos el niño disputado, a fin de descubrir la verdadera madre, y este otro para encontrar un ladrón? Entre los individuos que formaban una compañía habíase robado un objeto, y todas las diligencias practicadas para descubrir al ladrón habían sido infructuosas. Quiroga forma la tropa, hace cortar tantas varitas de igual tamaño cuantos soldados había; hace en seguida que se distribuyan a cada uno, y luego, con voz segura, dice: "Aquél cuya varita amanezca mañana más grande que las demás, ése es el ladrón." Al día siguiente fórmase de nuevo la tropa, y Quiroga procede a la verificación y comparación de las varitas. Un soldado hay, empero, cuya vara aparece más corta que las otras. "¡Miserable!—le grita Facundo con voz aterrante,—tú eres! . . ." Y, en efecto, él era; su turbación lo dejaba conocer demasiado. El expediente es sencillo: el crédulo gaucho, creyendo que efectivamente creciese su varita, le había cortado un pedazo. Pero se necesita cierta superioridad y cierto conocimiento de la naturaleza humana para valerse de estos medios.

Habíanse robado algunas prendas de la montura de un soldado, y todas las pesquisas habían sido inútiles para descubrir al ladrón. Facundo hace formar la tropa y que desfile por delante de él, que está con los brazos cruzados, la mirada fija, escudriñadora, terrible. Antes ha dicho: "Yo sé quién es," con una seguridad que nada desmiente. Empiezan a desfilar, desfilan muchos, y Quiroga permanece inmóvil; es la estatua de Júpiter Tonante, es la imagen del dios del Juicio Final. De repente se abalanza sobre uno, lo agarra del brazo, le dice con voz breve y seca: "¿Dónde está la montura?"— "Allí, señor," contesta, señalando un bosquecillo. "Cuatro tiradores," grita entonces Quiroga. ¿Qué revelación era ésta? La del terror y la del crimen hecha ante un hombre sagaz.

Estaba otra vez un gaucho respondiendo a los cargos que se le hacían por un robo; Facundo le interrumpe diciendo: "Ya este pícaro está mintiendo; ¡a ver . . . , cien azotes!" Cuando el reo hubo salido, Quiroga dijo a alguno que se hallaba presente: "Vea, patrón: cuando un gaucho al hablar esté haciendo marcas con el pie, es señal que está mintiendo." Con los azotes, el gaucho contó la historia como debía de ser; esto es, que se había robado una yunta de bueyes.

Necesitaba otra vez y había pedido un hombre resuelto, audaz, para confiarle una misión peligrosa. Escribía Quiroga cuando le trajeron el hombre; levanta la cara después de habérselo anunciado varias veces, lo mira y dice, continuando de escribir: "¡Eh! . . . ¡Ése es un miserable; pido un hombre valiente y arrojado!" Averiguóse, en efecto, que era un patán.

De estos hechos hay a centenares en la vida de Facundo, y que, al paso que descubren un hombre superior, han servido eficazmente para labrarle una reputación misteriosa entre hombres groseros que llegaban a atribuirle poderes sobrenaturales.

---

[128] salomónica: *of Solomon.*

∾∾CAPÍTULO XIII—¡¡¡BARRANCA-YACO!!!

* * * En estas transacciones[129] se hallaba la ciudad de Buenos Aires y Rosas, cuando llega la noticia de un desavenimiento entre los gobiernos de Salta, Tucumán y Santiago del Estero, que podía hacer estallar la guerra.* * *

Invítase a Facundo a ir a interponer su influencia, para apagar las chispas que se han levantado en el norte de la República; nadie sino él está llamado para desempeñar esta misión de paz. Facundo resiste, vacila; pero se decide al fin. El 18 de diciembre de 1835 sale de Buenos Aires, y al subir a la galera[130] dirige, en presencia de varios amigos, sus adioses a la ciudad. "Si salgo bien—dice, agitando la mano—te volveré a ver; si no, ¡adiós para siempre!" ¿Qué siniestros presentimientos vienen a asomar en aquel momento a su faz lívida, en el ánimo de este hombre impávido? ¿No recuerda el lector algo parecido a lo que manifestaba Napoleón al partir de las Tullerías, para la campaña que debía terminar en Waterloo?

Apenas ha andado media jornada, encuentra un arroyo fangoso que detiene la galera. El vecino maestre de posta acude solícito a pasarla: se pone nuevos caballos, se apuran todos los esfuerzos, y la galera no avanza. Quiroga se enfurece, y hace uncir[131] a las varas al mismo maestre de posta. La brutalidad y el terror vuelven a aparecer desde que se halla en el campo, en medio de aquella naturaleza y aquella sociedad semi-bárbara. Vencido aquel primer obstáculo, la galera sigue cruzando la pampa, como una exhalación;[132] camina todos los días hasta las dos de la mañana, y se pone en marcha, de nuevo, a las cuatro. Acompáñanle el doctor Ortiz, su secretario, y un joven conocido, a quien a su salida, encontró inhabili-

tado de ir adelante, por la fractura de las ruedas de su vehículo. En cada posta a que llega, hace preguntar inmediatamente: "¿A qué hora ha pasado un chasque[133] de Buenos Aires?—Hace una hora. —¡Caballos sin pérdida de momento!"—grita Quiroga. Y la marcha continúa. Para hacer más penosa la situación, parecía que las cataratas del cielo se habían abierto; durante tres días, la lluvia no cesa un momento, y el camino se ha convertido en un torrente.

Al entrar en la jurisdicción de Santa Fe la inquietud de Quiroga se aumenta, y se torna en visible angustia, cuando en la posta de Pavón sabe que no hay caballos, y que el maestre de posta está ausente. El tiempo que pasa antes de procurarse nuevos tiros,[134] es una agonía mortal para Facundo, que grita a cada momento: "¡Caballos! ¡Caballos!" Sus compañeros de viaje nada comprenden de este extraño sobresalto, asombrados de ver a este hombre, el terror de los pueblos, asustadizo ahora y lleno de temores, al parecer quiméricos. Cuando la galera logra ponerse en marcha, murmura en voz baja, como si hablara consigo mismo: "Si salgo del territorio de Santa Fe, no hay cuidado por lo demás." En el paso del Río Tercero[135] acuden los gauchos de la vecindad a ver al famoso Quiroga, y pasan[136] la galera punto menos que[137] a hombros.

Últimamente llega a la ciudad de Córdoba a las nueve y media de la noche, y una hora después del arribo del chasque de Buenos Aires, a quien ha venido pisando desde su salida. Uno de los Reinafé[138] acude a la posta donde Facundo está aún en la galera pidiendo caballos, que no hay en aquel momento; salúdalo con respeto y efusión, suplícale que

---

[129] En . . . transacciones: Rosas had been asked to serve as governor of Buenos Aires and had said that he would accept only on condition that the term of office be extended from three years to five and that he be given "supreme" power.

[130] la galera: *stagecoach.*

[131] uncir: *harness.*

[132] exhalación: *streak of lightning.*

[133] chasque: *special post.*

[134] tiros: *horses.*

[135] Río Tercero: also called Cacaraná, a tributary of the Paraná.

[136] pasan: *carry over* (the ford).

[137] punto menos que: *almost.*

[138] los Reinafé: Cordoban leaders who were implicated with Rosas in the conspiracy to "liquidate" Quiroga.

pase la noche en la ciudad donde el gobierno se prepara a hospedarlo dignamente. "¡Caballos necesito!" es la breve respuesta de Quiroga; "¡Caballos!" replica a cada nueva manifestación de interés o de solicitud de parte de Reinafé, que se retira al fin humillado, y Facundo parte para su destino a las doce de la noche.

La ciudad de Córdoba, entretanto, estaba agitada por los más extraños rumores; los amigos del joven que ha venido por casualidad en compañía de Quiroga, y que queda en Córdoba, su patria, van en tropel a visitarlo. Se admiran de verlo vivo, y le hablan del peligro inminente de que se ha salvado. Quiroga debía ser asesinado en tal punto; los asesinos son N. y N.; las pistolas han sido compradas en tal almacén; han sido vistos N. y N., para encargarse de la ejecución y se han negado. Quiroga los ha sorprendido con la asombrosa rapidez de su marcha, pues no bien llega el chasque que anuncia su próximo arribo, cuando se presenta él mismo y hace abortar todos los preparativos. Jamás se ha premeditado un atentado con más descaro; toda Córdoba está instruida de los más mínimos detalles del crimen que el Gobierno intenta, y la muerte de Quiroga es el asunto de todas las conversaciones.

Quiroga, en tanto, llega a su destino, arregla la diferencia entre los gobernantes hostiles y regresa por Córdoba, a despecho de las reiteradas instancias de los gobernadores de Santiago y Tucumán, que le ofrecen una gruesa escolta para su custodia, aconsejándole tomar el camino de Cuyo para regresar. ¿Qué genio vengativo cierra su corazón y sus oídos y le hace obstinarse en volver a desafiar a sus enemigos, sin escolta, sin medios adecuados de defensa? ¿Por qué no toma el camino de Cuyo, desentierra sus inmensos depósitos de armas a su paso por La Rioja y arma las ocho provincias que están bajo su influencia? Quiroga lo sabe todo; aviso tras aviso ha recibido en Santiago del Estero; sabe el peligro de que su diligencia lo ha salvado; sabe el nuevo y más inminente que le aguarda, porque no han desistido sus enemigos del concebido designio. "¡A Córdoba!", grita a los postillones al ponerse en marcha, como si Córdoba fuese el término de su viaje.[139]

Antes de llegar a la posta del Ojo de Agua,[140] un joven sale del bosque y se dirige hacia la galera, requiriendo al postillón que se detenga. Quiroga asoma la cabeza por la portezuela y le pregunta lo que se le ofrece: "Quiero hablar con el doctor Ortiz." Desciende éste y sabe lo siguiente: "En las inmediaciones del lugar llamado Barranca-Yaco está apostado Santos Pérez con una partida; al arribo de la galera deben hacerle fuego de ambos lados, y matar en seguida de postillón arriba;[141] nadie debe escapar; ésta es la orden. El joven, que ha sido en otro tiempo favorecido por el doctor Ortiz, ha venido a salvarlo; tiénele caballo allí mismo para que monte y se escape con él; su hacienda está inmediata. El secretario, asustado, pone en conocimiento de Facundo lo que acaba de saber, y le insta para que se ponga en seguridad. Facundo interroga de nuevo al joven Sandivaras, le da las gracias por su buena acción, pero lo tranquiliza

---

[139] "En la causa criminal seguida contra los cómplices en la muerte de Quiroga, el reo Cabanillas declaró en un momento de efusión, de rodillas en presencia del doctor Maza—degollado por los agentes de Rosas—que él no se había propuesto sino salvar a Quiroga; que el 24 de diciembre, había escrito a un amigo de éste, un francés, que le hiciese decir a Quiroga que no pasase por el monte de San Pedro, donde él estaba aguardándole con veinticinco hombres, para asesinarlo por orden de su Gobierno; que Toribio Junco—un gaucho de quien Santos Pérez decía: 'Hay otro más valiente que yo: es Toribio Junco'—había dicho al mismo Cabanillas que, observando cierto desorden en la conducta de Santos Pérez, empezó a acecharlo, hasta que un día lo encontró arrodillado en la capilla de la Virgen de Tulumba, con los ojos arrasados de lágrimas: que preguntándole la causa de su quebranto, le dijo: 'Estoy pidiéndole a la Virgen me ilumine sobre si debo matar a Quiroga, según me lo ordenan; pues me presentan este acto como convenido entre los gobernadores López de Santa Fé, y Rosas de Buenos Aires, único medio de salvar la República.' " (Sarmiento's note to the edition of 1851.) Cabanillas was one of the men who carried out the assassination. Santos Pérez, an enthusiastic adherent of the Reinafés, was captain of the band which was appointed to kill Quiroga.

[140] Ojo de Agua: village in the province of Córdoba, also called Tiopujio.

[141] de postillón arriba: *everyone from the postilion up.*

sobre los temores que abriga. "No ha nacido todavía—le dice con voz enérgica,—el hombre que ha de matar a Facundo Quiroga. A un grito mío, esa partida mañana se pondrá a mis órdenes y me servirá de escolta hasta Córdoba. Vaya usted, amigo, sin cuidado."

Estas palabras de Quiroga, de que yo no he tenido noticia hasta este momento, explican la causa de su extraña obstinación en ir a desafiar la muerte. El orgullo y el terrorismo, los dos grandes móviles de su elevación, lo llevan maniatado a la sangrienta catástrofe, que debe terminar con su vida. Tiene a menos evitar el peligro y cuenta con el terror de su nombre para hacer caer las cuchillas levantadas sobre su cabeza. Esta explicación me la daba a mí mismo antes de saber que sus propias palabras la habían hecho inútil.

La noche que pasaron los viajeros de la posta del Ojo de Agua es de tal manera angustiosa para el infeliz secretario, que va a una muerte cierta e inevitable, y que carece del valor y de la temeridad que anima a Quiroga, que creo no deber omitir ninguno de sus detalles, tanto más, cuanto que, siendo por fortuna sus pormenores tan auténticos, sería criminal descuido no conservarlos; porque, si alguna vez un hombre ha apurado todas las heces de la agonía, si alguna vez la muerte ha debido parecer horrible, es aquella en que un triste deber, el de acompañar a un amigo temerario, nos la impone, cuando no hay infamia ni deshonor en evitarla.[142]

El doctor Ortiz llama aparte al maestre de posta y lo interroga encarecidamente sobre lo que sabe acerca de los extraños avisos que han recibido, asegurándole no abusar de su confianza. ¡Qué pormenores va a oír! Santos Pérez ha estado allí con su partida de treinta hombres una hora antes de su arribo; van todos armados de tercerola y sable; están ya apostados en el lugar designado; deben morir todos los que acompañan a Quiroga; así lo ha dicho Santos Pérez al mismo maestre de posta. Esta confirmación de la noticia reci-

bida de antemano no altera en nada la determinación de Quiroga, que, después de tomar una taza de chocolate, según su costumbre, se duerme profundamente.

El doctor Ortiz también gana la cama, no para dormir, sino para acordarse de su esposa, de sus hijos, a quienes no volverá a ver más. Y todo ¿por qué? Por no arrostrar el enojo de un terrible amigo; por no incurrir en la tacha de desleal. A media noche, la inquietud de la agonía le hace insoportable la cama; levántase y va a buscar a su confidente:—"¿Duerme, amigo?—le pregunta en voz baja.—¡Quién ha de dormir, señor, con esta cosa tan horrible!—¿Conque no hay duda? ¡Qué suplicio el mío!—Imagínese, señor, cómo estaré yo, que tengo que mandar dos postillones, que deben ser muertos también. Esto me mata. Aquí hay un niño que es sobrino del sargento de la partida, y pienso mandarlo; pero el otro . . . ¿A quién mandaré? ¡a hacerlo morir inocentemente!"

El doctor Ortiz hace un último esfuerzo para salvar su vida y la del compañero; despierta a Quiroga y le instruye de los pavorosos detalles que acaba de adquirir, significándole que él no lo acompaña si se obstina en hacerse matar inútilmente. Facundo, con gesto airado y palabras groseramente enérgicas, le hace entender que hay mayor peligro en contrariarlo allí que el que le aguarda en Barranca-Yaco, y fuerza es someterse sin más réplica. Quiroga manda a su asistente, que es un valiente negro, que limpie algunas armas de fuego que vienen en la galera y las cargue; a esto se reducen todas sus precauciones.

Llega el día, por fin, y la galera se pone en camino. Acompáñanle, a más del postillón que va en el tiro, el niño aquel, dos correos que se han reunido por casualidad y el negro, que va a caballo. Llega al punto final y dos descargas traspasan la galera por ambos lados, pero sin herir a nadie; los soldados se echan sobre ella con los sables desnudos, y en un momento inutilizan los caballos y

---

[142] "Tuve estos detalles del malogrado doctor Piñero, muerto en 1846 en Chile, pariente del doctor Ortiz, compañero de viaje de Quiroga desde Buenos Aires hasta Córdoba. Es triste necesidad sin duda no poder citar sino los muertos en apoyo de la verdad." (Sarmiento's note to the edition printed in 1851.)

descuartizan al postillón, correos y asistente. Quiroga entonces asoma la cabeza, y hace por un momento vacilar a aquella turba. Pregunta por el comandante de la partida, le manda acercarse, y a la cuestión de Quiroga: "¿Qué significa esto?" recibe por toda contestación un balazo en un ojo que le deja muerto.

Entonces Santos Pérez atraviesa repetidas veces con su espada al malaventurado, y manda, concluida la ejecución, tirar hacia el bosque la galera llena de cadáveres con los caballos hechos pedazos y el postillón que, con la cabeza abierta, se mantiene aún a caballo. "¿Qué muchacho es éste?—pregunta viendo al niño de la posta, único que queda vivo.—Éste es un sobrino mío—contesta el sargento de la partida,—yo respondo de él con mi vida." Santos Pérez se acerca al sargento, le atraviesa el corazón de un balazo, y en seguida, desmontándose, toma de un brazo al niño, lo tiende en el suelo y lo degüella, a pesar de sus gemidos de niño que se ve amenazado de un peligro.

Este último gemido del niño es, sin embargo, el único suplicio que martiriza a Santos Pérez. Después, huyendo de las partidas que lo persiguen, oculto en las breñas de las rocas o en los bosques enmarañados, el viento le trae al oído el gemido lastimero del niño. Si a la vacilante luz de las estrellas se aventura a salir de su guarida, sus miradas inquietas se hunden en la obscuridad de los árboles sombríos, para cerciorarse de que no se divisa en ninguna parte el bultito blanquecino del niño; y cuando llega al lugar donde hacen encrucijada dos caminos, lo arredra ver venir por el que él deja, al niño animando su caballo. Facundo decía también que un solo remordimiento lo aquejaba: ¡la muerte de los veintiséis oficiales fusilados en Mendoza!

¿Quién es, mientras tanto, este Santos Pérez? Es el gaucho malo de la campaña de Córdoba, célebre en la sierra y en la ciudad por sus numerosas muertes, por su arrojo extraordinario y por sus aventuras inauditas. Mientras permaneció el general Paz en Córdoba, acaudilló las montoneras más obstinadas e intangibles de la Sierra, y por largo tiempo el pago de Santa Catalina fue una republiqueta adonde los veteranos del ejército no pudieron penetrar. Con miras más elevadas, habría sido el digno rival de Quiroga; con sus vicios, sólo alcanzó a ser su asesino. Era alto de talle, hermoso de cara, de color pálido y barba negra y rizada. Largo tiempo fue después perseguido por la justicia y nada menos que cuatrocientos hombres andaban en su busca.

Al principio, los Reinafé lo llamaron, y en la casa del Gobierno fue recibido amigablemente. Al salir de la entrevista empezó a sentir una extraña descompostura de estómago, que le sugirió la idea de consultar a un médico amigo suyo, quien, informado por él de haber tomado una copa de licor, le dio un elixir que le hizo arrojar oportunamente el arsénico que el licor disimulaba. Más tarde, y en lo más recio de la persecución, el comandante Casanovas,[143] su antiguo amigo, le hizo significar que tenía algo de importancia que comunicarle. Una tarde, mientras que el escuadrón de que el comandante Casanovas era jefe hacía ejercicio al frente de su casa, Santos Pérez se desmonta y le dice: "Aquí estoy; ¿qué quería decirme?—¡Hombre! Santos Pérez; pase por acá; siéntese.—¡No! ¿Para qué me ha hecho llamar?" El comandante, sorprendido así, vacila y no sabe qué decir en el momento. Su astuto y osado interlocutor lo comprende, y arrojándole una mirada de desdén y volviéndole la espalda, le dice: "¡Estaba seguro de que quería agarrarme por traición! ¡He venido para convencerme, no más!" Cuando se dio orden al escuadrón de perseguirlo, Santos había desaparecido. Al fin, una noche lo tomaron dentro de la ciudad de Córdoba, por una venganza femenil.

Había dado de golpes a la querida con quien dormía; ésta, sintiéndolo profundamente dormido, se levanta con precaución, le toma las pistolas y el sable, sale a la calle y lo denuncia a una patrulla. Cuando despierta, rodeado de fusiles apuntados a su pecho, echa

---

[143] Casanovas: commandant appointed to catch the assassins of Quiroga.

mano a las pistolas, y, no encontrándolas: "Estoy perdido—dice con serenidad.—¡Me han quitado las pistolas!" El día que lo entraron en Buenos Aires, una muchedumbre inmensa se había reunido en la puerta de la casa del Gobierno.

A su vista gritaba el populacho: "¡Muera Santos Pérez!", y él, meneando desdeñosamente la cabeza y paseando sus miradas por aquella multitud, murmuraba tan sólo estas palabras. "¡Tuviera aquí mi cuchillo!" Al bajar del carro que lo conducía a la cárcel, gritó repetidas veces: "¡Muera el tirano!" y al encaminarse al patíbulo, su talla gigantesca, como la de Dantón,[144] dominaba la muchedumbre, y sus miradas se fijaban de vez en cuando en el cadalso como en un andamio de arquitectos.

El Gobierno de Buenos Aires dio un aparato solemne a la ejecución de los asesinos de Juan Facundo Quiroga; la galera ensangrentada y acribillada de balazos estuvo largo tiempo expuesta a examen del pueblo, y el retrato de Quiroga, como la vista del patíbulo y de los ajusticiados, fueron litografiados y distribuidos por millares, como también extractos del proceso, que se dio a luz en un volumen en folio. La Historia imparcial espera todavía datos y revelaciones para señalar con su dedo al instigado de los asesinos.[145]

ᥜᥰRECUERDOS DE PROVINCIA

El hogar paterno

La casa de mi madre, la obra de su industria, cuyos adobes y tapias pudieran computarse en varas de lienzo tejidas por sus manos para pagar su construcción, ha recibido en el transcurso de estos últimos años algunas adiciones que la confunden hoy con las demás casas de cierta medianía. Su forma original, empero, es aquélla a que se apega la poesía del corazón, la imagen indeleble que se presenta porfiadamente a mi espíritu, cuando recuerdo los placeres y pasatiempos infantiles, las horas de recreo después de vuelto de la escuela, los lugares apartados donde he pasado horas enteras y semanas sucesivas en inefable beatitud, haciendo santos de barro para rendirle culto en seguida, o ejércitos de soldados de la misma pasta para engreírme de ejercer tanto poder.

Hacia la parte del sur del sitio de treinta varas de frente por cuarenta de fonda, estaba la habitación única de la casa, dividida en dos departamentos: uno sirviendo de dormitorio a nuestros padres, y el mayor, de sala de recibo con su estrado alto y cojines, resto de las tradiciones del diván árabe que han conservado los pueblos españoles. Dos mesas de algarrobo, indestructibles, que vienen pasando de mano en mano desde los tiempos en que no había otra madera en San Juan que los algarrobos de los campos, y algunas sillas de estructura desigual, flanqueaban la sala, adornando las lisas murallas dos grandes cuadros al óleo de Santo Domingo y San Vicente Ferrer, de malísimo pincel, pero devotísimos y heredados a causa del hábito dominico.[146] A poca distancia de la puerta de entrada, elevaba su copa verdinegra la patriarcal higuera que sombreaba aún en mi infancia aquel telar de mi madre, cuyos golpes y traqueteo de husos, pedales y lanzadera, nos despertaban antes de salir el sol para anunciarnos que un nuevo día llegaba, y con él la necesidad de hacer por el trabajo frente a sus necesidades. Algunas ramas de la higuera iban a frotarse contra las murallas de la casa, y calentadas allí por la reverberación del sol, sus frutos se anticipaban a la estación, ofreciendo para el 23 de noviembre,

---

[144] Georges Jacques Danton (1759–1794), one of the leaders of the French Revolution, later executed by Robespierre as an enemy of the Republic.

[145] instigador . . . asesinos: Sarmiento implies that this was Rosas.

[146] a causa del hábito dominico: Many members of Sarmiento's ancestral families—the Albarracines and the Oros—were Dominican monks.

cumpleaños de mi padre, su contribución de sazonadas brevas para aumentar el regocijo de la familia.

Deténgome con placer en estos detalles, porque santos e higuera, fueron personajes más tarde de un drama de familia en que lucharon porfiadamente las ideas coloniales con las nuevas.

En el resto de sitio que quedaba de veinte varas escasas de fondo, tenían lugar otros recursos industriales. Tres naranjos daban fruto en el otoño, sombra en todos tiempos; bajo un durazno corpulento, había un pequeño pozo de agua para el solaz de tres o cuatro patos, que, multiplicándose, daban su contribución al complicado y diminuto sistema de rentas sobre que reposaba la existencia de la familia: y como todos estos medios eran aún insuficientes, rodeado de cerco, para ponerlo a cubierto de la voracidad de los pollos, había un jardín de hortalizas, del tamaño de un escapulario, y que producía cuantas legumbres entran en la cocina americana, el todo, abrillantado e iluminado con grupos de flores comunes, un rosal morado y otros varios arbustillos florescentes. Así se realizaban en una casa de las colonias españolas la exquisita economía de terreno y el inagotable producto que de él sacan las gentes de campaña en Europa. El estiércol de las gallinas y la bosta del caballo en que montaba mi padre, pasaban diariamente a dar nueva animación a aquel pedazo de tierra, que no se cansó nunca de dar variadas y lozanas plantas; y cuando he querido sugerir a mi madre algunas ideas de economía rural, tomadas al vuelo en los libros, he pasado merecida plaza de pedante, en presencia de aquella ciencia de la cultura que fue el placer y la ocupación favorita de su larga vida. Hoy, a los setenta y seis años de edad, todavía se nos escapa de adentro de las habitaciones, y es seguro que hemos de encontrarla aporcando algunas lechugas, respondiendo en seguida a nuestras objeciones, con la violencia que se haría de dejarlas al verlas tan mal tratadas.

Todavía había en aquella arca de Noé algún rinconcillo en que se enjebaban[147]

o preparaban los colores para teñir las telas, y un pudridor de afrecho de donde salía todas las semanas una buena porción de exquisito y blanco almidón. En los tiempos prósperos, se añadía una fábrica de velas hechas a mano, alguna tentativa de amasijo que siempre terminaba mal, y otras mil granjerías que sería superfluo enumerar. Ocupaciones tan variadas no estorbaban que hubiese orden en las diversas tareas, principiando la mañana con dar de comer a los pollos, desherbar antes que el sol calentase las eras de legumbres, y establecerse en seguida en su telar, que por largos años hizo la ocupación fundamental. Está en mi poder la lanzadera de algarrobo lustroso y renegrido por los años, que había heredado de su madre, quien la tenía de su abuela, abrazando esta humilde reliquia de la vida colonial un poderío de cerca de dos siglos en que nobles manos la han agitado casi sin descanso; y aunque una de mis hermanas haya heredado el hábito y la necesidad de tejer de mi madre, mi codicia ha prevalecido y soy yo el depositario de esta joya de familia. Es lástima que no haya de ser jamás suficientemente rico o poderoso, para imitar a aquel rey persa que se servía en su palacio de los tiestos de barro que le habían servido en su infancia, a fin de no ensoberbecerse y despreciar la pobreza.* * *

Tal ha sido el hogar doméstico en que me he criado, y es imposible que, a no tener una naturaleza rebelde, no haya dejado en el alma de sus moradores impresiones indelebles de moral, de trabajo y de virtud, tomadas en aquella sublime escuela en que la industria más laboriosa, la moralidad más pura, la dignidad mantenida en medio de la pobreza, la constancia, la resignación se dividían todas las horas. Mis hermanas gozaron de la merecida reputación de las más hacendosas niñas que tenía la provincia entera; y cuanta fabricación femenil requería habilidad consumada, fue siempre encomendada a estos supremos artífices de hacer todo lo que pide paciencia y destreza y deja poquísimo dinero.* * *

---

[147] se enjebaban: "fixed" the dye.

Nuestra habitación permaneció tal como la he descripto, hasta el momento en que mis dos hermanas mayores llegaron a la edad núbil, que entonces hubo una revolución interior que costó dos años de debate y a mi madre gruesas lágrimas al dejarse vencer por un mundo nuevo de ideas, hábitos y gustos que no eran aquéllos de la existencia colonial de que ella era el último y más acabado tipo.

Son vulgarísimos y pasan inapercibidos los primeros síntomas con que las revoluciones sociales que opera la inteligencia humana en los grandes focos de civilización, se extienden por los pueblos de origen común, se insinúan en las ideas y se infiltran en las costumbres. El siglo XVIII había brillado sobre la Francia y minado las antiguas tradiciones, entibiando las creencias y aun suscitando odio y desprecio por las cosas hasta entonces veneradas; sus teorías políticas trastornado los gobiernos, desligado la América de España, y abierto sus colonias a nuevas costumbres y a nuevos hábitos de vida. El tiempo iba a llegar en que había de mirarse de mal ojo y con desdén la industriosa vida de las señoras americanas, propagarse la moda francesa, y entrar el afán en las familias de ostentar holgura, por la abundancia y distribución de las habitaciones, por la hora de comer retardada de las doce del día en punto, a las dos, y aun a las cuatro de la tarde. ¿Quién no ha alcanzado a alguno de esos buenos viejos del antiguo cuño, que vivían orgullosos de su opulencia en un cuarto redondo, con cuatro sillas pulverulentas de baqueta,[148] el suelo cubierto de cigarros, y la mesa por todo adorno con un enorme tintero, erizado de plumas de pato, si no de cóndor, sobre cuyos cañones, de puro antiguas, se habían depositado cristalizaciones de tinta endurecida? Éste ha sido, sin embargo, el aspecto general de la colonia, éste es el menaje de la vida antigua. Encuéntrasele descrito en las novelas de Walter Scott o de Dumas, y vense frecuentes muestras vivientes aún en España y en la América del Sur, los últimos de entre los pueblos viejos que han sido llamados a rejuvenecerse.

Estas ideas de regeneración y de mejora personal, aquella impiedad del siglo XVIII, ¡quién lo creyera!, entraron en casa por las cabezas de mis dos hermanas mayores. No bien se sintieron llegadas a la edad en que la mujer siente que su existencia está vinculada a la sociedad, que tiene objeto y fin esa existencia, empezaron a aspirar las partículas de ideas nuevas, de belleza, de gusto, de confortable, que traía hasta ellas la atmósfera que había sacudido y renovado la revolución. Las murallas de la común habitación fueron aseadas y blanqueadas de nuevo, cosa a que no había razón de oponer resistencia alguna. Encontróla la manía de destruir la tarima que ocupaba todo un costado de la sala, con su *chuse*[149] y sus cojines, diván como he dicho antes, que nos ha venido de los árabes, lugar privilegiado en que sólo era permitido sentarse a las mujeres, y en cuyo espacioso ámbito, reclinadas sobre almohadones (palabra árabe), trababan visitas y dueños de casa aquella bulliciosa charla que hacía de ellas un almácigo parlante. ¿Por qué se ha consentido en dejar desaparecer el estrado, aquella poética costumbre oriental, tan cómoda en la manera de sentarse, tan adecuada para la holganza femenil, por sustituirle las sillas en que una a una y en hileras, como soldados en formación, pasa el ojo revista en nuestras salas modernas? Pero aquel estrado revelaba que los hombres no podían acercarse públicamente a las jóvenes, conversar libremente, y mezclarse con ellas, como lo autorizan nuestras nuevas costumbres, y fue sin inconveniente repudiada por las mismas que lo habían aceptado como un privilegio suyo. El estrado cedió, pues, su lugar en casa a las sillas, no obstante la débil resistencia de mi madre, que gustaba de sentarse en un extremo a tomar mate por la mañana, con su brasero y caldera de agua puestos enfrente en el piso inferior, o a devanar sus madejas, o bien a llenar sus canillas de noche, para la tela del día siguiente. No pudiendo habituarse a trabajar sentada en alto, hubo de adoptar el uso de una alfombra, para suplir

---

[148] sillas pulverulentas de baqueta: *rotting straight-back chairs.*

[149] *chuse:* "Palabra quichua, que significa *alfombra.*" (Sarmiento's note.)

la irremediable falta del estrado, de que se lamentó largos años.

El espíritu de innovación de mis hermanas atacó en seguida aquellos objetos sagrados. Protesto que yo no tuve parte en este sacrilegio que ellas cometían, las pobrecitas, obedeciendo al espíritu de la época. Aquellos dos santos, tan grandes, tan viejos: Santo Domingo, San Vicente Ferrer, afeaban decididamente la muralla. Si mi madre consintiera en que los descolgasen y fuesen puestos en un dormitorio, la casita tomaba un nuevo aspecto de modernidad y de elegancia refinada, porque era bajo la seductora forma del buen gusto que se introducía en casa la impiedad iconoclasta del siglo XVIII. ¡Ah! ¡Cuántos estragos ha hecho aquel error en el seno de la América Española! Las colonias americanas habían sido establecidas en la época en que las bellas artes españolas enseñaban con orgullo a la Europa los pinceles de Murillo, Velázquez, Zurbarán, a par de las espadas del duque de Alba, del Gran Capitán[150] y de Cortés. La posesión de Flandes[151] añadía a sus productos los del grabado flamenco, que dibujaba en toscos lineamientos y con crudos colores las escenas religiosas que hacían el fondo de la poesía nacional. Murillo en sus primeros años hacía facturas de vírgenes y santos para exportar a la América; los pintores subalternos le enviaban vidas de santos para los conventos, la pasión de Jesucristo en galerías inmensas de cuadros, y el grabado flamenco, como hoy la litografía francesa, ponían al alcance de las fortunas modernas cuadros del hijo pródigo, vírgenes y santos tan variados como puede suministrar tipos el calendario. De estas imágenes estaban tapizadas las murallas de las habitaciones de nuestros padres, y no pocas veces, entre tanto mamarracho, el ojo ejercitado del artista podía descubrir algún lienzo de manos de maestro. Pero la revolución venía ensañándose contra los emblemas religiosos. Igno-

rante y ciega en sus antipatías, había tomado entre ojos la pintura, que sabía a España,[152] a colonia, a cosa antigua e inconciliable con las buenas ideas. Familias devotísimas escondían sus cuadros de santos, por no dar muestra de mal gusto en conservarlos, y ha habido en San Juan y en otras partes, quienes, remojándolos, hicieron servir sus lienzos mal despintados para calzones de los esclavos. ¡Cuántos tesoros de arte han debido perderse en estas estúpidas profanaciones de que ha sido cómplice la América entera, porque ha habido un año o una época al menos, en que por todas partes empezó a un tiempo el desmonte fatal de aquella vegetación lozana de la pasada gloria artística de la España! * * *

La lucha se trabó, pues, en casa entre mi pobre madre, que amaba a sus dos santos dominicos como a miembros de la familia, y mis hermanas jóvenes, que no comprendían el santo origen de estas afecciones, y querían sacrificar los lares de la casa al bien parecer y a las preocupaciones de la época. Todos los días, a cada hora, con todo pretexto, el debate se renovaba; alguna mirada de amenaza iba a los santos, como si quisieran decirles: "Han de salir para fuera," mientras que mi madre, contemplándolos con ternura, exclamaba: "¡Pobres santos, qué mal les hacen donde a nadie estorban!" Pero en este continuo embate, los oídos se habituaban al reproche, la resistencia era más débil cada día; porque, vista bien la cosa, como objetos de religión, no era indispensable que estuviesen en la sala, siendo más adecuado lugar de veneración el dormitorio, cerca de la cama, para encomendarse a ellos; como legado de familia, militaban las mismas razones; como adorno, eran de pésimo gusto; y de una concesión en otra, el espíritu de mi madre se fue ablandando poco a poco, y cuando creyeron mis hermanas que la resistencia se prolongaba no más que por no dar su brazo a torcer,[153] una mañana

---

[150] el Duque de Alba, el Gran Capitán: Spanish military heroes of the 16th century.

[151] La posesión de Flandes: Flanders, a part of Holland and Belgium and the home of many a great artist, was at one time part of the Spanish empire.

[152] había tomado . . . España: *had a prejudice against art that seemed Spanish.*

[153] se prolongaba . . . a torcer: *was being continued just to avoid the appearance of defeat.*

que el guardián de aquella fortaleza salió a misa o a una diligencia, cuando volvió, sus ojos quedaron espantados al ver las murallas lisas donde había dejado poco antes dos grandes parches negros. Mis santos estaban ya alojados en el dormitorio, y a juzgar por sus caras, no les había hecho impresión ninguna el desaire. Mi madre se hincó llorando en presencia de ellos para pedirles perdón con sus oraciones, permaneció de mal humor y quejumbrosa todo el día, triste el subsiguiente, más resignada al otro día, hasta que al fin el tiempo y el hábito trajeron el bálsamo que nos hace tolerables las más grandes desgracias.

Esta singular victoria dio nuevos bríos al espíritu de reforma; y después del estrado y los santos, las miradas cayeron en mala hora sobre aquella higuera viviendo en medio del patio, descolorida y nudosa en fuerza de la sequedad y los años. Mirada por este lado la cuestión, la higuera estaba perdida en el concepto público; pecaba contra todas las reglas del decoro y de la decencia; pero, para mi madre, era una cuestión económica, a la par que afectaba su corazón profundamente. ¡Ah! ¡Si la madurez de mi corazón hubiese podido anticiparse en su ayuda, como el egoísmo me hacía, o neutral o inclinarme débilmente en su favor, a causa de las tempranas brevas! Querían separarla de aquella su compañera en el albor de la vida y el ensayo primero de sus fuerzas. La edad madura nos asocia a todos los objetos que nos rodean; el hogar doméstico se anima y vivifica; un árbol que hemos visto nacer, crecer y llegar a la edad provecta, es un ser dotado de vida, que ha adquirido derechos a la existencia, que lee en nuestro corazón, que

nos acusa de ingratos, y dejaría un remordimiento en la conciencia si los hubiésemos sacrificado sin motivo legítimo. La sentencia de la vieja higuera fue discutida dos años; y cuando su defensor, cansado de la eterna lucha, la abandonaba a su suerte, al aprestarse los preparativos de la ejecución los sentimientos comprimidos en el corazón de mi madre estallaban con nueva fuerza, y se negaba obstinadamente a permitir la desaparición de aquel testigo y de aquella compañera de sus trabajos. Un día, empero, cuando las revocaciones del permiso dado habían perdido todo prestigio, oyóse el golpe mate del hacha en el tronco añoso del árbol, y el temblor de las hojas sacudidas por el choque, como los gemidos lastimeros de la víctima. Fue éste un momento tristísimo, una escena de duelo y de arrepentimiento. Los golpes del hacha higuericida sacudieron también el corazón de mi madre, las lágrimas asomaron a sus ojos, como la savia del árbol que se derramaba por la herida, y sus llantos respondieron al estremecimiento de las hojas; cada nuevo golpe traía un nuevo estallido de dolor, y mis hermanas y yo, arrepentidos de haber causado pena tan sentida, nos deshicimos en llanto, única reparación posible del daño comenzado. Ordenóse la suspensión de la obra de destrucción, mientras se preparaba la familia para salir a la calle, y hacer cesar aquellas dolorosas repercusiones del golpe del hacha en el corazón de mi madre. Dos horas después la higuera yacía por tierra enseñando su copa blanquecina, a medida que las hojas, marchitándose, dejaban ver la armazón nudosa de aquella estructura que por tantos años había prestado su parte de protección a la familia.* * *

~~~~Notes on the Gaucho Dialect

The gaucho dialect or *lengua gauchesca*, as transcribed by Del Campo and Hernández, differs from Castilian Spanish chiefly in the following ways:

1. *Accentuation*

a. Any two adjacent vowels are pronounced as a diphthong with the accent on the more open of the vowels: ái for ahí; cáir for caer: óido for oído.

b. The personal pronouns in enclitic position are strongly accented; sometimes two accents are thus indicated for the same word: rastriándolé, hágasé.

2. *Vowel Changes*

a. e and i, o and u frequently take each other's proper places in unaccented syllables: cair for caer, riunidas for reunidas; medecina for medicina, polecía for policía; tuito for todito, aura for ahora; sepoltura for sepultura, coyontura for coyuntura.

b. e sometimes changes to ie in accented syllables: Prienda for prenda, ausiencia for ausencia; the reverse is also true: cencia for ciencia.

3. *Consonant Changes*

a. Spelling has been changed in many words to indicate the normal Spanish American pronunciation, thus

(1) Since the *theta* sound of Castilian is replaced by a sibilant *s*, the letter s is often substituted for c and z.

(2) Since the *ll* sound of Castilian is replaced by the sound of consonantal *y* the letter y is often substituted for ll.

(3) Since x is pronounced like a sibilant *s*, the letter s is substituted for x.

(4) Silent *h* at the beginning of a word or syllable is sometimes omitted: oyo for hoyo.

(5) The sound of hi appears sometimes as y: yel for hiel, yerras for hierras.

(6) Final d is silent, so the letter d is omitted and the preceding vowel accented: verdá for verdad, sé for sed.

(7) The d between two vowels disappears, especially in past participles; hablao for hablado, perdío for perdido.

(8) Since the sound of b and v are identical, b is often substituted for v: carabanes for caravanes.

b. Combinations of consonants difficult to pronounce are simplified: istante for instante; acidente for accidente; pato for pacto; osequiar for obsequiar; persine for persigne.

c. Other substitutions are:

(1) g takes the place of b in some words, of h in others: güeno for bueno; güesos for huesos, güerta for huerta.

(2) j takes the place of f in some words, of h in others: juego for fuego, juror for furor; jediendo for hediendo, jedor for hedor.

(3) l and r take each other's places: ploclama for proclama, pelegrinaciones for peregrinaciones; cárculo for cálculo.

(4) l sometimes takes the place of d: alvertir for advertir, almitían for admitían.

(5) ñ sometimes takes the place of n: giñebra for ginebra.

(6) b is sometimes inserted after m: lamber for lamer.

4. *Elisions*

a. The preposition a is omitted before a word beginning with a.

b. Short prepositions are made still shorter: pa for para; e for de.

5. *Metathesis* of both letters and syllables is frequent: revelar for relevar; redepente for de repente, vedera for vereda.

6. *Unorthodox Prefixes* are common: dentrar for entrar, dir for ir; afijo for fijo; (sometimes for emphasis: renegrida *very* black).

7. *Irregularities in verb forms* are made by false analogy to other verbs: creiba for creía, traiban for traían, vía for veía, oiban for oían; haiga for haya.

8. *Archaic Forms* have been retained: asina and ansi for así; asigún for según; ande for donde; mesmo for mismo, naide for nadie; dende for desde; trujo for trajo; vido for vio.

It should be noted, however, that the poets are not always consistent in their use of these irregularities.

For a fuller discussion of the gaucho dialect see "Advertencia lingüística" by E. F. Tiscornia, in *Martín Fierro* (Buenos Aires, Losada, [1943], pp. 17–20).

⁓⁓⁓Estanislao del Campo

Argentina 1834–1880 In a real sense, *Fausto* (1866) was a tour de force. Its author was a *porteño*, a city man, born and bred in the aristocracy of Buenos Aires. Except for brief experiences in military campaigns during civil wars, he spent his life in the social, commercial, and bureaucratic circles of the capital city. Because of his wit and charm, he was a popular man about town. Aside from *Fausto*, his verse is trivial and fashionably romantic. His personal contact with and knowledge of the gaucho and his life were practically nil.

Nevertheless, *Fausto* is generally and justly regarded as one of the three or four outstanding works of gaucho literature. Some Argentine critics have noted minor clues that indicate that del Campo's acquaintance with gaucho language and psychology was not that of a native of the pampas, but on the whole he captured the spirit and idiom of the Argentine countryman with remarkable skill. This accomplishment was almost entirely the result of careful reading, study, and imitation of the gaucho poetry of his friend, Hilario Ascasubi.

Although the idea of writing such a poem as *Fausto* had been germinating in the author's mind for some ten years, it was a performance of Gounod's *Faust* at the Teatro Colón on August 26, 1866, which crystallized the composition as we know it. Del Campo finished the first draft in four days, and in about a month the poem was first published in the periodical *La tribuna*.

In contrast to the pathetic experiences of *Martín Fierro* and the rough military episodes of Ascasubi's *Santos Vega*, *Fausto* is a gay and often comic tale of how a country bumpkin is deceived by the operatic fantasy he saw by chance in the big city.

⁓⁓FAUSTO

I

En un overo rosao,[1]
flete[2] nuevo y parejito,[3]

cáia[4] al Bajo,[5] al trotecito,
y lindamente sentao,[6]

[1] overo rosao (rosado): *piebald* or *calico horse.*
[2] flete: *horse, steed.*
[3] parejito: *speedy, fast.*
[4] cáia (caía): *went down.*

[5] Bajo: el Bajo is a section of Buenos Aires, formerly a tidal flat.
[6] sentao (sentado): *mounted.*

5 un paisano[7] del Bragao,[8]
de apelativo[9] Laguna,
mozo jinetazo[10] ¡ahijuna!
como creo que no hay otro,
capaz de llevar un potro[11]
10 a sofrenarlo en la luna.[12]

¡Ah criollo! si parecía
pegao en el animal
que aunque era medio bagual[13]
a la rienda obedecía
15 de suerte que se creería
ser no sólo arrocinao,[14]
sino también del recao
de alguna moza pueblera.[15]
¡Ah Cristo! ¡quien lo tuviera! . . .
20 ¡Lindo el overo rosao!

Como que era escarciador[16]
vivaracho y coscojero,[17]
le iba sonando[18] al overo
la plata que era un primor;[19]
25 pues eran plata el fiador,[20]
pretal,[21] espuelas, virolas,[22]
y en las cabezadas[23] solas
tráia el hombre un Potosí:[24]
¡qué! . . . ¡si tráia, para mí,[25]
30 hasta de plata las bolas!

En fin, como iba a contar,
Laguna al río llegó,
contra una tosca se apió[26]
y empezó a desensillar.[27]
35 En esto, dentró a orejiar[28]

y a resollar[29] el overo
y jue que vido[30] un sombrero
que del viento se volaba[31]
de entre una ropa,[32] que estaba
40 más allá, contra un apero.[33]

Dio güelta[34] y dijo el paisano:
—¡Vaya, "*Zafiro*"! ¿qué es eso?
y le acarició el pescuezo
con la palma de la mano.
45 Un relincho soberano
pegó[35] el overo que vía[36]
a un paisano que salía
del agua, en un colorao,[37]
que al mesmo overo rosao
50 nada le desmerecía.[38]

Cuando el flete relinchó,
media güelta dio Laguna,
y ya pegó el grito:—¡Ahijuna!
¿No es el Pollo?
        —Pollo, no,
55 ese tiempo se pasó,[39]
(contestó el otro paisano),
ya soy jaca[40] vieja, hermano,
con las púas como anzuelo,[41]
y a quien ya le niega el suelo
60 hasta el más remoto grano.

Se apió el Pollo y se pegaron
tal abrazo con Laguna,
que sus dos almas en una
acaso se misturaron.[42]
65 Cuando se desenredaron,[43]

---

[7] paisano: *native.*

[8] Bragao (Bragado): district in the western part of the province of Buenos Aires.

[9] de apelativo: *by name.*

[10] jinetazo: *hard riding;* ahijuna: exclamation lending emphasis to the statement.

[11] llevar un potro: *to manage a young horse.*

[12] sofrenarlo . . . luna: *to rein him in.*

[13] bagual: *wild.*

[14] arrocinao (arrocinado): *tame as an old nag.*

[15] sino . . . pueblera: *but fitted out to carry a city girl.*

[16] escarciador (escarceador): *head-tosser.*

[17] coscojero: *bit-champer.*

[18] sonando: *jingling.*

[19] primor: *a beautiful sight.*

[20] fiador: *collar.*

[21] pretal: *breast strap.*

[22] virolas: *check ring.*

[23] cabezadas: *headstall* (of the bridle).

[24] Potosí: the rich old silver city of colonial Peru (now part of Bolivia). Its name became synonymous with "fortune," "wealth."

[25] si tráia, para mí: *why, I believe that he had.*

[26] contra . . . apió: *dismounted beside a limestone flat.*

[27] desensillar: *unsaddle.*

[28] dentró a orejiar (orejear): *began to prick up his ears.*

[29] resollar: *snort.*

[30] y jue que vido=y fue que vio.

[31] que . . . volaba: *blown by the wind.*

[32] una ropa: *a pile of clothes.*

[33] apero: *riding gear.*

[34] güelta=vuelta.

[35] Un relincho . . . pegó: *Gave a loud neigh.*

[36] vía=veía.

[37] colorao (colorado): *bay horse.*

[38] que . . . desmerecía: *which was in no way inferior to the piebald horse.*

[39] Pollo . . . pasó: *I'm no longer a "(spring) chicken."*

[40] jaca: *rooster.*

[41] con . . . anzuela: *with spurs bent over like fishhooks.*

[42] se misturaron (mixturaron): *blended.*

[43] desenredaron: *untangled themselves.*

después de haber lagrimiao,[44]
el overito rosao
una oreja se rascaba,
visto que la refregaba
70 en la clin del colorao.

—Velay, tienda el cojinillo,[45]
don Laguna, siéntesé
y un ratito aguárdemé
mientras maneo[46] el potrillo,
75 vaya armando un cigarrillo,[47]
si es que el vicio no ha olvidao.
Ahí tiene contra el recao[48]
cuchillo, papel y un naco;[49]
yo siempre pico el tabaco[50]
80 por no pitarlo aventao.[51]

—Vaya, amigo, le haré gasto . . .[52]
—¿No quiere maniar su overo?
—Déjeló a mi parejero[53]
que es como mata de pasto.[54]
85 Ya una vez, cuando el abasto,[55]
mi cuñao se desmayó;
a los tres días volvió
del insulto[56] y, crea, amigo,
peligra lo que le digo:[57]
90 el flete ni se movió.

—¡Bien haiga gaucho embustero![58]
¿Sabe que no me esperaba
que soltase una guayaba[59]
de ese tamaño, aparcero[60]?

95 Ya colijo que su overo
está tan bien enseñao,[61]
que si en vez de desmayao
el otro hubiera estao muerto,
el fin del mundo, por cierto,
100 me lo encuentra allí parao.[62]

—Vean cómo le buscó
la güelta . . .[63] ¡bien haiga[64] el Pollo!
Siempre larga todo el rollo
de su lazo . . .
      —Y cómo no!
105 ¿O se ha figurao que yo
ansina no más las trago?[65]
¡Hágasé cargo! . . .[66]
      —¡Ya me hago! . . .
—Prieste el juego.[67]
      —Tómeló.
—Y aura[68] le pregunto yo:
110 ¿Qué anda[69] haciendo en este pago?[70]

—Hace como una semana[71]
que he bajao a la ciudá,
pues tengo necesidá
de ver si cobro una lana;[72]
115 pero me andan con[73] *mañana*
y *no hay plata*, y *venga luego*;
hoy no más[74] cuasi le pego
en las aspas con la argolla[75]
a un gringo,[76] que aunque es de embrolla,[77]
120 ya le he maliciao el juego.[78]

---

[44] lagrimiao (lagrimeado): *shed a few tears.*
[45] Velay . . . cojinillo: *Come, spread out your saddle pad.* The form *Velay* is a contraction from *Vedla ahí*, "*Look here now,*" or more simply, "*Come.*"
[46] maneo: *I hobble.*
[47] vaya . . . cigarrillo: *go ahead and roll yourself a cigarette.*
[48] contra el recao (al lado del recado): *beside the saddle trappings.*
[49] naco: *a twist of black tobacco.*
[50] pico el tabaco: *I cut the tobacco fresh* (from the twist).
[51] por no pitarlo aventao: *in order not to smoke it with the flavor all gone.*
[52] le haré gasto: *I'll take you up on that.*
[53] parejero: *horse.*
[54] como . . . pasto: *as a clump of grass* (in that he stands so still).
[55] cuando el abasto: *while getting his provisions.*
[56] del insulto: *from the fainting fit.*
[57] peligra . . . digo: *hard as it may be to believe what I say.*
[58] Bien . . . embustero: *What a lying gaucho!* (You certainly can tell them!).
[59] guayaba: *tall story, "whopper."*

[60] aparcero: *friend, pal.*
[61] enseñao (enseñado): *trained.*
[62] el fin . . . parao: *He would, of course, be still standing there at judgment day* (the end of the world), *I suppose.*
[63] buscó la güelta: *you turned the story on me.*
[64] bien haiga: *what a . . .!*
[65] O . . . trago: *Or did you think I just swallow them whole?*
[66] Hágasé cargo: *Take that into consideration, don't forget it.*
[67] Prieste el juego (Preste el fuego): *Give me a light.*
[68] aura=ahora.
[69] anda=está.
[70] en este pago: *hereabouts.*
[71] Hace . . . semana: *About a week ago.*
[72] si . . . lana: *if I can collect for some wool.*
[73] pero me andan con . . . : *but they come at me with:* "*Wait till tomorrow,*" and "*There's no money,*" and "*Come again later on.*"
[74] no más: *just.*
[75] pego . . . argolla: *I hit on the forehead with the ring* (of my lasso); aspas=cuernos.
[76] gringo: *foreign immigrant, usually Italian.*
[77] de embrolla: *looking for trouble.*
[78] le . . . juego: *I spoiled his game for him.*

—Con el cuento de la guerra[79]
andan matreros los cobres.[80]
—Vamos a morir de pobres
los paisanos de esta tierra.
125 Yo cuasi he ganao la sierra[81]
de puro desesperao . . .
—Yo me encuentro tan cortao[82]
que a veces se me hace cierto
que hasta ando jediendo a muerto.[83]
130 —Pues yo me hallo hasta *empeñao*.[84]

—¡Vaya un lamentarse! ¡Ahijuna! . . .
Y eso es de vicio, aparcero:
a usté lo ha hecho su ternero
la vaca de la fortuna.[85]
135 Y no llore, don Laguna,
no me lo castigue Dios:
si no, comparémoslós
mis tientos con su chapiao,[86]
y así en limpio habrá quedao
140 el más pobre de los dos.[87]

—¡Vean si es escarbador
este Pollo![88] ¡Virgen mía!
si es pura chafalonía . . .[89]
—¡Eso sí, siempre pintor![90]
145 —Se la gané a un jugador
que vino a echarla de güeno.[91]
Primero le gané el freno
con riendas y cabezadas,
y en otras cuantas jugadas
150 perdió el hombre hasta lo ajeno. [92]

¿Y sabe lo que decía
cuando se veía en la mala?[93]
El que me ha pelao la chala

debe tener brujería.[94]
155 A la cuenta[95] se creería
que el Diablo y yo . . .
                    —¡Cállesé!
¿Amigo, no sabe usté
que la otra noche lo he visto
al demonio?
                    —¡Jesucristo! . . .
160 —Hace bien, santígüesé.

—¡Pues no me he de santiguar!
Con esas cosas no juego;
pero no importa, le ruego
que me dentre a relatar
165 el cómo llegó a topar[96]
con *el malo*.[97] ¡Virgen santa!
Sólo el pensarlo me espanta . . .
—Güeno, le voy a contar
pero antes voy a buscar
170 con qué mojar la garganta.

El Pollo se levantó
y se jue en su colorao,
y en el overo rosao
Laguna al agua dentró.[98]
175 Todo el baño que le dio
jue dentrada por salida[99]
y a la tosca consabida
don Laguna se volvió,
ande[100] a don Pollo lo halló
180 con un frasco de bebida.

—Lárguesé[101] al suelo, cuñao,[102]
y vaya haciéndosé cargo,
que puede ser más que largo
el cuento que le he ofertao.[103]

---

[79] Con . . . guerra: *With this old story about the war.*
The war referred to is that between Argentina and
Paraguay, 1865–1869.

[80] andan . . . cobres: *pennies are pretty scarce.*

[81] cuasi . . . sierra: *I've been about ready to take to the
hills.* The hills of the district of Tandil in the southern
part of the province of Buenos Aires were a place of
refuge, and offered abundant subsistence to outlaws.

[82] cortao (cortado): "*strapped,*" *short of money.*

[83] jediendo (hediendo) a muerto: *stinking of death.*
A proverb runs: "*Hombre pobre hiede a muerto.*"

[84] empeñao (empeñado): *in debt.*

[85] a usté . . . fortuna: *The cow of fortune has made you
its calf,* i.e. *You're the very darling of fortune.*

[86] mis . . . chapiao (chapeado): *my crude straps with
your* [silver covered] *trappings.*

[87] y así . . . los dos: *and it will be plain,* [which is]
the poorer of us two.

[88] ¡Vean . . . Pollo!: *Well if this Chicken isn't some
scratcher!*

[89] si . . . chafalonía: *Why, it's nothing but old plate.*

[90] siempre pintor: *always boasting. Don't pretend to be
modest!*

[91] vino . . . güeno: *was putting on airs.*

[92] lo ajeno: *other people's money.*

[93] en la mala: *out of luck.*

[94] El que . . . brujería: *The one who has beaten* (plucked)
me must have used witchcraft.

[95] A la cuenta: *According to his account, to hear him tell it.*

[96] el . . . topar: *how you happened to meet.*

[97] el malo= el diablo.

[98] dentró=entró.

[99] jue (fue) . . . salida: *was to go in and come right out
again.*

[100] ande=donde.

[101] Lárguesé: *Stretch out.*

[102] cuñao (cuñado): here no relationship is indicated,
simply *friend, pal.*

[103] ofertao=ofrecido.

185 Desmanee[104] el colorao,
desate su maniador,[105]
y en ancas,[106] haga el favor
de acollararlos . . .[107]
      —Al grito.[108]
¿Es manso el coloradito?
190 —¡Es como trébol de olor![109]

—Ya están acollaraditos . . .[110]
—Déle un beso[111] a esa giñebra;
yo le hice sonar, de una hebra,[112]
lo menos diez golgoritos[113] . . .
195 —Pero ésos son muy poquitos
para un criollo como usté,
capaz de prendérselé
a una pipa de lejía . . .[114]
—Hubo un tiempo en que solía . . .
200 —Vaya, amigo, lárguesé.

2

—Como a eso de la oración[115]
aura[116] cuatro o cinco noches,
vide[117] una fila de coches
contra el tiatro de Colón.[118]

5 La gente en el corredor,
como hacienda amontonada,[119]
pujaba desesperada
por llegar al mostrador.[120]

Allí a juerza[121] de sudar
10 y a punta de [122] hombro y de codo,
hice, amigaso,[123] de modo
que al fin me pude arrimar.[124]

Cuando compré mi dentrada[125]
y di güelta . . . ¡Cristo mío!
15 estaba pior el gentío
que una mar alborotada.

Era a causa de una vieja
que le había dao el mal . . .[126]
—Y si es chico ese corral,
20 ¿a qué encierran tanta oveja?

—Ahí verá: por fin, cuñao,
a juerza de arrempujón,[127]
salí como mancarrón[128]
que lo sueltan trasijao.[129]

25 Mis botas nuevas quedaron
lo propio que picadillo,[130]
y el fleco del calzoncillo[131]
hilo a hilo me sacaron.

Y para colmo, cuñao,
30 de toda esta desventura,
el puñal, de la cintura
me lo habían refalao.[132]

—Algún gringo como luz
para la uña,[133] ha de haber sido,
35 —¡Y no haberlo yo sentido!
En fin, ya le hice la cruz.[134]

Medio cansao y tristón
por la pérdida, dentré
y una escalera trepé
40 con ciento y un escalón.

---

[104] Desmanee: *Unhobble.*

[105] maniador: *hobble rope* (of leather).

[106] en ancas=además: *then, after that.*

[107] acollararlos: *tether them* (the two horses) *together.*

[108] al grito=al momento, en seguida.

[109] trébol de olor: *fragrant clover* (cf. English: *sweet as a daisy*).

[110] acollaraditos: *now they are nicely tethered together.* The diminutive is used to express the speaker's pleasure in the action.

[111] déle un beso=tome un trago.

[112] de una hebra=de un golpe, sin interrupción.

[113] yo le . . . golgoritos: *I made it give at least ten trills in a row.*

[114] capaz . . . lejía: *capable of drinking a hogshead of lye.*

[115] Como . . . oración: *At about the time of the Angelus.*

[116] aura (ahora)=hace.

[117] vide=vi.

[118] contra el tiatro (teatro) de Colón: The Teatro de Colón in Buenos Aires opened its doors April 25, 1857. It served as theater and opera house until

September 13, 1888, after which date the building was purchased by the National Bank.

[119] como . . . amontonada: *herded together like cattle.*

[120] mostrador: *box office, ticket window.* Note that Pollo's description of the opera house is given in terms of the *pulpería.*

[121] juerza=fuerza.

[122] a punta de: *with the help of.*

[123] amigaso=amigote.

[124] arrimar: *get near.*

[125] dentrada (entrada): *admission ticket.*

[126] que . . . dao (dado) el mal: *who had had a fainting spell.*

[127] arrempujón (rempujón): *shoving.*

[128] mancarrón: *jaded old nag.*

[129] trasijao (trasijado): *lean, skinny.*

[130] picadillo: *mincemeat, tatters.*

[131] el fleco del calzoncillo: *fringe of my drawers.*

[132] refalao (refalado): *stolen, robbed.*

[133] como . . . uña: *swift as light in the theft.*

[134] le . . . cruz: *I gave it up as lost.*

Llegué a un alto,[135] finalmente,
ande va la paisanada,[136]
que era la última camada[137]
en la estiba[138] de la gente.

45 Ni bien me había sentao,
rompió de golpe la banda,[139]
que detrás de la baranda
la habían acomodao.[140]

Y ya tamién se corrió
50 un lienzo grande,[141] de modo
que a dentrar con flete y todo
me aventa,[142] créameló.

Atrás de aquel cortinao[143]
un dotor[144] apareció,
55 que asigún oí decir yo,
era un tal Fausto, mentao.[145]

—¿Dotor dice? Coronel[146]
de la otra banda,[147] amigaso;
lo conozco a ese criollaso[148]
60 porque he servido con él.

—Yo tamién lo conocí
pero el pobre ya murió.
¡Bastantes veces montó
un saino[149] que yo le di!

65 Déjeló al que está en el cielo
que es otro Fausto el que digo,
pues bien puede haber, amigo,
dos burros del mesmo pelo.

—No he visto gaucho más quiebra
70 para retrucar[150] ¡ahijuna!...

—Déjemé hacer, don Laguna
dos gárgaras de giñebra.[151]

Pues como le iba diciendo,
el Dotor apareció
75 y, en público, se quejó
de que andaba padeciendo.

Dijo que nada podía
con la cencia[152] que estudió,
que él a una rubia quería,
80 pero que a él la rubia no.

Que, al ñudo,[153] la pastoriaba[154]
dende[155] el nacer de la aurora,
pues de noche y a toda hora
siempre tras de ella[156] lloraba.

85 Que de mañana a ordeñar
salía muy currutaca,[157]
que él le maniaba[158] la vaca,
pero pare de contar.[159]

Que cansado de sufrir,
90 y cansado de llorar,
al fin se iba a envenenar
porque eso no era vivir.

El hombre allí renegó,
tiró contra el suelo el gorro
95 y, por fin, en su socorro
al mesmo Diablo llamó.

¡Nunca lo hubiera llamao!
¡Viera,[160] sustaso,[161] por Cristo!
¡Ahí mesmo jediendo a misto,[162]
100 se apareció el condenao!

---

[135] un alto: *a high place* (top gallery).
[136] paisanada: *poorer people.*
[137] la última camada: *the top layer.*
[138] estiba: *stowage* (of the audience in the theater).
[139] rompió . . . banda: *the orchestra* (band) *suddenly started to play.*
[140] acomodao (acomodado): *placed.*
[141] un lienzo grande: *a big tarpaulin* (the curtain).
[142] de modo que . . . aventa: *so that it would have knocked me over, horse and all.*
[143] Atrás . . . cortinao: *Behind that curtained-off place.*
[144] dotor=doctor.
[145] mentao (mentado): *named.*
[146] Laguna tries to correct Pollo, for the only Faust of whom he has heard is the Uruguayan, Colonel Fausto Aguilar, one of the bravest of the anti-Rosas leaders. He later joined the Argentine forces.
[147] la otra banda: the Banda Oriental, the former name of the Republic of Uruguay.

[148] criollaso (criollazo): *worthy creole, fellow-country-man.*
[149] saino (zaino): *chestnut horse.*
[150] más . . . retrucar: *"quicker on the take-up."*
[151] Déjemé . . . giñebra: *Let me have a couple of swigs of gin.*
[152] cencia=ciencia.
[153] al ñudo: *in vain.*
[154] la pastoriaba (pastoreaba): *hung around where he could see her;* pastorear=acechar: *to lie in ambush, wait for.*
[155] dende=desde.
[156] tras de ella: *for her.*
[157] salía muy currutaca: *she came out all neatly dressed.*
[158] maniaba (maneaba): *hobbled.*
[159] pero . . . contar: *but let me make a long story short.*
[160] Viera: *You should have seen.*
[161] sustaso (sustazo): *what a shock.*
[162] Ahí mesmo jediendo (hediendo) a misto: *Right there reeking of sulphur.*

Hace bien: persínesé[163]
que lo mesmito hice yo.
—¿Y cómo no disparó?
—Yo mesmo no sé por qué.

105 ¡Viera al Diablo! Uñas de gato,
flacón,[164] un sable largote,[165]
gorro con pluma, capote
y una barba de chivato.

Medias hasta la berija,[166]
110 con cada ojo como un charco,
y cada ceja era un arco
para correr la sortija.[167]

"Aquí estoy a su mandao,
cuente con un servidor,"
115 le dijo el Diablo al Dotor,
que estaba medio asonsao.[168]

"Mi Dotor, no se me asuste
que yo lo vengo a servir:
pida lo que ha de pedir
120 y ordénemé lo que guste."

El Dotor, medio asustao,
le contestó que se juese . . .[169]
—Hizo bien: ¿no le parece?
—Dejuramente,[170] cuñao.

125 Pero el Diablo comenzó
a alegar gastos de viaje
y a medio darle coraje
hasta que lo engatusó.

—¿No era un Dotor muy projundo?[171]
130 ¿Cómo se dejó engañar?
—Mandinga[172] es capaz de dar
diez güeltas a medio mundo.[173]

El Diablo volvió a decir:
"Mi Dotor, no se me asuste,

135 ordénemé lo que guste,
pida lo que ha de pedir.

"Si quiere plata, tendrá:
mi bolsa siempre está llena,
y más rico que Anchorena,[174]
140 con decir 'quiero,' será."

"No es por la plata que lloro,"
don Fausto le contestó,
"otra cosa quiero yo
mil veces mejor que el oro."

145 "Yo todo le puedo dar,"
retrucó el Rey del Infierno,
"Diga: ¿quiere ser Gobierno?
pues no tiene más que hablar."

"No quiero plata ni mando,"
150 dijo don Fausto, "yo quiero
el corazón todo entero
de quien me tiene penando."

No bien esto el Diablo oyó,
soltó una risa tan fiera,
155 que toda la noche entera
en mis orejas sonó.

Dio en el suelo una patada,[175]
una paré[176] se partió,
y el Dotor, fulo,[177] miró
160 a su prenda idolatrada.

—¡Canejo! . . . ¿Será verdá?
¿Sabe que se me hace cuento?[178]
—No crea que yo le miento:
lo ha visto media ciudá.

165 ¡Ah, don Laguna! ¡si viera
qué rubia! . . . Créameló:
creí que estaba viendo yo
alguna virgen de cera.

---

[163] persínesé (persígnese): *cross yourself.*
[164] flacón: *very thin, very lean.*
[165] largote: *quite long.*
[166] berija (verija): *middle.*
[167] para . . . sortija: *suitable for use as a ring in the ring game*—a game in which a ring is suspended on a ribbon and the participants ride past at full speed, trying to put their lances through the ring.
[168] asonsao (azonzado): *stupefied.*
[169] juese=fuese.
[170] Dejuramente=Seguramente.
[171] projundo=profundo.
[172] *Mandinga* is one of the popular names for the devil, who has already been referred to as *el diablo, el demonio, el malo* and *el condenao.*
[173] capaz de dar . . . mundo: *capable of turning half the world upside down.*
[174] Anchorena: a millionaire. The Anchorena family was renowned for its wealth in Argentina during the latter part of the 18th and throughout the 19th centuries.
[175] Dio . . . patada: *He stamped on the ground.*
[176] paré=pared.
[177] fulo: *amazed.*
[178] ¿Sabe . . . cuento?: *You know it seems like a yarn to me?*

Vestido azul, medio alzao,[179]
170 se apareció la muchacha;
pelo de oro, como hilacha
de choclo recién cortao.

Blanca como una cuajada,[180]
y celeste la pollera;[181]
175 don Laguna, si aquello era
mirar a la Inmaculada.

Era cada ojo un lucero,[182]
sus dientes, perlas del mar,
y un clavel al reventar
180 era su boca, aparcero.

Ya enderezó como loco
el Dotor cuando la vio,
pero el Diablo lo atajó
diciéndole: "Poco a poco.

185 "Si quiere hagamos un pato:[183]
usté su alma me ha de dar
y en todo lo he de ayudar.
¿Le parece bien el trato?"

Como el Dotor consintió,
190 el Diablo sacó un papel
y le hizo firmar en él
cuanto la gana le dio.[184]

—¡Dotor, y hacer ese trato!
—¿Qué quiere hacerle,[185] cuñao,
195 si se topó ese abogao
con la horma de su zapato?[186]

Ha de saber que el Dotor
era dentrao en edá,[187]
ansina es que estaba ya
200 bichoco[188] para el amor.

Por eso, al dir[189] a entregar
la contrata consabida,
dijo:—"¿Habrá alguna bebida
que me puedra emozar?"

205 Yo no sé qué brujería,
misto,[190] mágica o polvito
le echó el Diablo y . . . ¡Dios bendito!
¡Quién demonios lo creería!

¿Nunca ha visto usté a un gusano
210 volverse una mariposa?
Pues allí la mesma cosa
le pasó al Dotor, paisano.[191]

Canas, gorro y casacón[192]
de pronto se vaporaron,[193]
215 y en el Dotor ver dejaron
a un donoso mocetón.[194]

—¿Qué dice? . . . ¡barbaridá! . . .
¡Cristo padre! . . . ¿Será cierto?
—Mire: que me caiga muerto
220 si no es la pura verdá.

El Diablo entonces mandó
a la rubia que se juese,
y que la paré se uniese,
y la cortina cayó.

225 A juerza de[195] tanto hablar
se me ha secao el garguero:
pase el frasco, compañero.
—¡Pues no se lo he de pasar!

3

—Vea los pingos . . .
                              —¡Ah, hijitos!
son dos fletes soberanos.
—¡Como si jueran hermanos
bebiendo la agua juntitos!

5 —¿Sabe que es linda la mar?[196]
—¡La viera de mañanita
cuando a gatas[197] la puntita
del sol comienza a asomar!

179 medio alzao (alzado): *with skirt above her ankles.*
180 cuajada: *curds of milk.*
181 pollera: *hooped skirt.*
182 lucero: *morning star.*
183 pato=pacto.
184 cuanto . . . dio: *whatever he wanted him to.*
185 ¿Qué quiere hacerle: *What would you expect him to do?*
186 topó . . . zapato: *when that lawyer* (Faust) *met his match.*
187 dentrao en edá (entrado en edad): *along in years.*
188 bichoco: an adjective used of a horse which is old and useless.
189 dir=ir.
190 misto (mixto): *mixture, potion.*
191 paisano: *compatriot, friend.*
192 casacón: *long, loose coat.*
193 vaporaron=evaporaron.
194 un donoso mocetón: *a gay, young fellow.*
195 A juerza de=A fuerza de.
196 la mar: the Río de la Plata, which is so wide near Buenos Aires that it seems as limitless as the sea.
197 a gatas=apenas: *scarcely, just.*

Usté ve venir a esa hora,
10 roncando la marejada,
y ve en la espuma encrespada
los colores de la aurora.

A veces con viento en la anca,[198]
y con la vela al solsito,[199]
15 se ve cruzar un barquito
como una paloma blanca.

Otras, usté ve patente
venir boyando un islote,[200]
y es que trai[201] un camalote[202]
20 cabestriando[203] la corriente.

Y con un campo quebrao
bien se puede comparar
cuando el lomo empieza a hinchar
el río medio alterao.

25 Las olas chicas, cansadas,
a la playa a gatas vienen,
y allí en lamber[204] se entretienen
las arenitas labradas.

Es lindo ver en los ratos
30 en que la mar ha bajao,
cair velando al desplayao[205]
gaviotas, garzas y patos.

Y en las toscas, es divino,
mirar las olas quebrarse,
35 como al fin viene a estrellarse
el hombre con su destino.

Y no sé qué da el mirar
cuando barrosa y bramando,
sierras de agua viene alzando
40 embravecida la mar.

Parece que el Dios del cielo
se amostrase retobao,[206]
al mirar tanto pecao
como se ve en este suelo.

45 Y es cosa de bendecir,
cuando el Señor la serena,
sobre ancha cama de arena
obligándolá a dormir.

Y es muy lindo ver nadando
50 a flor de agua algún pescao;
van, como plata, cuñao,
las escamas relumbrando.

—¡Ah, Pollo! Ya comenzó
a meniar taba:[207] ¿y el caso?[208]
55 —Dice muy bien, amigaso;
seguiré contándoló.

El lienzo otra vez alzaron
y apareció un bodegón,
ande se armó una reunión[209]
60 en que algunos se mamaron.[210]

Un don Valentín, velay,
se hallaba allí en la ocasión,
capitán muy guapetón
que iba a dir al Paraguay.[211]

65 Era hermano, el ya nombrao,
de la rubia y conversaba
con otro mozo que andaba
viendo de hacerlo cuñao.[212]

Don Silverio[213] o cosa así,
70 se llamaba este individuo,
que me pareció medio ido
o sonso cuando lo vi.

---

198 en la anca: *astern.*
199 al solsito: *toward the sun.*
200 islote: *a floating island of vegetation.*
201 trai = trae.
202 camalote: an aquatic plant with long stalks and broad leaves which grows abundantly along the banks of the upper Paraná and the Uruguay. These plants frequently become entangled with broken branches of trees and bushes and form large compact masses which float down the rivers in "islotes." Sometimes snakes and other animals are found on them.
203 cabestriando (cabestreando): *following.*
204 lamber = lamer.
205 desplayao (desplayado): *tidal shore, flat, beach.*
206 se amostrase retobao = se mostrase enojado.
207 a meniar taba: *to talk at large, to wander away from*

the point.
208 ¿y el caso?: *What about your story?*
209 ande . . . reunión: *where a gathering was being held.* The second act of *Faust* opens with the scene in Auerbach's cellar.
210 se mamaron: *got drunk.*
211 que iba a dir (ir) al Paraguay: *who was going to Paraguay.* In August 1866 a number of Argentine contingents were leaving for the war against Paraguay. El Pollo naturally thinks that Valentin must have been bound for this war.
212 viendo . . . cuñao: *trying to become his brother-in-law.*
213 Don Silverio: the Siebel of the opera. This part is usually sung by a woman (alto); this explains El Pollo's remarks that he seemed "*medio ido,*" "*only half there,*" and "*sonso*" (*zonzo*), "*stupid.*"

Don Valentín le pedía
que a la rubia le sirviera
75 en su ausencia . . .
                    —¡Pues, sonsera![214]
¡El otro qué más quería!

—El Capitán, con su vaso,
a los presentes brindó,
y en esto se apareció
80 de nuevo el Diablo, amigaso.

Dijo que si lo almitían[215]
también echaría un trago,
que era por no ser del pago
que allí no lo conocían.

85 Dentrando en conversación,
dijo el Diablo que era brujo:
pidió un ajenjo, y lo trujo
el mozo del bodegón.

"No tomo bebida sola,"
90 dijo el Diablo; se subió
a un banco y vi que le echó
agua de una cuarterola.[216]

Como un tiro de jusil[217]
entre[218] la copa sonó,
95 y a echar llamas comenzó
como si juera un candil.

Todo el mundo reculó,
pero el Diablo sin turbarse
les dijo: "No hay que asustarse,"
100 y la copa se empinó.

—¡Qué buche! ¡Dios soberano!
—Por no parecer morao[219]
el Capitán jue, cuñao,
y le dio al Diablo la mano.

105 Satanás le registró
los dedos con grande afán
y le dijo: "Capitán,
pronto muere, créaló."

El Capitán, retobao,[220]
110 peló la lata,[221] y Lusbel[222]
no quiso ser menos que él
y peló un amojosao.[223]

Antes de cruzar su acero,
el Diablo el suelo rayó:[224]
115 ¡Viera el juego que salió! . . .[225]
—¡Qué sable para yesquero![226]

—¿Qué dice? ¡Había de oler
el jedor que iba largando[227]
mientras estaba chispiando[228]
120 el sable de Lucifer!

No bien a tocarse van
las hojas,[229] créameló,
la mitá al suelo cayó
del sable del Capitán.

125 "¡Éste es el Diablo en figura
de hombre!" el Capitán gritó,
y, al grito, le presentó
la cruz de la empuñadura.[230]

¡Viera al Diablo retorcerse
130 como culebra, aparcero!
—¡Oiganlé! . . .
                    —Mordió el acero
y comenzó a estremecerse.

Los otros se aprovecharon
y se apretaron el gorro:[231]
135 sin duda a pedir socorro
o a dar parte[232] dispararon.

En esto don Fausto entró
y conforme al Diablo vido,[233]
le dijo: "¿Qué ha sucedido?"
140 Pero él se desentendió.

El Dotor volvió a clamar
por su rubia, y Lucifer,
valido[234] de su poder,
se la volvió a presentar.

---

214 sonsera=zoncería.
215 almitían=admitían.
216 cuarterola: *quarter cask.*
217 jusil=fusil.
218 entre=dentro de.
219 morao (morado): *boorish.*
220 retobao (retobado): *angered.*
221 peló la lata: *drew his sword.*
222 Lusbel (Luzbel): *Lucifer.*
223 un amojosao (enmojecido): *a rusty blade.*
224 el suelo rayó: *drew a line on the ground.*
225 ¡Viera el juego (fuego) que salió!: *You should have seen the fire that flashed!*

226 yesquero: *tinderbox.*
227 el jedor (hedor) . . . largando: *the stench that was given off.*
228 chispiando (chispeando); *flashing.*
229 No bien . . . las hojas: *No sooner did the blades touch.*
230 le . . . empuñadura: *held up to him the cross of the hilt.* According to tradition, the devil loses his power at the sight of the cross.
231 se . . . el gorro: *fled.*
232 dar parte: *report* (the event to the police).
233 y conforme . . . vido: *as soon as he saw the devil.*
234 valido: *availing himself.*

145 Pues que golpiando en el suelo
    en un baile apareció
    y don Fausto le pidió
    que lo acompañase a un cielo.[235]

    No hubo forma que bailara:[236]
150 la rubia se encaprichó;
    de valde[237] el Dotor clamó
    por que no lo desairara.

    Cansao ya de redetirse[238]
    le contó al Demonio el caso;
155 pero él le dijo: "Amigaso,
    no tiene por qué afligirse.

    "Si en el baile no ha alcanzao
    el poderla arrocinar,[239]
    deje, le hemos de buscar
160 la güelta por otro lao.[240]

    "Y mañana, a más tardar,
    gozará de sus amores,
    que otras, mil veces mejores,
    las he visto cabrestiar . . ."

165 "¡Balsa general!"[241] gritó
    el bastonero mamao;[242]
    pero en esto el cortinao
    por segunda vez cayó.

    Armemos un cigarrillo[243]
170 si le parece . . .
                        —¡Pues no![244]
    —Tome el naco, píqueló,[245]
    usté tiene mi cuchillo.

4

    Ya se me quiere cansar
    el flete de mi relato . . .

    —Priéndalé guasca otro rato;[246]
    recién comienza a sudar.[247]

5   —No se apure, aguárdesé:
    ¿cómo anda el frasco? . . .
                        —Tuavía[248]
    hay con que hacer medio día:[249]
    ahí lo tiene, priéndalé.

    —¿Sabe que este giñebrón[250]
10 no es para beberlo solo?
    Si alvierto, traigo un chicholo
    o un cacho de salchichón.[251]

    —Vaya, no le ande aflojando,
    dele trago y dámeló,
15 que, a ráiz de las carnes yo
    me lo estoy acomodando.[252]

    —¿Qué tuavía no ha almorzao?
    —Ando en ayunas, don Pollo;
    porque, ¿a qué contar un bollo
20 y un cimarrón aguachao?[253]

    Tenía hecha la intención
    de ir a la fonda de un gringo
    después de bañar el pingo . . .
    —Pues vámonós del tirón.

25 —Aunque ando medio delgao,
    don Pollo, no le permito
    que me merme ni un chiquito
    del cuento que ha comenzao.

    —Pues entonces allá va.
30 Otro vez el lienzo alzaron
    y hasta mis ojos dudaron
    lo que vi . . . ¡barbaridad!

    ¡Qué quinta! ¡Virgen bendita!
    ¡Viera, amigaso, el jardín!

---

[235] cielo: a kind of square dance popular in Argentine rural districts until 1850; more commonly called *cielito*.
[236] No . . . bailara: *There was no way of getting her to dance.*
[237] de valde=en balde.
[238] redetirse=derretirse.
[239] arrocinar: *tame, win.*
[240] deje, . . . lao: *never mind; we shall have to approach her from another angle.*
[241] ¡Balsa general! *Everybody waltz!*
[242] el . . . mamao: *the drunken dance manager.*
[243] Armemos un cigarrillo: *Let's roll a cigarette.*
[244] ¡Pues no!: *Why not, of course!*
[245] Tome . . . píqueló: *Here's the twist, cut it fine.*
[246] Priéndalé . . . rato: *Give him the lash again.*

[247] recién . . . sudar: *he is just beginning to sweat.* The entire expression means simply *"Go ahead, don't stop now!"*
[248] Tuavía=todavía.
[249] hay . . . día: *there is still enough to have a drink before eating.*
[250] giñebrón=ginebra.
[251] Si alvierto (advierto), . . . salchichón: *If I had thought of it, I would have brought along a chicholo* (a kind of candy wrapped in a corn husk) *or a slice of sausage.*
[252] que a ráiz . . . acomodando: *I am getting used to going without eating.*
[253] ¿a qué . . . cimarrón aguachao?: *why count a roll and a bitter mate, made very weak?*

35 Allí se vía el jazmín,
   el clavel, la margarita,

   el toronjil, la retama,
   y hasta estatuas, compañero;
   al lao de ésa, era un chiquero
40 la quinta de don Lezama.[254]

   Entre tanta maravilla
   que allí había y, medio a un lao,
   habían edificao
   una preciosa casilla.

45 Allí la rubia vivía
   entre las flores como ella,
   allí brillaba esa estrella
   que el pobre Dotor seguía.

   Y digo *pobre Dotor*,
50 porque pienso, don Laguna,
   que no hay desgracia ninguna
   como un desdichado amor.

   —Puede ser; pero, amigaso,
   yo en las cuartas no me enriedo,[255]
55 y, en un lance en que no puedo,
   hago de mi alma un cedaso.[256]

   Por hembras yo no me pierdo.[257]
   La que me empaca su amor
   pasa por el cernidor[258]
60 y . . . si te vi, no me acuerdo.[259]

   Lo demás es calentarse
   el mate, al divino ñudo . . .[260]
   —¡Feliz quien tenga ese escudo
   con que poder rejuardarse![261]

65 Pero usté habla, don Laguna,
   como un hombre que ha vivido
   sin haber nunca querido
   con alma y vida a ninguna.

   Cuando un verdadero amor
70 se estrella en un alma ingrata,

   más vale el fierro que mata,
   que el fuego devorador.

   Siempre ese amor lo persigue
   a donde quiera que va:
75 es una fatalidá
   que a todas partes lo sigue.

   Si usté en su rancho se queda,
   o si sale para un viaje,
   es de valde: no hay paraje
80 ande olvidarla usté pueda.

   Cuando duerme todo el mundo,
   usté sobre su recao
   se da güelta, desvelao,
   pensando en su amor profundo.

85 Y si el viento hace sonar
   su pobre techo de paja,
   cree usté que es ella que baja
   sus lágrimas a secar.

   Y si en alguna lomada[262]
90 tiene que dormir al raso,
   pensando en ella, amigaso,
   lo hallará la madrugada.

   Allí acostao sobre abrojos
   o entre cardos, don Laguna,
95 verá su cara en la luna,
   y en las estrellas, sus ojos.

   ¿Qué habrá que no le recuerde
   al bien de su alma querido,
   si hasta cree ver su vestido
100 en la nube que se pierde?

   Ansina sufre en la ausiencia[263]
   quien sin ser querido quiere:
   aura verá cómo muere
   de su prenda en la presencia.

105 Si en frente de esa deidad
   en alguna parte se halla,

---

[254] la . . . Lezama: the estate of don José Gregorio Lezama, an Argentine millionaire, enclosed the most beautiful park in Buenos Aires. After the death of Lezama it became the property of the city and was made a public park.
[255] yo . . . enriedo (enredo): *I don't get myself tangled up in the traces.*
[256] cedaso (cedazo): literally *sieve, strainer*; en . . . cedaso: *I let affairs with which I can't cope pass by without*

leaving a trace on my spirit.
[257] yo . . . pierdo: *I don't lose my head.*
[258] cernidor (cernedor): *sieve.*
[259] si . . . acuerdo: The phrase expresses the utter ingratitude of the recipient of former favors.
[260] al . . . ñudo: *for marriage.*
[261] rejuardarse=resguardarse.
[262] lomada: *little hill.*
[263] ausiencia=ausencia.

es otra nueva batalla
que el pobre corazón da.

Si con la luz de sus ojos
110 la alumbra la triste frente,
usté, don Laguna, siente
el corazón entre abrojos.

Su sangre comienza a alzarse
a la cabeza, en tropel,
115 y cree que quiere esa cruel
en su amargura gozarse.

Y si la ingrata le niega
esa ligera mirada,
queda su alma abandonada
120 entre el dolor que la aniega.

Y usté, firme en su pasión . . .
y van los tiempos pasando,
un hondo surco dejando
en su infeliz corazón.

125 —Güeno, amigo, así será,
pero me ha sentao el cuento . . .
—¡Qué quiere! Es un sentimiento . . .
tiene razón, allá va:

Pues, señor, con gran misterio,
130 traindo[264] en la mano una cinta,
se apareció entre la quinta
el sonso de don Silverio.

Sin duda alguna saltó
las dos zanjas de la güerta,[265]
135 pues esa noche su puerta
la mesma rubia cerró.

Rastriándoló[266] se vinieron
el Demonio y el Dotor
y trás del árbol mayor
140 a aguaitarlo[267] se escondieron.

Con las flores de la güerta
y la cinta, un ramo armó

don Silverio, y lo dejó
sobre el umbral de la puerta.

145 —¡Que no cairle una centella![268]
—¿A quién? ¿Al sonso?
                                            —¡Pues digo! . . .
¡Venir a osequiarla,[269] amigo,
con las mesmas flores de ella!

—Ni bien acomodó el gaucho
150 ya rumbió . . .[270]
                                   —¡Miren qué hazaña!
Eso es ser más que lagaña[271]
y hasta da rabia, caracho![272]

—El Diablo entonces salió
con el Dotor y le dijo:
155 "Esta vez priende de fijo
la vacuna, créaló."[273]

Y, el capote haciendo a un lao,
desenvainó allí un baulito[274]
y jue y lo puso juntito
160 al ramo del abombao.[275]

—¡No me hable de ese mulita![276]
¡Qué apunte para una banca![277]
¿A que era mágica blanca
lo que trujo en la cajita?[278]

165 —Era algo más eficaz
para las hembras, cuñao;
verá si las ha calao
de lo lindo Satanás.

Tras del árbol se escondieron
170 ni bien cargaron la mina,
y, más que nunca divina,
venir a la rubia vieron.

La pobre, sin alvertir,
en un banco se sentó,
175 y un par de medias sacó
y las comenzó a surcir.[279]

---

[264] traindo = trayendo.
[265] güerta = huerta.
[266] Rastriándoló (rastreándolo): *Trailing him.*
[267] aguaitarlo: *spy on him.*
[268] ¡Que . . . centella!: *If that wasn't a bright idea!* (ironically), *he certainly had a nerve!*
[269] osequiarla = obsequiarla.
[270] Ni bien . . . rumbió: *No sooner had the sissy arranged them, he started on his way.*
[271] lagaña: *slimy, low-down.*
[272] caracho: *the deuce!* (euphemism for a more vulgar Spanish expression).

[273] Esta . . . créaló: *This time it is surely going to work believe me.*
[274] desenvainó . . . baulito: *he produced a little casket* (i.e. the jewel casket).
[275] abombao: *idiot, "dumbbell."*
[276] mulita: *simpleton, "nitwit."*
[277] ¡Qué . . . banca!: *What a stake for a game of "banca"* (*poker*)!
[278] ¿A que . . . trujo (trajo) en la cajita?: *I'll bet what he had in the chest was white magic?*
[279] comensó (comenzó) a surcir (zurcir): *began to darn.*

Cinco minutos por junto,
en las medias trabajó,
por lo que carculo[280] yo
180 que tendrían sólo un punto.[281]

Dentró a espulgar un rosal
por la hormiga consumido,
y entonces jue cuando vido
caja y ramo en el umbral.

185 Al ramo no le hizo caso,
y enderezó a la cajita,
y sacó . . . ¡Virgen bendita!
¡Viera qué cosa, amigaso!

¡Qué anillo, qué prendedor!
190 ¡Qué rosetas soberanas!
¡Qué collar! ¡Qué carabanas![282]
—¡Vea el Diablo tentador!

—¿No le dije, don Laguna?
La rubia allí se colgó
195 las prendas, y apareció
más platiada[283] que la luna.

En la caja, Lucifer
había puesto un espejo . . .
—¿Sabe que el Diablo, canejo,
200 la conoce a la mujer?

—Cuando la rubia gastaba
tanto mirarse en la luna,[284]
se apareció, don Laguna,
la vieja que la cuidaba.

205 ¡Viera la cara, cuñao,
de la vieja al ver brillar
como reliquias de altar
las prendas del condenao!

"¿Diáonde[285] este lujo sacás?"
210 la vieja, fula,[286] decía,
cuando gritó: "¡Avemaría!"[287]
en la puerta, Satanás.

"¡Sin pecao! ¡Dentre, señor!"
"¿No hay perros?"—"¡Ya los ataron!"
215 Y ya también se colaron
el Demonio y el Dotor.

El Diablo allí comenzó
a enamorar a la vieja
y el Dotorcito a la oreja
220 de la rubia se pegó.

—¡Vea el Diablo haciendo gancho![288]
—El caso jue que logró
reducirla y la llevó
a que le amostrase un chancho.[289]

225 —¿Por supuesto, el Dotorcito
se quedó allí mano a mano?
—Dejuro,[290] y ya verá, hermano,
la liendre que era el mocito.[291]

Corcobió[292] la rubiecita
230 pero al fin se sosegó
cuando el Dotor le contó
que él era el de la cajita.

Asigún[293] lo que presumo,
la rubia aflojaba laso,[294]
235 porque el Dotor, amigaso,
es le quería ir al humo.[295]

La rubia lo malició
y por entre las macetas
le hizo unas cuantas gambetas
240 y la casilla ganó.[296]

El Diablo tras de un rosal,
sin la vieja apareció . . .
—¡A la cuenta[297] la largó
jediendo entre algún maizal!

245 —La rubia, en vez de acostarse,
se lo pasó en la ventana
y allí aguardó la mañana
sin pensar en desnudarse.

---

280 carculo = calculo.
281 punto: *hole.*
282 carabanas: *earrings.*
283 platiada (plateada): *covered with silver.*
284 luna: *mirror.*
285 Diáonde = De dónde.
286 fula: *astonished.*
287 ¡Avemaría!: a form of salutation common in rural communities. It is answered by *¡Sin pecado [concebida]!* (cf. second verse following).
288 haciendo gancho: *playing the suitor.*

289 chancho: *pig.*
290 dejuro = de juro: *of course, certainly.*
291 liendre . . . mocito: *what a nit the young fellow was.*
292 Corcobió (Corcoveó): *cut some capers.*
293 Asigún = Según.
294 aflojaba laso: *loosened the rope,* cowboy's technical term meaning "tried to keep him at a distance."
295 se . . . humo: *wanted to rush matters.*
296 la casilla ganó: *entered the house.*
297 A la cuenta: *I'll bet.*

Ya la luna se escondía
250 y el lucero se apagaba,
y ya también comenzaba
a venir clariando el día.

¿No ha visto usté de un yesquero
loca una chispa salir,
255 como dos varas seguir
y de ahí perderse, aparcero?

Pues de ese modo, cuñao,
caminaban las estrellas
a morir, sin quedar de ellas
260 ni un triste rastro borrao.

De los campos el aliento
como sahumerio venía,
y alegre ya se ponía
el ganao en movimiento.

265 En los verdes arbolitos,
gotas de cristal brillaban,
y al suelo se descolgaban
cantando los pajaritos.

Y era, amigaso, un contento
270 ver los junquillos doblarse
y los claveles cimbrarse
al soplo del manso viento.

Y al tiempo de reventar
el botón de alguna rosa,
275 venir una mariposa
y comenzarlo a chupar.

Y si se pudiera al cielo
con un pingo comparar,
también podría afirmar
280 que estaba mudando pelo.[298]

—¡No sea bárbaro, canejo!
¡Qué comparancia[299] tan fiera!
—No hay tal: pues de saino que era
se iba poniendo azulejo.[300]

285 ¿Cuándo ha dao un madrugón[301]
no ha visto usté, embelesao,

ponerse blanco-azulao
el más negro ñubarrón?[302]

—Dice bien, pero su caso
290 se ha hecho medio empacador.[303]
—Aura viene lo mejor,
pare la oreja,[304] amigaso.

El Diablo dentró a retar[305]
al Dotor y, entre el responso,
295 le dijo: "¿Sabe que es sonso?
¿Pa qué[306] la dejó escapar?

"Áhi la tiene en la ventana:
por suerte no tiene reja
y antes que venga la vieja
300 aproveche la mañana."

Don Fausto ya atropelló[307]
diciendo: "¡Basta de ardiles!"[308]
La cazó de los cuadriles[309]
y ella . . . ¡también lo abrazó!

305 —¡Oiganlé a la dura!
                              —En esto
Bajaron el cortinao.
Alcance el frasco, cuñao.
—A gatas[310] le queda un resto.

5

—Al rato el lienzo subió
y, deshecha y lagrimiando,
contra[311] una máquina hilando
la rubia se apareció.

5 La pobre dentró a quejarse
tan amargamente allí,
que yo a mis ojos sentí
dos lágrimas asomarse.

—¡Qué vergüenza!
                              —Puede ser:
10 pero, amigaso, confiese
que a usted también lo enternece
el llanto de una mujer.

---

[298] mudando pelo: *changing color.*
[299] comparancia=comparación.
[300] de saino (zaino) . . . azulejo: *it was changing from dun color to a dappled gray.*
[301] Cuándo . . . madrugón: *When you have risen early.*
[302] ñubarrón=nubarrón.
[303] pero . . . empacador: *but your story has half bogged down.*

[304] pare la oreja: *prick up your ears.*
[305] retar: *scold.*
[306] Pa qué=Para qué.
[307] atropelló: *burst out.*
[308] ardiles=ardides.
[309] la . . . cuadriles: *He put his arm around her.*
[310] A gatas=apenas.
[311] contra=junto a.

Cuando a usté un hombre lo ofiende,
ya, sin mirar para atrás,
15 pela el flamenco y ¡sas! ¡tras![312]
dos puñaladas le priende.

Y cuando la autoridá
la partida le ha soltao,[313]
usté en su overo rosao
20 bebiendo los vientos va.

Naides[314] de usté se despega
porque se haiga desgraciao,[315]
y es muy bien agasajao
en cualquier rancho a que llega.

25 Si es hombre trabajador,
ande quiera[316] gana el pan:
para eso con usté van
bolas, lazo y maniador.

Pasa el tiempo, vuelve al pago
30 y cuanto más larga ha sido
su ausiencia, usté es recebido
con más gusto y más halago.

Engaña usté a una infeliz
y, para mayor vergüenza,
35 va y le cerdea la trenza
antes de hacerse perdiz.[317]

La ata, si le da la gana,
en la cola de su overo,
y le amuestra al mundo entero
40 la trenza de ña Julana.[318]

Si ella tuviese un hermano,
y en su rancho miserable
hubiera colgao un sable
juera otra cosa, paisano.

45 Pero sola y despreciada
en el mundo, ¿qué ha de hacer?
¿A quién la cara volver?
¿Ande llevar la pisada?

Soltar al aire su queja
50 será su solo consuelo,
y empapar con llanto el pelo
del hijo que usté le deja.

Pues ese dolor projundo
a la rubia la secaba[319]
55 y por eso se quejaba
delante de todo el mundo.

Aura, confiese, cuñao,
que el corazón más calludo[320]
y el gaucho más entrañudo[321]
60 allí habría lagrimiao.

—¿Sabe que me ha sacudido
de lo lindo el corazón?
Vea, si no, el lagrimón
que al oírlo se me ha salido!

65 —¡Oiganlé!
            —Me ha redotao.[322]
—¡No guarde rencor, amigo!
—Si es en broma que le digo . . .
Siga su cuento, cuñao.

—La rubia se arrebozó
70 con un pañuelo cenisa,[323]
diciendo que se iba a misa
y puerta ajuera salió.[324]

Y crea usté lo que guste
porque es cosa de dudar . . .
75 ¡Quién había de esperar
tan grande desbarajuste!

Todo el mundo estaba ajeno
de lo que allí iba a pasar,
cuando el Diablo hizo sonar
80 como un pito de sereno.

Una iglesia apareció
en menos que canta un gallo.[325]
—¡Vea si dentra a caballo![326]
—¡Me larga,[327] créameló!

---

[312] pela . . . ¡tras!: *you pull out your knife and zip, bing!*
[313] la partida . . . soltao: *has sent out a posse after you.*
[314] Naides=Nadie.
[315] porque se haiga (haya) desgraciado: *because you have been unfortunate* (and have killed or maimed someone).
[316] ande quiera=por dondequiera.
[317] va . . . perdiz: *you go and cut off her braid before making yourself scarce.*
[318] ña Julana=doña Fulana.
[319] la secaba: *was wearing her away.*

[320] calludo: *calloused.*
[321] entrañudo: *hard hearted, cruel.*
[322] Me ha redotao (derrotado): *You have broken me down.*
[323] cenisa (ceniza): *ash-colored.*
[324] puerta ajuera (afuera) salió: *and out she went.*
[325] en menos . . . gallo: *sooner than a rooster can crow, in an instant.*
[326] ¡Vea . . . caballo!: *Suppose you had gone in on horseback!*
[327] Me larga: *He would have thrown me off.*

85 Creo que estaban alzando[328]
en una misa cantada,
cuando aquella desgraciada
llegó a la puerta llorando.

Allí la pobre cayó
90 de rodillas sobre el suelo,
alzó los ojos al cielo
y cuatro credos rezó.

Nunca he sentido más pena
que al mirar a esa mujer;
95 amigo, aquello era ver
a la mesma Magdalena.

De aquella rubia rosada
ni rastro había quedao:
era un clavel marchitao,
100 una rosa deshojada.

Su frente que antes brilló
tranquila como la luna,
era un cristal, don Laguna,
que la desgracia enturbió.

105 Ya de sus ojos hundidos
las lágrimas se secaban
y entretemblando[329] rezaban
sus labios descoloridos.

Pero el Diablo la uña afila,[330]
110 cuando está desocupao,
y allí estaba el condenao
a una vara de la pila.

La rubia quiso dentrar
pero el Diablo la atajó
115 y tales cosas le habló
que la obligó a disparar.

Cuasi[331] le da el acidente
cuando a su casa llegaba;
la suerte que le quedaba
120 en la vedera de enfrente.[332]

Al rato el Diablo dentró
con don Fausto muy del brazo
y una guitarra, amigaso,
ahí mesmo desenvainó.

125 —¿Qué me dice, amigo Pollo?
—Como lo oye, compañero;
el Diablo es tan guitarrero
como el paisano más criollo.

El sol ya se iba poniendo,
130 la claridá se ahuyentaba
y la noche se acercaba
su negro poncho tendiendo.

Ya las estrellas brillantes
una por una salían,
135 y los montes parecían
batallones de gigantes.

Ya las ovejas balaban
en el corral prisioneras,
y ya las aves caseras
140 sobre el alero ganaban.[333]

El toque de la oración
triste los aires rompía
y entre sombras se movía
el crespo sauce llorón.

145 Ya sobre el agua estancada
de silenciosa laguna,
al asomarse, la luna
se miraba retratada.

Y haciendo un estraño ruido
150 en las hojas trompezaban[334]
los pájaros que volaban
a guarecerse en su nido.

Ya del sereno brillando
la hoja de la higuera estaba,
155 y la lechuza pasaba
de trecho en trecho chillando.

La pobre rubia, sin duda,
en llanto se deshacía,
y, rezando, a Dios pedía
160 que le emprestase[335] su ayuda.

Yo presumo que el Dotor,
hostigado por Satanás,
quería otras hojas más
de la desdichada flor.

---

[328] alzando: *elevating* (the Host).
[329] entretemblando=temblando.
[330] la uña afila: sharpens his wits.
[331] Cuasi=Casi.
[332] la suerte . . . vedera (vereda) de enfrente: *luckily it*

(her home) *was right across the way.*
[333] ganaban: *were alighting.*
[334] trompezaban=tropezaban.
[335] emprestase=prestase.

165 A la ventana se arrima
   y le dice al condenao:
   "Déle no más, sin cuidao,
   aunque reviente la prima." [336]

   El Diablo a gatas tocó
170 las clavijas[337] y, al momento,
   como un arpa, el istrumento[338]
   de tan bien templao sonó.

   —Tal vez lo traiba templao
   por echarla de baquiano . . .[339]
175 —Todo puede ser, hermano,
   pero ¡óyesé al condenao!

   Al principio se florió[340]
   con un lindo bordoneo[341]
   y en ancas de aquel floreo
180 una décima cantó.

   No bien llegaba al final
   de su canto, el condenao,
   cuando el Capitán, armao,
   se apareció en el umbral.

185 —Pues yo en campaña lo hacía . . .[342]
   —Daba la casualidá[343]
   que llegaba a la ciudá
   en comisión, ese día.

   —Por supuesto, hubo fandango . . .[344]
190 —La lata ahí no más peló
   y al infierno le aventó
   de un cintaraso el changango.[345]

   —¡Lindo el mozo!
                    —¡Pobrecito!
   —¿Lo mataron?
                    —Ya verá:
195 Peló un corbo[346] el Dotorcito
   y el Diablo . . . ¡barbaridá!

   desenvainó una espadita
   como un viento; lo embasó[347]

   y allí no más ya cayó
200 el pobre . . .
                    —¡Ánima bendita!

   —A la trifulca y al ruido
   en montón la gente vino . . .
   —¿Y el Dotor y el asesino?
   —Se habían escabullido.

205 La rubia también bajó
   y viera aflición, paisano,
   cuando el cuerpo de su hermano
   bañao en sangre miró.

   A gatas medio alcanzaron
210 a darse una despedida,
   porque en el cielo, sin vida,
   sus dos ojos se clavaron.

   Bajaron el cortinao,
   de lo que yo me alegré . . .
215 —Tome el frasco, priéndalé.[348]
   —Sírvasé no más,[349] cuñao.

6

   —¡Pobre rubia! Vea usté
   cuánto ha venido a sufrir:
   se le podía decir:
   ¡Quién te vido y quién te ve![350]

5 —Ansí es el mundo, amigaso;
   nada dura, don Laguna,
   hoy nos ríe la fortuna,
   mañana nos da un guascaso.[351]

   Las hembras en mi opinión
10 train[352] un destino más fiero
   y si quiere, compañero,
   le haré una comparación.

   Nace una flor en el suelo,
   una delicia es cada hoja,
15 y hasta el rocío la moja
   como un bautismo del cielo.

---

[336] "Déle . . . prima": "*Let her have it now and never mind even if the top string breaks.*"
[337] las clavijas: *the keys.*
[338] istrumento=instrumento.
[339] por . . . baquiano: *in order to pose as an expert, to show off.*
[340] florió (floreó): *played a flourish on the guitar.*
[341] bordoneo: *improvisation.*
[342] Pues . . . hacía: *Why, I put him* (thought him) *on campaign duty.*
[343] Daba la casualidá: *It happened by chance.*
[344] fandango: euphemism for *fight*, fracas.
[345] La lata . . . changango: *He drew his sword right away and with one blow smashed* (sent to hell) *the guitar.*
[346] Peló un corbo: *pulled a curved sword.*
[347] embasó (envasó): *he ran him through.*
[348] priéndalé: *drain it.*
[349] Sírvasé no más: *After you, have some yourself.*
[350] ¡Quién . . . ve! *To think what you were and what you are now!*
[351] guascaso (guascazo): *lashing.*
[352] train=traen.

Allí está ufana la flor,
linda, fresca y olorosa;
a ella va la mariposa,
20 a ella vuela el picaflor.

Hasta el viento pasajero
se prenda al verla tan bella,
y no pasa por sobre ella
sin darle un beso primero.

25 ¡Lástima causa esa flor
al verla tan consentida!
Cree que es tan larga su vida
como fragante su olor.

Nunca vio el rayo que raja
30 a la renegrida[353] nube,
ni ve el gusano que sube,
ni el fuego del sol que baja.

Ningún temor en el seno
de la pobrecita cabe,
35 pues que se hamaca, no sabe,
entre el fuego y el veneno.

Sus tiernas hojas despliega
sin la menor desconfianza,
y el gusano ya la alcanza . . .
40 y el sol de las doce llega . . .

Se va el sol abrasador
pasa a otra planta el gusano,
y la tarde . . . encuentra, hermano,
el cadáver de la flor.

45 Piense en la rubia, cuñao,
cuando entre flores vivía,
y diga si presumía
destino tan desgraciao.

Usté, que es alcanzador,
50 afíjesé en su memoria
y diga: ¿Es igual la historia
de la rubia y de la flor?

—Se me hace tan parecida
que ya más no puede ser.
55 —Y hay más: le falta que ver
a la rubia en la crujida.[354]

—¿Qué me cuenta? ¡Desdichada!
—Por última vez se alzó
el lienzo y apareció
60 en la cárcel encerrada.

—¿Sabe que yo no colijo
el por qué de la prisión?
—Tanto penar, la razón
se le jue y mató al hijo.

65 Ya la habían sentenciao
a muerte, a la pobrecita,
y en una negra camita
dormía un sueño alterao.[355]

Ya redoblaba el tambor
70 y el cuadro ajuera formaban,
cuando al calabozo entraban
el Demonio y el Dotor.

—¡Véaló al Diablo si larga
sus presas así no más!
75 ¿A que andubo Satanás
hasta oír sonar la descarga?[356]

—Esta vez se le chingó
el cuete,[357] y ya lo verá . . .
—Priéndalé al cuento,[358] que ya
80 no lo vuelvo a atajar yo.

—Al dentrar hicieron ruido,
creo que con los cerrojos;
abrió la rubia los ojos
y allí contra ellos los vido.[359]

85 La infeliz, ya trastornada
a causa de tanta herida,
se encontraba en la crujida
sin darse cuenta de nada.

Al ver venir al Dotor
90 ya comenzó a disvariar
y hasta le quiso cantar
unas décimas de amor.

La pobrecita soñaba
con sus antiguos amores
95 y créia mirar sus flores
en los fierros que miraba.

---

[353] renegrida=negra with intensive prefix, *re: very black*.

[354] crujida: *prison*.

[355] alterao (alterado): *troubled*.

[356] la descarga: *shots* (of the firing squad).

[357] Esta . . . cuete (cohete): *This time his scheme failed (his rocket didn't go off)*.

[358] Priéndalé al cuento: *Stick to your story*.

[359] y allí . . . vido: *and there near them* (the locks) *she saw them*.

Ella créia que, como antes,
al dir a regar su güerta,[360]
se encontraría en la puerta
100 una caja de diamantes.

Sin ver que en su situación
la caja[361] que la esperaba,
era la que redoblaba
antes de la ejecución.

105 Redepente se afijó[362]
en la cara de Luzbel:
sin duda al malo vio en él,
pues allí muerta cayó.

Don Fausto al ver tal desgracia
110 de rodillas cayó al suelo
y dentró[363] a pedir al cielo
le recibiese en su gracia.

Allí el hombre arrepentido
de tanto mal que había hecho,
115 se daba golpes de pecho
y lagrimiaba afligido.

En dos pedazos se abrió
la paré de la crujida,
y no es cosa de esta vida
120 lo que allí se apareció.

Y no crea que es historia:
yo vi entre una nubecita,
la alma de la rubiecita
que se subía a la gloria.

125 San Miguel, en la ocasión,
vino entre nubes bajando
con su escudo y revoliando[364]
un sable tirabuzón.[365]

Pero el Diablo que miró
130 el sable aquel y el escudo,
lo mesmito que un peludo
bajo la tierra ganó.[366]

Cayó el lienzo finalmente,
y ahí tiene el cuento contao . . .
135 Prieste el pañuelo, cuñao:
me está sudando la frente.

—Lo que almiro[367] es su firmesa
al ver esas brujerías.
—He andao cuatro o cinco días
140 atacao de la cabeza.[368]

Ya es güeno dir ensillando . . .[369]
—Tome ese último traguito
y eche el frasco a ese pocito[370]
para que quede boyando.

145 Cuando los dos acabaron
de ensillar sus parejeros,
como güenos compañeros,
juntos al trote agarraron.
En una fonda se apiaron
150 y pidieron de cenar.
Cuando ya iban a acabar,
don Laguna sacó un rollo
diciendo: "El gasto del Pollo
de aquí se lo han de cobrar."

---

[360] al dir . . . güerta= al ir a regar su huerta.
[361] caja: a play on the double meaning of *caja*: "*casket*" and "*drum*."
[362] Redepente se afijó=De repente se fijó.
[363] dentró: *began*.
[364] revoliando (revoleando): *waving, flourishing*.
[365] un sable tirabuzón: *a sword with a wavy blade* (like a kris).

[366] lo mesmito . . . ganó: *just like an armadillo went into hiding underground*.
[367] almiro=admiro.
[368] He andao . . . cabeza: *I have been going around with a headache for four or five days*.
[369] Ya . . . ensillando: *Well, it's about time to saddle the horses*.
[370] pocito (pozito): *puddle*.

⌁⌁⌁José Hernández

ARGENTINA, 1834–1886   The most popular of all the gaucho poems
is *Martín Fierro*, which is considered by many to be the greatest and perhaps the only truly epic poem produced in the Spanish-speaking
republics. Its popularity was due in part to its great authenticity in
describing the ways of living and thinking of the Argentine plainsmen in
their own peculiar brand of Spanish. Hernández's intimate knowledge
of gaucho life and language was acquired as a child and a young man
when he participated in the daily work of his family's *estancia*.

Soon after its publication in 1872, *El gaucho Martín Fierro* (as the first
part of the poem was originally called) was avidly read by practically all
literate Argentines, rural or urban. In the seven years before the
appearance of the second part, fifteen editions were published in
Argentina alone.

In writing *Martín Fierro*, Hernández tried to present a convincing
argument in favor of greater justice for the gaucho and against corruption of government officials. It was part of a crusade which he had also
carried on through the newspaper, *El Río de la Plata*, which he founded in
Buenos Aires in 1869. It was a lost cause, for the real gaucho was
doomed by the reality of economic and political change in Argentina.
In another sense, however, Hernández made the gaucho immortal, a
legendary figure that is ever alive in the minds of Argentines today.

⌁⌁MARTÍN FIERRO

PRIMERA PARTE—EL GAUCHO MARTÍN FIERRO

The first part of *Martín Fierro* (sometimes called *La ida*) tells of the hero's
misfortunes as he is torn from his home to serve in the army on the
frontier, his adventures as he deserts his army camp, and his flight to
the camps of the outlaw Indians. The second part (*La vuelta*) describes
his life with the Indians, his meeting and flight from the Indians with a
captive Christian woman, the misfortunes of his two sons, his life with
old Vizcacha, and his famous *payada*, or song contest with a negro.
Unfortunately, it was possible to include here only parts of the *Ida* and
the *Vuelta*.

MARTÍN FIERRO[1]

I

Aquí me pongo a cantar[2]
al compás de la vigüela,
que el hombre que lo desvela
una pena extraordinaria,
5 como la ave solitaria
con el cantar se consuela.

Pido a los santos del cielo
que ayudan mi pensamiento;
les pido en este momento
10 que voy a contar mi historia
me refresquen la memoria
y aclaren mi entendimiento.

Vengan santos milagrosos,
vengan todos en mi ayuda,
15 que la lengua se me añuda
y se me turba la vista;
pido a mi Dios que me asista
en una ocasión tan ruda.

Yo he visto muchos cantores,
20 con famas bien otenidas,
y que después de alquiridas
no las quieren sustentar:
parece que sin largar
se cansaron en partidas.[3]

25 Mas ande otro criollo pasa
Martín Fierro ha de pasar;
nada lo hace recular
ni las fantasmas lo espantan
y dende que todos cantan
30 yo también quiero cantar.

Cantando me he de morir,
cantando me han de enterrar,
y cantando me he de llegar
al pie del Eterno Padre:
35 dende el vientre de mi madre
vine a este mundo a cantar.

Que no se trabe mi lengua
ni me falte la palabra.
El cantar mi gloria labra,
40 y poniéndomé a cantar,
cantando me han de encontrar
aunque la tierra se abra.

Me siento en el plan de un bajo[4]
a cantar un argumento;
45 como si soplara un viento
hago tiritar los pastos.
Con oros, copas y bastos[5]
juega allí mi pensamiento.

Yo no soy cantor letrao;
50 mas si me pongo a cantar
no tengo cuando acabar
y me envejezco cantando.
Las coplas me van brotando
como agua de manantial.

55 Con la guitarra en la mano
ni las moscas se me arriman;
naides me pone el pie encima,
y cuando el pecho se entona,
hago gemir a la prima
60 y llorar a la bordona.

Yo soy toro en mi rodeo
y torazo en rodeo ajeno;
siempre me tuve por güeno,
y si me quieren probar,
65 salgan otros a cantar
y veremos quién es menos.

No me hago al lao de la güeya[7]
aunque vengan degollando;[8]
con los blandos yo soy blando
70 y soy duro con los duros,
y ninguno en un apuro
me ha visto andar tutubiando.[9]

---

[1] "Los nombres puestos en la cabecera de los cantos indican que el nombrado habla." (Hernández's note.)

[2] This first line is a conventional formula for the beginning of a poem of this kind, like the "Once upon a time" of our fairy tales.

[3] sin . . . partidas: *without getting started off in the main race they have tired themselves out on the trials.*

[4] en el plan . . . bajo: *at the bottom of a hollow.*

[5] Con . . . bastos: suits of cards, more or less equivalent to diamonds, hearts and clubs. This is one way to show the diversity of his thoughts.

[6] prima . . . bordona: *first and sixth strings,* the top and bottom of the guitar's range.

[7] No me . . . lao (lado) de la güeya (huella): *I won't step out of anybody's way.*

[8] aunque . . . degollando: *even if they are slashing heads off.* The expression dates from the time of the civil wars in Argentina and Uruguay.

[9] tutubiando (titubeando): *hesitating, stammering.*

En el peligro, ¡qué Cristos!
el corazón se me enancha,[10]
75 pues toda la tierra es cancha,
y de esto naides se asombre:
el que se tiene por hombre
donde quiera hace pata ancha.[11]

Soy gaucho, y entiéndalo
80 como mi lengua lo explica:
para mí la tierra es chica
y pudiera ser mayor;
ni la víbora me pica
ni quema mi frente el sol.

85 Nací como nace el peje,
en el fondo de la mar;
naides me puede quitar
aquello que Dios me dio:
lo que al mundo truje yo
90 del mundo lo he de llevar.

Mi gloria es vivir tan libre
como el pájaro del cielo;
no hago nido en este suelo,
ande hay tanto que sufrir;
95 y naides me ha de seguir
cuando yo remuento el vuelo.[12]

Yo no tengo en el amor
quien me venga con querellas;
como esas aves tan bellas
100 que saltan de rama en rama,
yo hago en el trébol mi cama
y me cubren las estrellas.

Y sepan cuantos escuchan
de mis penas el relato,
105 que nunca peleo ni mato
sino por necesidá,
y que a tanta alversidá
sólo me arrojó el mal trato.

Y atiendan la relación
110 que hace un gaucho perseguido,
que padre y marido ha sido
empeñoso y diligente,
y sin embargo la gente
lo tiene por un bandido.* * *

3

Tuve en mi pago en un tiempo
hijos, hacienda y mujer;
pero empecé a padecer,
me echaron a la frontera,
5 y ¡qué iba a hallar al volver!
tan sólo hallé la tapera.

Sosegao vivía en mi rancho,
como el pájaro en su nido.
Allí mis hijos queridos
10 iban creciendo a mi lao . . .
Sólo queda al desgraciao
lamentar el bien perdido.

Mi gala en las pulperías
era cuando había más gente
15 ponerme medio caliente,
pues cuando puntiao[13] me encuentro
me salen coplas de adentro
como agua de la virtiente.

Cantando estaba una vez
20 en una gran diversión;
y aprovechó la ocasión
como quiso el juez de paz.
Se presentó, y áhi no más
hizo una arriada en montón.[14]

25 Juyeron los más matreros
y lograron escapar.
Yo no quise disparar;
soy manso y no había por qué,
muy tranquilo me quedé
30 y ansí me dejé agarrar.

Allí un gringo con un órgano
y una mona que bailaba
haciéndonós rair estaba
cuando le tocó el arreo[15]
35 ¡Tan grande el gringo y tan feo!
¡Lo viera cómo lloraba![16]

Hasta un inglés sanjiador[17]
que decía en la última guerra
que él era de Inca-la-perra[18]

---

[10] se me enancha (ensancha): *expands, grows bold.*
[11] hace . . . ancha: *stands firm in the face of danger.*
[12] remuento (remonto) el vuelo: *when I take off, depart.*
[13] puntiao (puntiado): *half drunk.*
[14] y áhi . . . montón: *and right there made a haul of the whole lot.*

[15] arreo: *haul, round-up.*
[16] ¡Tan grande . . . lloraba!: *As big and ugly as the Italian was, you just should have seen how he cried!*
[17] sanjiador: *ditch digger.*
[18] Inca-la-perra = Inglaterra.

40 y que no quería servir,
tuvo también que juir
a guarecerse en la sierra.

Ni los mirones salvaron
de esa arriada de mi flor;[19]
45 fue acoyarao[20] el cantor
con el gringo de la mona;
a uno solo, por favor,
logró salvar la patrona.

Formaron un contingente
50 con los que del baile arriaron;
con otros nos mesturaron,
que habían agarrao también.
las cosas que aquí se ven
ni los diablos las pensaron.

55 A mí el juez me tomó entre ojos[21]
en la última votación:
me le había hecho el remolón
y no me arrimé ese día,[22]
y él dijo que yo servía
60 a los de la esposición.[23]

Y ansí sufrí ese castigo
tal vez por culpas ajenas,
que sean malas o sean güenas
las listas, siempre me escondo:[24]
65 yo soy un gaucho redondo
y esas cosas no me enllenan.[25]

Al mandarnos nos hicieron
más promesas que a un altar.
El juez nos jue a proclamar
70 y nos dijo muchas veces:
—Muchachos, a los seis meses
los van a ir a revelar.[26]

Yo llevé un moro de número.[27]
¡Sobresaliente el matucho![28]

75 Con él gané en Ayacucho
más plata que agua bendita.
Siempre el gaucho necesita
un pingo pa fiarle un pucho.[29]

Y cargué sin dar más güeltas
80 con las prendas que tenía.
Jergas,[30] poncho, cuanto había
en casa, tuito lo alcé.[31]
A mi china la dejé
media desnuda ese día.

85 No me faltaba una guasca;[32]
esa ocasión eché el resto:[33]
bozal, maniador, cabresto,
lazo, bolas y manea . . .[34]
¡El que hoy tan pobre me vea
90 tal vez no crerá todo esto!

Ansí en mi moro escarciando
enderecé a la frontera.
¡Aparcero, si usté viera
lo que se llama cantón . . .![35]
95 Ni envidia tengo al ratón
en aquella ratonera.

De los pobres que allí había
a ninguno lo largaron;
los más viejos rezongaron,
100 pero a uno que se quejó
en seguida lo estaquiaron
y la cosa se acabó.

En la lista de la tarde
el jefe nos cantó el punto,[36]
105 diciendo:—Quinientos juntos[37]
llevará el que se resierte;[38]
lo haremos pitar del juerte;[39]
más bien dése por dijunto.

---

[19] Ni . . . flor: *Not even the onlookers escaped from that fine haul.*

[20] acoyarao (acollarado): *nabbed, harnessed.*

[21] me . . . ojos: *got his eyes on me, got it in for me.*

[22] me . . . día: *I had played lazy and had not showed up that day.*

[23] esposición = oposición.

[24] que . . . escondo: *for whether the lists of candidates are good or bad, I always hide out* [on voting days].

[25] no me enllenan: *do not appeal to me.*

[26] revelar (relevar): *relieve.*

[27] moro de número: *a dark horse of the finest kind;* de número = de número uno: *first rate.*

[28] matucho: *horse, nag.*

[29] un pingo . . . pucho: *a horse to assure him a stake* (win) *at the races.*

[30] Jergas: *Saddle cloths.*

[31] tuito (todito) lo alcé: *I packed* (picked) *it all up, carried it all off.*

[32] guasca (huasca): *rope, thong.*

[33] eché el resto: *I packed the rest.*

[34] bozal . . . manea: *muzzle, grazing rope, halter, lasso, bolas, and hobble.*

[35] cantón: *cantonment.*

[36] nos . . . punto: *put things to us straight from the shoulder.*

[37] Quinientos (azotes) juntos: *Five hundred lashes.*

[38] resierte = desierte.

[39] pitar del juerte (fuerte): *suffer severe punishment.*

A naides le dieron armas,
110 pues toditas las que había
el coronel las tenía,
sigún dijo esa ocasión,
pa repartirlas el día
en que hubiera una invasión.

115 Al principio nos dejaron
de haraganes criando sebo;[40]
pero despúes . . . no me atrevo
a decir lo que pasaba . . .
¡Barajo! . . . , si nos trataban
120 como se trata a malevos.

Porque todo era jugarle
por los lomos con la espada,
y aunque usté no hiciera nada
lo mesmito que en Palermo,[41]
125 le daban cada cepiada[42]
que lo dejaban enfermo.

¡Y qué indios ni qué servicio,
si allí no había ni cuartel!
Nos mandaba el coronel
130 a trabajar en sus chacras,
y dejábamos las vacas
que las llevara el infiel.[43]

Yo primero sembré trigo
y después hice un corral,
135 corté adobe pa un tapial,
hice un quincho, corté paja . . .[44]
¡La pucha, que se trabaja
sin que le larguen ni un rial!

Y es lo pior de aquel enriedo
140 que si uno anda hinchando el lomo[45]
se le apean como un plomo . . .[46]
¡Quién aguanta aquel infierno!
Si eso es servir al Gobierno,
a mí no me gusta el cómo.

145 Más de un año nos tuvieron
en esos trabajos duros;
y los indios, le asiguro,
dentraban cuando querían:
como no los perseguían
150 siempre andaban sin apuro.

A veces decía al volver
del campo la descubierta
que estuviéramos alerta,[47]
que andaba adentro la indiada,
155 porque había una rastrillada
o estaba una yegua muerta.

Recién entonces salía
la orden de hacer la riunión
y cáibamos[48] al cantón
160 en pelos y hasta enancaos,[49]
sin armas, cuatro pelaos,[50]
que íbamos a hacer jabón.[51]

Áhi empezaba el afán,
se entiende, de puro vicio,
165 de enseñarle el ejercicio
a tanto gaucho recluta
con un estrutor[52] . . . , ¡qué . . . bruta![53]
que nunca sabía su oficio.

Daban entonces las armas
170 pa defender los cantones,
que eran lanzas y latones[54]
con ataduras de tiento.
Las de juego no las cuento
porque no había municiones.

175 Y chamuscao[55] un sargento,
me contó que las tenían,
pero que ellas las vendían
para cazar avestruces;
y ansí, andaban noche y día
180 déle bala[56] a los ñanduces.

---

[40] criando sebo: *getting fat, lazing around.*
[41] Palermo: ranch of the tyrant Rosas who delighted in extreme punishment.
[42] cada cepiada: *such a trussing up* (in the stocks for no reason at all).
[43] dejábamos . . . infiel: *we let the heathen* (Indian) *drive off the cattle.*
[44] hice . . . paja: *I made a corral, cut adobe bricks for a wall, made a wall-frame of reeds, cut thatch.*
[45] hinchando el lomo: *with his back up, acting rebellious.*
[46] se . . . plomo: *they'll knock you flat.*
[47] al volver . . . alerta: *the patrol coming back from the*

fields warned us to be on the lookout.
[48] cáibamos (caíamos): *we flocked.*
[49] en pelos . . . enancaos: *bareback and even two on a horse.*
[50] cuatro pelaos: *a bunch of clodhoppers. Cuatro* often signifies an indefinite number, "several."
[51] hacer jabón: *do nothing.*
[52] estrutor=instructor.
[53] bruta: exclamation.
[54] latones: *sabers.*
[55] chamuscao: [when] drunk.
[56] déle bala: *shooting.*

Y cuando se iban los indios
con lo que habían manotiao,
salíamos muy apuraos
a perseguirlos de atrás;
185 si no se llevaban más
es porque no habían hallao.

Allí sí se ven desgracias
y lágrimas y afliciones.
Naides le pida perdones
190 al indio, pues donde entra
roba y mata cuanto encuentra
y quema las poblaciones.

No salvan de su juror
ni los pobres angelitos;[57]
195 viejos, mozos y chiquitos
los mata del mesmo modo,
que el indio lo arregla todo
con la lanza y con los gritos.

Tiemblan las carnes al verlo
200 volando al viento la cerda,[58]
la rienda en la mano izquierda
y la lanza en la derecha.
Ande enderiesa abre brecha,
pues no hay lanzaso que pierda.

205 Hace trotiadas tremendas
dende el fondo del desierto;
ansí llega medio muerto
de hambre, de sé y de fatiga;
pero el indio es una hormiga
210 que día y noche está dispierto.

Sabe manejar las bolas
como naides las maneja.
Cuanto el contrario se aleja
manda una bola perdida,
215 y si lo alcanza, sin vida
es siguro que lo deja.[59]

Y el indio es como tortuga
de duro para espichar;[60]
si lo llega a destripar
220 ni siquiera se le encoge;
luego, sus tripas recoge,
y se agacha a disparar.[61]

Hacían el robo a su gusto
y después se iban de arriba;[62]
225 se llevaban las cautivas,
y nos contaban que a veces
les descarnaban los pieses,[63]
a las pobrecitas, vivas.

¡Ah, si partía el corazón
230 ver tantos males, canejo![64]
Los perseguíamos de lejos
sin poder ni galopiar;
y ¿qué habíamos de alcanzar
en unos bichocos viejos?

235   Nos volvíamos al cantón
a las dos o tres jornadas
sembrando las caballadas;[65]
y pa que alguno la venda,
rejuntábamos la hacienda
240 que habían dejao resagada.

Una vez, entre otras muchas,
tanto salir al botón,[66]
nos pegaron un malón
los indios, y una lanciada,
245 que la gente, acobardada
quedó dende esa ocasión.

Habían estao escondidos
aguaitando atrás de un cerro . . .
¡Lo viera a su amigo Fierro
250 aflojar como un blandito![67]
Salieron como maíz frito
en cuanto sonó un cencerro.[68]

---

[57] angelitos: *tiny infants.*

[58] Tiemblan . . . cerda: *It makes the flesh shudder to see him* (the Indian) *riding like a flash with his horse's mane trailing in the wind.*

[59] Cuanto . . . deja: *No matter how far off his enemy gets, he can throw a loose bola and if it hits him it certainly strikes him dead.*

[60] espichar (expirar): *to die.*

[61] sus tripas . . . disparar: *he stuffs them back in, squats low, and flees.*

[62] de arriba: *with impunity.*

[63] les . . . pieses: *they skin the soles of their* (the captives') *feet.*

[64] canejo: *an exclamation.*

[65] sembrando las caballadas: *our horses dropping* (fagged out) *all over the place.*

[66] al botón: *futilely.*

[67] ¡Lo . . . blandito!: *You should have seen your friend Fierro weaken like a tenderfoot!*

[68] Salieron . . . cencerro: *They came out in all directions like popcorn at the sound of a bell.*

Al punto nos dispusimos,
aunque ellos eran bastantes;
255 la formamos al istante
nuestra gente, que era poca,
y golpiándosé en la boca
hicieron fila adelante.[69]

Se vinieron en tropel
260 haciendo temblar la tierra.
No soy manco pa la guerra,
pero tuve mi jabón,[70]
pues iba en un redomón[71]
que había boliao en la sierra.

265 ¡Qué vocerío!, ¡qué barullo,
qué apurar[72] esa carrera!
La indiada todita entera
dando alaridos cargó.
¡Jué pucha![73] . . . y ya nos sacó[74]
270 como yeguada matrera.

¡Qué fletes traiban los bárbaros,
como una luz de lijeros!
Hicieron el entrevero,[75]
y en aquella mescolanza,
275 éste quiero, éste no quiero,
nos escojían con la lanza.

Al que le dan un chuzaso,[76]
dificultoso es que sane.
En fin, para no echar panes,[77]
280 salimos por esas lomas
lo mesmo que las palomas
al juir de los gavilanes.

Es de almirar la destreza
con que la lanza manejan.
285 De perseguir nunca dejan,

y nos traiban apretaos.
¡Si queríamos, de apuraos,
salirnos por las orejas![78]

Y pa mejor de la fiesta,
290 en esa aflición tan suma,
vino un indio echando espuma[79]
y con la lanza en la mano
gritando:—Acabau, cristiano,
metau el lanza hasta el pluma.[80]

295 Tendido en el costillar,[81]
cimbrando[82] por sobre el brazo
una lanza como un lazo,
me atropeyó dando gritos.
Si me descuido . . ., el maldito
300 me levanta de un lanzaso.

Si me atribulo o me encojo,
siguro que no me escapo.
Siempre he sido medio guapo;
pero en aquella ocasión
305 me hacía buya el corazón
como la garganta al sapo.[83]

Dios le perdone al salvaje
las ganas que me tenía . . .
Desaté las tres marías
310 y lo engatusé a cabriolas . . .[84]
¡Pucha! . . ., si no traigo bolas
me achura[85] el indio ese día.

Era el hijo de un cacique,
sigún yo lo avirigüé.
315 La verdá del caso jue
que me tuvo apuradazo,[86]
hasta que al fin de un bolazo
del caballo lo bajé.

---

[69] la formamos . . . adelante: *we immediately drew up the few men that we had, and yelling and hitting their mouths with their hands they charged ahead.*

[70] tuve mi jabón: *I was frightened.*

[71] redomón: *half broken horse.*

[72] qué apurar: *how nerve-wracking.*

[73] ¡Jue pucha!: an oath.

[74] nos . . . matrera: *they made us flee like a herd of wild mares.* Before 1853 there were herds of from twenty to seventy thousand mares running wild on the Argentine pampas.

[75] entrevero: *charge, contact.*

[76] chuzaso: *slash, stab.*

[77] para . . . panes: *in order not to boast* (and thus keep the record straight).

[78] Si . . . orejas: *Why, we were so hard pressed we tried to sail right over the horses' ears!*

[79] echando espuma: *in a fury.*

[80] Acabau . . . pluma: *This is the end, Christian* (white man), *here goes my lance into you up to the feathers.* Feathers were attached to the lance about a yard above the point.

[81] Tendido . . . costillar: *Leaning over on one side* (so as not to expose his entire body).

[82] cimbrando: *brandishing.*

[83] me . . . sapo: *my heart rattled like a toad's throat.*

[84] lo . . . cabriolas: *I tangled him up as he pranced.*

[85] me achura: *would have cut me to bits.*

[86] apuradazo: *hard pressed.*

Áhi no más me tiré al suelo
320 y lo pisé en las paletas;[87]
empezó a hacer morisquetas[88]
y a mezquinar la garganta . . .[89]
pero yo hice la obra santa
de hacerlo estirar la jeta.[90]

325 Allí quedó de mojón[91]
y en su caballo salté;
de la indiada disparé,
pues si me alcanza, me mata,
y, al fin, me les escapé
330 con el hilo de una pata.[92]

4

Seguiré esta relación,
aunque pa chorizo[93] es largo.
El que pueda, hágasé cargo
cómo andaría de matrero[94]
5 después de salvar el cuero
de aquel trance tan amargo.

Del sueldo nada les cuento,
porque andaba disparando.
Nosotros de cuando en cuando
10 solíamos ladrar de pobres:[95]
nunca llegaban los cobres
que se estaban aguardando.

Y andábamos de mugrientos
que el mirarnos daba horror;
15 les juro que era un dolor
ver esos hombres, ¡por Cristo!
en mi perra vida he visto
una miseria mayor.

Yo no tenía ni camisa
20 ni cosa que se parezca;
mis trapos sólo pa yesca
me podían servir al fin . . .
No hay plaga como un fortín
para que el hombre padezca.

25 Poncho, jergas, el apero,
las prenditas,[96] los botones,
todo, amigo, en los cantones
jue quedando poco a poco.
Ya me tenían medio loco
30 la pobreza y los ratones.

Sólo una manta peluda
era cuanto me quedaba;
la había agenciao a la taba[97]
y ella me tapaba el bulto.[98]
35 Yaguané que allí ganaba
no salía . . . ni con indulto.[99]

Y pa mejor, hasta el moro
se me jue de entre las manos.
No soy lerdo . . . , pero, hermano,
40 vino el comendante un día
diciendo que lo quería
"pa enseñarle a comer grano."[100]

Afigúresé cualquiera
la suerte de este su amigo
45 a pie y mostrando el umbligo,
estropiao, pobre y desnudo.
Ni por castigo se pudo
hacerse más mal conmigo.

Ansí pasaron los meses,
50 y vino el año siguiente,
y las cosas igualmente
siguieron del mesmo modo.
Adrede parece todo
para aburrir a la gente.[101]

55 No teníamos más permiso
ni otro alivio la gauchada
que salir de madrugada,
cuando no había indio ninguno,
campo ajuera, a hacer boliadas,
60 desocando los reyunos.[102]

---

[87] lo . . . paletas: *I trampled down his shoulders.*
[88] hacer morisquetas: *to play tricks.*
[89] mezquinar la garganta: *cover up his throat.*
[90] estirar la jeta: *bite the dust* (lay his snout flat).
[91] de mojón: *like a pile of filth, marker.*
[92] con . . . pata: *by the skin of my teeth.*
[93] pa (para) chorizo: *for a sausage* (for a tale).
[94] cómo . . . matrero: *how puffed up I was.*
[95] solíamos . . . pobres: *we were so poor we barked, we were as wretched as dogs.*
[96] las prenditas: *mate outfit.*
[97] la . . . taba: *I had won it shooting craps* (with *tabas* or sheep's knuckles for dice).
[98] me . . . bulto: *covered my body.*

[99] Yaguané . . . indulto: *The louse that once got in there wouldn't leave for hell or high water* (even with a full pardon).
[100] Pa . . . grano: Since the prairie horse in its wild state lives on grass it has to be taught to eat grain when in captivity. This is used as the excuse for confiscating Fierro's horse.
[101] Adrede . . . gente: *Everything seems just a scheme to bore people.*
[102] desocando los reyunos: *laming the government horses.* The *reyuno* was a wild horse from a district under restricted government ownership. Other districts were open to the public, and horses could be taken freely from them.

Y cáibamos al cantón
con los fletes aplastaos;
pero a veces, medio aviaos,[103]
con plumas y algunos cueros,
65 que áhi no más con el pulpero
los teníamos negociaos.

Era un amigo del jefe
que con un boliche[104] estaba;
yerba y tabaco nos daba
70 por la pluma de avestruz,
y hasta le hacía ver la luz
al que un cuero le llevaba.

Sólo tenía cuatro frascos
y unas barricas vacías,
75 y a la gente le vendía
todo cuanto precisaba.
A veces creiba que estaba
allí la provedería.[105]

¡Ah pulpero habilidoso!
80 Nada le solía faltar
¡aijuna! y para tragar
tenía un buche de ñandú.[106]
La gente le dio en llamar
"El boliche de virtú."[107]

85 Aunque es justo que quien vende
algún poquitito muerda,[108]
tiraba tanto la cuerda
que con sus cuatro limetas
él cargaba las carretas
90 de plumas, cueros y cerda.[109]

Nos tenía apuntaos a todos
con más cuentas que un rosario,
cuando se anunció un salario
que iban a dar, o un socorro;[110]
95 pero sabe Dios qué zorro
se lo comió al comisario,[111]

pues nunca lo vi llegar
y al cabo de muchos días,
en la mesma pulpería

100 dieron una *buena cuenta*,[112]
que la gente muy contenta
de tan pobre recebía.

Sacaron unos sus prendas
que las tenían empeñadas;
105 por sus diudas atrasadas
dieron otros el dinero;
al fin de fiesta el pulpero
se quedó con la mascada.[113]

Yo me arrecosté a un horcón
110 dando tiempo a que pagaran,
y poniendo güena cara
estuve haciéndomé el poyo,[114]
a esperar que me llamaran
para recibir mi boyo.[115]

115 Pero áhi me pude quedar
pegao pa siempre al horcón;
ya era casi la oración
y ninguno me llamaba.
La cosa se me ñublaba[116]
120 y me dentró comezón.

Pa sacarme el entripao[117]
vi al mayor, y lo fi a hablar.
Yo me le empecé a atracar,
y como con poca gana
125 le dije: —Tal vez mañana
acabarán de pagar.

—¡Qué mañana ni otro día!—
al punto me contestó,
—La paga ya se acabó,
130 siempre has de ser animal.
Me rái y le dije: —Yo...
no he recebido ni un rial.

Se le pusieron los ojos
que se le querían salir,[118]
135 y áhi no más volvió a decir
comiéndomé con la vista:
—Y ¿qué querés recebir
si no has dentrao en la lista?[119]

---

[103] medio aviaos (aviados): *halfway staked, fairly well supplied.*
[104] boliche: *store, bar.*
[105] provedería: *purveyor's office, commissary.*
[106] buche de ñandú: *a craw as big as an ostrich's.*
[107] El boliche de virtú (virtud): *The bar of Justice* (a play on words).
[108] muerda: *take as profit.*
[109] cerda: *horsehair* (used for matting).
[110] un socorro: *an advance.*
[111] sabe ... comisario: *God knows what* [fox] *swallowed*

up the commissioner (who was to bring our pay).
[112] buena cuenta: *final settling of accounts.*
[113] la mascada: *the cash.*
[114] haciéndomé el poyo (pollo): *acting timid, keeping in the background.*
[115] boyo (bollo): *cash, silver.*
[116] se me ñublaba (nublaba): *looked bad (dark) for me.*
[117] Pa ... entripao: *To get it off my chest.*
[118] Se le pusieron ... salir: *His eyes looked as if they were about to pop* (out of his head).
[119] si ... lista: *if your name isn't entered on the payroll.*

—Esto sí que es amolar;—[120]
140 dije yo pa mis adentros—
van dos años que me encuentro,
y hasta aura he visto ni un grullo;[121]
dentro en todos los barullos,
pero en las listas no dentro.

145   Vide el plaito mal parao
y no quise aguardar más . . .
Es güeno vivir en paz
con quien nos ha de mandar.
Y reculando pa atrás
150 me le empecé a retirar.

Supo todo el comendante
y me llamó al otro día,
diciéndomé que quería
averiguar bien las cosas,
155 que no era el tiempo de Rosas,
que aura a naides se debía.[122]

Llamó al cabo y al sargento
y empezó la indagación
si había venido al cantón
160 en tal tiempo o en tal otro . . .
y si había venido en potro,
en reyuno o redomón.[123]

Y todo era alborotar
al ñudo, y hacer papel.[124]
165 Conocí que era pastel[125]
pa engordar con mi guayaca;[126]
mas si voy al coronel
me hacen bramar en la estaca.

¡Ah hijos de una! . . . ¡La codicia
170 ojalá les ruempa el saco!
Ni un pedazo de tabaco
le dan al pobre soldao
y lo tienen de delgao
más ligero que un guanaco.[127]

175   Pero qué iba a hacerles yo,
charabón[128] en el desierto;
más bien me daba por muerto
pa no verme más fundido;[129]
y me les hacía el dormido,
180 aunque soy medio dispierto.

5

Yo andaba desesperao,
aguardando una ocasión
que los indios un malón
nos dieran y entre el estrago
5 hacérmelés cimarrón[130]
y volverme pa mi pago.

Aquello no era servicio
ni defender la frontera:
aquello era ratonera
10 en que es más gato el más juerte;
era jugar a la suerte
con una taba culera.[131]

Allí tuito va al revés:
los milicos[132] se hacen piones
15 y andan en las poblaciones
emprestaos pa trabajar;
los rejuntan pa peliar
cuando entran indios ladrones.

Yo he visto en esa milonga[133]
20 muchos jefes con estancia,
y piones en abundancia,
y majadas y rodeos;
he visto negocios feos,
a pesar de mi inorancia.

25   Y colijo[134] que no quieren
la barunda componer.[135]
Para eso no ha de tener
el jefe que esté de estable[136]
más que su poncho y su sable,
30 su caballo y su deber.

---

[120] Esto . . . amolar: *This is a real gyp.*
[121] grullo: *peso.*
[122] que no era . . . debía: *that it was not the time of the tyrant Rosas and nobody should fall short, everybody should get what was coming to him.*
[123] potro . . . reyuno . . . redomón: *colt* [of my own] *. . . a government horse . . . a half-broken wild horse.*
[124] alborotar . . . papel: *a lot of fuss for nothing and* [only] *to show off.*
[125] pastel: *scheme.*
[126] pa . . . guayaca: *to get fat on my money* (leather purse).

[127] guanaco: *a species of South American sheep, very slender in build.*
[128] charabón: *ostrich chick.*
[129] más . . . fundido: *I might better be dead than be any more wretched.*
[130] hacérmelés cimarrón: *to go wild on them, to escape.*
[131] jugar . . . culera: *to gamble with fate with loaded dice.*
[132] milicos: *soldiers.*
[133] milonga: *dance.*
[134] colijo: *I gather, understand.*
[135] la . . . componer: *clean up the corruption.*
[136] el jefe . . . estable: *permanent boss, commandant.*

Ansina, pues, conociendo
que aquel mal no tiene cura,
que tal vez mi sepoltura
si me quedo iba a encontrar,
35 pensé en mandarme mudar[137]
como cosa más sigura.

Y pa mejor, una noche
¡qué estaquiada me pegaron!
Casi me descoyuntaron[138]
40 por motivo de una gresca.
¡Aijuna, si me estiraron
lo mesmo que guasca fresca![139]

Jamás me puedo olvidar
lo que esa vez me pasó:
45 dentrando una noche yo
al fortín, un enganchao[140]
que estaba medio mamao[141]
allí me desconoció.[142]

Era un gringo tan bozal[143]
50 que nada se le entendía.
¡Quién sabe de ande sería!
Tal vez no juera cristiano,
pues lo único que decía
es que era *pa-po-litano*.[144]

55 Estaba de centinela,
y por causa del peludo[145]
verme más claro no pudo
y ésa jue la culpa toda.
El bruto se asustó al ñudo[146]
60 y fi el pavo de la boda.[147]

Cuando me vido acercar:
—¿Quén vívore?[148]—preguntó;
—¿Qué víboras?—dije yo;
—Hagarto[149]—me pegó el grito.
65 Y yo dije despacito:
—Más lagarto serás vos.[150]

Áhi no más, ¡Cristo me valga!,
rastrillar el jusil siento;[151]
me agaché, y en el momento
70 el bruto me largó un chumbo;[152]
mamao, me tiró sin rumbo,
que si no, no cuento el cuento.

Por de contao,[153] con el tiro
se alborotó el avispero;[154]
75 los oficiales salieron
y se empezó la junción:
quedó en su puesto el nación,[155]
y yo fi al estaquiadero.

Entre cuatro bayonetas
80 me tendieron en el suelo.
Vino el mayor medio en pedo,[156]
y allí se puso a gritar:
—Pícaro, te he de enseñar
a andar declamando[157] sueldos.

85 De las manos y las patas
me ataron cuatro cinchones.
Les aguanté los tirones
sin que ni un ¡ay! se me oyera,
y al gringo la noche entera
90 lo harté con mis maldiciones.

Yo no sé por qué el Gobierno
nos manda aquí a la frontera
gringada que ni siquiera
se sabe atracar a un pingo.[158]
95 ¡Si crerá al mandar un gringo
que nos manda alguna fiera!

No hacen más que dar trabajo,
pues no saben ni ensillar,
no sirven ni pa carniar,[159]
100 y yo he visto muchas veces
que ni voltiadas las reses
se les querían arrimar.[160]

---

[137] mandarme mudar: *clear out.*
[138] descoyuntaron: *pulled my joints apart.*
[139] me ... fresca: *they stretched me out like a fresh piece of hide*
[140] enganchao: *conscript.*
[141] mamao: *drunk.*
[142] desconoció: *didn't recognize.*
[143] bozal: *stupid.*
[144] pa-po-litano (napolitano): *Neapolitan.*
[145] peludo: *drunkenness.*
[146] al ñudo: *for no reason at all.*
[147] fi (fui) ... boda: *I paid the piper, I was the victim.*
[148] ¿Quén vívore? (¿Quién vive?): *Who goes there?* This is the phrase with which the sentry challenges anyone who wishes to pass.
[149] Hagarto (Haga alto): *Halt.*

[150] Más . . . vos: *You're a bigger lizard!* In gaucho slang a thief was called a lagarto (*lizard*). The pun, as well as the insult, is lost in translation.
[151] rastrillar . . . siento: *I hear the gun being cocked.*
[152] chumbo: *bullet.*
[153] Por de contao: *Needless to say.*
[154] se . . . avispero: *the wasps' nest began to stir* (that is, the place suddenly came to life).
[155] el nación: *the foreigner, the Italian.*
[156] mayor . . . pedo: *sergeant half drunk.*
[157] declamando (reclamando): *claiming.*
[158] atracar . . . pingo: *to get near a horse.*
[159] carniar: *slaughtering a steer.*
[160] ni . . . arrimar: *not even when the steers were flat on the ground did they want to come near them.*

Y lo pasan sus mercedes
lengüetiando pico a pico,[161]
105 hasta que viene un milico
a servirles el asao . . .
Y, eso sí, en lo delicao
parecen hijos de rico.

Si hay calor, ya no son gente,
110 si yela, todos tiritan;
si usté no les da, no pitan
por no gastar en tabaco,
y cuando pescan un naco
unos a otros se lo quitan.[162]

115 Cuando llueve se acoquinan[163]
como perro que oye truenos.
¡Qué diablos!, sólo son güenos
pa vivir entre maricas,[164]
y nunca se andan con chicas[165]
120 para alzar ponchos ajenos.

Pa vichar[166] son como ciegos:
no hay ejemplo de que entiendan;
ni hay uno solo que aprienda,
al ver un bulto que cruza,
125 o saber si es avestruza
o si es jinete o hacienda.

Si salen a perseguir
después de mucho aparato,[167]
tuitos se pelan al rato[168]
130 y va quedando el tendal.[169]
Esto es como en un nidal
echarle güevos a un gato.[170]

6

Vamos dentrando recién
a la parte más sentida,
aunque es todita mi vida
de males una cadena.
5 A cada alma dolorida
le gusta cantar sus penas.

Se empezó en aquel entonces
a rejuntar caballada,
y riunir la milicada
10 teniéndola en el cantón.
para una despedición
a sorprender a la indiada.

Nos anunciaban que iríamos
sin carretas ni bagajes
15 a golpiar a los salvajes
en sus mesmas tolderías;
que a la güelta pagarían,
licenciándoló al gauchaje.[171]

Que en esta despedición
20 tuviéramos la esperanza,
que iba a venir sin tardanza,
sigún el jefe contó,
un menistro o qué sé yo,
que lo llamaban Don Ganza.[172]

25 Que iba a riunir el ejército
y tuitos los batallones,
y que traiba unos cañones
con más rayas que un cotín.[173]
¡Pucha!, las conversaciones
30 por allá no tenían fin.

Pero esas trampas no enriedan
a los zorros de mi laya;
que el menistro venga o vaya,
poco le importa a un matrero.
35 Yo también dejé las rayas . . .
en los libros del pulpero.[174]

Nunca jui gaucho dormido,
siempre pronto, siempre listo.
Yo soy un hombre, ¡qué Cristo!,
40 que nada me ha acobardao,
y siempre salí parao
en los trances que me he visto.

---

[161] lengüetiando ... pico: *prattling all together.*
[162] cuando . . . quitan: *when they do get a twist of tobacco they try to take it away from each other.*
[163] se acoquinan: *they go into a huddle.*
[164] maricas: *sissies.*
[165] nunca . . . chicas: *they don't hold back at all.*
[166] vichar: *serve as lookouts.*
[167] aparato: *fuss.*
[168] tuitos . . . rato: *they are all fighting each other in no time.*
[169] va . . . tendal: *everything is in confusion.*
[170] Esto . . . gato: *This is like putting eggs under a cat in a nest* (and expecting her to hatch chickens).
[171] licenciándoló al gauchaje: *giving all the gauchos a furlough.*
[172] Don Ganza: *Don Goose.* The name is an allusion to Col. Martín de Gainza, Minister of War under President Sarmiento, 1868-1874.
[173] con . . . cotín: *with more stripes (rifling in the bore) than a cot mattress.*
[174] dejé . . . pulpero: *I left my stripes in the books of the storekeeper.* The gaucho's accounts were kept in this way, since he was often unable to read or write.

Dende chiquito gané
la vida con mi trabajo,
45 y aunque siempre estuve abajo
y no sé lo que es subir,
también el mucho sufrir
suele cansarnos ¡barajo!

En medio de mi inorancia
50 conozco que nada valgo;
soy la liebre o soy el galgo
asigún los tiempos andan;
pero también los que mandan
debieran cuidarnos algo.

55 Una noche que riunidos
estaban en la carpeta[175]
empinando una limeta
el jefe y el juez de paz,
yo no quise aguardar más,
60 y me hice humo en un sotreta.[176]

Para mí el campo son flores
dende que libre me veo;
donde me lleva el deseo
allí mis pasos dirijo,
65 y hasta en las sombras, de fijo
que a donde quiera rumbeo.[177]

Entro y salgo del peligro
sin que me espante el estrago;
no aflojo al primer amago[178]
70 ni jamás fi gaucho lerdo;
soy pa rumbiar como el cerdo,
y pronto cái a mi pago.

Volvía al cabo de tres años
de tanto sufrir al ñudo,
75 resertor, pobre y desnudo,
a procurar suerte nueva;
y lo mesmo que el peludo[179]
enderecé pa mi cueva.

No hallé ni rastro del rancho;
80 ¡sólo estaba la tapera!
¡Por Cristo, si aquello era
pa enlutar el corazón!
Yo juré en esa ocasión
ser más malo que una fiera.

85 ¡Quién no sentirá lo mesmo
cuando ansí padece tanto!
Puedo asigurar que el llanto
como una mujer largué.
¡Ay mi Dios, si me quedé
90 más triste que Jueves Santo.

Sólo se oiban los aullidos
de un gato que se salvó;
el pobre se guareció
cerca, en una vizcachera;[180]
95 venía como si supiera
que estaba de güelta yo.

Al dirme dejé la hacienda,
que era todito mi haber;
pronto debíamos volver,
100 sigún el juez prometía,
y hasta entonces cuidaría
de los bienes la mujer.

Despúes me contó un vecino
que el campo se lo pidieron,
105 la hacienda se la vendieron
pa pagar arrendamientos,
y qué sé yo cuántos cuentos;
pero todo lo fundieron.[181]

Los pobrecitos muchachos,
110 entre tantas afliciones
se conchabaron de piones.
Mas, ¡qué iban a trabajar,
si eran como los pichones
sin acabar de emplumar![182]

115 Por áhi andarán sufriendo
de nuestra suerte el rigor.
Me han contado que el mayor
nunca dejaba a su hermano.
Puede ser que algún cristiano
120 los recoja por favor.

¡Y la pobre mi mujer,
Dios sabe cuánto sufrió!
Me dicen que se voló
con no sé qué gavilán,
125 sin duda a buscar el pan
que no podía darle yo.

---

[175] en la carpeta: *inside the tavern.*
[176] me . . . sotreta: *I disappeared on a nag.*
[177] de fijo . . . rumbeo: *I can go straight to where I want to.*
[178] amago: *threat, sign of danger.*

[179] peludo: *armadillo.*
[180] vizcachera: *hole of a vizcacha* (a burrowing animal of the pampas).
[181] fundieron: *they ruined, stole.*
[182] sin . . . emplumar: *without their full feathers.*

No es raro que a uno le falte
lo que a algún otro le sobre;
si no le quedó ni un cobre,
130 sino de hijos un enjambre,
¿qué más iba a hacer la pobre
para no morirse de hambre?

¡Tal vez no te vuelva a ver,
prenda de mi corazón!
135 Dios te dé su protección,
ya que no me la dio a mí.
Y a mis hijos, dende aquí
les echo mi bendición.

Como hijitos de la cuna
140 andarán por áhi sin madre.
Ya se quedaron sin padre,
y ansí la suerte los deja
sin naides que los proteja
y sin perro que les ladre.[183]

145   Los pobrecitos tal vez
no tengan ande abrigarse,
ni ramada ande ganarse,
ni rincón ande meterse,
ni camisa que ponerse,
150 ni poncho con que taparse.

Tal vez los verán sufrir
sin tenerles compasión.
Puede que alguna ocasión,
aunque los vean tiritando,
155 los echen de algún jogón[184]
pa que no estén estorbando.

Y al verse ansina espantaos
como se espanta a los perros,
irán los hijos de Fierro,
160 con la cola entre las piernas,
a buscar almas más tiernas
o esconderse en algún cerro.

Mas también en este juego
voy a pedir mi bolada;[185]
165 a naides le debo nada,
ni pido cuartel ni doy,

y ninguno dende hoy
ha de llevarme en la armada.[186]

Yo he sido manso primero
170 y seré gaucho matrero
en mi triste circunstancia;
aunque es mi mal tan projundo,
nací y me he criao en estancia,
pero ya conozco el mundo.

175   Ya le conozco sus mañas,
le conozco sus cucañas,[187]
sé cómo hacen la partida,
la enriedan y la manejan.
Deshaceré la madeja,
180 aunque me cueste la vida.

Y aguante el que no se anime
a meterse en tanto engorro,
o si no aprétese el gorro
o para otra tierra emigre;[188]
185 pero yo ando como el tigre
que le roban los cachorros.

Aunque muchos cren que el gaucho
tiene una alma de reyuno,
no se encontrará ninguno
190 que no lo dueblen las penas;[189]
mas no debe aflojar uno
mientras hay sangre en las venas.

7

De carta de más me vía[190]
sin saber a dónde dirme;
mas dijeron que era vago
y entraron a perseguirme.

5   Nunca se achican los males,
van poco a poco creciendo,
y ansina me vide pronto
obligado a andar juyendo.

No tenía mujer ni rancho,
10 y a más, era resertor;
no tenía una prenda güena
ni un peso en el tirador.[191]

---

[183] sin perro . . . ladre: A Spanish proverb runs: *Ni
padre, ni madre, ni perro que le ladre.* It expresses extreme
loneliness and desolation.
[184] jogón (fogón): *fireside, hearth.*
[185] pedir mi bolada: *ask for my throw, my say.*
[186] llevarme . . . armada: *catch me in the noose of the
lasso.*

[187] cucañas: *ugly tricks.*
[188] Y aguante . . . emigre: *And let the fellow who has
no mind to mix in the affray stick it out, or else pull his cap
down tight and leave for another country.*
[189] que . . . penas: *who isn't overwhelmed with troubles.*
[190] De carta . . . vía (veía): *I found myself an outcast.*
[191] tirador: *money belt.*

A mis hijos, infelices,
pensé volverlos a hallar,
15 y andaba de un lao al otro
sin tener ni qué pitar.

Supe una vez, por desgracia,
que había un baile por allí,
y medio desesperao
20 a ver la milonga fui.

Riunidos al pericón
tantos amigos hallé,
que alegre de verme entre ellos
esa noche me apedé.[192]

25   Como nunca, en la ocasión
por peliar me dio la tranca,[193]
y la emprendí con un negro
que trujo una negra en ancas.

Al ver llegar la morena,
30 que no hacía caso de naides,
le dije con la mamúa:[194]
—Va . . . ca . . . yendo gente al baile.[195]

La negra entendió la cosa
y no tardó en contestarme,
35 mirándome como a perro:
—Más *vaca* será su madre.

Y dentró al baile muy tiesa
con más cola que una zorra,[196]
haciendo blanquiar los dientes
40 lo mesmo que mazamorra.[197]

—Negra linda—dije yo,—
me gusta . . . pa la carona.[198]
Y me puse a talariar[199]
esta coplita fregona:[200]

45   "A los blancos hizo Dios,
a los mulatos, San Pedro,
a los negros hizo el diablo
para tizón del infierno."

Había estao juntando rabia
50 el moreno dende ajuera:
en lo escuro le brillaban
los ojos como linterna.

Lo conocí retobao,[201]
me acerqué y le dije presto:
55 —Por . . . rudo que un hombre sea,
nunca se enoja por esto.

Corcobió el de los tamangos,
y creyendosé muy fijo:[202]
—Más *porrudo*[203] serás vos,
60 gaucho rotoso[204] —me dijo.

Y ya se me vino al humo,[205]
como a buscarme la hebra,[206]
y un golpe le acomodé
con el porrón de giñebra.[207]

65   Áhi no más pegó el de hollín[208]
más gruñidos que un chanchito,
y pelando el envenao[209]
me atropelló dando gritos.

Pegué un brinco y abrí cancha[210]
70 diciendolés: —Caballeros,
dejen venir ese toro;
solo nací . . . , solo muero.

El negro, después del golpe,
se había el poncho refalao[211]
75 y dijo: —Vas a saber
si es solo o acompañao.

[192] me apedé: *I got drunk.*
[193] por . . . tranca: *the drunkenness made me feel like fighting.*
[194] con la mamúa: *in my drunkenness.*
[195] Va . . . ca . . . yendo gente al baile: This is the kind of double talk which is the delight of the gauchos. It consists in forming insulting remarks by means of apparently innocent words. Here the word play is on "va cayendo gente," i.e. [some] *people are coming,* and "vaca yendo," i.e. [a] *cow going. Vaca* is an allusion to the large breasts of the colored woman.
[196] con . . . zorra: *with the tail of her dress dragging behind her longer than that of a fox.*
[197] mazamorra: *fine ground cornmeal.*
[198] me . . . carona: *I [would] like to saddle her.*
[199] talariar (tararear): *to hum.*

[200] coplita fregona: *mocking verse.*
[201] Lo . . . retobao: *I knew that he was mad.*
[202] Corcobió . . . fijo: *The fellow with the sheepskin shoes whirled around feeling very sure of himself.*
[203] porrudo: *kinky-headed;* cf. note 195, above.
[204] rotoso: *good-for-nothing.*
[205] se . . . humo: *came at me blindly.*
[206] hebra: *vital spot.*
[207] un golpe . . . giñebra (ginebra): *I gave him a crack with the gin jug.*
[208] el de hollín: *the sooty boy.*
[209] pelando el envenao: *pulling out his knife.*
[210] Pegué . . . cancha: *I jumped back and opened up space for fighting.*
[211] refalao: *taken off.*

Y mientras se arremangó,
yo me saqué las espuelas,
pues malicié que aquel tío
80 no era de arriar con las riendas.[212]

No hay cosa como el peligro
pa refrescar un mamao:
hasta la vista se aclara
por mucho que haiga chupao.[213]

85　El negro me atropelló
como a quererme comer;
me hizo dos tiros seguidos
y los dos le abarajé.[214]

Yo tenía un facón con S[215]
90 que era de lima de acero;[216]
le hice un tiro, lo quitó
y vino ciego el moreno.

Y en el medio de las aspas[217]
un planaso le asenté
95 que le largué culebriando[218]
lo mesmo que buscapié.[219]

Le coloriaron las motas[220]
con la sangre de la herida,
y volvió a venir furioso
100 como una tigra parida.

Y ya me hizo relumbrar
por los ojos el cuchillo,
alcanzando con la punta
a cortarme en un carrillo.

105　Me hirvió la sangre en las venas
y me le afirmé al moreno,
dándolé de punta y hacha[221]
pa dejar un diablo menos.

Por fin en una topada[222]
110 en el cuchillo lo alcé,
y como un saco de güesos
contra un cerco lo largué.

Tiró unas cuantas patadas
y ya cantó pa el carnero.[223]
115 Nunca me puedo olvidar
de la agonía de aquel negro.

En esto la negra vino,
con los ojos como ají,[224]
y empezó, la pobre, allí
120 a bramar como una loba.
Yo quise darle una soba
a ver si la hacía callar;
mas pude reflesionar
que era malo en aquel punto,
125 y por respeto al dijunto
no la quise castigar.

Limpié el facón en los pastos,
desaté mi redomón,
monté despacio y salí
130 al tranco pa el cañadón.[225]

Despues supe que al finao
ni siquiera lo velaron,
y retobao en un cuero
sin rezarle lo enterraron.

135　Y dicen que dende entonces,
cuando es la noche serena,
suele verse una luz mala[226]
como de alma que anda en pena.

Yo tengo intención a veces,
140 para que no pene tanto,
de sacar de allí los güesos
y echarlos al campo santo.* * *

9

Matreriando lo pasaba
y a las casas no venía.[227]
Solía arrimarme de día;
mas, lo mesmo que el carancho,[228]
5 siempre estaba sobre el rancho
espiando a la polecía.

---

212 malicié . . . riendas: *I guessed that that fellow was not one to be easily handled.*
213 por . . . chupao: *no matter how much one has swallowed.*
214 abarajé: *I parried.*
215 con S: *with an S-shaped crossguard.*
216 lima de acero: *the steel of which files are made.*
217 Y en . . . aspas (horns): *And smack in the middle of his forehead.*
218 un planaso . . . culebriando: *I gave him such a whack that I sent him reeling.*
219 buscapié: *serpent firecracker, squib cracker.*
220 motas: *hair*

221 me . . . hacha: *I closed in on the colored fellow jabbing and hacking him.*
222 topada: *attack, charge.*
223 cantó . . . carnero: *he died, was ready for the boneyard.*
224 ají: *red pepper.*
225 salí . . . cañadón: *I headed slowly for the trail.*
226 luz mala: ignis fatuus (Latin): *will-o'-the-wisp.*
227 Matreriando . . . venía: *I wandered about fleeing from the police and did not come to the ranch.*
228 carancho: *vulture, bird of prey which hovers over its find.*

Viva el gaucho que ande mal
como zorro perseguido,
hasta que al menor descuido
10 se lo atarasquen[229] los perros,
pues nunca le falta un yerro
al hombre más alvertido.

Y en esa hora de la tarde
en que tuito se adormece,
15 que el mundo dentrar parece
a vivir en pura calma,
con las tristezas del alma
al pajonal enderiece.

Bala el tierno corderito
20 al lao de la blanca oveja,
y a la vaca que se aleja
llama el ternero amarrao,
pero el gaucho desgraciao
no tiene a quien dar su queja.

25 Ansí es que al venir la noche
iba a buscar mi guarida,
pues ande el tigre se anida
también el hombre lo pasa,
y no quería que en las casas
30 me rodiara la partida.[230]

Pues aun cuando vengan ellos
cumpliendo con sus deberes,
yo tengo otros pareceres,
y en esa conduta vivo:
35 que no debe un gaucho altivo
peliar entre las mujeres.

Y al campo me iba solito,
más matrero que el venao,[231]
como perro abandonao,
40 a buscar una tapera,
o en alguna vizcachera
pasar la noche tirao.

Sin punto ni rumbo fijo
en aquella inmensidá,
45 entre tanta oscuridá
anda el gaucho como duende;
allí jamás lo sorpriende
dormido la autoridá.

Su esperanza es el coraje,
50 su guardia es la precaución,
su pingo es la salvación,

y pasa uno en su desvelo
sin más amparo que el cielo
ni otro amigo que el facón.

55 Ansí me hallaba una noche,
contemplando las estrellas,
que le parecen más bellas
cuanto uno es más desgraciao,
y que Dios las haiga criao
60 para consolarse en ellas.

Les tiene el hombre cariño,
y siempre con alegría
ve salir las Tres Marías;[232]
que si llueve, cuanto escampa,
65 las estrellas son la guía
que el gaucho tiene en la pampa.

Aquí no valen dotores,
sólo vale la esperencia;
aquí verían su inocencia
70 esos que todo la saben;
porque esto tiene otra llave
y el gaucho tiene su cencia.

Es triste en medio del campo
pasarse noches enteras
75 contemplando en sus carreras
las estrellas que Dios cría,
sin tener más compañía
que su soledá y las fieras.

Me encontraba, como digo,
80 en aquella soledá,
entre tanta oscuridá,
echando al viento mis quejas,
cuando el grito del chajá
me hizo parar las orejas.

85 Como lumbriz me pegué
al suelo para escuchar;
pronto sentí retumbar
las pisadas de los fletes,
y que eran muchos jinetes
90 conocí sin vacilar.

Cuando el hombre está en peligro
no debe tener confianza;
ansí, tendido de panza,
puse toda mi atención,
95 y ya escuché sin tardanza
como el ruido de un latón.

---

229 atarasquen: *bite.*
230 me . . . partida: *the police should round me up.*

231 más . . . venao: *more sly even than the stag.*
232 Tres Marías: *three stars in the constellation of Orion.*

Se venían tan calladitos
que yo me puse en cuidao:
tal vez me hubieran bombiao[233]
100 y me venían a buscar;
mas no quise disparar,
que eso es de gaucho morao.[234]

Al punto me santigüé
y eché de giñebra un taco;[235]
105 lo mesmito que el mataco[236]
me arroyé con el porrón.[237]
—Si han de darme pa tabaco,—[238]
dije, —ésta es buena ocasión.

Me refalé[239] las espuelas,
110 para no peliar con grillos;
me arremangué el calzoncillo
y me ajusté bien la faja,
y en una mata de paja
probé el filo del cuchillo.

115 Para tenerlo a la mano
el flete en el pasto até,
la cincha le acomodé,
y en un trance como aquél,
haciendo espaldas en él[240]
120 quietito los aguardé.

Cuando cerca los sentí
y que áhi no más se pararon,
los pelos se me erizaron,
y aunque nada vían mis ojos,
125 —No se han de morir de antojo—[241]
les dije cuando llegaron.

Yo quise hacerles saber
que allí se hallaba un varón;
les conocí la intención,
130 y solamente por eso
es que les gané el tirón,
sin aguardar voz de preso.[242]

—Vos sos un gaucho matrero—
dijo uno, haciéndosé el güeno.—[243]
135 Vos matastes un moreno
y otro en una pulpería,
y aquí está la polecía,
que viene a justar tus cuentas;
te va a alzar por las cuarenta[244]
140 si te resistís hoy día.

—No me vengan—contesté,—
con relación de dijuntos;
ésos son otros asuntos;
vean si me pueden llevar,
145 que yo no me he de entregar
aunque vengan todos juntos.

Pero no aguardaron más,
y se apiaron en montón.
Como a perro cimarrón
150 me rodiaron entre tantos;
yo me encomendé a los santos,
y eché mano a mi facón.

Y ya vide el fogonazo
de un tiro de garabina;
155 mas quiso la suerte indina[245]
de aquel maula[246] que me errase,
y áhi no más lo levantase[247]
lo mesmo que una sardina.

A otro que estaba apurao[248]
160 acomodando una bola,
le hice una dentrada sola
y le hice sentir el fierro,
y ya salió como el perro
cuando le pisan la cola.

165 Era tanta la aflición
y la angurria[249] que tenían,
que tuitos se me venían
donde yo los esperaba:
uno al otro se estorbaba
170 y con las ganas no vían.

233 bombiao: *tracked.*
234 morao: *cowardly.*
235 taco: *swallow, snort.*
236 Mataco: *armadillo.*
237 me . . . porrón: *I dove into the jug.*
238 Si . . . tabaco: *If they are going to finish me off.*
239 Me refalé: *I took off.*
240 haciendo: . . . él: *standing with my back against him.*
241 No . . . antojo: *You don't have to die of unfulfilled desire.* (What are you fellows waiting for? Let's have it over with!)
242 voz de preso: *the cry of "Give yourself up!"* which in

Spanish is "*¡Dése preso!*"
243 haciéndosé el güeno: *acting very important.*
244 te . . . cuarenta: *is going to finish you off, flatten you out.* "Forty" is the highest bid in the card game of *brisca.*
245 indina=indigna.
246 maula: *dirty fighter* (who used a gun instead of his knife).
247 lo levantase: *I speared him.*
248 apurao: *busy.*
249 angurria: *eagerness.*

Dos de ellos, que traiban sables,
más garifos[250] y resueltos,
en las hilachas[251] envueltos
enfrente se me pararon,
175 y a un tiempo me atropellaron
lo mesmo que perros sueltos.

Me fui reculando en falso
y el poncho adelante eché,
y cuanto le puso el pie
180 uno medio chapetón,[252]
de pronto le di el tirón
y de espaldas lo largué.

Al verse sin compañero
el otro se sofrenó;
185 entonces le dentré yo,
sin dejarlo resollar,
pero ya empezó a aflojar
y a la pun . . . ta[253] disparó.

Uno que en una tacuara
190 había atao una tijera,
se vino como si juera
palenque de atar terneros;[254]
pero en dos tiros certeros
salió aullando campo ajuera.

195 Por suerte en aquel momento
venía coloriando el alba,
y yo dije: —Si me salva
la Virgen en este apuro,
en adelante le juro
200 ser más güeno que una malva.[255]

Pegué un brinco y entre todos
sin miedo me entreveré;
hecho ovillo[256] me quedé
y ya me cargó una yunta,
205 y por el suelo la punta
de mi facón les jugué.

El más engolosinao[257]
se me apió[258] con un hachazo;
se lo quité con el brazo,
210 de no, me mata los piojos;[259]
y antes de que diera un paso
le eché tierra en los dos ojos.

Y mientras se sacudía
refregándosé la vista,
215 yo me le fui como lista,[260]
y áhi no más me le afirmé[261]
diciéndolé: —Dios te asista.—
Y de un revés lo voltié.

Pero en ese punto mesmo
220 sentí que por las costillas
un sable me hacía cosquillas,
y la sangre se me heló.
Dende ese momento yo
me salí de mis casillas.

225 Di para atrás unos pasos
hasta que pude hacer pie;
por delante me lo eché
de punta y tajos a un criollo;
metió la pata en un oyo,[262]
230 y yo al oyo lo mandé.

Tal vez en el corazón
lo tocó un santo bendito
a un gaucho, que pegó el grito,
y dijo: —Cruz no consiente
235 que se cometa el delito
de matar ansí un valiente.

Y áhi no más se me aparió,[263]
dentrándolé a la partida.
Yo les hice otra embestida
240 pues entre dos era robo;
y el Cruz era como lobo
que defiende su guarida.

---

[250] garifos: *bold.*

[251] hilachas: *ponchos.* In a fight the gaucho wound his *poncho* around his left arm for a shield. At the beginning one end was often left dangling on the ground so that his opponent would step on it in a rush and be spilled over backward when it was jerked up.

[252] chapetón: *greenhorn.*

[253] The implication here is not of the sort that is printable.

[254] en . . . terneros: *had tied the blade of a shears to a reed, he came at me as if I were going to be a pushover.*

[255] ser . . . malva: *to be meeker than a mallow flower.*

[256] hecho ovillo: *all drawn up like a ball.*

[257] engolosinao: *eager.*

[258] se me apió: *tried to knock me down.*

[259] me . . . piojos: *he would have killed my lice, would have wounded me in the head.*

[260] me . . . lista: *I followed up like a flash.*

[261] me le afirmé: *I nailed him.*

[262] oyo (hoyo): *hole, grave.*

[263] se me aparió: *came over to my side.*

Uno despachó al infierno
de dos que lo atropellaron,
245 los demás remoliniaron,[264]
pues íbamos a la fija,[265]
y a poco andar dispararon
lo mesmo que sabandija.[266]

Áhi quedaban largo a largo
250 los que estiraron la jeta;[267]
otro iba como maleta,[268]
y Cruz, de atrás, les decía:
—Que venga otra polecía
a llevarlos en carreta.

255   Yo junté las osamentas,
me hinqué y les recé un bendito;[269]
hice una cruz de un palito
y pedí a mi Dios clemente
me perdonara el delito
260 de haber muerto tanta gente.

Dejamos amontonaos
a los pobres que murieron.
No sé si los recogieron,
porque nos fuimos a un rancho,
265 o si tal vez los caranchos
áhi no más se los comieron.

Lo agarramos mano a mano
entre los dos al porrón.
En semejante ocasión
270 un trago a cualquiera encanta,
y Cruz no era remolón
ni pijotiaba[270] garganta.

Calentamos los gargueros
y nos largamos muy tiesos,
275 siguiendo siempre los besos
al pichel,[271] y, por más señas,
íbamos como cigüeñas,
estirando los pescuezos.

—Yo me voy—le dije,—amigo,
280 donde la suerte me lleve,

y si es que alguno se atreve
a ponerse en mi camino,
yo seguiré mi destino,
que el hombre hace lo que debe.

285   Soy un gaucho desgraciao,
no tengo donde ampararme,
ni un palo donde rascarme,
ni un árbol que me cubije;
pero ni aun esto me aflige,
290 porque yo sé manejarme.

Antes de cair al servicio
tenía familia y hacienda;
cuando volví, ni la prenda[272]
me habían dejao ya.
295 Dios sabe en lo que vendrá
a parar esta contienda.

10

CRUZ[273]

Amigazo, pa sufrir
han nacido los varones.
Éstas son las ocasiones
de mostrarse un hombre juerte,
5 hasta que venga la muerte
y lo agarre a coscorrones.[274]

El andar tan despilchao[275]
ningún mérito me quita.
Sin ser un alma bendita,
10 me duelo del mal ajeno;
soy un pastel con relleno[276]
que parece torta frita.

Tampoco me faltan males
y desgracias, le prevengo;
15 también mis desdichas tengo,
aunque esto poco me aflige;
yo sé hacerme el chancho rengo[277]
cuando la cosa lo esige.

---

264 remoliniaron: *wheeled off, withdrew.*
265 a la fija: *to certain victory.*
266 lo . . . sabandija: *like bugs* (scuttling from under a raised log).
267 los . . . jeta: *those who had bit the dust.*
268 iba . . . maleta: *rode off wobbling from side to side* (like a packing case on a horse's back).
269 me . . . bendito: *I knelt down and said a prayer for them.*

270 ni pijotiaba: *he did not spare.*
271 siguiendo . . . pichel: *still kissing the jug.*
272 prenda: *sweetheart, wife.*
273 Cruz is now the one who is talking.
274 lo . . . coscorrones: *cracks him down.*
275 despilchao: *ragged.*
276 pastel con relleno: *stuffed pastry* (soft inside though fried outside). This was the gaucho's favorite dessert.
277 yo . . . rengo: *I know how to put on an act.*

Y con algunos ardiles[278]
20 voy viviendo, aunque rotoso;
a veces me hago el sarnoso[279]
y no tengo ni un granito,
pero al chifle[280] voy ganoso
como panzón al maíz frito.

25   A mí no me matan penas
mientras tenga el cuero sano,
venga el sol en el verano
y la escarcha en el invierno.
Si este mundo es un infierno
30 ¿por qué afligirse el cristiano?

    Hagámoslé cara fiera[281]
a los males, compañero,
porque el zorro más matrero
suele cair como un chorlito:[282]
35 viene por un corderito
y en la estaca deja el cuero.

    Hoy tenemos que sufrir
males que no tienen nombre;
pero esto a naides lo asombre
40 porque ansina es el pastel;
y tiene que dar el hombre
más vueltas que un carretel.

    Yo nunca me he de entregar
a los brazos de la muerte;
45 arrastro mi triste suerte
paso a paso y como pueda,
que donde el débil se queda
se suele escapar el juerte.

    Y ricuerde cada cual
50 lo que cada cual sufrió,
que lo que es, amigo, yo
hago ansí la cuenta mía:
ya lo pasado pasó,
mañana será otro día.

55   Yo también tuve una pilcha[283]
que me enllenó el corazón;
y si en aquella ocasión
alguien me hubiera buscao,
siguro que me había hallao
60 más prendido que un botón.

    En la güella del querer
no hay animal que se pierda;
las mujeres no son lerdas,
y todo gaucho es dotor
65 si pa cantarle el amor
tiene que templar las cuerdas.

    ¡Quién es de un alma tan dura
que no quiera una mujer!
Lo alivia en su padecer;
70 si no sale calavera
es la mejor compañera
que el hombre puede tener.

    Si es güena, no lo abandona
cuando lo ve desgraciao;
75 lo asiste con su cuidao
y con afán cariñoso,
y usté tal vez ni un rebozo
ni una pollera[284] le ha dao.

    Grandemente lo pasaba
80 con aquella prenda mía,
viviendo con alegría
como la mosca en la miel.
¡Amigo, qué tiempo aquél!
¡La pucha, que la quería!

85   Era la águila que a un árbol
dende las nubes bajó;
era más linda que el alba
cuando va rayando el sol;
era la flor deliciosa
90 que entre el trebolar creció.

    Pero, amigo, el comendante
que mandaba la milicia,
como que no desperdicia[285]
se fue refalando[286] a casa.
95 Yo le conocí en la traza[287]
que el hombre traiba malicia.

    Él me daba voz de amigo,
pero no le tenía fe.
Era el jefe y, ya se ve,
100 no podía competir yo;
en mi rancho se pegó
lo mesmo que un saguaipé.[288]

---

[278] ardiles (ardides): *tricks.*
[279] me . . . sarnoso: *I pretend to be stupid.*
[280] chifle: horn of an ox which was used as a dinner horn.
[281] Hagámoslé . . . fiera: *Let's face squarely.*
[282] chorlito: *curlew,* a bird which is easily caught.

[283] pilcha: *girl, sweetheart.*
[284] rebozo . . . pollera: *shawl . . . (hoop) skirt.*
[285] no desperdicia: *he did not miss a chance.*
[286] refalando: *sneaking up.*
[287] traza: *looks.*
[288] saguaipé: *liver worm.*

A poco andar, conocí
que ya me había desbancao,
105 y él siempre muy entonao,
aunque sin darme ni un cobre,
me tenía de lao a lao
como encomienda de pobre.

A cada rato, de chasque
110 me hacía dir a gran distancia;
ya me mandaba a una estancia,
ya al pueblo, ya a la frontera;
pero él en la comendancia
no ponía los pies siquiera.

115   Es triste a no poder más
el hombre en su padecer
si no tiene una mujer
que lo ampare y lo consuele;
mas pa que otro se la pele[289]
120 lo mejor es no tener.

No me gusta que otro gallo
le cacaree a mi gallina.
Yo andaba ya con la espina,[290]
hasta que en una ocasión
125 lo solprendí junto al jogón
abrazándomé a la china.

Tenía el viejito una cara
de ternero mal lamido,
y al verlo tan atrevido
130 le dije: —Que le aproveche;
que había sido pa el amor
como guacho[291] pa la leche.

Peló la espada y se vino
como a quererme ensartar;
135 pero yo, sin tutubiar,
le volví al punto a decir:
—Cuidao no te vas a pér . . . tigo[292]
poné cuarta[293] pa salir.

Un puntaso me largó,
140 pero el cuerpo le saqué,
y en cuanto se lo quité,

para no matar un viejo,
con cuidao, medio de lejo,[294]
un planaso le asenté.

145   Y como nunca al que manda
le falta algún adulón,
uno que en esa ocasión
se encontraba allí presente,
vino apretando los dientes
150 como perrito mamón.

Me hizo un tiro de revuélver
que el hombre creyó siguro;
era confiao, y le juro
que cerquita se arrimaba;
155 pero siempre en un apuro
se desentumen mis tabas.[295]

Él me siguió menudiando,[296]
mas sin poderme acertar;
y yo, déle culebriar,[297]
160 hasta que al fin le dentré
y áhi no más lo despaché
sin dejarlo resollar.

Dentré a campiar[298] en seguida
al viejito enamorao . . .
165 El pobre se había ganao[299]
en un noque de lejía.[300]
¡Quién sabe cómo estaría
del susto que había llevao! * * *

Alcé mi poncho y mis prendas
170 y me largué a padecer
por culpa de una mujer
que quiso engañar a dos.
Al rancho le dije *adiós*,
para nunca más volver.

175   Las mujeres, dende entonces,
conocí a todas en una.
Ya no he de probar fortuna
con carta tan conocida:
mujer y perra parida,
180 no se me acerca ninguna. * * *

---

289 pa . . . pele: *so another can filch her.*
290 espina: *suspicion.*
291 guacho: *motherless lamb.*
292 pér . . . tigo: an invented term taken from *peer* and *tigo.* Its connotation is distinctly off color.
293 cuarta: *extra rope, thong.*
294 medio de lejo: *from a safe distance.*

295 se . . . tabas: *my knees get nimble.*
296 menudiando: *shooting.*
297 déle culebriar: *twisting like a snake.*
298 campiar: *look for.*
299 se . . . ganao: *had hidden.*
300 noque de lejía: *tub for lye.*

12

Yo no sé qué tantos meses
esta vida me duró;
a veces nos obligó
la miseria a comer potro:
5 me había acompañao con otros
tan desgraciaos como yo.

Mas ¿para qué platicar
sobre esos males, canejo?
Nace el gaucho y se hace viejo
10 sin que mejore su suerte,
hasta que por áhi la muerte
sale a cobrarle el pellejo.* * *

Pero si siguen las cosas
como van hasta el presente,
15 puede ser que redepente[301]
véamos el campo desierto
y blanqueando solamente
los güesos de los que han muerto.

Hace mucho que sufrimos
20 la suerte reculativa.[302]
Trabaja el gaucho y no arriba,[303]
porque a lo mejor del caso
lo levantan de un sogaso
sin dejarle ni saliva.[304]

25 De los males que sufrimos
hablan mucho los puebleros;[305]
pero hacen como los teros[306]
para esconder sus niditos;
en un lao pegan los gritos
30 y en otro tienen los güevos.[307]

Y se hacen los que no aciertan
a dar con la coyontura;[308]
mientras al gaucho lo apura[309]
con rigor la autoridá,
35 ellos a la enfermedá
le están errando la cura.

13

Martín Fierro

Ya veo somos los dos
astillas del mesmo palo;[310]
yo paso por gaucho malo
y usté anda del mesmo modo,
5 y yo, pa acabarlo todo,
a los indios me refalo.[311]

Pido perdón a mi Dios,
que tantos bienes me hizo;
pero dende que es preciso
10 que viva entre los infieles,
yo seré cruel con los crueles:
ansí mi suerte lo quiso.

Dios formó lindas las flores,
delicadas como son,
15 les dio toda perfeción
y cuanto él era capaz;
pero al hombre le dio más
cuando le dio el corazón.

Le dio claridá a la luz,
20 juerza en su carrera al viento,
le dio vida y movimiento
dende el águila al gusano;
pero más le dio al cristiano
al darle el entendimiento.

25 Y aunque a las aves les dio,
con otras cosas que inoro,
esos piquitos como oro
y un plumaje como tabla,[312]
le dio al hombre más tesoro
30 al darle una lengua que habla.

Y dende que dio a las fieras
esa juria tan inmensa,
que no hay poder que las venza
ni nada que las asombre,
35 ¿qué menos le daría al hombre
que el valor pa su defensa?

---

[301] redepente=de repente.
[302] la . . . reculativa: *bad luck, retreating fortune.*
[303] no arriba: *never gets anywhere.*
[304] lo levantan . . . saliva: *they raise him up with a hangman's noose without even letting him spit.*
[305] puebleros: *town people.*
[306] teros: (teruterus or teruteros) the Argentine *lapwings.*
[307] en . . . güevos: *they call from one spot, but have their*
eggs in another (they say one thing but do another).
[308] Y . . . coyontura: *And those who don't succeed in finding the crux* (joint) *of the problem fiddle around.*
[309] apura: *drives, oppresses.*
[310] somos . . . palo: *we are chips from the same block.* Notice that Martín Fierro is now answering Cruz.
[311] me refalo: *I am slipping away.*
[312] plumaje . . . tabla: *plumage brilliant as a painting.*

Pero tantos bienes juntos
al darle, malicio yo
que en sus adentros pensó
40 que el hombre los precisaba,
que los bienes igualaban
con las penas que le dio.

Y yo, empujao por las mías,
quiero salir de este infierno.
45 Ya no soy pichón muy tierno
y sé manejar la lanza,
y hasta los indios no alcanza
la facultá del Gobierno.

Yo sé que allá los caciques
50 amparan a los cristianos,
y que los tratan de "hermanos"
cuando se van por su gusto.
¿A qué andar pasando sustos?
Alcemos el poncho y vamos.

55   En la cruzada hay peligros,
pero ni aun esto me aterra;
yo ruedo sobre la tierra
arrastrao por mi destino,
y si erramos el camino . . .
60 no es el primero que lo erra.

Si hemos de salvar o no,
de esto naide nos responde.
Derecho ande el sol se esconde
tierra adentro hay que tirar;
65 algún día hemos de llegar . . . ,
después sabremos adónde.

No hemos de perder el rumbo,
los dos somos güena yunta.
El que es gaucho va ande apunta,
70 aunque inore ande se encuentra;
pa el lao en que el sol se dentra
dueblan los pastos la punta.[313]

De hambre no pereceremos,
pues, sigún otros me han dicho,
75 en los campos se hallan bichos
de lo que uno necesita:
gamas, matacos, mulitas,
avestruces y quirquinchos.[314]

Cuando se anda en el disierto,
80 se come uno hasta las colas.
Lo han cruzado mujeres solas,
llegando al fin con salú,
y ha de ser gaucho el ñandú
que se escape de mis bolas.

85   Tampoco a la sé le temo,
yo la aguanto muy contento,
busco agua olfatiando al viento,
y dende que no soy manco . . .
ande hay duraznillo[315] blanco
90 cabo y la saco al momento.

Allá habrá seguridá,
ya que aquí no la tenemos;
menos males pasaremos
y ha de haber grande alegría
95 el día que nos descolguemos
en alguna toldería.[316]

Fabricaremos un toldo,
como lo hacen tantos otros,
con unos cueros de potro,
100 que sea sala y sea cocina.
¡Tal vez no falte una china
que se apiade de nosotros!

Allá no hay que trabajar,
vive uno como un señor.
105 De cuando en cuando, un malón,
y si de él sale con vida,
lo pasa echao panza arriba
mirando dar güelta el sol.

Y ya que a juerza de golpes
110 la suerte nos dejó aflús,[317]
puede que allá veamos luz
y se acaben nuestras penas.
Todas las tierras son güenas:
vámosnós, amigo Cruz.

115   El que maneja las bolas,
el que sabe echar un pial[318]
y sentarse en un bagual
sin miedo de que lo baje,
entre los mesmos salvajes
120 no puede pasarlo mal.

---

[313] pa . . . punta: *the grasses bend their tips toward the direction in which the sun sets.*
[314] gamas . . . quirquinchos: *deer, armadillos.* Matacos, mulitos and quirquinchos are all different species of the armadillo.
[315] duraznillo: a variety of peach tree which has a pungent odor and whose root system is supposed to lead directly to watery earth. It grows only in very wet soil.
[316] el día . . . toldería: *the day we reach some Indian tent village.*
[317] aflús: *without anything.*
[318] pial: *rope, lasso.*

El amor como la guerra
lo hace el criollo con canciones,
a más de eso, en los malones
podemos aviarnos de algo.
125 En fin, amigo, yo salgo
de estas pelegrinaciones.

En este punto[319] el cantor
buscó un porrón pa consuelo,
echó un trago como un cielo[320]
130 dando fin a su argumento,
y de un golpe el istrumento
lo hizo astillas contra el suelo.

—Ruempo—dijo,— la guitarra,
pa no volverla a templar;
135 ninguno la ha de tocar,
por siguro ténganló,
pues naides ha de cantar
cuando este gaucho cantó.

Y daré fin a mis coplas
140 con aire de relación.
Nunca falta un preguntón
más curioso que mujer,
y tal vez quiera saber
cómo jue la conclusión.

145 Cruz y Fierro, de una estancia
una tropilla se arriaron;
por delante se la echaron,[321]
como criollos entendidos,
y pronto, sin ser sentidos,
150 por la frontera cruzaron.

Y cuando la habían pasao,
una madrugada clara
le dijo Cruz que mirara
las últimas poblaciones,
155 y a Fierro dos lagrimones
le rodaron por la cara.

Y siguiendo el fiel del rumbo[322]
se entraron en el desierto.
No sé si los habrán muerto
160 en alguna correría,
pero espero que algún día
sabré de ellos algo cierto.

Y ya con estas noticias
mi relación acabé.
165 Por ser ciertas las conté
todas las desgracias dichas:
es un telar de desdichas
cada gaucho que usté ve.

Pero ponga su esperanza
170 en el Dios que lo formó;
y aquí me despido yo,
que referí ansí a mi modo
males que conocen todos
pero que naides contó.

ᨏᨏSEGUNDA PARTE—LA VUELTA DE MARTÍN FIERRO

Martín Fierro and Cruz flee to the wilderness of the pampas. There they
are captured by a band of Indians. Fierro describes the life of the Indians. During their captivity, Cruz dies. Fierro comes to know a white
woman who, with her child, has been captured by the Indians. She is
whipped and her child is killed by her captors. Martín Fierro and the
woman finally reach the white settlements and the woman goes her
way. Fierro discovers that he is no longer wanted by the law and finds
two of his sons, now men. Each of the sons tells his story. The second son
tells how he was put in the care of an old reprobate, Vizcacho, by the
Justice of the Peace. Vizcacho's cynical advice to the young man is a
well-known part of the poem.

[319] "Desde aquí hasta el final de esta primera parte
del poema habla el autor." (Hernández's note.)

[320] trago . . . cielo: *one great and glorious swallow.*

[321] una tropilla . . . echaron: *rustled a herd; drove it in
front of them.*

[322] el . . . rumbo: *the line of travel, their course.*

15

Siempre andaba retobao,[323]
con ninguno solía hablar;
se divertía en escarbar
y hacer marcas con el dedo;
5 y cuanto se ponía en pedo[324]
me empezaba a aconsejar.

Me parece que lo veo
con su poncho calamaco;[325]
después de echar un buen taco
10 ansí principiaba a hablar:—
Jamás llegués a parar
a donde veás perros flacos.

El primer cuidao del hombre
es defender el pellejo;
15 llevate de mi consejo,
fijate bien lo que hablo:
el diablo sabe por diablo
pero más sabe por viejo.

Hacete amigo del juez,[326]
20 no le des de qué quejarse;
y cuando quiera enojarse
vos te debés encojer,
pues siempre es güeno tener
palenque ande ir a rascarse.

25 Nunca le llevés la contra
porque él manda la gavilla;
allí sentao en su silla
ningún guey le sale bravo:
a uno le da con el clavo
30 y a otro con la cantramilla.[327]

El hombre, hasta el más soberbio,
con más espinas que un tala,[328]
aflueja andando en la mala[329]
y es blando como manteca:
35 hasta la hacienda baguala
cai al jagüel[330] con la seca.

No andés cambiando de cueva,
hacé las que hace el ratón:

conservate en el rincón
40 en que empesó tu esistencia:
vaca que cambia querencia
se atrasa en la parición.[331]

Y menudiando los tragos
aquel viejo como cerro,
45 —No olvidés,—me decía,—Fierro,
que el hombre no debe crer
en lágrimas de mujer
ni en la renguera del perro.

No te debés afligir
50 aunque el mundo se desplome:
lo que más precisa el hombre
tener, según yo discurro,
es la memoria del burro
que nunca olvida ande come.

55 Dejá que caliente el horno
el dueño del amasijo;
lo que es yo, nunca me aflijo
y a todito me hago el sordo:
el cerdo vive tan gordo
60 y se come hasta los hijos.

El zorro que ya es corrido,
dende lejos la[332] olfatea;
no se apure quien desea
hacer lo que le aproveche:
65 la vaca que más rumea
es la que da mejor leche.

El que gana su comida,
bueno es que en silencio coma;
ansina, vos ni por broma
70 querrás llamar la atención:
nunca escapa el cimarrón
si dispara por la loma.

Yo voy donde me conviene
y jamás me descarrío;
75 llevate el ejemplo mío,
y llenarás la barriga;
aprendé de las hormigas:
no van a un noque[333] vacío.

---

[323] retobao: *angry.*
[324] se ponía en pedo: *got drunk.*
[325] calamaco: *shoddy, red.*
[326] del juez: The District Judge, or Justice of the Peace, used to be practically all-powerful, the often unscrupulous King of his bailiwick.
[327] a uno . . . cantramilla: *some he gets with the fore-spike, and others with the butt-spike* (referring to a rod used by wagon-drivers to spur on the leader bullocks and those bringing up the rear).
[328] tala: a thorny tree of the pampas.
[329] la mala = la mala suerte.
[330] jagüel: *water-tank.*
[331] se atrasa en la parición: *is slow in calving.*
[332] la: *trap,* or *efforts to catch him.*
[333] noque: *leather pouch for food.*

A naides tengás envidia,
80 es muy triste el envidiar;
cuando veás a otro ganar
a estorbarlo no te metas:
cada lechón en su teta
es el modo de mamar.

85   Ansí se alimentan muchos
mientras los pobres lo pagan;
como el cordero hay quien lo haga
en la puntita, no niego;
pero otros, como el borrego,
90 toda entera se la tragan.[334]

Si buscás vivir tranquilo
dedicate a solteriar;[335]
mas si te querés casar,
con esta alvertencia sea:
95 que es muy difícil guardar
prenda que otros codicean.

Es un bicho la mujer
que yo aquí no lo destapo:
siempre quiere al hombre guapo,
100 mas fijate en la elección;
porque tiene el corazón
como barriga de sapo.

Y gangoso con la tranca,[336]
me solía decir:—Potrillo,
105 recién te apunta el cormillo,
mas te lo dice un toruno:
no dejés que hombre ninguno
te gane el lao del cuchillo.

Las armas son necesarias
pero naides sabe cuándo;
110 ansina, si andás pasiando,
y de noche sobre todo,
debés llevalo de modo
que al salir, salga cortando.

Los que no saben guardar
115 son pobres aunque trabajen;
nunca, por más que se atajen,
se librarán del cimbrón:[337]
al que nace barrigón
es al ñudo[338] que lo fajen.

120   Donde los vientos me llevan
allí estoy como en mi centro;
cuando una tristeza encuentro
tomo un trago pa alegrarme:
a mí me gusta mojarme
125 por ajuera y por adentro.

Vos sos pollo, y te convienen
toditas estas razones;
mis consejos y leciones
no echés nunca en el olvido:
130 en las riñas he aprendido
a no peliar sin puyones.[339]

Con estos consejos y otros,
que yo en mi memoria encierro
y que aquí no desentierro,
135 educándomé seguía,
hasta que al fin se dormía,
mesturado[340] entre los perros.

Fierro's second son finishes the tale of his experiences, and Cruz's son, who appears as Picardía, relates his—all unfortunate. A negro singer joins the company and challenges Fierro to a *payada* (or *contrapunto*), an improvised singing contest. Such contests have been a common custom in many parts of the Latin world.

29

* * * Mas una casualidá,
como que nunca anda lejos,
entre tanta gente blanca
llevó también a un moreno,
5 presumido de cantor

y que se tenía por bueno.
Y como quien no hace nada,
o se descuida de intento
(pues siempre es muy conocido
10 todo aquel que busca pleito),

---

[334] en la puntita . . . se la tragan: *I don't deny that some just take the nipple, like the little lamb; others, like the older lambs, hog the whole teat.*

[335] solteriar: *to be a bachelor.*

[336] gangoso con la tranca: *hoarse from drinking.*

[337] cimbrón: *nervousness* (about poverty).

[338] al ñudo: *useless.*

[339] puyones: *especially long spurs* (used in cockfighting).

[340] mesturado: *dead drunk.*

se sentó con toda calma,
echó mano al estrumento
15 y ya le pegó un rajido;[341]
era fantástico el negro,
y para no dejar dudas
medio se compuso el pecho.[342]
Todo el mundo conoció
20 la intención de aquel moreno:
era claro el desafío
dirigido a Martín Fierro,
hecho con toda arrogancia,
de un modo muy altanero.
25 Tomó Fierro la guitarra,
pues siempre se halla dispuesto,
y ansí cantaron los dos
en medio de un gran silencio:

30

MARTÍN FIERRO

Mientras suene el encordao,
mientras encuentre el compás,
yo no he de quedarme atrás
sin defender la parada;[343]
5 y he jurado que jamás
me la han de llevar robada.

Atiendan, pues, los oyentes
y cáyensén[344] los mirones;
a todos pido perdones,
10 pues a la vista resalta
que no está libre de falta
quien no está de tentaciones.

A un cantor le llaman bueno,
cuando es mejor que los piores;
15 y sin ser de los mejores,
encontrándosé dos juntos,
es deber de los cantores
el cantar de contrapunto.[345]

El hombre debe mostrarse
20 cuando la ocasión le llegue;
hace mal al que se niegue
dende que lo sabe hacer,
y muchos suelen tener
vanagloria en que los rueguen.

25 Cuando mozo fui cantor
—Es una cosa muy dicha—
mas la suerte se encapricha
y me persigue costante:
de ese tiempo en adelante
30 canté mis propias desdichas.

Y aquellos años dichosos
trataré de recordar;
veré si puedo olvidar
tan desgraciada mudanza,
35 y quien se tenga confianza
tiemple y vamos a cantar.

Tiemple y cantaremos juntos,
trasnochadas no acobardan;
los concurrentes aguardan,
40 y porque el tiempo no pierdan,
haremos gemir las cuerdas
hasta que las velas no ardan.

Y el cantor que se presiente,
que tenga o no quien lo ampare,
45 no espere que yo dispare
aunque su saber sea mucho;
vamos en el mesmo pucho[346]
a prenderle hasta que aclare.

Y seguiremos si gusta,
50 hasta que se vaya el día;
era la costumbre mía
cantar las noches enteras:
había entonces dondequiera
cantores de fantasía.

55 Y si alguno no se atreve
a seguir la caravana,
o si cantando no gana,
se lo digo sin lisonja:
haga sonar una esponja
60 o ponga cuerdas de lana.

El Moreno

Yo no soy, señores míos,
sino un pobre guitarrero;
pero doy gracias al cielo
porque puedo, en la ocasión,
5 toparme con un cantor
que esperimente a este negro.

---

[341] le pegó un rajido: *strummed on it.*
[342] medio se compuso el pecho: *cleared his throat.*
[343] la parada: *my bet.*
[344] cáyensén = cállense.

[345] de contrapunto: alternating, with questions and answers.
[346] vamos en el mesmo pucho: *let's both get a light from the same cigar butt.*

Yo también tengo algo blanco,
pues tengo blancos los dientes;
sé vivir entre las gentes
10 sin que me tengan en menos:
quien anda en pagos agenos
debe ser manso y prudente.

Mi madre tuvo diez hijos,
los nueve muy regulares;
tal vez por eso me ampare
15 la Providencia divina:
en los güevos de gallina
el décimo es el más grande.

El negro es muy amoroso,
aunque de esto no hace gala;
20 nada a su cariño iguala
ni a su tierna voluntá;
es lo mesmo que el macá:347
cría los hijos bajo el ala.

25 Pero yo he vivido libre
y sin depender de naides;
siempre he cruzado a los aires
como el pájaro sin nido;
cuanto sé lo he aprendido
30 porque me lo enseñó un flaire.348

Y sé como cualquier otro
el por qué retumba el trueno,
por qué son las estaciones
del verano y del invierno;
35 sé también de dónde salen
las aguas que cain del cielo.

Yo sé lo que hay en la tierra
en llegando al mesmo centro;
en dónde se encuentra el oro,
40 en dónde se encuentra el fierro
y en dónde viven bramando
los volcanes que echan juego.

Yo sé del fondo del mar
donde los pejes nacieron;
45 yo sé por qué crece el árbol,
y por qué silban los vientos;
cosas que inoran los blancos
las sabe este pobre negro.

Yo tiro cuando me tiran,
cuando me aflojan, aflojo;
50 no se ha de morir de antojo
quien me convide a cantar:
para conocer a un cojo
lo mejor es verlo andar.

Y si una falta cometo
55 en venir a esta riunión
echándolá de cantor,
pido perdón en voz alta,
pues nunca se halla una falta
que no esista otra mayor.

60 De lo que un cantor esplica
no falta que aprovechar,
y se le debe escuchar
aunque sea negro el que cante:
apriende el que es inorante,
65 y el que es sabio, apriende más.

Bajo la frente más negra
hay pensamiento y hay vida;
la gente escuche tranquila,
no me haga ningún reproche:
70 también es negra la noche
y tiene estrellas que brillan.

Estoy, pues, a su mandao,
empiece a echarme la sonda
si gusta que le responda,
75 aunque con lenguaje tosco:
en leturas no conozco
la jota por ser redonda.349

Martín Fierro

¡Ah negro! Si sos tan sabio
no tengás ningún recelo:
pero has tragao el anzuelo
y, al compás del estrumento,
5 has de decirme al momento
cuál es el canto del cielo.

El Moreno

Cuentan que de mi color
Dios hizo al hombre primero;
mas los blancos altaneros,

347 macá: a kind of duck.
348 flaire=fraile.
349 en leturas . . . redonda: *as for reading I don't know*   *anything.* The usual expression is "no conocer ni la O por redonda."

los mesmos que lo convidan,
5 hasta de nombrarlo olvidan
y sólo le llaman negro.

Pinta el blanco negro al diablo,
y el negro, blanco lo pinta;
blanca la cara o retinta,
10 no habla en contra ni en favor:
de los hombres el Criador
no hizo dos clases distintas.

Y después de esta alvertencia,
que al presente viene a pelo,
15 veré, señores, si puedo,
sigún mi escaso saber,
con claridá responder
cuál es el canto del cielo.

Los cielos lloran y cantan
20 hasta en el mayor silencio;
lloran al cair el rocío,
cantan al silbar los vientos,
lloran cuando cain las aguas
cantan cuando brama el trueno.

Martín Fierro

Dios hizo al blanco y al negro
sin declarar los mejores;
les mandó iguales dolores
bajo de una mesma cruz;
5 mas también hizo la luz
pa distinguir los colores.

Ansí ninguno se agravie;
no se trata de ofender;
a todo se ha de poner
10 el nombre con que se llama,
y a naides le quita fama
lo que recibió al nacer.

Y ansí me gusta un cantor
que no se turba ni yerra; °
15 y si en tu saber se encierra
el de los sabios projundos,
decime cuál en el mundo
es el canto de la tierra.

El Moreno

Es pobre mi pensamiento,
es escasa mi razón;
mas pa dar contestación
mi inorancia no me arredra:

5 también da chispas la piedra
si la golpea el eslabón.

Y le daré una respuesta
sigún mis pocos alcances:
forman un canto en la tierra
10 el dolor de tanta madre,
el gemir de los que mueren
y el llorar de los que nacen.

Martín Fierro

Moreno, alvierto que trais
bien dispuesta la garganta:
sos varón, y no me espanta
verte hacer esos primores:
5 en los pájaros cantores
sólo el macho es el que canta.

Y ya que al mundo vinistes
con el sino de cantar,
no te vayás a turbar,
10 no te agrandes ni te achiques:
es preciso que me espliques
cuál es el canto del mar.

El Moreno

A los pájaros cantores
ninguno imitar pretiende;
de un don que de otro depende
naides se debe alabar,
5 pues la urraca apriende a hablar
pero sólo la hembra apriende.

Y ayúdamé ingenio mío
para ganar esta apuesta;
mucho el contestar me cuesta
10 pero debo contestar:
voy a decirle en respuesta
cuál es el canto del mar.

Cuando la tormenta brama,
el mar que todo lo encierra
15 canta de un modo que aterra,
como si el mundo temblara;
parece que se quejara
de que lo estreche la tierra.

Martín Fierro

Toda tu sabiduría
has de mostrar esta vez;
ganarás sólo que estés

en vaca con algún santo:[350]
5 la noche tiene su canto,
y me has de decir cuál es.

El Moreno

No galope, que hay augeros,[351]
le dijo a un guapo un prudente;
le contesto humildemente:
la noche por cantos tiene
5 esos ruidos que uno siente
sin saber de dónde vienen.

Son los secretos misterios
que las tinieblas esconden;
son los ecos que responden
10 a la voz del que da un grito,
como un lamento infinito
que viene no sé de dónde.

A las sombras sólo el sol
las penetra y las impone;
15 en distintas direciones
se oyen rumores inciertos:
son almas de los que han muerto,
que nos piden oraciones.

Martín Fierro

Moreno, por tus respuestas
ya te aplico el cartabón,[352]
pues tenés desposición
y sos estruido de yapa;[353]
5 ni las sombras se te escapan
para dar esplicación.

Pero cumple su deber
el leal diciendo lo cierto,
y por lo tanto te alvierto
10 que hemos de cantar los dos,
dejando en la paz de Dios
las almas de los que han muerto.

Y el consejo del prudente
no hace falta en la partida;
15 siempre ha de ser comedida
la palabra de un cantor:
y aura quiero que me digas
de dónde nace el amor.

El Moreno

A pregunta tan escura
trataré de responder,
aunque es mucho pretender
de un pobre negro de estancia;
5 mas conocer su inorancia
es principio del saber.

Ama el pájaro en los aires
que cruza por donde quiera,
y si al fin de su carrera
10 se asienta en alguna rama,
con su alegre canto llama
a su amante compañera.

La fiera ama en su guarida,
de la que es rey y señor;
15 allí lanza con furor
esos bramidos que espantan,
porque las fieras no cantan:
las fieras braman de amor.

Ama en el fondo del mar
20 el pez de lindo color;
ama el hombre con ardor,
ama todo cuanto vive;
de Dios vida se recibe,
y donde hay vida, hay amor.* * *

Martín Fierro

Moreno, vuelvo a decirte
ya conozco tu medida;
has aprovechao la vida
y me alegro de este encuentro;
5 ya veo que tenés adentro
capital pa esta partida.

Y aura te voy a decir,
porque en mi deber está,
y hace honor a la verdá
10 quien a la verdá se duebla,
que sos por juera tinieblas
y por dentro claridá.

No ha de decirse jamás
que abusé de tu pacencia;
15 y en justa correspondencia,

---

[350] ganarás . . . santo: *you'll win only if you're in cahoots with some saint.*
[351] augeros (agujeros): *holes, pit-falls.*

[352] ya te aplico el cartabón: *I am taking your measure.*
[353] y sos . . . de yapa: *you've got learning in the bargain.*

si algo querés preguntar,
250 podés al punto empezar,
pues ya tenés mi licencia.

El Moreno

No te trabés, lengua mía,
no te vayas a turbar;
nadie acierta antes de errar
255 y, aunque la fama se juega,
el que por gusto navega
no debe temerle al mar.

Voy a hacerle mis preguntas,
ya que a tanto me convida;
260 y vencerá en la partida
si una esplicación me da
sobre el tiempo y la medida,
el peso y la cantidá.

Suya será la vitoria
265 si es que sabe contestar;
se lo debo declarar
con claridá, no se asombre,
pues hasta aura ningún hombre
me lo ha sabido esplicar.

270 Quiero saber y lo inoro,
pues en mis libros no está,
y su respuesta vendrá
a servirme de gobierno:
para qué fin el Eterno
275 ha criado la cantidá.

Martín Fierro

Moreno, te dejás cair
como carancho en su nido;
ya veo que sos prevenido,
mas también estoy dispuesto;
280 veremos si te contesto
y si te das por vencido.

Uno es el sol, uno el mundo,
sola y única es la luna;
ansí, han de saber que Dios
285 no crió cantidá ninguna.
El ser de todos los seres
sólo formó la unidá;
lo demás lo ha criado el hombre
después que aprendió a contar.

El Moreno

290 Veremos si a otra pregunta
da una respuesta cumplida:
el ser que ha criado la vida
lo ha de tener en su archivo,
mas yo inoro qué motivo
295 tuvo al formar la medida.

Martín Fierro

Escuchá con atención
lo que en mi inorancia arguyo:
la medida la inventó
el hombre para bien suyo.
300 Y la razón no te asombre,
pues es fácil presumir:
Dios no tenía que medir
sino la vida del hombre.

El Moreno

Si no falla su saber
305 por vencedor lo confieso;
debe aprender todo eso
quien a cantar se dedique;
y aura quiero que me esplique
lo que significa el peso.

Martín Fierro

310 Dios guarda entre sus secretos
el secreto que eso encierra,
y mandó que todo peso
cayera siempre a la tierra;
y sigún compriendo yo,
315 dende que hay bienes y males,
fue el peso para pesar
las culpas de los mortales.

El Moreno

Si responde a esta pregunta
téngasé por vencedor;
doy la derecha al mejor;
320 y respóndamé al momento:
cuándo formó Dios el tiempo
y por qué lo dividió.

Martín Fierro

Moreno, voy a decir
sigún mi saber alcanza:

325 el tiempo sólo es tardanza
de lo que está por venir;
no tuvo nunca principio
ni jamás acabará,
porque el tiempo es una rueda,
330 y rueda es eternidá;
y si el hombre lo divide
sólo lo hace, en mi sentir,

por saber lo que ha vivido
o le resta que vivir.

335   Ya te he dado mis respuestas,
mas no gana quien despunta:[354]
si tenés otra pregunta
o de algo te has olvidao,
siempre estoy a tu mandao
340 para sacarte de dudas.* * *

The poem ends immediately upon Martín Fierro's parting advice to his sons and the son of Cruz.

33

Después a los cuatro vientos
los cuatro se dirijieron;
una promesa se hicieron
que todos debían cumplir;
5 mas no la puedo decir,
pues secreto prometieron.

Les alvierto solamente,
y esto a ninguno le asombre,
pues muchas veces el hombre
10 tiene que hacer de ese modo:
convinieron entre todos
en mudar allí de nombre.

Sin ninguna intención mala
lo hicieron, no tengo duda,
15 pero es la verdá desnuda,
siempre suele suceder:
aquel que su nombre muda
tiene culpas que esconder.

Y ya dejo el estrumento
20 conque he divertido a ustedes;
todos conocerlo pueden
que tuve costancia suma:
éste es un botón de pluma
que no hay quien lo desenriede.

25   Con mi deber he cumplido,
y ya he salido del paso;
pero diré, por si acaso,
pa que me entiendan los criollos:
todavía me quedan rollos
30 por si se ofrece dar lazo.

Y con esto me despido,
sin espresar hasta cuándo;
siempre corta por lo blando
el que busca lo siguro;
35 mas yo corto por lo duro,
y ansí he de seguir cortando.* * *

Permítanmé descansar,
¡pues he trabajado tanto!
en este punto me planto
40 y a continuar me resisto:
estos son treinta y tres cantos,
que es la mesma edá de Cristo.

Y guarden estas palabras
que las digo al terminar:
45 en mi obra he de continuar
hasta dárselas concluida,
si el ingenio o si la vida
no me llegan a faltar.

Y si la vida me falta,
50 ténganló todos por cierto,
que el gaucho, hasta en el desierto,
sentirá en tal ocasión
tristeza en el corazón
al saber que yo estoy muerto.

55   Pues son mis dichas desdichas
las de todos mis hermanos;
ellos guardarán ufanos
en su corazón mi historia:
me tendrán en su memoria
60 para siempre mis paisanos.

[354]quien despunta: *one who is just starting out.*

Es la memoria un gran don,
calidá muy meritoria;
y aquellos que en esta historia
sospechen que les doy palo,
65 sepan que olvidar lo malo
también es tener memoria.

Mas naides se crea ofendido
pues a ninguno incomodo,
y si canto de este modo
70 por encontrarlo oportuno,
no es para mal de ninguno
sinó para bien de todos.

᷈᷈᷈Olegario Víctor Andrade

ARGENTINA, 1839–1882   *El nido de cóndores* (1877), probably
Andrade's best-known poem, displays the principal characteristics of
his verse and indeed of Spanish American romantic patriotic poetry in
general:

A. Hero-worship. In this case General José de San Martín is glorified
for the campaign in which his troops, surviving incredible hardships,
crossed the Andes to win independence for Chile. The poem has been
called a "lyric monument raised to San Martín's glory."

B. A grandiloquent and declamatory style which moved the Spanish
critic, Menéndez y Pelayo, to describe Andrade as a "poeta efectista
que escribió para ser leído en voz alta y resonante, y para ser aplaudido
a cañonazos."

C. A predilection for symbolism. In this poem, the condor of the
Andes—today a national symbol in Chile—is identified with the heroic
deeds of San Martín.

In other poems of Andrade, notably in *Atlántida* (1881), a passionate
nationalism, a noble vision of his country's destiny, is the distinctive
note.

It is noteworthy, however, that in *Atlántida* Andrade's declamatory
nationalism is not limited to Argentina, but is continental in scope.
After glorifying the Latin roots of the Hispanic American republics, he
praises each republic and prophesies a vigorous future for them based
on a common tradition. In this sense he echoes the Founding Fathers
and presages a twentieth-century tendency toward Latin American
solidarity.

᷈᷈EL NIDO DE CÓNDORES

FANTASÍA

I

En la negra tiniebla se destaca,
como un brazo extendido hacia el vacío
para imponer silencio a sus rumores,
un peñasco sombrío.

5   Blanca venda de nieve lo circunda,
de nieve que gotea
como la negra sangre de una herida
abierta en la pelea.

¡Todo es silencio en torno! Hasta las nubes
10 van pasando calladas,
como tropas de espectros que dispersan
las ráfagas heladas.

¡Todo es silencio en torno! Pero hay algo
en el peñasco mismo,
15 que se mueve y palpita cual si fuera
el corazón enfermo del abismo.

Es un nido de cóndores, colgado
de su cuello gigante,
que el viento de las cumbres balancea
20 como un pendón flotante.

Es un nido de cóndores andinos,
en cuyo negro seno,
parece que fermentan las borrascas,
y que dormita el trueno.

25 Aquella negra masa se estremece
con inquietud extraña:
es que sueña con algo que lo agita
el viejo morador de la montaña.

No sueña con el valle, ni la sierra,
30 de encantadoras galas;
ni menos con la espuma del torrente
que humedeció sus alas.

No sueña con el pico inaccesible
que en la noche se inflama
35 despeñando por riscos y quebradas
sus témpanos de llama.

No sueña con la nube voladora
que pasó en la mañana
arrastrando en los campos del espacio
40 su túnica de grana.

Muchas nubes pasaron a su vista,
holló muchos volcanes,
su plumaje mojaron y rizaron
torrentes y huracanes.

45 Es algo más querido lo que causa
su agitación extraña:
un recuerdo que bulle en la cabeza
del viejo morador de la montaña.

En la tarde anterior, cuando volvía
50 vencedor inclemente,

trayendo los despojos palpitantes
en la garra potente,

bajaban dos viajeros presurosos
la rápida ladera;
55 un niño y un anciano de alta talla
y blanca cabellera.

Hablaban en voz alta, y el anciano
con acento vibrante:
"Vendrá, exclamaba, el héroe predilecto,
60 de esta cumbre gigante."

El cóndor, al oírlo, batió el vuelo;
lanzó ronco graznido,
y fue a posar el ala fatigada
sobre el desierto nido.

65 Inquieto, tembloroso, como herido
de fúnebre congoja,
pasó la noche, y sorprendiólo el alba
con su pupila roja.

2

Enjambre de recuerdos punzadores
pasaban en tropel por su memoria,
recuerdos de otro tiempo de esplendores,
de otro tiempo de gloria,
5 en que era breve espacio a su ardimiento
la anchurosa región del vago viento.

Blanco el cuello y el ala reluciente,
iba en pos de la niebla fugitiva,
dando caza a las nubes en Oriente;
10   o con mirada altiva
en la garra pujante se apoyaba,
cual se apoya un titán sobre su clava.

Una mañana[1]—¡inolvidable día!
ya iba a soltar el vuelo soberano
15 para surcar la inmensidad sombría
y descender al llano,
a celebrar con ansia convulsiva
su sangriento festín de carne viva,—

cuando sintió un rumor nunca escuchado
20 en las hondas gargantas de Occidente;
el rumor del torrente desatado,
la cólera rugiente
del volcán que en horrible paroxismo
se revuelca en el fondo del abismo.

[1] Una mañana: The march of San Martín's army over the Andes began in January 1817.

₂₅ Choque de armas y cánticos de guerra
resonaron después. Relincho agudo
lanzó el corcel de la argentina tierra
 desde el peñasco mudo;
y vibraron los bélicos clarines,
₃₀ del Ande gigantesco en los confines.

Crecida muchedumbre se agolpaba
cual las ondas del mar en sus linderos;
infantes y jinetes avanzaban
 desnudos los aceros,
₃₅ y atónita al sentirlos la montaña,
bajó la frente, y desgarró su entraña.

¿Dónde van? ¿dónde van? ¡Dios los empuja!
Amor de patria y libertad los guía;
₄₀ donde más fuerte la tormenta ruja,
 donde la onda bravía
más ruda azote el piélago profundo,
van a morir o libertar un mundo.

3

Pensativo a su frente, cual si fuera
en muda discusión con el destino,
iba el héroe inmortal que en la ribera
del gran río argentino
₅ al león hispano asió de la melena
y lo arrastró por la sangrienta arena.

El cóndor lo miró, voló del Ande
a la cresta más alta, repitiendo
con estridente grito: ¡Éste es el grande!
₁₀ Y San Martín oyendo,
cual si fuera el presagio de la historia,
dijo a su vez: ¡Mirad! ¡Ésa es mi gloria!

4

Siempre batiendo el ala silbadora,
cabalgando en las nubes y en los vientos,
lo halló la noche y sorprendió la aurora;
y a sus roncos acentos,
₅ tembló de espanto el español sereno
en los umbrales del hogar ajeno.

Un día . . . se detuvo; había sentido
el estridor de la feroz pelea;

viento de tempestad llevó a su oído
₁₀ rugidos de marea;
y descendió a la cumbre de una sierra,
la corva garra abierta, en son de guerra.

¡Porfiada era la lid!^[2]—por las laderas
bajaban los bizarros batallones
₁₅ y penachos, espadas y cimeras,
 cureñas y cañones,
como heridos de un vértigo tremendo
en la cima fatal iban cayendo.

¡Porfiada era la lid! En la humareda,
₂₀ la enseña de los libres ondeaba
acariciada por la brisa leda
 que sus pliegues hinchaba:
y al fin entre relámpagos de gloria,
vino a alzarla en sus brazos la victoria.

₂₅ Lanzó el cóndor un grito de alegría,
grito inmenso de júbilo salvaje;
y desplegando en la extensión vacía
 sus vistoso plumaje,
fue esparciendo por sierras y por llanos
₃₀ jirones de estandartes castellanos.

5

Desde entonces, jinete del vacío,
cabalgando en nublados y huracanes
en la cumbre, en el páramo sombrío,
 tras hielos y volcanes,
₅ fue siguiendo los vívidos fulgores
de la bandera azul de sus amores.

La vio al borde del mar, que se empinaba
para verla pasar, y que en la lira
de bronce de sus olas entonaba,
₁₀ como un grito de ira,
el himno con que rompe las cadenas
de su cárcel de rocas y de arenas.

La vio en Maipú,^[3] en Junín^[4] y hasta en
 aquella
₁₅ noche de maldición,^[5] noche de duelo,
en que desapareció como una estrella
 tras las nubes del cielo;
y al compás de sus lúgubres graznidos
fue sembrando el espanto en los dormidos.

---

² ¡Porfiada . . . lid! San Martín's troops descending unexpectedly from the mountains caught the Spaniards by surprise and routed them near Chacabuco (February 12, 1817).
³ The victory at Maipú (near Santiago), April 5, 1818, secured the independence of Chile.

⁴ Argentine troops fought under Bolívar in the campaign in Peru and defeated the Spaniards at Junín. See pages 112–115.
⁵ aquella . . . maldición: The Spaniards surprised San Martín's forces at Cancha Rayada on March 19, 1818 and defeated them.

20 ¡Siempre tras ella, siempre! hasta que un día
la luz de un nuevo sol alumbró al mundo;
el sol de la libertad que aparecía
    tras nublado profundo,
y envuelto en su magnífica vislumbre
25 tornó soberbio a la nativa cumbre.

6

¡Cuántos recuerdos despertó el viajero
en el calvo señor de la montaña!
Por eso se agitaba entre su nido
    con inquietud extraña;
5 y al beso de la luz del sol naciente
volvió otra vez a sacudir las alas
y a perderse en las nubes del Oriente.

¿A dónde va? ¿Qué vértigo lo lleva?
¿Qué engañosa ilusión nubla sus ojos?
10 Va a esperar del Atlántico en la orilla

los sagrados despojos[6]
de aquel gran vencedor de vencedores,
a cuyo solo nombre se postraban
    tiranos y opresores.

15 Va a posarse en la cresta de una roca,
batida por las ondas y los vientos,
allá, donde se queja la ribera
    con amargo lamento,
porque sintió pasar planta extranjera
20 y no sintió tronar el escarmiento.

¡Y allá estará! cuando la nave asome
portadora del héroe y de la gloria,
cuando el mar patagón alce a su paso
    los himnos de victoria,
25 volverá a saludarlo como un día
    en la cumbre del Ande,
para decir al mundo: ¡Éste es el grande!

---

[6] los . . . despojos: San Martín died in France in Boulogne-sur-Mer, August 17, 1850. His remains were finally brought back to Argentina in the year 1880 and placed in the cathedral in Buenos Aires, where they still rest.

Rafael Obligado

ARGENTINA, 1851–1920   Santos Vega was a legendary figure in Argentine folklore. The story of his defeat by the devil in a poetic contest was first put into refined poetic form by Bartolomé Mitre (1821–1906), the versatile Argentine statesman. In simple, elegant verse, Obligado gave the legend its definitive literary design.

Obligado's *Santos Vega* (1887) bears little relationship to Hilario Ascasubi's long poem of the same name. Obligado's language is the standard idiom of romantic literature. Ascasubi, like José Hernández, used the special gaucho jargon and his Santos Vega is simply the narrator of a different story.

SANTOS VEGA

Santos Vega el payador,
aquel de la larga fama,
murió cantando su amor
como el pájaro en la rama.

EL ALMA DEL PAYADOR

Cuando la tarde se inclina
sollozando al occidente,
corre una sombra doliente
sobre la pampa argentina.
5 Y cuando el sol ilumina
con luz brillante y serena
del ancho campo la escena,
la melancólica sombra
huye besando su alfombra
10 con el afán de la pena.

Cuentan los criollos del suelo
que, en tibia noche de luna,
en solitaria laguna,
para la sombra su vuelo;
15 que allí se ensancha, y un velo

va sobre el agua formando,
mientras se goza escuchando
por singular beneficio
el incesante bullicio
20 que hacen las olas rodando.

Dicen que, en noche nublada,
si su guitarra algún mozo
en el crucero del pozo
deja de intento colgada,
25 llega la sombra callada
y, al envolverla en su manto,
suena el preludio de un canto
entre las cuerdas dormidas,
cuerdas que vibran heridas
30 como por gotas de llanto.

Cuentan que en noches de aquellas
en que la pampa se abisma
en la extensión de sí misma
sin su corona de estrellas,
35 sobre las lomas más bellas,
donde hay más trébol risueño,
luce una antorcha sin dueño
entre una niebla indecisa,
para que temple la brisa
40 las blandas alas del sueño.

Mas, si trocado el desmayo
en tempestad de su seno,
estalla el cóncavo trueno,
que es la palabra del rayo,
45 hiere al ombú de soslayo
rojiza sierpe de llamas,
que, calcinando sus ramas,
serpea, corre y asciende,
y en la alta copa desprende
50 brillante lluvia de escamas.

Cuando en las siestas de estío
las brillazones remedan
vastos oleajes que ruedan
sobre fantástico río;[1]
55 mudo, abismado y sombrío,

baja un jinete la falda
tinta de bella esmeralda,
llega a las márgenes solas . . .
¡Y hunde su potro en las olas,
60 con la guitarra a la espalda!

Si entonces cruza a lo lejos,
galopando sobre el llano
solitario algún paisano,
viendo al otro en los reflejos
65 de aquel abismo de espejos,
siente indecibles quebrantos,
y, alzando en vez de sus cantos
una oración de ternura,
al persignarse murmura:
70 "¡El alma del viejo Santos!"

Yo, que en la tierra he nacido
donde ese genio ha cantado,
y el pampero he respirado
que el payador ha nutrido,
75 beso este suelo querido
que a mis caricias se entrega,
mientras de orgullo me anega,
la convicción de que es mía
¡la Patria de Echeverría,[2]
80 la tierra de Santos Vega!

LA PRENDA DEL PAYADOR

El sol se oculta; inflamado
el horizonte fulgura,
y se extiende en la llanura
ligero estambre dorado.
5 Sopla el viento sosegado,
y del inmenso circuito
no llega al alma otro grito
ni al corazón otro arrullo
que un monótono murmullo,
10 que es la voz del infinito.

Santos Vega cruza el llano,
alta el ala del sombrero,
levantada del pampero
al impulso soberano.
15 Viste poncho americano,
suelto en ondas de su cuello,
y chispeando en su cabello
y en el bronce de su frente,

lo cincela el sol poniente
20 con el último destello.

¿Dónde va? Vese distante
de un ombú la copa erguida,
como espiando la partida
de la luz agonizante.
25 Bajo la sombra gigante
de aquel árbol bienhechor,
su techo, que es un primor
de reluciente totora,[3]
alza el rancho donde mora
30 la prenda del payador.

Ella, en el tronco sentada,
meditabunda le espera,
y en su negra cabellera,
hunde la mano rosada.
35 Le ve venir: su mirada,
más que la tarde, serena,

[1] fantástico río: the vision is a mirage.
[2] Esteban Echeverría: cf. pp. 140–149.

[3] totora: a kind of reed used for thatching roofs.

se cierra entonces sin pena,
porque es todo un embeleso
que él la despierte de un beso
40 dado en su frente morena.

No bien llega, el labio amado
toca la frente querida,
y vuela un soplo de vida
por el ramaje callado,
45 un ¡ay! apenas lanzado,
como susurro de palma
gira en la atmósfera en calma;
y ella, fingiéndole enojos,
alza a su dueño unos ojos
50 que son dos besos del alma.

Cerró la noche. Un momento
quedó la pampa en reposo,
cuando un rasgueo⁴ armonioso
pobló de notas el viento.
55 Luego en el dulce instrumento
vibró una endecha de amor,
y, en el hombro del cantor,
llena de amante tristeza,
ella dobló la cabeza
60 para escucharlo mejor.

"Yo soy la nube lejana
(Vega en su canto decía),
que con la noche sombría
huye al venir la mañana;
65 soy la luz que en tu ventana
filtra en manojos la luna;
la que de niña, en la cuna,
abrió tus ojos risueños;

la que dibuja tus sueños
70 en la desierta laguna.

Yo soy la música vaga
que en los confines se escucha,
esa armonía que lucha
con el silencio, y se apaga;
75 el aire tibio que halaga
con su incesante volar,
que del ombú, vacilar
hace la copa bizarra
¡y la doliente guitarra
80 que suele hacerte llorar! . . ."

Leve rumor de un gemido,
de una caricia llorosa,
hendió la sombra medrosa,
crujió en el árbol dormido.
85 Después, el ronco estallido
de rotas cuerdas se oyó;
un remolino pasó
batiendo el rancho cercano;
y en el circuito del llano
90 todo en silencio quedó.

Luego, inflamando el vacío,
se levantó la alborada,
con esa blanca mirada
que hace chispear el rocío,
95 y cuando el sol en el río
vertió su lumbre primera,
se vio una sombra ligera
en occidente ocultarse,
y el alto ombú balancearse
100 sobre una antigua tapera.⁵

EL HIMNO DEL PAYADOR

En pos del alba azulada,
ya por los campos rutila
del sol la grande, tranquila
y victoriosa mirada,
5 sobre la curva lomada,
que asalta el cardo bravío,
y allá en el bajo sombrío
donde el arroyo serpea,
de cada hierba gotea
10 la viva luz del rocío.

De los opuestos confines
de la Pampa, uno tras otro,
sobre el indómito potro
que vuelca y bate las crines,
15 abandonando fortines,
estancias, rancho, mujer,
vienen mil gauchos a ver
si en otro pago distante,
hay quien se ponga delante,
20 cuando se grita: ¡A vencer!

---

⁴ rasgueo: *chords on a guitar.*

⁵ tapera: *abandoned dwelling.*

Sobre el inmenso escenario
vanse formando en dos alas,
y el sol reluce en las galas
de cada bando contrario;
25 puéblase el aire del vario
rumor que en torno desata
la brillante cabalgata
que hace sonar, de luz llenas,
las espuelas nazarenas[6]
30 y las virolas de plata.

De entre ellos el más anciano
divide el campo después,
señalando de través,
larga huella por el llano;
35 y alzando luego en su mano
una pelota de cuero
con dos manijas, certero
la arroja al aire, gritando:
—¡Vuela el pato![7] . . . ¡Va buscando
40 un valiente verdadero!

Y cada bando a correr
suelta el potro vigoroso,
y aquel sale victorioso
que logra asirlo al caer.
45 Puesto el que supo vencer
en medio, la turba calla,
y a ambos lados de la valla
de nuevo parten el llano,
esperando del anciano
50 la alta señal de batalla.

Dala al fin. Hondo clamor
ronco truena en el circuito,
y el caballo salta al grito
de su impávido señor;
55 y vencido y vencedor,
del noble triunfo sedientos,
se atropellan turbulentos
en largas filas cerradas,
cual dos olas encrespadas
60 que azotan contrarios vientos.

Alza en alto la presea
su feliz conquistador,
y su bando en derredor
lo defiende y clamorea.
65 Uno y otro aguijonea

el ágil bruto, y chocando
entre sí, corren dejando
por los inciertos caminos,
polvorosos remolinos
70 sobre las pampas rodando.

Vuela el símbolo del juego
por el campo arrebatado,
de los unos conquistado,
de los otros presa luego;
75 vense, entre hálitos de fuego,
varios jinetes rodar,
otros súbito avanzar
pisoteando los caídos;
y en el aire sacudidos,
80 rojos ponchos ondear.

Huyen, en tanto, azoradas,
de las lagunas vecinas,
como vivientes neblinas,
estrepitosas bandadas;
85 las grandes plumas cansadas
tiende el chajá corpulento;
y con veloz movimiento
y con silbido de balas,
bate el carancho las alas
90 hiriendo a hachazos el viento.

Con fuerte brazo les quita
robusto joven la prenda,
y tendido, a toda rienda;
—¡Yo solo me basto!—grita.
95 En pos de él se precipita,
la tierra y cielos asorda
lanzada a escape la horda
tras el audaz desafío,
con la pujanza de un río
100 que anchuroso se desborda.

Y allá van, todos unidos,
y él los azuza y provoca.
Golpeándose la boca,
con salvajes alaridos,
105 danle caza, y confundidos,
todos el cuerpo inclinado
sobre el arzón del recado,
temen que el triunfo les roben,
cuando, volviéndose, el joven,
110 echa al tropel su tostado . . .

---

[6] espuelas nazarenas: large spurs.
[7] ¡Vuela el pato!: The game here described is a kind of basketball played on horseback.

El sol ya la hermosa frente
abatía, y, silencioso,
su abanico luminoso
desplegaba en occidente,
115 cuando un grito de repente
llenó el campo, y al clamor,
cesó la lucha, en honor
de un solo nombre bendito,
que aquel grito era este grito:
120 "¡Santos Vega, el payador!"

Mudos ante él se volvieron,
y, ya la rienda sujeta,
en derredor del poeta,
un vasto círculo hicieron.
125 Todos el alma pusieron
en los atentos oídos,
porque los labios queridos
de Santos Vega cantaban
y en su guitarra zumbaban,
130 estos vibrantes sonidos:

—Los que tengan corazón,
los que el alma libre tengan,
los valientes, esos vengan,
a escuchar esta canción:
135 nuestro dueño es la nación
que en el mar vence la ola,
que en los montes reina sola,
que en los campos nos domina,
y que en la tierra argentina
140 clavó la enseña española.

Hoy, mi guitarra, en los llanos,
cuerda por cuerda, así vibre:
¡Hasta el chimango[8] es más libre
en nuestra tierra, paisanos!
145 Mujeres, niños, ancianos,
el rancho aquel que primero
llenó con sólo un ¡te quiero!
la dulce prenda querida,
¡todo! . . . ¡el amor y la vida,
150 es de un monarca extranjero!

Ya Buenos Aires, que encierra
como las nubes el rayo,
el veinte y cinco de mayo,
clamó de súbito: ¡Guerra!
155 ¡Hijos del llano y la sierra,
pueblo argentino! ¿qué haremos?
¿Menos valientes seremos
que los que libres se aclaman? . . .
¡De Buenos Aires nos llaman,
160 a Buenos Aires volemos!

¡Ah! Si es mi voz impotente
para arrojar, con vosotros,
nuestra lanza y nuestros potros
por el vasto continente;
165 si jamás independiente
veo el suelo en que he cantado,
no me entierren en sagrado
donde una cruz me recuerde.
¡Entiérrenme en campo verde
170 donde me pise el ganado!

Cuando cesó esta armonía
que los conmueve y asombra,
era ya Vega una sombra
que allá en la noche hundía . . .
175 ¡Patria! a sus almas decía
el cielo, de astros cubierto,
¡Patria! el sonoro concierto
de las lagunas de plata,
¡Patria! la trémula mata[9]
180 del pajonal del desierto.

Y a Buenos Aires volaron,
y el himno audaz repitieron,
cuando a Belgrano[10] siguieron,
cuando con Güemes[11] lucharon,
185 cuando por fin se lanzaron
tras el Andes[12] colosal,
hasta aquel día inmortal
en que un grande americano
batió al sol ecuatoriano
190 nuestra enseña nacional.

LA MUERTE DEL PAYADOR

Bajo el ombú corpulento
de las tórtolas amado,
porque su nido han labrado

allí al amparo del viento;
5 en el amplísimo asiento
que la raíz desparrama,

---

[8] chimango: a species of South American hawk.
[9] mata: *a low plant.*
[10] Belgrano: See page 158, note 3.

[11] Güemes: See page 182, note 90.
[12] tras el Andes . . . americano: The reference is, of course, to San Martín. See pages 261–264.

donde en las siestas la llama
de nuestro sol no se allega,
dormido está Santos Vega,
10 *Aquel de la larga fama.*

En los ramajes vecinos
ha colgado, silenciosa,
la guitarra melodiosa
de los cantos argentinos.
15 Al pasar los campesinos
ante Vega se detienen;
en silencio se convienen
a guardarle allí dormido;
ya hacen señas no hagan ruido
20 los que están a los que vienen.

El más viejo se adelanta
del grupo inmóvil, y llega
a palpar a Santos Vega,
moviendo apenas la planta.
25 Una morocha que encanta
por su aire suelto y travieso,
causa eléctrico embeleso
porque, gentil y bizarra,
se aproxima a la guitarra
30 y en las cuerdas pone un beso.

Turba entonces el sagrado
silencio que a Vega cerca,
un jinete que acerca
a la carrera lanzado;
35 retumba el desierto hollado
por el casco volador;
y aunque el grupo, en su estupor,
contenerlo pretendía,
llega, salta, lo desvía,
40 y sacude al payador.

No bien el rostro sombrío
de aquel hombre mudos vieron,
horrorizados, sintieron
temblar las carnes de frío.
45 Miró en torno con bravío
y desenvuelto ademán,
y dijo: —Entre los que están
no tengo ningún amigo,

pero, al fin, para testigo
50 lo mismo es Pedro que Juan.

Alzó Vega la alta frente,
y lo contempló un instante,
enseñando en el semblante
cierto hastío indiferente.
55 —Por fin—dijo fríamente
el recién llegado,—estamos
juntos los dos, y encontramos
la ocasión, que éstos provocan,
de saber cómo se chocan
60 las canciones que cantamos.

Así diciendo, enseñó
una guitarra en sus manos,
y en los raigones cercanos,
preludiando se sentó.
65 Vega entonces sonrió,
y al volverse al instrumento,
la morocha hasta su asiento
ya su guitarra traía,
con un gesto que decía:
70 "La he besado hace un momento."

Juan Sin Ropa[13] (se llamaba
Juan Sin Ropa el forastero)
comenzó por un ligero
dulce acorde que encantaba,
75 y con voz que modulaba
blandamente los sonidos,
cantó *tristes* [14] nunca oídos,
cantó *cielos* no escuchados,
que llevaba, derramados,
80 la embriaguez a los sentidos.

Santos Vega oyó suspenso
al cantor; y toda inquieta,
sintió su alma de poeta
con un aleteo inmenso,
85 luego en un preludio intenso,
hirió las cuerdas sonoras,
y cantó de las auroras
y las tardes pampeanas,
endechas americanas
90 más dulces que aquellas horas.

---

[13] Juan Sin Ropa: According to popular tradition Santos Vega's opponent was the Devil, but the Spanish author and critic, Juan Valera, explained Juan Sin Ropa as the spirit of progress and modern civilization, the relentless and invincible enemy of the old gaucho ways.

[14] tristes: The *triste* is a type of folksong, usually of a melancholy and erotic strain.

Al dar Vega fin al canto,
ya una triste noche oscura
desplegaba en la llanura
las tinieblas de su manto.
95 Juan Sin Ropa se alzó en tanto,
bajo el árbol se empinó,
un verde gajo tocó,
y tembló la muchedumbre,
porque, echando roja lumbre,
100 aquel gajo se inflamó.

Chispearon sus miradas,
y torciendo el talle esbelto,
fue a sentarse, medio envuelto,
por las rojas llamaradas.
105 ¡Oh, qué voces levantadas
las que entonces se escucharon!
¡Cuántos ecos despertaron
en la Pampa misteriosa,
a esa música grandiosa
110 que los vientos se llevaron!

Era aquélla esa canción
que en el alma sólo vibra,
modulada en cada fibra
secreta del corazón;
115 el orgullo, la ambición,
los más íntimos anhelos,
los desmayos y los vuelos
del espíritu genial,
que va, en pos del ideal,
120 como el cóndor a los cielos.

Era el grito poderoso
del progreso, dado al viento;
el solemne llamamiento
al combate más glorioso.
125 Era, en medio del reposo
de la Pampa ayer dormida,
la visión ennoblecida
del trabajo, antes no honrado;
la promesa del arado
130 que abre cauces a la vida.

Como en mágico espejismo,
al compás de ese concierto,
mil ciudades el desierto
levantaba de sí mismo.
135 Y a la par que en el abismo

una edad se desmorona,
al conjuro, en la ancha zona
derramábase la Europa,
que sin duda Juan Sin Ropa
140 era la ciencia en persona.

Oyó Vega embebecido
aquel himno prodigioso,
e inclinado el rostro hermoso
dijo: "Sé que me has vencido."
145 El semblante humedecido
por nobles gotas de llanto,
volvió a la joven, su encanto,
y en los ojos de su amada
clavó una larga mirada,
150 y entonó su postrer canto.

—Adiós, luz del alma mía,
adiós, flor de mis llanuras,
manantial de las dulzuras
que mi espíritu bebía;
155 adiós, mi única alegría,
dulce afán de mi existir;
Santos Vega se va a hundir
en lo inmenso de esos llanos . . .
¡Lo han vencido! ¡Llegó, hermanos,
160 el momento de morir!

Aún sus lágrimas cayeron
en la guitarra copiosas,
y las cuerdas temblorosas
a cada gota gimieron;
165 pero súbito cundieron
del gajo ardiente las llamas,
y trocado entre las ramas
en serpiente, Juan Sin Ropa,
arrojó de la alta copa
170 brillante lluvia de escamas.

Ni aun cenizas en el suelo
de Santos Vega quedaron,
y los años dispersaron
los testigos de aquel duelo;
175 pero un viejo y noble abuelo,
así el cuento terminó:
"Y si cantando murió
aquel que vivió cantando,
fue, decía suspirando,
180 porque el diablo lo venció."

ᨖᨖᨖᨖJuan Zorrilla de San Martín

Uruguay, 1855–1931   Throughout a long and serene life as poet, lawyer and diplomat, Juan Zorrilla de San Martín devoted his talents to the highest service of Uruguay. In writing *Tabaré* (1886) he set himself the task of creating an epic which should record the struggle between the two great races which inhabited its soil—the aboriginal Charrúas and the conquering Spaniards. A romanticist by temperament, Zorrilla's poem is less epic than elegiac in mood. His hero is the sentimental savage whom the romanticists delighted to portray, but he is made more credible than some of the romantic heroes by the fact that he is a mestizo whose conflicting heritages of barbarism and Christian sentiment make him an essentially tragic figure. Throughout the poem the present is haunted by the past, and the future is only a threatening dream of extinction. The memories of the dead live in the forest; the sighs and secret tears of forgotten generations give it voice.

Zorrilla gave up the traditional epic meter (used by Ercilla in *La araucana*), the *octava real*, and used, in the narrative portions of the poem, an assonating, four-lined stanza of hendecasyllables and heptasyllables, a verse pattern used by Bécquer and more naturally adapted to the lyric than to the epic.

In order to make his work authentic in background, Zorrilla studied carefully the history of the early colonists and familiarized himself with the flora of the *selva* and with the idiom of the Indians.

He believed sincerely in the moral purpose of art and wrote in his prologue to *Tabaré*: "El arte contribuye al mejoramiento social, porque, por medio de él, el común de las gentes participa de la visión de los hombres excepcionales, y se eleva y ennoblece en la contemplación de aquello cuya existencia no conocería si el poeta no le dijera:—Levanta la frente; sube conmigo a las regiones de la belleza; la atmósfera es pura porque acaba de atravesarla la tempestad del genio que, como las tempestades de la tierra, purifica el ambiente."

The text of the poem given here is taken from: *Tabaré. Novísima edición corregida por el autor*. (Montevideo, Imprenta Nacional Colorada, 1930, 331 pp. *Obras completas*, Vol. XVI.)

⤳TABARÉ

INTRODUCCIÓN

Levantaré la losa de una tumba
  e, internándome en ella,
encenderé en el fondo el pensamiento
que alumbrará la soledad inmensa.

5 Dadme la lira, y vamos: la de hierro,
  la más pesada y negra;
ésa, la de apoyarse en las rodillas,
y sostenerse con la mano trémula

mientras la azota el viento temeroso
10 que silba en las tormentas,
y al golpe del granizo restallando
sus acordes difunde en las tinieblas;

la de cantar, sentado entre las ruinas,
  como el ave agorera;
15 la que, arrojada al fondo del abismo,
del fondo del abismo nos contesta.

Al desgranarse las potentes notas
  de sus heridas cuerdas,
despertarán los ecos que han dormido
20 sueño de siglos en la obscura huesa;[1]

y formarán la estrofa que revele
  lo que la muerte piensa:
resurrección de voces extinguidas,
extraño acorde que en mi mente suena.

25 Vosotros, los que amáis los imposibles,
los que vivís la vida de la idea,
los que sabéis de ignotas muchedumbres,
que los espacios infinitos pueblan,

y de esos seres que entran en las almas
30 y mensajes obscuros les revelan,
desabrochan las flores en el campo
y encienden en el cielo las estrellas;

los que escucháis quejidos y palabras
en el triste rumor de la hoja seca,
35 y algo más que la idea del invierno
próximo y frío a vuestra mente llega,

al mirar que los vientos otoñales
los árboles desnudan, y los dejan
ateridos, inmóviles, deformes,
40 como esqueletos de hermosuras muertas;

seguidme, hasta saber de esas historias
que el mar, y el cielo, y el dolor nos cuentan;
que narran el ombú de nuestras lomas,
el verde canelón[2] de las riberas,

45 la palma centenaria, el camalote,
el ñandubay, los talas y las ceibas;[3]
la historia de la sangre de un desierto,
la triste historia de una raza muerta.

Y vosotros aun más, bardos amigos,
50 trovadores galanos de mi tierra,
vírgenes de mi patria y de mi raza,
que templáis el laúd de los poetas;

seguidme juntos, a escuchar las notas
de una elegía que en la patria nuestra
55 el bosque entona cuando queda solo,
y todo duerme entre sus ramas quietas.

Crecen laureles, hijos de la noche,
  que esperan liras, para asirse a ellas,
  allá en la obscuridad en que aún palpita
60 el grito del desierto y de la selva.* * *

LIBRO PRIMERO: CANTO I

El Uruguay y el Plata
vivían su salvaje primavera;
la sonrisa de Dios de que nacieron
aún palpita en las aguas y en las selvas;

5 aún viste al espinillo[4]
su amarillo *tipoy*;[5] aún en la yerba
engendra los vapores temblorosos,
y a la calandria en el ombú despierta;

---

[1] huesa: *grave, tomb.*
[2] canelón: (myrsina floribunda, Latin) a tree also called *capororoca.*
[3] ñandubay . . . talas . . . ceibas: trees native to the region.
[4] espinillo: a species of acacia tree, tall and with yellow blossoms.
[5] *tipoy:* blouse worn by the natives of Paraguay.

aún dibuja misterios
10 en el *mburucuyá*[6] de las riberas,
anuncia el día, y por la tarde enciende
su último beso en la primera estrella;

aún alienta en el viento
que cimbra blandamente en las palmeras,
15 que remece los juncos de la orilla
y las hebras del sauce balancea;

y hasta el río dormido
baja, en el rayo de las lunas llenas,
para enhebrar diamantes en las olas,
20 y resbalar o retorcerse en ellas.

Serpiente azul, de escamas luminosas
que, sin dejar sus ignoradas cuevas,
se enrosca entre las islas, y se arrastra
sobre el regazo virgen de la América,

25 el Uruguay arranca a las montañas
los troncos de sus ceibas,
que, entre espumas e inmensos camalotes,
al río como mar y al mar entrega.

El himno de sus olas
30 resbala melodioso en sus arenas,
mezclando sus solemnes pensamientos
con el del blando acorde de la selva;

y al grito temeroso
que lanzan en los aires sus tormentas,
35 contesta el grito de una raza humana,
que aparece desnuda en las riberas.

Es la raza *charrúa*,[7]
de la que el nombre apenas
han guardado las ondas y los bosques,
40 para entregar sus notas al poema;

nombre que aún reproduce
la tempestad lejana, que se acerca
formando los fanales del relámpago
con las pesadas nubes cenicientas.

45 Es la raza indomable,
que alentó en una tierra,
patria de los amores y las glorias,
que al Uruguay y al Plata se recuesta;

la patria, cuyo nombre
50 es canción en el arpa del poeta,
grito en el corazón, luz en la aurora,
fuego en la vida, y en el cielo estrella.* * *

A las tribus lejanas
convocan las hogueras
55 que encendió *Caracé* sobre las lomas
como gritos de fuego y de pelea;

Caracé, en cuyo cuerpo
las heridas se cuentan
como las manchas en la piel del tigre,
60 y por eso le prestan obediencia.

Caracé, en cuyo toldo
las pieles y sangrientas cabelleras
de los caciques *yaros* y *bohanes*[8]
que su brazo arrancó, prueban su fuerza;

65 que tiene diez mujeres
que aguzan las espinas de sus flechas,
y los fuegos encienden de su toldo,
y el jugo de las palmas le fermentan.* * *

¿Por qué el viejo cacique
70 a las tribus congrega,
toma la maza y apercibe el arco
que nadie sino él cimbrar intenta?

¿Por qué bajo sus párpados
brilla con luz siniestra
75 la pupila pequeña y prolongada
en que se encienden sus miradas fieras? * * *

Lo que hace que el cacique
ciña a su frente estrecha
las plumas de avestruz, y ajuste el arco,
80 y al par del fuego, su mirada encienda,

es que tendido estaba
en la playa desierta,
cuando vio que cruzaba por las islas
del *Paraná-Guazú*, piragua inmensa

85 que, como garza enorme
flotaba entre la niebla
dando a los aires las extrañas alas,
y volando con rumbo a la ribera.

---

[6] *mburucuyá:* the native Indian word for a vine (*pasiflora coerulea*) which grows in the provinces of Entrerríos and Corrientes. Its flowers are of various colors, principally blue, and so designed that the symbols of the passion of Our Lord—the nails and the crown of thorns—may be recognized in them.

[7] raza *charrúa*: The *Charrúas* were one of the most warlike of the tribes of the *Guaranís*. They fought the Spaniards until their race was extinct.

[8] *yaros* y *bohanes*: Indian tribes hostile to the *Charrúas*.

El Uruguay en vano
90 sale a su encuentro y ladra bajo de ella;
en vano, con sus olas encrespadas,
sus costados airado abofetea.

La nave avanza altiva;
lanza un grito del cielo que retiembla;
95 llega a la costa y, agarrando al río
por la erizada crin, en él se sienta.

A *Caracé*, el cacique,
han rodeado las tribus más guerreras;
y, entre el espeso matorral del río,
100 como banda escondida de luciérnagas

los ojos de los indios forforecen,
al ver, sobre la arena,
cómo descienden, de la extraña nave,
los hombres blancos de la raza nueva;

105 y cómo, dando al viento
y clavando en el suelo su bandera,
se agrupan en su torno, y con sus voces
la sorprendida soledad atruenan.

¡Extraños seres! Brillan
110 a los rayos del sol. Nada recelan.
Y las lomas los miran, y el barranco;
y el Uruguay se empina, y los observa.

Y los indios ocultos
mutuamente se muestran,
115 con los brazos desnudos extendidos,
el grupo extraño que al jaral se acerca.

Entre inmenso alarido,
una lluvia rabiosa de saetas
parte del matorral, y de salvajes
120 un enjambre fantástico tras ellas.

La bola arrojadiza
silba y choca del blanco en la cabeza.
Muere el caído, y queda para siempre
amortajado en su armadura negra.

125 Y los que no cayeron,
huyen despavoridos por las breñas,
dejando sangre en la salvaje playa,
y una mujer en la sangrienta arena.

Parece flor de sangre;
130 sonrisa de un dolor; es la primera
gota de llanto que, entre sangre tanta,
derramó España en nuestra virgen tierra.

Pálida como el lirio,
sola con vida entre los muertos queda.
135 *Caracé*, que a su lado se detiene,
con avidez felina la contempla,

mientras los rudos golpes
de las hachas de piedra
del postrado español en la armadura
140 y en los cráneos inmóviles resuenan.

—De los guerreros muertos
vuestra será la hermosa cabellera;
su blanca piel ajuste vuestros arcos,
y sus dientes adornen vuestras tiendas;

145 y sus extrañas armas,
que brillan como el astro, serán vuestras;
y los *tipoys* que sus espaldas cubren,
como las rojas flores a la ceiba.

Caracé sólo quiere
150 en su toldo a la blanca prisionera,
que de su techo encenderá los fuegos,
los fuegos del amor y de la guerra.

Tal hablaba el cacique,
en sus brazos llevando a Magdalena
155 al bosque solitario de los talas,
en que tiene su oculta madriguera.* * *

LIBRO PRIMERO: CANTO II

¡Cayó la flor al río!
Los temblorosos círculos concéntricos
balancearon los verdes camalotes,
y en el silencio del juncal murieron.

5 Las aguas se han cerrado;
las algas despertaron de su sueño,
y a la flor abrazaron, que moría,
falta de luz, en el profundo légamo . . .

Las grietas del sepulcro
10 han engendrado un lirio amarillento;
tiene el perfume de la flor caída,
su misma palidez . . . ¡La flor ha muerto!

Así el himno sonaba
de los lejanos ecos;
15 así cantaba el *urutí*[9] en las ceibas,
y se quejaba en el sauzal el viento.

Siempre llorar la vieron los charrúas;
siempre mirar al cielo,
y más allá . . . Miraba lo invisible,
20 con los ojos azules y serenos.

El cacique a su lado está tendido.
Lo domina el misterio.
Hay luz en la mirada de la esclava,
luz que alumbra sus lágrimas de fuego,

25 y ahuyenta al indio, al derramar en ellas
ese blanco reflejo
de que se forma el nimbo de los mártires,
la diáfana sonrisa de los cielos.

Siempre llorar la vieron los charrúas,
30 y así pasaba el tiempo.
Vedla sola en la playa. En esa lágrima
rueda por sus mejillas un recuerdo.

Sus labios las sonrisas olvidaron.
Sólo salen de entre ellos
35 las plegarias, vestidas de elegías,
como coros de vírgenes de un templo.

Un niño llora. Sus vagidos se oyen,
del bosque en el secreto,
unidos a las voces de los pájaros
40 que cantan en las ramas de los ceibos.

Le llaman *Tabaré*. Nació una noche,
bajo el obscuro techo
en que el indio guardaba a la cautiva
a quien el niño exprime el dulce seno.

45 Le llaman *Tabaré*. Nació en el bosque
de *Caracé* el guerrero;
ha brotado, en las grietas del sepulcro,
un lirio amarillento.* * *

El indio niño en las pupilas tiene
50 el azulado cerco

que entre sus hojas pálidas ostenta
la flor del cardo en pos de un aguacero.

Los charrúas, que acuden a mirarlo,
clavan sus ojos negros
55 en los ojos azules de aquel niño
que se reclina en el materno seno,

y lo oyen y lo miran asombrados
como a un pájaro nuevo
que, unido a las calandrias y zorzales,
60 ensaya entre las ramas sus gorjeos.

Mira el niño a la madre. Ésta llorando
lo mira y mira al cielo,
y envía en su mirada al infinito
un amor que en el mundo es extranjero.* * *

65 Duerme, hijo mío. Mira: entre las ramas
está dormido el viento,
el tigre en el flotante camalote,
y en el nido los pájaros pequeños.

Ya no se ven los montes de las islas;
70 también están durmiendo.
Han salido las nutrias de sus cuevas;
se oye apenas la voz del teru-tero.[10] * * *

Cayó la flor al río,
se ha marchitado, ha muerto.
75 Ha brotado en las grietas del sepulcro
un lirio amarillento.

La madre ya ha sentido
mucho frío en los huesos;
la madre tiene, en torno de los ojos,
80 amoratado cerco;

y en el alma la angustia,
y el temblor en los miembros,
y en los brazos el niño que sonríe,
y en los labios un cántico y un ruego.

85 Duerme, hijo mío. Mira: entre las ramas
está dormido el viento,
el tigre en el flotante camalote,
y en el nido los pájaros pequeños.

Los párpados del niño se cerraban.
90 Las sonrisas, entre ellos
asomaban apenas, como asoman
las últimas estrellas a lo lejos.

---

[9] *urutí:* a small bird of many colors.
[10] teru-tero: a bird with iridescent feathers, white, black and brown; called *güerequeque* in some parts of America.

Los párpados caían de la madre
   que, con esfuerzo lento,
95 pugnaba en vano porque no llegaran
   de su pupila al agrandado hueco.

Pugnaba por mirar al indio niño
   una vez más al menos;
   pero el niño, para ella, poco a poco,
100 en un nimbo sutil se iba perdiendo.* * *

LIBRO SEGUNDO: CANTOS I-II

A Spanish settlement stands on the banks of the San Salvador, a tributary of the Uruguay, like a bold adventurer defying the forest.

In the wars with their enemies many of the old chieftains have fallen in battle. The Indians who are left go more cautiously now through the forests.

Don Gonzalo de Orgaz commands the Spanish settlement. He is a noble, brave and good man, proud of his lineage. With him are his wife, doña Luz, and his orphaned sister, Blanca.

From one of his forays against the Indians Gonzalo and his soldiers return with some captives.

Era una hermosa tarde.
Huía la sonrisa de los cielos
en los labios del sol que la llevaba
a iluminar la faz de otro hemisferio.

5   De su excursión al bosque
tornan Gonzalo y diez arcabuceros.
Fue eficaz la batida: un grupo de indios
viene sombrío, caminando entre ellos.

   Otros muchos quedaron
10 tendidos en el campo; al viento fresco
la sangre orea en las hispanas armas,
y en la piel de los indios prisioneros.

   No son tigres, aunque algo
del ademán siniestro
15 del dueño de las selvas se refleja
en el andar de aquellos hombres. Vedlos.

   Son el *hombre-charrúa*,
la sangre del desierto,
¡la desgraciada estirpe que agoniza,
20 sin hogar en la tierra ni en el cielo!

   Se estrechan, se revuelven,
las frentes sobre el pecho,
en los ojos obscuros el abismo,
y en el abismo luz, luz y misterio.

25   Parece que en el fondo
de esos ojos, a intervalos,
un monstruo luminoso se moviera
sus anillos flexibles revolviendo.

   Con rápidos espasmos
30 se sacuden sus miembros;
sus músculos, elásticos y duros,
al salto y la carrera están dispuestos.

   La sangre apresurada
circula bajo de ellos,
35 como corre callado, entre las breñas,
un rebaño de fieras que va huyendo.

   No hay en su rostro inmóvil
ni siquiera un reflejo
del espíritu extraño y concentrado
40 que, al parecer, lo anima desde lejos.

   Se advierte en su mirada
un constante recelo,
y una impasible languidez que tiene
algo de triste, mucho de siniestro.

45   Son esbeltas sus formas,
duros sus movimientos,
la tez cobriza, el pómulo saliente,
negros los ojos, como el odio negros.

   Sobre los fuertes hombros
50 se derrama el cabello
en crenchas lacias, rígidas y obscuras,
que enlutan más aquel huraño aspecto.

   Pupila prolongada
que prolongó el acecho;
55 dilatada nariz, y estrecha frente
a que se ajusta, enhiesto,

un erizado matorral de plumas
   de colores diversos,
que parecen brotar de la cabeza,
60 como brotan de un tronco los renuevos.

   Jamás mira de frente;
jamás alza la voz; muere en silencio;
jamás un signo de dolor se posa
entre sus labios pálidos y gruesos.

65   No borra ni el suplicio
   su ademán de desprecio;
sólo el combate, en su fragor, arranca
estridente alarido de su pecho.

   Entonces, semejantes
70 a los colmillos del jaguar sediento,
brillan entre los labios taladrados
los dientes blancos, con horrible gesto.

   Son el *hombre-charrúa*,
   la sangre del desierto,
75 la desgraciada estirpe que agoniza
sin hogar en la tierra ni en el cielo.

Among the prisoners is one with blue eyes who stands apart from the group and, unlike the others who give no sign of emotion, sighs as his eyes meet those of Blanca when she comes running out to greet her brother.

   Cayó una flor al río.
Los temblorosos círculos concéntricos
balancearon los verdes camalotes,
80 y entre los brazos del juncal murieron.

   Las grietas del sepulcro
han engendrado un lirio amarillento.
Guarda el perfume de la flor caída.
La flor no existe: ha muerto.

85   Así el himno cantaban
   los desmayados ecos;
así lloraba el *urutí* en las ceibas
y se quejaba en el sauzal el viento.

   ¿Quién es ese charrúa que suspira?
90   ¿Quién es el prisionero
que es capaz de alumbrar, con luz del alma,
esos sus ojos de color de cielo?

   Tabaré lo apellidan los charrúas,
   o *el hijo de los ceibos* . . .
95 ¡Hijo de mi dolor!—una española
le decía llorando ha mucho tiempo.* * *

   El pánico del indio
   duró sólo un momento.
Sombrío, confundido entre los otros,
100 se ha alejado de Blanca; pero entre ellos,

   entre el grupo cobrizo, se destacan
   las líneas de su cuerpo,
de una amarilla palidez. La niña
lo sigue con los ojos largo tiempo.

After Blanca and Padre Esteban have interceded for Tabaré, Gonzalo decides to spare his life and keep him in the village to see if one of his race is capable of human emotion and redemption.

LIBRO SEGUNDO: CANTO III

For a month Tabaré has lived in the settlement—silent, sleepless, unfathomable. The Spanish soldiers think that he is crazy. He alternately seeks out and avoids Blanca, whose eyes awaken in his memory dreams of his mother. One day Blanca speaks to him and asks him why he avoids her.

El indio alzó la frente: miró a Blanca
de un modo fijo, iluminado, intenso.
Había en su actitud indescifrable
terror, adoración, reproche, ruego.

5 —¡Tú hablas al indio! ¡Tú, que de las lunas
tienes la claridad!
¿Por qué lo hieres con tu voz tranquila,
tranquila como el canto del *sabiá*?

Si tienes en los ojos, de las lunas
10   la transparente luz,
¿por qué tu alma para el indio es negra,
negra como las plumas del *urú*?[11]

¿Por qué lo hieres en el alma obscura?
   ¡Deja al indio morir!
15 Tú tienes odio negro para el indio,
para el triste cacique guaraní.

Blanca sintió una lágrima en los ojos
y una amargura insólita en el pecho:
—Yo no tengo odio para ti, charrúa,—
20 dijo al cacique, con acento ingenuo.

Las pupilas azules del salvaje
brillaban asombradas; en sus nervios
vibraba el alma. Tabaré sentía
el abismo sonar en su cerebro.

25 Habla por vez primera a la española;
sus palabras, sin orden ni concierto,
brotan de entre sus labios, como informe
tropel de sombras, luces y reflejos;

—¡Oh, sí! Yo sé que acechas
30   mis horas de dolor;
sé que remedas alas de jilgueros
   donde yo estoy.

Yo sé que tú el secreto
   conoces de mi ser,
35 y sé que tú te escondes en las nieblas . . .
   ¡Todo lo sé!

que gimes en el viento,
que nadas en la luz,
que ríes en la risa de las aguas
40   del *Iguazú*;

que miras en las altas
hogueras de *Tupá*[12]
y en las lunas de fuego, fugitivas,
que brillan al pasar.

45 Tú, como el algarrobo,
sueño das a beber;
y das la sombra hermosa que envenena,
como el *ahué*.[13]

Yo, temiendo tu sombra,
50 tiemblo y huyo de ti,
y tú, en el despertar de mis memorias,
vas tras de mí.

Mis nervios que eran fuertes,
fuertes como el ñandubay,
55 blandos como el retoño más temprano
del ombú[14] están . . .

No ha pasado una luna
después que yo te vi;
¡mira cómo está enfermo el indio bravo
60 sólo por ti!

La súplica, el reproche,
la imprecación, el ruego,
se sucedían en la voz del indio,
y en su ademán nervioso y altanero.

65 Él, que se había alejado,
con la frente inclinada sobre el pecho,
como impulsado por interna fuerza,
hacia la niña se volvió de nuevo.

La miró un breve espacio,
70 y señaló sus ojos con el dedo,
cual si, del fondo obscuro de su alma,
envuelto en luz, brotara un pensamiento.

—Era así como tú . . . blanca y hermosa;
era así . . . como tú.
75 *Miraba con tus ojos*, y en tu vida
puso su luz.

Yo la vi, sobre el cerro de las sombras,
pálida y sin color.
El indio niño no besó a su madre . . .
80   ¡No la lloró!

---

[11] *sabiá . . . urú:* birds native to the river Plate country.
[12] *Tupá:* Guaraní name for God.
[13] *ahué:* a tree whose shade is supposed to be noxious.

[14] *ñandubay . . . ombú:* The wood of the *ñandubay* is very hard and resistant to decay; that of the *ombú*, soft and pithy.

Las avispas de fuego de las nubes,
    ellas brillaron más;
pero el hogar del indio se apagaba,
    su dulce hogar.

85 Han pasado más fríos que dos veces
    mis manos y mis pies . . .
Sólo en las horas lentas yo la veo,
    como *cuerpo que fue*.

Hoy vive en tu mirada transparente,
    y en el espacio azul . . .
90 Era así como tú, la madre mía,
    blanca y hermosa . . . ¡pero no eres tú! * * *

Doña Luz, who has seen Tabaré and Blanca talking together, warns her sister-in-law to have nothing to do with the Indian.

LIBRO SEGUNDO: CANTOS IV-VII

The Spanish soldiers talk of an apparition which wanders at night through the settlement. One of them believes that it comes as a warning of disaster. They decide to challenge it.

One night only the sentinel and the missionary, Padre Esteban, who lives in Gonzalo's house, are awake. The priest hopes that he may yet find in the blue-eyed Indian the means of redeeming the savage race, but he still has not been able to break through the Indian's reserve.

He sees an Indian approach the house, goes to the window and opens it noisily. The Indian, Tabaré, takes fright at the sound and flees toward the river.

The soldiers who have been lying in wait on the river bank for the "apparition" surround Tabaré and question him. At bay, Tabaré breaks the lance of the man who threatens him. The priest arrives and makes his way through the soldiers, holding out his arms to the Indian. Tabaré, sick and exhausted from the violence of his emotions, falls to the ground.

Since his encounter with the soldiers Tabaré feels his craving for freedom and revenge reawakened. Of his two natures eternally in conflict with each other, the savage now has the upper hand.

Doña Luz persuades her husband, against his will, that Tabaré should leave the settlement. Blanca pleads for the Indian.

Tabaré is summoned and questioned about his purposes the night before. He remains silent. Gonzalo then tells him that he must return to his people. He may go in peace, but henceforth he will be considered and treated as the enemy of the Spaniards.

The soldiers are angry at his release.

LIBRO TERCERO: CANTOS I-II

Tabaré returns to his native forest. He is delirious with fever. The earth seems to upbraid him for no longer being an Indian. The air cries out to him that death has come to the forest. Suffering and exhausted, he falls to the ground on his mother's grave, which has been marked by a cross.

War fires announce to the Charrúas the death of their old chief. They assemble and perform the death rites, shouting, drinking and dancing.

¡Ahú! ¡Ahú! ¡Ahú! Por todos lados
   los indios atraviesan;
aúllan, corren, saltan jadeantes,
   dando al aire las rígidas melenas.

5 Hacen silbar las bolas, agitadas
   en torno a sus cabezas,
chocan las lanzas, los cerrados puños
   con feroz ademán al aire elevan,

y forman un acorde indescriptible
10   que en los aires revienta:
ebullición de gritos y clamores,
   golpes, imprecaciones y carreras.* * *

   ¡Ahú! ¡Dejad al muerto!
   ¡Dejad al *tubichá*![15]
15 ¿Por qué sopláis la lumbre de sus fuegos?
   ¡Dejad al muerto, *Añang*![16]

   —¡No le cerréis los ojos!
   —¡Ahú! ¡ahú! ¡ahú!
   —¿Sentís ladrar las sombras? Han salido
20   del tronco del ombú.

   —¡Corred, seguid aquella
   que se revuelve allá!
Sacude la maleza con las alas,
   y agita el *ñapindá*.[17]

25 ¿A quién lleva el fantasma
   de rápido correr?
Va fugitivo, y en sus hombros lleva
   al *cacique que fue*.

   —¡Cómo gritan los árboles!
30 ¡Ahú! ¡ahú! ¡ahú!
—El aire zumba; son los moscardones
   que corre *Añanguazú*.[18]

   —¡Persiguiendo la luna,
   los perros negros van!
35 ¡los perros negros que a beber comienzan
   su tibia claridad!

   ¡Cómo mira esa sombra
   con sus ojos de luz!
   —¡Y cómo se retuercen y se alargan
40   sus alas de *ñandú*![19]

   —¡El viento! ¡El viento negro!
   ¡Allá va! ¡Allá va!
¿Quién zumba en él? ¡Las moscas, que
   conduce
45   gruñendo el *mamangá*![20]

   Las sombras de la noche
vienen volando, en caravana aérea,
y luchan con las llamas, las sacuden,
   y, en torno del hogar, revolotean.

50   Las llamas las rechazan,
   y las detienen en aureola negra,
en cuyo seno los añosos árboles
   cobran formas variables y quiméricas.

   Los ojos del cadáver,
55 horriblemente abiertos, parpadean.
Parece que sus miembros se estremecen
   al avivarse el fuego que lo cerca,

   o que el rígido cuerpo
nada en el aire, flota en las tinieblas,
60 y se hunde, y reaparece, y se transforma,
   cuando la inquieta llamarada amengua,

   formando un fondo negro
lleno de líneas vagas y revueltas;
un medio en que se esfuman y se mueven
65 formas abigarradas e incompletas.

El viento se ha callado entre los aires;
   los salvajes jadean;
se apoyan en sus lanzas o en los troncos,
   o se dejan caer sobre la hierba.

70 La grita se enrarece; por el aire
   las voces se dispersan.
Suenan acá los llantos de mujeres;
   allá los magullados aún se quejan.

Los fuegos no avivados languidecen;
75   sus oscilantes lenguas
se mueven como el indio que borracho
   lleva de un hombro a otro la cabeza.

Corre entre aquellas voces un silencio
   semejante al que reina
80 sobre la onda del río, cuando acaba
   de pasar por el aire la tormenta.

---

[15] *tubichá*: chieftain.
[16] *Añang*: Evil Spirit, Devil.
[17] *ñapindá*: a tree.

[18] *Añanguazú*: See Añang, note 16.
[19] *ñandú*: ostrich found in Uruguay.
[20] *mamangá*: a kind of bumble-bee.

Lo rompe un joven indio que, saltando,
    desaforado llega;
da un grito clamoroso, y con su lanza
85 pasa de un viejo tronco la corteza.

Habla a voces, furioso sacudiendo
    la cabellera negra.
Sus palabras parecen alaridos,
de una ruda y fantástica elocuencia;

90 y salta como el tigre, y con la maza
    el cuerpo se ensangrienta,
y, sobre el negro matorral de plumas,
la bola agita atada a su muñeca.

Son de hierro sus miembros; nadie excede
95   su talla gigantesca;
ramas de sauce negro, los cabellos
sobre el rostro y los hombros, se despeñan.

Y en sus ojos pequeños y escondidos,
    las miradas chispean,
100 como las aguas negras y profundas,
tocadas por el rayo de una estrella.

Es el cacique *Yamandú*. Los indios
    se alzan, y lo rodean.
¿Qué quiere *Yamandú*? Reclama el mando,
105 mostrando sus heridas y su fuerza.* * *

—¿Queréis matar al extranjero? Entonces,
    seguid a *Yamandú*.
Yo sé matarlo, como al gato bravo
de los bosques del *Hum*.

110 Los cráneos de los pálidos guerreros
    al indio servirán
para beber la chicha de algarrobas
y el jugo del palmar.

Sus rayos no me ofenden; en su sangre
115   se hundirán nuestros pies;
sus cabelleras, en las lanzas nuestras,
el viento ha de mover.

Vírgenes blancas, que en los ojos tienen
    hermosa claridad,
120 encenderán en nuestros libres valles,
nuestro salvaje hogar.* * *

¡Vamos! ¡Seguidme! ¡El extranjero duerme,
    duerme en el Uruguay!
¡El sueño, que en sus ojos se ha sentado,
125   no se levantará! * * *

Un alarido inmenso, pavoroso,
    en los aires revienta.
Nadie, a fauces humanas, esos gritos,
al escucharlos de noche, atribuyera.

130 Un águila tranquila, que pasaba
    sobre la selva aquella
el vuelo aceleró, cambió de rumbo,
y se perdió en la soledad inmensa;

y el tigre, bajo el párpado apagando
135 de su enorme pupila la lumbrera,
y barriendo la tierra con la cola
y tendiendo hacia atrás la aguda oreja,

a largo paso y con temor, cambiando
    de sitio en la maleza,
140 se revolvió tres veces, para hundirse
y quedar más oculto entre las breñas.

¡*Yamandú tubichá*! ¡*Yamandú* enciende
    los fuegos de la guerra!
¡Al río! ¡Al río! ¡El extranjero blanco
145 tendido duerme en su cerrada tienda!

¡Ahú! ¡ahú! ¡ahú! ¡Vamos, cacique,
    lanza al aire tu flecha,
para que al astro de los indios llegue,
y con presagios de victoria vuelva!

150 Y la flecha del indio, por el aire
    tiende las alas muertas . . .
¡Ahú! ¡ahú! ¡ahú! Volvió del astro,
volvió del astro y se clavó en la tierra.

¡Recta como las palmas de las islas!
155   ¡El astro habló con ella!
¡Al río! ¡Al río! ¡Al Uruguay! ¡Al río!
¡Cacique *Yamandú*! ¡Fuegos de guerra!

En pos de *Yamandú* corre la tribu.
    Su negra silueta
160 se ve, a lo lejos, tramontar las lomas,
como obscuro rebaño de culebras.* * *

LIBRO TERCERO: CANTOS III-IV

Into the Spanish settlement creep the silent Indians while the sentinel
and all the soldiers are asleep. A war cry! and they attack the Spaniards.
Gonzalo, roused from his sleep, throws on his armor and rushes out to

give them battle. His wife flees from the house, but Blanca faints and is lying unconscious, alone and unprotected when Yamandú enters the house and carries her off into the forest. When she comes to herself she gives a cry of horror and fear. A few minutes pass. Then she hears behind her the sound of breaking branches.

¿Qué pasa allí? La niña sólo siente
   dos rugidos que estallan,
dos cuerpos que a su lado se desploman,
y un grito sofocado a sus espaldas.

5 Después, por un instante, sólo escucha
las hojas que se hablan en voz baja . . .
Alguien también respira junto a ella . . .
¿Quién es? Nadie la ofende, todo calla.* * *

El indio *Yamandú* yace en el suelo.
10   En los ojos y el alma
tiene la noche; su salvaje risa
está en sus labios para siempre helada.

¿Quién es ese indio pálido y convulso
   que entre la hierba se alza
15 después que entre sus dedos ha estrujado
de *Yamandú* el cacique la garganta? * * *

Es él, es Tabaré, que hasta aquel bosque
llevado fue por una fuerza extraña,
y al despertar de su sopor, en brazos
20 de la cruz de la selva solitaria

sintió muy cerca, entre el rumor confuso
   de ramas agitadas,
el grito que la virgen española
al distinguir a *Yamandú* lanzaba.

25 Saltó como mordido por el aire;
   saltó, y en la garganta
del indio *Yamandú* clavó sus manos
que sacudió con fuerza extraordinaria,

hasta sentir la muerte entre sus dedos
30   crispados por la rabia.
Dejó el cuerpo del indio estrangulado,
se alzó y miró . . . la virgen allí estaba.

LIBRO TERCERO: CANTOS V-VI

Tabaré helps Blanca back to the Spanish settlement.

Don Gonzalo, accompanied by Padre Esteban and the soldiers, have searched the woods for his sister in vain. Padre Esteban tries to comfort Gonzalo and bids him trust in God and not despair.

At this Gonzalo's fury finds voice and he blames the missionary for his misfortune. Had he not, on Padre Esteban's advice, treated the Indian with kindness, this tragedy would not have happened.

In his desperate anger he orders his men to take the priest to the forest and kill him. When they hesitate to carry out so cruel and unjust an order he starts to fall upon the old man himself, but the soldiers cry out in protest and draw their swords to protect the priest.

—¡Capitán!—gritó el uno,—
¡Cuidad de no tocarle, por el Cielo!
—¡No le toquéis!—clamaron los soldados,—
¡Por vuestra vida, capitán, teneos!

5 —¡Ah, turba miserable!—
el hidalgo gritó retrocediendo;
—¿me amenazáis, ralea de villanos,
gente soez de corazón de cieno?

¡Me amenazáis, cobardes!
10 Ya os mostraré cómo se aplasta el cuello
a la víbora inmunda, que se arrastra
para morder la planta a un caballero.

Los soldados esperan,
con la espada desnuda, y con resuelto
15 y ya duro ademán, el de Gonzalo
temido ataque, que el hidalgo es fiero.

En su mano la espada
se veía temblar, cual si en el hierro
continuase la vida y lo animara
20 del corazón y el brazo del guerrero.

El primer rudo golpe
ha sonado del hierro contra el hierro;
Gonzalo apoya la nervuda espalda
en el tronco del árbol, y de nuevo

25 alza el armado brazo.
Se adelanta el anciano a detenerlo,
cuando clama una voz:
                    —¡Por entre el bosque!
—¡Un indio!
30   —¡El indio!
                    —¡Por el bosque! ¡Vedlo!

    —¡Dónde!—grita Gonzalo,
los encendidos ojos revolviendo,
—¡Atraviesa aquel llano!
35   —¡Llega al soto!
¿Lo veis? ¡Es él! . . .
                    —¡Es Blanca, vive el Cielo!

    Por allá, entre los árboles,
    apareció un momento
40 Tabaré conduciendo a la española,
y en la espesura se internó de nuevo.

    De Blanca se escuchaban
    los débiles lamentos.
Aún vierte, sobre el hombro del charrúa,
45 el llanto aquel que reventó en su pecho.

    El indio va callado,
    sigue, sigue corriendo,
siempre empujado por la fuerza aquella
que sacudió sus ateridos miembros.

50   Va insensible, agobiado,
    y en dirección al pueblo;
siempre dejando de su sangre fría,
las gotas que aún le quedan, en el suelo.

    Grito de rabia y júbilo
55 lanzó Gonzalo al verlo,
y, como empuja el arco a la saeta,
de su ciega pasión lo empujó el vértigo.

Los ruidos de su arnés y de sus armas,
al chocar con los árboles, se oyeron
60 internarse saltando entre las breñas,
y despertando los dormidos ecos.

    Han seguido al hidalgo
el monje y los soldados. Allá adentro
se va apagando el ruido de sus pasos;
65 el aire está y los árboles suspensos . . .

    Un grito sofocado
    resuena a poco tiempo;
tras él, clamores de dolor y angustia
turban del bosque el funeral silencio . . .

70 ¡Cayó la flor al río!
Los temblorosos círculos concéntricos
balancearon los verdes camalotes,
y entre los brazos del juncal murieron.

    Las grietas del sepulcro
75 engendraron un lirio amarillento,
tuvo el perfume de la flor caída,
su misma extrema palidez . . . ¡Ha muerto!
            * * *

    Cuando al fondo del soto
80 al anciano llegó con los guerreros,
Tabaré, con el pecho atravesado,
yacía inmóvil en su sangre envuelto.

    La espada del hidalgo
goteaba sangre que regaba el suelo;
85 Blanca lanzaba clamorosos gritos . . .
Tabaré no se oía . . . Del aliento

    de su vida quedaba
un estertor apenas, que sus miembros
extendidos en tierra recorría,
90 y que en breve cesó . . . Pálido, trémulo,

    inmóvil, Don Gonzalo,
que aún oprimía el sanguinoso acero,
miraba a Blanca que, poblando el aire
de gritos de dolor, contra su seno

95   estrechaba al charrúa
que dulce la miró, pero de nuevo
tristemente cerró, para no abrirlos,
los apagados ojos en silencio.

    El indio oyó su nombre,
100 al derrumbarse en el instante eterno.
Blanca, desde la tierra, lo llamaba;
lo llamaba, por fin, pero de lejos . . .

    Ya *Tabaré*, a los hombres,
    ese postrer ensueño
105 no contará jamás . . . Está callado,
callado para siempre, como el tiempo

            como su raza,
            como el desierto,
        como tumba que el muerto ha abandonado.
    110 ¡Boca sin lengua, eternidad sin cielo! * * *

◦◦◦◦Rafael Pombo

COLOMBIA, 1833–1912   As is evident in the two selections presented here, Rafael Pombo could sing in the typical romantic mode, but his virtuosity was considerably more diversified and resourceful than, for example, that of Pérez Bonalde or Acuña. In *Elvira Tracy* (1863) he deals with the theme which so fascinated romantic poets—the death of a young girl, using the customary paraphernalia: the pathetic details, the coffin, the repetitious exclamation points. His conclusion, however, is not a desperate outcry against an enigmatic fate (as in Pérez Bonalde), but a religious consolation that Elvira is blessed in heaven.

El bambuco (1873) presents an entirely different kind of poetry. Here the mood is festive, popular, and arrogantly patriotic. It represents a poetic parallel to *costumbrismo*. As the Colombian critic, Antonio Gómez Restrepo, says, "It is tropical poetry in the wealth of its images and its sultry style, but it is carved with exquisite art, which restrains the enthusiastic outbursts within the severe limits of a lovely poetic form."

Because of his residence abroad, his variety of literary interests, his wide acquaintance with world literature, and his prolific (and often uneven) production, it is inaccurate simply to say that Pombo was a Colombian romantic poet. Reading his total poetic work, one may question that he was in fact a truly sentient poet. That he was an adroit literary prodigy in the best Spanish American tradition is a statement difficult to challenge.

◦◦◦Elvira Tracy

The mass is over;
¡come, come, let us go home!
(De sus últimas palabras)

¡He aquí del año el más hermoso día,
digno del paraíso, es el temprano
saludo que el otoño nos envía;
¡son los adioses que nos da el verano!

5   Ondas de luz purísima abrillantan
la blanca alcoba de la dulce Elvira;
los pajarillos cariñosos cantan,
el perfumado céfiro suspira.

He allí su tocador: aún se estremece
10 cual de su virgen forma al tacto blando.
He allí a la Madre de Jesús: parece
estar sus oraciones escuchando.

¡Un féretro en el centro, un paño, un Cristo!
¡un cadáver! ¡Gran Dios! . . . ¡Elvira! . . .
¡Es ella!
15 Alegremente linda ayer la he visto,
¿y hoy? . . . hela allí . . . ¡solemnemente bella!

¡No ha muerto: duerme! ¡Vedla sonreída!
Ayer en esta alcoba deliciosa,
feliz soñaba el sueño de la vida;
20 ¡hoy sueña el de otra vida aún más dichosa!

Ya de la rosa el tinte pudibundo
murió en su faz; pero en augusta calma
la ilumina un reflejo de otro mundo
que al morir se entreabrió para su alma.

25 Ya para los sentidos no se enciende
la efímera beldad de arcilla impura;
mas, tras de ella, el espíritu sorprende
la santa eternidad de otra hermosura.

Cumplió quince años: ¡ay! edad festiva,
30 ¡mas misteriosa y rara, edad traidora!
¡Cuándo es la niña para el hombre esquiva,
y a los ángeles férvida enamora!

¡Pobre madre! ¡del hombre la guardaste,
pero esconderla a su ángel no supiste!
35 ¡La vio, se amaron, nada sospechaste,
y en impensado instante la perdiste!

Vio al expirar a su ángel adorado,
y abrió los ojos al fulgor del cielo,
y dijo: *El sacrificio ha terminado,*
40 *¡Ven, vámonos a casa!* y tendió el vuelo.

¡Por eso luce tan hermoso el día,
indiferente al llanto que nos cuesta!
Hoy hay boda en el cielo: él se gloría:
¡La patria de la novia está de fiesta!

(*Poesías completas*, 1957)

⚬⚬ EL BAMBUCO

AIRE Y BAILE POPULAR DE LA NUEVA GRANADA (COLOMBIA)

I

Para conjurar el tedio
de este vivir tan maluco[1]
Dios me depare un bambuco,
y al punto, santo remedio.

5 Buena orquesta de bandola
y una banda de morenas,
de aquellas que son tan buenas
que casi basta una sola.

¡Y aquí de los granadinos!
10 ¡Venga el cometa dragón!
Veremos el encontrón
sin dársenos tres cominos.

¡Lejos Verdi, Auber,[2] Mozart!
Son vuestros aires muy bellos,
15 mas no doy por todos ellos
el aire de mi lugar.

"Mal gusto," diréis, tiranos;
mas yo en mi gusto porfío,
que, bueno o malo, es el mío
20 y el de todos mis paisanos.

Ningún autor lo escribió,
mas cuando alguien lo está oyendo,
el corazón va diciendo:
"Eso lo compuse yo."

25 Y bien se ve que no miente,
pues hijo de padre tal,[3]
es como él triste y jovial,
quejumbroso, inconsecuente.

Nadie lo hizo, porque nos
30 disfrutamos del derecho
de recibirlo ya hecho
todo de manos de Dios.

[1] maluco: *miserable, evil.*
[2] Daniel Auber (1782–1871), French composer of operas.

[3] hijo de padre tal: *being the son of such a father* (the people of Colombia).

Vino y pan, tienda y colchón,
el árbol sabe ofrecernos.
35 ¿Por qué no ha de componernos
el viento nuestra canción?

Justo es que nadie se alabe
de inventor de aquel cantar
que es de todos, a la par
40 que el cielo, el viento y el ave.

Del Carchi hasta Panamá[4]
nuestros niños lo adivinan,
nuestros pájaros lo trinan
y en nuestras brisas está.

45 Es el lamento que lanza
el genio de estas regiones
por tantas generaciones
que vio morir sin venganza.

Una melodía incierta,
50 íntima, desgarradora,
compañera del que llora
y que al dolor nos despierta;

o una risa de placer
instadora, turbulenta,
55 que arrebata, que impacienta
con eléctrico poder.

Un retozo tan simpático,
que en contagiosa locura
no consiente ceja dura
60 ni melindre aristocrático.

Nuestros rústicos con él
cantan al recién nacido,
y él les sirve de gemido
de una tumba en el dintel.

65 Parabién o funeral
del que nace o del que muere
ya solemne miserere,
ya cántico bacanal.

Doma con él los rigores
70 de su Filis un patán,
mejor que el mismo Don Juan
con su almanaque de amores;

y cuando a su desdeñosa
feroz castiga el salvaje
75 propinándole el brebaje
de la *tonga*[5] ponzoñosa,

ella, en fatal zamacuco[6]
de erótico frenesí,
corre y danza aquí y allí
80 tarareando el bambuco.

Hay en él más poesía,
riqueza, verdad, ternura,
que en mucha docta obertura
y mística sinfonía;

85 y así respóndele fiel
el corazón donde llega:
con él el alegre juega
y el triste llora con él.

Mágico el más obediente,
90 camaleón musical,
siempre el mismo original,
pero siempre diferente.

Eterna variación
en que hallamos por instinto
95 acento fiel y distinto
para cada sensación

porque ha fundido aquel aire
la indiana melancolía
con la africana ardentía
100 y el guapo andaluz donaire.

Su ritmo vago y traidor
desespera a los maestros;
pero acá nacemos diestros
y con patente de autor.

105 Tesoro de pobres es,
y ¡ay! que nadie se lo quita,
mientras su voz lo repita
y lo ejecuten sus pies.

Y si ordenase un tirano
110 la abolición del bambuco,
pronto viera cuán caduco
es todo poder humano.

---

[4] Del Carchi hasta Panamá: *From the Ecuadorian border to Panamá* (formerly a part of Colombia).
[5] *tonga:* a plant from which a supposedly sleep producing drink is made.
[6] zamacuco: *intoxication.*

II

En un salón de palmares
que vagando descubrí,
su hechicera danza vi
al compás de sus cantares.

5   Era una noche de aquellas
noches de la patria mía,
que bien pudieran ser día
donde no hay noches como ellas.

El terciopelo mejor
10 al del cielo no igualaba,
ni estrella alguna faltaba
a esa gran cita de amor.

Oíanse los bramidos
del Cauca[7] y sus reventones,
15 como enjambres de leones
celosos o mal dormidos;

y el aura circunvolante
embalsamaba el lugar
de albahaca y de azahar
20 y de jazmín embriagante.

Ñapangas[8] que por modelo
las quisiera un escultor,
giraban al resplandor
de las lámparas del cielo.

25   De indianas y de españolas
las perfecciones lucían,
lindas ¡ay! que parecían
enamorarse ellas solas.

Bajo una gran cabellera
30 un blanco busto imperial,
y una forma amplia y cabal
cuanto elástica y ligera.

Rica tez, mórbido pecho,
nada de afeite o falsía,
35 que el arte no enmendaría
lo que hizo Dios tan bien hecho.

Contra el talle de jazmín
un brazo en jarra elegante,
caído el otro adelante
40 sofaldaba el faldellín;

y era de verse el candor
de esos rostros de ángel, cuando
iba en los pies retozando
un demonio tentador.

45   ¡Y qué pies! ni el mameluco
sultán mejores los vio;
el diablo los inventó
para bailar el bambuco.

Se alternaban pulcramente
50 hincando rápida huella,
y ondulaba toda ella
la fascinante serpiente.

Al compás del tamboril
con la bandola armoniosa
55 y a la venia respetuosa
del desafiador gentil,

una por una salía
hacia su galán derecha,
y él, la boca almíbar hecha,
60 aguardarla parecía;

mas, con sandunga imanada,[9]
ella, escapando del pillo,
como el boa al pajarillo
lo atraía en retirada.

65   ¡La eterna historia de amor!
¡Ley que natura instituye!
La mujer siguiendo al que huye
y huyendo al perseguidor.

Ya evitaban su mitad,
70 ya lo buscaban festivas,
provocadoras y esquivas
como la felicidad.

La una pareja cantando,
la otra vivaz respondiendo,
75 las coplas que iban diciendo
iba el amor enseñando.

Poesía humilde era aquella,
pero, en su espontaneidad
bella como la verdad
80 y a veces triste como ella.

---

[7] Cauca: a river in western Colombia that flows north into the Magdalena.

[8] Ñapangas: "Muchachas del pueblo en Popayán.
Palabra de origen quichua, que otros escriban *yapanga* o *llapanga.*" (Pombo's note.)

[9] sandunga imanada: *captivating charm.*

Dos voces eran bastantes
para hacerla bien sentida:
amor, cielo de la vida,
celos, infierno de amantes.

85 Y cual la danza en sus giros,
la música en sus manejos
iba burlando en sus dejos
o acompañando en suspiros.

Yo, sentado sobre un tronco,
90 contemplaba aquella escena
en esa noche serena
y al mugir del Cauca bronco;

esas cándidas figuras
que ondulaban y reían,
95 y hasta mí en sombra venían,
como a acariciarme a obscuras;

y aspiraba esos olores
mezclados a esos sonidos;
y ese aire que los vestidos
100 les salpicaba de flores;

y todo en mi derredor,
desde el silencioso cielo
hasta la grama del suelo
y el bambuco seductor,

105 formaba tal armonía,
que todo a un golpe creado,
y uno para otro inventado
por el Señor parecía.

Allí el poder peregrino
110 del bambuco percebí;
jamás, desde que nací,
me sentí más granadino;

y si un pensamiento malo
me hirió la imaginación,
115 porque era gran tentación
tanta inocencia y regalo,

mi alma de poeta quiso
holgarse en ver solamente,
y no ir a hacer de serpiente
120 de aquel nuevo Paraíso.

Más bien exclamé gozoso:
"Gracias a Dios ya encontré
un pueblo feliz; ya sé
dónde y cómo uno es dichoso.

125 A otros, con ciencia y riqueza,
tedio cruel royendo está;
a éstos, de balde les da
fiesta real Naturaleza." * * *

(Poesías completas, 1957)

Ꮖuan Antonio Pérez Bonalde

VENEZUELA, 1846–1892   During his second period of exile in New York, Pérez Bonalde reached his maturity as a poet. In 1877 he had published his fine translation of Heine's *Intermezzo lírico* and a collection of his own poems, *Estrofas*, which included the well-known *La vuelta a la patria*. Two years later, in a New York library, he met Amanda Schoomaker, an American girl, and married her. Flor, the only child of this evil-starred marriage, died in 1883. As a result of this tragedy the romantic bewilderment and rebellion against a capricious fate was concentrated by the poet in the piece that bears his daughter's name. It is significant, however, that along with a certain amount of standard romantic lamentation, there are many simple and original lines which are a foretaste of the *modernista* style. Pérez Bonalde is considered by some as a transitional singer between the romantic manner of expression and the less bombastic tones of *modernismo*.

Primavera, while it also has a freshness and individuality of phrase and meter which depart from romantic commonplaces, is in its pessimism and desperation a fairly typical romantic production.

Pérez Bonalde's *La vuelta a la patria* and his beautiful *El poema del Niágara*, not included here, will fully reward the lover of full-blown romantic poetry.

ᏁᏤᏤPRIMAVERA

¡Ya la siento venir! . . . Ya el arie llena
dulce efluvio de nardos y de rosas;
ya de áureas mariposas
se va poblando la región[1] serena;
5 ya un puro y tibio ambiente
cargado de fulgores y murmullos,
va derramando, ardiente,
por valles y collados,
fecundidad de vida

10 en los ramos cuajados
de recientes capullos!

Ya la siento venir, bella y prendida
con las de amor deslumbradoras galas.
La siento en el espacio
15 que vibra y se estremece
al transponer sus rumorosas alas
aquel donde se mece
áureo dintel del celestial palacio.[2]

[1] región: *sky.*
[2] aquel . . . palacio = aquel áureo dintel del celestial palacio donde se mece (la primavera).

290

La siento en esa generosa llama
20 del rubio sol que inflama
en las venas la sangre con su suave
voluptüoso ardor; mágica llave
que abre del alma la cerrada puerta,
espíritu impalpable de los cielos
25 que en el fondo del pecho a la dormida
esperanza despierta,
y atrás dejando lágrimas y duelos,
alegre nos convida
al festín del amor y de la vida.

30 ¡Ya la siento venir! ¡Ya los umbrales
pisa del globo enamorado! Es ella,
es ella, sí, la primavera bella,
la novia suspirada
que envían las regiones celestiales
35 al amante planeta; alborozada,
la tierra se prepara con sus flores
a recibirla, el ave con sus cantos,
la luz con sus fulgores,
y el pecho sin quebrantos
40 con la pura oblación de los amores.

Hay fiesta en el espacio,
fiesta nupcial de luz y de armonía;
besan del sol los rayos de topacio
mares y valles y floresta umbría;
45 sobre las verdes lomas
se arrullan castamente las palomas;
suspira la onda en la dorada arena,
y por besar su linfa transparente,
orillas de la fuente
50 se inclina enamorada la azucena.

¡Oh primavera hermosa!
¡Todos te aguardan con amante anhelo
como a la dulce, la propicia diosa
mensajera divina de consuelo;
55 todos te aguardan con el alma henchida
de gratas ilusiones,
de esperanza de vida,
de ardorosas pasiones! . . .
Sólo yo nada tengo que ofrecerte
60 sino frío de muerte
que jamás templará tu ardiente rayo.
¡Jamás! ¡jamás! . . . que el resplandor fecundo
pasó por siempre de mi hermoso Mayo;
y hoy sólo en lo profundo
65 de mi pecho se anida, acumulada,
la nieve de la duda,

la soledad del desencanto, fría,
la nublosa estación helada y ruda,
el invierno del alma desolada.

70 ¡Ay! ¡Yo también, como la tierra, un día
tuve una hermosa y dulce primavera! . . .
Sobre mi frente joven se cernía
la celestial esfera
bañada de suavísimos fulgores;
75 mi esperanza primera,
como semilla de celeste calma,
al calor de la fe de mis mayores
germinaba en mi alma,
y convertida en flores
80 de cándida inocencia
y de castos amores,
el aire de mi vida embalsamaba;
todo era luz, y sueños, y creencia,
y fe en el corazón; rico tesoro
85 de animadores rayos derramaba
un sol divino en mi feliz conciencia,
y en el verjel de mis ensueños de oro
el ave azul de la ilusión cantaba! . . .

¡Ay! Yo también, como la tierra, un día
90 tuve una hermosa y dulce primavera! . . .
¿En dónde estáis ahora,
creencias, esperanzas, alegría,
ilusión lisonjera? . . .
Al anunciarse las primeras nieves,
95 cual tropa voladora
de blancas avecillas, vuestras leves
alas de armiño al aire blando disteis,
y en el sereno azul, raudas y breves,
para siempre os perdisteis! . . .

100 ¿En dónde estáis, o flores
de púdicos amores,
de inocencia y virtud que regalado
aroma al pecho mío
disteis a respirar? . . . Del cierzo helado
105 besó vuestra corola el labio frío
y caísteis al suelo
mustias y sin olores! . . .

¿En qué confín del cielo
has ido a sepultar tu limpio rayo,
110 tú, de mi edad primera
esplendoroso y floreciente Mayo? . . .
¿No has de tornar jamás, o primavera,
o hermosa primavera de mi vida? . . .

¡Ah! si fuera verdad que allá en la calma
115 del sueño sepulcral encuentra el alma
la juventud perdida! . . .
Y tras el rudo invierno,
al divino calor de un sol eterno,
se viste de esperanzas y de amores
120 como el árbol de ramas y de flores! . . .

¡Ilusion! ¡Ilusión! . . . , la dicha cierta
de la fe y del amor, después de muerta
no resucita más. Vuelven las aves,
recobra el aire sus azules velos,
125 renacen en la mar las brisas suaves,
vuelve la flor que las campiñas orna,
vuelve la primavera de los cielos,
la del alma jamás, ¡jamás retorna!

(*Ritmos,* 1880)

∾FLOR

Flor se llamaba; flor era ella;
flor de los valles en una palma,
flor de los cielos en una estrella,
flor de mi vida, flor de mi alma.

5 Era más suave que blando aroma,
era más pura que albor de luna,
y más amante que una paloma,
y más querida que la fortuna.

Eran sus ojos luz de mi idea;
10 su frente lecho de mis amores;
sus besos eran dulzura hiblea,
y sus abrazos, collar de flores.

Era al dormirse, tarde serena;
al despertarse, rayo de alba;
15 cuando lloraba, limbo de pena;
cuando reía, cielo que salva.

La de los héroes ansiada palma;
de los que sufren el bien no visto;
la gloria misma que sueña el alma
20 de los que esperan en Jesucristo.

Era a mis ojos condena odiosa,
si comparada con la alegría[3]
de ser el vaso de aquella rosa,
de ser el padre de la hija mía.

25 Cuando en la tarde tornaba al nido
de mis amores, cansado y triste,
con el inquieto cerebro herido
por esta duda de cuanto existe,

su madre tierna me recibía
30 con ella en brazos . . . ¡Yo la besaba . . .
y entonces . . . todo lo comprendía,
y al Dios sentido todo lo fiaba!

¿Que el mal impera?—¡Delirio craso!
¿Que hay hechos ruines?—¡Error profundo!
35 ¿No estaba en ella mirando acaso
la ley suprema que rige al mundo?

¡Ah! ¡Cómo ciega la dicha al hombre,
cómo se olvida que es rey el duelo,
que hay desventuras sin fin ni nombre
40 que hacen los puños alzar al cielo!

*   *   *   *   *

¡Señor! ¿Existes? ¿Es cierto que eres
consuelo y premio de los que gimen,
que en tu justicia tan sólo hieres
al seno impuro y al torvo crimen?

45 Responde, entonces, ¿por qué la heriste?
¿Cuál fue la mancha de su inocencia?
¿Cuál fue la culpa de su alma triste?
¡Señor! ¡Respóndeme en la conciencia!

Alta la llevo siempre y abierta;
50 que en ella nada negro se esconde;
la mano firme llevo a su puerta,
inquiero . . . y nada, ¡nada responde!

¡Sólo del alma sale un gemido
de angustia y rabia, y el pecho, en tanto,
55 por mano oculta de muerte herido,
se baña en sangre, se ahoga en llanto!

Y en torno sigue la impía calma
de este misterio que llaman vida;
y en tierra yace la flor de mi alma
60 y al lado suyo mi fe vencida.

*   *   *   *   *

---

[3] Era . . . con la alegría: *All these* (palma, bien, gloria) *were hateful burdens when compared with the joy* . . .

¡Allí está! . . . ¡Blanca, blanca
como la nieve virgen que el potente
viento del norte de la cumbre arranca;
como el lirio que troncha mano impía
65 orillas de la fuente
que en reflejar su albura se engreía!
¡Allí está! . . . ¡La süave
primavera pasó; pasó el verano
y la estación poética, en que el ave
70 y las hojas se van; retornó el cano
pálido invierno con su alegre arreo
de fiestas y de niños, y aún la veo,
y la veré por siempre! . . . ¡Allí está! ¡Fría,
entre rosas tendida, como ella
75 blancas y puras y en botón cortadas
al despuntar el día!

¡Ay! En la hora aquella,
¿dónde estaban las hadas
protectoras del niño,
80 que no vinieron con la clara estrella
de su vara de armiño
a tocar en la frente a la hija mía,
a devolver la luz a aquellos ojos,
y a arrancar de mi pecho los abrojos
85 de esta inmensa agonía,
de este dolor eterno, de esta angustia
infinita, fatal, inmensurable,
de este mal implacable

que deja el alma mustia
90 para siempre jamás . . . que nada alcanza
a mitigar en este mundo incierto?

¡Nada! . . . Ni la esperanza;
ni la fe del creyente
en la ribera nueva,
95 en el divino puerto
donde la barca que las almas lleva
habrá de anclar un día;
ni el bálsamo clemente
de la grave inmortal filosofía;
100 ni tú misma, doliente
inspiración, divina Poesía,
que esta arpa de las lágrimas me entregas
para entonar el salmo de mi duelo;
¡tú misma, no, no llegas
105 a calmar mi dolor!
                    ¡Ábrase el cielo!
¡Desgájese la gloria en rayos de oro
sobre mi frente . . . y desdeñosa, altiva
de su mal sin consuelo,
110 el alma mía cerrará su puerta!
Que ni aquí, ni allá arriba,
en la región abierta
de la infinita bóveda estrellada,
nada hay más grande . . . ¡nada! . . .
115 ¡Más grande que el amor de mi hija viva!
¡Más grande que el dolor de mi hija muerta!

(Flor, 1883)

~~~~Manuel Acuña

MEXICO, 1849–1873   Although the prevailing mood of most Spanish
American romantic poets was melancholy, pessimistic, and even at
times desperate, they occasionally had lighter moments in which they
could, in a way, make fun of themselves. Acuña's early anacreontic
poem included here, *Rasgo de buen humor* (1871), belongs in this category,
and the poet mocks his own vision of glory when contrasted with the
attraction of sexual pleasure.

   Ante un cadáver (1872) and *Nocturno a Rosario* (1873) are, however,
much more typically romantic compositions in that they reveal the
poet's obsession with death and his lament for an impossible love.

~~~RASGO DE BUEN HUMOR

    Y ¿qué? ¿Será posible que nosotros
tanto amemos la gloria y sus fulgores,
la ciencia y sus placeres,
que olvidemos por eso los amores,
y más que los amores, las mujeres?

5   ¿Seremos tan ridículos y necios
que por no darle celos a la ciencia,
no hablemos de los ojos de Dolores,
de la dulce sonrisa de Clemencia
y de aquella que, tierna y seductora,
10 aun no hace un cuarto de hora todavía,
con su boca de aurora,

    "No te vayas tan pronto," nos decía?
¿Seremos tan ingratos y tan crueles,
y tan duros y esquivos con las bellas,
15 que no alcemos la copa
brindando a la salud de todas ellas?

    Yo, a lo menos por mí, protesto y juro
que si al irme trepando en la escalera
20 que a la gloria encamina
la gloria me dijera:
—Sube, que aquí te espera
la que tanto te halaga y te fascina;
y a la vez una chica me gritara
25 —Baje usted, que lo aguardo aquí en la
        esquina;
lo juro, lo protesto y lo repito,
si sucediera semejante historia,
a riesgo de pasar por un bendito,
primero iba a la esquina que a la gloria.

30   Porque será muy tonto
cambiar una corona por un beso;
mas como yo de sabio no presumo,
me atengo a lo que soy, de carne y hueso,
y prefiero los besos y no el humo,
35 que al fin, al fin, la gloria no es más que eso.

(*Obras*, 1949)

ᕈᕈ᷈ANTE UN CADÁVER

¡Y bien! aquí estás ya . . . sobre la plancha
donde el gran horizonte de la ciencia
la extensión de sus límites ensancha.

Aquí donde la rígida experiencia
5 viene a dictar las leyes superiores
a que está sometida la existencia.

Aquí donde derrama sus fulgores
ese astro a cuya luz desaparece
la distinción de esclavos y señores.

10 Aquí donde la fábula enmudece
y la voz de los hechos se levanta
y la superstición se desvanece.

Aquí donde la ciencia se adelanta
a leer la solución de ese problema
15 cuyo solo enunciado nos espanta.

Ella que tiene la razón por lema
y que en tus labios escuchar ansía
la augusta voz de la verdad suprema.

Aquí estás ya . . . tras de la lucha impía
20 en que romper al cabo conseguiste
la cárcel que al dolor te retenía.

La luz de tus pupilas ya no existe,
tu máquina vital descansa inerte
y a cumplir con su objeto se resiste.

25 ¡Miseria y nada más! dirán al verte
los que creen que el imperio de la vida
acaba donde empieza el de la muerte.

Y suponiendo tu misión cumplida
se acercarán a ti, y en su mirada
30 te mandarán la eterna despedida.

Pero, ¡no! . . . tu misión no está acabada,
que ni es la nada el punto en que nacemos
ni el punto en que morimos es la nada.

Círculo es la existencia, mal hacemos
35 cuando al querer medirla le asignamos
la cuna y el sepulcro por extremos.

La madre es sólo el molde en que tomamos
nuestra forma, la forma pasajera
con que la ingrata vida atravesamos.

40 Pero ni es esa forma la primera
que nuestro ser reviste, ni tampoco
será su última forma cuando muera.

Tú, sin aliento ya, dentro de poco
volverás a la tierra y a su seno
45 que es de la vida universal el foco.

Y allí, a la vida en apariencia ajeno,
el poder de la lluvia y del verano
fecundará de gérmenes tu cieno.

Y al ascender de la raíz al grano,
50 irás del vegetal a ser testigo
en el laboratorio soberano.

Tal vez para volver cambiado en trigo,
al triste hogar donde la triste esposa
sin encontrar un pan sueña contigo.

55 En tanto que las grietas de tu fosa
verán alzarse de su fondo abierto
la larva convertida en mariposa,

que en los ensayos de su vuelo incierto
irá al lecho infeliz de tus amores
60 a llevarle tus ósculos de muerto.

Y en medio de esos cambios interiores
tu cráneo lleno de una nueva vida,
en vez de pensamientos dará flores,

en cuyo cáliz brillará escondida
65 la lágrima, tal vez, con que tu amada
acompañó al adiós de tu partida.

La tumba es el final de la jornada,
porque en la tumba es donde queda muerta
la llama en nuestro espíritu encerrada.

70 Pero en esa mansión a cuya puerta
se extingue nuestro aliento hay otro aliento
que de nuevo a la vida nos despierta.

Allí acaban la fuerza y el talento,
allí acaban los goces y los males,
75 allí acaban la fe y el sentimiento.

Allí acaban los lazos terrenales,
y mezclados el sabio y el idiota,
se hunden en la región de los iguales.

Pero allí donde el ánimo se agota,
80 y perece la máquina, allí mismo
el ser que muere es otro ser que brota.

El poderoso y fecundante abismo
del antiguo organismo se apodera
y forma y hace de él otro organismo.

85   Abandona a la historia justiciera
un nombre, sin cuidarse, indiferente,
de que ese nombre se eternice o muera.

Él recoge la masa únicamente,
y cambiando las formas y el objeto,
90 se encarga de que viva eternamente.

La tumba sólo guarda un esqueleto,
mas la vida en su bóveda mortuoria
prosigue alimentándose en secreto.

Que al fin de esta existencia transitoria
95 a la que tanto nuestro afán se adhiere,
la materia, inmortal como la gloria,
cambia de formas, pero nunca muere.[1]

(*Obras*, 1949)

NOCTURNO A ROSARIO[2]

¡Pues bien! yo necesito
decirte que te adoro,
decirte que te quiero
con todo el corazón;
5 que es mucho lo que sufro,
que es mucho lo que lloro,
que ya no puedo tanto,
y al grito en que te imploro
te imploro y te hablo en nombre
10   de mi última ilusión

Yo quiero que tú sepas
que ya hace muchos días
estoy enfermo y pálido
de tanto no dormir;
15 que ya se han muerto todas
las esperanzas mías,
que están mis noches negras,
tan negras y sombrías,
que ya no sé ni dónde
20   se alzaba el porvenir.

De noche, cuando pongo
mis sienes en la almohada
y hacia otro mundo quiero
mi espíritu volver,
25 camino mucho, mucho,

y al fin de la jornada
las formas de mi madre
se pierden en la nada
y tú de nuevo vuelves
30   en mi alma a aparecer.

Comprendo que tus besos
jamás han de ser míos,
comprendo que en tus ojos
no me he de ver jamás,
35 y te amo, y en mis locos
y ardientes desvaríos
bendigo tus desdenes,
adoro tus desvíos,
y en vez de amarte menos,
40   te quiero mucho más.

A veces pienso en darte
mi eterna despedida,
borrarte en mis recuerdos
y hundirte en mi pasión;
45 mas si es en vano todo
y el alma no te olvida
¿qué quieres tú que yo haga,
pedazo de mi vida?
¿qué quieres tú que yo haga
50   con este corazón?

---

[1] cambia . . . muere: It is interesting to compare Acuña's conception of the immortality of the body with that of Elinor Wylie in "This Corruptible" (*Angels and Earthly Creatures*, New York, 1929, p. 37): "You, the unlucky slave, / Are the lily on the grave; / The wave that runs above the bones a-whitening; / You are the new-mown grass; / And the wheaten bread of the Mass; / And the fabric of the rain, and the lightning . . ."

[2] Rosario de la Peña (1847–1924), to whom the poem is addressed, was never betrothed to Acuña, as the poem implies. "Her two love affairs, both unfortunate, are well known: the first was with Juan Espinosa y Gorostiza, who was killed in a duel, and the second, the great love of her life, with the celebrated Manuel M. Flores, who died poor and blind. Despite persistent popular belief, Rosario was in no way responsible for the suicide of Acuña." (Weisinger, *Spanish American Readings*, Boston, Heath, 1929, p. 260.)

Y luego que ya estaba
　　concluido tu santuario,
la lámpara encendida,
　　tu velo en el altar,
55　el sol de la mañana
　　detrás del campanario,
chispeando las antorchas,
　　humeando el incensario,
y abierta allá a lo lejos
60　　la puerta del hogar . . .

¡Qué hermoso hubiera sido
　　vivir bajo aquel techo,
los dos unidos siempre
　　y amándonos los dos;
65　tú siempre enamorada,
　　yo siempre satisfecho,
los dos una sola alma,
　　los dos un solo pecho,
y en medio de nosotros
70　　mi madre como un Dios!

¡Figúrate qué hermosas
　　las horas de esa vida!
¡Qué dulce y bello el viaje
　　por una tierra así!
75　Y yo soñaba en eso,
　　mi santa prometida;
y al delirar en eso,
　　con la alma estremecida,
pensaba yo en ser bueno
80　　por ti, no más por ti.

¡Bien sabe Dios que ése era
　　mi más hermoso sueño,
mi afán y mi esperanza,
　　mi dicha y mi placer;
85　bien sabe Dios que en nada
　　cifraba yo mi empeño,
sino en amarte mucho
　　bajo el hogar risueño
que me envolvió en sus besos
90　　cuando me vio nacer!

Ésa era mi esperanza;
　　mas ya que a sus fulgores
se opone el hondo abismo
　　que existe entre los dos,
95　¡adiós por la vez última,
　　amor de mis amores,
la luz de mis tinieblas,
　　la esencia de mis flores,
mi lira del poeta,
100　　mi juventud, adiós!

(Obras, 1949)

Ignacio Manuel Altamirano

MEXICO, 1834–1893   The circumstance that Altamirano was a real Mexican Indian, raised as such until he went to city schools, has sometimes obscured the fact that his literary work was not in any important sense indigenous literature. It is true that in his *La navidad en las montañas* (1871), and to some extent in the novels *Clemencia* (1869) and the posthumous *El Zarco* he presents in faithful detail pictures of rural, and therefore Indian Mexico.

But the framework and the style of his sketches and novels were for the most part within the Spanish American version of romanticism. He was primarily a *costumbrista* whose view of literature's aim was not basically different from that of Mariano José de Larra (1807–1837) and Serafín Estébanez Calderón (1799–1867) in Spain, or of dozens of confreres in Colombia, Chile, and Argentina. He introduced nothing specifically Indian or Mexican in Spanish American literature save the subject matter of his *cuadros* and novels.

His romanticism was not of the melancholy, love-sick, nature-worshipping type so common to Spanish American poets, but rather of that well-defined kind of romantic writing in which sentimental attachment to local scenes and characters led imperceptibly to realism.

The following selection is one of the best of these romantic-realistic *cuadros* in which the romantic preoccupation with death blends harmoniously with ironic and vivid pictures of local customs. It is significant to note that one of the most famous sketches of Mariano José de Larra, the master *costumbrista*, is on a similar theme. Larra's article is entitled *Día de difuntos de 1836*.

Skillful as *cuadros* such as *El día de muertos* (1871) are, they cannot give a fair idea of Altamirano's full range of literary ability. If you read, for example, his novel, *El Zarco*, you will find a full-blooded, sustained novel that points with its touches of realism to the twentieth-century fiction of the Mexican Revolution.

ᴖᴖEL DÍA DE MUERTOS[1]

El funeral clamor de la campana
interrumpe el silencio de la tumba;
al eco que retumba
en la anchurosa bóveda del cielo,
un ¡ay! exhala el corazón doliente
y se inclina tristísima la frente
y se riega con lágrimas el suelo.
—Francisco González Bocanegra[2]

En los antiguos tiempos, es decir, antes de la Reforma,[3] México se despertaba el día 2 de noviembre al *funeral clamor de la campana* que doblaba en todas las iglesias, recordando que era el día de la conmemoración de los fieles 5 difuntos.

¡Ah! ¡qué tristeza y qué tedio causaba ese incesante y funeral clamoreo que comenzaba en la Catedral y que se repetía en los cien campanarios de los conventos y en todas las 10 iglesias, parroquias, capillas y ermitas que bordaban la ciudad de oriente a poniente y de norte a sur! Era una incesante vibración acompasada, ronca, lúgubre, que daba origen a varios sentimientos pero todos amar- 15 gos. La tristeza, el pesar, el desaliento, se apoderaban del corazón, como el cortejo pavoroso de los recuerdos del día. Porque ¿quién no había perdido alguna persona amada, cuya memoria venía a evocar la voz 20 de la campana

"mortuos plango"?[4]

¡Era, en fin, ese doble continuo una invitación al recogimiento, al recuerdo, a la plegaria, a las lágrimas, al dolor!

¡Tristes y respetables costumbres cristianas de la piadosa ciudad de México!

Hoy, este año, algo de eso ha pasado; es decir, ha habido dobles, porque de poco tiempo a esta parte, se observa que van vol- 30

viendo furtivamente y alentadas por una cierta tolerancia, las bellas manifestaciones públicas, los venerandos ruidos del culto católico. Las campanas han elevado su clamor al cielo, han vibrado en el espacio esas notas doloridas y lúgubres con que la iglesia recuerda a los fieles que deben llorar sobre las tumbas y *orar por los muertos para que sean libres*, según el dogma fundado en un texto del libro de los Macabeos.[5]

Y los fieles conmovidos han obedecido hoy, lo mismo que en los antiguos tiempos, al mandato sagrado, porque aunque las campanas habían enmudecido por algunos años y se han disminuido en los presentes, la costumbre piadosa de conmemorar a los difuntos ha permanecido firme, mantenida por la tradición y por la ternura de las familias.

Así, pues, aunque yo conocía ya las costumbres mexicanas en este día, y aunque venciendo la repugnancia que siento por los cementerios de las grandes ciudades, pues cuando quiero meditar sobre el gran pro- blema de la muerte y envolverme en las sombras de la tumba para soñar en ellas, pre- fiero buscar, como el poeta inglés Gray,[6] el cementerio de las aldeas, me dirigí a visitar los panteones.

—¿Habrán cambiado algo las costumbres

[1] November 2nd, All Souls' Day (*Día de muertos* or *Día de difuntos*) is celebrated in Europe and Latin America as a memorial day for the dead. A comparison between Altamirano's article and the famous one by Larra, *Día de difuntos de 1836*, is inevitable. Alta- mirano's, in spite of its obvious satirical tone, is actually an "*artículo de costumbres*"; Larra's is a brilliant "*artículo de política*."

[2] Francisco González Bocanegra (1824–1861) was the author of the Mexican *Himno nacional* and of a drama, *Vasco Núñez de Balboa*.

[3] la Reforma: the reestablishment of the republic in 1867, after the execution of the Emperor Maximilian.

[4] mortuos plango (Latin): Many church bells were cast with the legend "*Vivos voco . . . mortuos plango*" (*I call the living . . . I mourn the dead*). Cf. Friedrich Schiller's *Das Lied von der Glocke*.

[5] libro . . . Macabeos: Prayers for the dead are recommended in the Second Book of *Maccabees*, XII, 44 and 46.

[6] Gray: the author of the famous *Elegy Written in a Country Churchyard*.

piadosas de los mexicanos en este día — me pregunté—¿Serán otra cosa de lo que eran antes de la Reforma?

Y monté en un carruaje de alquiler, que ese día, como todos los abominables vehículos de su especie, se pagan a peso y a dos pesos la hora. El que yo encontré por casualidad estaba arrastrado por dos jamelgos amarillentos, desiguales, y con un brío capaz de engañar al más listo.

Ya se sabe que en México hay ahora nuevos cementerios[7] y de diversa forma que la usada en otro tiempo: el Cementerio Francés, el de la Piedad en el mismo rumbo, el de Dolores en las colinas de Tacubaya, los dos de Guadalupe, el de San Fernando (cerrado ya para los nuevos pobladores), el del Campo Florido al sur de la ciudad y el de los Ángeles al noroeste. Allí están sepultados los huesos de los muertos a quienes tienen que llorar los mexicanos.

Pero el de la Piedad y el Francés son los más notables y concurridos.

Allá me dirigí triste, conmovido como debe estarlo todo el que hace una peregrinación a la morada de los muertos.

—¡Ah!—decía yo, olvidando por un momento que conocía las costumbres de esta noble ciudad— ¡Cómo deben sonar en todo este camino los suspiros! ¡Cómo deben oscurecerse las frentes! ¡Cómo deben ir los ojos nublados por las lágrimas!

Es la *vía sacra*,[8] la vía del dolor y de la ternura. Por aquí va el pesar silencioso, caminando a paso lento . . .

Interrumpió mi frase melancólica un concierto de alegres carcajadas y de chillidos de regocijo.

Saqué la cabeza por la portezuela, a fin de ver bien. Ya los jamelgos habían pasado la garita de Belén y trotaban en la calzada de la Piedad.[9] A uno y otro lado de la carretera del ferrocarril y bajo la sombra de los chopos y de los álamos que bordan la calzada, caminaba una procesión no interrumpida de gentes alegres y turbulentas, divididas en grupos más o menos grandes. Era el pueblo pedestre de México, que presentaba un aspecto abigarrado y pintoresco. Las familias llevaban juntamente con algunos cirios y crespones o flores negras, ramos de flores naturales, coronas de siempreviva o de ciprés y cestos con comida y frutas y enormes jarros de pulque.

Pulque por dondequiera. A veces era una mula mezclándose entre la gente y cargando dos grandes odres de pulque, a veces un cargador llevando una *castaña*[10] con el mismo licor, y mujeres y ancianos y niños vestidos de fiesta o cubiertos de andrajos, pero siempre llevando en las manos el embriagante líquido.

Estas gentes eran las que parloteaban, reían, silbaban y formaban una algazara que dominaba las notas lejanas del doble que sonaba en la ciudad.

Aquélla era la peregrinación del dolor. A cada paso interrumpían el camino multitud de puestos de comida y de frutas o cantinas surtidas de licores, pero dominando constantemente el pulque.

A poco, alcanzóse un largo tren compuesto de veinte wagones. Era curioso de ver. La gente bien vestida se apiñaba en ellos de un modo increíble. Las señoras iban de pie muchas veces; no cabían; era un mundo.

Parecían arenques en un barril. Aquéllos también eran peregrinos del dolor. Y cien coches particulares y de alquiler atravesaban rápida o lentamente, atascándose en el camino de la Piedad, lleno de charcos y de lodo, a causa de la lluvia del día anterior y de hoyancos y de sinuosidades, a causa del descuido. En esos carruajes también iban peregrinos del dolor.

---

[7] nuevos cementerios: A guidebook for tourists, *The Blue Book of Mexico* (1901) still listed the following cemeteries in Mexico City and suburbs:
Dolores Cemetery—West of Tacubaya.
San Fernando—Plaza de San Fernando (Contains the tomb of Juárez and other patriots).
Spanish Cemetery—Tacuba road.
French Cemetery—La Piedad road.
Spanish Cemetery—Tacuba road.

French Cemetery—La Piedad road.
Cemeteries in localities of same name: Campo Florido, Salinas, Los Ángeles.
[8] *vía sacra* (Latin): The ancient *via sacra* was the most famous of the streets of Rome. It led from the Palatine to the Capitoline Hill.
[9] Belén . . . Piedad: in the southwest part of the city.
[10] *castaña: a jug of glass or clay.*

Llegamos a la Piedad. Hormigueaba la gente; era una feria. Penetramos en el cementerio pobre y triste, el más mal cuidado de los cementerios, que podía estar lleno de árboles y que está erizado de yerba silvestre. Allí se entierra toda clasa de gente, pero con particularidad la pobre. Los peregrinos que venían se dispersaban en el laberinto de calles que conducen a los campos de las clases baratas. Allí iban a parar los cirios, las flores, los cestos y el pulque. En la entrada un centenar de indígenas se afanaba haciendo y vendiendo ramilletes de los pobres, porque los ramilletes elegantes se vendían ese día a precios subidos. No describiré las tumbas ¿para qué? No hay obras de arte, ni siquiera sepulcros ricos.

Salimos de ese cementerio y encontré a una gruesa señora de mis conocidas, acompañada de sus jóvenes y pizpiretas hijas que venían emperejiladas como para una tertulia.

—¿Ha ido usted—me preguntó—al Panteón Francés?

—No, señora, allá voy en este momento.

—Sí, vaya usted. ¡Qué lindo está! ¡qué elegantes sepulcros! ¡qué ricos y qué graciosos! Y verá usted muy hermosos trajes, porque allí está lo más elegante de México; es verdad que hay algunas señoras muy ridículas, pero en cambio otras van muy bien . . .

—Señora,—repliqué—yo no entiendo una palabra de trajes y de modas, pero veré los sepulcros.

—Sí, sí; vea usted los sepulcros, son de muy buen gusto y muy costosos; yo creo que el de la señora Fulana ha de haber costado lo menos seis mil pesos; pues si el de los Menganos . . . figúrese usted, puro mármol, bronce y tiene tibores de doscientos ,pesos; vaya usted, se divertirá mucho.

Éste es el juicio general que arranca el dolor a los que van a orar por los muertos, según lo manda la Iglesia.

Fui al Panteón Francés y casi no pude entrar. Me retiré acosado por los empellones del gentío y entre los caballos de los cincuenta carruajes que allí esperaban al mundo elegante, como le llamaba mi gruesa amiga.

Regresé a México, pero en la tarde volví a la Piedad. La gritería que escuché al llegar al cementerio mexicano me anunció que el dolor había llegado a delirio entre los sepulcros.

En efecto, aquella muchedumbre que velaba junto a las tumbas después de haber orado, había tenido que comer; era preciso comer, y las lágrimas debilitan. Se habían tendido los manteles junto a las tumbas, o la misma yerba sepulcral había servido de mesa. Luego había circulado el jarro de pulque; después se habían derramado sobre las lápidas lágrimas de pulque, y luego comenzó la orgía funeral. El blanco licor había exacerbado los pesares: se hablaba recio, se sollozaba, se maldecía, se juraba, se desesperaba; el amor físico se burlaba de la muerte y parece que, en medio de este frenesí, la cólera, los celos, los deseos, todas las furias que pueden agitar al corazón humano, agitaban sus rojas antorchas, eclipsando la tenue luz amarillenta de los cirios y de los sepulcros.

El sol se ponía. Los sauces llorones y los chopos se teñían con el color opalino de la luz de la tarde. Era preciso decir adiós a las cenizas amadas y hacer la última oración y la última libación. Ésta fue terrible.

Después la muchedumbre comenzó a salir pero no como sale una muchedumbre abatida y llorosa, sino como se desencadenaban las turbas de la antigua Roma, cuando el pontífice pronunciaba en lo alto de las gradas del templo la palabra sacramental "Evohé"[11] que inauguraba las Saturnales.

Los grupos de mujeres desmelenadas aturdían con sus cantares y espantaban con sus gestos; los hombres se agitaban con violencia, reñían o se daban de puñaladas o bamboleaban hasta caer. Los quinientos gendarmes que custodiaban la calzada corrían en sus caballos con el alfanje desnudo. La calzada de la Piedad era un inmenso *pandemonium* y las primeras sombras del crepúsculo envolvían los últimos sacrificios del dolor.

[11] "Evohé": the interjection with which the God of Wine was invoked by his priests and followers.

¿Y qué hacía entre tanto el ángel de las tumbas?

En la noche, por todas las calles de la ciudad, circulaban todavía a media noche los animados grupos de los afligidos, cantando y bebiendo.

El extranjero que, asomado a su ventana, hubiera presenciado este espectáculo, no habría podido menos que resumir sus impresiones del día, diciendo:

¡Qué borracho es el pueblo de México y qué mala voz tiene!

(Obras literarias completas, 1959)

∿∿∿Juan Montalvo

ECUADOR, 1832–1889   The first of the following selections is from the *Siete tratados* (1882), Juan Montalvo's best-known work. It displays his best style, classic in its balanced structure and in its rhetoric. Here he is the judicious philosopher of history, rather than the pamphleteer.

In the second selection Montalvo is the political writer, who uses his pen as a weapon of warfare against tyranny. He wrote it as editor of a short-lived journal, *El regenerador* (1876–1877), which he started on his return to Ecuador after García Moreno's death. Even in the midst of his political tirade, however, his eloquent but controlled skill with words is impressive.

El interviéwer presents still another Montalvo: the satirical, somewhat playful observer of customs. Late in life he founded a journal called *El espectador* which, like its English namesake of the eighteenth century, concerned itself in a leisurely fashion with the foibles of society.

We are dealing, then, with a writer of many facets. He is sometimes remembered as a wrathful wielder of invective whose hatred of despotism seemed almost obsessive. In terms of its bulk, most of his writings are the product of an idealistic crusader. Today, if not for their extraordinarily brilliant style, they would be relegated to the dusty files of transient journalism.

Siete tratados, on the other hand, is a timeless series of essays in which profound thought is expressed with clarity and cogency. They demonstrate the result of stern self-discipline in composition and intensive study of the best of ancient and modern literature. Like most truly good writers, he cannot be easily classified as a romanticist or a realist. Although in his structure and rhythm there are reminiscences of classical Latin authors, his expression and thought are wedded in his own manner. It is, above all, dignified and rather solemn. Montalvo was not out of character when, sensing the approach of death resulting from a bout with pneumonia, he insisted on dressing in formal attire to receive the solemn visitor with fitting ceremony.

Capítulos que se le olvidaron a Cervantes, an ingenious continuation of *Don Quixote*, and some of his later sketches exhibit a more relaxed stylist. Perhaps the less turbulent life of Paris, where he spent his later years, had calmed his violent but solemn Ecuadorian soul.

◦◦◦WÁSHINGTON Y BOLÍVAR

El renombre de Wáshington no finca tanto en sus proezas militares, cuanto en el éxito mismo de la obra que llevó adelante y consumó con tanta felicidad como buen juicio. El de Bolívar trae consigo el ruido de las armas, y a los resplandores que despide esa figura radiosa, vemos caer y huir y desvanecerse los espectros de la tiranía; suenan los clarines, relinchan los caballos, todo es guerrero estruendo en torno al héroe hispanoamericano. Wáshington se presenta a la memoria y la imaginación como gran ciudadano antes que como gran guerrero, como filósofo antes que como general. Wáshington estuviera muy bien en el senado romano al lado del viejo Papirio Cursor,[1] y en siendo monarca antiguo, fuera Augusto, ese varón sereno y reposado que gusta de sentarse en medio de Horacio y Virgilio, en tanto que las naciones todas giran reverentes alrededor de su trono. Entre Wáshington y Bolívar hay de común la identidad de fines, siendo así que el anhelo de cada uno se cifra en la libertad de un pueblo y el establecimiento de la democracia. En las dificultades sin medida que el uno tuvo que vencer, y la holgura con que el otro vio coronarse su obra, ahí está la diferencia de esos dos varones perilustres, ahí la superioridad del uno sobre el otro. Bolívar, en varias épocas de la guerra, no contó con el menor recurso, ni sabía dónde ir a buscarlo; su amor inapelable hacia la patria, ese punto de honra subido que obraba en su pecho, esa imaginación fecunda, esa voluntad soberana, esa actividad prodigiosa que constituían su carácter, le inspiraban la sabiduría de hacer factible lo imposible; le comunicaban el poder de tornar de la nada al centro del mundo real. Caudillo inspirado por la providencia, hiere la roca con su varilla de virtudes, y un torrente de agua cristalina brota murmurando afuera; pisa con intención, y la tierra se puebla de numerosos combatientes, esos que la patrona de los pueblos oprimidos envía sin que sepamos de dónde. Los americanos del norte eran de suyo ricos, civilizados y pudientes aun antes de su emancipación de la madre Inglaterra: en faltando su caudillo, cien Wáshingtons se hubieran presentado al instante a llenar ese vacío, y no con desventaja. A Wáshington le rodeaban hombres tan notables como él mismo, por no decir más beneméritos: Jefferson, Madison, varones de alto y profundo consejo, Franklin, genio del cielo y de la tierra, que al tiempo que arranca el cetro a los tiranos, arranca el rayo a las nubes: *Eripuit cælo fulmen sceptrumque tyrannis.*[2] Y éstos y todos los demás, cuán grandes eran y cuán numerosos se contaban, eran unos en la causa, rivales en la obediencia, poniendo cada cual su contingente en el raudal inmenso que corrió sobre los ejércitos y las flotas enemigas, y destruyó el poder británico. Bolívar tuvo que domar a sus tenientes, que combatir y vencer a sus propios compatriotas, que luchar con mil elementos conjurados contra él y la independencia, al paso que batallaba con las huestes españolas y las vencía o era vencido. La obra de Bolívar es más ardua, y por el mismo caso más meritoria.

Wáshington se presenta más respetable y majestuoso a la contemplación del mundo; Bolívar más alto y resplandeciente. Wáshington fundó una República que ha venido a ser después de poco una de las mayores naciones de la tierra; Bolívar fundó asimismo una gran nación, pero, menos feliz que su hermano primogénito, la vio desmoronarse, y aunque no destruida su obra, por lo menos desfigurada y apocada. Los sucesores de Wáshington, grandes ciudadanos, filósofos y políticos, jamás pensaron en despedazar el manto sagrado de su madre, para echarse cada uno por adorno un jirón de púrpura sobre sus cicatrices; los compañeros de Bolívar todos acometieron a degollar a la real Colombia y tomar para sí la mayor presa posible, locos de

---

[1] Papirio Cursor: Roman consul and dictator, 4th century, B.C.

[2] Eripuit . . . tyrannis (Latin): *He snatched fire from heaven and the scepter from the hands of tyrants.*

ambición y tiranía. En tiempo de los dioses, Saturno devoraba a sus hijos; nosotros hemos visto y estamos viendo a ciertos hijos devorar a su madre. Si Páez,[3] a cuya memoria debemos el más profundo respeto, no tuviera su parte en este crimen, ya estaba yo aparejado para hacer una terrible comparación, tocante a esos asociados del parricidio que nos destruyeron nuestra grande patria; y como había además que mentar a un gusanillo y rememorar el triste fin del héroe de Ayacucho,[4] del héroe de la guerra y las virtudes, vuelvo a mi asunto ahogando en el pecho esta dolorosa indignación mía. Wáshington, menos ambicioso, pero menos magnánimo; más modesto, pero menos elevado que Bolívar; Wáshington, concluida su obra, acepta los casi humildes presentes de sus compatriotas; Bolívar rehusa los millones ofrecidos por la nación peruana. Wáshington rehusa el tercer período presidencial de los Estados Unidos, y cual un patriarca se retira a vivir tranquilo en el regazo de la vida privada, gozando sin mezcla de odio las consideraciones de sus semejantes, venerado por el pueblo, amado por sus amigos; enemigos, no los tuvo, ¡hombre raro y feliz! Bolívar acepta el mando tentador que por tercera vez, y ésta de fuente impura, viene a molestar su espíritu, y muere repelido, perseguido, escarnecido por una buena parte de sus contemporáneos. El tiempo ha borrado esta leve mancha, y no vemos sino el resplandor que circunda al mayor de los sudamericanos. Wáshington y Bolívar, augustos personajes, gloria del Nuevo Mundo, honor del género humano, junto con los varones más insignes de todos los pueblos y de todos los tiempos.

(Siete tratados, 1882)

⁓LAS FACULTADES EXTRAORDINARIAS[5]

Nuestras previsiones se presentan ahora en forma de hechos: habíamos insinuado al principio que Veintimilla no querría sujetarse a la Constitución y las leyes, aun cuando él las mandase hacer a su antojo. Este hombre no nació para presidente constitucional, sino para dueño del pueblo que por altos juicios de Dios ha venido a caer en sus manos. Muy culpable debe de ser esta miserable nación, si de tiranía en tiranía, de dictadura en dictadura, cuando pensó que iba a redimirse mediante los esfuerzos de gran parte de ella, se encuentra al abrir los ojos presa otra vez de la dictadura. Los pueblos tienen pecados, bien así como los hombres; muchas veces imaginan haber hecho la penitencia necesaria; y en realidad la culpa más negra se halla todavía profundamente imprimida en su alma. Cuando resiste a la amenaza y desprecia el cohecho en las mesas electorales; cuando arrostra sin temblar la pupila envenenada del opresor; cuando se presenta sin miedo, y depone en conciencia lo que sabe; cuando prefiere el fruto del trabajo al estipendio de la infamia; cuando le cobra amor a la escuela y respeto a los planteles de educación superior; cuando no huye abandonando cobarde sus garantías; cuando echa leña al fuego sagrado de la patria; cuando la servidumbre gime encadenada a sus pies, entonces un pueblo está limpio de pecado, tiene derecho a la libertad y es dueño de su suerte.

Virtud es el sufrimiento, virtudes la

---

[3] José Antonio Páez (1790 – 1873) was one of Bolívar's generals who helped in the freeing of Venezuela, but who later as leader of a disgruntled faction, contributed to the disunity of the country for a time.

[4] héroe de Ayacucho: Antonio José de Sucre, another general in Bolívar's armies, won the battle of Ayacucho in 1824. He was later assassinated (1830).

[5] Las facultades extraordinarias: After the dictator Gabriel García Moreno, against whom Montalvo had waged war with his pen, had been assassinated in 1875, a weaker man, Antonio Borrero, was elected president of Ecuador. Montalvo came back from Colombia (Ipiales) where he had been spending his exile. Borrero was soon succeeded by Ignacio Veintimilla. On the flimsiest of pretexts Veintimilla petitioned the legislative assembly for unlimited powers (*facultades extraordinarias*). Montalvo's article is a protest against the granting of such authority.

Montalvo's journal, *El regenerador* had been discontinued in 1877, but now that he sees a new threat to his country in a new dictator's greed for power, the "*Regenerador*" arouses himself again.

moderación y la templanza; empero llega el caso en que ellas se convierten en delitos vergonzosos, habiendo perdido el semblante de genios propicios y divinidades apacibles. Sufrir por cobardía no es sufrir, sino aguantar con el aguante despreciable de los animales estúpidos. La paciencia que proviene del miedo, lejos de ser meritoria, es infamante. Los pundonorosos, los valientes sufren y callan, mientras no les ponen el dedo en la honra; pero ¡ay de los atrevidos que los saquen de sus quicios! Los apocados, los ruines sin valor ni pundonor, al contrario, aguantan todo; y ya puede uno más fuerte que ellos darles de bofetones, ya de látigos, como si no hubiera plomo o acero con que igualar las fuerzas. Hablamos de los individuos; los pueblos siempre son más fuertes que sus opresores, porque son grandes en números; si dieran en el secreto de la unión, no hubiera tiranos. La ventaja de éstos consiste en que celos y aborrecimiento andan entre sus esclavos mismos. Si el Espíritu Santo desciende sobre ellos en forma de conciencia pública, amor patrio, libertad, la fuerza que reciben de esas lenguas divinas es inmensa; nada les resiste: los tronos caen en pedazos, las testas coronadas ruedan al abismo, la soberbia da un aullido y desaparece, el verdugo huye espantado, las prisiones infames se vienen al suelo, los opresores grandes y pequeños están ahí muertos o temblando de rodillas. Tal es el pueblo en ejercicio de su santa cólera. Ejércitos innumerables, armas resplandecientes, esbirros ciegos, tesoros para el salario, cooperación nefanda de los perversos, buena fortuna, nada presta al fin: los gobiernos inicuos se vienen abajo, los malos gobernantes reciben su castigo.

¡Y que nunca hayamos de escarmentar en cabeza ajena! No nos autoricemos ahora con ejemplares antiguos o de pueblos retirados de nosotros con veinte siglos de por medio; no citemos a Sila,[6] comido de gusanos de cuerpo, el alma yéndosele en negros chorros de podredumbre, arrinconado y solitario; no recordamos a César que cae en el Senado a los golpes de los amigos de la libertad; no a Calígula, pálido en su alcázar, oyendo los gritos de Roma enfurecida; no a Nerón[7] abriéndose la garganta con una navaja por no morir en la horca. No veamos tampoco más cerca de nosotros ese pueblo que rompe el sepulcro de un gran monarca,[8] toma su esqueleto, lo sacude colmándole de injurias, y lo echa en polvo fuera de la huesa. No fijemos los ojos en ese patíbulo donde el verdugo está enseñando al mundo asida por los cabellos la cabeza de otro rey.[9] No vayamos en pos del héroe tirano[10] encadenado contra una roca en medio de los mares. Acerquémonos a nosotros mismos, miremos en nuestras vecindades. Ese criminal de veinte años,[11] harto de carne humana, que sale de un subterráneo, todo trémulo, corre por esa playa cayendo y levantando, y gana un buque extranjero, es un presidente que no ha tenido contrarresto; y huye y muere cubierto de infamia.

Ese miserable[12] que cae con cuatro balas en la cabeza en el zaguán de una casa, tras una puerta de calle, ha sido temible presidente. ¿Por qué viene a morir como perro en las calles de Lima? Por tirano, ladrón ambicioso, borracho; sus compatriotas se levantan, y si no muere en la cuerda, es porque se va de fuga.

Ese cuerpo desnudo[13] que está columpiando en una torre es de uno que se volvió dictador y quiso ser presidente a viva fuerza. El pueblo le baja, le escarnece, le echa sobre un montón de muebles de su propia casa y lo reduce a cenizas, riendo a carcajadas.

---

[6] Sila: Lucius Cornelius Scylla (138–78 B.C.), a Roman political leader, abhorred for his crimes.

[7] Calígula . . . Nerón: the most cruel and base of the Roman emperors.

[8] ese pueblo . . . monarca: The monarch to whom Montalvo refers is Henry IV of France, whose body was disinterred and thrown into a ditch at the time of the Revolution.

[9] la cabeza . . . rey: Charles I of England.

[10] del héroe tirano: Prometheus.

[11] Ese criminal . . . años: Rosas.

[12] Ese miserable: Mariano Melgarejo (1818–1871), a "vain, thievish, bloodthirsty warrior" (cf. Williams, *The People and Politics of Latin America*, p. 573), ruled Bolivia from December, 1864, to January, 1871.

[13] Ese . . . desnudo: Antonio Gutiérrez de la Fuente (1796–1878), a Peruvian general and politician.

Pero éstos son extranjeros todavía. Los que acabamos de citar serán ejemplos que obran en el ánimo de los argentinos, los bolivianos y los peruanos. Nosotros, hijos del Ecuador, ¿qué tenemos que ver con Rosas, Melgarejo ni Gutiérrez? Nada; mas sí puede convenir que sepamos algo de Flores, García Moreno y Borrero.

Flores,[14] Juan José Flores, soldado de Colombia, valiente de primera clase en la batalla, condecorado por Bolívar; Flores, el héroe de Portete;[15] Flores, sostenido por una legión formidable de jefes venezolanos y negros bebedores de sangre; Flores, dueño del afecto de la aristocracia de Quito; Flores, fundador de la República, lleno de fama, talento, prestigio, valor, se viene abajo miserablemente, por haber querido mandar sin término ni leyes. El pueblo no tiene superior en sus obras lícitas. Libertad, derechos, educación, civilización, obras son, no lícitas solamente, sino también obligatorias y sagradas.

García Moreno,[16] ¡qué hombre! Éste sí, ¡qué hombre! nacido para grande hombre, sin ese desvío lamentable de su naturaleza hacia lo malo. Sujeto de grande inteligencia, tirano sabio, jayán de valor y arrojo increíbles; invencionero, ardidoso, rico en arbitrios y expedientes: imaginación socorrida, voluntad fuerte, ímpetu vencedor, ¡qué lástima! García Moreno hubiera sido el primer hombre de Suramérica si sus poderosas facultades no hubieran estado dedicadas a una obra nefanda—la opresión, la tiranía. García Moreno, adorado de un partido numeroso; apoyado por el clero, este gigante de sotana; temido, querido por la clase militar; hombre raro, ser misterioso para las mujeres; lleno de fuerza, poder, eficacia, con vida física y moral para muchos años,

cae el día menos pensado. El infeliz rueda a patadas por la plaza; un perro no muere más ignominiosamente. Es que en medio de sus prendas, sus altas prendas, fue injusto, ambicioso, arbitrario, opresor, tirano. Muerte merecida, buena muerte.

Borrero[17] . . . ¿Para qué hemos de hablar de este desventurado?

Veintimilla . . . Veintimilla no quiere ver ni los ejemplos antiguos, ni los de nuestros vecinos, ni los nuestros propios. Dice que tiene ordenadas sus cosas para sesenta años, gobierna bien y pide facultades extraordinarias. García Moreno, en su última revolución, no ordenó las suyas sino para diez. "Este régimen durará diez años," le dijo al Ministro Plenipotenciario de Colombia. Aun él se equivocó en casi la mitad: él, García Moreno. Veintimilla no se equivoca; ha ordenado sus cosas para sesenta años; todo lo tiene previsto. Tiene, pues, cincuenta veces más talento, más valor, más habilidad, más fortuna, más partido que García Moreno.

Pide facultades extraordinarias, dije. No las ha pedido expresamente; pero ha mandado mensaje verbal a la Convención, exponiendo *los peligros en que se halla su gobierno*. Estos peligros son: Yépez en la frontera del norte[18] (falso); el pobre Yépez no es nada; dos individuos de paso por Guaranda echan baladronadas; cartas de comerciantes e *industriales honrados* de Guayaquil; y sobre todo, incendio de un cuartel en Ambato. ¡Qué fundamentos! Dos diputados proponen que la Cámara, espontáneamente, conceda facultades extraordinarias al Poder Ejecutivo. Urbina[19] apoya las pretensiones de Veintimilla. El señor Carbo,[20] indignado, se pone de pie y exclama: "Pido que esa proposición quede sobre la mesa; y admiro haya diputados que vengan a proponernos infrinjamos

---

[14] Juan José Flores (1801–1864), the first president of Ecuador after that country's separation from Colombia, sometimes called "*el padre de la patria.*"

[15] Portete: village in Ecuador at which the final battle of the war between the Peruvians and the Colombians took place (1821).

[16] García Moreno: See note 5.

[17] Borrero: See note 6.

[18] Yépez . . . norte: Yépez, formerly the commandant at Guayaquil, belonged to the faction formerly in

power. He was suspected of planning an attack on Veintimilla's government.

[19] Urbina: José María Urbina (died in 1876), a general of the army during the wars of independence and president of Ecuador in 1851–1856, had become a supporter of Veintimilla.

[20] Carbo: Pedro Carbo, an old and respected friend of Montalvo's, a political liberal, who was at one time president of the senate.

la Constitución." Ésta concede todas las facultades necesarias al Poder Ejecutivo para la mantenencia del orden; si amenazan trastornos, conjúrenlos; si tienen denuncios, datos de revolución, cumplan con su deber 5 los gobernantes. Facultades omnímodas no necesitan para sofocarlas. No sería gobierno el que no pudiese mantener el orden sin un escandaloso rompimiento de la Constitución y las leyes. ¡Facultades extraordinarias son 10 para casos extraordinarios; casos en que los comunes son insuficientes! ¿Quién le prohibe a Veintimilla que mande quinientos hombres a la raya y eche de allí a balazos a Yepecito, o le tome prisionero, si lo halla? ¿Quién se 15 opone a que someta a juicio a los conspiradores de Guayaquil, si él sabe que los hay? ¿Qué inconveniente halla para juzgar y castigar según todo el rigor de la ley a los incendiarios de Ambato, puesto que los tiene 20 conocidos? Leyes hay para todos los delitos, y el gobierno tiene facultades naturales para los casos comunes. Invasión, conspiración, incendio, crímenes son que vienen con ruido y resplandecen mortalmente a los ojos del 25 mundo entero. Hay invasión, y nadie lo ha sabido sino Veintimilla y su ministro. Pues si la hay, ¿qué hace el ejército que no vuela a contenerla? Para esto no ha menester el gobierno facultades extraordinarias. ¡Ah! no 30 la hay todavía, pero la puede haber; y por una posibilidad improbable quieren una realidad espantosa, cual es el poder absoluto. Constitución y leyes ¿para qué, si porque dos pasajeros sueltan en la posada cuatro pala- 35 bras mal sonantes dejan ellas de existir? Y aun está por averiguar si esto es verdad; si lo es, tomen a esos dos hombres, que son los culpables, júzguenlos, y caiga sobre ellos el brazo de la justicia, en siendo crimen el 40 proferir una justa queja o una vana amenaza. Pero ni esos hombres parecen, ni nadie sabe lo que dijeron; ¡y con este fundamento el gobierno de Veintimilla excita a la Cámara para que le conceda espontáneamente facul- 45

tades omnímodas! Acciones que aterran, pasen; mala fe, ridiculez, ficciones palpables socavan el mal seguro edificio de los gobiernos descarriados.

Revolución en Guayaquil: ¿si ha estallado, por qué no la sofocan? ¿Si no ha estallado, por qué no la frustran? El señor ministro ha recibido cartas de *industriales honrados*, pero no despachos oficiales del gobernador y el comandante general del Guayas. Y sobre cartas de un liencero[21] o de un cata-licores[22] quiere facultades extraordinarias, que no son sino para casos extraordinarios. Hechos necesita un gobierno para exigir esa investidura terrible del poder absoluto; y hechos estupendos, que se hallen fuera del poder de las leyes y los arbitrios naturales. Porque un comerciante escribe una carta, facultades sin limitación: esto pasa de ligereza, raya en insensatez.

Esa investidura terrible del poder absoluto, dije; terrible, sí; ésa es la túnica envenenada que vuelve furioso a Hércules[23] y le redobla las fuerzas privándole del juicio. Corre el semidiós sin saber por dónde; atormentado por infernales dolencias da gritos horribles, blande su clava, mata, asuela la tierra, tiembla el mundo; pero él muere también devorado por su túnica fatídica. Las facultades extraordinarias, el poder discrecional son la túnica encantada debajo de la cual sucumbe Alcides.[24] Lástima, señor don Ignacio, que usted no sea para comprender estas figuras. Usted, con sus facultades omnímodas, principiará por quitarme a mí la libertad, si no la vida; hará lo propio con los jóvenes escritores de Quito y Guayaquil; eliminará de la escena política los hombres notables o temibles de todos los partidos, asolará quizás la República; pero la túnica envenenada le estará corrompiendo la sangre, devorando la vida, y, aunque no hijo de Hércules, sucumbirá, por falta de juicio.

Ahora viene el incendio del cuartel. Éste era una choza de paja; menos aún, de *sigse*,[25]

---

21 liencero: *cloth merchant.*
22 cata-licores: *liquor peddler.*
23 Hércules: One of Hércules's wives, Deianeira, persuaded by the dying centaur, Nessus, whom her husband had slain, that his blood was a love charm,

dyed a tunic in the blood and sent it to Hercules. He went mad with the pain it caused him, mounted a pyre, and was burned to death.
24 Alcides: Hercules.
25 *sigse:* a kind of reed used to thatch roofs.

construida exprofeso para los cuatro días que debía permanecer aquí el batallón que le ocupaba. Una de estas noches se ha quemado el chozón, o lo han quemado. Pero como el señor don Ignacio es uno que todo lo tiene previsto, previó que los demagogos y los terroristas juntamente le quemarían esa noche su cuartel de mármol fino, y por la mañana mandó trasponer el parque. Al otro día preséntase en la Cámara el ministro y sobre que los demagogo-terroristas han incendiado la consabida choza, excita a los legisladores a conceder espontáneamente al Poder Ejecutivo facultades extraordinarias. Si el incendio fue delito privado, nada tiene que ver con la estabilidad o la instabilidad del gobierno; si fue político, ¿dónde está la conspiración que allí tomó origen? ¿Cuáles son los conspiradores que han aprehendido? ¿O los demagogos y los terroristas en combinación quemaron la choza a fin de que esa diligencia estuviera hecha para cuándo pudiesen conspirar? Siete gigantes enmascarados metieron fuego a la dichosa *caserna*, para hablar como los viajeros a París; los quemados eran quinientos; el general Veintimilla todo lo había previsto, y ¡nadie les echó mano a esos criminales fantasmones!

Yepecito escondido sabe Dios en dónde; la choza quemada en Ambato por siete vestiglos de narices incomensurables; los dos tunantes que pasan por Guaranda echando bravatas contra Veintimilla; las cartas de los *industriales honrados* de Guayaquil, éstas son las pruebas del caso extraordinario y terrible que requiere un gobierno para solicitar facultades inrestrictas. Confesad, amigos, que vuestro ánimo es alzaros con la dictadura, volviendo vuestro cómplice al Poder Legislativo; la empresa que tenéis entre manos es una revolución contra la forma de gobierno, y nada más. Dictadura, sin ley de presupuestos, he aquí la obra de la convención de Urbina y Veintimilla.

Los romanos, el más sabio de los pueblos antiguos, tenían por supremo caso el en que la dictadura venía a ser indispensable: invasión de bárbaros, alzamiento de esclavos, calamidades que parecían provenientes de los dioses mismos; éstas eran las circunstancias en que creaban un dictador efímero, y no cuando esos malos estaban a punto de suceder, sino cuando habían sucedido. De lo contrario, las guerras comunes, las conspiraciones caseras, los malos de poco momento entraban debajo de la jurisdicción de las leyes conocidas. Cicerón fue desterrado por haber salvado la patria obrando a discreción; y eso que nada menos se habían propuesto Catalina y Cetigo[26] que el incendio de Roma y la destrucción total de la República. La dictadura es un cometa que no aparece sino de tarde en tarde; si ese meteoro infausto se presentara cada año arrastrando en su cola las calamidades del mundo los hombres perderían el juicio. ¡Dictadura, porque dos truhanes desconocidos pasan llamándole ambicioso al presidente! ¡Dictadura, porque un mercader le escribe chismes al ministro, acorde con él de antemano! ¡Dictadura, porque se quema una choza de soldados! Éstos son los casos en que yo siento en el alma que el escritor no le sea permitido echar un *taco* resonante[27] por la imprenta.

Avino en otro tiempo que los varones más ínclitos de Roma, no menos que el pueblo, iban muriendo a centenares. El Senado había quedado desierto, las legiones sin sus jefes, los tribunales sin sus ministros, las familias sin sus padres. La ciudad era un vasto sepulcro, y sin peste, ni hambruna, ni causa conocida. Los pocos que aún quedaban vieron que los dioses la estaban destruyendo con su propia mano. Inspirados por un genio, reúnense los padres conscriptos y nombran dictador. Ante el dictador tiembla el mundo; el crimen, por recóndito que sea, comparece en su presencia impelido por las divinidades amigas de Roma. El dictador, rodeado del pontífice máximo, los augures, las vestales y todo el sacerdocio, con las insignias de su cargo en la mano, vestido de púrpura, al

---

[26] Catalina y Cetigo: Cetigo (usually spelled Cetego) was an accomplice in Cataline's conspiracy to overthrow the Roman government which Cicero exposed in his famous orations (63 B.C.).

[27] echar . . . resonante: *give a resounding oath*.

frente de una larga procesión se dirige al templo de Júpiter, e hinca el clavo en la pared. Esta ceremonia augusta era el arbitrio supremo de esos sabios antiguos; lo que no podía el clavo, nada podía. Hincó el dictador 5 el clavo en la pared. A poco, una matrona, cubierta de un largo velo, se le presenta y declara que las damas romanas, la flor de la nobleza, poseídas de ciertas divinidades tene-

brosas, habían estado, tiempo había, envenenando las fuentes públicas. El dictador castigó el crimen, cortó el mal, y dio gracias a los dioses.

Amigo Veintimilla, si es para clavar el clavo en la pared del templo de los dioses, vaya usted de dictador; si es contra vidas y haciendas de ciudadanos inocentes, le niego mi voto.

(Desperezo de El regenerador, 1878)

ᠬᠣEL INTERVIÉWER

Los griegos fueron artistas, los romanos conquistadores; los norteamericanos son inventores. Fulton, Samuel Morse, Edison, Graham Bell no son nada; el que descubrió el interviéwer, el repórter, ése es el grande. Si 5 es mucho lo que perdemos en nuestros campanarios de la Cordillera con no aprovecharnos de las invenciones de esos hombres singulares, no es poco lo que ganamos con estar lejos todavía de esta nueva gracia de los 10 yankees. Piérdase la navegación por vapor, muera el telégrafo eléctrico, perezca la fotografía, como no lleguen a nuestras ciudades ni se introduzcan en nuestras costumbres el interviéwer, el repórter, monstruos recién 15 llegados de la luna, espectros que aterran e intimidan, invaden y se apoderan de lo que no les pertenece. Ni el nombre de estos avecuchos maléficos ha sonado aún, gracias a Dios, en Quito, Bogotá, Lima ni Caracas; 20 así es que pocos sabrán por allá lo que son el interviéwer, el repórter, y muchos pensarán que son nuevos descubrimientos en el mundo de la electricidad, o maquinitas de engordar pollos. No señor; el interviéwer es una especie 25 de hombre entre periodista y mandadero, suerte de escribano que sin autoridad judicial se mete adonde se le antoja, pregunta lo que le da la gana, obliga a decir lo que uno tiene quizá reservado para el confesionario, pone 30 por escrito lo que ha oído, y ¡zas! al periódico esa misma noche para que lo sepa el mundo entero.

¿Qué les parece a ustedes? El inter-

viéwer hallaría en las ciudades de América que se han quedado españolas más resistencia que la fiebre amarilla y el cólera asiático hallan en los Andes. En Nueva York ha tomado tal ascendiente ese tiranuelo que nadie se cree con derecho a cerrarle las puertas; y en Londres, en París, tan luego como ha llegado ese audaz americano se ha hecho señor de vidas y haciendas; el mundo es suyo. No hay personaje que se le niegue, ni actriz que no esté en su casa. Triunfo de los hombres vanos, alegría de los pueriles, el interviéwer es la pesadilla de los modestos, los callados, los que gustan de que su vida corra silenciosa entre la hombría de bien y las buenas costumbres. El interviéwer tiene derecho a preguntar todo; y como dispone de los medios coercitivos del periódico que le manda, nadie puede encastillarse en la prudencia, guardando para sí lo que no quiere que sepan los demás. ¡Desdichado del que se ponga a hacer melindres al interviéwer! No solamente le hará decir al otro día el periódico lo que no ha dicho, sino que de paso, como para escarmiento de la gente de dura cerviz, le desvestirá, le desollará y le mandará, como un San Bartolomé,[28] con su piel al hombro. La libertad de imprenta es torniquete al cual no hay quien resista. Al interviéwer, como al confesor, hay que decirle todo.

Los franceses no tienen el menor escrúpulo en pasar a su lengua los términos que les gustan y les sirven; así el interviéwer, el

[28] San Bartolomé: According to one legend St. Bartholomew suffered martyrdom by being skinned alive. He is therefore often represented in art as carrying his skin over his shoulder.

repórter, sin bastardilla ni subraya, están ya en su caudal, como otros tantos que vienen de Londres y Nueva York. Aunque esto está aquí a los alcances de todos, no todos lo alcanzarán en la América Española; y así conviene advertir que *interviéwer* nace de *to interview*, tener una entrevista. De suerte que el interviéwer es el que viene a casa de usted a exigir una entrevista, y el que recibe esta visita inquisitorial el *interviéwed*. Los franceses, pueblo ligero muy prudente en lo que toca a su lengua, no han intentado traducir esos vocablos; como ni a España, ni a la América Española han llegado todavía el interviéwer y el repórter, nosotros no tenemos necesidad de rompernos la cabeza por saber cómo hemos de llamar a esos personajes. El que pide la visita es el interviéwer; el que aguanta el interrogatorio es el interviéwed. Si algún día venimos a hacer tales progresos que tengamos interviéwer y repórter, ¿cómo los llamaremos en castellano? El que impone el interrogatorio será *el entrevista*, y el que responde *velis nolis* será *el entrevisto*. O, a modo de alcabalero, ¿haremos un *entrevistero*? En este caso, el que aguanta la mecha será *entrevistado*. Éste me parece más razonable, porque está a un paso de zurrado, fregado, y desesperado. Aunque esto no es lo que importa. Lo que importa saber es cómo se verifican las entrevistas de los interviéwers y los interviéweds, esto es, en castellano, de los entrevistantes y los entrevistados.

—¿Quién va allí?

—Albert Chinchón, el repórter del *Vercingétorix*.

—¡Adelante!

Entra el interviéwer, saca su cartera, su lápiz, y principia a interviéwar al desdichado personaje que en hora menguada se metió en política, que llegó a ser notable en la diplomacia, en el teatro, o que compró una hacienda, o que volvió de un viaje, o que se casó a su gusto. Si los muertos respondieran, los interviéwers de Londres, Nueva York y París fueran a interviewarlos en el cementerio, y no salieran de la sepultura de un difunto infeliz mientras él no les hubiera dicho si ya le estaban comiendo los gusanos; de qué parte del cuerpo habían principiado la operación; si eso dolía mucho; si estaba salvo o condenado; si había dejado un tesoro oculto; si aprobaba que su viuda contrajera segundas nupcias, y otras cosas inherentes a la civilización moderna y los progresos del siglo décimonono. A los vivos no les pregunta eso, pero sí les pregunta cosas peores.

—¿Es verdad que su hermano de usted recibió cantidad de dinero cuando el proceso de Bazaine,[29] para deponer en contra del mariscal?

—¡Falso!

—Se dice que usted se ha dado un batacazo en el Bosque y que se le han sumido cuatro costillas.

—No son sino dos.

—¿Qué piensa usted respecto del tratamiento que el príncipe de Bismarck acaba de dar al papa[30] en su contestación a la carta de Su Santidad? ¿Ese *sire* no está prometiendo la vuelta del poder temporal?

—Sería cosa curiosa ver a Bismarck de campeón del Vaticano, después de haber contribuido tan poderosamente a la unidad del reino de Italia, y después de haber metido en un zapato a los obispos católicos de Alemania. Ese *sire* debe de ser alguna treta del Chanciller; o lo dijo por no llamar "santidad" a León XIII.

—¿Cuándo es "sire" un hombre?

—Cuando es rey o emperador.

—¿Luego?

---

[29] François A. Bazaine (1811–1888), Marshal of France, was in command at Metz when that fortress surrendered to the Germans in 1871. He was tried as a traitor and condemned to death, but his sentence was commuted to twenty years' imprisonment. He escaped from prison to Madrid and died there.

[30] tratamiento . . . papa: After the founding of the second German empire at the conclusion of the Franco-Prussian War (1871) Bismarck, the "Iron Chancellor," had been in open conflict with Pope Pius IX and had sought to nullify the influence of the Catholic Church in Germany. The struggle between the two is commonly called the "*Kulturkampf.*" After the death of Pius and the accession of Leo XIII to the papacy, a more conciliatory policy was followed by both sides. Bismarck agreed to have many anti-clerical laws rescinded and to permit the religious orders to return to Germany. In return Leo XIII showed his appreciation by bestowing on Bismarck the "*Cordón de Cristo.*"

—Luego el papa volverá a ser rey por obra y gracia del protestante Bismarck.

—Me alegro mucho de que usted lo entienda así. Ahora vamos a otra cosa. ¿Cuántas camisas tiene usted?

—¡Caballero!

—Nada. ¿Cuántas camisas tiene usted?

—¿Qué tiene que ver eso con los intereses generales?

—Puede ser que a usted le parezca que no hay relación ninguna entre estos asuntos; mas yo no puedo renunicar las prerrogativas de mi periódico ni transgredir las leyes de la prensa. ¿Cuántas camisas tiene usted?

—Pues hombre . . . Si he de decir la verdad, las mujeres son las que están al corriente de estas cosas.

—*Tantum meliorem.*[31] Sírvase usted anunciar mi visita a la señora. No salgo de aquí sin haberla interviewado.

—Vamos, que no hay necesidad de eso. Tengo tres docenas de lino para el verano y dos docenas de algodón para el invierno.

—Muy bien. Y de blanco ¿cómo vamos? Quiero decir de bolsa.

—En esa materia, amigo, acabo de sufrir un golpe.

—Malo. ¿Golpe de qué naturaleza? ¿Ha jugado usted? ¿Le han robado? ¿Los malos negocios, o los hijos? . . .

—¡No, hombre!

—Pero, vamos, ¿cómo ha perdido usted su plata?

—La he perdido.

—Nadie sufre un golpe sin que la prensa dilucide la cuestión. Usted sabe que los progresos del siglo XIX, la influencia de Francia . . .

—Tiene usted razón. He quebrado, amigo mío, porque mi mujer ha ido sacando de diferentes casas, sin que yo lo supiera, joyas y más joyas; y lo que tomaba por ciento, lo vendía en diez para hacer dinero.

—¡Bravo! ¿No tiene usted más que decir? Quisiera yo saber su modo de pensar acerca de esta tan singular manifestación de aprecio del Padre Santo al Chanciller de Alemania; digo, ese cordón de la orden de Cristo que le ha enviado tan oportunamente. Ésta es, me parece, la primera vez que el pontífice romano condecora a un protestante.

—Condecoración por condecoración. Bismarck condecoró al papa con haberle nombrado mediador en la discordia entre él y España; nada más justo que Su Santidad le enviase el cordón de la orden de Cristo. Pero, digo yo, Bismarck, como protestante, está señalado para el infierno, supuesto que la gloria eterna no es sino para los católicos. ¿Habrá de comparecer ante el príncipe de las tinieblas con el cordón de Cristo al pecho? ¿De nada le servirán la condecoración pontificia, las bendiciones del Padre Santo y los votos que promete hacer por él en vida y muerte?

—Al interviéwed no le toca preguntar, sino responder, o echa usted abajo las regalías de la prensa. Dejémonos de sofismas, y diga aquí francamente: ¿Qué opina usted, qué piensa usted de don Carlos, de doña Isabel, de la muerte de Alfonsito?[32] ¿Es verdad que este chico no se cansaba de repetir que él quería ser rey destronado, pero no tronado?

—Respeto de estas personas, no pienso nada, o no se me ha ofrecido pensar de pronósito en ellas.

—En el siglo del vapor nadie tiene derecho a no pensar nada; y si hay alguien que no piensa, la prensa piensa por él. Conque vamos, ¿qué piensa usted de la reina madre?

El desdichado interviéwed tuvo que decir lo que pensaba en orden a eso y mucho más. Al día siguiente la entrevista, en dos columnas, en letra gorda, salió en el periódico. Nadie puede ser notable en París sin ser objeto de escándalo; el interviéwer de hoy es el repórter de mañana. Cuando interroga el periodista, es interviéwer; cuando da cuenta de la entrevista al público, es repórter. Los que quieren ser hombres grandes y hacer ruido en el mundo no tienen más que venir a París y darse maña en ser interviewados o

---

[31] *Tantum meliorem* (Latin): *So much the better.*
[32] don Carlos: the nephew of Ferdinand VII, pretender to the throne of Spain; doña Isabel: Isabel II, daughter of Ferdinand VII and queen of Spain from his death in 1833 until her dethronement in 1868; Alfonsito: Alfonso XII, the son of Isabel II, who was king of Spain from 1874 until his death in 1885.

entrevistados; que luego sus nombres saldrán campando en los periódicos principales de la capital de Francia. El interviéwer de conciencia, el repórter que sabe su deber, no solamente da cuenta de lo que ha oído, sino también de lo que ha visto en casa del interviéwed.

Carlos Chincholle, el repórter más infatigable de París, interviewó a Rochefort[33] por la centésima vez con motivo del proyecto de expulsión de los príncipes de las familias que habían reinado en Francia. De los que menos trató en el acta de la entrevista fue de la expulsión de los dichos príncipes, y se abrió al mar para decir el modo como halló al interviewed. Dijo que la gata de Rochefort había parido siete gatitos esa noche; que "el brillante linternero" había estado cuando él entró con los recién nacidos entre las piernas, acariciando a todos ellos; que le dijo desde luego que a nada respondería si no le daba su palabra de tomar a su cargo uno de esos serafines y de criarlo como Dios manda; que en seguida le convidó a almorzar; que comieron pescado frito, patas de puerco y otras cositas que no quería decir; que el interviéwed se levantó de la mesa y se fue a las carreras de San Ouen, dejándole plantado; y que la opinión de ese insigne periodista era que no se debía expulsar a los príncipes, porque la República y la libertad eran para todos; pero que él daría su voto por la expulsión en el Parlamento.

Aquí tienen ustedes el interviéwer francés, el repórter parisiense, con su pelo y con su lana. Al señor de Lesseps[34] le interviewaron no ha mucho más de cuatro interviéwers, para saber el nombre que pensaba poner al hijo que iba a nacerle en esos días, —¡el hijo duodécimo, a los 82 años de edad, si ustedes gustan! No satisfechos los interviéwers con el nombre que les dio el anciano dichoso, le preguntaron cómo los llamaría si la señora diese a luz dos gemelos, y si pensaba que serían dos los que pariese. Del canal de Suez, del istmo de Panamá, ni una palabra.

¡Dios de bondad! ya me figuro el modo como nosotros recibiéramos al interviéwer en Quito, Bogotá, u otra ciudad andina adonde no llegan aún los inventos de los yankees; y más si somos de esos buenos señores antiguos de pasta española y cáscara amarga.

—¿Quién es usted?

—Soy el repórter de "La Democracia." Vengo a saber la opinión de usted tocante a la quiebra del "Banco de la Probidad."

—Y a usted qué le importa mi opinión?

—¿Es de buena fe? ¿es de mala fe?

—No me da la gana de decírselo.

—¿Y por qué, señor don Pedro?

—¡Porque no!

—No insistiré en esta materia, pero sí me hará usted el favor de decirme lo que piensa del señor obispo, de las monjas visitadinas.

—Del señor obispo no pienso nada; de las monjas tampoco; y si algo pensara, no se lo dijera a usted.

—Señor don Pedro, el voto de los buenos ciudadanos influye sobre la mayoría. La prensa, por otra parte, tiene sus privilegios.

—Me río de la prensa, de sus privilegios y de los periodistas.

—Pero no se reirá usted de la felicidad doméstica, de los fueros de la familia. ¿Es verdad que casa usted a su hija, la joven Rosa? ¿Cómo la casa? ¿Cuánto le da usted de dote? ¿Tiene la señorita mucha gana de casarse?

—¡Qué desvergüenza! ¿Conque viene usted a que yo le diga todo esto?

Como don Pedro se hacía a un lado para coger un palo, el interviéwer ganó la puerta, y no se le ha vuelto a ver en la casa del interviéwed. Yo habría querido que don Pedro hubiese tenido tiempo de ajustarle la cuenta y le hubiese mandado con la cabeza rota en cuatro partes, a fin de que el interviéwer nunca más hubiera pensado en interviewar a nadie, y este monstruo no viniese jamás a ser parte de nuestras costumbres.

(*El espectador*, 1886)

---

[33] Victor Henri Rochefort (1830–1913), a radical pamphleteer and a bitter opponent of the Second Empire, editor of the *Fígaro* (1863), and founder and editor of the anti-imperial journals, the *Lanterne* (1868) and the *Marseillaise* (1869).

[34] Count Ferdinand M. de Lesseps (1805–1894), promoter and builder of the Suez Canal.

Ricardo Palma

PERU, 1833–1919   Ricardo Palma has the unusual distinction of being the inventor of a literary genre, the *tradición* or historical anecdote, an art form which he defined in a letter to his friend, Rafael Obligado, as follows: "La *tradición* es romance y no es romance; es historia y no es historia. La forma ha de ser ligera y recogida; la narración, rápida y humorística. Me vino en mientes platear píldoras y dárselas a tragar al pueblo, sin andarme con escrúpulos de monja boba. Algo, y aun algos, de mentira, y tal cual dosis de verdad, por infinitesimal que sea: mucho de esmero y pulimento en el lenguaje; y cata la receta para escribir *tradiciones*."

Palma drew his inspiration from old chronicles, legal documents, and maps and drawings which he found among the treasures of the National Library of Peru, of which for years he was librarian, as well as from the ancient buildings and other remains of colonial culture which still give color and charm to his native city of Lima.

The subject matter of the *Tradiciones peruanas* covers the entire range of the history of Peru, from the time of the Incas to the war with Chile (1879–1883), but the largest and most interesting batch of them takes us back to the days of the Spanish viceroys. In them, especially, Palma gives free rein to his sophisticated irony and his love for the taste of words. His use of aged-in-the-cask language did not prevent him from smiling with a very modern detachment.

LAS OREJAS DEL ALCALDE

Crónica de la época del segundo virrey del Perú

I

La villa imperial de Potosí[1] era, a mediados del siglo XVI, el punto adonde de preferencia afluían los aventureros. Así se explica que, cinco años después de descubierto el rico mineral, excediese su población de veinte mil almas.

"Pueblo minero—dice el refrán—pueblo vicioso y pendenciero." Y nunca tuvo refrán

[1] Potosí: See page 208, note 24.

314

más exacta verdad que tratándose de Potosí en los dos primeros siglos de la conquista.

Concluía el año de gracia 1550, y era alcalde mayor de la villa el licenciado don Diego de Esquivel, hombre atrabiliario y codicioso, de quien cuenta la fama que era capaz de poner en subasta la justicia, a trueque de barras de plata.

Su señoría era también goloso de la fruta del paraíso, y en la imperial villa se murmuraba mucho acerca de sus trapisondas mujeriegas. Como no se había puesto nunca en el trance de que el cura de la parroquia le leyese la famosa epístola de San Pablo,[2] don Diego de Esquivel hacía gala de pertenecer al gremio de los solterones, que tengo para mí constituyen, si no una plaga social, una amenaza contra la propiedad del prójimo. Hay quien afirma que los comunistas y los solterones son bípedos que se asimilan.

Por entonces hallábase su señoría encalabrinado con una muchacha potosina; pero ella, que no quería dares ni tomares con el hombre de la ley, lo había muy cortésmente despedido, poniéndose bajo la salvaguardia de un soldado de los tercios de Tucumán,[3] guapo mozo, que se derretía de amor por los hechizos de la damisela. El golilla ansiaba, pues, la ocasión de vengarse de los desdenes de la ingrata, a la par que del favorecido mancebo.

Como el diablo nunca duerme, sucedió que una noche se armó gran pendencia en una de las muchas casas de juego, que, en contravención a las ordenanzas y bandos de la autoridad, pululaban en la calle de *Quintu Mayu.* Un jugador novicio en prestidigitación, y que carecía de limpieza para levantar la *moscada,*[4] había dejado escapar tres dados en una apuesta de interés; y otro cascarrabias, desnudando el puñal, le clavó la mano en el tapete. A los gritos y a la san-

francia correspondiente, hubo de acudir la ronda y con ella el alcalde mayor, armado de vara y espadín.

—¡Cepos quedos[5] y a la cárcel!—dijo.

Y los alguaciles, haciéndose compadres de los jugadores, como es de estilo en percances tales, los dejaron escapar por los desvanes, limitándose, para llenar el expediente,[6] a echar la zarpa a dos de los menos listos.

No fue bobo el alegrón de don Diego cuando, constituyéndose al otro día en la cárcel, descubrió que uno de los presos era su rival, soldado de los tercios de Tucumán.

—¡Hola, hola, buena pieza![7] ¿Conque también jugadorcito?

—¡Qué quiere vueseñoría! Un pícaro dolor de dientes me traía anoche como un zarandillo, y por ver de aliviarlo fui a esa casa en requerimiento de un mi paisano que lleva siempre en la escarcela un par de muelas de Santa Apolonia,[8] que diz que curan esa dolencia como por ensalmo.

—¡Ya te daré yo ensalmo, truhán!— murmuró el juez, y, volviéndose al otro preso, añadió:—Ya saben usarcedes lo que reza el bando; cien duros o cincuenta azotes. A las doce daré una vuelta y . . . ¡cuidadito!

El compañero de nuestro soldado envió recado a su casa y se agenció las monedas de la multa, y cuando regresó el alcalde halló redonda la suma.

—Y tú, malandrín, ¿pagas o no pagas?

—Yo, señor alcalde, soy pobre de solemnidad; y vea vueseñoría lo que provee, porque, aunque me hagan cuartos, no han de sacarme un cuarto. Perdone, hermano,[9] no hay que dar.

—Pues la carrera de baqueta[10] lo hará bueno.

—Tampoco puede ser, señor alcalde; que aunque soldado, soy hidalgo y de solar conocido, y mi padre es todo un veinticuatro[11] de

---

[2] la famosa . . . San Pablo: *The 7th and following chapters of* Corinthians I *were read in the marriage ceremony.*

[3] los tercios de Tucumán: *the divisions serving at Tucumán.*

[4] que carecía . . . la *moscada*: *wasn't slick enough to get away with the trick.*

[5] ¡Cepos quedos . . .!: *Stop! Silence!*

[6] llenar el expediente: *have something for the record,*

save their faces.

[7] buena pieza: *my fine fellow.*

[8] muelas . . . Apolonia: *St. Apolonia's teeth;* i.e. *dice.*

[9] Perdone, hermano: *the phrase with which one politely refuses a beggar's request for alms.*

[10] la carrera de baqueta: *a good flogging.*

[11] un veinticuatro de Sevilla: *an alderman of Seville* (one of twenty-four).

Sevilla. Infórmese de mi capitán don Álvaro Castrillón, y sabrá vueseñoría que gasto un don como el mismo rey, que Dios guarde.

—¿Tú, hidalgo, don bellaco? Maese Antúnez, ahora mismo que le apliquen cin- 5 cuenta azotes a este príncipe.

—Mire el señor licenciado lo que manda, que ¡por Cristo! no se trata tan ruinmente a un hidalgo español.

—¡Hidalgo! ¡Hidalgo! Cuéntamelo por 10 la otra oreja.

—Pues, señor don Diego—repuso furioso el soldado—si se lleva adelante esa cobarde infamia, juro a Dios y a Santa María que he de cobrar venganza en sus orejas de alcalde. 15

El licenciado le lanzó una mirada desdeñosa y salió a pasearse en el patio de la cárcel.

Poco después el carcelero Antúnez con cuatro de sus pinches o satélites sacaron al 20 hidalgo aherrojado, y a presencia del alcalde le administraron cincuenta bien sonados zurriagazos. La víctima soportó el dolor sin exhalar la más mínima queja, y terminado el vapuleo, Antúnez lo puso en libertad. 25

—Contigo, Antúnez, no va nada[12]—le dijo el azotado—; pero anuncia al alcalde que desde hoy las orejas que lleva me pertenecen, que se las presto por un año y que me las cuide como a mi mejor prenda. 30

El carcelero soltó una risotada estúpida y murmuró:

—A este prójimo se le ha barajado el seso. Si es loco furioso no tiene el licenciado más que encomendármelo, y veremos si sale cierto 35 aquello de que el loco por la pena es cuerdo.

2

Hagamos una pausa, lector amigo, y entremos en el laberinto de la historia, ya que en 40 esta serie de *Tradiciones* nos hemos impuesto

la obligación de consagrar líneas al virrey con cuyo gobierno se relaciona nuestro relato.

Después de la trágica suerte que cupo al primer virrey, don Blasco Núñez de Vela,[13] pensó la corte de España que no convenía enviar inmediatamente al Perú otro funcionario de tan elevado carácter. Por el momento e investido con amplísimas facultades y firmas en blanco de Carlos V, llegó a estos reinos el licenciado La Gasca[14] con el título de gobernador; y la historia nos refiere que más que a las armas, debió a su sagacidad y talento la victoria contra Gonzalo Pizarro.

Pacificado el país, el mismo La Gasca manifestó al emperador la necesidad de nombrar un virrey para el Perú, y propuso para este cargo a don Antonio de Mendoza, marqués de Mondéjar, conde del Tendilla, como hombre amaestrado ya en cosas de gobierno por haber desempeñado el virreinato de Méjico.

Hizo su entrada en Lima con modesta pompa el marqués de Mondéjar, segundo virrey del Perú, el 23 de septiembre de 1551. El reino acababa de pasar por los horrores de una larga y desastrosa guerra, las pasiones de partido estaban en pie, la inmoralidad cundía y Francisco Girón[15] se aprestaba ya para acaudillar la sangrienta revolución de 1553.

No eran ciertamente halagüeños los auspicios bajo los que se encargó del mando el marqués de Mondéjar. Principió por adoptar una política conciliadora, rechazando—dice un historiador—las denuncias de que se alimenta la persecución. Cuéntase de él— agrega Lorente[16]—que habiendo un capitán acusado a dos soldados de andar entre indios, sosteniéndose con la caza y haciendo pólvora para su uso exclusivo, le dijo con rostro severo: "Esos delitos merecen más bien gratificación que castigo; porque vivir dos españoles entre

---

[12] Contigo . . . nada: *I have nothing against you.*

[13] don Blasco Núñez de Vela: viceroy, appointed after the first Civil War to stabilize the government, reached Lima in 1543. Tactless and severe, he was disliked by the people and Gonzalo Pizarro, who had hoped to succeed his brother, the conquistador, as governor, led a revolt against him. In a battle at Iñaquito, near Quito (1546), the viceroy was defeated and killed.

[14] Pedro La Gasca, a shrewd ecclesiastic, was sent,

as here recounted, to put down Gonzalo Pizarro's insurrection.

[15] Francisco Girón: a Spanish adventurer who had fought with the authorities to help put down the revolt of Gonzalo Pizarro, but later started a rebellion of his own. He was captured and put to death in 1554.

[16] Sebastián Lorente, contemporary of Palma's, historian, author of *Historia antigua del Perú*, *Historia del Perú bajo los Borbones* and *Historia del Perú desde la proclamación de la independencia*.

indios y comer de lo que con sus arcabuces matan y hacer pólvora para sí y no para vender, no sé qué delito sea, sino mucha virtud y ejemplo digno de imitarse. Id con Dios, y que nadie me venga otro día con semejantes chismes, que no gusto de oírlos.''

¡Ojalá siempre los gobernantes diesen tan bella respuesta a los palaciegos enredadores, denunciantes de oficio y forjadores de revueltas y máquinas infernales! Mejor andaría el mundo.

Abundando en buenos propósitos, muy poco alcanzó a ejecutar el marqués de Mondéjar. Comisionó a su hijo don Francisco para que recorriendo el Cuzco, Chucuito, Potosí y Arequipa, formulase un informe sobre las necesidades de la raza indígena; nombró a Juan Betanzos para que escribiera una historia de los incas; creó la guardia de alabarderos; dictó algunas juiciosas ordenanzas sobre policía municipal de Lima, y castigó con rigor a los duelistas y sus padrinos. Los desafíos, aun por causas ridículas, eran la moda de la época y muchos se realizaban vistiendo los combatientes túnicas color de sangre.

Provechosas reformas se proponía implantar el buen don Antonio de Mendoza. Desgraciadamente, sus dolencias embotaban la energía de su espíritu, y la muerte lo arrebató en julio de 1552, sin haber completado diez meses de gobierno. Ocho días antes de su muerte, el 21 de julio, se oyó en Lima un espantoso trueno acompañado de relámpagos, fenómeno que desde la fundación de la ciudad se presentaba por primera vez.

3

Al siguiente día don Cristóbal de Agüero, que tal era el nombre del soldado, se presentó ante el capitán de los tercios tucumanos, don Álvaro Castrillón, diciéndole:

—Mi capitán, ruego a usía me conceda licencia para dejar el servicio. Su majestad quiere soldados con honra, y yo la he perdido.

Don Álvaro, que distinguía mucho al de Agüero, le hizo algunas observaciones que se estrellaron en la inflexible resolución del soldado. El capitán accedió al fin a su demanda.

El ultraje inferido a don Cristóbal había quedado en el secreto; pues el alcalde prohibió a los carceleros que hablasen de la azotaina. Acaso la conciencia le gritaba a don Diego que la vara del juez le había servido para vengar en el jugador los agravios del galán.

Y así corrieron tres meses, cuando recibió don Diego pliegos que lo llamaban a Lima para tomar posesión de una herencia; y obtenido permiso del corregimiento, principió a hacer sus aprestos de viaje.

Paseábase por Cantumarca[17] en la víspera de su salida, cuando se le acercó un embozado, preguntándole:

—¿Mañana es el viaje, señor licenciado?

—¿Le importa algo al muy impertinente?

—¿Que si me importa? ¡Y mucho! Como que tengo que cuidar esas orejas.

Y el embozado se perdió en una callejuela, dejando a Esquivel en un mar de cavilaciones.

En la madrugada emprendió su viaje al Cuzco. Llegado a la ciudad de los incas, salió el mismo día a visitar a un amigo, y al doblar una esquina, sintió una mano que se posaba sobre su hombro. Volvióse sorprendido don Diego, y se encontró con su víctima de Potosí.

—No se asuste, señor licenciado. Veo que esas orejas se conservan en su sitio y huélgome de ello.

Don Diego se quedó petrificado.

Tres semanas después llegaba nuestro viajero a Guamanga, y acababa de tomar posesión en la posada, cuando al anochecer llamaron a la puerta.

—¿Quién?—preguntó el golilla.

—¡Alabado sea el Santísimo!—contestó el de fuera.

—Por siempre alabado amén[18]—y se dirigió don Diego a abrir la puerta.

[17] Cantumarca: a town formerly in Peru, now in Bolivia.

[18] ¡Alabado . . . Santísimo! . . . Por . . . amén: a form of salutation and its answer which were in common use at that time.

Ni el espectro de Banquo en los festines de Macbeth, ni la estatua del Comendador[19] en la estancia del libertino don Juan, produjeron más asombro que el que experimentó el alcalde, hallándose de improviso con el flagelado de Potosí.

—Calma, señor licenciado. ¿Esas orejas no sufren deterioro? Pues, entonces, hasta más ver.

El terror y el remordimiento hicieron enmudecer a don Diego.

Por fin, llegó a Lima, y en su primera salida encontró a nuestro hombre fantasma, que ya no le dirigía la palabra, pero que le lanzaba a las orejas una mirada elocuente. No había medio de esquivarlo. En el templo y en el paseo era el pegote de su sombra, su pesadilla eterna.

La zozobra de Esquivel era constante y el más leve ruido le hacía estremecer. Ni la riqueza, ni las consideraciones que, empezando por el virrey, le dispensaba la sociedad de Lima, ni los festines, nada, en fin, era bastante para calmar sus recelos. En su pupila se dibujaba siempre la imagen del tenaz perseguidor.

Y así llegó el aniversario de la escena de la cárcel.

Eran las diez de la noche, y don Diego, seguro de que las puertas de su estancia estaban bien cerradas, arrellanado en un sillón de vaqueta, escribía su correspondencia a la luz de una lámpara mortecina. De repente, un hombre se descolgó cautelosamente por una ventana del cuarto vecino, dos brazos nervudos sujetaron a Esquivel, una mordaza ahogó sus gritos y fuertes cuerdas ligaron su cuerpo al sillón.

El hidalgo de Potosí estaba delante, y un agudo puñal relucía en sus manos.

—Señor alcalde mayor—le dijo,—hoy vence el año y vengo por mi honra.

Y con salvaje serenidad rebanó las orejas del infeliz licenciado.

4

Don Cristóbal de Agüero logró trasladarse a España, burlando la persecución del virrey marqués de Mondéjar. Solicitó una audiencia de Carlos V, lo hizo juez de su causa, y mereció, no sólo el perdón del soberano, sino el título de capitán en un regimiento que se organizaba para México.

El licenciado murió un mes después, más que por consecuencia de las heridas, de miedo al ridículo de oírse llamar el *Desorejado*.

(*Tradiciones peruanas*, 1872–1910)

❧UN VIRREY HEREJE Y UN CAMPANERO BELLACO

Crónica de la época del decimoséptimo virrey del Perú

I

AZOTES POR UN REPIQUE

El templo y el convento de los padres agustinos estuvieron primitivamente (1551) establecidos en el sitio que ahora es iglesia parroquial de San Marcelo, hasta que en 1573 se efectuó la traslación a la vasta área que hoy ocupan, no sin gran litigio y controversia de dominicos y mercedarios, que se oponían al establecimiento de otras órdenes monásticas.

En breve los agustinianos, por la austeridad de sus costumbres y por su ilustración y ciencia, se conquistaron una especie de supremacía sobre las demás religiones. Adquirieron muy valiosas propiedades, así rústicas como urbanas, y tal fue el manejo y acrecentamiento de sus rentas, que durante más de un siglo pudieron distribuir anualmente, por Semana Santa, cinco mil pesos en

---

[19] la estatua del Comendador: In José Zorrilla's *Don Juan Tenorio* the statue of the *comendador*, whom he has wronged, accepts Don Juan's impious invitation to dinner.

limosnas. Los teólogos más eminentes y los más distinguidos predicadores pertenecían a esta comunidad, y de los claustros de San Ildefonso, colegio que ellos fundaron en 1606 para la educación de sus novicios, salieron hombres verdaderamente ilustres.

Por los años de 1656, un limeño llamado Jorge Escoiquiz, mocetón de veinte abriles, consiguió vestir el hábito; pero como manifestase más disposición para la truhanería que para el estudio, los padres, que no querían tener en su noviciado gente molondra y holgazana, trataron de expulsarlo. Mas el pobrete encontró valedor en uno de los caracterizados conventuales, y los religiosos convinieron caritativamente en conservarlo y darle el elevado cargo de campanero.

Los campaneros de los conventos ricos tenían por subalternos dos muchachos esclavos, que vestían el hábito de donados. El empleo no era, pues, tan despreciable, cuando el que lo ejercía, aparte de seis pesos de sueldo, casa, refectorio y manos sucias, tenía bajo su dependencia gente a quien mandar.

En tiempo del virrey conde de Chinchón creóse por el cabildo de Lima el empleo de *campanero de la queda*, destino que se abolió medio siglo después. El campanero de la queda era la categoría del gremio, y no tenía más obligación que la de hacer tocar a las nueve de la noche campanadas en la torre de la Catedral. Era cargo honorífico y muy pretendido, y disfrutaba el sueldo de un peso diario.

Tampoco era destino para dormir a pierna suelta; pues si hubo y hay en Lima oficio asendereado y que reclame actividad, es el de campanero; mucho más en los tiempos coloniales, en que abundaban las fiestas religiosas y se echaban a vuelo las campanas por tres días lo menos, siempre que llegaba *el cajón*[20] de España con la plausible noticia de que al infantico real le había salido la última muela o librado con bien del sarampión y la alfombrilla.

Que no era el de campanero oficio exento de riesgo, nos lo dice bien claro la crucecita de madera que hoy mismo puede contemplar el lector limeño incrustada en la pared de la plazuela de San Agustín. Fue el caso que, a fines del siglo pasado, cogido un campanero por las aspas de la *Mónica* o campana volteadora,[21] voló por el espacio sin necesidad de alas, y no paró hasta estrellarse en la pared fronteriza a la torre.

Hasta mediados del siglo XVII no se conocían en Lima más carruajes que las carrozas del virrey y del arzobispo y cuatro o seis calesas pertenecientes a oidores[22] o títulos[23] de Castilla. Felipe II, por real cédula de 24 de noviembre de 1577, dispuso que en América no se fabricaran carruajes ni se trajeran de España, dando por motivo para prohibir el uso de tales vehículos, que, siendo escaso el número de caballos, éstos no debían emplearse sino en servicio militar. Las penas señaladas para los contraventores eran rigurosas. Esta real cédula, que no fue derogada por Felipe III, empezó a desobedecerse en 1610. Poco a poco fue cundiendo el lujo de hacerse arrastrar, y sabido es que ya en los tiempos de Amat[24] pasaban de mil los vehículos que el día de la Porciúncula[25] lucían en la Alameda de los Descalzos.

Los campaneros y sus ayudantes, que vivían de perenne atalaya en las torres, tenían orden de repicar siempre que por la plazuela de sus conventos pasasen el virrey o el arzobispo, práctica que se conservó hasta los tiempos del marqués de Castel dos Ríus.[26]

Parece que el virrey conde de Alba de Liste,[27] que, como verá el lector más adelante, sus motivos tenía para andar escamado con la gente de iglesia, salió un domingo en coche y con escolta a pagar visitas. El ruido de un carruaje era en esos tiempos acontecimiento tal, que las familias, confundiéndolo con el

[20] *el cajón: the box containing the mail, mail pouch.*
[21] campana volteadora: *revolving bell.*
[22] oidores: *judges,* the five members of the Royal Tribunal.
[23] títulos: *nobles.*
[24] Manuel Amat, Viceroy of Peru 1762–1776.
[25] el día . . . Porciúncula: August 2, the day of the jubilee of the Franciscan friars.
[26] Manuel de Oms, marqués de Castel dos Ríus, Viceroy of Peru 1707–1710.
[27] Alba de Liste: See next chapter.

que precede a los temblores, se lanzaban presurosas a la puerta de la calle.

Hubo el coche de pasar por la plazuela de San Agustín; pero el campanero y sus adláteres[28] se hallarían probablemente de regodeo y lejos del nido, pues no se movió badajo en la torre. Chocóle esta desatención a su excelencia, y hablando de ella en su tertulia nocturna, tuvo la ligereza de culpar al prior de los agustinos. Súpolo éste, y fue al día siguiente a palacio a satisfacer al virrey, de quien era amigo personal; y averiguada bien la cosa, el campanero, por no confesar que no había estado en su puesto, dijo que: aunque vio pasar el carruaje, no creyó obligatorio el repique, pues los bronces benditos no debían alegrarse por la presencia de un virrey hereje.* * *

La falta, que pudo traer grave desacuerdo entre el representante del monarca y la comunidad, fue calificada por el definitorio como digna de severo castigo, sin que valiese la disculpa al campanero; pues no era un pajarraco de torre el llamado a calificar la conducta del virrey en sus querellas con la Inquisición.

Y cada padre, armado de disciplina, descargó un ramalazo penitencial sobre las desnudas espaldas de Jorge Escoiquiz.

2

EL VIRREY HEREJE

El Excmo. señor don Luis Henríquez de Guzmán, conde de Alba de Liste y de Villaflor y descendiente de la casa real de Aragón, fue el primer grande de España que vino al Perú con el título de virrey, en febrero de 1655, después de haber servido igual cargo en México. Era tío del conde de Salvatierra, a quien relevó en el mando del Perú.* * *

Magistrado de buenas dotes administrativas y hombre de ideas algo avanzadas para su época, su gobierno es notable en la historia únicamente por un cúmulo de desdichas. Los seis años de su administración fueron seis años de lágrimas, luto y zozobra pública.

El galeón que bajo las órdenes del marqués de Villarrubia conducía a España cerca de seis millones en oro y plata y seiscientos pasajeros, desapareció en un naufragio en los arrecifes de Chanduy, salvándose únicamente cuarenta y cinco personas. Rara fue la familia de Lima que no perdió allí algún deudo. Una empresa particular consiguió sacar del fondo del mar cerca de trescientos mil pesos, dando la tercera parte a la corona.

Un año después, en 1656, el marqués de Baides, que acababa de ser gobernador de Chile, se trasladaba a Europa con tres buques cargados de riquezas, y vencido en combate naval cerca de Cádiz por los corsarios ingleses, prefirió a rendirse pegar fuego a la santabárbara de su nave.

Y por fin, la escuadrilla de don Pablo Contreras, que en 1652 zarpó de Cádiz, conduciendo mercancías para el Perú, fue deshecha en un temporal, perdiéndose siete buques.

Pero, para Lima, la mayor de las desventuras fue el terremoto del 13 de noviembre de 1655. Publicaciones de esa época describen minuciosamente sus estragos, las procesiones de penitencia y el arrepentimiento de grandes pecadores; y a tal punto se aterrorizaron las conciencias, que se vio el prodigio de que muchos pícaros devolvieran a sus legítimos dueños fortunas usurpadas.

El 15 de marzo de 1657 otro temblor, cuya duración pasó de un cuarto de hora, causó en Chile inmensa congoja; y últimamente, la tremenda erupción del Pichincha,[29] en octubre de 1660, son sucesos que bastan a demostrar que este virrey vino con aciaga estrella.

Para acrecentar el terror de los espíritus, apareció en 1660 el famoso cometa observado por el sabio limeño don Francisco Luis Lozano, que fue el primer cosmógrafo mayor que tuvo el Perú.

Y para que nada faltase a este sombrío cuadro, la guerra civil vino a enseñorearse de una parte del territorio. El indio Pedro Bohorques, escapándose del presidio de Valdivia, alzó bandera proclamándose des-

---

[28] adláteres (aláteres): *constant companions.*

[29] Pichincha: volcano near Quito.

cendiente de los incas, y haciéndose coronar, se puso a la cabeza de un ejército. Vencido y prisionero, fue conducido a Lima, donde lo esperaba el patíbulo.

Jamaica, que hasta entonces había sido colonia española, fue tomada por los ingleses y se convirtió en foco de filibusterismo,[30] que durante siglo y medio tuvo en constante alarma a estos países.

El virrey conde de Alba de Liste no fue querido en Lima, por la despreocupación de sus ideas religiosas, creyendo el pueblo, en su candoroso fanatismo, que era él quien atraía sobre el Perú las iras del cielo. Y aunque contribuyó a que la Universidad de Lima, bajo el rectorado del ilustre Ramón Pinelo, celebrase con gran pompa el breve de Alejandro VII sobre la Purísima Concepción de María, no por eso le retiraron el apodo de *virrey hereje* que un egregio jesuita, el padre Alloza, había contribuido a generalizar; pues habiendo asistido su excelencia a una fiesta en la Iglesia de San Pedro, aquel predicador lo sermoneó de lo lindo porque no atendía a la palabra divina, distraído en conversación con uno de los oidores.

El arzobispo Villagómez se presentó un año con quitasol en la procesión de Corpus, y como el virrey lo reprendiese, se retiró de la fiesta. El monarca los dejó iguales, resolviendo que ni virrey ni arzobispo usasen de quitasol.

Opúsose el de Alba de Liste a que se consagrase fray Cipriano Medina, por no estar muy en regla las bulas que lo instituían obispo de Guamanga. Pero el arzobispo se dirigió a media noche al noviciado de San Francisco, y allí consagró a Medina.

Habiendo puesto presos los alcaldes de corte a los escribanos de la curia por desacato,[31] el arzobispo excomulgó a aquéllos. El virrey, apoyado por la Audiencia, obligó a su ilustrísima a levantar la excomunión.

Sobre provisión de beneficios eclesiásticos tuvo el de Alba de Liste infinitas cuestiones con el arzobispo, cuestiones que contribuyeron para que el fanático pueblo lo tuviese por hombre descreído y mal cristiano, cuando en realidad no era sino celoso defensor del patronato regio.

Don Luis Henríquez de Guzmán tuvo también la desgracia de vivir en guerra abierta con la Inquisición, tan omnipotente y prestigiosa entonces. El virrey, entre otros libros prohibidos, había traído de México un folleto escrito por el holandés Guillermo Lombardo, folleto que en confianza mostró a un inquisidor o familiar del Santo Oficio. Mas éste lo denunció, y el primer día de Pascua de Espíritu Santo,[32] hallándose su excelencia en la catedral con todas las corporaciones, subió al púlpito un comisario del tribunal de la fe, y leyó un edicto compeliendo al virrey a entregar el libelo y a poner a disposición del Santo Oficio a su médico César Nicolás Wandier, sospechoso de luteranismo. El virrey abandonó el templo con gran indignación, y elevó a Felipe IV una fundada queja. Surgieron de aquí serias cuestiones, a las que el monarca puso término reprobando la conducta inquisitorial, pero aconsejando amistosamente al de Alba de Liste que entregase el papelucho motivo de la querella.

En cuanto al médico francés, el noble conde hizo lo posible para libertarlo de caer bajo las garras de los feroces torniceros; pero no era cosa fácil arrebatarle una víctima a la Inquisición. En 8 de octubre de 1667, después de más de ocho años de encierro en las mazmorras del Santo Oficio, fue penitenciado Wandier. Acusáronlo, entre otras quimeras, de que con apariencias de religiosidad tenía en su cuarto un crucifijo y una imagen de la Virgen, a los que prodigaba palabras blasfemas. Después del auto de fe, en el que, felizmente, no se condenó al reo a la hoguera, hubo en Lima tres días de rogativas, procesión de desagravio y otras ceremonias religiosas, que terminaron trasladando las imágenes de la catedral a la iglesia del Prado, donde presumimos que existen hoy.

En agosto de 1661, después de haber entregado el gobierno al conde de Santisteban,

---

[30] filibusterismo: *filibustering, ship raiding by buccaneers.*
[31] desacato: *contempt of court.*

[32] Pascua . . . Santo: *Whitsuntide.*

regresó a España el de Alba de Liste, muy contento de abandonar una tierra en la que corría el peligro de que lo convirtiesen en chicharrón, quemándolo por hereje.

3

LA VENGANZA DE UN CAMPANERO

Es probable que a Escoiquiz no se le pasara tan aína el escozor de los ramalazos, pues juró en sus adentros vengarse del melindroso virrey que tanta importancia diera a repique más o menos.

No había aún transcurrido una semana desde el día del vapuleo, cuando una noche, entre doce y una, las campanas de la torre de San Agustín echaron un largo y entusiasta repique. Todos los habitantes de Lima se hallaban a esa hora entre palomas[33] y en lo mejor del sueño, y se lanzaron a la calle preguntándose cuál era la halagüeña noticia que con lenguas de bronce festejaban las campanas.

Su excelencia don Luis Henríquez de Guzmán, sin ser por ello un libertino, tenía su trapicheo con una aristocrática dama; y cuando, dadas las diez, no había ya en Lima quien se aventurase a andar por las aceras, el virrey salía de tapadillo por una puerta excusada que cae a la calle de los Desamparados, muy rebujado en el embozo, y en compañía de su mayordomo encaminábase a visitar a la hermosa, que le tenía el alma en cautiverio. Pasaba un par de horitas en sabrosa intimidad, y después de media noche se regresaba a palacio con la misma cautela y misterio.

Al día siguiente fue notorio en la ciudad que un paseo nocturno del virrey había motivado el importuno repique. Y hubo corrillos y mentidero largo en las gradas de la catedral, y todo eran murmuraciones y conjeturas, entre las que tomó cuerpo y se abultó infinito la especie de que el señor conde se recataba para asistir a algún misterioso conciliábulo de herejes; pues nadie podía sospechar que un caballero tan serio anduviese a picos pardos y con tapujos de contrabandista, como cualquier mozalbete.

Mas su excelencia no las tenía todas consigo, y recelando una indiscreción del campanero, hízolo secretamente venir a palacio, y encerrándose con él en su camarín, le dijo:

—¡Gran tunante! ¿Quién te avisó anoche que yo pasaba?

—Señor excelentísimo—respondió Escoiquiz sin turbarse—, en mi torre hay lechuzas.

—¿Y qué diablos tengo yo que ver con que las haya?

—Vuecencia, que ha tenido sus dimes y diretes[34] con la Inquisición y que anda con ella al morro, debe saber que las brujas se meten en el cuerpo de las lechuzas.

—¿Y para ahuyentarlas escandalizaste la ciudad con tus cencerros? Eres un bribón de marca, y tentaciones me entran de enviarte a presidio.

—No sería digno de vuecencia castigar con tan extremo rigor a quien, como yo, es discreto, y que ni al cuello de su camisa le ha contado lo que trae a todo un virrey del Perú en idas y venidas nocturnas por la calle de San Sebastián.

El caballeroso conde no necesitó de más apunte para conocer que su secreto, y con él la reputación de una dama, estaban a merced del campanero.

—¡Bien, bien!—le interrumpió. —Ata corto la lengua y que el badajo de tus campanas sea también mudo.

—Lo que yo, callaré como un difunto, que no me gusta informar a nadie de vidas ajenas; pero en lo que atañe al decoro de mis campanas no cedo ni el canto de una uña, que no las fundió el herrero para rufianas y tapadoras de paseos pecaminosos. Si vuecencia no quiere que ellas den voces, facillillo es el remedio. Con no pasar por la plazuela, salimos de compromisos.

—Convenido. Y ahora dime: ¿en qué puedo servirte?

Jorge Escoiquiz, que como se ve no era corto de genio, rogó al virrey que intercediese con el prior para volver a ser admitido en el noviciado. Hubo su excelencia de ofrecérselo,

---

[33] entre palomas: *in bed.*

[34] sus dimes y diretes: *your arguments.*

y tres o cuatro meses después el superior de los agustinianos relevaba al campanero. Y tanto hubo de valerle el encumbrado protector, que en 1660 fray Jorge Escoiquiz celebraba su primera misa, teniendo por padrino de vinajeras nada menos que al virrey hereje.

Según unos, Escoiquiz no pasó de ser un fraile de misa y olla;[35] y según otros, alcanzó a las primeras dignidades de su convento. La verdad quede en su lugar.

Lo que es para mí, punto formalmente averiguado es que el virrey, cobrando miedo a la vocinglería de las campanas, no volvió a pasar por la plazuela de San Agustín, cuando le ocurría it de galanteo a la calle de San Sebastían.

Y aquí hago punto y rubrico,
sacando de esta conseja
la siguiente moraleja:
que no hay enemigo chico.

(*Tradiciones peruanas* 1872–1910)

⌒∾LA CAMISA DE MARGARITA

Probable es que algunos de mis lectores hayan oído decir a las viejas de Lima, cuando quieren ponderar lo subido de precio de un artículo:

—¡Qué! Si esto es más caro que la camisa de Margarita Pareja.

Habríame quedado con la curiosidad de saber quién fue esa Margarita, cuya camisa anda en lenguas, si en *La América*, de Madrid, no hubiera tropezado con un artículo firmado por don Ildefonso Antonio Bermejo (autor de un notable libro sobre el Paraguay), quien, aunque muy a la ligera, habla de la niña y de su camisa, me puso en vía de desenredar el ovillo, alcanzando a sacar en limpio la historia que van ustedes a leer.

I

Margarita Pareja era (por los años de 1765) la hija más mimada de don Raimundo Pareja, caballero de Santiago y colector general del Callao.

La muchacha era una de esas limeñitas que, por su belleza, cautivan al mismo diablo y lo hacen persignarse y tirar piedras. Lucía un par de ojos negros que eran como dos torpedos cargados de dinamita y que hacían explosión sobre las entretelas del alma de los galanes limeños.

Llegó por entonces de España un arrogante mancebo, hijo de la coronada villa del oso y del madroño,[36] llamado don Luis Alcázar. Tenía éste en Lima un tío solterón y acaudalado, aragonés rancio y linajudo, y que gastaba más orgullo que los hijos del rey Fruela.[37]

Por supuesto que, mientras le llegaba la ocasión de heredar al tío, vivía nuestro don Luis tan pelado como una rata y pasando la pena negra. Con decir que hasta sus trapicheos eran al fiado y para pagar cuando mejorase de fortuna, creo que digo lo preciso.

En la procesión de Santa Rosa conoció Alcázar a la linda Margarita. La muchacha le llenó el ojo y le flechó el corazón. La echó flores, y aunque ella no le contestó ni sí ni no, dio a entender con sonrisitas y demás armas del arsenal femenino que el galán era plato muy de su gusto. La verdad, como si me estuviera confesando, es que se enamoraron hasta la raíz del pelo.

Como los amantes olvidan que existe la aritmética, creyó don Luis que para el logro de sus amores no sería obstáculo su presente pobreza, y fue al padre de Margarita, y, sin muchos perfiles, le pidió la mano de su hija.

[35] un fraile . . . olla: *an ordinary priest.*
[36] la coronada . . . madroño: Madrid; in its coat of arms a bear is represented leaning against a *madroño*
(strawberry tree).
[37] del rey Fruela: Fruela was King of Asturias in the 8th century.

A don Raimundo no le cayó en gracia la petición, y cortésmente despidió al postulante, diciéndole que Margarita era aún muy niña para tomar marido; pues a pesar de sus diez y ocho mayos, todavía jugaba a las muñecas. 5

Pero no era ésta la verdadera madre del ternero.[38] La negativa nacía de que don Raimundo no quería ser suegro de un *pobretón*; y así hubo de decirlo en confianza a sus amigos, uno de los que fue con el chisme 10 a don Honorato, que así se llamaba el tío aragonés. Éste, que era más altivo que el Cid,[39] trinó de rabia y dijo:

—¡Cómo se entiende! ¡Desairar a mi sobrino! Muchos se darían con un canto en el 15 pecho[40] por emparentar con el muchacho, que no lo hay más gallardo en todo Lima. ¡Habráse visto insolencia de la laya! Pero ¿adónde ha de ir conmigo ese colectorcillo de mala muerte? 20

Margarita, que se anticipaba a su siglo, pues era nerviosa como una damisela de hoy, gimoteó, y se arrancó el pelo, y tuvo pataleta, y si no amenazó con envenenarse, fue porque todavía no se habían inventado los fósforos. 25

Margarita perdía colores y carnes, se desmejoraba a vista de ojos, hablaba de meterse monja, y no hacía nada en concierto.

—¡O de Luis o de Dios!—gritaba cada vez que los nervios se le sublevaban, lo que 30 acontecía una hora sí y otra también.

Alarmóse el caballero santiagués, llamó físicos y curanderas, y todos declararon que la niña tiraba a tísica, y que la única *melecina*[41] salvadora no se vendía en la botica. 35

O casarla con el varón de su gusto, o encerrarla en el cajón con palma y corona. Tal fue el *ultimatum* médico.

Don Raimundo (¡al fin, padre!), olvidándose de coger capa y bastón, se encaminó 40 como loco a casa de don Honorato y le dijo:

—Vengo a que consienta usted en que mañana mismo se case su sobrino con Margarita; porque, si no, la muchacha se nos va por la posta.

—No puede ser—contestó con desabrimiento el tío—. Mi sobrino es un *pobretón*, y lo que usted debe buscar para su hija es un hombre que varee la plata.

El diálogo fue borrascoso. Mientras más rogaba don Raimundo, más se subía el aragonés a la parra,[42] y ya aquél iba a retirarse desahuciado cuando don Luis, terciando en la cuestión, dijo:

—Pero, tío, no es de cristianos que matemos a quien no tiene la culpa.

—¿Tú te das por satisfecho?

—De todo corazón, tío y señor.

—Pues bien, muchacho: consiento en darte gusto; pero con una condición, y es ésa: don Raimundo me ha de jurar ante la Hostia consagrada que no regalará un ochavo a su hija ni la dejará un real en la herencia.

Aquí se entabló un nuevo y más agitado 20 litigio.

—Pero, hombre—arguyó don Raimundo— mi hija tiene veinte mil duros de dote.

—Renunciamos a la dote. La niña vendrá a casa de su marido nada más que con lo 25 encapillado.

—Concédame usted entonces obsequiarla los muebles y el ajuar de novia.

—Ni un alfiler. Si no acomoda, dejarlo y que se muera la chica.

—Sea usted razonable, don Honorato. Mi hija necesita llevar siquiera una camisa para reemplazar la puesta.

—Bien: paso por esa funda para que no me acuse de obstinado. Consiento en 35 que le regale la camisa de novia, y san se acabó.[43]

Al día siguiente don Raimundo y don Honorato se dirigieron muy de mañana a San Francisco, arrodillándose para oír misa, 40 y, según lo pactado, en el momento en que el sacerdote elevaba la Hostia divina, dijo el padre de Margarita:

—Juro no dar a mi hija más que la camisa de novia. Así Dios me condene si 45 perjurare.

---

[38] la verdadera . . . ternero: *the real reason* (for his decision).

[39] el Cid: the national hero of Spain, Rodrigo Díaz de Bivar (1040?–1099).

[40] se darían . . . pecho: *would be tickled.*

[41] *melecina*=medicina.

[42] más . . . parra: *the more obstinate the Aragonese became.*

[43] y san se acabó: *and that's all!*

2

Y don Raimundo Pareja cumplió *ad pedem litteræ*[44] su juramento; porque ni en vida ni en muerte dio después a su hija cosa que valiera un maravedí.

Los encajes de Flandes que adornaban la camisa de la novia costaron dos mil setecientos duros, según lo afirma Bermejo, quien parece copió este dato de las *Relaciones secretas* de Ulloa y don Jorge Juan.[45]

Ítem, el cordoncillo que ajustaba al cuello era una cadeneta de brillantes, valorizada en treinta mil *morlacos*.[46]

Los recién casados hicieron creer al tío aragonés que la camisa a lo más valdría una onza; porque don Honorato era tan testarudo que, a saber lo cierto, habría forzado al sobrino a divorciarse.

Convengamos en que fue muy merecida la fama que alcanzó la camisa nupcial de Margarita Pareja.

(Tradiciones peruanas, 1872-1910)

ᴄᴡᴄLA PANTORRILLA DEL COMANDANTE

1—FRAGMENTO DE CARTA DEL TERCER JEFE DEL "IMPERIAL ALEJANDRO" AL SEGUNDO COMANDANTE DEL BATALLÓN "GERONA"[47]

Cuzco, 3 de diciembre de 1822

Mi querido paisano y compañero: Aprovecho para escribirte la oportunidad de ir el capitán don Pedro Uriondo con pliegos del virrey para el general Valdés.

Uriondo es el malagueño más entretenido que madre andaluza ha echado al mundo. Te lo recomiendo muy mucho. Tiene la manía de proponer apuestas por todo y sobre todo, y lo particular es que siempre las gana. ¡Por Dios!, hermano, no vayas a incurrir en la debilidad de aceptarle apuesta alguna, y haz esta prevención caritativa a tus amigos. Uriondo se jacta de que jamás ha perdido apuesta, y dice verdad. Con que así, abre el ojo y no te dejes atrapar . . .

Siempre tuyo,

Juan Echerry

2—CARTE DEL SEGUNDO COMANDANTE DEL "GERONA" A SU AMIGO DEL "IMPERIAL ALEJANDRO"

Sama, 28 de diciembre de 1822

Mi inolvidable camarada y pariente: Te escribo sobre un tambor en el momento de alistarse el batallón para emprender marcha a Tacna, donde tengo por seguro que vamos a copar[48] al gaucho Martínez, antes de que se junte con las tropas de Alvarado, a quien después nos proponemos hacer bailar el zorongo.[49] El diablo se va a llevar de esta hecha a los insurgentes. Ya es tiempo de que cargue Satanás con lo suyo, y de que las charreteras[50] de coronel luzcan sobre los hombros de este tu invariable amigo.

Te doy las gracias por haberme proporcionado la amistad del capitán Uriondo. Es un muchacho que vale en oro lo que pesa, y en los pocos días que le hemos tenido en el cuartel general ha sido la niña bonita[51] de la oficialidad. ¡Y lo bien que canta el diantre del mozo! ¡Y vaya si sabe hacer hablar a las cuerdas de una guitarra!

Mañana saldrá de regreso para el Cuzco con comunicaciones del general para el virrey.

Siento decirte que sus laureles como ganador de apuestas van marchitos. Sostuvo esta mañana que el aire de vacilación que tengo al andar dependía, no del balazo que me plantaron en el Alto Perú, cuando lo de

---

[44] *ad pedem litterae* (Latin): *to the letter.*

[45] Ulloa y don Jorge Juan: Antonio de Ulloa and Jorge Juan prepared two accounts of their observations in 18th-century America: *Noticias secretas de América* (an unpublished report to the king) and *Relación histórica del viaje a la América.*

[46] *morlacos: silver dollars.*

[47] "Imperial Alejandro" . . . "Gerona": are names of two Spanish regiments to which the friends who write these letters belong.

[48] copar: *finish off.*

[49] zorongo: lively Andalusian dance.

[50] charreteras: *epaulets.*

[51] niña bonita: *darling, pet.*

Guaqui,[52] sino de un lunar, grueso como un grano de arroz, que, según él afirmaba, como si me lo hubiera visto y palpado, debía yo tener en la parte baja de la pierna izquierda. Agregó, con un aplomo digno del físico de mi batallón, que ese lunar era cabeza de vena y que, andando los tiempos, si no me lo hacía quemar con piedra infernal, me sobrevendrían ataques mortales al corazón. Yo, que conozco los alifafes de mi agujereado cuerpo y que no soy lunarejo, solté el trapo a reír. Picóse un tanto Uriondo, y apostó seis onzas a que me convencía de la existencia del lunar. Aceptarle equivalía a robarle la plata, y me negué: pero, insistiendo él tercamente en su afirmación, terciaron el capitán Murrieta, que fue alférez de cosacos desmontados en el Callao; nuestro paisano Goytisolo, que es ahora capitán de la quinta; el teniente Silgado, que fue de húsares y sirve hoy en dragones; el padre Marieluz, que está de capellán de tropa, y otros oficiales, diciéndome todos:

—¡Vamos, comandante, gánese esas peluconas que le caen de las nubes!

Ponte en mi caso. ¿Qué habrías tú hecho? Lo que yo hice, seguramente: enseñar la pierna desnuda, para que todos viesen que en ella no había ni sombra de lunar. Uriondo se puso más rojo que un camarón sancochado, y tuvo que confesar que se había equivocado. Y me pasó las seis onzas, que se me hizo cargo de conciencia aceptar; pero que, al fin, tuve que guardarlas, pues él insistió en declarar que las había perdido en toda regla.

Contra tu consejo, tuve la debilidad (que de tal la calificaste) de aceptarle una apuesta a tu conmigo desventurado malagueño, quedándome, más que el provecho de las seis amarillas, la gloria de haber sido el primero en vencer al que tú considerabas invencible.

Tocan en este momento llamada y tropa.

Dios te guarde de una bala traidora, y a mí . . . lo mesmo.

Domingo Echizarraga

3—CARTA DEL TERCER JEFE DEL "IMPERIAL ALEJANDRO" AL SEGUNDO COMANDANTE DEL "GERONA"

Cuzco, enero 10 de 1823

Compañero: Me . . . fundiste.

El capitán Uriondo había apostado conmigo treinta onzas a que te hacía enseñar la pantorrilla el día de Inocentes.[53]

Desde ayer hay, por culpa tuya, treinta peluconas de menos en el exiguo caudal de tu amigo, que te perdona el candor y te absuelve de la desobediencia al consejo.

Juan Echerry

4

Y yo el infrascrito garantizo, con toda la seriedad que a un tradicionista incumbe, la autenticidad de las firmas de Echerry y Echizarraga.

Ricardo Palma

(*Tradiciones peruanas*, 1872–1910)

LA VIUDITA

Muy popular es en Arequipa la historieta contemporánea que vas a leer, y para no dejar resquicio a críticos de calderilla y de escaleras abajo, te prevengo que bautizaré a los dos principales personajes con nombre distinto del que tuvieron.

I

Por los años de 1834 no se hablaba en Arequipa de otra cosa que de la *Viudita*, y contábanse acerca de ella cuentos espeluznantes. La Viudita era la pesadilla de la ciudad entera.

---

[52] Guaqui: town in Alto Perú (Bolivia) on the southern shore of Lake Titicaca, scene of an engagement.

[53] día de Inocentes: December 28th, the feast of the Holy Innocents; celebrated in South American countries as the equivalent of our April Fools' Day.

Era el caso que, vecino al hospital de San Juan de Dios, había un chiribitil[54] conocido por el *de profundis* o sitio donde se exponían por doce horas los cadáveres de los fallecidos en el santo asilo.

Desde tiempo inmemorial veíase allí siempre un ataúd alumbrado por cuatro cirios, y los transeúntes nocturnos echaban una limosna en el cepillo, o murmuraban un padrenuestro y una avemaría por el alma del difunto.

Pero en 1834 empezó a correr el rumor de que, después de las diez de la noche, salía del cuartito de los muertos un bulto vestido de negro, el cual bulto, que tenía forma femenina, se presentaba armado con una linterna sorda cada vez que sentía pasos varoniles en la calle. Añadían que, como quien predica un reconocimiento, hacía reflejar la luz sobre el rostro del transeúnte, y luego volvía muy tranquilamente a esconderse en el *de profundis*.

Con esta noticia, confirmada por el testimonio de varios ciudadanos a quienes la Viuda hiciera el coco, nadie se sentía ya con hígados para pasar por San Juan de Dios después del toque de queda.

Hubo más. Un buen hombre, llamado don Valentín Quesada, con agravio de su nombre de pila que lo comprometía a ser valiente, casi murió del susto. ¡Ayúdenmela a querer!

En vano la autoridad dispuso la captura del fantasma, pues no encontró subalternos con coraje para dar cumplimiento al superior mandato.

Los de la ronda no se aproximaban ni a la esquina del hospital, y cada mañana inventaban una mentira para disculparse ante su jefe, como la de que la Viuda se les había vuelto humo entre las manos u otra paparrucha semejante. Y con esto el terror del vecindario fue en aumento.

Al fin, el general don Antonio Gutiérrez de La Fuente, que era el prefecto del departamento, decidió no valerse de policíacos embusteros y cobardones, sino habérselas

personalmente con la Viuda. Embozóse una noche en su capa y se encaminó a San Juan de Dios. Faltábanle pocos pasos para llegar al umbral mortuorio, cuando se le presentó el fantasma y le inundó el rostro con la luz de la linterna.

El general La Fuente amartilló una pistola, y avanzando sobre la Viuda le gritó:

—¡Ríndete o hago fuego!

El alma en pena se atortoló, y corrió a refugiarse en el ataúd alumbrado por los cuatro cirios.

Su señoría penetró en el mortuorio y echó la zarpa al fantasma, quien cayendo de rodillas, y arrojando un rebocillo que le servía de antifaz, exclamó:

—¡Por Dios, señor general! ¡Sálveme usted!

El general La Fuente, que tuvo en poco al alma del otro mundo, tuvo en mucho al alma de este mundo sublunar. ¡La Viudita era... era... una lindísima muchacha!

—¡Caramba!—dijo para sí La Fuente—. Si tan preciosas como ésta son todas las ánimas benditas del purgatorio, mándeme Dios allá de guarnición por el tiempo que sea servido.

Y luego añadió alzando la voz:

—Tranquilícese, niña; apóyese en mi brazo, y véngase conmigo a la prefectura.

2

Hildebrando Béjar era el don Juan Tenorio[55] de Arequipa. Como el burlador de Sevilla, tenía a gala engatusar muchachas y hacerse el orejón cuando éstas, con buen derecho, le exigían el cumplimiento de sus promesas y juramentos. Él decía como un poeta:

Cuando quiera el Dios del cielo
que caiga Corpus[56] en martes,
entonces, juro y rejuro,
será cuando yo me case.

Víctima del calavera fue, entre otras, la bellísima Irene, tenida hasta el momento en

[54] chiribitil: *small building.*

[55] Don Juan Tenorio: the famous seducer of women, hero of Tirso de Molina's *El burlador de Sevilla*, José Zorrilla's *Don Juan Tenorio* and many other dramas

and poems.

[56] Corpus: the feast of Corpus Christi falls always on the Thursday three weeks after Ascension Day or 61 days after Easter.

que sucumbió a la tentación de morder la manzana, por honestísima y esquiva doncella.

Desdeñada por su libertino seductor y agotados por ella ruegos, lágrimas y demás recursos del caso, decidió vengarse asesinando al autor de su deshonra. Y armada de un puñal, se puso en acecho a dos cuadras de una casa donde Hildebrando menudeaba a la sazón sus visitas nocturnas, escogiendo para acechadero el *de profundis* del hospital.

Pero, fuese misterioso presentimiento o casualidad, Hildebrando dio en rodear camino para no pasar por San Juan de Dios.

Descubierta, al fin, como hemos referido, por el prefecto La Fuente, Irene le confió su secreto; y a tal punto llegó el general a interesarse por la desventura de la joven, que hizo venir a su presencia a Hildebrando, y no sabemos si con razones o amenazas, obtuvo que el seductor se aviniese a reparar el mal causado.

Ocho días más tarde Irene e Hildebrando recibían la solemne bendición sacramental.

Está visto que sobre la tierra, habiendo hembra y varón de por medio, todo, hasta las apariciones de almas en pena, remata en matrimonio, que es el más cómodo y socorrido de los remates para un novelista.

(*Tradiciones peruanas,* 1872–1910)

∽EL ALACRÁN DE FRAY GÓMEZ

A Casimiro Prieto Valdés

Principio principiando;
    principiar quiero,
por ver si principiando
    principiar puedo.

In diebus illis,[57] digo, cuando yo era muchacho, oía con frecuencia a las viejas exclamar, ponderando el mérito y precio de una alhaja:—¡Esto vale tanto como el alacrán de fray Gómez!

Tengo una chica, remate de lo bueno, flor de la gracia y espumita de la sal, con unos ojos más pícaros y trapisondistas[58] que un par de escribanos:

chica que se parece
    al lucero del alba
cuando amanece,

al cual pimpollo he bautizado, en mi paternal chochera, con el mote de *alacrancito de fray Gómez.* Y explicar el dicho de las viejas, y el sentido del piropo con que agasajo a mi Angélica, es lo que me propongo, amigo y camarada Prieto, con esta tradición.

El sastre paga deudas con puntadas, y yo no tengo otra manera de satisfacer la literaria que con usted he contraído que dedicándole estos cuatro palotes.

I

Éste era[59] un lego contemporáneo de don Juan de la Pipirindica, el de la valiente pica,[60] y de San Francisco Solano; el cual lego desempeñaba en Lima, en el convento de los padres seráficos, las funciones de refitolero en la enfermería u hospital de los devotos frailes. El pueblo lo llamaba fray Gómez, y fray Gómez lo llaman las crónicas conventuales, y la tradición lo conoce por fray Gómez. Creo que hasta en el expediente que para su beatificación y canonización existe en Roma no se le da otro nombre.

Fray Gómez hizo en mi tierra milagros a mantas, sin darse cuenta de ellos y como quien no quiere la cosa. Era de suyo milagrero, como aquel que hablaba en prosa[61] sin sospecharlo.

Sucedió que un día iba el lego por el puente, cuando un caballo desbocado arrojó sobre las losas al jinete. El infeliz quedó patitieso, con la cabeza hecha una criba y arrojando sangre por boca y narices.

—¡Se descalabró, se descalabró!—gritaba la gente—. ¡Que vayan a San Lázaro por el santo óleo!

Y todo era bullicio y alharaca.

---

[57] *In . . . illis* (Latin): *In those days,* i.e. a long time ago.
[58] trapisondistas: *mischievous.*
[59] Éste era: *Once upon a time there was . . .* A common way to begin a story.

[60] el . . . pica: *the great orator.* Note that the popular cognomen rhymes with Don Juan's name.
[61] como . . . prosa: Molière's *Bourgeois gentilhomme.*

Fray Gómez acercóse pausadamente al que yacía en la tierra, púsole sobre la boca el cordón de su hábito, echóle tres bendiciones, y sin más médico ni más botica el descalabrado se levantó tan fresco, como si golpe no hubiera recibido.

—¡Milagro, milagro! ¡Viva fray Gómez!— exclamaron los infinitos espectadores.

Y en su entusiasmo intentaron llevar en triunfo al lego. Éste, para substraerse a la popular ovación, echó a correr camino de su convento y se encerró en su celda.

La crónica franciscana cuenta esto último de manera distinta. Dice que fray Gómez, para escapar de sus aplaudidores, se elevó en los aires y voló desde el puente hasta la torre de su convento. Yo ni lo niego ni lo afirmo. Puede que sí y puede que no. Tratándose de maravillas, no gasto tinta en defenderlas ni en refutarlas.

Aquel día estaba fray Gómez en vena de hacer milagros, pues cuando salió de su celda se encaminó a la enfermería, donde encontró a San Francisco Solano acostado sobre una tarima, víctima de una furiosa jaqueca. Pulsólo el lego y le dijo:

—Su paternidad está muy débil, y haría bien en tomar algún alimento.

—Hermano—contestó el santo—, no tengo apetito.

—Haga un esfuerzo, reverendo padre, y pase siquiera un bocado.

Y tanto insistió el refitolero, que el enfermo, por librarse de exigencias que picaban ya en majadería, ideó pedirle lo que hasta para el virrey habría sido imposible conseguir, por no ser la estación propicia para satisfacer el antojo.

—Pues mire, hermanito, sólo comería con gusto un par de pejerreyes.

Fray Gómez metió la mano derecha dentro de la manga izquierda, y sacó un par de pejerreyes tan fresquitos que parecían acabados de salir del mar.

—Aquí los tiene su paternidad, y que en salud se le conviertan. Voy a guisarlos.

Y ello es que con los benditos pejerreyes quedó San Francisco curado como por ensalmo.

Me parece que estos dos milagritos de que incidentalmente me he ocupado no son paja picada. Dejo en mi tintero otros muchos de nuestro lego, porque no me he propuesto relatar su vida y milagros.

Sin embargo, apuntaré, para satisfacer curiosidades exigentes, que sobre la puerta de la primera celda del pequeño claustro, que hasta hoy sirve de enfermería, hay un lienzo pintado al óleo representando estos dos milagros, con la siguiente inscripción:

"El Venerable Fray Gómez.—Nació en Extremadura en 1560. Vistió el hábito en Chuquisaca en 1580. Vino a Lima en 1587.— Enfermero fue cuarenta años, ejercitando todas las virtudes, dotado de favores y dones celestiales. Fue su vida un continuado milagro. Falleció en 2 de mayo de 1631, con fama de santidad. En el año siguiente se colocó el cadáver en la capilla de Aranzazú, y en 13 de octubre de 1810 se pasó debajo del altar mayor, a la bóveda donde son sepultados los padres del convento. Presenció la traslación de los restos el señor doctor don Bartolomé María de las Heras. Se restauró este venerable retrato en 30 de noviembre de 1882, por M. Zamudio."

2

Estaba una mañana fray Gómez en su celda entregado a la meditación, cuando dieron a la puerta unos discretos golpecitos, y una voz de quejumbroso timbre dijo:

—*Deo gratias* . . . ¡Alabado sea el Señor!

—Por siempre jamás, amén. Entre, hermanito—contestó fray Gómez.

Y penetró en la humildísima celda un individuo algo desarrapado, *vera effigies* del hombre a quien acongojan pobrezas, pero en cuyo rostro se dejaba adivinar la proverbial honradez del castellano viejo.

Todo el mobiliario de la celda se componía de cuatro sillones de vaqueta, una mesa mugrienta, y una tarima sin colchón, sábanas ni abrigo, y con una piedra por cabezal o almohada.

—Tome asiento, hermano, y dígame sin rodeos lo que por acá le trae—dijo fray Gómez.

—Es el caso, padre, que yo soy hombre de bien a carta cabal . . .

—Se le conoce y que persevere deseo, que así merecerá en esta vida terrena la paz de la conciencia, y en la otra la bienaventuranza.

—Y es el caso que soy buhonero, que vivo cargado de familia y que mi comercio no cunde por falta de medios, que no por holgazanería y escasez de industria en mí.

—Me alegro, hermano, que a quien honradamente trabaja Dios le acude.

—Pero es el caso, padre, que hasta ahora Dios se me hace el sordo, y en acorrerme tarda . . .

—No desespere, hermano, no desespere.

—Pues es el caso que a muchas puertas he llegado en demanda de habilitación[62] por quinientos duros, y todas las he encontrado con cerrojo y cerrojillo. Y es el caso que anoche, en mis cavilaciones, yo mismo me dije a mí mismo:—¡Ea!, Jerónimo, buen ánimo y vete a pedirle el dinero a fray Gómez, que si él lo quiere, mendicante y pobre como es, medio encontrará para sacarte del apuro. Y es el caso que aquí estoy porque he venido, y a su paternidad le pido y ruego que me preste esa puchuela[63] por seis meses, seguro que no será por mí por quien se diga:

En el mundo hay devotos
    de ciertos santos:
la gratitud les dura
    lo que el milagro;
que un beneficio
da siempre vida a ingratos
    desconocidos.

—¿Cómo ha podido imaginarse, hijo, que en esta triste celda encontraría ese caudal?

—Es el caso, padre, que no acertaría a responderle; pero tengo fe en que no me dejará ir desconsolado.

—La fe lo salvará, hermano. Espere un momento.

Y paseando los ojos por las desnudas y blanqueadas paredes de la celda, vio un alacrán que caminaba tranquilamente sobre el marco de la ventana. Fray Gómez arrancó una página de un libro viejo, dirigióse a la ventana, cogió con delicadeza a la sabandija, la envolvió en el papel, y tornándose hacia el castellano viejo le dijo:

—Tome, buen hombre, y empeñe esta alhajita; no olvide, sí, devolvérmela dentro de seis meses.

El buhonero se deshizo en frases de agradecimiento, se despidió de fray Gómez y más que de prisa se encaminó a la tienda de un usurero.

La joya era espléndida, verdadera alhaja de reina morisca, por decir lo menos. Era un prendedor figurando un alacrán. El cuerpo lo formaba una magnífica esmeralda engarzada sobre oro, y la cabeza un grueso brillante con dos rubíes por ojos.

El usurero, que era hombre conocedor, vio la alhaja con codicia, y ofreció al necesitado adelantarle dos mil duros por ella; pero nuestro español se empeñó en no aceptar otro préstamo que el de quinientos duros por seis meses, y con un interés judaico, se entiende. Extendiéronse y firmáronse los documentos o papeletas de estilo, acariciando el agiotista la esperanza de que a la postre el dueño de la prenda acudiría por más dinero, que con el recargo de intereses lo convertiría en propietario de joya tan valiosa por su mérito intrínseco y artístico.

Y con este capitalito fuele tan prósperamente en su comercio, que a la terminación del plazo pudo desempeñar la prenda, y, envuelta en el mismo papel en que la recibiera, se la devolvió a fray Gómez.

Éste tomó el alacrán, lo puso sobre el alféizar de la ventana,[64] le echó una bendición y dijo:

—Animalito de Dios, sigue tu camino.

Y el alacrán echó a andar libremente por las paredes de la celda.

Y vieja, pelleja,
    aquí dio fin la conseja.

(*Tradiciones peruanas*, 1872–1910)

---

[62] habilitación: *loan.*
[63] puchuela: *trifling amount.*
[64] alféizar . . . ventana: *window frame.*

∿DÓNDE Y CÓMO EL DIABLO PERDIÓ EL PONCHO (CUENTO DISPARATADO)

"Y sépase usted, querido, que perdí la chaveta[65] y anduve en mula chúcara[66] y con estribos largos por una muchacha nacida en la tierra donde al diablo le quitaron el poncho."

Así terminaba la narración de una de las aventuras de su mocedad mi amigo don Adeodato de la Mentirola, anciano que militó al lado del coronel realista Sanjuanena y que, hoy mismo, prefiere a todas las repúblicas teóricas y prácticas, habidas y por haber, el paternal gobierno de Fernando VII. Quitándole esta debilidad o manía, es mi amigo don Adeodato una alhaja de gran precio. Nadie mejor informado que él en los trapicheos de Bolívar con las limeñas, ni nadie como él sabe al dedillo la antigua crónica escandalosa de esta ciudad de los reyes. Cuenta las cosas con cierta llaneza de lenguaje que pasma; y yo, que me pirro por[67] averiguar la vida y milagros, no de los que viven, sino de los que están pudriendo tierra y criando malvas con el cogote, ando pegado a él como botón a la camisa, y le doy cuerda, y el señor de la Mentirola *afloja* lengua.

—¿Y dónde y cómo fue que el diablo perdió el poncho?—le interrogué.

—¡Cómo! ¿Y usted que hace décimas y que la echa de cronista o de historietista y que escribe en los papeles públicos y que ha sido diputado a Congreso ignora lo que en mi tiempo sabían hasta los chicos de la *amiga*?[68] Así son las reputaciones literarias desde que *entró la Patria*.[69] ¡Hojarasca y soplillo! ¡Oropel, puro oropel!

¡Qué quiere usted, don Adeodato! Confieso mi ignorancia y ruégole que me ilustre; que enseñar al que no sabe, precepto es de la doctrina cristiana.

Parece que el contemporáneo de Pezuela y La Serna[70] se sintió halagado con mi humildad; porque, tras encender un cigarrillo, se arrellanó cómodamente en el sillón y soltó la sin hueso con el relato que va en seguida. Por supuesto que, como ustedes saben, ni Cristo ni sus discípulos soñaron en trasmontar los Andes (aunque doctísimos historiadores afirman que el apóstol Tomás o Tomé predicó el Evangelio en América), ni en esos tiempos se conocían el telégrafo, el vapor y la imprenta. Pero háganse ustedes los de la vista miope con estos y otros anacronismos, y ahí va *ad pedem litteræ* la conseja.

I

Pues, señor, cuando Nuestro Señor Jesucristo peregrinaba por el mundo, caballero en mansísima borrica, dando vista a los ciegos y devolviendo a los tullidos el uso y abuso de sus miembros, llegó a una región donde la arena formaba horizonte. De trecho en trecho alzábase enhiesta y gárrula una palmera, bajo cuya sombra solían detenerse el Divino Maestro y sus discípulos escogidos, los que, como quien no quiere la cosa, llenaban de dátiles las alforjas.

Aquel arenal parecía ser eterno; algo así como Dios, sin principio ni fin. Caía la tarde y los viajeros tenían ya entre pecho y espalda el temor de dormir sirviéndoles de toldo la bóveda estrellada, cuando con el último rayo de sol dibujóse en lontananza la silueta de un campanario.

El Señor se puso la mano sobre los ojos, formando visera para mejor concentrar la visual, y dijo:

—Allí hay población. Pedro, tú que entiendes de náutica y geografía, ¿me sabrás decir qué ciudad es ésa?

San Pedro se relamió con el piropo y contestó:

—Maestro, esa ciudad es Ica.

---

[65] perdí la chaveta: *I lost my head.*
[66] en mula chúcara: *on a mule not yet broken.*
[67] me pirro por: *am keen about.*
[68] amiga: *kindergarten.*
[69] desde . . . Patria: *since the fatherland came into being*

(since the independence of Peru).
[70] Pezuela y La Serna: Joaquín de la Pezuela, Spanish general and Viceroy of Peru from 1816 to 1821; José La Serna, the last viceroy, captured by the patriots at the battle of Ayacucho.

—¡Pues pica, hombre, pica!

Y todos los apóstoles hincaron con un huesecito el anca de los rucios, y a galope pollinesco se encaminó la comitiva al poblado.

Cerca ya de la ciudad se apearon todos para hacer una mano de *toilette*.[71] Se perfumaron las barbas con bálsamo de Judea, se ajustaron las sandalias, dieron un brochazo a la túnica y al manto, y siguieron la marcha, no sin prevenir antes el buen Jesús a su apóstol favorito:

—Cuidado, Pedro, con tener malas pulgas y cortar orejas.[72] Tus genialidades nos ponen siempre en compromisos.

El apóstol se sonrojó hasta el blanco de los ojos; y nadie habría dicho, al ver su aire bonachón y compungido, que había sido un cortacaras.

Los iqueños recibieron en palmas,[73] como se dice, a los ilustres huéspedes; y aunque a ellos les corriera prisa continuar su viaje, tan buenas trazas se dieron los habitantes para detenerlos y fueron tales los agasajos y festejos, que se pasaron ocho días como un suspiro.

Los vinos de Elías, Boza y Falconí[74] anduvieron a boca qué quieres. En aquellos ocho días fue Ica un remedo de la gloria. Los médicos no pelechaban, ni los boticarios vendían drogas: no hubo siquiera un dolor de muelas o un sarampioncito vergonzante.

A los escribanos les crió moho la pluma, por no tener ni un mal testimonio de que dar fe. No ocurrió la menor pelotera en los matrimonios y, lo que es verdaderamente milagroso, se les endulzó la ponzoña a las serpientes de cascabel que un naturalista llama suegras y cuñadas.

Bien se conocía que en la ciudad moraba el Sumo Bien.[75] En Ica se respiraba paz y alegría y dicha.

La amabilidad, gracia y belleza de las iqueñas inspiraron a San Juan un soneto con estrambote, que se publicó a la vez en el *Comercio nacional y patria*. Los iqueños, entre copa y copa, comprometieron al apóstol-poeta para que escribiese el Apocalipsis,

pindárico poema, inmortal obra,
donde falta razón; mas genio sobra,

como dijo un poeta amigo mío.

En éstas y las otras, terminaba el octavo día, cuando el Señor recibió un parte telegráfico en que lo llamaban con urgencia a Jerusalén, para impedir que la samaritana le arrancase el moño a la Magdalena; y recelando que el cariño popular pusiera obstáculos al viaje, llamó al jefe de los apóstoles, se encerró con él y le dijo:

Pedro, componte como puedas; pero es preciso que con el alba tomemos el *tole*, sin que nos sienta alma viviente. Circunstancias hay en que tiene uno que despedirse a la francesa.

San Pedro redactó el artículo del caso en la orden general, lo puso en conocimiento de sus subalternos, y los huéspedes anochecieron y no amanecieron bajo techo.

La Municipalidad tenía dispuesto un *albazo*[76] para aquella madrugada; pero se quedó con los crespos hechos.[77] Los viajeros habían atravesado ya la laguna de Huacachina y perdídose en el horizonte . . .

Cuando habían ya puesto algunas millas de por medio, el Señor volvió el rostro a la ciudad y dijo:

—¿Conque dices, Pedro, que esta tierra se llama Ica?

—Sí, Señor, Ica.

—Pues, hombre, ¡qué tierra tan rica!

Y alzando la mano derecha, la bendijo en el nombre del Padre y del Hijo y del Espíritu Santo.

2

Como los corresponsales de los periódicos hubieran escrito a Lima, describiendo larga, menuda y pomposamente los jolgorios y comilonas, recibió el *Diablo*, por el primer vapor de la mala de Europa, la noticia y por-

---

[71] hacer . . . *toilette: to slick themselves up.*

[72] cortar orejas: St. Peter once lost his temper and cut off the Centurion's ear. Cf. *Mark* XIV, 47.

[73] en palmas: *most cordially.*

[74] Los vinos . . . Falconí: different brands of Peruvian wine.

[75] el Sumo Bien: *the Supreme* or *Highest Good.*

[76] *albazo: entertainment.*

[77] se quedó . . . hechos: *it was left all dressed up and no place to go.*

menores transmitidos por todos nuestros órganos de publicidad.

Diz que *Cachano*[78] se mordió de envidia el hocico, ¡pícaro trompudo!, y que exclamó:

—¡Caracoles! ¡Pues yo no he de ser menos que Él! No faltaba más . . . A mí nadie me echa la pata encima.

Y convocando incontinenti a doce de sus cortesanos, los disfrazó con las caras de los apóstoles. Porque eso sí, *Cucufo* sabe más que un cómico y que una coqueta en esto de adobar el rostro y remedar fisonomías.

Pero como los corresponsales hubieron olvidado describir el traje de Cristo y el de sus discípulos, se imaginó el *Maldito* que, para salir del atrenzo, bastaríale consultar las estampas de cualquier álbum de viajes. Y sin más ni menos, él y sus camaradas se calzaron botas granaderas y echáronse sobre los hombros capa de cuatro puntas, es decir, *poncho*.

Los iqueños, al divisar la comitiva, creyeron que era el Señor que regresaba con sus escogidos, y salieron a recibirlo, resueltos a echar esta vez la casa por la ventana, para que no tuviese el Hombre-Dios motivo de aburrimiento y se decidiese a sentar para siempre sus reales en la ciudad.

Los iqueños eran hasta entonces felices, muy felices, archifelices. No se ocupaban de política, pagaban sin chistar la contribución, y les importaba un pepino que gobernase el preste Juan[79] o el moro Muza.[80] No había entre ellos chismes ni quisquillas de barrio a barrio y de casa a casa. No pensaban sino en cultivar los viñedos y hacerse todo el bien posible los unos a los otros. Rebosaban, en fin, tanta ventura y bienandanza que daban dentera a las comarcas vecinas.

Pero *Carrampempe*, que no puede mirar la dicha ajena sin que le castañeteen de rabia las mandíbulas, se propuso desde el primer instante meter la cola y llevarlo todo al barrisco.

Llegó el *Cornudo* a tiempo que se celebraba en Ica el matrimonio de un mozo como un carnero con una moza como una oveja. La pareja era como mandada hacer de encargo, por la igualdad de condición y de caracteres de los novios, y prometía vivir siempre en paz y en gracia de Diös.

—Ni llamado con campanilla podría haber venido yo en mejor oportunidad—pensó el *Demonio*. ¡Por vida de Santa Tecla, abogada de los pianos roncos!

Pero desgraciadamente para él, los novios habían confesado y comulgado aquella mañana; por ende, no tenían vigor sobre ellos las asechanzas y tentaciones del *Patudo*.

A las primeras copas bebidas en obsequio de la dichosa pareja, todas las cabezas se trastornaron, no con aquella alegría del espíritu, noble, expansiva y sin malicia, que reinó en los banquetes que honrara el Señor con su presencia, sino con el delirio sensual e inmundo de la materia. Un mozalbete, especie de don Juan Tenorio en agraz, principió a dirigir palabras subversivas a la novia; y una jamona, jubilada en servicio, lanzó al novio miradas de codicia . . . No paró aquí la cosa.

Los abogados y escribanos se concertaron para embrollar pleitos; los médicos y boticarios celebraron acuerdo para subir el precio del *aqua fontis*;[81] las suegras se propusieron sacarles los ojos a los yernos; las mujeres se tornaron pedigüeñas y antojadizas de joyas y trajes de terciopelo; los hombres serios hablaron de club y de bochinche; y, para decirlo de una vez, hasta los municipales vociferaron sobre la necesidad de imponer al prójimo contribución de diez centavos por cada estornudo.

Aquello era la anarquía con todos sus horrores. Bien se ve que el *Rabudo* andaba metido en la danza.

Y corrían las horas, y ya no se bebía por copas, sino por botellas, y los que antaño se

---

[78] *Cachano: Old Nick. Cucufo, el Maldito, Carrampempe, el Cornudo, el Patudo, el Rabudo, el Uñas largas, el Tiñoso, el Maligno, el Tunante,* and *el Patón* are all nicknames for Satan.

[79] preste Juan: fabulous Christian ruler of a happy country located somewhere in Asia or Africa. He is supposed to have lived in the 12th century.

[80] el moro Muza: Muza was the leader of the Moorish troops who invaded Spain in 711. He was looked upon by the Spaniards as a cruel monster.

[81] *aqua fontis: well water.*

arreglaban pacíficas *monas*,[82] se arrimaron esa noche una *mona* tan brava . . . tan brava . . . que rayaba en hidrofóbica.

La pobre novia que, como hemos dicho, estaba en gracia de Dios, se afligía e iba de un lado para otro, rogando a todos que pusiesen paz entre dos guapos que, armados de sendas estacas, se estaban suavizando el cordobán a garrotazos.

—El diablo se les ha metido en el cuerpo: no puede ser por menos—pensaba para sí la infeliz, que no iba descaminada en la presunción, y acercándose al *Uñas largas* lo tomó del poncho, diciéndole:

—Pero, señor, vea usted que se matan . . .

—¿Y a mí qué me cuentas?—contestó con gran flema el *Tiñoso*—. Yo no soy de esta parroquia . . . ¡Que se maten enhorabuena! Mejor para el cura y para mí, que le serviré de sacristán.

La muchacha, que no podía por cierto calcular todo el alcance de una frase vulgar, le contestó:

—¡Jesús! ¡Y qué malas entrañas había su merced tenido! La cruz le hago.

Y unió la acción a la palabra.

No bien vio el *Maligno* los dedos de la chica formando las aspas de una cruz, cuando quiso escaparse como perro a quien ponen maza; pero, teniéndolo ella sujeto del poncho, no le quedó al *Tunante* más recurso que sacar la cabeza por la abertura, dejando la capa de cuatro puntas en manos de la doncella.

El *Patón* y sus acólitos se evaporaron, pero es fama que desde entonces viene, de vez en cuando, Su Majestad Infernal a la ciudad de Ica en busca de su poncho. Cuando tal sucede, hay larga francachela entre los *monos bravos* y . . .

> Pin—pin,
> San Agustín,
> Que aquí el cuento tiene fin.

(*Tradiciones peruanas*, 1872–1910)

---

[82] *pacíficas monas:* mild drunks.

~~~~~~TWO

FROM INDEPENDENCE TO THE MEXICAN REVOLUTION

B. REALISM AND NATURALISM (1854-1918)

Baldomero Lillo

CHILE, 1867–1923   Lillo is important as one of the first Spanish American writers to make excellent use of the feeling of social protest which arose under the influence of the French and Russian naturalists and realists. He surpasses the Mexican realists because he is less verbose. His short stories, which treat of miners, farmers—all the disinherited of the earth—movingly describe the wretched social conditions to which they are subjected. They are not great stories, but they are forerunners of finer short stories to come. Many scenes are made memorable in the brief compass of their few pages. The following story *El chiflón del diablo* (*The Devil's Tunnel*) from *Sub terra* (1904) is typical of Lillo's stories about Chilean miners.

EL CHIFLÓN DEL DIABLO

En una sala baja y estrecha, el capataz de turno[1] sentado en su mesa de trabajo y teniendo delante de sí un gran registro abierto, vigilaba la bajada de los obreros en aquella fría mañana de invierno. Por el hueco de la puerta se veía el ascensor aguardando su carga humana que, una vez completa, desaparecía con él, callada y rápida, por la húmeda apertura del pique.

Los mineros llegaban en pequeños grupos y, mientras descolgaban de los ganchos adheridos a las paredes sus lámparas ya encendidas, el escribiente fijaba en ellos una ojeada penetrante, trazando con el lápiz una corta raya al margen de cada nombre. De pronto, dirigiéndose a dos trabajadores que iban presurosos hacia la puerta de salida los detuvo con un ademán, diciéndoles:

—Quédense Vds.

Los obreros se volvieron sorprendidos y una vaga inquietud se pintó en sus pálidos rostros. El más joven, muchacho de veinte años escasos, pecoso, con una abundante cabellera rojiza, a la que debía el apodo de Cabeza de Cobre, con que todo el mundo lo designaba, era de baja estatura, fuerte y robusto. El otro, más alto, un tanto flaco y huesudo, era ya viejo, de aspecto endeble y achacoso.

Ambos con la mano derecha sostenían la lámpara y con la izquierda un manojo de pequeños trozos de cordel en cuyas extremidades había atados un botón o una cuenta de vidrio de distintas formas y colores: eran los tantos o señales que los barreteros[2] sujetan dentro de las carretillas de carbón para indicar su procedencia.

La campana del reloj, colgado en el muro,

---

[1] capataz de turno: *the overseer on duty.*
[2] barreteros: *miners (who worked with picks).* The cord with a colored token on it indicated the vein from which the coal came.

dio pausadamente las seis. De cuando en cuando un minero jadeante se precipitaba por la puerta, descolgaba su lámpara y con la misma prisa abandonaba la habitación, lanzando al pasar junto a la mesa una tímida mirada al capataz, quien, sin despegar los labios, impasible y severo, señalaba con una cruz el nombre del rezagado.[3]

Después de algunos minutos de silenciosa espera el empleado hizo una seña a los obreros para que se acercasen, y les dijo:

—Son Vds. barreteros de la Alta, ¿no es así?

—Sí, señor,—respondieron los interpelados.

—Siento decirles que quedan sin trabajo. Tengo orden de disminuir el personal de esa veta.

Los obreros no contestaron y hubo por un instante un profundo silencio.

Por fin el de más edad, dijo:

—¿Pero se nos ocupará en otra parte?

El individuo cerró el libro con fuerza y echándose atrás en el asiento con tono serio contestó:

—Lo veo difícil, tenemos gente de sobra en todas las faenas.

El obrero insistió:

—Aceptamos el trabajo que se nos dé; seremos torneros,[4] apuntaladores, lo que Vd. quiera.

El capataz movía la cabeza negativamente.

—Ya les he dicho, hay gente de sobra y si los pedidos de carbón no aumentan, habrá que disminuir también la explotación en algunas otras vetas.

Una amarga e irónica sonrisa contrajo los labios del minero, y exclamó:

—Sea Vd. franco, don Pedro, y díganos de una vez que quiere obligarnos a que vayamos a trabajar al Chiflón del Diablo.

El empleado se irguió en la silla y protestó indignado:

—Aquí no se obliga a nadie. Así como Vds. son libres para rechazar el trabajo que no les agrade, la Compañía, por su parte, está en su derecho para tomar las medidas que más convengan a sus intereses.

Durante aquella filípica, los obreros con los ojos bajos escuchaban en silencio y al ver su humilde continente la voz del capataz se dulcificó.

—Pero, aunque las órdenes que tengo son terminantes—agregó—quiero ayudarles a salir del paso. Hay en el Chiflón Nuevo, o del Diablo, como Vds. lo llaman, dos vacantes de barreteros, pueden ocuparlas ahora mismo; pues mañana sería tarde.

Una mirada de inteligencia se cruzó entre los obreros. Conocían la táctica y sabían de antemano el resultado de aquella escaramuza. Por lo demás estaban ya resueltos a seguir su destino. No había medio de evadirse. Entre morir de hambre o aplastado por un derrumbe[5] era preferible lo último: tenía la ventaja de la rapidez. ¿Y adónde ir? El invierno, implacable enemigo de los desamparados, que convertía en torrentes los lánguidos arroyuelos, dejaba los campos desolados y yermos. Las tierras bajas eran inmensos pantanos de aguas cenagosas y en las colinas y en las laderas de los montes, los árboles ostentaban bajo el cielo eternamente opaco la desnudez de sus ramas y de sus troncos.

En las chozas de los campesinos el hambre asomaba su pálida faz a través de los rostros famélicos de sus habitantes, quienes se veían obligados a llamar a la puerta de los talleres de las fábricas en busca del pedazo de pan que les negaba el mustio suelo de las campiñas exhaustas. Había, pues, que someterse a llenar los huecos que el fatídico corredor abría constantemente en sus filas de inermes desamparados, en perpetua lucha contra las adversidades de la suerte, abandonados de todos, y contra quienes toda injusticia e iniquidad estaba permitida.

El trato quedó hecho. Los obreros aceptaron sin poner objeciones el nuevo trabajo y un momento después estaban en la jaula, cayendo a plomo en las profundidades de la mina.

La galería del Chiflón del Diablo tenía una siniestra fama. Abierta para dar salida al

---

[3] rezagado: *the late arrival.*
[4] torneros, apuntaladores: *repair workers.*

[5] aplastado por un derrumbe: *being crushed by a cave-in.*

mineral de un filón recién descubierto se habían en un principio ejecutado los trabajos con el esmero requerido. Pero a medida que se ahondaba en la roca, ésta se tornaba porosa e inconsistente. Las filtraciones un tanto escasas al empezar habían ido en aumento, haciendo muy precaria la estabilidad de la techumbre que sólo se sostenía mediante revestimientos.[6]

Una vez terminada la obra, como la inmensa cantidad de maderas que había que emplear en los apuntalamientos[7] aumentaba el costo del mineral de un modo considerable, se fue descuidando poco a poco esta parte esencialísima del trabajo. Se revestía siempre, sí, pero con flojedad, economizando todo lo que se podía.

Los resultados de este sistema no se dejaron esperar. Continuamente había que extraer de allí un contuso, un herido y también a veces algún muerto aplastado por un brusco desprendimiento de aquel techo falto de apoyo, y que minado traidoramente por el agua, era una amenaza constante para las vidas de los obreros, quienes, atemorizados por la frecuencia de los hundimientos, empezaron a rehuir las tareas en el mortífero corredor. Pero la Compañía venció muy luego[8] su repugnancia con el cebo de unos cuantos centavos más en los salarios y la explotación de la nueva veta continuó.

Muy luego, sin embargo, el alza de jornales fue suprimida sin que por esto se paralizasen las faenas, bastando para obtener este resultado el método puesto en práctica por el capataz aquella mañana.

Cabeza de Cobre llegó esa noche a su habitación más tarde que de costumbre. Estaba grave, meditabundo, y contestaba con monosílabos las cariñosas preguntas que le hacía su madre sobre su trabajo del día. En ese hogar humilde había cierta decencia y limpieza, por lo común desusadas en aquellos albergues donde, en promiscuidad repugnante, se confundían hombres, mujeres, y niños y una variedad tal de animales que cada uno de aquellos cuartos sugería en el espíritu la bíblica visión del Arca de Noé.

La madre del minero era una mujer alta, delgada, de cabellos blancos. Su rostro muy pálido tenía una expresión resignada y dulce que hacía más suave aún el brillo de sus ojos húmedos, donde las lágrimas parecían estar siempre prontas a resbalar. Llamábase María de los Ángeles.

Hija y madre de mineros, terribles desgracias la habían envejecido prematuramente. Su marido y dos hijos, muertos unos tras otros, por los hundimientos y las explosiones del grisú,[9] fueron el tributo que los suyos habían pagado a la insaciable avidez de la mina. Sólo le restaba aquel muchacho por quien su corazón, joven aún, pasaba en continuo sobresalto.

Siempre temerosa de una desgracia, su imaginación no se apartaba un instante de las tinieblas del manto carbonífero que absorbía aquella existencia que era su único bien, el único lazo que la sujetaba a la vida.

¡Cuántas veces en esos instantes de recogimiento había pensado, sin acertar a explicárselo, en el porqué de aquellas odiosas desigualdades humanas que condenaba a los pobres, al mayor número, a sudar sangre para sostener el fausto de la inútil existencia de unos pocos! ¡Y si tan sólo se pudiera vivir sin aquella perpetua zozobra por la suerte de los seres queridos, cuyas vidas eran el precio, tantas veces pagado, del pan de cada día!

Pero aquellas cavilaciones eran pasajeras y no pudiendo descifrar el enigma, la anciana ahuyentaba esos pensamientos y tornaba a sus quehaceres con su melancolía habitual.

Mientras la madre daba la última mano a los preparativos de la cena, el muchacho, sentado junto al fuego, permanecía silencioso, abstraído en sus pensamientos. La anciana, inquieta por aquel mutismo, se preparaba a interrogarlo cuando la puerta giró sobre sus goznes y un rostro de mujer asomó por la abertura.

—¡Buenas noches, vecina! ¿Cómo está el

---

[6] mediante revestimientos: *by means of wooden supports.*
[7] apuntalamiento: *propping up.*
[8] muy luego: *very soon.*

[9] grisú: *fire damp,* a highly explosive gas which is formed in mines.

enfermo?—preguntó cariñosamente María de los Ángeles.

—Lo mismo—contestó la interrogada, penetrando en la pieza.—El médico dice que el hueso de la pierna no ha soldado todavía y que debe estar en la cama sin moverse.

La recién llegada era una joven de moreno semblante, demacrado por vigilias y privaciones. Tenía en la diestra una escudilla de hoja de lata, y mientras respondía, esforzábase por desviar la vista de la sopa que humeaba sobre la mesa. La anciana alargó el brazo y cogió el jarro; en tanto vaciaba en él el caliente líquido continuó preguntando:

—¿Y hablaste, hija, con los jefes? ¿Te han dado algún socorro?

La joven murmuró con desaliento:

—Sí, estuve allá. Me dijeron que no tenía derecho a nada, que bastante hacían con darnos el cuarto; pero, que si él se moría, fuera a buscar una orden para que en el despacho me entregaran cuatro velas y una mortaja.

Y dando un suspiro agregó:

—Espero en Dios que mi pobre Juan no los obligará a hacer ese gasto.

María de los Ángeles añadió a la sopa un pedazo de pan y puso ambas dádivas en manos de la joven, quien se encaminó hacia la puerta, diciendo agradecida:

—La Virgen se lo pagará, vecina.

—¡Pobre Juana!—dijo la madre, dirigiéndose a su hijo, que había arrimado su silla junto a la mesa,—pronto hará un mes que sacaron a su marido del pique con la pierna rota. ¿En qué se ocupaba?

—Era barretero del Chiflón del Diablo.

—¡Ah, sí, dicen que los que trabajan allí tienen la vida vendida!

—No tanto, madre—dijo el obrero—ahora es distinto, se han hecho grandes trabajos de apuntalamientos. Hace más de una semana que no hay desgracias.

—Será así como dices, pero yo no podría vivir si trabajaras allá; preferiría irme a mendigar por los campos. No quiero que te traigan un día como me trajeron a tu padre y tus hermanos.

Gruesas lágrimas se deslizaban por el pálido rostro de la anciana. El muchacho callaba y comía sin levantar la vista del plato.

Cabeza de Cobre se fue a la mañana siguiente a su trabajo sin comunicar a su madre el cambio de faena efectuado el día anterior. Tiempo de sobra habría siempre para decirle aquella mala noticia. Con la despreocupación propia de la edad no daba grande importancia a los temores de la anciana. Fatalista, como todos sus camaradas, creía que era inútil tratar de sustraerse al destino que cada cual tenía de antemano designado.

Cuando una hora después de la partida de su hijo, María de los Ángeles abría la puerta, se quedó encantada de la radiante claridad que inundaba los campos. Hacía mucho tiempo que sus ojos no veían una mañana tan hermosa. Un nimbo de oro circundaba el disco del sol que se levantaba sobre el horizonte enviando a torrentes sus vívidos rayos sobre la húmeda tierra, de la que se desprendían por todas partes azulados y blancos vapores. La luz del astro, suave como una caricia, derramaba un soplo de vida sobre la naturaleza muerta. Bandadas de aves cruzaban, allá lejos, el sereno azul, y un gallo de plumas tornasoladas desde lo alto de un montículo de arena, lanzaba una alerta estridente cada vez que la sombra de un pájaro deslizábase junto a él. Algunos viejos, apoyándose en bastones y muletas, aparecieron bajo los sucios corredores, atraídos por el glorioso resplandor que iluminaba el paisaje. Caminaban despacio, estirando sus miembros entumecidos, ávidos de aquel tibio calor que fluía de lo alto.

Eran los inválidos de la mina, los vencidos del trabajo. Muy pocos eran los que no estaban mutilados y que no carecían ya de un brazo o de una pierna. Sentados en un banco de madera que recibía de lleno los rayos del sol, sus pupilas fatigadas, hundidas en las órbitas, tenían una extraña fijeza. Ni una palabra se cruzaba entre ellos, y de cuando en cuando, tras una tos breve y cavernosa, sus labios cerrados se entreabrían para dar paso a un escupitajo negro como la tinta.

Se acercaba la hora del mediodía, y en los

cuartos las mujeres atareadas preparaban las cestas de la merienda para los trabajadores, cuando el breve repique de la campana de alarma las hizo abandonar la faena y precipitarse despavoridas fuera de las habitaciones.

María de los Ángeles se ocupaba en colocar en la cesta destinada a su hijo la botella del café, cuando la sorprendió el toque de alarma y, soltando aquellos objetos, se abalanzó hacia la puerta frente a la cual pasaban a escape con las faldas levantadas, grupos de mujeres seguidas de cerca por turbas de chiquillos que corrían desesperadamente en pos de sus madres. La anciana siguió aquel ejemplo; sus pies parecían tener alas, el aguijón del terror galvanizaba sus viejos músculos y todo su cuerpo se estremecía y vibraba como la cuerda del arco en su máximum de tensión. En breve se colocó en primera fila y su blanca cabeza herida por los rayos del sol, parecía atraer y precipitar tras de sí la masa sombría del harapiento rebaño.

Las habitaciones quedaron desiertas. Sus puertas y ventanas se abrían y se cerraban con estrépito impulsadas por el viento. Un perro atado en uno de los corredores, sentado en sus cuartos traseros, con la cabeza vuelta hacia arriba, dejaba oír un aullido lúgubre como respuesta al plañidero clamor que llegaba hasta él, apagado por la distancia.

Como los polluelos que, percibiendo de improviso el rápido descenso del gavilán, corren lanzando piítos desesperados a buscar un refugio bajo las plumas erizadas de la madre, aquellos grupos de mujeres con las cabelleras destrenzadas, gimoteando, fustigadas por el terror, aparecieron en breve bajo los brazos descarnados de la cabria, empujándose y estrechándose sobre la húmeda plataforma. Las madres apretaban a sus pequeños hijos, envueltos en sucios harapos, contra el seno semidesnudo, y un clamor que no tenía nada de humano brotaba de las bocas entreabiertas contraídas por el dolor.

Una recia barrera de maderos defendía por un lado la abertura del pozo y en ella fue a estrellarse parte de la multitud. En el otro lado unos cuantos obreros con la mirada hosca, silenciosos y taciturnos, contenían las apretadas filas de aquella turba que ensordecía con sus gritos, pidiendo noticias de sus deudos, del número de muertos y del sitio de la catástrofe.

En la puerta de los departamentos de las máquinas se presentó con la pipa entre los dientes uno de los ingenieros, un inglés corpulento, de patillas rojas, y con la indiferencia que da la costumbre, pasó una mirada sobre aquella escena. Una formidable imprecación lo saludó y centenares de voces aullaron:

—¡Asesinos, asesinos!

Las mujeres levantaban los brazos por encima de sus cabezas y mostraban los puños, ebrias de furor. El que había provocado aquella explosión de odio lanzó al aire algunas bocanadas de humo y volviendo la espalda, desapareció.

Las noticias que los obreros daban del accidente calmaron un tanto aquella excitación. El suceso no tenía las proporciones de las catástrofes de otras veces: sólo había tres muertos, de quienes se ignoraban los nombres. Por lo demás y casi no había necesidad de decirlo, la desgracia, un derrumbe, había ocurrido en la galería del Chiflón del Diablo, donde se trabajaba hacía ya dos horas en extraer las víctimas, esperando de un momento a otro la señal de izar en el departamento de las máquinas.

Aquel relato hizo nacer la esperanza en muchos corazones devorados por la inquietud. María de los Ángeles, apoyada en la barrera, sintió que la tenaza que mordía sus entrañas aflojaba sus férreos garfios. No era la suya esperanza, sino certeza: de seguro él no estaba entre aquellos muertos. Y reconcentrada entre sí misma con ese feroz egoísmo de las madres, oía casi con indiferencia los histéricos sollozos de las mujeres y sus ayes de desolación y angustia.

De improviso el llanto de las mujeres cesó: un campanazo seguido de otros tres resonaron lentos y vibrantes: era la señal de izar. Un estremecimiento agitó la muchedumbre que siguió con avidez las oscilaciones del cable que subía, en cuya extremidad estaba la terrible incógnita que todos ansiaban y temían descifrar.

Un silencio lúgubre interrumpido apenas por uno que otro sollozo reinaba en la plataforma y el aullido lejano se esparcía en la llanura y volaba por los aires, hiriendo los corazones como un presagio de muerte. Algunos instantes pasaron, y de pronto la gran argolla de hierro que corona la jaula, asomó por sobre el brocal. El ascensor se balanceó un momento y luego se detuvo sujeto por los ganchos del reborde superior. Dentro de él algunos obreros con las cabezas descubiertas rodeaban una carretilla negra de barro y de polvo de carbón.

Un clamoreo inmenso saludó la aparición del fúnebre carro, la multitud se arremolinó y su loca desesperación dificultaba enormemente la extracción de los cadáveres. El primero que se presentó a las ávidas miradas de la turba estaba forrado en mantas y sólo dejaba ver los pies descalzos, rígidos y manchados de lodo.

El segundo que siguió inmediatamente al anterior tenía la cabeza desnuda: era un viejo de barba y cabellos grises. El tercero y último apareció a su vez. Por entre los pliegues de la tela que lo envolvía asomaban algunos mechones de pelos rojos que lanzaban a la luz del sol un reflejo de cobre recién fundido. Varias voces profirieron con espanto:

—¡El Cabeza de Cobre!

El cadáver tomado por los hombros y por los pies fue colocado trabajosamente en la camilla que lo aguardaba. María de los Ángeles al percibir aquel lívido rostro y esa cabellera que parecía empapada en sangre, hizo un esfuerzo sobrehumano para abalanzarse sobre el muerto; pero apretada contra la barrera sólo pudo mover los brazos en tanto que un sonido inarticulado brotaba de su garganta. Luego, sus músculos se aflojaron, los brazos cayeron a lo largo del cuerpo y permaneció inmóvil en el sitio como herida por el rayo.

Los grupos se apartaron y muchos rostros se volvieron hacia la mujer, quien con la cabeza doblada sobre el pecho, sumida en una insensibilidad absoluta, parecía absorta en la contemplación del abismo abierto a sus pies.

Jamás se supo cómo salvó la barrera, detenida por los cables niveles, se la vio por un instante agitar sus piernas descarnadas en el vacío, y luego, sin un grito, desaparecer en el abismo. Algunos segundos después, un ruido sordo, lejano, casi imperceptible, brotó de la hambrienta boca del pozo de la cual se escapaban bocanadas de tenues vapores: era el aliento del monstruo ahito de sangre[10] en el fondo de su cubil.

---

[10] ahito de sangre: *gorged with blood.*

~~~Javier de Viana

Uruguay, 1868–1926   Javier de Viana's stories deal exclusively with the rural scene. The author's primary concern was to portray the philosophy and psychology of the gaucho as the inevitable product of his environment and of the passing of the old way of life that nurtured his heroic forebears. Viana's gaucho is of the type that appealed to his creator's naturalistic bent: brutal and fatalistic, a victim of disease and vice, lawless and anti-social. He afforded abundant material for one interested in a detailed and scientific description of social beings distorted by events beyond their power or desire to alter or control. As a consequence, the tone of his tales is heavy and depressing; it is only on occasion that Viana treats his subject, as in *El domador*, in a more sympathetic vein. He is a facile story-teller. He has the gift of extracting the dramatic from the most casual and prosaic events of everyday life. Viana, however, does repeat himself, and because of this repetitive— and episodic—quality, Viana's collection, in total, does not meet the highest standard of artistic expression. This is not due entirely to the author's shortcomings: Viana wrote under tremendous pressure to meet the steady demand for his work by journals and reviews. Later, in gathering these stories for publication, he gave little heed to the order in which they were to appear, and as a result the literary historian is confronted with a further difficulty in attempting to trace Viana's literary development and to analyze the unevenness and inconsistencies of his treatment and approach.

~~~El domador

Podría tener veinticinco años, podría tener treinta, podría tener más, pero de cualquier modo era muy joven.

Se llamaba Sabiniano Fernández y hacía poco más de un año que había entrado a la estancia, como domador. El patrón, que tenía una yeguada grande medio montaraz,[1] cerca de cincuenta potros cogotudos,[2] lo contrató, sabedor de su fama, que lo tildaba único en el oficio, como diestro, como guapo, como 5 prolijo.

Era todo un buen mozo Sabiniano. De

---

[1] montaraz: *wild.*

[2] cogotudos: *unbroken.*

mediana estatura, ancho de espaldas, recio de piernas, y con un rostro varonil, de grandes ojos pardos, de fuerte nariz aguileña, de gruesos labios coronados por fino bigote negro y de mentón[3] imperioso. Hablaba muy poco, 5 no reía nunca y la elegancia de su porte tenía un dejo[4] de desdeñosa altivez. Lo consideraban rico; sabíase que era dueño de un campo, que arrendaba, y que su tropilla no tenía rival en el pago; su apero era lujoso—plata y 10 oro en exceso—y su cinto hallábase siempre inflado con las libras.

Si continuaba ejerciendo su rudo y peligroso oficio era por encariñamiento, porque, para él, domar constituía la satisfacción 15 mayor y tanto más gustada cuanto más morrudo[5] y bravo era el potro, y no porque le importasen nada los ocho pesos oro que ganaba por cada animal amansado.

No se le conocían amigos.[6] El paisanaje lo 20 respetaba, pero no lo quería, a causa de su carácter altanero y dominador. Las pocas veces que hablaba lo hacía en forma de órdenes imperativas, a las cuales se sometían todos, de buen o mal grado, obligados a re- 25 conocer que siempre tenía razón, que cuanto decía era sensato.

Y al igual que con los hombres, tenía con las mujeres una urbanidad desdeñosa. Conocíansele amores fugaces, pero ninguna pasión; 30 mostrábase indiferente a las insinuaciones de más de una buena moza seducida por su hermosura viril, por sus proezas, por su arrogancia, por su imperio de domador, domador de bestias y de personas. 35

Blasa, la hija del estanciero, no escapó al encanto. Era ella una morocha bonita, engreída y habituada a rendir galanes por simple satisfacción de su vanidad femenina.

Sabiniano era una conquista que colmaría 40 su orgullo y consideró fácil el triunfo, basada en los prestigios de su juventud, su belleza y los caudales del padre. Empleó con él la táctica habitual: una mirada lánguida, como en olvidada contemplación, un voluntario 45

rozamiento de manos con cualquier pretexto . . . y después, la indiferencia, las excesivas amabilidades para con[7] el forastero de visita, que no faltaba nunca.

Empero, el tiempo transcurría y Sabiniano demostraba no advertir los avances de Blasa. En el comedor, cuando hallábase reunida la familia, aparecía amable con ella y hasta se dignaba sonreír de tiempo en tiempo; mas, si accidentalmente se encontraban solos, su 10 adustez era invariable, llegando en ocasiones a la grosería.

Una mañana, en el palenque, él sobaba el "bocado,"[8] esperando que los peones echasen al corral la manada para darle el primer 15 galope a un tordillo negro que ella había elegido para su andar. La moza se le acercó y ofertóle un mate, diciendo con zalamería:

—Para que no lo voltee el tordillo.

—A mí no me voltean aperiases[9]—respondió Sabiniano con voz áspera; y ella, comprendiendo que lo había ofendido, agregó dulcemente:

—¿A usted nunca lo ha volteado ningún animal? . . . 25

Y acercándose, le rozó el hombro con su brazo.

El domador la miró con fijeza, dio un sorbo al mate y respondió con acento glacial:

—Potros, alguna vez . . .; yeguas, 30 nunca.

Blasa enrojeció como una flor de ceibo, le temblaron los labios, le relampaguearon los ojos, se le crisparon los dedos y el corazón le latió con violencia, herida en lo más sensible 35 de su orgullo. Quiso responder con una frase altanera y la frase se le cuajó en la garganta; quiso alejarse con ofendido ademán, y las piernas se le agarrotaron.

Él le alcanzó el mate y ella preguntó con humildad:

—¿Está bueno?

Sin mirarla, entregado de nuevo a su tarea de sobar el "bocado," Sabiniano respondió:

—Feón:[10] está quemada la yerba.

---

[3] mentón: *mien.*

[4] dejo: *trace*

[5] morrudo: *stubborn.*

[6] No . . . amigos: *He was not known to have any friends.*

[7] para con: *toward.*

[8] él sobaba el "bocado": *he was softening up his bridle.*

[9] aperiases: plural of *apereá*, name of a small animal of the pampa that closely resembles the guinea pig. Here used as slang for *pony.*

[10] Feón (augmentative of *feo*): *Terrible.*

La muchacha no pudo más; los ojos llenáronse de lágrimas:

—¡Grosero!—exclamó, y tomando violentamente el mate alejóse a paso acelerado.

Él, sin responder palabra, prosiguió su trabajo.

Poco después estaba encerrada la manada y enlazado y volteado el tordillo negro de la "patroncita."[11]

Sabiniano lo ensilló en el suelo, y, desdeñando "tironearlo de abajo"[12] lo desmaneó y lo hizo levantar de un puntapié en el vacío.

Bufó el potro y se encogió, todo tembloroso, agitadas las orejas menudas y enrojecidos los ojos.

Había público. Estaban presentes el patrón, la patrona, las cinco muchachas de la servidumbre, el capataz y los peones. A diez varas de distancia, recostada en el marco de la puerta del galpón, Blasa hacía dibujos en la tierra con la punta del pie, manteniendo obstinadamente baja la cabeza.

—Vení,[13] pues, a ver jinetear tu potrillo—le gritó el padre. Ella se encogió de hombros sin responder.

Dirigiéndose al domador, el capataz dijo:

—Se mi hace[14] que le va dar trabajo este chimango[15]; tiene facha 'e traicionero.

—Trabajando se gana la plata—respondió el mozo.

Y tranquilamente, armó y encendió un cigarrillo.

Un peón tomó al potro de la oreja. Sabiniano mandó que lo largase. Se acercó, cogió las riendas, y de un salto brusco quedó enhorquetado.[16] Al sentir el peso, el tordillo tembló violentamente; un rebencazo feroz lo hizo alzarse sobre los remos traseros, para clavarse de nuevo en actitud de expectativa. El domador le hundió las espuelas en los ijares, y el potro, loco de rabia, metió la cabeza entre las manos, se hizo un ovillo y soplando y espumando, tornaba, tan pronto a un lado, tan pronto a otro, haciendo esfuerzos inauditos por desalojar al jinete, que no cesaba de castigarlo con el rebenque y con la espuela.

La gente observaba en silencio aquel duelo extraño. Blasa había ido acercándose, sin quererlo, dominada por lo soberbio del espectáculo, y en el instante en que llegaba al palenque, el tordillo, furioso, en un arranque de soberbia desesperación, se alzó sobre las patas traseras y se desplomó sobre el lomo.

Blasa dio un grito y se tapó la cara con las manos. Al quitárselas—un segundo después—vio un cuadro épico: el tordillo, tirado largo a largo en el suelo y Sabiniano, con el cabestro en la mano, con el pie rudamente apoyado sobre el pescuezo del bruto, sonreía manteniendo entre los labios el cigarrillo encendido . . . Luego, diole un lazazo en la grupa, obligándolo a levantarse, y con increíble agilidad volvió a montarlo de un salto. El potro echó a correr en frenética carrera, sin cesar en los corcovos, y así ganó el llano para reaparecer junto al palenque, diez minutos después, jadeante, cubierto de espuma, enrojecidos los ijares. Echando las piernas hacia atrás, el domador, con duro tirón de riendas, que le hizo juntar el hocico con el pecho, lo detuvo, sentándolo sobre los garrones. Desmontó ágilmente, lo desensilló en un segundo y comenzó a palmearlo, sin que el animal, rendido, entregado, intentara rebelarse.

Haciendo caso omiso de las felicitaciones y de las frases admirativas, Sabiniano fuese tranquilo al galpón para sorber un amargo.[17]

Blasa, emocionada, se retiró a su cuarto y no apareció en todo el día. Durante más de una semana mostróse airada, agresiva, con el mozo, quien parecía no advertir semejante cambio. Cierta vez que en la mesa ponderaban sus habilidades de luchador, ella dijo con fiero desdén:

—Total,[18] entre un potro y un domador, el más bruto vence.

Él dejó vagar en sus labios la fría sonrisa habitual, y respondió calmosamente:

---

[11] "patroncita": *boss's daughter.*
[12] tironearlo de abajo: *to get on while he was tied up.*
[13] vení=ven.
[14] Se mi (me) hace: *Something tells me.*

[15] chimango: *pony.*
[16] enhorquetado: *astride.*
[17] amargo=mate amargo.
[18] Total: *After all.*

—Asigún:[19] hay unos que amansan, hay otros que doman.

Y luego con una entonación cálida, que nadie le conocía, agregó:

—¡Para poder domar, es preciso saber domarse a sí mismo; nadie domina a los otros si no sabe dominarse!

Dos meses después, concluida la doma, Sabiniano anunció su partida. Era un sábado y el lunes debía marcharse. El domingo hubo fiesta en la estancia; habían concurrido mozos y mozas de la vecindad, se había bailado toda la tarde, y Blasa, engalanada como nunca, coqueta como nunca, danzó, jaraneó,[20] mostróse extraordinariamente alegre, sin tener, sin embargo, una mirada ni una frase para el domador, quien, por su parte, mantenía la imperturbable indiferencia característica.

Después de la cena, recomenzó el baile con animación mayor. Sabiniano conversó un rato con el patrón y luego salió al patio, armó un cigarrillo y fue a fumar recostado a los postes del palenque.

Era una deliciosa noche de estío, con una luna grande en medio de un cielo azul purísimo. Solitario, el gaucho echaba humo y contemplaba distraídamente la amplia extensión del campo dormido, cuando un ruido de polleras le hizo volver la cabeza. Blasa se acercó a él y díjole con amabilidad desusada:

—Vengo a buscarlo para que me acompañe en un valse.

—Disculpe—respondió Sabiniano, impasible—; estoy cansado y tengo que madrugar mucho.

Ella hizo un gesto de cólera; pero, dominándose, preguntó:

—¿Siempre[21] se va mañana?

Él sonrió y dijo:

—¡De juro! . . .[22] Yo siempre hago lo que me propongo hacer.

Blasa no pudo más: los ojos se le llenaron de lágrimas, y echándole los brazos al cuello, exclamó entre sollozos:

—¡No! ¡No te podés[23] ir, no te vas, porque yo te quiero! . . . ¿No sabés que te quiero, malo? . . .

Tranquilamente, pausadamente, el mozo replicó, sin asomo de jactancia:

—Sí, lo sabía, como vos sabías que yo te quiero; pero te quería así, sumisa, domada, para que fueses feliz y me hicieras feliz . . . ¡Animal sancocho[24] no sirve para nada! . . .

Ella lo abrazó con fuerza, lo besó en los labios, y entregando su voluntad, humilde, rendida, exclamó con un acento de ternura que nunca tuviera su voz:

—¡Mi domador! . . . ¡Mi domador! . . .

(Leña seca, 1911)

∽ Lo mesmo da

El rancho de don Tiburcio, mirado desde lejos, en una tarde de sol, parecía un bicho grande y negro, sesteando a la sombra de dos higueras frondosas. Un pampero—hacía añares[25]—le torció los horcones y le ladeó el techo, que fue a quedar como chambergo de compadre: requintado[26] y sobre la oreja.

No había quien pudiese arreglarlo, porque

don Tiburcio era un viejo de mucho uso, que agarrotado por los años, dobló el lomo y andaba ya arrastrando las tabas[27] y mirando al suelo, como los chanchos.[28] Y además, no había por qué arreglarlo desde que servía lo mismo; el pelo de la res no influye en el sabor de la carne.

Lo mismo pensaba Casimira, su mujer,

---

[19] Asigún: *It all depends.*
[20] jaraneó: *had a gay time.*
[21] Siempre: *Still.* (Often used in this sense in Spanish America.)
[22] De juro: *Of course.*
[23] podés=puedes.

[24] sancocho: *stubborn.*
[25] hacía añares: *many long years ago.*
[26] requintado: *pressed down.*
[27] las tabas: *his feet.*
[28] chanchos: *pigs.*

una viejecita seca, dura y áspera como rama de coronilla,[29] para quien, pudiendo rezongar a gusto, lo demás le era de un todo indiferente.

Y en cuanto a Maura, la chiquilina, encontraba más bello el rancho así, ladiado[30] y sucio como un gaucho trova.[31] Maura era linda, era fresca y era alegre al igual de una potranca que ofrece espejo a la luz en la aterciopelada piel de pelecheo.[32]

Sin embargo, en aquel domingo de otoño, blanco, diáfano, insípido como clara de huevo, la chiquilina agitábase en singular preocupación. El seno opulento batía con rabia dentro la jaula de hierro del corsé; las piernas nerviosas hacían crujir la zaraza de la pollera acartonada con el baño de almidón; el rostro, que tenía el color y la aspereza de los duraznos pintones,[33] resultaba un tanto pálido, emergiendo del fuego de una golilla de seda roja; los renegridos cabellos, espesos como almácigo, rudos, indómitos, hacían esfuerzos de potro por libertarse de las horquillas y las peinetas que los oprimían; las pupilas tenían el obscuro, misterioso y hondo, del agua dormida en la lejana entraña del pozo; y los labios, color de ladrillo viejo, apetitosos como "picana" de vaquillona,[34] se estremecían de vez en cuando, con un estremecimiento semejante al de un pedazo de pulpa arrancado de la res recién muerta.

Tan preocupada hallábase junto al fogón de la pequeña cocina, que la leche puesta a hervir en el caldero, subió, rebasó y cayó en las brasas, chillando y hediendo, sin que ella lo advirtiese, hasta que doña Casimira sintiendo el tufo le gritó desde el patio:

—¡Que se quema la leche, avestruza! . . .

Maura atendió en seguida, porque su madre la llamaba a veces perra, baguala,[35] animala, pero cuando le decía avestruza, es que estaba furiosa, y casi siempre acompañaba el insulto con una bofetada o de un tirón de las mechas.

En realidad, sobrábanle motivos a la chica para encontrarse preocupada; ese mismo domingo, apenas se instalara la noche, debía abandonar aquellos tres viejos queridos—su padre, su madre y el rancho—entre los cuales había nacido y crecido.

¡Y si al menos fuese tal el único causante de sus incertidumbres dolorosas! . . . Ella sabía bien que todos los pichones, una vez emplumados, alzan el vuelo y abandonan el nido en cumplimiento de la ley natural . . . Pero había más; había una duda atroz taladrando su pequeño cerebro de bruto. ¿Amaba realmente a Liborio? . . . Evocando su imagen, su sola imagen, le parecía que sí; pero ocurríale que, al evocarla, no tardaba en presentarse, sin ser llamada, la imagen de Nemesio, y ya entonces el juicio vacilaba, enturbiado.

A cualquiera le pasaría lo mismo, porque Liborio la seducía con sus bucles azafranados, con su voz más dulce que miel de camoatí,[36] con sus languideces de felino y con su fama de cuatrero guapo, peleador de policías; pero también Nemesio era bulto que daba sombra en el corral de su alma.

Nemesio era casi indio y feo de un todo. Era más duro que una piedra colorada y mejor era tocar una ortiga que tocarlo a él. Hablaba muy poco y casi no se le entendía lo que hablaba, porque las palabras, al salir de su boca, se enredaban en los enormes bigotes y se convertían en ruido. Tenía un cuerpo grandísimo y una cabecita chiquita y redonda, poblada de pelos rígidos, parecida a una tuna de esas que se crían en el campo, sobre las piedras.

Empero, Nemesio era sargento de policía. La casaquilla militar, el kepis, las jinetas y el sable—sobre todo el sable—le daban un prestigio acentuado por los dos hombres que siempre, en todas partes, trotaban respetuosamente a su retaguardia. Era un poco "gobierno," puesto que llevaba uniforme y espada y mandaba.

---

[29] coronilla: *a thorny shrub.*
[30] ladiado (ladeado): *tilted to one side.*
[31] un gaucho trova: *a "low-down" gaucho.*
[32] en . . . pelecheo: *in her satiny new coat.*
[33] duraznos pintones: *half ripe peaches.*

[34] "picana" de vaquillona: *choice piece of meat.*
[35] baguala: *wild mare.*
[36] miel de camoatí: *honey.* The *camoatí* is a species of bee.

Hacía tiempo que el sargento y el bandolero codiciaban con idéntico apetito a la pichona de don Tiburcio y ella no sabía por quién decidirse. Pero Liborio, más atrevido, sin duda, le dijo el lunes que se aprontase porque el domingo la iba "a sacar." Y ella . . . ¿qué iba a hacer? . . . aceptó no más.

Y llegó el domingo. Liborio lo había elegido, aprovechando la circunstancia de que Nemesio, con toda la policía, debía hallarse de servicio en las carreras grandes que se corrían en el negocio del gallego Pérez. Maura intentó resistir aplazando la "juida,"[37] pero el mozo le dijo brutalmente:

—¿Pa qué? . . . ¡Lo que se ha de empeñar no carece fecha y el agua se saca cuando se tiene sé! ¡Aprontá tus trapos y espérame al oscurecer debajo de las higueras! . . .

¿Y ella qué iba a hacer?

La noche era obscura, y sin más guía que el instinto, Liborio avanzaba al trote, llevando a la grupa de su tordillo la carga preciosa de la morocha.

No hablaban. Él iba soñando; ella iba haciendo cálculos, esos cálculos chiquitos que hacen los brutos en los momentos solemnes.

De pronto, el gaucho sofrenó el caballo. Había oído, hacia su derecha, ruido de gentes y de sables.

—¡La policía!—rugió—y me vienen ganando el paso! . . . ¡Sabandija! . . . Pero lo mesmo da; ¡vandiaremos[38] por la laguna! . . .

—¡Por la laguna!—gritó Maura asustada.

—¡No tengas miedo, china! p' algo es tordillo mi flete: boya[39] mesmo que un bote! . . .

Diez minutos después se detenían al borde de una laguna ancha y siniestra en la quietud de la noche.

—¡Tengo miedo! . . . ¡tengo miedo!— gimoteaba Maura. Y él:

—No se asuste, prenda. Agarresemé del lomo y cierre los ojos.

—¡Nos augamos,[40] Liborio!

—¿Ande has visto augarse una nutria? . . . Agárrate y tené confianza, que ande pasa un pescao, pasaremos mi tordillo y yo! . . .

Cerca, cerquita, resonaban los cascos de los caballos de los perseguidores y se oía claro el repiqueteo de los sables. El matrero, abandonando el tono cariñoso, ordenó con acento brutal:

—¡Vamos! . . .—Y espoloneando al tordillo, se lanzó a las aguas. La china, con brusco ademán, tiróse al suelo y cuando Liborio salió a flote, volvió la cabeza y lanzó a las sombras el más sangriento de los apóstrofes gauchos.

Casi en seguida atronó una descarga de fusilería . . . El matrero bramó como un puma herido, soltó las crines del tordillo y se hundió en las aguas muertas de la laguna . . .

El sargento Nemesio al verlo desaparecer dijo:

—Carniza pa las tarariras.[41]

Y luego, volviéndose hacia Maura, que permanecía en cuclillas, muerta de miedo, la castigó con una palabra fea y levantó el rebenque para pegarle.

Ella se cubrió el rostro con el brazo, en actitud de gata miedosa. Él se desbordó en groserías; pero poco a poco, fue enterneciéndose, por dentro, y como no sabía ser tierno con las palabras, le dio un beso.

Maura lloró y él dijo:

—¿Querés venir conmigo? . . .

Ella calculó todas esas cositas chicas que permiten vivir; pensó que muerto Liborio se simplificaba su problema y respondió lagrimeando:

—Güeno.

Y después, mirándolo cara a cara, confesó ingénuamente:

—¡Lo mesmo da! . . .

(*Leña seca*, 1911)

---

[37] juida = huida.
[38] vandiaremos = vadearemos.
[39] boya: *keeps above the water.*

[40] augamos = ahogamos.
[41] tarariras: large, black river fish.

⌒⌒⌒ Tomás Carrasquilla

COLOMBIA, 1858–1940   The short story of Carrasquilla included in this anthology is typical of his total work and illustrative of his peculiar genius in at least three respects:

A. The language is not normal bookish Spanish and, for the foreign student, is difficult reading. Even many whose native speech is Spanish find it troublesome. One explanation is that there are many words and phrases characteristic of or peculiar to Antioquia, Carrasquilla's home province. The story does indeed include such local expressions (e.g. *mazamorrear*), but statistically the difficulties are largely those belonging to a brand of Spanish which is older, more popular, and more common to plebeian speech in many parts of the Spanish-speaking world than the literary standard—a kind of rich, homely talk which literary men seldom can detect and reproduce with natural fidelity.

B. In a compressed style, full of colorful connotation, Carrasquilla is able to sketch the vivid physical reality of rural Colombia—the market, the church, the milking of the cows. This is done with a curious combination of skillful artifice and easy simplicity.

C. The plot of the tale, if it indeed can be called a plot, is rough, earthy, and definitely subordinated to description and rugged character portrayal.

This is what one may call pure realism: there is no social message (as in so many Spanish American novelists of the period); there is little attempt to create melodrama with contrived situations and language (a common failing of his contemporaries); and his accurate, loving knowledge of the milieu and characters is clear and convincing.

⌒⌒⌒ ¡A LA PLATA! (PARA HOMBRES SOLOS)

Aquel enjambre humano debía presentar a vuelo de pájaro el aspecto de un basurero. Los sombreros mugrientos, los forros encarnados de las ruanas, los pañolones oscuros y sebosos, los paraguas apabullados, tantos pañuelos y trapajos retumbantes, eran el guardarropa de un Arlequín. Animadísima estaba la feria: era primer domingo de mes, y el vecindario todo había acudido a renovación. Destellaba un sol de justicia; en las tasajeras de carne,[1] de esa carne que se acarroñaba al resistero,[2] buscaban las moscas donde incubar sus larvas; en los tendidos de cachivaches se agrupaban las muchachas campesinas, sudorosas y sofocadas, atraídas por la baratija, mientras las magnatas sudaban el quilo,[3] a regateo limpio, entre los puestos de granos, legumbres y panela. Ese olor de despensa, de carnicería, de transpiración de gentes, de guiñapos sucios, mezclado al olor del polvo y al de tanta plebe y negrería, formaban, sumados, la hediondez genuina, paladinamente manifestada, de la humanidad. Los altercados, los diálogos, las carcajadas, el chillido, la rebatiña vertiginosa de la venduta,[4] componían, sumados también, el baladro de la bestia. Llenaba todo el ámbito del lugarón.

Sonó la campana, y cátate al animal aplacado. Se oyó el silencio, silencio que parecía un asueto, una frescura, que traía como ráfagas de limpieza . . . hasta religioso sería ese silencio. Rompiólo el curita con su voz gangosa, contestóle la muchedumbre, y acabada la prez, reanudóse aquello. Pero por un instante solamente, porque de pronto sintióse el pánico, y la palabra "¡Encierro!" vibró en el aire como preludio de juicio final. Encierro era, en toda regla. Los veinte soldados del piquete, que inopinada y repentinamente acababan de invadir el pueblo, habíanse repartido por las cuatro esquinas de las plaza, a bayoneta calada. Fue como un ciclón. Desencajados, trémulos, abandonándolo todo, se dispararon los hombres, y hasta hembras también, a los zaguanes, a la iglesia. ¡Pobre gente! todo en vano, porque, como la amada de Lulio,[5] "ni en la casa de Dios está segura."

De allí sacaron unas decenas. Cayó entre los cazados el Caratejo Longas. Lo que no lloró su mujer, la señá Rufa, llorólo a moco tendido[6] María Eduvigis, su hija. Fuese ésta con súplicas al alcalde. A buen puerto arrimaba: cabalmente que al Caratejo no había riesgo de largarlo. ¡Figúrense! El mayordomo de Perucho Arcila, el rojo más recalcitrante y más urdemales en leguas a la redonda: ¡un pícaro, un bandido! Antes no era tanto para todo lo rojo que era el tal Arcila.

Ya desahuciado y en el cuartel, llamó el Caratejo a conferencia a su mujer y a su hija, y habló así: "A lo hecho, pecho. Corazón con Dios, y peganos[7] del manto de María Santísima. A yo, lo que es matame,[8] no me matan. Allá verán que ni animal me va. Ello más bien es maluco dejalas como dos ánimas, pero si les dejo maíz pa mucho tiempo. Pa desgusanar el ganao del patrón, y pa mantener esas mangas bien limpias, vustedes lo saben hacer mejor que yo. Sigan con el balance de la güerta y de los quesitos, y métanle a estas placeñas y a las amasadoras los güevos hasta las cachas,[9] y allá verá cómo enredamos la pita.[10] Mirá, Rufa: si aquellos muchachos acaban de pagar la condena antes que yo güelva, no los almitás en la casa, de mantenidos. Que se larguen a trabajar, o a jalale a la vigüela[11] y a las décimas si les da la gana. ¡Y no s'infusquen[12] por eso! . . . ultimadamente, el Gobierno siempre paga."

Y su voz selvática, encadenada en gruñidos, con inflexiones y finales dejativos, ese acento característico de los campesinos de nuestra región oriental, los acompañaba el orador con mil visajes y mímicas de convencimiento, y un aire de socarronería y unos manoteos y paradas de dedo de una elocuencia verdaderamente salvaje. Ayudábale el carate. Por aquella cara larga, y por cuanto mostraba de aquel cuerpo langaruto y cartilaginoso, lucía el jaspe, con vetas de carey, con placas esmeriladas y nacarinas. Pintoresco forro el de aquella armazón.

---

[1] tasajeras de carne: *places where meat was laid out to dry.*

[2] se acarroñaba al resistero: *nauseates you in the heat of the day.*

[3] sudaban el quilo: *worked hard.*

[4] la rebatiña . . . venduta: *the dizzy battle of the auction.*

[5] Raimundo Lulio (1235–1315), Catalan philosopher, mystic, and poet.

[6] a moco tendido: *bitterly.*

[7] peganos=pegarnos.

[8] matame=matarme.

[9] métanle . . . hasta las cachas: *trick these market women and bakers into buying the eggs.*

[10] enredamos la pita: *we can get them fighting among themselves.*

[11] jalale a la vigüela: *play the guitar.*

[12] s'infusquen=se ofusquen.

Ensartando y ensartando, dirigióse al fin a la hija, y, con un tono y un gesto allá, que encerraban un embuchado de cosas, le dice, dándole una palmadita en el hombro: "Y vos, no te metás de filática[13] con el patrón: ¡es muy abierto!"

¡Culebra brava la tal Eduvigis! Sazonado por el sol y el viento de la montaña era aquel cuerpo, en que no intervinieron ni artificio ni deformación civilizadores, obra premiada de la naturaleza. Las caderas, el busto bien alto, lo proclamaban futura madre de la *titanería laboradora*. El cabello, negro, de un negror profundo, se le alborotaba, indomable como una pasión; y en esos ojos había unas promesas, unos rechazos y un misterio, que hicieron empalidecer a más de un rostro masculino. Un toche habría picado aquellos labios como pulpa de guayaba madura; de perro faldero eran los dientes, por entre los cuales asomaba tal cual vez, como para lamer tanta almíbar, una puntita roja y nerviosa. Por este asomo lingüístico de ingénito coquetismo, le regañaba el cura a cada confesión, pero no le valía. Así y todo, mostrábase tan brava y retrechera, que un cierto galancete hubo de llevarse, en alguna memorable ocasión, un sopapo, que ni un trancazo; fuera de que el Caratejo la celaba a su modo. Él tenía su idea. Tanto que, apenas separado de la muchacha se dijo, hablado y todo y con parado de dedo: "Verán cómo el patrón le quebranta agora los agallones."[14]

Y pocos días después partió el Caratejo para la guerra. Rufa, que se entregó en poco tiempo y por completo al vicio de la separación, cuando los dos hijos partieron a presidio, bien podría ahora arrostrar esta otra ausencia, por más que pareciera cosa de viudez. ¡Y tanto como pudo! Ni las más leves nostalgias conyugales, ni asomos de temor por la vida del marido, ni quebraderos de cabeza por que volara el tiempo y le tornase el bien ausente, ni nada vino a interrumpir aquel viento de cristiana filosó-fica indolencia. A vela henchida, gallarda y serenísima, surcaba y surcaba por esos mares de leche. Y eso que en la casa ocurrió algo, y aun algos, por aquellos días. Pero no: sus altas atribuciones de vaquera, labradora y mayordoma de finca, en que dio rumbo a sus actividades y empleo a la potencia judaica que hervía en su carácter, no le daban tiempo ni lugar para embelecos y enredos de otro orden. ¡Lo que es tener oficio!

Hembra de canela[15] e inventora de dineros era la tal Rufa Chaverra. Arcila declaróla luego espejo de administradoras. Ella se iba por esas mangas, y, a güinchazo limpio,[16] extirpaba cuanta malecilla o yerbajo intruso asomase la cabeza. Con sapientísima oportunidad salaba[17] y ponía el fierro a aquel ganado, cuyo idioma parecía conocer, y a quien hacía los más expresivos reclamos, bien fuese colectiva o individualmente, ya con bramido bronco, igual que una vaca, si era a res mayor, ahora melindroso, si se trataba de parvulillos, y siempre con el nombre de pila, sin que la "Chapola" se le confundiese con la "Cachipanda," ni el "Careperro" con el "Mancoreto." Hasta medio albéitara resultaba, en ocasiones. Mano de ángel poseía para desgusanar, hacer los untos y sobaduras, y gran experiencia y fortuna en aplicar menjurjes por dentro y por fuera. La vaca más descastada y botacrías no se la jugaba a Rufa, que ella, juzgando por el volumen y otras apariencias, de la proximidad del asunto, ponía a la taimada en el corral por la noche, y si alguna vez se necesitaba un poco de obstetricia, allí estaba ella para el caso. En punto a echar argollas a los cerdos más bravíos, y de hacer un ternero algo menos ofensivo, allá se las habría con cualquier itagüiseño[18] del oficio. Iniciada estaba en los misterios del harem, y cuando al rebuzno del pachá[19] respondían eróticos relinchos, ella sabía si eran del caso o no eran idilios a puerta cerrada, y cuál la odalisca que debía ir al tálamo. Porque sí o porque no, nunca dejaba de apostrofar al progenitor

---

[13] no te metás de filática: *don't get funny.*
[14] le quebranta . . . agallones: *will take care of her.*
[15] hembra de canela: *a fine woman.*
[16] Ella se iba . . . a güinchazo limpio: *She would walk*

through the pasture land and with a clean blow of the spade.
[17] salaba: *fed salt.*
[18] itagüiseño: *native of Itagüí* (Antioquia).
[19] pachá=bajá, título de honor en Turquía.

aquel con algo así: "¡Ah, taita! como no tenés más oficio que jartar,[20] ¡siempre estás dispuesto pa la vagamundería!"

Si tan facultativa y habilidosa era para manejar lo ajeno, cuánto y más no sería para lo propio. Ni se diga de los gajes con la leche que le correspondía, ni de los productos del gallinero, ni de esa huerta donde los mafafales[21] alternaban con la achira, los repollos con las pepineras, las vitorias con las auyamas.[22]

Pues resultó que todo estuvo a pique de perderse. Del huracán que ahora corre, llegaron ráfagas hasta la montañesa. Supo que unas amigas y comadres mazamorreaban[23] orillas de La Cristalina, riachuelo que corre obra de dos millas de la casa de Arcila. Lo mismo fue saber que embelecarse. Su pretexto de buscar un cerdo que dizque se le había remontado, fuese a las lavadoras de oro, y con la labia y el disimulo del mundo les sonsacó todas las mañas y particularidades del oficio. Ese mismo día se hizo a batea,[24] y vierais a la rolliza campesina, con las sayas anudadas a guisa de bragas, zambullida hasta el muslo, garridamente repechada, haciéndole bailar a la batea la danza del oro con la siniestra mano, mientras que con la diestra iba chorreando el agua sobre la fina arena, donde asomaban los ruedos oscuros de la jagua.[25] Al domingo siguiente cambió el oro, y cuál se le ensancharía el cuajo[26] cuando tuvo amarrados, a pico de pañuelo, treinta y seis reales de un boleo.

Dada a la minería pasara su vida entera, a no ser por un cólico que la retuvo en cama varios días, y que le repitió más violento al volver al oficio. Mas no cedió en su propósito; mandó entonces a la Eduvigis, a quien le sentaron muy bien las aguas de La Cristalina. Mientras la hija pasaba de sol a sol en la mazamorrería, la madre cargaba con todo el brete[27] de la finca. ¡Y tan campantes y satisfechas!

Más rastro deja en un espejo la imagen reflejada, que en el ánimo de Rufa las noticias sobre la guerra, que oía en el pueblo los domingos y los dos días de semana en que iba a sus ventas. Lo que fue del Caratejo, no llegó a preocuparse hasta el grado de indagar por el lugar de su paradero. Bien confirmaba esta esposa que las ternuras y blandicies de alma son necesidades de los blancos de la ciudad, y un lujo superfluo para el pobre campesino.

Envueltos en la niebla, arrebujados y borrosos, mostrábanse riscos y praderas; la casa de la finca semejaba un esbozo de paisaje a dos tintas; a trechos se percibían los vallados y chambas[28] de la huerta, las aristas del techo, el alto andamio del gallinero; sólo alcanzaban a destacarse con alguna precisión los cuernos del ganado, rígidos y oscuros, rompiendo estas vaguedades, cual la noción del diablo la bruma de una mente infantil. A la quejumbrosa melodía de los recentales, acorralados y ateridos, contestaban desde afuera los bajos profundos y cariñosos de las madres, mientras que Rufa y Eduvigis renegaban, si Dios tenía qué, en las bregas y afanes del ordeño. Eduvigis, en cuclillas, remangada hasta las axilas, cubierta la cabeza con enorme pañuelo de pintajos, hacía saltar de una ubre al cuenco amarillento de la cuyabra,[29] el chorro humeante y cadencioso. Un hálito de vida, de salud, se exhalaba de aquel fondo espumoso. Casi colmaba la vasija, cuando un grito agudo, prolongado adrede, rasgó la densidad de esa atmósfera. La moza se suspende; el grito se repite más agudo todavía. "¡Mi taita!" exclama la Eduvigis, y sin pensar en leches ni en ordeños, corre alebrestada[30] chamba abajo.

No se engañaba. Buen Amigo, que si lo era en efecto, descolgóse a saltos, lengua afuera, la cola en alboroto. Impasible, la señá Rufa permaneció en su puesto. A poco llegóse el

---

[20] jartar = hartar, hartarse.
[21] mafafales: *edible root plants.*
[22] auyamas: *squashes.*
[23] mazamorreaban: *were panning gold.*
[24] se hizo a batea: *started to pan gold.*
[25] los ruedos . . . jagua: *dark circles of black sand.*

[26] cuál . . . el cuajo: *how her pride swelled.*
[27] brete: *hard work.*
[28] chambas: *ditches.*
[29] cuyabra: *gourd container.*
[30] alebrestada: *excitedly.*

Caratejo con el perro, que quería encaramársele a los hombros. Marido y mujer se avistaron. Nada de culto externo ni de perrerías en aquel saludo. Dijérase que acababan de separarse.

—Y ¿qué es lo que hay pal viejo?—dice Longas por toda efusión.

Y Rufa, plantificada, totuma en mano, con soberano desentendimiento, contesta:

—Y eso ¿qué contiene, pues?

—Pues que anoche llegamos al sitio, y que el fefe[31] me dio licencia pa venir a velas,[32] porque mañana go[33] esta tarde seguimos pa la Villa.

Facha peregrina la de este hijo de Marte. El sombrero hiperbólico de caña abigarrada, el vestido mugriento de coleta, los golpes rojos y desteñidos del cuello y de los puños, los pantalones holgados y caídos por las posas y que más parecían de seminarista, dignos eran de cubrir aquel cuerpo largo y desgavilado. Ni las escaseces, ni las intemperies, ni las fatigas de campaña, habían alterado en lo mínimo al mayordomo de Arcila. Tan feo volvía y tan caratejo como se fue. Por morral llevaba una jíquera algo más que preñada, por faja, una chuspa oculta, y no vacía.

Rufa sigue ordeñando. Toma Longas la palabra.

—Pues, pa que lo viás. Ya lo ves que nada me sucedió. Los que no murieron de bala, se templaron de tanta plaga y de tanta mortecina de cristiano, y yo ai con mi carate: ¡la cáscara guarda el palo![34]

Y aquí siguió un relato bélico autobiográfico, con algo más de largas que de cortas, como es usanza en tales casos. Rufa parecía un tanto cohibida y preocupada.

—¿Y ontá[35] la Eduvigis?—dice de pronto el marido, cortando la narración.

—Pes ella . . . pes ella . . . poai cogió chamba abajo,[36] izque[37] porque vos la vas a matar.

—¿A matala? ¿Y por qué gracia?

—Pes . . . ella . . . ¿no salió, pues, con un embeleco de muchacho?

—¿De muchacho?—prorrumpe el conscripto, abriendo tamaños ojos, ojos donde pareció asomar un fulgor de triunfo—¿Conque, muchacho? ¿Y pu'eso s'esconde esa pendeja? ¿Y ontá el muchacho?

—¿Ai no'stá, pues, en la maca?[38]

—Andá llamáme a esa boba.

Y, tirando corredor adentro, se coló al cuartucho. Debajo de la cama, pendiente de unos rejos, oscilaba la batea. Envuelto en pingajos de colores verdosos y alterados, dormía el angelito. No pudo resistir el abuelo a la fuerza de la sangre, ni menos al empuje de un orgullo repentino que le borbotó en las entrañas. Sacó de la batea a la criatura, que al despertar y ver aquella cara tan fea y tan extraña, puso el grito en el cielo. Era José Dolores Longas un rollete de manteca, mofletudo y cariacontecido;[39] las manos, unas manoplas;[40] las muñecas, como estranguladas con cuerda, a modo de morcilla; las piernas, tronchas y exuberantes, más huevos de arracacha[41] que carne humana: una figura eclesiástica, casi episcopal. Iba a quebrarse con los berridos que lanzaba: ¡cuidado si había pulmones! El soldado lo cogió en los brazos, haciéndole zarandeos,[42] por vía de arrullo. Abrazaba su fortuna: en aquel vástago veía el Caratejo horizontes azules y rosados de dicha y prosperidad. El predio cercano, su sueño dorado, era suyo; suyas unas decenas de vacas; suyo el par de muletos y los aparejos de la arriería, y ¿quién sabe si la casa, esa casa tan amplia y espaciosa, no sería suya pasado corto tiempo? ¡El patrón era tan abierto! . . . Calmóse un tanto el monigote. Escrutólo el Caratejo de una ojeada, y se dijo: "¡Igualito al taita!"

Entretanto, Rufa gritaba desde la manga:

---

[31] fefe=jefe.
[32] a velas=a verlas.
[33] go=o.
[34] ¡la cáscara guarda el palo!: *it (my ugly skin) saved my life.*
[35] ontá=dónde está.
[36] poai . . . abajo: *she started off down by the ditch over there.*

[37] izque=dizque.
[38] maca=hamaca.
[39] cariacontecido: *happy.*
[40] unas manoplas: *like little iron gloves.*
[41] huevos de arracacha: *like celery stalks.*
[42] haciéndole zarandeos: *swinging him around.*

"¡Que vengás a tu taita que no está nada bravo! ¡Que no sias caraja![43] ¡Subí Duvigis, que siempre lo habís de ver!"

La muchacha, más muerta que viva, a pesar de la promesa, subía por la chamba minutos después. Pálida por el susto, parecía más hermosa y escultural. Levantó la mirada hacia la casa, y vio a su padre en el corredor, con el niño en brazos. A paso receloso llégase a él, arrodíllasele a las plantas y murmura:

—¡Sacramento del altar, taita!

Y con la diestra carateja,[44] le rayó la bendición el padre, no sin sus miajas de unción y de solemnidad. Mandóla luego la madre a la cocina a preparar el agasajo para el viajero, y Rufa, que ya en ese momento había terminado sus faenas perentorias, tomó al nieto en su regazo, y se preparó al interrogatorio que se le venía encima.

—Bueno—principia el marido—¿y el patrón siempre le habrá dejao a la muchacha . . . por lo menos sus tres vacas, y le habrá dao mucha plata pa los gastos?

—¡Eh!—replica Rufa—¿Usté por qué ha determinao que fue don Perucho?

—¿Que no fue el patrón?—salta el Caratejo, desfigurándose.

—¡Si fue Simplicio, el hijo de la dijunta Jerónima! . . .

—¡Ese tuntuniento![45] . . . vocifera el deshonrado padre—. ¡Un muertodihambre que no tiene un Cristo en qué morir! . . . Y vos, so almártaga,[46] ¿pa qué consentites esos enredos?

La cara se le desencajó, le temblaban los labios como si tuviera tercianas. "Yo mato a esa arrastrada, a esa sinvergüenza." Y, atontado y frenético, se lanza a la cocina, agarra una astilla de leña, y a cada golpe escupe sobre la hija un insulto, una desvergüenza, una bajeza. Cuando la infeliz yacía por tierra, convulsa y sollozante, arrimóle Longas formidable puntapié, y exclamó tartajoso: "¡Te largás . . . ahora mismo . . . con tu muchacho . . . que yo no voy a mantener aquí vagamundas!"

Y salió disparado, camino del pueblo, como huyendo de su propia deshonra.

(*Obras completas*, 1952)

---

[43] ¡Que no sias caraja!: *Don't be stupid.*
[44] la diestra carateja: *spotted right hand.*

[45] tuntuniento: *lazy good-for-nothing.*
[46] so almártaga: *you fool.*

~~~TWO

FROM INDEPENDENCE TO THE MEXICAN REVOLUTION

C. MODERNISM (1882-1910)

ᓵᐧᐧᐧᐧᐧManuel González-Prada

PERU, 1848–1918   While the modernists were building their sequestered castles of escape and the traditionalist Ricardo Palma was emptying the treasure chest of Peru's colonial past, another Peruvian, who liked to sign his name Manuel G. Prada, began his ceaseless attacks on all that was outworn and rotten in Spanish American life. In the war against Chile (1879–1881) González-Prada had fought bravely on the field of battle; then, after the defeat of his country, he shut himself up in his house for the entire three years of the Chilean occupation. He would not appear on the streets to see a foreign foot profane his native soil. This self-imposed incarceration helped to crystallize his thoughts, and during the later reconstruction years of 1886–1891 he gathered around him a group of talented young men known as the *Círculo Literario*, who under his leadership nurtured the defiant nationalism of their defeated country. But this was only a single phase of the great man's career. He denounced the despoliation of the land and the exploitation of the Indians and peons by the landowners, the Church and the State, preached with apostolic fervor his gospel of national anarco-socialism and individual decency, challenged all the romantic quackeries of irrational thinking, railed at injustice and inequality wherever he found them. Students, workers, and intellectuals were his devoted followers and friends, but his name was anathema to those who sat in the high places.

Seldom in literature has a man's language so completely given expression to the passions of his heart. He was a master of irony and of diatribe. He ridiculed the sonorous vapidities of his Spanish contemporaries Juan Valera, Emilio Castelar, Núñez de Arce. His own style was at least two generations in advance of the bejewelled modernist effusions then in vogue. There was a unique eloquence and poetry in his sharp pen, whether he was composing light reproof or relentless invective. While other poets wrote of a fantastic world of art, González-Prada concerned himself with the fundamental social problems of the real world around him and with those deeper, intangible realities: right and wrong, life and death. He acknowledged no cult, but was a firm believer in the potential decency of the organism, man. He was anti-Spanish, anti-Peruvian, anti-Catholic, anti-ruling class; yet the best that was Spanish

357

or Peruvian or Catholic or aristocratic in his nation and in his people
was united in him with a nobility which gainsaid all pessimism and gave
buoyancy to every hope. González-Prada did not live for the present
and his writing was not circumscribed by its scope. He projected himself
into the future as one who has no fear of the end. He cut through the
weed-ridden thinking of his generation to let in the light of truth and of
that true justice on which all the hopes of democracy must depend.

∾∾DISCURSO EN EL POLITEAMA[1]

This selection is from a speech which González-Prada wrote as part of
a celebration held in the Teatro Politeama of Lima the night of July 29,
1888, in order to gather funds to contribute to the ransoming of the
provinces of Tacna and Arica, which had been taken over by Chile.
It was later published in the collection *Páginas libres* (Paris, 1894).

I

Los que pisan el umbral de la vida se juntan
hoy para dar una lección a los que se acercan
a las puertas del sepulcro. La fiesta que
presenciamos tiene mucho de patriotismo y
algo de ironía: el niño quiere rescatar con el
oro lo que el hombre no supo defender con
el hierro.

Los viejos deben temblar ante los niños,
porque la generación que se levanta es
siempre acusadora y juez de la generación
que desciende. De aquí, de estos grupos
alegres y bulliciosos, saldrá el pensador
austero y taciturno; de aquí, el poeta que
fulmine las estrofas de acero retemplado; de
aquí, el historiador que marque la frente del
culpable con un sello de indeleble ignominia.

Niños, sed hombres temprano, madrugad
a la vida, porque ninguna generación recibió
herencia más triste, porque ninguna tuvo
deberes más sagrados que cumplir, errores
más graves que remediar ni venganzas más
justas que satisfacer.

En la orgía de la época independiente,
vuestros antepasados bebieron el vino generoso y dejaron las heces. Siendo superiores a
vuestros padres, tendréis derecho para escribir el bochornoso epitafio de una generación que se va, manchada con la guerra civil
de medio siglo, con la quiebra fraudulenta y
con la mutilación del territorio nacional.

Si en estos momentos fuera oportuno
recordar vergüenzas y renovar dolores, no
acusaríamos a unos ni disculparíamos a otros.
¿Quién puede arrojar la primera piedra?

La mano brutal de Chile despedazó
nuestra carne y machacó nuestros huesos;
pero los verdaderos vencedores, las armas del
enemigo, fueron nuestra ignorancia y nuestro
espíritu de servidumbre.

2

Sin especialistas, o más bien dicho, con
aficionados que presumían de omniscientes,
vivimos de ensayo en ensayo: ensayos de
aficionados en Diplomacia, ensayos de aficionados en Economía Política, ensayos de
aficionados en Legislación y hasta ensayos de
aficionados en Táctica y Estrategia. El Perú
fue cuerpo vivo, expuesto sobre el mármol de

---

[1] This speech was read by Miguel Urbina, an
Ecuadorian political exile, who had requested the
honor as a personal favor from his friend González-
Prada. Urbina was a wonderful public speaker, and
Prada despised talking before an audience. However,
he did deliver all his other addresses personally, and as
the years passed he came eventually to have a higher
regard for oratory.

un anfiteatro, para sufrir las amputaciones de cirujanos que tenían ojos con cataratas seniles y manos con temblores de paralítico. Vimos al abogado dirigir la hacienda pública, al médico emprender obras de ingeniatura, al teólogo fantasear sobre política interior, al marino decretar en administración de justicia, al comerciante mandar cuerpos de ejército . . . ¡Cuánto no vimos en esa fermentación tumultuosa de todas las mediocridades, en esas vertiginosas apariciones y desapariciones de figuras sin consistencia de hombre, en ese continuo cambio de papeles, en esa Babel, en fin, donde la ignorancia vanidosa y vocinglera se sobrepuso siempre al saber humilde y silencioso!

Con las muchedumbres libres aunque indisciplinadas de la Revolución, Francia marchó a la victoria; con los ejércitos de indios disciplinados y sin libertad, el Perú irá siempre a la derrota. Si del indio hicimos un siervo, ¿qué patria defenderá? Como el siervo de la Edad Media, sólo combatirá por el señor feudal.

Y, aunque sea duro y hasta cruel repetirlo aquí, no imaginéis, señores, que el espíritu de servidumbre sea peculiar a sólo el indio de la puna: también los mestizos de la costa recordamos tener en nuestras venas sangre de los súbditos de Felipe II mezclada con sangre de los súbditos de Huayna-Cápac. Nuestra columna vertebral tiende a inclinarse.

La nobleza española dejó su descendencia degenerada y despilfarradora:[2] el vencedor de la Independencia legó su prole[3] de militares y oficinistas. A sembrar el trigo y extraer el metal, la juventud de la generación pasada prefirió atrofiar el cerebro en las cuadras de los cuarteles y apergaminar la piel en las oficinas del Estado. Los hombres aptos para las rudas labores del campo y de la mina, buscaron el manjar caído del festín de los gobiernos, ejercieron una insaciable succión en los jugos del erario nacional y sobrepusieron el caudillo que daba el pan y los honores a la patria que exigía el oro y los sacrificios. Por eso, aunque siempre existieron en el Perú liberales y conservadores, nunca hubo un verdadero partido liberal ni un verdadero partido conservador, sino tres grandes divisiones: los gobiernistas, los conspiradores y los indiferentes por egoísmo, imbecilidad o desengaño. Por eso, en el momento supremo de la lucha, no fuimos contra el enemigo un coloso de bronce, sino una agrupación de limaduras de plomo; no una patria unida y fuerte, sino una serie de individuos atraídos por el interés particular y repelidos entre sí por el espíritu de bandería. Por eso, cuando el más oscuro soldado del ejército invasor no tenía en sus labios más nombre que Chile, nosotros, desde el primer general hasta el último recluta, repetíamos el nombre de un caudillo, éramos siervos de la Edad Media que invocábamos al señor feudal.

Indios de punas y serranías, mestizos de la costa, todos fuimos ignorantes y siervos; y no vencimos ni podíamos vencer.

3

Si la ignorancia de los gobernantes y la servidumbre de los gobernados fueron nuestros vencedores, acudamos a la Ciencia, ese redentor que nos enseña a suavizar la tiranía de la Naturaleza, adoremos la Libertad, esa madre engendradora de hombres fuertes.

No hablo, señores, de la ciencia momificada que va reduciéndose a polvo en nuestras universidades retrógradas: hablo de la Ciencia robustecida con la sangre del siglo, de la Ciencia con ideas de radio gigantesco, de la Ciencia que trasciende a juventud y sabe a miel de panales griegos, de la Ciencia positiva que en sólo un siglo de aplicaciones industriales produjo más bienes a la Humanidad que milenios enteros de Teología y Metafísica.

Hablo, señores, de la libertad para todos, y principalmente para los más desvalidos. No forman el verdadero Perú las agrupaciones de criollos y extranjeros que habitan la faja de tierra situada entre el Pacífico y los Andes;

---

[2] despilfarradora: *wastrel.*

[3] legó su prole: *bequeathed its litter.*

la nación está formada por las muchedumbres de indios diseminadas en la banda oriental de la cordillera. Trescientos años ha que el indio rastrea en las capas inferiores de la civilización, siendo un híbrido con los vicios del bárbaro y sin las virtudes del europeo: enseñadle siquiera a leer y escribir, y veréis si en un cuarto de siglo se levanta o no a la dignidad de hombre. A vosotros, maestros de escuela, toca galvanizar una raza que se adormece bajo la tiranía del juez de paz, del gobernador y del cura, esa trinidad embrutecedora del indio.

Cuando tengamos pueblo sin espíritu de servidumbre, y militares y políticos a la altura del siglo, recuperaremos Arica y Tacna, y entonces y sólo entonces marcharemos sobre Iquique y Tarapacá,[4] daremos el golpe decisivo, primero y último.

Para ese gran día, que al fin llegará porque el porvenir nos debe una victoria, fiemos sólo en la luz de nuestro cerebro y en la fuerza de nuestros brazos. Pasaron los tiempos en que únicamente el valor decidía de los combates: hoy la guerra es un problema; la Ciencia resuelve la ecuación. Abandonemos el romanticismo internacional y la fe en los auxilios sobrehumanos: la Tierra escarnece a los vencidos, y el Cielo no tiene rayos para el verdugo.

En esta obra de reconstitución y venganza no contemos con los hombres del pasado: los troncos añosos y carcomidos produjeron ya sus flores de aroma deletéreo y sus frutas de sabor amargo. ¡Que vengan árboles nuevos a dar flores nuevas y frutas nuevas! ¡Los viejos a la tumba, los jóvenes a la obra! * * *

(*Páginas libres,* 1894)

La muerte y la vida

* * * La Naturaleza no aparece injusta ni justa, sino creadora. No da señales de conocer la sensibilidad humana, el odio ni el amor: infinito vaso de concepción, divinidad en interminable alumbramiento, madre toda seno y nada corazón, crea y crea para destruir y volver a crear y volver a destruir. En un soplo desbarata la obra de mil y mil años; no ahorra siglos ni vidas, porque cuenta con dos cosas inagotables: el tiempo y la fecundidad. Con tanta indiferencia mira el nacimiento de un microbio como la desaparición de un astro, y rellenaría un abismo con el cadáver de la Humanidad para que sirviera de puente a una hormiga.* * *

Hay modos y modos de morir: unos salen de la vida, como espantadizo reptil que se guarece en las rajaduras de una peña;[5] otros se van a lo tenebroso,[6] como águila que

atraviesa un nubarrón cargado de tormentas. Es indigno de un hombre morir demandando el último puesto en el banquete de la eternidad, como el mendigo pide una migaja de pan a las puertas del señor feudal que siempre le vapuló sin misericordia. Vale más aceptar la responsabilidad de sus acciones y lanzarse a lo desconocido como, sin papeles ni bandera, el pirata se arroja a las inmensidades del mar.* * *

La duda, como noche polar, lo envuelve todo; lo evidente, lo innegable, es que en el drama de la existencia todos los individuos representamos el doble papel de verdugos y víctimas. Vivir significa matar a otros; crecer, asimilarse el cadáver de muchos. Somos un cementerio ambulante donde miriadas de seres se entierran para darnos vida con su muerte.* * *

---

[4] Iquique y Tarapacá: Tacna, Arica, and Tarapacá were Peruvian provinces taken over by Chile after the war. Iquique is the capital of the province of Tarapacá. The so-called "Tacna-Arica controversy" between Peru and Chile was not settled until 1929, when through direct negotiation of the two countries, Peru

lost Arica but regained Tacna and received six million dollars and certain other considerations from Chile.

[5] se guarece . . . peña: *takes shelter in the fissures of a cliff.*

[6] se van . . . tenebroso: *depart for the gloomy regions.*

Cuando se ve sonreír a los niños, cuando se piensa que mañana morirán en el dolor o vivirán en amarguras más acerbas que la muerte, un inefable sentimiento de conmiseración se apodera de los corazones más endurecidos. Si un tirano quería que el pueblo de Roma poseyera una sola cabeza, para cercenársela de un tajo;[7] si un humorista inglés deseaba que las caras de todos los hombres se redujeran a una sola, para darse el gusto de escupirla, ¿quién no anhelaría que la Humanidad tuviera un solo rostro, para poderla enjugar todas sus lágrimas? * * *

Ninguna luz sobrehumana nos alumbró en nuestra noche, ninguna voz amiga nos animó en nuestros desfallecimientos, ningún brazo invisible combatió por nosotros en la guerra secular con los elementos y las fieras: lo que fuimos, lo que somos, nos lo debemos a nosotros mismos. Lo que podamos ser nos lo deberemos también. Para marchar, no necesitamos ver arriba, sino adelante.

No pedimos la existencia; pero, con el hecho de vivir, aceptamos la vida. Aceptémosla, pues, sin monopolizarla ni quererla eternizar en nuestro beneficio exclusivo: nosotros reímos y nos amamos sobre la tumba de nuestros padres; nuestros hijos reirán y se amarán sobre la nuestra.

(Páginas libres, 1894)

⟆⟆ DISCURSO EN EL ENTIERRO DE LUIS MÁRQUEZ[8]

Aunque existir no sea más que vacilar entre un mal cierto y conocide—la vida, y otro mal dudoso e ignorado—la muerte, amamos la roca estéril en que nacemos, a modo de aquellos árboles que ahondan sus raíces en las grietas de los peñascos; suspiramos por un Sol que ve con tanta indiferencia nuestra cuna como nuestro sepulcro; y sentimos la desolación de las ruinas cuando alguno de los nuestros cae devorado por ese abismo implacable en que nosotros nos despeñaremos mañana.***

Platón, después de medio siglo de meditaciones y desvelos, supo tanto sobre la vida y la muerte, como sabe hoy el labrador que mece la cuna de sus hijos o se reclina en la piedra que marca la fosa de sus abuelos. Pasaron siglos de siglos, pasarán nuevos siglos de siglos; y los hombres quedaremos siempre mudos y aterrados ante el secreto inviolable de la cuna y del sepulcro. ¡Filo-sofías! ¡Religiones! ¡Sondas arrojadas a profundizar lo insondable! ¡Torres de Babel levantadas para ascender a lo inaccesible! Al hombre, a este puñado de polvo que la casualidad reúne y la casualidad dispersa, no le quedan más que dos verdades: la pesadilla amarga de la existencia y el hecho brutal de la muerte.* * *

¡Adiós, amigo! Tú, que de los labios destilabas la miel ática de los chistes, probaste ya el acibarado veneno de la agonía. Tú atravesaste ya por el tenebroso puente que nos lleva de este mundo al país de que ningún viajero regresó jamás. Tú sabes ya si la Naturaleza es amiga bondadosa que nos acoge en su seno para infundirnos sueño de felices visiones, o madre sin entrañas que guarda para sí la salud, la juventud y la eternidad, reservando para sus hijos las enfermedades, la vejez y la nada.* * *

(Páginas libres, 1894)

---

[7] para . . . tajo: *to lop it off with a single blow.* This saying is attributed to the emperor Caligula (12 B.C.– A.D. 41). The English satirist, Jonathan Swift, is said to have paraphrased his words.

[8] Luis Márquez was one of González-Prada's closest friends; for a time he presided over the group *Círculo Literario.* He died in 1888. González-Prada's funeral oration scandalized a great many Peruvians, who did not see eye to eye with his unorthodox ideas.

⤳ LA FUERZA

Cuando se dijo: *La fuerza está sobre el derecho*,[9] los sentimentales de ambos mundos lanzaron un grito de horror, como si hubieran nacido en un planeta de rosas sin espinas, de animales sin garras y de hombres sin atavismos de fiera. Sin embargo, la célebre frase (atribuida sin razón a Bismarck) no sancionaba un principio, reconocía un hecho.* * *

Hablemos sin hipocresía ni fórmulas estereotipadas. ¿Por qué figurarse a los hombres más buenos de lo que generalmente son? ¿Por qué imaginarnos a las naciones más civilizadas de lo que en realidad se encuentran? Verdad, convergemos hacia una tierra de paz y misericordia; pero todavía no llegamos: en el viaje nos acometemos, nos herimos y nos devoramos. El hombre, individualmente, suele perfeccionarse hasta el grado de convertirse en una especie de semidiós; colectivamente, no ha pasado hasta hoy de un idiota o de una fiera. La elevación moral no parece un rasgo característico de la especie, sino más bien el don excepcional de unos cuantos individuos. No hubo pueblo-Sócrates ni nación-Aristóteles. En los momentos críticos, las naciones más civilizadas revelan alma de patán: sus más delicadas y graves cuestiones las dilucidan y las zanjan a puñetazos.[10] En la fauna internacional, todas las manos cogen, todas las mandíbulas muerden, aunque la mano se llame Inglaterra, aunque la mandíbula se llame Francia.

No glorifiquemos la debilidad ni la flaqueza, siguiendo las tradiciones de una religión depresiva y envilecedora; por el contrario, volviendo a las buenas épocas del paganismo, ensalcemos el desarrollo simultáneo de la fuerza intelectual y física, y veamos en el equilibrio de ambas el supremo ideal de la perfección. ¿De qué nos sirve la constitución de un Hércules, si poseemos la masa cerebral de un cretino? ¿Qué nos vale la inteligencia de un Platón, si tenemos un organismo degenerado y enfermo?

El débil maldiciendo la fuerza, nos hace pensar en el eunuco renegando de la virilidad. Si la fuerza consuma las iniquidades, sirve también para reivindicar los derechos. Todos los privilegios y todos los abusos se basan en la fuerza; con la fuerza tienen que ser destruidos. ¿Nos figuraremos que un banquero de la Cité[11] se despojará de sus bienes, con sólo estimular la caridad cristiana? ¿Nos imaginaremos que un Zar de Rusia se humanizará, con sólo invocarle los sentimientos filantrópicos? Nada pidamos a la caridad ni a la filantropía: se hallan en bancarrota; esperémoslo todo de la justicia; pero no de la justicia armada con los simples argumentos del sociólogo, sino de la justicia encarnada en el brazo de las muchedumbres.

Lo repetimos: no basta la fuerza del brazo; y la máxima antigua de *alma sana en cuerpo sano*, debe traducirse hoy por *alma fuerte en cuerpo fuerte*. Porque fuerza no es únicamente el vapor que mueve la hélice del buque, el hacha que golpea en el tronco del árbol o la dinamita que pulveriza las rocas: fuerza es el escrito razonable y honrado; fuerza, la palabra elocuente y libre; fuerza, la acción desinteresada y generosa. El poder interior del hombre se realza con el prestigio de lo desconocido y misterioso: calculamos la potencia del músculo; pero ¿cómo medimos la fuerza de un cerebro? ¿Cómo podemos saber lo que realizará mañana un pensamiento arrojado a germinar hoy en el cráneo de las multitudes? ¡Cuántas veces la Humanidad se agita y marcha, inconscientemente, al empuje de una idea lanzada hace tres o cuatro mil años!

Como una muestra de la enorme desproporción entre la fuerza del alma y la fuerza del cuerpo, ahí están los obreros de ambos mundos, los siervos del feudalismo capitalista. Llevan el vigor en el músculo; pero como esconden la debilidad en el cerebro, sirven de eterno juguete a los avisados y astutos. En vez de unirse y apresurar la hora de las reivindi-

---

[9] La fuerza . . . derecho: *Might makes right.*
[10] las zanjan a puñetazos: *they settle with blows.*

[11] Cité: Paris.

caciones sociales, se dividen, se destrozan y se prostituyen en las rastreras luchas de la política: no ejercen derechos de hombre, y rabian por gollerías de ciudadanos;[12] carecen de pan, y reclaman el sufragio; no comen, y votan. ¡Pobre rebaño que se congratula y satisface con la facultad de elegir a sus trasquiladores!

No; los obreros no alcanzan a comprender que si practicaran la solidaridad de clase, si tuvieran un solo arranque de energía, si dieran unos cuantos golpes con la piqueta y el hacha, no tardaría mucho en venir por tierra el edificio de todos los abusos y de todas las iniquidades. Pero no se atreven: el miedo a lo que no debe temerse y el respeto a lo que no merece respetarse, les conserva eternamente inmóviles y sujetos. Más que un rebaño, las muchedumbres son gigantes encadenados con telarañas.

(*La idea libre*, May 4, 1901, later reissued in *Anarquía*, 1936)

⌘EL INDIVIDUO

These paragraphs are taken from *Anarquía*, 1936, and were not printed until that date. They were written some time between the years 1910 and 1918.

La Roma clásica nos legó al Dios-Estado: la Roma medioeval nos impuso a la Diosa-Iglesia. Contra esos dos mitos combate hoy el revolucionario en las naciones católicas. Quiere derrumbar a la Iglesia (bamboleante ya con los golpes de la Reforma, de la Enciclopedia y de la Revolución Francesa) para levantar en sus ruinas el monumento de la Ciencia. Quiere destronar al Estado (sacudido ya por los embates de la propaganda anarquista) para establecer la sola autonomía del individuo. En resumen: el revolucionario moderno pretende emancipar al hombre de todo poder humano y divino, sin figurarse con algunos librepensadores que basta someter lo religioso a lo civil o desarraigar del pueblo la religión para alcanzar la suma posible de libertades. Concediendo al Estado lo roído a la Iglesia,[13] disminuimos la tiranía celeste para aumentar la profana, escapamos al fanatismo del sacerdote para caer en la superstición del político, dejamos a la Diosa-Iglesia para idolatrar al Dios-Estado.

A fuerza de mencionar las ideas absolutas, algunos teólogos de la Edad Media concluyeron por creerlas tan realidad como los seres y las cosas tangibles; a fuerza de elucubrar sobre el Estado, los políticos de hoy acaban por reconocerle una personalidad más efectiva que la del individuo. El estadista moderno reproduce al realista medioeval, puede habérselas con Duns Scot.[14] No habiendo más realidad que el individuo, el Estado se reduce a una simple abstracción, a un concepto metafísico; sin embargo, esa abstracción, ese concepto encarnado en algunos hombres, se apodera de nosotros desde la cuna, dispone de nuestra vida, y sólo deja de oprimirnos y explotarnos al vernos convertidos en cosa improductiva, en cadáver. Con su triple organización de caserna, oficina y convento, es nuestro mayor enemigo. El sabio repite: "La especie es nada; el individuo es todo." El político responde: "El Estado es todo; el individuo es nada." * * *

En el corazón del civilizado se oculta siempre un salvaje, más o menos adormecido: el más apacible no desmiente la selva donde sus abuelos se devoraron unos a otros. Mas ¿la Humanidad no puede existir sin beber sangre? ¿El Estado subsistirá siempre como freno y castigo? ¿Eternamente reinarán el

[12] rabian . . . ciudadanos: *are crazy to enjoy all the superficial niceties of citizens.*

[13] lo roído a la Iglesia: *what is taken away from the Church.*

[14] Duns Scot: Joannes Duns Scotus (1265?–1308), Scottish scholastic theologian; famous opponent of Thomas Aquinas.

juez, el carcelero, el policía y el verdugo? Con excepción de algunos refractarios, perversos por naturaleza y más enfermos que delincuentes, la especie humana es educable y corregible. Si abunda el atavismo del mal, no puede afirmarse que falta el del bien. Nuestros millares de ascendientes ¿no encierran ninguno bueno? Dada la perfectibilidad humana, cabe en lo posible la existencia de una sociedad basada en la Anarquía, sin más soberano que el individuo. Media más distancia del salvaje prehistórico al hombre moderno que del hombre moderno al *individuo* de la futura sociedad anárquica.

El Estado con sus leyes penales, la Iglesia con sus amenazas póstumas, no corrigen ni moralizan; la Moral no se alberga en biblias ni códigos, sino en nosotros mismos: hay que sacarla del hombre. El amor a nuestro yo, la repugnancia a padecer y morir, nos infunden el respeto a la vida ajena y el ahorro del dolor, no sólo en el hombre sino en los animales. Por un egoísmo reflejo, el negativo precepto cristiano de "No hacer a otro lo que no quisiéramos que nos hiciera a nosotros," se sublima en el positivo consejo humano de "Hacer el bien a todos los seres sin aguardar recompensa."

The following selection is the greater part of an address read before a workers' federation in Lima on May 1, 1905, which later appeared in the book *Horas de lucha* (Lima, 1908). In it González-Prada defines the mutual duties of the workers and intellectuals in the struggle for power. These ideas were basic in helping to establish the APRA (*Alianza Popular Revolucionaria Americana*) movement and its "*Frente Único de Trabajadores Manuales e Intelectuales.*" The APRA movement was founded in 1923 by Raúl Haya de la Torre, and still exists as a strong social and political force in Latin America today. APRA is strongly pro-Indian, anti-ruling class, pro-democratic, anti-dictator, pro-collectivist, anticoncentration of wealth. It has always been anti-imperialist and was for many years strongly opposed to the United States.

* * * Cuando preconizamos la unión o alianza de la inteligencia con el trabajo no pretendemos que a título de una jerarquía ilusoria, el intelectual se erija en tutor o lazarillo[15] del obrero. A la idea que el cerebro ejerce función más noble que el músculo, debemos el régimen de las castas: desde los grandes imperios de Oriente, figuran hombres que se arrogan el derecho de pensar, reservando para las muchedumbres la obligación de creer y trabajar.

Los intelectuales sirven de luz; pero no deben hacer de lazarillos, sobre todo en las tremendas crisis sociales donde el brazo ejecuta lo pensado por la cabeza. Verdad, el soplo de rebeldía que remueve hoy a las multitudes, viene de pensadores o solitarios. Así vino siempre. La justicia nace de la sabiduría, que el ignorante no conoce el

derecho propio ni el ajeno y cree que en la fuerza se resume toda la ley del Universo. Animada por esa creencia, la Humanidad suele tener la resignación del bruto: sufre y calla. Mas de repente, resuena el eco de una gran palabra, y todos los resignados acuden al verbo salvador, como los insectos van al rayo de sol que penetra en la oscuridad del bosque.

El mayor inconveniente de los pensadores: figurarse que ellos solos poseen el acierto y que el mundo ha de caminar por donde ellos quieran y hasta donde ellos ordenen. Las revoluciones vienen de arriba y se operan desde abajo. Iluminados por la luz de la superficie, los oprimidos del fondo ven la justicia y se lanzan a conquistarla, sin detenerse en los medios ni arredrarse con los resultados. Mientras los moderados y los teóricos se imaginan evoluciones geométricas

---

[15] lazarillo: *blind man's guide.*

o se enredan en menudencias y detalles de forma, la multitud simplifica las cuestiones, las baja de las alturas nebulosas y las confina en terreno práctico. Sigue el ejemplo de Alejandro:[16] no desata el nudo; le corta de un sablazo.

¿Qué persigue un revolucionario? Influir en las multitudes, sacudirlas, despertarlas y arrojarlas a la acción. Pero sucede que el pueblo, sacado una vez de su reposo, no se contenta con obedecer el movimiento inicial, sino que pone en juego sus fuerzas latentes, marcha y sigue marchando hasta ir más allá de lo que pensaron y quisieron sus impulsores. Los que se figuraron mover una masa inerte, se hallan con un organismo exuberante de vigor y de iniciativas; se ven con otros cerebros que desean irradiar su luz, con otras voluntades que quieren imponer su ley. De ahí un fenómeno muy general en la Historia: los hombres que al iniciarse una revolución parecen audaces y avanzados, pecan de tímidos y retrógrados en el fragor de la lucha o en las horas del triunfo. Así, Lutero retrocede acobardado al ver que su doctrina produce el levantamiento de los campesinos alemanes; así, los revolucionarios franceses se guillotinan unos a otros porque los unos avanzan y los otros quieren no seguir adelante o retrogradar. Casi todos los revolucionarios y reformadores se parecen a los niños: tiemblan con la aparición del ogro que ellos solos evocaron a fuerza de chillidos. Se ha dicho que la Humanidad, al ponerse en marcha, comienza por degollar a sus conductores; no comienza por el sacrificio pero suele acabar con el ajusticiamiento, pues el amigo se vuelve enemigo, el propulsor se transforma en rémora.

Toda revolución arribada tiende a convertirse en gobierno de fuerza, todo revolucionario triunfante degenera en conservador. ¿Qué idea no se degrada en la aplicación? ¿Qué reformador no se desprestigia en el poder? Los hombres (señaladamente los políticos) no dan lo que prometen, ni la realidad de los hechos corresponde a la ilusión de los desheredados. El descrédito de una revolución empieza el mismo día de su triunfo, y los deshonradores son sus propios caudillos.

Dado una vez el impulso, los verdaderos revolucionarios deberían seguirle en todas sus evoluciones. Pero modificarse con los acontecimientos, expeler las convicciones vetustas y asimilarse las nuevas, repugnó siempre al espíritu del hombre, a su presunción de creerse emisario del porvenir y revelador de la verdad definitiva. Envejecemos sin sentirlo, nos quedamos atrás sin notarlo, figurándonos que siempre somos jóvenes y anunciadores de lo nuevo, no resignándonos a confesar que el venido después de nosotros abarca más horizonte por haber dado un paso más en la ascensión de la montaña. Casi todos vivimos girando alrededor de féretros que tomamos por cunas o morimos de gusanos, sin labrar un capullo ni transformarnos en mariposa. Nos parecemos a los marineros que en medio del Atlántico decían a Colón: "No proseguiremos el viaje porque nada existe más allá." Sin embargo, más allá estaba la América.

Pero al hablar de intelectuales y de obreros, nos hemos deslizado a tratar de revolución. ¿Qué de raro? Discurrimos a la sombra de una bandera que tremola entre el fuego de las barricadas, nos vemos rodeados por hombres que tarde o temprano lanzarán el grito de las reivindicaciones sociales, hablamos el primero de mayo, el día que ha merecido llamarse la pascua de los revolucionarios.[17] La celebración de esta pascua, no sólo aquí sino en todo el mundo civilizado, nos revela que la Humanidad cesa de agitarse por cuestiones secundarias y pide cambios radicales. Nadie espera ya que de un parlamento nazca la felicidad de los desgraciados ni que de un gobierno llueva el maná para satisfacer el hambre de todos los vientres. La

---

[16] Alejandro: Reference is to the knot tied by Gordius, king of Phrygia. An oracle declared that whosoever should untie this Gordian knot would be master of Asia. Alexander the Great, being unable to untie it, cut it with his sword. The phrase has since come to mean "to slice through difficulties of any kind."

[17] The first of May is celebrated by many workers' groups with labor demonstrations and parades, having been designated as a holiday in 1889 by the Second Socialist International.

oficina parlamentaria elabora leyes de excepción y establece gabelas[18] que gravan más al que posee menos; la máquina gubernamental no funciona en beneficio de las naciones, sino en provecho de las banderías dominantes.

Reconocida la insuficiencia de la política para realizar el bien mayor del individuo, las controversias y luchas sobre formas de gobierno y gobernantes quedan relegadas a segundo término, mejor dicho, desaparecen. Subsiste la *cuestión social*, la magna cuestión que los proletarios resolverán por el único medio eficaz: la revolución. No esa revolución local que derriba presidentes o zares y convierte una república en monarquía o una autocracia en gobierno representativo; sino la revolución mundial, la que borra fronteras, suprime nacionalidades y llama la Humanidad a la posesión y beneficio de la tierra.

Si antes de concluir fuera necesario resumir en dos palabras todo el jugo de nuestro pensamiento, si debiéramos elegir una enseña luminosa para guiarnos rectamente en las sinuosidades de la existencia, nosotros diríamos: *Seamos justos*. Justos con la Humanidad, justos con el pueblo en que vivimos; justos con la familia que formamos y justos con nosotros mismos, contribuyendo a que todos nuestros semejantes cojan y saboreen su parte de felicidad, pero no dejando de perseguir y disfrutar la nuestra.

La justicia consiste en dar a cada hombre lo que legítimamente le corresponde; démonos, pues, a nosotros mismos la parte que nos toca en los bienes de la Tierra. El nacer nos impone la obligación de vivir, y esta obligación nos da el derecho de tomar, no sólo lo necesario, sino lo cómodo y lo agradable. Se compara la vida del hombre con un viaje en el mar. Si la Tierra es un buque y nosotros somos pasajeros, hagamos lo posible para viajar en primera clase, teniendo buen aire,

buen camarote y buena comida, en vez de resignarnos a quedar en el fondo de la cala, donde se respira una atmósfera pestilente, se duerme sobre maderos podridos por la humedad y se consumen los desperdicios de bocas afortunadas. ¿Abundan las provisiones? pues todos a comer según su necesidad. ¿Escasean los víveres? pues todos a ración, desde el capitán hasta el ínfimo grumete.

La resignación y el sacrificio innecesariamente practicados, nos volverían injustos con nosotros mismos. Cierto, por el sacrificio y la abnegación de almas heroicas, la Humanidad va entrando en el camino de la justicia. Más que reyes y conquistadores, merecen vivir en la Historia y en el corazón de la muchedumbre los simples individuos que pospusieron su felicidad a la felicidad de sus semejantes, los que en la arena muerta del egoísmo derramaron las aguas vivas del amor. Si el hombre pudiera convertirse en sobrehumano, lo conseguiría por el sacrificio. Pero el sacrificio tiene que ser voluntario. No puede aceptarse que los poseedores digan a los desposeídos: sacrifíquense y ganen el cielo, en tanto que nosotros nos apoderamos de la Tierra.

Lo que nos toca, debemos tomarlo porque los monopolizadores difícilmente nos lo concederán de buena fe y por un arranque espontáneo. Los 4 de Agosto[19] encierran más aparato que realidad: los nobles renuncian a un privilegio, y en seguida reclaman dos; los sacerdotes se despojan hoy del diezmo, y mañana exigen el diezmo y las primicias.[20] Como símbolo de la propiedad, los antiguos romanos eligieron el objeto más significativo —una lanza. Este símbolo ha de interpretarse así: la posesión de una cosa no se funda en la justicia sino en la fuerza; el poseedor no discute, hiere; el corazón del propietario encierra dos cualidades del hierro: dureza y frialdad. Según los conocedores del idioma hebreo, Caín significa *el primer propietario*. No

---

[18] gabelas: *taxes.*
[19] Los 4 de Agosto: On August 4, 1789, the French Constituent Assembly consisting of the nobles, the clergy, and the third estate met together. With a great burst of enthusiasm evoked by the ideals of the French Revolution the nobles and clergy spontaneously re-

nounced their feudal privileges. A few days later the Declaration of the Rights of Man was made. However, after the first ardors had cooled off a bit both nobles and clergy began recouping the lost ground.
[20] diezmo y primicias: *tithe and first-fruits.*

extrañemos si un socialista del siglo XIX, al mirar en Caín el primer detentador[21] del suelo y el primer fratricida, se valga de esa coincidencia para deducir una pavorosa conclusión: *La propiedad es el asesinato.*

Pues bien: si unos hieren y no razonan, ¿qué harán los otros? Desde que no se niega a las naciones el derecho de insurrección para derrocar a sus malos gobiernos, debe concederse a la Humanidad ese mismo derecho para sacudirse de sus inexorables explotadores. Y la concesión es hoy un credo universal: teóricamente, la revolución está consumada porque nadie niega las iniquidades del régimen actual, ni deja de reconocer la necesidad de reformas que mejoren la condición del proletariado. (¿No hay hasta un socialismo católico?) Prácticamente, no lo estará sin luchas ni sangre, porque los mismos que reconocen la legitimidad de las reivindicaciones sociales, no ceden un palmo en el terreno de sus conveniencias: en la boca llevan palabras de justicia, en el pecho guardan obras de iniquidad.

Sin embargo, muchos no ven o fingen no ver el movimiento que se opera en el fondo de las modernas sociedades. Nada les dice la muerte de las creencias, nada el amenguamiento del amor patrio, nada la solidaridad de los proletarios, sin distinción de razas ni de nacionalidades. Oyen un clamor lejano, y no distinguen que es el grito de los hambrientos lanzados a la conquista del pan; sienten la trepidación del suelo, y no comprenden que es el paso de la revolución en marcha; respiran en atmósfera saturada por hedores de cadáver, y no perciben que ellos y todo el mundo burgués son quienes exhalan el olor a muerto.

Mañana, cuando surjan olas de proletarios que se lancen a embestir contra los muros de la vieja sociedad, los depredadores y los opresores palparán que les llegó la hora de la batalla decisiva y sin cuartel. Apelarán a sus ejércitos; pero los soldados contarán en el número de los rebeldes; clamarán al cielo, pero sus dioses permanecerán mudos y sordos. Entonces huirán a fortificarse en castillos y palacios, creyendo que de alguna parte habrá de venirles algún auxilio. Al ver que el auxilio no llega y que el oleaje de cabezas amenazadoras hierve en los cuatro puntos del horizonte, se mirarán a las caras y sintiendo piedad de sí mismos (los que nunca la sintieron de nadie) repetirán con espanto: *¡Es la inundación de los bárbaros!* Mas una voz, formada por el estruendo de innumerables voces, responderá: *No somos la inundación de la barbarie, somos el diluvio de la justicia.*[22]

González-Prada with his colossal individualism had little in common with the modernist writers, but some critics have called him a precursor of that movement because both his poetry and his prose broke so clearly with the sacrosanct and classic Spanish past. As far back as the 1870's when his contemporaries were worshipping at the shrines of romantic Musset,[23] Espronceda, Bécquer, and Hugo, he "initiated the cult of the German poets." His first poems written at this time were ballads and *lieder* in Germanic style. He also translated selections from Goethe, Schiller, Heine, Lessing, von Platen, Uhland, Müller, Herder, and others among the Germans, as well as Dumas, Mérimée, Gautier, Hugo, and Martin, among the French. He brought to Hispanic verse revitalizing

---

[21] detentador: *deforciant*, i.e. one who withholds wrongly or holds off by force.

[22] An interesting comparison here would be with the final lines of the famous American poem "The Man with the Hoe" by Edwin Markham:
"O masters, lords and rulers in all lands,
how will the Future reckon with this man?
How answer his brute question in that hour
when whirlwinds of rebellion shake the world?
How will it be with kingdoms and with kings—

with those who shaped him to the thing he is—
when this dumb Terror shall reply to God
after the silence of the centuries?"

[23] In *Grafitos* he wrote of Alfred de Musset:
"Leído a saltos, embriaga;
mas de un tirón, empalaga."
In the same collection there are verses illustrating González-Prada's likes and dislikes among a wide variety of writers of different lands.

importations of form and meter from France, England, Italy, Germany, and the East. The most notable of these were: the *rondel* (in its various forms known as the *rondeau, rondelet, triolet, virelai,* and *villanelle*), the Spenserian stanza, the *rispetto, balata, estornelo, gacela, laude,* the Malayan *pantum,* and Persian quatrains such as those made famous in English by Edward Fitzgerald's translation of Omar Khayyam.[24] Among his own poetic inventions by far the most interesting was the *polirritmo sin rima,* or free verse with varying accents and rhythms all welded to the functional harmony of a whole. He was the first poet in the Spanish language to make extensive use of the French *rondel* and its variations, or of free verse meters.

The variety and flexibility of Prada's poetry, at a time when Hispanic verse was goutish and stiff with the accumulated gluttonies of tradition, bear witness to the iconoclastic spirit of the man. He wrote with equal ease barbs of humorous verse and satire, lyrics of trivial or enduring love, mordant epigrams, Peruvian ballads based on Indian legends, liquid-flowing free verse of many rhythms, carefully wrought sonnets and *rondels.* In many of these he couched the shattering dynamite of his anarchistic social ideas. He was one of the most cosmopolitan of Hispanic poets, yet he remained close to the fountain of popular inspiration. Quevedo and Góngora are called to mind by some of his poems, and the dagger-like lyrics of García Lorca, who did not begin to write until after Prada's death, are suggested by others. The most amazing single quality which runs through all his poetry is a feeling of closeness with the present epoch.

The following selections are all taken from the *Antología poética* of González-Prada (Mexico, 1940), edited by Carlos García-Prada, in which there is an excellent study and copious notes on the author's poetry.

❧TRIOLET

Los bienes y las glorias de la vida
o nunca vienen o nos llegan tarde.
Lucen de cerca, pasan de corrida,
los bienes y las glorias de la vida.

5 ¡Triste del hombre que en la edad florida
coger las flores del vivir aguarde!
Los bienes y las glorias de la vida
o nunca vienen o nos llegan tarde.

(Minúsculas, 1901)

❧TRIOLET

Desde el instante del nacer, soñamos;
y sólo despertamos, si morimos.
Entre visiones y fantasmas vamos:
desde el instante del nacer, soñamos.

5 El bien seguro, por el mal dejamos;
y hambrientos de vivir, jamás vivimos:
desde el instante del nacer, soñamos;
y sólo despertamos, si morimos.

(Minúsculas, 1901)

❧TRIOLET

Tus ojos de lirio dijeron que sí,
tus labios de rosa dijeron que no.
Al verme a tu lado, muriendo por ti,
tus ojos de lirio dijeron que sí.

5 Auroras de gozo rayaron en mí;
mas pronto la noche de luto volvió:
tus ojos de lirio dijeron que sí,
tus labios de rosa dijeron que no.

(Minúsculas, 1901)

---

[24] Among the many Persian quatrains which appear in the collection *Exóticas* (Lima, 1911) are several stanzas of *The Rubaiyat* which González-Prada trans-lated into Spanish from Fitzgerald's English version of the poem.

⁓Rondel

Naturaleza, aliento de mi aliento,
inmarcesible flor de lo Infinito,
eterna vida que respiro y siento
en las volubles ráfagas del viento
5 y en los clavados montes de granito.

Son tuyas la constancia y la firmeza,
tuyos los soles de oro y de topacio,
que triunfas en el tiempo y el espacio,
Naturaleza.

10 Cifrando en viejos mitos la esperanza,
te olvida el hombre y al error se lanza:
huye de ti, siguiendo lo imposible;
y eres amor, Divinidad, belleza,
y lo eres todo, pura, incorruptible
15 Naturaleza.

(*Minúsculas*, 1901)

⁓Cosmopolitismo

¡Cómo fatiga y cansa, cómo abruma,
el suspirar mirando eternamente
los mismos campos y la misma gente,
los mismos cielos y la misma bruma!

5 Huir quisiera por la blanca espuma
y a Sol lejano calentar mi frente.
¡Oh, si me diera el río su corriente!
¡Oh, si me diera el águila su pluma!

Yo no seré viajero arrepentido
10 que al arribar a playas extranjeras
exhale de sus labios un gemido.

Donde me estrechen generosas manos,
donde me arrullen tibias Primaveras,
ahí veré mi patria y mis hermanos.

(*Minúsculas*, 1901)

⁓Rondel

Humanidad, los odios y venganzas
en vano arrojan un clamor de guerra;
que henchida de ilusiones y esperanzas,
tú, por la ruina y el estrago, avanzas
5 a iluminar y redimir la Tierra.

Sobre la hiel de los rencores viertes
un bálsamo de amor y de piedad,
última Diosa de las almas fuertes,
Humanidad.

10 El miope ser de corazón rastrero[25]
oponga saña y dolo[26] al extranjero.
Patria, feroz y sanguinario mito,
execro yo tu bárbara impiedad;
yo salvo[27] las fronteras, yo repito:
15 Humanidad.[28]

(*Minúsculas*, 1901)

[25] rastrero: *grovelling, niggardly.*
[26] oponga saña y dolo: *let him oppose with unseeing rage and deceit.*
[27] yo salvo: *I leap across.*
[28] In the article *Perú y Chile* from *Páginas libres,* González-Prada states essentially the same idea in these words: "Nada tan hermoso como derribar fronteras y destruir el sentimiento egoísta de las nacionalidades para hacer de la Tierra un solo pueblo y de la Humanidad una sola familia. El patriotismo es la pasión de los necios y la más necia de todas las pasiones. Pero, mientras llega la hora de la paz universal, mientras vivimos en una comarca de corderos y lobos, hay que andar prevenidos para mostrarnos corderos con el cordero y lobos con el lobo . . . Si de nuestros padres heredamos un territorio grande y libre, un territorio grande y libre debemos legar a nuestros descendientes, ahorrándoles la afrenta de nacer en un país vencido y mutilado, evitándoles el sacrificio de recuperar a costa de su sangre los bienes y derechos que nosotros no supimos defender a costa de la nuestra. Nada tan cobarde como la generación que paga sus deudas endosándolas (*passing them on for payment*) a las generaciones futuras."

ᴄᴡᴏTRIOLET

Algo me dicen tus ojos;
mas lo que dicen no sé.
Entre misterio y sonrojos,
algo me dicen tus ojos.

5 ¿Vibran desdenes y enojos,
o hablan de amor y de fe?
Algo me dicen tus ojos;
mas lo que dicen no sé.

(*Minúsculas*, 1901)

ᴄᴡᴏTRIOLET

Para verme con los muertos,
ya no voy al camposanto.
Busco plazas, no desiertos,
para verme con los muertos.

5 ¡Corazones hay tan yertos!
¡Almas hay que hieden tanto!
Para verme con los muertos,
ya no voy al camposanto.

(*Minúsculas*, 1901)

ᴄᴡᴏRONDEL

Aves de paso que en flotante hilera
recorren el azul del firmamento,
exhalan a los aires un lamento
y se disipan en veloz carrera,
5 son el amor, la gloria y el contento.

¿Qué son las mil y mil generaciones
que brillan y descienden al ocaso,
que nacen y sucumben a millones?
Aves de paso.

10   Inútil es, oh pechos infelices,
al mundo encadenarse con raíces.
Impulsos misteriosos y pujantes
nos llevan entre sombras, al acaso,
que somos ¡ay! eternos caminantes,
15   aves de paso.

(*Minúsculas*, 1901)

ᴄᴡᴏLAUDE

Todo goce, todo ría,
con la luz del nuevo día.

Monte, selva, mar y llano
alcen himno tan pagano
5 que hasta el pecho del anciano
se estremezca de alegría.

Y ¡oh Sol, hemos de perderte!
Lo espantoso de la muerte
es no verte más, no verte,
10 oh gloriosa luz del día.

(*Exóticas*, 1911)

ᴄᴡᴏEPISODIO

Feroces picotazos,[29] estridentes aleteos,[30]
con salvajes graznidos de victoria y muerte.

Revolotean[31] blancas plumas
y el verde campo alfombran con tapiz de
5   armiño;
en un azul de amor, de paz y glòria,
bullen alas negras y picos rojos.

(Polirritmo sin rima)

Sucumbe la paloma, triunfa el ave de rapiña;
mas, luminoso, imperturbable, se destaca el
10   firmamento,
y sigue en las entrañas de la eterna Madre
la gestación perenne de la vida.

(*Exóticas*, 1911)

[29] picotazo: *vicious snap of a bird's beak.*
[30] aleteo: *flapping of the wings.*

[31] revolotean: *flutter* (earthward).

∾EL MITAYO[32]

—"Hijo, parto: la mañana
reverbera en el volcán;
dame el báculo de chonta,[33]
las sandalias de jaguar."

5　—"Padre, tienes las sandalias,
tienes el báculo ya:
mas ¿por qué me ves y lloras?
¿A qué regiones te vas?"

　　—"La injusta ley de los Blancos
10 me arrebata del hogar:
voy al trabajo y al hambre,
voy a la mina fatal."

　　—"Tú que partes hoy en día,
dime ¿cuándo volverás?"
15 —"Cuando el llama de las punas[34]
ame el desierto arenal."

　　—"¿Cuándo el llama de las punas
las arenas amará?"
—"Cuando el tigre de los bosques
20 beba en las aguas del mar."

　　—"¿Cuándo el tigre de los bosques
en los mares beberá?"
—"Cuando del huevo de un cóndor
nazca la sierpe mortal."

25　—"¿Cuándo del huevo de un cóndor
una sierpe nacerá?"
—"Cuando el pecho de los Blancos
se conmueva de piedad."

　　—"¿Cuándo el pecho de los Blancos
30 piadoso y tierno será?"
—"Hijo, el pecho de los Blancos
no se conmueve jamás."

(*Baladas peruanas*, 1935)

∾GRAFITOS

CERVANTES

Aunque chillen los pedantes
y arruguen todos el ceño,[35]
lo declaro yo: Cervantes
suele producirme sueño.

5　*El Quijote* se volviera
Obra divina en verdad,
si otro Cervantes pudiera
reducirle a la mitad.

LA ACADEMIA ESPAÑOLA

Esa caduca institución linfática,
a pesar de su lema estrafalario,[36]
no sabe definirnos la Gramática
ni logra componer el Diccionario.

MISCELLANEOUS "GRAFITOS"

Impío fue, traidor y mujeriego,
mas en Castilla conquistó la fama
de batallar sin tregua ni sosiego
por su Dios, por su Rey y por su Dama.[37]

* * *

5　Al leer las necias páginas
de muchísimos clerófobos[38]
yo me crispo y me espeluzno[39]
que para más de un jumento
libertad de pensamiento
10 es libertad de rebuzno.

* * *

Las mujeres honradas
y hasta impecables,
quieren ser respetadas,
　no respetables.

[32] mitayo: Indian serving his *mita* or enforced labor.
[33] báculo de chonta: *staff of hardwood palm.*
[34] punas: *mountain highlands.*
[35] arruguen . . . ceño: *all knit their brows.*
[36] estrafalario: *extravagant.* The extravagant motto referred to is: "*Limpia, fija y da esplendor.*"
[37] González-Prada's anti-Spanish zeal reaches its high water mark in the poem *A España* which was written in Madrid in 1897; it appears in the collection *Libertarias.* The first stanza of this poem is indicative of its feeling:
　　"Tierra fósil, mundo arcaico,
　　eres el triple mosaico
　　de torero, chulo y cura;
　　eres fatídico huerto
　　donde el fruto sabe a muerto,
　　la flor hiede a sepultura."
[38] clerófobos: *priest haters.*
[39] me . . . espeluzno: *my muscles twitch and I tear my hair.*

* * *

15 Ella me dice *no*; mas yo pensando
en cómo me lo dice, digo *¿cuándo?*

* * *

Ese Dios que nunca siente
el clamor de cuantos gimen
es el cómplice del crimen
20 o el testigo indiferente.

* * *

Los hombres protestamos
de parentesco alguno con el mono,

y en Darwin descargamos
toda la hiel de un señoril encono;
25 los hombres protestamos;
pero ¿sabemos si protesta el mono?

* * *

¿En tu presencia, el hombre, oh Creador,
acusado será o acusador?

* * *

Vida, cuento narrado por un tonto,
30 posees un gran bien: concluyes pronto.

(Grafitos, 1937)

ᘒᘙEL PERÚ

¡Abyección y podredumbre!
bajo el peso de la infamia,
viene y va la muchedumbre.

5

¿Dónde aquí la noble idea?
En el fango de la charca
todo se hunde o chapotea.[40] * * *

Y si aquí rodó mi cuna,
soy aquí tan extranjero
como en Londres o en la Luna.

10 A mi pueblo y a mis gentes,
¿qué me liga, qué me enlaza?
Yo me siento de otro mundo,
yo me siento de otra raza.[41]

(Libertarias, 1938)

---

[40] se hunde o chapotea: *sinks or gets splattered with mud.*
[41] Poem number 12 from the book *Trozos de vida*
(Paris, 1933) concludes with these often quoted lines:

"Tú me achicas, tú me ahogas,
aire infecto de la patria."

᪥ José Martí

Cuba, 1853–1895   Once when Martí was asked for his autograph while riding to the railroad station in a rickety coach, he took out a small card and wrote: "El único autógrafo digno de un hombre es el que deja escrito con sus obras." This anecdote is characteristic of Martí in two ways: first, he was a man of action whose deeds were his supreme autograph; second, his heroic devotion to the cause of Cuban independence forced him to do most of his writing in spare and frenzied moments on his way to catch a train, to deliver a speech, or to attend a revolutionary meeting. As a result, his work is marked with a spontaneity and zeal which contrast strongly with the contemplative aloofness of most of the modernists.

Rubén Darío, the greatest of the modernist poets, who had met Martí in New York and had been greatly impressed by his oratory, thought that the Cuban might have made better use of his life than to sacrifice it for his country's freedom. When he learned that Martí had fallen in battle, pierced by three bullets, Darío exclaimed in anguish: "¿Oh, maestro, qué has hecho?"

Martí had the orator's supreme gift of stirring the emotions of his hearers, even when his vocabulary and phrasing were beyond their comprehension. One old fighter for Cuban independence, after hearing him speak, remarked: "No; yo no le entendía mucho lo que dijo; ¡pero tenía ganas de llorar!"

The following selection, *Los pinos nuevos*, was an oration delivered by Martí before the Cuban colony at Tampa, Florida, on November 27, 1891. It was the twentieth anniversary of the death before a firing squad of eight Cuban medical students, who in 1871 were accused of having desecrated the tomb of a Spaniard whose newspaper was strongly pro-Spanish and anti-Cuban. Very soon after the speech a group of Cuban patriots in New York City organized a revolutionary band known also as "Los pinos nuevos."

᪥ LOS PINOS NUEVOS

Cubanos:
   Todo convida esta noche al silencio res-petuoso más que a las palabras: las tumbas tienen por lenguaje las flores de resurrección

que nacen sobre las sepulturas: ni lágrimas pasajeras ni himnos de oficio son tributo propio a los que con la luz de su muerte señalaron a la piedad humana soñolienta el imperio de la abominación y la codicia. Esas 5 orlas[1] son de respeto, no de muerte; esas banderas están a media asta, no los corazones. Pido luto a mi pensamiento para las frases breves que se esperan esta noche del viajero que viene a estas palabras de im- 10 proviso, después de un día atareado de creación: y el pensamiento se me niega al luto. No siento hoy como ayer romper coléricas al pie de esta tribuna, coléricas y dolorosas, las olas de la mar que trae de nuestra tierra la agonía 15 y la ira, ni es llanto lo que oigo, ni manos suplicantes las que veo, ni cabezas caídas las que escuchan, ¡sino cabezas altas! y afuera, de esas puertas repletas, viene la ola de un pueblo que marcha. ¡Así el sol, después de la 20 sombra de la noche, levanta por el horizonte puro su copa de oro!

Otros lamenten la muerte necesaria; yo creo en ella como la almohada, y la levadura, y el triunfo de la vida. La mañana después de 25 la tormenta, por la cuenca del árbol desarraigado echa la tierra fuente de frescura, y es más alegre el verde de los árboles y el aire está como lleno de banderas, y el cielo es un dosel de gloria azul, y se inundan los pechos 30 de los hombres de una titánica alegría. Allá, por sobre los depósitos de la muerte, aletea, como redimiéndose, y se pierde por lo alto de los aires, la luz que surge invicta[2] de la podredumbre. La amapola más roja y más leve 35 crece sobre las tumbas desatendidas. El árbol que da mejor fruto es el que tiene debajo un muerto.

Otros lamenten la muerte hermosa y útil, por donde la patria saneada rescató su com- 40 plicidad involuntaria con el crimen, por donde se cría aquel fuego purísimo e invisible en que se acendran para la virtud y se templan para el porvenir las almas fieles. Del

semillero de las tumbas levántase impalpable, como los vahos del amanecer, la virtud inmortal, orea la tierra tímida, azota los rostros viles, empapa el aire, entra triunfante en los corazones de los vivos: la muerte da jefes, la muerte da lecciones y ejemplos, la muerte nos lleva el dedo por sobre el libro de la vida. ¡Así, de esos enlaces continuos e invisibles, se va tejiendo el alma de la patria!

La palabra viril no se complace en descripciones espantosas; ni se ha de abrumar el arrepentido por fustigar al malvado; ni ha de convertirse la tumba del mártir en parche de pelea; ni se ha de decir, aun en la ciega hermosura de las batallas, lo que mueve las almas de los hombres a la fiereza y al rencor. ¡Ni es de cubanos, ni será jamás, meterse en la sangre hasta la cintura, ni avivar con un haz de niños muertos, los crímenes del mundo; ni es de cubanos vivir, como el chacal en la jaula, dándole vueltas al odio! Lo que anhelamos es decir aquí con qué amor entrañable, un amor como purificado y angélico, queremos a aquellas criaturas que el decoro levantó de un rayo hasta la sublimidad, y cayeron, por la ley del sacrificio, para publicar al mundo indiferente aún a nuestro clamor, la justicia absoluta con que se irguió la tierra contra sus dueños: lo que queremos es saludar con inefable gratitud, como misterioso símbolo de la pujanza patria, del oculto y seguro poder del alma criolla, a los que, a la primera voz de la muerte, subieron sonriendo, del apego y cobardía de la vida común al heroísmo ejemplar.

¿Quién, quién era el primero en la procesión del sacrificio, cuando el tambor de muerte redoblaba y se oía el olear de los sollozos, y bajaban la cabeza los asesinos; quién era el primero con una sonrisa de paz en los labios, y el paso firme, y casi alegre, y todo él como ceñido ya de luz? Chispeaba por los corredores de las aulas un criollo dadivoso y fino, el bozo en flor[3] y el pájaro en el alma,

---

[1] orlas: *border* (of flowers on a grave).

[2] ínvicta: *unconquered, unsullied.*

[3] criollo dadivoso . . . bozo en flor: *courteous, generous creole . . . with a beginning beard.* Martí is now commenting on the young, mischievous student with rings on his fingers who went to his death with a challenge and

heroism which aptly became his martyrdom. After the students were executed it was proved that they were not guilty of the crime attributed to them, and they were called *"los inocentes"*; their tombs were revered in Cuba as the cradle of Cuban independence.

ensortijada la mano, como una joya el pie, gusto todo y regalo y carruaje, sin una arruga en el ligero pensamiento: ¡y el que marchaba a paso firme a la cabeza de la procesión, era el niño travieso y casquivano de las aulas felices, el de la mano de sortijas y el pie como una joya! ¿Y el otro, el taciturno, el que tenían sus compañeros por mozo de poco empuje y de avisos escasos?⁴ ¡Con superior beldad se le animó el rostro caído, con soberbio poder se le levantó el ánimo patrio,⁵ con abrazos firmes apretó, al salir a la muerte, a sus amigos, y con la mano serena les enjugó las lágrimas! ¡Así, en los alzamientos por venir, del pecho más obscuro saldrá, a triunfar, la gloria! ¡Así, del valor oculto crecerán los ejércitos de mañana! ¡Así, con la ocasión sublime, los indiferentes y culpables de hoy, los vanos y descuidados de hoy, competirán en fuego con los más valerosos! . . . El niño de diez y seis años iba delante, sonriendo, ceñido como de luz, volviendo atrás la cabeza, por si alguien se le acobardaba.⁶ * * *

Martí next calls to mind the horrible treatment of Cubans who had been imprisoned by the Spanish regime: their being driven along at saber point on forced labor when they were utterly exhausted, their being lashed unmercifully inside the prison yards to the beat of a loud playing band which drowned out their cries of pain so that they would not be heard by passersby, etcetera.

¡Pues éstos son otros horrores más crueles, y más tristes, y más inútiles, y más de temer que los de andar descalzo! ¿O recordaré la madrugada fría, cuando de pie, como fantasmas justiciadores, en el silencio de Madrid dormido, a la puerta de los palacios y bajo la cruz de las iglesias clavaron los estudiantes sobrevivientes el padrón de vergüenza nacional,⁷ el recuerdo del crimen que la ciudad leyó espantada? ¿O un día recordaré, un día de verano madrileño, cuando al calce de un hombre seco y lívido, de barba y alma ralas, muy cruzado y muy saludado y muy pomposo, iba un niño febril, sujeto apenas por brazos más potentes, gritando al horrible codicioso: "¡Infame, infame!" ¡Recordaré al magnánimo español, huésped querido de todos nuestros hogares, laureado aquí en efigie junto con el heroico vindicador, que en los dientes de la misma suerte, prefiriendo al premio del cómplice la pobreza del justo, negó su espalda al asesinato! Dicen que sufre, comido de pesar en el rincón donde apenas puede consolarlo de la cólera del vencedor pudiente el cariño de los vencidos miserables. ¡Sean para el buen español, cubanas agradecidas, nuestras flores piadosas!

Y después ¡ya no hay más, en cuanto a tierra, que aquellas cuatro osamentas que dormían, de Sur a Norte, sobre las otras cuatro que dormían de Norte a Sur: no hay más que un gemelo de camisa,⁸ junto a una mano seca: no hay más que un montón de huesos abrazados en el fondo de un cajón de plomo! ¡Nunca olvidará Cuba, ni los que sepan de heroicidad olvidarán, al que con mano augusta detuvo, frente a todos los riesgos, el sarcófago intacto, que fue para la patria manantial de sangre! ¡al que bajó a la tierra con sus manos de amor, y en acerba hora de aquellas que juntan de súbito al hombre con la eternidad, palpó la muerte helada, bañó de llanto terrible los cráneos de sus compañeros! El sol lucía en el cielo, cuando sacó en sus brazos de la fosa los huesos venerados. ¡Jamás cesará de caer el sol sobre el sublime vengador sin ira!

¡Cesen ya, puesto que por ellos es la patria más pura y hermosa, las lamentaciones que sólo han de acompañar a los muertos inútiles! Los pueblos viven de la levadura heroica. El mucho heroísmo ha de sanear el mucho crimen; donde se fue muy vil, se ha de ser muy grande; por lo invisible de la vida

---

⁴ avisos escasos: *slight intellectual endowments.*
⁵ ánimo patrio: *patriotism.*
⁶ por si alguien se le acobardaba: *lest anyone should turn coward.*

⁷ padrón . . . nacional: *note of infamy.* Surviving students later affixed bulletins containing news of the executions, to doors of palaces and churches in Madrid.
⁸ gemelo de camisa: *cuff-link.*

corren magníficas leyes. Para sacudir al mundo, con el horror extremo de la inhumanidad y la codicia que agobian a su patria, murieron, con la poesía de la niñez y el candor de la inocencia, a manos de la [5] inhumanidad y la codicia. Para levantar con la razón de su prueba irrecusable el ánimo medroso de los que dudan del arranque y virtud de un pueblo en apariencia indiferente y frívolo, salieron riendo del aula descuidada, [10] o pensando en la novia y el pie breve, y entraron a paso firme, sin quebrantos de rodilla ni temblores de brazos, en la muerte bárbara. Para unir en concordia, por el respeto que impone en unos el remordi- [15] miento y la piedad que moverán en otros los arrepentidos, las dos poblaciones que han de llegar por fatalidad inevitable a un acuerdo en la justicia o a un exterminio violento, se alzó el vengador con alma de perdón, y [20] aseguró, por la moderación de su triunfo, su obra de justicia. ¡Mañana, como hoy en el destierro, irán a poner flores en la tierra libre,

ante el monumento de perdón, los hermanos de los asesinados, y los que, poniendo el honor sobre el accidente del país, no quieren llamarse hermanos de los asesinos!

Cantemos hoy, ante la tumba inolvidable, el himno de la vida. Ayer lo vi a la misma tierra, cuando venía, por la tarde hosca, a este pueblo fiel. Era el paisaje húmedo y negruzco; corría turbulento el arroyo cenagoso; las cañas, pocas y mustias, no mecían su verdor quejosamente como aquellas queridas por donde piden redención los que las fecundaron con su muerte, sino se entraban, ásperas e hirsutas, como puñales extranjeros, por el corazón: y en lo alto de las nubes desgarradas, un pino, desafiando la tempestad, erguía entero, su copa. Rompió de pronto el sol sobre un claro del bosque, y allí al centelleo de la luz súbita, vi por sobre la hierba amarillenta erguirse, en torno al tronco negro de los pinos caídos, los racimos gozosos de los pinos nuevos: ¡Eso somos nosotros: pinos nuevos!

⤳ NUESTRA AMÉRICA

This essay was first published in *El partido liberal*, of Mexico, January 30, 1891. However, Martí had stated the same ideas several times previously, once in a speech before the delegates of the International American Conference gathered in New York in 1889. As a result of his elevated "Spanish-Americanism" he became the leading representative of the southern countries in the United States. Many of them made him their official consul or delegate.

At the same time, Martí was the finest interpreter of North America for these nations of the south. His articles for *La nación* of Buenos Aires and other leading Spanish American periodicals often treated different aspects of life and culture in the United States.

On one occasion when Martí was in Washington as the delegate of Uruguay to the International Monetary Conference of 1891 an indelible impression was made on his mind by the eagle he had seen in the conference hall, which clasped in its immense claws all the flags of the American Republics. The memory of this sight came back to him time after time as a deep presentiment.

In the opening paragraphs of *Nuestra América* Martí accuses Latin America of a provincialism which leads its citizens to believe that the universal order of things is all for the best, provided that any given individual citizen is prosperous. He then points out the shameless attitude, entirely too current in those countries "which must be saved by their Indians," of wanting to deny and forsake the sick Indian mother who gave them birth, and of being ashamed of the carpenter who was their father. "They are men and do not want to do the work of men." Martí continues his essay in the following words:

* * * Ni ¿en qué patria puede tener un hombre más orgullo que en nuestras repúblicas dolorosas de América, levantadas entre las masas mudas de indios, al ruido de pelea del libro con el cirial, sobre los brazos sangrientos de un centenar de apóstoles? De factores tan descompuestos, jamás, en menos tiempo histórico, se han creado naciones tan adelantadas y compactas. Cree el soberbio que la tierra fue hecha para servirle de pedestal, porque tiene la pluma fácil o la palabra de colores y acusa de incapaz e irremediable a su república nativa, porque no le dan sus selvas nuevas modo continuo de ir por el mundo de gamonal[9] famoso, guiando jacas de Persia y derramando champaña. La incapacidad no está en el país naciente, que pide formas que se le acomoden y grandeza útil, sino en los que quieren regir pueblos originales, de composición singular y violenta, con leyes heredadas de cuatro siglos de práctica libre en los Estados Unidos, de diecinueve siglos de monarquía en Francia. Con un decreto de Hamilton no se le para la pechada al potro del llanero.[10] Con una frase de Sieyés[11] no se desestanca la sangre cuajada de la raza india. A lo que es, allí donde se gobierna, hay que atender para gobernar bien: y el buen gobernante en América no es el que sabe cómo se gobierna el alemán o el francés, sino el que sabe con qué elementos está hecho su país, y cómo puede ir guiándolos en junto, para llegar, por métodos e instituciones nacidas del país mismo, a aquel estado apetecible, donde cada hombre se conoce y ejerce, y disfrutan todos de la abundancia que la Naturaleza puso para todos en el pueblo que fecundan con su trabajo y defienden con sus vidas. El gobierno ha de nacer del país. El espíritu del gobierno ha de ser el del país. La forma del gobierno ha de avenirse a la constitución propia del país. El gobierno no es más que el equilibrio de los elementos naturales del país.

Por eso el libro importado ha sido vencido en América por el hombre natural. Los hombres naturales han vencido a los letrados artificiales. El mestizo autóctono ha vencido al criollo exótico. No hay batalla entre la civilización y la barbarie, sino entre la falsa erudición y la naturaleza. El hombre natural es bueno y acata y premia la inteligencia superior, mientras ésta no se vale de su sumisión para dañarle, o le ofende prescindiendo de él, que es cosa que no perdona el hombre natural, dispuesto a recobrar por la fuerza el respeto de quien le hiere la susceptibilidad o le perjudica el interés. Por esta conformidad con los elementos naturales desdeñados han subido los tiranos de América al poder; y han caído en cuanto les hicieron traición. Las repúblicas han purgado en las tiranías su incapacidad para conocer los elementos verdaderos del país, derivar de ellos la forma de gobierno y gobernar con ellos. Gobernante, en un pueblo nuevo, quiere decir creador.

En pueblos compuestos de elementos cultos e incultos, los incultos gobernarán, por su hábito de agredir y resolver las dudas con su mano, allí donde los cultos no aprendan el arte del gobierno. La masa inculta es perezosa, y tímida en las cosas de la inteligencia, y quiere que la gobiernen bien; pero si el gobierno le lastima, se lo sacude y gobierna ella. ¿Cómo han de salir de las universidades los gobernantes, si no hay universidad en

---

[9] gamonal: *big landowner.* The typical *gamonal* lived high from the income produced by the robbed land and exploited Indians of his estate.

[10] no se le para . . . llanero: *one does not stop the onrush of the plainsman's colt.*

[11] Abbé Emmanuel Joseph Sieyés: French political pamphleteer who edited the "Oath of the Tennis-Court," the "Rights of Man," and the French Constitution of 1791.

América, donde se enseñe lo rudimentario del arte del gobierno, que es el análisis de los elementos peculiares de los pueblos de América? A adivinar salen los jóvenes al mundo, con antiparras yankees o francesas, y ⁵ aspiran a dirigir un pueblo que no conocen. En la carrera de la política habría de negarse la entrada a los que desconocen los rudimentos de la política. El premio de los certámenes no ha de ser para la mejor oda, ¹⁰ sino para el mejor estudio de los factores del país en que se vive. En el periódico, en la cátedra, en la academia, debe llevarse adelante el estudio de los factores reales del país. Conocerlos basta, sin vendas ni am- ¹⁵ bages; porque el que pone de lado, por voluntad u olvido, una parte de la verdad, cae a la larga por la verdad que le faltó, que crece en la negligencia, y derriba lo que se levanta sin ella. Resolver el problema des- ²⁰ pués de conocer sus elementos, es más fácil que resolver el problema sin conocerlos. Viene el hombre natural, indignado y fuerte, y derriba la justicia acumulada de los libros, porque no se la administra en acuerdo con las ²⁵ necesidades patentes del país. Conocer es resolver. Conocer el país, y gobernarlo conforme al conocimiento, es el único modo de librarlo de tiranías. La universidad europea ha de ceder a la universidad americana. La ³⁰ historia de América, de los incas a acá, ha de enseñarse al dedillo,¹² aunque no se enseñe la de los arcontes¹³ de Grecia. Nuestra Grecia es preferible a la Grecia que no es nuestra. Nos es más necesaria. Los políticos nacionales han ³⁵ de reemplazar a los políticos exóticos. Injértese en nuestras repúblicas el mundo; pero el tronco ha de ser el de nuestras repúblicas. Y calle el pedante vencido; que no hay patria en que pueda tener el hombre más orgullo ⁴⁰

que en nuestras dolorosas repúblicas americanas.

Con los pies en el rosario, la cabeza blanca y el cuerpo pinto de indio y criollo, vinimos, denodados, al mundo de las naciones. Con el estandarte de la Virgen salimos a la conquista de la libertad. Un cura,¹⁴ unos cuantos tenientes y una mujer alzan en México la república, en hombros de los indios. Un canónigo español,¹⁵ a la sombra de su capa, instruye en la libertad francesa a unos cuantos bachilleres magníficos, que ponen de jefe de Centro América contra España al general de España. Con los hábitos monárquicos, y el Sol por pecho, se echaron a levantar pueblos los venezolanos por el Norte y los argentinos por el Sur. Cuando los dos héroes chocaron, y el continente iba a temblar, uno, que no fue el menos grande, volvió riendas.¹⁶ Y como el heroísmo en la paz es más escaso, porque es menos glorioso que el de la guerra; como al hombre le es más fácil morir con honra que pensar con orden; como gobernar con los sentimientos exaltados y unánimes es más hacedero que dirigir, después de la pelea, los pensamientos diversos, arrogantes, exóticos o ambiciosos; * * * como la constitución jerárquica de las colonias resistía la organización democrática de la República, o las capitales de corbatín dejaban en el zaguán al campo de bota-de-potro,¹⁷ o los redentores biblógenos¹⁸ no entendieron que la revolución que triunfó con el alma de la tierra, desatada a la voz del salvador, con el alma de la tierra había de gobernar, y no contra ella ni sin ella, entró a padecer América, y padece, de la fatiga de acomodación entre los elementos discordantes y hostiles que heredó de un colonizador despótico

---

¹² ha . . . dedillo: *must be well taught.*

¹³ arcontes: *archons, magistrates.*

¹⁴ The priest was Father Miguel Hidalgo (1753–1811) whose impassioned plea for a Mexican rebellion before his congregation in the small town of Dolores on Sept. 16, 1810, is known as the *grito de Dolores* (cry from Dolores). It is the Patrick Henry speech of Mexico, and the war of Mexican independence begins with that date.

¹⁵ The liberal Spanish priest José María Castilla played a prominent role in Guatemala's struggle for independence.

¹⁶ volvió riendas: *gave in.* This was San Martín, who

gave way to Bolívar and unselfishly effaced himself from the American scene in order that a single head might lead South America to independence. San Martín was the Argentine who came from the south, and Bolívar was the Venezuelan who came from the north. They met in Guayaquil and after a brief meeting San Martín returned to Argentina and then left for France.

¹⁷ las capitales . . . de bota-de-potro: *the dandified cities kept the country clodhoppers waiting in the hall,* i.e., disregarded them entirely.

¹⁸ biblógenos: *bookish.*

y avieso, y las ideas y formas importadas que han venido retardando, por su falta de realidad local, el gobierno lógico. El continente descoyuntado durante tres siglos por un mando que negaba el derecho del hombre al ejercicio de su razón, entró, desatendiendo o desoyendo a los ignorantes que lo habían ayudado a redimirse, en un gobierno que tenía por base la razón; la razón de todos en las cosas de todos, y no la razón universitaria de uno sobre la razón campestre de otros. El problema de la independencia no era el cambio de formas, sino el cambio de espíritu. Con los oprimidos había que hacer causa común, para afianzar el sistema opuesto a los intereses y hábitos de mando de los opresores. El tigre, espantado del fogonazo,[19] vuelve de noche al lugar de la presa. Muere echando llamas por los ojos y con las zarpas al aire. No se le oye venir, sino que viene con zarpas de terciopelo. Cuando la presa despierta, tiene al tigre encima. La colonia continuó viviendo en la república; y nuestra América se está salvando de sus grandes yerros—de la soberbia de las ciudades capitales, del triunfo ciego de los campesinos desdeñados, de la importación excesiva de las ideas y fórmulas ajenas, del desdén inicuo e impolítico de la raza aborigen—por la virtud superior, abonada con sangre necesaria, de la república que lucha contra la colonia. El tigre espera, detrás de cada árbol, acurrucado en cada esquina. Morirá, con las zarpas al aire, echando llamas por los ojos.

* * * Éramos una visión, con el pecho de atleta, las manos de petimetre y la frente de niño. Éramos una máscara, con los calzones de Inglaterra, el chaleco parisiense, el chaquetón de Norte América y la montera de España. El indio, mudo, nos daba vueltas alrededor, y se iba al monte, a la cumbre del monte, a bautizar sus hijos. El negro, oteado,[20] cantaba en la noche la música de su corazón, solo y desconocido, entre las olas y las fieras. El campesino, el creador, se revolvía, ciego de indignación, contra la ciudad desdeñosa, contra su criatura. Éramos charreteras y togas, en países que venían al mundo con la alpargata en los pies y la vincha en la cabeza.[21] El genio hubiera estado en hermanar, con la caridad del corazón y con el atrevimiento de los fundadores, la vincha y la toga; en desestancar al indio; en ir haciendo lado al negro suficiente; en ajustar la libertad al cuerpo de los que se alzaron y vencieron por ella. Nos quedó el oidor, y el general; y el letrado, y el prebendado.* * *

Los jóvenes de América se ponen la camisa al codo, hunden las manos en la masa, y la levantan con la levadura de su sudor. Entienden que se imita demasiado, y que la salvación está en crear. Crear es la palabra de pase de esta generación. El vino, de plátano; y si sale agrio, ¡es nuestro vino! * * * En pie, con los ojos alegres de los trabajadores, se saludan, de un pueblo a otro, los hombres nuevos americanos. Surgen los estadistas naturales del estudio directo de la naturaleza. Leen para aplicar, pero no para copiar. Los economistas estudian la dificultad en sus orígenes. Los oradores empiezan a ser sobrios. Los dramaturgos traen los caracteres nativos a la escena. Las academias discuten temas viables. La poesía se corta la melena zorrillesca y cuelga del árbol glorioso el chaleco colorado.[22] La prosa, centelleante y cernida[23] va cargada de idea. Los gobernadores, en las repúblicas de indios, aprenden indio.

Martí mentions the desire of some of the republics to recoup lost centuries and the tendency of others to forget the principles of their birth under the great lure of poisonous luxury, the enemy of liberty.

---

[19] fogonazo: *gunfire, powder flash.*

[20] oteado: *spied on.*

[21] charreteras . . . cabeza: *golden epaulets and togas in countries which came into the world wearing rough sandals on their feet and cloth Indian coverings on their heads.*

[22] La poesía . . . colorado: *The poet (poetry) cuts off his Zorrillan locks and hangs his red vest on the tree of glory.* The romanticists (Zorrilla) affected flowing locks and (Théophile Gautier) a cerise red waistcoat.

[23] centelleante y cernida: *sparkling and sifted of chaff.*

* * * Otras repúblicas acendran, con el espíritu épico de la independencia amenazada, el carácter viril. Otras crían, en la guerra rapaz contra el vecino, la soldadesca[24] que puede devorarlas. Pero otro peligro corre, acaso, nuestra América, que no le viene de sí, sino de la diferencia de orígenes, métodos e intereses entre los dos factores continentales, y es la hora próxima en que se le acerque, demandando relaciones íntimas, un pueblo emprendedor y pujante que la desconoce y la desdeña.[25] * * * El desdén del vecino formidable, que no la conoce, es el peligro mayor de nuestra América; y urge, porque el día de la visita está próximo, que el vecino la conozca, la conozca pronto, para que no la desdeñe. Por ignorancia llegaría, tal vez, a poner en ella la codicia. Por el respeto, luego que la conociese, sacaría de ella las manos. Se ha de tener fe en lo mejor del hombre y desconfiar de lo peor de él. Hay que dar ocasión a lo mejor para que se revele y prevalezca sobre lo peor. Si no, lo peor prevalece. Los pueblos han de tener una picota para quien les azuza a odios inútiles, y otra para quien no les dice a tiempo la verdad.

No hay odio de razas, porque no hay razas. Los pensadores canijos, los pensadores de lámpara, enhebran y recalientan las razas de librería,[26] que el viajero justo y el observador cordial buscan en vano en la justicia de la Naturaleza, donde resalta, en el amor victorioso y el apetito turbulento, la identidad universal del hombre. El alma emana, igual y eterna, de los cuerpos diversos en forma y en color. Peca contra la Humanidad el que fomente y propague la oposición y el odio de las razas. Pero en el amasijo[27] de los pueblos se condensan, en la cercanía de otros pueblos diversos, caracteres peculiares y activos, de ideas y de hábitos, de ensanche y adquisición, de vanidad y de avaricia, que del estado latente de preocupaciones nacionales pudieran, en un período de desorden interno o de precipitación del carácter acumulado del país, trocarse en amenaza grave para las tierras vecinas, aisladas y débiles, que el país fuerte declara perecederas e inferiores. Pensar es servir. Ni ha de suponerse, por antipatía de aldea, una maldad ingénita y fatal al pueblo rubio del continente, porque no habla nuestro idioma, ni ve la casa como nosotros la vemos, ni se nos parece en sus lacras políticas, que son diferentes de las nuestras; ni tiene en mucho a los hombres biliosos[28] y trigueños, ni mira caritativo, desde su eminencia aún mal segura, a los que, con menos favor de la Historia, suben a tramos heroicos la vía de las repúblicas; ni se han de esconder los datos patentes del problema que puede resolverse, para la paz de los siglos, con el estudio oportuno y la unión tácita y urgente del alma continental. ¡Porque ya suena el himno unánime; la generación actual lleva a cuestas, por el camino abonado por los padres sublimes, la América trabajadora; del Bravo a Magallanes,[29] sentado en el lomo del cóndor, regó el Gran Semí,[30] por las naciones románticas del continente y por las islas dolorosas del mar, la semilla de la América nueva!

---

[24] crían . . . soldadesca: *breed . . . bands of undisciplined troops.*

[25] No one knew better than Martí the problems in the way of inter-American cooperation. Except for brief sojourns out of the country Martí was in the United States during the years 1881–1895. He learned English well and wrote several articles in it for the *New York Sun* and other North American publications. As a translator for the publishing house of Appleton and Company he made translations from the Spanish, and he was for a time a teacher of that language in one of New York's private schools. Throughout this entire period he was also the most tireless and unselfish worker for Cuban independence. It was by far the most active period of his life in both deeds and writing. Mainly between 1882 and 1891 he wrote some 200 articles for *La nación* of Buenos Aires, reporting to the Argentines on the course of events in the United States.

[26] Los pensadores . . . librería: *Weak thinkers, bookish thinkers string together and rewarm into life the races as they are represented on library shelves.*

[27] amasijo: *kneading, mixing.*

[28] biliosos: *quick and ill tempered.*

[29] del Bravo a Magallanes: *from the Río Bravo (Río Grande) to the Straits of Magellan.*

[30] regó . . . Semí: *the Great Sower has scattered.*

∾THE POETRY OF JOSÉ MARTÍ

Martí's poems, as he himself often pointed out, were spontaneous outbursts. His *Versos libres*, written mostly in 1882 and published posthumously in 1913, carry a brief preface in prose which contains these words: "Tajos son éstos de mis propias entrañas—mis guerreros.— Ninguno me ha salido recalentado, artificioso, recompuesto, de la mente; sino como las lágrimas salen de los ojos y la sangre sale a borbotones de la herida . . . Van escritos, no en tinta de academia, sino en mi propia sangre."

His *Versos sencillos* (New York, 1891), several of which are given in the following pages, have a similar brief introduction which begins: "Mis amigos saben como se me salieron estos versos del corazón. Fue aquel invierno de angustia, en que por ignorancia, o por fe fanática, o por miedo, o por cortesía, se reunieron en Washington, bajo el águila *temible*, los pueblos hispanoamericanos." Martí then decries the suggestion that Cuba be separated from the Spanish American family of nations to come under the control of the United States. He goes on to say that his physical condition was such during that winter that the doctor sent him off to the mountains, and it was there that the following poems were written.

∾VERSOS SENCILLOS

I

Yo soy un hombre sincero
de donde crece la palma;
y antes de morirme, quiero
echar mis versos del alma.

5 Yo vengo de todas partes,
y hacia todas partes voy:
arte soy entre las artes;
en los montes, monte soy.

Yo sé los nombres extraños
10 de las yerbas y las flores,
y de mortales engaños,
y de sublimes dolores.

Yo he visto en la noche oscura
llover sobre mi cabeza
15 los rayos de lumbre pura
de la divina belleza.

Alas nacer vi en los hombros
de las mujeres hermosas,
y salir de los escombros,
20 volando, las mariposas.

He visto vivir a un hombre
con el puñal al costado,
sin decir jamás el nombre
de aquella que lo ha matado.

25 Rápida, como un reflejo,
dos veces vi el alma, dos:
cuando murió el pobre viejo,
cuando ella me dijo adiós.

Temblé una vez—en la reja,
30 a la entrada de la viña—,
cuando la bárbara abeja
picó en la frente a mi niña.

Gocé una vez, de tal suerte
que gocé cual nunca: cuando
35 la sentencia de mi muerte
leyó el alcaide llorando.

Oigo un suspiro a través
de las tierras y la mar,
y no es un suspiro: es
40 que mi hijo va a despertar.

Si dicen que del joyero
tome la joya mejor,
tomo a un amigo sincero
y pongo a un lado el amor.

45 Yo he visto al águila herida
volar al azul sereno,
y morir en su guarida
la víbora del veneno.

Yo sé bien que cuando el mundo
50 cede, lívido, al descanso,
sobre el silencio profundo
murmura el arroyo manso.

Yo he puesto la mano osada,
de horror y júbilo yerta,
55 sobre la estrella apagada
que cayó frente a mi puerta.

Oculto en mi pecho bravo
la pena que me lo hiere:
el hijo de un pueblo esclavo
60 vive por él, calla y muere.

Todo es hermoso y constante,
todo es música y razón,
y todo, como el diamante,
antes que luz es carbón.

65 Yo sé que el necio se entierra
con gran lujo y con gran llanto,
y que no hay fruta en la tierra
como la del camposanto.

Callo, y entiendo, y me quito
70 la pompa del rimador;
cuelgo de un árbol marchito
mi muceta de doctor.

VII

Para Aragón, en España,[31]
tengo yo en mi corazón
un lugar todo Aragón,
franco, fiero, fiel, sin saña.

5 Si quiere un tonto saber
por qué lo tengo, le digo
que allí tuve un buen amigo,
que allí quise a una mujer.

Allá, en la vega florida,
10 la de la heroica defensa,
por mantener lo que piensa
juega la gente la vida.

Y si un alcalde lo aprieta
o lo enoja un rey cazurro,[32]
15 calza la manta el baturro[33]
y muere con su escopeta.

Quiero a la tierra amarilla
que baña el Ebro lodoso,[34]
quiero el Pilar[35] azuloso
20 de Lanuza y de Padilla.[36]

Estimo a quien de un revés
echa por tierra a un tirano;
lo estimo, si es un cubano;
lo estimo, si aragonés.

25 Amo los patios sombríos
con escaleras bordadas;
amo las naves calladas
y los conventos vacíos.

Amo la tierra florida,
30 musulmana o española,
donde rompió su corola
la poca flor de mi vida.

---

[31] Martí spent some of the pleasantest days of his life in Zaragoza, Aragon, from his eighteenth to his twenty-first year. Just prior to this period he had been convicted of treason against the Spanish regime in Cuba and had been sentenced to six years in prison, but after serving one year his sentence was commuted to exile, and he left Cuba for Spain. He obtained the degrees of *Doctor en Derecho* and *Doctor en Filosofía y Letras* from the University of Zaragoza, took part in public meetings, collaborated on the *Diario de los avisos*, and made many fast friends while in Aragon.

[32] rey cazurro: *sulky king.*

[33] calza la manta el baturro: *the baturro* (or Aragonese peasant) *puts on his rough cape.*

[34] Ebro lodoso: *muddy Ebro river.*

[35] Pilar: the famous "pillar" on which the Aragonese "*Virgen del Pilar*" appeared.

[36] Lanuza and Padilla, Aragonese heroes.

IX

Quiero, a la sombra de un ala,[37]
contar este cuento en flor:
la niña de Guatemala,
la que se murió de amor.

5   Eran de lirios los ramos,
y las orlas de reseda
y de jazmín; la enterramos
en una caja de seda.

  . . . Ella dio al desmemoriado[38]
10 una almohadilla de olor;[39]
él volvió, volvió casado;
ella se murió de amor.

  Iban cargándola en andas
obispos y embajadores;
15 detrás iba el pueblo en tandas,
todo cargado de flores.

  . . . Ella, por volverlo a ver,
salió a verlo al mirador:

él volvió con su mujer:
20 ella se murió de amor.

  Como de bronce candente
al beso de despedida,
era su frente: ¡la frente
que más he amado en mi vida!

25   . . . Se entró de tarde en el río,
la sacó muerta el doctor:
dicen que murió de frío:
yo sé que murió de amor.

  Allí, en la bóveda helada,[40]
30 la pusieron en dos bancos:
besé su mano afilada,
besé sus zapatos blancos.

  Callado, al oscurecer,
me llamó el enterrador:
35 ¡nunca más he vuelto a ver
a la que murió de amor!

XXIII

Yo quiero salir del mundo
por la puerta natural:
en un carro de hojas verdes
a morir me han de llevar.

5   No me pongan en lo obscuro
a morir como un traidor:
¡Yo soy bueno, y como bueno
moriré de cara al Sol!

XXV

Yo pienso, cuando me alegro
como un escolar sencillo,
en el canario amarillo—
¡que tiene el ojo tan negro!

5   Yo quiero, cuando me muera,
sin patria, pero sin amo,
tener en mi losa un ramo
de flores—¡y una bandera!

XXXIV

¡Penas! ¿Quién osa decir
que tengo yo penas? Luego,
después del rayo, y del fuego,
tendré tiempo de sufrir.

5   Yo sé de un pesar profundo
entre las penas sin nombres:

¡la esclavitud de los hombres
es la gran pena del mundo!

  Hay montes, y hay que subir
10 los montes altos; ¡después
veremos, alma, quién es
quien te me ha puesto al morir!

---

[37] a . . . ala: *in the shadow of a protecting wing.* The story related in this poem is based more or less on an actual occurrence. When Martí was teaching in Guatemala one of his students, María García Granados, responded with more than intellectual fire, and when Martí (who returned her love in a purely fraternal fashion) left for Mexico to marry his fiancée, who was a Cuban girl, María Granados was consumed with despair. Shortly after the return of Martí and his bride to Guatemala, María died.

[38] desmemoriado: *forgetful man.*

[39] almohadilla de olor: *perfumed pad, sachet bag.*

[40] bóveda helada: *icy vault, crypt.*

XXXVII

Aquí está el pecho, mujer,
que ya sé que lo herirás:
¡más grande debiera ser,
para que lo hirieses más!

5   Porque noto, alma torcida,
que en mi pecho milagroso,
mientras más honda la herida,
es mi canto más hermoso.

XXXIX

Cultivo una rosa blanca,
en julio como en enero,
para el amigo sincero
que me da su mano franca.

5   Y para el cruel que me arranca
el corazón con que vivo,
cardo ni ortiga cultivo:
cultivo la rosa blanca.

~~~Manuel Gutiérrez Nájera

MEXICO, 1859–1895   Gutiérrez Nájera possessed an innate sensuous elegance and refinement which made his poems symphonies in color. Drinking destroyed him while he was still young, but there is not a trace of debasing alcohol in his song. He was a great admirer of many French poets, particularly of Alfred de Musset, but Nájera's art is so highly personalized that every outside influence is remoulded in his own architectural pattern. Blanco-Fombona, the Venezuelan critic, said of him: "La elegancia literaria parece en él don de hada buena. Tuvo, desde, la cuna, el sentido de lo gracioso, de lo delicado, de lo exquisito, tanto en el sentimiento como en la expresión." Sometimes his lines sparkle with intimate conversational charm; at others, they play intense elegiac music in a minor key. A deep religious sentiment pervades them all despite much skepticism of religious forms. At a very early age, like many another artist before and after him, Nájera made his discovery that sorrow is the lord of life, but this never prevented him from facing with restraint and grace the eternal verities over which his little will had no control. Every country in Spanish America responded to Nájera, and when he died before the completion of his thirty-sixth year his loss was universally mourned.

~~~LA DUQUESA JOB[1]

A Manuel Puga y Acal

En dulce charla de sobremesa,[2]
mientras devoro fresa tras fresa
y abajo ronca tu perro Bob,
te haré el retrato de la duquesa
5 que adora a veces el Duque Job.[3] * * *

Mi duquesita, la que me adora,
no tiene humos de gran señora:
es la griseta de Paul de Kock.[4]

No baila *Boston*,[5] y desconoce
10 de las carreras el alto goce,
y los placeres del *five o'clock*.[6]

Pero ni el sueño de algún poeta,
ni los querubes que vio Jacob,[7]
fueron tan bellos cual la coqueta
15 de ojitos verdes, rubia griseta
que adora a veces el Duque Job. * * *

[1] La Duquesa Job: the poet's friend.
[2] charla de sobremesa: *afterdinner chat.*
[3] el Duque Job: Gutiérrez Nájera's journalistic pseudonym.
[4] griseta de Paul de Kock: grisette or free-mannered

girl of working class appearing in many of the romantic tales by the French novelist Paul de Kock (1794–1871).
[5] *Boston:* the *Boston waltz,* a slow dance.
[6] del *five o'clock: five o'clock tea.*
[7] Jacob: *Genesis XXVIII,* 12.

Desde las puertas de la Sorpresa[8]
hasta la esquina del Jockey Club,
no hay española, yankee o francesa,
20 ni más bonita, ni más traviesa
que la duquesa del Duque Job.* * *

Si alguien la alcanza, si la requiebra,
ella, ligera como una cebra,
sigue camino del almacén;[9]
25 pero ¡ay del tuno si alarga el brazo!
Nadie le salva del sombrillazo[10]
que le descarga sobre la sien!

¡No hay en el mundo mujer más linda!
Pie de andaluza, boca de guinda,
30 *esprit* rociado de Veuve Clicqot;[11]
talle de avispa, cutis de ala,
ojos traviesos de colegiala
como los ojos de Luise Theó![12]

Agil, nerviosa, blanca, delgada,
35 media de seda bien retirada,
gola de encaje, corsé de ¡crac!
nariz pequeña, garbosa, cuca,
y palpitantes sobre la nuca
rizos tan rubios como el cognac.* * *

40 ¡Y los domingos!... ¡Con qué alegría
oye en su lecho bullir el día
y hasta las nueve quieta se está!
¡Cuál se acurruca la perezosa
bajo la colcha color de rosa
45 mientras a misa la criada va! * * *

Toco; se viste; me abre; almorzamos;
con apetito los dos tomamos
un par de huevos y un buen beefsteak,
media botella de rico vino,
50 y en coche juntos, vamos camino
del pintoresco Chapultepec.[13]

Desde las puertas de la Sorpresa
hasta la esquina del Jockey Club,
no hay española, yankee o francesa,
55 ni más bonita ni más traviesa
que la duquesa del Duque Job!

(1884; *Poesías completas*, 1953)

〜〜PARA ENTONCES

Quiero morir cuando decline el día,
en alta mar y con la cara al cielo;
donde parezca un sueño la agonía,
y el alma, un ave que remonta el vuelo.

5   No escuchar en los últimos instantes,
ya con el cielo y con la mar a solas,
más voces ni plegarias sollozantes
que el majestuoso tumbo de las olas.

Morir cuando la luz triste retira
10 sus áureas redes de la onda verde,
y ser como ese sol que lento expira:
algo muy luminoso que se pierde.

Morir, y joven: antes que destruya
el tiempo aleve la gentil corona;
15 cuando la vida dice aún: "soy tuya,"
¡aunque sepamos bien que nos traiciona!

(1887; *Poesías completas*, 1953)

〜〜DE BLANCO

¿Qué cosa más blanca que cándido lirio?
¿Qué cosa más pura que místico cirio?
¿Qué cosa más casta que tierno azahar?

¿Qué cosa más virgen que leve neblina?
5 ¿Qué cosa más santa que el ara divina
      de gótico altar?

---

[8] la Sorpresa: a well-known department store in Mexico City.
[9] almacén: *store.*
[10] sombrillazo: *blow with the parasol.*

[11] Veuve Clicqot: a brand of French champagne.
[12] Louise Theó: popular French operetta singer.
[13] Chapultepec: beautiful Mexican park.

De blancas palomas el aire se puebla,
con túnica blanca, tejida de niebla,
se envuelve a lo lejos feudal torreón;
erguida en el huerto la trémula acacia
10 al soplo del viento sacude con gracia su níveo
pompón.[14]

¿No ves en el monte la nieve que albea?[15]
La torre muy blanca domina la aldea,
las tiernas ovejas triscando se van,
de cisnes intactos el lago se llena,
15 columpia su copa la enhiesta azucena,
y su ánfora inmensa levanta el volcán.

Entremos al templo: la hostia fulgura;[16]
de nieve parecen las canas del cura,
vestido con alba de lino sutil;
20 cien niñas hermosas ocupan las bancas,
y todas vestidas con túnicas blancas
en ramos ofrecen las flores de abril.

Subamos al coro: la virgen propicia
escucha los rezos de casta novicia,
25 y el cristo de mármol expira en la cruz;
sin mancha se yerguen las velas de cera;
de encaje es la tenue cortina ligera
que ya transparenta del alba la luz.

Bajemos al campo: tumulto de plumas
30 parece el arroyo de blancas espumas
que quieren, cantando, correr y saltar;
la airosa mantilla de fresca neblina

terció la montaña; la vela latina
de barca ligera se pierde en el mar.

35 Ya salta del lecho la joven hermosa,
y el agua refresca sus hombros de diosa,
sus brazos ebúrneos,[17] su cuello gentil;
cantando y risueña se ciñe la enagua,
y trémulas brillan las gotas de agua
40 en su árabe peine de blanco marfil.

¡Oh mármol! ¡Oh nieves! ¡Oh inmensa
blancura
que esparces doquiera tu casta hermosura!
¡Oh tímida virgen! ¡O casta vestal!
Tú estás en la estatua de eterna belleza;
45 de tu hábito blando nació la pureza,
¡al ángel das alas, sudario al mortal!

Tú cubres al niño que llega a la vida,
coronas las sienes de fiel prometida,
al paje revistes de rico tisú.
50 ¡Qué blancos son, reinas, los mantos de
armiño!
¡Qué blanca es, ¡oh madres! la cuna del niño!
¡Qué blanca, mi amada, qué blanca eres tú!

En sueños ufanos de amores contemplo
alzarse muy blancas las torres de un templo
55 y oculto entre lirios abrirse un hogar;
y el velo de novia prenderse a tu frente,
cual nube de gasa[18] que cae lentamente,
y viene a tus hombros su encaje a posar.

(1888; *Poesías completas*, 1953)

MIS ENLUTADAS[19]

Descienden taciturnas las tristezas
al fondo de mi alma,
y entumecidas, haraposas brujas,[20]
con uñas negras
5 mi vida escarban.

De sangre es el color de sus pupilas,
de nieve son sus lágrimas;
hondo pavor infunden . . . yo las amo
por ser las solas
10 que me acompañan.

Aguárdolas ansioso si el trabajo
de ellas me separa,
y búscolas en medio del bullicio,
y son constantes,
15 y nunca tardan.

En las fiestas, a ratos se me pierden
o se ponen la máscara,
pero luego las hallo, y así dicen:
—¡Ven con nosotras!
20 —¡Vamos a casa!

[14] níveo pompón: *snowy flower.*
[15] albear: *to shine whitely.*
[16] la hostia fulgura: *the Eucharist shines.*
[17] ebúrneos: *ivory white.*
[18] nube de gasa: *filmy cloud.*

[19] enlutadas: here used as a simile, the word means literally *persons in mourning.*
[20] entumecidas, haraposas brujas: *benumbed, ragged old witches.*

Suelen dejarme cuando sonriendo
   mis pobres esperanzas,
como enfermitas ya convalecientes,
   salen alegres
25   a la ventana.

Corridas huyen, pero vuelven luego
   y por la puerta falsa
entran trayendo como nuevo huésped
   alguna triste,
30   lívida hermana.

Ábrese a recibirlas la infinita
   tiniebla de mi alma,
y van prendiendo en ella mis recuerdos
   cual tristes cirios
35   de cera pálida.

Entre esas luces, rígido, tendido,
   mi espíritu descansa;
y las tristezas, revolando en torno,
   lentas salmodias
40   rezan y cantan.

Escudriñan del húmedo aposento
   rincones y covachas,[21]
el escondrijo do guardé cuitado
   todas mis culpas,
45   todas mis faltas.

Y urgando mudas, como hambrientas lobas,
   las encuentran, las sacan,
y volviendo a mi lecho mortuorio
   me las enseñan
50   y dicen: habla.

En lo profundo de mi ser bucean,[22]
   pescadoras de lágrimas,
y vuelven mudas con las negras conchas
   en donde brillan
55   gotas heladas.

A veces me revuelvo contra ellas
   y las muerdo con rabia,
como la niña desvalida y mártir
   muerde a la harpía
60   que la maltrata.

Pero en seguida, viéndose impotente,
   mi cólera se aplaca,
¿qué culpa tienen, pobres hijas mías,
   si yo las hice
65   con sangre y alma?

Venid, tristezas de pupila turbia,
   venid, mis enlutadas,
las que viajáis por la infinita sombra,
   donde está todo
70   lo que se ama.

Vosotras no engañáis: venid, tristezas,
   ¡oh mis criaturas blancas
abandonadas por la madre impía,
   tan embustera,
75   por la esperanza!

Venid y habladme de las cosas idas,
   de las tumbas que callan,
de muertos buenos y de ingratos vivos . . .
   voy con vosotras,
80   vamos a casa.

(1890; *Poesías completas,* 1953)

∼∼∼Pax animae[23]

¡Ni una palabra de dolor blasfemo!
Sé[24] altivo, sé gallardo en la caída,
¡y ve, poeta, con desdén supremo
todas las injusticias de la vida!

5   No busques la constancia en los amores,
no pidas nada eterno a los mortales,
y haz, artista, con todos tus dolores,
excelsos monumentos sepulcrales.

En mármol blanco tus estatuas labra,
10 castas en la actitud, aunque desnudas,
y que duerma en sus labios la palabra . . .
y se muestren muy tristes . . . ¡pero mudas!

¡El nombre! . . . ¡Débil vibración sonora
que dura apenas un instante! ¡El nombre! . . .
15 ¡Ídolo torpe que el iluso adora!
¡Última y triste vanidad del hombre!

[21] covacha: *nook* or *cranny.*
[22] bucean: *they search.*

[23] Pax animae (Latin): *Peace to the soul.*
[24] Sé: imperative *Be.*

¿A qué pedir justicia ni clemencia
—si las niegan los propios compañeros—
a la glacial y muda indiferencia
20 de los desconocidos venideros?

¿A qué pedir la compasión tardía
de los extraños que la sombra esconde?
¡Duermen los ecos en la selva umbría
y nadie, nadie a nuestra voz responde!

25 En esta vida el único consuelo
es acordarse de las horas bellas,
y alzar los ojos para ver el cielo . . .
cuando el cielo está azul o tiene estrellas.

Huir del mar y en el dormido lago
30 disfrutar de las ondas el reposo . . .
Dormir . . . soñar . . . el Sueño, nuestro mago,
¡es un sublime santo mentiroso!

. . . ¡Ay! Es verdad que en el honrado
pecho
pide venganza la reciente herida . . .;
35 pero . . . ¡perdona el mal que te hayan hecho!
¡todos están enfermos de la vida!

Los mismos que de flores se coronan
para el dolor, para la muerte nacen . . .
Si los que tú más amas te traicionan
40 ¡perdónalos, no saben lo que hacen!

Acaso esos instintos heredaron,
y son los inconscientes vengadores
de razas o de estirpes que pasaron
acumulando todos los rencores.

45 ¿Eres acaso el juez? ¿el impecable?
¿Tú la justicia y la piedad reúnes?
. . . ¿Quién no es un fugitivo responsable
de alguno o muchos crímenes impunes?

¿Quién no ha mentido amor y ha pro-
fanado
50 de una alma virgen el sagrario augusto?
¿Quién está cierto de no haber matado?
¿Quién puede ser el justiciero, el justo?

¡Lástimas y perdón para los vivos!
Y así de amor y mansedumbre llenos,
55 seremos cariñosos, compasivos . . .
¡y alguna vez, acaso, acaso buenos!

¿Padeces? Busca a la gentil amante,
a la impasible e inmortal belleza,
y ve apoyado, como Lear errante,
60 en tu joven Cordelia: la tristeza.

Mira: se aleja perezoso el día . . .
¡Qué bueno es descansar! El bosque obscuro
nos arrulla con lánguida armonía . . .
El agua es virgen. El ambiente es puro.

65 La luz, cansada, sus pupilas cierra;
se escuchan melancólicos rumores,
y la noche, al bajar, dice a la tierra:
—¡Vamos . . . ya está . . . ya duérmete . . . no
llores!

Recordar . . . perdonar . . . haber amado . . .
70 ser dichoso un instante, haber creído . . .
y luego . . . reclinarse fatigado
en el hombro de nieve del olvido.

Sentir eternamente la ternura,
que en nuestros pechos jóvenes palpita,
75 y recibir, si llega, la ventura,
como a hermosa que viene de visita.

Siempre escondido lo que más amamos;
¡siempre en los labios el perdón risueño;
hasta que al fin, ¡oh tierra! a ti vayamos
80 con la invencible laxitud del sueño!

Ésa ha de ser la vida del que piensa
en lo fugaz de todo lo que mira,
y se detiene, sabio, ante la inmensa
extensión de tus mares, ¡oh Mentira!

85 Corta las flores, mientras haya flores,
perdona las espinas a las rosas . . .
¡También se van y vuelan los dolores
como turbas de negras mariposas!

Ama y perdona. Con valor resiste
90 lo injusto, lo villano, lo cobarde . . .
¡Hermosamente pensativa y triste
está al caer la silenciosa tarde!

Cuando el dolor mi espíritu sombrea
busco en las cimas claridad y calma,
95 ¡y una infinita compasión albea
en las heladas cumbres de mi alma!

(1890; *Poesías completas*, 1953)

ᕦNON OMNIS MORIAR

¡No moriré del todo, amiga mía!
de mi ondulante espíritu disperso
algo, en la urna diáfana del verso,
piadosa guardará la Poesía.

5   ¡No moriré del todo! Cuando herido
caiga a los golpes del dolor humano,
ligera tú, del campo entenebrido
levantarás al moribundo hermano.

Tal vez entonces por la boca inerme
10 que muda aspira la infinita calma,
oigas la voz de todo lo que duerme
con los ojos abiertos en mi alma.* * *

Al ver entonces lo que yo soñaba,
dirás de mi errabunda poesía:
15 —Era triste, vulgar lo que cantaba . . .
mas, ¡qué canción tan bella la que oía!

Y porque alzo en tu recuerdo notas
del coro universal, vívido y almo;25
y porque brillan lágrimas ignotas
20 en el amargo cáliz de mi salmo;

porque existe la Santa Poesía
y en ella irradias tú, mientras disperso
átomo de mi ser esconda el verso,
¡no moriré del todo, amiga mía!

(*Poesías completas*, 1953)

ᕦGUTIÉRREZ NÁJERA'S PROSE

With modernism, Mexican prose, and with it the prose of Spanish America as a whole, acquired a pliableness which it did not have before. The Mexican writer Julio Jiménez Rueda says: "La gracia, la agilidad, la delicadeza matizan la obra de los escritores que pertenecen al grupo que colaboró en *Revista azul* y *Revista moderna*, y son cualidades eminentes en la prosa de Manuel Gutiérrez Nájera." It is noteworthy that both of these journals were published in Mexico, and that Nájera was the founder and guiding genius of the first. Even a casual reading of any example of highly involved Spanish prose of the generation preceding Nájera will show how thorough a renovation was effected in it by the editor of the *Revista azul*. There is an intimate warmth and friendliness to this Mexican's prose which may at times suggest chattiness, but which never degenerates to small talk. Nájera writes with complete openness and sincerity, and sincerity is never small. He developed a new literary *genre* in Spanish: the *crónica* or *sketch* which more than once suggests its spiritual kinship (but that is all) with the writing of Washington Irving. The sketch which follows, *Rip-Rip*, is Nájera's version of the legend of Rip Van Winkle.

ᕦRIP-RIP

Este cuento yo no lo vi; pero creo que lo soñé. ¡Qué cosas ven los ojos cuando están cerrados! Parece imposible que tengamos tanta gente y tantas cosas dentro . . . porque, cuando los párpados caen, la mirada, como una señora que cierra su balcón, entra a ver lo que hay en casa. Pues bien, esta casa mía, esta casa de la señora mirada que yo tengo,

25 almo: *creating, vivifying*.

o que me tiene, es un palacio, es una quinta, es una ciudad, es un mundo, es el universo . . . pero un universo en el que siempre están presentes el presente, el pasado y el futuro. A juzgar por lo que miro cuando duermo, pienso para mí, y hasta para ustedes, mis lectores: ¡Jesús! ¡qué de cosas han de ver los ciegos! Esos que siempre están dormidos ¡qué verán! El amor es ciego, según cuentan. Y el amor es el único que ve a Dios.

¿De quién es la leyenda de Rip-Rip? Entiendo que la recogió Washington Irving, para darle forma literaria en alguno de sus libros. Sé que hay una ópera cómica con el propio título y con el mismo argumento. Pero no he leído el cuento del novelador e historiador norteamericano, ni he oído la ópera . . . pero he visto a Rip-Rip.

Si no fuera pecaminosa la suposición, diría yo que Rip-Rip ha de haber sido hijo del monje Alfeo. Este monje era alemán, cachazudo, flemático y hasta presumo que algo sordo; pasó cien años, sin sentirlos, oyendo el canto de un pájaro. Rip-Rip fue más yankee, menos aficionado a músicas y más bebedor de whiskey; durmió durante muchos años.

Rip-Rip, el que yo vi, se durmió, no sé por qué, en alguna caverna en la que entró . . . quién sabe para qué.

Pero no durmió tanto como el Rip-Rip de la leyenda. Creo que durmió diez años . . . tal vez cinco . . . acaso uno . . . en fin su sueño fue bastante corto: durmió mal. Pero el caso es que envejeció dormido,[26] porque eso pasa a los que sueñan mucho. Y como Rip-Rip no tenía reloj, y como aunque lo hubiese tenido no le habría dado cuerda cada veinticuatro horas; como no se habían inventado aún los calendarios, y como en los bosques no hay espejos, Rip-Rip no pudo darse cuenta de las horas, los días o los meses que habían pasado mientras él dormía, ni enterarse de que era ya un anciano. Sucede casi siempre: mucho tiempo antes de que uno sepa que es viejo, los demás lo saben y lo dicen.

Rip-Rip, todavía algo soñoliento y sintiendo vergüenza por haber pasado toda una noche fuera de su casa—él que era esposo creyente y practicante—se dijo, no sin sobresalto:—¡Vamos al hogar!

Y allá va Rip-Rip con su barba muy cana (que él creía muy rubia) cruzando a duras penas aquellas veredas casi inaccesibles. Las piernas flaquearon; pero él decía:—¡Es el efecto del sueño! ¡Y no, era efecto de la vejez, que no es suma de años, sino suma de sueños!

Caminando, caminando, pensaba Rip-Rip:—¡Pobre mujercita mía! ¡Qué alarmada estará! Yo no me explico lo que ha pasado. Debo de estar enfermo . . . muy enfermo. Salí al amanecer . . . está ahora amaneciendo . . . de modo que el día y la noche los pasé fuera de casa. Pero ¿qué hice? Yo no voy a la taberna: yo no bebo . . . Sin duda me sorprendió la enfermedad en el monte y caí sin sentido en esa gruta . . . Ella me habrá buscado por todas partes . . . ¿Cómo no, si me quiere tanto y es tan buena? No ha de haber dormido . . . Estará llorando . . . ¡Y venir sola, en la noche, por estos vericuetos![27] Aunque sola . . . no, no ha de haber venido sola. En el pueblo me quieren bien, tengo muchos amigos . . . principalmente Juan, el del molino. De seguro que, viendo la aflicción de ella, todos la habrán ayudado a buscarme. Juan principalmente. Pero ¿y la chiquita? ¿Y mi hija? ¿La traerán? ¿A tales horas? ¿Con este frío? Bien puede ser, porque ella me quiere tanto y quiere tanto a su hija y quiere tanto a los dos, que no dejaría por nadie sola a ella, ni dejaría por nadie de buscarme.[28] ¡Qué imprudencia! ¿Le hará daño? . . . En fin, lo primero es que ella . . . pero, ¿cuál es ella? . . .

Y Rip-Rip andaba, andaba . . . y no podía correr.

Llegó por fin, al pueblo, que era casi el mismo . . . pero que no era el mismo. La torre de la parroquia le pareció como más blanca; la casa del Alcalde, como más alta;

---

[26] envejeció dormido: *he grew old while asleep.*
[27] vericuetos: *rough and wild places.*
[28] que no dejaría por nadie . . . buscarme: *she*

wouldn't leave her alone for anybody nor could anybody keep her from searching for me.

la tienda principal, como con otra puerta; y las gentes que veía, como con otras caras. ¿Estaría aún medio dormido? ¿Seguiría enfermo?

Al primer amigo a quien halló fue al señor Cura. Era él: con su sombrero alto, que era lo más alto de todo el vecindario; con su Breviario siempre cerrado; con su levitón que siempre era sotana.

—Señor Cura, buenos días.

—Perdona,[29] hijo.

—No tuve yo la culpa, señor Cura . . . no me he embriagado . . . no he hecho nada malo . . . La pobrecita de mi mujer . . .

—Te dije ya que perdonaras. Y anda; ve a otra parte, porque aquí sobran limosneros.

¿Limosneros? ¿Por qué le hablaba así el Cura? Jamás había pedido limosna. No daba para el culto, porque no tenía dinero. No asistía a los sermones de cuaresma, porque trabajaba en todo tiempo de la noche a la mañana. Pero iba a la misa de siete todos los días de fiesta, y confesaba y comulgaba[30] cada año. No había razón para que el cura lo tratase con desprecio. ¡No la había!

Y lo dejó ir sin decirle nada, porque sentía tentaciones de pegarle . . . y era el cura.

Con paso aligerado por la ira siguió Rip-Rip su camino. Afortunadamente la casa estaba muy cerca . . . Ya veía la luz de sus ventanas . . . Y como la puerta estaba más lejos que las ventanas, acercóse a la primera de éstas para llamar, para decirle a Luz:— ¡Aquí estoy! ¡Ya no te apures!

No hubo necesidad de que llamara. La ventana estaba abierta: Luz cosía tranquilamente, y, en el momento en que Rip-Rip llegó, Juan—el del molino—la besaba en los labios.

—¿Vuelves pronto, hijito?

Rip-Rip sintió que todo era rojo en torno suyo. ¡Miserable! ¡Miserable! . . . Temblando como un ebrio o como un viejo entró en la casa. Quería matar pero estaba tan débil, que al llegar a la sala en que hablaban ellos, cayó al suelo. No podía levantarse, no podía hablar; pero sí podía tener los ojos abiertos, muy abiertos para ver cómo palidecían de espanto la esposa adúltera y el amigo traidor.

Y los dos palidecieron. Un grito de ella— ¡el mismo grito que el pobre Rip-Rip había oído cuando un ladrón entró en la casa!— y luego los brazos de Juan que lo enlazaban, pero no para ahogarlo, sino piadosos, caritativos, para alzarlo del suelo.

Rip-Rip hubiera dado su vida, su alma también por poder decir una palabra, una blasfemia.

—No está borracho, Luz, es un enfermo.

Y Luz, aunque con miedo todavía, se aproximó al desconocido vagabundo.

—¡Pobre viejo! ¿Qué tendrá? Tal vez venía a pedir limosna y se cayó desfallecido de hambre.

Pero si algo le damos, podría hacerle daño. Lo llevaré primero a mi cama.

—No, a tu cama, no, que está muy sucio el infeliz. Llamaré al mozo, y entre tú y él lo llevarán a la botica.

La niña entró en esos momentos.

—¡Mamá, mamá!

—No te asustes, mi vida, si es un hombre.

—¡Qué feo, mamá! ¡Qué miedo! ¡Es como el coco![31]

Y Rip oía.

Veía también; pero no estaba seguro de que veía. Esa salita era la misma . . . la de él. En ese sillón de cuero y otate[32] se sentaba por las noches cuando volvía cansado, después de haber vendido trigo de su tierrita en el molino de que Juan era administrador. Esas cortinas de la ventana eran su lujo. Las compró a costa de muchos ahorros y de muchos sacrificios. Aquél era Juan, aquélla, Luz . . . pero no eran los mismos. ¡Y la chiquita no era la chiquita!

¿Se había muerto? ¿Estaría loco? ¡Pero él sentía que estaba vivo! Escuchaba . . . veía . . . como se oye y se ve en las pesadillas.

Lo llevaron a la botica en hombros, y allí lo dejaron, porque la niña se asustaba de él. Luz fue con Juan . . . y a nadie extrañó que

---

[29] perdona: *forgive me* (for not having anything to give you). See page 315, note 9.

[30] comulgaba: *he received the Sacrament.*

[31] el coco: *the bogey-man.*

[32] otate: *reed.*

fueran del brazo y que ella abandonara, casi moribundo, a su marido. No podía moverse, no podía gritar, decir: —¡Soy Rip!

Por fin, lo dijo, después de muchas horas, tal vez de muchos años, o quizá de muchos siglos. Pero no lo conocieron, no lo quisieron conocer.

—¡Desgraciado! ¡es un loco! dijo el boticario.

—Hay que llevarlo al señor alcalde, porque puede ser furioso[33]—dijo otro.

Sí, es verdad, lo amarraremos si resiste.

Y ya iban a liarlo; pero el dolor y la cólera habían devuelto a Rip sus fuerzas. Como rabioso can acometió a sus verdugos, consiguió desasirse de sus brazos, y echó a correr. Iba a su casa . . . ¡iba a matar! Pero la gente lo seguía, lo acorralaba. Era aquello una cacería y era él la fiera.

El instinto de la propia conservación se sobrepuso a todo. Lo primero era salir del pueblo, ganar el monte, esconderse y volver más tarde, con la noche, a vengarse, a hacer justicia.

Logró por fin burlar a sus perseguidores. ¡Allá va Rip como lobo hambriento! ¡Allá va por lo más intrincado de la selva! Tenía sed . . . la sed que han de sentir los incendios. Y se fue derecho al manantial . . . a beber, a hundirse en el agua y golpearla con los brazos . . . acaso, acaso a ahogarse. Acercóse al arroyo, y allí a la superficie, salió la muerte a recibirlo. ¡Sí; porque era la muerte en figura de hombre, la imagen de aquel decrépito que se asomaba en el cristal de la onda! Sin duda venía por él ese lívido espectro No era de carne y hueso, ciertamente; no era un hombre, porque se movía a la vez que Rip, y esos movimientos no agitaban el agua. No era un cadáver, porque sus manos y brazos torcían y retorcían. ¡Y no era Rip, no

era él! Era como uno de sus abuelos que se le aparecían para llevarlo con el padre muerto.

—Pero ¿y mi sombra?—pensaba Rip—. ¿Por qué no se retrata mi cuerpo en ese espejo? ¿Por qué veo y grito, y el eco de esa montaña no repite mi voz sino otra voz desconocida?

¡Y allá fue Rip a buscarse en el seno de las ondas! Y el viejo, seguramente, se lo llevó con el padre muerto, porque Rip no ha vuelto!

* * *

¿Verdad que éste es un sueño extravagante?

Yo veía a Rip muy pobre, lo veía rico, lo miraba joven, lo miraba viejo; a ratos en una choza de leñador, a veces en una casa cuyas ventanas lucían cortinas blancas; ya sentado en aquel sillón de otate y cuero; ya en un sofá de ébano y raso . . . no era un hombre, eran muchos hombres . . . tal vez todos los hombres. No me explico cómo Rip no pudo hablar; ni cómo su mujer y su amigo no lo conocieron, a pesar de que estaba tan viejo; ni por qué antes se escapó de los que se proponían atarlo como a loco; ni sé cuántos años estuvo dormido o aletargado en esa gruta.

¿Cuánto tiempo durmió? ¿Cuánto tiempo se necesita para que los seres que amamos y que nos aman nos olviden? ¿Olvidar es delito? ¿Los que olvidan son malos? Ya veis qué buenos fueron Luz y Juan cuando socorrieron al pobre Rip que se moría; la niña se asustó; pero no podemos culparla: no se acordaba de su padre, todos eran inocentes, todos eran buenos . . . y sin embargo, todo esto da mucha tristeza.

Hizo muy bien Jesús el Nazareno en no resucitar más que a un solo hombre, y eso a un hombre que no tenía mujer, que no tenía hijas y que acababa de morir. Es bueno echar mucha tierra sobre los cadáveres.

(Cuentos color de humo, 1898)

---

[33] furioso: *violent.*

~~~~Julián del Casal

CUBA, 1863–1893   Julián del Casal was shut off from the world of
reality by tuberculosis as surely as he would have been by prison bars.
Through the window of his disease he watched normal people with
normal, healthy emotions pass by, and this made him as sick in soul as he
already was in body. To take the place of the real world which he did not
know, Casal built for himself a secluded world of oriental art, of sensory
perceptions, of imaginary wanderings. This make-believe creation was
not strong enough to give him satisfaction, but it was sufficiently highly
colored and finely wrought to bring out beautiful poetry. However,
there was always in the background of his thought, with great black
claws and ubiquitous wings, the shadow of impending annihilation, the
final dread of being flicked out without having once experienced the
oyful lust of living.

~~~NOSTALGIAS

Suspiro por las regiones
donde vuelan los alciones
sobre el mar,
y el soplo helado del viento
5 parece en su movimiento
sollozar;
donde la nieve que baja
del firmamento, amortaja[1]
el verdor
10 de los campos olorosos
y de ríos caudalosos
el rumor;
donde ostenta siempre el cielo,
a través de aéreo velo,
15 color gris,
es más hermosa la luna
y cada estrella más que una
flor de lis.

Otras veces sólo ansío
20 bogar en firme navío
a existir
en algún país remoto,
sin pensar en el ignoto
porvenir.
25 Ver otro cielo, otro monte,
otra playa, otro horizonte,
otro mar,
otros pueblos, otras gentes
de maneras diferentes
30 de pensar.
¡Ah! si yo un día pudiera,
con qué júbilo partiera
para Argel,[2]
donde tiene la hermosura
35 el color y la frescura
de un clavel.

[1] amortaja: *puts a shroud over.*

[2] Argel: *Algiers.*

Después fuera en caravana
por la llanura africana
    bajo el sol
40 que, con sus vivos destellos,
pone un tinte a los camellos
    tornasol.
    Y cuando el día expirara
mi árabe tienda plantara
45   en mitad
de la llanura ardorosa,
inundada de radiosa
    claridad.
    Cambiando de rumbo luego,
50 dejar el país del fuego
    para ir
hasta el imperio florido
en que el opio da el olvido
    del vivir.
55   Vegetar allí contento
de alto bambú corpulento
    junto al pie,
o aspirando en rica estancia

la embriagadora fragancia
60   que da el té.* * *
    Cuando tornara el hastío[3]
en el espíritu mío
    a reinar,
cruzando el inmenso piélago[4]
65 fuera al taitiano[5] archipiélago
    a encallar.* * *
    Así errabundo viviera
sintiendo toda quimera
    rauda huir,
70 y hasta olvidando la hora
incierta y aterradora
    de morir.

    Mas no parto. Si partiera,
al instante yo quisiera
75   regresar.
¡Ay! ¿Cuándo querrá el Destino
que yo pueda en mi camino
    reposar?

(Nieve, 1892)

⬿ELENA[6]

Luz fosfórica entreabre claras brechas
en la celeste inmensidad, y alumbra
del foso en la fatídica penumbra
cuerpos hendidos por doradas flechas.

5 Cual humo frío de homicidas mechas,[7]
en la atmósfera densa se vislumbra
vapor disuelto que la brisa encumbra
a las torres de Ilión, escombros hechas.

Envuelta en veste de opalina gasa,
10 recamada de oro, desde el monte
de ruinas hacinadas en el llano,

indiferente a lo que en torno pasa,
mira Elena hacia el lívido horizonte
irguiendo un lirio en la rosada mano.

(Nieve, 1892)

⬿RONDELES

I

De mi vida misteriosa,
tétrica y desencantada,
oirás contar una cosa
que te deje el alma helada.

5 Tu faz de color de rosa
se quedará demacrada,
al oír la extraña cosa
que te deje el alma helada.

Mas sé para mí piadosa,

[3] hastío: *surfeit, weary boredom.*
[4] piélago: *high sea.*
[5] taitiano *Tahitian.*
[6] This picture of Helen of Troy, as well as several other sonnets in a similar style, was inspired by a series of ten paintings by the French artist Gustave Moreau (1826–1898) reproduced in the Havana cultural journal

La Habana elegante. The sonnets are all Parnassian in style, coldly chiseled and polished in the manner of the French J. M. de Heredia (1842–1905). Moreau represented in the history of painting more or less what the Parnassian style of writing did in poetry.
[7] homicidas mechas: *murderous torches.*

10 si de mi vida ignorada,
cuando yo duerma en la fosa,
oyes contar una cosa
que te deje el alma helada.

2

Quizás sepas algún día
el secreto de mis males,
de mi honda melancolía
y de mis tedios mortales.
5   Las lágrimas a raudales
marchitarán tu alegría,
si a saber llegas un día
el secreto de mis males.

3

Quisiera de mí alejarte,
porque me causa la muerte
con la tristeza de amarte
el dolor de comprenderte.
5   Mientras pueda contemplarte
me ha de deparar la suerte,
con la tristeza de amarte
el dolor de comprenderte.
Y sólo ansío olvidarte,
10 nunca oírte y nunca verte,
porque me causa la muerte
con la tristeza de amarte
el dolor de comprenderte.

(Bustos y rimas, 1893)

NIHILISMO (FRAGMENTOS)

Voz inefable que a mi estancia llega
en medio de las sombras de la noche,
por arrastrarme hacia la vida, brega
con las dulces cadencias del reproche.

5   ¿A qué llamarme al campo del combate
con la promesa de terrenos bienes,
si ya mi corazón por nada late
ni oigo la idea martillar mis sienes?

Nadie extrañe mis ásperas querellas:
10 mi vida, atormentada de rigores,
es un cielo que nunca tuvo estrellas,
es un árbol que nunca tuvo flores.

De todo lo que he amado en este mundo
guardo, como perenne recompensa,
15 dentro del corazón, tedio profundo;
dentro del pensamiento, sombra densa.

Nada del porvenir a mi alma asombra
y nada del presente juzgo bueno;
si miro al horizonte, todo es sombra,
20 si me inclino a la tierra, todo es cieno.

Ansias de aniquilarme sólo siento,
o de vivir en mi eternal pobreza,
con mi fiel compañero, el descontento,
y mi pálida novia, la tristeza.

(Bustos y rimas, 1893)

RECUERDO DE LA INFANCIA

Una noche mi padre, siendo yo niño,
mirando que la pena me consumía,
con las frases que dicta sólo el cariño,
lanzó de mi destino la profecía,
5 una noche mi padre, siendo yo niño.

Lo que tomé yo entonces por un reproche
y, extendiendo mi cuello sobre mi hombro,
me hizo pasar llorando toda la noche,
hoy inspira a mi alma terror y asombro
10 lo que tomé yo entonces por un reproche.

—"Sumergida en profunda melancolía
como estrella en las brumas de la alborada,
gemirá para siempre—su voz decía—
por todos los senderos tu alma cansada,
15 sumergida en profunda melancolía.

"Persiguiendo en la sombra vana quimera
que tan sólo tu mente de encantos viste,
te encontrará cada año la primavera
enfermo y solitario, doliente y triste,
20 persiguiendo en la sombra vana quimera.

"Para ti la existencia no tendrá un goce
ni habrá para tus penas ningún remedio
y, unas veces sintiendo del mal el roce,
otras veces henchido de amargo tedio,
25 para ti la existencia no tendrá un goce.

"Como una planta llena de estéril jugo
que ahoga de sus ramas la florescencia,
de tu propia alegría serás verdugo
y morirás ahogado por la impotencia
30 como una planta llena de estéril jugo."

Como pájaros negros por azul lago
nublaron sus pupilas mil pensamientos,
y, al morir en la sombra su vago acento,
vi pasar por su mente remordimientos
35 como pájaros negros por azul lago.

(Bustos y rimas, 1893)

ꙮＰÁGINAS DE VIDA[8]

—Yo soy como esas plantas que ignota
    mano
siembra un día en el surco por donde marcha,
ya para que la anime luz de verano,
ya para que la hiele frío de escarcha.* * *

5   Mas como nada espero lograr del hombre,
y en la bondad divina mi ser confía,
aunque llevo en el alma penas sin nombre,
no siento la nostalgia de la alegría.

¡Ígnea columna[9] sigue mi paso cierto!
10 ¡Salvadora creencia mi ánimo salva!
¡Yo sé que tras las olas me aguarda el puerto!
¡Yo sé que tras la noche surgirá el alba!

Tú, en cambio, que doliente mi voz
    escuchas,
sólo el hastío llevas dentro del alma:
15 juzgándote vencido por nada luchas
y de ti se desprende siniestra calma.* * *

Si hubiéramos más tiempo juntos vivido,
no nos fuera la ausencia tan dolorosa.
¡Tú cultivas tus males, yo el mío olvido!
20 ¡Tú lo ves todo en negro, yo todo en rosa!* * *

Genio errante, vagando de clima en clima,
sigue el rastro fulgente de un espejismo,
con el ansia de alzarse siempre a la cima,
mas también con el vértigo que da el abismo.
    * * *

25   Doblegado en la tierra luego de hinojos,
miro cuanto a mi lado gozoso existe
y pregunto, con lágrimas en los ojos,
¿por qué has hecho ¡oh Dios mío! mi alma
    tan triste?

(Bustos y rimas, 1893)

---

[8] This poem describes the farewell conversation between Casal and Rubén Darío, the Nicaraguan poet, who was passing through Havana in 1892. The two poets are talking on board Darío's ship, which is about to set sail, and Darío, slightly exhilarated by alcohol, is doing the talking and comparing his outlook on life to Casal's. The last two stanzas are Casal's own reflections.
[9] Ígnea columna (Latin): *pillar of fire* (The Lord went before the children of Israel in a "pillar of fire." Cf. *Exodus* XIII, 21–22.)

᳁᳁᳁José Asunción Silva

COLOMBIA, 1865–1896   A few days before his death, Silva consulted a doctor friend of his on the pretext of some illness or other, and asked the doctor to sketch the position of his heart on his underclothes. It was the organ by which he had lived and by which he was to die, for he committed suicide by firing a bullet through it one Sunday morning when his family was at church. Near his death bed were three books: *The Triumph of Death* by d'Annunzio, *Trois stations de psychothérapie* by Maurice Barrès, and a number of the trilingual London journal *Cosmópolis*. These books may have had a profound effect on Silva, but the cause of his suicide must be sought in the years of his self-torture and embitterment, and not in the pages of some one else's writing. As the Colombian critic Baldomero Sanín Cano points out, Silva pretended to enjoy life to its fullest, but he only managed to "convertir su organismo en la más delicada y exquisita máquina de sufrir."

Perhaps the most notable characteristic of Silva's poetry is its interior rhythm, that fine invisible thread of feeling which makes the reader (whether he be pessimist or optimist) feel that his own life and Silva's are on a single strand. Unamuno, who edited the first full book of Silva's poems in 1908, has this to say: "Comentar a Silva es algo así como ir diciendo a un auditorio de las sinfonías de Beethoven, lo que va pasando según las notas resbalan a sus oídos. Cada cual vierte en ellas sus propios pesares, quereres y sentires." The great Spanish writer then adds: "Y gusto de Silva porque fue el primero en llevar a la poesía hispanoamericana, y con ella a la española, ciertos tonos y ciertos aires, que después se han puesto en moda, degradándose."

Silva's most biting poems were the *Gotas amargas* which he refused to have published; however, he did often shock his listeners by reciting them. Many are lost, but some of them were gathered together after his death; they deal mainly with bitter social satire, philosophical ironies, and sex. Physical sex and even venereal disease crop out rather frequently among them.

Other poems of Silva are lyric recollections of childhood, outbursts of physical passion and spiritual despair, expressions of pathos, humor, and irony, sometimes all mingled in one.

ᜃLOS MADEROS DE SAN JUAN

. . . Y aserrín[1]
aserrán,
los maderos
de San Juan
5   piden queso,
piden pan;
los de Roque,

10 Alfandoque;
los de Rique,
Alfeñique;
los de Trique,
Triquitrán.
¡Triqui, triqui, triqui, tran!
¡Triqui, triqui, triqui, tran! . . .

15 Y en las rodillas duras y firmes de la abuela
con movimiento rítmico se balancea el niño,
y entrambos agitados y trémulos están . . .
La abuela se sonríe con maternal cariño,

mas cruza por su espíritu como un temor
extraño
20 por lo que en el futuro, de angustia y desengaño,
los días ignorados del nieto guardarán . . .

Los maderos
de San Juan
piden queso,
25   piden pan;
¡Triqui, triqui, triqui, tran!

¡Esas arrugas hondas recuerdan una historia
de largos sufrimientos y silenciosa angustia!,
y sus cabellos blancos como la nieve están;

30 . . . de un gran dolor el sello marcó la frente
mustia,
y son sus ojos turbios espejos que empañaron
los años, y que a tiempo las formas reflejaron
de seres y de cosas que nunca volverán . . .

. . . Los de Roque,
35   Alfandoque . . .
¡Triqui, triqui, triqui, tran!

Mañana, cuando duerma la abuela, yerta
y muda,
lejos del mundo vivo, bajo la oscura tierra,
donde otros, en la sombra, desde hace tiempo
están,

40 del nieto a la memoria, con grave voz que
encierra
todo el poema triste de la remota infancia,
pasando por las sombras del tiempo y la
distancia,
de aquella voz querida las notas volverán . . .

. . . Los de Rique,
45   Alfeñique . . .
¡Triqui, triqui, triqui, tran! . . .

En tanto, en las rodillas cansadas de la
abuela
con movimiento rítmico se balancea el niño,
y entrambos agitados y trémulos están . . .
50 La abuela se sonríe con maternal cariño,

mas cruza por su espíritu como un temor
extraño
por lo que en el futuro, de angustia y desengaño,
los días ignorados del nieto guardarán . . .

---

[1] aserrín . . . aserrán: an attempt to suggest the sound of the saw cutting a log or *madero*.

. . . Los maderos
55 de San Juan
piden queso,
piden pan;
los de Roque,
Alfandoque;

60 los de Rique,
Alfeñique;
los de Trique,
Triquitrán,
¡Triqui, triqui, triqui, tran!

(Poesías completas, 1952)

⁓CREPÚSCULO

Junto de la cuna aún no está encendida
la lámpara tibia que alegra y reposa,
y se filtra opaca, por entre cortinas,
de la tarde triste la luz azulosa.

5 Los niños cansados suspenden sus juegos,
de la calle vienen extraños ruidos,
en estos momentos, en todos los cuartos,
se van despertando los duendes dormidos.

La sombra que sube por los cortinajes,
10 para los hermosos oyentes pueriles,
se puebla y se llena con los personajes
de los tenebrosos cuentos infantiles.

Flota en ella el pobre Rin Rin Renacuajo,[2]
corre y huye el triste Ratoncito Pérez,[3]
15 y la entenebrece la forma del trágico
Barba Azul,[4] que mata sus siete mujeres.

En unas distancias enormes e ignotas,
que por los rincones obscuros suscita,
andan por los prados el Gato con Botas,[5]
20 y el lobo que marcha con Caperucita.[6] * * *

Del infantil grupo se levanta leve
argentada y pura una vocecilla
que comienza: "Entonces se fueron al baile
y dejaron sola a Cenicentilla.[7] * * *"

25 Con atento oído las niñas la escuchan,
las muñecas duermen en la blanca alfombra,
medio abandonadas, y en el aposento
la luz disminuye, se aumenta la sombra.

¡Fantásticos cuentos de duendes y hadas,
30 llenos de paisajes y de sugestiones,
que abrís a lo lejos amplias perspectivas
a las infantiles imaginaciones!

¡Cuentos que nacisteis en ignotos tiempos
y que vais volando por entre lo obscuro,
35 desde los potentes arios primitivos,
hasta las enclenques razas del futuro! * * *

¡Cuentos más durables que las convicciones
de graves filósofos y sabias escuelas,
y que rodeasteis con vuestras ficciones
40 las cunas doradas de las bisabuelas!

¡Fantásticos cuentos de duendes y hadas,
que pobláis los sueños confusos del niño!
El tiempo os sepulta por siempre en el alma
y el hombre os evoca con hondo cariño.

(Poesías completas, 1952)

⁓RISA Y LLANTO

Juntos los dos reímos cierto día . . .
¡ay, y reímos tanto
que toda aquella risa bulliciosa
se tornó pronto en llanto!

5 ¡Después, juntos los dos, alguna noche
lloramos mucho, tanto,
que quedó como huella de las lágrimas
un misterioso encanto!

[2] Rin Rin Renacuajo: a frog who has many adventures.
[3] Ratoncito Pérez: a greedy little mouse who invites the other animals to his wedding and is drowned in a stew.

[4] Barba Azul: *Blue Beard.*
[5] Gato con Botas: *Puss in Boots.*
[6] Caperucita: *Little Red Riding Hood.*
[7] Cenicentilla: *Cinderella.*

Nacen hondos suspiros, de la orgía
10 entre las copas cálidas;
y en el agua salobre de los mares
se forjan perlas pálidas.

(*Poesías completas*, 1952)

⤳Nocturno[8] (III)

Una noche,
una noche toda llena de murmullos, de perfumes y de músicas de alas;
una noche
en que ardían en la sombra nupcial y húmeda las luciérnagas fantásticas,
5   a mi lado lentamente, contra mí ceñida toda, muda y pálida,
como si un presentimiento de amarguras infinitas
hasta el más secreto fondo de las fibras te agitara,
por la senda florecida que atraviesa la llanura
caminabas;
10   y la luna llena
por los cielos azulosos, infinitos y profundos esparcía su luz blanca;
y tu sombra
fina y lánguida,
y mi sombra,
15   por los rayos de la luna proyectadas,
sobre las arenas tristes
de la senda se juntaban;
y eran una,
y eran una,
20   y eran una sola sombra larga,
y eran una sola sombra larga,
y eran una sola sombra larga. . . .

Esta noche
solo; el alma
25   llena de las infinitas amarguras y agonías de tu muerte,
separado de ti misma por el tiempo, por la tumba y la distancia,
por el infinito negro
donde nuestra voz no alcanza,
mudo y solo
30   por la senda caminaba . . .
Y se oían los ladridos de los perros a la luna,
a la luna pálida,
y el chirrido
de las ranas . . .

---

[8] This *nocturno* was greeted with stupefaction by some and with deep admiration by others. Soon, however, all came to applaud its remarkable rhythm, which was considered something entirely new in the Spanish language. Silva later pointed out to a friend that he had obtained it from the well-known Spanish fabulist Iriarte. The poem was inspired by the death of the poet's sister.

35 Sentí frío. Era el frío que tenían en tu alcoba
tus mejillas y tus sienes y tus manos adoradas,
entre las blancuras níveas
de las mortuorias sábanas.
Era el frío del sepulcro, era el hielo de la muerte,
40 era el frío de la nada.
Y mi sombra,
por los rayos de la luna proyectada,
iba sola,
iba sola,
45 iba sola por la estepa solitaria;
y tu sombra esbelta y ágil,
fina y lánguida,
como en esa noche tibia de la muerta primavera,
como en esa noche llena de murmullos, de perfumes y de músicas de alas,
50 se acercó y marchó con ella,
se acercó y marchó con ella,
se acercó y marchó con ella . . . ¡Oh las sombras enlazadas!
¡Oh las sombras de los cuerpos que se juntan con las sombras de las almas!
¡Oh las sombras que se buscan en las noches de tristezas y de lágrimas!

(Poesías Completas, 1952)

ᏭᎦᎵᎣESTRELLAS FIJAS

Cuando ya de la vida
el alma tenga, con el cuerpo, rota,
y duerma en el sepulcro
esa noche más larga que las otras,

5 mis ojos, que en recuerdo
del infinito eterno de las cosas,
guardaron sólo, como de un ensueño,
la tibia luz de tus miradas hondas,

al ir descomponiéndose
10 entre la obscura fosa,
verán, en lo ignorado de la muerte,
tus ojos . . . destacándose en la sombra.

(Poesías Completas, 1952)

ᏭᎦᎵᎣOBRA HUMANA

El lo profundo de la selva añosa,
donde una noche, al comenzar de mayo,
tocó en la vieja enredadera hojosa
de la pálida luna el primer rayo,

5 pocos meses después la luz de aurora,
del gas en la estación, iluminaba
el paso de la audaz locomotora,
que en el carril durísimo cruzaba.

Y en donde fuera en otro tiempo el nido,
10 albergue muelle del alado enjambre,
pasó por el espacio un escondido
telegrama de amor por el alambre.

(Poesías Completas, 1952)

⌐¿ . . . ?

¿Por qué de los cálidos besos,
de las dulces idolatradas
en noches jamás olvidadas
nos matan los locos excesos?

5 ¿Son sabios los místicos rezos
y las humildes madrugadas
en las celdas sólo adornadas
con una cruz y cuatro huesos?

¡No, soñadores de infinito!
10 De la carne el supremo grito
hondas vibraciones encierra;

dejadla gozar de la vida
antes de caer, corrompida,
en las negruras de la tierra.

(Poesías Completas, 1952)

⌐MARIPOSAS

En tu aposento tienes,
en urna frágil,
clavadas mariposas
que, si brillante
5 rayo de sol las toca,
parecen nácares
o pedazos de cielo,
cielos de tarde,
o brillos opalinos
10 de alas suaves;
y allí están las azules
hijas del aire

fijas para siempre
las alas ágiles,
15 las alas, peregrinas
de ignotos valles
que, como los deseos
de tu alma amante,
a la aurora parecen
20 resucitarse,
cuando de tus ventanas
las hojas abres
y da el sol en tus ojos
y en los cristales.

(Poesías Completas, 1952)

⌐ORACIÓN

En el aposento estrecho,
en la blanca pared fijo,
tiene muy cerca del lecho
donde duerme, un crucifijo
5 que, como a dulces abrazos
llamando al ánima vil,
tiende los rígidos brazos
sobre una cruz de marfil.

Y de espinas coronada
10 dobla la cabeza inerte,
de noble expresión, helada
por el beso de la muerte.
En ese sitio, amorosa
la oración de ritmo breve
15 va de sus brazos de rosa
hacia los brazos de nieve.

(Poesías Completas, 1952)

⌐ARS

El verso es vaso santo; poned en él tan sólo
un pensamiento puro,
en cuyo fondo bullan hirvientes las imágenes
como burbujas de oro de un viejo vino obscuro.

5 Allí verted las flores que la continua lucha
ajó del mundo frío,
recuerdos deliciosos de tiempos que no vuelven,
y nardos empapados en gotas de rocío.

Para que la existencia mísera se embalsame
10 cual de una ciencia ignota,
quemándose en el fuego del alma enternecida
de aquel supremo bálsamo, ¡basta una sola
gota!

(Poesías completas, 1952)

⌘. . . ? . . .

Estrellas que entre lo sombrío
de lo ignorado y de lo inmenso,
asemejáis en el vacío
jirones pálidos de incienso;
5 nebulosas que ardéis tan lejos
en el infinito que aterra,
que sólo alcanzan los reflejos
de vuestra luz hasta la tierra;
astros que en abismos ignotos
10 derramáis resplandores vagos,

constelaciones que en remotos
tiempos adoraron los magos;
millones de mundos lejanos,
flores de fantástico broche,
15 islas claras en los oceanos
sin fin ni fondo de la noche;
¡estrellas, luces pensativas!
¡Estrellas, pupilas inciertas!
¿Por qué os calláis si estáis vivas,
20 y por qué alumbráis si estáis muertas?

(Poesías completas, 1952)

⌘UN POEMA

Soñaba en ese entonces en forjar un poema,
de arte nervioso y nuevo, obra audaz y suprema.
Escogí entre un asunto grotesco y otro trágico,
llamé a todos los ritmos con un conjuro mágico,
5 y los ritmos indóciles vinieron acercándose,
juntándose en las sombras, huyéndose y buscándose,
ritmos sonoros, ritmos potentes, ritmos graves,
unos cual choque de armas, otros cual canto de aves;
de Oriente hasta Occidente, desde el Sur hasta el Norte
10 de metros y de formas se presentó la corte.* * *
Complacido en mis versos, con orgullo de artista,
les di olor de heliotropos y color de amatista . . .
Le mostré mi poema a un crítico estupendo . . .
Lo leyó cuatro veces, y me dijo . . . ¡No entiendo!

(Poesías completas, 1952)

⌘PSICOPATÍA

El parque se despierta, ríe y canta
en la frescura matinal. La niebla,
donde saltan aéreos surtidores,
de arco iris se puebla,
5 y en luminosos vuelos se levanta.
Su olor esparcen entreabiertas flores;

suena en las ramas verdes el pío, pío
de los alados huéspedes cantores;
brilla en el césped húmedo rocío.
10 ¡Azul el cielo! ¡Azul! Y la süave
brisa que pasa, dice:
¡Reíd! ¡Cantad! ¡Amad! ¡La vida es fiesta,

es calor, es pasión, es movimiento!
Y forjando en las ramas una orquesta,
15 con voz grave lo mismo dice el viento,
y por entre el sutil encantamiento
de la mañana sonrosada y fresca,
de la luz, de las yerbas y las flores,
pálido, descuidado, soñoliento,
20 sin tener en la boca una sonrisa,
y de negro vestido
un filósofo joven se pasea,
olvida luz y olor primaverales,
e impertérrito sigue su tarea
25 de pensar en la muerte, en la conciencia
y en las causas finales.
Lo sacuden las ramas de azalea,
dándole al aire el aromado aliento
de las rosadas flores;
30 lo llaman unos pájaros, del nido
do cantan sus amores,
y los cantos risueños
van, por entre el follaje estremecido,
a suscitar voluptuosos sueños,
35 y él sigue su camino, triste, serio,
pensando en Fichte, en Kant, en Vogt, en
Hegel,[9]
y del *yo* complicado en el misterio.

La chicuela del médico que pasa,
una rubia adorable, cuyos ojos
40 arden como una brasa,
abre los labios húmedos y rojos,
y le pregunta al padre, enternecida:
—Aquel señor, papá, ¿de qué está enfermo,
qué tristeza le anubla así la vida?
45 Cuando va a casa a verle a usted, me duermo;
tan silencioso y triste . . . ¿Qué mal sufre? . . .
Una sonrisa el profesor contiene,
mira luego una flor, color de azufre,
oye el canto de un pájaro que viene,
50 y comienza de pronto, con descaro:
—Ese señor padece un mal muy raro,
que ataca rara vez a las mujeres
y pocas a los hombres, ¡hija mía!
Sufre este mal: *pensar* . . . ésa es la causa

55 de su grave y sutil melancolía . . .
El profesor después hace una pausa,
y sigue:—En las edades
de bárbaras naciones,
serias autoridades,
60 curaban este mal dando cicuta,[10]
encerrando al enfermo en las prisiones,
o quemándolo vivo . . . ¡Buen remedio!
Curación decisiva y absoluta
que cortaba de lleno la disputa
65 y sanaba al paciente . . . mira el medio . . .
la profilaxia, en fin . . . antes; ahora
el mal reviste tantas formas graves,
la invasión se dilata aterradora,
y no lo curan polvos ni jarabes;
70 en vez de prevenirlo, los gobiernos
lo riegan y estimulan;
tomos gruesos, revistas y cuadernos
ya dispersan el germen homicida . . .
El mal, gracias a Dios, no es contagioso,
75 y lo adquieren muy pocos; en mi vida
sólo he curado a dos. Les dije:
                                —Mozo,
váyase usted a trabajar de lleno,
en una fragua negra y encendida,
o en un bosque espesísimo y sereno;
80 machaque hierro, hasta arrancarle chispas,
o tumbe viejos troncos seculares,
y logre que lo piquen las avispas;
si lo prefiere usted, cruce los mares
de grumete en un buque, duerma, coma,
85 muévase, grite, forcejee y sude,
mire la tempestad cuando se asoma,
y los cables de popa ate y anude,
hasta hacerse diez callos en las manos,
y limpiarse de ideas el cerebro.
90 Ellos lo hicieron y volvieron sanos.
—Estoy tan bien, doctor . . . —¡Pues lo
celebro! . . .
Pero el joven aquel es caso grave
como conozco pocos,
más que cuantos nacieron piensa y sabe;
95 irá a pasar diez años con los locos,
¡y no se curará sino aquel día

---

[9] Fichte, Kant, Vogt, Hegel: German philosophers of the 18th and 19th centuries.
[10] cicuta: *hemlock*. Socrates was condemned to die and made to drink a potion of poisonous hemlock because the elders of Athens said he had had a bad influence on the young men of that city, by teaching them to think too much and to call into question too many of the standards and ideas sanctioned by custom.

en que duerma a sus anchas
en una angosta sepultura fría,
lejos del mundo y de la vida loca,
100 entre un negro ataúd de cuatro planchas,
con un montón de tierra entre la boca![11]

(*Poesías completas*, 1952)

∾DÍA DE DIFUNTOS[12]

La luz vaga . . . opaco el día . . .
La llovizna cae y moja
con sus hilos penetrantes la ciudad desierta y
    fría;
por el aire, tenebrosa, ignorada mano arroja
5 un obscuro velo opaco, de letal melancolía,
y no hay nadie que en lo íntimo no se aquiete
    y se recoja,
al mirar las nieblas grises de la atmósfera
    sombría,
y al oír en las alturas
melancólicas y obscuras
10 los acentos dejativos
y tristísimos e inciertos
con que suenan las campanas,
las campanas plañideras que les hablan a los
    vivos
de los muertos.

15   Y hay algo de angustioso y de incierto
que mezcla a ese sonido su sonido,
e inarmónico vibra en el concierto
que alzan los bronces al tocar a muerto
por todos los que han sido.
20 Es la voz de una campana
que va marcando la hora,
hoy lo mismo que mañana,
rítmica, igual y sonora;
una campana se queja
25 y la otra campana llora,
ésta tiene voz de vieja
y ésa de niña que ora.
Las campanas más grandes que dan un doble
    recio
suenan con acento de místico desprecio;

30 mas la campana que da la hora
ríe, no llora;
tiene en su timbre seco sutiles ironías;
su voz parece que habla de goces, de alegrías,
de placeres, de citas, de fiestas y de bailes,
35 de las preocupaciones que llenan nuestros días;
es una voz del siglo entre un coro de frailes,[13]
y con sus notas se ríe
escéptica y burladora
de la campana que ruega,
40 de la campana que implora,
y de cuanto aquel coro conmemora;
y es que con su retintín
ella midió el dolor humano
y marcó del dolor el fin.
45 Por eso se ríe del grave esquilón
que suena allá arriba con fúnebre son;
por eso interrumpe los tristes conciertos
con que el bronce santo llora por los muertos.
No le oigáis, oh bronces, no le oigáis, cam-
    panas,
50 que con la voz grave de ese clamoreo
rogáis por los seres que duermen ahora
lejos de la vida, libres del deseo,
lejos de las rudas batallas humanas;
seguid en el aire vuestro bamboleo,
55 ¡no la oigáis, campanas! . . .
Contra lo imposible, ¿qué puede el deseo?

    Allá arriba suena,
rítmica y serena,
esa voz de oro,
60 y sin que lo impidan sus graves hermanas
que rezan en coro,
la campana del reloj

---

[11] This final line reads in the original poem: "Con un puño de cal entre la boca," referring to the custom of the people of Bogotá of encasing the corpse in lime.

[12] See page 299, note 1. On this day it is still customary in some parts of Spain and Spanish America to toll the church bells all day long in memory of the dead. Compare this poem with *The Bells* by Edgar Allan Poe.

[13] es una voz . . . frailes: *it is a layman's voice in a chorus of friars.*

suena, suena, suena ahora
y dice que ella marcó,
65 con su vibración sonora,
de los olvidos la hora;
que después de la velada
que pasó cada difunto
en una sala enlutada
70 y con la familia junto
en dolorosa actitud,
mientras la luz de los cirios
alumbraba el ataúd
y las coronas de lirios;
75 que después de la tristura,
de los gritos de dolor,
de las frases de amargura,
del llanto desgarrador,
marcó ella misma el momento
80 en que con la languidez
del luto, huyó el pensamiento
del muerto, y el sentimiento,
seis meses más tarde . . . o diez.

Y hoy, día de los muertos . . . ahora que
    flota
85 en las nieblas grises la melancolía,
en que la llovizna cae gota a gota
y con sus tristezas los nervios embota,
y envuelve en un manto la ciudad sombría;
ella, que ha marcado la hora y el día
90 en que a cada casa lúgubre y vacía
tras el luto breve volvió la alegría;
ella, que ha marcado la hora del baile
en que al año justo un vestido aéreo
estrena la niña, cuya madre duerme
95 olvidada y sola en el cementerio;
suena indiferente a la voz de fraile
del esquilón grave a su canto serio;
ella, que ha medido la hora precisa
en que a cada boca que el dolor sellaba

100 como por encanto volvió la sonrisa,
esa precursora de la carcajada;
ella, que ha marcado la hora en que el viudo
habló de suicidio y pidió el arsénico,
cuando aún en la alcoba recién perfumada
105 flotaba el aroma del ácido fénico;
y ha marcado luego la hora en que mudo
por las emociones con que el gozo agobia,
para que lo unieran con sagrado nudo
a la misma iglesia fue con otra novia;
110 ¡ella no comprende nada del misterio
de aquellas quejumbres que pueblan el aire,
y lo ve en la vida todo jocoserio;[14]
y sigue marcando con el mismo modo,
el mismo entusiasmo y el mismo desgaire[15]
115 la huida del tiempo que lo borra todo!

Y eso es lo angustioso y lo incierto
que flota en el sonido;
ésa es la nota irónica que vibra en el concierto
que alzan los bronces al tocar a muerto
120 por todos los que han sido.
Es la voz fina y sutil
de vibraciones de cristal,
que con acento juvenil,
indiferente al bien y al mal,
125 mide lo mismo la hora vil
que la sublime y la fatal,
y resuena en las alturas
melancólicas y obscuras
sin tener en su tañido
130 claro, rítmico y sonoro,
los acentos dejativos
y tristísimos e inciertos
de aquel misterioso coro
con que suenan las campanas . . .
135 ¡las campanas plañideras,
que les hablan a los vivos
de los muertos! . . .

(*Poesías completas*, 1952)

ᨀ LA RESPUESTA DE LA TIERRA

Era un poeta lírico, grandioso y sibilino[16]
    que le hablaba a la tierra una tarde de invierno,
    frente de una posada y al volver de un camino:

---

[14] jocoserio: *half serious, half ludicrous.*
[15] desgaire: *indifference.*
[16] poeta . . . sibilino: The poet referred to was a

friend of Silva's of whom he said " . . . a ese señor le ha dado la chifladura panteísta y vive hablando con todos los astros."

—Oh madre, oh tierra!—díjole,—en tu girar eterno
5 nuestra existencia efímera tal parece que ignoras.
Nosotros esperamos un cielo o un infierno,
sufrimos o gozamos en nuestras breves horas,
e indiferente y muda, tú, madre sin entrañas,
de acuerdo con los hombres no sufres y no lloras.
10 ¿No sabes el secreto misterioso que entrañas?
¿Por qué las noches negras, las diáfanas auroras?
Las sombras vagarosas y tenues de unas cañas
que se reflejan lívidas en los estanques yertos,
¿no son como conciencias fantásticas y extrañas
15 que les copian sus vidas en espejos inciertos?
¿Qué somos? ¿A do vamos? ¿Por qué hasta aquí vivimos?
¿Conocen los secretos del más allá los muertos?
¿Por qué la vida inútil y triste recibimos?
¿Hay un oasis húmedo después de estos desiertos?
20 ¿Por qué nacemos, madre, dime, por qué morimos?
¿Por qué? Mi angustia sacia y a mi ansiedad contesta.
      Yo, sacerdote tuyo, arrodillado y trémulo,
      en estas soledades aguardo la respuesta.

      La tierra, como siempre, displicente y callada,
25 al gran poeta lírico no le contestó nada.

                                        (*Poesías completas,* 1952)

୶IDILIO

Ella lo idolatraba, y él la adoraba.
—¿Se casaron al fin?
—No, señor: Ella se casó con otro.
—Y ¿murió de sufrir?
5 —No, señor: De un aborto.

—Y el pobre aquel infeliz
¿le puso a la vida fin?
No, señor: Se casó seis meses antes
del matrimonio de ella, y es feliz.

                                        (*Poesías completas,* 1952)

ᨒᨑᨑᨑRubén Darío

NICARAGUA, 1867–1916   Rubén Darío became Latin America's greatest and most cosmopolitan literary voice. His work effected a revolution in the outmoded and high-flown poetic ideals which preceded him. Darío did not stand alone as the single source of these innovations, but he was the focus of greatest brilliance, strength, and duration among Spanish American writers.

His *Azul*, first published in Chile in 1888 (second edition with additions, Guatemala, 1890), attracted the attention of the Spanish critic and novelist Juan Valera, who proclaimed it the work of a fine cosmopolitan artist, not bounded by the narrow limits of Spanish American provincialism. Darío himself in his *Historia de mis libros* points out the principal influences embodied in *Azul*: French writers of the *Parnasse contemporain*[1] (1866), particularly Catulle Mendès (with his lyrical prose fantasies), Gautier, Flaubert (of *The Temptation of Saint Anthony*), and Paul de Saint Victor, with their "inédita y deslumbrante concepción del estilo." Darío was accustomed to the "clisé español del siglo de oro, y a su indecisa poesía moderna," and found the French writers a mine to explore and apply to his own style in Spanish. He read all of these men in translation. He also utilized Baralt's *Diccionario de galicismos*, which he said he had practically memorized, in order to find new phrases and metaphors.

As for the title of the book Darío says: "el azul era para mí el color del ensueño, el color del arte, un color helénico y homérico, color oceánico y firmamental . . . Concentré en ese color célico[2] la floración espiritual de mi primavera artística." Darío did not then know Victor Hugo's phrase: "l'Art, c'est l'azur."

---

[1] *Parnasse contemporain:* This was the name of a review edited by Catulle Mendès (1841–1909) and Xavier de Ricard (1843–1913), and in 1866 the first anthology of these Parnassian writers was published under the same name. Two more anthologies were published later by these same Parnassians.

[2] célico: *heavenly.*

Ꮼ EL REY BURGUÉS[3] (CANTO ALEGRE)

¡Amigo!, el cielo está opaco, el aire frío, el día triste. Un cuento alegre ... así como para distraer las brumosas y grises melancolías, helo aquí:

Había en una ciudad inmensa y brillante[5] un rey muy poderoso, que tenía trajes caprichosos y ricos, esclavas desnudas, blancas y negras; caballos de largas crines, armas flamantísimas, galgos rápidos y monteros con cuernos de bronce,[4] que llenaban el viento[10] con sus fanfarrias. ¿Era un rey poeta? No, amigo mío; era el Rey Burgués.

Era muy aficionado a las artes el soberano, y favorecía con gran largueza a sus músicos, a sus hacedores de ditirambos,[5] pintores,[15] escultores, boticarios, barberos y maestros de esgrima.

Cuando iba a la floresta, junto al corzo o jabalí herido y sangriento, hacía improvisar a sus profesores de retórica canciones alusivas;[20] los criados llenaban las copas del vino de oro que hierve, y las mujeres batían palmas con movimientos rítmicos y gallardos. Era un Rey-Sol,[6] en su Babilonia llena de músicas, de carcajadas y de ruido de festín. Cuando se[25] hastiaba de la ciudad bullente, iba de caza atronando el bosque con sus tropeles; y hacía salir de sus nidos a las aves asustadas, y el vocerío repercutía en lo más escondido de las cavernas. Los perros de patas elásticas iban[30] rompiendo la maleza en la carrera, y los cazadores, inclinados sobre el pescuezo de los caballos, hacían ondear los mantos purpúreos y llevaban las caras encendidas y las cabelleras al viento.

El rey tenía un palacio soberbio, donde había acumulado riquezas y objetos de arte maravillosos. Llegaba a él por entre grupos de lilas y extensos estanques, siendo saludado por los cisnes de cuellos blancos antes que por los lacayos estirados. Buen gusto. Subía por una escalera llena de columnas de alabastro y de esmaragdina,[7] que tenía a los lados leones de mármol, como los de los troncos salomónicos.[8] Refinamiento. A más de los cisnes, tenía una vasta pajarera, como amante de la armonía, del arrullo,[9] del trino; y cerca de ella iba a ensanchar su espíritu, leyendo novelas de M. Ohnet,[10] o bellos libros sobre cuestiones gramaticales, o críticas hermosillescas.[11] Eso sí: defensor acérrimo[12] de la corrección académica en letras, y del modo lamido[13] en artes; alma sublime, amante de la lija[14] y de la ortografía.

¡Japonerías! ¡Chinerías! Por lujo y nada más.

Bien podía darse el placer de un salón digno del gusto de un Goncourt[15] y de los millones de un Creso:[16] quimeras de bronce con las fauces abiertas y las colas enroscadas, en grupos fantásticos y maravillosos; lacas de Kioto con incrustaciones de hojas y ramas de una flora monstruosa, y animales de una fauna desconocida; mariposas de raros abanicos junto a las paredes; peces y gallos de colores; máscaras de gestos infernales y con ojos como si fuesen vivos; partesanas[17] de hojas antiquísimas y empuñaduras con dragones devorando flores de loto; y en conchas[35] de huevo[18] túnicas de seda amarilla, como

---

[3] Darío says there is some influence of Daudet in this sketch which was, however, more directly inspired by Eduardo MacClure, hard-boiled editor of *La época*, the Chilean paper on which the poet worked.

[4] monteros ... bronce: *beaters with bronze horns* (who scared up game for the King).

[5] ditirambos: *verses of praise;* much sound and little worth.

[6] Rey-Sol: allusion to Louis XIV of France who was called the *roi-soleil.*

[7] esmaragdina: mineral of emerald green.

[8] troncos salomónicos: like the columns of Solomon's house; cf. I *Kings*, VII, 2–6.

[9] arrullo: *cooing.*

[10] Georges Ohnet (1848–1918), a French novelist

who praised the bourgeoisie.

[11] hermosillescas: from the name of José Gómez Hermosilla (1771–1837), whose book on how to write verse was a well-known text on the subject.

[12] acérrimo: *vigorous.*

[13] modo lamido: *trite manner.*

[14] lija: *smooth words.*

[15] The brothers Edmond (1822–1896) and Jules de Goncourt (1830–1870) were French novelists who extolled the idea of "art for art's sake" and were connoisseurs and collectors of Oriental art.

[16] Creso: *Crœsus*, the Lydian king renowned for his wealth.

[17] partesanas: *battle-axes.*

[18] conchas de huevo: *cases of hollow wood.*

tejidas con hilos de araña, sembradas de garzas rojas y de verdes matas de arroz; y tibores,[19] porcelanas de muchos siglos, de aquellas en que hay guerreros tártaros con una piel que les cubre hasta los riñones, y que llevan arcos estirados y manojos de flechas.

Por lo demás, había el salón griego, lleno de mármoles, diosas, musas, ninfas y sátiros; el salón de los tiempos galantes, con cuadros del gran Watteau[20] y de Chardin;[21] dos, tres, cuatro, ¡cuántos salones!

Y Mecenas[22] se paseaba por todos, con la cara inundada de cierta majestad, el vientre feliz y la corona en la cabeza, como un rey de naipe.

Un día le llevaron una rara especie de hombre ante su trono, donde se hallaba rodeado de cortesanos, de retóricos y de maestros de equitación y de baile.

—¿Qué es eso?—preguntó.

—Señor, es un poeta.

El rey tenía cisnes en el estanque; canarios, gorriones, senzontes[23] en la pajarera: un poeta era algo nuevo y extraño.

—Dejadle aquí.

Y el poeta:

—Señor, no he comido.

Y el rey:

—Habla y comerás.

Comenzó:

—Señor, ha tiempo que yo canto el verbo del porvenir. He tendido mis alas al huracán, he nacido en el tiempo de la aurora: busco la raza escogida que debe esperar, con el himno en la boca y la lira en la mano, la salida del gran sol. He abandonado la inspiración de la ciudad malsana, la alcoba llena de perfumes, la musa de carne que llena el alma de pequeñez y el rostro de polvos de arroz. He roto el arpa adulona de las cuerdas débiles contra las copas de Bohemia y las jarras donde espumea el vino que embriaga sin dar fortaleza; he arrojado el manto que

me hacía parecer histrión, o mujer, y he vestido de modo salvaje y espléndido: mi harapo es de púrpura. He ido a la selva, donde he quedado vigoroso y ahito de leche fecunda y licor de nueva vida; y en la ribera del mar áspero, sacudiendo la cabeza bajo la fuerte y negra tempestad, como un ángel soberbio, o como un semidiós olímpico, he ensayado el yambo, dando al olvido el madrigal.

He acariciado a la gran Naturaleza, y he buscado el calor del ideal, el verso que está en el astro, en el fondo del cielo, y el que está en la perla, en lo profundo del Océano. ¡He querido ser pujante! Porque viene el tiempo de las grandes revoluciones, con un Mesías todo luz, todo agitación y potencia, y es preciso recibir su espíritu con el poema que sea arco triunfal, de estrofas de acero, de estrofas de oro, de estrofas de amor.

¡Señor, el Arte no está en los fríos envoltorios de mármol, ni en los cuadros lamidos, ni en el excelente señor Ohnet! ¡Señor, el Arte no viste pantalones, ni habla en burgués, ni pone los puntos en todas las íes! Él es augusto, tiene mantos de oro, o de llamas, o anda desnudo, y amasa la greda con fiebre, y pinta con luz, y es opulento, y da golpes de ala como las águilas, o *zarpazos* como los leones. Señor, entre un Apolo y un ganso, preferid el Apolo, aunque el uno sea de tierra cocida y el otro de marfil.

¡Oh, la poesía!

¡Y bien! Los ritmos se prostituyen, se cantan los lunares de las mujeres y se fabrican jarabes poéticos. Además, señor, el zapatero critica mis endecasílabos, y el señor profesor de farmacia pone puntos y comas a mi inspiración. Señor, ¡y vos lo autorizáis todo esto! . . . El ideal, el ideal . . .

El rey interrumpió:

—Ya habéis oído. ¿Qué hacer?

Y un filósofo al uso:[24]

—Si lo permitís, señor, puede ganarse la

[19] tibores: *china jars.*
[20] Jean Antoine Watteau (1684–1721), French painter of elegant court life.
[21] Jean Chardin (1699–1779), French painter of still life and domestic scenes.
[22] Mecenas: famous Roman patron of the arts. Here the king himself is meant.
[23] senzonte=censontli *or* censontle (Mexican), the mocking bird of southern Mexico and Central America.
[24] al uso: *of the kind then in vogue.*

comida con una caja de música; podemos colocarle en el jardín, cerca de los cisnes, para cuando os paseéis.

—Sí—dijo el rey; y dirigiéndose al poeta: —Daréis vueltas a un manubrio. Cerraréis la boca. Haréis sonar una caja de música que toca valses, cuadrillas y galopes, como no prefiráis moriros de hambre. Pieza de música por pedazo de pan. Nada de jerigonzas[25] ni de ideales. Id.

Y desde aquel día pudo verse a la orilla del estanque de los cisnes al poeta hambriento que daba vueltas al manubrio; tirirírín, tirirírín . . . , ¡avergonzado a las miradas del gran sol! ¿Pasaba el rey por las cercanías? ¡Tirirírín, tirirírín! . . . ¿Había que llenar el estómago? ¡Tirirírín! Todo entre las burlas de los pájaros libres que llegaban a beber rocío en las lilas floridas; entre el zumbido de las abejas que le picaban el rostro y le llenaban los ojos de lágrimas . . . , ¡lágrimas amargas que rodaban por sus mejillas y que caían a la tierra negra!

Y llegó el invierno, y el pobre sintió frío en el cuerpo y en el alma. Y su cerebro estaba como petrificado, y los grandes himnos estaban en el olvido, y el poeta de la montaña coronada de águilas no era sino un pobre diablo que daba vueltas al manubrio: ¡tirirírín!

Y cuando cayó la nieve se olvidaron de él el rey y sus vasallos; a los pájaros se les abrigó, y a él se le dejó al aire glacial que le mordía las carnes y le azotaba el rostro.

Y una noche en que caía de lo alto la lluvia blanca de plumillas cristalizadas, en el palacio había festín, y la luz de las arañas reía alegre sobre los mármoles, sobre el oro y sobre las túnicas de los mandarines de las viejas porcelanas. Y se aplaudían hasta la locura los brindis del señor profesor de retórica, cuajados de dáctilos, de anapestos y de pirriquios,[26] mientras en las copas cristalinas hervía el champaña con su burbujeo luminoso y fugaz. ¡Noche de invierno, noche de fiesta! Y el infeliz, cubierto de nieve, cerca del estanque, daba vueltas al manubrio para calentarse, tembloroso y aterido, insultado por el cierzo, bajo la blancura implacable y helada, en la noche sombría, haciendo resonar entre los árboles sin hojas la música loca de los galopes y cuadrillas; y se quedó muerto, pensando en que nacería el sol del día venidero, y con él el ideal . . . , y en que el Arte no vestiría pantalones, sino manto de llamas o de oro . . . hasta que al día siguiente lo hallaron el rey y sus cortesanos, al pobre diablo de poeta, como gorrión que mata el hielo, con una sonrisa amarga en los labios, y todavía con la mano en el manubrio.

¡Oh, mi amigo! El cielo está opaco, el aire frío, el día triste. Flotan brumosas y grises melancolías. . . .

Pero ¡cuánto calienta el alma una frase, un apretón de manos a tiempo! Hasta la vista.

(*Azul,* 1888)

~~~EL VELO DE LA REINA MAB[27]

La reina Mab, en su carro hecho de una sola perla, tirado por cuatro coleópteros de petos dorados y alas de pedrería, caminando sobre un rayo de sol, se coló por la ventana de una boardilla donde estaban cuatro hombres flacos, barbudos e impertinentes lamentándose como unos desdichados.

Por aquel tiempo, las hadas habían repartido sus dones a los mortales. A unos habían

dado las varitas misteriosas que llenan de oro las pesadas cajas del comercio; a otros, unas espigas maravillosas que, al desgranarlas, colmaban las trojes de riqueza; a otros, unos cristales que hacían ver en el riñón de la madre tierra oro y piedras preciosas; a quienes, cabelleras espesas y músculos de Goliat,[28] y mazas enormes para machacar el hierro encendido, y a quienes, talones fuertes

---

[25] jerigonza: *gibberish.*
[26] pirriquios: *pyrrhics,* feet composed of two short syllables.

[27] Queen Mab, according to Shakespeare in *Romeo and Juliet,* is the Fairies' Midwife, the bringer of dreams.
[28] Goliat: *Goliath.*

y piernas ágiles para montar en las rápidas caballerías que se beben el viento y que tienden las crines en la carrera.

Los cuatro hombres se quejaban. Al uno le había tocado en suerte una cantera; al otro, el iris; al otro, el ritmo; al otro, el cielo azul.

La reina Mab oyó sus palabras. Decía el primero:—¡Y bien! ¡Heme aquí en la gran lucha de mis sueños de mármol! Yo he arrancado el bloque y tengo el cincel. Todos tenéis, unos, el oro; otros, la armonía; otros, la luz. Yo pienso en la blanca y divina Venus, que muestra su desnudez bajo el plafón color de cielo. Yo quiero dar a la masa la línea y la hermosura plástica; y que circule por las venas de la estatua una sangre incolora como la de los dioses. Yo tengo el espíritu de Grecia en el cerebro, y amo los desnudos en que la ninfa huye y el fauno tiende los brazos. ¡Oh Fidias![29] Tú eres para mí soberbio y augusto como un semidiós, en el recinto de la eterna belleza, rey ante un ejército de hermosuras que a tus ojos arrojan el magnífico quitón,[30] mostrando la esplendidez de la forma en sus cuerpos de rosa y de nieve.

Tú golpeas, hieres y domas al mármol, y suena el golpe armónico como un verso, y te adula la cigarra, amante del sol, oculta entre los pámpanos de la viña virgen. Para ti son los Apolos rubios y luminosos, las Minervas severas y soberanas. Tú, como un mago, conviertes la roca en simulacro y el colmillo del elefante en copa del festín. Y al ver tu grandeza, siento el martirio de mi pequeñez. Porque pasaron los tiempos gloriosos. Porque tiemblo ante las miradas de hoy. Porque contemplo el ideal inmenso y las fuerzas exhaustas. Porque a medida que cincelo el bloque, me ataraza[31] el desaliento.

Y decía el otro:—Lo que es hoy romperé mis pinceles. ¿Para qué quiero el iris y esta gran paleta de campo florido, si a la postre mi cuadro no será admitido en el salón? ¿Qué abordaré? He recorrido todas las escuelas, todas las inspiraciones artísticas. He pintado el torso de Diana y el rostro de la Madona. He pedido a las campiñas sus colores, sus matices; he adulado a la luz como a una amada, y la he abrazado como a una querida. He sido adorador del desnudo, con sus magnificencias, con los tonos de sus carnaciones[32] y con sus fugaces medias tintas. He trazado en mis lienzos los nimbos de los santos y las alas de los querubines. ¡Ah, pero siempre el terrible desencanto! ¡El porvenir! ¡Vender una Cleopatra en dos pesetas para poder almorzar!

Y yo, ¡que podría en el estremecimiento de mi inspiración trazar el gran cuadro que tengo aquí adentro! . . .

Y decía el otro:—Perdida mi alma en la gran ilusión de mis sinfonías, temo todas las decepciones. Yo escucho todas las armonías, desde la lira de Terpandro[33] hasta las fantasías orquestales de Wagner. Mis ideales brillan en medio de mis audacias de inspirado. Yo tengo la percepción del filósofo que oyó la música de los astros. Todos los ruidos pueden aprisionarse, todos los ecos son susceptibles de combinaciones. Todo cabe en la línea de mis escalas cromáticas.

La luz vibrante es himno, y la melodía de la selva halla un eco en mi corazón. Desde el ruido de la tempestad hasta el canto del pájaro, todo se confunde y enlaza en la infinita cadencia.

Entretanto, no diviso sino la muchedumbre que befa y la celda del manicomio.[34]

Y el último:—Todos bebemos del agua clara de la fuente de Jonia.[35] Pero el ideal flota en el azul; y para que los espíritus gocen de su luz suprema, es preciso que asciendan. Yo tengo el verso que es de miel, y el que es de oro, y el que es de hierro candente. Yo soy el ánfora del celeste perfume: tengo el amor. Paloma, estrella, nido, lirio, vosotros conocéis mi morada. Para los vuelos inconmensurables tengo alas de águila que parten a

---

[29] Fidias: *Phidias*, Greek sculptor (500–430 B.C.).

[30] quitón: *chiton, under garment*.

[31] ataraza: *attacks*.

[32] carnaciones: *natural colors*.

[33] Terpandro: Terpander, seventh-century B.C., Greek musician who is said to have added three strings to the four-stringed lyre.

[34] muchedumbre . . . manicomio: *the mocking crowd and the cell of the insane asylum*.

[35] fuente de Jonia: *Ionian fountain*, Greek poetry. Homer was a native of Ionia.

golpes mágicos el huracán. Y para hallar consonantes, los busco en dos bocas que se
juntan; y estalla el beso, y escribo la estrofa,
y entonces, si veis mi alma, conoceréis a mi
musa. Amo las epopeyas, porque de ellas
brota el soplo heroico que agita las banderas
que ondean sobre las lanzas y los penachos
que tiemblan sobre los cascos; los cantos
líricos, porque hablan de las diosas y de los
amores; y las églogas, porque son olorosas a
verbena y a tomillo,[36] y al santo aliento del
buey coronado de rosas. Yo escribiría algo
inmortal; mas me abruma un porvenir de
miseria y de hambre.

Entonces, la reina Mab, del fondo de su
carro, hecho de una sola perla, tomó un velo
azul, casi impalpable, como formado de
suspiros, o de miradas de ángeles rubios y
pensativos. Y aquel velo era el velo de los
sueños, de los dulces sueños, que hacen ver la
vida de color de rosa. Y con él envolvió a los
cuatro hombres flacos, barbudos e impertinentes. Los cuales cesaron de estar tristes,
porque penetró en su pecho la esperanza, y
en su cabeza el sol alegre, con el diablillo de
la vanidad, que consuela en sus profundas
decepciones a los pobres artistas.

Y desde entonces, en las boardillas de los
brillantes infelices, donde flota el sueño azul,
se piensa en el porvenir como en la aurora, y
se oyen risas que quitan la tristeza, y se
bailan extrañas farandolas[37] alrededor de un
blanco Apolo, de un lindo paisaje, de un
violín viejo, de un amarillento manuscrito.

(Azul, 1888)

CAUPOLICÁN

Es algo formidable que vio la vieja raza:
robusto tronco de árbol al hombro de un campeón
salvaje y aguerrido, cuya fornida maza
blandiera el brazo de Hércules, o el brazo de Sansón.

Por casco sus cabellos, su pecho por coraza,
pudiera tal guerrero, de Arauco en la región,
lancero de los bosques, Nemrod que todo caza,
desjarretar un toro, o estrangular un león.

Anduvo, anduvo, anduvo. Le vio la luz del día,
le vio la tarde pálida, le vio la noche fría,
y siempre el tronco de árbol a cuestas del titán.

"¡El Toqui, el Toqui!"[38] clama la conmovida casta.
Anduvo, anduvo, anduvo. La Aurora dijo: "Basta,"
e irguióse la alta frente del gran Caupolicán.[39]

(Azul, 1890)

WALT WHITMAN

En su país de hierro vive el gran viejo,
bello como un patriarca, sereno y santo.
Tiene en la arruga olímpica de su entrecejo,
algo que impera y vence con noble encanto.

Su alma del infinito parece espejo;
son sus cansados hombros dignos del manto;
y con arpa labrada de un roble añejo,
como un profeta nuevo canta su canto.

---

[36] tomillo: *thyme.*
[37] farandola: dance of southern France.
[38] Araucanian word for "war leader"; cf. pages
46—48.

[39] Dario says that this selection "inició la entrada del
soneto alejandrino a la francesa en nuestra lengua."

Sacerdote, que alienta soplo divino,
10 anuncia en el futuro tiempo mejor.
  Dice al águila: "¡Vuela!" "¡Boga!," al
    marino,

y "¡Trabaja!," al robusto trabajador.
¡Así va ese poeta por su camino
15 con su soberbio rostro de emperador!

(Azul, 1890)

∾PROSAS PROFANAS

Darío's second great work *Prosas profanas* was first published in Buenos Aires in 1896. The title indicates the kind of poetry found in this work, and is derived from a combination of three sources: (1) certain old Spanish poets, Gonzalo de Berceo particularly, had used the word *prosa* to mean "poem in the vernacular" or in Spanish rather than in Latin; (2) in the Roman Catholic liturgy, beginning in the early tenth century, certain sequences called *proses* were Latin hymns made by setting words to the *music* of the Alleluias; (3) the word *profanas*, of course, suggested that Darío's poems were "not sacred," hence profane in that sense. So far as influences were concerned the strongest came from the French Symbolists, Verlaine and Mallarmé. Verlaine had voiced the creed of these writers in his lines: "Music above all else, and after music, shade." The sound of words now became a fetish with Darío, and the work *Prosas profanas* established the *modernista* renovation throughout Spanish America. The *modernista* ideal was to synthesize perfectly the finely wrought sculpture of Parnassian verse with Symbolist nuances and word-music.

In his preface to *Prosas profanas* Darío decries the lack of widespread artistic appreciation in the New World, and deigns to express only a one-sentence manifesto (Wagner's advice to Augusta Holmes, his disciple): "*Lo primero, no imitar a nadie, y, sobre todo, a mí. Gran decir.*"

Darío then adds these words of personal reflection:

"¿Hay en mi sangre alguna gota de sangre de África, o de indio chorotega o nagrandano? Pudiera ser, a despecho de mis manos de marqués; mas he aquí que veréis en mis versos princesas, reyes, cosas imperiales, visiones de países lejanos o imposibles; ¡qué queréis!, yo detesto la vida y el tiempo en que me tocó nacer; y a un presidente de República no podré saludarle en el idioma en que cantaría a ti, ¡oh Halagabal!, de cuya corte—oro, seda, mármol—me acuerdo en sueños . . .

(Si hay poesía en nuestra América, ella está en las viejas cosas: en Palenque y Utatlán, en el indio legendario, y en el inca, sensual y fino, y en el gran Moctezuma de la silla de oro. Lo demás es tuyo, demócrata Walt Whitman.)

Buenos Aires; Cosmópolis.

¡Y mañana! * * *

¿Y la cuestión métrica? ¿Y el ritmo?

Como cada palabra tiene una alma, hay en cada verso, además de la armonía verbal, una melodía ideal. La música es sólo de la idea, muchas veces."

⚬ERA UN AIRE SUAVE

Era un aire suave, de pausados giros;
el hada Harmonía ritmaba sus vuelos;
e iban frases vagas y tenues suspiros
entre los sollozos de los violincelos.* * *

5　La marquesa Eulalia risas y desvíos
daba a un tiempo mismo para dos rivales:
el vizconde rubio de los desafíos
y el abate joven de los madrigales.* * *

¡Ay de quien sus mieles y frases recoja!
10 ¡Ay de quien del canto de su amor se fíe!
Con sus ojos lindos y su boca roja,
la divina Eulalia ríe, ríe, ríe.

Tiene azules ojos, es maligna y bella;
cuando mira, vierte viva luz extraña:
15 se asoma a sus húmedas pupilas de estrella
el alma del rubio cristal de Champaña.

Es noche de fiesta, y el baile de trajes
ostenta su gloria de triunfos mundanos.
La divina Eulalia, vestida de encajes,
20 una flor destroza con sus tersas manos.* * *

¿Fue acaso en el Norte o en el Mediodía?
Yo el tiempo y el día y el país ignoro,
pero sé que Eulalia ríe todavía,
¡y es cruel y eterna su risa de oro![40]

⚬SONATINA

La princesa está triste . . . ¿qué tendrá la princesa?
Los suspiros se escapan de su boca de fresa,
que ha perdido la risa, que ha perdido el color.
La princesa está pálida en su silla de oro,
5　está mudo el teclado de su clave sonoro;
y en un vaso olvidada se desmaya una flor.

El jardín puebla el triunfo de los pavos reales.
Parlanchina, la dueña dice cosas banales,
y vestido de rojo piruetea el bufón.
10　La princesa no ríe, la princesa no siente;
la princesa persigue por el cielo de Oriente
la libélula[41] vaga de una vaga ilusión.

¿Piensa acaso en el príncipe de Golconda[42] o de China,
o en el que ha detenido su carroza argentina[43]
15　para ver de sus ojos la dulzura de luz,
o en el rey de las islas de las rosas fragantes,
o en el que es soberano de los claros diamantes,
o en el dueño orgulloso de la perlas de Ormuz?[44]

¡Ay! la pobre princesa de la boca de rosa
20　quiere ser golondrina, quiere ser mariposa,
tener alas ligeras, bajo el cielo volar;
ir al sol por la escala luminosa de un rayo,
saludar a los lirios con los versos de Mayo,
o perderse en el viento sobre el trueno del mar.

[40] This poem is written in twelve syllable verse, the form used by Juan de Mena in his ponderous couplets in the fifteenth century, and later used again by the Spanish romanticists. Darío gives it a new fluidity. Eulalia is the eternal woman, a combination of Eve and Lillith, who as Darío says "ríe, ríe, ríe, desde el instante en que tendió a Adán la manzana paradisíaca."
[41] libélula: *dragon-fly*.
[42] Golconda: city of India famous for its lavishness.
[43] carroza argentina: *silvery carriage*.
[44] Ormuz: Persian city noted for its wealth.

25 Ya no quiere el palacio, ni la rueca de plata,
ni el halcón encantado, ni el bufón escarlata,
ni los cisnes unánimes en el lago de azur.
Y están tristes las flores por la flor de la corte;
los jazmines de Oriente, los nelumbos[45] del Norte,
30 de Occidente las dalias y las rosas del Sur.

¡Pobrecita princesa de los ojos azules!
Está presa en sus oros, está presa en sus tules,
en la jaula de mármol del palacio real;
el palacio soberbio que vigilan los guardas,
35 que custodian cien negros con sus cien alabardas,
un lebrel que no duerme y un dragón colosal.

¡Oh, quién fuera hipsipila que dejó la crisálida!
(La princesa está triste. La princesa está pálida.)[46]
¡Oh visión adorada de oro, rosa y marfil!
40 ¡Quién volara a la tierra donde un príncipe existe
(La princesa está pálida. La princesa está triste.)
más brillante que el alba, más hermoso que Abril!

¡Calla, calla, princesa—dice el hada madrina—
en caballo con alas hacia acá se encamina,
45 en el cinto la espada y en la mano el azor,
el feliz caballero que te adora sin verte,
y que llega de lejos, vencedor de la Muerte,
a encenderte los labios con su beso de amor!

EL CISNE[47]

Fue en una hora divina para el género humano.
El Cisne antes cantaba sólo para morir.
Cuando se oyó el acento del Cisne wagneriano
fue en medio de una aurora, fue para revivir.

5 Sobre las tempestades del humano oceano
se oye el canto del Cisne; no se cesa de oír,
dominando el martillo del viejo Thor germano
o las trompas que cantan la espada de Argantir.

¡Oh Cisne! ¡Oh sacro pájaro! Si antes la blanca Helena
10 del huevo azul de Leda brotó de gracia llena,
siendo de la Hermosura la princesa inmortal,

bajo tus blancas alas la nueva Poesía
concibe en una gloria de luz y de armonía
la Helena eterna y pura que encarna el ideal.

---

[45] nelumbo: a species of lotus with a yellow flower.
[46] *Oh, would that the cocoon might break its enclosure!*
(*The princess grows sad in her pallid composure.*)
[47] The swan, because of its beauty, grace, and apparent indifference to external reality, was chosen as the symbol for modernist poetry. Helen of Troy was said to have been born of the union of Zeus and Leda. Zeus appeared before Leda in the form of a swan. Because of her God-part inherited from Zeus, Helen was immortal and came to represent the eternal verity or beauty of art.

ᴄᴀNTOS DE VIDA Y ESPERANZA

Cantos de vida y esperanza (Madrid, 1905) was Darío's third great book. In his preface to this work he reiterates his respect for the aristocracy of thought and the nobility of art, and decries "la mulatez intelectual." He remarks that "El movimiento de libertad que me tocó iniciar en América se propagó hasta España, y tanto aquí como allá el triunfo está logrado." He defends his use of the hexameter by pointing out that Horace, Carducci, and Longfellow (in *Evangeline*) had all used it to great advantage. And as for free verse, Darío comments that in Spain since the days of Quevedo and Góngora the only liberators of rime had been "los poetas del 'Madrid cómico' y los libretistas del género chico." Other Spanish poetry was in general stiff-jointed and mummified.

Many of the poems in *Cantos de vida y esperanza* make mention of Darío's own poetic history, and the *Yo soy aquel* . . . traces his poetic development from the beginning. In *Los cisnes* he begins by pointing out that the swan's neck forms an eternal question, not mere grace and indifference, which he then phrases in these words:

> Yo interrogo a la Esfinge que el porvenir espera
> con la interrogación de tu cuello divino.
>
> ¿Seremos entregados a los bárbaros fieros?
> ¿Tantos millones de hombres hablaremos inglés?
> ¿Ya no hay nobles hidalgos ni bravos caballeros?
> ¿Callaremos ahora para llorar después?

The Spanish American War followed by North American intervention in Panama and practical appropriation of the Canal Zone caused Darío to feel a shudder of prophetic uneasiness. In the final paragraph of his preface to *Cantos de vida y esperanza* he reiterates the same thought, and makes a clear reference to President Theodore Roosevelt who had loudly boasted: "I took Panama." Darío writes:

"Si en estos cantos hay política, es porque parece universal. Y si encontráis versos a un presidente, es porque son un clamor continental. Mañana podremos ser yanquis (y es lo más probable); de todas maneras, mi protesta queda escrita sobre las alas de los inmaculados cisnes, tan ilustres como Júpiter."

ᴄᴀ YO SOY AQUEL . . . [48]

Yo soy aquel que ayer no más decía
el verso azul y la canción profana,
en cuya noche un ruiseñor había
que era alondra de luz por la mañana.

5 El dueño fui de mi jardín de sueño,
lleno de rosas y de cisnes vagos;
el dueño de las tórtolas, el dueño
de góndolas y liras en los lagos;

y muy siglo diez y ocho y muy antiguo
10 y muy moderno; audaz, cosmopolita;
con Hugo fuerte y con Verlaine ambiguo,
y una sed de ilusiones infinita.

Yo supe de dolor desde mi infancia,
mi juventud . . . ¿fue juventud la mía?
15 Sus rosas aún me dejan su fragancia
—una fragancia de melancolía . . .

[48] In his *Historia de mis libros* Darío says: "Si *Azul* simboliza el comienzo de mi primavera, y *Prosas profanas* mi primavera plena, *Cantos de vida y esperanza* encierra las esencias y savias de mi otoño."

Potro sin freno se lanzó mi instinto,
mi juventud montó potro sin freno;
iba embriagada y con puñal al cinto;
20 si no cayó, fue porque Dios es bueno.

En mi jardín se vio una estatua bella;
se juzgó mármol y era carne viva;
un alma joven habitaba en ella,
sentimental, sensible, sensitiva.* * *

25 Como la Galatea[49] gongorina
me encantó la marquesa verleniana,
y así juntaba a la pasión divina
una sensual hiperestesia humana;

todo ansia, todo ardor, sensación pura
30 y vigor natural; y sin falsía,
y sin comedia y sin literatura . . . :
si hay un alma sincera, ésa es la mía.

La torre de marfil tentó mi anhelo;
quise encerrarme dentro de mí mismo,
35 y tuve hambre de espacio y sed de cielo
desde las sombras de mi propio abismo.

Como la esponja que la sal satura
en el jugo del mar, fue el dulce y tierno
corazón mío, henchido de amargura
40 por el mundo, la carne y el infierno.

Mas, por gracia de Dios, en mi conciencia
el Bien supo elegir la mejor parte;
y si hubo áspera hiel en mi existencia,
melificó toda acritud el Arte.

45 Mi intelecto libré de pensar bajo,
bañó el agua castalia el alma mía,
peregrinó mi corazón y trajo
de la sagrada selva la armonía.* * *

Vida, luz y verdad, tal triple llama
50 produce la interior llama infinita;
el Arte puro como Cristo exclama:
¡*Ego sum lux et veritas et vita!*[50]

Y la vida es misterio, la luz ciega
y la verdad inaccessible asombra;
55 la adusta perfección jamás se entrega,
y el secreto ideal duerme en la sombra.

Por eso ser sincero es ser potente;
de desnuda que está, brilla la estrella;
el agua dice el alma de la fuente
60 en la voz de cristal que fluye de ella.

Tal fue mi intento, hacer del alma pura
mía, una estrella, una fuente sonora,
con el horror de la literatura
y loco de crepúsculo y de aurora.

65 Del crepúsculo azul que da la pauta
que los celestes éxtasis inspira,
bruma y tono menor—¡toda la flauta!
y Aurora, hija del Sol—¡toda la lira!

Pasó una piedra que lanzó una honda;
70 pasó una flecha que aguzó un violento.
La piedra de la honda fue a la onda,
y la flecha del odio fuése al viento.

La virtud está en ser tranquilo y fuerte;
con el fuego interior todo se abrasa;
75 se triunfa del rencor y de la muerte,
¡y hacia Belén . . . la caravana pasa!

[49] Galatea was the statue of a woman made by Pygmalion, a king of Cyprus. He fell in love with it and at his prayer Aphrodite gave it life. In his *Fábula de Polifemo y Galatea*, Góngora had given his conception of Galatea in these terms:

Oh bella Galatea, más süave
que los claveles que troncó la aurora,
blanca más que las plumas de aquel ave
que dulce muere y en las aguas mora.

[50] ¡*Ego . . . vita!* (Latin): *I am the light and the truth and the life.* Cf. *St. John* XIV, 6.

ᘒ᙮CANCIÓN DE OTOÑO EN PRIMAVERA[51]

A Martínez Sierra

Juventud, divino tesoro,
¡ya te vas para no volver!
Cuando quiero llorar, no lloro,
y a veces lloro sin querer . . .

5 Plural ha sido la celeste
historia de mi corazón.
Era una dulce niña, en este
mundo de duelo y aflicción.

Miraba como el alba pura;
10 sonreía como una flor.
Era su cabellera obscura
hecha de noche y de dolor.

Yo era tímido como un niño.
Ella, naturalmente, fue,
15 para mi amor hecho de armiño,
Herodías y Salomé . . .

Juventud, divino tesoro,
¡ya te vas para no volver . . .!
Cuando quiero llorar no lloro,
20 y a veces lloro sin querer . . .

La otra fue más sensitiva
y más consoladora y más
halagadora y expresiva,
cual no pensé encontrar jamás.

25 Pues a su continua ternura
una pasión violenta unía.
En un peplo de gasa pura
una bacante se envolvía . . .

En sus brazos tomó mi ensueño
30 y lo arrulló como a un bebé . . .
Y le mató, triste y pequeño,
falto de luz, falto de fe . . .

Juventud, divino tesoro,
¡te fuiste para no volver!
35 Cuando quiero llorar, no lloro,
y a veces lloro sin querer . . .

Otra juzgó que era mi boca
el estuche de su pasión;
y que me roería, loca,
40 con sus dientes el corazón

poniendo en un amor de exceso
la mira de su voluntad,
mientras eran abrazo y beso
síntesis de la eternidad;

45 y de nuestra carne ligera
imaginar siempre un Edén,
sin pensar que la Primavera
y la carne acaban también . . .

Juventud, divino tesoro,
50 ¡ya te vas para no volver!
Cuando quiero llorar, no lloro,
y a veces lloro sin querer.

¡Y las demás; en tantos climas,
en tantas tierras siempre son,
55 si no pretextos de mis rimas,
fantasmas de mi corazón!

En vano busqué a la princesa
que estaba triste de esperar.
La vida es dura. Amarga y pesa.
60 ¡Ya no hay princesa que cantar!

Mas a pesar del tiempo terco,
mi sed de amor no tiene fin;
con el cabello gris, me acerco
a los rosales del jardín . . .

---

[51] The *Historia de mis libros* tells us what Darío had been reading since the publication of *Prosas profanas* in 1896, and how he had thrown off weighty form for spontaneous and simply expressed feeling:

"Al escribir *Cantos de vida y esperanza* yo había explorado no solamente el campo de poéticas extranjeras, sino también los cancioneros antiguos, la obra ya completa, ya fragmentaria de los primitivos de la poesía española, en los cuales encontré riqueza de expresión y de gracia que en vano se buscarán en harto celebrados autores cercanos. A todo esto agregad un espíritu de modernidad con el cual me compenetraba en mis incursiones poliglóticas y cosmopolitas. En unas palabras liminares y en la introducción en endecasílabos se explica la índole del nuevo libro. La historia de una juventud llena de tristezas y de desilusión, a pesar de las primaverales sonrisas; la lucha por la existencia, desde el comienzo, sin apoyo familiar, ni ayuda de mano amiga; la sagrada y terrible fiebre de la lira; el culto del entusiasmo y de la sinceridad, contra las añagazas y traiciones del mundo, del demonio y de la carne; el poder dominante e invencible de los sentidos, en una idiosincrasia calentada a sol de trópico en sangre mezclada de español y chorotega o nagrandano; la simiente del catolicismo contrapuesta a un tempestuoso instinto pagano; complicado con la necesidad psicofisiológica de estimulantes modificadores del pensamiento, peligrosos combustibles, suprimidores de perspectivas afligentes, pero que ponen en riesgo la máquina cerebral y la vibrante túnica de los nervios."

65 Juventud, divino tesoro,
¡ya te vas para no volver! . . .
Cuando quiero llorar, no lloro,
y a veces lloro sin querer . . .

¡Mas es mía el Alba de oro!

⟿UN SONETO A CERVANTES

Horas de pesadumbre y de tristeza
paso en mi soledad. Pero Cervantes
es buen amigo. Endulza mis instantes
ásperos, y reposa mi cabeza.

5 Él es la vida y la naturaleza,
regala un yelmo de oros y diamantes
a mis sueños errantes.
Es para mí: suspira, ríe y reza.

Cristiano y amoroso y caballero
10 parla como un arroyo cristalino.
¡Así le admiro y quiero,

viendo cómo el destino
hace que regocije al mundo entero
la tristeza inmortal de ser divino!

⟿LETANÍA DE NUESTRO SEÑOR DON QUIJOTE

Rey de los hidalgos, señor de los tristes,
que de fuerza alientas y de ensueños vistes,
coronado de áureo yelmo[52] de ilusión;
que nadie ha podido vencer todavía,
5 por la adarga al brazo, toda fantasía,
y la lanza en riste, toda corazón.

Noble peregrino de los peregrinos,
que santificaste todos los caminos
con el paso augusto de tu heroicidad,
10 contra las certezas, contra las conciencias
y contra las leyes y contra las ciencias,
contra la mentira, contra la verdad . . .

Caballero errante de los caballeros,
barón de varones, príncipe de fieros,
15 par entre los pares, maestro, ¡salud!
¡Salud, porque juzgo que hoy muy poca tienes,
entre los aplausos o entre los desdenes,
y entre las coronas y los parabienes
y las tonterías de la multitud! * * *

20 ¡Ruega por nosotros, hambrientos de vida,
con el alma a tientas, con la fe perdida,
llenos de congojas y faltos de sol,
por advenedizas almas de manga ancha
que ridiculizan el ser de la Mancha,
25 el ser generoso y el ser español!

¡Ruega por nosotros, que necesitamos
las mágicas rosas, los sublimes ramos
del laurel! *Pro nobis ora*,[53] gran señor.
(Tiembla la floresta del laurel del mundo,
30 y antes que tu hermano vago, Segismundo,[54]
el pálido Hamlet te ofrece una flor.)

¡Ruega generoso, piadoso, orgulloso;
ruega casto, puro, celeste, animoso;
por nos intercede, suplica por nos,
35 pues casi ya estamos sin savia, sin brote,
sin alma, sin vida, sin luz, sin Quijote,
sin pies y sin alas, sin Sancho y sin Dios.

---

[52] áureo yelmo: the golden helmet of Mambrino which was supposed to have rendered its wearer invisible. Don Quixote called a barber's basin Mambrino's helmet, and fought to obtain it. His complete faith in the helmet and in many other things in which he places a belief that physically does not belong to them gives Don Quixote the strength of idealism which has made him immortal to later generations.

[53] *Pro nobis ora* (Latin): *pray for us*, a recurring phrase in the litanies of the church. Darío and Unamuno both make a religion of quixotism. The willingness to face ridicule in order to stand up for one's beliefs is quixotism's road to immortality.

[54] Segismundo: the protagonist of Calderón's *La vida es sueño*.

De tantas tristezas, de dolores tantos,
de los superhombres de Nietzsche, de cantos
40 áfonos, recetas que firma un doctor,
de las epidemias de horribles blasfemias
de las Academias,
¡líbranos, señor!

De rudos malsines,
45 falsos paladines,
y espíritus finos y blandos y ruines,
del hampa que sacia
su canallocracia[55]
con burlar la gloria, la vida, el honor,
50 del puñal con gracia,
¡líbranos, señor!

Noble peregrino de los peregrinos,
que santificaste todos los caminos
con el paso augusto de tu heroicidad,
55 contra las certezas, contra las conciencias
y contra las leyes y contra las ciencias,
contra la mentira, contra la verdad . . .

¡Ora por nosotros, señor de los tristes,
que de fuerza alientas y de ensueños vistes,
60 coronado de áureo yelmo de ilusión;
que nadie ha podido vencer todavía,
por la adarga al brazo, toda fantasía,
y la lanza en ristre, toda corazón!

ᘛᕟᕐᕟᘚ AY, TRISTE DEL QUE UN DÍA . . .

Ay, triste del que un día en su esfinge 5
        interior
pone los ojos e interroga. Está perdido.
Ay del que pide eurekas al placer o al dolor.
Dos dioses hay, y son: Ignorancia y Olvido.

Lo que el árbol desea decir y dice al viento,
y lo que el animal manifiesta en su instinto,
cristalizamos en palabra y pensamiento.
Nada más que maneras expresan lo distinto.

ᘛᕟᕐᕟᘚ DE OTOÑO

Yo sé que hay quienes dicen: ¿Por qué no 5
        canta ahora
con aquella locura armoniosa de antaño?
Ésos no ven la obra profunda de la hora,
la labor del minuto y el prodigio del año.

Yo pobre árbol, produje, al amor de la brisa,
cuando empecé a crecer, un vago y dulce son.
Pasó ya el tiempo de la juvenil sonrisa:
¡dejad al huracán mover mi corazón!

ᘛᕟᕐᕟᘚ LO FATAL[56]

Dichoso el árbol que es apenas sensitivo,
y más la piedra dura, porque ésa ya no siente, 5
pues no hay dolor más grande que el dolor de
        ser vivo,

ni mayor pesadumbre que la vida consciente.
    Ser, y no saber nada, y ser sin rumbo cierto,
y el temor de haber sido y un futuro terror . . .
y el espanto seguro de estar mañana muerto,
y sufrir por la vida y por la sombra y por

---

[55] canallocracia: rule of the *canaille*, the vulgar and worthless.

[56] Recalling the mood under which *Lo fatal* (and other poems of a similar nature) were written, Darío says in his *Historia de mis libros*: "En *Lo fatal*, contra mi arraigada religiosidad y a pesar mío, se levanta como una sombra temerosa un fantasma de desolación y de duda. Ciertamente en mí existe desde los comienzos de

mi vida, la profunda preocupación del fin de la existencia, el terror a lo ignorado, el pavor de la tumba o más bien, del instante en que cesa el corazón su ininterrumpida tarea y la vida desaparece de nuestro cuerpo. En mi desolación me he lanzado a Dios como a un refugio, me he asido de la plegaria como de un paracaídas."

lo que no conocemos y apenas sospechamos,
10 y la carne que tienta con sus frescos racimos,
y la tumba que aguarda con sus fúnebres
ramos,
y no saber adónde vamos,
¡ni de dónde venimos . . .!

∾Nocturno (i)

Quiero expresar mi angustia en versos que abolida
dirán mi juventud de rosas y de ensueños,
y la desfloración amarga de mi vida
por un vasto dolor y cuidados pequeños.

5   Y el viaje a un vago Oriente por entrevistos barcos,
y el grano de oraciones que floreció en blasfemia,
y los azoramientos del cisne entre los charcos,
y el falso azul nocturno de inquerida bohemia.

Lejano clavicordio que en silencio y olvido
10   no diste nunca al sueño la sublime sonata;
huérfano esquife, árbol insigne, obscuro nido
que suavizó la noche de dulzura de plata . . .

Esperanza olorosa a hierbas frescas, trino
del ruiseñor primaveral y matinal,
15   azucena tronchada por un fatal destino,
rebusca de la dicha, persecución del mal . . .

El ánfora funesta del divino veneno
que ha de hacer por la vida la tortura interior,
la conciencia espantable de nuestro humano cieno
20   y el horror de sentirse pasajero, el horror

de ir a tientas, en intermitentes espantos,
hacia lo inevitable desconocido, y la
pesadilla brutal de este dormir de llantos
¡de la cual no hay más que Ella que nos despertará!

∾Nocturno (ii)

Los que auscultasteis[57] el corazón de la noche;
los que por el insomnio tenaz habéis oído
el cerrar de una puerta, el resonar de un coche
lejano, un eco vago, un ligero ruido . . .

---

[57] Los que auscultasteis: *You who listened to.*

5   en los instantes del silencio misterioso,
cuando surgen de su prisión los olvidados,
en la hora de los muertos, en la hora del reposo,
¡sabréis leer estos versos de amargor impregnados! . . .

Como en un vaso vierto en ellos mis dolores
10   de lejanos recuerdos y desgracias funestas,
y las tristes nostalgias de mi alma, ebria de flores
y el duelo de mi corazón, triste de fiestas.

Y el pesar de no ser lo que yo hubiera sido,
la pérdida del reino que estaba para mí,
15   el pensar que un instante pude no haber nacido,
y el sueño que es mi vida desde que yo nací.

Todo esto viene en medio del silencio profundo
en que la noche envuelve la terrena ilusión
y siento como un eco del corazón del mundo
20   que penetra y conmueve mi propio corazón.

MARCHA TRIUNFAL

¡Ya viene el cortejo![58]
¡Ya viene el cortejo! Ya se oyen los claros clarines.
La espada se anuncia con vivo reflejo;
ya viene, oro y hierro, el cortejo de los paladines.

5   Ya pasa debajo los arcos ornados de blancas Minervas y Martes,
los arcos triunfales en donde las Famas erigen sus largas trompetas,
la gloria solemne de los estandartes,
llevados por manos robustas de heroicos atletas.
Se escucha el ruido que forman las armas de los caballeros,
10   los frenos que mascan los fuertes caballos de guerra,
los cascos que hieren la tierra
y los timbaleros[59]
que el paso acompasan con ritmos marciales.
¡Tal pasan los fieros guerreros
15   debajo los arcos triunfales!

Los claros clarines de pronto levantan sus sones,
su canto sonoro,
su cálido coro,
que envuelve en un trueno de oro
20   la augusta soberbia de los pabellones.
Él dice la lucha, la herida venganza,
las ásperas crines,
los rudos penachos, la pica, la lanza,

[58] cortejo: a parade in honor of triumphant heroes.   [59] timbalero: *kettledrummer.*

la sangre que riega de heroicos carmines
25　la tierra;
los negros mastines
que azuza la muerte, que rige la guerra.

　　Los áureos sonidos
anuncian el advenimiento
30　triunfal de la Gloria;
dejando el picacho[60] que guarda sus nidos,
tendiendo sus alas enormes al viento,
los cóndores llegan. ¡Llegó la victoria!

　　Ya pasa el cortejo.
35　Señala el abuelo los héroes al niño:
Ved cómo la barba del viejo
los bucles de oro circunda de armiño.
Las bellas mujeres aprestan coronas de flores,
y bajo los pórticos vense sus rostros de rosa,
40　y la más hermosa
sonríe al más fiero de los vencedores.
¡Honor al que trae cautiva la extraña bandera;
honor al herido y honor a los fieles
soldados que muerte encontraron por mano extranjera!
45　¡Clarines! ¡Laureles!

　　Las nobles espadas de tiempos gloriosos,
desde sus panoplias saludan las nuevas coronas y lauros:—
Las viejas espadas de los granaderos, más fuertes que osos,
hermanos de aquellos lanceros que fueron centauros:—
50　Las trompas guerreras resuenan;
de voces los aires se llenan . . .
—A aquellas antiguas espadas,
a aquellos ilustres aceros,
que encarnan las glorias pasadas . . .

55　　Y al sol que hoy alumbra las nuevas victorias ganadas,
y al héroe que guía su grupo de jóvenes fieros,
al que ama la insignia del suelo materno,
al que ha desafiado, ceñido el acero y el arma en la mano,
los soles del rojo verano,
65　las nieves y vientos del gélido invierno,
la noche, la escarcha
y el odio y la muerte, por ser por la patria inmortal,
saludan con voces de bronce las trompas de guerra que tocan la marcha
　　　　triunfal . . .

[60] picacho: *mountain top, crag.*

⟶A ROOSEVELT[61]

¡Es con voz de la Biblia, o verso de Walt Whitman,
que habría que llegar hasta ti, cazador!
¡Primitivo y moderno, sencillo y complicado,
con un algo de Wáshington y cuatro de Nemrod![62]
5   Eres los Estados Unidos,
eres el futuro invasor
de la América ingenua que tiene sangre indígena,
que aún reza a Jesucristo y aún habla en español.

Eres soberbio y fuerte ejemplar de tu raza;
10   eres culto, eres hábil; te opones a Tolstoy.[63]
Y domando caballos, o asesinando tigres,
eres un Alejandro-Nabucodonosor.
(Eres un profesor de Energía,
como dicen los locos de hoy.)

15   Crees que la vida es incendio,
que el progreso es erupción;
que en donde pones la bala
el porvenir pones.

No.

20   Los Estados Unidos son potentes y grandes.
Cuando ellos se estremecen hay un hondo temblor
que pasa por las vértebras enormes de los Andes.
Si clamáis, se oye como el rugir del león.
Ya Hugo a Grant lo dijo: "Las estrellas son vuestras."
25   (Apenas brilla, alzándose, el argentino sol
y la estrella chilena se levanta . . .) Sois ricos.
Juntáis al culto de Hércules el culto de Mammón;
y alumbrando el camino de la fácil conquista,
la Libertad levanta su antorcha en Nueva York.

30   Mas la América nuestra que tenía poetas
desde los tiempos viejos de Netzahualcoyotl,[64]
que ha guardado las huellas de los pies del gran Baco;[65]
que el alfabeto pánico en un tiempo aprendió;

---

[61] Darío was no compromiser with United States imperialism in Latin America, but he did admire Theodore Roosevelt's tremendous strength and energy. In *Todo al vuelo* (Madrid, 1912) he writes:
"Está en París, de vuelta de África, el yanqui extraordinario . . . ¡maravilloso ejemplar de humanidad libre y bravía! Pueden los escritores de humor y de malas intenciones presentarle como el hombre-estuche, genuina encarnación del espíritu y de las tendencias de su colosal país. . . . Es el hombre 'representativo' del gran pueblo adolescente, que parece hubiera comido el food-of-gods wellsiano y cuyo gigantismo y cuyas travesuras causan la natural inquietud en el vecindario."

[62] con . . . Nemrod: *with something of Washington in you and considerably more of Nimrod*. Nimrod was a legendary hunter and also the earth's first great imperialist. Cf. *Genesis*, X, 8–10.

[63] Leo Tolstoy (1828–1910), the great Russian novelist, preached and lived a life of abnegation and nonresistance.

[64] Aztec ruler and first Mexican poet known by name (1403–1470).

[65] del gran Baco: Bacchus, god of wine, was reputed to have learned the alphabet of Pan (*alfabeto pánico*) from the Muses.

que consultó los astros, que conoció la Atlántida,[66]
cuyo nombre nos llega resonando en Platón;
que desde los remotos momentos de su vida
vive de luz, de fuego, de perfume, de amor;
la América del grande Moctezuma, del Inca,
la América fragante de Cristóbal Colón,
la América católica, la América española,
la América en que dijo el noble Guatemoc:[67]
"Yo no estoy en un lecho de rosas"; esa América
que tiembla de huracanes y que vive de amor;
hombres de ojos sajones y alma bárbara, vive.
Y sueña. Y ama, y vibra; y es la hija del Sol.
Tened cuidado. ¡Vive la América española!
Hay mil cachorros sueltos del León español.
Se necesitaría, Roosevelt, ser, por Dios mismo,
el Riflero terrible y el fuerte Cazador
para poder tenernos en vuestras férreas garras.

Y, pues contáis con todo, falta una cosa: ¡Dios!

‿‿‿EL CANTO ERRANTE

El canto errante (Madrid, 1907) shows no diminution of poetic fire in Rubén Darío. The poet now identifies himself with universal feelings and expression; he has intensified and culled his own personal reactions and shorn off all weary sound and tinsel. He is completely mature.

It is fitting that this work, which contains his *Salutación al águila*, a song of praise to the North American eagle and the United States, should begin with these words:

"El mayor elogio hecho recientemente a la Poesía y a los poetas ha sido expresado en lengua 'anglosajona' por un hombre insospechable de extraordinarias complacencias con las nueve musas. Un yanqui. Se trata de Teodoro Roosevelt.

"Ese Presidente de República juzga a los armoniosos portaliras con mucha mejor voluntad que el filósofo Platón. No solamente les corona de rosas; mas sostiene su utilidad para el Estado y pide para ellos la pública estimación y el reconocimiento nacional. Por esto comprenderéis que el terrible cazador es un varón sensato."

Darío ends his introduction to *El canto errante* with these unadorned words: "Construir, hacer, ¡oh juventud! Juntos para el templo; solos para el culto. Juntos para edificar; solos para orar. Y la constancia no será la menor virtud, que en ella va la invencible voluntad de crear.

---

[66] Atlántida: Atlantis, in Greek legend, a large island in the western sea, the seat of a powerful race. Plato (427?–347? B.C.), in his dialogues, the *Timaeus* and the *Critias*, describes Atlantis as an ideal state. Some students of American history have claimed that it was the great Mayan civilization which gave rise to the legend of Atlantis.

[67] Guatemoc: also called Guatemozín, Cuauhtemoc, and Cuacthemoc, nephew of Moctezuma and last emperor of the Aztecs (died 1525). The Spaniards tortured him in an effort to find out where his treasure was hidden. When they applied fire to his feet he is said to have remarked, in one of history's famous understatements, that he was not lying on a bed of roses.

Mas si alguien dijera: 'Son cosas de ideólogos,' o 'son cosas de poetas,' decir que no somos otra cosa. Es expresar: además del cerdo y del cisne, que nos han adjudicado ciertos filósofos, tenemos el ángel.

"Tener ángel,[68] ¡Dios mío! Pido exégetas[69] andaluces.

"Resumo: La poesía existirá mientras exista el problema de la vida y de la muerte. El don de arte es un don superior que permite entrar en lo desconocido de antes y en lo ignorado de después, en el ambiente del ensueño o de la meditación. Hay una música ideal, como hay una música verbal. No hay escuelas, hay poetas. El verdadero artista comprende todas las maneras y halla la belleza bajo todas las formas. Toda la gloria y toda la eternidad están en nuestra conciencia."

⌘SALUTACIÓN AL ÁGUILA[70]

May this grand Union have no end!—Fontoura Xavier

Bien vengas, mágica Águila de alas enormes y fuerte,
a extender sobre el Sur tu gran sombra continental,
a traer en tus garras, anilladas de rojos brillantes,
una palma de gloria del color de la inmensa esperanza,
5   y en tu pico la oliva de una vasta y fecunda paz.

Bien vengas, oh mágica Águila, que amara tanto Walt Whitman,
quien te hubiera cantado en esta olímpica jira,
Águila que has llevado tu noble magnífico símbolo
desde el trono de Júpiter hasta el gran continente del Norte.

10   Ciertamente, has estado en las rudas conquistas del orbe.
Ciertamente, has tenido que llevar los antiguos rayos.
Si tus alas abiertas la visión de la paz perpetúan,
en tu pico y tus uñas está la necesaria guerra.

¡Precisión de la fuerza! ¡Majestad adquirida del trueno!
15   Necesidad de abrirle el gran vientre fecundo a la tierra,
para que en ella brote la concreción de oro de la espiga,
y tenga el hombre el pan con que mueve su sangre.

No es humana la paz con que sueñan ilusos profetas;
la actividad eterna hace precisa la lucha;
20   y desde tu etérea altura tú contemplas, divina Águila,
la agitación combativa de nuestro globo vibrante.

Es incidencia la Historia. Nuestro destino supremo
está más allá del rumbo que marcan fugaces las épocas.
Y Palenque y la Atlántida no son más que momentos soberbios
25   con que puntúa Dios los versos de su augusto Poema.* * *

---

[68] tener ángel: an Andalusian expression meaning *"to have a deep soul, fine feelings."*
[69] exégeta: *interpreter* (particularly one gifted in interpreting Scriptural phrases).

[70] Darío was appointed Secretary of Nicaragua's delegation to the third Pan-American conference held in Rio de Janeiro in 1906 where this poem was written.

E pluribus unum! ¡Gloria, victoria, trabajo!
Tráenos los secretos de las labores del Norte,
y que los hijos nuestros dejen de ser los retores[71] latinos,
y aprendan de los yanquis la constancia, el vigor, el carácter.

30   Dinos, Águila ilustre, la manera de hacer multitudes
que hagan Romas y Grecias con el jugo del mundo presente,
y que, potentes y sobrias, extiendan su luz y su imperio,
y que, teniendo el Águila y el Bisonte y el Hierro y el Oro,
tengan un áureo día para darle las gracias a Dios.

35   Águila, existe el Cóndor. Es tu hermano en las grandes alturas.
Los Andes le conocen y saben que, cual tú, mira al Sol.
May this grand Union have no end!, dice el poeta.
Puedan ambos juntarse en plenitud, concordia y esfuerzo.* * *

    ¡Salud, Águila! Extensa virtud a tus inmensos revuelos,
40 reina de los azures, ¡salud, gloria, victoria y encanto!
¡Que la Latina América reciba tu mágica influencia
y que renazca un nuevo Olimpo, lleno de dioses y de héroes!

    ¡Adelante, siempre adelante! ¡Excelsior! ¡Vida! ¡Lumbre!
¡Que se cumpla lo prometido en los destinos terrenos,
45 y que vuestra obra inmensa las aprobaciones recoja
del mirar de los astros y de lo que Hay más Allá!

∾∾NOCTURNO (III)

    Silencio de la noche, doloroso silencio
nocturno . . . ¿Por qué el alma tiembla de tal manera?
Oigo el zumbido de mi sangre;
dentro mi cráneo pasa una suave tormenta.
5 ¡Insomnio! No poder dormir, y, sin embargo,
soñar. Ser la auto-pieza
de disección espiritual, ¡el auto-Hamlet!
Diluir mi tristeza
en un vino de noche
10 en el maravilloso cristal de las tinieblas . . .
Y me digo: ¿A qué hora vendrá el alba?
Se ha cerrado una puerta . . .
Ha pasado un transeunte . . .
Ha dado el reloj trece horas . . . ¡Si será Ella![72] . . .

∾∾SUM . . .

Yo soy en Dios lo que soy   que perseverando hoy,
y mi ser es voluntad   existe en la eternidad.

---

[71] retores: *rhetoricians, orators.*   [72] The *Ella* is death herself.

5 Cuatro horizontes de abismo
tiene mi razonamiento,
y el abismo que más siento
es el que siento en mí mismo.* * *

Aun lo humilde me subyuga
10 si lo dora mi deseo.
La concha de la tortuga
me dice el dolor de Orfeo.[73]

Rosas buenas, lirios pulcros,
loco de tanto ignorar,
15 voy a ponerme a gritar
al borde de los sepulcros:

¡Señor que la fe se muere!
Señor mira mi dolor.
¡Miserere! ¡Miserere! . . .[74]
20 Dame la mano, Señor.

❧VERSOS DE OTOÑO

Cuando mi pensamiento va hacia ti, se perfuma;
tu mirar es tan dulce, que se torna profundo.
Bajo tus pies desnudos aún hay blancor de espuma,
y en tus labios compendias la alegría del mundo.

5 El amor pasajero tiene el encanto breve,
y ofrece un igual término para el gozo y la pena.
Hace una hora que un nombre grabé sobre la nieve;
hace un minuto dije mi amor sobre la arena.

Las hojas amarillas caen en la alameda,
10 en donde vagan tantas parejas amorosas.
Y en la copa de Otoño un vago vino queda
en que han de deshojarse, Primavera, tus rosas.

❧¡EHEU![75]

Aquí, junto al mar latino,
digo la verdad:
Siento en roca, aceite y vino,
yo mi antigüedad.

5 ¡Oh qué anciano soy, Dios santo!
¡Oh qué anciano soy! . . .
¿De dónde viene mi canto?
Y yo, ¿adónde voy?

El conocerme a mí mismo
10 ya me va costando

muchos momentos de abismo
y el cómo y el cuándo . . .

Y esta claridad latina,
¿de qué me sirvió
15 a la entrada de la mina
del yo y el no yo? . . .

Nefelibata[76] contento
creo interpretar
las confidencias del viento,
20 la tierra y el mar . . .

---

[73] Orfeo: *Orpheus,* a Thracian poet and musician, son of Apollo and Calliope, who, with his lyre, could charm beasts and move the trees and rocks. When his wife Eurydice died, he descended to Hades and so pleased Pluto with his music that the god allowed him to lead her back to earth on condition that he should not look behind, but Orpheus did look back and Eurydice vanished among the shades.

[74] *Miserere* (Latin): *have mercy* (upon us), a recurrent phrase in the Litany.

[75] ¡Eheu!: The first word of Horace's famous ode (Book II, no. xiv): Eheu, fugaces . . . labuntur anni (Latin): *Alas, the fleeting years glide by.*

[76] Nefelibata: for Nefebilata, a lover of the clouds, a person lost among the clouds.

Unas vagas confidencias
del ser y el no ser,
y fragmentos de conciencias
de ahora y de ayer.

25 Como en medio de un desierto
me puse a clamar;
y miré el sol como muerto
y me eché a llorar.

ᴙᴡᴙ Revelación

En el acantilado[77] de una roca
que se alza sobre el mar, yo lancé un grito,
que de viento y de sol llenó mi boca;

a la visión azul de lo infinito,
5 al poniente magnífico y sangriento,
al rojo sol todo milagro y mito.

Y sentí que sorbía en sal y viento
como una comunión de comuniones,
que en mí hería sentido y pensamiento.

10 Vidas de palpitantes corazones,
luz que ciencia concreta en sus entrañas,
y prodigios de las constelaciones.* * *

Y con la voz de quien aspira y ama,
clamé: "¿Dónde está el dios que hace del lodo
15 con el hendido pie brotar el trigo

que a la tribu ideal salva en su exodo?"
Y oí dentro de mí: "Yo estoy contigo,
y estoy en ti y por ti; yo soy el Todo."

ᴙᴡᴙ Poema del otoño

Tú que estás la barba en la mano
meditabundo,
¿has dejado pasar, hermano,
la flor del mundo?

5 Te lamentas de los ayeres
con quejas vanas:
¡aún hay promesas de placeres
en los mañanas!

Aún puedes casar la olorosa
10 rosa y el lis,
y hay mirtos para tu orgullosa
cabeza gris.* * *

Tú has gozado de la hora amable,
y oyes después
15 la imprecación del formidable
Eclesiastés.[78]

El domingo de amor te hechiza;
mas mira cómo
llega el miércoles de ceniza;
20 *Memento, homo* . . .[79]

Por eso hacia el florido monte
las almas van,
y se explican Anacreonte[80]
y Omar Kayam.

25 Huyendo del mal, de improviso
se entra en el mal
por la puerta del paraíso
artificial.

Y, no obstante, la vida es bella,
30 por poseer
la perla, la rosa, la estrella
y la mujer.

Lucifer brilla. Canta el ronco
mar. Y se pierde
35 Silvano[81] oculto tras el tronco
del haya verde.

Y sentimos la vida pura,
clara, real,
cuando la envuelve la dulzura
40 primaveral.

---

[77] acantilado: *steep side.*

[78] la imprecación . . . Eclesiastés: The reference is to the famous verse 2, Chapter I of *Ecclesiastes*: *Vanity of vanities . . . all is vanity!*

[79] *Memento, homo* (Latin): The complete phrase is "Memento, homo, mori," *Remember, man, that you must die.*

[80] Anacreonte: The Greek poet Anacreon (565–478 b.c.), like the Persian Omar Khayyam, sang of the joys of love and wine.

[81] Silvano: *Silvanus,* rural deity, genius of the woods, fields, flocks, and homes of herdsmen. He is represented as a cheerful old man often holding a shepherd's pipe and carrying a branch.

¿Para qué las envidias viles
y las injurias,
cuando retuercen sus reptiles
pálidas furias?

45   ¿Para qué los odios funestos
de los ingratos?
¿Para qué los lívidos gestos
de los Pilatos?

¡Si lo terreno acaba, en suma,
50 cielo e infierno,
y nuestras vidas son la espuma
de un mar eterno!

Lavemos bien de nuestra veste
la amarga prosa;
55 soñemos en una celeste
mística rosa.

Cojamos la flor del instante;
¡la melodía
de la mágica alondra cante
60 la miel del día! * * *

¡Adolescencia! Amor te dora
con su virtud;
goza del beso de la aurora,
¡oh juventud!

65   ¡Desventurado el que ha cogido
tarde la flor!
Y ¡ay de aquel que nunca ha sabido
lo que es amor!

Yo he visto en tierra tropical
70 la sangre arder,
como en un cáliz de cristal,
en la mujer.

Y en todas partes, la que ama
y se consume
75 como una flor hecha de llama
y de perfume.

Abrasaos en esa llama
y respirad
ese perfume que embalsama
80 la Humanidad.

Gozad de la carne, ese bien
que hoy nos hechiza,
y después se tornará en
polvo y ceniza.

85   Gozad del sol, de la pagana
luz de sus fuegos;
gozad del sol, porque mañana
estaréis ciegos.

Gozad de la dulce armonía
90 que a Apolo invoca;
gozad del canto, porque un día
no tendréis boca.

Gozad de la tierra, que un
bien cierto encierra;
95 gozad, porque no estáis aún
bajo la tierra.

Apartad el temor que os hiela
y que os restringe;
la paloma de Venus vuela
100 sobre la Esfinge.

Aún vencen muerte, tiempo y hado
las amorosas;
en las tumbas se han encontrado
mirtos y rosas.* * *

105   Vive el bíblico Adán robusto,
de sangre humana,
y aún siente nuestra lengua el gusto
de la manzana.

Y hace de este globo viviente
110 fuerza y acción,
la universal y omnipotente
fecundación.

El corazón del cielo late
por la victoria
115 de este vivir, que es un combate
y es una gloria.

Pues aunque hay pena y nos agravia
el sino adverso,
en nosotros corre la savia
120 del universo.

Nuestro cráneo guarda el vibrar
de tierra y sol,
como el ruido de la mar
el caracol.

125   La sal del mar en nuestras venas
va a borbotones;
tenemos sangre de sirenas[82]
y de tritones.[83]

130   En nosotros la vida vierte
fuerza y calor.
¡Vamos al reino de la Muerte
por el camino del Amor!

(*Poema del otoño*, 1910)

---

[82] sirenas: *sirens, women of the sea* with enticing songs who lure mariners to their destruction on the rocks.

[83] tritones: *tritons*, demigods of the sea.

~~~~Manuel Díaz Rodríguez

VENEZUELA, 1868–1927   This Venezuelan modernist was a critic, short story writer, and novelist. His prose fiction shows the influence of Nájera, but lacks the Mexican's intimate directness and simplicity. Díaz Rodríguez loved the exotic and the fantastic; his brief novel, *Sangre patricia* (1902), is the finest example of his art. It is a story of emotional loss in which there are intermingled—and not always in proper proportions—philosophical discussion, fantasy, and character delineation in a high-pitched key. The author never again equalled the fine beginning which made this work unique in Latin American literature.

~~~El MODERNISMO

Modernismo en literatura y arte no significa ninguna determinada escuela de arte o literatura. Se trata de un movimiento espiritual muy hondo a que involuntariamente obedecieron y obedecen artistas y escritores [5] de escuelas de semejantes.[1] De orígenes diversos, los creadores del modernismo lo fueron con sólo dejarse llevar, ya en una de sus obras, ya en todas ellas, por ese movimiento espiritual profundo.

Anunciado por la pintura de los prerrafaelistas ingleses[2] en su reacción contra el pseudoclasicismo, el arte modernista se delineó y afirmó cuando simbolistas y decadentes reaccionaron con doble reacción en [15] literatura contra el naturalismo ilusorio y contra el cientificismo dogmático. Naturalmente, los primeros observadores no se percataron[3] del movimiento profundo, sino de su fenómeno revelador, de su manifestación más aparente y externa, que fue una fresca esplendidez primaveral del estilo. De ahí que haya quienes vean todavía en el modernismo algo superficial, una simple cuestión de estilo, ya sea una modalidad nueva de éste como quieren algunos, ya sea una verdadera manía del estilismo, como grotescamente se expresan los autores incapaces de estilo, que [10] es como si dijéramos los eunucos del arte. En realidad sí hubo y hay una cuestión de estilo, y hasta una completa evolución del estilo, si sólo tenemos en cuenta el modernismo español y quitamos a esta última palabra su limitación peninsular, para volverla a su debida amplitud, suficiente a contener toda la raza repartida por España y América. En tal sentido es de observar, y bueno es decirlo porque muchos afectan desconocerlo, cóm${}_0$

---

[1] de semejantes: *of like-natured members.*

[2] The English Pre-Raphaelites were a brotherhood of painters and poets of the middle 19th century in England who strove to avoid the academic in art and who wanted to present life and beauty in the manner of the Italian artists prior to Raphael. Founders of the school were W. Holman Hunt, Rossetti, and Millais. One characteristic of the school was the use of unrelated raw colors in juxtaposition.

[3] no se percataron: *weren't aware of.*

se dio el caso de una especie de inversa conquista en que las nuevas carabelas,[4] partiendo de las antiguas colonias, aproaron las costas de España. De los libros recién llegados por entonces de América, la crítica militante[5] peninsular decía que estaban, aunque asaz bien pergeñados,[5] enfermos de la manía modernista. Semejante expresión equivalente de la otra ya apuntada o *manía del estilismo*, se produjo varias veces en España, bajo la [10] pluma de un conocido profesional de las letras.[6]

Pero esta evolución del estilo, digna de estudiarse en el modernismo español, puede tenerse por vana contingencia[7] cuando se estudia el modernismo en general y su alma profunda nutrida, por dos corrientes incontrastables, una de las cuales da al estilo su ingenuidad y sencillez, mientras la otra le da savia y fuerza místicas.

(*Camino de perfección,* 1908)

---

[4] carabelas: *caravels, trade ships.*
[5] bien pergeñados: *skilfully written.*
[6] un conocido . . . letras: Valle-Inclán and others.

[7] puede . . . contingencia: *may be considered of incidental importance.*

~~~José Enrique Rodó

URUGUAY, 1872–1917   José Enrique Rodó was the intellectual and
spiritual voice of Latin America from the time of the publication of *Ariel*
in 1900 to the time of his death in 1917. He gave canalization to that
vast torrent of spiritual convulsions which hitherto had made up his
America's history. He also gave a perspective to the conception of the
United States which is still generally accepted in the other republics of
our hemisphere. Rodó believed that the Anglo–Saxon gift to world
civilization was liberty, and that the Greco–Roman (hence Latin) gift
was culture. The first was marred and jeopardized by a materialism
which had nearly snuffed out culture, and the second was in peril of
destruction by a lack of order which might result in chaos. Rodó's *Ariel*
was an attempt to bring these two poles together.

He gets the title of his book from the character Ariel in Shakespeare's
The Tempest. Ariel represents that part of the human being which is not
the slave of its body, that is, free will, idealism, appreciation of beauty,
creative genius. Rodó begins his essay by introducing the venerable old
master Prospero (the author) who is taking leave of a group of his
students after a long period of work together. His words to them make up
the book. Prospero's introductory words, briefly, may be summarized as
follows: "Develop so far as possible not any single aspect, but the plenitude of your being. Our capacity to understand must be limited only by
the impossibility of understanding souls that are narrow. A man who is
carried away by the partial appearance of things, and whose point of
view is wrong, is heading straight for mediocrity. Specialization is
frequently synonymous with a limited horizon." The essay then continues in the following paragraphs:

~~~ARIEL

Por desdicha, es en los tiempos y las civilizaciones que han alcanzado una completa y
refinada cultura donde el peligro de esa
limitación de los espíritus tiene una importancia más real y conduce a resultados
más temibles. Quiere, en efecto, la ley de
evolución, manifestándose en la sociedad
como en la Naturaleza por una creciente

tendencia a la heterogeneidad, que, a medida que la cultura general de las sociedades avanza, se limite correlativamente la extensión de las aptitudes individuales y haya de ceñirse el campo de acción de cada uno a una especialidad más restringida. * * * Augusto Comte[1] ha señalado bien este peligro de las civilizaciones avanzadas. Un alto estado de perfeccionamiento social tiene para él un grave inconveniente en la facilidad con que suscita la aparición de espíritus deformados y estrechos; de espíritus "muy capaces bajo un aspecto único, o monstruosamente ineptos bajo todos los otros." El empequeñecimiento de un cerebro humano por el comercio continuo de un solo género de ideas, por el ejercicio indefinido de un solo modo de actividad, es para Comte un resultado comparable a la mísera suerte del obrero a quien la división del trabajo de taller obliga a consumir en la invariable operación de un detalle mecánico todas las energías de su vida. En uno y otro caso, el efecto moral es inspirar una desastrosa indiferencia por el aspecto general de los intereses de la humanidad.* * *

No menos que a la solidez, daña esa influencia dispersiva a la *estética* de la estructura social. La belleza incomparable de Atenas,[2] lo imperecedero[3] del modelo legado por sus manos de diosa a la admiración y el encanto de la Humanidad, nacen de que aquella ciudad de prodigios fundó su concepción de la vida en el concierto de todas las facultades humanas, en la libre y acordada expansión de espíritu.

todas las energías capaces de contribuir a la gloria y al poder de los hombres. Atenas supo engrandecer a la vez el sentido de lo ideal y el de lo real; la razón y el instinto, las fuerzas del espíritu y las del cuerpo. Cinceló las cuatro fases del alma. Cada ateniense libre describe en derredor de sí, para contener su acción, un círculo perfecto, en el que ningún desordenado impulso quebrantará la graciosa proporción de la línea. Es atleta y escultura viviente en el gimnasio, ciudadano en el Pnix,[4] polemista y pensador en los pórticos. Ejercita su voluntad en toda suerte de acción viril y su pensamiento en toda preocupación fecunda. Por eso afirma Macaulay que un día de la vida pública del Ática[5] es más brillante programa de enseñanza que los que hoy calculamos para nuestros modernos centros de instrucción. Y de aquel libre y único florecimiento de la plenitud de nuestra naturaleza, surgió el *milagro griego*, una inimitable y encantadora mezcla de animación y de serenidad, una primavera del espíritu humano, una sonrisa de la historia.

* * * Yo os ruego que os defendáis, en la milicia de la vida, contra la mutilación de vuestro espíritu por la tiranía de un objetivo único e interesado. No entreguéis nunca a la utilidad o a la pasión sino una parte de vosotros. Aun dentro de la esclavitud material, hay la posibilidad de salvar la libertad interior: la de la razón y el sentimiento. No tratéis, pues, de justificar por la absorción del trabajo o el combate la esclavitud de vuestro espíritu.

As symbolic of this idea, Rodó tells the story of an Oriental King whose palace was the gathering place for travelers and merchants from all over the world. The King was hospitable and friendly and all classes had free access to his dwelling which was in a very real sense the *casa del pueblo*. However, there was one isolated room into which no one but the King himself was permitted to enter. There an aura of religious silence reigned always, and there the King took refuge from the noise of the world and communed with the infinite. Even after the old King's death this room was respected and closed forever in memory of its having once been the Ultima Thule of his soul.

---

[1] Auguste Comte (1798–1857), French philosopher, founder of positivism.

[2] Atenas: *Athens.*

[3] lo imperecedero: *the imperishableness.*

[4] el Pnix: the *Pnyx*, the public meeting place in Athens.

[5] Attica: the Greek state of which Athens was the principal city.

Yo doy al cuento el escenario de vuestro reino interior. Abierto con una saludable liberalidad, como la casa del monarca, confiado a todas las corrientes del mundo, existía en él, al mismo tiempo la celda escondida y misteriosa que desconozcan los huéspedes profanos y que a nadie más que a la razón serena pertenezca. Sólo cuando penetréis dentro del inviolable seguro podréis llamaros, en realidad, hombres libres. No lo son quienes, enajenando insensatamente el dominio de sí a favor de la desordenada pasión o el interés utilitario, olvidan que, según el sabio precepto de Montaigne,[6] nuestro espíritu puede ser objeto de préstamo, pero no de cesión. Pensar, soñar, admirar: he aquí los nombres de los sutiles visitantes de mi celda. Los antiguos los clasificaban dentro de su noble inteligencia del *ocio*, que ellos tenían por el más elevado empleo de una existencia verdaderamente racional, identificándolo con la libertad del pensamiento emancipado de todo innoble yugo. El ocio noble era la inversión del tiempo que oponían, como expresión de la vida superior, a la actividad económica. Vinculando exclusivamente a esa alta y aristocrática idea del reposo su concepción de la dignidad de la vida, el espíritu clásico encuentra su corrección y su complemento en nuestra moderna creencia en la dignidad del trabajo útil; y entrambas atenciones del alma pueden componer, en la existencia individual, un ritmo, sobre cuyo mantenimiento necesario nunca será inoportuno insistir.* * *

Una vez más: el principio fundamental de vuestro desenvolvimiento, vuestro lema en la vida, deben ser mantener la integridad de vuestra condición humana. Ninguna función particular debe prevalecer jamás sobre esta finalidad suprema.* * * Así como la deformidad y el empequeñecimiento son, en el alma de los individuos, el resultado de un exclusivo objeto impuesto a la acción y un solo modo de cultura, la falsedad de lo artificial vuelve

efímera la gloria de las sociedades que han sacrificado el libre desarrollo de su sensibilidad y su pensamiento, ya a la actividad mercantil, como en Fenicia; ya a la guerra, como en Esparta; ya al misticismo, como en el terror del milenario;[7] ya a la vida de sociedad y de salón, como en la Francia del siglo XVIII.* * *

Con frecuencia habréis oído atribuir a dos causas fundamentales el desborde del espíritu de utilidad que da su nota a la fisonomía moral del siglo presente, con menoscabo de la consideración *estética* y desinteresada de la vida. Las revelaciones de la ciencia de la Naturaleza—que, según intérpretes, ya adversos, ya favorables a ellas, convergen a destruir toda idealidad por su base—son la una; la universal difusión y el triunfo de las ideas democráticas, la otra. Yo me propongo hablaros exclusivamente de esta última causa, porque confío en que vuestra primera iniciación en las revelaciones de la ciencia ha sido dirigida como para preservaros del peligro de una interpretación vulgar. Sobre la democracia pesa la acusación de guiar a la Humanidad, mediocrizándola, a un Sacro Imperio del utilitarismo. La acusación se refleja con vibrante intensidad en las páginas —para mí siempre llenas de un sugestivo encanto—del más amable entre los maestros del espíritu moderno, en las seductoras páginas de Renán,[8] a cuya autoridad ya me habéis oído varias veces referirme y de quien pienso volver a hablaros a menudo. Leed a Renán, aquellos de vosotros que lo ignoréis todavía, y habréis de amarle como yo. Nadie como él me parece, entre los modernos, dueño de ese arte de "enseñar con gracia," que Anatole France[9] considera divino. Nadie ha acertado como él a hermanar, con la ironía, la piedad. Aun en el rigor del análisis, sabe poner la unción del sacerdote. Aun cuando enseña a dudar, su suavidad exquisita tiende una onda balsámica sobre la duda.* * *

[6] Michel de Montaigne (1533–1592), French philosopher and essayist.

[7] milenario: in the tenth century, it was believed that the world would come to an end in the year 1,000 A.D.

[8] Ernest Renan (1823–1892), French philosopher and historian, author of the celebrated *Vie de Jésus*.

[9] Anatole France (1844–1924), French novelist and satirist.

Piensa, pues, el maestro que una alta preocupación por los *intereses ideales* de la especie es opuesta del todo al espíritu de la democracia.* * * Según él, siendo la democracia la entronización de Calibán,[10] Ariel no puede menos que ser el vencido de ese triunfo. Abundan afirmaciones semejantes a éstas de Renán.* * * Así, Bourget[11] se inclina a creer que el triunfo universal de las instituciones democráticas hará perder a la civilización en profundidad lo que hace ganar en extensión.* * * Para afrontar el problema, es necesario empezar por reconocer que cuando la democracia no enaltece su espíritu por la influencia de una fuerte preocupación ideal que comparta su imperio con la preocupación de los intereses materiales, ella conduce fatalmente a la privanza de la mediocridad y carece, más que ningún otro régimen, de eficaces barreras con las cuales asegurar dentro de un ambiente adecuado la inviolabilidad de la alta cultura. Abandonada a sí misma—sin la constante rectificación de una activa autoridad moral que la depure y encauce sus tendencias en el sentido de la dignificación de la vida—la democracia extinguirá gradualmente toda idea de superioridad que no se traduzca en una mayor y más osada aptitud para las luchas del interés, que son entonces la forma más innoble de las brutalidades de la fuerza. La selección espiritual, el enaltecimiento de la vida por la presencia de estímulos desinteresados, el gusto, el arte, la suavidad de las costumbres, el sentimiento de admiración por todo perseverante propósito ideal y de acatamiento a toda noble supremacía, serán como debilidades indefensas allí donde la igualdad social que ha destruido las jerarquías imperativas e infundadas, no las sustituya con otras, que tengan en la influencia moral su único modo de dominio y su principio en una clasificación racional.

Toda igualdad de condiciones es, en el orden de las sociedades, como toda homogeneidad en el de la Naturaleza, un equilibrio estable. Desde el momento en que haya realizado la democracia su obra de negación con el allanamiento de las superioridades injustas, la igualdad conquistada no puede significar para ella sino un punto de partida. Resta la afirmación. Y lo afirmativo de la democracia y su gloria, consistirán en suscitar, por eficaces estímulos, en su seno, la revelación y el dominio de las *verdaderas* superioridades humanas.

Con relación a las condiciones de la vida de América, adquiere esta necesidad de precisar el verdadero concepto de nuestro régimen social un doble imperio.[12] El presuroso crecimiento de nuestras democracias por la incesante agregación de una enorme multitud cosmopolita, por la afluencia inmigratoria, que se incorpora a un núcleo aún débil para verificar un activo trabajo de asimilación y encauzar el torrente humano con los medios que ofrecen la solidez secular de la estructura social, el orden político seguro y los elementos de una cultura que haya arraigado íntimamente—nos expone en el porvenir a los peligros de la degeneración democrática, que ahoga bajo la fuerza ciega del número, toda noción de calidad; que desvanece en la conciencia de las sociedades todo justo sentimiento del orden; y que, librando su ordenación jerárquica a la torpeza del acaso, conduce forzosamente a hacer triunfar las más injustificadas o innobles de las supremacías.

Es indudable que nuestro interés egoísta debería llevarnos—a falta de virtud—a ser hospitalarios. Ha tiempo que la suprema necesidad de colmar el vacío moral del desierto, hizo decir a un publicista ilustre[13] que, en América *gobernar es poblar*. Pero esta fórmula famosa encierra una verdad contra cuya estrecha interpretación es necesario prevenirse, porque conduciría a atribuir una incondicional eficacia civilizadora al valor cuantitativo de la muchedumbre. Gobernar es poblar, asimilando, en primer término, educando y seleccionando, después. Si la

[10] Caliban: the character in *The Tempest* who personifies man's lower instincts and sensual nature.
[11] Paul Bourget (1852–1935), French novelist and critic.

[12] un doble imperio: *a twofold imperative*.
[13] publicista ilustre: Juan Bautista Alberdi (1810–1884) in his *Bases y puntos de partida para la organización de la Confederación argentina* (1852).

aparición y el florecimiento en la sociedad, de las más elevadas actividades humanas, de las que determinan la alta cultura, requieren como condición indispensable la existencia de una población cuantiosa y densa, es precisamente porque esa importancia cuantitativa de la población, dando lugar a la más compleja división del trabajo, posibilita la formación de fuertes elementos dirigentes que hagan efectivo el dominio de la *calidad* sobre el *número*. La multitud, la masa anónima, no es nada por sí misma. La multitud será un instrumento de barbarie o de civilización según carezca o no del coeficiente de una alta dirección moral. Hay una verdad profunda en el fondo de la paradoja de Emerson,[14] que exige que cada país del globo sea juzgado según la minoría, y no según la mayoría de sus habitantes. La civilización de un pueblo adquiere su carácter, no de las manifestaciones de su prosperidad o de su grandeza material, sino de las superiores maneras de pensar y de sentir que dentro de ella son posibles, y ya observaba Comte, para mostrar cómo en cuestiones de intelectualidad, de moralidad, de sentimiento, sería insensato pretender que la calidad pueda ser substituida en ningún caso por el número, que ni de la acumulación de muchos espíritus vulgares se obtendrá jamás el equivalente de un cerebro de genio, ni de la acumulación de muchas virtudes mediocres el equivalente de un rasgo de abnegación o de heroísmo.* * *

> Rodó points out that in recent days the barbarous hordes of old have been displaced by the pacific hordes of the common man, that tremendous force of vulgarization whose Attila is Mr. Average-Man or his French equivalent, M. Prudhomme.

Encumbrados, esos Prudhommes harán de su voluntad triunfante una partida de caza organizada contra todo lo que manifieste la aptitud y el atrevimiento del vuelo. Su fórmula social será una democracia que conduzca a la consagración del pontífice *Cualquiera*,[15] a la coronación del monarca *Uno de tantos*[16] Odiarán en el mérito una rebeldía. En sus dominios, toda noble superioridad se hallará en las condiciones de la estatua de mármol colocada a la orilla de un camino fangoso, desde el cual le envía un latigazo de cieno el carro que pasa.* * *

La ferocidad igualitaria no ha manifestado sus violencias en el desenvolvimiento democrático de nuestro siglo, ni se ha opuesto en formas brutales a la serenidad y la independencia de la cultura intelectual. Pero, a la manera de una bestia feroz en cuya posteridad domesticada hubiérase cambiado la acometividad en mansedumbre artera e innoble, el igualitarismo, en la forma mansa de la *tendencia a lo utilitario y lo vulgar*, puede ser un objeto real de acusación contra la democracia del siglo XIX.* * *

Desde que nuestro siglo asumió personalidad e independencia en la evolución de las ideas, mientras el idealismo alemán rectificaba la utopia igualitaria de la filosofía del siglo XVIII y sublimaba, si bien con viciosa tendencia cesarista, el papel reservado en la historia a la superioridad individual, el positivismo de Comte, desconociendo a la igualdad democrática otro carácter que el de "un disolvente transitorio de las desigualdades antiguas" y negando con igual convicción la eficacia definitiva de la soberanía popular, buscaba en los principios de las clasificaciones naturales el fundamento de la clasificación social que habría de substituir a las jerarquías recientemente destruidas.* * * La gran voz de Carlyle[17] había predicado ya, contra toda niveladora irreverencia, la veneración del *heroísmo*, entendiendo por tal el culto de cualquier noble superioridad. Emerson refleja esa voz en el seno de la más

---

[14] Ralph Waldo Emerson (1803–1882) made this proposal in his *Representative Men*.
[15] el pontífice *Cualquiera*: *Pope Anybody*.
[16] monarca ... *tantos*: *King Average*.

[17] Thomas Carlyle (1795–1881), Scotch historian and essayist, author of *Heroes, Hero-Worship and the Heroic in History*.

positivista de las democracias.* * * Entre las inspiraciones constantes de Flaubert[18]—de quien se acostumbra a derivar directamente la más democratizada de las escuelas literarias—ninguna más intensa que el odio de la mediocridad envalentonada por la nivelación y de la tiranía irresponsable del número. Dentro de esa contemporánea literatura del Norte, en la cual la preocupación por las altas cuestiones sociales es tan viva, surge a menudo la expresión de la misma idea, del mismo sentimiento; Ibsen desarrolla la altiva arenga de su *Stockmann*[19] alrededor de la afirmación de que "las mayorías compactas son el enemigo más peligroso de la libertad y la verdad"; y el formidable Nietzsche[20] opone al ideal de una Humanidad mediotizada la apoteosis de las almas que se yerguen sobre el nivel de la Humanidad como una viva marca. El anhelo vivísimo por una rectificación del espíritu social que asegura a la vida de la *heroicidad* y el pensamiento un ambiente más puro de dignidad y de justicia, vibra hoy por todas partes, y se diría que constituye uno de los fundamentales acordes que este ocaso del siglo propone para las armonías que ha de componer el siglo venidero.

Y, sin embargo, el espíritu de la democracia es, esencialmente, para nuestra civilización, un principio de vida contra el cual sería inútil rebelarse.* * * Desconocer la obra de la democracia, en lo esencial, porque, aún no terminada, no ha llegado a conciliar definitivamente su empresa de igualdad con una fuerte garantía social de selección, equivale a desconocer la obra, paralela y concorde, de la ciencia, porque interpretada con el criterio estrecho de una escuela, ha podido dañar alguna vez al espíritu de religiosidad o al espíritu de poesía. La democracia y la ciencia son, en efecto, los dos insustituibles soportes sobre los que nuestra civilización descansa, o, expresándolo con una frase de Bourget,[21] las dos *obreras* de nuestros destinos futuros. *En ellas somos, vivmos, nos movemos.*[22] Siendo, pues, insensato pensar * * * en obtener una consagración más positiva de todas las superioridades morales, la realidad de una razonada jerarquía, el dominio eficiente de las altas dotes de la inteligencia y de la voluntad, por la *destrucción* de la igualdad democrática, sólo cabe pensar en la *educación* de la democracia y su reforma.* * *

La educación popular adquiere, considerada en relación a tal obra, como siempre que se la mira con el pensamiento del porvenir, un interés supremo.[23] Es en la escuela, por cuyas manos procuramos que pase la dura arcilla de las muchedumbres, donde está la primera y más generosa manifestación de la equidad social, que consagra para todos la accesibilidad del saber y de los medios más eficaces de superioridad.* * *

Ninguna distinción más fácil de confundirse y anularse en el espíritu del pueblo que la que enseña que la igualdad democrática puede significar una igual *posibilidad*, pero nunca una igual *realidad*, de influencia y de prestigio, entre los miembros de una sociedad organizada. En todos ellos hay un derecho idéntico para aspirar a las superioridades morales que deben dar razón y fundamento a las superioridades efectivas; pero sólo a los que han alcanzado realmente la posesión de las primeras, debe ser concedido el premio de las últimas. El verdadero, el digno concepto de la igualdad reposa sobre el pensamiento de que todos los seres racionales están dotados por naturaleza de facultades capaces de un desenvolvimiento noble. El deber del Estado consiste en colocar a todos los miembros de la sociedad en indistintas condiciones de tender a su perfeccionamiento. El deber del Estado consiste en predisponer los medios propios para provocar, uniformemente, la revelación de las superioridades

---

[18] Gustave Flaubert (1821–1880), French novelist.

[19] Dr. Stockmann is the protagonist of Henrik Ibsen's (1828–1906) play *An Enemy of the People.*

[20] Friedrich Wilhelm Nietzsche (1844–1900), German philosopher who preached the doctrine of the superman.

[21] una . . . Bourget: The reference is to his *Essais de psychologie contemporaine* (1883).

[22] *somos . . . movemos:* cf. *Acts of the Apostles,* XVII, 28.

[23] "Plus l'instruction se répand, plus elle doit faire part aux idées générales et généreuses. On croit que l'instruction populaire doit être terre à terre. C'est le contraire qui est la vérité."—Fouillée: *L'idée moderne du droit,* lib. 5.o, IV." (Rodó's note.)

humanas, dondequiera que existan.[24] De tal manera, más allá de esta igualdad inicial, toda desigualdad estará justificada, porque será la sanción de las misteriosas elecciones de la Naturaleza o del esfuerzo meritorio de la voluntad. Cuando se la concibe de este modo, la igualdad democrática, lejos de oponerse a la selección de las costumbres y de las ideas, es el más eficaz instrumento de selección espiritual, es el ambiente *providencial* de la cultura. La favorecerá todo lo que favorezca al predominio de la energía inteligente.* * * El carácter odioso de las aristocracias tradicionales se originaba de que ellas eran injustas, por su fundamento, y opresoras, por cuanto su autoridad era una imposición. Hoy sabemos que no existe otro límite legítimo para la igualdad humana, que el que consiste en el dominio de la inteligencia y la virtud, consentido por la libertad de todos.* * *

Del espíritu del cristianismo nace el sentimiento de igualdad, viciado por cierto ascético menosprecio de la selección espiritual y la cultura. De la herencia de las civilizaciones clásicas nacen el sentido del orden, de la jerarquía, y el respeto religioso del genio, viciados por cierto aristocrático desdén de los humildes y los débiles. El porvenir sintetizará ambas sugestiones del pasado, en una fórmula inmortal. La democracia, entonces, ahbrá triunfado definitivamente. Y ella, que cuando amenaza con lo innoble del rasero nivelador, justifica las protestas airadas y las maargas melancolías de los que creyeron sacrificados por su triunfo toda distinción intelectual, todo ensueño de arte, toda delicadeza de la vida, tendrá, aún más que las viejas aristocracias, inviolables seguros para el cultivo de las flores del alma que se marchitan y perecen en el ambiente de la vulgaridad y entre las impiedades del tumulto.

La concepción utilitaria, como idea del destino humano, y la igualdad en lo mediocre, como norma de la proporción social, componen, íntimamente relacionadas, la fórmula de lo que ha solido llamarse, en Europa, el espíritu de *americanismo*. Es imposible meditar sobre ambas inspiraciones de la conducta y la sociabilidad, y compararlas con las que les son opuestas, sin que la asociación traiga con insistencia a la mente la imagen de esa democracia formidable y fecunda, que allá en el Norte ostenta las manifestaciones de su prosperidad y su poder, como una deslumbradora prueba que abona en favor de la eficacia de sus instituciones y de la dirección de sus ideas. Si ha podido decirse del utilitarismo que es el verbo del espíritu inglés, los Estados Unidos pueden ser considerados la encarnación del verbo utilitario. Y el evangelio de este verbo, se difunde por todas partes a favor de los milagros materiales del triunfo. Hispano-América ya no es enteramente calificable, con relación a él, de tierra de gentiles.[25] La poderosa federación va realizando entre nosotros una suerte de conquista moral. La admiración por su grandeza y por su fuerza es un sentimiento que avanza a grandes pasos en el espíritu de nuestros hombres dirigentes, y aún más quizá, en el de las muchedumbres, fascinables por la impresión de la victoria. Y de admirarla se pasa, por una transición facilísima, a imitarla. La admiración y la creencia son ya modos pasivos de imitación para el psicólogo. * * * Se imita a aquel en cuya superioridad o cuyo prestigio se cree. Es así como la visión de una América *deslatinizada* por propia voluntad, sin la extorsión de la conquista, y renegada luego a imagen y semejanza del arquetipo del Norte, flota ya sobre los sueños de muchos sinceros interesados por nuestro porvenir, inspira la fruición con que ellos formulan a cada paso los más sugestivos paralelos, y se manifiesta por constantes propósitos de innovación y de reforma. Tenemos nuestra *nordomanía*. Es necesario oponerle los límites que la razón y el sentimiento señalan de consuno.

[24] Ortega y Gasset in *La rebelión de las masas* says that the greatest danger of contemporary civilization is the tsate. "The contemporary State and the mass coincide only in being anonymous. But the mass-man does in fact believe that he is the State, and he will tend more and more to set its machinery working on whatsoever pretext, to crush beneath it any creative minority which disturbs it—disturbs it in any order of things: in politics, in ideas, in industry. The result of this tendency will be fatal. Spontaneous social action will be broken up over and over again by State intervention . . . Society will have to live *for* the State, man *for* the governmental machine."

[25] gentiles: *Gentiles, unbelievers.*

No doy yo a tales límites el sentido de una absoluta negación. Comprendo bien que se adquieran inspiraciones, luces, enseñanzas, en el ejemplo de los fuertes, y no desconozco que una inteligente atención fijada en lo exterior para reflejar de todas partes la imagen de lo beneficioso y de lo útil, es singularmente fecunda cuando se trata de pueblos que aún forman y modelan su entidad nacional.* * * Pero no veo la gloria ni el propósito de desnaturalizar el carácter de los pueblos—su genio *personal*—para imponerles la identificación con un modelo extraño al que ellos sacrifiquen la originalidad irreemplazable de su espíritu, ni en la creencia ingenua de que eso pueda obtenerse alguna vez por procedimientos artificiales e improvisados de imitación. Ese irreflexivo traslado de lo que es natural y espontáneo en una sociedad al seno de otra, donde no tenga raíces ni en la Naturaleza ni en la Historia, equivalía para Michelet[26] a la tentativa de incorporar, por simple agregación, una cosa muerta a un organismo vivo. En sociabilidad, como en literatura, como en arte, la imitación inconsulta no hará nunca sino deformar las líneas del modelo.* * *

Acaso oiréis decir que no hay un sello propio y definido, por cuya permanencia, por cuya integridad deba pugnarse, en la organización actual de nuestros pueblos. Falta tal vez, en nuestro carácter colectivo, el contorno seguro de la *personalidad*. Pero en ausencia de esa índole perfectamente diferenciada y autonómica, tenemos—los americanos latinos—una herencia de raza, una gran tradición étnica que mantener, un vínculo sagrado que nos une a inmortales páginas de la Historia, confiando a nuestro honor su continuación en lo futuro.* * *

Se ha observado más de una vez que las grandes evoluciones de la Historia, las grandes épocas, los períodos más luminosos y fecundos en el desenvolvimiento de la Humanidad, son casi siempre la resultante de dos fuerzas distintas y co-actuales, que mantienen, por los concertados impulsos de su oposición, el interés y el estímulo de la vida, los cuales desaparecerían, agotados, en la quietud de una unidad absoluta. Así, sobre los dos polos de Atenas y Lacedemonia[27] se apoya el eje alrededor del cual gira el carácter de la más genial y civilizadora de las razas. América necesita mantener en el presente la dualidad original de su constitución que convierte en realidad de su historia el mito clásico de las dos águilas soltadas simultáneamente de uno y otro polo del mundo, para que llegasen a un tiempo al límite de sus dominios. Esta diferencia genial y emuladora no excluye, sino que tolera y aun favorece en muchísimos aspectos, la concordia de la solidaridad.* * *

Todo juicio severo que se formule de los americanos del Norte debe empezar por rendirles, como se haría con altos adversarios, la formalidad caballeresca de un saludo. Siento fácil mi espíritu para cumplirla. Desconocer sus defectos no me parecería tan insensato como negar sus cualidades. Nacidos—para emplear la paradoja usada por Baudelaire[28] a otro respecto—con la *experiencia innata* de la libertad, ellos se han mantenido fieles a la ley de su origen, y han desenvuelto, con la precisión y la seguridad de una progresión matemática, los principios fundamentales de su organización, dando a su historia una consecuente unidad que, si bien ha excluido las adquisiciones de aptitudes y méritos distintos, tiene la belleza intelectual de la lógica. La huella de sus pasos no se borrará jamás en los anales del derecho humano, porque ellos han sido los primeros en hacer surgir nuestro moderno concepto de la libertad, de las inseguridades del ensayo y de las imaginaciones de la utopía, para convertirla en bronce imperecedero y realidad viviente; porque han demostrado con su ejemplo la posibilidad de extender a un inmenso organismo nacional la inconmovible autoridad de una república; porque, con su organización federativa, han revelado—según la feliz expresión de Tocqueville[29]—la manera cómo se puede conciliar con el brillo

---

[26] Jules Michelet (1798–1874), French historian.

[27] Lacedemonia: *Sparta*.

[28] The quotation is from Charles Baudelaire's (1821–1867) *Questions esthétiques*.

[29] The reference is to *Démocratie en Amérique* by the distinguished traveler and writer, Alexis Clérel de Tocqueville (1805–1859).

y el poder de los Estados grandes la felicidad y la paz de los pequeños. Suyos son algunos de los rasgos más audaces con que ha de destacarse en la perspectiva del tiempo la obra de este siglo. Suya es la gloria de haber revelado plenamente—acentuando la más firme nota de belleza moral de nuestra civilización—la grandeza y el poder del trabajo, esa fuerza bendita que la antigüedad abandonaba a la abyección de la esclavitud, y que hoy identificamos con la más alta expresión de la dignidad humana, fundada en la conciencia y la actividad del propio mérito. Fuertes, tenaces, teniendo la inacción por oprobio, ellos han puesto en manos del *mechanic* de sus talleres y el *farmer* de sus campos la clava hercúlea del mito, y han dado al genio humano una nueva e inesperada belleza ciñéndole el mandil de cuero del forjador. Cada uno de ellos avanza a conquistar la vida como el desierto los primitivos puritanos.* * * Su cultura, que está lejos de ser refinada ni espiritual, tiene una eficacia admirable siempre que se dirige prácticamente a realizar una finalidad inmediata. No han incorporado a las adquisiciones de la ciencia una sola ley general, un solo principio; pero la han hecho maga por las maravillas de sus aplicaciones, la han agigantado en los dominios de la utilidad y han dado al mundo en la caldera de vapor y en el dínamo eléctrico, billones de esclavos invisibles que centuplican, para servir al Aladino humano, el poder de la lámpara maravillosa. El crecimiento de su grandeza y de su fuerza será objeto de perdurables asombros para el porvenir.* * * La libertad puritana, que les envía su luz desde el pasado, unió a esta luz al calor de una piedad que aún dura. Junto a la fábrica y la escuela, sus fuertes manos han alzado también los templos de donde evaporan sus plegarias muchos millones de conciencias libres. Ellos han sabido salvar, en el naufragio de todas las idealidades, la idealidad más alta, guardando viva la tradición de un sentimiento religioso que, si no levanta sus vuelos en alas de un espiritualismo delicado y profundo, sostiene, en parte, entre las asperezas del tumulto utilitario, la rienda firme del sentido moral.* * *

Su grandeza titánica se impone así, aun a los más prevenidos por las enormes desproporciones de su carácter o por las violencias recientes de su historia. Y por mi parte, ya veis que, aunque no les amo, les admiro. Les admiro, en primer término, por su formidable capacidad de *querer*, y me inclino ante "la escuela de voluntad y de trabajo" que—como de sus progenitores nacionales dijo Philarète Chasles[30]—ellos han instituido.

En el principio la acción era.[31] Con estas célebres palabras del *Fausto* podría empezar un futuro historiador de la poderosa república, el génesis, aún no concluido, de su existencia nacional. Su genio podría definirse, como el universo de los dinamistas, *la fuerza en movimiento*. Tiene, ante todo y sobre todo, la capacidad, el entusiasmo, la vocación dichosa de la acción. La voluntad es el cincel que ha esculpido a ese pueblo en dura piedra. Sus relieves característicos son dos manifestaciones del poder de la voluntad: la originalidad y la audacia. Su historia es, toda ella, el arrebato de una actividad viril. Su personaje representativo se llama *Yo quiero*, como el *superhombre* de Nietzsche.* * * Obra titánica, por la enorme tensión de voluntad que representa, y por sus triunfos inauditos en todas las esferas del engrandecimiento material, es indudable que aquella civilización produce en su conjunto una singular impresión de insuficiencia y de vacío.* * * Huérfano de tradiciones muy hondas que le orienten, ese pueblo no ha sabido substituir la idealidad inspiradora del pasado con una alta y desinteresada concepción del porvenir. Vive para la realidad inmediata, del presente, y por ello subordina toda su actividad al egoísmo del bienestar personal y colectivo.* * *

Pródigo de sus riquezas,* * * el norteamericano ha logrado adquirir con ellas plenamente, la satisfacción y la vanidad de la magnificencia suntuaria; pero no ha logrado adquirir la nota escogida del buen gusto. El

---

[30] Philarète Chasles (1798–1873), French critic and novelist.

[31] *En . . . era:* The words *"Im Anfang war die Tat!"* occur in Goethe's *Faust,* Part I, line 1236.

arte verdadero sólo ha podido existir en tal ambiente, a título de rebelión individual. Emerson, Poe, son allí como los ejemplares de una fauna expulsada de su verdadero medio por el rigor de una catástrofe geológica. Habla Bourget en *Outremer* del acento concentrado y solemne con que la palabra *arte* vibra en los labios de los norteamericanos que ha halagado el favor de la fortuna: de esos recios y acrisolados héroes del *self-help*, que aspiran a coronar, con la asimilación de todos los refinamientos humanos, la obra de su encumbramiento reñido.[32] Pero nunca les ha sido dado concebir esa divina actividad que nombran con énfasis, sino como un nuevo motivo de satisfacerse su inquietud invasora y como un trofeo de su vanidad. La ignoran, en lo que ella tiene de desinteresado y de escogido; la ignoran a despecho de la munificencia con que la fortuna individual suele emplearse en estimular la formación de un delicado sentido de belleza; a despecho de la esplendidez de los museos y las exposiciones con que se ufanan sus ciudades; a despecho de las montañas de mármol y de bronce que han esculpido para las estatuas de sus plazas públicas. Y si con su nombre hubiera de caracterizarse alguna vez un gesto de arte, él no podría ser otro que el que envuelve la negación del arte mismo: la brutalidad del efecto rebuscado, el desconocimiento de todo tono suave y de toda manera exquisita, el culto de una falsa grandeza, el *sensacionalismo*, que excluye la noble serenidad inconciliable con el apresuramiento de una vida febril.

La idealidad de lo hermoso no apasiona al descendiente de los austeros puritanos. Tampoco le apasiona la idealidad de lo verdadero. Menosprecia todo ejercicio del pensamiento que prescinda de una inmediata finalidad, por vano e infecundo. No le lleva a la ciencia un desinteresado anhelo de verdad, ni se ha manifestado en ningún caso capaz de amarla por sí misma. La investigación no es para él

sino el antecedente de la aplicación utilitaria. Sus gloriosos empeños por difundir los beneficios de la educación popular, están inspirados en el noble propósito de comunicar los elementos fundamentales del saber al mayor número; pero no nos revelan que, al mismo tiempo que de ese acrecentamiento extensivo de la educación, se preocupe de seleccionarla y elevarla, para auxiliar el esfuerzo de las superioridades que ambicionen erguirse sobre la general mediocridad. Así, el resultado de su porfiada guerra a la ignorancia, ha sido la semicultura universal y una profunda languidez de la alta cultura. En igual proporción que la ignorancia radical, disminuyen en el ambiente de esa gigantesca democracia, la superior sabiduría y el genio. He ahí por qué la historia de su actividad pensadora es una progresión decreciente de brillo y de originalidad. Mientras en el período de la independencia y la organización surgen para representar, lo mismo el pensamiento que la voluntad de aquel pueblo, muchos nombres ilustres, medio siglo más tarde Tocqueville puede observar, respecto a ellos, que *los dioses se van*. Cuando escribió Tocqueville su obra maestra, aún irradiaba, sin embargo, desde Boston, la *ciudadela puritana*, la ciudad de las doctas tradiciones, una gloriosa pléyade que tiene en la historia intelectual de este siglo la magnitud de la universalidad. ¿Quiénes han recogido después la herencia de Channing,[33] de Emerson, de Poe. La nivelación mesocrática, apresurando su obra desoladora, tiende a desvanecer el poco carácter que quedaba a aquella precaria intelectualidad. Las alas de sus libros ha tiempo que no llegan a la altura en que sería universalmente posible divisarlos. Y hoy, la más genuina representación del gusto norteamericano, en punto a letras, está en los lienzos grises de un diarismo que no hace pensar en el que un día suministró los materiales de *El Federalista*.[34]* * *

En el fondo de su declarado espíritu de

---

[32] encumbramiento reñido: *hard-won wealth and position*
[33] William Ellery Channing (1780–1842), Unitarian theologian and writer.
[34] *The Federalist* was an early North American publication in which appeared eighty-five papers of fine political literature: about fifty are attributed to

Hamilton, five to John Jay, and the rest to Madison. These papers, which mainly strove to interpret the Constitution of the United States, persuaded many waverers who later supported that document and aided in its adoption. The papers of *The Federalist* form one of the world's great classics in the literature of government.

rivalidad hacia Europa, hay un menosprecio que es ingenuo, y hay la profunda convicción de que ellos están destinados a obscurecer en breve plazo su superioridad espiritual y su gloria, cumpliéndose, una vez más, en las evoluciones de la civilización humana, la dura ley de los misterios antiguos en que el iniciado daba muerte al iniciador. Inútil sería tender a convencerles de que, aunque la contribución que han llevado a los progresos de la libertad y de la utilidad haya sido, indudablemente, cuantiosa, y aunque debiera atribuírsele en justicia la significación de una obra universal, de una obra *humana*, ella es insuficiente para hacer transmudarse, en dirección al nuevo Capitolio, el eje del mundo. Inútil sería tender a convencerles de que la obra realizada por la perseverante genialidad del arya[35] europeo, desde que hace tres mil años, las orillas del Mediterráneo, civilizador y glorioso, se ciñeron jubilosamente la guirnalda de las ciudades helénicas; la obra que aún continúa realizándose y de cuyas tradiciones y enseñanzas vivimos, es una suma con la cual no puede formar ecuación la fórmula *Washington más Edison*.[36] Ellos aspirarían a revisar el Génesis para ocupar esa primera página. Pero además de la relativa insuficiencia de la parte que les es dado reivindicar en la educación de la Humanidad, su carácter mismo les niega la posibilidad de la hegemonía. La Naturaleza no les ha concedido el genio de la propaganda ni la vocación apostólica. Carecen de ese don superior de *amabilidad*—en alto sentido—de ese extraordinario poder de simpatía, con que las razas que han sido dotadas de un cometido providencial de educación, saben hacer de su cultura algo parecido a la belleza de la Helena clásica, en la que todos creían reconocer un rasgo propio. Aquella civilización puede abundar, o abunda indudablemente, en sugestiones y en ejemplos fecundos; ella puede inspirar admiración, asombro, respeto, pero es difícil que cuando el extranjero divise de alta mar su gigantesco símbolo, *la Libertad*, de Bartholdi, que yergue triunfalmente su antorcha sobre el puerto de Nueva York, se despierte en su ánimo la emoción profunda y religiosa con que el viajero antiguo debía ver surgir, en las noches diáfanas del Ática, el toque luminoso que la lanza de oro de la Atenea de la Acrópolis dejaba notar a la distancia en la pureza del ambiente sereno.* * *

Hubo en la antigüedad altares para los "dioses ignorados." Consagrad una parte de vuestra alma al porvenir desconocido. A medida que las sociedades avanzan, el pensamiento del porvenir entra por mayor parte como uno de los factores de su evolución y una de las inspiraciones de sus obras. Desde la imprevisión oscura del salvaje, que sólo divisa del futuro lo que falta para el terminar de cada período de sol y no concibe cómo los días que vendrán pueden ser gobernados en parte desde el presente; hasta nuestra preocupación solícita y previsora de la posteridad, media un espacio inmenso, que acaso parezca breve y miserable algún día. Sólo somos capaces de progreso en cuanto lo somos de adaptar nuestros actos a condiciones cada vez más distantes de nosotros, en el espacio y en el tiempo. La seguridad de nuestra intervención en una obra que haya de sobrevivirnos, fructificando en los beneficios del futuro, realza nuestra dignidad humana, haciéndonos triunfar de las limitaciones de nuestra naturaleza. Si, por desdicha, la humanidad hubiera de desesperar definitivamente de la inmortalidad de la conciencia individual, el sentimiento más religioso con que podría substituirla sería el que nace de pensar, que, aun después de disuelta nuestra alma en el seno de las cosas, persistiría en la herencia que se transmiten las generaciones humanas, lo mejor de lo que ella ha sufrido y ha soñado, su esencia más íntima y más pura, al modo como el rayo lumínico de la estrella extinguida persiste en lo infinito y desciende a acariciarnos con su melancólica luz.

---

[35] arya: *Aryan.*
[36] es una suma . . . *Edison*: *add up to a sum which cannot be equalled by any equation of Washington plus Edison.*

ᨊᨁᨁLeopoldo Lugones

ARGENTINA, 1874–1938   Lugones, like his native land of Argentina, was the embodiment of many different currents of feeling and expression. In his younger days he was a close friend of Darío and, like Darío, a great admirer of the French poets and an enthusiastic advocate of freedom of poetic expression. In *Los crepúsculos del jardín* (1905) he is the vanguardist of strained but colorful metaphors; in *Lunario sentimental* (1909) he mocks the mood in which the modernists and romantics delighted; in *Odas seculares* (1910) he presents a triangular view of the Argentine landscape, its cities and its men in an outpouring of nationalistic pride; in *Romancero* (1924) he returns to the fountain of primitive Spanish poetry for inspiration. His assimilation of many influences and many forms of expression have made Lugones the finest, most varicolored, most cosmopolitan Argentine poet of the twentieth century. He writes with a strength and facility which show that he has mastered the intricacies of rhyme, rhythm, and metaphor so completely that he has few peers among the world's poets.

ᨁDELECTACIÓN MOROSA[1]

La tarde, con ligera pincelada
que iluminó la paz de nuestro asilo,
apuntó en su matiz crisoberilo[2]
una sutil decoración morada.

5   Surgió enorme la luna en la enramada;
las hojas agravaban su sigilo,
y una araña en la punta de su hilo,
tejía sobre el astro, hipnotizada.

Poblóse de murciélagos el combo
10 cielo, a manera de chinesco biombo;
tus rodillas exangües sobre el plinto

manifestaban la delicia inerte,
y a nuestros pies un río de jacinto
corría sin rumor hacia la muerte.

(Los crepúsculos del jardín, 1905)

ᨁA LOS GAUCHOS

Raza valerosa y dura
que con pujanza silvestre

dio a la patria en garbo[3] ecuestre
su primitiva escultura.

[1] delectación morosa: *laggard delight.*
[2] crisoberilo: *chrysoberyl*, a pale green or yellowish
color.
[3] garbo: *jauntiness.*

447

5 Una terrible ventura
va a su sacrificio unida,
como despliega la herida
que al toro desfonda el cuello,
en el raudal del degüello
10 la bandera de la vida.

　　Es que la fiel voluntad
que al torvo destino alegra,
funde en vino la uva negra
de la dura adversidad.
15 Y en punto de libertad
no hay satisfacción más neta,
que medírsela completa
entre riesgo y corazón,
con tres cuartas de facón
20 y cuatro pies de cuarteta.

　　En la hora del gran dolor
que a la historia nos paría,
así como el bien del día
trova el pájaro cantor,
25 la copla del payador
anunció el amanecer,
y en el fresco rosicler[4]
que pintaba el primer rayo,
el lindo gaucho de Mayo
30 partió para no volver.

　　Así salió a rodar tierra
contra el viejo vilipendio,[5]
enarbolando el incendio
como estandarte de guerra.
35 Mar y cielo, pampa y sierra,
su galope al sueño arranca,
y bien sentada en el anca

que por las cuestas se empina,
le sonríe su *Argentina*
40 linda y fresca, azul y blanca.* * *

　　Luego al amor del caudillo
siguió, muriendo admirable,
con el patriótico sable
ya rebajado a cuchillo;
45 pensando, alegre y sencillo,
que en cualesquiera ocasión,
desde que cae al montón[6]
hasta el día en que se acaba,
pinta el culo de la taba[7]
50 la existencia del varón.

　　Su poesía es la temprana
gloria del verder campero
donde un relincho ligero
regocija la mañana.
55 Y la morocha[8] lozana
de sediciosa cadera,
en cuya humilde pollera,
primicias de juventud
nos insinuó la inquietud
60 de la loca primavera.

　　Su recuerdo, vago lloro
de guitarra sorda y vieja,
a la patria no apareja
preocupación ni desdoro.[9]
65 De lo bien que guarda el oro,
el guijarro es argumento;
y desde que el pavimento
con su nivel sobrepasa,
va sepultando la casa
70 las piedras de su cimiento.

　　　　　　(*Odas seculares,* 1910)

～∽LA BLANCA SOLEDAD

　　Bajo la calma del sueño,
calma lunar de luminosa seda,
la noche
como si fuera
5 el blanco cuerpo del silencio,

dulcemente en la inmensidad se acuesta.
Y desata
su cabellera,
en prodigioso follaje
10 de alamedas.

---

[4] rosicler: *rose-pink.*
[5] vilipendio: *contempt, disdain.*
[6] montón: *revolutionary band.*
[7] el culo . . . taba: the bottom side of the *taba* or

sheep's knuckles, which the gauchos used as dice.
[8] morocha: *girl* (literally, *ear of corn*).
[9] desdoro: *blemish.*

Nada vive sino el ojo
del reloj en la torre tétrica,
profundizando inútilmente el infinito
como un agujero abierto en la arena.
15 El infinito.
Rodado por las ruedas
de los relojes,
como un carro que nunca llega.

La luna cava un blanco abismo
20 de quietud, en cuya cuenca
las cosas son cadáveres
y las sombras viven como ideas.
Y uno se pasma de lo próxima
que está la muerte en la blancura aquella.
25 De lo bello que es el mundo
poseído por la antigüedad de la luna llena.
Y el ansia tristísima de ser amado,
en el corazón doloroso tiembla.

Hay una ciudad en el aire,

30 una ciudad casi invisible suspensa,
cuyos vagos perfiles
sobre la clara noche transparentan,
como las rayas de agua en un pliego,
su cristalización poliédrica.[10]
35 Una ciudad tan lejana,
que angustia con su absurda presencia.

¿Es una ciudad o un buque
en el que fuésemos abandonando la tierra,
callados y felices,
40 y con tal pureza,
que sólo nuestras almas
en la blancura plenilunar vivieran? . . .

Y de pronto cruza un vago
estremecimiento por la luz serena.
45 Las líneas se desvanecen,
la inmensidad cámbiase en blanca piedra,
y sólo permanece en la noche aciaga
la certidumbre de tu ausencia.

(*El libro fiel*, 1912)

⌘ ELEGÍA CREPUSCULAR

Desamparo[11] remoto de la estrella,
hermano del amor sin esperanza,
cuando el herido corazón no alcanza
sino el consuelo de morir por ella.

5 Destino a la vez fútil y tremendo
de sentir que con gracia dolorosa
en la fragilidad de cada rosa
hay algo nuestro que se está muriendo.

Ilusión de alcanzar, franca o esquiva,
10 la compasión que agonizando implora,
en una dicha tan desgarradora
que nos debe matar por excesiva.

Eco de aquella anónima tonada
cuya dulzura sin querer nos hizo
15 con la propia delicia de su hechizo
un mal tan hondo al alma enajenada.

Tristeza llena de fatal encanto,
en el que ya incapaz de gloria o de arte,
sólo acierto, temblando, a preguntarte
20 ¡qué culpa tengo de quererte tanto! . . .

Heroísmo de amar hasta la muerte,
que el corazón rendido te inmolara,

con una noble sencillez tan clara
como el gozo que en lágrimas se vierte.

25 Y en lenguaje a la vez vulgar y blando,
al ponerlo en tus manos te diría:
no sé cómo no entiendes, alma mía,
que de tanto adorar se está matando.

¿Cómo puedes dudar, si en el exceso
30 de esta pasión, yo mismo me lo hiriera,
sólo porque a la herida se viniera
toda mi sangre desbordada en beso?

Pero ya el día, irremediablemente,
se va a morir más lúgubre en su calma:
35 y más hundida en soledad mi alma,
te llora tan cercana y tan ausente.

Trágico paso el aposento mide . . .
Y allá al final de la alameda oscura,
parece que algo tuyo se despide
40 en la desolación de mi ternura.

Glorioso en mi martirio, sólo espero
la perfección de padecer por ti.
Y es tan hondo el dolor con que te quiero,
que tengo miedo de quererte así.

(*Romancero*, 1924)

[10] poliédrica: *polyhedrical, many-sided.*

[11] desamparo: *forlornness.*

✤ LA PALMERA

Al llegar la hora esperada
en que de amarla me muera,
que dejen una palmera
sobre mi tumba plantada.

5 Así, cuando todo calle,
en el olvido disuelto,
recordará el tronco esbelto
la elegancia de su talle.

En la copa, que su alteza
10 doble con melancolía,
se abatirá la sombría
dulzura de su cabeza.

Entregará con ternura
la flor, al viento sonoro,
15 el mismo reguero[12] de oro
que dejaba su hermosura.* * *

Como un suspiro al pasar,
palpitando entre las hojas,
murmurará mis congojas
20 la brisa crepuscular.

Y mi recuerdo ha de ser,
en su angustia sin reposo,
el pájaro misterioso
que vuelve al anochecer.

✤ LIED DE LA BOCA FLORIDA

Al ofrecerte una rosa
el jardinero prolijo,
orgulloso de ella, dijo:
no existe otra más hermosa.

5 A pesar de su color,
su belleza y su fragancia,
respondí con arrogancia:
yo conozco una mejor.

Sonreíste tú a mi fiero
10 remoque[13] de paladín . . .
Y regresó a su jardín
cabizbajo el jardinero.

(Romancero, 1924)

✤ TONADA

Las tres hermanas de mi alma
novio salen a buscar.
La mayor dice: yo quiero,
quiero un rey para reinar.
5 Ésa fue la favorita,
favorita del sultán.

La segunda dice: yo
quiero un sabio de verdad,
que en juventud y hermosura
10 me sepa inmortalizar.
Ésa casó con el mago
de la ínsula de cristal.

La pequeña nada dice,
sólo acierta a suspirar.
15 Ella es de las tres hermanas
la única que sabe amar.
No busca más que el amor,
y no lo puede encontrar.

(Romancero, 1924)   *(Romancero, 1924)*

[12] reguero: *trickle, spilling.*   [13] remoque: *sarcastic word.*

⟳VIOLA ACHERONTIA[14]

Lo que deseaba aquel extraño jardinero, era crear la flor de la muerte. Sus tentativas remontaban a diez años, con éxito negativo siempre, porque considerando al vegetal sin alma, ateníase exclusivamente a la plástica. Injertos, combinaciones, todo había ensayado. La producción de la rosa negra ocupóle un tiempo; pero nada sacó de sus investigaciones. Después interesáronle las pasionarias y los tulipanes, con el único resultado de dos o tres ejemplares monstruosos, hasta que Bernardin de Saint-Pierre[15] lo puso en el buen camino, enseñándole como puede haber las analogías entre la flor y la mujer encinta, supuestas ambas capaces de recibir por "antojo" imágenes de los objetos deseados.

Aceptar este audaz postulado, equivalía a suponer en la planta un mental suficientemente elevado para recibir, concretar y conservar una impresión; en una palabra, para sugestionarse con intensidad parecida a la de un organismo superior. Esto era, precisamente, lo que había llegado a comprobar nuestro jardinero.

Según él, la marcha de los vástagos en las enredaderas obedecía a una deliberación seguida por resoluciones que daban origen a una serie de tanteos. De aquí las curvas y acodamientos, caprichosos al parecer, las diversas orientaciones y adaptaciones a diferentes planos, que ejecutan las guías, los gajos, las raíces. Un sencillo sistema nervioso presidía esas obscuras funciones. Había también en cada planta su bulbo cerebral y su corazón rudimentario, situados respectivamente en el cuello de la raíz y en el tronco.

La semilla, es decir, el ser resumido para la procreación, lo dejaba ver con toda claridad. El embrión de una nuez tiene la misma forma del corazón, siendo asaz parecida al cerebro la de los cotiledones.[16] Las dos hojas rudimentarias que salen de dicho embrión, recuerdan con bastante claridad dos ramas bronquiales cuyo oficio desempeñan en la germinación.

Las analogías morfológicas suponen casi siempre otras de fondo; y por esto la sugestión ejerce una influencia más vasta de lo que se cree sobre la forma de los seres. Algunos clarividentes de la historia natural, como Michelet y Fries,[17] presintieron esta verdad que la experiencia va confirmando. El mundo de los insectos pruébalo enteramente. Los pájaros ostentan colores más brillantes en los países cuyo cielo es siempre puro (Gould).[18] Los gatos blancos y de ojos azules son comúnmente sordos (Darwin).[19] Hay peces que llevan fotografiadas en la gelatina de su dorso las olas del mar (Strindberg).[20] El girasol mira constantemente al astro del día, y reproduce con fidelidad su núcleo, sus rayos y sus manchas (Saint-Pierre).

He aquí un punto de partida. Bacon[21] en su *Novum Organum* establece que el canelero[22] y otros odoríferos colocados cerca de lugares fétidos, retienen obstinadamente el aroma, rehusando su emisión, para impedir que se mezcle con las exhalaciones graves . . .

Lo que ensayaba el extraordinario jardinero con quien iba a verme, era una sugestión sobre las violetas. Habíalas encontrado singularmente nerviosas, lo cual

---

[14] Viola Acherontia: Lugones has invented this title basing it on the words *violeta* and *Aqueronte*, the river Acheron of the dead in Greek mythology. The Acheron was one of the five rivers of Hades.

[15] Bernardin de Saint-Pierre (1735–1814), French novelist and naturalist, a follower of Rousseau, best known for his sentimental worship of nature and his doctrine that everything in the universe was created for the special benefit of man.

[16] cotiledones: *cotyledons*, seed leaves, the first leaves that emerge from the seed.

[17] Jules Michelet (1798–1874), French historian and naturalist; Elias Magnus Fries (1794–1878), Swedish

botanist and microbiologist.

[18] John Gould (1804–1881), English ornithologist.

[19] Charles Darwin (1809–1882), English scientist who propounded the theory of evolution and the origin of the species.

[20] Johan August Strindberg (1849–1912), educated as a doctor, became Sweden's most famous dramatist.

[21] Francis Bacon (1561–1626), English philosopher and scientist who broke with the scholastics and proposed empirical research and the scientific method. He states his philosophy in the *Novum Organum*.

[22] canelero: *cinnamon tree*.

demuestra, agregaba, la afección y el horror siempre exagerados que les profesan las histéricas, y quería llegar a hacerlas emitir un tósigo mortal sin olor alguno: una ponzoña fulminante e imperceptible. ¿Qué se proponía con ello?, si no era puramente una extravagancia, permaneció siempre misterioso para mí.

Encontré un anciano de porte sencillo, que me recibió con cortesía casi humilde. Estaba enterado de mis pretensiones, por lo cual entablamos acto continuo la conversación sobre el tema que nos acercaba.

Quería sus flores como un padre, manifestando fanática adoración por ellas. Las hipótesis y datos consignados más arriba, fueron la introducción de nuestro diálogo; y como el hombre hallara en mí un conocedor, se encontró más a sus anchas.

Después de haberme expuesto sus teorías con rara precisión, me invitó a conocer sus violetas.

—He procurado, decía mientras íbamos, llevarlas a la producción del veneno que deben exhalar, por una evolución de su propia naturaleza; y aunque el resultado ha sido otro, comporta una verdadera maravilla; sin contar con que no desespero de obtener la exhalación mortífera. Pero ya hemos llegado; véalas usted.

Estaban al extremo del jardín, en una especie de plazoleta rodeada de plantas extrañas. Entre las hojas habituales, sobresalían sus corolas que al pronto tomé por pensamientos, pues eran negras.

—¡Violetas negras! exclamé.

—Sí, pues; había que empezar por el color, para que *la idea* fúnebre se grabara mejor en ellas. El negro es, salvo alguna fantasía china, el color natural del luto, puesto que lo es de la noche vale decir de la tristeza, de la disminución vital, y del sueño, hermano de la muerte. Además, estas flores no tienen perfume, conforme a mi propósito, y éste es otro resultado producido por un efecto de correlación. El color negro parece ser, en efecto,

adverso al perfume; y así tiene usted que sobre mil ciento noventa y tres especies de flores blancas, hay ciento setenta y cinco perfumadas y doce fétidas; mientras que sobre dieciocho especies de flores negras, hay diecisiete inodoras y una fétida. Pero esto no es lo interesante del asunto. Lo maravilloso está en otro detalle, que requiere, desgraciadamente, una larga explicación . . .

—No tema usted, respondí; mis deseos de aprender son todavía mayores que mi curiosidad.

—Oiga usted, entonces, cómo he procedido:

Primeramente, debí proporcionar a mis flores un medio favorable para el desarrollo de la idea fúnebre; luego, sugerirles esta idea por medio de una sucesión de fenómenos; después poner su sistema nervioso en estado de recibir la imagen y fijarla; por último, llegar a la producción del veneno, combinando en su ambiente y en su savia diversos tósigos vegetales. La herencia se encargaría del resto.

Las violetas que usted ve, pertenecen a una familia cultivada bajo ese régimen durante diez años. Algunos cruzamientos, indispensables para prevenir la degeneración, han debido retardar un tanto el éxito final de mi tentativa. Y digo éxito final, porque conseguir la violeta negra e inodora, ya es un resultado.

Sin embargo, ello no es difícil; redúcese a una serie de manipulaciones en las que entra por base el carbono con el objeto de obtener una variedad de añilina.[23] Suprimo el detalle de las investigaciones a que debí entregarme sobre las toluidinas y los xilenos,[24] cuyas enormes series me llevarían muy lejos, vendiendo, por otra parte, mi secreto. Puedo darle, no obstante, un indicio: el origen de los colores que llamamos añilinas es una combinación de hidrógeno y carbono; el trabajo químico posterior, se reduce a fijar oxígeno y nitrógeno, produciendo los álcalis[25] artificiales cuyo tipo es la añilina, y obteniendo

---

[23] añilina: *aniline,* a dye from coal tars; originally an indigo dye from a West Indian plant.
[24] xilenos: *xylenes,* coal tar derivatives, benzene-like

solvents used to make artificial colors and antiseptics.
[25] álcalis: *alkalies,* poisonous hydroxides capable of neutralizing acids.

derivados después. Algo semejante he hecho yo. Usted sabe que la clorófila es muy sensible, y a esto se debe más de un resultado sorprendente. Exponiendo matas de hiedra a la luz solar, en un sitio donde ésta entraba por aberturas romboidales solamente, he llegado a alterar la forma de su hoja, tan persistente, sin embargo, que es el tipo geométrico de la curva cisoides;[26] y luego, es fácil observar que las hierbas rastreras de un bosque, se desarrollan imitando los arabescos de la luz a través del ramaje . . .

Llegamos ahora al procedimiento capital. La sugestión que ensayo sobre mis flores es muy difícil de efectuar, pues las plantas tienen su cerebro debajo de tierra: son seres inversos. Por esto me he fijado más en la influencia del medio como elemento fundamental. Obtenido el color negro de las violetas, estaba conseguida la primera nota fúnebre. Planté luego en torno los vegetales que usted ve: estramonio,[27] jazmín y belladona. Mis violetas quedaban, así, sometidas a influencias química y fisiológicamente fúnebres. La solanina[28] es, en efecto, un veneno narcótico; así como la daturina contiene hioscyamina y atropina, dos alcaloides dilatadores de la pupila que producen la megalopsia, o sea el agrandamiento de los objetos. Tenía, pues, los elementos del sueño y de la alucinación, es decir, dos productores de pesadillas; de modo que a los efectos específicos del color negro, del sueño y de las alucinaciones, se unía el miedo.

Debo añadirle que para redoblar las impresiones alucinantes, planté además el beleño[29] cuyo veneno radical es precisamente la hioscyamina.

—¿Y de qué sirve, puesto que la flor no tiene ojos? pregunté.

—Ah, señor; no se ve únicamente con los ojos, replicó el anciano. Los sonámbulos ven con los dedos de la mano y con la planta de los pies. No olvide usted que aquí se trata de una sugestión.

Mis labios rebosaban de objeciones; pero callé, por ver hasta dónde iba a llevarnos el desarrollo de tan singular teoría.

—La solanina y la daturina, prosiguió mi interlocutor, se aproximan mucho a los venenos cadavéricos—ptomaínas y leucomaínas[30]—que exhalan olores de jazmín y de rosa. Si la belladona y el estramonio me dan aquellos cuerpos, el olor está suministrado por el jazminero y por ese rosal cuyo perfume aumento, conforme a una observación de de Candolle,[31] sembrando cebollas en sus cercanías. El cultivo de las rosas está ahora muy adelantado, pues los ingertos han hecho prodigios; en tiempo de Shakespeare se ingertó recién las primeras rosas en Inglaterra . . .

Aquel recuerdo que tendía a halagar visiblemente mis inclinaciones literarias, me conmovió.

—Permítame, dije, que admire de paso su memoria verdaderamente juvenil.

—Para extremar aún la influencia sobre mis flores, continuó él sonriendo vagamente, he mezclado a los narcóticos plantas cadavéricas. Algunos arum y orchis, una stapelia[32] aquí y allá, pues sus olores y colores recuerdan los de la carne corrompida. Las violetas sobreexcitadas por su excitación amorosa natural, dado que la flor es un órgano de reproducción, aspiran el perfume de los venenos cadavéricos añadido al olor del cadáver mismo; sufren la influencia soporífera de los narcóticos que las predisponen a la hipnosis, y la megalopsia alucinante de los venenos dilatadores de la pupila. La sugestión fúnebre comienza así a efectuarse con toda intensidad; pero todavía aumento la sensibilidad anormal en que la flor se encuentra por la inmediación de esas potencias vegetales, aproximándole de tiempo en tiempo una mata de valeriana y de espuelas de

---

[26] curva cisoides: *cissoid curve*, a curve converging into an apex, the angle formed by the concave sides of two intersecting curves. The Greek Diocles (first and second centuries B.C.) discovered and explained the geometric principles involved.

[27] estramonio: *stramonium*, poisonous weed of the nightshade family; jimson weed or stinkweed.

[28] solanina . . . daturina: *solanine . . . stramonium*, plant poisons. The latter contains the poisonous alkaloids *hyoscyamine* and *atropine*.

[29] beleño: *henbane*, a narcotic plant.

[30] ptomaínas y leucomaínas: *ptomaines and leucomaines*, alkaloids found in decaying matter.

[31] Auguste Candolle (1778–1841), Swiss botanist.

[32] arum, orchis, stapelia: exotic medicinal plants.

caballero cuyo cianuro la irrita notablemente. El etileno de la rosa colabora también en este sentido.

Llegamos ahora al punto culminante del experimento, pero antes deseo hacerle esta advertencia: el ¡ay! humano es un grito de la naturaleza.

Al oír este brusco aparte, la locura de mi personaje se me presentó evidente; pero él, sin darme tiempo a pensarlo bien siquiera prosiguió:

—El ¡ay! es, en efecto, una interjección de todos los tiempos. Pero lo curioso es que entre los animales sucede también así. Desde el perro, un vertebrado superior, hasta la esfinge calavera, una mariposa, el ¡ay! es una manifestación de dolor y de miedo. Precisamente el extraño insecto que acabo de nombrar, y cuyo nombre proviene de que lleva dibujada una calavera en el coselete, recuerda bien la fauna lúgubre en la cual el ¡ay! es común. Fuera inútil recordar a los buhos; pero sí debe mencionarse a ese extraviado de las selvas primitivas, el perezoso,[33] que parece llevar el dolor de su decadencia en el ¡ay! específico al cual debe uno de sus nombres . . .

Y bien; exasperado por mis diez años de esfuerzos, decidí realizar ante las flores escenas crueles que las impresionaran más

aún, sin éxito también; hasta que un día . . .

. . . Pero aproxímese, juzgue por usted mismo.

Su cara tocaba las negras flores, y casi obligado hice lo propio. Entonces—cosa inaudita—me pareció percibir débiles quejidos. Pronto hube de convencerme. Aquellas flores se quejaban en efecto, y de sus corolas obscuras surgía una pululación de pequeños ayes muy semejantes a los de un niño. La sugestión habíase operado en forma completamente imprevista, y aquellas flores, durante toda su breve existencia, no hacían sino llorar.

Mi estupefacción había llegado al colmo, cuando de repente una idea terrible me asaltó. Recordé que al decir de las leyendas de hechicería, la mandrágora[34] llora también cuando se la ha regado con la sangre de un niño; y con una sospecha que me hizo palidecer horriblemente, me incorporé.

—Como las mandrágoras, dije.

—Como las mandrágoras, repitió él palideciendo aún más que yo.

Y nunca hemos vuelto a vernos. Pero mi convicción de ahora es que se trata de un verdadero bandido, de un perfecto hechicero de otros tiempos, con sus venenos y sus flores de crimen. ¿Llegará a producir la violeta mortífera que se propone? ¿Debe entregar su nombre maldito a la publicidad? . . .

(Las fuerzas extrañas, 1926)

---

[33] perezoso: *jungle sloth.*

[34] mandrágora: *mandrake,* poisonous plant of the nightshade family which has a fetid odor and purple or white flowers. Its thick root is often forked and was formerly thought to resemble the human form. In medicine the root has narcotic and emetic qualities. In ancient folklore the mandrake root was thought to possess wonderful virtues, such as bringing fertility to long-sterile women. The root was believed to utter a scream when it was pulled from the ground, and it was widely thought that the one who pulled it out would die, hence animals were often tied to the plant and forced to run, thus jerking it from the ground. The mandrake was also supposed to be an aphrodisiac, hence the common name *love apple.*

⌇⌇⌇Julio Herrera y Reissig

URUGUAY, 1875–1910   This talented poet initiated his career as a
writer by producing romantic verses, but very soon new influences, from
Darío and Lugones and some of the French symbolists, particularly
Albert Samain (1858–1900) and Jules Laforgue (1860–1887), effected a
change in his style. In the early numbers of a periodical, *La revista* (1899–
1900), he reacted against the absolutism and tradition of the old forms,
but did not wish to identify himself completely with the newest tendencies. He referred to symbolism as "un largo crepúsculo," a kind of
aurora borealis "que hace del firmamento de su escuela una paleta
confusa, un derroche desordenado de flores exóticas de todos los países y
de todas las latitudes. No se sabe si ha nacido o está por nacer. Lo
ridículo se muestra al· lado de lo sublime." A few months after writing
these lines, however, he published poems in the new vein in the same
journal.

Herrera y Reissig has often been regarded as an abstruse poet, but in
recent years his glowing images have evoked increasing praise. He is still
a poet's poet, however, rather than a popular bard. His is an animistic
universe in which all things possess an emotional life and form. Even
abstract qualities acquire movement and life. He uses synesthesia
frequently, equating one sense reception with another, and produces a
new hypothetical reality with his concatenation of images. He is a
fascinating poet to read and to decipher.

The chronology of the poems is uncertain and their identification
with the several titles that constitute the complete works is at best
contradictory. Therefore, in establishing their order of appearance, an
attempt has been made to reconciliate the differences between the two
norms to be followed. In so doing the deciding factor has been that of
sequence of form and theme.

ᨆEL DESPERTAR

Alisia y Cloris abren de par en par la puerta,
y torpes, con el dorso de la mano haragana
restréganse los húmedos ojos de lumbre incierta,
por donde huyen los últimos sueños de la
mañana . . .

5 La inocencia del día se lava en la fontana,
el arado en el surco vagaroso despierta,

y en torno de la casa rectoral, la sotana
del cura se pasea gravemente en la huerta . . .

Todo suspira y ríe. La placidez remota
10 de la montaña sueña celestiales rutinas.
El esquilón repite siempre su misma nota

de grillo de las cándidas églogas matutinas.
Y hacia la aurora sesgan agudas golondrinas,
como flechas perdidas de la noche en derrota.

(Poesías completas, 1961)

ᨆLA NOVICIA[1]

Surgiste, emperatriz de los altares,
esposa de tu dulce nazareno,
con tu atavío vaporoso, lleno
de piedras, brazaletes y collares.

5 Celoso de tus júbilos albares,[2]
el ataúd te recogió en su seno,
y hubo en tu místico perfil un pleno
desmayo de crepúsculos lunares.

Al contemplar tu cabellera muerta,
10 avivóse en mi espíritu una incierta
huella de amor. Y mientras que los bronces

se alegraban, brotaron tus pupilas
lágrimas que ignoraban hasta entonces
la senda en flor de tus ojeras lilas.

(Poesías completas, 1961)

ᨆCOLOR DE SUEÑO

Anoche vino a mí, de terciopelo;
sangraba fuego de su herida abierta;
era su palidez de pobre muerta,
y sus náufragos ojos sin consuelo . . .

5 Sobre su mustia frente descubierta
languidecía un fúnebre asfodelo;
y un perro aullaba, en la amplitud de hielo,
al doble cuerno de una luna incierta . . .

Yacía el índice en su labio, fijo
10 como por gracia de hechicero encanto,
y luego que, movido por su llanto,

quién era, al fin, la interrogué, me dijo:
—Ya ni siquiera me conoces, hijo,
¡si soy tu alma, que ha sufrido tanto!

(Poesías completas, 1961)

ᨆJULIO

Flota sobre el esplín de la campaña
una jaqueca sudorosa y fría,
y las ranas celebran en la umbría
una función de ventriloquia extraña.

5 La Neurastenia gris de la montaña
piensa, por singular telepatía,
con la adusta y claustral monomanía
del convento senil de la Bretaña.

Frío, frío, frío!
Pieles, nostalgias y dolores mudos.

Resolviendo una suma de ilusiones,
10 como un Jordán de cándidos vellones
la majada eucarística se integra;

y a lo lejos el cuervo pensativo
sueña acaso en un Cosmos abstractivo
como una luna pavorosa y negra.

(Poesías completas, 1961)

---

[1] La novicia: *the novitiate.*

[2] albar: *gleaming white.*

⤳EL ALBA

Humean en la vieja cocina hospitalaria
los rústicos candiles. Madrugadora leña
infunde una sabrosa fragancia lugareña;
y el desayuno mima[3] la vocación agraria.

5 Rebota en los collados[4] la grita rutinaria
del boyero[5] que a ratos deja la yunta y sueña.
Filis prepara el huso. Tetis, mientras ordeña,[6]
ofrece a Dios la leche blanca de su plegaria.

Acongojando el valle con sus beatos nocturnos,
10 salen de los establos, lentos y taciturnos,
los ganados. La joven brisa se despereza.

Y como una pastora, en piadoso desvelo,
con sus ojos de bruma, de una dulce pereza,
el Alba mira en éxtasis las estrellas del cielo.

(Poesías completas, 1961)

⤳EL CURA

Es el Cura . . . Lo han visto las crestas silenciarias
luchando de rodillas con todos los reveses,
salvar en pleno invierno los riesgos montañeses
o trasponer de noche las rutas solitarias.

5 De su mano propicia, que hace crecer las mieses,
saltan como sortijas gracias involuntarias;
y en su asno taumaturgo[7] de indulgencias plenarias
hasta el umbral del cielo lleva a sus feligreses . . .[8]

Él pasa del hisopo[9] al zueco y a la guadaña;[10]
10 él ordeña la pródiga ubre de su montaña
para encender con oros el pobre altar de pino;

de sus sermones fluyen suspiros de albahaca:[11]
el único pecado que tiene es un sobrino . . .
Y su piedad humilde lame como una vaca.

(Poesías completas, 1961)

⤳LA CASA DE LA MONTAÑA

Ríe estridentes glaucos[12] el valle; el cielo franca
risa de azul; la aurora ríe su risa fresa;
y en la era en que ríen granos de oro y turquesa
exulta con cromático relincho una potranca . . .[13]

---

[3] mima: *pampers, indulges.*
[4] rebota en los collados: *rebounds over the hills.*
[5] boyero: *oxherd.*
[6] Filis . . . ordeña: *Phyllis prepares the spindle. Thetis, while she is milking . . .* Phyllis is a country girl in Virgil's third and fifth *Eclogues.* She represents any country maiden. Thetis, in Greek legend, is the chief of the sea-nymphs and the mother of Achilles.

[7] taumaturgo: *thaumaturgic, miracle-working.*
[8] feligrés: *parishoner.*
[9] hisopo: *hysop,* instrument that sprinkles holy water.
[10] zueco . . . guadaña: *rustic shoe . . . scythe.*
[11] albahaca: *sweet basil.*
[12] glauco: *gray-blue,* also the whitish blue bloom of grapes and plums that can be rubbed off.
[13] potranca: *young mare.*

Sangran su risa flores rojas en la barranca;
en sol y cantos ríe hasta una oscura huesa;
en el hogar del pobre ríe la limpia mesa,
y allá sobre las cumbres la eterna risa blanca . . .

Mas nada ríe tanto, con risas tan dichosas,
como aquella casuca de corpiño de rosas
y sombrero de teja, que ante el lago se aliña . . .

¿Quién la habita? . . . Se ignora. Misteriosa y huraña
se está lejos del mundo sentada en la montaña,
y ríe de tal modo que parece una niña.

(*Poesías completas*, 1961)

LA VUELTA DE LOS CAMPOS

La tarde paga en oro divino las faenas . . .
Se ven limpias mujeres vestidas de percales,
trenzando sus cabellos con tilos y azucenas,
o haciendo sus labores de aguja en los umbrales.

Zapatos claveteados y báculos[14] y chales . . .
Dos mozas con sus cántaros se deslizan apenas.
Huye el vuelo sonámbulo de las horas serenas.
Un suspiro de Arcadia peina los matorrales . . .

Cae un silencio austero . . . Del charco que se nimba,[15]
estalla una gangosa balada de marimba.
Los lagos se amortiguan con espectrales lampos;

las cumbres, ya quiméricas, corónanse de rosas . . .
Y humean,[16] a lo lejos, las rutas polvorosas
por donde los labriegos regresan de los campos.

(*Poesías completas*, 1961)

EL REGRESO

La tierra ofrece el ósculo de un saludo paterno . . .
Pasta un mulo la hierba mísera del camino,
y la montaña luce, al tardo sol de invierno,
como una vieja aldeana, su delantal de lino.

Un cielo bondadoso y un céfiro tierno . . .
La zagala descansa de codos bajo el pino,
y densos los ganados, con paso paulatino,
acuden a la música sacerdotal del cuerno.

---

[14] báculo: *staff.*
[15] Del charco . . . nimba: *From the pool that is halved.*
[16] humean: *they are giving off smoke.*

Trayendo sobre el hombro leña para la cena,
10 el pastor, cuya ausencia no dura más de un día,
camina lentamente rumbo de la alquería.

Al verlo la familia le da la enhorabuena . . .
Mientras el perro, en ímpetus de lealtad amena,
describe coleando círculos de alegría.

(Poesías completas, 1961)

ᏬᏓᎬᏓᎬ DECORACIÓN HERÁLDICA

Soñé que te encontrabas junto al muro
glacial donde termina la existencia
paseando tu magnífica opulencia
de doloroso terciopelo oscuro.

5 Tu pie, decoro del marfil más puro,
hería, con satánica inclemencia,
las pobres almas, llenas de paciencia,
que aún se brindaban a tu amor perjuro.

Mi dulce amor, que sigue sin sosiego,
10 igual que un triste corderito ciego,
la huella perfumada de tu sombra,

buscó el suplicio de tu regio yugo,
y bajo el raso de tu pie verdugo
puse mi esclavo corazón de alfombra.

(Poesías completas, 1961)

ᏬᏓᎬᏓᎬ NIRVANA CREPUSCULAR

Con su veste en color de serpentina,
reía la voluble Primavera . . .
Un billón de luciérnagas de fina
esmeralda, rayaba la pradera.

5 Bajo un aire fugaz de muselina,
todo se idealizaba, cual si fuera
el vago panorama la divina
materialización de una quimera . . .

En consustanciación con aquel bello
10 nirvana gris de la Naturaleza,
te inanimaste . . . Una irreal pereza

mimó tu rostro de incitante vello,
y al son de mis suspiros, tu cabeza
durmióse como un pájaro en mi cuello . . .

(Poesías completas, 1961)

ᏬᏓᎬᏓᎬ PANTEÍSMO

Los dos sentimos ímpetus reflejos,
oyendo, junto al mar, los fugitivos
sueños de Gluck,[17] y por los tiempos viejos
rodaron en su tez oros furtivos . . .

5 La luna hipnotizaba nimbos vivos,
surgiendo entre abismáticos espejos.
Calló la orquesta y descendió a lo lejos
un enigma de puntos suspensivos . . .

Luego: la inmensidad, el astro, el hondo
10 silencio, todo pentró hasta el fondo
silencio, todo penetró hasta el fondo
de nuestro ser . . . Un inaudito halago

de consustanciación y aéreo giro
electrizónos, y hacia el éter vago
15 subimos en la gloria de un suspiro! . . .

(Poesías completas, 1961)

[17] Gluck: Germanic composer (1714–1787).

᧞EL BESO

Disonó tu alegría en el respeto
de la hora, como una rima ingrata,
en toilette cruda, tableteado peto
y pasamanerías de escarlata . . .[18]

5 De tu peineta de bruñida plata
se enamoró la tarde, y junto al seto,
loqueando, me crispaban de secreto
tus actitudes lúbricas de gata.

De pronto, cuando en fútiles porfías[19]
10 me ajaban[20] tus nerviosas ironías,
selló tu risa, de soprano alegro,

con un deleite de alevoso alarde,[21]
mi beso, y fue a perderse con la tarde
en el país de tu abanico negro . . .

(Poesías completas, 1961)

᧞LA GOTA AMARGA

Soñaban con la Escocia de tus ojos
verdes, los grandes lagos amarillos;
y engarzó[22] un nimbo de esplendores rojos
la sangre de la tarde en tus anillos.

5 En la bíblica paz de los rastrojos
gorjearon los ingenuos caramillos,[23]
un cántico de arpegios tan sencillos
que hablaban de romeros y de hinojos.[24]

¡Y dimos en sufrir! Ante aquel canto
10 crepuscular, escintiló tu llanto.[25]
Viendo nacer una ilusión remota,

callaron nuestras almas hasta el fondo.
Y como un cáliz angustioso y hondo
mi beso recogió la última gota.

(Poesías completas, 1961)

᧞EL JURAMENTO

A plena inmensidad, todas las cosas
nos efluviaron de un secreto mago.
Walter Scott erraba sobre el lago,
y Lamartine soñaba entre las rosas.

5 Los dedos en prisiones temblorosas,
nos henchimos de azul éxtasis vago,
venciendo a duras penas un amago[26]
inefable de lágrimas dichosas.

Ante Dios y los astros, nos juramos
10 amarnos siempre como nos amamos.
Y un astro fugitivo, aquel momento,

sesgó de plano a plano el Infinito,
como si el mismo Dios hubiera escrito
su firma sobre nuestro juramento.

(Poesías completas, 1961)

᧞EL CREPÚSCULO DE MARTIRIO

Con sigilo de felpa[28] la lejana
piedad de tu sollozo en lo infinito
desesperó, como un clamor maldito
que no tuviera eco . . . La cristiana

Te vi en el mar, te oí en el viento . . .—Ossian[27]

5 viudez de aquella hora en la campana,
llegó a mi corazón . . . y en el contrito
recogimiento de la tarde, el grito
de un vapor fue a morir a tu ventana.

---

[18] tableteado . . . escarlata: *rattling breastcover and scarlet lace.*

[19] porfía: *stubborn argument.*

[20] me ajaban: *withered and wore me out.*

[21] alevoso alarde: *perfidious display.*

[22] engarzar: *to link, enclose.*

[23] gorjearon . . . caramillos: *the shawms trilled.* Shawm (*caramillo*) was the forerunner of the modern oboe.

[24] de romeros y de hinojos: *of rosemary and fennel.* These words also mean *pilgrims* and *kneeling.*

[25] escintilar: *to flash forth.*

[26] amago: *threat, menace.*

[27] Ossian: legendary Gaelic poet and warrior (circa third century A.D.). James Macpherson (1736–1796) claimed that he had found Ossian's manuscript in the Scotch Highlands, and that the poems he published in 1760–1763 were translated from this. Modern criticism regards most of this poetry as Macpherson's own invention.

[28] felpa: *soft plush.*

Los sauces padecían con los vagos
10 insomnios del molino . . . La profunda
superficialidad de tus halagos

se arrepintió en el mar . . . Y en las riberas
echóse a descansar, meditabunda,
la caravana azul de tus orejas! . . .

(Poesías completas, 1961)

⟆EPITALAMIO[29] ANCESTRAL

Con pompas de brahmánicas unciones,
abrióse el lecho de tus primaveras,
ante un lúbrico rito de panteras
y una erección de símbolos varones . . .

5   Al trágico fulgor de los hachones,[30]
ondeó la danza de las bayaderas,[31]
por entre una apoteosis de banderas
y de un siniestro trueno de leones.

Ardió al epitalamio de tu paso,
10 un himno de trompetas fulgurantes . . .
Sobre mi corazón los hierofantes[32]

ungieron tu sandalia, urna de raso,
a tiempo que cien blancos elefantes
enroscaron su trompa hacia el ocaso.

(Poesías completas, 1961)

⟆OJOS NEGROS

La noche del odio eterno
cristalizó en el diamante
de tus pupilas, que el Dante
tomara por el Infierno.

5   Desoladas en su interno
maleficio obsesionante,
hay en su noche enervante:
vacío, caos e invierno.

Aunque a traición me han herido
10 con sus filosos destellos,
dame, por Dios, esos bellos

ojos que tanto he querido,
ay, para enlutar con ellos
el féretro de tu olvido.

(Poesías completas, 1961)

---

[29] epitalamio: *epithalamium*, poem composed to celebrate a wedding. Literal meaning: *on the wedding couch.*
[30] hachón: *torch.*

[31] bayadera: *woman dancer of India.*
[32] hierofante: *pagan priest*, one who officiated at the Eleusinian Mysteries.

Ricardo Jaimes Freyre

BOLIVIA, 1868–1933   Jaimes Freyre, like many other modernists, lived and wrote in a poetic world of his own creation. It was a world of nordic splendor, fantastic as a dream of Valhalla, but warm with the innately subdued coloring which was the poet's racial heritage from the Latins. His images are lyrical, not grotesque like those of Herrera y Reissig, and they are cast in a classic mold. The poet's primary importance in the modernist movement is his virtuosity as an innovator of metrical forms. His polished elegance is characteristic of the finest distillation of the modernist spirit.

EL CANTO DEL MAL

Canta Lok[1] en la obscura región desolada,
y hay vapores de sangre en el canto de Lok.
El Pastor apacienta su enorme rebaño de hielo,
que obedece,—gigantes[2] que tiemblan,—la voz del Pastor.
5   Canta Lok a los vientos helados que pasan,
y hay vapores de sangre en el canto de Lok.

Densa bruma se cierne. Las olas se rompen
en las rocas abruptas, con sordo fragor.
En su dorso sombrío se mece la barca salvaje
10 del guerrero de rojos cabellos, huraño y feroz.
Canta Lok a las olas rugientes que pasan,
y hay vapores de sangre en el canto de Lok.

Cuando el himno del hierro se eleva al espacio
y a sus ecos responde siniestro clamor,
15 y en el foso, sagrado y profundo, la víctima busca,
con sus rígidos brazos tendidos, la sombra del Dios,
canta Lok a la pálida Muerte que pasa
y hay vapores de sangre en el canto de Lok.

(Castalia bárbara, 1899)

[1] Lok: the *Loki*, or god of fire of Scandinavian mythology. He represents the spirit of evil from which springs all of man's unhappiness and anguish. He is constantly fighting gods, men, and giants. He has an insaciable destructive instinct, thus symbolizes that instinct in mankind.

[2] gigantes: the race of giants is different from both the gods and men. They personified the powerful forces of nature. The poet is referring to the "frost" giants.

⌘ᴀᴇᴛᴇʀɴᴜᴍ ᴠᴀʟᴇ[3]

Un Dios misterioso y extraño visita la selva.[4]
Es un Dios silencioso que tiene los brazos abiertos.
Cuando la hija de Thor[5] espoleaba su negro caballo,
le vio erguirse, de pronto, a la sombra de un añoso fresno.[6]
5   Y sintió que se helaba su sangre
ante el Dios silencioso que tiene los brazos abiertos.

De la fuente de Imer,[7] en los bordes sagrados, más tarde,
la Noche[8] a los Dioses absortos reveló el secreto;
el Águila[9] negra y los Cuervos de Odín[10] escuchaban,
10 y los Cisnes que esperan la hora del canto postrero;
    y a los Dioses mordía el espanto
de ese Dios silencioso que tiene los brazos abiertos.

En la selva agitada se oían extrañas salmodias;
mecía la encina y el sauce quejumbroso viento;
15 el bisonte y el alce rompían las ramas espesas,
y a través de las ramas espesas huían mugiendo.
    En la lengua sagrada de Orga[11]
despertaban del canto divino los divinos versos.

Thor, el rudo, terrible guerrero que blande la maza,
20 —en sus manos es arma la negra montaña de hierro—,
va a aplastar, en la selva, a la sombra del árbol sagrado,
a ese Dios silencioso que tiene los brazos abiertos.
    Y los Dioses contemplan la maza rugiente,
que gira en los aires y nubla la lumbre del cielo.

25 Ya en la selva sagrada no se oyen las viejas salmodias,
ni la voz amorosa de Freya[12] cantando a lo lejos;
agonizan los Dioses que pueblan la selva sagrada,
y en la lengua de Orga se extinguen los divinos versos.
    Solo, erguido a la sombra de un árbol,
30 hay un Dios silencioso que tiene los brazos abiertos.[13]

(*Castalia bárbara*, 1899)

---

[3] Aeternum vale: *Eternal farewell*, the "Twilight of the Gods" or grand cataclysm in which the entire universe is to be destroyed.

[4] selva: in the forest outside Odin's abode the leaves were pure gold.

[5] la hija de Thor: Thor was the most powerful Nordic god; by wielding his hammer (thunder) he mastered the other gods. His daughter was Thrud, the thundercloud.

[6] fresno: *ash tree*. The ash Yggdrasil was considered the most sacred resting place of the Nordic gods. The tree was created by Odin and represented the universe, time, and life.

[7] Imer: the fountain or well of Imer (or Mimir) lies beneath the roots of the sacred ash Yggdrasil. It was believed that this fountain was the sea itself lapping the immense roots of the sacred ash.

[8] Noche: *Nott*, goddess of darkness and night.

[9] Águila: the eagle that sits in the ash tree; he knows all things.

[10] Cuervos de Odín: Odin, the chief or father god of Scandinavian mythology, has two ravens that sit on his shoulders. They bring him news of the universe. The two ravens represent "thought" and "memory."

[11] Orga: this is a name invented by the poet; it suggests *Orco*, "hell."

[12] Freya: wife of Odin, the goddess of love and marriage.

[13] Christ.

᎒᎒Las voces tristes

Por las blancas estepas
se desliza el trineo;
los lejanos aullidos de los lobos
se unen al jadeante resoplar de los perros.

5 Nieva.
Parece que el espacio se envolviera en un velo,
tachonado de lirios[14]
por las alas del cierzo.

El infinito blanco . . .
10 sobre el vasto desierto,
flota una vaga sensación de angustia,
de supremo abandono, de profundo y sombrío
desaliento.

Un pino solitario
15 dibújase a lo lejos,
en un fondo de brumas y de nieve,
como un largo esqueleto.

Entre los dos sudarios[15]
de la tierra y el cielo,
20 avanza en el Naciente
el helado crepúsculo de invierno . . .

(Castalia bárbara, 1899)

᎒᎒Siempre

Peregrina paloma imaginaria

Peregrina paloma imaginaria
que enardeces los últimos amores,
alma de luz, de música y de flores,
peregrina paloma imaginaria,

5 vuela sobre la roca solitaria
que baña el mar glacial de los dolores;
haya, a tu paso, un haz de resplandores
sobre la adusta roca solitaria . . .

Vuela sobre la roca solitaria,
10 peregrina paloma, ala de nieve
como divina hostia, ala tan leve

como un copo de nieve; ala divina,
copo de nieve, lirio, hostia, neblina,
peregrina paloma imaginaria . . .

(Castalia bárbara, 1899)

᎒᎒Lustral[16]

Llamé una vez a la visión
              y vino.
Y era pálida y triste, y sus pupilas
ardían como hogueras de martirios.
5 Y era su boca como una ave negra
de negras alas.
              En sus largos rizos
había espinas. En su frente arrugas.
Tiritaba.
10   Y me dijo:
—¿Me amas aún?

Sobre sus negros labios
posé los labios míos;
en sus ojos de fuego hundí mis ojos
15 y acaricié la zarza de sus rizos.
Y uní mi pecho al suyo, y en su frente
apoyé mi cabeza.
              Y sentí el frío
que me llegaba al corazón. Y el fuego
20 en los ojos.
              Entonces
se emblanqueció mi vida como un lirio.

(Castalia bárbara, 1899)

---

[14] tachonado de lirios: *trimmed with lilies.*
[15] sudarios: *shrouds, cloths* (for the faces of the dead).

[16] lustral: *purifying water,* used by the ancients in religious rites.

Lo Fugaz

La rosa temblorosa
se desprendió del tallo,
y la arrastró la brisa
sobre las aguas turbias del pantano.

5 Una onda fugitiva
le abrió su seno amargo,
y estrechando a la rosa temblorosa
la deshizo en sus brazos.

Flotaron sobre el agua
10 las hojas como miembros mutilados,
y confundidas con el lodo negro,
negras, aun más que el lodo, se tornaron.

Pero en las noches puras y serenas
se sentía vagar en el espacio
15 un leve olor de rosa
sobre las aguas turbias del pantano.

(*Los sueños son vida*, 1917)

ᨆᨆᨆJosé Santos Chocano

PERU, 1875-1934   This poet, propagandist, favorite or enemy of
tyrants as the moment dictated, was one of Latin America's most
forceful and most popular voices. He sang of the glory of his people,
exalted their heroes, defended their Indians, painted the flora and fauna
of their countries in somewhat the same way that Walt Whitman
chanted the song of North America and its dream of democracy.
Chocano wanted to be Indian and Spaniard all rolled into one; his
voice was the cry of the mestizo shouting out defiance to the white man.
His declamatory lines and usually conventional verse are perfect
vehicles for expressing that sense of over-dramatization which is one of
the characteristics of many a warm-blooded race. His sonorous baritone
occasionally irks the sensibilities of more refined Latin Americans, but it
brings a popular response from the masses, who love the ring of poetry
when there is a resonant music to its verse. Chocano likes the brasses of
his orchestra, but he does not neglect completely the muted horns and
the reeds. The "I" in him is inordinate, but it is an "I" which derives
straight from the heart, the flesh, and the earth of his people. At times
when this ego is subordinated to a grander theme, he reaches heights of
true descriptive splendor, or touches the magic spring of interpretation
or prophecy. He is the born poet of the tropics, who loves colors that are
lush and warm that he may make them into the full, waving banners of
his multicolored procession.

ᨆᨆBLASÓN[1]

Soy el cantor de América autóctono[2] y
    salvaje;
mi lira tiene un alma, mi canto un ideal.
Mi verso no se mece colgado de un ramaje
5 con un vaivén pausado de hamaca tropical . . .

    Cuando me siento Inca, le rindo vasallaje
al Sol, que me da el cetro de su poder real;

cuando me siento hispano y evoco el Coloniaje,
parecen mis estrofas trompetas de cristal . . .
10   Mi fantasía viene de un abolengo moro:
los Andes son de plata, pero el León de oro;
y las dos castas fundo con épico fragor.

    La sangre es española e incaico es el latido;
¡ y de no ser Poeta, quizás yo hubiese sido
15 un blanco Aventurero o un indio Emperador!

(*Alma América*, 1906)

---

[1] blasón: *coat-of-arms*. In poetics the word came to
mean "a declaration of poetic principles," or a
"manifesto."

[2] autóctono: *autochthonous, native, aboriginal.*

Los Andes

Cual se ve la escultórica serpiente
de Laoconte[3] en mármoles desnudos,
los Andes trenzan sus nerviosos nudos
en el cuerpo de todo un Continente.

5 Horror dantesco estremecer se siente
por sobre ese tropel de héroes membrudos,
que se alzan con graníticos escudos
y con cascos[4] de plata refulgente.

La angustia de cada héroe es infinita,
10 porque quiere gritar, retiembla, salta,
se parte de dolor, . . . pero no grita;

y sólo deja, extático y sombrío,
rodar, desde su cúspide más alta,
la silenciosa lágrima de un río . . .

(Alma América, 1906)

La visión del cóndor

Una vez bajó el cóndor de su altura
a pugnar con el boa, que, hecho un lazo,
dormía astutamente en el regazo
compasivo de trágica espesura.

5 El cóndor picoteó la escama dura;
y la sierpe, al sentir el picotazo,
fingió en el césped el nervioso trazo
con que la tempestad firma en la anchura.

El cóndor cogió al boa; y en un vuelo
10 sacudiólo con ímpetu bravío,
y lo dejó caer desde su cielo.

Inclinó la mirada al bosque umbrío;
y pudo ver que, en el lejano suelo,
en vez del boa, serpenteaba un río.

(Alma América, 1906)

Caupolicán

Ya todos los caciques probaron el madero.[5]
—¿Quién falta?—Y la respuesta fue un arrogante:—¡Yo!
—¡Yo!—dijo; y, en la forma de una visión de Homero,
del fondo de los bosques Caupolicán surgió.

5 Echóse el tronco encima, con ademán ligero;
y estremecerse pudo, pero doblarse no.
Bajo sus pies, tres días crujir hizo el sendero;
y estuvo andando . . . andando . . . y andando se durmió.

Andando, así, dormido, vio en sueños al verdugo;
10 él muerto sobre un tronco, su raza con el yugo,
inútil todo esfuerzo y el mundo siempre igual.

Por eso, al tercer día de andar por valle y sierra,
el tronco alzó en los aires y lo clavó en la tierra
¡como si el tronco fuese su mismo pedestal!

(Alma América, 1906)

---

[3] Laoconte: *Laocoön,* in Greek legend a priest of Apollo who warned the Trojans not to accept the famous wooden horse of the Greeks. Shortly thereafter, Athena, who sympathized with the Greeks, sent two enormous sea serpents to attack him and his two sons while he was praying in the temple. Laocoön and one or both of his sons were killed. A famous Greek statue now in the Vatican shows Laocoön and his sons struggling with the serpent.

[4] cascos: *helmets.*

[5] Cf. pages 47–48, 52–53, and 414.

ᘯᘏᘏᕫLOS VOLCANES

Cada volcán levanta su figura,
cual si de pronto, ante la faz del cielo,
suspendiesen el ángulo de un velo
dos dedos invisibles de la altura.

5   La cresta es blanca y como blanca pura:
la entraña hierve en inflamado anhelo;
y sobre el horno aquel contrasta el hielo,
cual sobre una pasión un alma dura.

Los volcanes son túmulos de piedra,
10 pero a sus pies los valles que florecen
fingen alfombras de irisada yedra;

y por eso, entre campos de colores,
al destacarse en el azul, parecen
cestas volcadas derramando flores . . .

(Alma América, 1906)

ᘯᘏᘏᕫLA EPOPEYA DEL PACÍFICO

(a la manera yanqui)

Los Estados Unidos, como argolla de bronce,
contra un clavo torturan de la América un pie;
y la América debe, ya que aspira a ser libre,
imitarles primero e igualarles después.
5   Imitemos, ¡oh Musa!, las crujientes estrofas
que en el Norte se mueven con la gracia de un tren;
y que giren las rimas como ruedas veloces;
y que caigan los versos como varas de riel . . .

Desconfiemos del Hombre de los ojos azules,
10 cuando quiera robarnos al calor del hogar
y con pieles de búfalo un tapiz nos regale
y lo clave con discos de sonoro metal,
aunque nada es huirle, si imitarle no quieren
los que ignoran, gastándose en belígero afán,
15 que el trabajo no es culpa de un Edén ya perdido,
sino el único medio de llegarlo a gozar.

Pero nadie se duela de futuras conquistas:
nuestras selvas no saben de una raza mejor,
nuestros Andes ignoran lo que importa ser blanco,
20 nuestros ríos desdeñan lo que vale un sajón;
y, así, el día en que un pueblo de otra raza se atreva
a explorar nuestras patrias, dará un grito de horror,
porque el miasma y la fiebre y el reptil y el pantano
le hundirán en la tierra, bajo el fuego del Sol.

25 No podrá ser la raza de los blondos cabellos
la que al fin rompa el Istmo . . . Lo tendrán que romper
veinte mil antillanos de cabezas obscuras,
que hervirán en las brechas cual sombrío tropel.
Raza de las Pirámides, raza de los asombros:
30 Faro en Alejandría, Templo en Jerusalén;
¡raza que exprimió sangre sobre el Romano Circo
y que exprimió sudores sobre el Canal de Suez!

Cuando corten el nudo que Natura ha formado,
cuando entreabran las fauces del sediento Canal,
cuando al golpe de vara de un Moisés en las rocas
solemnemente arrójese uno contra otro mar,
en el único instante del titánico encuentro,
un aplauso de júbilo esos mares darán,
que se eleve en los aires a manera de un brindis,
como chocan dos vasos de sonoro cristal . . .

El Canal será el golpe que abrir le haga los mares
y le quite las llaves del gran Río al Brasil;
porque nuestras montañas rendirán sus tributos
a las naves que lleguen hasta el puerto feliz,
cuando luego de Paita,[6] con enérgico trazo,
amazónica margen solicite el carril,
y el Pacífico se una con el épico Río,
y los trenes galopen sacudiendo su crin . . .

¡Oh, la turba que, entonces, de los puertos vibrantes
de la Europa latina llegará a esa región!
Barcelona, Havre, Génova, en millares de manos,
mirarán los pañuelos desplegando un adiós . . .
Y el latino que sienta del vivaz Mediodía
ese Sol en la sangre parecido a este Sol,
poblará nuestros bosques y vendrá desde Europa
¡por el propio camino que le alista el sajón!

Vierte, ¡oh Musa!, tus cantos, como linfas que corren
y que fingen corriendo milagroso Jordán,
donde América puede redimir sus pecados,
refrescar sus fatigas, sus miserias lavar;
y, después que en el baño quede exenta de culpa,
enjugarse las aguas y envolverse quizás
entre sábanas puras, que se tiendan al viento,
¡como blancas banderas de Trabajo y de Paz!

(*Alma América,* 1906)

TRES NOTAS DE NUESTRA ALMA INDÍGENA

(A) ¡QUIÉN SABE!

Indio que asomas a la puerta
de esa tu rústica mansión:
¿para mi sed no tienes agua?
¿para mi frío, cobertor?
¿parco maíz para mi hambre?
¿para mi sueño, mal rincón?
¿breve quietud para mi andanza? . . .
—¡Quién sabe, señor!

Indio que labras con fatiga
tierras que de otros dueños son:
¿ignoras tú que deben tuyas
ser, por tu sangre y tu sudor?
¿ignoras tú que audaz codicia,
siglos atrás, te las quitó?
¿ignoras tú que eres el Amo?
—¡Quién sabe, señor!

[6] Paita: the Pacific port of northwestern Peru.

Indio de frente taciturna
y de pupilas sin fulgor:
¿qué pensamiento es el que escondes
20 en tu enigmática expresión?
¿qué es lo que buscas en tu vida?
¿qué es lo que imploras a tu Dios?
¿qué es lo que sueña tu silencio?
—¡Quién sabe, señor!

25   ¡Oh raza antigua y misteriosa,
de impenetrable corazón,
que sin gozar ves la alegría
y sin sufrir ves el dolor:
eres augusta como el Ande,
30 el Grande Océano y el Sol!
Ese tu gesto que parece
como de vil resignación
es de una sabia indiferencia
y de un orgullo sin rencor . . .

35   Corre en mis venas sangre tuya,
y, por tal sangre, si mi Dios
me interrogase qué prefiero
—cruz o laurel, espina o flor,
beso que apague mis suspiros
40 o hiel que colme mi canción—
responderíale dudando:
—¡Quién sabe, señor!

(B) ASÍ SERÁ

El joven indio comparece
ante el ceñudo Capataz:
—Tu padre ha muerto; y, como sabes
en contra tuya y en pie están
5 deudas, que tú con tu trabajo
tal vez no llegues a pagar . . .
Desde mañana, como es justo,
rebajaremos tu jornal.—
El joven indio abre los ojos
10 llenos de trágica humedad;
y, con un gesto displicente
que no se puede penetrar,
dice, ensayando una sonrisa:
—Así será . . .

15   Clarín de guerra pide sangre.
Truena la voz del Capitán:
—Indio: ¡a las filas! Blande tu arma
hasta morir o hasta triunfar.
Tras la batalla, si es que mueres,
20 nadie de ti se acordará;

pero si, en cambio, el triunfo alcanzas,
te haré en mis tierras trabajar . . .
No me preguntes por qué luchas,
ni me preguntes dónde vas.—
25 Dócil el indio entra en las filas
como un autómata marcial;
y sólo dice, gravemente:
—Así será . . .

Mujer del indio: en ti los ojos
30 un día pone blanco audaz.
Charco de sangre . . . Hombre por tierra . . .
Junto al cadáver, un puñal . . .
Y luego el juez increpa al indio,
que se sonríe sin temblar:
35 —Quien como tú con hierro mata,
con hierro muere. ¡Morirás!—
Pone un relámpago en sus ojos
turbios el indio; y, con la faz
vuelta a los cielos, dice apenas:
40   —Así será . . .

¡Oh raza firme como un árbol
que no se agobia al huracán,
que no se queja bajo el hacha
y que se impone al pedregal!
45 Raza que sufre su tormento
sin que se lo oiga lamentar.
(¿Rompió en sollozos Atahualpa?
¿Guatemozín?[7] . . . ¿Caupolicán? . . .)
El "Dios lo quiere" de los moros
50 suena como este "Así será" . . .

¿Resignación? Antes orgullo
que la fortuna caprichosa
y que la humana crueldad . . .
Un filosófico desprecio
55 hacia el dolor acaso da
la herencia indígena a mi sangre,
pronta a fluir sin protestar;
y cada vez que la torpeza
de la Fortuna huye a mi afán,
60 y crueldades harto humanas
niéganle el paso a mi Ideal,
y hasta la Vida me asegura
que nada tengo que esperar,
dueño yo siempre de mí mismo
65 y superior al bien y al mal,
digo, encogiéndome de hombros:
—Así será . . .

---

[7] Guatemozín: See page 427, note 67.

(C) AHÍ, NO MÁS

Indio que a pie vienes de lejos
(y tan de lejos que quizás
te envejeciste en el camino,
y aún no concluyes de llegar . . .)
5 Detén un punto el fácil trote
bajo la carga de tu afán,
que te hace ver siempre la tierra
(en que reinabas siglos ha);
y dime, en gracia a la fatiga,
10 ¿en dónde queda la ciudad?—
Señala el Indio un ágil cumbre,
que a mi esperanza cerca está;
y me responde, sonriendo,
—Ahí, no más . . .

15 Espoleado echo al galope
mi corcel; y una eternidad
se me desdobla en el camino . . .
Llego a la cuesta; un pedregal
en que monótonos los cascos
20 del corcel ponen su chis-chas . . .
Gano la cumbre; y, por fin, ¿qué hallo?
aridez, frío y soledad . . .
Ante esta cumbre, hay otra cumbre;
y después de ésa, ¿otra no habrá?
25 —Indio que vives en las rocas
de las alturas y que estás
lejos del valle y las falacias
que la molicie urde sensual,
¿quieres decirle a mi fatiga
30 en dónde queda la ciudad?—
El Indio asómase a la puerta
de su palacio señorial,
hecho de pajas que el Sol dora
y que desfleca el huracán;
35 y me responde sonriendo:
—Antes un río hay que pasar . . .

—¿Y queda lejos ese río?
—Ahí, no más . . .

Trepo una cumbre y otra cumbre
40 y otra . . . Amplio valle duerme en paz;
y sobre el verde fondo, un río
dibuja su S de cristal.
—Éste es el río; pero ¿en dónde,
en dónde queda la ciudad?—
45 Indio que sube de aquel valle,
oye mi queja y, al pasar,
deja caer estas palabras:
—Ahí, no más . . .

¡Oh Raza fuerte en la tristeza,
50 perseverante en el afán,
que no conoces la fatiga
ni la extorsión del "más allá."
—Ahí, no más . . .—encuentras siempre
cuanto deseas encontrar;
55 y, así, se siente, en lo profundo
de ese desprecio con que das
sabia ironía a las distancias,
una emoción de Eternidad . . .

Yo aprendo en ti—lo que me es fácil,
60 pues tengo el título ancestral—
o hacer de toda lejanía
un horizonte familiar;
y en adelante, cuando busque
un remotísimo Ideal,
65 cuando persiga un loco ensueño,
cuando prepare un vuelo audaz,
si adónde voy se me pregunta,
ya sé que debo contestar,
sin medir tiempos ni distancias:
70 —Ahí, no más . . .

(Primicias de oro de Indias, 1934)

Guillermo Valencia

COLOMBIA, 1873–1943   The polish and sobriety of the aristocrat and the soft colors of his native Popayán permeate the poetry of Guillermo Valencia, one of modernism's least prolific writers. A man with an excellent classic education and a keen knowledge of several foreign languages, Valencia was also one of the finest translators of poetry in his generation. Among the foreign poets he translated are d'Annunzio, Peter Altenberg, Stefan George, Hugo von Hoffmannsthal, Verlaine, Maeterlinck, Mallarmé, and Eugénio de Castro. In all that he wrote Valencia came close to being a true Parnassian.

One of his best and longest poems, *Leyendo a Silva*, is an evocation of his fellow countryman, whom Valencia deeply admired. Valencia beseeches Christ to forgive Silva for having committed suicide, then adds:

> Pensó mucho: sus páginas suelen robar la calma;
> sintió mucho: sus versos saben partir el alma;
>
> ¡amó mucho! circulan ráfagas de misterio
> entre los negros pinos del blanco cementerio . . .
>
> No manchará su lápida epitafio doliente:
> tallad un verso en ella, pagano y decadente,
>
> digno del crespo Adonis en muerte de Afrodita:
> un verso como el hálito de una rosa marchita,
>
> que llore su caída, que cante su belleza,
> que cifre sus ensueños, ¡que diga su tristeza! . . .

In spite of their poetic affinity the two Colombian writers were very different in character and expression. Max Henríquez Ureña puts it well: "En Silva hay angustia, a ratos escepticismo; en Valencia, melancolía y esperanza. En Silva hay color, pero ante todo hay música. En Valencia hay melodía, pero ante todo hay colorido, si bien prefiere los colores suaves: el blanco, el gris o el amarillo pálido . . ."

Valencia has the virtuosity of a marvelous vocabulary; he often uses erudite and rare words, and his adjectives are symbolic and original. He rewrites again and again in order to find *the exact word*, and in order to prune out mere verbiage. In a few quick and telling strokes he can give us the sensation of beings and of things. His poems are often statues in chiseled form. He has a penchant for the exotic and for the ancient roots of man's cultural heritage and religious beliefs.

∽∽LOS CAMELLOS

Lo triste es así . . .—Peter Altenberg[1]

Dos lánguidos camellos, de elásticas cervices,
de verdes ojos claros y piel sedosa y rubia,
los cuellos recogidos, hinchadas las narices,
a grandes pasos miden un arenal de Nubia.[2]

5   Alzaron la cabeza para orientarse, y luego
al soñoliento avance de sus vellosas piernas
—bajo el rojizo dombo de aquel cenit de fuego—
pararon, silenciosos, al pie de las cisternas . . .

Un lustro apenas cargan bajo el azul magnífico,
10 y ya sus ojos quema la fiebre del tormento:
tal vez leyeron, sabios, borroso jeroglífico
perdido entre las ruinas de infausto monumento.

Vagando taciturnos por la dormida alfombra,
cuando cierra los ojos el moribundo día,
15 bajo la virgen negra que los llevó en la sombra
copiaron el desfile de la Melancolía . . .

Son hijos del Desierto: prestóles la palmera
un largo cuello móvil que sus vaivenes finge,
y en sus marchitos rostros que esculpe la Quimera[3]
20 ¡sopló cansancio eterno la boca del Esfinge![4]

Dijeron las Pirámides que el viejo sol rescalda:
"Amamos la fatiga con inquietud secreta . . ."
y vieron desde entonces correr sobre una espalda,
tallada en carne viva, su triangular silueta.

25 Los átomos de oro que el torbellino esparce
quisieron en sus giros ser grácil vestidura,
y unidos en collares por invisible engarce[5]
vistieron del giboso[6] la escuálida figura.

Todo el fastidio, toda la fiebre, toda el hambre,
30 la sed sin agua, el yermo sin hembras, los despojos
de caravanas . . . huesos en blanquecino enjambre . . .
todo en el cerco bulle de sus dolientes ojos.

Ni las sutiles mirras,[7] ni las leonadas[8] pieles,
ni las volubles palmas que riegan sombra amiga,
35 ni el ruido sonoroso de claros cascabeles
alegran las miradas al rey de la fatiga.

---

[1] Peter Altenberg was the pseudonym of Richard Engländer (1862–1919), Austrian poet.

[2] Nubia: *African region south of Egypt.*

[3] Quimera: *chimera*, a fabulous dragon that spouted flames.

[4] Esfinge: *Sphinx*, fabled creature with torso of a woman and the hind quarters of a lion. The Sphinx of Egypt had wings.

[5] engarce: *setting.*

[6] giboso: *hunchback.*

[7] mirras: *myrrh.*

[8] leonadas: *tawny.*

¡Bebed dolor en ellas, flautistas de Bizancio[9]
que amáis pulir el dáctilo[10] al son de las cadenas;
sólo esos ojos pueden deciros el cansancio
40   de un mundo que agoniza sin sangre entre las venas!

¡Oh artistas! ¡Oh camellos de la llanura vasta
que vais llevando a cuestas el sacro Monolito!
¡Tristes de Esfinge! ¡Novios de la Palmera casta!
¡Sólo calmáis vosotros la sed de lo infinito!

45   ¿Qué pueden los ceñudos? ¿Qué logran las melenas
de las zarpadas tribus cuando la sed oprime?
Sólo el poeta es lago sobre este mar de arenas;
sólo su arteria rota la Humanidad redime.

Se pierde ya a lo lejos la errante caravana
50   dejándome—camello que cabalgó el Excidio[11] . . .—
¡cómo buscar sus huellas al sol de la mañana,
entre las ondas grises de lóbrego fastidio!

¡No! Buscaré dos ojos que he visto, fuente pura
hoy a mi labio exhausta, y aguardaré paciente
55   hasta que suelta en hilos de mística dulzura
refresque las entrañas del lírico doliente.

Y si a mi lado cruza la sorda muchedumbre
mientras el vago fondo de esas pupilas miro,
dirá que vio un camello con honda pesadumbre,
60   mirando, silencioso, dos fuentes de zafiro . . .

(*Obras poéticas completas,* 1948)

NIHIL

Es ésta la doliente y escuálida figura
de un ser que hizo en treinta años mayores
    desatinos
que el mismo don Alonso Quijano, sin molinos
de viento, ni batanes, ni bachiller, ni cura.

5   Que por huir del vulgo, corrió tras la
    aventura
del ideal, y avaro lector de pergaminos,
dedujo de lo estéril de todos los destinos
humanos, el horóscopo de su mala ventura.

Mezclando con sus sueños el rey de los
    metales,
10   halló combinaciones tristes, originales
—inútiles al sino del alma desolada—,

nauta de todo cielo, buzo de todo oceano,
como el fakir idiota de un oriente lejano,
sólo repite ahora una palabra: ¡Nada!

(*Obras poéticas completas,* 1948)

---

[9] Bizancio: *Byzantium*, Greek-speaking Constantinople before its capture by the Turks in 1453.
[10] dáctilo: ancient poetic foot (*dactyl*) of one long and two short syllables.
[11] Excidio: *desolation*.

◦◦PALEMÓN EL ESTILITA[12]

Enfuriado el Maligno Spíritu de la devota e sancta vida
que el dicho ermitanno facía, entróle fuertemientre deseo de
facerlo caer en grande y carboniento pecado. Ca estos e non
otros son sus pensamientos e obras.
        —Apeles Mestres, *Garín*[13]

Palemón el Estilita, sucesor del viejo An-
    tonio,[14]
que burló con tanto ingenio las astucias del
    demonio,
antiquísima columna de granito
se ha buscado en el desierto por mansión,
5 y en un pie sobre la *stela*[15]
ha pasado muchos días
inspirando a sus oyentes
el horror a los judíos
y el horror a las judías
10 que endiosaron, ¡Dios del Cielo!,
que endiosaron a una hermosa
de la vida borrascosa,
que llamaban Herodías.[16]

    Palemón el Estilita "era un Santo." Su
    retiro
15 circuían mercadantes de Lycoples y de Tiro,[17]
judaizantes de apartadas sinagogas
que anhelaban de sus labios escuchar
la palabra de consuelo,
la palabra de verdad
20 que nos salve del castigo
y de par en par el cielo
nos entregue: solo abrigo
contra el pérfido enemigo
que nos busca sin cesar
25 y nos tienta con el fuego de unos ojos

que destellan bajo el lino de una toca,
con la púrpura de frescos labios rojos
y los pálidos marfiles de una boca.

    Al redor de la columna que habitaba el
    Estilita,
30 como un mar efervescente, muchedumbre
    ingente[18] agita
los turbantes, los bastones y los brazos,
y demanda su sermón al solitario,
cuya hueca voz de enfermo
fuerzas cobra ante la mies
35 que el Señor ha deparado
a su hoz, y cruza el yermo
que turbaron otros tiempos los timbales de
    Ramsés.[19]

    Y les habla de las obras de piedad y sacri-
    ficio,
de las rudas tentaciones del Apóstol, y del vicio
40 que llevamos en nosotros; del ayuno y el
    cilicio,[20]
del vivir año tras año con las fieras
bajo rotos quitasoles de palmeras;
y les cuenta lo que es sed y lo que es hambre,
lo que son las noches cálidas de Libia,
45 cuando bulle de planetas un enjambre,
y susurra en los palmares la aura tibia,
que provocan en el ánimo cansado

---

[12] Estilita: *stylite, pillar-sitter, anchorite,* one of a class of solitary ascetics who spent their lives atop ancient pillars during the early centuries of the Christian church. Palemón (died circa 315 A.D.) of Tebaide, Egypt, was one of these. He was made a saint of the church.

[13] Apeles Mestres (1854–1918), a Catalan writer from Barcelona who was interested in reviving the ancient legends and folk tales. He frequently rewrote them in archaic style, as the above quotation indicates.

[14] Antonio: *Saint Anthony* (born c. 250 A.D.) was the first Christian monk. At the age of 20 he withdrew from all social contact in his native Egypt and became an ascetic, emerging only to organize communities of anchorites. His struggle with the Devil (the forces of evil) are legendary, and in some ways parallel those of

Christ. The French novelist Flaubert (1821–1880) has written a novel about his life: *The Temptation of Saint Anthony* (1874).

[15] stela: *pillar.*

[16] Herodías: mother of Salomé, who asked for the head of St. John the Baptist for her daughter.

[17] Su retiro . . . Tiro: *Merchants from Tyre and Licopolis surrounded his refuge.* Tyre was an ancient Phoenician commercial center in Asia Minor; Licopolis was a city in Egypt on the banks of the Nile.

[18] ingente: *huge, enormous.*

[19] timbales de Ramsés: *kettledrums of Rameses.* Rameses or Ramses was the name of several kings of ancient Egypt.

[20] cilicio: *sackcloth, hair shirt,* worn to punish the body.

de una vida muerta y loca
los recuerdos tormentosos
50 que en los días pesarosos,
que en los días soñolientos
de tristezas y de calma,
nos golpean en el alma
con sus mágicos acentos
55 cual la espuma débil
toca
la cabeza dura y fría
de la roca.

De la turba que le oía
60 una linda pecadora
destacóse: parecía
la primera luz del día,
y en lo negro de sus ojos
la mirada tentadora
65 era un áspid; amplia túnica de grana
dibujaba las esferas de su seno;
nunca vieran[21] los jardines de Ecbatana[22]
otro talle más airoso, blanco y lleno;
bajo el arco victorioso de las cejas
70 era un triunfo la pupila quieta y brava,
y cual conchas sonrosadas, las orejas
se escondían bajo un pelo que temblaba
como oro derretido;
de sus manos blancas, frescas,
75 el purísimo diseño
semejaba lotos vivos
de alabastro;
irradiaba toda ella
como un astro:
80 era un sueño
que vagaba
con la turba adormecida
y cruzaba
—la sandalia al pie ceñida—

85 cual la muda sombra errante
de una sílfide,
de una sílfide seguida
por su amante.

Y el buen monje
90 la miraba,
la miraba,
la miraba,
y, queriendo hablar, no hablaba,
y sentía su alma esclava
95 de la bella pecadora de mirada tentadora,
y un ardor nunca sentido
sus arterias encendía,
y un temblor desconocido
su figura
100 larga
y flaca
y amarilla
sacudía:
¡era amor! El monje adusto
105 en esa hora sintió el gusto
de los seres y la vida;
su guarida
de repente abandonaron
pensamientos tenebrosos
110 que en la mente
se asilaron
del proscrito,
que, dejando su columna
de granito,
115 y en coloquio con la bella
cortesana,
se marchó por el desierto
despacito . . .
a la vista de la muda,
120 ¡a la vista de la absorta caravana! . . .

(*Obras poéticas completas*, 1948)

---

[21] vieran: *had seen.* The "r" form of the imperfect subjunctive is often used as a pluperfect in literary style.

[22] Ecbatana: the *Ahmeta* of the Bible, today's *Hamadán*, Iran.

⌒⌒⌒Amado Nervo

MEXICO, 1870–1919   Amado Nervo has often been called the greatest
mystic poet since the days of that other great Mexican writer Sor Juana
Inés de la Cruz. His mysticism, however, was poetic and not monastic.
He was by nature a pantheist, a deeply and humbly religious man, but
the call of physical love was entirely too strong for him to deny. He
glorified and ennobled it, and found that it, too, was a way to God. The
possession and the loss of love were to Nervo priceless experiences of his
own little will reflecting the eternal.

As a man who had read widely and thought a great deal, Nervo was
often beset by doubt, but his longing for God was so strong and of such
enduring root that he felt deep within him that God must exist. Death
he faced with resignation, and of it he wrote: "¡Oh muerte, tú eres
madre de la filosofía!" His whole life was a path along love and doubt,
gentle doubt, to elevation, serenity, plenitude. He spoke always in a
gentle voice, wrote simply, spontaneously, with deep but subdued
feeling.

Although he was seldom carried away with the sound and pomp of
modernist form, Nervo was completely characteristic of modernism in
another way. Throughout the entire period of the bloody Mexican
Revolution (1910–1917), he was in Madrid pouring out the feelings of
his own soul and only vaguely aware of the trials of his people. He was
more concerned with the ultimate problem of Man's destiny than with
the immediate problems of social justice.

⌒⌒A KEMPIS[1]

Sicut nubes, quasi naves, velut umbra . . .

Ha muchos años que busco el yermo,
ha muchos años que vivo triste,
ha muchos años que estoy enfermo,
¡y es por el libro que tú escribiste!

5   ¡Oh Kempis! antes de leerte, amaba
la luz, las vegas, el mar Oceano:
¡mas tú dijiste que todo acaba,
que todo muere, que todo es vano!

[1] Thomas á Kempis (1379–1471) was a Dutch-educated German-born monk whose most famous work was *The Imitation of Christ*, a collection of admonitory meditations written in simple, vigorous Latin. This book is marked by a gentle piety and unworldliness which has made it the most popular devotional book for Christians.

Antes, llevado de mis antojos,
10 besé los labios que al beso invitan,
las rubias trenzas, los grandes ojos,
¡sin acordarme que se marchitan!

Mas como afirman doctores graves
que tú, maestro, citas y nombras
15 que el hombre pasa *como las naves*,
como las nubes, como las sombras . . .

huyo de todo terreno lazo,
ningún cariño mi mente alegra
y con tu libro bajo del brazo
20 voy recorriendo la noche negra . . .

¡Oh Kempis, Kempis, asceta yermo,
pálido asceta, qué mal me hiciste!
Ha muchos años que estoy enfermo
¡y es por el libro que tú escribiste!

(*Místicas*, 1898)

LA HERMANA AGUA[2] (FRAGMENTS)

Hermana Agua, alabemos al Señor.
—Espíritu de San Francisco de Asís

EL AGUA QUE CORRE SOBRE LA TIERRA

Yo alabo al cielo porque me brindó en sus amores
para mi fondo gemas, para mi margen flores;
porque cuando la roca me muerde y me maltrata,
hay en mi sangre (espuma) filigranas de plata;
5 porque cuando al abismo ruedo en un cataclismo,
adorno de arco iris triunfales el abismo,
y el rocío que salta de mis espumas blancas
riega las florecitas que esmaltan las barrancas . . .

Docilidad inmensa tengo para mi dueño:
10 Él me dice: "Anda," y ando; "Despéñate," y despeño
mis aguas en la sima de roca, que da espanto;
y canto cuando corro, y al despeñarme canto,
y cantando mi linfa, tormentas o iris fragua,
fiel al Señor . . .
—Loemos a Dios, hermana Agua.

EL VAPOR

El vapor es el alma del agua, hermano mío,
así como sonrisa del agua es el rocío,
y el lago sus miradas y su pensar la fuente,
sus lágrimas la lluvia, su impaciencia el torrente,
5 y los ríos sus brazos, su cuerpo la llanada
sin coto de los mares y las olas sus senos;
su frente las neveras de los montes serenos
y sus cabellos de oro líquido la cascada.

[2] Nervo begins this, his longest poem, with a few words in prose to the reader. He says that the sound of a thin trickle of water from a leaking faucet which he heard night after night, gave him the idea for the poem. That trickle of water, he continues, taught him more than any book, for it suggested the manner in which a man might let his life flow on with love and without recrimination through whatever experiences God has in store for him.

Yo soy alma del agua, y el alma siempre sube:
las trasfiguraciones de esa alma son la nube,
su Tabor es la tarde real que la empurpura:
Como el agua fue buena su Dios la trasfigura . . .

¡Por qué si Dios existe no deja ver sus huellas,
por qué taimadamente se esconde a nuestro anhelo,
por qué no se halla escrito su nombre con estrellas
en medio del esmalte magnífico del cielo?
—Poeta, es que lo buscas con la ensoberbecida
ciencia que exige pruebas y cifras al abismo . . .
Asómate a las fuentes obscuras de tu vida,
y ahí verás su rostro: tu Dios está en ti mismo.
Busca el silencio y ora: tu Dios execra el grito;
busca la sombra y oye: tu Dios habla en lo arcano;
depón tu gran penacho de orgullo y de delito . . .
—Ya está.
                    —¿Qué ves ahora?
                                        —La faz del Infinito.

—¿Y eres feliz?
                    —Loemos a Dios, Vapor hermano.

EL AGUA MULTIFORME

"El agua toma siempre la forma de los vasos
que la contienen," dicen las ciencias que mis pasos
atisban y pretenden analizarme en vano:
Yo soy la resignada por excelencia, hermano.
¿No ves que a cada instante mi forma se aniquila?

¡Por qué tantos anhelos sin rumbo tu alma fragua!
¿Pretendes ser dichoso? Pues bien, sé como el agua;
sé como el agua llena de oblación y heroísmo,
sangre en el cáliz, gracia de Dios en el bautismo;
sé como el agua, dócil a la ley infinita,
que reza en las iglesias en donde está bendita,
y en el estanque arrulla meciendo la piragua.

Así me dijo el Agua con místico reproche,
y yo, rendido al santo consejo de la Maga,
sabiendo que es el Padre quien habla entre la noche,
clamé con el Apóstol:—*¡Señor, qué quieres que haga!*

(*Poemas,* 1901)

TAN RUBIA ES LA NIÑA

¡Tan rubia es la niña, que
cuando hay sol no se la ve!

Parece que se difunde
en el rayo matinal,
que con la luz se confunde

su silueta de cristal
tinta en rosas y parece
que en la claridad del día
se desvanece
la niña mía.

Si se asoma mi Damiana
a la ventana y colora
la aurora su tez lozana
de albérchigo[3] y terciopelo,
15 no se sabe si la aurora
ha salido a la ventana
antes que salir al cielo.

Damiana en el arrebol[4]
de la mañanita se
20 diluye, y si sale el sol
por rubia . . . no se la ve.

(Los jardines interiores, 1905)

¡Está bien!

Porque contemplo aún albas radiosas
en que tiembla el lucero de Belén,
y hay rosas, muchas rosas, muchas rosas,
gracias, ¡está bien!

5   Porque en las tardes, con sutil desmayo,
piadosamente besa el sol mi sien
y aún la transfigura con su rayo,
gracias, ¡está bien!

Porque en las noches, una voz me nombra,
10 (¡voz de quien yo me sé!) y hay un edén
escondido en los pliegues de mi sombra,
gracias, ¡está bien!

Porque hasta el mal en mí don es del cielo,
pues que al minarme va, con rudo celo,
15 desmoronando mi pasión también;
porque se acerca ya mi primer vuelo,
gracias, ¡está bien!

(En voz baja, 1909)

¿Llorar? ¡Por qué![5]

Éste es el libro de mi dolor:
lágrima a lágrima lo formé;
una vez hecho, te juro, por
Cristo, que nunca más lloraré.
5 ¿Llorar? ¡Por qué!

Serán mis rimas como el rielar
de una luz íntima, que dejaré

en cada verso; pero llorar,
¡eso ya nunca! ¿Por quién? ¿Por qué?

10   Serán un plácido florilegio
un haz de notas que regaré,
y habrá una risa por cada arpegio,
¿Pero una lágrima? ¡Qué sacrilegio!
Eso ya nunca. ¿Por quién? ¿Por qué?

(La amada inmóvil, 1920)

¿Qué más me da?

¡Con ella, todo; sin ella, nada!
Para qué viajes,
cielos, paisajes.
¡Qué importan soles en la jornada!
5 Qué más me da

la ciudad loca, la mar rizada,
el valle plácido, la cima helada,
¡si ya conmigo mi amor no está!
Qué más me da . . . * * *

(La amada inmóvil, 1920)

---

[3] albérchigo: *peach.*
[4] arrebol: *red sky.*
[5] This poem and the five which follow it, appeared in *La amada inmóvil* which was not published until 1920, one year after Nervo's death, though it was written during the year 1912. Between 1901 and 1912 the poet "lived the most intense of his loves," and when his "*amada inmóvil*" died in 1912 the loss of her pierced

him to the quick. Nervo does not struggle in self torture against the fact of her death, but rather prays that God may never take his grief away for it has purified and lifted his soul. His finest sustained poetry is found in *La amada inmóvil* and in the two works which follow it: *Serenidad*, written mainly during 1909–1912 but published in 1914, and *Elevación*, published in 1917.

GRATIA PLENA

Todo en ella encantaba, todo en ella atraía:
su mirada, su gesto, su sonrisa, su andar . . .
El ingenio de Francia de su boca fluía.
Era *llena de gracia,* como el Avemaría;
5 ¡quien la vio no la pudo ya jamás olividar!

Ingenua como el agua, diáfana como el día,
rubia y nevada como Margarita sin par,
al influjo de su alma celeste, amanecía . . .
Era *llena de gracia,* como el Avemaría;
10 ¡quien la vio no la pudo ya jamás olvidar!

Cierta, dulce y amable dignidad la investía
de no sé qué prestigio lejano y singular.
Más que muchas princesas, princesa parecía:
era *llena de gracia* como el Avemaría;
15 ¡quien la vio no la pudo ya jamás olividar!

Yo gocé el privilegio de encontrarla en mi vía
dolorosa: por ella tuvo fin mi anhelar,
y cadencias arcanas halló mi poesía.
Era *llena de gracia* como el Avemaría;
20 ¡quien la vio no la pudo ya jamás olvidar!

¡Cuánto, cuánto la quise! Por diez años fue mía;
pero flores tan bellas nunca pueden durar!
Era *llena de gracia,* como el Avemaría;
y a la Fuente de gracia de donde procedía,
25 se volvió . . . como gota que se vuelve a la mar!

(*La amada inmóvil,* 1920)

ME BESABA MUCHO . . .

Me besaba mucho, como si temiera
irse muy temprano . . . Su cariño era
inquieto, nervioso.
        Yo no comprendía
5 tan febril premura. Mi intención grosera
nunca vio muy lejos . . .
        ¡Ella presentía!

Ella presentía que era corto el plazo,
que la vela herida por el latigazo
10 del viento, aguardaba ya . . . , y en su ansiedad
quería dejarme su alma en cada abrazo,
poner en sus besos una eternidad.

(*La amada inmóvil,* 1920)

SEIS MESES . . .

¡Seis meses ya de muerta! Y en vano he pretendido
un beso, una palabra, un hálito, un sonido . . .
y, a pesar de mi fe, cada día evidencio
que detrás de la tumba ya no hay más que silencio . . .

5 Si yo me hubiese muerto, ¡qué mar, qué cataclismos,
qué vórtices, qué nieblas, qué cimas ni qué abismos
burlaran mi deseo febril y omnipotente
de venir por las noches a besarte en la frente,
de bajar con la luz de un astro zahorí,
10 a decirte al oído: "¡No te olvides de mí!"

Y tú, que me querías tal vez más que te amé,
callas inexorable, de suerte que no sé
sino dudar de todo, del alma, del destino,
¡y ponerme a llorar en medio del camino!
15	Pues con desolación infinita evidencio
que detrás de la tumba ya no hay más que silencio . . .

(La amada inmóvil, 1920)

~~OFERTORIO

Deus dedit, Deus abstulit

Dios mío, yo te ofrezco mi dolor:
¡Es todo lo que puedo ya ofrecerte!
Tú me diste un amor, un solo amor,
¡un gran amor!

5	Me lo robó la muerte
. . . y no me queda más que mi dolor.
Acéptalo, Señor:
¡Es todo lo que puedo ya ofrecerte! . . .

(La amada inmóvil, 1920)

~~AUTOBIOGRAFÍA

¿Versos autobiográficos? Ahí están mis canciones,
allí están mis poemas: yo, como las naciones
venturosas y a ejemplo de la mujer honrada,
no tengo historia. ¡Nunca me ha sucedido nada,
5	oh, noble amiga ignota, que pudiera contarte!

Allá en mis años mozos, adiviné del Arte
la armonía y el ritmo, caros al Musageta,
¡y, pudiendo ser rico, preferí ser poeta!
—¿Y después?
10	—He sufrido como todos y he amado.
—¿Mucho?
—Lo suficiente para ser perdonado . . .

(Serenidad, 1914)

~~SOLIDARIDAD

Alondra, ¡vamos a cantar!	¡A cantar!
Cascada, ¡vamos a saltar!	¡A saltar!
Riachuelo, ¡vamos a correr!	¡A correr!
Diamante, ¡vamos a brillar!	10	¡A brillar!
5 Águila ¡vamos a volar!	¡A volar!
Aurora, ¡vamos a nacer!	¡A nacer!

(Serenidad, 1914)

❧ OPTIMISMO

No sé si es bueno el mundo . . . No sé si el mundo es malo;
pero sé que es la forma y expresión de Dios mismo.
Por eso, ya al influjo de azote o de regalo,
nada en el fondo extingue mi tenaz optimismo.

5 Santo es llorar . . . y lloro si tengo alguna pena;
santo es reír . . . y río si en mi espíritu hay luz;
mas mi frente se comba siempre limpia y serena,
ya brille al sol o ya sude hielo en la cruz!

(Serenidad, 1914)

❧ LA PREGUNTA

Y ¿qué quieres ser tú?—dijo el Destino.
Respondí: —Yo, ser santo;
y repuso el Destino:
"Habrá que contentarse
5 con menos . . ."
         Pesaroso,
aguardé en mi rincón una pregunta
nueva:

¿Qué quieres ser? —dijo el Destino
10 otra vez: —Yo, ser genio, respondíle;
y él irónico: "Habrá que contentarse
con menos . . ."
         Mudo y triste
en mi rincón de sombra, ya no espero
15 la pregunta postrer, a la que sólo
responderá mi trágico silencio . . .

(Serenidad, 1914)

❧ EN PAZ

Artifex vitæ, artifex sui

Muy cerca de mi ocaso, yo te bendigo, Vida,
porque nunca me diste ni esperanza fallida
ni trabajos injustos, ni pena inmerecida;

porque veo al final de mi rudo camino
5 que yo fui el arquitecto de mi propio destino;
que si extraje las mieles o la hiel de las cosas,
fue porque en ellas puse hiel o mieles sabrosas:
cuando planté rosales, coseché siempre rosas.

. . . Cierto, a mis lozanías va a seguir el invierno:
10 ¡mas tú no me dijiste que mayo fuese eterno!
Hallé sin duda largas las noches de mis penas;
mas no me prometiste tú sólo noches buenas;
y en cambio tuve algunas santamente serenas . . .

Amé, fui amado, el sol acarició mi faz.
15 ¡Vida, nada me debes! ¡Vida, estamos en paz!

(Elevación, 1917)

ᏇᎯᎦDIOS TE LIBRE, POETA

Dios te libre, poeta,
de verter en el cáliz de tu hermano
la más pequeña gota de amargura.
Dios te libre, poeta,
5 de interceptar siquiera con tu mano,
la luz que el sol regale a una criatura.
Dios te libre, poeta,
de escribir una estrofa que contriste;
de turbar con tu ceño
10 y tu lógica triste
la lógica divina de un ensueño;
de obstruir el sendero, la vereda
que recorra la más humilde planta;

de quebrar la pobre hoja que rueda . . .;
15 de entorpecer ni con el más suave
de los pesos, el ímpetu de un ave
o de un bello ideal que se levanta.

Ten para todo júbilo, la santa
sonrisa acogedora que lo aprueba;
20 pon una nota nueva
en toda voz que canta,
y resta, por lo menos,
un mínimo aguijón a cada prueba
que torture a los malos y a los buenos.

(Elevación, 1917)

ᏇᎯᎦEXPECTACIÓN

Siento que algo solemne va a llegar en mi vida.
¿Es acaso la muerte? ¿por ventura el amor?
Palidece mi rostro . . . Mi alma está conmovida,
y sacude mis miembros un sagrado temblor.

5 Siento que algo sublime va a encarnar en mi barro,
en el mísero barro de mi pobre existir.
Una chispa celeste brotará del guijarro
y la púrpura augusta va el harapo a teñir.

Siento que algo solemne se aproxima, y me hallo
10 todo trémulo; mi alma de pavor llena está.
Que se cumpla el destino, que Dios dicte su fallo.
Mientras, yo, de rodillas, oro, espero y me callo,
para oír la palabra que el *Abismo* dirá. . . .

(Elevación, 1917)

ᏇᎯᎦME MARCHARÉ

Me marcharé, Señor, alegre o triste;
mas resignado, cuando al fin me hieras.
Si vine al mundo porque tú quisiste,
¿no he de partir sumiso cuando quieras?

5 . . . Un torcedor tan sólo me acongoja,
y es haber preguntado el pensamiento
sus porqués a la Vida . . . ¡Mas la hoja
quiere saber dónde la lleva el viento!

Hoy, empero, ya no pregunto nada:
10 cerré los ojos, y mientras el plazo
llega en que se termine la jornada,
¡mi inquietud se adormece en la almohada
de la resignación, en tu regazo!

(Elevación, 1917)

Ꮟ Ꮟ SI ERES BUENO

Si eres bueno, sabrás todas las cosas,
sin libros . . . y no habrá para tu espíritu
nada ilógico, nada injusto, nada
negro, en la vastedad del universo.

5 El problema insoluble de los fines
y las causas primeras,

que ha fatigado a la Filosofía,
será para ti diáfano y sencillo.

El mundo adquirirá para tu mente
10 una divina transparencia, un claro
sentido, y todo tú serás envuelto
en una inmensa paz . . .

(Elevación, 1917)

ᏏᏏ HOY HE NACIDO[6]

Cada día que pase, has de decirte:
"¡Hoy he nacido!
El mundo es nuevo para mí; la luz
esta que miro,
5 hiere sin duda por la vez primera
mis ojos límpidos;
¡la lluvia que hoy desfleca sus cristales
es mi bautismo!
"Vamos, pues, a vivir un vivir puro,
10 un vivir nítido.
Ayer, ya se perdió: ¿fui malo? ¿bueno?
. . . Venga el olvido,
y quede sólo de ese ayer, la esencia,
el oro íntimo
15 de lo que amé y sufrí mientras marchaba
por el camino . . .
"Hoy, cada instante, al bien y a la alegría

será propicio,
y la esencial razón de mi existencia,
20 mi decidido
afán, volcar la dicha sobre el mundo,
verter el vino
de la bondad sobre los bocas ávidas
en redor mío . . .
25 "¡Será mi sola paz la de los otros;
su regocijo
mi regocijo, su soñar mi ensueño;
mi cristalino
llanto el que tiemble en los ajenos párpados,
30 y mis latidos
los latidos de cuantos corazones
palpiten en los orbes infinitos!"
Cada día que pase, has de decirte:
"¡Hoy he nacido!"

(Elevación, 1917)

ᏏᏏ LA SED

Inútil la fiebre que aviva tu paso;
no hay fuente que pueda saciar tu ansiedad,
por mucho que bebas . . .
                              El alma es un vaso
5 que sólo se llena con eternidad.

¡Qué mísero eres! Basta un soplo frío
para helarte . . . Cabes en un ataúd;
¡y en cambio a tus vuelos es corto el vacío,
y la luz muy tarda para tu inquietud!

10 ¿Quién pudo esconderte, misteriosa esencia,
entre las paredes de un vil cráneo? ¿Quién
es el carcelero que con la existencia
te cortó las alas? ¿Por qué tu conciencia,
si es luz de una hora, quiere el *sumo bien*?

15 Displicente marchas del orto al ocaso;
no hay fuente que pueda saciar tu ansiedad
por mucho que bebas . . . ¡El alma es un vaso
que sólo se llena con eternidad!

(El estanque de los lotos, 1919)

[6] Nervo was greatly interested in the religions and philosophy of the East, and this poem was probably inspired by the famous Sanskrit proverb which says: "Look to this day, for it is life, the very life of life, and in its brief course lie all the verities and realities of your existence : the bliss of growth, the splendor of beauty, the glory of action. Yesterday is already a dream, and tomorrow is only a vision, but today well lived makes every yesterday a dream of happiness and every tomorrow a vision of hope. Look well therefore to this day. Such is the salutation of the dawn!"

Enrique González Martínez

Mexico, 1871–1952   González Martínez turns away in surfeit from the cult of the modernist swan; nevertheless he shares in the best heritage of modernism. In his poetry is to be found the sound of natural music, the bequest of the modernist music-makers who were his predecessors. González Martínez received the degree of doctor of medicine from the University of Guadalajara, his native city, and later went to the Mexican capital to live and write. His study of medicine and of the bodies of animals and men made him perceive the oneness of all created things. His pantheism was not the result of religious questioning or disillusionment; it came spontaneously from his profound love of Nature in all her forms and moods and from his deep feeling of oneness with her. All things pass, but the poet can understand and love their source, which is eternal. The seclusion of González Martínez's life shows in his writings; it is not the seclusion of a saint or of a hermit, but that of a prophet whom we all know because he says so well things we ourselves feel keenly, yet are unable fully to express.

IRÁS SOBRE LA VIDA DE LAS COSAS

Irás sobre la vida de las cosas
con noble lentitud; que todo lleve
a tu sensorio luz: blancor de nieve,
azul de linfas o rubor de rosas.

5   Que todo deje en ti como una huella
misteriosa grabada intensamente;
lo mismo el soliloquio de la fuente
que el flébil parpadeo[1] de la estrella.

Que asciendas a las cumbres solitarias
10 y allí como arpa eólica te azoten
los borrascosos vientos, y que broten
de tus cuerdas rugidos y plegarias.

Que esquives lo que ofusca y lo que asombra
al humano redil que abajo queda,
15 y que afines tu alma hasta que pueda
escuchar el silencio y ver la sombra.

Que te ames en ti mismo, de tal modo
compendiando tu ser cielo y abismo
que sin desviar los ojos de ti mismo
20 puedan tus ojos contemplarlo todo.

Y que llegues, por fin, a la escondida
playa con tu minúsculo universo,
y que logres oír tu propio verso
en que palpita el alma de la vida.

(*Silenter*, 1909)

[1] flébil parpadeo: *mournful twinkling.*

∾TUÉRCELE EL CUELLO AL CISNE

Tuércele el cuello al cisne de engañoso
plumaje
que da su nota blanca al azul de la fuente;
él pasea su gracia no más, pero no siente
5 el alma de las cosas ni la voz del paisaje.

Huye de toda forma y de todo lenguaje
que no vayan acordes con el ritmo latente
de la vida profunda . . . y adora intensamente
la vida, y que la vida comprenda tu homenaje.

10 Mira el sapiente buho cómo tiende las alas
desde el Olimpo, deja el regazo de Palas[2]
y posa en aquel árbol el vuelo taciturno . . .

Él no tiene la gracia del cisne, mas su
inquieta
15 pupila que se clava en la sombra, interpreta
el misterioso libro del silencio nocturno.

(*Los senderos ocultos*, 1911)

∾COMO HERMANA Y HERMANO

Como hermana y hermano
vamos los dos cogidos de la mano . . .

En la quietud de la pradera hay una
blanca y radiosa claridad de luna,
5 y el paisaje nocturno es tan risueño
que con ser realidad parece sueño.
De pronto, en un recodo del camino,
oímos un cantar . . . Parece el trino
de un ave nunca oída,
10 un canto de otro mundo y de otra vida . . .
¿Oyes?—me dices—. Y a mi rostro juntas
tus pupilas preñadas de preguntas.
La dulce calma de la noche es tanta
que se escuchan latir los corazones.
15 Yo te digo: no temas, hay canciones
que no sabremos nunca quién las canta . . .

Como hermana y hermano
vamos los dos cogidos de la mano . . .

Besado por el soplo de la brisa,
20 el estanque cercano se divisa . . .
Bañándose en las ondas hay un astro;
un cisne alarga el cuello lentamente
como blanca serpiente
que saliera de un huevo de alabastro.
25 Mientras miras el agua silenciosa,

como un vuelo fugaz de mariposa
sientes sobre la nuca el cosquilleo,[3]
la pasajera onda de un deseo,
es espasmo sutil, el calosfrío[4]
30 de un beso ardiente cual si fuera mío.
Alzas a mí tu rostro amedrentado
y trémula murmuras: ¿me has besado?
Tu breve mano oprime
mi mano; y yo a tu oído: ¿sabes? Esos
35 besos nunca sabrás quién los imprime.
Acaso ni siquiera si son besos.

Como hermana y hermano
vamos los dos cogidos de la mano . . .

En un desfalleciente desvarío[5]
40 tu rostro apoyas en el pecho mío,
y sientes resbalar sobre tu frente
una lágrima ardiente . . .
Me clavas tus pupilas soñadoras
y tiernamente me preguntas: —¿Lloras? . . .
45 —Secos están mis ojos . . . Hasta el fondo
puedes mirar en ellos . . . Pero advierte
que hay lágrimas nocturnas—te respondo—
que no sabemos nunca quién las vierte . . .

Como hermana y hermano
50 vamos los dos cogidos de la mano . . .

(*Los senderos ocultos*, 1911)

---

[2] Palas: *Pallas Athene* (in Roman mythology Minerva), the goddess of wisdom, was usually represented with an owl.

[3] sobre . . . el cosquilleo: *tickling sensation on the nape of the neck.*

[4] calosfrío: *chill, shiver.*

[5] desfalleciente desvarío: *languishing giddiness.*

ᗢᗢ¿Te acuerdas?

Te acuerdas de la tarde en que vieron mis ojos
de la vida profunda el alma de cristal? . . .
Yo amaba solamente los crepúsculos rojos,
las nubes y los campos, la ribera y el mar . . .

5 Mis ojos eran hechos para formas sensibles;
me embriagaba la línea, adoraba el color;
apartaba mi espíritu de sueños imposibles;
desdeñaba las sombras enemigos del sol.

Del jardín me atraían el jazmín y la rosa,
10 (la sangre de la rosa, la nieve del jazmín),
sin saber que a mi lado pasaba temblorosa
hablándome en secreto el alma del jardín.

Halagaban mi oído las voces de las aves,
la balada del viento, el canto del pastor,
15 y yo formaba coro con las notas suaves,
y enmudecían ellas y enmudecía yo . . .

Jamás seguir lograba el fugitivo rostro
de lo que ya no existe, de lo que ya se fue . . .
Al fenecer la nota, al apagarse el astro,
20 ¡oh, sombras, oh, silencio, dormitabais también!

¿Te acuerdas de la tarde en que vieron mis ojos
de la vida profunda el alma de cristal? . . .
Yo amaba solamente los crepúsculos rojos,
las nubes y los campos, la ribera y el mar . . .

(Los senderos ocultos, 1911)

ᗢᗢMañana los poetas

Mañana los poetas cantarán en divino
verso que no logramos entonar los de hoy;
nuevas constelaciones darán otro destino
a sus almas inquietas con un nuevo temblor.

5 Mañana los poetas seguirán su camino
absortos en ignota y extraña floración,
y al oír nuestro canto, con desdén repentino
echarán a los vientos nuestra vieja ilusión.

Y todo será inútil, y todo será en vano;
10 será el afán de siempre y el idéntico arcano
y la misma tiniebla dentro del corazón.

Y ante la eterna sombra que surge y se retira,
recogerán del polvo la abandonada lira
y cantarán con ella nuestra misma canción.

(La muerte del cisne, 1915)

ᗢᗢViento sagrado

Sobre el ansia marchita,[6]
sobre la indiferencia que dormita,
hay un viento sagrado que se agita;

un milagroso viento
5 de fuertes alas y de firme acento
que a cada corazón infunde aliento.

Viene del mar lejano
y en su bronco rugir hay un arcano[7]
que flota en medio del silencio humano.

10 Viento de profecía
que a las tinieblas del vivir envía
la evangélica luz de un nuevo día;

viento que en su carrera
sopla sobre el amor, y hace una hoguera
15 que enciende en caridad la vida entera.* * *

Hará que los humanos
en solemne perdón unan las manos
y el hermano conozca a sus hermanos.

---

[6] el ansia marchita: *withering anguish.*

[7] arcano: *secret.*

No cejará en su vuelo
20 hasta lograr unir, en un consuelo
inefable, la tierra con el cielo;

hasta que el hombre en celestial arrobo
hable a las aves y convenza al lobo;

hasta que deje impreso
25 en las llagas de Lázaro su beso;

hasta que sepa darse en ardorosas

ofrendas, a los hombres y a las cosas,
y en su lecho de espinas sienta rosas;

hasta que la escondida
30 entraña, vuelta manantial de vida,
sangre de caridad como una herida . . .

¡Ay de aquel que en su senda
cierre el oído ante la voz tremenda!
¡Ay del que oiga la voz y no comprenda!

(El libro de la fuerza, de la bondad, y del ensueño, 1917)

⌦EL RETORNO IMPOSIBLE

Yo sueño con un viaje que nunca emprenderé,
un viaje de retorno, grave y reminiscente . . .

Atrás quedó la fuente
cantarina y jocunda, y aquella tarde fue
5 esquivo el torpe labio a la dulce corriente.
¡Ah, si tornar pudiera! Mas sé que inútilmente
sueño con ese viaje que nunca emprenderé.

Un pájaro en la fronda cantaba para mí . . .
Ya crucé por la senda de prisa, yo no lo oí.

10 Un árbol me brindaba su paz . . . A la
ventura,
pasé cabe la sombra sin probar su frescura.
Una piedra le dijo a mi dolor: "Descansa,"
y desdeñé las voces de aquella piedra mansa.

Un sol reverberante brillaba para mí;
15 pero bajé los ojos al suelo, yo no lo vi.

En el follaje espeso
se insinuaba el convite de un ósculo divino . . .
Yo seguí mi camino
y no recibí el beso.

20 Hay una voz que dice: "Retorna, todavía

el ocaso está lejos; vuelve tu rostro, guía
tus pasos al sendero que rememoras; tente
y refresca tus labios en la sagrada fuente;
ve, descansa al abrigo
25 de aquel follaje amigo;
oye la serenata del ave melodiosa,
y en la piedra que alivia de cansancios reposa;
ve que la noche tarda
y oculto entre las hojas hay un beso que
aguarda . . .

30 Mas ¿para qué, si al fin de la carrera
hay un beso más hondo que me espera,
y una fuente más pura,
y una ave más hermosa que canta en la
espesura,
y otra piedra clemente
35 en que posar mañana la angustia de mi frente,
y un nuevo sol que lanza
desde la altiva cumbre su rayo de esperanza?

Y mi afán repentino
se para vacilante en mitad del camino,
40 y vuelvo atrás los ojos, y sin saber por qué,
entre lo que recuerdo y entre lo que adivino,
bajo el alucinante misterio vespertino,
sueño con ese viaje que nunca emprenderé.

(Parábolas y otros poemas, 1918)

⌦BALADA DE LA LOCA FORTUNA

Con el sol, el mar, el viento y la luna
voy a amasar una loca fortuna.

Con el sol haré monedas de oro
(al reverso,[8] manchas; al anverso, luz)
5 para jugarlas a cara o a cruz.

[8] al reverso: *on the face* (of the coin).

Cerraré en botellas las aguas del mar,
con lindos marbetes y expresivas notas,
y he de venderlas con un cuentagotas
a todo el que quiera llorar.

10   Robador del viento, domaré sus giros,
y en las noches calladas y quietas,
para los amantes venderé suspiros,
y bellas canciones para los poetas . . .

En cuanto a la luna,
15 la guardo, por una
sabia precaución,
en la caja fuerte de mi corazón . . .

Con el sol, la luna, el viento y el mar
¡Qué loca fortuna voy a improvisar!

(Las señales furtivas, 1925)

THREE

FROM THE MEXICAN REVOLUTION TO THE PRESENT

A. POETRY—POSTMODERNISM

~~~~Baldomero Fernández Moreno

ARGENTINA, 1886–1950   "Ahora veo que la poesía ha seguido con
fidelidad mis pasos sobre el mundo. . . ." This was the revelation that in
1941 came to Fernández Moreno after he had agonizingly combed
through twenty-two volumes of verse for the selections that would
constitute the *Antología* (*1915–1940*) that he chose to call his "obra
ordenada . . . la versión de mis poemas." The titles of the eleven sections
that comprise the anthology are the very signposts of his worldly
journey, "emoción por emoción": "Ciudad" ("La calle me llama/
y a la calle iré"), "Intermedio provinciano," "Campo argentino,"
"Versos de Negrita" (his wife Dalmira whom he married in 1919), "El
hogar en el campo y en la ciudad," "El hijo," "Aldea española," "Yo,
médico. Yo, catedrático," " Cuadernillos de verano," "Poesía," "Dos
poemas" (the first contains fragments from the celebrated "La Tertulia
de los Viernes"). A solitary spiritual wanderer, he was ever intently in
search of his own true self—"sólo atendí a la exhalación natural de mi
ser"—and of truth and beauty as he found them, not in the literary
marketplace swept by "los vientos líricos más variados" but rather in
silent intimate communion with the immediate reality of daily living:

> "Dios me hizo más de ojos
> que de labios elocuente . . ."

Sentimental and sensitive, his muse was little given to the complexities
of philosophical and intellectual thought: "Ante la poesía, tanto da
temblar como comprender." Each mortal moment was fraught with
transcendent meaning:

> Y que tu obra sea como el pan que se amasa,
> que calienta la mesa y perfuma la casa,
> y que al leerla los otros digan a su coleto:
> esto lo pensé yo una vez en secreto;
> dale tu propria alma, tu propia simpatía,
> y ella ha de llenarte como la luz al día.

Eloquent of eye, and of heart, the poet burned—"que la torre de sangre
jamás se viene abajo"—to capture the beauty of commonplace experience.
In so doing his thematic canvas became as rich and as varied as life
itself, but also as repetitive as the situations and sentiments that are the
very essence of existence. Repetitive, but warm and meaningful, as in

his ceaseless vigil the poet plumbed fresh emotional depths, be it as he
sat a bid saddened at his son's first haircut or as he paid a belated debt
to an old landmark of his beloved Buenos Aires:

> Plazoleta sin nombre de un barrio de Rosario . . .
> Mi corazón velaba, dormía el vecindario.

ᔑᔑᔑINICIAL DE ORO

Nací, hermanos, en esta dulce tierra argentina,
pero el primer recuerdo nítido de mi infancia
es éste: una mañana de oro y de neblina,
un camino muy blanco y una calesa rancia.

5 Luego un portal oscuro de caduca arrogancia
y una abuelita toda temblona y pueblerina,
que me deja en la cara una agreste fragancia
y me dice: —¡El mi nieto, qué caruca más
    fina!—

10 Y me llenó las manos de castañas y nueces,
el alma de leyendas, el corazón de preces,
y los labios recientes de un divino parlar.

Un parlar montañés de viejecita bruja
que narra una conseja mientras mueve la
    aguja.
El mismo que ennoblece, hermanos, mi cantar.

(Antología, 1915–1940, 1941)

ᔑᔑᔑHABLA LA MADRE[1]

—Estos hijos —dice ella,
la madre dulce y santa—
estos hijitos tan desobedientes
que a lo mejor contestan una mala pala-
    bra . . .—

5 En el regazo tiene
un montón de tiernísimas chauchas
que va quebrando poco a poco
y echando en una cacerola con agua.

—¡Cómo os acordaréis
10 cuando yo esté enterrada!—
Tenemos en los ojos
y la ocultamos, una lágrima.

Silencio. Oscuridad.
Al quebrarse las chauchas
15 hacen entre sus dedos
una detonación menudita y simpática.

(Antología, 1915–1940, 1941)

ᔑᔑᔑLE DIGO A UN SAUCE

Sauce: en verdad te digo que me das compasión,
como si fuera un nido se te ve el corazón.

Tu pecho, verde y claro, no puede guardar nada:
te penetra hasta el fondo la primera mirada.

5 Cuando desciende el sol ¡oh sauce! a iluminarte
te atraviesa como un puñal de parte a parte;

---

[1] This is the title the poem now bears in the
Antología 1915–1940, the poet's "obra ordenada."
"Habla la madre castellana" was the original title **as**
given in *Las iniciales del misal* (1915).

y a través de tus ramas, perezosas y bellas,
filtra toda la noche con su millón de estrellas.

Aprende, sauce, de ese ciprés fúnebre y mudo,
10 grave como un secreto y prieto como un nudo.

(*Antología, 1915–1940,* 1941)

SETENTA BALCONES Y NINGUNA FLOR

Setenta balcones hay en esta casa,
setenta balcones y ninguna flor . . .
¿A sus habitantes, Señor, qué les pasa?
¿Odian el perfume, odian el color?

5 La piedra desnuda de tristeza agobia,
¡dan una tristeza los negros balcones!
¿No hay en esta casa una niña novia?
¿No hay algún poeta bobo de ilusiones?

¿Ninguno desea ver tras los cristales
10 una diminuta copia de jardín?
¿En la piedra blanca trepar los rosales,
en los hierros negros abrirse un jazmín?

Si no aman las plantas no amarán el ave,
no sabrán de música, de rimas, de amor.
15 Nunca se oirá un beso, jamás se oirá un
clave . . .
¡Setenta balcones y ninguna flor!

(*Antología, 1915–1940,* 1941)

MADRE, NO ME DIGAS

Madre, no me digas:
—Hijo, quédate,
cena con nosotros
y duerme después . . .
5 Estás flaco y pálido,
me haces padecer.
Cuando eras pequeño
daba gusto ver
tu cara redonda,
10 tu rosada tez . . .
Yo a Dios le rogaba
una y otra vez:
que nunca se enferme,
que viva años cien,
15 robusto, rosado,
gallardo doncel.
Yo tengo una pena
de tan mal jaez,
que ni tú ni nadie
20 pueden comprender.
Y en medio a la calle
¡me siento tan bien!
¿Que cuál es mi pena?
¡Ni yo sé cuál es!
25 Pero ella me obliga
a irme, a correr,
hasta de cansancio
rendido caer . . .

La calle me llama,
30 y obedeceré.
Cuando pongo en ella
los ligeros pies,
le vean mis ojos
allá en la vejez.
35 Que no tenga ese aire
de los hombres que
se pasan la noche
de café en café . . .
Dios me ha castigado,
40 ¡Él sabrá por qué!
Madre, no me digas:
—Hijo, quédate . . .—
La calle me llama
y a la calle iré.
45 Me lleno de rimas
sin saber por qué.
La calle, la calle,
¡loco cascabel!
La noche, la noche,
50 ¡qué dulce embriaguez!
El poeta, la calle y la noche,
se quieren los tres.
La calle me llama,
la noche también . . .
55 Hasta luego, madre,
¡voy a florecer!

(*Antología, 1915–1940,* 1941)

ᰔᰔA LA CALLE FLORIDA[2]

Yo me parezco un poco a esta calle Florida,
tan alegre a la tarde y tan triste a la noche.
Un agente aburrido, un poeta y un coche.
Yo me parezco un poco a esta calle Florida.

(Antología, 1915–1940, 1941)

ᰔᰔAUTO

Por el camino llano, ruidoso de canciones,
con rumbo al horizonte iba el auto veloz.
Alegría de músculos y conciencia tranquila,
alegría del mundo, alegría de Dios.
5 En el camino llano
se ha detenido el Ford.

Todos mis compañeros se han arrojado al suelo,
quién revisa las ruedas, quién revisa el motor,
éste aprieta un tornillo, aquél toca un resorte,
10 todos se preocupan de algo . . . menos yo.
Sobre el inútil coche comprobé una vez más
lo flaco de mis manos para cualquier acción.
¡Veinte veces se ha roto una rueda en mi senda,
nunca supe qué hacerme con la tal rueda yo!
15 Me tiñó la vergüenza de rojo las mejillas,
y me apelotoné del auto en un rincón.

Pero luego pensé que era tal vez el único
que, en mitad de los campos, tenía la visión
completa de la patria, de su mucha grandeza,
20 de su heroico pasado, del futuro esplendor;
que era tal vez el único que sediento bebía,
con la boca entreabierta, con el ojo avizor,
patria en trigos nacientes, patria en glaucas avenas,
patria en aire aromado, patria en cielo con sol.
25 Se me fue el vergonzoso rosicler de la cara,
y un insensato orgullo me llenó el corazón.

(Antología, 1915–1940, 1941)

ᰔᰔCREPÚSCULO ARGENTINO

Crepúsculo argentino sin campanas . . .
¡Qué ganas, sin embargo, de rezar,
de juntar nuestras voces humanas
al místico mugido y al balar!
5 A estas horas marea la pampa como un mar.

(Antología, 1915–1940, 1941)

---

[2] Calle Florida: lively, colorful and popular street in downtown Buenos Aires that is given over entirely to pedestrian traffic.

∼∼LAS ROSAS, POR EJEMPLO

Yo no sé a quién echar la culpa de estas cosas,
son mucho más felices, por ejemplo, las rosas.

Es un jardín, es un rosal, es una rama . . .
Suponed una rosa toda encendida que ama;

5 pues se inclina galante a su novia un momento
y le dice: te amo. Lo demás lo hace el viento.

Yo no sé a quién echar la culpa de estas cosas,
son mucho más felices, por ejemplo, las rosas.

¡Oh, las horas perplejas, largas, en que me
    quedo
10 haciéndole dar vueltas a mi anillo en mi dedo!

(Antología, 1915–1940, 1941)

∼∼HOY, POR PRIMERA VEZ

Hoy, por primera vez, el peluquero
puso sus manos en tu cabecita.
¡Oh, qué dedos más grandes los del hombre
y qué inmensas tijeras que blandía!

5 De un fino estambre de oro pincelado
quedóse el piso. La peluquería
se llamaba de gente indiferente.
Yo estaba un poco triste. Atardecía.

(Antología, 1915–1940, 1941)

∼∼NOCHES

Si alguno me siguiera por las calles un poco
diría y con razón: este hombre está loco.
Cruza como un sonámbulo de vereda a vereda,
en algunas esquinas media hora se queda.
5 Luego, como pinchado de agudo pensamiento,
se traga veinte cuadras ligero como el viento.
Sin ton ni son da vueltas a una misma manzana,
lo mismo es una estrella, para él, que una ventana.
Camina jadeante, sudoroso, amarillo,
10 va dejando una estela de humo de cigarrillo.
Medio doblado el brazo, cerca del corazón,
lleva un diario y un libro y el puño del bastón.
Se mete por los bares, pacífico burgués,
pide un vaso de soda o, liviano, un exprés.[3]
15 La cabeza introduce, curioso, en los quioscos,
los dueños le interrogan, avinagrados y hoscos.
Se detiene aunque esté a esas horas sombría,
ante el escaparate de cualquier librería.
No va en busca de charla, ni a caza de placeres;
20 ni topa con amigos, ni sigue a las mujeres.
Es así como este hombre muchas noches se pasa,
y dando un gran rodeo se dirige a su casa.

(Antología, 1915–1940, 1941)

[3] exprés: coffee made under pressure.

⌁TRÁFAGO

Me he detenido en frente del Congreso,
y en medio del urbano torbellino,
he soñado en un rústico camino
y me he sentido el corazón opreso.

5 Una tranquera floja, un monte espeso,
el girar perezoso de un molino,
la charla familiar de algún vecino,
¿no valen algo más que todo eso?

Se ahogaban en la esquina algunas flores;
10 a formidables tajos de colores
abríase el asfalto humedecido
como esbozando trágica sonrisa.
¡Quién va a fijarse en mí, si hay tanta prisa!
¡Quién va a escuchar mi voz, si hay tanto
    ruido!

(Antología, 1915–1940, 1941)

⌁YO

Hoy que sale a callejear
la Tertulia de los Viernes,[4]
no quiero quedarme en casa
tras encajes de canceles.
5 Yo soy éste del rincón
de sotabarba incipiente,
sin gracia para soltar
de mi capote los pliegues:
quiero decir la sin hueso,[5]
10 y callo por consiguiente.
Que oigo danzar los minutos
con paso de tafilete.
Dios me hizo más de ojos
que de labios elocuente:
15 no atiendas a lo que diga,
mira más bien lo que espeje.
No tengo palabra fácil
al corrillo de las gentes,
sobre alféizares de luna
20 o entre mástiles y obenques.
Déjame estar en silencio,
séme por hoy obediente,

que los versos caen en mí
tan pausados y silentes
25 como caería tu nombre
si en copos se deshiciese.
No me tengas por reseco,
arcilla o pedrusco inerte;
sé dónde flota la nube,
30 y dónde rocía y llueve,
más sólo beso entre sombras
y sólo lloro al relente.
En mi entrecejo fruncido
tengo una alondra impaciente,
35 y en el arco de los labios
más tristezas que desdenes.
Y las respuestas sabrosas
se me dan al día siguiente;
aunque tal vez mano a mano
40 fuera todo diferente.
Para la amistad me creo
de espadas y de lebreles.
Más o menos, así soy,
el que quiera que me enmiende.

(Antología, 1915–1940, 1941)

⌁ROMANCE DE PALOMAS

De qué hermosura te llenas,
¡oh mi molino entre hojas!,
cuando un poquito de agua

buscan en ti las palomas.
5 Acuden de todas partes,
de cornisas y de frondas,

---

[4] Tertulia de los Viernes: Fernández Moreno was the lyrical chronicler of this literary circle of the 1920–1930's. Under the persevering guidance of Nieves Gonnet de Rinaldini, the tertulia was frequented by writers and critics of the stature of Amado Alonso, Federico García Lorca, Pedro Henríquez Ureña, José Moreno Villa, Alfonso Reyes, Francisco Romero, Baldomero Sanín Cano, Karl Vossler.

[5] la sin hueso = lengua.

en una estela de tiza
hecha de buches y colas.
Aplican el pecho al hierro,
10 abren las alas magnolias,
tuercen los cuellos flexibles,
hunden los picos y roncan.
Nunca hubo enamorada
que, entre deseo y congoja,
15 doblara así el cuello blanco

sobre un pecho, en unas bodas.
Ni nadie ha buscado un beso
en el fondo de una boca
como ellas saben buscarlo
20 en los labios de una gota.
Coral del pico buido,
perla del agua redonda,
os ruego que me digáis
quién de vosotros más goza.

(Antología, 1915–1940, 1940)

POETA

Un hombre que camina por el campo,
y ve extendido entre dos troncos verdes
un hilillo de araña blanquecino
balanceándose un poco al aire leve.
5   Y levanta el bastón para romperlo,
y ya lo va a romper, y se detiene.

(Antología, 1915–1940, 1941)

UNA VENTANA

¿Qué esperas, di, qué esperas, de esa ventana
    abierta,
estampilla de oro de la noche cerrada?
¿Acaso una doncella por azar descubierta,
un monedero falso, un arbitrista, nada?

5 Cuando creas que algo detrás de ella palpita,
se extinguirá la luz y con la luz tu ensueño.
Es el cansancio humano, que sólo necesita
dos minutos y medio para entregarse al sueño.

(Antología, 1915–1940, 1941)

UNA FUENTE DEL ROSARIO

Este es otro recuerdo punzante del Rosario:
una plazuela llena de un rumor milenario.
Un agua oscura que entre sí cuchichea
y una luna de plata que el recuerdo platea.
5 Redonda como una moneda, plazoleta,
pude dejarte entonces mi inscripción de poeta.
Tú dirías ¿por qué no canta este sujeto;
acaso no soy digna del perfil de un soneto?
Pero quise esperar, más libre y más sutil,
10 para el día siguiente. Y era el ferrocarril.
Yo tuve que copiarte, dibujarte, calcarte,
y no estaría hoy cuidadoso, que el arte

es así, perentorio, exigente, al momento.
Escrito quiere el rizo y el aroma y el viento.
15 Y no se poblarían mis noches de fontanas:
las fuentes se toleran apenas las mañanas.
Que con luna y con sombras son abismos
    sañudos
y los chorros son brazos de sultanas, desnudos.
Pago mi deuda vieja, plazoleta redonda,
20 cuando queda el rumor y se ha ido la ronda.
Plazoleta sin nombre de un barrio del
    Rosario . . .
Mi corazón velaba, dormía el vecindario.

(Antología, 1915–1940, 1941)

ᴏᴡᴏᴡᴏEnrique Banchs

ARGENTINA, 1888–   The transition from modernism to postmodernism is nowhere more apparent than in the unpretentious lyrics of Enrique Banchs, one of the first of the contemporary Spanish American poets to seek inspiration in the traditional founts of Hispanic verse. Banchs has well caught the spirit and technique of the popular songs and ballads (*Elogio de una lluvia, Romance de la bella, Romance de cautivo*) of the Spanish *romancero*. At times, however, one feels that the poet is definitely striving after effects and that he has been more directly influenced by similar tendencies of the modernist cult. This is not altogether true, for Banchs is ever genuinely sincere and ingenuous in his imitation of folk poetry. If his poems do remind one on occasion of the fanciful simplicity of the modernists, it is because he has not yet—especially in his earlier volumes—entirely freed himself from too assiduous an imitation of his models. Particularly marked is the repetitive quality of his verse that at times would seem to betray poverty of thought or a definite tendency toward verbal padding, even though such repetition is highly effective in such a poem as *Balbuceo* wherein the poet has successfully and appropriately imitated the broken utterances of the desolate lover. It is when Banchs applies this simple refreshing technique to humble daily subjects (*Carretero*) and to intimate emotional experiences, as in *La urna*

> Pues mi motivo eterno soy yo mismo;
> y ciego y hosco, escucha mi egoísmo
> la sola voz de un pecho gemebundo.

—symbolically portrayed with classic reserve (*Tornasolando el flanco*)— that he attains his best and most original expression. *La urna*, a collection of one hundred sonnets, attests to the poet's recognition of a need to subject himself to the discipline of the classic mold in order to achieve, with proper emotional restraint, the harmonious balance of substance and of form.

ᘯᕀᘯELOGIO DE UNA LLUVIA[1]

Tres doncellas eran, tres
doncellas de bel mirar,
las tres en labor de aguja
en la cámara real.

5   La menor de todas tres
Delgadina era nombrada.
La del mirar de gacela
Delgadina se llamaba.

¡Ay! diga por qué está triste;
10 ¡ay!, diga por qué suspira.
Y el rey entraba en gran saña
y lloraba Delgadina.

—Señor, sobre el oro fino
estoy tejiendo este mote:
15 "Doña Venus, doña Venus,
me tiene preso en sus torres."

En más saña el rey entraba,
más lloraba la infantina.
—En la torre de las hiedras
20 encierren la mala hija.

En la torre de las hiedras
tienen a la niña blanca.
¡Ay!, llegaba una paloma
y el arquero la mataba.

25 —Arquero, arquero del rey,
que vales más que un castillo,
dame una poca de agua
que tengo el cuerpo rendido.

—Doncella, si agua te diera,
30 si agua te diera, infantina,
la cabeza del arquero
la darán a la jauría.

—Hermanitas, madre mía,
que estáis junto al lago, dadme
35 agua . . .; pero no la oyeron
las hermanas ni la madre.

Y entonces vino una lluvia,
vino una lluvia del cielo,
lluvia que se parte en ruido
40 de copla de romancero.

La niña que está en la torre
tendía la mano al cielo . . .
De agua se llenó su mano
y la aljaba del arquero.

(El libro de los elogios, 1908)

ᘯᕀᘯROMANCE DE LA BELLA

¡Oh, bella malmaridada!,
la que está torciendo lino,
la que en este mediodía
tuerce lino junto al río;

5   bella del tobillo blanco
como caracol de lirio:
cuando torne de la villa
te daré un puñal bellido.

Con el puñal que te diera,
10 con el puñal que te digo,
en esta noche de enero
matarás a tu marido.

Le abrazarás con tus brazos,
le llamarás buen amigo,
15 y cuando cure que huelga
le hundirás el fierro fino.

¡Oh, bella malmaridada!,
bella del blanco tobillo:
sobre mi caballo moro,
20 sobre mi alazán morisco,

nos iremos desta tierra
donde medra el malnacido . . .
Yo te cantaré una copla
para alegrar el camino.

[1] This ballad was inspired by the traditional Spanish *romance Delgadina*, one of the most popular of the Spanish *romancero*. Several variants have been found in Argentina and Chile. Cf. Menéndez Pidal, *Los romances de America* (Buenos Aires, Espasa-Calpe, 1939, pp. 45-46).

De tierras de dulce Francia
tomaremos el camino,
allá donde es la Narbona,[2]
ese pueblo bien guarnido.

Verás cuánta linda dama,
cuánto cortejo tan rico . . .
Esta noche a media luna
te aguardo al pie del molino.

—Pase, pase el aviltado;[3]
pase, pase el fementido;
al borde de la ribera
déjeme torcer mi lino.

(*El cascabel del halcón*, 1909)

ROMANCE DE CAUTIVO

Mujer, la adorada
que está en el solar,
tus mejillas suaves
ya no veré más.

Hijos, los que quise,
mi mejor laurel:
mis hijos dormidos
nunca más veré.

Estrella de tarde
que encendida vi
sobre mi molino,
se apagó por fin.

Buenos compañeros
los que en el mesón
conmigo bebieron,
todo pereció.

Me cogieron moros
en el mar azul;
lloro en morería
la mi juventud.

—Me dirás, cristiano,
trovas de solaz;
me dirás, amigo,
por tu pro será.

—Trovas de mi tierra
yo te las diré,
princesa de moros
que me quieres bien.

"Hada, con tus brazos
quiérasme ceñir;
mis otros quereres
finarán allí."

—Te daré mis brazos,
mi cuerpo y su flor;
entra en el alcázar
di mi corazón.

(¡Ay, la tierra linda
donde está la cruz,
no he de ver ya nunca
tu horizonte azul!)

(*El cascabel del halcón*, 1909)

CANCIONCILLA

El pino dice agorerías
en el silencio vesperal.
—Pino albar, ¿cuántos son mis días?;
la cuenta siempre fina mal . . .

Pino que rezas en voz baja,
pino agorero, pino albar,
de pino albar será la caja
en que me han de amortajar.

[2] Narbona: city in the department of Aude in southern France about five miles from the Mediterranean.

[3] aviltado: *vile* (tempter).

Caja de pino con retoño,
10 para enterrar a un rimador.
¡Ah!, que lo entierren en otoño . . .
Pongan también alguna flor.

El pino dice agorerías
sobre el silencio vesperal;
los pobres pasan como días
20 y el pino reza en su misal.

El pino dice agorerías
junto al molino rumiador;
15 arriba están las Tres Marías[4]
como tres hojas de una flor.

(*El cascabel del halcón,* 1909)

ᴄᴡᴄCANCIONCILLA

Porque de lloras
et de sospirar
ya non cesaré.
—Luna[5]

No quería amarte,
ramo de azahar;
no debía amarte:
te tengo que amar.

5 Tan manso vivía . . . ,
rosa de rosal,
tan quieto vivía:
me has herido mal.

¿No éramos amigos?
10 Vara de alelí,
si éramos amigos,
¿por qué herirme así?

Cuidé no te amara,
paloma torcaz.
15 ¿Quién que no te amara?
Ya no puedo más.

Tanto sufrimiento,
zorzal de jardín,
duro sufrimiento
20 me ha doblado al fin.

Suspiros, sollozos,
pájaro del mar;
sollozos, suspiros,
me quieren matar.

(*El cascabel del halcón,* 1909)

ᴄᴡᴄBALBUCEO

Triste está la casa nuestra,
triste, desde que te has ido.
Todavía queda un poco
de tu calor en el nido.

5 Yo también estoy un poco
triste desde que te has ido;
pero sé que alguna tarde
llegarás de nuevo al nido.

¡Si supieras cuánto, cuánto
10 la casa y yo te queremos!
Algún día cuando vuelvas
verás cuánto te queremos.

Nunca podría decirte
todo lo que te queremos:
15 es como un montón de estrellas
todo lo que te queremos.

Si tú no volvieras nunca,
más vale que yo me muera . . . ;
pero siento que no quieres,
20 no quieres que yo me muera.

Bien querida que te fuiste,
¿no es cierto que volverás?;
para que no estemos tristes,
¿no es cierto que volverás?

(*El cascabel del halcón,* 1909)

---

[4] las Tres Marías: Orion's belt.
[5] Don Álvaro de Luna (?–1453), lord high constable of the kingdoms of Leon and Castile, was one of the richest and most powerful men of his time. He, too, contributed his share of courtly verse for the pleasure of don Juan I, whose favorite he was, until his wealth and power turned the king against him.

ᨒᨑᨑCARRETERO

Oloroso está el heno, carretero,
oloroso está el heno;
huele a trébol del valle, a vellón nuevo
y al patio viejo del mesón del pueblo.

5 Oloroso está el heno en la carreta,
el heno de la húmeda pradera
sembrada de corderas . . .
¡Oh, pradera que está en la primavera!

—Oloroso está el heno, buen amigo,
10 que vas por el camino . . .
Un camino, una tarde, un buen amigo . . .
Oloroso está el heno con rocío.

—Lo cortamos cuando era luna nueva.
—¿Sonaba una vihuela?
15 —Sí, una vihuela de baladas llena
a la luz de la luna, luna nueva.

Tus manos siempre tocan el rocío,
y el heno y la tierruca del camino,
y por eso parecen dos racimos
20 de sembrado con sueño matutino.

Y tienen un gajito de pereza,
de esa pereza, de esa
pereza que dormita en la carreta
quejosa a la tornada de la era.

25 Quién sabe si es tristura
la que empaña la breve felpa oscura
del ojo de los bueyes, de la yunta
de mansedumbre grave y de dulzura.

Carreta y carretero
30 se humedecen en ese raso viejo
del ojo de los bueyes, y por eso
están tus manos tristes, carretero.

Tus manos grandes, óseas, morenicas,
como sarmientos de las viejas viñas,
35 sobre el heno oloroso están dormidas,
carretero que vas para la villa.

(El cascabel del halcón, 1909)

ᨒᨑᨑEL VOTO

¿Cuál conjunción de estrellas me ha tornado coplero? . . .
Mi planta para el carro de Harmonía es muy breve,
y ante tu templo, ¡oh Musa!, yo soy como un romero
que al ara, toda lumbre y lino y plata y nieve,
5 lleno de miedos santos a llegar no se atreve . . .

Lejano es ese día. Fui a la carpintería,
y turbando el chirrido de las sierras, entonce
clamé al roble, al escoplo y a la cerrajería,
al cepillo que canta y a la tuerca de bronce,
10 a las ensambladuras y al hueco para el gonce.

Y dije: olor de pino, sabor de selva y río,
rizo de la viruta, nitidez del formón,
tornillo, gusanito tenaz lleno de brío,
glóbulo saltarín del nivel, precisión
15 de escuadra, de compás, de plomo en suspensión.

Bienvenida a este nuevo trabajador de robles,
porque él hará hemistiquios, ya sobre el pino esprús,
ya en el nogal, que es digno de cuajar gestos nobles,
o el sándalo oloroso o el ébano, que en luz
30 brilla por negro y brilla porque él hace la cruz.

Bienvenida a este nuevo trabajador del pino,
que moverá el martillo cual rima de canción,
al hacer la mortaja, la cuna o el divino
talle de los violines o el recio mascarón
35 que habla con los delfines desde la embarcación;

    la puerta que se abre cuando un amigo llega;
la mesa en que partimos el pan con los hermanos,
y el ropero, el ropero familiar que doblega
los anchos anaqueles bajo rimeros vanos
40 de lienzos que de tanto blancor están lozanos . . .

    ¿Cuál conjunción de estrellas me ha tornado coplero?

                   (*El cascabel del halcón*, 1909)

⚮LA ESTATUA

1

    ¡Oh, mujer de los brazos extendidos
y los de mármol ojos tan serenos,
he arrimado mis sienes a tus senos
como una rama en flor sobre dos nidos!

5   ¡Oh, el sentimiento grave que me llena
al no escuchar latir tu carne fría
y saber que la piedra te condena
a no tener latido en ningún día!

    ¡Oh, diamante arrancado a la cantera,
10 tu forma llena está de Primavera,
y no tienes olor, ni luz, ni trino!

    Tú que nunca podrás cerrar la mano,
tienes, en gesto de cariño humano,
la única mano abierta en mi camino.

2

    No te enciende el pudor rosas rosadas,
ni el suceder del Tiempo te da injuria,
ni levanta tus vestes consagradas
a la mano temblante de lujuria.

5   A tus pies se dan muerte las pasiones,
las euménides[6] doman sus cabellos
y se asustan malsines y felones
al gesto inmóvil de tus brazos bellos.

    Luz del día no cierra tus pupilas,
10 viento no mueve el haz de tus guedejas,
ruido no queda preso en tus oídos.

    Pues eres, ¡oh, mujer de aras tranquilas!,
un venusto ideal de edades viejas
transmitido a los tiempos no venidos.

3

    Mujer, que eres mujer porque eres bella
y porque me haces ir el pensamiento
por senda muda de recogimiento
al símbolo, a la estrofa y a la estrella,

5   nunca mujer serás: tu carne vana
jamás palpitará de amor herida,
nunca sonreirás una mañana
ni serás una tarde entristecida.

    Y sin embargo soy de ti cegado,
10 y sin embargo soy de ti turbado,
y al propio tiempo bueno y serenado,

    y quisiera partir mi pan contigo
y pasear de tu mano en huerto amigo
en busca de esa paz que no consigo.

4

    Arrimadas mis sienes a tus senos
siento que me penetra alevemente
frío de nieve y humedad de cienos . . .
¡Siempre materia y siempre indiferente!

5   Quién tuviera, ¡oh, mujer que no suspira!
esa inmovilidad ante la suerte,
esa serenidad para la ira,
en la vida, esa mano de la Muerte.

    Mi espíritu jamás podrá animarte,
10 ni turbar un instante solamente
el gesto grande que te ha dado el arte.

    ¡Quién pudiera esperar la muerte tarda,
sereno cual la piedra indiferente,
callado como el Ángel de la Guarda! . . .

                   (*El cascabel del halcón*, 1909)

[6] las euménides: the Eumenides or Erinyes, in Greek religion, the furies or goddesses of vengeance, usually represented as three maidens with snakes in their hair.

⚘Como es de amantes necesaria usanza

Como es de amantes necesaria usanza
huir la compañía y el ruido,
vagaba en sitio solo y escondido
como en floresta umbría un ciervo herido.

5   Y a fe, que aunque cansado de esperanza,
pedía al bosquecillo remembranza
y en cada cosa suya semejanza
con el ser que me olvida y que no olvido.

Cantar a alegres pájaros oía
10 y en el canto su voz no conocía;
miré al cielo de un suave azul y perla

y no encontré la triste y doble estrella
de sus ojos . . . y entonces para verla
cerré los míos y me hallé con ella.

(La urna, 1911)

⚘Entra la aurora en el jardín . . .

Entra la aurora en el jardín; despierta
los cálices rosados; pasa el viento
y aviva en el hogar la llama muerta,
cae una estrella y raya el firmamento;

5 canta el grillo en el quicio de una puerta
y el que pasa detiénese un momento,
suena un clamor en la mansión desierta
y le responde el eco soñoliento;

y si en el césped ha dormido un hombre
10 la huella de su cuerpo se adivina,
hasta un mármol que tenga escrito un nombre

llama al Recuerdo que sobre él se inclina . . .
Sólo mi amor estéril y escondido
vive sin hacer señas ni hacer ruido.

(La urna, 1911)

⚘Tornasolando el flanco

Tornasolando el flanco a su sinuoso
paso va el tigre suave como un verso
y la ferocidad pule cual terso
topacio al ojo seco y vigoroso.

5   Y despereza el músculo alevoso
de los ijares, lánguido y perverso
y se recuesta lento en el disperso
otoño de las hojas. El reposo . . .

El reposo en la selva silenciosa.
10 La testa chata entre las garras finas
y el ojo fijo, impávido custodio.

Espía mientras bate con nerviosa
cola el haz de las férulas vecinas,
en reprimido acecho . . . así es mi odio.

(La urna, 1911)

⚘Sé de una fuente

Sé de una fuente mansa y silenciosa
que sobre antiguo mármol se derrama
lenta y constante. El agua que rebosa
jamás refleja un rostro ni una rama.

5   Vierta la noche azul la luna en ella,
o abra su golfo de oro la mañana
donde naufraga la postrer estrella,
la solitaria fuente siempre mana.

¡Generoso dolor que siempre llora,
10 fuente que el agua da calladamente
como el Tiempo su hora! . . .

Conozco una pasión que nadie mira,
que nadie escucha y sin cesar suspira,
perdiéndose como agua de la fuente.

(La urna, 1911)

᷼Delmira Agustini

URUGUAY, 1886–1914   Delmira Agustini's poetry is the impassioned
expression of a yearning for a higher type of love that would more nearly
satisfy both her carnal and spiritual needs. But even as she sang of her
secret thoughts and imaginings of a love she was never to experience, she
sadly came to realize that Life and, above all, Death stood between her
and her dream. Disillusionment that rapidly deepened into despair
brought her to her tragic and untimely end. Candid and unabashed,
Delmira Agustini translated her yearning into a poetry of ideas that was
the unique product of a robust mentality as well as of an amazing
intuitive strength—her worldly and cultural experiences were limited
and there is little evidence anywhere in her verse that literary trends and
philosophical readings shaped her thought or esthetics to any pronounced degree. Her poetic world is somber and desolate, full of extraordinary visions conceived in rich and challenging imagery. She was
little concerned with the preciseness and beauty of verse forms—form
had to yield to the intensity of her expression. The depth, sincerity, and
emotional wealth of her mystical striving after some transcendental form
of love has no parallel in Hispanic feminine poetry unless it be, as Darío
observed, with that of Santa Teresa "en su exaltación divina." How
reminiscent and characteristic of the mystic zeal of the Saint of Ávila is
Agustini's longing as expressed in the phrase: "Yo ya muero de vivir y
soñar." (*La barca milagrosa.*)

᷼DESDE LEJOS

En el silencio siento pasar hora tras hora,
como un cortejo lento, acompasado y frío . . .
¡Ah! Cuando tú estás lejos, mi vida toda llora,
y al rumor de tus pasos hasta en sueños sonrío.

5 Yo sé que volverás, que brillará otra aurora
en mi horizonte, grave como un ceño sombrío;
revivirá en mis bosques tu gran risa sonora
que los cruzaba alegre como el cristal de un
   río.

Un día, al encontrarnos tristes en el camino,
10 yo puse entre tus manos pálidas mi destino
¡y nada de más grande jamás han de ofrecerte!

Mi alma es frente a tu alma como el mar
   frente al cielo;
pasarán entre ellas, tal la sombra de un vuelo,
¡la Tormenta y el Tiempo y la Vida y la
   Muerte!

(El libro blanco, 1907)

∾∾El intruso

Amor, la noche estaba trágica y sollozante
cuando tu llave de oro cantó en mi cerradura;
luego, la puerta abierta sobre la sombra helante,
tu forma fue una mancha de luz y de blancura.

5 Todo aquí lo alumbraron tus ojos de diamante;
bebieron en mi copa tus labios de frescura,
y descansó en mi almohada tu cabeza fragante;
me encantó tu descaro y adoré tu locura.

Y hoy río si tú ríes, y canto si tú cantas;
10 y si tú duermes, duermo como un perro a tus plantas.
Hoy llevo hasta en mi sombra tu olor de primavera;

y tiemblo si tu mano toca la cerradura,
¡y bendigo la noche sollozante y oscura
que floreció en mi vida tu boca tempranera!

(El libro blanco, 1907)

∾∾La barca milagrosa

Preparadme una barca como un gran pensamiento . . .
La llamarán "La Sombra" unos; otros, "La Estrella."
No ha de estar al capricho de una mano o de un viento;
¡yo la quiero consciente indominable y bella!

5 La moverá el gran ritmo de un corazón sangriento
de vida sobrehumana; he de sentirme en ella
fuerte como en los brazos de Dios. En todo viento,
en todo mar templadme su prora de centella.

La cargaré de toda mi tristeza, y, sin rumbo,
10 iré como la rota corola de un nelumbo,[1]
por sobre el horizonte líquido de la mar . . .

Barca, alma hermana: ¿hacia qué tierras nunca vistas,
de hondas revelaciones, de cosas imprevistas
iremos? . . . Yo ya muero de vivir y soñar . . .

(Cantos de la mañana, 1910)

∾∾Lo inefable

Yo muero extrañamente . . . No me mata la Vida,
no me mata la Muerte, no me mata el Amor;
muero de un pensamiento mudo como una herida . . .
¿No habéis sentido nunca el extraño dolor

---

[1] nelumbo: *lotos flower.*

5   de un pensamiento inmenso que se arraiga en la vida
    devorando alma y carne, y no alcanza a dar flor?
    ¿Nunca llevasteis dentro una estrella dormida
    que os abrasaba enteros y no daba un fulgor? . . .

    ¡Cumbre de los Martirios! . . . ¡Llevar eternamente,
10 desgarradora y árida, la trágica simiente
    clavada en las entrañas como un diente feroz!

    ¡Pero arrancarla un día en una flor que abriera
    milagrosa, inviolable! . . . ¡Ah, más grande no fuera
    tener entre las manos la cabeza de Dios!

(Cantos de la mañana, 1910)

∽∾∾LAS ALAS

Yo tenía . . .
          ¡dos alas! . . .
Dos alas
que del Azur vivían como dos siderales
5 raíces . . .
Dos alas,
con todos los milagros de la vida, la muerte
y la ilusión. Dos alas,
fulmíneas
10 como el velamen de una estrella en fuga;
dos alas,
como dos firmamentos
con tormentas, con calmas y con astros . . .

¿Te acuerdas de la gloria de mis alas? . . .
15 El áureo campaneo
del ritmo, el inefable
matiz atesorando
el Iris todo, mas un Iris nuevo
ofuscante y divino,
20 que adorarán las plenas pupilas del Futuro

(¡las pupilas maduras a toda luz!) . . . el
   vuelo . . .

El vuelo ardiente, devorante y único,
que largo tiempo atormentó los cielos,
despertó soles, bólidos, tormentas,
25 abrillantó los rayos y los astros;
y la amplitud: tenían
calor y sombra para todo el Mundo,
y hasta incubar un *más allá* pudieron.

Un día, raramente
30 desmayada a la tierra,
yo me adormí en las felpas profundas de este
   bosque . . .
¡Soñé divinas cosas! . . .
Una sonrisa tuya me despertó, paréceme . . .
¡Y no siento mis alas! . . .
35 ¿Mis alas? . . .

—Yo las vi deshacerse entre mis brazos . . .
¡Era como un deshielo!

(Cantos de la mañana, 1910)

∽∾∾TU BOCA

Yo hacía una divina labor sobre la roca
creciente del Orgullo. De la vida lejana
algún pétalo vívido me voló en la mañana,
algún beso en la noche. Tenaz como una loca

5 seguía mi divina labor sobre la roca
cuando tu voz, que funde como sacra campana
en la nota celeste la vibración humana,
tendió su lazo de oro al borde de tu boca;

—¡maravilloso nido del vértigo tu boca!
10 dos pétalos de rosa abrochando un abismo . . .
Labor, labor de gloria, dolorosa y liviana;

¡tela donde mi espíritu se fue tramando él
   mismo!
tú quedas en la testa soberbia de la roca,
y yo caigo, sin fin, en el sangriento abismo.

(Los cálices vacíos, 1913)

⌒⌒CUENTAS DE MÁRMOL

Yo, la estatua de mármol con cabeza de fuego,
apagando mis sienes en frío y blanco ruego . . .

Engarzad en un gesto de palmera o de astro
vuestro cuerpo, esa hipnótica alhaja de alabastro
5 tallada a besos puros y bruñida en la edad;
sereno, tal habiendo la luna por coraza;
blanco, más que si fuerais la espuma de la Raza,
y desde el tabernáculo de vuestra castidad,
nevad a mí los lises hondos de vuestra alma;
10 mi sombra besará vuestro manto de calma,
que creciendo, creciendo, me envolverá con Vos;
luego será mi carne en la vuestra perdida . . .
luego será mi alma en la vuestra diluida . . .
luego será la gloria . . . y seremos un dios.

15 —Amor de blanco y frío,
amor de estatuas, lirios, astros, dioses . . .
¡Tú me lo des, Dios mío!

(*El rosario de Eros,* 1924)

⌒⌒CUENTAS DE SOMBRA

Los lechos negros logran la más fuerte
rosa de amor; arraigan en la muerte.

Grandes lechos tendidos de tristeza,
tallados a puñal y doselados
5 de insomnio; las abiertas
cortinas dicen cabelleras muertas;
buenas como cabezas
hermanas son las hondas almohadas:
plintos del Sueño y del Misterio gradas.

10 Si así en un lecho como flor de muerte,
damos llorando, como un fruto fuerte
maduro de pasión, en carnes y almas,
serán especies desoladas, bellas,
que besen el perfil de las estrellas
15 pisando los cabellos de las palmas.

—Gloria al amor sombrío,
como la Muerte pudre y ennoblece.
¡Tú me lo des, Dios mío!

(*El rosario de Eros,* 1924)

⌒⌒CUENTAS DE FUEGO

Cerrar la puerta cómplice con rumor de
caricia,—
deshojar hacia el mal el lirio de una veste . . .
—La seda es un pecado, el desnudo es celeste;
y es un cuerpo mullido un diván de delicia—.

5 Abrir brazos . . .; así todo ser es alado,
o una cálida lira dulcemente rendida
de canto y de silencio . . . más tarde, en el
helado
más allá de un espejo como un lago inclinado,
ver la olímpica bestia que elabora la vida . . .

10 Amor rojo, amor mío;
sangre de mundos y rubor de cielos . . .
¡Tú me lo des, Dios mío!

(*El rosario de Eros,* 1924)

ꭎCUENTAS DE LUZ

Lejos, como en la muerte,
siento arder una vida vuelta siempre hacia mí;
fuego lento hecho de ojos insomnes, más que fuerte
si de su allá insondable dora todo mi aquí.

5 Sobre tierras y mares su horizonte es mi ceño;
como un cisne sonámbulo duerme sobre mi sueño
y es su paso velado de distancia y reproche
el seguimiento dulce de los perros sin dueño
que han roído ya el hambre, la tristeza y la noche
10 y arrastran su cadena de misterio y de ensueño.

Amor, de luz, un río
que es el camino de cristal del Bien.
¡Tú me lo des, Dios mío!

(*El rosario de Eros*, 1924)

ꭎCUENTAS FALSAS

Los cuervos negros sufren hambre de carne
rosa;
en engañosa luna mi escultura reflejo;
ellos rompen sus picos, martillando el espejo,
y al alejarme irónica, intocada y gloriosa,
5 los cuervos negros vuelan hartos de carne rosa.

Amor de burla y frío,
mármol que el tedio barnizó de fuego
o lirio que el rubor vistió de rosa,
siempre lo dé, Dios mío . . .

10 O rosario fecundo,
collar vivo que encierra
la garganta del mundo.

Cadena de la tierra,
constelación caída.

15 O rosario imantado de serpientes,
glisa hasta el fin entre mis dedos sabios,
que en tu sonrisa de cincuenta dientes
con un gran beso se prendió mi vida:
una rosa de labios.

(*El rosario de Eros*, 1924)

ꭎTU AMOR

Tu amor, esclavo, es como un sol muy
fuerte:
jardinero de oro de la vida,
jardinero de fuego de la muerte,
en el carmen fecundo de mi vida.

5 Pico de cuervo con olor de rosas,
aguijón enmelado de delicias
tu lengua es. Tus manos misteriosas
son garras enguantadas de caricias.

Tus ojos son mis medianoches crueles,
10 panales negros de malditas mieles
que se desangran en mi acerbidad;

Crisálida de un vuelo del futuro
es tu abrazo magnífico y oscuro
torre embrujada de mi soledad.

(*El rosario de Eros*, 1924)

⌒⌒⌒Alfonsina Storni

ARGENTINA, 1892–1938   Alfonsina Storni won for herself an enviable
and respected position in the male-dominated literary circles of Buenos
Aires. Even in her earliest verse, in which she confesses to her unquench-
able yearning for love, she reveals her concern for the tragic role her sex
has been forced to play through all time. She reveals, too, her preoccupation with the spiritual ills of our modern social world, especially
those of the apathetic masses whose heart and vision have been deadened
by their cold materialistic environment; and she fears lest her soul, too,
become "*cuadrada.*" She poses likewise her own personal problem as a
woman. Although her whole being cries instinctively for sensual
satisfaction, she struggles against the urge to surrender herself completely
to man. She never wholly subdues this passion (*Soy, Tú que nunca serás*)
but she does succeed in controlling it, as is apparent in *Ocre* (1925), in
which she feels that her best expression has its beginning and wherein
she appears older, wiser, calculating, more sadly aware than ever of the
hapless position to which she and all her kind have been condemned by
a society that has failed to understand the feminine soul. Realizing the
hopelessness of her struggle to win a compromise between this feminine
instinct of surrender and her own determined wish to free and direct her
passions, she understands at last (*Dolor*) that the only way open for her is
to stifle completely these sensual passions, to rid herself of all senti-
mentality, of all feeling and concern for others, to become insensible
and indifferent to life and love.

By 1934 reason appears to have won. Her mind has triumphed over
her heart. Her poetry now is intellectual and cold. Her preoccupation
now is, outwardly at least, with form—modern technique and "*mieles
ománticas*" yield to new metaphors and to new forms. She realized that
her recent manner was not popular and that it would be understood and
appreciated only by the few; but it was characteristic of Alfonsina Storni
to seek new paths, new solutions. When she finally despaired of finding
some answer to her problem, when an incurable illness only made the
struggle seem more hopeless (*El hombre*), she sought peace in "el olvido
perenne del mar"—the same sea that appears and reappears in all of her
work, becoming almost an obsession in her closing years.

CUADRADOS Y ÁNGULOS

Casas enfiladas, casas enfiladas,
casas enfiladas.
Cuadrados, cuadrados, cuadrados.
Casas enfiladas.
5 Las gentes ya tienen el alma cuadrada,

ideas en fila
y ángulo en la espalda.
Yo misma he vertido ayer una lágrima,
Dios mío, cuadrada.

(El dulce daño, 1918)

PESO ANCESTRAL

Tú me dijiste: no lloró mi padre;
tú me dijiste: no lloró mi abuelo;
no han llorado los hombres de mi raza,
eran de acero.

5 Así diciendo te brotó una lágrima
y me cayó en la boca . . .; más veneno
yo no he bebido nunca en otro vaso
así pequeño.

Débil mujer, pobre mujer que entiende,
10 dolor de siglos conocí al beberlo.
Oh, el alma mía soportar no puede
todo su peso.

(Irremediablemente, 1919)

BIEN PUDIERA SER

Pudiera ser que todo lo que aquí he recogido
no fuera más que aquello que nunca pudo ser,
no fuera más que algo vedado y reprimido
de familia en familia, de mujer en mujer.

5 Dicen que en los solares de mi gente,
medido
estaba todo aquello que se debía hacer . . .
Dicen que silenciosas las mujeres han sido

de mi casa materna . . . Ah, bien pudiera
ser . . .

A veces, en mi madre apuntaron antojos
10 de liberarse, pero se le subió a los ojos
una honda amargura, y en la sombra lloró.

Y todo eso mordiente, vencido, mutilado,
todo eso que se hallaba en su alma encerrado,
pienso que sin quererlo lo he libertado yo.

(Irremediablemente, 1919)

VEINTE SIGLOS

Para decirte, amor, que te deseo,
sin los rubores falsos del instinto,
estuve atada como Prometeo,[1]
pero una tarde me salí del cinto.

5 Son veinte siglos que movió mi mano
para poder decirte sin rubores:
"Que la luz edifique mis amores."
¡Son veinte siglos los que alzó mi mano!

Pasan las flechas sobre mis cabellos,
10 pasan las flechas, aguzados dardos . . .
Son veinte siglos de terribles fardos!
Sentí su peso al libertarme de ellos.

Y no creas que tenga el brazo fuerte,
mi brazo tiembla debilucho y magro,
15 pero he llegado entera hasta el milagro:
estoy acompañada por la muerte.

(Irremediablemente, 1919)

[1] Prometeo: When Prometheus brought fire to the earth and taught man to use it, Zeus punished him by chaining him to a Caucasian mountain where a vulture devoured his liver. There he remained chained until Hercules set him free.

ᨑMODERNA

Yo danzaré en alfombra de verdura,
ten pronto el vino en el cristal sonoro,
nos beberemos el licor de oro
celebrando la noche y su frescura.

5   Yo danzaré como la tierra pura,
como la tierra yo seré un tesoro,
y en darme pura no hallaré desdoro,
que darse es una forma de la Altura.

Yo danzaré para que todo olvides,
10 yo habré de darte la embriaguez que pides
hasta que Venus pase por los cielos.

Mas algo acaso te será escondido,
que pagana de un siglo empobrecido
no dejaré caer todos los velos.

(Irremediablemente, 1919)

ᨑHOMBRE PEQUEÑITO

Hombre pequeñito, hombre pequeñito,
suelta a tu canario que quiere volar . . .
yo soy el canario, hombre pequeñito,
déjame saltar.

5   Estuve en tu jaula, hombre pequeñito,
hombre pequeñito que jaula me das.
Digo pequeñito porque no me entiendes,
ni me entenderás.

Tampoco te entiendo, pero mientras tanto
10 ábreme la jaula, que quiero escapar;
hombre pequeñito, te amé media hora,
no me pidas más.

(Irremediablemente, 1919)

ᨑLA QUE COMPRENDE

Con la cabeza negra caída hacia adelante
está la mujer bella, la de mediana edad,
postrada de rodillas, y un Cristo agonizante
desde su duro leño la mira con piedad.

5   En los ojos la carga de una enorme tristeza,
en el seno la carga del hijo por nacer,
al pie del blanco Cristo que está sangrando
    reza:
—¡Señor: el hijo mío que no nazca mujer!

(Languidez, 1920)

ᨑEL RUEGO

Señor, Señor, hace ya tiempo, un día
soñé un amor como jamás pudiera
soñarlo nadie, algún amor que fuera
la vida toda, toda la poesía.

5   Y pasaba el invierno y no venía,
y pasaba también la primavera,
y el verano de nuevo persistía,
y el otoño me hallaba con mi espera.

Señor, Señor: mi espalda está desnuda.
10 ¡Haz restallar allí con mano ruda,
el látigo que sangra a los perversos!

Que está la tarde ya sobre mi vida,
y esta pasión ardiente y desmedida
la he perdido, Señor, ¡haciendo versos!

(Languidez, 1920)

∼∼SOY

Soy suave y triste si idolatro, puedo
bajar el cielo hasta mi mano cuando
el alma de otro al alma mía enredo.
Plumón alguno no hallarás más blando.

5 Ninguna como yo las manos besa,
ni se acurruca tanto en un ensueño,
ni cupo en otro cuerpo, así pequeño,
un alma humana de mayor terneza.

Muero sobre los ojos, si los siento
10 como pájaros vivos, un momento,
aletear bajo mis dedos blancos.

Sé la frase que encanta y que comprende,
y sé callar cuando la luna asciende
enorme y roja sobre los barrancos.

(*Ocre*, 1925)

∼∼EL ENGAÑO

Soy tuya, Dios lo sabe por qué, ya que comprendo
que habrás de abandonarme, fríamente, mañana,
y que, bajo el encanto de mis ojos, te gana
otro encanto el deseo, pero no me defiendo.

5 Espero que esto un día cualquiera se concluya,
pues intuyo, al instante, lo que piensas o quieres.
Con voz indiferente te hablo de otras mujeres
y hasta ensayo el elogio de alguna que fue tuya.

Pero tú sabes menos que yo, y algo orgulloso
10 de que te pertenezca, en tu juego engañoso
persistes, con un aire de actor del papel dueño.

Yo te miro callada con mi dulce sonrisa,
y cuando te entusiasmas, pienso: no te des prisa,
no eres tú el que me engaña; quien me engaña es mi sueño.

(*Ocre*, 1925)

∼∼TÚ QUE NUNCA SERÁS

Sábado fue y capricho el beso dado,
capricho de varón, audaz y fino,
mas fue dulce el capricho masculino
a este mi corazón, lobezno alado.

5 No es que crea, no creo; si inclinado
sobre mis manos te sentí divino
y me embriagué, comprendo que este vino
no es para mí, mas juego y rueda el dado . . .

Yo soy ya la mujer que vive alerta,
10 tú el tremendo varón que se despierta
y es un torrente que se ensancha en río

y más se encrespa mientras corre y poda.
Ah, me resisto, mas me tienes toda,
tú, que nunca serás del todo mío.

(*Ocre*, 1925)

⟡Una voz

Voz escuchada a mis espaldas,
en algún viaje a las afueras,
mientras caía de mis faldas
el diario abierto, ¿de quién eras?

5   Sonabas cálida y segura
como de alguno que domina
del hombre oscuro el alma oscura,
la clara carne femenina.

No me di vuelta a ver el hombre
10 en el deseo que me fuera
su rostro anónimo, y pudiera
su voz ser música sin nombre.

¡Oh simpatía de la vida!
¡Oh comunión que me ha valido,
15 por el encanto de un sonido
ser, sin quererlo, poseída!

(Ocre, 1925)

⟡Dolor

Quisiera esta tarde divina de octubre
pasear por la orilla lejana del mar;

que la arena de oro y las aguas verdes
y los cielos puros me vieran pasar . . .

5 Ser alta, soberbia, perfecta, quisiera,
como una romana, para concordar

con las grandes olas, y las rocas muertas
y las anchas playas que ciñen el mar.

Con el paso lento y los ojos fríos
10 y la boca muda dejarme llevar;

ver cómo se rompen las olas azules
contra los granitos y no parpadear;

ver cómo las aves rapaces se comen
los peces pequeños y no suspirar;

15 pensar que pudieran las frágiles barcas
hundirse en las aguas y no despertar;

ver que se adelanta, la garganta libre,
el hombre más bello; no desear amar . . .

Perder la mirada, distraídamente,
20 perderla y que nunca la vuelva a encontrar;

y, figura erguida entre cielo y playa,
sentirme el olvido perenne del mar.

(Ocre, 1925)

⟡Epitafio para mi tumba

Aquí descanso yo: dice "Alfonsina"
el epitafio claro al que se inclina.

Aquí descanso yo, y en este pozo,
pues que no siento, me solazo y gozo.

5 Los turbios ojos muertos ya no giran,
los labios, desgranados, no suspiran.

Duermo mi sueño eterno a pierna suelta;
me llaman y no quiero darme vuelta.

Tengo la tierra encima y no la siento,
10 llega el invierno y no me enfría el viento.

El verano mis sueños no madura,
la primavera el pulso no me apura.

El corazón no tiembla, salta o late,
fuera estoy de la línea de combate.

15 ¿Qué dice el ave aquella, caminante?
Tradúceme su canto perturbante:

"Nace la luna nueva, el mar perfuma,
los cuerpos bellos báñanse de espuma.

Va junto al mar un hombre que en la boca
20 lleva una abeja libadora y loca;

bajo la blanca tela el torso quiere
el otro torso que palpita y muere.

Los marineros sueñan en las proas,
cantan muchachas desde las canoas.

25 Zarpan los buques y en sus claras cuevas
los hombres parten hacia tierras nuevas.

como es mujer grabó en su sepultura
30 una mentira aún: la de su hartura."

La mujer que en el suelo está dormida
y en su epitafio ríe de la vida,

(*Ocre*, 1925)

EL HOMBRE

No sabe cómo: un día se aparece en el orbe,
hecho ser; nace ciego; en la sombra revuelve
los acerados ojos. Una mano lo envuelve.
Llora. Lo engaña un pecho. Prende los labios. Sorbe.

5 Más tarde su pupila la tiniebla deslíe
y alcanza a ver dos ojos, una boca, una frente.
Mira jugar los músculos de la cara a su frente,
y aunque quién es no sabe, copia, imita y sonríe.

Da una larga corrida sobre la tierra luego.
10 Instinto, sueño y alma trenza en lazos de fuego,
los suelta a sus espaldas, a los vientos. Y canta.

Kilómetros en alto la mirada le crece
y ve el astro; se turba, se exalta, lo apetece:
una mano le corta la mano que levanta.

(*Mundo de siete pozos*, 1934)

FARO EN LA NOCHE

Esfera negra el cielo
y disco negro el mar.

Abre en la costa el faro
su abanico solar.

5 ¿A quién busca en la noche
que gira sin cesar?

Si en el pecho me busca
el corazón mortal,

mire la roca negra
10 donde clavado está.

Un cuervo pica siempre,
pero no sangra ya.

(*Mundo de siete pozos*, 1934)

ᵔᵔᵔJuana de Ibarbourou

URUGUAY, 1895–   The joys of pagan living, nature in her more intimate and sensuous forms (water, plant life, odors of the soil), and a desire to be loved in the ardor of a youth free of all preconceived notions of Christian sin or immorality, these are the themes of Ibarbourou's first and best volume, *Las lenguas de diamante*, published in 1918. For Juana, life is wholesome and sensual and beautiful, tangible and real, and love is the instinctive expression of happiness. Human life is but another manifestation of nature: mortal clay will return to Mother Earth to reappear in some beautiful form of floral life. This theme of the transmigration of the body recurs again and again; it is Juana's one crying hope, for out of her passionate yearning for life springs a realization that this material existence is only of momentary duration. She understands that death is inevitable, but she refuses to accept it as final. Hence her fear of shadows and of the mysterious, her avoidance of the abstract; hence her worship of light, as symbolized in her image of the flame; hence her request that she be buried "a flor de tierra" so that in her new state she may quickly rise again to watch her lover. This dread of the passing of love and of all earthly existence is voiced in her earliest poems; it becomes more marked as the years speed on; in *La rosa de los vientos* (1930) it develops into a bitterness and sadness, expressed in somber and complex abstractions, that seem to tell us that the youthful, buoyant "salvaje" is no more. It is the poetry of the pagan Juana—she who wandered exultantly in the rain—that will endure. In those paeans to life and love we find no ideological confusion, no moral sadness; in them there is nothing of the inner anguish of her compatriot Delmira Agustini or of the Christian faith of Gabriela Mistral. They are unlike the poems of any other artist of her time; spontaneous, unaffected, they are the wholesome fruits of her vitality and joy.

ᵔᵔᵔLA HORA

Tómame ahora que aún es temprano
y que llevo dalias nuevas en la mano.

Tómame ahora que aún es sombría
esta taciturna cabellera mía.

5 Ahora que tengo la carne olorosa,
y los ojos limpios y la piel de rosa.

Ahora que calza mi planta ligera
la sandalia viva de la primavera.

Ahora que en mis labios repica la risa
10 como una campana sacudida aprisa.

Después . . . , ¡ah, yo sé
que nada de eso más tarde tendré!

Que entonces inútil será tu deseo,
como ofrenda puesta sobre un mausoleo.

15 ¡Tómame ahora que aún es temprano
y que tengo rica de nardos la mano!

Hoy, y no más tarde. Antes que anochezca
y se vuelva mustia la corola fresca.

Hoy, y no mañana. Oh, amante, ¿no ves
20 que la enredadera crecerá ciprés?

(*Las lenguas de diamante,* 1918)

ᨆEL FUERTE LAZO

Crecí
para ti.
Tálame. Mi acacia
implora a tus manos el golpe de gracia.

5 Florí
para ti.
Córtame. Mi lirio
al nacer dudaba ser flor o ser cirio.

Flui
10 para ti.
Bébeme. El cristal
envidia lo claro de mi manantial.

Alas di
por ti.
15 Cázame. Falena,
rodeo tu llama de impaciencia llena.

Por ti sufriré.
¡Bendito sea el daño que tu amor me dé!
¡Bendita sea el hacha, bendita la red,
20 y loadas sean tijeras y sed!

Sangre del costado
manaré, mi amado.
¿Qué broche más bello, qué joya más grata,
que por ti una llaga color escarlata?
25 En vez de abalorios para mis cabellos,
siete espinas largas hundiré entre ellos.
Y en vez de zarcillos pondré en mis orejas,
como dos rubíes dos ascuas bermejas.

Me verás reír
30 viéndome sufrir.

Y tú llorarás,
y entonces . . . ¡más mío que nunca serás!

(*Las lenguas de diamante,* 1918)

ᨆLA CITA

Me he ceñido toda con un manto negro.
Estoy toda pálida, la mirada extática.
Y en los ojos tengo partida una estrella.
¡Dos triángulos rojos en mi faz hierática!

5 Ya ves que no luzco siquiera una joya,
ni un lazo rosado ni un ramo de dalias.
Y hasta me he quitado las hebillas ricas
de las correhuelas de mis dos sandalias.

Mas soy esta noche, sin oros ni sedas,
10 esbelta y morena como un lirio vivo.

Y estoy toda ungida de esencias de nardos.
Y soy toda suave bajo el manto esquivo.

Y en mi boca pálida florece ya el trémulo
clavel de mi beso que aguarda tu boca.
15 Y a mis manos largas se enrosca el deseo
como una invisible serpentina loca.

¡Descíñeme, amante! ¡Descíñeme, amante!
Bajo tu mirada surgiré como una
estatua vibrante sobre un plinto negro,
20 hasta el que se arrastra, como un can, la luna.

(*Las lenguas de diamante,* 1918)

∽∾LA INQUIETUD FUGAZ

He mordido manzanas y he besado tus labios.
Me he abrazado a los pinos olorosos y negros.
Hundí, inquieta, mis manos en el agua que corre.
He huroneado en la selva milenaria de cedros
5   que cruza la pradera como una sierpe grave,
y he corrido por todos los pedrosos caminos
que ciñen como fajas la ventruda montaña.

¡Oh amado, no te irrites por mi inquietud sin tregua!
¡Oh amado, no me riñas porque cante y me ría!
10   Ha de llegar un día en que he de estarme quieta,
¡ay, por siempre, por siempre!,
con las manos cruzadas y apagados los ojos,
con los oídos sordos y con la boca muda,
y los pies andariegos en reposo perpetuo
15   sobre la tierra negra.
Y estará roto el vaso de cristal de mi risa
en la grieta obstinada de mis labios cerrados.

Entonces, aunque digas: —¡Anda!, ya no andaré.
Y aunque me digas: —¡Canta!, no volveré a cantar.
20   Me iré desmenuzando en quietud y en silencio
bajo la tierra negra,
mientras encima mío se oirá zumbar la vida
como una abeja ebria.

¡Oh, déjame que guste el dulzor del momento
25   fugitivo e inquieto!

¡Oh, deja que la rosa desnuda de mi boca
se te oprima a los labios!

Después será cenizas bajo la tierra negra.

(Las lenguas de diamante 1918)

∽∾VIDA-GARFIO

Amante, no me lleves, si muero, al camposanto.
A flor de tierra abre mi fosa, junto al riente
alboroto divino de alguna pajarera,
o junto a la encantada charla de alguna fuente.
5   A flor de tierra, amante. Casi sobre la tierra,
donde el sol me caliente los huesos, y mis ojos,
alargados en tallos, suban a ver de nuevo
la lámpara salvaje de los ocasos rojos.

A flor de tierra, amante. Que el tránsito así sea
10 más breve. Yo presiento
la lucha de mi carne por volver hacia arriba,
por sentir en sus átomos la frescura del viento.

Yo sé que acaso nunca allá abajo mis manos
podrán estarse quietas,
15 que siempre, como topos, arañarán la tierra
en medio de las sombras estrujadas y prietas.

Arrójame semillas. Yo quiero que se en-
raícen
en la greda amarilla de mis huesos menguados.
¡Por la parda escalera de las raíces vivas
20 yo subiré a mirarte en los lirios morados!

(Las lenguas de diamante, 1918)

LA ESPERA

¡Oh, lino, madura que quiero tejer
sábanas del lecho donde dormirá
mi amante que pronto, pronto tornará!
(Con la primavera tiene que volver.)

5 ¡Oh, rosa, tu prieto capullo despliega!
Has de ser el pomo que arome su estancia.
Concentra colores, recoge fragancia,
dilata tus poros que mi amante llega.

Trabaré con grillos de oro sus piernas.
10 Cadenas livianas del más limpio acero,
encargué con prisa, con prisa al herrero
amor, que las hace brillantes y eternas.

Y sembré amapolas en toda la huerta.
¡Que nunca recuerde caminos ni sendas!
15 Fatiga: en sus nervios aprieta tus vendas.
Molicie: sé el perro que guarde la puerta.

(Las lenguas de diamante, 1918)

REBELDE

Caronte:[1] yo seré un escándalo en tu barca.
Mientras las otras sombras recen, giman, o lloren,
y bajo tus miradas de siniestro patriarca
las tímidas y tristes, en bajo acento, oren,

5 yo iré como una alondra cantando por el río
y llevaré a tu barca mi perfume salvaje,
e irradiaré en las ondas del arroyo sombrío
como una azul linterna que alumbrará en el viaje.

Por más que tú no quieras, por más guiños siniestros
10 que me hagan tus dos ojos, en el terror maestros,
Caronte, yo en tu barca seré como un escándalo.

Y extenuada de sombra, de valor y de frío,
cuando quieras dejarme a la orilla del río
me bajarán tus brazos cual conquista de vándalo.

(Las lenguas de diamante, 1918)

ESTÍO

Cantar del agua del río.
Cantar continuo y sonoro,
arriba bosque sombrío
y abajo arenas de oro.

5 Cantar . . .
de alondra escondida
entre el oscuro pinar.

[1] Caronte: Charon of Greek mythology, the son of Erebus, whose duty it was to ferry the souls of the dead over the Styx. He received as a fare an obol, an ancient Greek coin, which had been placed in the mouth of the dead.

Cantar . . .
del viento en las ramas
10 floridas del retamar.

Cantar . . .
de abejas ante el repleto
tesoro del colmenar.

Cantar . . .
15 de la joven tahonera
que al río viene a lavar.

Y cantar, cantar, cantar
de mi alma embriagada y loca
bajo la lumbre solar.

(Raíz salvaje, 1922)

⁓SALVAJE

Bebo del agua limpia y clara del arroyo
y vago por los campos teniendo por apoyo
un gajo de algarrobo liso, fuerte y pulido,
que en sus ramas sostuvo la dulzura de un
    nido.

5   Así paso los días, morena y descuidada,
sobre la suave alfombra de la grama aromada,
comiendo de la carne jugosa de las fresas
o en busca de fragantes racimos de frambuesas.

Mi cuerpo está impregnado del aroma
    ardoroso
10 de los pastos maduros. Mi cabello sombroso
esparce, al destrenzarlo, olor a sol y a heno,
a salvia, a hierbabuena y a flores de centeno.

¡Soy libre, sana, alegre, juvenil y morena
cual si fuera la diosa del trigo y de la avena!
15   ¡Soy casta como Diana
y huelo a hierba clara nacida en la mañana!

(Sus mejores poemas, 1930)

⁓LA PEQUEÑA LLAMA

Yo siento por la luz un amor de salvaje.
Cada pequeña llama me encanta y sobrecoge.
¿No será cada lumbre un cáliz que recoge
el calor de las almas que pasan en su viaje?

5   Hay unas pequeñitas, azules, temblorosas,
lo mismo que las almas taciturnas y buenas.
Hay otras casi blancas: fulgores de azucenas.
Hay otras casi rojas: espíritus de rosas.

Yo respeto y adoro la luz como si fuera
10 una cosa que vive, que siente, que medita,
un ser que nos contempla transformado en
    hoguera.

Así, cuando yo muera he de ser a tu lado,
una pequeña llama de dulzura infinita
para tus largas noches de amante desolado.

(Sus mejores poemas, 1930)

⁓CENIZAS

Se ha apagado el fuego. Queda sólo un blando
    montón de cenizas,
donde estuvo ondulando la llama.
Ahí tienes, amigo, hecho porción quieta
    de polvo liviano,
a aquel pino inmenso que nos dio su sombra
5 fresca y movediza, durante el verano.

Tan alto, tan alto, que pasaba el techo
    de la casa mía.
Si hubiera podido guardarlo en dobleces,
ni en el arca grande del desván, cabría.
10 Y del pino inmenso ya ves lo que queda.
Yo, que soy tan pequeña y delgada,
    ¡qué montón tan chiquito de polvo
        seré cuando muera!

(Sus mejores poemas, 1930)

Días sin fe

El navío de la esperanza
ha olvidado los caminos claros de mi puerto.
El agua cóncava de la espera sólo refleja
la blancura caliza de un paisaje sin ecos.

5 Sobre los cielos lisos
no pasan nubes en simulacros de ríos y de
        parques;
y el buho pesado del tiempo
se ha detenido en la proa inmóvil de mi nave.

No tengo fuerzas para arrancar el ancla
10 y salir al encuentro del barco perdido.
Una mano ha echado raíz sobre la otra mano.
Los ojos se me cansan por los horizontes
        vacíos;
siento el peso de cada hora
como un racimo de piedra sobre el hombro.

15 ¡Ah! quisiera ya librarme de esta cosecha
y volver a tener los días ágiles y rojos.

(*La rosa de los vientos*, 1930)

Atlántico

Océano que te abres lo mismo que una mano
a todos los viajeros y a todos los marinos:
tan sólo para mí eres puño cerrado;
para mí solamente tú no tienes caminos.

5 Jamás balanceará tu lomo milenario
la nave que me lleve desde esta tierra mía
ondulada y menuda, a las tierras que sueña
mi juventud inmóvil y mi melancolía.

¡Ah! océano Atlántico multicolor y ancho
10 cual un cielo caído entre el hueco de un mar:

te miro como un fruto que no he de morder
        nunca,
o como un campo rico que nunca he de
        espigar.

¡Ah! océano Atlántico, fiel leopardo que lames
mis dos pies que encadenan el amor y la vida:
15 haz que un día se sacien sobre tu flanco
        elástico,
esta ansiedad constante y este afán de partida.

(*La rosa de los vientos*, 1930)

Despecho

¡Ah, que estoy cansada! Me he reído tanto,
tanto, que a mis ojos ha asomado el llanto;
tanto, que este rictus[2] que contrae mi boca
es un rastro extraño de mi risa loca.

5 Tanto, que esta intensa palidez que tengo
(como en los retratos de viejo abolengo),
es por la fatiga de la loca risa
que en todos mis nervios su sopor desliza.

¡Ah, que estoy cansada! Déjame que duerma,
10 pues, como la angustia, la alegría enferma.
¡Qué rara ocurrencia decir que estoy triste!
¿Cuándo más alegre que ahora, me viste?

¡Mentira! No tengo ni dudas, ni celos,
ni inquietud, ni angustias, ni penas, ni anhelos.
15 Si brilla en mis ojos la humedad del llanto,
es por el esfuerzo de reírme tanto . . .

(*Los más bellos versos*, 1936)

---

[2] rictus: *twitch.*

⌐∿∿⌐Gabriela Mistral

CHILE, 1889–1957   An early tragic love affair and a deep but never satisfied maternal longing left indelible marks of sadness on Gabriela Mistral's life and work. Her path was a desolate one, but faith in God and long years of selfless dedication as a rural teacher so strengthened her heart and will that she succeeded in alleviating and partly forgetting her own desolation through shouldering the sorrows and sufferings of others (*Confesión*). This desire to give of herself is manifest even in her poems to love, especially in her celebrated *Los sonetos de la muerte* that won her first prize at the *Juegos Florales* held in Santiago in 1914. In these beautiful lyrics, which allude in bold but guarded imagery to her lover's untimely death, it is clear that her love was far more spiritual and intellectual than sensuous—even in love it was not so much her physical being that she offered as it was her protection, her compassion and moral courage. Some of her most touching poetry is that in which she sings of the children of others and wistfully voices the yearning that they might be her own. Her cradle songs are among the most beautiful in the Spanish language. Living ever in close communion with the land, but more acutely in the dark dreary woodlands of the south, she early identified her own sad mood with that of nature. This sadness colored her religious faith, which was neither mystic nor orthodox, since it assumed more of the character of a mournful accompaniment to the grief of one abandoned than that of an all-abiding trust in God. Biblical themes, defense and exaltation of a motherhood she never enjoyed, a preoccupation with death even in its purely physiological aspects, and a mounting desire to carry more than her share of humanity's burdens, are other motifs of her poetic expression. It was characteristic of her love and concern for all mankind that she should have dedicated the proceeds of her volume *Tala* (1938) to the relief of Basque children made homeless during the Spanish Civil War. Although more in keeping with the conventional patterns of the day, the poems of *Lagar* (1954), her final volume, like those of *Tala*, are the product of a further and final distilling of the essential sympathies and themes of *Desolación*:

> ¡Y en el ancho lagar de la muerte
> aún no quieres mi pecho exprimir!

⤳La maestra rural

La maestra era pura. "Los suaves hortelanos,"
decía, "de este predio, que es predio de Jesús,
han de conservar puros los ojos y las manos,
guardar claros sus óleos, para dar clara luz."

5   La maestra era pobre. Su reino no es humano.
(Así en el doloroso sembrador de Israel.[1])
Vestía sayas pardas, no enjoyaba su mano.
¡Y era todo su espíritu un inmenso joyel!

La maestra era alegre. ¡Pobre mujer herida!
10   Su sonrisa fue un modo de llorar con bondad.
Por sobre la sandalia rota y enrojecida,
tal sonrisa, la insigne flor de su santidad.

¡Dulce ser! ¡En su río de mieles, caudaloso,
largamente abrevaba sus tigres el dolor!
15   Los hierros que le abrieron el pecho generoso
¡más anchas le dejaron las cuencas del amor!

¡Oh, labriego, cuyo hijo de su labio aprendía
el himno y la plegaria, nunca viste el fulgor
del lucero cautivo que en sus carnes ardía:
20   pasaste sin besar su corazón en flor!

Campesina, ¿recuerdas que alguna vez prendiste
su nombre a un comentario brutal o baladí?
Cien veces la miraste, ninguna vez la viste.
¡Y en el solar de tu hijo, de ella hay más que de ti!

25   Pasó por él su fina, su delicada esteva,
abriendo surcos donde alojar perfección.
La albada de virtudes de que lento se nieva
es suya. Campesina, ¿no le pides perdón?

Daba sombra por una selva su encina hendida
30   el día en que la muerte la convidó a partir.
Pensando en que su madre la esperaba dormida,
a La de Ojos Profundos[2] se dio sin resistir.

Y en su Dios se ha dormido, como en cojín de luna;
almohada de sus sienes, una constelación.
35   Canta el Padre para ella sus canciones de cuna
¡y la paz llueve largo sobre su corazón!

Como un henchido vaso, traía el alma hecha
para dar ambrosía de toda eternidad,
y era su vida humana la dilatada brecha
40   que suele abrirse el Padre para echar claridad.

---

[1] doloroso . . . Israel: The allusion is to the parable of the Sower, *Matthew* XIII, 3–8.

[2] La . . . Profundos: *Death.*

Por eso aún el polvo de sus huesos sustenta
púrpura de rosales de violento llamear.
¡Y el cuidador de tumbas, como aroma, me cuenta,
las plantas del que huella sus huesos, al pasar!

(Desolación, 1922)

ᕗᕗEL NIÑO SOLO

Como escuchase un llanto, me paré en el repecho
y me acerqué a la puerta del rancho del camino.
Un niño de ojos dulces me miró desde el lecho
¡y una ternura inmensa me embriagó como un vino!

5   La madre se tardó, curvada en el barbecho;
el niño, al despertar, buscó el pezón de rosa
y rompió en llanto . . . Yo lo estreché contra el pecho,
y una canción de cuna me subió, temblorosa . . .

Por la ventana abierta la luna nos miraba.
10   El niño ya dormía, y la canción bañaba,
como otro resplandor, mi pecho enriquecido . . .

Y cuando la mujer, trémula, abrió la puerta,
me vería en el rostro tanta ventura cierta
¡que me dejó el infante en los brazos dormido!

(Desolación, 1922)

ᕗᕗMECIENDO

El mar sus millares de olas
mece divino.
Oyendo a los mares amantes
mezo a mi niño.

5   El viento errabundo en la noche
mece los trigos.

Oyendo a los vientos amantes
mezo a mi niño.

Dios Padre sus miles de mundos
10   mece sin ruido.
Sintiendo su mano en la sombra
mezo a mi niño.

(Desolación, 1922)

ᕗᕗYO NO TENGO SOLEDAD

Es la noche desamparo
de las sierras hasta el mar.
Pero yo, la que te mece,
¡yo no tengo soledad!

5   Es el cielo desamparo,
si la luna cae al mar.

Pero yo, la que te estrecha,
¡yo no tengo soledad!

Es el mundo desamparo
10   y la carne triste va.
Pero yo, la que te oprime,
¡yo no tengo soledad!

(Desolación, 1922)

ᘒ PIECECITOS

Piececitos de niño,
azulosos de frío,
¡cómo os ven y no os cubren,
    Dios mío!

5 ¡Piececitos heridos
por los guijarros todos,
ultrajados de nieves
    y lodos!

El hombre ciego ignora
10 que por donde pasáis,
una flor de luz viva
    dejáis;

    que allí donde ponéis
la plantita sangrante,
15 el nardo nace más
    fragante.

Sed, puesto que marcháis
por los caminos rectos,
heroicos como sois
20   perfectos.

Piececitos de niño,
dos joyitas sufrientes,
¡cómo pasan sin veros
    las gentes!

(Desolación, 1922)

ᘒ SUAVIDADES

Cuando yo te estoy cantando,
en la tierra acaba el mal;
todo es dulce por tus sienes:
la barranca, el espinar.

5 Cuando yo te estoy cantando,
se me acaba la crueldad:
¡suaves son, como tus párpados,
la leona y el chacal!

(Desolación, 1922)

ᘒ RUTH[3]

1

Ruth moabita a espigar va a las eras,
aunque no tiene ni un campo mezquino.
Piensa que es Dios dueño de las praderas
y que ella espiga en un predio divino.

5 El sol caldeo su espalda acuchilla,
baña terrible su dorso inclinado;
arde de fiebre su leve mejilla,
y la fatiga le rinde el costado.

Booz se ha sentado en la parva abundosa.
10 El trigal es una onda infinita,
desde la sierra hasta donde él reposa,

que la abundancia ha cegado el camino . . .
Y en la onda de oro la Ruth moabita
viene espigando, a encontrar su destino.

2

Booz miró a Ruth, y a los recolectores
dijo: "Dejad que recoja confiada . . ."
Y sonrieron los espigadores,
viendo del viejo la absorta mirada . . .

5 Eran sus barbas dos sendas de flores,
su ojo dulzura, reposo el semblante;
su voz pasaba de alcor en alcores,
pero podía dormir a un infante . . .

Ruth lo miró de la planta a la frente,
10 y fue sus ojos saciados bajando,
como el que bebe en inmensa corriente . . .

Al regresar a la aldea, los mozos
que ella encontró la miraron temblando.
Pero en su sueño Booz fue su esposo . . .

[3] See *The Book of Ruth* in the Old Testament. Ruth was a Moabitess, the wife of Mahlon, son of Elimelech and Naomi who were residing in the land of Moab because of a famine in Judah. Elimelech and his two sons died and Naomi decided to return to Judah. She urged her daughters-in-law to remain in their own land of Moab and marry again. Ruth refused and came with Naomi to Bethlehem at the beginning of the barley harvest. Here Ruth met Boaz while gleaning in a corner of his field. Boaz was a kinsman of Elimelech and a wealthy man. Through her subsequent marriage-at-law with Boaz, Ruth became the great-grandmother of David.

3

Y aquella noche el patriarca en la era
viendo los astros que laten de anhelo,
recordó aquello que a Abraham prometiera
Jehová: más hijos que estrellas dio al cielo.[4]

5   Y suspiró por su lecho baldío,
rezó llorando, e hizo sitio en la almohada
para la que, como baja el rocío,
hacia él vendría en la noche callada.

Ruth vio en los astros los ojos con llanto
10 de Booz llamándola, y estremecida,
dejó su lecho, y se fue por el campo . . .

Dormía el justo, hecho paz y belleza.
Ruth, más callada que espiga vencida,
puso en el pecho de Booz su cabeza.

(*Desolación,* 1922)

LOS SONETOS DE LA MUERTE

I

Del nicho helado en que los hombres te pusieron,
te bajaré a la tierra humilde y soleada.
Que he de dormirme en ella los hombres no supieron,
y que hemos de soñar la misma almohada.

5   Te acostaré en la tierra soleada con una
dulcedumbre de madre para el hijo dormido,
y la tierra ha de hacerse suavidades de cuna
al recibir tu cuerpo de niño dolorido.

10   Luego iré espolvoreando tierra y polvo de rosas,
y en la azulada y leve polvareda de luna,
los despojos livianos irán quedando presos.

Me alejaré cantando mis venganzas hermosas,
¡porque a ese hondor recóndito la mano de ninguna
bajará a disputarme tu puñado de huesos!

2

Este largo cansancio se hará mayor un día,
y el alma dirá al cuerpo que no quiere seguir
arrastrando su masa por la rosada vía,
por donde van los hombres, contentos de vivir.

5   Sentirás que a tu lado cavan briosamente,
que otra dormida llega a la quieta ciudad.
Esperaré que me hayan cubierto totalmente . . .
¡y después hablaremos por una eternidad!

10   Sólo entonces sabrás el porqué, no madura
para las hondas huesas tu carne todavía,
tuviste que bajar, sin fatiga, a dormir.

Se hará luz en la zona de los sinos, oscura;
sabrás que en nuestra alianza signo de astros había
y, roto el pacto enorme, tenías que morir . . .

---

[4] See *Genesis,* XV, 5: "Then he took him outside, and said, 'Now look at the sky, and count the stars if you can. So shall be your descendants,' he said to him."

3

Malas manos tomaron tu vida, desde el día
en que, a una señal de astros, dejara su plantel
nevado de azucenas. En gozo florecía.
Malas manos entraron trágicamente en él . . .

5   Y yo dije al Señor: "Por las sendas mortales
le llevan. ¡Sombra amada que no saben guiar!
Arráncalo, Señor, a esas manos fatales
o le hundes en el largo sueño que sabes dar!

"¡No le puedo gritar, no le puedo seguir!
10   Su barca empuja un negro viento de tempestad.
Retórnalo a mis brazos o le siegas en flor."

Se detuvo la barca rosa de su vivir . . .
¿Que no sé del amor, que no tuve piedad?
¡Tú, que vas a juzgarme, lo comprendes, Señor!

                                                (*Desolación,* 1922)

EL RUEGO

Señor, Tú sabes cómo, con encendido brío,
por los seres extraños mi palabra te invoca.
Vengo ahora a pedirte por uno que era mío,
mi vaso de frescura, el panal de mi boca,

5   cal de mis huesos, dulce razón de la jornada,
gorjeo de mi oído, ceñidor de mi veste.
Me cuido hasta de aquellos en que no puse nada.
¡No tengas ojo torvo si te pido por éste!

Te digo que era bueno, te digo que tenía
10   el corazón entero a flor de pecho, que era
suave de índole, franco como la luz del día,
henchido de milagro como la primavera.

Me replicas, severo, que es de plegaria indigno
el que no untó de preces sus dos labios febriles,
15   y se fue aquella tarde sin esperar tu signo,
trizándose las sienes como vasos sutiles.

Pero yo, mi Señor, te arguyo que he tocado,
de la misma manera que el nardo de su frente,
todo su corazón dulce y atormentado
20   ¡y tenía la seda del capullo naciente!

¿Que fue crüel? Olvidas, Señor, que le quería,
y que él sabía suya la entraña que llagaba.
¿Que enturbió para siempre mis linfas de alegría?
¡No importa! Tú comprendes: ¡yo le amaba, le amaba!

25 Y amar (bien sabes de eso) es amargo ejercicio;
un mantener los párpados de lágrimas mojados,
un refrescar de besos las trenzas del cilicio
conservando, bajo ellas, los ojos extasiados.

El hierro que taladra tiene un gustoso frío,
30 cuando abre, cual gavillas, las carnes amorosas.
Y la cruz (Tú te acuerdas !oh Rey de los judíos!)
se lleva con blandura, como un gajo de rosas.

Aquí me estoy, Señor, con la cara caída
sobre el polvo, parlándote un crepúsculo entero,
35 o todos los crepúsculos a que alcance la vida,
si tardas en decirme la palabra que espero.

Fatigaré tu oído de preces y sollozos,
lamiendo, lebrel tímido, los bordes de tu manto,
y ni pueden huirme tus ojos amorosos
40 ni esquivar tu pie el riego caliente de mi llanto.

¡Di el perdón, dilo al fin! Va a esparcir en el viento
la palabra el perfume de cien pomos de olores
al vaciarse; todo agua será deslumbramiento;
el yermo echará flor y el guijarro esplendores.

45 Se mojarán los ojos oscuros de las fieras,
y, comprendiendo, el monte que de piedra forjaste
llorará por los párpados blancos de sus neveras:
¡toda la tierra tuya sabrá que perdonaste!

(*Desolación*, 1922)

IN MEMORIAM

Amado Nervo, suave perfil, labio sonriente;
Amado Nervo, estrofa y corazón en paz:
mientras te escribo, tienes losa sobre la frente,
baja en la nieve tu mortaja inmensamente
5 y la tremenda albura cayó sobre tu faz.

Me escribías: "Soy triste como los solitarios,
pero he vestido de sosiego mi temblor,
mi atroz angustia de la mortaja y el osario
y el ansia viva de Jesucristo, mi Señor."

10 ¡Pensar que no hay colmena que entregue tu dulzura;
que entre las lenguas de odio eras lengua de paz;
que se va el canto mecedor de la amargura,
que habrá tribulación y no responderás!

De donde tú cantabas se me levantó el día.
15 Cien noches con tu verso yo me he dormido en paz.
Aún era heroica y fuerte, porque aún te tenía;
sobre la confusión tu resplandor caía.
¡Y ahora tú callas, y tienes polvo, y no eres más!

No te vi nunca. No te veré. Mi Dios lo ha hecho.
20 ¿Quién te juntó las manos? ¿Quién dio, rota la voz,
la oración de los muertos al borde de tu lecho?
¿Quién te alcanzó en los ojos el estupor de Dios?

Aún me quedan jornadas bajo los soles. ¿Cuándo
verte, dónde encontrarte y darte mi aflicción,
25 sobre la Cruz del Sur[5] que me mira temblando,
o más allá, donde los vientos van callando,
y, por impuro, no alcanzará mi corazón?

Acuérdate de mí—lodo y ceniza triste—
cuando estés en tu reino de extasiado zafir.
30 A la sombra de Dios, grita lo que supiste:
que somos huérfanos, que vamos solos, que tú nos viste,
¡que toda carne con angustia pide morir!

(*Desolación,* 1922)

⚮ TRES ÁRBOLES

Tres árboles caídos
quedaron en la orilla del sendero.
El leñador los olvidó, y conversan,
apretados de amor, como tres ciegos.

5 El sol de ocaso pone
su sangre viva en los hendidos leños
¡y se llevan los vientos la fragancia
de su costado abierto!

Uno, torcido, tiende
10 su brazo inmenso y de follaje trémulo

hacia otro, y sus heridas
como dos ojos son, llenos de ruego.

El leñador los olvidó. La noche
vendrá. Estaré con ellos.
15 Recibiré en mi corazón sus mansas
resinas. Me serán como de fuego.
Y mudos y ceñidos
nos halle el día en un montón de duelo.

(*Desolación,* 1922)

⚮ LA PAJITA

Esta que era una niña de cera;
pero no era una niña de cera,
era una gavilla parada en la era.
Pero no era una gavilla,
5 sino la flor tiesa de la maravilla.[6]
Tampoco era la flor, sino era

un rayito de sol pegado a la vidriera.
No era un rayito de sol siquiera:
una pajita dentro de mis ojitos era.

10 ¡Alléguense a mirar cómo he perdido entera,
en este lagrimón, mi fiesta verdadera!

(*Ternura,* 1924)

[5] la Cruz del Sur: four bright stars in the Southern Hemisphere, situated as if at the extremities of a Latin cross.

[6] "En Chile llamamos 'flor de la maravilla' al girasol." (Author's note.)

⌘LA MEMORIA DIVINA

Si me dais una estrella,
y me la abandonáis, desnuda ella
entre la mano, no sabré cerrarla
por defender mi nacida alegría.
5 *Yo vengo de una tierra*
donde no se perdía.

Si me encontráis la gruta
maravillosa, que como una fruta
tiene entraña purpúrea y dorada,
10 y hace inmensa de asombro la mirada,
no cerraré la gruta
ni a la serpiente ni a la luz del día,
que vengo de una tierra
donde no se perdía.

15 Si vasos me alargaseis,
de cinamomo y sándalo, capaces

de aromar las raíces de la tierra
y de parar al viento cuando yerra,
a cualquier playa los confiaría,
20 *que vengo de un país*
en que no se perdía.

Tuve la estrella viva en mi regazo,
y entera ardí como en tendido ocaso.
Tuve también la gruta en que pendía
25 el sol, y donde no acababa el día.
Y no supe guardarlos,
ni entendí que oprimirlos era amarlos.
Dormí tranquila sobre su hermosura
y sin temblor bebía en su dulzura.

30 Y los perdí, sin grito de agonía,
que vengo de una tierra
en donde el alma eterna no perdía.

(*Tala*, 1938)

⌘TODAS ÍBAMOS A SER REINAS[7]

Todas íbamos a ser reinas,
de cuatro reinos sobre el mar:
Rosalía con Efigenia
y Lucila con Soledad.

5 En el valle de Elqui, ceñido
de cien montañas o de más,
que como ofrendas o tributos
arden en rojo y azafrán.

Lo decíamos embriagadas,
10 y lo tuvimos por verdad,
que seríamos todas reinas
y llegaríamos al mar.

Con las trenzas de los siete años,
y batas claras de percal,
15 persiguiendo tordos huidos
en la sombra del higueral.

De los cuatro reinos, decíamos,
indudables como el Korán,
que por grandes y por cabales
20 alcanzarían hasta el mar.

Cuatro esposos desposarían,
por el tiempo de desposar,
y eran reyes y cantadores
como David, rey de Judá.

25 Y de ser grandes nuestros reinos,
ellos tendrían, sin faltar,
mares verdes, mares de alga,
y el ave loca del faisán.

Y de tener todos los frutos,
30 árbol de leche, árbol del pan,
el guayacán no cortaríamos
ni morderíamos metal.

[7] "Esta imaginería tropical vivida en un valle caliente, aunque sea cordillerano, tenía su razón de ser El hacendado don Adolfo Iribarren—Dios le dé bellas visiones en el cielo—, por una fantasía rara de hallar el hombre de sangre vasca, se había creado, en su casa de Montegrande, casi un parque medio botánico y zoológico. Allí me había yo de conocer el ciervo y la gacela, el pavo real, el faisán, y muchos árboles exóticos, entre ellos el flamboyán de Puerto Rico, que él llamaba por su nombre verdadero de 'árbol de fuego' y que de veras ardía en el florecer, no menos que la hoguera.

"No bautizan con Ifigenia, sino con Efigenia, en mis cerros de Elqui. A esto lo llaman disimilación los filólogos, y es operación que hace el pueblo, la mejor criatura verbal que Dios crió, quien avienta el vocablo de pronunciación forzada y pedante, por holgura de la lengua y agrado del oído." (Author's note.)

Todas íbamos a ser reinas,
y de verídico reinar;
35 pero ninguna ha sido reina
ni en Arauco ni en Copán . . .

Rosalía besó marino
ya desposado con el mar,
y al besador, en las Guaitecas,[8]
40 se lo comió la tempestad.

Soledad crió siete hermanos
y su sangre dejó en su pan,
y sus ojos quedaron negros
de no haber visto nunca el mar.

45 En las viñas de Montegrande,
con su puro seno candeal,
mece los hijos de otras reinas
y los suyos nunca-jamás.

Efigenia cruzó extranjero
50 en las rutas, y sin hablar,

le siguió, sin saberle nombre,
porque el hombre parece el mar.

Y Lucila, que hablaba a río,
a montaña y cañaveral,
55 en las lunas de la locura
recibió reino de verdad.

En las nubes contó diez hijos
y en los salares su reinar,
en los ríos ha visto esposos
60 y su manto en la tempestad.

Pero en el valle de Elqui, donde
son cien montañas o son más,
cantan las otras que vinieron
y las que vienen cantarán:

65 "En la tierra seremos reinas,
y de verídico reinar,
y siendo grandes nuestros reinos,
llegaremos todas al mar."

(*Tala*, 1938)

⟊⟊LA OTRA

Una en mí maté:
yo no la amaba.

Era la flor llameando
del cactus de montaña;
5 era aridez y fuego;
nunca se refrescaba.

Piedra y cielo tenía
a pies y a espaldas
y no bajaba nunca
10 a buscar "ojos de agua."

Donde hacía su siesta,
las hierbas se enroscaban
de aliento de su boca
y brasa de su cara.

15 En rápidas resinas
se endurecía su habla,
por no caer en linda
presa soltada.

Doblarse no sabía
20 la planta de montaña,

y al costado de ella,
yo me doblaba . . .

La dejé que muriese,
robándole mi entraña.
25 Se acabó como el águila
que no es alimentada.

Sosegó el aletazo,
se dobló, lacia,
y me cayó a la mano
30 su pavesa acabada . . .

Por ella todavía
me gimen sus hermanas,
y las gredas de fuego
al pasar me desgarran.

35 Cruzando yo les digo:
—Buscad por las quebradas
y haced con las arcillas
otra águila abrasada.

Si no podéis, entonces,
40 ¡ay!, olvidadla.
Yo la maté. ¡Vosotras
también matadla!

(*Lagar*, 1954)

[8] las Guaitecas: a group of Chilean islands between the archipelagos of Chiloé and the Chonos.

∾Lámpara de Catedral

La alta lámpara, la amante lámpara,
tantea el pozo de la nave
en unos buceos de ansia.
Quiere coger la tiniebla
5 y la tiniebla se adensa,
retrocede y se le hurta.

Parece el ave cazada
a la mitad de su vuelo
y a la que atrapó una llama
10 que no la quema ni suelta,
ni le consiente que vaya
sorteando las columnas,
rasando los capiteles.

Corazón de Catedral,
15 ni enclavado ni soltado,
grave o ligero de aceite,
brazo ganoso o vencido,
sólo válido si alcanza
el flanco hendido de Cristo,
20 el ángulo de su boca.

La sustenta un pardo aceite
que cuando ya va a acabarse,
para que ella al fin descanse,
alguien sube, alguien provee
25 y le devuelve todos sus ojos.

Vengo a ver cuando es de día
a la que no tiene día,
y de noche otra vez vengo

a la que no tiene noche.
30 ¡Y cuando caigo a sus pies,
citas son, llantos, siseos,
su llamada de lo alto
mi fracaso en unas losas!

Caigo a sus pies y la pierdo,
35 y corriendo al otro ángulo
de la nave, por fin logro
sus sangrientos lagrimales.
Entonces, loca, la rondo,
y me da el pecho y me inunda
40 su lampo de aceite y sangre.

Vendría de hogar saqueado
y con las ropas ardiendo,
como yo, y ha rebanado
pies, y memoria, y regresos.
45 Tambaleando en humareda,
ebria de dolor y amor,
desollada lanzaría
hasta que ya fue aupada.

Desde el hondón de la nave
50 oigo al Cristo prisionero,
que le dice: "Resta, dura."
"Ni te duelas ni te rindas,
y ningún relevo esperes."
Ni ella ni El tienen sueño,
55 tampoco muerte ni Paraíso.

(Lagar, 1954)

᷋ᷮLuis Carlos López

COLOMBIA, 1883–1950   An unassuming and impractical bourgeois, long beloved and known by his countrymen as "El tuerto," there is nothing in the life or person of this genial Colombian to reveal the ribald Bohemian or blustery revolutionary of his verse. His early volumes endeared him to his fellow *cartaginenses*, who esteemed him as their local verbal comic artist; they could not foresee that their humorous observer of provincial life would in later years win a deserving place among America's most celebrated festive poets. Surfeited on the one hand with languid romanticism still in vogue—and mostly chronic—and on the other with the ridiculous pose assumed by the modernists of the opening years of the century, Luis Carlos López sought to laugh it all away by satirizing the cherished heritage of those years. His festive mood serves to cloak and to color the acrid and occasionally brutal realism of his art. Devoid of all sentiment, gently ironic, he is a master of poetic caricature, and as such he affords us a microscopic vision of his small world in all its pettiness and tropical languor, with inimitable portraits of its classic types and timeless customs. Equally a rebel in technique, he essays unusual forms and combinations, not always, it must be admitted, with like success.[1]

᷋ᷮCROMO

En el recogimiento campesino,
que viola el sollozar de las campanas,
giran, como sin ganas,
las enormes antenas de un molino.

5 Amanece. Por el confín cetrino
atisba el sol de invierno. Se oye un trino
que semeja peinar ternuras canas,
y se escucha el dialecto de las ranas . . .

La campiña, de un pálido aceituna,
10 tiene hipocondría, una
dulce hipocondría que parece mía.

Y el viejo Osiris[2] sobre el lienzo plomo
saca el paisaje lentamente, como
quien va sacando una calcomanía . . .

(De mi villorio, 1908)

---

[1] See, for example, his sonnets *Cromo* and *Siesta del trópico*. He was roundly denounced by his detractors for experimentation of this type. Cf. *Exordio* (*Por el atajo*, 1928), for an attack by Antonio de Valbuena.

[2] Osiris: one of the chief deities of Egyptian religion, often identified with the sun.

❧ HONGOS DE LA RIBA[3]

1

El barbero del pueblo, que usa gorra de
    paja,
zapatillas de baile, chalecos de piqué,
es un apasionado jugador de baraja,
que oye misa de hinojos y habla bien de
    Voltaire.[4]

5 Lector infatigable de *El Liberal*.[5] Trabaja
alegre como un vaso de vino moscatel,
zurciendo, mientras limpia la cortante navaja,
chismes, todos los chismes de la mística grey.

Con el señor Alcalde, con el veterinario,
10 unas buenas personas que rezan el rosario
y hablan de los milagros de San Pedro Claver,[6]

departe en la cantina, discute en la gallera,
sacando de la vida recortes de tijera,
alegre como un vaso de vino moscatel.

2

El alcalde, de sucio jipijapa de copa,
ceñido de una banda de seda tricolor,
panzudo a lo Capeto,[7] muy holgada la ropa,
luce por el poblacho su perfil de *bull-dog*.

5 Hombre de pelo en pecho, rubio como la
    estopa,
rubrica con la punta de su machete. Y por
la noche cuando toma la lugareña sopa
de tallarines y ajos, se afloja el cinturón . . .

Su mujer, una chica nerviosamente guapa,
10 que lo tiene cogido como con una grapa,
gusta de las grasientas obras de Paul de Kock,[8]

ama los abalorios y se pinta las cejas,
mientras que su consorte luce por las callejas
su barriga, mil dijes y una cara feroz . . .

(De mi villorio, 1908)

❧ MEDIO AMBIENTE[9]

> *—Papá ¿quién es el rey?*
> *—Cállate, niño, que*
> *me comprometes.*
>   *—Swift*[10]

Mi buen amigo el noble Juan de Dios, compañero
de mis alegres años de juventud, ayer
no más era un artista genial, aventurero . . .
Hoy vive en un poblacho con hijos y mujer.

---

[3] Hongos de la riba: The two sonnets here given under this title are frequently given individual titles— *El barbero* and *El alcalde* respectively—by other anthologists.

[4] François Marie Arouet de Voltaire (1694–1778), French philosopher, author, satirist, a name synonymous with liberty and tolerance, was one of the most brilliant minds of the 18th-century European Enlightenment.

[5] *El Liberal*: of Cartagena, founded around 1867. The National Library at Bogotá has scattered numbers from 1867 to April, 1911.

[6] San Pedro Claver was a Jesuit, born in Spain in 1580, who came to Colombia in 1610 to convert and to minister to 300,000 negro slaves brought into Cartagena from 1615 until shortly before his death in 1654. He was canonized by his Holiness Pope Leo XIII in 1888.

[7] a lo Capeto: The reference is particularly applicable to Philippe I (1052–1108), fourth of the Capetian kings, who ruled from 1060 to 1108. Inept, corrupt, sensuous, greedy, he was a big man who catered only to his own interests and pleasures. It may also refer to Charles III (839–888), surnamed "The Fat," king of France from 885 to 888. The Capetian line proper, however, did not begin until the accession of Hugh Capet in 987, whose descendants in direct line remained on the throne till the death of Charles IV in 1328.

[8] Paul de Kock: See page 385, note 4.

[9] This poem and the six which follow it have been taken from the second edition of *Por el atajo*, published in 1928. The first edition appeared in Cartagena in 1920, with commentaries by Emilio Bobadilla and Eduardo Castillo. The 1928 edition contains 49 poems, all in facsimile save the last three which the poet, then (1928) in Germany, sent the editors in typescript. The author spoke of the collection as the "definitive" edition of his poems. The López bibliography is in a very muddled state. It has been impossible to locate *Posturas difíciles* and several other titles cited by a number of critics.

[10] Jonathan Swift (1667–1745), one of the great masters of English prose, brilliant satirist, author of *Gulliver's Travels* (1726).

5 . . . Y es hoy panzudo y calvo. Se quita ya el sombrero
delante de un don Sabas, de un don Lucas . . . ¿Qué hacer?
La cuestión es asunto de catre y de puchero,
sin empeñar la "Singer"[11] que ayuda a mal comer . . .

Quimeras moceriles—mitad sueño y locura;
10 quimeras y quimeras de anhelos infinitos,
y que hoy—como las piedras tiradas en el mar—

se han ido a pique oyendo las pláticas del cura,
junto con la consorte, la suegra y los niñitos . . .
¡Qué diablo! Si estas cosas dan ganas de llorar.

(Por el atajo, 1920, 2nd ed., 1928)

ᔕᗯᔕ MUCHACHAS SOLTERONAS

Susana, ven: tu amor quiero gozar.—Lehar:[12] *La casta Susana*

Muchachas solteronas de provincia,
que los años hilvanan
leyendo folletines
y atisbando en balcones y ventanas . . .

5 Muchachas de provincia,
las de aguja y dedal, que no hacen nada,
sino tomar de noche
café con leche y dulce de papaya . . .

Muchachas de provincia,
10 que salen—si es que salen de la casa—
muy temprano a la iglesia,
con un andar doméstico de gansas . . .

Muchachas de provincia,
papandujas, etcétera, que cantan
15 melancólicamente
de sol a sol: "Susana, ven . . . Susana" . . .

Pobres muchachas, pobres
muchachas tan inútiles y castas,
que hacen decir al Diablo,
20 con los brazos en cruz: —¡Pobres muchachas!

(Por el atajo, 1920, 2nd ed., 1928)

ᔕᗯᔕ A MI CIUDAD NATIVA

Ciudad triste, ayer reina de la mar . . .[13]
—J. M. de Heredia

Noble rincón de mis abuelos: nada
como evocar, cruzando callejuelas,
los tiempos de la cruz y de la espada,
del ahumado candil y las pajuelas . . .

5 Pues ya pasó, ciudad amurallada,
tu edad de folletín . . . Las carabelas
se fueron para siempre de tu rada . . .
—¡Ya no viene el aceite en botijuelas! . . .

Fuiste heroica en los años coloniales,
10 cuando tus hijos, águilas caudales,
no eran una caterva de vencejos.

Mas hoy, plena de rancio desaliño,
bien puedes inspirar ese cariño
que uno le tiene a sus zapatos viejos . . .

(Por el atajo, 1920, 2nd ed., 1928)

[11] la "Singer": the sewing machine.
[12] Franz Lehar (1870–1948), Hungarian operetta composer, noted especially for *The Merry Widow* (1905). *La casta Susana* was produced some time around 1910.
[13] Ciudad . . . mar: These lines from José María de Heredia (1842–1905) are a translation of the first line of his poem *A une ville morte* dedicated to Cartagena de Indias and appearing in his volume *Les Trophées* (1893): "Morne Ville, jadis reine des Oceans!"

SIESTA DEL TRÓPICO

Domingo de bochorno, mediodía
de reverberación
solar. Un policía
como empotrado en un guardacantón,

5 durmiendo gravemente. Porquería
de un perro en un pretil. Indigestión
de abad, cacofonía
sorda de un cigarrón . . .

Soledad de necrópolis, severo
10 y hosco mutismo. Pero
de pronto en el poblacho

se rompe la quietud dominical,
porque grita un borracho
feroz: —¡Viva el partido liberal! . . .

(Por el atajo, 1920 *2nd ed.,* 1928)

VERSOS A LA LUNA

¡Oh, luna, que hoy te asomas al tejado
de la iglesia, en la calma tropical,
para que te salude un bardo trasnochado
y te ladren los perros de arrabal!

5 ¡Oh, luna . . . en tu silencio te has burlado
de todo! . . . ¡En tu silencio sideral,
viste anoche robar en despoblado . . .
y el ladrón era un juez municipal! . . .

Mas tú ofreces, viajera saturnina,
10 con qué elocuencia en los espacios mudos,
consuelo al que la vida laceró,

mientras te cantan, en cualquier cantina,
neurasténicos bardos melenudos
y piojosos, que juegan dominó . . .

(Por el atajo, 1920, *2nd ed.,* 1928)

VERSOS PARA TI

Y, sin embargo,
sé que te quejas.[14]
  —Bécquer

. . . Te quiero mucho. Anoche parado en una esquina,
te vi llegar . . . Y como si fuese un colegial,
temblé cual si me dieran sabrosa golosina . . .
—Yo estaba junto a un viejo farol municipal.

5 Recuerdo los detalles, cualquier simple detalle
de aquel minuto: como grotesco chimpancé,
la sombra de un mendigo bailaba por la calle,
gimió una puerta, un chico dio a un gato un puntapié . . .

Y tú pasaste . . . Y viendo que tú ni a mí volviste
10 la luz de tu mirada jarifa como un sol,
me puse más que triste, tan hondamente triste,
que allí me dieron ganas de ahorcarme del farol . . .

(Por el atajo, 1920, *2nd ed.,* 1928)

---

[14] The epigraph is from *Rima XII* of Gustavo Adolfo Bécquer (1836–1870).

ᨠᨠ~ÉGLOGA TROPICAL

¡ Qué descansada vida![15]—Fray Luis de León

¡Oh, sí, qué vida sana
la tuya en este rústico retiro,
donde hay huevos de iguana,
bollo, arepa y suspiro,
5 y en donde nadie se ha pegado un tiro!

De la ciudad podrida
no llega un tufo a tu corral . . . ¡Qué gratas
las horas de tu vida,
pues andas en dos patas
10 como un orangután con alpargatas!

No en vano cabeceas
después de un buen ajiaco, en el olvido
total de tus ideas,
si estás desaborido
15 bajo un cielo que hoy tiene sarpullido.[16]

Feliz en tu cabaña
madrugas con el gallo . . . ¡Oh, maravillas
que oculta esta montaña
de loros y de ardillas,
20 que tú a veces contemplas en cuclillas!

Duermes en tosco lecho
de palitroques sin colchón de lana,
y así, tan satisfecho,
despiertas sin galbana,
25 refocilado con tu barragana.

Atisbas el renuevo
de la congestionada clavellina,
mientras te anuncia un huevo
la voz de una gallina,
30 que salta de un jalón de la cocina.

¡Quién pudiera en un rato
de solaz, a la sombra de un caimito,
ser junto a ti un pazguato
panzudamente ahito,
35 para jugar con tierra y un palito!

¡Oh, sí, con un jumento,
dos vacas, un lechón y una cazuela
—y esto parece un cuento
del nieto de tu abuela—,
40 siempre te sabe dulce la panela!

Y aún más: de mañanita
gozas en el ordeño, entre la bruma,
de una leche exquisita
que hace espuma, y la espuma
45 retoza murmurando en la totuma.

¡Oh, no, nunca te vayas
de aquí, lejos de aquí, donde te digo,
viniendo de otras playas,
que sólo en este abrigo
50 podrás, como un fakir, verte el ombligo!

Y ¡adiós! . . . Que te diviertas
como un piteco[17] cimarrón . . . ¡Quién sabe
si torne yo a tus puertas
—lo cual cabe y no cabe—
55 a pedirte una torta de cazabe!

Puesto que voy sin rumbo,
cual un desorientado peregrino,
que va de tumbo en tumbo
buscando en el camino
60 cosas que a ti te importan un comino . . .

(*Por el atajo*, 1920, *2nd ed.*, 1928)

---

[15] ¡Qué descansada vida!: Opening line of the famous ode *Vida retirada* by the celebrated Spanish religious poet Fray Luis de León (1528–1591).

[16] sarpullido (salpullido): *a slight skin irritation as from a flea bite.*

[17] piteco: *monkey, ape.*

ᔕᕙᔕᕙᔕJosé Eustasio Rivera

COLOMBIA, 1889–1928   In his only volume of verse, the sonnet sequence *Tierra de promisión*, this poet of the American tropics has recreated to an amazingly compact degree the variegated grandeur of a luxuriant nature already familiar to readers of *La vorágine*. In imagery precise and clear, in verse that is sonorous, rhythmical, and inspiring, and with penetrating objectivity and a keenly appreciative sense of detail and of mass, he has succeeded in making his readers see and respond to his own luminous vision of the outer world. Mountains, valleys, and rivers, creatures of its inaccessible crags and of its trackless llanos, humans shaped in its seductive mold, there is not a single vital feature of the tropical scene that has escaped his graphic fancy. Because Rivera could not wholly detach himself from the scene, many of his poems are characterized by a romantic identification of his own mood with that of the natural setting he describes. Perhaps in the work of no other poet of the Spanish tongue have the color, the exuberance, and the romantic passion of the tropics been so artistically and so originally reproduced. Rivera's poetic art is an outstanding example of the application of classic form and concepts to a theme that has hitherto defied restraint and objectivity.

ᔕᕙᔕTIERRA DE PROMISIÓN

PRÓLOGO

Soy un grávido río, y a la luz meridiana
ruedo bajo los ámbitos reflejando el paisaje;
y en el hondo murmullo de mi audaz oleaje
se oye la voz solemne de la selva lejana.

5 Flota el sol entre el nimbo de mi espuma liviana;
y peinando en los vientos el sonoro plumaje,
en las tardes un águila triunfadora y salvaje
vuela sobre mis tumbos encendidos en grana.

10 Turbio de pesadumbre y anchuroso y profundo,
al pasar ante el monte que en las nubes descuella
con mi trueno espumante sus contornos inundo;

y después, remansado bajo plácidas frondas,
purifico mis aguas esperando una estrella
que vendrá de los cielos a bogar en mis ondas.

540

PRIMERA PARTE

I

Esta noche el paisaje soñador se niquela
con la blanda caricia de la lumbre lunar;
en el monte hay cocuyos, y mi balsa que riela
va borrando luceros sobre el agua estelar.

5　El fogón de la prora, con su alegre candela,
me enciende en oro trémulo como a un dios
　　　tutelar;
y unos indios desnudos, con curiosa cautela,
van corriendo en la playa para verme pasar.

Apoyado en el remo avizoro el vacío,
10 y la luna prolonga mi silueta en el río;
me contemplan los cielos, y del agua al rumor

alzo tristes cantares en la noche perpleja,
y a la voz del bambuco[1] que en la sombra se
　　　aleja,
la montaña responde con un vago clamor.

4

La selva de anchas cúpulas, al sinfónico giro
de los vientos, preludia sus grandiosos maitines;
y al gemir de dos ramas como finos violines
lanza la móvil fronda su profundo suspiro.

5　Mansas voces se arrullan en oculto retiro;
los cañales conciertan moribundos flautines,
y al mecerse del cámbulo[2] florecido en carmines
entra por las marañas una luz de zafiro.

Curvada en el espasmo musical, la palmera
10 vibra sus abanicos en el aura ligera;
mas de pronto un gran trémolo de orquestados concentos

rompe las vainilleras . . .; y con grave arrogancia,
el follaje, embriagado con su propia fragancia,
como un león, revuelve la melena en los vientos.

SEGUNDA PARTE

2

En un bloque saliente de la audaz cordillera
el cóndor soberano los jaguares devora;
y olvidando la presa, las alturas explora
con sus ojos de un vivo resplandor de lumbrera.

5　Entre locos planetas ha girado en la esfera;
vencedor de los vientos, lo abrillanta la aurora,
y al llenar el espacio con su cauda sonora,
quema el sol los encajes de su heroica gorguera.

---

[1] bambuco: see pages 286–289.
[2] cámbulo = cachimbo, búcaro, búcare, bucare: a shade tree with red flowers, used extensively throughout the coffee and cacao producing regions of the Americas to protect the young trees from the sun.

Recordando en la roca los silencios supremos,
se levanta al empuje colosal de sus remos;
zumban ráfagas sordas en las nubes distantes,

y violando el misterio que en el éter se encierra,
llega al sol, y al tenderle los plumones triunfantes
va corriendo una sombra sobre toda la tierra.

9

Cantadora sencilla de una gran pesadumbre,
entre ocultos follajes, la paloma torcaz
acongoja las selvas con su blanca quejumbre,
picoteando arrayanas[3] y pepitas de agraz.

Arrurruúuu . . . canta viendo la primera vislumbre;
y después, por las tardes, al reflejo fugaz,
en la copa del guáimaro[4] que domina la cumbre
ve llenarse las lomas de silencio y de paz.

Entreabiertas las alas que la luz tornasola,
se entristece, la pobre, de encontrarse tan sola;
y esponjando el plumaje como leve capuz,

al impulso materno de sus tiernas entrañas,
amorosa se pone a arrullar las montañas . . .
y se duermen los montes . . . ¡Y se apaga la luz!

10

En la estrellada noche de vibración tranquila
descorre ante mis ojos sus velos el arcano,
y al giro de los orbes en el cenit lejano
ante mi absorto espíritu la eternidad desfila.

Ávido de la pléyade[5] que en el azul rutila,
sube con ala enorme mi Numen soberano,
y alta de ensueño, y libre del horizonte humano,
mi sien, como una torre, la inmensidad vigila.

Mas no se sacia el alma con la visión del cielo:
cuando en la paz sin límites al Cosmos interpelo,
lo que los astros callan mi corazón lo sabe;

y luego una recóndita nostalgia me consterna
al ver que ese infinito, que en mis pupilas cabe,
es insondable al vuelo de mi ambición eterna.

---

[3] arrayanas: fruit of the myrtle shrub (*arrayán*).
[4] guáimaro: Carib word, name of tall forest tree of hard, heavy wood and brilliant foliage.

[5] pléyade: *the Pleiades*, a group of more than 400 stars in the constellation Taurus, six of which are visible to ordinary sight.

TERCERA PARTE

3

Atropellados, por la pampa suelta,
los raudos potros en febril disputa,
hacen silbar sobre la sorda ruta
los huracanes en su crin revuelta.

5 Atrás dejando la llanura envuelta
en polvo, alargan la cerviz enjuta,
y a su carrera retumbante y bruta
cimbran los pindos[6] y la palma esbelta.

Ya cuando cruzan el austral peñasco,
10 vibra el relincho por las altas rocas;
entonces paran el triunfante casco,

resoplan, roncos, ante el sol violento,
y alzando en grupo las cabezas locas
oyen llegar el retrasado viento.

9

Con pausados vaivenes refrescando el estío,
la palmera engalana la silente llanura;
y en su lánguido ensueño, solitaria murmura
ante el sol moribundo sus congojas al río.

5 Encendida en el lampo que arrebola el vacío,
presintiendo las sombras, desfallece en la altura;
y sus flecos suspiran un rumor de ternura
cuando vienen las garzas por el cielo sombrío.

Naufragada en la niebla, sobre el turbio paisaje
10 la estremecen los besos de la brisa errabunda;
y al morir en sus frondas el lejano celaje,

se abandona al silencio de las noches más bellas,
y en el diáfano azogue de la linfa profunda
resplandece cargada de racimos de estrellas.

21

Sintiendo que en mi espíritu doliente
la ternura romántica germina,
voy a besar la estrella vespertina
sobre el agua ilusoria de la fuente.

5 Mas cuando hacia el fulgor cerulescente
mi labio melancólico se inclina,
oigo como una voz ultradivina
de alguien que me celara en el ambiente.

Y al pensar que tu espíritu me asiste,
10 torno los ojos a la pampa triste;
¡nadie! . . . sólo el crepúsculo de rosa.

Mas, ¡ay!, que entre la tímida vislumbre,
inclinada hacia mí, con pesadumbre,
suspira una palmera temblorosa.

23

Grabando en la llanura las pisadas,
y ambos, uncida al yugo la cabeza,
dos bueyes de humillada fortaleza
pasan ante las tímidas vacadas.

5 Por el pincho las pieles torturadas
fruncen con una impávida entereza;
y al canto del boyero, con tristeza
revuelven las pupilas agrandadas.

Mientras llora la rueda, el correaje
10 chirría en los cuernos, y la ruta queda
bordada, a trechos, de espumoso encaje;

y ellos, bajo el topacio vespertino,
parecen en la errante polvareda
dos tardas pesadumbres del camino.

[6] pindos: trees of beautiful thick foliage.

Rafael Arévalo Martínez

GUATEMALA, 1884–   Frail of body and incurably neurasthenic, Arévalo Martínez has been denied the satisfactions of a normal, active life. By way of recompense, he has devoted himself to an intensive study of the spiritual nature of his fellow man. Hence his keen psychological insight and his ability to pierce immediately each individual mask, to fathom the innermost recesses of the human heart and mind. His main interest has always been man, both as an animal and as one shaped in the likeness of God. His poetry reveals that he himself has been the unwilling victim of those two relentless forces ever at odds within all men—the carnal and the spiritual; and humbly and submissively he calls upon his Creator for strength to resolve the issue. In much of his poetry we sense his mystical striving after a completely spiritual life, as if he would free himself entirely of his sickly body and melancholic mind. But his mysticism is sane and wholesome, born of the innate goodness of the man and of the deep sincerity of his childlike trust in God and in all those near and dear to him upon whom he leans blindly and hopefully for support. His confessing to a wayward Bohemian life is not to be interpreted as mere pose, but rather as the naive self-denunciation of one contritely penitent for his every trivial failing.

His poems and prose pieces alike reveal an early and long-standing debt, in technique and in diction, to his modernist forebears. And similar moods and themes appear and reappear, no matter what the form, attesting to the continuing spiritual preoccupation and constant psychological probing of a deeply sensitive and inquisitive mind. It is in the short story, however, that Arévalo Martínez has achieved a superior blend of content and form, that he has demonstrated his unusual ability to create poetic states just beyond the pale of reality that serve as the background for his analysis of those inexplicable human traits and impulses that he would interpret as animal instincts not yet controlled or eradicated by man in his striving to attain the Godly nature that is his ultimate destiny. His finest fiction is in the best tradition of Kafka and Poe.

ᐳ◦ORACIÓN

Tengo miedo, miedo a no sé qué, el miedo de una visión confusa.
Un miedo que desconocen los buenos.
Señor, mi miedo mismo de mi crimen me acusa:
si no fuera tan vil te amaría más y te temería menos.

5   Señor, perdón; no te he amado, pero te he temido;
no pude acogerme a tu misericordia, pero a tu justicia me ha acogido.

Señor, para mi amor al arte, perdón.
Perdona que en este mismo instante rime mi petición.
Perdón para mi vanidad;
10   perdón porque no soy puro ni sencillo,
y reconozco mi maldad.

(*Maya*, 1911)

ᐳ◦ANANKÉ[1]

Cuando llegué a la parte en que el camino
se dividía en dos, la sombra vino
a doblar el horror de mi agonía.
¡Hora de los destinos! Cuando llegas
5 es inútil luchar. Y yo sentía
que me solicitaban fuerzas ciegas.

Desde la cumbre en que disforme lava
escondía la frente de granito

mi vida como un péndulo oscilaba
10 con la fatalidad de un "está escrito."

Un paso nada más y definía
para mí la existencia o la agonía,
para mí la razón o el desatino . . .
Yo di aquel paso y se cumplió un destino.

(*Los atormentados*, 1914)

ᐳ◦EL SEÑOR QUE LO VEÍA

Porque en dura travesía
era un flaco peregrino,
el Señor que lo veía
hizo llano mi camino.

5 Porque agonizaba el día
y era cobarde el viajero,
el Señor que lo veía
hizo corto mi sendero.

Porque la melancolía
10 sólo marchaba a mi vera,
el Señor que lo veía
me mandó una compañera.

Y porque era la alma mía
la alma de las mariposas,
15 el Señor que lo veía
a mi paso sembró rosas.

Y es que sus manos sedeñas
hacen las cuentas cabales
y no mandan grandes males
20 para las almas pequeñas.

(*Los atormentados*, 1914)

[1] Ananké: *fate, destiny* (Greek word signifying *need*).

❧Retrato de Mujer

Ella es una muchacha muy gorda y muy fea;
pero con un gran contento interior.
Su vida es buena como la de las vacas de su aldea
y de mí posee mi mejor amor.

5   Es llena de vida como la mañana;
sus actividades no encuentran reposo;
es gorda, es buena, es alegre y es sana;
yo la amo por flaco, por malo, por triste y por ocioso.

En mi bohemia, cuando verde copa
10 se derramaba, demasiado henchida,
ella cosió botones a mi ropa
y solidaridades a mi vida.

Ella es de esas mujeres madres de todos
los que nacieron tristes o viven beodos;
15 de todos los que arrastran penosamente,
pisando sobre abrojos, su vida trunca.

Ella sustituyó a la hermana ausente
y a la esposa que no he tenido nunca.
Cuando se pone en jarras, parece una asa
20 de tinaja cada brazo suyo; es tan buena ama de casa

que cuando mi existencia vio manchada y helada y destruida
la lavó, la aplanchó; y luego, paciente,
la cosió por dos lados a la vida
y la ha tendido al sol piadosamente.

(Los atormentados, 1914)

❧Los Hombres-Lobos

Primero dije "hermanos" y les tendí las manos;
después en mis corderos hicieron mal sus robos;
y entonces en mi alma murió la voz de hermanos
y me acerqué a mirarlos: ¡y todos eran lobos!

5   ¿Qué sucedía en mi alma que así marchaba a ciegas,
en mi alma pobre y triste que sueña y se encariña?
¿Cómo no vi en sus trancos las bestias andariegas?
¿Cómo no vi en sus ojos instintos de rapiña?

Después yo, también lobo, dejé el sendero sano;
10 después yo, también lobo, caí no sé en qué lodos;
y entonces en cada uno de ellos tuve un hermano
y me acerqué a mirarlos: ¡y eran hombres todos!

(Los atormentados, 1914)

ᜃ᚛Ropa limpia

Le besé la mano y olía a jabón;
yo llevé la mía contra el corazón.

Le besé la mano breve y delicada
y la boca mía quedó perfumada.

5 Muchachita limpia, quien a ti se atreva,
que como tus manos huela a ropa nueva.

Besé sus cabellos de crencha ondulada;
¡si también olían a ropa lavada!

¿A qué linfa llevas tu cuerpo y tu ropa?
10 ¿En qué fuente pura te lavas la cara?
Muchachita limpia, si eres una copa
llena de agua clara.

(*Las rosas de Engaddi*, 1915, *2nd ed.*, 1927)

ᜃ᚛Oración al Señor

Ha sido tal vez mi suerte
ser una rama encendida
que se apaga consumida
por su deseo de verte.

5 La cosa que arde, Señor,
es tal vez cosa que ama;
tal vez, Señor, una llama
no sea más que un amor,

la llama de este dolor
10 que siento que me consume
y en que es mi verso el perfume
de alguna mirra interior.

Y quién sabe si el dolor
no sea más que una llama
15 que arde tan dentro en la rama
que no se mira el fulgor.

Tal vez, Señor, el perfume
de la cándida azucena
no sea más que la pena
20 de un fuego que la consume,

que va tan bajo y profundo
que no sentimos calor;
tal vez, Señor, este mundo
no sea más que tu amor.

25 Y tal vez nos disgregamos
del fuego de interno hogar
y el mismo amor con que amamos
después nos vuelve a integrar.

Y son tal vez muerte y vida
30 proceso del mismo amor
de una lámpara encendida
en el fuego del Creador.

(*Las rosas de Engaddi*, 1915, *2nd ed.*, 1927)

ᜃ᚛Entrégate por entero

Vuela papalotes con tus niños,
cultiva tus filosofías;
da a las mujeres tus cariños
y a los hombres tus energías.

5 Y en cada momento, valiente, sincero,
en cada momento de todos tus días,
¡entrégate por entero!

Di: —"Siempre laboro
con igual esmero
10 mi barro o mi oro."
Y al medio del día, cuando el sol más arde,

como buen obrero; ¡como buen obrero!
Y al caer la tarde
juega con tus hijos, siéntete ligero;
15 y al llegar la noche
¡duerme por entero!

Entrégate por entero
hasta que caigas inerte
en el momento postrero,
20 y cuando venga la muerte
¡entrégate por entero!

(*Las rosas de Engaddi*, 1915, *2nd ed.*, 1927)

⌒⌒CADENAS

Se sosegó la bestia. Dios mío, ¡qué alegría!
Y al sosegarse, el alma doliente que en mí había
con fatigado vuelo voló hacia su Señor;
y cuando estuvo cabe sus plantas de azucenas,
5   besólas amorosa. ¡Y le pidió cadenas
para guardar al monstruo que había en su interior!

(*Llama*, 1934)

⌒⌒EL HOMBRE QUE PARECÍA UN CABALLO

En el momento en que nos presentaron, estaba en un extremo de la habitación, con la cabeza ladeada, como acostumbran a estar los caballos, y con aire de no fijarse en lo que pasaba a su alrededor. Tenía los miembros 5 duros, largos y enjutos, extrañamente recogidos, tal como los de uno de los protagonistas en una ilustración inglesa del libro de Gulliver. Pero mi impresión de que aquel hombre se asemejaba por misterioso modo a 10 un caballo, no fue obtenida entonces sino de una manera subconsciente, que acaso nunca surgiese a la vida plena del conocimiento, si mi anormal contacto con el héroe de esta historia no se hubiese prolongado.

En esa misma prístina escena de nuestra presentación, empezó el señor de Aretal a desprenderse, para obsequiarnos, de los traslúcidos collares de ópalos, de amatistas, de esmeraldas y de carbunclos que constituían su 20 íntimo tesoro. En un principio de deslumbramiento, yo me tendí todo, yo me extendí todo, como una gran sábana blanca, para hacer mayor mi superficie de contacto con el generoso donante. Las antenas de mi alma se 25 dilataban, lo palpaban, y volvían trémulas y conmovidas y regocijadas a darme la buena nueva: —Éste es el hombre que esperabas; éste es el hombre por el que te asomabas a todas las almas desconocidas, porque ya tu 30 intuición te había afirmado que un día serías enriquecido por el advenimiento de un ser único. La avidez con que tomaste, percibiste y arrojaste tantas almas que se hicieron desear y defraudaron tu esperanza, 35 hoy será ampliamente satisfecha: inclínate y bebe de esta agua.

Y cuando se levantó para marcharse, lo seguí aherrojado y preso como el cordero que la zagala ató con lazos de rosas. Ya en el cuarto de habitación de mi nuevo amigo, éste, apenas traspuestos los umbrales que le daban paso a un medio propicio y habitual, se encendió todo él. Se volvió deslumbrador y escénico como el caballo de un emperador en una parada militar. Los faldones de su levita tenían vaga semejanza con la túnica interior de un corcel de la edad media, enjaezado para un torneo. La caían bajo las nalgas enjutas, acariciando los remos finos y elegantes. Y empezó su actuación teatral.

Después de un ritual de preparación cuidadosamente observado, caballero iniciado de un antiquísimo culto, y cuando ya nuestras almas se habían vuelto cóncavas, sacó el cartapacio de sus versos con la misma mesura unciosa con que se acerca el sacerdote al ara. Estaba tan grave que imponía respeto. Una risa hubiera sido acuchillada en el instante de nacer.

Sacó su primer collar de topacios, o mejor dicho, su primera serie de collares de topacios, traslúcidos y brillantes. Sus manos se alzaron con tanta cadencia que el ritmo se extendió a tres mundos. Por el poder del ritmo, nuestra estancia se conmovió toda en el segundo piso, como un globo prisionero, hasta desasirse de sus lazos terrenos y llevarnos en un silencioso viaje aéreo. Pero a mí no me conmovieron sus versos, porque eran versos inorgánicos. Eran el alma traslúcida y radiante de los minerales : eran el alma simétrica y dura de los minerales.

Y entonces el oficiante de las cosas minerales sacó un segundo collar. ¡Oh, esmeraldas, divinas esmeraldas! Y sacó el tercero. ¡Oh, diamantes, claros diamantes! Y sacó el cuarto y el quinto, que fueron de nuevo topacios, con gotas de luz, con acumulamientos de sol, con partes opacamente radiosas. Y luego el séptimo: sus carbunclos. Sus carbunclos casi eran tibios; casi me conmovieron como granos de granada o como sangre de héroes; pero los toqué y los sentí duros. De todas maneras, el alma de los minerales me invadía; aquella aristocracia inorgánica me seducía raramente, sin comprenderla por completo. Tan fue esto así que no pude traducir las palabras de mi Señor interno, que estaba confuso y hacía un vano esfuerzo por volverse duro y simétrico y limitado y brillante, y permanecí mudo. Y entonces, en imprevista explosión de dignidad ofendida, creyéndose engañado, el Oficiante me quitó su collar de carbunclos, con movimiento tan lleno de violencia, pero tan justo, que me quedé más perplejo que dolorido. Si hubiera sido el Oficiante de las Rosas, no hubiera procedido así.

Y entonces, como a la rotura de un conjuro, por aquel acto de violencia, se deshizo el encanto del ritmo; y la blanca navecilla en que voláramos por el azul del cielo, se encontró sólidamente aferrada al primer piso de una casa.

Después, nuestro común presentante, el señor de Aretal, y yo, almorzamos en los bajos del hotel.

Y yo, en aquellos instantes, me asomé al pozo del alma del Señor de los topacios. Vi reflejadas muchas cosas. Al asomarse, instintivamente, había formado mi cola de pavo real; pero la había formado sin ninguna sensualidad interior, simplemente solicitado por tanta belleza percibida y deseando mostrar mi mejor aspecto, para ponerme a tono con ella.

¡Oh las cosas que vi en aquel pozo! Ese pozo fue para mí el pozo mismo del misterio. Asomarse a un alma humana, tan abierta como un pozo, que es un ojo de la tierra, es lo mismo que asomarse a Dios. Nunca podemos ver el fondo. Pero nos saturamos de la humedad del agua, el gran vehículo del amor; y nos deslumbramos de la luz reflejada.

Este pozo reflejaba el múltiple aspecto exterior en la personal manera del señor de Aretal. Algunas figuras estaban más vivas en la superficie del agua: se reflejaban los clásicos, ese tesoro de ternura y de sabiduría de los clásicos; pero sobre todo se reflejaba la imagen de un amigo ausente, con tal pureza de líneas y tan exacto colorido, que no fue uno de los menos interesantes atractivos que tuvo para mí el alma del señor de Aretal, este paralelo darme el conocimiento del alma del señor de la Rosa, el ausente amigo tan admirado y tan amado. Por encima de todo se reflejaba Dios. Dios, de quien nunca estuve menos lejos. La gran alma que a veces se enfoca temporalmente. Yo comprendí, asomándome al pozo del señor de Aretal, que éste era un mensajero divino. Traía un mensaje a la humanidad: el mensaje humano, que es el más valioso de todos. Pero era un mensajero inconsciente. Prodigaba el bien y no lo tenía consigo.

Pronto interesé sobremanera a mi noble huésped. Me asomaba con tanta avidez al agua clara de su espíritu, que pudo tener una imagen exacta de mí. Me había aproximado lo suficiente, y además, yo también era una cosa clara que no interceptaba la luz. Acaso lo ofusqué tanto como él a mí. Es una cualidad de las cosas alucinadas el ser a su vez alucinadoras. Esta mutua atracción nos llevó al acercamiento y estrechez de relaciones. Frecuenté el divino templo de aquella alma hermosa. Y a su contacto empecé a encenderme. El señor de Aretal era una lámpara encendida y yo era una cosa combustible. Nuestras almas se comunicaban. Yo tenía las manos extendidas y el alma de cada uno de mis diez dedos era una antena por la que recibía el conocimiento del alma del señor de Aretal. Así supe de muchas cosas antes no conocidas. Por raíces aéreas, ¿qué otra cosa son los dedos?, u hojas aterciopeladas, ¿qué otra cosa que raíces aéreas son las hojas?, yo recibía de aquel hombre algo que me había faltado antes. Había sido un arbusto desmedrado que prolonga sus filamentos hasta encontrar el humus necesario en una tierra nueva. ¡Y cómo me nutría! Me nutría con la beatitud con que las hojas trémulas de clorofila se extienden al sol; con la beatitud con que una raíz encuentra un cadáver en descomposición; con la beatitud con que los convalecientes dan sus pasos vacilantes en las mañanas de primavera, bañadas de luz; con la beatitud con que el niño se pega al seno nutricio y después, ya lleno, sonríe en sueños a la visión de una urbe nívea. ¡Bah! Todas las cosas que se completan tienen beatitud así. Dios, un día, no será otra cosa que un alimento para nosotros: algo necesario para nuestra vida. Así sonríen los niños y los jóvenes, cuando se sienten beneficiados por la nutrición.

Además me encendí. La nutrición es una combustión. Quién sabe qué niño divino regó en mi espíritu un reguero de pólvora, de nafta, de algo fácilmente inflamable, y el señor de Aretal, que había sabido aproximarse hasta mí, le había dado fuego. Yo tuve el placer de arder: es decir, de llenar mi destino. Comprendí que era una cosa esencialmente inflamable. ¡Oh padre fuego, bendito seáis! Mi destino es arder. El fuego es también un mensaje. ¿Qué otras almas arderían por mí? ¿A quién comunicaría mi llama? ¡Bah! ¿Quién puede predecir el porvenir de una chispa?

Yo ardí y el señor de Aretal me vio arder. En una maravillosa armonía, nuestros dos átomos de hidrógeno y de oxígeno habían llegado tan cerca, que prolongándose, emanando porciones de sí, casi llegaron a juntarse en alguna cosa viva. A veces revolaban como dos mariposas que se buscan y tejen maravillosos lazos sobre el río y en el aire. Otras se elevaban por la virtud de su propio ritmo y de su armoniosa consonancia, como se elevan las dos alas de un dístico. Una estaba fecundando a la otra. Hasta que . . .

¿Habéis oído de esos carámbanos de hielo que, arrastrados a aguas tibias por una corriente submarina, se desintegran en su base, hasta que perdiendo un maravilloso equilibrio, giran sobre sí mismos en una apocalíptica vuelta, rápidos, inesperados, presentando a la faz del sol lo que antes estaba oculto entre las aguas? Así, invertidos, parecen inconscientes de los navíos que, al hundirse su parte superior, hicieron descender al abismo. Inconscientes de la pérdida de los nidos que ya se habían formado en su parte vuelta hasta entonces a la luz, en la relativa estabilidad de esas dos cosas frágiles: los huevos y los hielos.

Así, de pronto, en el ángel transparente del señor de Aretal, empezó a formarse una casi inconsistente nubecilla obscura. Era la sombra proyectada por el caballo que se acercaba.

¿Quién podría expresar mi dolor cuando en el ángel del señor de Aretal apareció aquella cosa obscura, vaga e inconsistente? Había mi noble amigo bajado a la cantina del hotel en que habitaba. ¿Quién pasaba? ¡Bah! Un obscuro ser, poseedor de unas horribles narices aplastadas y de unos labios delgados. ¿Comprendéis? Si la línea de su nariz hubiese sido recta, también en su alma se hubiese enderezado algo. Si sus labios hubiesen sido gruesos, también su sinceridad se hubiese acrecentado. Pero no. El señor de Aretal le había hecho un llamamiento. Ahí estaba . . . Y mi alma, que en aquel instante tenía el poder de discernir, comprendió claramente que aquel homecillo,[2] a quien hasta entonces había creído un hombre, porque un día vi arrebolarse sus mejillas de vergüenza, no era sino un homúnculo. Con aquellas narices no se podía ser sincero.

Invitados por el señor de los topacios, nos sentamos a una mesa. Nos sirvieron coñac y refrescos, a elección. Y aquí se rompió la armonía. La rompió el alcohol. Yo no tomé. Pero tomó él. Pero estuvo el alcohol próximo a mí, sobre la mesa de mármol blanco. Y medió entre nosotros y nos interceptó las almas. Además, el alma del señor de Aretal ya no era azul como la mía. Era roja y chata como la del compañero que nos separaba. Entonces comprendí que lo que yo había

_____

[2] homecillo = hombrecillo.

amado más en el señor Aretal era mi propio azul.

Pronto el alma chata del señor de Aretal empezó a hablar de cosas bajas. Todos sus pensamientos tuvieron la nariz torcida. Todos sus pensamientos bebían alcohol y se materializaban groseramente. Nos contó de una legión de negras de Jamaica, lúbricas y semidesnudas, corriendo tras él en la oferta de su odiosa mercancía por cinco centavos. Me hacía daño su palabra y pronto me hizo daño su voluntad. Me pidió insistentemente que bebiera alcohol. Cedí. Pero apenas consumado mi sacrificio sentí claramente que algo se rompía entre nosotros. Que nuestros señores internos se alejaban y que venía abajo, en silencio, un divino equilibrio de cristales. Y se lo dije: —Señor de Aretal, usted ha roto nuestras divinas relaciones en este mismo instante. Mañana usted verá en mí llegar a su aposento sólo un hombre y yo sólo encontraré un hombre en usted. En este mismo instante usted me ha teñido de rojo.

El día siguiente, en efecto, no sé qué hicimos el señor de Aretal y yo. Creo que marchamos por la calle en vía de cierto negocio. Él iba de nuevo encendido. Yo marchaba a su vera apagado ¡y lejos de él! Iba pensando en que jamás el misterio me había abierto tan ancha rasgadura para asomarme, como en mis relaciones con mi extraño acompañante. Jamás había sentido tan bien las posibilidades del hombre; jamás había entendido tanto al dios íntimo como en mis relaciones con el señor de Aretal.

Llegamos a su cuarto. Nos esperaban sus formas de pensamiento. Y yo siempre me sentía lejos del senor de Aretal. Me sentí lejos muchos días, en muchas sucesivas visitas. Iba a él obedeciendo leyes inexorables. Porque era preciso aquel contacto para quemar una parte en mí, hasta entonces tan seca, como que se estaba preparando para arder mejor. Todo el dolor de mi sequedad hasta entonces, ahora se regocijaba de arder; todo el dolor de mi vacío hasta entonces, ahora se regocijaba de plenitud. Salí de la noche de mi alma en una aurora encendida. Bien está. Bien está. Seamos valientes. Cuando más secos estemos

arderemos mejor. Y así iba a aquel hombre y nuestros Señores se regocijaban. ¡Ah! ¡Pero el encanto de los primeros días! ¿En dónde estaba?

Cuando me resigné a encontrar un hombre en el señor de Aretal, volvió de nuevo el encanto de su maravillosa presencia. Amaba a mi amigo. Pero me era imposible desechar la melancolía del dios ido. ¡Traslúcidas, diamantinas alas perdidas! ¿Cómo encontraros los dos y volver a donde estuvimos?

Un día, el señor de Aretal encontró propicio el medio. Éramos varios sus oyentes; en el cuarto encantado por sus creaciones habituales, se recitaron versos. Y de pronto, ante unos más hermosos que los demás, como ante una clarinada, se levantó nuestro noble huésped, piafante y elástico. Y allí, y entonces, tuve la primera visión: *el señor de Aretal estiraba el cuello como un caballo.*

Le llamé la atención: —Excelso huésped, os suplico que adoptéis esta y esta actitud. Sí, era cierto: *estiraba el cuello como un caballo.*

Después, la segunda visión: el mismo día. Salimos a andar. Y de pronto percibí, lo percibí: *el señor de Aretal caía como un caballo.* Le faltaba de pronto el pie izquierdo y entonces sus ancas casi tocaban tierra, como un caballo claudicante. Se erguía luego con rapidez; pero ya me había dejado la sensación. ¿Habéis visto caer a un caballo?

Luego la tercera visión, a los pocos días. Accionaba el señor de Aretal sentado frente a sus monedas de oro, y de pronto lo vi mover los brazos como mueven las manos los caballos de pura sangre, sacando las extremidades de sus miembros delanteros hacia los lados, en esa bella serie de movimientos que tantas veces habréis observado cuando un jinete hábil, en un paseo concurrido, reprime el paso de un corcel caracoleante y espléndido.

Después, otra visión: *el señor de Aretal veía como un caballo.* Cuando lo embriagaba su propia palabra, como embriagaba al corcel noble su propia sangre generosa, trémulo como una hoja, trémulo como un corcel montado y reprimido, trémulo como todas esas formas vivas de raigambres nerviosas y finas, inclinaba la cabeza, ladeaba la cabeza, y así veía, mientras sus brazos desataban algo en el aire como las manos de un caballo. —¡Qué cosa más hermosa es un caballo! ¡Casi se está sobre dos pies!— Y entonces yo sentía que lo cabalgaba el espíritu.

Y luego cien visiones más. El señor de Aretal se acercaba a las mujeres como un caballo. En las salas suntuosas no se podía estar quieto. Se acercaba a la hermosa señora recién presentada, con movimientos fáciles y elásticos, baja y ladeada la cabeza, y daba una vuelta en torno de ella y daba una vuelta en torno de la sala.

Veía así, de lado. Pude observar que sus ojos se mantenían inyectados de sangre. Un día se rompió uno de los vasillos que los coloreaban con trama sutil; se rompió el vasillo y una manchita roja había coloreado su córnea. Se lo hice observar.

—Bah —me dijo—, es cosa vieja. Hace tres días que sufro de ello. Pero no tengo tiempo para ver a un doctor.

Marchó al espejo y se quedó mirando fijamente. Cuando al día siguiente volví, encontré que una virtud más lo ennoblecía. Le pregunté: ¿Qué lo embellece en esta hora? Y él respondió:—un matiz. Y me contó que se había puesto una corbata roja para que armonizara con su ojo rojo. Y entonces yo comprendí que en su espíritu había una tercera coloración roja y que estas tres rojeces juntas eran las que me habían llamado la atención al saludarlo. Porque el espíritu de cristales del señor de Aretal se teñía de las cosas ambientes. Y eso eran sus versos: una maravillosa cristalería teñida de las cosas ambientes: esmeraldas, rubíes, ópalos . . .

Pero esto era triste a veces porque a veces las cosas ambientes eran oscuras o de colores mancillados: verdes de estercolero, palideces verdes de plantas enfermas. Llegué a deplorar el encontrarlo acompañado, y cuando esto sucedía, me separaba con cualquier pretexto del señor de Aretal, si su acompañante no era persona de colores claros.

Porque indefectiblemente el señor de Aretal reflejaba el espíritu de su acompañante. Un día lo encontré, ¡a él, el noble corcel!, enano y meloso. Y como en un espejo, vi en la estancia a una persona enana y melosa. En efecto, allí estaba: me la presentó. Era una mujer como de cuarenta años, chata, gorda y baja. Su espíritu también era una cosa baja. Algo rastreante y humilde; pero inofensivo y deseoso de agradar. Aquella persona era el espíritu de la adulación. Y Aretal también sentía en aquellos momentos una pequeña alma servil y obsequiosa. ¿Qué espejo cóncavo ha hecho esta horrorosa trasmutación? me pregunté yo, aterrorizado. Y de pronto todo el aire transparente de la estancia me pareció un transparente vidrio cóncavo que deformaba los objetos. ¡Qué chatas eran las sillas . . .! Todo invitaba a sentarse sobre ello. Aretal era un caballo de alquiler más.

Otra ocasión, y a la mesa de un bullanguero grupo que reía y bebía, Aretal fue un ser humano más, uno más del montón. Me acerqué a él y lo vi catalogado y con precio fijo. Hacía chistes y los blandía como armas defensivas. Era un caballo de circo. Todos en aquel grupo se exhibían. Otra vez fue un jayán. Se enredó en palabras ofensivas con un hombre brutal. Parecía una vendedora de verduras. Me hubiera dado asco; pero lo amaba tanto que me dio tristeza. Era un caballo que daba coces.

Y entonces, al fin, apareció en el plano físico una pregunta que hacía tiempo formulaba: ¿Cuál es el verdadero espíritu del señor de Aretal? Y la respondí pronto. El señor de Aretal, que tenía una elevada mentalidad, no tenía espíritu: era amoral. Era amoral como un caballo y se dejaba montar por cualquier espíritu. A veces, sus jinetes tenían miedo o eran mezquinos y entonces el señor de Aretal los arrojaba lejos de sí, con un soberbio bote. Aquel vacío moral de su ser se llenaba, como todos los vacíos, con facilidad. Tendía a llenarse.

Propuse el problema a la elevadísima mente de mi amigo y ésta lo aceptó en el acto. Me hizo una confesión: —Sí: es cierto. Yo, a usted que me ama, le muestro la mejor parte de mí mismo. Le muestro a mi dios interno. Pero, es doloroso decirlo, entre dos seres humanos que me rodean, yo tiendo a colorearme del color del más bajo. Huya de mí cuando esté en una mala compañía.

Sobre la base de esta percepción, me interné más en su espíritu. Me confesó un día, dolorido, que ninguna mujer lo había amado. Y sangraba todo él al decir esto. Yo le expliqué que ninguna mujer lo podía amar, porque él no era un hombre, y la unión hubiera sido monstruosa. El señor de Aretal no conocía el pudor, y era indelicado en sus relaciones con las damas como un animal. Y él:

—Pero yo las colmo de dinero.

—También se lo da una valiosa finca en arrendamiento.

Y él:

—Pero yo las acaricio con pasión.

—También las lamen las manos sus perrillos de lanas.

Y él:

—Pero yo las soy fiel y generoso; yo las soy humilde; yo las soy abnegado.

—Bien; el hombre es más que eso. Pero ¿las ama usted?

—Sí, las amo.

—Pero ¿las ama usted como un hombre? No, amigo, no. Usted rompe en esos delicados y divinos seres mil hilos tenues que constituyen toda una vida. Esa última ramera que le ha negado su amor y ha desdeñado su dinero, defendió su única parte inviolada: su señor interno; lo que no se vende. Usted no tiene pudor. Y ahora oiga mi profecía: una mujer lo redimirá. Usted, obsequioso y humilde hasta la bajeza con las damas; usted, orgulloso de llevar sobre sus lomos una mujer bella, con el orgullo de la hacanea favorita, que se complace en su preciosa carga, cuando esa mujer bella lo ame, se redimirá: conquistará el pudor.

Y otra hora propicia a las confidencias:

—Yo no he tenido nunca un amigo—. Y sangraba todo él al decir esto. Yo le expliqué que ningún hombre le podría dar su amistad, porque él no era un hombre, y la amistad hubiese sido monstruosa. El señor de Aretal no conocía la amistad y era indelicado en sus relaciones con los hombres, como un animal. Conocía sólo el camaraderismo.

Galopaba alegre y generoso en los llanos, con sus compañeros; gustaba de ir en manadas con ellos; galopaba primitivo y matinal, sintiendo arder su sangre generosa que lo incitaba a la acción, embriagándose de aire y de verde y de sol; pero luego se separaba indiferente de su compañero de una hora lo mismo que de su compañero de un año. El caballo, su hermano, muerto a su lado, se descomponía bajo el dombo del cielo, sin hacer asomar una lágrima a sus ojos . . . Y el señor de Aretal, cuando concluí de expresar mi último concepto, radiante:

—Ésta es la gloria de la naturaleza. La materia inmortal no muere. ¿Por qué llorar a un caballo cuando queda una rosa? ¿Por qué llorar a una rosa cuando queda un ave? ¿Por qué lamentar a un amigo cuando queda un prado? Yo siento la radiante luz del sol que nos posee a todos, que nos redime a todos. Llorar es pecar contra el sol. Los hombres, cobardes, miserables y bajos, pecan contra la Naturaleza, que es Dios.

Y yo, reverente, de rodillas ante aquella hermosa alma animal, que me llenaba de la unción de Dios:

—Sí, es cierto; pero el hombre es una parte de la naturaleza; es la naturaleza evolucionada. ¡Respeto a la evolución! Hay fuerza y hay materia: ¡respeto a las dos! Todo no es más que uno.

—Yo estoy más allá de la moral.

—Usted está más acá de la moral: usted está bajo la moral. Pero el caballo y el ángel se tocan, y por eso usted a veces me parece divino. San Francisco de Asís amaba a todos los seres y a todas las cosas, como usted; pero además, las amaba de un modo diferente; pero las amaba después del círculo, no antes del círculo como usted.

Y él entonces:

—Soy generoso con mis amigos, los cubro de oro.

—También se los da una valiosa finca en arrendamiento, o un pozo de petróleo, o una mina en explotación.

Y él:

—Pero yo les presto mil pequeños cuidados. Yo he sido enfermero del amigo enfermo y buen compañero de orgía del amigo sano.

Y yo:

—El hombre es más que eso: el hombre es la solidaridad. Usted ama a sus amigos, pero ¿los ama con amor humano? No; usted ofende en nosotros mil cosas impalpables. Yo, que soy el primer hombre que ha amado a usted, he sembrado los gérmenes de su redención. Ese amigo egoísta que se separó, al separarse de usted, de un bienhechor, no se sintió unido a usted por ningún lazo humano. Usted no tiene solidaridad con los hombres.

— . . .

—Usted no tiene pudor con las mujeres, ni solidaridad con los hombres, ni respeto a la Ley. Usted miente, y encuentra en su elevada mentalidad, excusa para su mentira, aunque es por naturaleza verídico como un caballo. Usted adula y engaña y encuentra en su elevada mentalidad, excusa para su adulación y su engaño, aunque es por naturaleza noble como un caballo. Nunca he amado tanto a los caballos como al amarlos en usted. Comprendo la nobleza del caballo: es casi humano. Usted ha llevado siempre sobre el lomo una carga humana: una mujer, un amigo . . . ¡Qué hubiera sido de esa mujer y de ese amigo en los pasos difíciles sin usted, el noble, el fuerte, que los llevó sobre sí, con una generosidad que será su redención! El que lleva una carga, más pronto hace el camino. Pero usted las ha llevado como un caballo. Fiel a su naturaleza, empiece a llevarlas como un hombre.

* * *

Me separé del señor de los topacios, y a los pocos días fue el hecho final de nuestras relaciones. Sintió de pronto el señor de Aretal que mi mano era poco firme, que llegaba a él mezquino y cobarde, y su nobleza de bruto se sublevó. De un bote rápido me lanzó lejos de sí. Sentí sus cascos en mi frente. Luego un veloz galope rítmico y marcial, aventando las arenas del Desierto. Volví los ojos hacia donde estaba la Esfinge en su eterno reposo de misterio, y ya no la vi. ¡La Esfinge era el señor de Aretal que me había revelado su secreto, que era el mismo del Centauro!

Era el señor de Aretal que se alejaba en su veloz galope, con rostro humano y cuerpo de bestia.

(*El hombre que parecía un caballo*, 1915)

᷍᷍᷍Ramón López Velarde

Mexico, 1888–1921   Ramón López Velarde was the only poet of the postmodernist generation to exert a direct and considerable influence upon the younger Mexican group. Many of his followers were misled, however, by his stress on provincial themes and by his inordinate searching after poetic effects. In imitating these purely external and superficial features, they failed to grasp the real significance of his art; they could not see that the regional theme serves merely as a backdrop for the real burden of his song, which is the story of the poet's intense emotional responses born of his soul's grappling with universal forces. López Velarde's love of provincial life and of the mysteries and symbolism of Catholicism were always in open conflict with his amorous desires and pagan leanings. These differences were never resolved— instead, the poet made them live together throughout all his work. Misunderstood, too, was López Velarde's pronounced attempt to avoid commonplaces. It was thought that he was merely striving after decorative or unusual effects in the manner of the modernists, a belief easily entertained because of his apparent debt to Herrera y Reissig and Lugones, and to their common predecessor Góngora, all of whom the Mexican poet greatly admired. But nothing could have been further from the truth, for López Velarde's poetry is intensely subjective and revealing—it is the laying bare of the most intimate workings of his own soul. To express these more adequately and more challengingly he sought to create a vocabulary and an imagery of his own. Unusual words and expressions, strained effects, daring images, are not to be thought of, or condemned, either as the result of his attempt to dazzle and to confuse or as the product of an ironic revolt against modernist excesses. His inner tragic struggle and the message he wished to convey were not to be sung in a diction or poetic symbolism outmoded and outworn.

᷍᷍CUARESMAL

Tu paz—¡oh paz de cada día!—
y mi dolor que es inmortal,

se han de casar, Amada mía,
en una noche cuaresmal.

5 Quizá en un Viernes de Dolores,
cuando se anuncian ya las flores
y en el altar que huele a lirios
el casto pecho de María
sufre por nos siete martirios;
10 mientras la luna, Amada mía,
deja caer sus tenues franjas
de luz de ensueño sideral
sobre las místicas naranjas
que, por el arte virginal
15 de las doncellas de la aldea,
lucen banderas de papel
e irisaciones de oropel
sobre la piel que amarillea.

Fuensanta: al amor aventurero
20 de cálidas mujeres azafatas

súbditas de la carne, te prefiero
por la frescura de tus manos gratas.

Yo te convido, dulce Amada,
a que te cases con mi pena
25 entre los vasos de cebada
la última noche de novena.

Te ha de cubrir la luna llena
con luz de túnica nupcial
y nos dará la Dolorosa
30 la bendición sacramental.

Y así podré llamarte esposa,
y haremos juntos la dichosa
ruta evangélica del bien
hasta la eterna gloria.

AMEN.

(*La sangre devota*, 1916)

⌘EL RETORNO MALÉFICO

Mejor será no regresar al pueblo,
al edén subvertido que se calla
en la mutilación de la metralla.

Hasta los fresnos mancos,
5 los dignatarios de cúpula oronda,
han de rodar las quejas de la torre
acribillada en los vientos de fronda.

Y la fusilería grabó en la cal
de todas las paredes
10 de la aldea espectral,
negros y aciagos mapas,
porque en ellos leyese el hijo pródigo
al volver a su umbral
en un anochecer de maleficio,
15 a la luz de petróleo de una mecha,
su esperanza deshecha.

Cuando la tosca llave enmohecida
tuerza la chirriante cerradura,
en la añeja clausura
20 del zaguán, los dos púdicos
medallones de yeso,
entornando los párpados narcóticos,
se mirarán y se dirán: "¿Qué es eso?"

Y yo entraré con pies advenedizos
25 hasta el patio agorero

en que hay un brocal ensimismado,
con un cubo de cuero
goteando su gota categórica
como un estribillo plañidero.

30 Si el sol inexorable, alegre y tónico,
hace hervir a las fuentes catecúmenas
en que bañábase mi sueño crónico;
si se afana la hormiga;
si en los techos resuena y se fatiga
35 de los buches de tórtola el reclamo
que entre las telarañas zumba y zumba;
mi sed de amar será como una argolla
empotrada en la losa de una tumba.

Las golondrinas nuevas, renovando
40 con sus noveles picos alfareros
los nidos tempraneros;
bajo el ópalo insigne
de los atardeceres monacales,
el lloro de recientes recentales
45 por la ubérrima ubre prohibida
de la vaca, rumiante y faraónica,
que al párvulo intimida;
campanario de timbre novedoso;
remozados altares;
50 el amor amoroso
de las parejas pares;

noviazgos de muchachas
frescas y humildes, como humildes coles,
y que la mano dan por el postigo
55 a la luz de dramáticos faroles;
alguna señorita

que canta en algún piano
alguna vieja aria;
el gendarme que pita . . .
60 . . . Y una íntima tristeza reaccionaria.

(Zozobra, 1919)

ᜃLA SUAVE PATRIA

PROEMIO

Yo que sólo canté de la exquisita
partitura del íntimo decoro,
alzo hoy la voz a la mitad del foro
a la manera del tenor que imita
5 la gutural modulación del bajo,
para cortar a la epopeya un gajo.

Navegaré por las olas civiles
con remos que no pesan, porque van
como los brazos del correo Chuan[1]
10 que remaba la Mancha con fusiles.

Diré con una épica sordina:
la Patria es impecable y diamantina.

Suave Patria: permite que te envuelva
en la más honda música de selva
15 con que me modelaste por entero
al golpe cadencioso de las hachas,
entre risas y gritos de muchachas
y pájaros de oficio carpintero.

PRIMER ACTO

Patria: tu superficie es el maíz,
tus minas el palacio del Rey de Oros,
y tu cielo las garzas en desliz
y el relámpago verde de los loros.

5 El Niño Dios te escrituró un establo
y los veneros de petróleo el diablo.

Sobre tu Capital, cada hora vuela
ojerosa y pintada, en carretela;
y en tu provincia, del reloj en vela
10 que rondan los palomos colipavos,
las campanadas caen como centavos.

Patria: tu mutilado territorio
se viste de percal y de abalorio.

Suave Patria: tu casa todavía
15 es tan grande, que el tren va por la vía
como aguinaldo de juguetería.

Y en el barullo de las estaciones,
con tu mirada de mestiza, pones
la inmensidad sobre los corazones.

20 ¿Quién, en la noche que asusta a la rana,
no miró, antes de saber del vicio,
del brazo de su novia, la galana
pólvora de los fuegos de artificio?

Suave Patria: en tu tórrido festín
25 luces policromías de delfín,
y con tu pelo rubio se desposa
el alma, equilibrista chuparrosa,
y a tus dos trenzas de tabaco, sabe
ofrendar aguamiel toda mi briosa
30 raza de bailadores de jarabe.[2]

Tu barro suena a plata, y en tu puño
su sonora miseria es alcancía;

---

[1] Chuan: Chouan, one of the royalist insurgents in Western France during and after the French Revolution. Francisco Monterde points out that this is a reference to the following passage from Barbey d'Aurevilly's novel *Le Chevalier Des Touches* (Spanish translation by Juan José Llovet, Madrid, Espasa-Calpe, 1920, p. 78) based on French history of that period: "—¡Sí! Se le creyó muerto—replicó la señorita Percy—. Pero, después de escapar de los Azules, se refugió en Inglaterra, donde los príncipes le encargaron de una misión personal cerca de Frotté. Por eso vino de Guernesey a la costa de Francia en la canoa de Des Touches, que apenas podía sostener un solo hombre y que estuvo expuesta a hundirse cien veces bajo el peso de los dos. Para suprimir toda carga inútil remaron con los fusiles."

[2] jarabe=jarabe tapatío: popular Mexican dance, identified with the State of Jalisco.

y por las madrugadas del terruño,
en calles como espejos, se vacía
35 el santo olor de la panadería.

Cuando nacemos, nos regalas notas;
después, un paraíso de compotas,
y luego te regalas toda entera,
suave Patria, alacena y pajarera.

40 Al triste y al feliz dices que sí,
que en tu lengua de amor prueben de ti
la picadura del ajonjolí.[3]

¡Y tu cielo nupcial, que cuando truena
de deleites frenéticos nos llena!
45 Trueno de nuestras nubes, que nos baña
de locura, enloquece a la montaña,
requiebra a la mujer, sana al lunático,
incorpora a los muertos, pide el Viático,[4]
y al fin derrumba las madererías
50 de Dios, sobre las tierras labrantías.

Trueno del temporal: oigo en tus quejas
crujir los esqueletos en parejas;
oigo lo que se fue, lo que aún no toco,
y la hora actual con su vientre de coco.
55 Y oigo en el brinco de tu ida y venida,
¡oh, trueno!, la ruleta de mi vida.

INTERMEDIO (CUAUHTEMOC[5])

Joven abuelo: escúchame loarte,
único héroe a la altura del arte.

Anacrónicamente, absurdamente,
a tu nopal inclínase el rosal;
5 al idioma del blanco, tú lo imantas
y es surtidor de católica fuente
que de responsos llena el victorial
zócalo de ceniza de tus plantas.

No como a César el rubor patricio
10 te cubre el rostro en medio del suplicio;

tu cabeza desnuda se nos queda,
hemisféricamente, de moneda.

Moneda espiritual en que se fragua
todo lo que sufriste: la piragua
15 prisionera, el azoro de tus crías,
el sollozar de tus mitologías,
la Malinche,[6] los ídolos a nado,
y por encima, haberte desatado
del pecho curvo de la emperatriz
20 como del pecho de una codorniz.

SEGUNDO ACTO

Suave Patria: tú vales por el río
de las virtudes de tu mujerío.
Tus hijas atraviesan como hadas,
o destilando un invisible alcohol,
5 vestidas con las redes de tu sol,
cruzan como botellas alambradas.

Suave Patria: te amo no cual mito,
sino por tu verdad de pan bendito,
como a niña que asoma por la reja
10 con la blusa corrida hasta la oreja
y la falda bajada hasta el huesito.

Inaccesible al deshonor, floreces;
creeré en ti mientras una mexicana
en su tápalo lleve los dobleces
15 de la tienda, a las seis de la mañana,
y al estrenar su lujo, quede lleno
el país, del aroma del estreno.

Como la sota moza, Patria mía,
en piso de metal, vives al día,
20 de milagro, como la lotería.

Tu imagen, el Palacio Nacional,
con tu misma grandeza y con tu igual
estatura de niño y de dedal.

---

[3] ajonjolí: *sesamum indicum* Loew, *sesame*, known in some parts of the United States as *benebene*, has been cultivated since ancient times for the high quality of its oil, which contains less acid than other table oils. It is used to flavor typical Mexican dishes, including several kinds of bread.

[4] Viático: the *viaticum*, or *Holy Wafer*, placed in the mouth of a person as he nears death.

[5] Cuauhtemoc: See page 427, note 67.

[6] Malinche: also Malintzin and doña Marina, the celebrated *lengua* of Cortés. She is remembered by the Mexican Indians as the one who betrayed her people to the Spaniards. See pages 13–15; also page 16, note 22.

Te dará, frente al hambre y al obús,
25 un higo San Felipe de Jesús.[7]

Suave Patria, vendedora de chía:[8]
quiero raptarte en la cuaresma opaca,
sobre un garañón, y con matraca,
y entre los tiros de la policía.

30 Tus entrañas no niegan un asilo
para el ave que el párvulo sepulta
en una caja de carretes de hilo,
y nuestra juventud, llorando, oculta
dentro de ti, el cadáver hecho poma
35 de aves que hablan nuestro mismo idioma.

Si me ahogo en tus julios, a mí baja
desde el vergel de tu peinado denso
frescura de rebozo y de tinaja;
y si tirito, dejas que me arrope
40 en tu respiración azul de incienso
y en tus carnosos labios de rompope.[9]

Por tu balcón de palmas bendecidas
el Domingo de Ramos, yo desfilo
lleno de sombra, porque tú trepidas.

45 Quieren morir tu ánima y tu estilo,
cual muriéndose van las cantadoras
que en las ferias, con el bravío pecho
empitonando la camisa, han hecho
la lujuria y el ritmo de las horas.

50 Patria, te doy de tu dicha la clave:
sé siempre igual, fiel a tu espejo diario;
cincuenta veces es igual el ave
taladrada en el hilo del rosario,
y es más feliz que tú, Patria suave.

55 Sé igual y fiel; pupilas de abandono;
sedienta voz, la trigarante[10] faja
en tus pechugas al vapor; y un trono
a la intemperie, cual una sonaja:
la carreta alegórica de paja.

(*El son del corazón*, 1932)

---

[7] San Felipe de Jesús: Franciscan missionary who was crucified with the famous twenty-six Christian martyrs at Nagasaki on February 5, 1597. According to Francisco Monterde, this is an allusion to the legend which tells how a dead fig tree in the patio of the house where San Felipe lived in Mexico, came to life again the day of his martyrdom in Japan. The basis for the legend is retold as follows by General Vicente Riva Palacio (see *Lecturas mexicanas graduadas*, by Amado Nervo. Primera serie, París, Librería de la Vda. de Ch. Bouret, 1903, pp. 25–29): "Cada vez que la madre de Felipe tenía un disgusto con el chico, y que eran frecuentes, exclamaba: 'Felipe, Dios te haga un santo!' Y la vieja esclava decía siempre por lo bajo: '¿Felipillo santo? cuando la higuera reverdezca.' "

[8] chía: *lime-leaved sage (salvia columbariae)*. When soaked in water, the seed gives off a considerable amount of mucilage, which mixed with sugar and lemon juice makes a very common drink in Mexico.

[9] rompope: or *rompopo*, a drink made of aguardiente (brandy, brandy-wine), milk, eggs, sugar, and cinnamon.

[10] trigarante: referring to the three colors of the Mexican flag.

~~~~~~THREE

FROM THE MEXICAN REVOLUTION TO THE PRESENT

B. POETRY—VANGUARDISMO

~~~~~Pablo Neruda

CHILE, 1904–   The young poet readily conceded his early debt to
"voces ajenas a las mías." Even so, it was those same alien voices that
helped to uncover the smoldering fire of an untrammeled and uneven
romantic who would reject the formalism and finery of the modernists.
Conventional imagery, forms, and themes still prevail in *Crepusculario*
(1923), his first important work and a clear testimonial to his distinctive
creative power. Less alien, but only partially understood at the time,
Whitman offered the ardent Chilean a formula for the erotic pieces of
El hondero entusiasta, first published in 1933, that Neruda ultimately
recognized as a "documento de una juventud excesiva y ardiente."
Years later he would thank Whitman for having taught him the most
fruitful lesson of all: "Me enseñaste/ a ser americano" ("Oda a Walt
Whitman"), a lesson that he would acknowledge in his response:
"América, no invoco tu nombre en vano" and in the fruits that came of
that promise, the cosmogonic *Canto general* (1950). In this Messianic
vision of the origins of the American earth and the American man,
Neruda stoutly proclaims his Whitmanesque faith in man and the land,
in his homeland ("Canto general de Chile"), and in the indestructibility
of self and of human brotherhood—"Yo soy . . . me has hecho indestruc-
tible porque contigo no termino en mí mismo." This clear-cut manifest
of an earnest though partisan wish to communicate with all men is in
sharp contrast to the "hermetic," surrealist expression of the *Residencias*
(1925–1945) of the middle years when the poet turned his back violently
and completely upon the entire poetic past. This was Neruda at the
height of his explosive and irrepressible creative genius. His break with
the past was particularly marked in his images, images that no longer
function in the traditional sense. Although specific and "sternly and
starkly realistic," they do not respond to objective and rational analysis:
"En lugar del procedimiento tradicional, que describe una realidad y
sugiere su sentido poético entre líneas, los poetas como Neruda describen
el sentido poético y sugieren nebulosamente a qué realidad se refiere"
(Amado Alonso). Through a sustained and anguished torrent of
deranged personal symbols the poet strives to encompass the total
potential of poetic sensibility. In so doing, he is not at all concerned with
intelligibility. But the heightening tragedy of world events drove the
poet out of his "soledad acorralada," and Neruda began to write with

simplicity and clarity and conciseness of message and meaning. Above all now he wishes to be one with all men: "Yo quiero/ que todos vivan/ en mi vida/ y canten en mi canto." His image emerges clearly as he seeks identification, at first militantly and later ever more embracingly, in the common soil of man: "El pueblo me identificó/ y nunca dejé de ser pueblo." This, then, becomes the burden of the poet's song of later years as he sings in simple terms with all who would enter the elementary world of his odes: "Para que todos vivan/ en ella/ hago mi casa/ con odas/ transparentes." Like Whitman, he can now rest confidently in the knowledge that he will live on in the words of his book: "Y ahora detrás de esta hoja/ me voy y no desaparezco/ . . . volveré a crecer/ . . . hasta que todo/ sea/ y sea canto."

∾PUENTES

Puentes—arcos de acero azul adonde vienen
a dar su despedida los que pasan,—
por arriba los trenes,
por abajo las aguas,
5 enfermos de seguir un largo viaje
que principia, que sigue y nunca acaba.

Cielos—arriba—cielos,
y pájaros que pasan
sin detenerse, caminando como
10 los trenes y las aguas.
¿Qué maldición cayó sobre vosotros?

¿Qué esperáis en la noche densa y larga
con los brazos abiertos como un niño
que muere a la llegada de su hermana?

15 ¿Qué voz de maldición pasiva y negra
sobre vosotros extendió sus alas,
para hacer que siguieran
el viaje que no acaba
los paisajes, la vida, el sol, la tierra,
20 los trenes y las aguas,
mientras la angustia inmóvil del acero
se hunde más en la tierra y más la clava?

(Crepusculario, 1923)

∾POEMA 15

Me gustas cuando callas, porque estás como ausente,
y me oyes desde lejos, y mi voz no te toca.
Parece que los ojos se te hubieran volado
y parece que un beso te cerrara la boca.

5 Como todas las cosas están llenas de mi alma,
emerges de las cosas, llena del alma mía.
Mariposa de ensueño, te pareces a mi alma,
y te pareces a la palabra melancolía.

Me gustas cuando callas y estás como distante
10 y estás como quejándote, mariposa en arrullo,
y me oyes desde lejos, y mi voz no te alcanza:
déjame que me calle en el silencio tuyo.

Déjame que te hable también con tu silencio
claro como una lámpara, simple como un anillo.
15 Eres como la noche, callada y constelada.
Tu silencio es de estrella, tan lejano y sencillo.

Me gustas cuando callas, porque estás como ausente.
Distante y dolorosa como si hubieras muerto.
Una palabra entonces, una sonrisa bastan.
20 Y estoy alegre, alegre de que no sea cierto.

(Veinte poemas de amor y una canción desesperada, 1924)

ᕦᕤᕦPOEMA 20

Puedo escribir los versos más tristes esta noche.

Escribir, por ejemplo: "La noche está estrellada,
y tiritan, azules, los astros, a lo lejos."

El viento de la noche gira en el cielo y canta.

5 Puedo escribir los versos más tristes esta noche.
Yo la quise, y a veces ella también me quiso.

En las noches como ésta la tuve entre mis brazos.
La besé tantas veces bajo el cielo infinito.

Ella me quiso, a veces yo también la quería.
10 ¡Cómo no haber amado sus grandes ojos fijos!

Puedo escribir los versos más tristes esta noche.
Pensar que no la tengo. Sentir que la he perdido.

Oír la noche inmensa, más inmensa sin ella.
Y el verso cae al alma como al pasto el rocío.

15 ¡Qué importa que mi amor no pudiera guardarla!
La noche está estrellada y ella no está conmigo.

Eso es todo. A lo lejos alguien canta. A lo lejos.
Mi alma no se contenta con haberla perdido.

Como para acercarla mi mirada la busca.
20 Mi corazón la busca, y ella no está conmigo.

La misma noche que hace blanquear los mismos árboles.
Nosotros, los de entonces, ya no somos los mismos.

Ya no la quiero, es cierto, pero cuánto la quise.
Mi voz buscaba el viento para tocar su oído.

25 De otro. Será de otro. Como antes de mis besos.
Su voz, su cuerpo claro. Sus ojos infinitos.

Ya no la quiero, es cierto, pero tal vez la quiero.
Es tan corto el amor, y es tan largo el olvido.

Porque en noches como ésta la tuve en mis brazos,
30 mi alma no se contenta con haberla perdido.

Aunque éste sea el último dolor que ella me causa,
y éstos sean los últimos versos que yo le escribo.

(Veinte poemas de amor y una canción desesperada, 1924)

ARTE POÉTICA

Entre sombra y espacio, entre guarniciones y doncellas,
dotado de corazón singular y sueños funestos,
precipitadamente pálido, marchito en la frente,
y con luto de viudo furioso por cada día de vida,
ay, para cada agua invisible que bebo soñolientamente,
y de todo sonido que acojo temblando,
tengo la misma sed ausente y la misma fiebre fría,
un oído que nace, una angustia indirecta,
como si llegaron ladrones o fantasmas,
y en una cáscara de extensión fija y profunda,
como un camarero humillado, como una campana un poco ronca,
como un espejo viejo, como un olor de casa sola
en la que los huéspedes entran de noche perdidamente ebrios,
y hay un olor de ropa tirada al suelo, y una ausencia de flores,
posiblemente de otro modo aun menos melancólico,
pero, la verdad, de pronto, el viento que azota mi pecho,
las noches de substancia infinita caídas en mi dormitorio,
el ruido de un día que arde con sacrificio,
me piden lo profético que hay en mí, con melancolía,
y un golpe de objetos que llaman sin ser respondidos
hay, y un movimiento sin tregua, y un nombre confuso.

(Residencia en la tierra, 1, 1931)

BARCAROLA

Si solamente me tocaras el corazón,
si solamente pusieras tu boca en mi corazón,
tu fina boca, tus dientes,
si pusieras tu lengua como una flecha roja
allí donde mi corazón polvoriento golpea,
si soplaras en mi corazón, cerca del mar, llorando,
sonaría con un ruido oscuro; con sonido de ruedas de tren con sueño,
como aguas vacilantes,
como el otoño en hojas,
como sangre,
con un ruido de llamas húmedas quemando el cielo,
sonando como sueños o ramas o lluvias,
o bocinas de puerto triste;
si tú soplaras en mi corazón, cerca del mar,
como un fantasma blanco,
al borde de la espuma,
en mitad del viento,
como un fantasma desencadenado, a la orilla del mar, llorando.
Como ausencia extendida, como campana súbita,
el mar reparte el sonido del corazón,

lloviendo, atardeciendo, en una costa sola,
la noche cae sin duda,
y su lúgubre azul de estandarte en naufragio
se puebla de planetas de plata enronquecida.

25 Y suena el corazón como un caracol agrio,
llama, oh mar, oh lamento, oh derretido espanto
esparcido en desgracias y olas desvencijadas:
de lo sonoro el mar acusa
sus sombras recostadas, sus amapolas verdes.

30 Si existieras de pronto, en una costa lúgubre,
rodeada por el día muerto,
frente a una nueva noche,
llena de olas,
y soplaras en mi corazón de miedo frío,
35 soplaras en su movimiento de paloma con llamas,
sonarían sus negras sílabas de sangre,
crecerían sus incesantes aguas rojas,
y sonaría, sonaría a sombras,
sonaría como la muerte,
40 llamaría como un tubo lleno de viento o llanto
o una botella echando espanto a borbotones.

Así es, y los relámpagos cubrirían tus trenzas
y la lluvia entraría por tus ojos abiertos
a preparar el llanto que sordamente encierras,
45 y las alas negras del mar girarían en torno
de ti, con grandes garras, y graznidos, y vuelos.

¿Quieres ser fantasma que sople, solitario,
cerca del mar su estéril, triste instrumento?
Si solamente llamaras,
50 su prolongado son, su maléfico pito,
su orden de olas heridas,
alguien vendría acaso,
alguien vendría,
desde las cimas de las islas, desde el fondo rojo
55 del mar,
alguien vendría, alguien vendría.

Alguien vendría, sopla con furia,
que suene como sirena de barco roto,
como lamento,
60 como un relincho en medio de la espuma y la sangre,
como un agua feroz mordiéndose y sonando.

En la estación marina
su caracol de sombra circula como un grito,
los pájaros del mar lo desestiman y huyen,
65 sus listas de sonido, sus lúgubres barrotes
se levantan a orillas del océano solo.

(Residencia en la tierra, 2, 1935)

∿∿ALTURAS DE MACCHU PICCHU[1]

VI

Entonces en la escala de la tierra he subido
entre la atroz maraña de las selvas perdidas
hasta ti, Macchu Picchu.
alta ciudad de piedras escalares,
5 por fin morada del que lo terrestre
no escondió en las dormidas vestiduras.
En ti, como dos líneas paralelas,
la cuna del relámpago y del hombre
se mecían en un viento de espinas.

10 Madre de piedra, espuma de los cóndores.

Alto arrecife de la aurora humana.

Pala perdida en la primera arena.

Ésta fue la morada, éste es el sitio:
aquí los anchos granos del maíz ascendieron
15 y bajaron de nuevo como granizo rojo.

Aquí la hebra dorada salió de la vicuña
a vestir los amores, los túmulos, las madres,
el rey, las oraciones, los guerreros.

Aquí los pies del hombre descansaron de noche
20 junto a los pies del águila, en las altas guaridas
carniceras, y en la aurora
pisaron con los pies del trueno la niebla en-
rarecida,
y tocaron las tierras y las piedras
hasta reconocerlas en la noche o la muerte.

25 Miro las vestiduras y las manos,
el vestigio del agua en la oquedad sonora,
la pared suavizada por el tacto de un rostro
que miró con mis ojos las lámparas terrestres,
que aceitó con mis manos las desaparecidas
30 maderas: porque todo, ropaje, piel, vasijas,
palabras, vino, panes,
se fue, cayó a la tierra.

Y el aire entró con dedos
de azahar sobre todos los dormidos:
35 mil años de aire, meses, semanas de aire,
de viento azul, de cordillera férrea,
que fueron como suaves huracanes de pasos
lustrando el solitario recinto de la piedra.

VII

Muertos de un solo abismo, sombras de una
hondonada,
la profunda, es así como al tamaño
de vuestra magnitud
vino la verdadera, la más abrasadora
5 muerte y desde las rocas taladradas,
desde los capiteles escarlatas,
desde los acueductos escalares
os desplomasteis como en un otoño
en una sola muerte.
10 Hoy el aire vacío ya no llora,
ya no conoce vuestros pies de arcilla,
ya olvidó vuestros cántaros que filtraban el
cielo
cuando lo derramaban los cuchillos del rayo,
y el árbol poderoso fue comido
15 por la niebla, y cortado por la racha.

Él sostuvo una mano que cayó de repente
desde la altura hasta el final del tiempo.
Ya no sois, manos de araña, débiles
hebras, tela enmarañada:
20 cuanto fuisteis cayó: costumbres, sílabas
raídas, máscaras de luz deslumbradora.

Pero una permanencia de piedra y de palabra:
la ciudad como un vaso se levantó en las manos
de todos, vivos, muertos, callados, sostenidos
25 de tanta muerte, un muro, de tanta vida un
golpe
de pétalos de piedra: la rosa permanente, la
morada:
este arrecife andino de colonias glaciales.

Cuando la mano de color de arcilla
se convirtió en arcilla, y cuando los pequeños
párpados se cerraron
30 llenos de ásperos muros, poblados de castillos,
y cuando todo el hombre se enredó en su
agujero,
quedó la exactitud enarbolada:
el alto sitio de la aurora humana:
la más alta vasija que contuvo el silencio:
35 una vida de piedra después de tantas vidas.

(Canto general, 1950)

---

[1] Macchu-Picchu: abandoned, pre-Conquest city-fortress of the Incas situated among pinnacles high above the Río Urubamba some 35 miles northwest of Cuzco.

◦◦◦ODA AL AIRE

Andando en un camino
encontré al aire,
lo saludé y le dije
con respeto:
5 "Me alegro
de que por una vez
dejes tu transparencia,
así hablaremos."
El incansable
10 bailó, movió las hojas,
sacudió con su risa
el polvo de mis suelas,
y levantando toda
su azul arboladura,
15 su esqueleto de vidrio,
sus párpados de brisa,
inmóvil como un mástil,
se mantuvo escuchándome.
Yo le besé su capa
20 de rey del cielo,
me envolví en su bandera
de seda celestial
y le dije:
"Monarca o camarada,
25 hilo, corola o ave,
no sé quién eres, pero
una cosa te pido,
no te vendas.
El agua se vendió
30 y de las cañerías
en el desierto
he visto
terminarse las gotas
y el mundo pobre, el pueblo,
35 caminar con su sed
tambaleando en la arena.
Vi la luz de la noche
racionada,
la gran luz en la casa
40 de los ricos.
Todo es aurora en los
nuevos jardines suspendidos,
todo es oscuridad
en la terrible
45 sombra del callejón.
De allí la noche,
madre madrastra,

sale
con un puñal en medio
50 de sus ojos de buho,
y un grito, un crimen,
se levantan y apagan
tragados por la sombra.

No, aire,
55 no te vendas,
que no te canalicen,
que no te entuben,
que no te encajen
ni te compriman,
60 que no te hagan tabletas,
que no te metan en una botella.
¡Cuidado!
Llámame,
cuando me necesites
65 yo soy el poeta hijo
de pobres, padre, tío,
primo, hermano carnal
y concuñado
de los pobres, de todos,
70 de mi patria y las otras,
de los pobres que viven junto al río,
y de los que en la altura
de la vertical cordillera
pican piedra,
75 clavan tablas,
cosen ropa,
cortan leña,
muelen tierra,
y por eso
80 yo quiero que respiren,
tú eres lo único que tienen,
por eso eres
transparente,
para que vean
85 lo que vendrá mañana,
por eso existes,
aire,
déjate respirar,
no te encadenes,
90 no te fíes de nadie
que venga en automóvil
a examinarte,
déjalos,

ríete de ellos,
95 vuélales el sombrero,
no aceptes
sus proposiciones,
vamos juntos
bailando por el mundo,
100 derribando las flores
del manzano,
entrando en las ventanas
silbando juntos,
silbando
105 melodías
de ayer y de mañana,
ya vendrá un día
en que libertaremos
la luz y el agua,
110 la tierra, el hombre,
y todo para todos

será, como tú eres.
Por eso, ahora,
¡cuidado!
115 y ven conmigo,
nos queda mucho
que bailar y cantar,
vamos
a lo largo del mar,
120 a lo alto de los montes,
vamos
donde esté floreciendo
la nueva primavera
y en un golpe de viento
125 y canto
repartamos las flores,
el aroma, los frutos,
el aire
de mañana.

(*Odas elementales*, 1954)

～ODA A LA ALCACHOFA

La alcachofa
de tierno corazón
se vistió de guerrero,
erecta, construyó
5 una pequeña cúpula,
se mantuvo
impermeable
bajo
sus escamas,
10 a su lado
los vegetales locos
se encresparon,
se hicieron
zarcillos, espadañas,
15 bulbos conmovedores,
en el subsuelo
durmió la zanahoria
de bigotes rojos,
la viña
20 resecó los sarmientos
por donde sube el vino,
la col
se dedicó
a probarse faldas,
25 el orégano
a perfumar el mundo,

y la dulce
alcachofa
allí en el huerto,
30 vestida de guerrero,
bruñida
como una granada,
orgullosa,
y un día
35 una con otra
en grandes cestos
de mimbre, caminó
por el mercado
a realizar su sueño:
40 la milicia.
En hileras
nunca fue tan marcial
como en la feria,
los hombres
45 entre las legumbres
con sus camisas blancas
eran
mariscales
de las alcachofas,
50 las filas apretadas,
las voces de comando,
y la detonación

de una caja que cae,
pero
55 entonces
viene
María
con su cesto,
escoge
60 una alcachofa,
no le teme,
la examina, la observa
contra la luz como si fuera un huevo,
la compra,
65 la confunde
en su bolsa
con un par de zapatos,
con un repollo y una
botella

70 de vinagre
hasta
que entrando a la cocina
la sumerge en la olla.
Así termina
75 en paz
esta carrera
del vegetal armado
que se llama alcachofa,
luego
80 escama por escama
desvestimos
la delicia
y comemos
la pacífica pasta
85 de su corazón verde.

(*Odas elementales*, 1954)

ᕫᕙ ODA AL OTOÑO

Ay, ¡cuánto tiempo
tierra
sin otoño,
cómo
5 pudo vivirse!
Ah, ¡qué opresiva
náyade
la primavera
con sus escandalosos
10 pezones
mostrándolos en todos
los árboles del mundo
y luego
el verano,
15 trigo,
trigo,
intermitentes
grillos,
cigarras,
20 sudor desenfrenado!
Entonces
el aire
trae por la mañana
un vapor de planeta.
25 Desde otra estrella
caen gotas de plata.
Se respira

el cambio
de fronteras,
30 de la humedad al viento,
del viento a las raíces.
Algo sordo, profundo,
trabaja bajo la tierra
almacenando sueños.
35 La energía se ovilla,
la cinta
de las fecundaciones
enrolla
sus anillos.

40 Modesto es el otoño
como los leñadores.
Cuesta mucho
sacar todas las hojas
de todos los árboles
45 de todos los países.
La primavera
las cosió volando
y ahora
hay que dejarlas
50 caer como si fueran
pájaros amarillos.
No es fácil.
Hace falta tiempo.

Hay que correr por
55 los caminos,
hablar idiomas,
sueco,
portugués,
hablar en lengua roja,
60 en lengua verde.
Hay que saber
callar en todos
los idiomas
y en todas partes,
65 siempre,
dejar caer,
caer,
dejar caer,
caer,
70 las hojas.

Difícil
es
ser otoño,
fácil ser primavera.
75 Encender todo
lo que nació
para ser encendido.
Pero apagar el mundo
deslizándolo
80 como si fuera un aro
de cosas amarillas,
hasta fundir olores,
luz, raíces,
subir vino a las uvas,
85 acuñar con paciencia
la irregular moneda
del árbol en la altura
derramándola luego
en desinteresadas
90 calles desiertas,
es profesión de manos
varoniles.

Por eso,
otoño,
95 camarada alfarero,
constructor de planetas,

electricista,
preservador de trigo,
te doy mi mano de hombre
100 a hombre
y te pido me invites
a salir a caballo,
a trabajar contigo.
Siempre quise
105 ser aprendiz de otoño,
ser pariente pequeño
del laborioso
mecánico de altura,
galopar por la tierra
110 repartiendo
oro,
inútil oro.
Pero, mañana,
otoño,
115 te ayudaré a que cobren
hojas de oro
los pobres del camino.
Otoño, buen jinete,
galopemos,
120 antes que nos ataje
el negro invierno.
Es duro
nuestro largo trabajo.
Vamos
125 a preparar la tierra
y a enseñarla
a ser madre,
a guardar las semillas
que en su vientre
130 van a dormir cuidadas
por dos jinetes rojos
que corren por el mundo:
el aprendiz de otoño
y el otoño.
135 Así de las raíces
oscuras y escondidas
podrán salir bailando
la fragancia
y el velo verde de la primavera.

(Odas elementales, 1954)

ᘒᖰᖬᕮ ODA AL DICCIONARIO

Lomo de buey, pesado
cargador, sistemático

libro espeso:
de joven

5 te ignoré, me vistió
la suficiencia
y me creí repleto,
y orondo como un
melancólico sapo
10 dictaminé: "Recibo
las palabras
directamente
del Sinaí bramante.
Reduciré
15 las formas a la alquimia.
Soy mago."
El gran mago callaba.
El Diccionario,
viejo y pesado, con su chaquetón
20 de pellejo gastado,
se quedó silencioso
sin mostrar sus probetas.

Pero un día,
después de haberlo usado
25 y desusado,
después
de declararlo
inútil y anacrónico camello,
cuando por largos meses, sin protesta,
30 me sirvió de sillón
y de almohada,
se rebeló y plantándose
en mi puerta
creció, movió sus hojas
35 y sus nidos,
movió la elevación de su follaje:
árbol
era,
natural
40 generoso
manzano, manzanar o manzanero,
y las palabras
brillaban en su copa inagotable,
opacas o sonoras,
45 fecundas en la fronda del lenguaje,
cargadas de verdad y de sonido.

Aparto una
sola de
sus
50 páginas:
Caporal
Capuchón
qué maravilla

pronunciar estas sílabas
55 con aire,
y más abajo
Cápsula
hueca, esperando aceite o ambrosía,
y junto a ellas
60 *Captura Capucete Capuchina*
Caprario Captatorio
palabras
que se deslizan como suaves uvas
o que a la luz estallan
65 como gérmenes ciegos que esperaron
en las bodegas del vocabulario
y viven otra vez y dan la vida:
una vez más el corazón las quema.
Diccionario, no eres
70 tumba, sepulcro, féretro,
túmulo, mausoleo,
sino preservación,
fuego escondido,
plantación de rubíes,
75 perpetuidad viviente
de la esencia,
granero del idioma.
Y es hermoso
recoger en tus filas
80 la palabra
de estirpe,
la severa
y olvidada
sentencia,
85 hija de España,
endurecida
como reja de arado
fija en su límite
de anticuada herramienta,
90 preservada
con su hermosura exacta
y su dureza de medalla.
O la otra
palabra
95 que allí vimos perdida
entre renglones
y que de pronto
se hizo sabrosa y lisa en nuestra boca
como una almendra
100 o tierna como un higo.

Diccionario, una mano
de tus mil manos, una

de tus mil esmeraldas,
una
105 sola
gota
de tus vertientes virginales,
un grano
de
110 tus
magnánimos graneros
en el momento
justo
a mis labios conduce,
115 al hilo de mi pluma,
a mi tintero.

De tu espesa y sonora
profundidad de selva,
dame,
120 cuando lo necesite,
un solo trino, el lujo
de una abeja,
un fragmento caído
de tu antigua madera perfumada
125 por una eternidad de jazmineros,
una
sílaba,
un temblor, un sonido,
una semilla:
130 de tierra soy y con palabras canto.

(*Nuevas odas elementales,* 1956)

᧞ODA AL LIMÓN

De aquellos azahares
desatados
por la luz de la luna,
de aquel
5 olor de amor
exasperado,
hundido en la fragancia,
salió
del limonero el amarillo,
10 desde su planetario
bajaron a la tierra los limones.

¡Tierna mercadería!
Se llenaron las costas,
los mercados,
15 de luz, de oro
silvestre,
y abrimos
dos mitades
de milagro,
20 ácido congelado
que corría
desde los hemisferios
de una estrella,
y el licor más profundo
25 de la naturaleza,
intransferible, vivo,
irreductible,

nació de la frescura
del limón,
30 de su casa fragante,
de su ácida, secreta simetría.

En el limón cortaron
los cuchillos
una pequeña
35 catedral,
el ábside escondido
abrió a la luz los ácidos vitrales
y en gotas
resbalaron los topacios,
40 los altares,
la fresca arquitectura.
Así, cuando tu mano
empuña el hemisferio
del cortado
45 limón sobre tu plato
un universo de oro
derramaste,
una
copa amarilla
50 con milagros,
uno de los pezones olorosos
del pecho de la tierra,
el rayo de la luz que se hizo fruta,
el fuego diminuto de un planeta.

(*Tercer libro de las odas,* 1957)

◡◠◡ Testamento de otoño

RECOMENDACIONES
FINALES

Aquí me despido, señores,
después de tantas despedidas
y como no les dejo nada
quiero que todos toquen algo:
lo más inclemente que tuve,
lo más insano y más ferviente
vuelve a la tierra y vuelve a ser:
los pétalos de la bondad
cayeron como campanadas
en la boca verde del viento.

Pero yo recogí con creces
la bondad de amigos y ajenos.
Me recibía la bondad
por donde pasé caminando
y la encontré por todas partes
como un corazón repartido.

¿Qué fronteras medicinales
no destronaron mi destierro
compartiendo conmigo el pan,
el peligro, el techo y el vino?
El mundo abrió sus arboledas
y entré como Juan por su casa
entre dos filas de ternura.
Tengo en el Sur tantos amigos
como los que tengo en el Norte,
no se puede poner el sol
entre mis amigos del Este,
¿y cuántos son en el Oeste?
No puedo numerar el trigo.
No puedo nombrar ni contar
los Oyarzunes fraternales:
en América sacudida
por tanta amenaza nocturna
no hay luna que no me conozca,
ni caminos que no me esperen,
en los pobres pueblos de arcilla
o en las ciudades de cemento
hay algún Arce remoto
que no conozco todavía
pero que nacimos hermanos.

En todas partes recogí
la miel que devoran los osos,
la sumergida primavera,
el tesoro del elefante,
y eso se lo debo a los míos,

a mis parientes cristalinos.
El pueblo me identificó
y nunca dejé de ser pueblo.
Tuve en la palma de la mano
50   el mundo con sus archipiélagos
y como soy irrenunciable
no renuncié a mi corazón,
a las ostras ni a las estrellas.

TERMINA SU LIBRO   De tantas veces que he nacido
55   EL POETA   tengo una experiencia salobre
HABLANDO DE SUS   como criaturas del mar
VARIADAS   con celestiales atavismos
TRANSFORMACIONES   y con destinación terrestre.
Y CONFIRMANDO   Y así me muevo sin saber
60 SU FE EN LA POESÍA   a qué mundo voy a volver
o si voy a seguir viviendo.
Mientras se resuelven las cosas
aquí dejé mi testimonio,
mi navegante estravagario
65   para que leyéndolo mucho
nadie pudiera aprender nada,
sino el movimiento perpetuo
de un hombre claro y confundido,
de un hombre lluvioso y alegre,
70   enérgico y otoñabundo.

Y ahora detrás de esta hoja
me voy y no desaparezco:
daré un salto en la transparencia
como un nadador del cielo,
75   y luego volveré a crecer
hasta ser tan pequeño un día
que el viento me llevará
y no sabré cómo me llamo
y no seré cuando despierte:

80   entonces cantaré en silencio.

                    (*Estravagario*, 1958)

~~~~Jorge Luis Borges

ARGENTINA, 1899–   In the prologue to his first book of poems, *Fervor de Buenos Aires* (1923), and in the one written three years later for the anthology of American post-war verse, *Índice de la nueva poesía americana* (1926), Jorge Luis Borges states clearly the tenets of the *ultraísta* movement of which he became the recognized leader upon his return to Buenos Aires in 1921. In contrast to the decorative and visual art of Darío, Borges and his followers were to create a type of poetry "hecha de aventuras espirituales . . . y por enfilamiento de imágenes." They stood opposed, likewise, to the purely musical or auditive qualities of modernist poetry, especially to what Borges called "las rimas barulleras," because, they frankly confessed, "las rimas ya nos cansan." The image, then, and unrhymed verse were to be the alpha and omega of the new poetry; the former, in particular, was to be their "universal santo y seña." In addition, poetic reality was no longer something to be sought for beyond the seas, nor was it thought to be something obscure and evasive. For Borges, rather, it was profound and near, to be discovered in Buenos Aires itself, in his own home, in "los barrios amigables, y, juntamente con esas calles y retiros, que son querida devoción de mi tiempo, lo que en ellos supe de amor, de pena y de dudas." That is why Borges, by comparison with other Americans of the period, with Vicente Huidobro and Juan Marín[1] of Chile, with Manuel Maples Arce[2] of Mexico, appears conservative and restrained; that is why we do not find in his poetry of that time the affected denial of form, the absurdly forced imagery, and the wild abandon to themes erroneously conceived as most typical of modern mechanical existence that were so characteristic of the vanguard movement in its earlier years.

Just when Borges began to speak of his "equivocación ultraísta" is not clear. In any event this repudiation of his poetic past signalled his virtual abandonment of poetry until the encroaching blindness of his latter years encouraged him to accept the hopeful challenge of traditional verse forms, forms that he could more easily elaborate and perfect in the

---

[1] Juan Marín (1900–1963), celebrated author of *Paralelo 53 sur* (1936) and literary discoverer of Patagonia and Tierra del Fuego, became, by reason of such poetic collections as *Looping* (1929) and *Aquarium* (1934), one of the leaders of the Chilean vanguard of the 1920's.

[2] Manuel Maples Arce (b. 1900) was the leading poet of *estridentismo*, Mexican revolutionary movement in literature launched in 1922.

lucid solitude of memory. And in these later poems the poet seeks ever
more joyfully to "create himself from within." Gone are the free verse
and the "studiously native" approach of his early days.

However, since 1935, it is as a teller of strange poetic tales and as a
master of the prose fragment that the poet has discovered his most
responsive media of expression. With artistic precision Borges has
directed his vivid imagination and his ordered intelligence toward a
reduction of all existence to the level of mental adventure. His world is
the world of the word and the intellect, and only in such a world could
the "creator" (*El hacedor*, 1960) succeed in giving finite form to his basic
themes as he grapples repeatedly and entertainingly with such concepts
as matter, personality, time, chaos, and the infinite. Borges has created
literature out of literature; and he has lifted fiction onto a prefigured
plane of irreality where man seems hopelessly lost in a maze of mirrors
and of paths and bypaths that weave and ever intertwine in an exitless
labyrinth of time. He has, in short, pledged himself to destroy reality
and to convert man into a shadow; and he has condemned himself
endlessly to construct literary labyrinths in which to share his "visión
inédita de algún fragmento de la vida," to *share* his vision, for, essentially,
"the dream of one man is part of the memory of all." Borges has indeed
"heaped up a counterfeit universe capable of supporting life," and his
parables and paraphrases, his metaphors and meanings, his fables and
his fiction *do* "answer to a deep need in contemporary literary art—the
need to confess the fact of artifice." (John Updike, *The New Yorker*,
October 30, 1965.)

∾∾UN PATIO

Con la tarde
se cansaron los dos o tres colores del patio.
La gran franqueza de la luna llena
ya no entusiasma su habitual firmamento.
5 Patio, cielo encauzado.
El patio es el declive

por el cual se derrama el cielo en la casa.
Serena
la eternidad espera en la encrucijada de
10   estrellas.
Lindo es vivir en la amistad oscura
de un zaguán, de una parra y de un aljibe.

(Fervor de Buenos Aires, 1923)

∾∾LA GUITARRA

He mirado la Pampa
desde el traspatio de una casa de Buenos
    Aires.
Cuando entré no la vi.
5 Estaba acurrucada

en lo profundo de una brusca guitarra.
Sólo se desmelenó
al entreverar la diestra las cuerdas.
No sé lo que azuzaban;
10 a lo mejor fue un aire del Norte

pero yo vi la Pampa.
Vi muchas brazadas de cielo
sobre un manojito de pasto.
Vi una loma que arrinconan
15 quietas distancias
mientras leguas y leguas
caen desde lo alto.
Vi el campo donde cabe
Dios sin haber de inclinarse,
20 vi el único lugar de la tierra
donde puede caminar Dios a sus anchas.
Vi la Pampa cansada

que antes horrorizaron los malones
y hoy apaciguan en quietud maciza las parvas.
25 De un tirón vi todo eso
mientras se desesperaban las cuerdas
en un compás tan zarandeado como éste.
(La vi también a ella
cuyo recuerdo aguarda en toda música.)
30 Hasta que en brusco cataclismo
se apagó la guitarra apasionada
y me cercó el silencio
y hurañamente tornó el vivir a estancarse.

(Fervor de Buenos Aires, 1923)

∽✤∿ EL GENERAL QUIROGA VA EN COCHE AL MUERE[3]

El madrejón[4] desnudo ya sin una sé de agua
y la luna atorrando por el frío del alba
y el campo muerto de hambre, pobre como
     una araña.

5 El coche se hamacaba rezongando la altura:
un galerón enfático, enorme, funerario.
Cuatro tapaos con pinta de muerte en la
     negrura
tironeaban seis miedos y un valor desvelado.

10 Junto a los postillones jineteaba un moreno.
Ir en coche a la muerte, ¡qué cosa más oronda!
El general Quiroga quiso entrar al infierno
llevando seis o siete degollados de escolta.

Esa cordobesada bochinchera y ladina
15 (meditaba Quiroga), ¿qué ha de poder con
     mi alma?
Aquí estoy afianzado y metido en la vida

como la estaca pampa bien metida en la
     pampa.

20 Yo que he sobrevivido a millares de tardes
y cuyo nombre pone retemblor en las lanzas,
no he de soltar la vida por estos pedregales.
¿Muere acaso el pampero, se mueren las
     espadas?

25 Pero al brillar el día sobre Barranca Yaco[5]
sables a filo y punta menudearon sobre él:
muerte de mala muerte se lo llevó al riojano
y una de puñaladas lo mentó a Juan Manuel.[6]

Ya muerto, ya de pie, ya inmortal, ya
30   fantasma,
se presentó al infierno que Dios le había
     marcado,
y a sus órdenes iban rotas y desangradas,
las ánimas en pena de hombres y de caballos.

(Luna de enfrente, 1925)

∽✤∿ AMOROSA ANTICIPACIÓN[7]

Ni la intimidad de tu frente clara como una fiesta
ni la privanza de tu cuerpo, aún misterioso y tácito y de niña,
ni la sucesión de tu vida situándose en palabras o acallamiento

---

[3] El general Quiroga . . . al muere (a la muerte):
For an account of the death of Juan Facundo Quiroga
see pages 196–200.

[4] madrejón=laguna.

[5] Barranca Yaco: in the province of Córdoba where
Quiroga was killed the morning of February 16, 1835,
by his enemies, Captain Santos Pérez and the Reinafés,
as he was returning to Buenos Aires from the provinces
of Santiago del Estero, Salta, and Jujuy, where he had
one on a mission for Rosas to prevent war in the north.

[6] Juan Manuel Rosas: In *El tamaño de mi esperanza*
(Buenos Aires, Proa, 1926, p. 8) Borges says of him:
"Nuestro mayor varón sigue siendo don Juan Manuel:
gran ejemplar de la fortaleza del individuo, gran certidumbre de saberse vivir, pero incapaz de erigir algo
espiritual, y tiranizado al fin más que nadie por su
propia tiranía y su oficinismo."

[7] The original title was "Antelación de amor" as
given in *Luna de enfrente* (1925).

5

serán favor tan persuasivo de ideas
como el mirar tu sueño implicado
en la vigilia de mis ávidos brazos.
Virgen milagrosamente otra vez por la virtud absolutoria del sueño,
quieta y resplandeciente como una dicha en la selección del recuerdo,
me darás esa orilla de tu vida que tú misma no tienes.

10

Arrojado a quietud
divisaré esa playa última de tu ser
y te veré por vez primera quizás,
como Dios ha de verte,
desbaratada la ficción del Tiempo

15

sin el amor, sin mí.

(Luna de enfrente, 1925)

⌦La noche cíclica

Lo supieron los arduos alumnos de Pitágoras:[8]
los astros y los hombres vuelven cíclicamente;
los átomos fatales repetirán la urgente
Afrodita[9] de oro, los tebanos,[10] las ágoras.

5

En edades futuras oprimirá el centauro
con el casco solípedo el pecho del lapita;[11]
cuando Roma sea polvo, gemirá en la infinita
noche de su palacio fétido el minotauro.

Volverá toda noche de insomnio: minuciosa.

10

La mano que esto escribe renacerá del mismo
vientre. Férreos ejércitos construirán el abismo.
(El filólogo Nietzsche[12] dijo la misma cosa.)

No sé si volveremos en un ciclo segundo
como vuelven las cifras de una fracción periódica;

15

pero sé que una oscura rotación pitagórica
noche a noche me deja en un lugar del mundo

que es de los arrabales. Una esquina remota
que puede ser del norte, del sur o del oeste,
pero que tiene siempre una tapia celeste,

20

una higuera sombría y una vereda rota.

Ahí está Buenos Aires. El tiempo que a los hombres
trae el amor o el oro, a mí apenas me deja
esta rosa apagada, esta vana madeja
de calles que repiten los pretéritos nombres

---

[8] Pitágoras: Pythagoras (c. 582–c. 500 B.C.), Greek philosopher, mathematician, and religious reformer who is credited with the doctrine of metempsychosis or the belief in the rebirth of the soul at death in another body either of human or animal form.

[9] Afrodita: Aphrodite, the Greek goddess of love and beauty, identified by the Romans with Venus.

[10] tebanos: the inhabitants of the ancient Greek city of Thebes.

[11] lapita: one of the Lapithae, a mythical people of Thessaly who were victorious in a war with the Centaurs.

[12] Nietzsche (1844–1900), the German philosopher who proclaimed the gospel of the superman.

25 de mi sangre: Laprida, Cabrera, Soler, Suárez . . .
Nombres en que retumban (ya secretas) las dianas,
las repúblicas, los caballos y las mañanas,
las felices victorias, las muertes militares.

Las plazas agravadas por la noche sin dueño
30 son los patios profundos de un árido palacio
y las calles unánimes que engendran el espacio
son corredores de vago miedo y de sueño.

Vuelve la noche cóncava que descifró Anaxágoras;[13]
vuelve a mi carne humana la eternidad constante
35 y el recuerdo ¿el proyecto? de un poema incesante:
"Lo supieron los arduos alumnos de Pitágoras . . ."

(Poemas, 1943)

❧ POEMA CONJETURAL

El doctor Francisco Laprida asesinado el día 22 de setiembre de 1829 por los montoneros de Aldao, piensa antes de morir:

Zumban las balas en la tarde última.
Hay viento y hay cenizas en el viento,
se dispersan el día y la batalla
deforme, y la victoria es de los otros.
5 Vencen los bárbaros, los gauchos vencen.
Yo, que estudié las leyes y los cánones,
yo, Francisco Narciso de Laprida,
cuya voz declaró la independencia
de estas crueles provincias, derrotado,
10 de sangre y de sudor manchado el rostro,
sin esperanza ni temor, perdido,
huyo hacia el Sur por arrabales últimos.
Como aquel capitán del Purgatorio[14]
que, huyendo a pie y ensangrentando el llano,
15 fue cegado y tumbado, por la muerte
donde un oscuro río pierde el nombre,
así habré de caer. Hoy es el término.
La noche lateral de los pantanos
me acecha y me demora. Oigo los cascos
20 de mi caliente muerte que me busca
con jinetes, con belfos y con lanzas.
Yo que anhelé ser otro, ser un hombre

de sentencias, de libros, de dictámenes,
a cielo abierto yaceré entre ciénagas;
25 pero me endiosa el pecho inexplicable
un júbilo secreto. Al fin me encuentro
con mi destino sudamericano.
A esta ruinosa tarde me llevaba
el laberinto múltiple de pasos
30 que mis días tejieron desde un día
de la niñez. Al fin he descubierto
la recóndita clave de mis años,
la suerte de Francisco de Laprida,
la letra que faltaba, la perfecta
35 forma que supo Dios desde el principio.
En el espejo de esta noche alcanzo
mi insospechado rostro eterno. El círculo
se va a cerrar. Yo aguardo que así sea.
Pisan mis pies la sombra de las lanzas
40 que me buscan. Las befas de mi muerte,
los jinetes, las crines, los caballos,
se ciernen sobre mí . . . Ya el primer golpe,
ya el duro hierro que me raja el pecho,
el íntimo cuchillo en la garganta.

(Poemas, 1943)

---

[13] Anaxagoras (c. 500–c. 428 B.C.), Greek philosopher whose outstanding contribution to philosophy was his postulation of an all-pervading mind.

[14] "El capitán . . . es el gibelino Buonconte, que murió en la derrota de Campaldino el 11 de junio de 1289 (*Purgatorio*, V, 85–129)." (Author's note.)

❧LÍMITES

De estas calles que ahondan el poniente,
una habrá (no sé cuál) que he recorrido
ya por última vez, indiferente
y sin adivinarlo, sometido

5 a Quién prefija omnipotentes normas
y una secreta y rígida medida
a las sombras, los sueños y las formas
que destejen y tejen esta vida.

Si para todo hay término y hay tasa
10 y última vez y nunca más y olvido,
¿Quién nos dirá de quién, en esta casa,
sin saberlo, nos hemos despedido?

Tras el cristal ya gris la noche cesa
y del alto de libros que una trunca
15 sombra dilatan por la vaga mesa,
alguno habrá que no leeremos nunca.

Hay en el Sur más de un portón gastado
con sus jarrones de mampostería
y tunas, que a mi paso está vedado
20 como si fuera una litografía.

Para siempre cerraste alguna puerta
y hay un espejo que te aguarda en vano;
la encrucijada te parece abierta
y la vigila un cuadrifronte Jano.[15]

25 Hay, entre todas tus memorias, una
que se ha perdido irreparablemente;
no te verán bajar a aquella fuente
ni el blanco sol ni la amarilla luna.

No volverá tu voz a lo que el persa
30 dijo en su lengua de aves y de rosas,
cuando al ocaso, ante la luz dispersa,
quieras decir inolvidables cosas.

¿Y el incesante Ródano y el lago,
todo ese ayer sobre el cual hoy me inclino?
35 Tan perdido estará como Cartago
que con fuego y con sal borró el latino.

Creo en el alba oír un atareado
rumor de multitudes que se alejan;
son lo que me ha querido y olvidado;
40 espacio y tiempo y Borges ya me dejan.

(Antología personal, 1961)

❧ARTE POÉTICA

Mirar el río hecho de tiempo y agua
y recordar que el tiempo es otro río.
Saber que nos perdemos como el río
y que los rostros pasan como el agua.

5 Sentir que la vigilia es otro sueño
que sueña no soñar y que la muerte
que teme nuestra carne es esa muerte
de cada noche, que se llama sueño.

Ver en el día o en el año un símbolo
10 de los días del hombre y de sus años,
convertir el ultraje de los años
en una música, un rumor y un símbolo,

ver en la muerte el sueño, en el ocaso
un triste oro, tal es la poesía

15 que es inmortal y pobre. La poesía
vuelve como la aurora y el ocaso.

A veces en las tardes una cara
nos mira desde el fondo de un espejo;
el arte debe ser como ese espejo
20 que nos revela nuestra propia cara.

Cuentan que Ulises, harto de prodigios,
lloró de amor al divisar su Ítaca
verde y humilde. El arte es esa Ítaca
de verde eternidad, no de prodigios.

25 También es como el río interminable
que pasa y queda y es cristal de un mismo
Heráclito[16] inconstante, que es el mismo
y es otro, como el río interminable.

(Antología personal, 1961)

---

[15] Jano: Janus, Roman god of "beginnings" whether temporal or spatial. He was usually represented with two bearded heads placed back to back, so that he might look in two directions at the same time.

[16] Heráclito: Heraclitus (c. 535–c. 475 B.C.), Greek philosopher who believed that there was no permanent reality except the reality of change.

⁓Poema de los dones

Nadie rebaje a lágrima o reproche
esta declaración de la maestría
de Dios, que con magnífica ironía
me dio a la vez los libros y la noche.

5 De esta ciudad de libros hizo dueños
a unos ojos sin luz, que sólo pueden
leer en las bibliotecas de los sueños
los insensatos párrafos que ceden

las albas a su afán. En vano el día
10 les prodiga sus libros infinitos,
arduos como los arduos manuscritos
que perecieron en Alejandría.[17]

De hambre y de sed (narra una historia
       griega)
muere un rey entre fuentes y jardines;
15 yo fatigo sin rumbo los confines
de esta alta y honda biblioteca ciega.

Enciclopedias, atlas, el Oriente
y el Occidente, siglos, dinastías,
símbolos, cosmos y cosmogonías
20 brindan los muros, pero inútilmente.

Lento en mi sombra, la penumbra hueca
exploro con el báculo indeciso,
yo, que me figuraba el Paraíso
bajo la especie de una biblioteca.

25 Algo, que ciertamente no se nombra
con la palabra *azar*, rige estas cosas;
otro ya recibió en otras borrosas
tardes los muchos libros y la sombra.

Al errar por las lentas galerías
30 suelo sentir con vago horror sagrado
que soy el otro, el muerto, que habrá dado
los mismos pasos en los mismos días.

¿Cuál de los dos escribe este poema
de un yo plural y de una sola sombra?
35 ¿Qué importa la palabra que me nombra
si es indiviso y uno el anatema?

Groussac[18] o Borges, miro este querido
mundo que se deforma y que se apaga
en una pálida ceniza vaga
40 que se parece al sueño y al olvido.

(Antología personal, 1961)

⁓El Jardín de Senderos que se bifurcan

En la página 252 de la *Historia de la Guerra Europea* de Liddell Hart,[19] se lee que una ofensiva de trece divisiones británicas (apoyadas por mil cuatrocientas piezas de artillería) contra la línea Serre-Montauban había sido planeada para el veinticuatro de julio de 1916 y debió postergarse hasta la mañana del día veintinueve. Las lluvias torrenciales (anota el capitán Liddell Hart) provocaron esa demora, nada significativa, por cierto. La siguiente declaración, dictada, releída y firmada por el doctor Yu Tsun, antiguo catedrático de inglés en la *Hochschule* de Tsingtao, arroja una insospechada luz sobre el caso. Faltan las dos páginas iniciales.

"... y colgué el tubo. Inmediatamente después, reconocí la voz que había contestado en alemán. Era la del capitán Richard Madden. Madden, en el departamento de Viktor Runeberg, quería decir el fin de nuestros afanes y—pero eso parecía muy secundario, o *debía parecérmelo*—también de nuestras vidas.

---

[17] The reference is to the destruction of the two celebrated royal libraries of Alexandria during the early centuries of the Christian era.

[18] Paul Groussac (1848–1929), French-born historian, critic and novelist, was director of the Biblioteca Nacional of Buenos Aires from 1885 until his death.

[19] Liddell Hart: Basil Henry Liddell Hart (b. 1895) English author and military strategist. The Spanish title is probably a reference to his *A History of the World War: 1914–1918* (1935) that was first published in 1930 under the title *The Real War*.

Quería decir que Runeberg había sido arrestado, o asesinado.[20] Antes que declinara el sol de ese día, yo correría la misma suerte. Madden era implacable. Mejor dicho, estaba obligado a ser implacable. Irlandés a las órdenes de Inglaterra, hombre acusado de tibieza y tal vez de traición, ¿cómo no iba a abrazar y agradecer este milagroso favor: el descubrimiento, la captura, quizá la muerte, de dos agentes del Imperio Alemán? Subí a mi cuarto; absurdamente cerré la puerta con llave y me tiré de espaldas en la estrecha cama de hierro. En la ventana estaban los tejados de siempre y el sol nublado de las seis. Me pareció increíble que ese día sin premoniciones ni símbolos fuera el de mi muerte implacable. A pesar de mi padre muerto, a pesar de haber sido un niño en un simétrico jardín de Hai Feng ¿yo, ahora, iba a morir? Después reflexioné que todas las cosas le suceden a uno precisamente, precisamente ahora. Siglos de siglos y sólo en el presente ocurren los hechos; innumerables hombres en el aire, en la tierra y el mar, y todo lo que realmente pasa me pasa a mí . . . El casi intolerable recuerdo del rostro acaballado de Madden abolió esas divagaciones. En mitad de mi odio y de mi terror (ahora no me importa hablar de terror: ahora que he burlado a Richard Madden, ahora que mi garganta anhela la cuerda) pensé que ese guerrero tumultuoso y sin duda feliz no sospechaba que yo poseía el Secreto. El nombre del preciso lugar del nuevo parque de artillería británico sobre el Ancre. Un pájaro rayó el cielo gris y ciegamente lo traduje en un aeroplano y a ese aeroplano en muchos (en el cielo francés) aniquilando el parque de artillería con bombas verticales. Si mi boca, antes que la deshiciera un balazo, pudiera gritar ese nombre de modo que lo oyeran en Alemania . . . Mi voz humana era muy pobre. ¿Cómo hacerla llegar al oído del Jefe? Al oído de aquel hombre enfermo y odioso, que no sabía de Runeberg y de mí sino que estábamos en Staffordshire y que en vano esperaba noticias nuestras en su árida oficina de Berlín, examinando infinitamente periódicos . . . Dije en voz alta: *Debo huir*. Me incorporé sin ruido, en una inútil perfección de silencio, como si Madden ya estuviera acechándome. Algo—tal vez la mera ostentación de probar que mis recursos eran nulos—me hizo revisar mis bolsillos. Encontré lo que sabía que iba a encontrar. El reloj norteamericano, la cadena de níquel y la moneda cuadrangular, el llavero con las comprometedoras llaves inútiles del departamento de Runeberg, la libreta, una carta que resolví destruir inmediatamente (y que no destruí), una corona, dos chelines y unos peniques, el lápiz rojo-azul, el pañuelo, el revólver con una bala. Absurdamente lo empuñé y sopesé para darme valor. Vagamente pensé que un pistoletazo puede oírse muy lejos. En diez minutos mi plan estaba maduro. La guía telefónica me dio el nombre de la única persona capaz de transmitir la noticia: vivía en un suburbio de Fenton, a menos de media hora de tren.

Soy un hombre cobarde. Ahora lo digo, ahora que he llevado a término un plan que nadie no calificará de arriesgado. Yo sé que fue terrible su ejecución. No lo hice por Alemania, no. Nada me importa un país bárbaro, que me ha obligado a la abyección de ser un espía. Además, yo sé de un hombre de Inglaterra—un hombre modesto—que para mí no es menos que Goethe. Arriba de una hora no hablé con él, pero durante una hora fue Goethe . . . Lo hice, porque yo sentía que el Jefe tenía en poco a los de mi raza—a los innumerables antepasados que confluyen en mí. Yo quería probarle que un amarillo podía salvar a sus ejércitos. Además, yo debía huir del capitán. Sus manos y su voz podían golpear en cualquier momento a mi puerta. Me vestí sin ruido, me dije adiós en el espejo, bajé, escudriñé la calle tranquila y salí. La estación no distaba mucho de casa, pero juzgué preferible tomar un coche. Argüí que así corría menos peligro de ser reconocido; el

[20] "Hipótesis odiosa y estrafalaria. El espía prusiano Hans Rabener, alias Viktor Runeberg, agredió con una pistola automática al portador de la orden de arresto, capitán Richard Madden. Éste, en defensa propia, le causó heridas que determinaron su muerte." (Editor's note.)

hecho es que en la calle desierta me sentía visible y vulnerable, infinitamente. Recuerdo que le dije al cochero que se detuviera un poco antes de la entrada central. Bajé con lentitud voluntaria y casi penosa; iba a la aldea de Ashgrove, pero saqué un pasaje para una estación más lejana. El tren salía dentro de muy pocos minutos, a las ocho y cincuenta. Me apresuré; el próximo saldría a las nueve y media. No había casi nadie en el andén. Recorrí los coches: recuerdo unos labradores, una enlutada, un joven que leía con fervor los *Anales* de Tácito,[21] un soldado herido y feliz. Los coches arrancaron al fin. Un hombre que reconocí corrió en vano hasta el límite del andén. Era el capitán Richard Madden. Aniquilado, trémulo, me encogí en la otra punta del sillón, lejos del temido cristal.

De esa aniquilación pasé a una felicidad casi abyecta. Me dije que ya estaba empeñado mi duelo y que yo había ganado el primer asalto, al burlar, siquiera por cuarenta minutos, siquiera por un favor del azar, el ataque de mi adversario. Argüí que esa victoria mínima prefiguraba la victoria total. Argüí que no era mínima, ya que sin esa diferencia preciosa que el horario de trenes me deparaba, yo estaría en la cárcel o muerto. Argüí (no menos sofísticamente) que mi felicidad cobarde probaba que yo era hombre capaz de llevar a buen término la aventura. De esa debilidad saqué fuerzas que no me abandonaron. Preveo que el hombre se resignará cada día a empresas más atroces; pronto no habrá sino guerreros y bandoleros; les doy este consejo: *El ejecutor de una empresa atroz debe imaginar que ya la ha cumplido, debe imponerse un porvenir que sea irrevocable como el pasado.* Así procedí yo, mientras mis ojos de hombre ya muerto registraban la fluencia de aquel día que era tal vez el último, y la difusión de la noche. El tren corría con dulzura, entre fresnos. Se detuvo, casi en medio del campo. Nadie gritó el nombre de la estación. *¿Ashgrove?*, les pregunté a unos chicos en el andén. *Ashgrove*, contestaron. Bajé.

Una lámpara ilustraba el andén, pero las caras de los niños quedaban en la zona de sombra. Uno me interrogó: *¿Usted va a casa del doctor Stephen Albert?* Sin aguardar contestación, otro dijo: *La casa queda lejos de aquí, pero usted no se perderá si toma ese camino a la izquierda y en cada encrucijada del camino dobla a la izquierda.* Les arrojé una moneda (la última), bajé unos escalones de piedra y entré en el solitario camino. Éste, lentamente, bajaba. Era de tierra elemental, arriba se confundían las ramas, la luna baja y circular parecía acompañarme.

Por un instante, pensé que Richard Madden había penetrado de algún modo mi desesperado propósito. Muy pronto comprendí que eso era imposible. El consejo de siempre doblar a la izquierda me recordó que tal era el procedimiento común para descubrir el patio central de ciertos laberintos. Algo entiendo de laberintos: no en vano soy bisnieto de aquel Ts'ui Pên, que fue gobernador de Yunnan y que renunció al poder temporal para escribir una novela que fuera todavía más populosa que el *Hung Lu Meng* y para edificar un laberinto en el que se perdieran todos los hombres. Trece años dedicó a esas heterogéneas fatigas, pero la mano de un forastero lo asesinó y su novela era insensata y nadie encontró el laberinto. Bajo árboles ingleses medité en ese laberinto perdido: lo imaginé inviolado y perfecto en la cumbre secreta de una montaña, lo imaginé borrado por arrozales o debajo del agua, lo imaginé infinito, no ya de quioscos ochavados y de sendas que vuelven, sino de ríos y provincias y reinos... Pensé en un laberinto de laberintos, en un sinuoso laberinto creciente que abarcara el pasado y el porvenir y que implicara de algún modo los astros. Absorto en esas ilusorias imágenes, olvidé mi destino de perseguido. Me sentí, por un tiempo indeterminado, percibidor abstracto del mundo. El vago y vivo campo, la luna, los restos de la tarde, obraron en mí; asimismo el declive que eliminaba cualquier posibilidad de cansancio. La tarde era íntima, infinita. El camino bajaba y se bifurcaba, entre las ya confusas

---

[21]Tácito: Tacitus (c. 55 – c. 117 A.D.), Roman historian.

praderas. Una música aguda y como silábica se aproximaba y se alejaba en el vaivén del viento, empañada de hojas y de distancia. Pensé que un hombre puede ser enemigo de otros hombres, de otros momentos de otros hombres, pero no de un país: no de luciérnagas, palabras, jardines, cursos de agua, ponientes. Llegué, así, a un alto portón herrumbrado. Entre las rejas descifré una alameda y una especie de pabellón. Comprendí, de pronto, dos cosas, la primera trivial, la segunda casi increíble: la música venía del pabellón, la música era china. Por eso yo la había aceptado con plenitud, sin prestarle atención. No recuerdo si había una campana o un timbre o si llamé golpeando las manos. El chisporroteo de la música prosiguió.

Pero del fondo de la íntima casa un farol se acercaba: un farol que rayaban y a ratos anulaban los troncos, un farol de papel, que tenía la forma de los tambores y el color de la luna. Lo traía un hombre alto. No vi su rostro, porque me cegaba la luz. Abrió el portón y dijo lentamente en mi idioma:

—Veo que el piadoso Hsi P'êng se empeña en corregir mi soledad. ¿Usted sin duda querrá ver el jardín?

Reconocí el nombre de uno de nuestros cónsules y repetí desconcertado: —¿El jardín?

—El jardín de senderos que se bifurcan.

Algo se agitó en mi recuerdo y pronuncié con incomprensible seguridad: El jardín de mi antepasado Ts'ui Pên.

—¿Su antepasado? ¿Su ilustre antepasado? Adelante.

El húmedo sendero zigzagueaba como los de mi infancia. Llegamos a una biblioteca de libros orientales y occidentales. Reconocí, encuadernados en seda amarilla, algunos tomos de la Enciclopedia Perdida que dirigió el Tercer Emperador de la Dinastía Luminosa y que no se dio nunca a la imprenta. El disco del gramófono giraba junto a un fénix de bronce. Recuerdo también un jarrón de la familia rosa y otro, anterior de muchos siglos, de ese color azul que nuestros artífices copiaron de los alfareros de Persia . . .

Stephen Albert me observaba, sonriente. Era (ya lo dije) muy alto, de rasgos afilados, de ojos grises y barba gris. Algo de sacerdote había en él y también de marino; después me refirió que había sido misionero en Tientsin "antes de aspirar a sinólogo."

Nos sentamos; yo en un largo y bajo diván; él de espaldas a la ventana y a un alto reloj circular. Computé que antes de una hora no llegaría mi perseguidor, Richard Madden. Mi determinación irrevocable podía esperar.

—Asombroso destino el de Ts'ui Pên, dijo Stephen Albert. Gobernador de su provincia natal, docto en astronomía, en astrología y en la interpretación infatigable de los libros canónicos, ajedrecista, famoso poeta y calígrafo: todo lo abandonó para componer un libro y un laberinto. Renunció a los placeres de la opresión, de la justicia, del numeroso lecho, de los banquetes y aún de la erudición y se enclaustró durante trece años en el Pabellón de la Límpida Soledad. A su muerte, los herederos no encontraron sino manuscritos caóticos. La familia, como usted acaso no ignora, quiso adjudicarlos al fuego; pero su albacea—un monje taoísta o budista— insistió en la publicación.

—Los de la sangre de Ts'ui Pên, repliqué, seguimos execrando a ese monje. Esa publicación fue insensata. El libro es un acervo indeciso de borradores contradictorios. Lo he examinado alguna vez: en el tercer capítulo muere el héroe, en el cuarto está vivo. En cuanto a la otra empresa de Ts'ui Pên, a su Laberinto . . .

—Aquí está el Laberinto, dijo indicándome un alto escritorio laqueado.

—¡Un laberinto de marfil!, exclamé. Un laberinto mínimo.

—Un laberinto de símbolos, corrigió. Un invisible laberinto de tiempo. A mí, bárbaro inglés, me ha sido deparado revelar ese misterio diáfano. Al cabo de más de cien años, los pormenores son irrecuperables, pero no es difícil conjeturar lo que sucedió. Ts'ui Pên diría una vez: *Me retiro a escribir un libro.* Y otra: *Me retiro a construir un laberinto.* Todos imaginaron dos obras; nadie pensó que libro y laberinto eran un solo objeto. El Pabellón de la Límpida Soledad se erguía en el centro de un jardín tal vez intrincado; el hecho puede haber sugerido a los hombres un laberinto físico. Ts'ui Pên murió; nadie, en las dilatadas tierras que fueron suyas, dio con el laberinto; la confusión de la novela me sugirió que ése era el laberinto. Dos circunstancias me dieron la recta solución del problema. Una: la curiosa leyenda de que Ts'ui Pên se había propuesto un laberinto que fuera estrictamente infinito. Otra: un fragmento de una carta que descubrí.

Albert se levantó. Me dio, por unos instantes, la espalda; abrió un cajón del áureo y renegrido escritorio. Volvió con un papel antes carmesí; ahora rosado y tenue y cuadriculado. Era justo el renombre caligráfico de Ts'ui Pên. Leí con incomprensión y fervor estas palabras que con minucioso pincel redactó un hombre de mi sangre: *Dejo a los varios porvenires (no a todos) mi jardín de senderos que se bifurcan.* Devolví en silencio la hoja. Albert prosiguió:

—Antes de exhumar esta carta, yo me había preguntado de qué manera un libro puede ser infinito. No conjeturé otro procedimiento que el de un volumen cíclico, circular. Un volumen cuya última página fuera idéntica a la primera, con posibilidad de continuar indefinidamente. Recordé también esa noche que está en el centro de las 1001 Noches, cuando la reina Shahrazad (por una mágica distracción del copista) se pone a referir textualmente la historia de las 1001 Noches, con riesgo de llegar otra vez a la noche en que la refiere, y así hasta lo infinito. Imaginé también una obra platónica, hereditaria, trasmitida de padre a hijo, en la que cada nuevo individuo agregara un capítulo o corrigiera con piadoso cuidado la página de los mayores. Esas conjeturas me distrajeron; pero ninguna parecía corresponder, siquiera de un modo remoto, a los contradictorios capítulos de Ts'ui Pên. En esa perplejidad, me remitieron de Oxford el manuscrito que usted ha examinado. Me detuve, como es natural, en la frase: *Dejo a los varios porvenires (no a todos) mi jardín de senderos que se bifurcan.* Casi en el acto comprendí; *el jardín de senderos que se bifurcan* era la novela caótica; la frase *varios porvenires (no a todos)* me sugirió la imagen de la bifurcación en el tiempo, no en el espacio. La relectura general de la obra confirmó esa teoría. En todas las ficciones, cada vez que un hombre se enfrenta con diversas alternativas, opta por una y elimina las otras; en la del casi inextricable Ts'ui Pên, opta — simultáneamente — por todas. *Crea,* así, diversos porvenires, diversos tiempos, que también proliferan y se bifurcan. De ahí, las contradicciones de la novela. Fang, digamos, tiene un secreto; un desconocido llama a su puerta; Fang resuelve matarlo. Naturalmente, hay varios desenlaces posibles: Fang puede matar al intruso, el intruso puede matar a Fang, ambos pueden salvarse, ambos pueden morir, etcétera. En la obra de Ts'ui Pên, todos los desenlaces ocurren; cada uno es el punto de partida de otras bifurcaciones. Alguna vez, los senderos de ese laberinto convergen: por ejemplo, usted llega a esta casa, pero en uno de los pasados posibles usted es mi enemigo, en otro mi amigo. Si se resigna usted a mi pronunciación incurable, leeremos unas páginas.

Su rostro, en el vívido círculo de la lámpara, era sin duda el de un anciano, pero con algo inquebrantable y aun inmortal. Leyó con lenta precisión dos redacciones de un mismo capítulo épico. En la primera, un ejército marcha hacia una batalla a través de una montaña desierta; el horror de las piedras y de la sombra le hace menospreciar la vida y logra con facilidad la victoria; en la segunda, el mismo ejército atraviesa un palacio en el que hay una fiesta; la resplandeciente batalla les parece una continuación de la fiesta y logran la victoria. Yo oía con decente veneración esas viejas ficciones, acaso menos admirables que el hecho de que las hubiera ideado mi sangre y de que un hombre de un imperio remoto me las restituyera, en el curso de una desesperada aventura, en una isla occidental. Recuerdo las palabras finales, repetidas en cada redacción como un mandamiento secreto: *Así combatieron los héroes, tranquilo el admirable corazón, violenta la espada, resignados a matar y a morir.*

Desde ese instante, sentí a mi alrededor y

en mi oscuro cuerpo una invisible, intangible pululación. No la pululación de los divergentes, paralelos y finalmente coalescentes ejércitos, sino una agitación más inaccesible, más íntima y que ellos de algún modo prefiguraban. Stephen Albert prosiguió:

—No creo que su ilustre antepasado jugara ociosamente a las variaciones. No juzgo verosímil que sacrificara trece años a la infinita ejecución de un experimento retórico. En su país, la novela es un género subalterno; en aquel tiempo era un género despreciable. Ts'ui Pên fue un novelista genial, pero también fue un hombre de letras que sin duda no se consideró un mero novelista. El testimonio de sus contemporáneos proclama —y harto lo confirma su vida—sus aficiones metafísicas, místicas. La controversia filosófica usurpa buena parte de su novela. Sé que de todos los problemas, ninguno lo inquietó y lo trabajó como el abismal problema del tiempo. Ahora bien, ése es el *único* problema que no figura en las páginas del *Jardín*. Ni siquiera usa la palabra que quiere decir *tiempo*. ¿Cómo se explica usted esa voluntaria omisión?

Propuse varias soluciones; todas, insuficientes. Las discutimos; al fin, Stephen Albert me dijo:

—En una adivinanza cuyo tema es el ajedrez ¿cuál es la única palabra prohibida? Reflexioné un momento y repuse:

—La palabra *ajedrez*.

—Precisamente, dijo Albert. *El jardín de senderos que se bifurcan* es una enorme adivinanza, o parábola, cuyo tema es el tiempo; esa causa recóndita le prohibe la mención de su nombre. Omitir *siempre* una palabra, recurrir a metáforas ineptas y a perífrasis evidentes, es quizá el modo más enfático de indicarla. Es el modo tortuoso que prefirió, en cada uno de los meandros de su infatigable novela, el oblicuo Ts'ui Pên. He confrontado centenares de manuscritos, he corregido los errores que la negligencia de los copistas ha introducido, he conjeturado el plan de ese caos, he restablecido, he creído restablecer, el orden primordial, he traducido la obra entera: me consta que no emplea una sola vez la palabra *tiempo*. La explicación es obvia: *El jardín de senderos que se bifurcan* es una imagen incompleta, pero no falsa, del universo tal como lo concebía Ts'ui Pên. A diferencia de Newton[22] y de Schopenhauer,[23] su antepasado no creía en un tiempo uniforme, absoluto. Creía en infinitas series de tiempo, en una red creciente y vertiginosa de tiempos divergentes, convergentes y paralelos. Esa trama de tiempos que se aproximan, se bifurcan, se cortan o que secularmente se ignoran, abarca *todas* las posibilidades. No existimos en la mayoría de esos tiempos; en algunos existe usted y no yo; en otros, yo, no usted; en otros, los dos. En éste, que un favorable azar me depara, usted ha llegado a mi casa; en otro, usted, al atravesar el jardín, me ha encontrado muerto; en otro, yo digo estas mismas palabras, pero soy un error, un fantasma.

—En todos, articulé no sin un temblor, yo agradezco y venero su recreación del jardín de Ts'ui Pên.

—No en todos, murmuró con una sonrisa. El tiempo se bifurca perpetuamente hacia innumerables futuros. En uno de ellos soy su enemigo.

Volví a sentir esa pululación de que hablé. Me pareció que el húmedo jardín que rodeaba la casa estaba saturado hasta lo infinito de invisibles personas. Esas personas eran Albert y yo, secretos, atareados y multiformes en otras dimensiones de tiempo. Alcé los ojos y la tenue pesadilla se disipó. En el amarillo y negro jardín había un solo hombre; pero ese hombre avanzaba por el sendero y era el capitán Richard Madden.

—El porvenir ya existe, respondí, pero yo soy su amigo. ¿Puedo examinar de nuevo la carta?

Albert se levantó. Alto, abrió el cajón del alto escritorio; me dio por un momento la espalda. Yo había preparado el revólver. Disparé con sumo cuidado: Albert se desplomó sin una queja, inmediatamente. Yo

---

[22] Newton: Sir Isaac Newton (1642–1727), English physicist and philosopher.

[23] Schopenhauer: Arthur Schopenhauer (1788–1860), German philosopher.

juro que su muerte fue instantánea: una fulminación.

Lo demás es irreal, insignificante. Madden irrumpió, me arrestó. He sido condenado a la horca. Abominablemente he vencido: he comunicado a Berlín el secreto nombre de la ciudad que deben atacar. Ayer la bombardearon; lo leí en los mismos periódicos que propusieron a Inglaterra el enigma de que el sabio sinólogo Stephen Albert muriera asesinado por un desconocido, Yu Tsun. El Jefe ha descifrado ese enigma. Sabe que mi problema era indicar (a través del estrépito de la guerra) la ciudad que se llama Albert y que no hallé otro medio que matar a una persona de ese nombre. No sabe (nadie puede saber) mi innumerable contrición y cansancio."

(El jardín de senderos que se bifurcan, 1941)

❧LOS DOS REYES Y LOS DOS LABERINTOS

Cuentan los hombres dignos de fe (pero Alá sabe más) que en los primeros días hubo un rey de las islas de Babilonia que congregó a sus arquitectos y magos y les mandó construir un laberinto tan perplejo y sutil que los varones más prudentes no se aventuraban a entrar, y los que entraban se perdían. Esa obra era un escándalo, porque la confusión y la maravilla son operaciones propias de Dios y no de los hombres. Con el andar del tiempo vino a su corte un rey de los árabes, y el rey de Babilonia (para hacer burla de la simplicidad de su huésped) lo hizo penetrar en el laberinto, donde vagó afrentado y confundido hasta la declinación de la tarde. Entonces imploró socorro divino y dio con la puerta. Sus labios no profirieron queja ninguna, pero le dijo al rey de Babilonia que él en Arabia tenía un laberinto mejor y que, si Dios era servido, se lo daría a conocer algún día. Luego regresó a Arabia, juntó sus capitanes y sus alcaides y estragó los reinos de Babilonia con tan venturosa fortuna que derribó sus castillos, rompió sus gentes e hizo cautivo al mismo rey. Lo amarró encima de un camello veloz y lo llevó al desierto. Cabalgaron tres días, y le dijo: "¡Oh, rey del tiempo y substancia y cifra del siglo!, en Babilonia me quisiste perder en un laberinto de bronce con muchas escaleras, puertas y muros; ahora el Poderoso ha tenido a bien que te muestre el mío, donde no hay escaleras que subir, ni puertas que forzar, ni fatigosas galerías que recorrer, ni muros que te veden el paso."

Luego le desató las ligaduras y lo abandonó en mitad del desierto, donde murió de hambre y de sed. La gloria sea con Aquel que no muere.

(El aleph, 1952)

❧BORGES Y YO

Al otro, a Borges, es a quien le ocurren las cosas. Yo camino por Buenos Aires y me demoro, acaso ya mecánicamente, para mirar el arco de un zaguán y la puerta cancel; de Borges tengo noticias por el correo y veo su nombre en una terna de profesores o en un diccionario biográfico. Me gustan los relojes de arena, los mapas, la tipografía del siglo XVIII, las etimologías, el sabor del café y la prosa de Stevenson;[24] el otro comparte esas preferencias, pero de un modo vanidoso que las convierte en atributos de un actor. Sería exagerado afirmar que nuestra relación es hostil; yo vivo, yo me dejo vivir, para que Borges pueda tramar su literatura y esa literatura me justifica. Nada me cuesta con-

---

[24] Stevenson: Robert Louis Stevenson (1850–1894), British novelist, poet, and essayist, universally known for *Treasure Island* (1883) and *The Strange Case o, Dr. Jekyll and Mr. Hyde* (1886).

fesar que ha logrado ciertas páginas válidas, pero esas páginas no me pueden salvar, quizá porque lo bueno ya no es de nadie, ni siquiera del otro, sino del lenguaje o la tradición. Por lo demás, yo estoy destinado a perderme, definitivamente, y sólo algún instante de mí podrá sobrevivir en el otro. Poco a poco voy cediéndole todo, aunque me consta su perversa costumbre de falsear y magnificar. Spinoza[25] entendió que todas las cosas quieren perseverar en su ser; la piedra eternamente quiere ser piedra y el tigre un tigre. Yo he de quedar en Borges, no en mí (si es que alguien soy), pero me reconozco menos en sus libros que en muchos otros o que en el laborioso rasgueo de una guitarra. Hace años yo traté de librarme de él y pasé de las mitologías del arrabal a los juegos con el tiempo y con lo infinito, pero esos juegos son de Borges ahora y tendré que idear otras cosas. Así mi vida es una fuga y todo lo pierdo y todo es del olvido, o del otro.

No sé cuál de los dos escribe esta página.

(*Antología personal,* 1961)

---

[25] Spinoza (1623–1677), the Dutch philosopher who held that nothing finite is self-sufficient, only the infinite can be truly substantial, and the separate things of existence and life are but aspects of infinite divinity.

ᴡᴡᴡᴡCésar Vallejo

Peru, 1892–1938   The poet's early debt to modernism is easily
evident in his first volume *Los heraldos negros* (1918). But a deep-seated
nostalgia for the people and places of his childhood grew ever more
compelling as the passionate youth struggled to stand up to the buffetings
destined to be the lot of one who could cry out in moments of bitter
despair: "¡Por qué se habrá vestido de suertero/ la voluntad de Dios!"
This nostalgia, the "nostalgias imperiales" which the poet accepted as a
product of his racial inheritance—"y lábrase la raza de mi palabra,"
quickly turned his facile Bohemian pen away from the "blue" musings
of Darío and his "arciprestes vagos del corazón": "ahora que me asfixia
Bizancio, y que dormita/ la sangre, como flojo cognac, dentro de mi."

Vallejo's denial of modernism in no way impelled him, however,
toward the noisy indigenist camp. Vallejo would not and could not
conform to any formalistic concept of art. Nor could he, in the solitude
and want of his own being, accept the abandon and misery of others.
For Vallejo was a desperately sensitive soul, desperately in need of
human warmth and of an abiding faith in God. In earlier years he was
wont to cry out occasionally from the depths of his own lonely state:
"¡Hoy no ha venido nadie;/ y hoy he muerto qué poco en esta tarde!"
Even God seemed unaware of the poet's plight:

> Yo nací un día
> que Dios estuvo enfermo,
> grave.

But expanding ideological and esthetic horizons helped open the flood-
gates to militant impulses that relentlessly sought release in a wealth of
expressive verse forms, bold diction and imagery, and righteous social
protest, the ineradicable earmarks of the best poetry of one of America's
most original and uncompromising poets.

Critics are inclined to attribute the unique qualities of the man and
artist to the factor of race, to explain his desolate cry of protest as the
fated outburst of an oppressed people. This may be so to some indefinable
degree. Much more certain, however, is the poet's reiterated identification of self with man everywhere. His incurable "dolor de vivir" springs
not from any Messianic urge to free his own but rather from a com-
passionate solidarity with man in his impossible relationship to "his own

terrible self and his own terrible times." At once "the most immediate and the most isolated of poets," Vallejo had the courage to live and to write "neither in formalism nor in violence, but in imagination." Compulsive and committed, his art is the studied outpouring of one who willfully sought confrontation with the eternal inequities and injustices of the human condition.

LOS HERALDOS NEGROS

Hay golpes en la vida, tan fuertes . . . ¡Yo no sé!
Golpes como del odio de Dios; como si ante ellos,
la resaca de todo lo sufrido
se empozara en el alma . . . ¡Yo no sé!

5   Son pocos, pero son . . . Abren zanjas oscuras
en el rostro más fiero y en el lomo más fuerte.
Serán tal vez los potros de bárbaros atilas;
o los heraldos negros que nos manda la Muerte.

Son las caídas hondas de los Cristos del alma,
10   de alguna fe adorable que el Destino blasfema.
Esos golpes sangrientos son las crepitaciones
de algún pan que en la puerta del horno se nos quema.

Y el hombre . . . ¡Pobre . . . pobre! Vuelve los ojos, como
cuando por sobre el hombro nos llama una palmada;
15   vuelve los ojos locos, y todo lo vivido
se empoza, como charco de culpa, en la mirada.

Hay golpes en la vida, tan fuertes . . . ¡Yo no sé!

(*Los heraldos negros*, 1918)

IDILIO MUERTO

¿Qué estará haciendo esta hora mi andina y dulce Rita
de junco y capulí;[1]
ahora que me asfixia Bizancio,[2] y que dormita
la sangre, como flojo cognac, dentro de mí?

5   ¿Dónde estarán sus manos que en actitud contrita
planchaban en las tardes blancuras por venir;
ahora, en esta lluvia que me quita
las ganas de vivir?

¿Qué será de su falda de franela; de sus
10   afanes; de su andar;
de su sabor a cañas de mayo[3] del lugar?

---

[1] capulí: a bittersweet Andean berry resembling a cherry.
[2] Bizancio: *Byzantium*, ancient Greek city on the Bosporus. The name is suggestive of the exotic and decadent phase of modernism.
[3] cañas de mayo: the tender shoots of young corn.

Ha de estarse a la puerta mirando algún celaje,
y al fin dirá temblando: "¡Qué frío hay . . . Jesús!"
Y llorará en las tejas un pájaro salvaje.

(Los heraldos negros, 1918)

EL PAN NUESTRO

Se bebe el desayuno . . . Húmeda tierra
de cementerio huele a sangre amada.
Ciudad de invierno . . . ¡La mordaz cruzada
de una carreta que arrastrar parece
5 una emoción de ayuno encadenada!

Se quisiera tocar todas las puertas,
y preguntar por no sé quién; y luego
ver a los pobres, y, llorando quedos,
dar pedacitos de pan fresco a todos.
10 ¡Y saquear a los ricos sus viñedos
con las dos manos santas
que a un golpe de luz
volaron desclavadas de la Cruz!

Pestaña matinal, ¡no os levantéis!
15 ¡El pan nuestro de cada día dánoslo,
Señor . . . !

Todos mis huesos son ajenos;
¡yo tal vez los robé!
Yo vine a darme lo que acaso estuvo
20 asignado para otro;
¡otro pobre tomara este café!
Y pienso que, si no hubiera nacido . . .
Yo soy un mal ladrón . . . ¡A dónde iré!

Y en esta hora fría, en que la tierra
25 trasciende a polvo humano y es tan triste,
quisiera yo tocar todas las puertas,
y suplicar a no sé quién, perdón,
y hacerle pedacitos de pan fresco
¡aquí, en el horno de mi corazón . . . !

(Los heraldos negros, 1918)

LA CENA MISERABLE

Hasta cuándo estaremos esperando lo que
no se nos debe . . . Y en qué recodo estiraremos
nuestra pobre rodilla para siempre! Hasta cuándo
la cruz que nos alienta no detendrá sus remos.

5 Hasta cuándo la Duda nos brindará blasones
por haber padecido . . .
Ya nos hemos sentado
mucho a la mesa, con la amargura de un niño
que a media noche, llora de hambre, desvelado . . .

10 Y cuándo nos veremos con los demás, al borde
de una mañana eterna, desayunados todos.
Hasta cuándo este valle de lágrimas, a donde
yo nunca dije que me trajeran.
De codos
15 todo bañado en llanto, repito cabizbajo
y vencido: hasta cuándo la cena durará.

Hay alguien que ha bebido mucho, y se burla,
y acerca y aleja de nosotros, como negra cuchara
de amarga esencia humana, la tumba . . .
20   Y menos sabe
ese oscuro hasta cuándo la cena durará!

(*Los heraldos negros,* 1918)

ᘒ⌇ᘒ Espergesia

Yo nací un día
que Dios estuvo enfermo.

Todos saben que vivo,
que soy malo; y no saben
5 del diciembre de ese enero.
Pues yo nací un día
que Dios estuvo enfermo.

Hay un vacío
en mi aire metafísico
10 que nadie ha de palpar:
el claustro de un silencio
que habló a flor de fuego.

Yo nací un día
que Dios estuvo enfermo.

15 Hermano, escucha, escucha . . .
Bueno. Y que no me vaya
sin llevar diciembres,
sin dejar eneros.

Pues yo nací un día
20 que Dios estuvo enfermo.

Todos saben que vivo,
que mastico . . . Y no saben
por qué en mi verso chirrian,
oscuro sinsabor de féretro,
25 luyidos vientos
desenrroscados de la Esfinge
preguntona del Desierto.
Todos saben . . . Y no saben
que la Luz es tísica,
30 y la Sombra gorda . . .
Y no saben que el Misterio sintetiza . . .
que él es la joroba
musical y triste que a distancia denuncia
el paso meridiano de las lindes a las Lindes.

35 Yo nací un día
que Dios estuvo enfermo,
grave.

(*Los heraldos negros,* 1918)

ᘒ⌇ᘒ XXXIII

Si lloviera esta noche, retiraríame
de aquí a mil años.
Mejor a cien no más.
Como si nada hubiese ocurrido, haría
5 la cuenta de que vengo todavía.

O sin madre, sin amada, sin porfía
de agacharme a aguaitar al fondo, a puro pulso,
esta noche así, estaría escarmenando
10 la fibra védica,[5]
la lana védica de mi fin final, hilo
del diantre,[6] traza de haber tenido

por las narices
a dos badajos inacordes de tiempo
15 en una misma campana.

Haga la cuenta de mi vida
o haga la cuenta de no haber aún nacido,
no alcanzaré a librarme.

No será lo que aún no haya venido, sino
20 lo que ha llegado y ya se ha ido,
sino lo que ha llegado y ya se ha ido.

(*Trilce,* 1922)

---

[4] "paca-paca": onomatopoetic name of a night bird of ill omen.

[5] védica: *Vedaic,* of the sacred scriptures of Hinduism.
[6] diantre＝diablo.

LXI

Esta noche desciendo del caballo,
ante la puerta de la casa, donde
me despedí con el cantar del gallo.
Está cerrada y nadie responde.

5 El poyo en que mamá alumbró
al hermano mayor, para que ensille
lomos que había yo montado en pelo,
por rúas y por cercas, niño aldeano;
el poyo en que dejé que se amarille al sol
10 mi adolorida infancia . . . ¿Y este duelo
que enmarca la portada?

Dios en la paz foránea,
estornuda; cual llamando también, el bruto
husmea, golpeando el empedrado. Luego
      duda,
15 relincha,
orejea a viva oreja.

Ha de velar papá rezando, y quizás
pensará se me hizo tarde.

Las hermanas, canturreando sus ilusiones
20 sencillas, bullosas,
en la labor para la fiesta que se acerca,
y ya no falta casi nada.
Espero, espero, el corazón
un huevo en su momento, que se obstruye.

25 Numerosa familia que dejamos
no ha mucho, hoy nadie en vela, y ni una cera
puso en el ara para que volviéramos.
Llamo de nuevo, y nada.
Callamos y nos ponemos a sollozar, y el
      animal
30 relincha, relincha más todavía.

Todos están durmiendo para siempre,
y tan de lo más bien, que por fin
mi caballo acaba fatigado por cabecear
a su vez, y entre sueños, a cada venia, dice
35 que está bien, que todo está muy bien.

(*Trilce*, 1922)

HASTA EL DÍA EN QUE VUELVA[7]

Hasta el día en que vuelva, de esta piedra
nacerá mi talón definitivo,
con su juego de crímenes, su yedra,
su obstinación dramática, su olivo.

5 Hasta el día en que vuelva, prosiguiendo,
con franca rectitud de cojo amargo,

de pozo en pozo, mi periplo, entiendo
que el hombre ha de ser bueno, sin embargo.

Hasta el día en que vuelva y hasta que ande
10 el animal que soy, entre sus jueces,
nuestro bravo meñique será grande,
digno, infinito dedo entre los dedos.

(*Poemas humanos*, 1939)

Y SI DESPUÉS DE TANTAS PALABRAS[8]

Y si después de tantas palabras,
¡no sobrevive la palabra!
Si después de las alas de los pájaros,
¡no sobrevive el pájaro parado!
5 ¡Más valdría, en verdad,
que se lo coman todo y acabemos!

¡Haber nacido para vivir de nuestra muerte!
¡Levantarse del cielo hacia la tierra
por sus propios desastres
10 y espiar el momento de apagar con su sombra
      su tiniebla!
¡Más valdría, francamente,

[7] The author left no title for the poem.

[8] This poem is also without a title.

que se lo coman todo y qué más da! . . .
¡Y si después de tanta historia, sucumbimos,
15 no ya de eternidad,
sino de esas cosas sencillas, como estar
en la casa o ponerse a cavilar!
¡Y si luego encontramos,
de buenas a primeras, que vivimos,
20 a juzgar por la altura de los astros,
por el peine y las manchas del pañuelo!

¡Más valdría, en verdad,
que se lo coman todo, desde luego!

Se dirá que tenemos
25 en uno de los ojos mucha pena
y también en el otro, mucha pena
y en los dos, cuando miran, mucha pena . . .
¡Entonces! . . . ¡Claro! . . . ¡Entonces! . . .
    ¡ni palabra!

(Poemas humanos, 1939)

PIEDRA NEGRA SOBRE UNA PIEDRA BLANCA

Me moriré en París con aguacero,
un día del cual tengo ya el recuerdo.
Me moriré en París—y no me corro—
talvez un jueves, como es hoy, de otoño.

5 Jueves será, porque hoy, jueves, que proso
estos versos, los húmeros me he puesto
a la mala y, jamás como hoy, me he vuelto,
con todo mi camino, a verme solo.

César Vallejo ha muerto, le pegaban
10 todos sin que él les haga nada;
le daban duro con un palo y duro

también con una soga; son testigos
los días jueves y los huesos húmeros,
la soledad, la lluvia, los caminos . . .

(Poemas humanos, 1939)

II TIEMPO TIEMPO

Mediodía estancado entre relentes.
Bomba aburrida del cuartel achica
tiempo tiempo tiempo tiempo.

    Era Era.

5 Gallos cancionan escarbando en vano.
Boca del claro día que conjuga
era era era era.

    Mañana Mañana.

El reposo caliente aún de ser.
10 Piensa el presente guárdame para
mañana mañana mañana mañana.

    Nombre Nombre.

¿Qué se llama cuanto heriza nos?
Se llama Lomismo que padece
15 nombre nombre nombre.

(Trilce, 1922)

XLIX MURMURADO EN INQUIETUD . . .

Murmurado en inquietud, cruzo,
el traje largo de sentir, los lunes
    de la verdad.
Nadie me busca ni me reconoce,
5 y hasta yo he olvidado
    de quién seré.

Cierta guardarropía, sólo ella, nos sabrá

a todos en las blancas hojas
    de las partidas.

10 Esa guardarropía, ella sola,
al volver de cada facción,
    de cada candelabro
    ciego de nacimiento.

Tampoco yo descubro a nadie, bajo

15 este mantillo que iridice los lunes
          de la razón;
    y no hago más que sonreír a cada púa
    de las verjas, en la loca búsqueda
          del conocido.

20 Buena guardarropía, ábreme
          tus blancas hojas;
    quiero reconocer siquiera al 1,
    quiero el punto de apoyo, quiero
          saber de estar siquiera.

25 En los bastidores donde nos vestimos,
    no hay, no Hay nadie: hojas tan sólo
          de par en par.
    Y siempre los trajes descolgándose
    por sí propios, de perchas
30 como ductores índices grotescos,
    y partiendo sin cuerpos, vacantes,
          hasta el matiz prudente
    de un gran caldo de alas con causas
    y lindes fritas.
35 ¡Y hasta el hueso!

                              (*Trilce*, 1922)

ᴄᴡᴏLXXV Estáis muertos . . .

Estáis muertos.

Qué extraña manera de estarse muertos. Quienquiera diría no lo estáis. Pero, en verdad, estáis muertos.

5 Flotáis nadamente detrás de aquesa membrana que, péndula del zenit al nadir, viene y va de crepúsculo a crepúsculo, vibrando ante la sonora caja de una herida que a vosotros no os duele. Os digo, pues, que la 10 vida está en el espejo, y que vosotros sois el original, la muerte.

Mientras la onda va, mientras la onda viene, cuán impunemente se está uno muerto. Sólo cuando las aguas se quebrantan en los 15 bordes enfrentados y se doblan y doblan, entonces os transfiguráis y creyendo morir, percibís la sexta cuerda que ya no es vuestra.

Estáis muertos, no habiendo antes vivido jamás. Quienquiera diría que, no siendo 20 ahora, en otro tiempo fuisteis. Pero en verdad, vosotros sois los cadáveres de una vida que nunca fue. Triste destino el no haber sido sino muertos siempre. El ser hoja seca sin haber sido verde jamás. Orfandad de 25 orfandades.

Y sin embargo, los muertos no son, no pueden ser cadáveres de una vida que todavía no han vivido. Ellos murieron siempre de vida.

30 Estáis muertos.

                              (*Trilce*, 1922)

ᴄᴡᴏII Hombre de Extremadura . . .

Hombre de Extremadura,
    oigo bajo tu pie el humo del lobo,
    el humo de la especie,
    el humo del niño,
5   el humo solitario de dos trigos,
    el humo de Ginebra, el humo de Roma, el humo de Berlín
    y el de París y el humo de tu apéndice penoso
    y el humo que, al fin, sale del futuro.
    ¡Oh vida! ¡Oh tierra! ¡Oh España!
10 ¡Onzas de sangre,
    metros de sangre, líquidos de sangre,
    sangre a caballo, a pie, mural, sin diámetro,

sangre de cuatro en cuatro, sangre de agua
y sangre muerta de la sangre viva!

15 Extremeño, ¡oh no ser aún ese hombre
por el que te mató la vida y te partió la muerte
y quedarse tan solo a verte así, desde este lobo,
cómo sigues arando en nuestros pechos!
¡Extremeño, conoces
20 el secreto en dos voces, popular y táctil,
del cereal!: ¡que nada vale tanto
una gran raíz en trance de otra!

¡Extremeño acodado, representando al alma en su retiro,
acodado a mirar
25 el caber de una vida en una muerte!

Mas desde aquí, más tarde,
desde el punto de vista de esta tierra,
desde el duelo al que fluye el bien satánico,
se ve la gran batalla de Guernica.
30 ¡Lid a priori, fuera de la cuenta,
lid en paz, lid de las almas débiles
contra los cuerpos débiles, lid en que el niño pega,
sin que le diga nadie que pegara,
bajo su atroz diptongo
35 y bajo su habilísimo pañal,
y en la que la madre pega con su grito, con el dorso de una lágrima
y en que el enfermo pega con su mal, con su pastilla y su hijo
y en que el anciano pega
con sus canas, sus siglos y su palo
40 y en que pega el prebístero con dios!
Tácitos defensores de Guernica,
¡oh débiles,
oh suaves ofendidos,
que os elevéis, crecéis y llenáis de poderosos débiles el mundo!

45 ¡Málaga sin padre ni madre,
ni piedrecilla, ni horno, ni perro blanco!
¡Málaga sin defensa, donde nació mi muerte dando pasos
y murió de pasión mi nacimiento!
¡Málaga caminando tras de tus pies, en éxodo,
50 bajo el mal, bajo la cobardía, bajo la historia cóncava, indecible

con la yema en tu mano: ¡tierra orgánica!
y la clara en la punta del cabello: ¡todo el caos!
¡Málaga huyendo
de padre a padre, familiar, de tu hijo a tu hijo,
55 a lo largo del mar que huye del mar,
a través del metal que huye del plomo,
al ras del suelo que huye de la tierra
y a las órdenes ¡ay!
de la profundidad que te quería!

60 ¡Málaga a golpes, a fatídico coágulo, a bandidos, a infiernazos,
    a cielazos,
    andando sobre duro vino, en multitud,
    sobre la espuma lila, de uno en uno
    sobre huracán estático y más lila,
65 y al compás de las cuatro órbitas que aman
    y de las dos costillas que se matan!
    ¡Málaga de mi sangre diminuta
    y mi coloración a gran distancia,
    la vida sigue son tambor a tus honores alazanes,
70 con cohetes, a tus niños eternos
    y con silencio a tu último tambor,
    con nada, a tu alma,
    y con más nada, a tu esternón genial!

(*España, aparta de mí este cáliz,* 1939)

XII MASA

    Al fin de la batalla,
    y muerto el combatiente, vino hacia él un hombre
    y le dijo: "¡No mueras; te amo tanto!"
    Pero el cadáver ¡ay! siguió muriendo.

5   Se le acercaron dos y repitiéronle:
    "¡No nos dejes! ¡Valor! ¡Vuelve a la vida!"
    Pero el cadáver ¡ay! siguió muriendo.

    Acudieron a él veinte, cien, mil, quinientos mil,
    clamando: "¡Tanto amor, y no poder nada contra la muerte!"
10 Pero el cadáver ¡ay! siguió muriendo.

    Le rodearon millones de individuos,
    con un ruego común: "¡Quédate hermano!"
    Pero el cadáver ¡ay! siguió muriendo.

    Entonces todos los hombres de la tierra
15 le rodearon; les vio el cadáver triste, emocionado:
    incorporóse lentamente,
    abrazó al primer hombre; echóse a andar . . .

(*España, aparta de mí este cáliz,* 1939)

HOY ME GUSTA LA VIDA . . .

    Hoy me gusta la vida mucho menos,
    pero siempre me gusta vivir: ya lo decía.
    Casi toqué la parte de mi todo y me contuve
    con un tiro en la lengua detrás de mi palabra.

5   Hoy me palpo el mentón en retirada
    y en estos momentáneos pantalones yo me digo:

Tanta vida y jamás!
Tantos años y siempre mis semanas! . . .
Mis padres enterrados con su piedra
10   y su triste estirón que no ha acabado;
de cuerpo entero hermanos, mis hermanos,
y, en fin, mi ser parado y en chaleco.

Me gusta la vida enormemente
pero, desde luego,
15   con mi muerte querida y mi café
y viendo los castaños frondosos de París
y diciendo:
Es un ojo éste, aquél; una frente ésta, aquélla . . . Y repitiendo:
Tanta vida y jamás me falla la tonada!
20   Tantos años y siempre, siempre, siempre!

Dije chaleco, dije
todo, parte, ansia, dije casi por no llorar.
Que es verdad que sufrí en aquel hospital que queda al lado
y está bien y está mal haber mirado
25   de abajo para arriba mi organismo.

Me gustará vivir siempre, así fuese de barriga,
porque, como iba diciendo y lo repito,
tanta vida y jamás! Y tantos años,
y siempre, mucho siempre, siempre, siempre!

(*Poemas humanos*, 1939)

⌒⌒CONSIDERANDO EN FRÍO . . .

Considerando en frío, imparcialmente,
que el hombre es triste, tose y, sin embargo,
se complace en su pecho colorado;
que lo único que hace es componerse
5   de días;
que es lóbrego mamífero y se peina . . .

Considerando
que el hombre procede suavemente del trabajo
y repercute jefe, suena subordinado;
10   que el diagrama del tiempo
es constante diorama en sus medallas
y, a medio abrir, sus ojos estudiaron,
desde lejanos tiempos,
su fórmula famélica de masa . . .

15   Comprendiendo sin esfuerzo
que el hombre se queda, a veces, pensando,
como queriendo llorar,
y, sujeto a tenderse como objeto,
se hace buen carpintero, suda, mata
20   y luego canta, almuerza, se abotona . . .

Considerando también
que el hombre es en verdad un animal
y, no obstante, al voltear, me da con su tristeza en la cabeza . . .

Examinando, en fin,
sus encontradas piezas, su retrete,
su desesperación, al terminar su día atroz, borrándolo . . .

Comprendiendo
que él sabe que le quiero,
que le odio con afecto y me es, en suma, indiferente . . .

Considerando sus documentos generales
y mirando con lentes aquel certificado
que prueba que nació muy pequeñito . . .

Le hago una seña,
viene,
y le doy un abrazo, emocionado.
Qué más da! Emocionado . . . Emocionado.

(*Poemas humanos*, 1939)

⚬⚬TRASPIÉ ENTRE DOS ESTRELLAS

Hay gentes tan desgraciadas, que ni siquiera
tienen cuerpo; cuantitativo el pelo,
baja, en pulgadas, la genial pesadumbre;
el modo, arriba;
no me busques, la muela del olvido,
parecen salir del aire, sumar suspiros mentalmente, oír
claros azotes en sus palabras.

Vanse de su piel, rascándose el sarcófago en que nacen
y suben por su muerte de hora en hora
y caen, a lo largo de su alfabeto gélido, hasta el suelo.
Ay de tanto! ay de tan poco! ay de ellas!
Ay en mi cuarto, oyéndolas con lentes!
Ay en mi tórax, cuando compran trajes!
Ay de mi mugre blanca, en su hez mancomunada!

Amadas sean las orejas sánchez,
amadas las personas que se sientan,
amado el desconocido y su señora,
el prójimo con mangas, cuello y ojos!

Amado sea aquel que tiene chinches,
el que lleva zapato roto bajo la lluvia,
el que vela el cadáver de un pan con dos cerillas,
el que se coge un dedo en una puerta,
el que no tiene cumpleaños,
el que perdió su sombra en un incendio,
el animal, el que parece un loro,

el que parece un hombre, el pobre rico,
el puro miserable, el pobre pobre!

Amado sea
el que tiene hambre o sed, pero no tiene
30   hambre con qué saciar toda su sed,
ni sed con qué saciar todas sus hambres!

Amado sea el que trabaja al día, al mes, a la hora,
el que suda de pena o de vergüenza,
aquel que va, por orden de sus manos, al cinema,
35   el que paga con lo que le falta,
el que duerme de espaldas,
el que ya no recuerda su niñez; amado sea
el calvo sin sombrero,
el justo sin espinas,
40   el ladrón sin rosas,
el que lleva reloj y ha visto a Dios,
el que tiene un honor y no fallece!

Amado sea el niño, que cae y aún llora
y el hombre que ha caído y ya no llora.

45   Ay de tanto! Ay de tan poco! Ay de ellos!

                         (*Poemas humanos*, 1939)

∾PANTEÓN

He visto ayer sonidos generales,
    mortuoriamente,
    puntualmente alejarse,
cuando oí desprenderse del ocaso
5   tristemente,
    exactamente un arco, un arcoiris.

Vi el tiempo generoso del minuto,
    infinitamente
atado locamente al tiempo grande
10 pues que estaba la hora
    suavemente,
premiosamente henchida de dos horas.

Dejóse comprender, llamar, la tierra
    terrenalmente;
15 negóse brutalmente así a mi historia,
y si vi, que me escuchen, pues, en bloque,
si toqué esta mecánica, que vean
    lentamente,
despacio, vorazmente, mis tinieblas.

20 Y si vi en la lesión de la respuesta,
    claramente,
la lesión mentalmente de la incógnita,
si escuché, si pensé en mis ventanillas
nasales, funerales, temporales,
25   fraternalmente,
piadosamente echadme a los filósofos.

Mas no más inflexión precipitada
en canto llano, y no más
el hueso colorado, el son del alma
30   tristemente
erguida ecuestremente en mi espinazo,
ya que, en suma, la vida es
    implacablemente,
imparcialmente horrible, estoy seguro.

                         (*Poemas humanos*, 1939)

∿LA CÓLERA QUE QUIEBRA . . .

La cólera que quiebra al hombre en niños,
que quiebra al niño, en pájaros iguales,
y al pájaro, después, en huevecillos;
la cólera del pobre
5 tiene un aceite contra dos vinagres.

La cólera que al árbol quiebra en hojas,
a la hoja en botones desiguales
y al botón, en ranuras telescópicas;
la cólera del pobre
10 tiene dos ríos contra muchos mares.

La cólera que quiebra al bien en dudas,
a la duda, en tres arcos semejantes
y al arco, luego, en tumbas imprevistas;
la cólera del pobre
15 tiene un acero contra dos puñales.

La cólera que quiebra el alma en cuerpos;
al cuerpo en órganos desemejantes
y al órgano en octavos pensamientos;
la cólera del pobre
20 tiene un fuego central contra dos cráteres.

(*Poemas humanos*, 1939)

$\sim\sim\sim$Jorge Carrera Andrade

ECUADOR, 1903–   Carrera Andrade was born to see—"He vivido para
ver"—and to speak with the lowly things close by. It was long ago that
he summed up his poetic creed in the words: "Las cosas. O sea la vida."
And his life has been an endless journey in body and in spirit in search
of an answer to questions first posed when as a child in the "estanque
inefable" of the "great Equatorial province" of his birth he discovered
beauty and mystery in the nut, in the cricket, in the wind, in the rabbit—
"Tu vida me ha enseñado la lección del silencio." The metaphor
became the golden key to his transparent vision of the world, the metaphor that helped him, when a schoolboy, to see the indescribable streets
of his native Quito as "puentes colgantes entre los cerros," to describe
the snail as a "mínima cinta métrica/ con que mide el campo Dios." His
poetic vision and sensibility were sharpened when as a youth in the
solitude of the eucalyptus of the cordillera he began reading the French
symbolists and completed his "aprendizaje de mansedumbre poética"
under his good pastoral masters Georges Rodenbach (1855–1898) and
Francis Jammes (1868–1938). The poet himself has best described the
fruits of his love of the humble things of the earth in and for themselves
and not for the intellectual echoes they may bestir when he tells us that
his poems are "visuales como una colección de estampas o pinturas que
integran una autobiografía apasionada y nostálgica." And nowhere is his
vida-viaje told in more simple, lucid, lyric prose than in his own introduction to his autobiographical anthology *Edades poéticas* (1958). The
poet continues his own story by confessing that pastoral solitude
became at last a cross of impotent silence and that a torturing thirst for
the unknown drove him toward the beckoning sea. It was then, in 1926,
that he packed his "baúl de papagayos" and set sail on a poetic journey
that was to yield the new forms and symbols of his *Boletines de mar y tierra*
(1930) and his *Registro del mundo* (1940). Many were the wonders he
describes under the "magia verde de la geografía." But none perhaps
was more startling than his discovery of man, of "Juan sin Cielo"
imprisoned in the materialism of the great cities of the world:

> viajero cada día en su ciudad,
> náufrago desde las cinco
> entre una vegetación eléctrica de avisos.

After six lusters of wandering the poet comes to realize that the "secret country" of his quest is in the solitary reaches of one's own being: "me había traído el mundo conmigo." And he returns once again to the land of his beginning, hopeful of repossessing the

> llave del fuego,
> del fuego natural llave pacífica . . .
> Dulce llave solar que calienta mi mano
> extendida a los hombres, sin fronteras.

El objeto y su sombra

Arquitectura fiel del mundo.
Realidad, más cabal que el sueño.
La abstracción muere en un segundo:
sólo basta un fruncir del ceño.

5 Las cosas. O sea la vida.
Todo el universo es presencia.

La sombra al objeto adherida
¿acaso transforma su esencia?

Limpiad el mundo—ésta es la clave—
10 de fantasmas del pensamiento.
Que el ojo apareje su nave
para un nuevo descubrimiento.

(Edades poéticas, 1958)

Tiempo ventoso

Tengo ahora un maestro de alta literatura
que habla lengua de pájaro y desdeña lo escrito:
es el viento del campo, un dulce viejecito
a quien los campesinos le llaman Don Ventura.

5 Don Ventura es maniático. Sale de madrugada
a buscar en las hierbas, húmedas todavía,
la vara de virtud de la sabiduría.
Recorre el bosque hablando con su voz ya cascada.

Las frondas, de rodillas, le dan sus bendiciones.
10 Gime el cubo del pozo y el agua se estremece.
A la sombra de un árbol, Don Ventura parece
un abate muy sabio que dicta sus lecciones.

Lee en las nubes cuándo va a llover, y procura
avisar en el pueblo llamando a cada puerta.
15 Los vecinos que viven con el oído alerta
se ponen a gritar: ¡Ya viene Don Ventura!

(Edades poéticas, 1958)

∽∾MILAGRO

Pentecostés[1] de hojas parlantes:
libro, guirnalda niña,
jaula con las puertas abiertas
de donde las palabras se escapan como pájaros,
5　canastilla que guarda
cual manzana de olor un corazón maduro
para los postres de una vida.

Libro que hace el milagro de los panes
ante el silencio absorto de los hombres
10　y, con los pies descalzos,
camina sin mojarse sobre el agua.
Este libro es un barco de papel
que lleva un cargamento de estrellas y de grillos
y va a anclar en algunos corazones.

15　Libro: golondrina que anuncia
mi primavera dentro de las casas,
cesto florido de polluelos
que volarán más tarde
sobre la cúpula del día,
20　itinerario de los mares altos
hacia donde le empuja
al barco de mi carne la vela del espíritu.

Este libro tiene mis ojos,
el golfo de mi frente y mi guirnalda.
25　En verdad os digo, hombres incrédulos,
que renuevo el milagro del padre San Dionisio[2]
al llevar mi cabeza cortada entre las manos.

(*Edades poéticas*, 1958)

∽∾CRUCIFIXIÓN

Desde la eternidad, aleteó por los aires
un mensaje de pájaros.
Hasta mi sed altísima tiende su esponja de oro
y vinagre el ocaso.

5　En el madero del Silencio
mi cuerpo está clavado.

[1] Pentecostés: *Pentecost*, a Christian feast commemorating the descent of the Holy Ghost upon the apostles fifty days after Easter. It was on that day that the apostles received the power of speaking in diverse tongues; the gift was accompanied by tongues of fire and the sound of a rush of wind. Jewish Pentecost is in memory of the day when the Lord handed Moses the tablets of the Law on Mt. Sinai. It is also the Jewish Feast of the Weeks, of Harvest, and of the First fruits.

[2] San Dionisio: Saint Dionysius the Areopagite, first-century Athenian Christian, converted by St. Paul. Tradition has made him a martyr and the first bishop of Athens.

Turba el aire oloroso de la zarza quemada
la madre que me extiende su escalera de llanto.
Y en la noche que llega, los recuerdos
10   mi amor como una túnica se juegan a los dados.

(*Edades poéticas,* 1958)

⌇⌇SEÑALES

El espejo es la puerta estrecha
hacia un enigma de cristal:
sobre su helada luz acecha
el hombre atento una señal.

5 El mensaje del otro mundo
en el espejo se desnuda.
Mas la señal dura un segundo
y, deslumbrado, el ojo duda.

Destella sus sordos diamantes
10 en una luz desconocida
la señal de los habitantes
del otro lado de la vida.

Pesca símbolos y figuras
entre sus mallas luminosas

15 el espejo de luces puras,
depósito azul de las cosas.

Espía el ojo, espía, espía
las perspectivas del espejo,
mas sólo halla el color del día
20 en un irónico reflejo.

Caza el oído vigilante:
en la hoja de cristal pulido,
con una pluma de diamante
firma el espectro de un sonido.

25 Un alma deja su envoltura:
y surca el espejo profundo
en una larga quebradura
el mensaje del otro mundo.

(*Edades poéticas,* 1958)

⌇⌇VIDA DEL GRILLO

Inválido desde siempre,
ambula por el campo
con sus muletas verdes.

Desde las cinco
5 el chorro de la estrella
llena el pequeño cántaro del grillo.

Trabajador, con las antenas hace
cada día su pesca
en los ríos del aire.

10 Por la noche, misántropo,
cuelga en su casa de hierba
la lucecita de su canto.

¡Hoja enrollada y viva,
la música del mundo
15 conserva dentro escrita!

(*Edades poéticas,* 1958)

⌇⌇NOTICIAS DE LA NOCHE

Ha llovido por la noche:
las peras están en tierra
y las coles se han quedado
postradas como abadesas.

5 Todas estas cosas dice
sobre la ventana el pájaro.
El pájaro es el periódico
de la mañana en el campo.

(*Edades poéticas,* 1958)

༈PROMESA DEL RÍO GUAYAS

Interminable, estás al mar saliendo
Río Guayas, cargado de horizontes
y de naves sin prisa descendiendo
tus jibas de cristal, líquidos montes.

5 Hasta el tiempo en tu curso se disuelve
y corre con tus aguas confundido.
El día tropical, que nunca vuelve,
sobre tus lomos rueda hacia el olvido.

Los años que se extinguen gradualmente,
10 las migraciones lentas, las edades
has mirado pasar indiferente,
¡oh pastor de riberas y ciudades!

La nave del comercio o de la guerra,
la de la expedición o la aventura
15 has llevado mil veces hasta tierra
o has hundido en tu móvil sepultura.

Sólo turba el sosiego de tu vida
algún grito de tí petrificado
o tus sueños: la planta sumergida
20 y el pez ligero y a la vez pesado.

Mirando sin cesar tus propiedades
cuentas bueyes, haciendas, grutas verdes.
Paseante de las hondas soledades,
entre los juncos húmedos te pierdes.

25 ¡Oh río agricultor que el lodo amasas
para hacerlo fecundo en tu ribera
que los árboles pueblan y las casas
montadas en sus zancos de madera!

!Oh corazón fluvial, que tu latido
30 das a todas las cosas igualmente:
a la caña de azúcar y al dormido
lagarto, de otra edad sobreviviente!

En tu orilla, de noche, deja huellas
la sombra del difunto bucanero,
35 y una canoa azul pescando estrellas
boga de contrabando en el estero.

¡Memoria, oh río o soledad fluyente!
Pasas, mas permaneces siempre, urgido,
igual y sin embargo diferente
40 y corres de tí mismo perseguido.

A tus perros de espuma y agua arrojo
mi falsa y forastera vestidura
y a tu promesa líquida me acojo
y creo en tu palabra de frescura.

45 ¡Oh río, capitán de grandes ríos!
Es igual tu fluir ancho, incesante,
al de mi sangre llena de navíos
que vienen y se van a cada instante.

(Edades poéticas, 1958)

༈MORADA TERRESTRE

Habito un edificio de naipes,
una casa de arena, un castillo en el aire,
y paso los minutos esperando
el derrumbe del muro, la llegada del rayo,
5 el correo celeste con la final noticia,
la sentencia que vuela en una avispa,
la orden como un látigo de sangre
dispersando en el viento una ceniza de ángeles.

Entonces perderé mi morada terrestre

10 y me hallaré desnudo nuevamente.
Los peces, los luceros
remontarán el curso de sus inversos cielos.
Todo lo que es color, pájaro o nombre
volverá a ser apenas un puñado de noche,
15 y sobre los despojos de cifras y de plumas
y el cuerpo del amor, hecho de fruta y música,
descenderá por fin, como el sueño o la sombra,
el polvo sin memoria.

(Edades poéticas, 1958)

༈FORMAS DE LA DELICIA PASAJERA

El pájaro y el fruto: forma pura,
cárcel uno de miel y flor del vuelo

el otro, en una altísima aventura
como un cáliz de plumas por el cielo.

5 Prisioneros los dos de su hermosura
que acaba nada más en sombra y hielo
ya gustado el tesoro de dulzura,
ya el puñado de plumas en el suelo.

Fruto cogido, inerte ave viajera,

10 canto y color del mundo mutilados,
formas de la delicia pasajera.

En un destino idéntico apresados,
escapar en su aroma el fruto espera
y el pájaro en sus vuelos deslumbrados.

(Edades poéticas, 1958)

ᏯᎧJUAN SIN CIELO

Juan me llamo, Juan Todos, habitante
de la tierra, más bien su prisionero,
sombra vestida, polvo caminante,
el igual a los otros, Juan Cordero.

5 Sólo mi mano para cada cosa
—mover la rueda, hallar hondos metales—
mi servidora para asir la rosa
y hacer girar las llaves terrenales.

Mi propiedad labrada en pleno cielo
10 —un gran lote de nubes era mío—
me pagaba en azul, en paz, en vuelo
y ese cielo en añicos: el rocío.

Mi hacienda era el espacio sin linderos
—oh territorio azul siempre sembrado
15 de maizales cargados de luceros—
y el rebaño de nubes, mi ganado.

Labradores los pájaros; el día
mi granero de par en par abierto
con mieses y naranjas de alegría.
20 Maduraba el poniente como un huerto.

Mercaderes de espejos, cazadores
de ángeles llegaron con su espada
y, a cambio de mi hacienda—mar de flores—
me dieron abalorios, humo, nada . . .

25 Los verdugos de cisnes, monederos
falsos de las palabras, enlutados,
saquearon mis trojes de luceros,
escombros hoy de luna congelados.

Perdí mi granja azul, perdí la altura
30 —reses de nubes, luz recién sembrada—
¡toda una celestial agricultura
en el vacío espacio sepultada!

Del oro del poniente perdí el plano
—Juan es mi nombre, Juan Desposeído—.
35 En lugar del rocío hallé el gusano
¡un tesoro de siglos he perdido!

Es sólo un peso azul lo que ha quedado
sobre mis hombros, cúpula de hielo . . .
Soy Juan y nada más, el desolado
40 herido universal, soy Juan sin Cielo.

(Edades poéticas, 1958)

ᏯᎧLUGAR DE ORIGEN

Yo vengo de la tierra donde la chirimoya,
talega de brocado, con su envoltura impide
que gotee el dulzor de su nieve redonda,

y donde el aguacate de verde piel pulida
5 en su clausura oval, en secreto elabora
su substancia de flores, de venas y de climas.

Tierra que nutre pájaros aprendices de idiomas,
plantas que dan, cocidas, la muerte o el amor
o la magia del sueño o la fuerza dichosa,

10 animalitos tiernos de alimento y pereza,
insectillos de carne vegetal y de música
o de luz mineral o pétalos que vuelan.

Capulí—la cereza del indio interandino—
codorniz, armadillo cazador, dura penca
15 al fuego condenada o a ser red o vestido,

eucalipto de ramas como sartas de peces
—soldado de salud con su armadura de hojas
que despliega en el aire su batallar celeste—,

son los mansos aliados del hombre de la tierra
20 de donde vengo, libre, con mi lección de
vientos
y mi carga de pájaros de universales lenguas.

(Edades poéticas, 1958)

∾Viaje de regreso

Mi vida fue una geografía
que repasé una y otra vez,
libro de mapas o de sueños.
En América desperté.

5 ¿Soñé acaso pueblos y ríos?
¿No era verdad tanto país?
¿Hay tres escalas en mi viaje:
soñar, despertar y morir?

Me había dormido entre estatuas
10 y me hallé solo al despertar.
¿Dónde están las sombras amables?
¿Amé y fui amado de verdad?

Una geografía de sueño,
una historia de magia fue.
15 Sé de memoria islas y rostros
vistos o soñados talvez.

Sobre el botín del universo
—fruta, mujer, inmensidad—
se echaron todos mis sentidos
20 como ebrios corsarios del mar.

En un puerto, joven desnuda
forma cabal, por fin te hallé:
en tu agua grande, estremecida,
yo saciaba mi humana sed.

25 Luego fue la niña de trigo,
fue la doncella vegetal;
mas siempre, desde cada puerta,
me llamaba la Otra eternal.

Desde la nieve a la palmera
30 la tierra de ciudades vi.

Dios limpiaba allí las ventanas
y nadie quería morir.

Vi la seca tierra del toro
—postrer refugio del azul—
35 y el país donde erige el pino
su verde obelisco a la luz.

¿Soñé ese rostro sobre el muro,
esa mano sobre mi piel,
ese camino de manzanas
40 y palomas soñé, soñé?

Las bahías cual rebanadas
de una sandía de cristal
y sus islas com semillas
¿fueron un sueño y nada más?

45 ¿Ceniza mortal este polvo
que se adhiere aún a mis pies?
¿No fueron puertos sino años
los lugares en donde anclé?

En los más distintos idiomas
50 sólo aprendí la soledad
y me gradué doctor en sueños.
Vine a América a despertar.

Mas, de nuevo arde en mi garganta
sed de vivir, sed de morir
55 y, humilde, doblo la rodilla
sobre esta tierra del maíz.

Tierra de frutas y de tumbas,
propiedad única del sol:
vengo del mundo—¡oh largo sueño!—
60 y un mapa se enrolla en mi voz.

(Edades poéticas, 1958)

∾La llave del fuego

¡Tierra equinoccial, patria del colibrí,
del árbol de la leche y del árbol del pan!
De nuevo oigo tus grillos y cigarras
moviendo entre las hojas
5 su herrumbrosa, chirriante maquinaria.
Yo soy el hombre de los papagayos:
Colón me vio en la isla
y me embarcó en su nave de frutas y tesoros

con los pájaros indios para Europa.
10 Un día, aconsejado por el alba,
desperté las campanas del siglo XIX
y acompañé a Bolívar y sus mendigos héroes
por los países húmedos del eternal verano,
pasé entre la ventisca gris de la cordillera
15 donde anida el relámpago en su cueva de plata
y más allá hacia el sur,

hacia el círculo máximo del ecuador de fuego
hasta las Capitales de piedras y de nubes
que están cerca del cielo y del rocío.

20 Yo fundé una república de pájaros
sobre las armaduras de los conquistadores
ya oxidadas de olvido, al pie del bananero.
Sólo resta allí un casco entre la hierba
habitado de insectos como un cráneo vacío
25 roído eternamente por sus remordimientos.
Me aproximo a las puertas secretas de este
mundo
con la llave del fuego
arrancada al volcán solemne como un túmulo.

Te miro, bananero, como a un padre.
30 Tu alta fábrica verde, alambique del trópico,
tu fresca tubería no descansa
de destilar el tiempo, transmutando
noches en anchas hojas, los días en bananas
o lingotes de sol, dulces cilindros
35 amasados con flores y con lluvia
en su funda dorada como abeja
o como piel de tigre, olorosa envoltura.

Me sonríe el maíz y habla entre dientes
un lenguaje de agua y de rocío,
40 el maíz pedagógico que enseña
a contar a los pájaros en su ábaco.
Yo hablo con el maíz y el guacamayo
que conocen la historia del diluvio
cuyo recuerdo nubla la frente de los ríos.
45 Los ríos adelante corren, siempre adelante
ciñendo, a cada roca, rizada piel de oveja,
hacia los litorales de tortugas,
sin olvidar su origen montañés y celeste
a través del imperio vegetal donde late
50 la selva con su oscuro corazón de tambor.
¡Oh, mar dulce, Amazonas, y tu fluvial
familia!
Disparo mi emplumada flecha o ave mortal
a tu más alta estrella
y busco mi luciente víctima entre tus aguas.

55 Tierra mía en que habitan razas de la humildad
y el orgullo, del sol y de la luna,
del volcán y del lago, del rayo y los cereales.
En ti existe el recuerdo del fuego elemental
en cada fruto, en cada insecto, en cada pluma,
60 en el cacto que muestra sus heridas o flores,
en el toro lustroso de candelas y noche,
el mineral insomne bebedor de la luz
y en el caballo rojo que galopa desnudo.
La sequedad arruga los rostros y los muros
65 y en la extensión de trigo va alumbrando el
incendio
su combate de gallos de oro y sangre.

Yo soy el poseedor de la llave del fuego,
del fuego natural llave pacífica
que abre las invisibles cerraduras del mundo,
70 la llave del amor y la amapola,
del rubí primordial y la granada,
del cósmico pimiento y de la rosa.
Dulce llave solar que calienta mi mano
extendida a los hombres, sin fronteras:
75 al de la espada pronta y el guijarro,
al que pesa en balanza la moneda y la flor,
al que tiende un mantel a mi llegada
y al cazador de nubes, maestro de palomas.

Oh, tierra equinoccial de mis antepasados,
80 cementerio fecundo,
albergue de semillas y cadáveres.
Sobre las momias indias en vasijas de barro
y los conquistadores en sus tumbas de piedra
surcando las edades en su viaje eternal
85 en compañía sólo de algún insecto músico,
un cielo igual extiende su mirada de olvido.
Zarpa un nuevo Colón entre las nubes
mientras estalla, breve fuego mudo,
la pólvora celeste del lucero
90 y los inquietos gritos de los pájaros
son oscuras preguntas al ocaso.

(Edades poéticas, 1958)

⟨⟩TRANSFORMACIONES

Mi trabajo se trueca en dos ventanas
a la calle, en diez metros de terreno,
en un plato de luna cada noche
y un bostezo de cántaros vacíos.

5 Todos los días para mí son lunes:
siempre recomenzar, pasos en círculo
en torno de mí mismo, en los diez metros
de mi alquilada tumba con ventanas.

El mundo abandoné por una silla
10 eterna donde cumplo
mi trabajo de abeja y de fantasma
que cambia los suspiros en monedas

para comprar el sol cada domingo
y guardar mi país en un armario,
15 encontrar el amor en la escalera,
oponer un paraguas al relámpago.

Mi trabajo se trueca en una calle
vendedora de rostros por hileras,
entre casas que saben de memoria
20 el color de las ropas y las nubes.

Inspector de ventanas
me pierdo por la calle de los signos:
Cada día es un viaje de ida y vuelta
hacia ninguna parte, hacia la noche.

(*Edades poéticas*, 1958)

Nicolás Guillén

CUBA, 1902–   Guillén's poetry came into being as one of many manifestations of reaction and rebellion against the esthetics and themes and attitudes of the early decades of the century. His voice joined the growing chorus of poets of all races who freely sang out the sensuous abandon and the servile state of men of color everywhere in the Americas. However, the outcry was not for the black man alone, "negro más por el hambre que por la raza" (Regino Pedroso, 1898–, "Hermano negro"). This "poesía negra," as it was commonly called and also commonly misunderstood, responded to a compelling urge to speak out for mass man and for social justice. In Cuba the movement represented another step forward toward the fulfilment of an authentic lyric nationalism; in Nicolás Guillén this exciting blend of folk art and refined artistic expression was a significant contribution toward the creation of a modern Negro culture. Guillén depicts his racial brothers in their basic sensual moods and passions ("Sóngoro cosongo," "Canto negro"); he humors them for their childish vanities and social pretensions ("Mulata"); he indulges them in their superstitious beliefs and customs ("Balada del güije," "Sensemayá"); he chides them for their innocent submission to exploitation and to poverty ("Sabás"); and he goads them into an awareness of the need for demanding equality with all races and classes of men ("Dos niños," "No sé por qué piensas tú . . ."). But above all he catches them in action, in the incessant motion of their bodies in song, in dance, in love, in hate, in all of their primal passions and impulses. And to capture this tireless movement, at times languid but more often frenetic, he has tapped a rich vein of pure onomatopoetic sounds that are a delight both to the ear and to the eye, a contrapuntal harmony of explosive syllables, of strong vowels, and of alliterative phrasings that conjure up the rhythms and the beat of song and heart, of dance and incantation, of a people who live at a high emotional pitch. And the poet vies with the best of his fellow practitioners in the skilful use of the "jitanjáfora," or as one critic has aptly described these tonal creations, "las sonoras hermanas de la metáfora." But Guillén is much more than a manipulator of "jitanjáforas." He has become one of the most serious and socially committed poets of his generation.

❧MULATA

Ya yo me enteré, mulata,
mulata, ya sé que dice
que yo tengo la narice
como nudo de corbata.

5 Y fíjate bien que tú
no ere tan adelantá,[1]
porque tu boca e bien grande,
y tu pasa,[2] colorá.

Tanto tren[3] con tu cuerpo,

10 tanto tren;
tanto tren con tu boca,
tanto tren;
tanto tren con tu sojo,[4]
tanto tren . . .

15 Si tú supiera, mulata,
la verdá:
¡que yo con mi negra tengo,
y no te quiero pa na!

(Motivos de son, 1930)

❧SÓNGORO COSONGO[5]

¡Ay, negra,
si tú supiera!

Anoche te vi pasar,
y no quise que me viera.
5 A él tú le hará como a mí,
que cuando no tuve plata
te corrite de bachata,[6]
sin acordarte de mí.

Sóngoro, cosongo,
10 songo be;
sóngoro, cosongo

de mamey;
sóngoro, la negra
baila bien;
15 sóngoro de uno,
sóngoro de tré.

Aé,
vengan a ver;
aé, vamo pa ver;
20 ¡vengan, sóngoro cosongo,
sóngoro cosongo
de mamey!

(Motivos de son, 1930)

❧LA CANCIÓN DEL BONGÓ[7]

Ésta es la canción del bongó:
—Aquí el que más fino sea,
responde, si llamo yo.
Unos dicen: *ahora mismo,*
5 otros dicen: *allá voy.*
Pero mi repique bronco,
pero mi profunda voz,
convoca al negro y al blanco,
que bailan el mismo son,[8]
10 cueripardos o almiprietos

más de sangre que de sol,
pues quien por fuera no es noche,
por dentro ya oscureció.
Aquí el que más fino sea,
15 responde, si llamo yo.

En esta tierra, mulata
de africano y español
(Santa Bárbara de un lado,
del otro lado, Changó)

---

[1] adelantá (adelantada): *light-complexioned, almost white.*
[2] pasa: short, stiff, curly hair of colored people.
[3] tren: *ostentation, preoccupation.*
[4] tu sojo = tus ojos.

[5] sóngoro, cosongo: onomatopoetic words.
[6] bachata: *fiesta.*
[7] bongó: Afro-Cuban drum.
[8] son: popular Cuban song and dance.

20 siempre falta algún abuelo,
   cuando no sobra algún Don,
   y hay títulos de Castilla
   con parientes en Bondó:[9]
   vale más callarse, amigos,
25 y no menear la cuestión,
   porque venimos de lejos,
   y andamos de dos en dos.
   Aquí el que más fino sea,
   responde, si llamo yo.

30 Habrá quien llegue a insultarme,
   pero no de corazón;
   habrá quien me escupa en público,

cuando a solas me besó . . .
A ése, le digo:
35   —Compadre,
   ya me pedirás perdón,
   ya comerás de mi ajiaco,[10]
   ya me darás la razón,
   ya me golpearás el cuero,
40 ya bailarás a mi voz,
   ya pasearemos del brazo,
   ya estarás donde yo estoy:
   ya vendrás de abajo arriba,
   ¡que aquí el más alto soy yo!

(*Sóngoro cosongo*, 1931)

CANTO NEGRO

¡Yambambó,[11] yambambé!

Repica el congo solongo,
repica el negro bien negro;
congo solongo del Songo,
5 baila yambó sobre un pie.

Mamatomba,
serembe cuserembá.
El negro canta y se ajuma,[12]
el negro se ajuma y canta,
10 el negro canta y se va.

Acuememe serembó,
   aé;
  yambó,
   aé.

15 Tamba, tamba, tamba, tamba,
tamba del negro que tumba;
tumba del negro, caramba,
caramba, que el negro tumba:
¡yamba, yambó, yambambé!

(*Sóngoro cosongo*, 1931)

RUMBA

La rumba
revuelve su música espesa
con un palo.
Jenjibre y canela . . .
5 ¡Malo!
Malo, porque ahora vendrá el negro chulo
con Fela.

Pimienta de la cadera,
grupa flexible y dorada:
10 rumbera buena,
rumbera mala.

En el agua de tu bata
todas mis ansias navegan:
rumbera buena,
15 rumbera mala.

Anhelo el de naufragar
en ese mar tibio y hondo:
¡fondo
del mar!

20 Trenza tu pie con la música
el nudo que más me aprieta:

[9] Bondó: a town in the northern Congo.
[10] ajiaco: a popular Cuban dish.
[11] yambambó, yambambé, congo, solongo, songo,

yambó, mamatomba, serembe, cuserembá, acuemene,
serembó, tamba, yamba: onomatopoetic words.
[12] ajumarse = emborracharse.

resaca de tela blanca
sobre tu carne trigueña.

Locura del bajo vientre,
25 aliento de boca seca;
el ron que se te ha espantado,
y el pañuelo como riendas.

Ya te cogeré domada,
ya te veré bien sujeta,
30 cuando como ahora huyes,
hacia mi ternura vengas,
rumbera
buena;
o hacia mi ternura vayas,
35 ¡rumbera
mala!

No ha de ser larga la espera,
rumbera
buena;
40 ni será eterna la bacha,[13]
rumbera
mala;
te dolerá la cadera,
rumbera
45 buena;
cadera dura y sudada,
rumbera
mala . . .
¡Último
50 trago!
Quítate, córrete, vámonos . . .
¡Vamos!

(*Sóngoro cosongo*, 1931)

∽SECUESTRO DE LA MUJER DE ANTONIO

Te voy a beber de un trago,
como una copa de ron;
te voy a echar en la copa
de un son,
5 prieta, quemada en ti misma,
cintura de mi canción.

Záfate tu chal de espumas
para que torees la rumba;
y si Antonio se disgusta
10 que se corra por ahí:
¡la mujer de Antonio tiene
que bailar aquí!

Desamárrate, Gabriela.
Muerde
15 la cáscara verde,
pero no apagues la vela;
tranca
la pájara blanca,
y vengan de dos en dos,
20 que el bongó
se calentó . . .

De aquí no te irás, mulata,
ni al mercado ni a tu casa;
aquí molerán tus ancas
25 la zafra de tu sudor:

repique, pique, repique,
repique, repique, pique,
pique, repique, repique,
po![14]

30 Semillas las de tus ojos
darán sus frutos espesos;
y si viene Antonio luego
que ni en jarana pregunte
cómo es que tú estás aquí . . .
35 Mulata, mora, morena,
que ni el más toro se mueva,
porque el que más toro sea
saldrá caminando así;
el mismo Antonio, si llega,
40 saldrá caminando así;
todo el que no esté conforme,
saldrá caminando así . . .
Repique, repique, pique,
repique, repique, po;
45 ¡prieta, quemada en ti misma,
cintura de mi canción!

(*Sóngoro cosongo*, 1931)

---

[13] bacha: *fiesta*.

[14] repique . . . po: onomatopoetic words.

∾∾Velorio de Papá Montero

Quemaste la madrugada
con fuego de tu guitarra:
zumo de caña en la jícara
de tu carne prieta y viva,
5 bajo luna muerta y blanca.

El son te salió redondo
y mulato, como un níspero.
Bebedor de trago largo,
garguero de hoja de lata,
10 en mar de ron barco suelto,
jinete de la cumbancha:[15]
¿qué vas hacer con la noche,
si ya no podrás tomártela,
ni qué vena te dará
15 la sangre que te hace falta,
si se te fue por el caño
negro de la puñalada?

¡Ahora sí que te rompieron,
Papá Montero!

20 En el solar te esperaban,
pero te trajeron muerto;
fue bronca de jaladera,[16]
pero te trajeron muerto;
dicen que él era tu ecobio,[17]
25 pero te trajeron muerto;

el hierro no apareció,
pero te trajeron muerto.

Ya se acabó Baldomero:
¡zumba, canalla y rumbero!

30 Sólo dos velas están
quemando un poco de sombra;
para tu pequeña muerte
con esas dos velas sobra.
¡Y que te alumbran, más que velas,
35 la camisa colorada
que iluminó tus canciones,
la prieta sal de tus sones,
y tu melena planchada!

¡Ahora sí que te rompieron,
40 Papá Montero!

Hoy amaneció la luna
en el patio de mi casa;
de filo cayó en la tierra,
y allí se quedó clavada.
45 Los muchachos la cogieron
para lavarle la cara,
y yo la traje esta noche,
y te la puse de almohada.

(Sóngoro cosongo, 1931)

∾∾Sensemayá[18]

CANTO PARA MATAR UNA CULEBRA

¡Mayombe—bombe—mayombé!
¡Mayombe—bombe—mayombé!
¡Mayombe—bombe—mayombé!

La culebra tiene los ojos de vidrio;
5 la culebra viene y se enreda en un palo;
con sus ojos de vidrio, en un palo,
con sus ojos de vidrio.
La culebra camina sin patas;
la culebra se esconde en la yerba;
10 caminando se esconde en la yerba,
caminando sin patas.

¡Mayombe—bombe—mayombé!
¡Mayombe—bombe—mayombé!
¡Mayombe—bombe—mayombé!

15 Tú le das con el hacha, y se muere:
¡dale ya!
¡No le des con el pie, que te muerde,
no le des con el pie, que se va!

Sensemayá, la culebra,
20 sensemayá.
Sensemayá, con sus ojos,

[15] cumbancha: *fiesta.*
[16] jaladera=borrachera.
[17] ecobio: *close friend.*

[18] sensemayá, mayombe, bombe, mayombé: onomatopoetic words.

sensemayá.
Sensemayá, con su lengua,
sensemayá.
25 Sensemayá, con su boca,
sensemayá . . .

¡La culebra muerta no puede comer;
la culebra muerta no puede silbar;
no puede caminar,
30 no puede correr!

¡La culebra muerta no puede mirar;
la culebra muerta no puede beber;

no puede respirar,
no puede morder!

35 ¡Mayombe—bombe—mayombé!
Sensemayá, la culebra . . .
¡Mayombe—bombe—mayombé!
Sensemayá, no se mueve . . .
¡Mayombe—bombe—mayombé!
40 *Sensemayá, la culebra . . .*
¡Mayombe—bombe—mayombé!
¡Sensemayá, se murió!

(*West Indies Ltd.*, 1934)

⤳BALADA DEL GÜIJE[19]

¡Ñeque,[20] que se vaya el ñeque!
¡Güije, que se vaya el güije!

Las turbias aguas del río
son hondas y tienen muertos;
5 carapachos de tortuga,
cabezas de niños negros.
De noche saca sus brazos
el río, y rasga el silencio
con sus uñas, que son uñas
10 de cocodrilo frenético.
Bajo el grito de los astros,
bajo una luna de incendio,
ladra el río entre las piedras
y con invisibles dedos,
15 sacude el arco del puente
y estrangula a los viajeros.

¡Ñeque, que se vaya el ñeque!
¡Güije, que se vaya el güije!

Enanos de ombligo enorme
20 pueblan las aguas inquietas;
sus cortas piernas, torcidas;
sus largas orejas, rectas.
¡Ah, que se comen mi niño,
de carnes puras y negras,
25 y que le beben la sangre,
y que le chupan las venas,

y que le cierran los ojos,
los grandes ojos de perlas!
¡Huye, que el coco te mata,
30 huye antes que el coco venga!
Mi chiquitín, chiquitón,
que tu collar te proteja . . .

¡Ñeque, que se vaya el ñeque!
¡Güije, que se vaya el güije!

35 Pero Changó no lo quiso.
Salió del agua una mano
para arrastrarlo . . . Era un güije.
La abrió en dos tapas el cráneo,
le apagó los grandes ojos,
40 le arrancó los dientes blancos,
e hizo un nudo con las piernas
y otro nudo con los brazos.
Mi chiquitín chiquitón,
sonrisa de gordos labios,
45 con el fondo de tu río
está mi pena soñando,
y con tus venitas secas
y tu corazón mojado . . .

¡Ñeque, que se vaya el ñeque!
50 ¡Güije, que se vaya el güije!
¡Ah, chiquitín, chiquitón,
pasó lo que yo te dije!

(*West Indies Ltd.*, 1934)

⤳SABÁS

Yo vi a Sabás, el negro sin veneno,
pedir su pan de puerta en puerta.

¿Por qué, Sabás, la mano abierta?
(Este Sabás es un negro bueno.)

---

[19] güije: black goblin or gnome of Cuban folklore.

[20] ñeque="mal de ojo" or *bad luck*.

5 Aunque te den el pan, el pan es poco,
y menos ese pan de puerta en puerta.
¿Por qué, Sabás, la mano abierta?
(Este Sabás es un negro loco.)

Yo vi a Sabás, el negro hirsuto,
10 pedir por Dios para su muerta.
¿Por qué, Sabás, la mano abierta?
(Este Sabás es un negro bruto.)

Coge tu pan, pero no lo pidas;
coge tu luz, coge tu esperanza cierta
15 como a un caballo por las bridas.
Plántate en medio de la puerta,
pero no con la mano abierta,
ni con tu cordura de loco:
aunque te den el pan, el pan es poco,
20 y menos ese pan de puerta en puerta.

¡Caramba, Sabás, que no se diga!
Sujétate los pantalones,
y mira a ver si te las compones
para educarte la barriga!
25 La muerte, a veces, es buena amiga,
y el no comer, cuando es preciso
para comer, el pan sumiso,
tiene belleza. El cielo abriga.

El sol calienta. Es blando el piso
30 del portal. Espera un poco,
afirma el paso irresoluto
y afloja más el freno . . .
¡Caramba, Sabás, no seas tan loco!
¡Sabás, no seas tan bruto,
35 ni tan bueno!

(*West Indies Ltd.*, 1934)

∞∞DOS NIÑOS

Dos niños, ramas de un mismo árbol de miseria,
juntos en un portal bajo la noche calurosa,
dos niños pordioseros llenos de pústulas,
comen de un mismo plato como perros hambrientos
5 la comida lanzada por la pleamar de los manteles.
Dos niños: un negro, otro blanco.

Sus cabezas unidas están sembradas de piojos;
sus pies muy juntos y descalzos;
las bocas incansables en un mismo frenesí de mandíbulas,
10 y sobre la comida grasienta y agria,
dos manos: una negra, otra blanca.

¡Qué unión sincera y fuerte!
Están sujetos por los estómagos y por las noches foscas,
y por las tardes melancólicas en los paseos brillantes,
15 y por las mañanas explosivas,
cuando despierta el día con sus ojos alcohólicos.
Están unidos como dos buenos perros . . .
Juntos así como dos buenos perros,
uno negro, otro blanco,
20 cuando llegue la hora de la marcha
¿querrán marchar como dos buenos hombres,
uno negro, otro blanco?

Dos niños, ramas de un mismo árbol de miseria,
comen en un portal, bajo la noche calurosa.

(*West Indies Ltd.*, 1934)

∿No sé por qué piensas tú

No sé por qué piensas tú,
soldado, que te odio yo,
si somos la misma cosa,
yo,
5 tú.

Tú eres pobre, lo soy yo;
soy de abajo, lo eres tú:
¿de dónde has sacado tú,
soldado, que te odio yo?

10 Me duele que a veces tú
te olvides de quién soy yo;
caramba, si yo soy tú,
lo mismo que tú eres yo.

Pero no por eso yo
15 he de malquererte, tú;

si somos la misma cosa,
yo,
tú,
no sé por qué piensas tú,
20 soldado, que te odio yo.

Ya nos veremos yo y tú,
juntos en la misma calle,
hombro con hombro, tú y yo,
sin odios ni yo ni tú,
25 pero sabiendo tú y yo,
a dónde vamos yo y tú . . .
¡No sé por qué piensas tú,
soldado, que te odio yo!

(Cantos para soldados y sones para turistas, 1937)

∿Un largo lagarto verde

Por el Mar de las Antillas
(que también Caribe llaman)
batida por olas duras
y ornada de espumas blandas,
5 bajo el sol que la persigue
y el viento que la rechaza,
cantando a lágrima viva
navega Cuba en su mapa:
un largo lagarto verde,
10 con ojos de piedra y agua.

Alta corona de azúcar
le tejen agudas cañas;
no por coronada libre,
sí de su corona esclava:
15 reina del manto hacia fuera,

del manto adentro, vasalla,
triste como la más triste
navega Cuba en su mapa:
un largo lagarto verde,
20 con ojos de piedra y agua.

Junto a la orilla del mar,
tú que estás en fija guardia,
fíjate, guardián marino,
en las puntas de las lanzas
25 y en el trueno de las olas
y en el grito de las llamas
y en el lagarto despierto
sacar las uñas del mapa:
un largo lagarto verde,
30 con ojos de piedra y agua.

(La paloma de vuelo popular: Elegías, 1948)

Carlos Pellicer

MEXICO, 1899–   Pellicer writes with the sharp eye of the painter, the firm hand of the sculptor, and the sensitive heart of the poet. Many have credited his muse with more imagination than warmth, and some have suspected that "his heart is in his eyes." Yet his vision is clear and precise; his world is luminous with health and joy; and his poetry is vibrant with the color and music and passion of the tropics. An indefatigable forger of images, he arranges them skilfully and excitingly on his verbal canvas, often in intricate design, just as if he were working on a mural, a mural that emerges classic in tone, harmonious of color and line.

In his earlier years the poet would on occasion yearn for a less brilliant brush: "¡Trópico, para qué me diste/ las manos llenas de color!" But his art is not solely plastic and transparent. Under the ample cloak of his resplendent imagery there is subtlety and irony and depth of feeling. He is not intent only in describing a landscape: "describir un paisaje es un sacrilegio." Rather, he would strive to have nature herself doubt her very being by inviting her to "beber el sueño del abismo/ en la mano espiral del cielo humano." To capture the essence of beauty calls for more than the masterful manipulation of color and form:

> A todo cuerpo viene la belleza
> y anticipa en los aires la proeza
> de ser sin el poema poesía.

And so it is that the poet's eye and heart work joyfully with his hands, hands that would be more concerned with clarity than with color, "los diez dedos que no fueron tocados/ sino/ por/ la/ sola/ poesía." Clarity, which is light, a light that emanates from a clear and creative faith in God. Clarity and faith in search of beauty and of truth:

> Pintar con ojos y mirar con manos
> para ver de tocar los más lejanos
> cielos del corazón. El Universo
>
> es sólo un ojo inmenso; su mirada
> se ahonda en lo ordenado y lo disperso.
> Desde la luz se mira hacia la nada.

ᘓᘗ ESTUDIO

Jugaré con las casas de Curazao,[1]
pondré el mar a la izquierda
y haré más puentes movedizos.
¡Lo que diga el poeta!
5   Estamos en Holanda y en América
y es una isla de juguetería,
con decretos de reina
y ventanas y puertas de alegría.
Con las cuerdas de la lira
10 y los pañuelos del viaje,
haremos velas para los botes

que no van a ninguna parte.
La casa de gobierno es demasiado pequeña
para una familia holandesa.
15 Por la tarde vendrá Claude Monet[2]
a comer cosas azules y eléctricas.
Y por esa callejuela sospechosa
haremos pasar la Ronda de Rembrandt.[3]
. . . pásame el puerto de Curazao!
20   isla de juguetería,
con decretos de reina
y ventanas y puertas de alegría.

(Colores en el mar y otros poemas, 1921)

ᘓᘗ RECUERDOS DE IZA (UN PUEBLECITO DE LOS ANDES)

1   Creeríase que la población,
despúes de recorrer el valle,
perdió la razón
y se trazó una sola calle.

2   Y así bajo la cordillera
se apostó febrilmente como la primavera.

3   En sus ventas el alcohol
está mezclado con sol.

4   Sus mujeres y sus flores
hablan el dialecto de los colores.

5   Y el riachuelo que corre como un caballo,
arrastra las gallinas en febrero y en mayo.

6   Pasan por la acera
lo mismo el cura, que la vaca y que la luz postrera.

7   Aquí no suceden cosas
de mayor trascendencia que las rosas.

8   Como amenaza lluvia,
se ha vuelto morena la tarde que era rubia.

9   Parece que la brisa
estrena un perfume y un nuevo giro.

10 Un cantar me despliega una sonrisa
y me hunde un suspiro.

(Colores en el mar y otros poemas, 1921)

---

[1] Curazao: Curaçao, largest island of the Netherlands Antilles.
[2] French impressionist painter (1840–1926).
[3] la Ronda de Rembrandt: The reference is to the painting commonly known as *The Night Watch*, the unlucky masterpiece by the Dutch painter and etcher Rembrandt (1606–1669).

DESEOS

Trópico, para qué me diste
las manos llenas de color.
Todo lo que yo toque
se llenará de sol.
5 En las tardes sutiles de otras tierras
pasaré con mis ruidos de vidrio tornasol.
Déjame un solo instante
dejar de ser grito y color.
Déjame un solo instante
10 cambiar de clima el corazón,
beber la penumbra de una cosa desierta,

inclinarme en silencio sobre un remoto balcón,
ahondarme en el manto de pliegues finos,
dispersarme en la orilla de una suave devoción,
15 acariciar dulcemente las cabelleras lacias
y escribir con un lápiz muy fino mi meditación.
¡Oh, dejar de ser un solo instante
el Ayudante de Campo del sol!
¡Trópico, para qué me diste
20 las manos llenas de color!

(*6, 7 poemas*, 1924)

ESTUDIO

El corazón nutrido de luceros
ha de escuchar un día
el signo musical y el ritmo eternos.

Y el ojo que endulzó lágrima pura
5 ha de mirar un día
el agua danzarina de la gracia desnuda.

Sobre el labio de orilla bulliciosa
ha de caer un día
la voz de una palabra portentosa.

10 El sinfónico oído de colores
ha de escuchar un día
la melodía de otros horizontes.

La mano que tocó todas las cosas
ha de tocar un día
15 proporciones sutiles, sombras de alas gozosas.

Y el brillo de la angustia sobre el alma
ha de tornarse un día
en mirada divina y en gozo sin palabras.

(*Hora y 20*, 1927)

ESTUDIOS

I
Relojes descompuestos,
    voluntarios caminos
sobre la música del tiempo.
    Hora y veinte.
5 Gracias a vuestro
paso
lento,
llego a las citas mucho después
y así me doy todo a las máquinas
10 gigantescas y translúcidas del silencio.

II
Diez kilómetros sobre la vía
de un tren retrasado.
El paisaje crece

dividido de telegramas.
5 Las noticias van a tener tiempo
de cambiar de camisa.
La juventud se prolonga diez minutos,
el ojo caza tres sonrisas.
Kilo de panoramas
10 pagado con el tiempo
que se gana perdiendo.

III
Las horas se adelgazan;
de una salen diez.
Es el trópico,
prodigioso y funesto.
5 Nadie sabe qué hora es.
No hay tiempo para el tiempo.

La sed es labia cantadora
sobre ese oasis enorme,
deslumbrante y desierto.
10 Sueño. Desnudez. Aguas sensuales.
Las ceibas se estilizan. Nacen tres mil cedros.
Algo ocurre: que hay un árbol demasiado
    joven
para figurar en un paisaje
15 tan importante.
Tristeza.
Siempre grande, noble y nueva.
Los relojes se atrasan,
se perfecciona la pereza.
20 Las palmeras son primas de los sauces.
El caimán es un perro aplastado.
Las garzas inmovilizan el tiempo.
El sol madura entre los cuernos
del venado.
25 La serpiente

se suma veinte veces.
La tarde es un amanecer nuevo y más largo.
En una barca de caoba,
desnudo y negro,
30 baja por el río Quetzalcóatl.
Lleva su cuaderno de épocas.
Viene de Palenque.
Sus ojos verdes brillan; sus brazos son
    hermosos;
35 le sigue un astro, y se pierde.
Es el trópico.

La frente cae como un fruto
sobre la mano fina y estéril.
Y el alma vuela.
40 Y en una línea nueva de la garza,
renace el tiempo,
lento, fecundo, ocioso,
creado para soñar y ser perfecto.

(Hora y 20, 1927)

GRUPOS DE PALOMAS

1

Los grupos de palomas,
notas, claves, silencios, alteraciones,
modifican el ritmo de la loma.
La que se sabe tornasol afina
5 las ruedas luminosas de su cuello
con mirar hacia atrás a su vecina.
Le da al sol la mirada
y escurre en una sola pincelada
plan de vuelos a nubes campesinas.

2

La gris es una joven extranjera
cuyas ropas de viaje
dan aire de sorpresas al paisaje
sin compradoras y sin primaveras.

3

Hay una casi negra
que bebe astillas de agua en una piedra.
Después se pule el pico,
mira sus uñas, ve las de las otras,
5 abre un ala y la cierra, tira un brinco
y se para debajo de las rosas.
El fotógrafo dice:
para el jueves, señora.
Un palomo amontona sus *erres* cabeceadas,
10 y ella busca alfileres

en el suelo que brilla por nada.
Los grupos de palomas
—notas, claves, silencios, alteraciones—,
modifican lugares de la loma.

4

La inevitablemente blanca,
sabe su perfección. Bebe en la fuente
y se bebe a sí misma y se adelgaza
cual un poco de brisa en una lente
5 que recoge el paisaje.
Es una simpleza
cerca del agua. Inclina la cabeza
con tal dulzura,
que la escritura desfallece
10 en una serie de sílabas maduras.

5

Corre un automóvil y las palomas vuelan.
En la aritmética del vuelo,
los *ochos* árabes desdóblanse
y la suma es impar. Se mueve el cielo
5 y la casa se vuelve redonda.
Un viraje profundo.
Regresan las palomas.
Notas. Claves. Silencios. Alteraciones.
El lápiz se descubre, se inclinan las lomas,
10 y por 20 centavos se cantan las canciones.

(Hora y 20, 1927)

∿A LA POESÍA

Sabor de octubre en tus hombros,
de abril tu mano da olor.
Reflejo de cien espejos
    tu cuerpo.
5 Noche en las flautas mi voz.

Tus pasos fueron caminos
de música. La danzó
la espiral envuelta en hojas
    de horas.
10 Desnuda liberación.

La cifra de tu estatura,
la de la ola que alzó
tu peso de tiempo intacto.
    Mi brazo
15 sutilmente la ciñó.

En medio de las espigas
y a tu mirada estival,
afilé la hoz que alía
    al día
20 la cosecha sideral.

Trigo esbelto a fondo azul
cae al brillo de la hoz.
Grano de oro a fondo negro
    aviento
25 con un cósmico temblor.

Sembrar en el campo aéreo,
crecer alto a flor sutil.
Sudó la tierra y el paso
    a ocaso
30 del rojo cedía al gris.

Niveló su ancha caricia
la mano sobre el trigal.
Todas e idénticas: ¡una!
    Desnuda
35 la voz libre dio a cantar.

Sabor de octubre en tus hombros,
de abril tu mano da olor.
Espejo de cien espejos
    mi cuerpo,
40 anochecerá en tu voz.

(Camino, 1929)

∿INVITACIÓN AL PAISAJE

Invitar al paisaje a que venga a mi mano,
invitarlo a dudar de sí mismo,
darle a beber el sueño del abismo
en la mano espiral del cielo humano.

5 Que al soltar los amarres de los ríos
la montaña a sus mármoles apele
y en la cumbre el suspiro que se hiele
tenga el valor frutal de dos estíos.

Convencer a la nube
10 del riesgo de la altura y de la aurora,
que no es el agua baja la que sube
sino la plenitud de cada hora.

Atraer a la sombra
al seno de rosales jardineros.
15 (Suma el amor la resta de lo que amor se
    nombra
y da a comer la sobra a un palomar de ceros.)

¡Si el mar quisiera abandonar sus perlas
y salir de la concha . . .!
Si por no derramarlas o beberlas
20 —copa y copo de espumas—las olvida.

Quién sabe si la piedra
que en cualquier recodo es maravilla
quiera participar de exacta exedra,[4]
taza-fuente-jardín-amor-orilla.

25 Y si aquel buen camino
que va, viene y está, se inutiliza
por el inexplicable desatino
de una cascada que lo magnetiza.

¿Podrán venir los árboles con toda
30 su escuela abecedaria de gorjeos?
(Siento que se aglomeran mis deseos
como el pueblo a las puertas de una boda.)

---

[4] exedra: *exedra,* in ancient Greece an outdoor area with stone seats, where conversations and discussions were held.

El río allá es un niño y aquí un hombre
que negras hojas junta en un remanso.
35 Todo el mundo le llama por su nombre
y le pasa la mano como a un perro manso.

¿En qué estación han de querer mis huéspedes
descender? ¿En otoño o primavera?
¿O esperarán que el tono de los céspedes
40 sea el ángel que anuncie la manzana primera?

De todas las ventanas, que una sola
sea fiel y se abra sin que nadie la abra.
Que se deje cortar como amapola
entre tantas espigas, la palabra.

45 Y cuando los invitados
ya estén aquí—en mí—, la cortesía
única y sola por los cuatro lados,
será dejarlos solos, y en signo de alegría
enseñar los diez dedos que no fueron tocados
50 sino
por
la
sola
poesía.

(Hora de junio, 1937)

ᕁᕁHORAS DE JUNIO

Amor así, tan cerca de la vida,
amor así, tan cerca de la muerte.
Junto a la estrella de la buena suerte
la luna nueva anúnciate la herida.

5 En un cielo de junio la escondida
noche te hace temblar pálido y fuerte;
el abismo creció por conocerte
robando al riesgo su sorpresa henchida.

Hiéreme así, dejándome en la herida.
10 La sangre que no cuaja ni la muerte
—la llaga con la sangre de la vida—.

Ya estás herido por mi propia suerte
y somos la catástrofe emprendida
con todo nuestro ser desnudo y fuerte.

15 Éramos la materia de los cielos
que en círculos inútiles perece
sin dar el fuego cósmico que crece
sino apenas el ritmo de sus vuelos.

Energía de idénticos anhelos
20 que aleja y avecina y que los mece,
juntó en choque de fuerzas luz que acrece
la sombra en tierra de sus hondos cielos.

Y buscándose en ambos nuestra suerte
fluyó hacia tu esbeltez la fuerza fuerte
25 que al fin su espacio halló propio y profundo.

Salgo de ti y estoy en tu tristeza,
sales de mí y estás en tu belleza.
Las estrellas nos ven: ya hay otro mundo.

Eso que no se dice ni se canta
30 es sólo un nombre ¿acaso es un suspiro?
En la sangre celeste de un zafiro
tiene lugar, y tiempo, y voz levanta.

¿En qué número numen, qué garganta,
qué secreto feliz, a cuál retiro
35 donde sólo el suspiro de un suspiro
pase, te he de esconder, ventura tanta?

Si estas manos vacías ya están llenas
al pensar en tu ser—lecho de arenas
con que las aguas doran su camino—,

40 donde ponerlas, manos asombradas
de mostrarse desnudas al destino
y levantar al cielo llamaradas.

(Hora de junio, 1937)

ᕁᕁSONETOS DE LA LUZ

I

¿Cómo sabiendo que Tú eres la vida,
ando en la muerte lleno de alborozo?
Me inclino sobre mí como ante un pozo:
¡y en sombras bajas, la estrella encendida!

5 Qué espesor de silencio en esa herida
tan desangrada como un calabozo.
Pero allá abajo chispea con gozo
esa punta de sol jamás partida.

Si te quiero cubrir, pequeño abismo,
10 sería sepultarme así en mí mismo.
Pero al cerrar los ojos, en mis ojos

la inescondible luz allí estaría.
Y entre la destrucción y sus despojos
deja esa luz su cordial joyería.

II

La luz descubre la verdad que es vida.
¿Estoy amaneciendo muy despacio?
El cuerpo, tumba en luz, será un palacio;
la copa, con el agua confundida.

5 Quiero ver sin los ojos, descendida
e invasora de cuanto en mí es espacio
la jocunda explosión de ese topacio
que en luz esconde su verdad cumplida.

Iluminarme luminosamente
10 como el agua que sale bajo el puente
y en el instante que el cenit ordena.

La luz descubre la verdad que es vida.
¡Cristo, Dueño y Señor, pon la azucena
sobre el sepulcro de la ceiba hendida!

(*Práctica de vuelo,* 1956)

⚬⚬⚬La balada de los tres suspiros

Cuando la palabra ocaso
se presentó:
estábamos aún sentados a la mesa
y no éramos aún trece, ¡no!

5 Pero sí noté que en mi sangre
algo se despedía,
y dije tu nombre
como quien pide un poco de fruta
para que sólo yo me diera cuenta de mi vida.

10 Entonces irrumpieron los suspiros
como niños desobedientes
que regresan callados.

Uno traía ya roto el zafiro
robado a la ingenua fuente
15 en la que todo se calla por sabido.

Otro volvió desnudo,
le robaron la ropa una noche de luna,
sin que los ruiseñores

opusieran resistencia,
20 y era tan bello que no pudo
librarse de una ancha mirada
del más severo de los árboles.

El otro había perdido
la creencia en sí mismo
25 y daba, nada a manos llenas.
¿Por qué se acercaron a mí
para pedirme . . . , qué?

Entre las flores desmayadas de la mesa,
una volvió en sí,
30 y se metió en mi pecho, del lado izquierdo,
en tanto que la ventana
con traje de luces
repitió la palabra ocaso
sin poder dar ya
35 un solo paso
más.

(*Material poético,* 1962)

⚬⚬⚬Memorias de la Casa del Viento

I. ESCALERA AL MAR

En la Casa del Viento,
hay una escalera que conduce al mar.

Abajo, entre sus chácharas de espuma,
el mar acude a sí mismo para no naufragar.
5 Y entre pérdidas y ganancias
redondea su acontecimiento
de no llevarse lo que olvidará.

El despilfarro con que se mueve
nos turbiniza en tal forma que comenzamos a trabajar.
10   Y la máquina del deseo cruza sus fábricas mejores,
un poco tzentzontle y un poco jaguar.

En la Casa del Viento,
hay una escalera que conduce al mar.

Ayer que fui a bañarme en una fuente
15   que se deslíe inútilmente cerca de la mitad,
hallé los peldaños cubiertos de hojas
como si el otoño le llevara al viento
la máquina rota de su soledad.
Mientras yo me bañaba,
20   el mar la dio por decir a gritos que yo no tenía allí nada que buscar,
como si mi encuentro con el día desnudo
fuera el último robo de mi tacto sensual.

A mí qué me importa la espuma dilapidada,
ni el rostro de la roca,
25   ni el aprendizaje de catarata de cada ola del mar;
ni la publicidad de tanto ruido
para invitarlo a uno a meditar.
Hay una cítara escondida
que me llama en la oscuridad,
30   que sabe la historia de todos los peces muertos
de la boca del viento que baja
por la escalera que conduce al mar.
Y ella es el testimonio de que hay alguien
escondido en la roca de la que tan entrañablemente
35   hace su aparición el manantial.

En esta Casa del Viento
los ojos son más grandes que los oídos,
que bajan por la escalera que conduce al mar,
y sin decir palabra nos están diciendo
40   que aquí vivió una vez la mano[5]
que entre el agua y la tierra y el aire y el fuego,
se puso a pintar.

2. MIRADA AL MAR

Cuando estoy frente al mar,
el tiempo es un ángel que esconde las horas
y ya no se recuerda lo que se va a olvidar.

Toma la vida la postura
5   de un gran camino horizontal,
donde perderse es llegar siempre
a la línea ambulante de nuestra bien construida soledad.
Hermoso mar que viene de tan cerca
y nunca acaba de llegar.

---

[5] Diego Rivera. (Pellicer's note.)

10 En el sonido son sonoro
de la sonaja resonante de su explosiva actividad
que masca el tiempo desde el fondo
de la mañana elemental,
es como un tianguis[6] que acapara
15 y a precios de alma nos ofrece
la propia sangre que en nosotros no hemos podido aprovechar.

Vivo en la Casa del Viento,
pero mi corazón está en el mar.

El horizonte alza sus nubes
20 como veleros colosales que aire escuadrón disolverá
y el auge intacto de las luces
cantea el verde de los árboles con aparato general.
Con cuánto acero el mar concurre
—buen paladín hospitalario—
25 a restaurar en mis pulmones la garantía tropical.
En cada músculo recibo la bofetada saludable
con que la sal redunda en oro
la travesía fraternal.

Millón y pico de silencio
30 en un instante enarbolado
sombrea el tálamo infecundo deste decir todo arenal.
Y un rebotado espumarajo
destruye en claro el buen silencio en que me quise acomodar.
Acto seguido, las palabras
35 con que reanudo estos vitrales
en los que apenas filtra un filo de lo que ansiara declarar,
se vuelven lápidas de espuma
y así perdura en cada sílaba
mi desbordante soledad.

40 Yo vivo en la Casa del Viento,
pero mi corazón está en el mar.

3. NO SÉ POR QUÉ PASÓ

Si es de un jalón,
que venga el mar.
Acomodemos los ojos
y en cada mirada obtengamos una semilla que sembrar.
5 Todo papel apalabrado
debe ser para figurar
en el callejón de las imágenes
que afarolé de propios ojos y nunca pude transitar.

Pero si es de un jalón,
10 que venga el mar.

¡Qué alegría la de las olas en la playa con las que hemos venido a jugar!
Formar parte de la ola,

---

[6] tianguis=plaza, mercado.

y salir desembuchado de un gran bulto de espuma
y redoblar,
15 es meterse en camisa de once varas
cosida y descosida por el mar.
La contra ola de regreso
nos da el jalón con la arena
y con los ojos en agua de sal,
20 nos cuesta erguirnos ante el horizonte
medio atarantado de tanto reventar.

Sube la noche sin preguntar por nadie
y todas las cosas se empiezan a arrinconar.
La desnudez se vuelve antigua
25 y la luz de la noche se llena de humedad.
Hay dos estrellas dentro de mis ojos
de las que hago nacer la oscuridad
y del tumulto sin testigos
va quedando solamente una deshabitada oquedad.
30 Tras la huella de mis pasos
siento que se acerca un gran viento animal,
como si me pusieran sobre los hombros un manto de murciélagos
y yo no pudiera hablar
sino de mariposas tragadas por tiburones
35 y de palmeras reales flotando sobre el mar.

Las montañas se acercan al cielo
y la noche se hace mar.

Un rayo de horror hace crujir mi sombra,
pero invoqué al Arcángel San Miguel y en mis ojos
40 distribuyó la luz como la mañana en un cañaveral.

Yo no sé nada de aquello
y esto, que no sé dónde está
pasó lejos de la Casa del Viento
donde hay una escalera que conduce al mar.

(Material poético, 1962)

~~~Jaime Torres Bodet

MEXICO, 1902–   Consistent with the restraint so characteristic of his
country's muse is the even flow of verse and prose of this distinguished
representative of contemporary Mexico's intellectual and public life.
Extensive and varied as his work has been, it has never fluctuated wildly
in its passage through the gamut of modern esthetic experimentation.
Conscious of his mission, painstaking and reflective, the poet has kept
abreast of current trends without ever surrendering to the pressures and
peculiarities of any period. With measured step he has moved away
from postmodernist forms and themes, striving with increasing concern
for a more expressive and more personal imagery, but with attention
always sharply focussed on the burden of his thought. With like consummate skill Torres Bodet can reproduce the poetic aspects of visual reality
or breathe life into the most subtle abstractions of his contemplative art.
Form becomes ever more subservient to thought in his later work;
nothing must hinder the poet in the precision with which he gives voice,
"sin tregua," to his mounting preoccupation with the philosophical
constants of our time. As a consequence, his poetry—and his prose too—
lacks much of the intimate warmth one would expect of so subjective an
artist.

~~~MÉXICO CANTA EN LA RONDA DE MIS CANCIONES DE AMOR

México está en mis canciones,
México dulce y cruel,
que acendra los corazones
en finas gotas de miel.

5   Lo tuve siempre presente
cuando hacía esta canción;
¡su cielo estaba en mi frente;
su tierra, en mi corazón!

México canta en la ronda
10 de mis canciones de amor,
y en guirnalda con la ronda
la tarde trenza su flor.

Lo conoceréis un día,
amigos de otro país:
15 ¡tiene un color de alegría
y un acre sabor de anís!

¡Es tan fecundo, que huele
como vainilla en sazón
y es sutil! Para que vuele
20 basta un soplo de oración . . .

Lo habréis comprendido entero
cuando podáis repetir
¿Quién sabe? con el mañero
proverbio de mi país . . .

25   *¿Quién sabe?* ¡Dolor, fortuna!
      ¿Quién sabe? ¡Fortuna, amor!
      ¿Quién sabe?, dirá la cuna,
      ¿Quién sabe?, el enterrador . . .

      En la duda arcana y terca,
30   México quiere inquirir:
      un disco de horror lo cerca . . .
      ¿Cómo será el porvenir?

      ¡El porvenir! ¡No lo espera!
      Prefiere, mientras, cantar,
35   que toda la vida entera
      es una gota en el mar;

      una gota pequeñita
      que cabe en el corazón:
      Dios la pone, Dios la quita . . .
40   ¡Cantemos nuestra canción!

                              (*Nuevas canciones*, 1923)

ᕈᕈPAZ

      No nos diremos nada. Cerraremos las puertas.
      Deshojaremos rosas sobre el lecho vacío
      y besaré, en el hueco de tus manos abiertas,
      la dulzura del mundo, que se va, como un río . . .

                              (*Los días*, 1923)

ᕈᕈMEDIODÍA

      Tener, al mediodía, abiertas las ventanas
      del patio iluminado que mira al comedor.
      Oler un olor tibio de sol y de manzanas.
      Decir cosas sencillas: las que inspiren amor . . .

5   Beber un agua pura, y en el vaso profundo,
      ver coincidir los ángulos de la estancia cordial.
      Palpar, en un durazno, la redondez del mundo.
      Saber que todo cambia y que todo es igual.

      Sentirse, ¡al fin!, maduro, para ver, en las cosas,
10   nada más que las cosas: el pan, el sol, la miel . . .
      Ser nada más el hombre que deshoja unas rosas,
      y graba, con la uña, un nombre en el mantel . . .

                              (*Los días*, 1923)

ᕈᕈRUPTURA

      Nos hemos bruscamente desprendido
      y nos hemos quedado
      con las manos vacías, como si una guirnalda
      se nos hubiese ido de las manos;
5   con los ojos al suelo,
      como viendo un cristal hecho pedazos:
      el cristal de la copa en que bebimos
      un vino tierno y pálido . . .

      Como si nos hubiéramos perdido,
10   nuestros brazos
      se buscan en la sombra . . . ¡Sin embargo,
      ya no nos encontramos!

      En la alcoba profunda
      podríamos andar meses y años,
15   en pos uno del otro,
      sin hallarnos . . .

                              (*Poemas*, 1924)

❧Eco

¿Cómo pude arrancar,
con qué mano sin alma al árbol seco
en que la vida endureció sus savias
los tímidos renuevos de lo eterno?

5　Cambié
por un collar de frágiles palabras
un ánfora colmada de silencio.

¡Ay! ¿Por qué te maté dentro de mí,
Eternidad? Llevé tu cauce lento
10　a despeñarse en una
catarata de músicas vulgares
para mover las fábricas del eco . . .

Te dividí en minutos.
Rompí la adusta integridad del tiempo,

15　en cuyo ancho caudal, solemne, bogas.
Tuve miedo de ti, como de un vuelo.

Nada quedó después.
He roto, Vida, tu árbol más perfecto
para tejer guirnaldas con las hojas
20　y coger, en sus redes, los pájaros del viento.

Ahora miro el hueco que dejó
tu raíz en el suelo.

¡Y cada fibra rota
resucita sensible, dolorosa,
25　en las fibras desnudas de mis nervios!

(Biombo, 1925)

❧Despertar

Encendí, esta mañana,
más temprano que nunca,
la lámpara del alba
sobre tu lecho,
5　y puse el alma, obscura, de pantalla . . .

Como las guías mustias
de una guirnalda,
caían de tus hombros de novicia
los brazos, sin color, sobre las sábanas.

10　En la boca, marchita por la fiebre,
una tonalidad malva
substituía el rojo de los besos
con las violetas de la madrugada.

Estabas muerta. Pero no sentí
15　en tu actitud, en tu silencio, nada
que no indujera a recordar la onda

de una hermosa guirnalda deshojada.
La tristeza de ser
te había abandonado entre las blancas
20　cortinas entreabiertas de la aurora.

Andabas, libre de tu corazón,
por las colinas trémulas del alba.

¡Cuánto hubiera querido
no remover el agua
25　de tu sueño
con el rumor de una palabra humana!

¡Y qué no hubiera dado
por mirar en su fondo, al fin trenzada
al tallo de tu cuerpo,
30　la yedra melodiosa de mi alma!

(Biombo, 1925)

❧Música

Amanecía tu voz
tan perezosa, tan blanda,
como si el día anterior
hubiera
5　llovido sobre tu alma . . .

Era, primero, un temblor
confuso del corazón,
una duda de poner
sobre los hielos del agua
10　el pie
desnudo de la palabra.

Después,
iba quedando la flor
de la emoción, enredada
15 a los hilos de tu voz
con esos garfios de escarcha
que el sol
desfleca en cintillos de agua.

Y se apagaba y se iba
20 poniendo blanca,
hasta dejar traslucir,

como la luna del alba
la luz
tierna de la madrugada.

25   Y se apagaba y se iba,
¡ay!, haciendo tan delgada
como la espuma de plata
de la playa,
como la espuma de plata
30 que deja ver, en la arena,
la forma de una pisada.

(Biombo, 1925)

〜〜FE

Como en el mudo caracol resuena
del océano azul el sordo grito,
así ha quedado preso el infinito
en esta soledad que me encadena . . .

5   Aré en el mar, edifiqué en la arena,
en el agua escribí, sembré en granito
y, a través de lo hecho y de lo escrito,
mi propia libertad fue mi condena.

De cuanto pretendí, nada he logrado
10 y cuanto soy no sé si lo he querido
pues sin oriente voy hacia esa meta

que no tiene presente ni pasado . . .
Y no te culpo, fe, no me has mentido:
¡brújula te creí—y eras veleta!

(Sonetos, 1949)

〜〜FLECHA

Como el frescor del agua
conservada en el cántaro profundo
es efecto del barro que la tiene cautiva;

como la llama, trémula ante el viento,
5 no podría sin él rasgar la sombra
aunque la apague al fin el aire que la explica;
y como el surtidor señala siempre
con la altura que logra la que tuvo
en el nivel de su primera cima,
10 así tu libertad, alma, resulta
de los mismos obstáculos que vences.
Cuanto se opone a tu ambición, la afirma.

En vano te rebelas
contra el rigor del arco luminoso
15 que te lanzó a la noche estremecida . . .
Flecha eres, no más, entre las nieblas,
flecha para el perdón, flecha en la ira:
¡ciega flecha mortal que al cielo apunta
y que se salva, apenas, por la prisa!

20   No pretendas saber más que el arquero.
Él escoge la meta, el arco, el rumbo.
Tú pasas solamente . . .

Y llegar es la excusa de tu vida.

(Sin tregua, 1957)

〜〜LA NORIA

He tocado los límites del tiempo.
Y vuelvo del dolor como de un viaje
alrededor del mundo . . .

            Pero siento

5 que no salí jamás, mientras viajaba,
de un pobre aduar perdido en el desierto.

Caminé largamente, ansiosamente,
en torno de mi sombra.

Y los meses giraban y los años
10 como giran las ruedas de una noria
bajo el cielo de hierro del desierto.

¿Fue inútil ese viaje imaginario? . . .
Lo pienso, a veces, aunque no lo creo.
Porque la gota de piedad que moja
15 mi corazón sediento
y la paz que me une a los que sufren
son el premio del tiempo en el desierto.

Pasaron caravanas al lado de la noria
y junto de la noria durmieron los camellos.
20 Cargaban los camellos alforjas de diamantes.
Diamantes, con el alba, rodaban por el
suelo . . .

Pero en ninguna alforja
vi nunca lo que tengo:
una lágrima honrada, un perdón justo,
25 una piedad real frente al esfuerzo
de todos los que viven como yo
—en el sol, en la noche, bajo el cielo de
hierro—
caminando sin tregua en torno de la noria
para beber, un día,
30 el agua lenta y dura del desierto.

(*Sin tregua*, 1957)

~~~~Octavio Paz

Mexico, 1914–   Persistently, in poetry and prose alike, Octavio Paz reveals his preoccupation with man's tragic groping for identity and for meaningful communication with his fellowman. Ever since *Raíz del hombre* (1937) he has attempted to dispel the mirage of deceptive reality, to discover his "other" or true self: "y me hundo en mí mismo y no me toco" ("Espejo"), to comprehend the essence of all being where

> "Más allá de nosotros,
> en las fronteras del ser y el estar,
> una vida más vida nos reclama."

To this end he has evolved a set of symbols: "muro," "frontera," "orilla," "río," "espejo," that reflect the solitude and the silence in which man is imprisoned, "preso en la subjectividad, preso en el tiempo." Renouncing all rhetoric of the past: "Devuelvo todas las palabras, todas las creencias, toda esa comida fría en que desde el principio nos atragantan," he ardently, and hopefully, proclaims that peotry alone can assist man in reconciling the extremes—"reconciliación del pensamiento y la acción, el deseo y el fruto, la palabra y la cosa" (*Las peras del olmo*, 1957)—that keep him from attaining the full measure of authentic being. And most important of all, to assist in freeing man of himself—"para que caigan todas las máscaras"—so that he may once again be reconciled with Man, "el hombre adánico, anterior a la escisión y a la desgarradura."

The poet's images and ideas and philosophical musings are faithfully mirrored in the essays of *El laberinto de la soledad* (1950), one of the most perceptive and provocative collections yet written by nationals in their insistent search for the "secretas raíces" of the essential Mexican spirit. "Disimulación," "hermetismo," "arisca soledad" are yet other symbols of the "muralla . . . de impasibilidad y lejanía" that help to shed light on the enigmatic character of the individual and the society so artfully and effectively concealed behind their "máscaras mexicanas." Essays such as "La dialéctica de la soledad," "La 'inteligencia' mexicana," "El pachuco y otros extremos," and "Máscaras mexicanas" attest to the author's continuing concern over his dual mission, the "doble consigna de mi juventud": "Cambiar el hombre . . . cambiar la sociedad." In these essays of *El laberinto de la soledad*, myth and history, philosophy and the social sciences, become as one in the magic crucible of the poet's gift of creative synthesis.

ᴄ፠ᴄ ESPEJO

Hay una noche, un día,
un tiempo hueco, sin testigos,
sin lágrimas, sin fondo, sin olvidos;
una noche de uñas y silencio,
5 páramo sin orillas,
isla de hielo entre los días;
una noche sin nadie
sino su soledad multiplicada.

Se regresa de unos labios
10 nocturnos, fluviales,
lentas orillas de coral y savia,
de un deseo, erguido
como la flor bajo la lluvia, insomne
collar de fuego al cuello de la noche,
15 o se regresa de uno mismo a uno mismo,
y entre espejos impávidos un rostro

me repite a mi rostro, un rostro
que enmascara a mi rostro.

Frente a los juegos fatuos del espejo
20 mi ser es pira y es ceniza,
respira y es ceniza,
y ardo y me quemo y resplandezco y miento
un yo que empuña, muerto,
una daga de humo que le finge
25 la evidencia de sangre de la herida,
y un yo, mi yo penúltimo,
que sólo pide olvido, sombra, nada,
final mentira que lo enciende y quema.

De una máscara a otra
30 hay siempre un yo penúltimo que pide.
Y me hundo en mí mismo y no me toco.

(*Libertad bajo palabra*, 1949; *2nd ed.*, 1960)

ᴄ፠ᴄ DESTINO DEL POETA

¿Palabras? Sí, de aire,
y en el aire perdidas.
Déjame que me pierda entre palabras,
déjame ser el aire en unos labios,

5 un soplo vagabundo sin contornos,
breve aroma que el aire desvanece.

También la luz en sí misma se pierde.

(*Libertad bajo palabra*, 1949; *2nd ed.*, 1960)

ᴄ፠ᴄ EL MURO

Deja que te recuerde o que te sueñe,
amor, mentira cierta y ya vivida,
más que por los sentidos, por el alma.

Atrás de la memoria, en ese limbo
5 donde recuerdos, músicas, deseos,
sueñan su renacer en esculturas,
tu pelo suelto cae, tu sonrisa,
puerta de la blancura, aún sonríe
y alienta todavía ese ademán
10 de flor que el aire mueve. Todavía
la fiebre de tu mano, donde corren
esos ríos que mojan ciertos sueños,
hace crecer dentro de mí mareas
y aún suenan tus pasos, que el silencio

15 cubre con aguas mansas, como el agua
al sonido sonámbulo sepulta.

Cierro los ojos: nacen dichas, goces,
bahías de hermosura, eternidades
sustraídas, fluir vivo de imágenes,
20 delicias desatadas, pleamar,
ocio que colma el pecho de abandono.
¡Dichas, días con alas de suspiro,
leves como la sombra de los pájaros!
Y su delgada voz abre en mi pecho
25 un ciego paraíso, una agonía,
el recordado infierno de unos labios
(tu paladar: un cielo rojo, golfo
donde duermen tus dientes, caracola

donde oye la ola su caída),
30 el infinito hambriento en unos ojos,
un pulso, un tacto, un cuerpo que se fuga,
la sombra de un aroma, la promesa
de un cielo sin orillas, pleno, eterno.

Mas cierra el paso un muro y todo cesa.
35 Mi corazón a oscuras late y llama.
Con puño ciego y árido golpea
la sorda piedra y suena su latido
a lluvia de ceniza en un desierto.

(*Libertad bajo palabra*, 1949; *2nd ed.*, 1960)

ᑐᗉ DOS CUERPOS

Dos cuerpos frente a frente
son a veces dos olas
y la noche es océano.

Dos cuerpos frente a frente
5 son a veces dos piedras
y la noche desierto.

Dos cuerpos frente a frente
son a veces raíces
en la noche enlazadas.

10 Dos cuerpos frente a frente
son a veces navajas
y la noche relámpago.

Dos cuerpos frente a frente
son dos astros que caen
15 en un cielo vacío.

(*Libertad bajo palabra*, 1949; *2nd ed.*, 1960)

ᑐᗉ MÁS ALLÁ DEL AMOR

Todo nos amenaza:
el tiempo, que en vivientes fragmentos divide
al que fui
            del que seré,
5 como el machete a la culebra;
la conciencia, la transparencia traspasada,
la mirada ciega de mirarse mirar;
las palabras, guantes grises, polvo mental sobre la yerba,
        el agua, la piel;
10 nuestros nombres, que entre tú y yo se levantan,
murallas de vacío que ninguna trompeta derrumba.

Ni el sueño y su pueblo de imágenes rotas,
ni el delirio y su espuma profética,
ni el amor con sus dientes y uñas, nos bastan.
15 Más allá de nosotros,
en las fronteras del ser y el estar,
una vida más vida nos reclama.

Afuera la noche respira, se extiende,
llena de grandes hojas calientes,
20 de espejos que combaten:
frutos, garras, ojos, follajes,
espaldas que relucen,
cuerpos que se abren paso entre otros cuerpos.

25 Tiéndete aquí a la orilla de tanta espuma,
de tanta vida que se ignora y entrega:
tú también perteneces a la noche.
Extiéndete, blancura que respira,
late, oh estrella repartida,
copa,
30 pan que inclinas la balanza del lado de la aurora,
pausa de sangre entre este tiempo y otro sin medida.

(*Libertad bajo palabra*, 1949; *2nd ed.*, 1960)

⁓ARCOS

¿Quién canta en las orillas del papel?
Inclinado, de pechos sobre el río
de imágenes, me veo, lento y solo,
de mí mismo alejarme: oh letras puras,
5 constelación de signos, incisiones
en la carne del tiempo, ¡oh escritura,
raya en el agua!

        Voy entre verdores
enlazados, voy entre transparencias,
10 entre islas avanzo por el río,
por el río feliz que se desliza

y no transcurre, liso pensamiento.
Me alejo de mí mismo, me detengo
sin detenerme en una orilla y sigo,
15 río abajo, entre arcos de enlazadas
imágenes, el río pensativo.
Sigo, me espero allá, voy a mi encuentro,
río feliz que enlaza y desenlaza
un momento del sol entre dos álamos,
20 en la pulida piedra se demora,
y se desprende de sí mismo y sigue,
río abajo, al encuentro de sí mismo.

(*Libertad bajo palabra*, 1949; *2nd ed.*, 1960)

⁓FÁBULA

Edades de fuego y de aire
Mocedades de agua
Del verde al amarillo
        Del amarillo al rojo
5 Del sueño a la vigilia
        Del deseo al acto
Sólo había un paso que tú dabas sin esfuerzo
Los insectos eran joyas animadas
El calor reposaba al borde del estanque
10 La lluvia era un sauce de pelo suelto
En la palma de tu mano crecía un árbol
Aquel árbol cantaba reía y profetizaba

Sus vaticinios cubrían de alas el espacio
Había milagros sencillos llamados pájaros
15 Todo era de todos
        Todos eran todo
Sólo había una palabra inmensa y sin revés
Palabra como un sol
Un día se rompió en fragmentos diminutos
20 Son las palabras del lenguaje que hablamos
Fragmentos que nunca se unirán
Espejos rotos donde el mundo se mira destrozado.

(*Libertad bajo palabra*, 1949; *2nd ed.*, 1960)

⁓MÁSCARAS MEXICANAS

Corazón apasionado,
disimula tu tristeza.
—Canción popular

Viejo o adolescente, criollo o mestizo, general, obrero o licenciado, el mexicano se me aparece como un ser que se encierra y se preserva: máscara el rostro y máscara la sonrisa. Plantado en su arisca soledad, espinoso y cortés a un tiempo, todo le sirve para defenderse: el silencio y la palabra, la cortesía y el desprecio, la ironía y la resignación. Tan celoso de su intimidad como de la ajena, ni siquiera se atreve a rozar con los los ojos al vecino: una mirada puede desencadenar la cólera de esas almas cargadas de electricidad. Atraviesa la vida como desollado; todo puede herirle, palabras y sospecha de palabras. Su lenguaje está lleno de reticencias, de figuras y alusiones, de puntos suspensivos; en su silencio hay repliegues, matices, nubarrones, arcoíris súbitos, amenazas indescifrables. Aun en la disputa prefiere la expresión velada a la injuria: "al buen entendedor pocas palabras." En suma, entre la realidad y su persona establece una muralla, no por invisible menos infranqueable, de impasibilidad y lejanía. El mexicano siempre está lejos, lejos del mundo y de los demás. Lejos, también de sí mismo.

El lenguaje popular refleja hasta qué punto nos defendemos del exterior: el ideal de la "hombría" consiste en no "rajarse" nunca. Los que se "abren" son cobardes. Para nosotros, contrariamente a lo que ocurre con otros pueblos, abrirse es una debilidad o una traición. El mexicano puede doblarse, humillarse, "agacharse," pero no "rajarse," esto es, permitir que el mundo exterior penetre en su intimidad. El "rajado" es de poco fiar, un traidor o un hombre de dudosa fidelidad, que cuenta los secretos y es incapaz de afrontar los peligros como se debe. . . .

El hermetismo es un recurso de nuestro recelo y desconfianza. Muestra que instintivamente consideramos peligroso al medio que nos rodea. Esta reacción se justifica si se piensa en lo que ha sido nuestra historia y en el carácter de la sociedad que hemos creado. La dureza y hostilidad del ambiente —y esa amenaza, escondida e indefinible, que siempre flota en el aire— nos obligan a cerrarnos al exterior, como esas plantas de la meseta que acumulan sus jugos tras una cáscara espinosa. Pero esta conducta, legítima en su origen, se ha convertido en un mecanismo que funciona solo, automáticamente. Ante la simpatía y la dulzura nuestra respuesta es la reserva, pues no sabemos si esos sentimientos son verdaderos o simulados. Y además, nuestra integridad masculina corre tanto peligro ante la benevolencia como ante la hostilidad. Toda abertura de nuestro ser entraña una dimisión de nuestra hombría.

Nuestras relaciones con los otros hombres también están teñidas de recelo. Cada vez que el mexicano se confía a un amigo o a un conocido, cada vez que se "abre," abdica. Y teme que el desprecio del confidente siga a su entrega. Por eso la confidencia deshonra y es tan peligrosa para el que la hace como para el que la escucha; no nos ahogamos en la fuente que nos refleja, como Narciso, sino que la cegamos. Nuestra cólera no se nutre nada más del temor de ser utilizados por nuestros confidentes —temor general a todos los hombres— sino de la vergüenza de haber renunciado a nuestra soledad. El que se confía, se enajena; "me he vendido con Fulano," decimos cuando nos confiamos a alguien que no lo merece. Esto es, nos hemos "rajado," alguien ha penetrado en el castillo fuerte. La distancia entre hombre y hombre, creadora del mutuo respeto y la mutua seguridad, ha desaparecido. No solamente estamos a merced del intruso, sino que hemos abdicado.

Todas estas expresiones revelan que el mexicano considera la vida como lucha, concepción que no lo distingue del resto de los hombres modernos. El ideal de hombría para otros pueblos consiste en una abierta y agresiva disposición al combate; nosotros acentuamos el carácter defensivo, listos a repeler el ataque. El "macho" es un ser hermético, encerrado en sí mismo, capaz de guardarse y guardar lo que se le confía. La hombría se mide por la invulnerabilidad ante las armas enemigas o ante los impactos del mundo exterior. El estoicismo es la más alta de nuestras virtudes guerreras y políticas. Nuestra historia está llena de frases y episodios que revelan la indiferencia de nuestros héroes ante el dolor o el peligro. Desde niños nos enseñan a sufrir con dignidad las derrotas, concepción que no carece de grandeza. Y si no todos somos estoicos e impasibles

—como Juárez y Cuauhtémoc— al menos procuramos ser resignados, pacientes y sufridos. La resignación es una de nuestras virtudes populares. Más que el brillo de la victoria nos conmueve la entereza ante la adversidad.

La preeminencia de lo cerrado frente a lo abierto no se manifiesta sólo como impasibilidad y desconfianza, ironía y recelo, sino como amor a la Forma. Ésta contiene y encierra a la intimidad, impide sus excesos, reprime sus explosiones, la separa y aísla, la preserva. La doble influencia indígena y española se conjugan en nuestra predilección por la ceremonia, las fórmulas y el orden. El mexicano, contra lo que supone una superficial interpretación de nuestra historia, aspira a crear un mundo ordenado conforme a principios claros. La agitación y encono de nuestras luchas políticas prueba hasta qué punto las nociones jurídicas juegan un papel importante en nuestra vida pública. Y en la de todos los días el mexicano es un hombre que se esfuerza por ser formal y que muy fácilmente se convierte en formulista. Y es explicable. El orden —jurídico, social, religioso o artístico— constituye una esfera segura y estable. En su ámbito basta con ajustarse a los modelos y principios que regulan la vida; nadie, para manifestarse, necesita recurrir a la continua invención que exige una sociedad libre. Quizá nuestro tradicionalismo —que es una de las constantes de nuestro ser y lo que da coherencia y antigüedad a nuestro pueblo— parte del amor que profesamos a la Forma.

Las complicaciones rituales de la cortesía, la persistencia del humanismo clásico, el gusto por las formas cerradas en la poesía (el soneto y la décima, por ejemplo) nuestro amor por la geometría en las artes decorativas, por el dibujo y la composición en la pintura, la pobreza de nuestro Romanticismo frente a la excelencia de nuestro arte barroco, el formalismo de nuestras instituciones políticas y, en fin, la peligrosa inclinación que mostramos por las fórmulas —sociales, morales y burocráticas—, son otras tantas expresiones de esta tendencia de nuestro carácter. El mexicano no sólo no se abre; tampoco se derrama.

A veces las formas nos ahogan. Durante el siglo pasado los liberales vanamente intentaron someter la realidad del país a la camisa de fuerza de la Constitución de 1857. Los resultados fueron la Dictadura de Porfirio Díaz y la Revolución de 1910. En cierto sentido la historia de México, como la de cada mexicano, consiste en una lucha entre las formas y fórmulas en que se pretende encerrar a nuestro ser y las explosiones con que nuestra espontaneidad se venga. Pocas veces la Forma ha sido una creación original, un equilibrio alcanzado no a expensas sino gracias a la expresión de nuestros instintos y quereres. Nuestras formas jurídicas y morales, por el contrario, mutilan con frecuencia a nuestro ser, nos impiden expresarnos y niegan satisfacción a nuestros apetitos vitales.

La preferencia por la Forma, inclusive vacía de contenido, se manifiesta a lo largo de la historia de nuestro arte, desde la época precortesiana hasta nuestros días. Antonio Castro Leal, en su excelente estudio sobre Juan Ruiz de Alarcón,[1] muestra cómo la reserva frente al romanticismo —que es, por definición, expansivo y abierto— se expresa ya en el siglo XVII, esto es, antes de que siquiera tuviésemos conciencia de nacionalidad. Tenían razón los contemporáneos de Juan Ruiz de Alarcón al acusarlo de entrometido, aunque más bien hablasen de la deformidad de su cuerpo que de la singularidad de su obra. En efecto, la porción más característica de su teatro niega al de sus contemporáneos españoles. Y su negación contiene, en cifra, la que México ha opuesto siempre a España. El teatro de Alarcón es una respuesta a la vitalidad española, afirmativa y deslumbrante en esa época, y que se expresa a través de un gran Sí a la historia y a las pasiones. Lope exalta el amor, lo heroico, lo sobrehumano, lo increíble; Alarcón opone a estas virtudes desmesuradas otras más sutiles y burguesas: la

[1] Antonio Castro Leal (1895–0000), Mexican literary critic and historian and author of *Juan Ruiz de Alarcón: su vida y su obra*, México, Cuadernos Americanos, 1943.

dignidad, la cortesía, un estoicismo melancólico, un pudor sonriente. Los problemas morales interesan poco a Lope, que ama la acción, como todos sus contemporáneos. Más tarde Calderón mostrará el mismo desdén por la psicología; los conflictos morales y las oscilaciones, caídas y cambios del alma humana sólo son metáforas que transparentan un drama teológico cuyos dos personajes son el pecado original y la Gracia divina. En las comedias más representativas de Alarcón, en cambio, el cielo cuenta poco, tan poco como el viento pasional que arrebata a los personajes lopescos. El hombre, nos dice el mexicano, es un compuesto, y el mal y el bien se mezclan sutilmente en su alma. En lugar de proceder por síntesis, utiliza el análisis: el héroe se vuelve problema. En varias comedias se plantea la cuestión de la mentira: ¿hasta qué punto el mentiroso de veras miente, de veras se propone engañar?; ¿no es él la primera víctima de sus engaños y no es a sí mismo a quien engaña? El mentiroso se miente a sí mismo: tiene miedo de sí. Al plantearse el problema de la autenticidad, Alarcón anticipa uno de los temas constantes de reflexión del mexicano, que más tarde recogerá Rodolfo Usigli en *El gesticulador*.[2]

En el mundo de Alarcón no triunfan la pasión ni la Gracia; todo se subordina a lo razonable; sus arquetipos son los de la moral que sonríe y perdona. Al sustituir los valores vitales y románticos de Lope por los abstractos de una moral universal y razonable, ¿no se evade, no nos escamotea su propio ser? Su negación, como la de México, no afirma nuestra singularidad frente a la de los españoles. Los valores que postula Alarcón pertenecen a todos los hombres y son una herencia grecorromana tanto como una profecía de la moral que impondrá el mundo burgués. No expresan nuestra espontaneidad, ni resuelven nuestros conflictos; son Formas que no hemos creado ni sufrido, máscaras. Sólo hasta nuestros días hemos sido capaces de enfrentar al Sí español un Sí mexicano y no una afirmación intelectual, vacía de nuestras particularidades. La Revolución mexicana, al descubrir las artes populares, dio origen a la pintura moderna; al descubrir el lenguaje de los mexicanos, creó la nueva poesía.

Si en la política y el arte el mexicano aspira a crear mundos cerrados, en la esfera de las relaciones cotidianas procura que imperen el pudor, el recato y la reserva ceremoniosa. El pudor, que nace de la vergüenza ante la desnudez propia o ajena, es un reflejo casi físico entre nosotros. Nada más alejado de esta actitud que el miedo al cuerpo, característico de la vida norteamericana. No nos da miedo ni vergüenza nuestro cuerpo; lo afrontamos con naturalidad y lo vivimos con cierta plenitud —a la inversa de lo que ocurre con los puritanos. Para nosotros el cuerpo existe; da gravedad y límites a nuestro ser. Lo sufrimos y gozamos; no es un traje que estamos acostumbrados a habitar, ni algo ajeno a nosotros: somos nuestro cuerpo. Pero las miradas extrañas nos sobresaltan, porque el cuerpo no vela intimidad, sino la descubre. El pudor, así, tiene un carácter defensivo, como la muralla china de la cortesía o las cercas de órganos y cactos que separan en el campo a los jacales de los campesinos. Y por eso la virtud que más estimamos en las mujeres es el recato, como en los hombres la reserva. Ellas también deben defender su intimidad.

Sin duda en nuestra concepción del recato femenino interviene la vanidad masculina del señor —que hemos heredado de indios y españoles—. Como casi todos los pueblos, los mexicanos consideran a la mujer como un instrumento, ya de los deseos del hombre, ya de los fines que le asignan la ley, la sociedad o la moral. Fines, hay que decirlo, sobre los que nunca se le ha pedido su consentimiento y en cuya realización participa sólo pasivamente, en tanto que "depositaria" de ciertos valores. Prostituta, diosa, gran señora, amante, la mujer trasmite o conserva, pero no crea, los valores y energías que le confían la naturaleza o la sociedad. En un mundo hecho a la imagen de los hombres, la mujer es sólo un reflejo de la voluntad y querer masculinos. Pasiva, se convierte en diosa, amada, ser que

---

[2] For Rodolfo Usigli, see *An Outline History of Spanish American Literature*, 3rd ed., 1965, pp. 227–228.

encarna los elementos estables y antiguos del universo: la tierra, madre y virgen; activa, es siempre función, medio, canal. La feminidad nunca es un fin en sí mismo, como lo es la hombría.

En otros países estas funciones se realizan a la luz pública y con brillo. En algunos se reverencia a las prostitutas o a las vírgenes; en otros, se premia a las madres; en casi todos, se adula y respeta a la gran señora. Nosotros preferimos ocultar esas gracias y virtudes. El secreto debe acompañar a la mujer. Pero la mujer no sólo debe ocultarse sino que, además, debe ofrecer cierta impasibilidad sonriente al mundo exterior. Ante el escarceo erótico, debe ser "decente"; ante la adversidad, "sufrida." En ambos casos su respuesta no es instintiva ni personal, sino conforme a un modelo genérico. Y ese modelo, como en el caso del "macho," tiende a subrayar los aspectos defensivos y pasivos, en una gama que va desde el pudor y la "decencia" hasta el estoicismo, la resignación y la impasibilidad.

La herencia hispanoárabe no explica completamente esta conducta. La actitud de los españoles frente a las mujeres es muy simple y se expresa, con brutalidad y concisión, en dos refranes: "la mujer en casa y con la pata rota" y "entre santa y santo, pared de cal y canto." La mujer es una fiera doméstica, lujuriosa y pecadora de nacimiento, a quien hay que someter con el palo y conducir con el "freno de la religión." De ahí que muchos españoles consideren a las extranjeras —y especialmente a las que pertenecen a países de raza o religión diversas a las suyas— como presa fácil. Para los mexicanos la mujer es un ser oscuro, secreto y pasivo. No se le atribuyen malos instintos: se pretende que ni siquiera los tiene. Mejor dicho, no son suyos sino de la especie; la mujer encarna la voluntad de la vida, que es por esencia impersonal, y en este hecho radica su imposibilidad de tener una vida personal. Ser ella misma, dueña de su deseo, su pasión o su capricho, es ser infiel a sí misma. Bastante más libre y pagano que el español —como heredero de las grandes religiones naturalistas precolombinas— el mexicano no condena al mundo natural. Tampoco el amor sexual está teñido de luto y horror, como en España. La peligrosidad no radica en el instinto sino en asumirlo personalmente. Reaparece así la idea de pasividad: tendida o erguida, vestida o desnuda, la mujer nunca es ella misma. Manifestación indiferenciada de la vida, es el canal del apetito cósmico. En este sentido, no tiene deseos propios.* * *

Me parece que todas estas actitudes, por diversas que sean sus raíces, confirman el carácter "cerrado" de nuestras reacciones frente al mundo o frente a nuestros semejantes. Pero no nos bastan los mecanismos de preservación y defensa. La simulación, que no acude a nuestra pasividad, sino que exige una invención activa y que se recrea a sí misma a cada instante, es una de nuestras formas de conducta habituales. Mentimos por placer y fantasía, sí, como todos los pueblos imaginativos, pero también para ocultarnos y ponernos al abrigo de intrusos. La mentira posee una importancia decisiva en nuestra vida cotidiana, en la política, el amor, la amistad. Con ella no pretendemos nada más engañar a los demás, sino a nosotros mismos. De ahí su fertilidad y lo que distingue a nuestras mentiras de las groseras invenciones de otros pueblos. La mentira es un juego trágico, en el que arriesgamos parte de nuestro ser. Por eso es estéril su denuncia.

El simulador pretende ser lo que no es. Su actividad reclama una constante improvisación, un ir hacia adelante siempre, entre arenas movedizas. A cada minuto hay que rehacer, recrear, modificar el personaje que fingimos, hasta que llega un momento en que realidad y apariencia, mentira y verdad, se confunden. De tejido de invenciones para deslumbrar al prójimo, la simulación se trueca en una forma superior, por artística, de la realidad. Nuestras mentiras reflejan, simultáneamente, nuestras carencias y nuestros apetitos, lo que no somos y lo que deseamos ser. Simulando, nos acercamos a nuestro modelo y a veces el gesticulador, como ha visto con hondura Usigli, se funde con sus gestos, los hace auténticos. La muerte del profesor Rubio lo convierte en lo que deseaba ser: el general Rubio, un revolucionario sincero y un hombre capaz de impulsar y purificar a la Revolución estancada. En la obra de Usigli el profesor Rubio se inventa a sí mismo y se transforma en general; su mentira es tan verdadera que Navarro, el corrompido, no tiene más remedio que volver a matar en él a su antiguo jefe, el general Rubio. Mata en él la verdad de la Revolución.

Si por el camino de la mentira podemos llegar a la autenticidad, un exceso de sinceridad puede conducirnos a formas refinadas de la mentira. Cuando nos enamoramos nos "abrimos," mostramos nuestra intimidad, ya que una vieja tradición quiere que el que sufre de amor exhiba sus heridas ante la que ama. Pero al descubrir sus llagas de amor, el enamorado transforma su ser en una imagen, en un objeto que entrega a la contemplación de la mujer —y de sí mismo—. Al mostrarse, invita a que lo contemplen con los mismos ojos piadosos con que él se contempla. La mirada ajena ya no lo desnuda; lo recubre de piedad. Y al presentarse como espectáculo y pretender que se le mire con los mismos ojos con que él se ve, se evade del juego erótico, pone a salvo su verdadero ser, lo sustituye por una imagen. Sustrae su intimidad, que se refugia en sus ojos, esos ojos que son nada más contemplación y piedad de sí mismo. Se vuelve su imagen y la mirada que la contempla.

En todos los tiempos y en todos los climas las relaciones humanas —y especialmente las amorosas— corren el riesgo de volverse equívocas. Narcisismo y masoquismo no son tendencias exclusivas del mexicano. Pero es notable la frecuencia con que canciones populares, refranes y conductas cotidianas aluden al amor como falsedad y mentira. Casi siempre eludimos los riesgos de una relación desnuda a través de una exageración, en su origen sincera, de nuestros sentimientos. Asimismo, es revelador cómo el carácter combativo del erotismo se acentúa entre nosotros y se encona. El amor es una tentativa de penetrar en otro ser, pero sólo puede realizarse a condición de que la entrega sea mutua. En todas partes es difícil este abandono de sí mismo; pocos coinciden en la entrega y más poco aún logran trascender esa etapa posesiva y gozar del amor como lo que realmente es: un perpetuo descubrimiento, una inmersión en las aguas de la realidad y una recreación constante. Nosotros concebimos el amor como conquista y como lucha. No se trata tanto de penetrar la realidad, a través de un cuerpo, como de violarla. De ahí que la imagen del amante afortunado —herencia, acaso, del Don Juan español— se confunda con la del hombre que se vale de sus sentimientos —reales o inventados— para obtener a la mujer.

La simulación es una actividad parecida a la de los actores y puede expresarse en tantas formas como personajes fingimos. Pero el actor, si lo es de veras, se entrega a su personaje y lo encarna plenamente, aunque después, terminada la representación, lo abandone como su piel la serpiente. El simulador jamás se entrega y se olvida de sí, pues dejaría de simular si se fundiera con su imagen. Al mismo tiempo, esa ficción se convierte en una parte inseparable —y espuria— de su ser: está condenado a representar toda su vida, porque entre su personaje y él se ha establecido una complicidad que nada puede romper, excepto la muerte o el sacrificio. La mentira se instala en su ser y se convierte en el fondo último de su personalidad.

Simular es inventar o, mejor, aparentar y así eludir nuestra condición. La disimulación exige mayor sutileza: el que disimula no representa, sino que quiere hacerse invisible, pasar inadvertido —sin renunciar a su ser—. El mexicano excede en el disimulo de sus pasiones y de sí mismo. Temeroso de la mirada ajena, se contrae, se reduce, se vuelve sombra y fantasma, eco. No camina, se desliza; no propone, insinúa; no replica, rezonga; no se queja, sonríe; hasta cuando canta —si no estalla y se abre el pecho— lo hace entre dientes y a media voz, disimulando su cantar:

> Y es tanta la tiranía
> de esta disimulación,
> que aunque de raros anhelos

se me hincha el corazón,
tengo miradas de reto
y voz de resignación.

Quizá el disimulo nació durante la Colonia. Indios y mestizos tenían, como en el poema de Reyes,[3] que cantar quedo, pues "entre dientes mal se oyen palabras de rebelión." El mundo colonial ha desaparecido, pero no el temor, la desconfianza y el recelo. Y ahora no solamente disimulamos nuestra cólera sino nuestra ternura. Cuando pide disculpas, la gente del campo suele decir "Disimule usted, señor." Y disimulamos. Nos disimulamos con tal ahinco que casi no existimos.

En sus formas radicales el disimulo llega al mimetismo. El indio se funde con el paisaje, se confunde con la barda blanca en que se apoya por la tarde, con la tierra oscura en que se tiende a mediodía, con el silencio que lo rodea. Se disimula tanto su humana singularidad que acaba por abolirla; y se vuelve piedra, pirú, muro, silencio: espacio. No quiero decir que comulgue con el todo, a la manera panteísta, ni que en un árbol aprehenda todos los árboles, sino que efectivamente, esto es, de una manera concreta y particular, se confunde con un objeto determinado.

Roger Caillois[4] observa que el mimetismo no implica siempre una tentativa de protección contra las amenazas virtuales que pululan en el mundo externo. A veces los insectos se "hacen los muertos" o imitan las formas de la materia en descomposición, fascinados por la muerte, por la inercia del espacio. Esta fascinación —fuerza de gravedad, diría yo, de la vida— es común a todos los seres y el hecho de que se exprese como mimetismo confirma que no debemos considerar a éste exclusivamente como un recurso del instinto vital para escapar del peligro y la muerte.

Defensa frente al exterior o fascinación ante la muerte, el mimetismo no consiste tanto en cambiar de naturaleza como de apariencia. Es revelador que la apariencia escogida sea la de la muerte o la del espacio inerte, en reposo. Extenderse, confundirse con el espacio, ser espacio, es una manera de rehusarse a las apariencias, pero también es una manera de ser sólo Apariencia. El mexicano tiene tanto horror a las apariencias, como amor le profesan sus demagogos y dirigentes. Por eso se disimula su propio existir hasta confundirse con los objetos que lo rodean. Y así, por miedo a las apariencias, se vuelve sólo Apariencia. Aparenta ser otra cosa e incluso prefiere la apariencia de la muerte o del no ser antes que abrir su intimidad y cambiar. La disimulación mimética, en fin, es una de tantas manifestaciones de nuestro hermetismo. Si el gesticulador acude al disfraz, los demás queremos pasar desapercibidos. En ambos casos ocultamos nuestro ser. Y a veces lo negamos. Recuerdo que una tarde, como oyera un leve ruido en el cuarto vecino al mío, pregunté en voz alta: "¿Quién anda por ahí?" Y la voz de una criada recién llegada de su pueblo contestó: "No es nadie, señor, soy yo."

No sólo nos disimulamos a nosotros mismos y nos hacemos transparentes y fantasmales; también disimulamos la existencia de nuestros semejantes. No quiero decir que los ignoremos o los hagamos menos, actos deliberados y soberbios. Los disimulamos de manera más definitiva y radical: los ninguneamos. El ninguneo es una operación que consiste en hacer de Alguien, Ninguno. La nada de pronto se individualiza, se hace cuerpo y ojos, se hace Ninguno.

Don Nadie, padre español de Ninguno, posee don, vientre, honra, cuenta en el banco y habla con voz fuerte y segura. Don Nadie llena al mundo con su vacía y vocinglera presencia. Está en todas partes y en todos los sitios tiene amigos. Es banquero, embajador, hombre de empresa. Se pasea por todos los salones, lo condecoran en Jamaica, en Estocolmo y en Londres. Don Nadie es funcionario o influyente y tiene una agresiva y engreída manera de no ser. Ninguno es silencioso y

---

[3] The quoted lines are from the poem by Alfonso Reyes entitled "La tonada de la sierva enemiga" (*Pausa*, 1926).

[4] Roger Caillois (b. 1913), French writer and literary critic.

tímido, resignado. Es sensible e inteligente. Sonríe siempre. Espera siempre. Y cada vez que quiere hablar, tropieza con un muro de silencio; si saluda encuentra una espalda glacial; si suplica, llora o grita, sus gestos y gritos se pierden en el vacío que don Nadie crea con su vozarrón. Ninguno no se atreve a no ser; oscila, intenta una vez y otra vez ser Alguien. Al fin, entre vanos gestos, se pierde en el limbo de donde surgió.

Sería un error pensar que los demás le impiden existir. Simplemente disimulan su existencia, obran como si no existiera. Lo nulifican, lo anulan, lo ningunean. Es inútil que Ninguno hable, publique libros, pinte cuadros, se ponga de cabeza. Ninguno es la ausencia de nuestras miradas, la pausa de nuestra conversación, la reticencia de nuestro silencio. Es el nombre que olvidamos siempre por una extraña fatalidad, el eterno ausente, el invitado que no invitamos, el hueco que no llenamos. Es una omisión. Y sin embargo, Ninguno está presente siempre. Es nuestro secreto, nuestro crimen y nuestro remordimiento. Por eso el Ninguneador también se ningunea; él es la omisión de Alguien. Y si todos somos Ninguno, no existe ninguno de nosotros. El círculo se cierra y la sombra de Ninguno se extiende sobre México, asfixia al Gesticulador y lo cubre todo. En nuestro territorio, más fuerte que las pirámides y los sacrificios, que las iglesias, los motines y los cantos populares, vuelve a imperar el silencio, anterior a la Historia.

(*El laberinto de la soledad*, 1950)

～～～～THREE

From the Mexican Revolution to the Present

C. PROSE—ESSAY

ᵔᵔᵔRufino Blanco-Fombona

VENEZUELA, 1874–1944   Blanco-Fombona was one of the most impassioned exponents of Spanish American antipathy for, and distrust of, the United States. It was upon the occasion of his first visit to this country in 1894 that he first conceived a special dislike for all "Yankees." When he chose to defend his honor before an insulting mob in New York City, he was fined $2000 for breaking a policeman's arm in the fight that ensued. (Cf. F. Carmona Nenclares, *Vida y literatura de Rufino Blanco-Fombona*, Madrid, Mundo Latino, 1928, pp. 32–34.) Although he too—less frequently than Ugarte, to be sure—had expressed admiration for American progress and orderly government, this often bitter anti-American note runs throughout most of his work. One of his most artistic writings in this vein is the delightfully ironic and satiric sketch *Noticias yanquis* that appears below. In it he brings out clearly that because of their inertia and indifference in the face of local political tyranny and greed his own countrymen are themselves often directly responsible for their economic enslavement to foreign capitalism. Against these two forces: economic imperialism from without and political corruption from within, Blanco-Fombona waged a long and relentless battle. To combat the former he appealed to all Hispanic nations to unite, in the name of racial patriotism and in common cause with Spain, but recently (1898) despoiled by the common foe, against further aggression from the north. His Pan-Hispanism was not that, however, of many Americans who went to Spain to "prostituirse con rastreras adulaciones." It is best expressed in the series of lectures delivered at the Centro de Cultura Hispano-Americana de Madrid in 1911—and published that same year in his book *La evolución política y social de Hispanoamérica*—and in *El conquistador español del siglo XVI*. In the *Carta Prólogo* of the latter work he affirms that ". . . la veneración incondicional se rinde únicamente a lo que ya no existe. Y creo que España vive, actúa, se remoza y florece en naciones."

There was no doubt in Blanco-Fombona's mind as to the only possible solution of the racial question in America. He believed that America's future lies wholly in the complete domination of white over Indian and Negro. "*Venezuela*," he declares in *La barbarocracia triunfante* (*La lámpara de Aladino*, pp. 491–504; see also as the Introduction to *Judas Capitalino*, which constitutes one of his most violent outbursts against Gómez and against the "*bárbaros*" in general), "*no tiene salvación si no se resuelve cuanto antes a ser un país de raza caucásica . . . no se trata de acabar por destrucción con los indios y negros del país, que son nuestros hermanos, sino de blanquearlos por constantes cruzamientos.*"

ᔪ᙮EL CONQUISTADOR ESPAÑOL DEL SIGLO XVI

En extremeños, vizcaínos, andaluces, castellanos nuevos y viejos, en todos se borran o esfuman los caracteres de las distintas provincias a que pertenecen; en todos aparece el tipo psicológico del español castellanizado. Todos pertenecen a la misma alcándara[1] de rapaces.

Dieron lo que podían dar: impulsividad, combatividad, fortaleza de ánimo y de cuerpo para resistir pesares y fatigas, toda suerte de virtudes heroicas. Esto, por una parte; por la otra, ignorancia, intolerancia para las opiniones ajenas, máxime cuando se refieren a cuestiones de religión, ambición de adquirir oro al precio de la vida, si llega el caso, exponiéndola en rápido albur, antes que obtenerlo por esfuerzo metódico, paciente, continuo. A ello se alió un orgullo sostenido, que da tono y altura a la vida, aun cuando degenera a menudo en arrogancia baldía y frustránea, e incontenible desprecio por todo derecho que no se funda y abroquela en la fuerza.

Fueron políticos malos, pésimos administradores; echaron simientes de sociedades anárquicas, crueles, sin más respeto que la espada. Fundaron un imperio, sin proponérselo, sacando bueno el postulado del pesimismo alemán: el fin último de nuestras acciones es ajeno al móvil que nos impulsa a obrar.

Muy pocos de ellos, muy pocos, se restituyeron a vivir en calma, felices, en Europa. ¡Cómo iban a resignarse a vivir en la estrechez de sus pueblos, en Europa, una vida sedentaria, regular, tiranizada tal vez por mísero alcalde, ellos que habían dominado razas y descubierto y paseado continentes! Aunque en Europa nacidos, dieron lo mejor de su esfuerzo, de su vida, su muerte y su progenie a América. Son nuestros abuelos. Son nuestras figuras representativas de entonces, apenas oscurecidas en la admiración popular, tres siglos más tarde, por los Libertadores.[2]

Los descendientes directos de aquellos

---

[1] alcándara: *perch, brand.*

[2] "El recuerdo de los conquistadores, de muchos de ellos, se conserva en los pueblos americanos, aun en el vulgo iletrado de los campos, si bien enturbiado por leyendas más o menos absurdas. Con el nombre del Tirano Aguirre se asusta a los niños de Venezuela. '*Pórtate bien, que si no te lleva el Tirano Aguirre.*' A un fuego fatuo de los campos de Barquisimeto lo llaman '*el alma del Tirano Aguirre.*' Paulina Maracara, la buena, la santa mujer que es nuestra segunda madre hace cuarenta y cinco años, es decir, que hace cuarenta y cinco años sirve maternalmente en nuestra familia, es oriunda de Choroní. Este pueblecito marítimo de la costa venezolana nada tiene que hacer con México. Pues bien, Paulina entretenía nuestra niñez cantándonos unas coplas referentes al sojuzgador de los aztecas. Recuerdo ésta:

'*Allá viene Hernán Cortés*
embarcado por el mar;

déjalo que salte a tierra
que lo vamos a flechar.' "
(Blanco-Fombona's note.)

Lope de Aguirre (1518–1561), known also by his favorite nickname of "El Traidor," was a Spanish adventurer notorious for his cruelty and treachery toward Spaniard and Indian alike. He joined Pedro de Urzúa's expedition in search of El Dorado and was one of the leaders of the mutiny that replaced Urzúa with Fernando de Guzmán. Later he assassinated the new leader and himself commanded the expedition that went down the Amazon and to the Orinoco via the Río Negro. His own men killed him in Barquisimeto, a town that had been founded by Governor Villegas nine years earlier (1552). Barquisimeto today is a city of some 25,000 inhabitants and is the capital of the state of Lara in the northwestern part of Venezuela. Choroní is a small seaport of some 700 inhabitants in the state of Aragua directly north of Maracay.

hombres formaron en América, por lógica imprevista, una suerte de oligarquía o aristocracia. Durante siglos enteros fue timbre de orgullo descender de los conquistadores; y en aquella sociedad, dividida en castas durante el régimen español, hasta se solían fraguar ingenuas y fantásticas genealogías para probar que se entroncaba con los primeros civilizadores llegados de Europa. Pocos sintieron el orgullo de originar en los grandes caudillos indios. Ésa es la suerte de los vencidos: el desprecio.

Ser nieto de conquistadores por ambos lados era patente de limpieza de sangre. Hijos, nietos de conquistadores, ¡qué altiva satisfacción! Olvidábase que los primeros mestizos fueron también hijos de los primeros conquistadores. Equivalía, además, el descender de conquistadores, o suponérselo, a pertenecer por derecho propio a la casta de los dominadores.

La aristocracia de la espada fue siempre preocupación en la América de lengua castellana, hija de España, país guerrero.

Ahora, conclúyase. Resulta fácil reprochar a los conquistadores el que supieron en grado máximo destruir lo existente, desde naciones hasta sistemas de gobierno, y que no supieron en el mismo grado sustituir lo que destruyeron. El reproche tendría tanto de verdad como de injusto.

Cada generación tiene un cometido, que cumple si puede. Es decir, cada generación debe proponerse un ideal y, de acuerdo con sus fuerzas, caminar hacia él. Y la generación española de los conquistadores cumplió a maravilla el encargo del destino.

Su deber no consistía en aprender a gobernar ni en ser maestra en el ramo de la administración pública. Consistió en hallar mundos, descubrir tierras, subyugar razas, derrocar imperios. En los conquistadores, además, existían deficiencias de raza que los incapacitaban para fundar administraciones regulares; e intemperancias de carácter, intemperancias de oficio, y excitaciones del medio bárbaro, para que los leones pudiesen convertirse en corderos; los fanáticos, en

filósofos; los hombres de la guerra bárbara contra el indio, en burgueses pacíficos.

No fueron administradores, es verdad. No tenían por qué serlo aquellos soldados. Robaron, es cierto, a los vencidos; pero ser despojados por el vencedor—y no sólo de bienes materiales, sino de sus mujeres, de sus dioses, de su idioma, de su soberanía—es lote de los que se dejan vencer.

Fundaron, con todo, indirectamente, un nuevo orden de cosas, al legar su obra de tábula rasa a la mano de España para que la mano de España levantase sobre las ruinas de la vieja civilización, donde la hubo, civilización nueva, o creara cultura donde no existían sino desiertos cruzados de tribus bravías.

Porque debe hacerse hincapié, a punto de concluir, para mejor comprender la obra de los conquistadores y de España, en algo que se indicó ya en el curso de la obra, con respecto a los indios; a saber: que eran naciones las indias en diferentes etapas de civilización. Estas etapas iban desde el imperio comunista de los incas y el imperio oligárquico, teocrático, de los aztecas—es decir, desde pueblos perfectamente organizados, con una original civilización—hasta las tribus errantes en estado de barbarie.

Contra lo que pudiera imaginarse, ocurrió que la conquista de los grandes imperios, y su ulterior hispanización, fue más fácil que la de las naciones bárbaras. Nada más dramático, en efecto, que la lucha contra los araucanos de Chile y los aún más bárbaros caribes de Venezuela. Vencidas unas tribus, se levantaban otras. El conquistador acudía a someterlas y los vencidos de la víspera se insurgían a su turno. A los caribes no les faltó, para inmortalizar su defensa, sino un cantor épico, un Ercilla. En cambio, los pueblos organizados caían en pocos combates. Los imperios morían con sus dinastas.

Respecto a la hispanización sucedió algo semejante. Con los hijos sometidos de los imperios se mezcló el español fácilmente; y produjo las sociedades mestizas de México, Perú, Nueva Granada, Centro América. El indio puro fue esclavo y trabajó para el dueño, en las minas y en los campos; porque el indio de aquellos pueblos, en estado de civilización, era ya agricultor y pudo ser minero. En las tribus bárbaras, el indio fue destruido en la guerra; y los que no desa- parecieron por el hierro y por el fuego, o por las pestes—o por la esclavitud que no podían sufrir—huyeron a lo más escarpado de los montes, a lo más intrincado de las selvas. Negros del África sustituyeron al indígena en las labores del campo.

Aquellas sociedades todas quedaron dividi- das en castas. Estas castas se aborrecían unas a otras. Andando el tiempo, y por obra de las guerras civiles, de la forzosa convivencia secular, de la evolución democrática de las ideas y del temperamento sensual de los habitantes, aquellas castas se han ido fun- diendo con lentitud y extrema repugnancia, y han ido dando origen a sociedades hetero- géneas. Pero en estas sociedades impera, sobre todos los demás, el elemento caucásico.

Aun en aquellos pueblos en que está en minoría, la raza blanca les infunde su espíritu. Ella impera en sociedad, de modo exclusivo, celoso e intransigente; posee la riqueza; es ama de la tierra; practica el comercio; ejerce el poder público e impone sus ideas culturales. En muchas de estas sociedades el elemento superior, el caucásico, no ha sido renovado todavía en cantidad suficiente para

absorberlos por completo a todos. Tarde o temprano ocurrirá. En algunos países ya ha ocurrido.

Pero vuélvase a los héroes de la conquista, primeros progenitores de las actuales socie- dades americanas.

Gracias a ellos pudo España crear lo que— bueno o malo—existió durante siglos y fue raíz de lo que existe hoy y en lo futuro existirá.

España, por su parte, dio lo que tenía. Pobre fue siempre en hombres de Estado, en hacendistas, en buenos y pulcros administra- dores de cosa pública; fértil en burócratas inescrupulosos, en jueces de socaliña, en oligarquías que pusieron su conveniencia por encima de la conveniencia de la Nación. Largas páginas se han dedicado en esta obra a comprobarlo.

Lleguemos ahora a la conclusión de aquellas prolijas premisas: ¿cómo iba a darnos España lo que no tenía? ¿cómo culpar a los conquistadores de ser como por herencia, por educación, por tradición, por oficio, por época y por medio tenían que ser?

La Historia no se cultiva por el placer baldío de condenar ni de exaltar. Se cultiva para aprovechar sus lecciones y atesorar experiencia; para conocer el mensaje que cada época y cada raza legan a la Humanidad.

(El conquistador español del siglo XVI, 1921)

∾Noticias yanquis[3]

Cierta madrugada, a eso de las cuatro o cuatro y media, se descubrió en la cárcel de la Rotunda,[4] en Caracas, que uno de los presos por delito común se había fugado.

¿Cómo? Nadie pudo explicárselo en el primer instante; luego se sospechó de un sargento de la guardia, pariente del reo.

El prófugo, Juan Lanas, era un bribón corriente y moliente.[5] Carretero de pro-

fesión, corpulento, forzudo, sabía echarse al hombro dos quintales de maíz, o de café, o de harina de trigo, o de patatas, con la facilidad que otros carreteros y mozos de cuerda un par de arrobas.

Se le temía entre sus camaradas, no sólo por su enorme fortaleza física, sino por su aviesa condición moral. Por un quítame allá esas pajas[6] le daba un puñetazo al lucero del

[3] Unlike most of the stories in *Dramas mínimos*, this one does not appear in any of the earlier collections of Blanco-Fombona's tales. Internal evidence seems to indicate that it was written during the closing years **of World War I.**

[4] cárcel de la Rotunda: name given to a famous public jail in Caracas.

[5] bribón . . . moliente: *out and out rascal.*

[6] Por . . . pajas: *For the slightest offense.*

alba; y el cuchillo suyo abrió chirlos en más de una o dos caras. Últimamente, explotaba más su profesión de bravonel que su oficio de carretero. Y el valentón, en las casas de juego, formó broncas, más de una vez, en asocio de otros pícaros, para robar el monte a favor de la algarabía y de la confusión.

La Policía, reconociendo en aquel hombre un peligro social, vigilaba a Juan Lanas. Lo vigilaba, es decir, Juan Lanas podía cometer cuanto desafuero se le pasase por las mientes sin que nadie se lo estorbase. Así, pues, la vigilante Policía no pudo impedir que Juan Lanas, en alguna de aquellas zalagardas promovidas adrede para desvalijar los garitos, asestase tremenda puñalada a un garitero que no se avenía a dejarse despojar.

El tahur murió y Juan Lanas ingresó en la cárcel. Ahora se fugaba el pillo.

El alcaide de la Rotunda se alarmó con la fuga del presidiario. Aquello iba a ser un escándalo de marca mayor. La Prensa pondría el grito en el cielo. No; aquel hombre debía ser apresado volando y aquella fuga debería ser ignorada.

Se telefoneó a la Policía; se puso, a toda carrera, en movimiento a una brigada de activos polizontes. Éstos, con buen acuerdo, discurrieron enderezarse lo primero al barrio, a extramuros, donde habitaban hermanos, tíos y otros parientes del forajido. Antes de que la ciudad despertase, ya estaba Juan Lanas preso, y bien preso, esposado, camino de la cárcel.

Pero no se le aprehendió sin resistencia. Habíase escondido en un antiguo tejar abandonado, en campo raso. Allí se le sitió. Ya estaba armado de revólver y lanza, y un hermano suyo, armado también de revólver, lo acompañaba. Cuando se comprendieron cercados se defendieron a tiros del asalto. Acudieron algunos parientes a los tiros; y los parientes, también hombres de armas tomar, cerraron a balazos, por retaguardia, contra los polizontes.

Dispararon éstos sus máuseres, y los deudos agresores dispersáronse . . . Por fortuna, no hubo heridos. O mejor dicho, hubo un herido: un pobre perro callejero, que manchó con su sangre las tapias sucias del tejar y dejó en el suelo, donde se echó a morir, un charco de púrpura. En cuanto a Juan Lanas, huyó, junto con su hermano, del edificio ruinoso a que ambos se acogían, no bien se les concluyeron las cápsulas. Y ya en campo abierto, fue fácil darles caza. Eran como las seis de la mañana. El barrio de Juan Lanas, es decir, las casucas perdidas por aquel descampado, se habían despertado en alarma, con semejante desayuno de tiros. Pero la ciudad, a lo lejos, aún dormía a pierna suelta.

Al día siguiente de la fuga y captura de Juan Lanas, aparecía en innúmeros periódicos de innúmeras ciudades de los Estados Unidos, bajo grandes y llamativos títulos de alarma, el telegrama siguiente, obra de una Agencia informadora de aquel país:

"Caracas, 4 de Abril.—La revolución o guerra civil ha estallado en Venezuela. El caudillo popular Juan Lanas, preso por motivos políticos, ha logrado anoche escaparse de la cárcel, con el apoyo de la guarnición.

"En la madrugada atacó el popular caudillo, que ya había levantado tropas con actividad sin ejemplo, a las fuerzas del Gobierno destacadas en su persecución. En el sitio del Tejar, cerca de Caracas, ocurrió el combate, que fue encarnizado. Las paredes de las casas del Tejar quedaron todas manchadas de sangre. A pesar de la actividad del Gobierno, todavía a las doce quedaba un cadáver en un charco de sangre coagulada por el sol.

"Se dice que los rebeldes se retiraron por carencia de municiones; pero que tienen depósitos de éstas y que, suficientemente provistos, atacarán pronto a la ciudad. Se esperan levantamientos en todo el país. Nadie habla sino del general Juan Lanas."

Al día siguiente de circular ese cablegrama, se publicó en los Estados Unidos otro despacho cablegráfico sobre la guerra civil de Venezuela:

"Caracas, 5 de Abril.—El Gobierno mantiene una censura rigurosa. Nadie osa hablar del general Juan Lanas, cuyo paradero se ignora. Se espera una inminente conmoción nacional en todo el país. Las colonias extranjeras piden que los Estados Unidos manden varios buques de guerra, con tropas de des-

embarco, para proteger sus vidas y sus intereses, tan seriamente amenazados."

Otros telegramas fechados en la isla holandesa de Curazao confirmaban la noticia:

"Curazao, 6 de Abril.—Queda absolutamente 5 *confirmado que la guerra civil ya comenzó de nuevo en Venezuela. Se habla de grandes combates en torno de la capital y otros centros comerciales de importancia. El Gobierno, por medio de una censura rigurosa, no deja traslucir nada. Han em-* 10 *pezado los fusilamientos, según informan los viajeros que llegan del continente; pero a nadie en Venezuela se le permite decir ni el nombr e de los fusilados ni el sitio de los fusilamientos. Los extranjeros, unánimemente, piden el envío de barcos* 15 *de guerra de los Estados Unidos."*

Al día siguiente el cablegrama confirmatorio iba, con nuevos detalles, de Panamá:

"Panamá, 7 de Abril.—La revolución de Venezuela toma grandes proporciones. Personas recién 20 *llegadas de Maracaibo dicen que el jefe rebelde, general Lanas, espera una ocasión propicia para caer sobre la capital. Los rebeldes de Maracaibo parece que han apedreado el Consulado belga. Los belgas, que no tienen una escuadra ni un ejército que* 25 *imponga respeto a este país, piden que los Estados Unidos los protejan en estas difíciles circunstancias."*

De Puerto Rico y de la Habana, sucesivamente, fueron enviándose telegramas, con habilidad escalonados y pérfidamente cap- 30 ciosos.

Pero todo no se reducía a telegramitas de alarma. Periodistas irresponsables e ignorantes llenaban y rellenaban columnas farragosas y soporíferas con ocasión de Venezuela, a 35 propósito de la doctrina de Monroe, de la barbarie de la América Latina y la misión civilizadora que estaban llamados a ejercer los Estados Unidos, primero, en el continente americano, y más tarde, en Europa.   40

No era posible que la habilísima política internacional de los dirigentes yanquis impidiera los comentarios y sandeces de tanto articulista estadunidense, ya con pantalones, ya con faldas. Es más: en la táctica diplo- 45 mática de los dirigentes anglo-americanos se cuenta con esos franco-tiradores ignaros, ensoberbecidos, anónimos.

En cambio, los cables, en manos de la

Política y de la Banca, no dicen, por lo común, sino lo que deben decir, obedeciendo a propósitos determinados y de alcances previstos.

Así, la fantástica revolución de Venezuela se cablegrafiaba a cada región del mundo, según las circunstancias: a Ibero-América de un modo, y de otro modo distinto a Europa. Aun tratándose de Europa, no se le decía lo mismo a Inglaterra, por ejemplo, que a España: la una tiene allí intereses materiales, que vigila; la otra tiene, principalmente, intereses morales, que descuida.

La revolución de Juan Lanas no servía de mero pasatiempo a la política de los Estados Unidos: tratábase en esta ocasión de alejar el dinero de Francia y Holanda, mancomunadas en el proyecto de comprar enormes yacimientos de petróleo en la provincia de Maracaibo. Por eso empezóse apedreando el Consulado belga. ¿No son los belgas mitad holandeses, mitad franceses? Había temor para repartir entre los nacionales de ambos pueblos. Y mientras los capitalistas de Francia y de Holanda se abandonaban a la expectativa durante una semana, los Estados Unidos, que venían trabajando en silencio, quedáronse en el momento oportuno con los yacimientos de petróleo maracaibero.

Hubo más, de adehala: el pánico cundió respecto a los valores del país en revolución; muchos europeos vendían, muchos yanquis compraban.

Cuando la Prensa de Caracas se enteró de aquella revolución cablegráfica, se contentó, escéptica o estúpida, o, mejor dicho, estúpida y escéptica, con encogerse de hombros. El más importante diario caraqueño se limitó a escribir lo siguiente:

"¿Recuerdan nuestros lectores a un tal Juan Lanas, reo que se fugó de la cárcel y fue capturado horas después? Caracas no dio importancia a Juan Lanas, e hizo mal. Juan Lanas no era un hombre célebre; pero iba a serlo. Los yanquis iban a descubrir el nombre del innominado, y el mundo, a corearlo. Contentábase Caracas con saber que Juan Lanas, socialmente considerado, valía poco, y que sólo antropológicamente valía lo que otro ciudadano

cualquiera del mundo, por alto que este ciudadano
del mundo fuese:

Juan Lanas, el mozo de esquina,
es absolutamente igual
al emperador de la China:
los dos son el mismo animal.

"*Grave error el de la ciudad. El presidiario Juan
Lanas parece ser, en la política de nuestro país,
según los periódicos yanquis, un personaje de primer
orden. El país no se había dado cuenta de ello.
¡Qué torpeza!*"

El Gobierno de Venezuela, no menos
escéptico y estúpido que la Prensa, ni
siquiera se ocupó en desmentir oficialmente la
patraña. Y cuando el ministro de Relaciones
Exteriores del país se medio quejó de aquella
jugarreta *de la Prensa sensacionalista*, como
decía el infeliz, al ministro de los Estados
Unidos en Caracas, el ministro estadunidense, con una sonrisa le replicó:

—Creo que no tienen ustedes quejas de
nosotros. Nunca hemos puesto en duda el
gran porvenir reservado a este país. Ya ve
usted que mientras los periódicos—no de
nuestro país únicamente, sino del mundo
entero—hablan de disturbios en Venezuela,
nosotros traemos nuestro capital y lo inverti-
mos aquí. Compare nuestra conducta con la
de los pueblos de Europa, que, a la menor
nubecilla obscura, los abandonan a ustedes;
y, cuando no los amenazan, retiran sus
capitales o no los invierten. ¿Y sabe por
qué hacen esto? Porque Europa no tiene
confianza ni fe en ustedes. Nosotros, sí. Vea
cómo, a pesar del peligro revolucionario,
nuestros capitalistas se arriesgan a comprar
las minas de petróleo, desechadas por esos
holandeses que ustedes creen tan osados
comerciantes y por esos franceses con los que
ustedes simpatizan tanto. Vea cómo acabamos de establecer una nueva línea de vapores
entre los puertos de ustedes y los nuestros.
Vea cómo acabamos de inaugurar esa exposición de instrumentos agrícolas. No; no
deben ustedes ser injustos con nosotros.

—Pero esos cablegramas y esas noticias y
comentarios, arguyó el otro—no son precisamente rasgos de amistad.

Y el yanqui, riéndose de nuevo, repuso:

—Ésas son cosas de periódicos. ¡Quién les
hace caso a periódicos!

(*Dramas mínimos*, 1920)

ᷗᷗᷗManuel Ugarte

ARGENTINA, 1878–1951   It was upon his first visit to New York in 1900 that Manuel Ugarte learned of the declaration made by Senator Preston[1] in 1838: "La bandera estrellada flotará sobre toda la América latina, hasta la Tierra del Fuego, único límite que reconoce la ambición de nuestra raza." (*El destino de un continente*, p. 7.) What astounded the young Argentinian all the more was the fact that he could not recall that any Spanish American had ever raised his voice in protest; and at that moment was born his resolve to awaken his fellow-Americans to the growing menace of Yankee imperialism. The first lecture of a campaign, waged against disheartening obstacles often placed in his path by his own compatriots, was given on May 25, 1910, in Barcelona, upon the occasion of Argentina's centenary celebration. That campaign was to take him through every country of America—several Central American governments, however, fearful of the consequences of his message, refused him entry—indeed, even to within the very shadows of Wall Street, since on July 9, 1912, he pointed out the dangers of imperialism in a lecture on "The Future of Latin America" given at Columbia University. The press commented favorably on his address and spoke of him as "the apostle of Latin American union." Years later in Nice, France, after he had spent his own personal fortune on a cause that served only to discredit him in the eyes of many of his short-sighted people, he made this ironic commentary: "Figúrese usted, el sitio en que hallé más liberal acogida para mis prédicas fue la Universidad de Columbia en Nueva York." (Vasconcelos, *El desastre*, 5 ed., p. 513.) Four books tell the story of his crusade: *El porvenir de la América Latina* (1911), *Mi campaña hispanoamericana* (1922), *El destino de un continente* (1923), and *La patria grande* (1924). And yet, in spite of the fact that he was one of the most outspoken of Latin America's anti-imperialists, Ugarte repeatedly protested his admiration for the United States: "A pesar del renombre de yancófobo que se me ha hecho, leyenda falsa como tantas otras, no he sido nunca enemigo de esa gran nación . . . Nadie admira más que yo la grandeza de los Estados Unidos y pocos

---

[1] Senator William Campbell Preston (1794–1860) of South Carolina was a member of the United States Senate from 1833 to 1842. He won a high reputation as an orator and was boldly outspoken for the annexation of Texas. Ugarte does not cite the source of this quotation, and the historian J. Fred Rippy cannot find the statement in any of Senator Preston's available speeches.

tendrán una noción más clara de la necesidad de relacionarnos con ellos en los desarrollos de la vida futura; pero esto ha de realizarse sobre una plataforma de equidad." (*El destino de un continente*, pp. 2–3.)

∾∾LA NUEVA ROMA

La flexibilidad de la acción exterior del imperialismo norteamericano y la diversidad de formas que adopta según las circunstancias, la composición étnica y el estado social de los pueblos sobre los cuales ejerce acción, es, desde el punto de vista puramente ideológico, uno de los fenómenos más significativos de este siglo. Nunca se ha desarrollado en la historia un empuje tan incontrarrestable y tan maravillosamente orquestado como el que vienen desarrollando los Estados Unidos sobre los pueblos que geográfica o políticamente están a su alcance en el sur del continente o en el confín del mar. Roma aplicó sistemas uniformes. España se obstinó en jactancias y oropeles. Hasta en nuestros propios días, Inglaterra y Francia se esfuerzan por dominar más que por absorber. Sólo los Estados Unidos han sabido modificar el andamiaje[2] de la expansión, de acuerdo con las indicaciones de la época, empleando tácticas diferentes para cada caso y desembarazándose de cuanto pueda ser impedimenta o peso inútil para el logro de sus aspiraciones. Me refiero igualmente a los escrúpulos de ética, que en ciertos casos prohiben el empleo de determinados procedimientos, y a las consideraciones de orgullo, que suelen empujar en otros a las naciones más allá de sus conveniencias. El imperialismo norteamericano ha sabido dominar siempre sus repugnancias y sus nervios. Hasta el respeto a la bandera ha sido considerado por él, más que como una cuestión de amor propio, como un agente eficaz en la dominación. Unas veces imperioso, otras suave, en ciertos casos aparentemente desinteresado, en otros implacable de avidez, con reflexión de ajedrecista que prevee todos los movimientos posibles, con visión vasta que abarca muchos siglos, mejor informado y más resuelto que nadie, sin arrebatos, sin olvidos, sin sensibilidades, sin miedos, desarrollando una acción mundial donde todo está previsto, el imperialismo norteamericano es el útil más perfecto de dominación que se ha conocido en las épocas.

Añadiendo a lo que llamaremos el legado científico de los imperialismos pasados, las iniciativas nacidas de su inspiración y del medio, la gran nación ha subvertido todos los principios en el orden político como ya los había metamorfoseado dentro del adelanto material. Las mismas potencias europeas resultan ante la diplomacia norteamericana un espadín frente a una browning.[3] En el orden de ideas que nos ocupa, Wáshington ha modificado todas las perspectivas. Los primeros conquistadores, de mentalidad primaria, se anexaban los habitantes en calidad de esclavos. Los que vinieron después se anexaron los territorios sin los habitantes. Los Estados Unidos, como ya lo hemos insinuado en precedentes capítulos, han inaugurado el sistema de anexarse las riquezas sin los habitantes y sin los territorios, desdeñando las apariencias para llegar al hueso de la dominación sin el peso muerto de extensiones que administrar y muchedumbres que dirigir. Poco les importa el juego interno de la vida de una colectividad, y menos aún la forma externa en que la dominación ha de ejercerse, siempre que el resultado ofrezca el máximum de influencia, beneficios y autoridad, y el mínimum de riesgos, compromisos o preocupaciones.

Así ha surgido una variedad infinita de formas y de matices en las zonas de in-

---

[2] andamiaje=andamiada.

[3] browning: *rifle*.

fluencia. Lejos de aplicar un clisé o de universalizar una receta, el imperialismo nuevo ha fundamentado un diagnóstico especial para cada caso, teniendo en cuenta la extensión de la zona, su ubicación geográfica, densidad de la población, origen, clasificación étnica dominante, grado de civilización, costumbres, vecindades, cuanto puede favorecer u obstaculizar la resistencia, cuanto debe aconsejar la asimilación o el alejamiento por afinidades o desidencias de raza, cuanto cabe inducir para las contingencias futuras. Las razones superiores de fuerza y de salud activa que encauzan la energía expansionista, velan, ante todo, por la pureza racial del núcleo y rechazan todo aporte[4] que no coincida con él. Anexar pueblos es modificar la composición de la propia sangre, y el invasor, que no aspira a diluirse, sino a perpetuarse, evita cuanto pueda alterar o adormecer la superioridad que se atribuye.

El imperialismo hubiera podido, sin esfuerzo, duplicar o triplicar en los últimos años la extensión oficial de sus territorios, pero ha comprendido el peligro de añadir a su conjunto grandes masas de otro origen. La ocupación integral de pequeños territorios habitados por población blanca poco densa no ofrece dificultades; pero la conquista de vastas zonas de carácter refractario entraña peligros que no escapan a la perspicacia más elemental. De aquí la solución oportunista de reinar sin corona, bajo la sombra de otras banderas que el determinismo de las realidades acaba por hacer ilusorias.

La acción que se hace sentir en forma de presiones financieras, tutela internacional y fiscalización política, concede todas las ventajas sin riesgo alguno. Es en el desarrollo de esta táctica donde ha evidenciado el imperialismo la incomparable destreza que sus mismas víctimas admiran. En el orden financiero tiende a acaparar los mercados con exclusión de toda competencia, a erigirse en regulador de una producción, a la cual pone precio, y a inducir a las pequeñas naciones a contraer deudas que crean después conflictos, dan lugar a reclamaciones y preparan ingerencias propicias a la extensión de la soberanía virtual. En el orden exterior se erige en defensor de esos pueblos, obligando al mundo a aceptar su intervención para tratar con ellos y arrastrándolos en forma de satélites dentro de la curva de su rotación. En el orden interno propicia la difusión de cuanto acrece su prestigio, ayuda las ambiciones de los hombres que favorecen su influencia y obstaculizan toda irradiación divergente, cerrando el paso de una manera perentoria a cuantos, más avisados o más patriotas, tratan de mantener incólume la nacionalidad.

Es en esta última zona de acción donde mejor podemos observar la maestría del imperialismo. La sutil intrusión en los asuntos privativos de cada pueblo ha invocado siempre, como es clásico, la paz, el progreso, la civilización y la cultura; pero sus móviles, procedimientos y resultados han sido a menudo la completa negación de esas premisas.

Claro está que el punto de partida y la base para apoyar la palanca está en la interminable efervescencia política de nuestros pueblos. Pero el partido que se ha sacado de esta circunstancia es tan prodigioso, que parece inverosímil. Por la virtud del choque de los bandos, por el peso de la ambición de los hombres, aprovechando la inestabilidad de los gobiernos, en democracias levantiscas e impresionables, se ha creado dentro de cada país un poder superior, unas veces oculto, otras ostensible, que baraja, enreda, combina, teje y desteje los acontecimientos, propiciando las soluciones favorables para sus intereses. Aquí fomenta las tiranías, allá apoya las intentonas revolucionarias, erigiéndose siempre en conciliador o en árbitro, y empujando infatigablemente los acontecimientos hacia los dos fines que se propone: el primero, de orden moral, acrecentar la anarquía para fomentar el desprestigio del país, justificando intervenciones, y el segundo, de orden político, desembarazarse de los mandatarios reacios a la influencia dominadora, hasta encontrar el hombre débil, o de pocas luces, que por inexperiencia o apresuramiento será el auxiliar de la dominación.

---

[4] aporte: *factor from without.*

Los ambiciosos saben que el ideal del imperialismo consiste en gobernar por manos ajenas, dentro de una prescindencia panorámica, y más de uno ha burlado esos cálculos haciéndose pequeño en la oposición 5 para llegar con apoyo hasta el poder. Pero aun con la táctica de Sixto V,[5] consintiendo primero para resistir más tarde, se contribuye al resultado doloroso, porque se abre la puerta a un escalonamiento de acciones 10 análogas, que si no dan directamente al imperialismo lo que apetece, prolongan la efervescencia y el desorden, agotando las fuerzas nacionales y creando por su misma multiplicación endémica el ambiente pro-15 picio para que sea al fin irremediable la sumisión.

El mayor triunfo del sistema ha consistido en erigirse en factor de éxito dentro de nuestra propia vida. Fuente de recursos 20 dentro de la pugna ciudadana, dispensador de reconocimientos dentro de la existencia oficial, ha empujado, no sólo a los impacientes, sino a los más incorruptibles y a los más íntegros, hasta los límites extremos de lo que 25 se puede consentir sin abdicar. De esta suerte se ha ido creando subconscientemente, en los países "trabajados," un estado de espíritu especial, que admite, dentro de las luchas ciudadanas, la colaboración de fuerzas que 30 no nacen del propio medio y hace entrar en todo acto o propósito nacional una partícula de la vida y del interés extraño.

De aquí el fenómeno de que en un continente sobre el cual pesa una presión extran-35 jera sin precedentes en la historia, sean tan raros los hombres que se pronuncian abiertamente contra ella. Unos, porque aspiran ante todo al éxito; otros, porque imaginan ser hábiles disimulando su sentir; todos parecen 40 tolerar o ignorar la fuerza secreta que se hace presente a todas horas. Nadie habla, salvo contadísimas excepciones, de inclinarse. Pero

en la dosificación de las complacencias, hay un teclado para la maestría del invasor que apoya naturalmente sobre las notas más gratas a su oído, desplazando insensiblemente las octavas hacia el campo de su predilección. No digo que se abra así una especie de subasta para entregar el poder a quien más concede. La altivez de nuestros pueblos no lo consentiría. Pero no se ha presentado aún en nuestras repúblicas el caso de que un hombre sindicado como adversario del imperialismo llegue a la presidencia. Los mismos que se han elevado con el beneplácito de Wáshington, ruedan así que asoma una veleidad de resistir. El eje de la política no está ya, pues, entre los que atacan y los que se inclinan, sino en el grado de la inclinación y en la intensidad del acatamiento. Así se ha improvisado más de una vez la popularidad y el auge de figuras secundarias que no parecían hechas para gobernar pueblos. Y así han sido sacrificados buenos políticos, que constituían un peligro por su perspicacia y su capacidad. La divisa de Metternich[6] en uno de los grandes momentos de Austria ("hay que ayudar en Francia las ambiciones de X, porque X es muy torpe y con él estamos tranquilos"), ha tenido aplicación más de una vez en la política americana. La malicia nativa, que suple a veces el talento, se ha encargado de hacer fracasar algunos de esos cálculos atrevidos. Pero la consigna general ha sido empujar a los menos capaces, más que por las concesiones que de ellos se pueden arrancar, por los errores que ellos solos cometen, sin incitación de nadie.

Los que se oponen a esa política, desde el gobierno, aunque sea en la forma más comedida y diplomática, ven surgir, según los casos, en la frontera o en las cercanías de las capitales, la nube hostil que en poco tiempo los barrerá de las alturas. Aunque la insurrección sólo cuenta al principio con

---

[5] Sixto V (1521–1590) was elected to the papacy in 1585. He reorganized the administration of the State, setting up fifteen permanent boards that reduced his work considerably without limiting his authority in the least since the final decision on all matters rested ultimately with him.

[6] Klemens Lothar, Prince von Metternich (1773–1859), Austrian statesman and leader of conservatism in

Europe, became master of Austria and chief arbiter of Europe from 1815 to 1848, a period that came to be called "the age of Metternich." His political creed is well summed up in his recommendation to the Emperor: "Adherence to the French system in order to insure the integrity of Austria and to save our strength for better times."

escasos partidarios, se inflará rápidamente, porque recibirá todos los elementos útiles, y aunque el gobierno disponga de fuerza y popularidad para dominar el desorden, nunca podrá conseguirlo, porque en último caso, argumentando la necesidad de defender propiedades o de impedir matanzas, intervendrán ministros y desembarcarán tropas extranjeras. A pesar de los intereses divergentes de Francia, España e Inglaterra, el cuerpo diplomático en nuestros países es una serie de vagones de lujo encabezados por una locomotora que lleva bandera norteamericana. Por otra parte, el mundo sólo sabrá de las cosas de América lo que quieran decir los Estados Unidos, porque ellos son los que imponen a la opinión universal el dominio de sus cables. Abandonado por sus mismos partidarios, el mandatario que se obstine en resistir será bloqueado en sus abastecimientos, movimientos y palabras. Así se explica la rapidez de ciertas caídas, en países donde antes duraban las guerras civiles largos años, y así se comprende, aunque no se justifique, lo que podríamos llamar el terror oficial.

* * * Los intereses de algunas compañías financieras, que salen del marco en que se mueven los intereses de la nación o la iniciativa de agentes que van más allá de sus instrucciones, pueden exagerar los abusos. Pero en conjunto todo obedece a una política deliberada. Las cosas se hallan dispuestas de tal suerte, que para los latinoamericanos la acción se hace difícil y el éxito imposible, siempre que no concurra a contemporizar con la influencia que apoya su mano de hierro sobre los intereses y sobre las conciencias, desarmando toda hostilidad. Y aquí nos encontramos ante la eterna pregunta: La responsabilidad final de la situación, ¿recae exclusivamente sobre el imperialismo, que en nuestro tiempo, como en todos los tiempos, extenderá sus ambiciones hasta donde les cierre el paso la resistencia de la atmósfera? ¿No alcanza la mayor culpa a los dirigentes nuestros, que ilustrados por catástrofes anteriores, aleccionados por situaciones análo-

gas en otros países y otros siglos, puestos en guardia por voces que vienen de todas partes, no atinan a elevarse por encima de sus limitaciones para abarcar panoramas más vastos y alcanzar visiones más amplias?

Las faltas del imperialismo las conocemos todos, y nada ganaremos con repetirlas en tono airado. Lo que conviene poner en evidencia, son nuestros propios errores. No para crear discordia con ellos una vez más, sino para acabar con la discordia, reconstruyendo serenamente lo que han destruido las impetuosidades.

Mi hostilidad a la política imperialista—o, mejor dicho, el deseo natural y patriótico de que la América Latina se oponga a ella—ha sido tergiversado a menudo y desvirtuado a sabiendas, hasta convertirlo en odio o desaprecio a los Estados Unidos. En innumerables artículos y discursos he tratado de destruir esa interpretación, pero insisto ahora y acaso no será esta la última vez, porque los errores voluntarios tienen una vitalidad sorprendente.

No he reprochado nunca a César que dividiese a los francos para apoderarse de las Galias. La maniobra de César constituía una superioridad; pero es legítimo lamentar que los francos no tuviesen suficiente astucia para contrarrestarla. Sería insensato hacer un crimen a Hernán Cortés de su política en México. No queda rastro en los tiempos de una proeza mayor que la realizada por él. Pero es razonable pensar que si los veinte millones de indígenas[7] que constituían el poderoso imperio azteca, no hubiesen naufragado en la discordia, la sujeción no habría podido realizarse. Fulminar la conquista es tarea vana dentro del determinismo y la invulnerabilidad de los hechos humanos, cuya moral formula el triunfador, al punto de que se puede decir que raza definitivamente vencida, es raza definitivamente deshonrada, porque la victoria anula valores militares y morales, barriendo hasta los prestigios y las superioridades más legítimas. Mi propósito ha

---

[7] veinte . . . indígenas: This figure seems a little high. The total population of the Nahua-Maya region is generally thought to have been not more than ten million at the time of the Conquest.

sido llamar la atención de los aztecas y de los francos de mi tiempo y de mi grupo sobre la posibilidad de evitar querellas suicidas para desarrollar un esfuerzo vigoroso, sanear el conjunto y coordinarlo en vista de lo que es el supremo anhelo de todas las especies: desarrollarse y perdurar.

Los Estados Unidos han hecho y seguirán haciendo lo que todos los pueblos fuertes en la historia, y nada es más ineficaz que los argumentos que contra esa política se emplean en la América Latina. En asuntos internacionales, invocar la ética es casi siempre confesar una derrota. Las lamentaciones, a menos de que sean recogidas por otro poderoso que aspira a usufructuarlas, no han pesado nunca en el gobierno del mundo. No hay que decir: "Eso está mal hecho," hay que colocarse en la situación de que "Eso no se puede hacer"; y para conseguirlo, es tan inútil invocar el derecho, la moral y el razonamiento, como recurrir al apóstrofe, la imprecación o las lágrimas. Pueblos que esperan su vida o su porvenir de una abstracción legal o de la voluntad de los otros, son de antemano pueblos sacrificados. Es de la propia entraña de donde hay que sacar los elementos de vida; de la previsión para ver los peligros, de la fortaleza para encarar las dificultades, del estoicismo para conjurar los fracasos, de todo lo que surge de la vigilancia vivificadora del propio organismo, ocupado, antes que nada, en respirar. Cuando cesa la autodefensa de los hombres y de los pueblos, cesa la palpitación misma que los mantiene dentro de la naturaleza o de la historia.

Odiar a los Estados Unidos, es un sentimiento inferior que a nada conduce. Despreciarlos, es una insensatez aldeana. Lo que debemos cultivar es el amor a nosotros mismos, la inquietud de nuestra propia existencia. Si buscando una reacción de la voluntad colectiva, denunciamos el peligro exterior y evocamos el recuerdo de desastres anteriores, que no sea para calificar la actitud de los otros, sino para orientar la nuestra; porque lo que urge considerar no es lo que el adversario hizo para perjudicarnos, sino lo que nosotros no hicimos para contrarrestar su agresión y lo que tendremos que realizar mañana si no queremos ser aniquilados.

(*El destino de un continente*, 1923)

ᴓᴓᴓJosé Vasconcelos

MEXICO, 1882–1959   *La raza cósmica* (1925) and *Indología* (1926) together constitute what soon became a classic pronouncement concerning the racial and cultural future of Ibero-America. It is in the prologue to the former that Vasconcelos first advanced his theory of the mission of the "fifth" or "cosmic" race, a theory eagerly accepted throughout mestizo America and one inseparably associated ever since with his name. Conceived during his pioneering attempt to weld a racial and cultural amalgam out of the diverse elements within Mexico itself, it voiced his hope that all countries of Ibero-America, including, of course, Brazil—where he believed the "cosmic race" would first emerge—would gain strength out of such a faith in their common destiny and that, once freed of old nationalistic credos (cf. his acceptance speech delivered at the University of Chile when elected an honorary member of that faculty. It reads in part: "Creo que la nacionalidad es una forma caduca, y por encima de las patrias de hoy, cuyos emblemas ya casi no mueven mi pecho, veo aparecer las banderas nuevas de las Federaciones étnicas que han de colaborar en el porvenir del mundo." *La raza cósmica*, pp. 261–262), they would strive together under a common banner to forge a culture and a way of life complementary to that of the northern neighbor. A South American tour convinced him more than ever of the urgency of the need of such a common goal. That need and the theory he propounds to meet it first took shape in *La raza cósmica*, which also contains the stimulating impressions of his American tour. Out of protest to the political highhandedness of Calles and Obregón, he left Mexico as a voluntary exile in 1925 for a European trip that was to take him from Portugal and Spain through almost every country of the continent. He was in Paris when the University of Puerto Rico invited him to give a series of lectures on Mexican education. Vasconcelos accepted, but he enlarged the scope of his topic so as to offer his interpretation of the whole of Ibero-American culture. Delivered in Puerto Rico and in Santo Domingo, these lectures comprise his volume *Indología*, which is— essentially—the amplification and crystallization of the basic ideas expressed in *La raza cósmica*. It is in the chapter entitled *El hombre* of *Indología* (p. 105) that Vasconcelos underscores again the keynote of his theory: "Que nuestra mayor esperanza de salvación se encuentra en el hecho de que no somos una raza pura, sino un mestizaje, un puente de razas futuras, un agregado de razas en formación: agregado que puede crear una estirpe más poderosa que los que proceden de un solo tronco."

⚇LA RAZA CÓSMICA

PRÓLOGO

Pugna de latinidad contra sajonismo ha llegado a ser, sigue siendo nuestra época; pugna de instituciones, de propósitos y de ideales. Crisis de una lucha secular que se inicia con el desastre de la Armada Invencible[1] y se agrava con la derrota de Trafalgar.[2] Sólo que desde entonces el sitio del conflicto comienza a desplegarse y se traslada al continente nuevo, donde tuvo todavía episodios fatales. Las derrotas de Santiago de Cuba y de Cavite y Manila[3] son ecos distantes pero lógicos de las catástrofes de la Invencible y de Trafalgar. Y el conflicto está ahora planteado totalmente en el Nuevo Mundo. En la historia, los siglos suelen ser como días; nada tiene de extraño que no acabemos todavía de salir de la impresión de la derrota. Atravesamos épocas de desaliento, seguimos perdiendo, no sólo en soberanía geográfica, sino tambien en poderío moral. Lejos de sentirnos unidos frente al desastre, la voluntad se nos dispersa en pequeños y vanos fines. La derrota nos ha traído la confusión de los valores y los conceptos; la diplomacia de los vencedores nos engaña después de vencernos; el comercio nos conquista con sus pequeñas ventajas. Despojados de la antigua grandeza, nos ufanamos de un patriotismo exclusivamente nacional, y ni siquiera advertimos los peligros que amenazan a nuestra raza en conjunto. Nos negamos los unos a los otros. La derrota nos ha envilecido a tal punto, que, sin darnos

cuenta, servimos los fines de la política enemiga, de batirnos en detalle, de ofrecer ventajas particulares a cada uno de nuestros hermanos, mientras al otro se le sacrifica en intereses vitales. No sólo nos derrotaron en el combate, ideológicamente también nos siguen venciendo. Se perdió la mayor de las batallas el día en que cada una de las repúblicas ibéricas se lanzó a hacer vida propia, vida desligada de sus hermanos, concertando tratados y recibiendo beneficios falsos, sin atender a los intereses comunes de la raza. Los creadores de nuestro nacionalismo fueron, sin saberlo, los mejores aliados del sajón, nuestro rival en la posesión del continente. El despliegue de nuestras veinte banderas en la Unión Pan-Americana de Wáshington deberíamos verlo como una burla de enemigos hábiles. Sin embargo, nos ufanamos cada uno de nuestro humilde trapo, que dice ilusión vana, y ni siquiera nos ruboriza el hecho de nuestra discordia, delante de la fuerte unión norteamericana. No advertimos el contraste de la unidad sajona frente a la anarquía y soledad de los escudos iberoamericanos. Nos mantenemos celosamente independientes respecto de nosotros mismos; pero de una o de otra manera nos sometemos o nos aliamos con la Unión Sajona.* * *

En la historia no hay retornos, porque toda ella es transformación y novedad. Ninguna raza vuelve; cada una plantea su misión, la cumple y se va. Esta verdad rige lo mismo en los tiempos bíblicos que en los nuestros, todos

---

[1] el desastre . . . Invencible: "The Invincible Armada," sent out by Philip II of Spain against the English fleet, was defeated by Drake, Hawkins, *et. al.*, in the English Channel during July of 1588.

[2] la derrota de Trafalgar: Nelson defeated the combined French and Spanish fleets near the Strait of Gibraltar in 1805.

[3] las derrotas . . . Manila: The Spanish fleet was annihilated on July 3, 1898, outside Santiago harbor. The city surrendered on July 17. Cavite, a fortified port on Manila Bay, and Manila itself, fell to Dewey after destruction of the Spanish fleet, May 1, 1898.

los historiadores antiguos la han formulado. Los días de los blancos puros, los vencedores de hoy, están tan contados como lo estuvieron los de sus antecesores. Al cumplir su destino de mecanizar el mundo, ellos mismos han puesto, sin saberlo, las bases de un período nuevo, el período de la fusión y la mezcla de todos los pueblos. El indio no tiene otra puerta hacia el porvenir que la puerta de la cultura moderna, ni otro camino que el camino ya desbrozado de la civilización latina. También el blanco tendrá que deponer su orgullo, y buscará progreso y redención posterior en el alma de sus hermanos de las otras castas, y se confundirá y se perfeccionará en cada una de las variedades superiores de la especie, en cada una de las modalidades que tornan múltiple la revelación y más poderoso el genio.* * *

Reconozcamos que fue una desgracia no haber procedido con la cohesión que demostraron los del Norte: la raza prodigiosa, a la que solemos llenar de improperios, sólo porque nos ha ganado cada partida de la lucha secular. Ella triunfa porque aduna sus capacidades prácticas con la visión clara de un gran destino. Conserva presente la intuición de una misión histórica definida, en tanto que nosotros nos perdemos en el laberinto de quimeras verbales. Parece que Dios mismo conduce los pasos del sajonismo, en tanto que nosotros nos matamos por el dogma o nos proclamamos ateos. ¡Cómo deben reír de nuestros desplantes y vanidades latinas estos fuertes constructores de imperios! Ellos no tienen en la mente el lastre ciceroniano de la fraseología, ni en la sangre los instintos contradictorios de la mezcla de razas disímiles; *pero cometieron el pecado de destruir esas razas, en tanto que nosotros las asimilamos, y esto nos da derechos nuevos y esperanza de una misión sin precedente en la historia.*

De allí que los tropiezos adversos no nos inclinen a claudicar, vagamente sentimos que han de servirnos para descubrir nuestra ruta. Precisamente, en las diferencias encontramos el camino; si no más imitamos, perdemos; si descubrimos, si creamos, triunfaremos. La ventaja de nuestra tradición es que posee mayor facilidad de simpatía con los extraños. Esto implica que nuestra civilización, con todos sus defectos, puede ser la elegida para asimilar y convertir a un nuevo tipo a todos los hombres. En ella se prepara de esta suerte la trama, el múltiple y rico plasma de la humanidad futura. Comienza a advertirse este mandato de la historia en esa abundancia de amor que permitió a los españoles crear raza nueva con el indio y con el negro, prodigando la estirpe blanca a través del soldado que engendraba familia indígena y la cultura de Occidente por medio de la doctrina y el ejemplo de los misioneros que pusieron al indio en condiciones de penetrar en la nueva etapa, la etapa del mundo Uno. La colonización española creó mestizaje: esto señala su carácter, fija su responsabilidad y define su porvenir. El inglés siguió cruzándose sólo con el blanco, y exterminó al indígena; lo sigue exterminando en la sorda lucha económica, más eficaz que la conquista armada. Esto prueba su limitación y es el indicio de su decadencia. Equivale, en grande, a los matrimonios incestuosos de los Faraones, que minaron la virtud de aquella raza, y contradice el fin ulterior de la historia, que es lograr la fusión de los pueblos y las culturas. Hacer un mundo inglés; exterminar a los rojos, para que en toda la América se renueve el norte de Europa, hecho de blancos puros, no es más que repetir el proceso victorioso de una raza vencedora. Ya esto lo hicieron los rojos; lo han hecho o lo han intentado todas las razas fuertes y homogéneas; pero eso no resuelve el problema humano; para un objetivo tan menguado no se quedó en reserva cinco mil años la América. El objeto del continente nuevo y antiguo es mucho más importante. Su predestinación obedece al designio de constituir la cuna de una raza quinta en la que se fundirán todos los pueblos, para reemplazar a las cuatro que aisladamente han venido forjando la historia. En el suelo de América hallará término la dispersión, allí se consumará la unidad por el triunfo del amor fecundo y la superación de todas las estirpes.

Y se engendrará de tal suerte el tipo

síntesis que ha de juntar los tesoros de la historia, para dar expresión al anhelo total del mundo.

Los pueblos llamados latinos, por haber sido más fieles a la misión divina de América, son los llamados a consumarla. Y tal fidelidad al oculto designio es la garantía de nuestro triunfo.

En el mismo período caótico de la Independencia, que tantas censuras merece, se advierten, sin embargo, vislumbres de ese afán de universalidad que ya anuncia el deseo de fundir lo humano en un tipo universal y sintético. Desde luego, Bolívar, en parte, porque se dio cuenta del peligro en que caíamos, repartidos en nacionalidades aisladas, y también por su don de profecía, formuló aquel plan de federación iberoamericana[4] que ciertos necios todavía hoy discuten.

Y si los demás caudillos de la independencia latinoamericana, en general, no tuvieron un concepto claro del futuro, si es verdad que, llevados del provincialismo, que hoy llamamos patriotismo, o de la limitación, que hoy se titula soberanía nacional, cada uno se preocupó no más que de la suerte inmediata de su propio pueblo, también es sorprendente observar que casi todos se sintieron animados de un sentimiento humano universal que coincide con el destino que hoy asignamos al continente iberoamericano. Hidalgo, Morelos, Bolívar, Petión[5] el Haitiano; los argentinos en Tucumán,[6] Sucre,[7] todos se preocuparon de libertar a los esclavos, de declarar la igualdad de todos los hombres por derecho natural; la igualdad social y cívica de los blancos, negros e indios. En un instante de crisis histórica, formularon la misión trascendental asignada a aquella zona del globo: misión de fundir étnica y espiritualmente a las gentes.

De tal suerte se hizo en el bando latino lo que nadie ni pensó hacer en el continente sajón. Allí siguió imperando la tesis contraria, el propósito confesado o tácito de limpiar la tierra de indios, mongoles y negros, para mayor gloria y ventura del blanco. En realidad, desde aquella época quedaron bien definidos los sistemas que, perdurando hasta la fecha, colocan en campos sociológicos opuestos a las dos civilizaciones: la que quiere el predominio exclusivo del blanco, y la que está formando una raza nueva, raza de síntesis que aspira a englobar y expresar todo lo humano en maneras de constante superación. Si fuese menester aducir pruebas, bastaría observar la mezcla creciente y espontánea que en todo el continente latino se opera entre todos los pueblos, y por la otra parte, la línea inflexible que separa al negro del blanco en los Estados Unidos, y las leyes, cada vez más rigurosas, para la exclusión de los japoneses y chinos de California.

Los llamados latinos, tal vez porque desde un principio no son propiamente tales latinos, sino un conglomerado de tipos y razas, persisten en no tomar muy en cuenta el factor étnico para sus relaciones sexuales. Sean cuales fueren las opiniones que a este respecto se emitan y aun la repugnancia que el prejuicio nos causa, lo cierto es que se ha producido y se sigue consumando la mezcla de sangres. Y es en esta fusión de estirpes donde debemos buscar el rasgo fundamental de la idiosincrasia iberoamericana. Ocurrirá algunas veces, y ha ocurrido ya, en efecto, que la competencia económica nos obligue a cerrar nuestras puertas, tal como lo hace el sajón, a una desmedida irrupción de orientales. Pero al proceder de esta suerte, nosotros no obedecemos más que a razones de orden económico; reconocemos que no es justo que pueblos como el chino, que bajo el santo consejo de la moral confuciana se multiplican

---

[4] plan . . . iberoamericana: As early as 1815 Bolívar had in mind a cooperative union of the Ibero-American states. He called for the first inter-American Congress (the United States and England were also invited) to meet at Panama in the summer of 1826. As far as immediate results were concerned, the Congress was a failure.

[5] Hidalgo . . . Pétion: Miguel Hidalgo y Costilla (1753–1811); José María Morelos (1765–1815), like Hidalgo, a liberal priest, a revolutionist in the war for independence, and a national hero. Defeated by Iturbide (1783–1824), he was convicted of treason and shot; Alexandre Pétion (1770–1818), Haitian revolutionist and president and national hero, who fought against the reestablishment of slavery.

[6] Tucumán: See page 161, note 2.

[7] Sucre: See page 116, note 40.

como los ratones, vengan a degradar la condición humana, justamente en los instantes en que comenzamos a comprender que la inteligencia sirve para refrenar y regular bajos instintos zoológicos, contrarios a un concepto verdaderamente religioso de la vida. Si los rechazamos es porque el hombre, a medida que progresa, se multiplica menos y siente el horror del número por lo mismo que ha llegado a estimar la calidad. En los Estados Unidos rechazan a los asiáticos, por el mismo temor del desbordamiento físico propio de las especies superiores; pero también lo hacen porque no les simpatiza el asiático, porque lo desdeñan y serían incapaces de cruzarse con él. Las señoritas de San Francisco se han negado a bailar con oficiales de la marina japonesa, que son hombres tan aseados, inteligentes y, a su manera, tan bellos, como los de cualquiera otra marina del mundo. Sin embargo, ellas jamás comprenderán que un japonés pueda ser bello. Tampoco es fácil convencer al sajón de que si el amarillo y el negro tienen su tufo, también el blanco lo tiene para el extraño, aunque nosotros no nos demos cuenta de ello. En la América Latina existe, pero infinitamente más atenuada, la repulsión de una sangre que se encuentra con otra sangre extraña. Allí hay mil puentes para la fusión sincera y cordial de todas las razas. El amurallamiento étnico de los del Norte frente a la simpatía mucho más fácil de los del Sur, tal es el dato más importante y a la vez el más favorable para nosotros, si se reflexiona, aunque sea superficialmente, en el porvenir. Pues se verá en seguida que somos nosotros de mañana, en tanto que ellos van siendo de ayer. Acabarán de formar los yanquis el último gran imperio de una sola raza: el imperio final del poderío blanco. Entre tanto, nosotros seguiremos padeciendo en el vasto caos de una estirpe en formación, contagiados de la levadura de todos los tipos, pero seguros del avatar de una estirpe mejor. En la América española ya no repetirá la naturaleza uno de sus ensayos parciales, ya no será la raza de un solo color, de rasgos particulares, la que en esta vez salga de la olvidada Atlántida; no será la futura ni una quinta ni una sexta raza, destinada a prevalecer sobre sus antecesoras; lo que de allí va a salir es la raza definitiva, la raza síntesis o raza integral, hecha con el genio y con la sangre de todos los pueblos y, por lo mismo, más capaz de verdadera fraternidad y de visión realmente universal.

Para acercarnos a este propósito sublime es preciso ir creando, como si dijéramos, el tejido celular que ha de servir de carne y sostén a la nueva aparición biológica. Y a fin de crear ese tejido proteico, maleable, profundo, etéreo y esencial, será menester que la raza iberoamericana se penetre de su misión y la abrace como un misticismo.

Quizás no haya nada inútil en los procesos de la historia; nuestro mismo aislamiento material y el error de crear naciones, nos ha servido, junto con la mezcla original de la sangre, para no caer en la limitación sajona de constituir castas de raza pura. La historia demuestra que estas selecciones prolongadas y rigurosas dan tipos de refinamiento físico, curiosos, pero sin vigor; bellos con una extraña belleza como la de la casta brahmánica milenaria, pero a la postre decadentes. Jamás se ha visto que aventajen a los otros hombres ni en talento, ni en bondad, ni en vigor. El camino que hemos iniciado nosotros es mucho más atrevido, rompe los prejuicios antiguos, y casi no se explicaría, si no se fundase en una suerte de clamor que llega de una lejanía remota, que no es la del pasado, sino la misteriosa lejanía de donde vienen los presagios del porvenir.

Si la América Latina fuese no más otra España, en el mismo grado que los Estados Unidos son otra Inglaterra, entonces la vieja lucha de las dos estirpes no haría otra cosa que repetir sus episodios en la tierra más vasta y uno de los dos rivales acabaría por imponerse y llegaría a prevalecer. Pero no es ésta la ley natural de los choques, ni en la mecánica ni en la vida. La oposición y la lucha, particularmente cuando ellas se trasladan al campo del espíritu, sirven para definir mejor los contrarios, para llevar a cada uno a la cúspide de su destino, y, a la postre, para sumarlos en una común y victoriosa superación.

La misión del sajón se ha cumplido más pronto que la nuestra, porque era más inmediata y ya conocida en la historia; para cumplirla no había más que seguir el ejemplo de otros pueblos victoriosos. Meros continuadores de Europa, en la región del continente que ellos ocuparon, los valores del blanco llegaron al cenit. He allí por qué la historia de Norte América es como un ininterrumpido y vigoroso *allegro* de marcha triunfal.

¡Cuán distintos los sones de la formación iberoamericana! Semejan el profundo *scherzo* de una sinfonía infinita y honda: voces que traen acentos de la Atlántida; abismos contenidos en la pupila del hombre rojo que supo tanto, hace tantos miles de años y ahora parece que se ha olvidado de todo. Se parece su alma al viejo cenote maya, de aguas verdes, profundas, inmóviles, en el centro del bosque, desde hace tantos siglos que ya ni su leyenda perdura. Y se remueve esta quietud de infinito, con la gota que en nuestra sangre

pone el negro, ávido de dicha sensual, ebrio de danzas y desenfrenadas lujurias. Asoma también el mongol con el misterio de su ojo oblicuo que toda cosa la mira conforme a un ángulo extraño que descubre no sé qué pliegues y dimensiones nuevas. Interviene asimismo la mente clara del blanco, parecida a su tez y a su ensueño. Se revelan estrías judaicas que se escondieron en la sangre castellana desde los días de la cruel expulsión; melancolías del árabe, que son un dejo de la enfermiza sensualidad musulmana; ¿quién no tiene algo de todo esto o no desea tenerlo todo? He ahí al hindú, que también llegará, que ha llegado ya por el espíritu, y aunque es el último en venir, parece el más próximo pariente. Tantos que han venido y otros más que vendrán, y así se nos ha de ir haciendo un corazón sensible y ancho que todo lo abarca y contiene, y se conmueve; pero henchido de vigor, impone leyes nuevas al mundo. Y presentimos como otra cabeza, que dispondrá de todos los ángulos, para cumplir el prodigio de superar a la esfera.

⚮BREVE HISTORIA DE MÉXICO

PRÓLOGO

La historia de México empieza como episodio de la gran odisea del descubrimiento y ocupación del Nuevo Mundo. Antes de la llegada de los españoles, México no existía como nación; una multitud de tribus separadas por ríos y montañas y por el más profundo abismo de sus trescientos dialectos, habitaba las regiones que hoy forman el territorio patrio. Los aztecas dominaban apenas una zona de la meseta, en constante rivalidad con los tlaxcaltecas, y al occidente los tarascos ejercitaban soberanía independiente, lo mismo por el sur los zapotecas. Nunguna idea nacional emparentaba las castas; todo lo contrario, la más feroz enemistad alimentaba la guerra perpetua, que sólo la conquista española hizo terminar. Comenzaremos, pues, nuestra exposición en el punto en que México surge a la vista de la humanidad

civilizada. Empezaremos a verlo tal y como lo contemplaron los soldados de la conquista, según nos lo dicen en sus amenas crónicas. Por fortuna, fueron españoles los que primero llegaron a nuestro suelo, y gracias a ello, es rica la historia de nuestra región del Nuevo Mundo, como no lo es la de la zona ocupada por los puritanos. Todavía a la fecha cuanto se escribe de historia mexicana antigua tiene que fundarse en los relatos de los capitanes y los monjes de la conquista, guerreros y civilizadores, hombres de letras, a la par que hombres de espada, según la clara exigencia de la institución de la caballería. Pues, propiamente, fue la de América una última cruzada en que los castellanos, flor de Europa, después de rebasar sobre el moro, ganaron para la cristiandad, con las naciones de América, el dominio del planeta, la supremacía del futuro. Imagine quien no quiera reconocerlo, qué es lo que sería nuestro continente de haberlo descubierto y conquistado los musulmanes. Las regiones interiores del África actual pueden darnos una idea de la miseria y la esclavitud, la degradación en que se hallarían nuestros territorios.

Desde que aparecemos en el panorama de la historia universal, en él figuramos como una accesión a la cultura más vieja y más sabia, más ilustre de Europa: la cultura latina. Este orgullo latino pervive a la fecha en el alma de todos los que tienen conciencia y orgullo; latinos se proclaman los negros cultos de las Antillas y latinos son por el alma, según bien dijo nuestro Altamirano, los indios de México y del Perú. Latino es el mestizo desde que se formó la raza nueva y habló por boca del Inca Garcilaso en el sur, de Alba Ixtlilxóchitl[8] en nuestro México. Incorporados por obra de la conquista civilizadora, el indio y el negro a la rama latina de la cultura europea, nuestro patriotismo adquiere abolengo y entronca con una tradición prolongada y provechosa. De allí que todo corazón bien puesto de esta América hispana, indio, mestizo, mulato, negro o criollo, siente las glorias de la España creadora y de Italia y Roma, con predilección sobre los otros pueblos de la tierra. El mismo idioma latino es un poco nuestro desde que en el culto católico halagó nuestros oídos a partir de la infancia. Tan superior es la tradición nuestra a la de los peregrinos del Mayflower, como grande fue la Nueva España en comparación de las humildes colonias del norte.

Ingresamos a las filas de la civilización bajo el estandarte de Castilla, que a su modo heredaba al romano y lo superaba por su cristiandad. Y es inútil rebatir siquiera la fábula maligna de una nacionalidad autóctona que hubiera sido la víctima de nuestra nacionalidad mexicana, es decir, hispano-indígena. Se llegó en cierta época a tal punto de confusión, que no faltó quien pretendiese ver en México un caso parecido al del Japón que al servirse de lo europeo, robándole la

técnica, se ha mantenido autóctono, sin embargo, en el espíritu. ¿En qué espíritu nacional podríamos recaer nosotros, si prescindiésemos del sentir castellano que nos formó la Colonia? ¿Existe acaso en lo indígena, en lo precortesiano, alguna unidad de doctrina, o siquiera de sentimiento capaz de construir un alma nacional? ¿En dónde está un código parecido al de los samuráis que pudiera servir de base a un resurgimiento aborigen de México o del Perú? Desde el *Popol Vuh*[9] de los mayas hasta las leyendas incaicas, no hay en la América precortesiana, ni personalidad homogénea, ni doctrina coherente. El *Popol Vuh* es colección de divagaciones ineptas, remozadas un tanto por los recopiladores españoles de la conquista que mejoraban la tradición verbal incoherente, incomprensible ya para las razas degeneradas que reemplazaron a las no muy capaces que crearon los monumentos. El continente entero, según advierte genialmente Keyserling,[10] estaba dominado por las fuerzas telúricas y no había nacido nunca para el espíritu, o era ya una decadencia irremediable cuando llegaron los españoles. Los españoles advirtieron la torpeza del pensamiento aborigen y, sin embargo, lo tradujeron, lo catalogaron, lo perpetuaron en libros y crónicas, y hoy ya sólo la ignorancia puede repetir el dislate de que los conquistadores destruyeron una civilización. Desde todos los puntos de vista, y con todos sus defectos, lo que creó la Colonia fue mejor que lo que existía bajo el dominio aborigen.

Nada destruyó España porque nada existía digno de conservarse cuando ella llegó a estos territorios, a menos de que se estime sagrada toda esa mala yerba del alma que son el canibalismo de los caribes, los sacrificios humanos de los aztecas, el despotismo embrutecedor de los incas. Y no fue un azar que España dominase en América, en vez de Inglaterra o de Francia. España tenía que dominar en el Nuevo Mundo porque dominaba en el Viejo, en la época de la

---

[8] Alba Ixtlilxóchitl: Mexican historian of strong native bias (1568–1648).

[9] *Popol Vuh*: collection of early Maya-Quiché myths.

[10] Count Hermann Keyserling (1880–1946), German philosopher and historian who wrote and lectured on Latin America and many other subjects.

colonización. Ningún otro pueblo de Europa tenía en igual grado que el español el poder de espíritu necesario para llevar adelante una empresa que no tiene paralelo en la historia entera de la humanidad: epopeya de geó- grafos y de guerreros, de sabios y de colonizadores, de héroes y de santos que, al ensanchar el dominio del hombre sobre el planeta, ganaban también para el espíritu las almas de los conquistados. Sólo una vez en la historia humana el espíritu ha soplado en afán de conquistas que, lejos de subyugar, libertan. La India de los Asokas[11] había visto conquistas inspiradas en el afán del proselitismo religioso; conquistas que rebasando el esfuerzo del guerrero, se establecían en el alma de poblaciones remotas sin otra coerción que la del pensamiento egregio. Superior aun fue la obra de Castilla, y en mayor escala, tanto por las extensiones de los territorios ganados para la cultura, como por el valor de la cultura que propagaba. La nobleza de Castilla poderosa en el esfuerzo, virtuosa y clara en la acción, era la primera nobleza de Europa cuando se produjo la ocupación del Nuevo Mundo. Y fortuna fue de México el haber sido creado por la primera raza del mundo civilizado de entonces, y por instrumento del primero de los capitanes de la época, el más grande de los conquistadores de todos los tiempos, Hernando Cortés, cuya figura nos envidia el anglosajón, más aun que los territorios que su conquista nos ha legado.

Y el más grave daño moral que nos han hecho los imperialistas nuevos es el habernos habituado a ver en Cortés un extraño. ¡A pesar de que Cortés es nuestro, en grado mayor de lo que puede serlo Cuauhtémoc! La figura del Conquistador cubre la patria del mexicano, desde Sonora hasta Yucatán y más allá en los territorios perdidos por nosotros, ganados por Cortés. En cambio, Cuauhtémoc es, a lo sumo, el antepasado de los otomíes de la meseta de Anáhuac, sin ninguna relación con el resto del país.

El mito Cuauhtémoc lo inventan Prescott[12] y los historiadores norteamericanos, lo defienden los agentes indirectos del protestantismo que quieren borrar toda huella de lo español en América. Si en México prescindimos de lo español, nos quedaremos como los negros, atenidos al padrinazgo dudoso de un Lincoln que, sólo por razones políticas, abolió la esclavitud, o peor aún, un padrastro como Wáshington que mantuvo esclavos negros pese a sus timbres de libertador. El sentimentalismo en torno de Cuauhtémoc es parecido al que hoy manifiestan los influenciados inconscientes del imperialismo inglés, en favor del Negus[13] de Abisinia, que antes de ser expulsados por los italianos del reino que oprimía, ya se había hecho célebre entre sus salvajes conciudadanos por el asesinato, envenenamiento y prisión de rivales y parientes. Desventurados los pueblos que se empeñan en construir tradición con personajes semejantes; acaban por ser traicionados por ellos, tal y como el Negus abandonó el país a la hora del peligro, a estilo Antonio López de Santa Anna,[14] llevándose los fondos de todas las aduanas que atravesó en su fuga.

Cortés, en cambio, el más humano de los conquistadores, el más abnegado, se liga espiritualmente a los conquistados al convertirlos a la fe, y su acción nos deja el legado de una patria. Sea cual fuere la raza a que pertenezca, todo el que se sienta mexicano, debe a Cortés el mapa de su patria y la primera idea de conjunto de la nacionalidad. Quienquiera que haya de construir alguna vez en grande en estos territorios que hoy imaginamos que son nuestros, tendrá que volver los ojos al plan de Cortés, porque en cuatro siglos no ha habido otro que mirara tan lejos, ni construyera tan en grande. Más aun:

---

[11] Asokas: Buddhist rulers of India, 3rd century B.C.
[12] William H. Prescott (1796–1859), North American historian of Mexico, Peru, and Spain. His *Conquest of Mexico* appeared in 1843.
[13] Negus: *king*. The Negus referred to is Haile Selassie, who came to the throne in 1930. He was driven out by Mussolini in 1936 and did not return until 1941, after five years of exile in England.
[14] Santa Anna (1795–1876), several times president and dictator of Mexico, defeated by Sam Houston of Texas at the battle of San Jacinto in 1836. Santa Anna was thrown out of Mexico and lived for a while in the United States.

después de Cortés, después de Antonio de Mendoza,[15] después de Revillagigedo[16] que todavía intentó la defensa de Texas, después de Gálvez[17] que estampó en ella su nombre, no ha habido en nuestra patria construc- tores; sólo ha habido destructores, reductores del mapa. Sin exceptuar los más grandes nombres de nuestro calendario republicano, basta con apelar a la carta de la República para darse cuenta de dónde estuvo y dónde acabó el patriotismo en este suelo castigado de México. El mapa comienza a crecer con don Hernando, y se integra en sus manos en forma grandiosa. El mapa crece aún más y se consolida bajo ciertos virreyes, como no lo soñaron jamás las pobres mentes confusas, envilecidas, de toltecas y aztecas y mayas. Por primera y por última vez, bajo los virreyes, la ciudad de México es la capital de un reino que va de Honduras a lo que hoy es el Canadá. En esa época nuestra lengua, nuestra religión y nuestra cultura eran soberanas en el continente septentrional.

Sígase la historia del mapa y se verá que coinciden las reducciones, con la aparición de los caudillos que sólo piensan en el propio beneficio, en la propia dominación, y para lograrla no vacilan en ofrecer a quien lo quiera, ya sea Texas, ya la California, ya, más tarde, el Istmo de Tehuantepec, bajo el Benemérito de las Américas, Benito Juárez.[18]

Quien de buena fe quiera enterarse y no sea un obcecado, un enfermo de su propio veneno, abra los ojos y compare esta ecuación que señalo: a medida que los títulos del gobernante aumentan—Benemérito de las Américas, Alteza Serenísima, Jefe Máximo de la Revolución—, el mapa se va estrechando. El mapa crecía cuando los jefes de México se llamaban simplemente Hernando Cortés o Antonio de Mendoza. Y hoy que ha cambiado el sistema de la conquista, que ya no es

armada, sino moral y económica, hoy que ya no queda mapa que estrechar porque sobre todo el territorio domina el plan de los amos nuevos, una insulsa palabrería sustituye a la dignidad del patriotismo. Y se disfrazan los testaferros[19] con sobrenombres tomados a la revolución rusa o al izquierdismo masónico: liberalismo, socialismo, revolucionarismo, is- mos extranjeros y otras tantas máscaras de una dominación que ya no necesita ejercitarse con escuadras y ejércitos, porque le basta con el engaño que fructifica en los clubes, y luego estalla en las plazas con hedor de albañal y efectos de muerte, de desintegración de una estirpe.

No me dirijo únicamente al mexicano de ascendencia europea, sino al indio puro de nuestros territorios. Al indio ilustrado del momento que hoy vivimos, le pido el esfuerzo de remontarse con la imaginación a una patria como la de Cuauhtémoc, a principios del siglo dieciséis, y en seguida, a una patria como la de Hernán Cortés, veinte años más tarde. Ese mexicano, indio puro, si no tiene en las venas hiel, en vez de sangre, si logra expulsar de su fisiología el veneno acumulado por más de un siglo de propagandas malé- volas, ese mexicano indio puro, tendrá que reconocer que era más patria la que Cortés construía que la del valiente Cuauhtémoc o la del cobarde Moctezuma. Tendrá que re- conocer que para su propia sangre, temporal- mente humillada por la conquista, había más oportunidades, sin embargo, en la sociedad cristiana que organizaban los españoles que en la sombría hecatombe periódica de las tribus anteriores a la conquista.* * *

Todos los hechos conducentes nos van a ser dados por escritores de nuestra lengua, his- toriadores y cronistas de España, comentaris- tas y pensadores de México: Bernal Díaz, Hernán Cortés, Solís, Las Casas y, en la

---

[15] Antonio de Mendoza (1490–1552), the first Viceroy of New Spain (Mexico) during the years 1535–1550. He was one of the best viceroys of the New World.

[16] Revillagigedo: Juan Vicente Güemes (1740–1799), Count of Revillagigedo, one of the last and best viceroys of Mexico (1789–1794).

[17] José de Gálvez (1720–1787) was sent to Mexico from Spain in 1765 as a royal inspector. He became the

power behind the government. After returning to Spain he was the leading spirit in the Council of the Indies.

[18] Benito Juárez (1806–1872), Indian president and hero of Mexico during the years 1857–1872. At one time he was on the verge of closing a deal with the United States for a canal to be constructed across the Isthmus of Tehuantepec.

[19] testaferros: *dummies, puppets.*

época moderna, Alamán, Pereyra.[20] ¿Y dónde está, preguntaréis, la versión de los indios que son porción de nuestra carne nativa? Y es fácil responder con otra pregunta: ¿Cómo podrían dar versión alguna congruente los pobres indios precortesianos que no tenían propiamente ni lenguaje, puesto que no escribían, ni sabían lo que les pasaba, porque no imaginaban en la integridad de una visión cabal o siquiera de un mapa, ni lo que eran los territorios del México suyo, mucho menos el vasto mundo de donde procedían los españoles y el Mundo Nuevo que venían agregando a la geografía y a la cultura universales?

Sin embargo, si queréis testimonios auténticos, testimonios indígenas, os remito a los dos autores ya citados, el Inca Garcilaso y el mexicano Alba Ixtlilxóchitl, mestizos ambos, en quienes halla voz por primera vez, lo indígena; no nos llega en ellos puro, desde luego, sino mezclado a lo español, purificado, enaltecido por la cultura europea. Nada dijeron por cuenta propia los indios, porque no habían tenido genio para inventar un alfabeto. Han repetido todos la doctrina de algún extranjero. No hizo otra cosa el indio puro Benito Juárez. Cuando habló, se hizo eco de la lección jacobina que le enseñara Gómez Farías[21] que la tomó de Poinsett.[22] Y en estos tiempos de hoy, no suelen hablarnos de otro modo los líderes de un supuesto indigenismo que, sin embargo, repiten el credo comunista aprendido del agitador judío de Nueva York o de Polonia, secuaces de Rusia. Desechad, pues, todo ese sentimentalismo a lo Prescott, a lo Lewis Wallace,[23] sobre el dolor del indio que perdía su patria. Los indios no tenían patria, y salvo uno que otro cacique opresor, mejoraron con la conquista. Los españoles oprimieron a los indios, y los mexicanos seguimos oprimiéndolos, pero nunca más de lo que los hacían padecer sus propios caciques y jefes. La nueva civilización, al aumentar los productos de la tierra con nuevos cultivos, al elevar al indio, por la religión, a la categoría del amo, al otorgarle el recurso de queja ante los tribunales, bien intencionados en su mayoría, al ensanchar el espíritu del indio con el tesoro de las artes, las festividades religiosas, las esperanzas del cielo, fue, en verdad, la creadora de una patria mexicana. Nunca hubo en la Nueva España más de cuarenta mil españoles. Si los indios hubieran tenido conciencia nacional y hubieran sentido que la conquista era una ignominia, ¿acaso no se hubieran levantado los seis millones de indios para degollar a los blancos? Al contrario, y como pasa siempre en las sociedades militarizadas, por huir de los abusos de los caciques, se refugian los indios con el soldado de la conquista. Hecha la paz, la educación de las misiones transformó a los indios, de parias, en artesanos y sacerdotes, agricultores y civilizadores.* * *

---

[20] Lucas Alamán (1792–1853) and Carlos Pereyra (1871–1942) are both well-known Mexican historians.

[21] Valentín Gómez Farías (1781–1858) was elected Vice-President of Mexico under Santa Anna in 1832 and for a quarter of a century was the leader of the liberals, but he was too idealistic and too honest to become an effective politician.

[22] Joel Roberts Poinsett (1779–1851), who served as the first United States minister to Mexico during the period 1825–1829. The red, star-shaped flower (the *Nochebuena*) which he brought to this country took his name and became in English *poinsettia*.

[23] Lewis Wallace (1827–1905), American general and writer, author of *Ben Hur* (1880) and of *The Fair God* (1873), which is a fictionalized history of early Mexico.

ᨑᨑᨑPedro Henríquez Ureña

DOMINICAN REPUBLIC, 1884–1946   The literary career of Pedro Henríquez Ureña began in 1905 with the publication of his book, *Ensayos críticos*, in which he studied several European authors (d'Annunzio and Oscar Wilde, among them), and in which he also presented an acute analysis of the poetic work of Rubén Darío. His second work, *Horas de estudio*, appearing five years later, consolidated his reputation. These early essays of Henríquez Ureña are in the main in a somewhat florid style replete with a colorful but at times excessive imagery. His later and most mature collection, *Seis ensayos en busca de nuestra expresión* (1928), is rightfully considered a landmark in the development of the essay as a provocative and artistic literary form in Latin American letters.

With each successive work the writer's style becomes less flamboyant and more limpid. Preciosity soon disappears completely, displaced by an admirable concinnity of language. Henríquez Ureña's fundamental concern is always cultural history and cultural interpretation. Born in one of the smallest and most backward of the Latin American countries (the Dominican Republic), he became one of the outstanding intellectuals of Spanish America's largest nation, Argentina. Before his death he was widely recognized as a humanist and scholar of continental renown. To Henríquez Ureña the cultural expression of his people was a beautiful and a living thing which sought constantly to improve and to renew itself as the years move on. His own essays reveal the depth of his dedication to that culture and are at the same time an embodiment of his vigorous hope for its continuous flowering and its continuous extension.

ᨑᨑEL DESCONTENTO Y LA PROMESA

"Haré grandes cosas: lo que son no lo sé." Las palabras del rey loco son el mote que inscribimos, desde hace cien años, en nuestras banderas de revolución espiritual. ¿Venceremos el descontento que provoca tantas rebeliones sucesivas? ¿Cumpliremos la ambiciosa promesa?

Apenas salimos de la espesa nube colonial al sol quemante de la independencia, sacu- 5 dimos el espíritu de timidez y declaramos señorío sobre el futuro. Mundo virgen, libertad recién nacida, repúblicas en fermento, ardorosamente consagradas a la inmortal utopía: aquí habían de crearse nuevas artes, poesía nueva. Nuestras tierras, nuestra vida libre pedían su expresión.

LA INDEPENDENCIA LITERARIA

En 1823, antes de las jornadas de Junín y Ayacucho, inconclusa todavía la independencia política, Andrés Bello proclamaba la independencia espiritual: la primera de sus *Silvas americanas* es una alocución a la poesía, "maestra de los pueblos y los reyes," para que abandone a Europa —Luz y miseria— y busque en esta orilla del Atlántico el aire salubre de que gusta su nativa rustiquez. La forma es clásica; la intención es revolucionaria. Con la *Alocución*, simbólicamente, iba a encabezar Juan María Gutiérrez[1] nuestra primera grande antología, la *América poética*, de 1846. La segunda de las *Silvas* de Bello, tres años posterior, al cantar la agricultura de la zona tórrida, mientras escuda tras las pacíficas sombras imperiales de Horacio y de Virgilio el "retorno a la naturaleza," arma de los revolucionarios del siglo XVIII, esboza todo el programa "siglo XIX" del engrandecimiento material, con la cultura como ejercicio y corona. Y no es aquel patriarca, creador de la civilización, el único que se enciende en espíritu de iniciación y profecía: la hoguera anunciadora salta, como la de Agamenón,[2] de cumbre en cumbre, y arde en el campo de victoria de Olmedo, en los gritos insurrectos de Heredia, en las novelas y las campañas humanitarias y democráticas de Fernández de Lizardi, hasta en los *cielitos* y en los diálogos gauchescos de Bartolomé Hidalgo.

A los pocos años surge otra nueva generación, olvidadiza y descontenta. En Europa, oíamos decir, o en persona lo veíamos, el romanticismo despertaba las voces de los pueblos. Nos parecieron absurdos nuestros padres al cantar en odas clásicas la romántica aventura de nuestra independencia. El romanticismo nos abriría el camino de la verdad, nos enseñaría a completarnos. Así lo pensaba Esteban Echeverría, escaso artista, salvo en uno que otro paisaje de líneas rectas y masas escuetas, pero claro teorizante. "El espíritu del siglo —decía— lleva hoy a las naciones a emanciparse, a gozar de independencia, no sólo política, sino filosófica y literaria." Y entre los jóvenes a quienes arrastró consigo, en aquella generación argentina que fue voz continental, se hablaba siempre de "ciudadanía en arte como en política" y de "literatura que llevara los colores nacionales."

Nuestra literatura absorbió ávidamente agua de todos los ríos nativos: la naturaleza; la vida del campo, sedentaria y nómade; la tradición indígena; los recuerdos de la época colonial; las hazañas de los libertadores; la agitación política del momento . . . La inundación romántica duró mucho, demasiado; como bajo pretexto de inspiración y espontaneidad protegió la pereza, ahogó muchos gérmenes que esperaba nutrir . . . Cuando las aguas comenzaron a bajar, no a los cuarenta días bíblicos, sino a los cuarenta años, dejaron tras sí tremendos herbazales, raros arbustos y dos copudos árboles, resistentes como ombúes: el *Facundo* y el *Martín Fierro*.

El descontento provoca al fin la insurrección necesaria: la generación que escandalizó al vulgo bajo el modesto nombre de *modernista* se alza contra la pereza romántica y se impone severas y delicadas disciplinas. Toma sus ejemplos en Europa, pero piensa en América. "Es como una familia (decía uno de ella, el fascinador, el deslumbrante Martí). Principió por el rebusco imitado y está en la elegancia suelta y concisa y en la expresión artística y sincera, breve y tallada, del sentimiento personal y del juicio criollo y directo." ¡El juicio criollo! O bien: "A esa literatura se ha de ir: a la que ensancha y

---

[1] Juan María Gutiérrez (1809–1878), early Argentine poet and *costumbrista* noted for his correct style.

[2] Agamemnon, legendary Greek king of Mycenae and leader of the Greeks at the siege of Troy (1180 B.C.). He was the father of Orestes and Electra.

revela, a la que saca de la corteza ensangrentada el almendro sano y jugoso, a la que robustece y levanta el corazón de América." Rubén Darío, si en las palabras liminares de *Prosas profanas* detestaba "la vida y el tiempo en que le tocó nacer," paralelamente fundaba la *Revista de América* cuyo nombre es programa, y con el tiempo se convertía en el autor del yambo contra Roosevelt, del *Canto a la Argentina* y del *Viaje a Nicaragua*. Y Rodó, el comentador entusiasta de *Prosas profanas*, es quien luego declara, estudiando a Montalvo, que "sólo han sido grandes en América aquellos que han desenvuelto por la palabra o por la acción un sentimiento americano."

Ahora, treinta años después hay de nuevo en la América española juventudes inquietas, que se irritan contra sus mayores y ofrecen trabajar seriamente en busca de nuestra expresión genuina.

TRADICIÓN Y REBELIÓN

* * * Ni tampoco la Edad Media vio con vergüenza las imitaciones. Al contrario: todos los pueblos, a pesar de sus características imborrables, aspiraban a aprender y aplicar las normas que daba la Francia del Norte para la canción de gesta, las leyes del trovar que dictaba Provenza para la poesía lírica; y unos cuantos temas iban y venían de reino en reino, de gente en gente: proezas carolingias, historias célticas de amor y de encantamiento, fantásticas tergiversaciones de la guerra de Troya y las conquistas de Alejandro, cuentos del zorro, danzas macabras, misterios de Navidad y de Pasión, farsas de carnaval . . . Aun el idioma se acogía, temporal y parcialmente, con la moda literaria: el provenzal, en todo el Mediterráneo latino; el francés, en Italia, con el cantar épico; el gallego, en Castilla, con el cantar lírico. Se peleaba, así, en favor del idioma propio, pero contra el latín moribundo, atrincherado en la Universidad y en la Iglesia, sin sangre de vida real, sin el prestigio de las Cortes o de las fiestas populares. Como excepción, la Inglaterra del siglo xiv echa abajo el frondoso árbol francés plantado allí por el conquistador del xi.

¿Y el Renacimiento? El esfuerzo renaciente se consagra a buscar, no la expresión característica, nacional ni regional, sino la expresión del arquetipo, la norma universal y perfecta. En descubrirla y definirla concentran sus empeños Italia y Francia, apoyándose en el estudio de Grecia y Roma, arca de todos los secretos. Francia llevó a su desarrollo máximo este imperialismo de los paradigmas espirituales. Así, Inglaterra y España poseyeron sistemas propios de arte dramático, el de Shakespeare, el de Lope (improvisador genial, pero débil de conciencia artística, hasta pedir excusas por escribir a gusto de sus compatriotas); pero en el siglo xviii iban plegándose a las imposiciones de París: la expresión del espíritu nacional sólo podía alcanzarse a través de fórmulas internacionales.

Sobrevino al fin la rebelión que asaltó y echó a tierra el imperio clásico, culminando en batalla de las naciones, que se peleó en todos los frentes, desde Rusia hasta Noruega y desde Irlanda hasta Cataluña. El problema de la expresión genuina de cada pueblo está en la esencia de la revolución romántica, junto con la negación de los fundamentos de toda doctrina retórica, de toda fe en "las reglas del arte" como clave de la creación estética. Y, de generación en generación, cada pueblo afila y aguza sus teorías nacionalistas, justamente en la medida en que la ciencia y la máquina multiplican las uniformidades del mundo. A cada concesión práctica va unida una rebelión ideal.

EL PROBLEMA DEL IDIOMA

Nuestra inquietud se explica. Contagiados, espoleados, padecemos aquí en América urgencia romántica de expresión. Nos sobrecogen temores súbitos: queremos decir nuestra palabra antes de que nos sepulte no sabemos qué inminente diluvio.

En todas las artes se plantea el problema. Pero en literatura es doblemente complejo. El músico podría, en rigor sumo, si cree encontrar en eso la garantía de originalidad, renunciar al lenguaje tonal de Europa: al hijo de pueblos donde subsiste el indio —como en el Perú y Bolivia— se le ofrece el arcaico pero inmarcesible sistema nativo, que ya desde su escala pentatónica se aparta del europeo. Y el hombre de países donde prevalece el espíritu criollo es dueño de preciosos materiales, aunque no estrictamente autóctonos: música traída de Europa o de África, pero impregnadas del sabor de las nuevas tierras y de la nueva vida, que se filtra en el ritmo y el dibujo melódico.

Y en artes plásticas cabe renunciar a Europa, como en el sistema mexicano de Adolfo Best,[3] construido sobre los siete elementos lineales del dibujo azteca, con franca aceptación de sus limitaciones. O cuando menos, si sentimos excesiva tanta renuncia, hay sugestiones de muy varia especie en la obra del indígena, en la del criollo de tiempos coloniales que hizo suya la técnica europea (así, con esplendor de dominio, en la arquitectura), en la popular de nuestros días, hasta en la piedra y la madera y la fibra y el tinte que dan las tierras natales.

De todos modos, en música y en artes plásticas es clara la partición de caminos: o el europeo, o el indígena, o en todo caso el camino criollo indeciso todavía y trabajoso. El indígena representa quizás empobrecimiento y limitación, y para muchos, a cuyas ciudades nunca llega el antiguo señor del terruño, resulta camino exótico: paradoja típicamente nuestra. Pero, extraños o familiares, lejanos o cercanos, el lenguaje tonal y el lenguaje plástico de abolengo indígena son inteligibles.

En literatura, el problema es complejo, es doble: el poeta, el escritor, se expresan en idioma recibido de España. Al hombre de Cataluña o de Galicia le basta escribir su lengua vernácula para realizar la ilusión de sentirse distinto del castellano. Para nosotros esta ilusión es fruto vedado o inaccesible. ¿Volver a las lenguas indígenas? El hombre de letras, generalmente, las ignora, y la dura tarea de estudiarlas y escribir en ellas lo llevaría a la consecuencia final de ser

entendido entre muy pocos, a la reducción inmediata de su público. Hubo, después de la conquista, y aún se componen, versos y prosas en lengua indígena, porque todavía existen enormes y difusas poblaciones aborígenes que hablan cien —si no más— idiomas nativos; pero raras veces se anima esa literatura con propósitos lúcidos de persistencia y oposición. ¿Crear idiomas propios, hijos y sucesores del castellano? Existió hasta años atrás —grave temor de unos y esperanza loca de otros— la idea de que íbamos embarcados en la aleatoria tentativa de crear idiomas criollos. La nube se ha disipado bajo la presión unificadora de las relaciones constantes entre los pueblos hispánicos. La tentativa, suponiéndola posible, habría demandado siglos de cavar foso tras foso entre el idioma de Castilla y los germinantes en América, resignándonos con heroísmo franciscano a una rastrera, empobrecida expresión dialectal mientras no apareciera el Dante creador de alas y de garras. Observemos, de paso, que el habla gauchesca del Río de la Plata, substancia principal de aquella disipada nube, no lleva en sí diversidad suficiente para erigirla siquiera en dialecto como el de León o el de Aragón: su leve matiz la aleja demasiado poco de Castilla, y el *Martín Fierro* y el *Fausto* no son ramas que disten del tronco lingüístico más que las coplas murcianas o andaluzas.

No hemos renunciado a escribir en español, y nuestro problema de la expresión original y propia comienza ahí. Cada idioma es una cristalización de modos de pensar y de sentir, y cuanto en él se escribe se baña en el color de su cristal. Nuestra expresión necesitará doble vigor para imponer su tonalidad sobre el rojo y el gualda.

LAS FÓRMULAS DEL AMERICANISMO

Examinemos las principales soluciones propuestas y ensayadas para el problema de nuestra expresión en literatura. Y no se me

---

[3] Adolfo Best-Maugard (1891–oooo), Mexican painter and writer. He was director of government art education under José Vasconcelos, 1922–1924, and strove to reestablish ancient national values in Mexican art.

tache prematuramente de optimista cándido porque vaya dándoles aprobación provisional a todas: al final se verá el porqué.

Ante todo, la naturaleza. La literatura descriptiva habrá de ser, pensamos durante largo tiempo, la voz del Nuevo Mundo. Ahora no goza de favor la idea: hemos abusado en la aplicación; hay en nuestra poesía romántica tantos paisajes como en nuestra pintura impresionista. La tarea de describir, que nació del entusiasmo, degeneró en hábito mecánico. Pero ella ha educado nuestros ojos: del cuadro convencional de los primeros escritores coloniales, en quienes sólo de raro en raro asomaba la faz genuina de la tierra, como en las serranías peruanas del Inca Garcilaso, pasamos poco a poco, y finalmente llegamos, con ayuda de Alexander von Humboldt[4] y de Chateaubriand,[5] a la directa visión de la naturaleza. De mucha olvidada literatura del siglo xix sería justicia y deleite arrancar una vivaz colección de paisajes y miniaturas de fauna y flora. Basta detenernos a recordar para comprender, tal vez con sorpresa, cómo hemos conquistado, trecho a trecho, los elementos pictóricos de nuestra pareja de continentes y hasta el aroma espiritual que se exhala de ellos: la colosal montaña; las vastas altiplanicies de aire fino y luz tranquila donde todo perfil se recorta agudamente; las tierras cálidas del trópico, con sus marañas de selvas, su mar que asorda y su luz que emborracha; la pampa profunda; el desierto "inexorable y hosco." Nuestra atención al paisaje engendra preferencias que hallan palabras vehementes: tenemos partidarios de la llanura y partidarios de la montaña. Y mientras aquéllos, acostumbrados a que los ojos no tropiecen con otro límite que el horizonte, se sienten oprimidos por la vecindad de las alturas, como Miguel Cané[6] en Venezuela y Colombia, los otros se quejan del paisaje "demasiado llano," como el personaje de la *Xamaica* de Güiraldes,[7] o bien, con voluntad

de amarlo, vencen la inicial impresión de monotonía y desamparo y cuentan cómo, después de largo rato de recorrer la pampa, ya no la vemos: vemos otra pampa que se nos ha hecho en el espíritu (Gabriela Mistral). O acerquémonos al espectáculo de la zona tórrida: para el nativo es rico de luz, calor y color, pero lánguido y lleno de molicie; todo se le deslíe en largas contemplaciones, en plásticas sabrosas, en danzas lentas:

y en las ardientes noches del estío
la bandola y el canto prolongado
que une su estrofa al murmurar del río . . .

Pero el hombre de climas templados ve el trópico bajo deslumbramiento agobiador: así lo vio Mármol en el Brasil, en aquellos versos célebres, mitad ripio, mitad hallazgo de cosa vivida; así lo vio Sarmiento en aquel breve y total apunte de Río de Janeiro:

"Los insectos son carbunclos o rubíes, las mariposas plumillas de oro flotantes, pintadas las aves, que engalanan penachos y decoraciones fantásticas, verde esmeralda la vegetación, embalsamadas y púrpuras las flores, tangible la luz del cielo, azul cobalto el aire, doradas a fuego las nubes, roja la tierra y las arenas entremezcladas de diamantes y de topacios."

A la naturaleza sumamos el primitivo habitante. ¡Ir al indio! Programa que nace y renace en cada generación, bajo muchedumbre de formas en todas las artes. En literatura, nuestra interpretación del indígena ha sido irregular y caprichosa. Poco hemos agregado a aquella fuerte visión de los conquistadores como Hernán Cortés, Ercilla, Cieza de León, y de los misioneros como fray Bartolomé de las Casas. Ellos acertaron a definir dos tipos ejemplares, que Europa acogió e incorporó a su repertorio de figuras humanas: el "indio hábil y discreto," educado en complejas y exquisitas civilizaciones propias, singularmente dotado para las artes y las industrias, y el "salvaje virtuoso," que

---

[4] Humboldt (1769–1859), German naturalist and explorer.
[5] François René de Chateaubriand (1768–1848), French romantic novelist.

[6] Miguel Cané (1851–1905), Argentine author of a fine book of school recollections, *Juvenilia* (1884).
[7] Ricardo Güiraldes (1886–1927), author of the famous Argentine novel, *Don Segundo Sombra* (1926).

carece de civilización mecánica, pero vive en orden, justicia y bondad, personaje que tanto sirvió a los pensadores europeos para crear la imagen del hipotético hombre del "estado de naturaleza" anterior al contrato social. En nuestros cien años de independencia, la romántica pereza nos ha impedido dedicar mucha atención a aquellos magníficos imperios cuya interpretación literaria exigiría previos estudios arqueológicos; la falta de simpatía humana nos ha estorbado para acercarnos al superviviente de hoy, antes de los años últimos, excepto en casos como el memorable de los *Indios ranqueles*; y al fin, aparte del libro impar y delicioso de Mansilla,[8] las mejores obras de asunto indígena se han escrito en países como Santo Domingo y el Uruguay, donde el aborigen de raza pura persiste apenas en rincones lejanos y se ha diluido en recuerdo sentimental. "El espíritu de los hombres flota sobre la tierra en que vivieron, y se le respira," decía Martí.

Tras el indio, el criollo. El movimiento criollista ha existido en toda la América española con intermitencias, y ha aspirado a recoger las manifestaciones de la vida popular, urbana y campestre, con natural preferencia por el campo. Sus límites son vagos: en la pampa argentina, el criollo se oponía al indio, enemigo tradicional, mientras en México, en la América central, en toda la región de los Andes y su vertiente del Pacífico, no siempre existe frontera perceptible entre las costumbres de carácter criollo y las de carácter indígena. Así mezcladas las reflejan en la literatura mexicana los romances de Guillermo Prieto[9] y el *Periquillo* de Lizardi, despertar de la novela en nuestra América, a la vez que despedida de la picaresca española. No hay país donde la existencia criolla no inspire cuadros de color peculiar, entre todas, la literatura argentina, tanto en el idioma culto como en el campesino, ha

sabido apoderarse de la vida del gaucho en visión honda como la pampa. Facundo Quiroga, Martín Fierro, Santos Vega, son figuras definitivamente plantadas dentro del horizonte ideal de nuestros pueblos. Y no creo en la realidad de la querella de Fierro contra Quiroga. Sarmiento, como civilizador, urgido de acción, atenaceado por la prisa, escogió para el futuro de su patria el atajo europeo y norteamericano en vez del sendero criollo, informe todavía, largo, lento, interminable tal vez, o desembocando en callejón sin salida; pero nadie sintió mejor que él los soberbios ímpetus, la acre originalidad de la barbarie que aspiraba a destruir. En tales oposiciones y en tales decisiones está el Sarmiento aquilino: la mano inflexible escoge; el espíritu amplio se abre a todos los vientos. ¿Quién comprendió mejor que él a España, la España cuyas malas herencias quiso arrojar al fuego, la que visitó "con el santo propósito de levantarle el proceso verbal," pero que a ratos le hacía agitarse en ráfagas de simpatía? ¿Quién anotó mejor que él las limitaciones de los Estados Unidos, de esos Estados Unidos cuya perseverancia constructora exaltó a modelo ejemplar?

Existe otro americanismo, que evita al indígena, y evita el criollismo pintoresco, y evita el puente intermedio de la era colonial, lugar de cita para muchos antes y después de Ricardo Palma: su precepto único es ceñirse siempre al Nuevo Mundo en los temas, así en la poesía como en la novela y el drama, así en la crítica como en la historia. Y para mí, dentro de esa fórmula sencilla como dentro de las anteriores, hemos alcanzado, en momentos felices, la expresión vívida que perseguimos. En momentos felices, recordémoslo.* * *

EL ANSIA DE PERFECCIÓN

Llegamos al término de nuestro viaje por el palacio confuso, por el fatigoso laberinto de

---

[8] Lucio Victorio Mansilla (1831–1913), Argentine author of *Una excursión a los indios ranqueles* (1870), one of the most fascinating autobiographical books in Argentine literature. Mansilla lived among the Indians without arms in order to convince them of the government's desire for peace. He subtly contrasts the Indian

way of life with that of Hispanic Argentina, and finds in it many points of superiority. His pampa is not the idealized pampa of Echeverría or Sarmiento, but is true to reality.

[9] Guillermo Prieto (1818–1897), Mexican poet of the masses.

nuestras aspiraciones literarias, en busca de nuestra expresión original y genuina. Y a la salida creo volver con el oculto hilo que me sirvió de guía.

Mi hilo conductor ha sido el pensar que no hay secreto de la expresión sino uno: trabajarla hondamente, esforzarse en hacerla pura, bajando hasta la raíz de las cosas que queremos decir; afinar, definir, con ansia de perfección.

El ansia de perfección es la única forma. Contentándonos con usar el ajeno hallazgo, del extranjero o del compatriota, nunca comunicaremos la revelación íntima; contentándonos con la tibia y confusa enunciación de nuestras intuiciones, las desvirtuaremos ante el oyente y le parecerán cosa vulgar. Pero cuando se ha alcanzado la expresión firme de una intuición artística, va en ella, no sólo el sentido universal, sino la esencia del espíritu que la poseyó y el sabor de la tierra de que se ha nutrido.

Cada fórmula de americanismo puede prestar servicio (por eso les di a todas aprobación provisional); el conjunto de las que hemos ensayado nos da una suma de adquisiciones útiles, que hacen flexible y dúctil el material originario de América. Pero la fórmula, al repetirse, degenera en mecanismo y pierde su prístina eficacia; se vuelve receta y engendra una retórica.

Cada grande obra de arte crea medios propios y peculiares de expresión; aprovecha las experiencias anteriores, pero las rehace, porque no es una suma, sino una síntesis, una invención. Nuestros enemigos, al buscar la expresión de nuestro mundo, son la falta de esfuerzo, y la ausencia de disciplina, hijos de la pereza y la incultura, o la vida en perpetuo disturbio y mudanza, llena de preocupaciones ajenas a la pureza de la obra: nuestros poetas, nuestros escritores, fueron las más veces, en parte son todavía, hombres obligados a la acción, la faena política y hasta la guerra, y no faltan entre ellos, los conductores e iluminadores de pueblos.

EL FUTURO

Ahora, en el Río de la Plata cuando menos, empieza a constituirse la profesión literaria. Con ella debiera venir la disciplina, el reposo que permite los graves empeños. Y hace falta la colaboración viva y clara del público: demasiado tiempo ha oscilado entre la falta de atención y la excesiva indulgencia. El público ha de ser exigente; pero ha de poner interés en la obra de América. Para que haya grandes poetas, decía Walt Whitman, ha de haber grandes auditorios.

Sólo un temor me detiene, y lamento turbar con una nota pesimista el canto de esperanzas. Ahora que parecemos navegar en dirección hacia el puerto seguro, ¿no llegaremos tarde? ¿El hombre del futuro seguirá interesándose en la creación artística y literaria, en la perfecta expresión de los anhelos superiores del espíritu? El occidental de hoy se interesa en ellas menos que el de ayer, y mucho menos que el de tiempos lejanos. Hace cien, cincuenta años, cuando se auguraba la desaparición del arte, se rechazaba el agüero con gestos fáciles: "siempre habrá poesía." Pero después —fenómeno nuevo en la historia del mundo, insospechado y sorprendente— hemos visto surgir a existencia próspera sociedades activas y al parecer felices, de cultura occidental, a quienes no preocupa la creación artística, a quienes les basta la industria, o se contentan con el arte reducido a procesos industriales: Australia, Nueva Zelandia, aun en el Canadá. Los Estados Unidos ¿no habrán sido el ensayo intermedio? Y en Europa, bien que abunde la producción artística y literaria, el interés del hombre contemporáneo no es el que fue. El arte había obedecido hasta ahora a dos fines humanos: uno, la expresión de los anhelos profundos, del ansia de eternidad, del utópico y siempre renovado sueño de la vida perfecta; otro, el juego, el solaz imaginativo en que descansa el espíritu. El arte y la literatura de nuestros días apenas recuerdan ya su antigua función trascendental; sólo nos va quedando el juego ... Y el arte reducido a diversión, por mucho que sea diversión inteligente, pirotecnia del ingenio, acaba en hastío.

. . . No quiero terminar en tono pesimista.

Si las artes y las letras no se apagan, tenemos derecho a considerar seguro el porvenir. Trocaremos en arca de tesoros la modesta caja donde ahora guardamos nuestras escasas joyas, y no tendremos por qué temer el sello ajeno del idioma en que escribamos, porque para entonces habrá pasado a estas orillas del Atlántico el eje espiritual del mundo español.

(*Ensayos en busca de nuestra expresión*, 1928)

~~~~~Alfonso Reyes

Mexico, 1889–1959   Alfonso Reyes, the undisputed dean of Mexican letters in our time, is that rare combination of artist and scholar. A continual searching for precise and minute data with which to keep his scholarly interpretations abreast of recent findings never seems to dry up the magic spring from which his writings have flowed uninterruptedly for nearly five decades. His refreshing treatment of the Hispanic masters and of other world-famous writers is an eloquent tribute to his broad humanism and to his superior scholarship. However, the short piece, dashed off hurriedly when the impression is still vivid, is perhaps even more revealing of the author's congenial personality, humor, and wit. Some of these shorter pieces are mere thumbnail sketches or fleeting fancies; others hold out promise of becoming masterpieces of thought and composition, then fall somewhat short of that goal. But all of them are permeated with the rich personality of their creator, and reading them is much like being with Reyes in person, as his nimble mind and tongue spring gracefully from one fascinating subject to another.

Reyes is always quick to detect the dramatic, the humorous, the emotional, the purely human aspect in every situation, however trivial these aspects may at first appear. His themes run the gamut of the author's varied career and interests. Even the philologist will not be disappointed, for Reyes has an enviable command of languages, ancient and modern, which together with his mastery of popular and archaic Spanish, permits him the delight of word-play at its best. Although his works are profound, voluminous and encyclopedic, Reyes himself remained until the end of his life a warm, deeply human, and lovable man. He was always approachable and inspiring to all who showed a sincere interest in the culture of his people. Poet, critic, stimulating teacher and scholar, Reyes was also master and mentor to an entire generation of younger intellectuals.

⧼VISIÓN DE ANÁHUAC

I

Viajero: has llegado a la región más transparente del aire.

El viajero americano está condenado a que los europeos le pregunten si hay en América muchos árboles. Les sorprenderíamos hablándoles de una Castilla americana más alta que la de ellos, más armoniosa, menos agria seguramente (por mucho que en vez de colinas la quiebren enormes montañas), donde el aire brilla como espejo y se goza de un otoño perenne. La llanura castellana sugiere pensamientos ascéticos; el valle de México, más bien pensamientos fáciles y sobrios. Lo que una gana en lo trágico, gana la otra en plástica rotundez.

Nuestra naturaleza tiene dos aspectos opuestos. Uno, la cantada selva virgen de América, apenas merece describirse. Tema obligado de admiración en el viejo mundo, ella inspira los entusiasmos verbales de Chateaubriand.[1] Horno genitor donde las energías parecen gastarse con abandonada generosidad, donde nuestro ánimo naufraga en emanaciones capitosas, es exaltación de la vida a la vez que imagen de la anarquía vital: los chorros de verdura por las rampas de la montaña; los nudos ciegos de las lianas; toldos de platanares; sombra engañadora de árboles que adormecen y roban las fuerzas de pensar; bochornosa vegetación; largo y voluptuoso torpor, al zumbido de los insectos. ¡Los gritos de los papagayos, el trueno de las cascadas, los ojos de las fieras, *le dard empoisonné du sauvage*![2] En estos derroches de fuego y sueño—poesía de hamaca y de abanico—nos superan seguramente otras regiones meridionales.

Lo nuestro, lo de Anáhuac,[3] es cosa mejor y más tónica. Al menos, para los que gusten de tener a toda hora alerta la voluntad y el pensamiento claro. La visión más propia de nuestra naturaleza está en las regiones de la mesa central: allí la vegetación arisca y heráldica, el paisaje organizado, la atmósfera de extremada nitidez, en que los colores mismos se ahogan—compensándolo la armonía general del dibujo—; el éter luminoso en que se adelantan las cosas con un resalte individual; y, en fin, para de una vez decirlo en las palabras del modesto y sensible Fray Manuel de Navarrete:[4]

. . . una luz resplandeciente que hace brillar la cara de los cielos.

Ya lo observaba un grande viajero, que ha sancionado con su nombre el orgullo de la Nueva España, un hombre clásico y universal como los que criaba el Renacimiento, y que resucitó en su siglo la antigua manera de adquirir la sabiduría viajando, y el hábito de escribir únicamente sobre recuerdos y meditaciones de la propia vida: en su *Ensayo político*, el barón de Humboldt[5] notaba la extraña reverberación de los rayos solares en la masa montañosa de la altiplanicie central, donde el aire se purifica.

En aquel paisaje, no desprovisto de cierta aristocrática esterilidad, por donde los ojos yerran con discernimiento, la mente descifra cada línea y acaricia cada ondulación; bajo aquel fulgurar del aire y en su general frescura y placidez, pasearon aquellos hombres ignotos

---

[1] Chateaubriand's (1768–1848) novelette *Atala* (1801), a product of the youthful author's trip to North America, served as the model for innumerable romantic writers of America and Europe in their depiction of Indian life and the natural scene of the New World.

[2] le dard . . . sauvage!: *the poisoned arrow of the savage!*

[3] Anáhuac: name synonymous with Mexico (See page 120, note 5).

[4] José Manuel Martínez de Navarrete (1768–1809), a Franciscan friar who ranks immediately after Sor Juana as one of the best lyric poets of the Mexican

colonial era. These lines are from his poem *La mañana*:

Ya se asoma la cándida mañana
con su rostro apacible: el horizonte
se baña de una luz resplandeciente
que hace brillar la cara de los cielos.

[5] Baron Alexander von Humboldt (1769–1859), the German naturalist and explorer who with Bonpland began in 1799 his famous expedition to America. He spent most of the year 1803 in New Spain. His *Essai politique sur le royaume de la Nouvelle Espagne* has become a classic for the study of late colonial Mexico.

la amplia y meditabunda mirada espiritual.
Extáticos ante el nopal del águila y de la serpiente—compendio feliz de nuestro campo—
oyeron la voz del ave agorera que les prometía
seguro asilo sobre aquellos lagos hospitalarios. 5
Más tarde, de aquel palafito había brotado una
ciudad, repoblada con las incursiones de los
mitológicos caballeros que llegaban de las Siete
Cuevas[6]—cuna de las siete familias derra-
madas por nuestro suelo. Más tarde, la ciudad 10
se había dilatado en imperio, y el ruido de una
civilización ciclópea, como la de Babilonia y
Egipto, se prolongaba, fatigado, hasta los in-
faustos días de Moctezuma el doliente. Y fue

entonces cuando, en envidiable hora de
asombro, traspuestos los volcanes nevados, los
hombres de Cortés ("polvo, sudor y hierro")
se asomaron sobre aquel orbe de sonoridad y
fulgores—espacioso circo de montañas.

A sus pies, en un espejismo de cristales, se
extendía la pintoresca ciudad, emanada toda
ella del templo, por manera que sus calles
radiantes prolongaban las aristas de la
pirámide.

Hasta ellos, en algún oscuro rito sangriento,
llegaba—ululando—la queja de la chirimía
y multiplicado en el eco, el latido del salvaje
tambor.

4

*"But glorious it was to see, how the open region was filled
with horses and chariots . . ."*—Bunyan,[7] *The Pilgrim's
Progress*

Cualquiera que sea la doctrina histórica
que se profese (y no soy de los que sueñan en
perpetuaciones absurdas de la tradición
indígena, y ni siquiera fío demasiado en
perpetuaciones de la española), nos une con 5
la raza de ayer, sin hablar de sangres, la
comunidad del esfuerzo por domeñar nuestra
naturaleza brava y fragosa, esfuerzo que es la
base bruta de la historia. Nos une también
la comunidad, mucho más profunda, de la 10
emoción cotidiana ante el mismo objeto
natural. El choque de la sensibilidad con el
mismo mundo labra, engendra un alma
común. Pero cuando no se aceptara lo uno ni
lo otro—ni la obra de la acción común, ni la 15
obra de la contemplación común—convén-
gase en que la emoción histórica es parte de la

vida actual, y, sin su fulgor, nuestros valles y
nuestras montañas serían como un teatro sin
luz. El poeta ve, al reverberar de la luna en
la nieve de los volcanes, recortarse sobre el
cielo el espectro de doña Marina,[8] acosada
por la sombra del Flechador de Estrellas;[9]
o sueña con el hacha de cobre en cuyo filo
descansa el cielo; o piensa que escucha, en el
descampado, el llanto funesto de los mellizos
que la diosa vestida de blanco lleva a las
espaldas; no le neguemos la evocación, no
desperdiciemos la leyenda. Si esa tradición no
fuere ajena, está en nuestras manos, a lo
menos, y sólo nosotros disponemos de ella.
No renunciaremos—oh Keats—a ningún objeto de belleza, engendrador de eternos
goces.[10]

☙APOLO[11] O DE LA LITERATURA

1. Sumariamente definidas las principales
actividades del espíritu, la filosofía se ocupa

del ser; la historia y la ciencia, del suceder
real, perecedero en aquélla, permanente en

---

[6] mitológicos . . . Cuevas: *"Las Siete Cuevas"* is the
semi-legendary place called Chicomostoc, which was
supposed to be somewhere in northern Mexico and in
all likelihood beyond the present border. Tradition
alleges it to have been the cradle of the peoples who
later wandered down into the Valley of Mexico.

[7] John Bunyan (1628–1688), English author, whose
masterpiece, *The Pilgrim's Progress*, is the best-known
allegory in the English language.

[8] doña Marina: See pages 13–15.

[9] Flechador de Estrellas: translation of "Ilhuica-
mina," epithet applied to Moctezuma I.

[10] The first line of John Keat's poem *Endymion* (1817)
reads: "A thing of beauty is a joy forever."

[11] Apolo: in Greek mythology Apollo represents both
the creative and the destructive force of the sun. He is
also the god of music, poetry and healing, but he
bestowed this last gift and power on his son, Aesculapius.

ésta; la literatura, de un suceder imaginario, aunque integrado—claro es—por los elementos de la realidad, único material de que disponemos para nuestras creaciones. Ejemplos: 1. Proposición filosófica, que se ocupa del ser: "El mundo es voluntad y representación." 2. Proposición histórica: "Napoleón murió tal día en Santa Elena"; el suceder es real y perecedero, fenece al tiempo que acontece, y nunca puede repetirse. 3. Proposición científica: "El calor dilata los cuerpos," suceder real y permanente. 4. Proposición poética: "Como un rey oriental el sol expira." No nos importa la realidad del crepúsculo que contempla el poeta, sino el hecho de que se le ocurra proponerlo a nuestra atención y la manera de aludirlo.

La literatura posee un valor semántico o de significado, y un valor formal o de expresiones lingüísticas. El común denominador de ambos valores está en la intención. La intención semántica se refiere al suceder ficticio; la intención formal se refiere a la expresión estética. Sólo hay literatura cuando ambas intenciones se juntan. Las llamaremos para abreviar, la ficción y la forma.

2. A la ficción llamaron los antiguos imitación de la naturaleza o "mimesis." El término es equívoco, desde que se tiende a ver en la naturaleza el conjunto de hechos exteriores a nuestro espíritu, por donde se llega a las estrecheces del realismo. Claro es que al inventar imitamos, por cuanto sólo contamos con los recursos naturales, y no hacemos más que estructurarlos en una nueva integración. Pero es preferible el término ficción. Indica, por una parte, que añadimos una nueva estructura—probable o improbable—a las que ya existen. Indica, por otra parte, que nuestra intención es desentendernos del suceder real. Finalmente, indica que traducimos una realidad subjetiva. La literatura, mentira práctica, es una verdad psicológica. Hemos definido la literatura: *La verdad sospechosa.*

3. Algo más sobre la ficción. La experiencia psicológica vertida en una obra literaria puede o no referirse a un suceder real. Pero a la literatura tal experiencia no le importa como dato de realidad, sino por su valor atractivo, que algunos llaman significado. La intención no ha sido contar algo porque realmente aconteciera, sino porque es interesante en sí mismo, haya o no acontecido. El proceso mental del historiador que evoca la figura de un héroe, el del novelista que construye un personaje, pueden llegar a ser idénticos; pero la intención es diferente en uno y en otro caso. El historiador dice que así fue; el novelista que así se inventó. El historiador intenta captar un individuo real determinado. El novelista, un molde humano posible o imposible. Nunca se insistirá lo bastante en la intención.

4. Respecto a la forma, sin intención estética no hay literatura; sólo podría haber elementos aprovechables para hacer con ellos literatura; materia prima, larvas que esperan la evocación del creador. Por de contado, cualquier experiencia espiritual, filosófica, histórica o científica, pueden expresarse en lenguaje de valor estético, pero esto no es literatura, sino literatura aplicada. Ésta se dirige al especialista, aunque sea provisionalmente especialista. La literatura en pureza se dirige al hombre en general, al hombre en su carácter humano. La forma, como el lenguaje mismo, es oral por esencia. Escribir—decía Goethe—es un abuso de la palabra. El habla es esencia; la letra, contingencia. Téngase presente, para evitar la confusión a que conduce el término mismo "literatura," que es ya un derivado de "letra," de lenguaje escrito.

5. El contenido de la literatura es, pues, la pura experiencia, no la experiencia de determinado orden de conocimientos. La experiencia contenida en la literatura—como por lo demás toda experiencia, salvo tipos excepcionales—aspira a ser comunicada. Para distinguir el lenguaje corriente o práctico del lenguaje estético o literario, se dice a veces que el primero es el lenguaje de la comunicación y el segundo el de la expresión. En rigor, aunque la literatura es expresión, procura también la comunicación. Aun en los casos de deformación profesional o de heroicidad estética más recóndita, se desea—por lo

menos—comunicarse con los iniciados y, generalmente, iniciar a los más posibles. Es cosa de parapsicología el componer poemas para entenderse solo y ocultarlos de los demás. En este punto, la erótica puede pro- porcionar explicaciones que son algo más que meras metáforas.

6. De aquí que algunos teóricos se atrevan a decir que la cabal comunicación de la pura experiencia es el verdadero fin de la literatura. (Ya afirmaba el intachable Stevenson,[12] en su *Carta a un joven que desea ser artista*, que el arte no es más que un "tasting and recording of experience." La belleza misma viene a ser así, un subproducto; o mejor, un efecto; efecto determinado, en el que recibe la obra, por aquella plena o acertada comunicación de la experiencia pura. Esta comunicación se realiza mediante la forma o lenguaje. La tradición gramatical suponía que el lenguaje sólo era un instrumento lógico, lo que hacía incomprensible el misterio lírico de la literatura.

No; el lenguaje tiene un triple valor:

1. De sintaxis en la construcción, y de sentido en los vocablos: gramática.
2. De ritmo en las frases y períodos, y de sonido en las sílabas: fonética.
3. De emoción, de humedad espiritual que la lógica no logra absorber: estilística.

La literatura es la actividad del espíritu que mejor aprovecha los tres valores del lenguaje.

7. Es innegable que entre la expresión del creador literario y la comunicación que él nos transmite no hay una ecuación matemática, una relación fija. La representación del mundo, las implicaciones psicológicas, las sugestiones verbales, son distintas para cada uno y determinan el ser personal de cada hombre. Por eso el estudio del fenómeno literario es una fenomenografía del ente fluido. No sé si el Quijote que yo veo y percibo es exactamente igual al tuyo, ni si uno y otro ajustan del todo dentro del Quijote que sentía, expresaba y comunicaba Cervantes. De aquí que cada ente literario esté con-

denado a una vida eterna, siempre nueva y siempre naciente, mientras viva la humanidad.

8. Propongo una convención verbal. Cuando trate del fenómeno literario en general, le llamaré, indistintamente, literatura o poesía, y al literato le llamaré poeta. Al hablar así, nos desentendemos de verso y prosa. Queremos decir creación literaria y creador literario. En los casos especiales, los llamaremos dramaturgo, novelista o lírico, según corresponda. Después de todo, la literatura revela mejor sus esencias en el rojo-blanco de la poesía. Evitaremos, de esta suerte, muchos circunloquios, nos olvidaremos mejor de la letra escrita que oscurece el sentido oral, y reivindicaremos el noble significado de la "poiesis" o creación pura de la mente. Platón aprobaría; aunque, preocupado por la educación del recto ciudadano, haya sido insospechadamente cruel con el poeta (*República, Leyes*), amén de demostrarnos que lo entendía tan bien (*Ión, Fedro*).[13]

9. Discrimen esencial: no confundir nunca la emoción poética, estado subjetivo, con la poesía, ejecución verbal. Este discrimen ha de seguirnos a lo largo de nuestro estudio, plegándose a todos sus accidentes. La emoción es previa en el poeta, y es ulterior en el que recibe el poema. El poema mismo, la poesía, se mantiene entre las dos personas, entre el Padre y el Hijo, igual que el Espíritu Santo, y está, como él, hecho de Logos, de verbo, de palabras. Para los fines de la poesía ¿de qué me sirve la sola emoción si no sé expresarla? ¿Y de qué les sirve a los demás, si no acierto a comunicarla, a transmitir hasta ellos la corriente que, a su vez, los ponga en emoción?

10. Sustento de la poesía es el Logos, el lenguaje. Al hablar de los tres valores del lenguaje (núm. 6), ya se ha presentado que hay un desajuste entre la psicología y el lenguaje. Los estilísticos dicen que el lenguaje no está acabado de hacer. No lo estará nunca. En este sentido, afirma Valéry[14] que la poesía intenta crear un lenguaje dentro del lenguaje. En este sentido, la poesía es un combate

---

[12] Robert Louis Stevenson (1850–1894), Scottish novelist, essayist, and poet.

[13] *República . . . Fedro:* Plato's *Republic, Laws, Ion* and *Phaedrus*.

[14] Paul Valéry (1871–1945), French poet and philosopher associated with the symbolist group.

contra el lenguaje. De aquí su procedimiento esencial, la catacresis, que es un mentar con las palabras lo que no tiene palabras ya hechas para ser mentado. Sea, pues, bienvenido el desajuste, al cual debemos la poesía. Acepte su sino el poeta, que está en combatir, como Jacob, con el ángel. Es la lucha con lo inefable, en la desolación del espíritu: cuerpo de nube, como Ixión.[15] Sin posible ayuda, porque no aceptamos la preceptiva; como lucha Erasmo con la idea, a la luz de su lámpara solitaria.

11. Y ahora, algo de fenomenografía literaria. Elástica y ancha ya se entiende. Hay tres funciones; hay dos maneras. Las funciones son—por su orden estético creciente, sin preocuparnos de la discutible serie genética o antropológica—drama, novela y lírica. Las· maneras son prosa y verso. Caben todas las combinaciones posibles, los hibridismos, las predominancias de una función que contiene elementos de otras.

Lo que no acomoda en este esquema es poesía ancilar, literatura como servicio, literatura aplicada a otras disciplinas ajenas. Tampoco nos perturbe el que la poesía acarree, en su flujo, datos que interesan accidentalmente a otras actividades del espíritu. Lo que nos importa es la intención, el rumbo del flujo. La tragedia ateniense puede darnos vestigios sobre el enigma del matriarcado, pero no es ése su destino; el *Wilhelm Meister*, sobre la historia de los muñecos anatómicos, pero no es ése su destino.[16]

12. Drama, novela, lírica: funciones, no géneros. Procedimientos de ataque de la mente literaria sobre sus objetivos. Los géneros, en cambio, son modalidades accesorias, estratificaciones de la costumbre en una época, predilecciones de las pasajeras escuelas literarias. Los géneros quedan circunscritos dentro de las funciones: drama mitológico, drama de tesis, drama fantástico, drama realista; novela bizantina, novela pastoral, novela celestinesca, novela picaresca, novela naturalista; lírica sacra, lírica heroica, lírica amatoria, lírica elegíaca. El drama comprende tragedia y comedia y todos los géneros teatrales. La novela comprende la epopeya antigua y moderna: la *Ilíada*,[17] el *Orlando*,[18] la *Araucana* y lo que hoy se llama novela: Dickens, Balzac y Proust. La lírica es lo que el lenguaje común llama poesía, cuando no sirve de vehículo al drama o a la novela. Nos desentendemos, por el momento, de la manera en prosa o en verso.

13. En la tragedia ateniense—animal perfecto—discernimos fácilmente las tres funciones: los héroes o "personas fatales," como decían los aristotélicos españoles, son el drama mismo, representan acciones. Los prólogos o mensajeros, que narran sucesos no escénicos, son la novela. El coro, que expresa descargas subjetivas de la emoción acumulada, es la lírica. Drama—aunque se escriba como se escribe la música—es ejecución de acciones por personas presentes, representación. Novela es referencia a acciones de personas ausentes y, en concepto, pretéritas, aunque la mente las edifique en teatro interior, y aunque el relato, en cualquier tiempo del verbo, las figure en presente. La lírica es desarrollo de la interjección o exclamación, aunque tenga que apoyarse en acciones aludidas o relatadas; y es más pura mientras menos busca tales apoyos. De aquí la noción de la Poesía Pura, palabra de Tieck[19] recogida primero por Edgar Alan Poe[20] y después por Baudelaire,[21] y puesta en valor por Henri Bremond,[22] a propósito de Valéry.* * *

---

[15] Ixión: in Greek mythology Zeus sent a cloud to Ixion, a king of the Lapithae, the cloud took the form of Hera, was ravished by Ixion, and became the mother of the race of Centaurs.

[16] Ver, en *El deslinde*, los desarrollos sobre el concepto de "lo ancilar" (Cap. II, *Obras completas*, XV). (Author's note.) *Wilhelm Meister* (1796) is Goethe's novel which tells the romantic and tragic love story of Wilhelm and Mignon.

[17] *Iliada:* the *Iliad*, ancient Greek epic ascribed to Homer.

[18] *Orlando:* the *Orlando Furioso* (1532) by Ariosto

(1474–1533), epic treatment of the story of Roland of Charlemagne's court and perhaps the greatest of Renaissance poems.

[19] Johann Ludwig Tieck (1773–1853), writer and critic of the German romantic school.

[20] Alan=Allan.

[21] Charles Pierre Baudelaire (1821–1867), French translator of Poe and poet of decadent school, whose *Flowers of Evil* (1857) struck a new note in the poetry of the nineteenth century.

[22] Henri Bremond (1855–1933), French critic and historian.

21. Llegados al ápice, bajemos de las abstracciones. Después de la fenomenografía, un poco de historia literaria. Ésta no puede ya trazarse como un proceso lineal: hay rayas transversales, arborescencias intrincadas. La historia literaria no cede a las particiones cronológicas, siquiera en el sentido relativo en que la historia universal cede a ellas: Antigüedad, Edad Media, Edad Moderna, etcétera. El orden temporal debe combinarse con el espacial, la historia con la geografía. El mismo sentido político importa menos que el lingüístico, y éste tanto como el cultural. Las literaturas nacionales no se explican por sí solas, fuera de aplicaciones sociológicas limitadas en que se las usa como testimonios para fines no literarios. El concepto de literatura nacional es una convención reciente: la Antigüedad es un todo; la Edad Media cristiana, un todo; el Renacimiento, un todo. No bien se exacerban las nacionalidades, el desarrollo planetario de las comunicaciones tiende otra vez a mezclar las aguas. Es más real el criterio de los géneros, las escuelas, los temas, las modas sucesivas. Y aun así, el espíritu extravasa linderos. Ni la frontera lingüística, la más prendida al ser literario, se le resiste.

22. De aquí diversas nociones: 1. La literatura universal, catálogo teórico de todos los casos literarios existentes, figura utópica. 2. Las historias literarias de épocas, tipos, temas, corrientes mentales y aun nacionales como esquemas económicos de investigación limitada. 3. La literatura comparada, que atiende a influencias, contaminaciones, paralelismos: noción del pasado siglo que ha fertilizado considerablemente el campo de estudio con sus técnicas propias. 4. La literatura mundial, que decía Goethe y que él consideraba como la única explicación del pensamiento literario. Puede figurársela como un inventario de obras y hechos que afectan a nuestra civilización, que están vivos todavía en la mente, que han trascendido, que siguen operando. Noción comparable a la historia política viva y efectiva, como Nietzsche la entiende. Si la literatura universal es una integración cuantitativa, la literatura mundial es una integración cualitativa. En el concepto de literatura mundial hay, pues, una nota antológica, sociológica, plebiscitaria, fundada en los hábitos, en los gustos dominantes. Y en gustos hay todo escrito. ¿Cómo computar los votos para sortear la deformación de los caprichos individuales? Los catedráticos norteamericanos pierden el tiempo en levantar estadísticas de las opiniones de los muchachos, juego de sociedad que a nada conduce. Sir John Lubbock,[23] en 1885, pide a los hombres autorizados una lista de obras y autores esenciales a nuestra cultura. Spencer[24] y Matthew Arnold[25] se abstienen; Max Müller[26] y William Morris[27] contestan arbitrariedades; Ruskin,[28] exaltados dislates.[29]

23. Y, sin embargo, es indispensable: todo estudio de las literaturas presupone un índice de obras y nombres significativos. Pues ¿cómo, en efecto, se ofrece la literatura? La poesía, un tiempo, se habló, se la recitaba. Y Solón[30] dictaba leyes a los aedos y rápsodas[31] para que declamaran en su debida sucesión las partes del poema homérico. La epopeya popular española se contaba y cantaba por todo el camino francés o de Santiago,[32] rumbo a las romerías. En tales etapas, la memoria sustituye a la biblioteca. Es la hora de la balada, evocada admirablemente por Macaulay en su prefacio a los

[23] Sir John Lubbock (1834–1913), English writer and archaeologist.

[24] Herbert Spencer (1820–1903), English philosopher.

[25] Matthew Arnold (1822–1888), English poet and critic.

[26] Max Müller (1862–1919), German orientalist and historian of religions.

[27] William Morris (1836–1896), English poet and artist.

[28] John Ruskin (1819–1900), English art critic and painter.

[29] A. Guérard, *Preface to World Literature,* Nueva York, 1940. (Author's note.)

[30] Solon, famous Athenian law-giver (640–558 B.C.). He aroused the national spirit of Athens and gave the city a more democratic constitution. His name has come to signify "wise legislator."

[31] aedos y rápsodas: ancient poet-singers and reciters of epic poetry.

[32] camino francés o de Santiago: the road maintained by the French monks of Cluny, with inns and resting places, which led to the shrine of Santiago, Galicia, in medieval times.

Layes de la antigua Roma,[33] página intocable en conjunto, aunque retocable en los pormenores eruditos. Entonces, para facilitar la memoria, el acervo de la experiencia se confía a los versos. "En consecuencia—dice el viejo historiador—la composición métrica, que para una nación altamente civilizada es un mero lujo, para una nación imperfectamente civilizada es casi una necesidad de la vida . . . Tácito[34] nos hace saber que las canciones eran el único repertorio que sobre su pasado histórico poseían los antiguos germanos."

24. Tras esta etapa viene aquella en que el poema se confía a la notación gráfica. Se comienza a leer. Pero gracias si por cada ciento lee uno. Época de los manuscritos preciosos, en que uno lee para varios. En el *Troilo y Crésida*, de Chaucer,[35] Pándaro llega al palacio de su sobrina, y la encuentra acompañada de sus amigas en un salón embaldosado, en torno a una doncella que les lee la Historia Tebana.[36] El poeta tiene conciencia de que es así como su poema mismo llega hasta el público, y de esta conciencia se descubren rasgos en su estilo. El público es, ante todo, una audiencia, y el poeta la interpela a veces: "Enamorados que aquí estáis, sabedlo." Pero la imprenta y la instrucción pública transforman el cuadro, y gradualmente lo sustituyen por una escena silenciosa en que, a través de la lectura, del espacio y del tiempo, un escritor tiene fascinado a un lector solitario, ante una página con caracteres que no le era destinada. Ya nuestra Sor Juana Inés echa de menos aquella lectura compartida, y el no contar "con quiénes conferir y ejercitar lo estudiado, teniendo sólo por maestro un libro mudo, por condiscípulo un tintero insensible."

25. Y concluimos que hoy la literatura se ofrece en forma de lectura. En suma, que el conocimiento de la literatura comienza por la bibliografía: 1. Los textos mismos, manuscritos e impresos. 2. Los comentarios y monografías especiales. 3. Como guías de conjunto, los manuales y las historias literarias. Para la literatura, el hombre es un lector. Dejemos de lado al estudiante metódico, al universitario que cuenta con otros auxilios. Lo mejor que puede hacer el lector común es partir desde su propia casa; levantar su lista de la literatura mundial de conformidad con su prejuicio

Ya, al paso mismo de sus lecturas, la irá rectificando. Ayúdese de manuales y tablas: los hay excelentes. No quiera abarcarlo todo. Anote lo que le parezca de más bulto, más incorporado en la cultura que respira. Lleve índices aparte para lo nacional y—en nuestro caso—lo iberoamericano, lo hispano, lo europeo, lo universal; y dentro de todo ello, lo antiguo y lo moderno, siempre atento a la supervivencia y relegando por ahora la mera curiosidad erudita. Sin este sistema de departamentos, su sentido de calidades no podría abrirse paso. Si no conoce otras lenguas, use traducciones. Y emprenda, como pueda, el aprendizaje de las lenguas, por lo pronto con miras a leer, si no precisamente a hablar. Es más primo aquello que esto para el cultivo espiritual. El *maître d'hôtel* chapurra inútilmente todas las lenguas y no lee ninguna: no pasa de ignorante.

26. Y luego, hay que saber leer, que no es un ejercicio vulgar. Es un darse y un recobrarse: una aceptación, siquiera instantánea y automática, de lo que leemos, y un claro registro de las propias reacciones. Sea una enumeración provisional de dificultades, que son otros tantos avisos para la lectura:[37]

1. Lo primero es penetrar la significación del texto. Esto supone entender lo mentado y

---

[33] Thomas Babington Macaulay (1780–1859), English statesman and historian, author of a five-volume history of England, and of *Lays of Ancient Rome* (1842), a group of Roman legends.

[34] Tácito: Tacitus (55–118 A.D.), Roman consul, historian and orator, author of many historic works on Rome and her colonies.

[35] Geoffrey Chaucer (1340–1400), father of English poetry, best known for *The Canterbury Tales*, written between 1386 and 1400. He also wrote *Troilus and Criseyde* (Troilus and Cressida), the first great love poem in the English language, around the year 1380. In this poem Pandarus is the go-between who procures Cressida for Troilus, and thus his name has come to signify "panderer."

[36] En el *Quijote*, I, XXXIII: " . . . cuando es tiempo de la siega, se recogen aquí las fiestas muchos segadores, y siempre hay alguno que sabe leer . . . y rodeamos dél más de treinta . . ." (Author's note.)

[37] I. A. Richards, *Practical Criticism*, Nueva York, Harcourt, Brace and Co., 1939. (Author's note.)

también la intención con que se lo mienta. El arcaísmo y la riqueza lingüística del texto acumulan obstáculos. Si dice Suárez de Figueroa:[38] "Ser honrado es tener cuidados," percatarse de que no ha querido decir que sólo es buena persona el que vive lleno de preocupaciones, sino que aquel que vive rodeado de grandes honores, en situación eminente, vive también lleno de molestias. Góngora dice:

> Que se precie un Don Pelón
> de que comió un perdigón
> bien puede ser;
> mas que la biznaga honrada
> no diga que fue ensalada,
> no puede ser.

Hay que saber traducir: "Bien está que un pobre diablo se jacte de que ha comido perdiz, pero el honrado mondadientes nos descubrirá la triste verdad: que sólo ha comido una humilde ensalada." Y el mismo Góngora, con su famosa estrofa undécima del *Polifemo*, no resuelta aún por los comentaristas, nos da ejemplo de la necesidad y la dificultad de construir en "sintaxis natural" un texto, para de veras entenderlo, como el estudiante de latín construye un pasaje de César. Un declamador recitaba a Díaz Mirón, donde éste compara con una lechuza a una mujer que huye arropada en el manto. Y en vez de decir: "Mientes enorme lechuza," decía siempre "¡Mientes, enorme lechuza!" El que no conozca el significado de la frase adverbial "sin duelo" en el siglo XVI, no podrá nunca entender que Garcilaso haya dicho: "Salid sin duelo,[39] lágrimas, corriendo." * * *

31. Mucho más habría que decir sobre la lectura, literaria o no literaria. Un lector es cosa tan respetable como un sujeto psíquico que lanza su alma a volar por otras regiones. Muchas veces el joven San Agustín[40] quiso consultar sus dudas con San Ambrosio, pero se detenía porque lo encontraba leyendo.

Cuando leía—dice—, sus ojos recorrían las páginas del libro, mientras su mente se suspendía y concentraba para penetrar el espíritu de las palabras. Entonces descansaban su voz y su lengua. Más de una vez penetré a su cuarto, cuya puerta nunca estaba cerrada para nadie, y adonde todo el mundo tenía acceso sin necesidad de prevenir su visita, y siempre me sucedió encontrarlo leyendo para sí y en voz baja, pero jamás de otra manera. Y tras de haberme sentado un rato, manteniéndome con respetuoso silencio—porque ¿quién, al verlo tan atento, se hubiera atrevido a chistar siquiera?—me iba retirando poco a poco, teniendo por cierto que prefería usar los escasos ocios que le dejaban en recobrar nuevo vigor, tras el mucho quebranto y las desazones que por fuerza habían de causarle los negocios del prójimo. . . .

Así es como la literatura conforta y libera, multiplicando, en zona mejor, nuestras posibilidades de existencia. Ya decía aquel goloso Gracián: "¡Qué jardín del Abril, qué Aranjuez del Mayo como una librería selecta!"[41]

32. Un nuevo medio de comunicación humana, la comunicación radiofónica, ha hecho temblar a los amigos de las letras escritas. Duhamel[42] se pregunta, angustiado, si se hundirá una civilización con el libro. Ni creo que el libro desaparezca, ni creo que padezca el sentido literario si recobra sus contactos, algo descuidados, con el orden oral que es como su medio nativo. Aunque carecemos de documentos, sospechamos que algunos pusilánimes temblaron también por la cultura cuando la democrática imprenta comenzó a volcarla a media calle. Aparecerán nuevos géneros. La mano del hombre, algún día, domesticará otra vez a la máquina que se le ha escapado. No perecerá la poesía, danza de la palabra. Mientras exista una palabra hermosa, habrá poesía.

---

[38] Suárez de Figueroa: Cristóbal Suárez de Figueroa (1571–1639), Spanish didactic writer, author of an encyclopedia of the sciences and arts (1615).

[39] sin duelo: *without measure, copiously.*

[40] San Agustín: Saint Augustine (354–430), early father of the Church who was converted to Christianity by Saint Ambrose (340–397), Bishop of Milan.

Augustine led a wild youthful life.

[41] Baltasar Gracián (1601–1658), learned Spanish Jesuit who was the author of many maxims and semi-philosophical works.

[42] Georges Duhamel (1884–1966), French writer and physician, winner of the Goncourt Prize.

ᚚᚚᚚEzequiel Martínez Estrada

Argentina, 1895–1964   Martínez Estrada is reputed to be the most scathing critic of his country and of his culture in recent years. The moral crisis of Argentine political life which began in the 1930's caused this writer to drop his career as a highly successful poet and to turn his pen toward a very cynical analysis of the nation's miseries. His first book of essays, *Radiografía de la pampa* (1933), from which the following selection is taken, has been called "el libro más amargo que se ha escrito en la Argentina." Nothing in that great nation is redeemable, disintegration and degeneration are rampant, and the best thing that an honorable Argentine can do is to weep with humiliation. The style of the book is permeated with flashes of imagery which reveal the sensitivity and intuition of a born poet.

In Martínez Estrada's third well-known book of essays, *Muerte y transfiguración de Martín Fierro* (1948), the author becomes more mellow and postulates "una afirmación optimista." He finds qualities that are admirable and worth saving in his country's gauchesque culture, and again in a very subtle and richly metaphoric language he presents his analysis and his affirmations. Both stylistically and in his attitude of pungent self-criticism Martínez Estrada has exerted a powerful influence on the younger writers of Argentina today.

ᚚᚚᚚRADIOGRAFÍA DE LA PAMPA

HOSTILIDADES DE LA SOLEDAD

Las poblaciones pequeñas de las grandes planicies donde se encuentran casualmente seres de tan diversos orígenes y acaban por juntarse y tener hijos, más bien que tomar cohesión a medida que se hacen compactas, fermentan sentimientos disolventes, que no crean odios fecundos, porque también son superficiales. La pampa es un lugar de dispersión. Contra toda voluntad, la soledad es más fuerte que el trabajo por ser un estado constante y estable, y éste un estado precario, que no coordina hondamente con un plan social, unánime, místico. La casa se levanta para que sirve de albergue mientras dura la faena y el agua y el viento son eternos. La llanura no les da materiales consistentes para edificar, y las gentes que se aglutinan en los pueblos se han encontrado allí en procura de hacer dinero pronto. En vez de hacer fortuna dejan hijos: los hijos se van y el pueblo queda siempre con sus habitantes. De todos los signos que integran la fórmula vital de cada uno, sólo son idénticos y se suman aquellos egoístas y desafectos. También en ese concepto nuestros pueblos son psicológicamente fortines. La fuerza que en el fortín se oponía a las asechanzas de fuera, se ha invaginado ahora que no hay peligros flotantes y trabaja contra el centro. De ningún modo querrían los habitantes perennizar el presente, volver a empezar otra vez. Están ahí porque coincide lo que han ido a buscar con lo que otros buscan, y su proyecto es permanecer hasta el hallazgo. El logro de algunos bienes acaba por someterlos, y entonces es la misma búsqueda, que se ha hecho más poderosa que sus propósitos, lo que les retiene, y buscan buscar. Quedan con la propiedad como cepo, mientras sus almas descontentas flotan fantasmales entre las cosas y los seres. Constituyen archipiélagos vivos, rodeados de indiferencia y hostilidad, dueños de una fortuna que los aísla en el recelo y la envidia, de una casa que habitan como huéspedes, con hijos que prosiguen su vida moralmente emancipada, como hijos de la soledad. Estudian y entonces se quedan en Buenos Aires avergonzándose de los padres y de su apellido. El nativo ve con disgusto las bajezas a que se abandona el extranjero que se enriquece; el extranjero no comprende que se enriquezca el nativo sin sentirse despojado; porque, ignorante y pobre, todavía es un vástago de los conquistadores y colonos. Juzga que su pasaporte era el salvoconducto para triunfar.

Esos pueblos son tristísimos y no se concibe la aclimatación del hombre en condiciones de tal celibato espiritual. Podría mencionárselos a todos; todos son iguales y sólo difieren en los nombres y en el número de habitantes. Su configuración es la misma, sus personas y sus casas, pájaros asentados después de un largo vuelo. Se entra en ellos como a una cárcel con muros de campo, de donde es imposible evadirse una vez que se tiene algo, que la puerta se cerró. Nuevas gentes desalojan a las gentes viejas que se mueren o se van; unos a otros se conocen de vista y de nombre: conocen mejor lo que tienen y cómo lo

hubieron. Siguen renovándose cual si empezaran a cada generación de nuevo, y nada hay que se transmita desde el pasado y que reste en pie más duradero que el transeúnte. Ni el recuerdo.

Tan difícil es llevar a cabo en esas poblaciones de tripulantes una obra solidaria, unir los espíritus y las manos, como fácil el encono y la pugna. Los comerciantes se juegan su caudal por arruinar al vecino y la quiebra de un negocio, la caída instantánea del chacarero rico, lleva un rayo de sol y un hálito fresco a esas almas oscuras. No son peores que otros hombres; son así. No se espere encontrar un artista, un escritor de cepa, un iluso de cualquier clase, un amante de los pájaros que viva y muera allí. Las almas de artistas acaban por naufragar en cuerpos y vidas miserables. Esos pueblos tienen, todos, sus vecinos inútiles, sus borrachos perdidos, que exhiben los órganos genitales a las criaturas y que blasfeman que da miedo. Destrozados por el alcohol, caídos contra la pared entonan a veces alguna canción escolar en su idioma, entre babas. Ésa es la deformación de los espíritus hechos por Dios para el canto. Tan pronto como despunta en uno alguna recóndita claridad, y el espíritu se le sofoca en tanta grosera sordidez, huye y no vuelve más, pobre pájaro sin consuelo.

En los pueblos se vive aún con el arma a la cintura. Desengaño y fastidio, resentimiento y apuro pesan sobre las almas; un difuso descontento se atrinchera contra algo invisible, en expectativas de agresiones imaginarias. Los partidos políticos inflaman los ánimos hasta convertirlos en fauces tremendas; las luchas electorales son el ejercicio calisténico en esos ánimos que no se asombran de nada y que comentan en tono jovial el asesinato y el suicidio. Agazapados, husmeando las noticias secretas que se difunden con saña, hacen presa del escándalo y le hincan su colmillo, porque ése es el pan de carne cruda cotidiano. La política tiene allá un sentido total y vital.

Viene a constituir la rivalidad el estado permanente, normal e inadvertido; el candidato, el nombramiento de médico o de comisario, la circunstancia, son meros pretextos para que se manifieste sin escrúpulos la bestia embozada. Y sin embargo, tanta crueldad y tanto odio es sin duda una propensión a la simpatía y a la justicia, que encuentra cegados los cauces por donde correr sin obstáculos. Que el odio no es más que el amor malogrado. Por tal alotropía,[1] asumir la defensa de alguien es descargar un arma contra alguien, y el júbilo casi siempre se manifiesta por disparos al aire. Se forman sociedades de fomento, centros atléticos y círculos de cultura que acaban en comité o se disuelven, porque la rivalidad es más poderosa que el propósito de solidaridad. Fúndanse periódicos que están al servicio de la discordia, porque son hijos de la soledad. Mal escritos, nacidos del encono o de la ambición, no saben entretener a sus lectores con materiales de información y cargan sus columnas de una dinamita inútil. Su virulencia es la falta de ejercicio, un lenguaje de constante oposición. No se busque en esas cuatro u ocho páginas infames otra cosa que la diatriba; defienden los intereses del pueblo y su director vive sentenciado a muerte. No sabe defender sino atacando, como no pueden existir partidos políticos sino como adversarios de un ideal. Los hombres que llegan al gobierno aprovechan esas cargas de caballería, las emplean para defender su persona y no sus ideales, que no tienen porque también son hijos de la soledad. Cuando se cumple la sentencia y el director cae acribillado, el diputado nacional llega para asistir al sepelio y pronuncia un discurso infeccioso, para que nunca más cicatrice la herida. Después resta esperar lo que publiquen los diarios de grandes tiradas y poco más tarde el olvido. Porque el muerto formaba parte de un gremio; no era un caudillo de prensa sino un periodista, era un miembro aislado de un cuerpo de orgánica unidad. Por todas estas cosas su sacrificio fue, como lo dijo el diputado, "un tributo rendido a la causa de la civilización." Cayó peleando contra los espectros del indio, en el fortín del pueblo.

El animal es mucho más resignado en su aislamiento; vive encerrado en su piel y no tiene en su sangre gérmenes de simpatía y de altruísmo que lo perviertan. Teme o ataca sin estar en todo momento a la expectativa de la agresión, sin elucubrar larga y sordamente la venganza. En la época de celo se acopla, defiende la cría y luego vuelve a su soledad.

Pero todo aquello es la llanura; y la lejanía de los pueblos y su violenta emulsión de pasiones, la victoria póstuma del indio desalojado por una fuerza anárquica, étnicamente más débil que él. Estos pueblos nuevos son reductos de viejas violencias, que se infiltran por sus porosas paredes de tierra. Cuando esa fuerza alojada carne adentro está en reposo, baja el párpado y pone en los labios la respuesta imprecisa y tímida. Mas despierta sin alzarse y desde abajo descarga su pregunta artera, que va hasta el fondo del alma, cargada de intención.

DESCONFIANZA

Los habitantes de esos pueblos que he conocido, son ingenuos y recelosos. Desconfían porque son ignorantes, y no se sabría decir qué resabios hay en sus fisonomías y en sus gestos, de la soledad hostil que los circunda. Su cortesía es prevenida y poseen fórmulas de saludo y despedida de un ceremonial que debió de usarse, a no dudar, hace muchos siglos. Son seres incompletos, sin forma psicológica precisa, con la sola integridad y unidad de su cuerpo. El alma está cruzada de zonas estériles, de vegetaciones silvestres. Hasta lo que saben es ignorancia; hasta la honradez es un adorno fuera de moda. No viven en la plenitud de la salud, si están sanos; ni en la plenitud de la inteligencia, si son inteligentes; ni en la plenitud de la riqueza, si son ricos. Fáltales el desarrollo plenario que da a las formas su tamaño y su robustez adecuados. Han sido arrojados al lugar donde están, desde el abuelo, o antes, y parecen guardar un secreto rencor que ha perdido franqueza. Buscan en nosotros un secreto motivo de burla; nos examinan hasta que encuentran el punto vulnerable que les reintegre a la tranquila conciencia de la

---

[1] alotropía: *allotropy*, a property of certain chemicals existing in two or more forms.

plenitud de su ser. Todo lo que sabemos, lo que moralmente somos, todo el trabajo que nos costó ser esto poco que podemos mostrar sin sonrojarnos, no significa nada.

Es que sólo les falta lo que al ser completo le sobra, aquello único que deja un saldo a favor cuando se compara lo que debiéramos de haber sido y lo que a pesar de todo hemos llegado a ser. Todo ese plus pasa inadvertido. Les falta el bienestar, la comodidad, la generosidad, la indulgencia, el oído de los timbres y la vista de los grupos armónicos unidos. Se han formado sin conjugar su persona en todos los tiempos y modos de los verbos amar y vivir. Saben muchas cosas que ya olvidaron los hombres de las ciudades; creen lo que ya nadie cree y desconfían por los mismos motivos que los inducen a amar. Es que permanecen impávidos como esa naturaleza, como ese campo, como ese animal que cuidan, como el pueblo.

Quieren divertirse y no saben; quieren amar y son grotescos, porque en las fintas[2] más delicadas se ve el sexo desnudo. La soledad los ha defraudado, enseñándoles mentiras. Confunden los nombres y las fechas y cualquier respuesta les basta; leen diarios y revistas, están más o menos al tanto de lo que ocurre, pero les falta el sentido de la continuidad, el acorde en que se unen las voces dispersas que se les transmiten y confunden unas noticias con las otras. Saben hablar y sólo piensan palabras. Por esa circunstancia, los hechos ocurridos dos o tres días antes tienen para ellos la lejanía que para nosotros una página de Tucídides,[3] que creemos entender y que no entendemos ya. La radio les lleva sonidos desarticulados de la garganta de las urbes cosmopolitas; y el vestido que encargan les sienta como a las madres los de antaño; admiran lo detestable e ignoran el resto. Para nuestros campesinos se imprimen páginas enteras de los grandes rotativos, y se las llenan de colaboraciones especiales; para ellos se carga con pólvora la noticia policial que abunda en detalles re-

pugnantes; para ellos se destilan licores de alta graduación y se escriben y declaman versos cursis. La gran ciudad colabora de ese modo con la pampa; la inmensa distancia que han de recorrer y la amplitud de la difusión pone en las ideas dos piernas poderosas. Puede el autor olvidarse de los lectores provincianos y el músico creer que no existen; desde el campo llegan sigilosamente, se le ponen a su lado y le exigen que pague su tributo a la tierra. A través de tales distancias de todo orden, las imágenes se deforman y la identidad del idioma no basta para crear idéntica acepción en las palabras; aun ese vehículo nos mantiene incomunicados.

LOS POBRES

Toda esa circulación de monedas falsas, que se acuñan para el interior, es pobreza espiritual. Las ricas voces de la música, las formas henchidas de emoción de las artes plásticas, el pensamiento sereno o alto no valen allá lo que las monedas falsas y las joyas de chafalonía.[4] El pobre sueña ricos sueños de pobre. La soledad es pobreza. Aunque posean campos y ganados, son pobres; aunque tengan comercios, propiedades y tierras, son pobres. Esos bienes significan el sacrificio de sus personas íntegras, una clausura[5] en un medio dióptrico[6] a cuyo través se deforman sentimientos, ideas y valores. Su fortuna no es llave para penetrar al mundo, sino fortaleza para aislarse de él. Se han retirado al fondo de los campos con su presa, tienen miedo y se agachan. Esa fortuna que no luce en nada lujoso, excedente, artístico, superfluo, que es únicamente riqueza, los aísla de los demás. No es un caudal que lleve a todo, sino un exceso que inspira piedad. El pobre en su banco de la plaza, es inmensamente rico en comparación del hombre del campo. Su dinero tiene el signo de la soledad y cuando viene a disfrutarlo a las ciudades, lo acechan y quieren robárselo, porque no es digno de lo que tiene. Una

---

[2] finta: *feint, fake threat.*

[3] Tucídides: Thucydides (460–400 B.C.), Greek historian of the Peloponnesian War between Sparta and Athens.

[4] chafalonía: *old plate.*

[5] clausura: *confinement.*

[6] dióptrico: *dioptric, visually distorted.*

operación quirúrgica le arranca un trozo de la bola de estiércol de oro que amasó; un pleito barre con leguas de su campo; un amigo se lleva lo demás. Su riqueza no se entiende mano a mano con nuestra pobreza ni con la riqueza de los verdaderamente ricos. Podría entrar al mundo y el mundo se echaría a sus pies, pero no puede. Cuanto le rodea tiene fauces abiertas de avidez y de befa. No puede gastar esa fortuna que es el precio de su vida, de la de su mujer y sus hijos. Lo ha devorado todo y por eso el mundo amenaza devorarlo a él, recuperando la parte sustraída. Además hay, naturalmente, los pobres verdaderos, los pobres que no tienen nada, ni la seguridad de su pobreza. Tienen también su vaga esperanza, aunque doblada por el infortunio y la indiferencia. Al interior hemos arrojado la pobreza para que no afeara las calles de las ciudades y para que no interrumpiera con su grito vivo un sueño de cinematografía.

Aun la pobreza tiene algo de segura cuando lo que rodea al pobre está firmemente ligado al suelo y constituye la miserable mancomunidad del que no tiene nada. En los viejos países católicos el pordiosero oculta algo de Dios; y en un tiempo aquí iba a caballo y pedía con la exigencia de los elegidos, sin apearse ni dar las gracias.

Podríamos definir al pobre de las urbes como el ciudadano que tiene la ciudad por casa, y al viejo en su rancho como al desierto mismo. La pobreza aislada lo es doblemente; queda reducida a sí y hasta le falta la asistencia social de la edificación compacta. Ese pobre del campo es un ser aislado por la soledad y por lo que no tiene; se han roto los ligámenes que unen al hombre con el semejante. Entre nosotros, el pobre es un desertor, un tránsfuga que no tiene derecho a no tener nada, y causa vergüenza. Es nuestro padre que ha trabajado cincuenta años y no tiene nada; y nos da vergüenza. Recordad esos otros pobres que van con su bolsa al hombro, llevándose la tapera y la familia disuelta a cuestas, de un pueblo a otro, por los caminos o por las vías del tren. Van en busca de trabajo. No son vagabundos, son trabaja-

dores. Ni tienen su pobreza, porque son peones sin pan, hambrientos, y con las manos encallecidas. No conozco nada más solitario, más sombrío que estos transeúntes de la pampa, que recorren distancias enormes, uno tras otro, alejados, lejanos. Acampan al pie de los terraplenes y entonces se ve que en la bolsa llevan los escombros de la casa: utensilios de cocina, mantas para dormir, platos para comer. Duermen juntos como las bestias, porque la noche es demasiado fuerte para el alma y la pena; pero a la mañana siguiente uno parte primero y los demás echan a andar cuando el anterior casi ha desaparecido. Parece que les falta Dios a su persona.

La pobreza en el campo pierde su aspecto de falla social y parece una incapacidad individual, el castigo por un pecado misterioso. La sociedad queda exenta de culpa, porque no existe; el estanciero, el chacarero, el acopiador de frutos, ¿qué tienen que ver con el pobre? Le dan albergue, y el espacio que va del que tiene al que no tiene es tan grande que no se sabe quién debería reprochar al otro, cuando el pobre se va. El indigente de nuestros campos se parece al animal mucho más que al hombre rico. El animal es el pobre por excelencia, privado de toda superfluidad por fuera y por dentro. No tiene, no pide y para morirse tampoco le basta. La miseria en el descampado es un accidente personal, y por lo tanto una incógnita, una amenaza. Está suelta y, además, no se ve que se haya producido, como tampoco la riqueza, por presión de lo circundante, según el funcionamiento de un organismo que segrega tales desechos. Estos pobres del campo, que viven de mate y galleta, procrean pobreza, exhalan pobreza. Como el pueblo y las gentes trabajan para sí, cada vez van quedando más aislados y siendo más numerosos. En tanto esa gente vivía en su soledad, formaban un sistema con el ambiente, sin grados ni variedades, porque faltaba la relación con otro estado mejor. La distancia los mantenía desvinculados de lo demás y estaban cerca de todo, pues sus puntos de referencia, a los cuales estaban atados los hilos de sus vidas, eran el rancho, el árbol, el pozo, el perro, el caballo y su familia. Pero una vez que el pueblo y con él su rancho, el árbol, el pozo, el perro y el caballo se unieron a la gran ciudad lejana, entraron a 5 formar parte de otro sistema mayor; todo alrededor se puso en movimiento y su quietud tomó rigideces cadavéricas. Entonces aumentó la soledad del pobre, cuando hubo distancia y diferencia entre ese mundo local y el mundo inmenso. Todo lo que sirve para unir: telégrafo, ferrocarril, automóviles, lo separaban más. La metrópoli comenzó a arrastrar hacia sí toda la campaña, colocándolo a él cada día más lejos, en los confines del mundo primitivo.

~~~~Germán Arciniegas

COLOMBIA, 1900–   Germán Arciniegas is one of the leading *pensadores* of Latin America in this century. He has invariably identified himself with the progressive elements in Colombian life, and his books and essays reflect an abiding interest in "the human aspects of the great historical events of Latin America." Despite his occasional criticisms of the United States he has been one of this country's best friends in the southern republics, for he is deeply inspired by what James Truslow Adams has so aptly called "the American dream," the dream of all Americans, both of the south and of the north, to achieve a real democracy and real brotherhood in their social and political organisms.

Arciniegas is particularly concerned with Latin America's place in the world. Recognizing the weaknesses of this area's socio-political structure, he constantly affirms the vitality of Ibero-American culture. He is anxious for the Americas to cross-fertilize each other in the cultural sphere, and shows some concern lest the more efficient and powerful culture of the United States might almost automatically strive to overwhelm that of his own people. He points out that all is not well with this powerful culture of North America, and that Ibero-America has many vital contributions to make to the future of our hemisphere.

~~~PRELUDIO DEL XX

América recobra su dimensión continental en el siglo xx. Ya no pueden seguir viviendo Bolivia, Guatemala, el Paraguay como islas amuralladas, a donde no podía llegar ningún viajero, ningún libro, ninguna idea de fuera. 5 El avión deja libres los caminos que cerró la selva. Las carreteras que durante el xix apenas alcanzaban a ciudades vecinas, hoy unen países, van apretando entre sus lazos a todo el continente. Un dictador no puede 10 obrar impunemente dentro de sus fronteras: la radio, el cable, los periódicos publican su indecencia y a la vergüenza continental en que se le pone llegará algún día la sanción pública internacional. Otra vez, como en los tiempos de Bolívar y San Martín, las ideas pueden moverse a lo largo del continente, y lo que antes se caminaba en años ahora se vuela en segundos. Si el xix fue el siglo de la independencia, el xx es el de la interdependencia. Al criterio libérrimo de soberanía sucede el acondicionamiento de la responsabilidad.

El continente que, aislado, sin caminos, sin

más ciencia que la empírica, permaneció inexplorado, pobre, atado a su ineludible inmovilidad, va explorándose, revelándose, descubriéndose a sí propio, sacando riquezas de las selvas que eran vírgenes, de los antiguos desiertos. En potencia, esto es tan rico como una Rusia, como una California, como un Canadá. Hasta ayer, la ocupación del pueblo no era, en su mayor parte, sino la de ver multiplicarse el rebaño y esperar en el rancho a que creciese la papa o granase la espiga de trigo o de maíz. Hoy la mayoría de las gentes trabaja en las industrias. Los pies empiezan a calzarse. La lectura se extiende como un sexto sentido a todos los hombres. Es otro mundo, aún en potencia, pero en potencia inmediata. Todos saben lo que de aquí puede surgir. Todavía en esta guerra mundial hemos sido espectadores. Un paso más, y seremos autores. La mano de la historia se alarga para dar una vuelta al reloj de arena. En seguida empezará a contarse nuestra hora. ¿Quién va a dirigir esta nueva América? ¿Quién saldrá ganancioso de estas nuevas riquezas?

* * *

Eduardo Mallea ha visto, en una novela, a las dos Américas que están coexistiendo en nosotros: la América visible y la América invisible. Los observadores superficiales sólo ven la cáscara en que aparecen los figurones, los oradores, los que gritan, los que tienen representación y uniforme. En las entrañas, en la carne y en el alma, estamos los demás: los zapateros y los estudiantes, las señoras que van al cine y los señores que andan por la calle, los poetas y los peones, usted—mi querido lector—y yo. Los oradores hablan parados sobre un volcán. Dicen que saben a dónde van—sin saberlo—, porque hay que decir algo y hacer ruido. Hay que hacer gestos, mostrar la máscara, asistir a la asamblea internacional. Los de abajo tampoco saben de dónde vienen. (De dónde venimos.) La América invisible es una turbia nebulosa que va aclarándose a fuerza de equivocaciones, de luchar por salir a flote, de sufrir el contacto con una realidad contradictoria.

Pero cuando usted y yo, y el zapatero, y la mujer de usted y la mujer mía, y el estudiante, llegamos a la convicción de que el orador que grita parado en los cajones ni está diciendo nada, ni está parado sino en los físicos cajones, nos acercamos al momento en que la América invisible empieza a tener conciencia de sí, empieza a ver. Cualquier día hablará y se equivocará menos.

Hoy, de quienes se mueven sobre la superficie de la vida americana, unos hablan de democracia y otros de contener al comunismo. Demagogos y nazistas.

Con los demagogos se repite la historia del siglo XIX. El orador de turno sabe que, como a principios del siglo pasado, hay que contar con las masas. Si hace cien años el pueblo era un torrente desbordado que sacaba a flote a los caudillos, hoy el pueblo tiene un poder electoral y un poder, otra vez, multitudinario. El orador reclama su concurso, le halaga, le adula, para alcanzar el poder. América está sembrada de dictadores que han llegado al poder por este camino y hacen política social y literaria de masas para mantenerse arriba y hacer negocios. La democracia burlada ha sido y sigue siendo común en nuestra América.

Los reaccionarios han visto este punto débil de nuestras costumbres políticas. Se complacen en poner al desnudo las flaquezas y vicios de los demagogos. Encuentran en el funcionamiento de los congresos fuente de inspiración para burlarse de un sistema que muestra una propensión irresistible a buscar los niveles inferiores. Señalan los desórdenes administrativos como ejemplo de lo que llaman funestos sistemas liberales. En los periódicos hacen campañas sarcásticas para burlarse de la inocultable desorientación, del desorden y tanteos en que se resuelven los movimientos populares. Dicen: los sistemas liberales y democráticos no son los que convienen a la república. Mañosamente mueven la opinión hacia las soluciones que ideraron en Europa Hitler y Mussolini, y cuya versión castellana ha corrido en España y América por cuenta del general Francisco Franco y sus seguidores. El comunismo adopta la misma táctica, y Rusia ve en América su nueva zona de influencias. Como se perdía ayer el sentido de independencia gritando: Viva Hitler, hoy se pierde gritando: Viva Krushov. Nostalgias de ser colonias . . . [5]

Con la transformación de América en un continente abierto, despierta la ambición extranjera. Si las noticias se mueven con la celeridad del radio, y es posible volar en horas de México a Buenos Aires, si se [10] descubren riquezas no sospechadas y susceptibles de inmediato aprovechamiento, los países salvajes que no merecieron ninguna atención en el siglo XIX pasan a tener importancia para la lucha por venir entre la [15] democracia y sus contrarios. Los partidos de la reacción nazifascista que se han visto derrotados en el viejo mundo conciben la esperanza de reiniciar sus labores en el nuevo. Aprovechan en sus propagandas la historia [20] antigua del imperialismo yanqui y la moderna de los capitanes de industria del norte, para establecer un divorcio inicial entre estas dos mitades de nuestro propio hemisferio. Publican una copiosa literatura sobre los [25] peligros de la libertad, las torpezas de la democracia, las excelencias de un "nuevo orden." Y encuentran en los partidos reaccionarios el instrumento adecuado para adelantar en sus propósitos. El comunismo [30] trabaja la misma mina desvirtuando la misión de las izquierdas.

* * *

El momento, en realidad, es de profundo [35] desconcierto. Si el pueblo mira hacia atrás y alcanza a ver lo que viene buscando desde hace cuatro siglos, tendrá que preguntarse si lo que pintan hoy como democracia corresponde, en efecto, a su ideal. ¿Es democracia el paraíso literario de los demagogos? [40] ¿Es eso de que hablan los dictadores antes de tomar el poder? ¿Es esa indecencia que caricaturizan los reaccionarios? ¿Es el congreso de los políticos aventureros? ¿Irán los humil-[45]

des, una vez más, enderezando sus pasos hacia un ideal burlado? La democracia ¿no estará convirtiéndose en un lugar común, en un sofisma de distracción?

* * *

Democracia, según el diccionario, es "una doctrina favorable a la intervención del pueblo en el gobierno." Los señores de la Academia del rey, sólo han visto eso: que el pueblo disputa lo que, según la tradición de la casa, es de derecho divino del rey. Al decir democracia se les representa a los académicos en las turbas de los comuneros que corrían pisándole los talones a Carlos I,[1] cuando iba de corte en corte proclamando acatamiento para su soberanía. Y sí: era el fantasma de la democracia al nacer. El ideal vago que apenas se insinuaba como una amenaza a la corona. La democracia realizada es otra cosa. Quien la ha descrito mejor ha sido el hijo de unos leñadores, nacido en la pobreza, a quien tocó en suerte recorrer, desde la cabaña de sus bosques hasta la Casa Blanca de Wáshington, esa large distancia que existe entre el sueño de una fantasía y el ejercicio del gobierno en una gran república. Abraham Lincoln terminó su discurso del cementerio de Gettysburg diciendo cómo, bajo el signo de Dios, su patria había tenido un renacimiento de libertad: De ahora en adelante, agregó, "el gobierno del pueblo, por el pueblo y para el pueblo, no perecerá sobre la faz de la tierra." Con esas palabras dio la definición que no trae el diccionario de la academia, trazó el triángulo en que se apoya la idea de la democracia y en que descansa el equilibrio político en un gobierno popular. Esa democracia por venir sigue siendo ideal en los Estados Unidos del Norte como en los Desunidos del Sur.

Dice Ortega y Gasset en su libro sobre *La rebelión de las masas*:[2] "Con los pueblos de Centro y Sudamérica tiene España un pasado común, raza común, lenguaje común

---

[1] Carlos I (1500–1558), better known as Charles V of the Holy Roman Empire, king of Spain 1516–1556. The Spanish commoners rose against his dictatorial rule in 1520 and were ruthlessly suppressed.

[2] *La rebelión de las masas* by José Ortega y Gasset

(1883–1955) was first published in 1930. In it, Ortega presents the thesis that today's *mass-man* has taken the leadership of Western civilization away from the élite ruling group which formerly dominated both culture and government.

y, sin embargo, no forma con ellos una nación. ¿Por qué? Falta sólo una cosa que, por lo visto, es la esencial: el futuro común. España no supo inventar un programa de porvenir colectivo que atrajese a esos grupos zoológicamente afines . . .'' Ortega y Gasset habla como los académicos. Para él, estos rebaños de animales sólo tienen parecidas las orejas. Él no mira al pueblo—ni al suyo, ni al nuestro—sino como un fantasma desorientado. Lo que encuentra de común entre España y Centro y Sudamérica, es precisamente lo que no es común. Ni la raza, ni el lenguaje siquiera, son comunes entre nosotros, ni entre nosotros y ellos. Mucho menos el pasado. En España se hablan el catalán y el castellano, que son tan diferentes como el italiano y el francés. En América, el pueblo del Paraguay habla en guaraní y no por eso deja de ser una parte de nuestra América. Aquí hay naciones que hablan aymara, maya o quechua, tan diversos del castellano como lo es de éste el vascuence. No tenemos una lengua común, aunque en muchas lenguas distintas hablemos un mismo idioma en América: el idioma de la democracia. Ni tenemos la misma raza en el interior del Paraguay y en la capital de la Argentina, en Cuba y en Chile. Ni somos ya de la misma sangre españoles y americanos. Eso de la raza común y la lengua común fueron lugares comunes con que se hizo literatura hace cincuenta años, y que reanudan ahora los de la hispanidad en la corte de Franco. En cambio, hay una cosa común que fue la que no pudieron ver los reyes de España, ni alcanza a columbrar Ortega y Gasset: el alma del pueblo, del pueblo español y del americano, que viene buscando libertad, justicia, democracia, desde hace cuatro siglos y más. Por eso formamos la nación a que no se alude en *La rebelión de las masas*.

* * *

El problema está en que democracia cum-plida, realizada, aún no existe. No sirven los ejemplos de Dinamarca o de Suecia, experimentos de huerta, de huerta de la victoria, como dirían en los Estados Unidos. Los Estados Unidos son una democracia porque anima a sus dirigentes más puros, a la masa del país, una ilusión de democracia: porque el país busca la democracia como una futura solución de equilibrio nacional; porque los norteamericanos han venido luchando por lograrla, lo mismo que nosotros. En ese punto venimos a unirnos no sólo los españoles del pueblo en España y nosotros los del pueblo en la América del Sur, sino ellos y nosotros con los del pueblo en la América del Norte. Cosa original en el mundo: los tres grupos humanos tienen el privilegio de soñar con repúblicas en donde la democracia no sea el fantasma del Diccionario, sino la ilusión de Lincoln.

* * *

Lo que la democracia tiene de activo, de operante, de vital en América, es el no haberse realizado. El seguir siendo un ideal por cuya realización habrá de luchar aún durante muchos decenios, quizás mientras América haya de tener alguna significación en el mundo. Tan simplista, arbitrario e indecente como nuestros dictadores de Sudamérica, fue Huey Long—King Fish—, cuando tuvo el control del Estado de Luisiana.[3] Los cuatro grandes que sacaron de su primitivo estado a California, y que Oscar Lewis describe en un libro estupendo, *The Big Four*,[4] son personajes de ayer, que parecen una versión inglesa de los capataces políticos de la América del Sur. En el libro que ha escrito Joseph Kinsey Howard, *Montana High, Wide and Handsome*,[5] sobre el estado más joven de la Unión Americana,[6] donde no se mueve una paja sin que la compañía minera de la "Anaconda" dé el soplo, Montana se descubre ante nuestras miradas como la Bolivia del Norte.

---

[3] Huey Long (1893–1935), Governor of Louisiana and rabble rouser, was widely known as the Kingfish. He was assassinated.

[4] Oscar Lewis (1893–0000), North American historian and sociologist. *The Big Four* (1938) were: Mark Hopkins (1813–1878), Collis Potter Huntington (1821–1900), Charles Crocker (1822–1888), Leland Stanford (1824–1893).

[5] Joseph Kinsey Howard (1906–1951), North American historian of the northwest area.

[6] Montana was admitted to the Union in 1889 as the 41st state.

No: la democracia no es un hecho cumplido en la América del Norte. La democracia no ha llegado a un mismo desarrollo en los estados blancos de la Unión, como Wisconsin o Michigan, y en los negros, como los de las Carolinas, Georgia o Misisipí. Por las restricciones impuestas al voto, en las elecciones de 1928 y 1932, el 87% de los hombres adultos no pudo votar en Carolina del Sur, donde sólo un 2% de la población corresponde a americanos de raza blanca nacidos de padres americanos.[7] Así se comprende el trecho que falta para que se realice la fórmula de Lincoln en Carolina del Sur.

Pero en el norte, como en el sur, la democracia sigue siendo el ideal y el estímulo.

* * *

Un siglo transcurrió en América del Sur para que se fusionaran la raza blanca y la cobriza, y dos o tres para que éstas se mezclasen con los negros, sin que podamos aún afirmar que el equilibrio se haya logrado. Las fórmulas políticas que se "inventan," apenas sirven para acomodos transitorios. La única política perdurable es la que va fluyendo de la vida, y si alguna vez logra atar a los pueblos, es cuando sus fundamentos no son artificiales.

Dentro de las fórmulas monárquicas pudieron atarse y desatarse estados con la misma facilidad con que se pactaban matrimonios o rompían compromisos de familia entre las cuatro que mantuvieron por generaciones el poder en Europa. Dentro de la fórmula de libre juego de los pueblos el problema es más complejo.

De hecho, el pueblo ha tenido el poder en América muchas veces. El pueblo se adueñó de él en aquellos días en que el común elegía por su capitán a un Balboa, a un Cortés o a un Jiménez de Quesada, y con ellos iba a descubrir el Pacífico o a conquistar a México, o a sacar de la nada el Nuevo Reino de Granada. Tuvo el pueblo poder en tiempos de Tupac Amaru, cuando con sus muchedumbres ahogó, así fuera por breve tiempo, el poder de los oficiales de la corona en el Perú. Lo tuvo cuando con Bolívar desató la lengua y apretó los puños para poner en fuga al español. Y, en seguida, cuando con Juárez llevó un caudillo suyo para que hiciera cabeza a la república. Hasta los dictadores más oscuros fueron un día instrumentos de la voz del pueblo que seguramente no estaba iluminada como la voz de Dios. Hoy mismo el pueblo tiene poder.

El problema está en que democracia no es la fugaz intervención del pueblo en el gobierno. Por no haber habido democracia completa en las intervenciones del pueblo en el gobierno de otros siglos y de nuestros propios días, la punta de la espada se ha vuelto contra él. La maravilla de la conquista, que hizo el pueblo con sus capitanes del siglo XVI, vino a parar en las manos de un rey y de su gobernador que al final cortó la cabeza de Balboa, como indicando que los de abajo no habrían de poner sus pensamientos más arriba del suelo en donde afirmasen sus botas los cortesanos. Las marchas de Tupac Amaru[8] y las de los comuneros[9] quedaron disueltas por las argueias de un visitador o de un arzobispo que, más habilidosos, enderezaron las cosas hasta que les fue fácil ahorcar a los del pueblo y descuartizarlos, según enseñan las leyes del derecho divino del monarca. Las jornadas del libertador y de sus muchedumbres desembocaron, ganada la guerra de independencia, en una encrucijada en que se hallaban apostados los sargentos, que vistieron de generales y se alzaron con el mando. Los caudillos de la república embaucaron a las masas que les ayudaron a subir al poder y las sojuzgaron con calculada vileza. Ahora mismo, el

---

[7] These statistics are incorrect. In the elections referred to only 14% of the adult population did in fact vote in South Carolina, but a far greater percentage than this was eligible. Also, a majority of that state's population is Caucasian and of native-born American parentage.

[8] Tupac Amaru, the first Indian rebel leader of this name, was beheaded by the Peruvian Viceroy Toledo in the sixteenth century. The second (1742?–1781), baptized José Gabriel Condorcanqui, rose in rebellion in 1780 and was also beheaded.

[9] comuneros: the townsmen of Colombia who rebelled against heavy taxes in 1780.

presidente del sindicato o el demagogo esquilan el vellón de sus rebaños.

En resumen, una democracia siempre burlada, un ideal siempre escamoteado. Pero, en medio de todo, hay algo sostenido que va en ascenso y camino de purificación. No es el poder lo que se busca simplemente, porque el poder ha sido elemento burlador. Hasta el momento mismo en que se llega a la antesala del gobierno, los ideales se mantienen puros, y en el caso del pueblo americano han sido ideales de libertad, de justicia, de igualdad, de paz. La fórmula del poder "para" la realización de ideales es la explicación de la lucha americana. Con esta advertencia indispensable: que esos ideales no han sido los mismos que han movido a los pueblos de otros continentes. En Europa se ha luchado por otras causas y por otras cosas.

Una visión esquemática de la leyenda de nuestros siglos llevaría a estas conclusiones: que el xvi fue el siglo de los conquistadores, en que entró el pueblo de España con sus capitanes a cubrir con una sola bandera un continente de esperanzas; que el xvii fue el de los progenitores, en que se formó un pueblo nuevo para gozar de esa tierra; que el xviii fue el de los precursores, que anunciaron la libertad; que el xix fue el de los libertadores, que desprendieron de España al mundo americano y que enseñaron el poder de la muchedumbre puesto bajo sus banderas; siguiendo ese ritmo de la escala, cabe preguntar ahora: ¿será el xx el siglo del pueblo? ¿Y para el pueblo?

*   *   *

Lo que podría ser un sencillo proceso de evolución interna se complica con el desarrollo simultáneo de enormes intereses industriales en Norteamérica y de un creciente poder militar en las repúblicas del sur. Viene la nueva penetración europea, más sutil, más inteligente y más ambiciosa y experimentada que la del siglo xvi. Se insinúa la polarización de intereses opuestos entre Rusia y los Estados Unidos e Inglaterra. El transcurso de estos años que seguirán a la guerra no se sabe si ha de ser para que gocen de la victoria los burgueses que quieren paz, o los de abajo, que quieren justicia.

En fin, problemas, problemas . . . Como siempre los ha tenido, como siempre los tendrá el mundo. En estos días, con un cambio de escala que multiplica los interrogantes. Pero, volviendo al tema, ¿cuál es el papel que va a jugar el hombre común? ¿Será otra vez el de un espectador desconocido? ¿O será el del espectador en quien logren sembrar los agitadores amargura, violencia, soberbia o el desnudo rencor de la venganza? ¿O mantendrá él, en la alborada de un nuevo ciclo histórico, su fe segura, su afirmación tranquila en el viejo ideal suyo de levantar a los humildes para que haya libertad y justicia para todo el mundo?

(Cosas del pueblo, 1962)

Mariano Picón-Salas

VENEZUELA, 1901–1965   Born in the Andean city of Mérida, Venezuela, where he studied humanities and law, Picón-Salas went to Caracas in 1920 and the following year published there his first book, *Buscando el camino*. In 1923, under the Gómez dictatorship, he emigrated to Chile where his intellectual life matured and took deep root. After Andrés Bello he is the Venezuelan who has most closely identified himself with Chilean reality.

A widely traveled and widely read man, Picón-Salas is a writer of many interests. Social and literary history is his specialty, and he always reveals himself as acutely aware of the world currents which are most strongly influencing the thinking and feelings of contemporary mankind. He is also a writer with intense spiritual and esthetic values, a firm believer in the dignity of man, and in the potential of just and democratic government. Anything that undermines this hope is to Picón-Salas repellent and perilous. He is angry at the barbarism of the modern world, and insists that man possesses both the means and the intelligence to bring about a permanent reformation. At the time of his death in 1965, Picón-Salas was properly recognized as one of the most sincere and purest souls that Latin America has produced in our generation.

LITERATURA Y SOCIEDAD

Por buscar un paraíso estético de las más alquitaradas[1] o aun sádicas delicias, los teóricos del "arte por el arte" se precavían[2] del significado social de la literatura; querían establecerla como extraordinario mundo artificioso, con pertinacia tan discutible como los de la trinchera opuesta, quienes pedían a lo literario testimonios o alegatos sociológicos. O la literatura sirve para el "juego de dados" a lo Mallarmé,[3] pura invención fantástica, o puede ayudar a las revistas de medicina y de higiene mostrándoles la "degeneración de una familia bajo el segundo Imperio" por efectos del alcohol, el libertinaje o las más turbias herencias: parecían los extremos de un debate a fines del siglo XIX. Pero aun en su descontento y reacción individualista o narcisista contra el mundo burgués y la doble

---

[1] alquitaradas: *distilled.*
[2] precaverse de: *to guard against.*

[3] Stéphane Mallarmé (1842–1898), French poet and leader of symbolist school.

vulgaridad de las masas o de los banqueros, los estetas del primer grupo expresaban una actitud social, del mismo modo que una novela naturalista—cuando está bien escrita —puede lograr un efecto estético. Ninguna escuela tiene valor por sí misma y un mal imitador de Mallarmé es tan insoportable desde el punto de vista artístico como el autor de la más fáctica,[4] rastrera y abultada narración del naturalismo. En ambos casos el problema de la literatura no es tanto el "para qué se hace" sino el "cómo" se realiza la obra. Hay un tono emocional, un ritmo, un lenguaje, una exigencia de autenticidad expresiva, sin los cuales se cae en el muy conocido infierno de las buenas intenciones. La literatura arrastra la trágica paradoja de que seres que en su vida normal se comportaban como egoístas o neuróticos, describen la ternura, el desinterés, y el amor humano mejor que muchos hombres auténticamente buenos. Quizás no quisiéramos tener de vecino a Fedor Dostoievski,[5] lo que no impide que nos haya descubierto una dimensión grandiosa de la humanidad. No confundamos el autor con la obra, porque caemos en el más intrincado engaño.

Pero cada vez que el hombre sale de su yo y se comunica con los demás por la palabra, la actitud o la obra artística, está cumpliendo una función social. Y aun aquel huir de la circunstancia histórica para refugiarse en el muy aséptico o muy demoníaco mundo del arte, constituye también un pronunciamiento público. Decimos entonces que la sociedad capitalista e industrial de Europa era fea, chabacana[6] y depresiva cuando John Ruskin[7] quería salvarla por un regreso al artesanado[8] de la Edad Media; Oscar Wilde[9] vestía pantalones cortos y llevaba un girasol en la mano para espantar a los burgueses, y Walter Pater[10] prefería a toda vida real "los retratos

imaginarios." Hasta la queja y el personal dolor cósmico de los poetas del siglo XIX ("the world is too brutal for me," "Je suis venu trop tarde dans un monde trop vieux," "mi canto es el del ruiseñor en la obscuridad") habían expresado en su misma desolación o negación una circunstancia que, aristotélicamente, podemos llamar "política." Exagerando el concepto, los marxistas estarían autorizados a decir que el poeta Kleist[11] se suicidó no sólo por amor o neurosis, sino por su descontento con el Estado prusiano. Y cuando colocamos una nostálgica Edad de Oro en el remoto pasado o en el más remoto porvenir, también nos estamos definiendo; somos—tal vez—conservadores o socialistas utópicos.

Aclarada esta relación ineludible, irrenunciable, del escritor y el artista con la sociedad, podemos sí inquirir cuáles son las obras que cumplen más válidamente su función estética y humana. Yo diría que son aquellas en que ambos valores de significación no están escindidos; cuando la obra ofrece no sólo el engranaje misterioso de los sueños del artista, su estructura de formas únicas, sino también un lenguaje que hiere o conmueve a otros hombres. En la obra perfecta, el arte parece descubrirse por primera vez. No se trata de traducir el mensaje a un idioma necesariamente lógico, sino de revivir esa lucha que acontece en el subconsciente del hombre con sus potencias o sus sueños más entrañables. Entonces el mito substituye al pensamiento lógico y un cuento o un poema pueden valer desde el punto de vista humano lo que la mejor obra de filosofía. ¿No consideraba Schiller al poeta como gran "recordador" o "vengador" de la naturaleza olvidada, el que trae a la presencia del hombre distraído la gran voz del Universo y armoniza su instinto con su razón? Y por

---

[4] fáctica: *fact-stuffed.*
[5] Feodor Dostoievski (1821–1881), Russian novelist, author of *Crime and Punishment* (1886), *The Brothers Karamazov* (1879–1880), etc. His novels were also studies in abnormal psychology.
[6] chabacana: *crude.*
[7] John Ruskin (1819–1900), English painter and art critic.
[8] artesanado: *craftsmanship.*

[9] Oscar Wilde (1856–1900), Irish-English poet and dramatist, exponent of the idea of "art for art's sake."
[10] Walter Pater (1839–1894), English critic, essayist, novelist, noted for his interest in ideal beauty and perfection in art.
[11] Heinrich Wilhelm von Kleist (1777–1811), German poet and dramatist, who shot Henriette Vogel, his sweetheart, then killed himself. He was deeply disconsolate over the lack of popularity of his works.

eso—sin necesidad de decirlo—la gran obra literaria posee un valor social en sí. ¿Dónde se separa lo estético de lo social en novelas como *Don Quijote, Crimen y castigo* o *Guerra y paz?* Desde el momento en que Cervantes echa a andar a su héroe por los caminos manchegos, y junto a los fantasmas de su fantasía fabuladora tropieza también con venteros, curas, bachilleres, duques o mozas del partido, está tocando o interpretando una realidad española o universal.

Es casi perogrullada decir que el significado humano de la obra literaria depende de su autenticidad, y que ésta es asimismo un valor estético. El conflicto entre la obra de arte autónoma y la "comprometida," en que tanto se insiste ahora, pudiera derivarse más claramente a la oposición entre veracidad y falsedad artística. Aquellos escritores soviéticos que sometían sus novelas a las consignas de partido y llamaban "burgueses" a los sentimientos que contrariaban la teoría petrificada, eran tan poco auténticos como los que nos presentan un acertijo sin belleza formal ni metáfora configuradora, como poema ultramoderno. Así como nos fatiga la espontaneidad informe de los malos románticos, también puede disgustarnos el helado hermetismo, sin posibilidad de comunicación, de muchas obras del día. El tipo "pompier"[12] que sólo copia mecánicamente las formas generales de la época y no agrega nada personal al legado del arte, se produce en todas las escuelas y estilos; pudo ser, alternativamente, figurativo o abstracto. Y en la imitación, puramente externa, de una "manera," sin contenido vivencial propio, consiste lo "inauténtico."

Cuando discutimos el valor social del arte y principalmente de la literatura, olvidamos con frecuencia que hay escritores valerosos y escritores pusilánimes. El escritor valeroso es el que revela su verdad aun contra todos los prejuicios de la tribu, el que plasma en la palabra lo que le estaba quemando el espíritu, el que no teme ser impopular para transmitirnos su razón interior. Son seguramente los que más perduran, pues salieron a la comprensión y al asalto del mundo con personalidad inconfundible. Conocemos sus gustos, sus ideas, sus pasiones; nos hablarán siempre con palabras que brotaron calientes de la fragua del alma. Vivieron, lucharon y padecieron y pueden ser tolerantes y comprensivos como lo fue Cervantes. Dicen sin falsa ilusión su testimonio, desgarrado o risueñor sobre la naturaleza humana. Juzgan cada hecho no de acuerdo con las normas congeladas en las leyes o prejuicios de toda sociedad, sino como circunstancia nueva que requiere el más radical análisis. El escritor pusilánime se escuda en su follaje retórico, en el adjetivo cómplice y encubridor. La gramática le sirve de viciosa hoja de parra. Sacrifica la autenticidad a las convenciones de los otros. Marcha como el Vicente del refrán "a donde va toda la gente." Y por ello no verá ni entenderá más que "toda la gente." Cuando sus metáforas o la habilidad de su estilo con que pudo impresionar a muchos se desgasten o caigan en la caquexia[13] final de todos los estilos, nada queda de él para fecundar el futuro. Será pequeña curiosidad para un lingüista o coleccionista de rarezas literarias, como quien leyera en estos días los hiperfloridos sermones de Fray Hortensio Parravicino, predicador barroco.[14] Será ficha filológica, pero jamás obra perdurable, tierna o estremecedora.

De la obligación de ser auténtico depende también la exigencia de libertad para las obras literarias y sus autores. La justicia social—meta y aspiración profunda de nuestra época; palabra que a veces se adultera en planes engañosos de políticos y arengas de demagogos—comienza con nuestro albedrío ético. Ninguna justicia puede prevalecer contra la primera libertad, ínsita a la naturaleza humana, que es la de la conciencia. Y sin derecho al análisis, la discusión, la inconformidad, la protesta, la misma justicia social sería unilateral y sec-

---

[12] pompier: *imitative, conventional.*
[13] caquexia: *cachexia, deathly emaciation.*
[14] Fray Hortensio Parravicino (1580–1633), Spanish religious orator who was called "el predicador de los reyes y el rey de los predicadores."

taria, instrumento o mito de poder y no impretermitible derecho humano. ¡Cuánta auténtica injusticia se enmascaraba bajo la sedicente justicia proletaria de Stalin o la falsa protección a la colectividad que pro-[5] metían todos los fascismos! Contra la libertad, los Estados-Leviatanes[15] o las superestructuras políticas irguieron siempre un fantasma de seguridad y defensa colectiva, pero ella consistía en no leer los libros de Erasmo, para[10] la Inquisición Española; en olvidar las canciones de Heine y los mejores cuadros de la pintura europea, después del impresionismo, para los nazis alemanes. Esa seguridad nazi o staliniana, revestida de falsa justicia[15] social o de revolucionario derecho obrero, era capaz de dar a los alemanes o a los rusos comidas a módico precio fijo, cupones para las tiendas y acceso multitudinario a los estadios, parques y museos, dejándoles el[20] alma ayuna de toda nutrición creadora y rebelde, y conducidos de la mano por los gendarmes de un Estado que se irrogaba el derecho de pensar por ellos. Y salvando lo auténtico de su mensaje, todo escritor que lo[25] sea de veras, ha de trazarse la órbita de su libertad. Se la forja Quevedo en la papelera, cortesana y chismosa España del siglo XVII, y aun los memoriales que no puede confiar a la letra impresa los pone bajo las servilletas de[30]

los nobles y salva por la sátira y la burla sombría el furor justiciero de su corazón; lo logra Tolstoy en el aterido silencio moscovita de los zares, y Voltaire, Romain Rolland[16] o Thomas Mann,[17] cruzando la frontera hacia Suiza, país que por ser pequeño y no haber creado un estado monstruoso no se asustaba de ninguna idea.

La literatura, además (y de ahí su reclamo de libertad), no sólo refleja el estado presente o pretérito de determinada sociedad, sino también se adelanta a adivinar el futuro, puede ver con pupila mágica que desde las miserias o la ridiculez de hoy penetre catárticamente en el mañana. No hay que asustarse, por ello—como los muy puros artistas del "arte por el arte"—, del uso social y político que se haga ancilarmente de las obras literarias. Claro que esto nada tiene que ver con su jerarquía estética; y *Madame Bovary*[18] no es un alegato para que las mujeres incomprendidas logren con facilidad el divorcio y no tengan que suicidarse, como *Doña Bárbara* de Gallegos tampoco es un argumento a favor de la agricultura tecnificada y de la necesidad de un buen sistema ferroviario en los llanos de Venezuela. ¿Pero por qué alterarse si los que no tienen sensibilidad para otra cosa, extraen de la literatura semejante lección pragmática?

(*Ensayos escogidos*, 1958)

---

[15] Estado-Leviatán: *Super-state*.

[16] Romain Rolland (1866–1944), French novelist, author of *Jean Christophe* (1904–1912) in ten volumes, noted for his idealism, his interest in music, and his hero worship.

[17] Thomas Mann (1875–1955), German scholar and novelist noted for his interest in the artist's relation to society. Mann left Germany in 1938 because of the rise of Nazism and came to the United States.

[18] *Madame Bovary*: novel by Gustave Flaubert (1821–1880), famous French realist, which appeared in 1857.

~~~~~THREE

FROM THE MEXICAN REVOLUTION TO THE PRESENT

D. PROSE—FICTION

~~~~~Horacio Quiroga

URUGUAY, 1878–1937   Horacio Quiroga's life as man and artist may be very appropriately and conveniently divided into three rather sharply-defined periods: first, the period of apprenticeship from 1901 to 1910; second, that of his finest writing from 1910 to 1926; and third, the period of decline ending with his death in 1937. Turning away from exaggerated modernist verse and prose (*Los arrecifes de coral*, 1901) to narrative fiction, Quiroga soon discovered that his talents lay in the direction of the short story. With a technique acquired from Poe and other masters of the genre, and with his bride, he went to live (1910) in San Ignacio in the jungle province of Misiones. There, with striking originality and effectiveness, he developed and applied his art to the American tropical scene. Relentless struggle with the forces of nature and grief over the death of his wife (1917) were instrumental in the production of some of his finest stories (*El desierto*). Immediately upon his wife's death he returned to Buenos Aires to educate his children and to collect his stories for publication in book form. From 1926 on, his failing health and constant preoccupation with death drove him ever deeper into a tragic mental state, and dampened his enthusiasm for writing. With the exception of several stories in *Más allá* (1935), Quiroga wrote little in his closing years that was worthy of his name.

In American fiction Quiroga has few equals in the creation of horror effects, in the portrayal of impending tragedy and death, in the vividness of flash-backs, and in the depiction of abnormal mental states. It matters little whether the setting is regional or not, as witness his Ibsenesque *La gallina degollada*; but certainly his more popular tales of this class are those that spring directly from his own experiences in the flood-ridden, pestilential, heat-maddening wastes of tropical America. These stories, furthermore, place him among the first and best writers of the tropical scene. Delightfully told, and in a lighter vein, are his justly celebrated jungle tales "for children of all ages and all lands." Kipling, here, guided his early steps. And then to round out his rich and extensive collection he cultivated a cosmopolitan type of story—stories of love and of pure phantasy, and allegories, interesting for variety of theme and for his humorous satiric treatment. Except for an early attempt at sensational modernist verse and an occasional novel that never really developed beyond the novelette stage, Quiroga remained steadfast in his devotion to, and cultivation of, the short story, of which he will be recognized—if that honor is not generally conceded already—as the first outstanding artist in contemporary Spanish American letters. Not a few critics are agreed that he deserves a high place among the world's gifted story tellers.

ᘒᕦᘒLA GALLINA DEGOLLADA

Todo el día, sentados en el patio, en un banco, estaban los cuatro hijos idiotas del matrimonio Mazzini-Ferraz. Tenían la lengua entre los labios, los ojos estúpidos, y volvían la cabeza con toda la boca abierta. 5

El patio era de tierra, cerrado al Oeste por un cerco de ladrillos. El banco quedaba paralelo a él, a cinco metros, y allí se mantenían inmóviles, fijos los ojos en los ladrillos. Como el sol se ocultaba tras el cerco al 10 declinar, los idiotas tenían fiesta. La luz enceguecedora llamaba su atención al principio; poco a poco sus ojos se animaban; se reían al fin estrepitosamente, congestionados por la misma hilaridad ansiosa, mirando el 15 sol con alegría bestial, como si fuera comida.

Otras veces, alineados en el banco, zumbaban horas enteras imitando al tranvía eléctrico. Los ruidos fuertes sacudían asimismo su inercia, y corrían entonces alrededor del 20 patio, mordiéndose la lengua y mugiendo. Pero casi siempre estaban apagados en un sombrío letargo de idiotismo, y pasaban todo el día sentados en su banco, con las piernas colgantes y quietas, empapando de glutinosa 25 saliva el pantalón.

El mayor tenía doce años y el menor, ocho. En todo su aspecto sucio y desvalido se notaba la falta absoluta de un poco de cuidado maternal.

Esos cuatro idiotas, sin embargo, habían sido un día el encanto de sus padres. A los tres meses de casados, Mazzini y Berta orientaron su estrecho amor de marido y mujer y mujer y marido hacia un porvenir mucho 35 más vital: un hijo. ¿Qué mayor dicha para dos enamorados que esa honrada consagración de su cariño, libertado ya del vil egoísmo de un mutuo amor sin fin ninguno y, lo que es peor para el amor mismo, sin esperanzas posibles de renovación?

Así lo sintieron Mazzini y Berta, y cuando el hijo llegó, a los catorce meses de matrimonio, creyeron cumplida su felicidad. La criatura creció bella y radiante hasta que tuvo año y medio. Pero en el vigésimo mes sacudiéronlo una noche convulsiones terribles y a la mañana siguiente no conocía más a sus padres. El médico lo examinó con esa atención profesional que está visiblemente buscando la causa del mal en las enfermedades de los padres.

Después de algunos días los miembros paralizados de la criatura recobraron el movimiento; pero la inteligencia, el alma, aun el instinto, se habían ido del todo. Había quedado profundamente idiota, baboso, colgante, muerto para siempre sobre las rodillas de su madre.

—¡Hijo, mi hijo querido!—sollozaba ésta sobre aquella espantosa ruina de su primogénito.

El padre, desolado, acompañó al médico afuera.

—A usted se le puede decir: creo que es un caso perdido. Podrá mejorar, educarse en todo lo que le permita su idiotismo, pero no 30 más allá.

—¡Sí! . . ., ¡sí! . . .—asentía Mazzini—. Pero dígame: ¿Usted cree que es herencia, que . . .?

—En cuanto a la herencia paterna, ya le dije lo que creí cuando vi a su hijo. Respecto a la madre, hay allí un pulmón que no sopla bien. No veo nada más, pero hay un soplo un poco rudo. Hágala examinar detenidamente.

Con el alma destrozada de remordimiento, Mazzini redobló el amor a su hijo, el pequeño idiota que pagaba los excesos del abuelo. Tuvo asimismo que consolar, sostener sin tregua a Berta, herida en lo más profundo por aquel fracaso de su joven maternidad.

Como es natural, el matrimonio puso todo su amor en la esperanza de otro hijo. Nació éste, y su salud y limpidez de risa reencendieron el porvenir extinguido. Pero a los dieciocho meses las convulsiones del primogénito se repetían, y al día siguiente el segundo hijo amanecía idiota.

Esta vez los padres cayeron en honda desesperación. ¡Luego su sangre, su amor estaban malditos! ¡Su amor, sobre todo! Veintiocho años él, veintidós ella, y toda su apasionada ternura no alcanzaba a crear un átomo de vida normal. Ya no pedían más belleza e inteligencia, como en el primogénito; ¡pero un hijo, un hijo como todos!

Del nuevo desastre brotaron nuevas llamaradas de dolorido amor, un loco anhelo de redimir de una vez para siempre la santidad de su ternura. Sobrevinieron mellizos, y punto por punto repitióse el proceso de los dos mayores.

Mas por encima de su inmensa amargura quedaba a Mazzini y Berta gran compasión por sus cuatro hijos. Hubo que arrancar del limbo de la más honda animalidad no ya sus almas, sino el instinto mismo, abolido. No sabían deglutir, cambiar de sitio, ni aun sentarse. Aprendieron al fin a caminar, pero chocaban contra todo, por no darse cuenta de los obstáculos. Cuando los lavaban mugían hasta inyectarse de sangre el rostro. Animábanse sólo al comer o cuando veían colores brillantes u oían truenos. Se reían entonces, echando afuera lengua y ríos de baba, radiantes de frenesí bestial. Tenían, en cambio, cierta facultad imitativa; pero no se pudo obtener nada más.

Con los mellizos pareció haber concluido la aterradora descendencia. Pero pasados tres años, Mazzini y Berta desearon de nuevo ardientemente otro hijo, confiando en que el largo tiempo transcurrido hubiera aplacado a la fatalidad.

No satisfacían sus esperanzas. Y en ese ardiente anhelo que se exasperaba en razón de su infructuosidad, se agriaron. Hasta ese momento cada cual había tomado sobre sí la parte que le correspondía en la miseria de sus hijos; pero la desesperanza de redención ante las cuatro bestias que habían nacido de ellos echó afuera esa imperiosa necesidad de culpar a los otros, que es patrimonio específico de los corazones inferiores.

Iniciáronse con el cambio de pronombres: *tus* hijos. Y como a más del insulto había la insidia, la atmósfera se cargaba.

—Me parece—díjole una noche Mazzini, que acababa de entrar y se lavaba las manos—que podrías tener más limpios a los muchachos.

Berta continuó leyendo como si no hubiera oído.

—Es la primera vez—repuso al rato—que te veo inquietarte por el estado de tus hijos.

Mazzini volvió un poco la cara a ella con una sonrisa forzada.

—De nuestros hijos, me parece . . .

—Bueno, de nuestros hijos. ¿Te gusta así?—alzó ella los ojos.

Esta vez Mazzini se expresó claramente:

—Creo que no vas a decir que yo tenga la culpa, ¿no?

—¡Ah, no!—se sonrió Berta, muy pálida—; pero yo tampoco, supongo . . . ¡No faltaba más . . . !—murmuró.

—¿Que no faltaba más?

—¡Que si alguien tiene la culpa no soy yo, entiéndelo bien! Eso es lo que te quería decir.

Su marido la miró un momento, con brutal deseo de insultarla.

—¡Dejemos!—articuló al fin, secándose las manos.

—Como quieras; pero si quieres decir . . .

—¡Berta!

—¡Como quieras!

Éste fue el primer choque, y le sucedieron otros. Pero en las inevitables reconciliaciones sus almas se unían con doble arrebato y ansia por otro hijo.

Nació así una niña. Vivieron dos años con

la angustia a flor de alma, esperando siempre otro desastre.

Nada acaeció, sin embargo, y los padres pusieron en su hija toda su complacencia, que la pequeña llevaba a los más extremos límites del mimo y la mala crianza.

Si aun en los últimos tiempos Berta cuidaba siempre de sus hijos, al nacer Bertita olvidóse casi del todo de los otros. Su solo recuerdo la horrorizaba como algo atroz que la hubieran obligado a cometer. A Mazzini, bien que en menor grado, pasábale lo mismo.

No por eso la paz había llegado a sus almas. La menor indisposición de su hija echaba ahora afuera, con el terror de perderla, los rencores de su descendencia podrida. Habían acumulado hiel sobrado tiempo para que el vaso no quedara distendido, y al menor contacto el veneno se vertía afuera. Desde el primer disgusto emponzoñado habíanse perdido el respeto; y si hay algo a que el hombre se siente arrastrado con cruel fruición es, cuando ya se comenzó, a humillar del todo a una persona. Antes se contenían por la mutua falta de éxito; ahora que éste había llegado, cada cual, atribuyéndolo a sí mismo, sentía mayor la infamia de los cuatro engendros que el otro habíale forzado a crear.

Con estos sentimientos, no hubo ya para los cuatro hijos mayores afecto posible. La sirvienta los vestía, les daba de comer, los acostaba, con visible brutalidad. No los lavaban casi nunca. Pasaban casi todo el día sentados frente al cerco, abandonados de toda remota caricia.

De ese modo Bertita cumplió cuatro años, y esa noche, resultado de las golosinas que sus padres eran incapaces de negarle, la criatura tuvo algún escalofrío y fiebre. Y el temor a verla morir o quedar idiota tornó a reabrir la eterna llaga.

Hacía tres horas que no hablaban, y el motivo fue, como casi siempre, los fuertes pasos de Mazzini.

—¡Mi Dios! ¿No puedes caminar más despacio? ¿Cuántas veces . . .?

—Bueno, es que me olvido; ¡se acabó! No lo hago a propósito.

Ella se sonrió, desdeñosa:

—¡No, no te creo tanto!

—Ni yo jamás te hubiera creído tanto a ti . . ., ¡tisiquilla!

—¡Qué! ¿qué dijiste? . . .

—¡Nada!

—¡Sí, te oí algo! Mira: ¡no sé lo que dijiste; pero te juro que prefiero cualquier cosa a tener un padre como el que has tenido tú!

Mazzini se puso pálido.

—¡Al fin!—murmuró con los dientes apretados—. ¡Al fin, víbora, has dicho lo que querías!

—¡Sí, víbora, sí! ¡Pero yo he tenido padres sanos, ¿oyes? ¡sanos! ¡Mi padre no ha muerto de delirio! ¡Yo hubiera tenido hijos como los de todo el mundo! ¡Ésos son hijos tuyos, los cuatro tuyos!

Mazzini explotó a su vez.

—¡Víbora tísica! ¡Eso es lo que te dije, lo que te quiero decir! ¡Pregúntale, pregúntale al médico quién tiene la mayor culpa de la meningitis de tus hijos; mi padre o tu pulmón picado, víbora!

Continuaron cada vez con mayor violencia, hasta que un gemido de Bertita selló instantáneamente sus bocas. A la una de la mañana la ligera indigestión había desaparecido y, como pasa fatalmente con todos los matrimonios jóvenes que se han amado intensamente una vez siquiera, la reconciliación llegó, tanto más efusiva cuanto infames fueran los agravios.

Amaneció un espléndido día, y mientras Berta se levantaba escupió sangre. Las emociones y mala noche pasada tenían, sin duda, gran culpa. Mazzini la retuvo abrazada largo rato y ella lloró desesperadamente, pero sin que ninguno se atreviera a decir una palabra.

A las diez decidieron salir, despés de almorzar. Como apenas tenían tiempo, ordenaron a la sirvienta que matara una gallina.

El día, radiante, había arrancado a los idiotas de su banco. De modo que mientras la sirvienta degollaba en la cocina al animal, desangrándolo con parsimonia (Berta había aprendido de su madre este buen modo de conservar la frescura de la carne), creyó sentir algo como respiración tras ella. Volvióse, y vio a los cuatro idiotas, con los hombros pegados uno a otro, mirando estupefactos la operación. Rojo . . . rojo . . .

—¡Señora! Los niños están aquí en la cocina.

Berta llegó; no quería que jamás pisaran allí. ¡Y ni aun en estas horas de pleno perdón, olvido y felicidad reconquistada podía evitarse esa horrible visión! Porque, naturalmente, cuanto más intensos eran los raptos de amor a su marido e hija, más irritado era su humor con los monstruos.

—¡Que salgan, María! ¡Échelos! ¡Échelos, le digo!

Las cuatro bestias, sacudidas, brutalmente empujadas, fueron a dar a su banco.

Después de almorzar salieron todos. La sirvienta fue a Buenos Aires y el matrimonio a pasear por las quintas. Al bajar el sol volvieron; pero Berta quiso saludar un momento a sus vecinas de enfrente. Su hija escapóse en seguida a casa.

Entretanto los idiotas no se habían movido en todo el día de su banco. El sol había traspuesto ya el cerco, comenzaba a hundirse, y ellos continuaban mirando los ladrillos, más inertes que nunca.

De pronto algo se interpuso entre su mirada y el cerco. Su hermana, cansada de cinco horas paternales, quería observar por su cuenta. Detenida al pie del cerco, miraba pensativa la cresta. Quería trepar, eso no ofrecía duda. Al fin decidióse por una silla desfondada, pero aún no alcanzaba. Recurrió entonces a un cajón de kerosene, y su instinto topográfico hízole colocar vertical el mueble, con lo cual triunfó.

Los cuatro idiotas, la mirada indiferente, vieron cómo su hermana lograba pacientemente dominar el equilibrio y cómo en puntas de pie apoyaba la garganta sobre la cresta del cerco, entre sus manos tirantes. Viéronla mirar a todos lados y buscar apoyo con el pie para alzarse más.

Pero la mirada de los idiotas se había animado; una misma luz insistente estaba fija en sus pupilas. No apartaban los ojos de su hermana, mientras creciente sensación de gula bestial iba cambiando cada línea de sus rostros. Lentamente avanzaron hacia el cerco. La pequeña, que habiendo logrado calzar el pie, iba ya a montar a horcajadas y a caerse del otro lado, seguramente, sintióse cogida de una pierna. Debajo de ella, los ocho ojos clavados en los suyos le dieron miedo.

—¡Soltáme!, ¡dejáme!—gritó sacudiendo la pierna. Pero fue atraída.

—¡Mamá! ¡Ay, mamá! ¡Mamá, papá!— lloró imperiosamente. Trató aún de sujetarse del borde, pero sintióse arrancada y cayó.

—¡Mamá! ¡Ay, ma . . .!—no pudo gritar más. Uno de ellos le apretó el cuello, apartando los bucles como si fueran plumas, y los otros la arrastraron de una sola pierna hasta la cocina, donde esa mañana se había desangrado la gallina, bien sujeta, arrancándole la vida segundo por segundo.

Mazzini, en la casa de enfrente, creyó oír la voz de su hija.

—Me parece que te llama—le dijo a Berta.

Prestaron oído, inquietos, pero no oyeron más. Con todo, un momento después se despidieron, y mientras Berta iba a dejar su sombrero, Mazzini avanzó en el patio:

—¡Bertita!

Nadie respondió.

—¡Bertita!—alzó más la voz, ya alterada.

Y el silencio fue tan fúnebre para su corazón siempre aterrado, que la espalda se le heló del horrible presentimiento.

—¡Mi hija, mi hija!—corrió ya desesperado hacia el fondo. Pero al pasar frente a la cocina vio en el piso un mar de sangre. Empujó violentamente la puerta, entornada, y lanzó un grito de horror.

Berta, que ya se había lanzado corriendo a su vez al oír el angustioso llamado del padre, oyó el grito y respondió con otro. Pero al precipitarse en la cocina, Mazzini, lívido como la muerte, se interpuso, conteniéndola:

—¡No entres! ¡No entres!

Berta alcanzó a ver el piso inundado de sangre. Sólo pudo echar sus brazos sobre la cabeza y hundirse a lo largo de él con un ronco suspiro.

(Cuentos de amor, de locura, y de muerte, 1917)

∽TRES CARTAS . . . Y UN PIE

Señor:

Me permito enviarle estas líneas, por si usted tiene la amabilidad de publicarlas con su nombre. Le hago este pedido porque me informan de que no las admitirían en un periódico, firmadas por mí. Si le parece, puede dar a mis impresiones un estilo masculino, con lo que tal vez ganarían.

Mis obligaciones me imponen tomar dos veces por día el tranvía, y hace cinco años que hago el mismo recorrido. A veces, de vuelta, regreso con algunas compañeras, pero de ida voy siempre sola. Tengo veinte años, soy alta, no flaca y nada trigueña. Tengo la boca un poco grande, y poco pálida. No creo tener los ojos pequeños. Este conjunto, en apreciaciones negativas,[1] como usted ve, me basta, sin embargo, para juzgar a muchos hombres, tantos que me atrevería a decir a todos.

Usted sabe también que es costumbre en ustedes, al disponerse a subir al tranvía, echar una ojeada hacia adentro por las ventanillas. Ven así todas las caras (las de mujeres, por supuesto, porque son las únicas que les interesan). Después suben y se sientan.

Pues bien; desde que el hombre desciende de la vereda, se acerca al coche y mira adentro, yo sé perfectamente, sin equivocarme jamás, qué clase de hombre es. Sé si es serio, o si quiere aprovechar bien los diez centavos, efectuando de paso una rápida conquista. Conozco en seguida a los que quieren ir cómodos, y nada más, y a los que prefieren la incomodidad al lado de una chica.

Y cuando el asiento a mi lado está vacío, desde esa mirada por la ventanilla sé ya perfectamente cuáles son los indiferentes que se sentarán en cualquier lado; cuáles los interesados (a medias) que después de sentarse volverán la cabeza a medirnos tranquilamente; y cuáles los audaces, por fin, que

dejarán en blanco siete asientos libres para ir a buscar la incomodidad a mi lado, allá en el fondo del coche.

Éstos son, por supuesto, los más interesantes. Contra la costumbre general de las chicas que viajan solas, en vez de levantarme y ofrecer el sitio interior libre, yo me corro sencillamente hacia la ventanilla, para dejar amplio lugar al importuno.

¡Amplio lugar! . . . Ésta es una simple expresión. Jamás los tres cuartos de asiento abandonados por una muchacha a su vecino le son suficientes. Después de moverse y removerse a su gusto, le invade de pronto una inmovilidad extraordinaria, a punto de creérsele paralítico. Esto es una simple apariencia; porque si una persona lo observa desconfiando de esa inmovilidad, nota que el cuerpo del señor, insensiblemente, con una suavidad que hace honor a su mirada distraída, se va deslizando poco a poco por un plano inclinado hasta la ventanilla, donde está precisamente la chica que él no mira ni parece importarle absolutamente nada.

Así son: podría jurarse que están pensando en la luna. Entre tanto, el pie derecho (o el izquierdo) continúa deslizándose imperceptiblemente por el plano inclinado.

Confieso que en estos casos tampoco me aburro. De una simple ojeada, al correrme hacia la ventanilla, he apreciado la calidad de mi pretendiente. Sé si es un audaz de primera instancia, digamos, o si es de los realmente preocupantes. Sé si es un buen muchacho, o si es un tipo vulgar. Si es un ladrón de puños,[2] o un simple raterillo;[3] si es un seductor (el *seduisant*, no *seducteur*,[4] de los franceses), o un mezquino aprovechador.[5]

A primera vista parecería que en el acto de deslizar subrepticiamente el pie con cara de hipócrita no cabe sino un ejecutor: el ratero. No es así, sin embargo, y no hay chica que no lo haya observado. Cada tipo requiere una defensa especial; pero casi siempre, sobre todo

---

[1] en apreciaciones negativas: *to put it mildly.*

[2] ladrón de puños: *old hand (hardened criminal).*

[3] raterillo: *amateur (pickpocket).*

[4] el *seduisant*, no *seducteur*: *a charming person, not a seducer.*

[5] mezquino aprovechador: *petty masher.*

si el muchacho es muy joven o está mal vestido, se trata de un raterillo.

La táctica en éste no varía jamás. Primero de todo, la súbita inmovilidad y el aire de pensar en la luna. Después, una fugaz ojeada a nuestra persona, que parece detenerse en la cara, pero cuyo fin exclusivo ha sido apreciar al paso la distancia que media entre su pie y el nuestro. Obtenido el dato, comienza la conquista.

Creo que haya pocas cosas más divertidas que esta maniobra de ustedes, cuando van alejando su pie en discretísimos avances de taco y de punta, alternativamente. Ustedes, es claro, no se dan cuenta; pero este monísimo juego de ratón, con botines cuarenta y cuatro,[6] y allá arriba, cerca del techo, una cara bobalicona (por la emoción seguramente), no tiene parangón con nada de lo que hacen ustedes, en cuanto a ridiculez.

Dije también que yo no me aburría en estos casos. Y mi diversión consiste en lo siguiente: desde el momento en que el seductor ha apreciado con perfecta exactitud la distancia a recorrer con el pie, raramente vuelve a bajar los ojos. Está seguro de su cálculo, y no tiene para qué ponernos en guardia con nuevas ojeadas. La gracia para él está, usted lo comprendería bien, en el contacto y no en la visión.

Pues bien: cuando la amable persona está a medio camino, yo comienzo la maniobra que él ejecutó, con igual suavidad e igual aire distraído de estar pensando en mi muñeca.[7] Solamente que en dirección inversa. No mucho, diez centímetros son suficientes.

Es de verse, entonces, la sorpresa de mi vecino cuando al llegar por fin al lugar exactamente localizado, no halla nada. Nada; su botín cuarenta y cuatro está perfectamente solo. Es demasiado para él; echa una ojeada al piso, primero, y a mi cara luego. Yo estoy siempre con el pensamiento a mil leguas, soñando con mi muñeca; pero el tipo se da cuenta.

De diecisiete veces (y marco este número con conocimiento de causa), quince, el incómodo señor no insiste más. En los dos casos restantes tengo que recurrir a una mirada de advertencia. No es menester que la expresión de esta mirada sea de imperio, ofensa o desdén: basta con que el movimiento de la cabeza sea en su dirección: hacia él, pero sin mirarlo. El encuentro con la mirada de un hombre que por casualidad puede haber gustado real y profundamente de nosotros, es cosa que conviene siempre evitar en estos casos. En un raterillo puede haber la pasta de un ladrón peligroso, y esto la saben los cajeros de grandes caudales, y las muchachas no delgadas, no trigueñas, de boca no chica y ojos no pequeños, como su segura servidora.

M. R.

Señorita:

Muy agradecido a su amabilidad. Firmaré con mucho gusto sus impresiones, como usted lo desea. Tendría, sin embargo, mucho interés, y exclusivamente como coautor, en saber lo siguiente: Aparte de los diecisiete casos concretos que usted anota, ¿no ha sentido usted nunca el menor enternecimiento por algún vecino alto o bajo, rubio o trigueño, gordo o flaco? ¿No ha tenido jamás un vaguísimo sentimiento de abandono—el más vago posible—que le volviera particularmente pesado y fatigoso el alejamiento de su propio pie?

Es lo que desearía saber, etc.,

H. Q.

Señor:

Efectivamente, una vez, una sola vez en mi vida, he sentido este enternecimiento por una persona, o esta falta de fuerzas en el pie a que usted se refiere. Esa persona era *usted*. Pero usted no supo aprovecharlo.

M. R.

(*El salvaje,* 1920)

---

[6] botines cuarenta y cuatro: *number* (size) *11 shoes.*
[7] pensando . . . muñeca: *with my thoughts a thousand miles away.*

〰️LA PATRIA

El discurso que aquel soldado herido dijo a los animales del monte que querían formar una patria, puede ser transcripto en su totalidad, en razón de ser muy breve y de ayudar a la comprensión de este extraño ⁵ relato.

La normalidad de la vida en la selva es bien conocida. Las generaciones de animales salvajes se suceden unas a otras y unas en contra de las otras en constante paz, pues, a ¹⁰ despecho de las luchas y los regueros de sangre, hay un algo que rige el trabajo constante de la selva, y ese algo es la libertad. Cuando las especies son libres, en la selva ensangrentada reina la paz.

Esta felicidad la habían conocido los animales del bosque desde tiempo inmemorial, hasta que a los zánganos les cupo en suerte comprometerla.

Son más que conocidas las virtudes de las ²⁰ abejas. Han adquirido en su milenaria familiaridad con el hombre nociones de biología, que les produce algunos trastornos cuando deben transformar una obrera en reina, pues no siempre aumentan la celda y el ²⁵ alimento en las proporciones debidas. Y esto se debe al mareo filosófico ocasionado por la extraordinaria facultad que poseen de cambiar el sexo de sus obreras a capricho. Sin abandonar la construcción de sus magníficos ³⁰ panales pasan la vida preocupadas por su superanimalidad y el creciente desprecio a los demás habitantes de la selva, mientras miden aprisa y sin necesidad el radio de las flores.

Ésta es la especie que dio en la selva el grito de alerta, algunos años después de haberse ido el hombre remando aguas abajo en su canoa.

Cuando este hombre había llegado a vivir ⁴⁰ en el monte, los animales, inquietos, siguieron días y días sus manejos.

—Éste es un buen hombre—dijo un gato montés guiñando un ojo hacia el claro del bosque en que la camisa del hombre brillaba ⁴⁵ al sol—. Yo sé qué es. Es un hombre.

—¿Qué daño nos puede hacer?—dijo el pesado y tímido tapir—. Tiene dos pies.

—Y una escopeta—gruñó el jaguar con desprecio—. Mata a muchos tapires con una sola escopeta.

—Vámonos, entonces—concluyó el tapir volviendo grupas.

—¿Para qué?—agregó el jaguar—. Si está aquí, en la selva, es libre. Él nos puede matar, y nosotros podemos también matarlo a él. Y a veces tienen un perro. ¿Por qué nos vamos a ir? Quedémonos.

—Nosotras nos quedamos—dijeron mansamente las víboras de cascabel.

¹⁵ —Y nosotros también—agregaron los demás animales.

Y de este modo los animales y el hombre vivieron juntos en la selva sin límites, uni- ²⁰ formemente agitada por asaltos y regueros de sangre, y uniformemente en paz.

Pero el hombre, después de vivir su vida en el bosque durante varios años, se fue un día. Sus preparativos de marcha no escaparon a los animales, y ellos lo vieron, desde lo alto del acantilado, poner su canoa en el agua y ²⁵ descender la selva remando por el medio del río.

No invadieron, sin embargo, el campo de lucha del hombre, donde quedaban sus herramientas y sus árboles. En la ilimitada extensión de su libertad, la privación de un pequeño claro del bosque, no entorpecía la vida pujante de la selva.

De nadie, a excepción de las abejas. Ya ³⁵ hemos anotado su constante preocupación respecto de su propia sabiduría. Miden sin necesidad el radio de las flores para establecer su superioridad, y anhelan deslumbrar con su ciencia a los demás animales.

Los zánganos saben también todas esas cosas, pero no trabajan.

Fueron ellos, pues, quienes, aprovechando el dormido silencio de la casa, entraron con un rayo de sol, por un postigo entreabierto. Admiraron como entendidos todas las cosas del hombre, sin comprender una sola, hasta que una mañana la suerte los favoreció con las caída de un libro. Leyeron presurosos con los ojos sobre la letra misma, lo cual los volvió más miopes de lo que ya eran. Y cuando hubieron devorado aquella muestra de sabiduría de los hombres, volaron alborozados a reunir a todos los animales de la selva.

—¡Ya sabemos lo que debemos hacer!—zumbaron, triunfantes—. ¡Hemos aprendido la filosofía de los hombres! Necesitamos una patria. Los hombres pueden más que nosotros porque tienen patria. Sabemos ahora tanto como ellos. Creemos una patria.

Los animales salvajes meditaron largo tiempo la proposición, cuya utilidad no alcanzaba bien.

—¿Para qué?—murmuró por fin el jaguar, expresando la desconfianza común.

—Para ser libres—respondieron los zánganos—. Todos los seres libres tienen patria. Ustedes no comprenden porque no saben lo que es la partenogénesis.[8] Pero nosotros sabemos. Sabemos todo, como los hombres. Vamos a formar una patria para ser libres como los hombres.

—Pero ¿acaso nosotros no somos libres?—preguntaron a un tiempo todos los animales.

—No se trata de eso—replicaron los zánganos—, sino de tener una patria. ¿Cuál es la patria de ustedes? ¿Quién de nosotros puede decir que tiene una patria?

Los animales libres se miraron turbados, y ninguno respondió.

—¿Y entonces?—prosiguieron triunfantes los zánganos—. ¿Para qué les sirve la libertad si no tienen patria?

Era esto más de lo que podían oir los rústicos oyentes sin dejarse convencer. Los loros, que, firmes en su rama, cabeceaban a cada instante hacia el suelo como si temieran caerse, fueron, naturalmente, los primeros en divulgar la buena nueva. Comenzaron en seguida a pasarse la palabra entre ellos, con su murmullito gutural:

—¿Formemos una patria . . . ? ¿Sí . . . ? No tenemos patria . . . ¡Ninguna patria! . . . ¡Ninguna! . . .

Y ante el convencimiento general de que hasta ese momento no habían sido honrosamente libres, se decidió con loco entusiasmo fundar la patria.

Fue desde luego a las abejas y a las hormigas a quienes se encargó de los dos elementos primordiales de la patria: los límites y el pabellón. Las abejas perdieron en un principio la cabeza al ver con sus ojos prismáticos el variado color de las banderas de los hombres. ¿Qué hacer?

—Si los hombres han usado de todos los colores—se dijeron por fin,—es porque todos tienen grandes virtudes. Nosotros tendremos una bandera mejor que la de ellos, y nos envidiarán.

Dicho lo cual pintaron con su minuciosidad característica una bandera con todos los colores imaginables, en finísimas rayitas. Y cuando la bandera flameó sobre la selva, se vio con sorpresa que era blanca.

—Mejor—dijeron las abejas—. Nuestra bandera es el símbolo de todas las patrias, porque el color de cada una se encuentra en la nuestra.

Y con aclamaciones delirantes, la bandera blanca, símbolo de la patria, fue adoptada por los animales libres.

—Ya tenemos la mitad de la patria—dijeron luego—. Las hormigas construirán ahora un muro que será el límite de nuestra patria.

Y las hormigas construyeron una muralla infranqueable con su dentadura tenaz.

Nada más faltaba en apariencia. Mas los loros y las aves todas pideron también que se cerrara el aire con una frontera, pues de otro modo sólo los animales del suelo tendrían patria.

Y las arañas fabricaron una inmensa tela, tan infranqueable que nadie hubiera podido dudar de que aquello era en verdad una frontera.

Y lo era. En el cerrado recinto los animales libres pasearon en triunfo días y días su bandera. Trepaban a veces a la muralla y

---

[8] partenogénesis: *parthenogenesis*, reproduction by development of the unfertilized ovum as in the case of certain insects.

recorrian incansables la plataforma cantando de entusiasmo, mientras el viento lluvioso agitaba a sacudidas su pabellón, y tras la frontera aérea las abejas expulsadas morían de frío sin poder entrar.

Pues, como bien se comprende, apenas constituida la patria, se había arrojado de ella a las abejas extranjeras, que eran, sin embargo, las más capaces de producir miel.

Con los días pasaron los meses, y el entusiasmo inicial pasó también. Algún animal, a veces, seguía paso a paso la muralla y alzaba los ojos a la red que le cerraba el cielo.

—Es nuestra patria—se consolaba por fin a sí mismo—. Ningún hombre, jamás, ha tenido una patria tan bien delimitada como la nuestra. Debemos dar gracias por nuestra felicidad.

Y diciendo esto, el animal libre alzaba la cabeza a la imponente muralla que aislaba a su hermosa patria de la selva invisible, en tanto que una inexplicable sensación de frío lo invadía entero.

El jaguar, sobre todo, cuyos rugidos habían aclamado como nadie el nacimiento de la patria, vagaba ahora mudo, trotando horas enteras a lo largo de la muralla. Sentía por primera vez algo que desconocía: sed. Era en balde que bebiera a cada instante. En el fondo de las fauces la sed inextinguible le secaba las tensas cuerdas vocales que habían sido su vida misma de patriota. Trotaba mudo sin cesar, arrastrando su angustiosa sed por entre las sólidas fronteras de su patria.

Los demás animales cruzaban y recruzaban el recinto desorientados, con una verde lucecita de extravío en los ojos.

Entretanto, una abeja del sur llevó un día una gran noticia.

—¡El hombre ha ido a la guerra!—zumbaron las abejas alborozadas—. ¡Ha ido a defender a su patria! Él nos va a explicar cuando vuelva qué es lo que nos pasa. Algo nos falta, y él lo sabe bien, porque hace cuatro años que está luchando por su patria.

Y los animales esperaban ansiosos—con excepción del jaguar, que no esperaba nada y sólo sentía inextinguible sed. Hasta que una mañana el hombre volvió a su casa abandonada, conducido de la mano por su pequeño hijo.

—¡Yo sé lo que es!—dijo la lechuza al verlo, lanzando un estridente chillido—. Yo vi otro así. Está ciego. No ve porque está ciego, y su hijo lo lleva de la mano.

En efecto, el soldado volvía ciego y enfermo. Y durante muchos días no salió de su casa. Una cálida noche salió por fin a sentarse al aire nocturno, en medio de la selva densa y obscurísima que se alzaba hasta el cielo estrellado.

Al cabo de un rato el hombre ciego tuvo la impresión de que no estaba solo. Y, en efecto, una voz se alzó en las tinieblas.

—Nosotros hemos fundado nuestra patria —dijo la voz áspera, ronca y precipitada de alguien poco habituado a hablar—. Pero no sabemos qué nos falta. Lo esperábamos a usted ansiosamente para que nos diga por qué sufrimos. ¿Qué nos pasa a nosotros que no somos felices? Usted, que ha defendido a su patria cuatro años, debe saberlo. ¿Por qué es?

Y la misma voz entrecortada enteró al hombre de lo acaecido en su ausencia.

El hombre mantuvo un rato la cabeza baja, y luego habló con voz pausada y grave.

—Yo puedo, en efecto decirles por qué ustedes sufren. Nada falta a la patria que han formado: es inmejorable. Solamente que al establecer sus fronteras . . . han perdido la patria.

Instantáneamente al oír esto, el jaguar sintió aplacada su sed. Un vaho de frescura suavizó sus fauces, una onda de caliente y furiosa libertad remontó desde el fondo de su ser.

—Es cierto . . .—bramó sordamente cerrando los ojos—. Habíamos perdido nuestra libertad . . .

—Ciertamente—prosiguió el soldado ciego—. Ustedes crearon su propia cárcel. Eran libres, y dejaron de serlo. La patria de ustedes no es este pedazo de monte ni esta orilla del río; es la selva entera. Así como la patria de los hombres . . .

El hombre se detuvo. Pero una voz irónica, no oída aún, preguntó lo siguiente:

—¿Cuál es?

El hombre meditó otro momento, y llamando a su chico, de ocho años, lo alzó hasta sus rodillas.

—No conozco—dijo entonces—la voz que ha hablado, ni sé si pertenece a la selva. Pero voy a responder de todos modos. Yo he luchado efectivamente cuatro años defendiendo a mi patria. Le he dado mi sangre y mi vida. Lo que ahora diga, pues, es para ti, hijo mío, y a ti me dirijo. No comprenderás gran cosa porque eres todavía muy niño. Pero algo te quedará, como de un sueño, que recordarás cuando seas grande.

Y en la cálida obscuridad del bosque, ante los animales inmóviles pendientes de su voz, con su inocente hijo sentado en las rodillas, el hombre moribundo habló así:

—La patria, hijo mío, es el conjunto de nuestros amores. Comienza en el hogar paterno, pero no lo constituye él sólo. En el hogar no está nuestro amigo querido. No está el hombre de extraordinario corazón que veneramos y que la vida nos ofrece como ejemplo cada cien años. No está el hombre de altísimo pensamiento que refresca la pesadez de la lucha. No hallamos en el hogar a nuestra novia. Y donde quiera que ellos estén, el paisaje que acaricia sus almas, el aire que circunda sus frentes, los seres humanos que como nosotros han sufrido el influjo de esos nuestros grandes amores, su patria, en fin, es a la vez la patria nuestra.

Cada metro cuadrado de tierra ocupado por un hombre de bien, es un pedazo de nuestra patria.

La patria es un amor y no una obligación. Hasta donde quiera que el alma extienda sus rayos, va la patria con ella.

Cuanto es honor de la vida de este lado de la frontera, lo es igualmente del otro. Un río es un camino cordial hacia un amigo. El hombre cuyo corazón se cierra ante su río, acaba de convertirlo en un rencoroso presidio.

Traza, hijo mío, las fronteras de tu patria con la roja sangre de tu corazón. Todo aquello que la oprime y asfixia, a mil leguas de ti o a tu lado mismo, es el extranjero.

El valor de tu patria radica en tu propio valer. Un pedazo de tierra no tiene más valor que el del hombre que la pisa en ese momento. Cuando tu corazón ha anidado celosamente el amor de estos hombres de real valer, sin cuidarte de su procedencia, entonces la patria, que es el conjunto de estos amores, se ha convertido en lo más grande que existe.

Dondequiera que veas brillar un rayo de amor y de justicia, corre a ese lugar con los ojos cerrados, porque durante ese acto allí está tu patria. Por esto, cuando en tu propio país veas aherrojar a la justicia y simular el amor, apártate de él, porque no te merece. Pues si a mí—que soy tu padre, y en quien siempre creíste—, me ves cometer una infamia, arrójame de tu corazón. Y yo, hijo mío, que te he criado solo, que te he educado y te he adorado, soy para ti más que la patria.

Hijo mío: Debo ponerte en guardia contra unas palabras que oirás a menudo, y que son éstas: "La idea de patria no resiste a la fría razón, y se exalta ante el sentimiento."

Pues bien, no es cierto. Es la fría razón quien confina y reduce el amoroso concepto de patria en los sórdidos límites de la conveniencia. La fría razón es exclusivamente la que nos indica la utilidad de la frontera, de las aduanas, de los proteccionismos, de la lucha industrial. Ante la razón, el concepto de patria se confina en el proficuo marco de sus fronteras económicas. Solamente la fría razón es capaz de orientar la expansión de la patria hacia las mismas extranjeras. Sólo la razón viciada por el sofisma puede forzarnos como hermano a un obscuro y desconocido ser a ochocientas leguas de nosotros, y advertirnos que es extranjero el vecino cuyo corazón ilumina hasta nuestro propio hogar.

Pero esta patria ahoga el sentimiento, porque es para él un dogal. Si el sentimiento es amor, y el amor es sed de ideal, la patria se extiende indefinidamente hasta que la detiene una iniquidad. Sólo los hombres de corazón ciego pueden hallar satisfechos todos sus ideales en los límites fatales de una sola frontera y un solo pabellón.

La razón mide la patria por el territorio que abarca, y el sentimiento, por el valor del hombre que la pisa. Todo hombre cuyo corazón late al compás de un distante corazón fraternal, y se agita ante una injusticia lejanísima, posee esta rara y purísima cosa: un ideal. Y sólo él puede comprender la dichosa fraternidad de cuanto tiene la humanidad de más noble, y que constituye la verdadera patria. Recuérdalo cuando seas grande, hijo mío.

El soldado ciego no dijo más. Los animales, mudos siempre y con sus simples almas en confusión, se fueron alejando en silencio. Pero ni uno sólo entró en su patria. En las profundas tinieblas de la selva sin límites moraba la paz perdida, la sangrienta libertad de su vida anterior. Y a ella se encaminaron.

Sólo la lechuza, el estridente pajarraco de la previsión, giró inquieta la cabeza a todos lados, y fijó al fin sus ojos redondos en el soldado ciego.

—Está muy bien—chilló—. Pero un hombre que ha defendido cuatro años a su patria y se expresa así, no puede vivir más.

Y se alejó volando.

En efecto, el hombre murió en breves días. Pero no murió del todo, porque su tierno hijo recordó lo bastante de aquella noche para ser más tarde en la vida un hombre libre.

(El desierto, 1924)

⌇⌇⌇⌇Alfonso Hernández-Catá

CUBA, 1885–1940   Hernández-Catá is one of the best, most varied, and most voluminous of the short-story writers of Spanish America. Because his life was divided between Spain and this hemisphere he has often been regarded as belonging to neither area, and critics in both fields have frequently bypassed him for this reason. However, what may have been a disadvantage in his obtaining primary mention in the histories of literature, was an advantage in his literary art which is universal rather than regional. Indeed, most of his stories and novels were written as expressions of the emotional climate which obtained throughout the Western World, Hispanic and non-Hispanic, during his generation, a climate of uneasiness, hostility, violence, and guilt.

Hernández-Catá's works are often gloomy and pessimistic, filled with the tragic sense of life. The author states that he wrote to preoccupy, not to entertain. Sorrow and death, Hernández-Catá's ideal protagonists, constantly accompany the reader of his stories. "Miro con ansiedad el mundo," he wrote to a friend shortly before his death.

His characters are frequently exaggerated to such an extent that they are reduced to a single, overpowering emotion. The ebb and flow of daily life is not what interests the author most, but rather that dark river of the unconscious mind which so often determines the fate of the individual without his awareness of it. Occasionally one senses in his stories the "odor of the charnel," yet the essence of his philosophy is an abiding belief in the redemptive power of love. Suffering gives love its strength and leads it toward salvation. To Hernández-Catá suffering is the purifying essence of human life, the *sine qua non* of goodness and of wisdom.

He views the primitive nature of man with compassion and under-standing. It is not his wish to condemn, but to explain. He catches lives at a moment of crisis and rushes to a dramatic conclusion. His imagery is often psychological, almost clinical, rather than poetic. He uses the pen as the surgeon uses the scalpel, to reveal what lies down deep beneath man's civilized veneer.

᨞᨞᨞DRAMA OSCURO

Se había ocultado el sol. En el puerto, las canciones de los pescadores tremolaban lentas, desfalleciendo hasta morir a lo largo del mar, en la quietud misteriosa y triste; el crepúsculo descendía de los montes, poniendo en las aguas un color ceniciento. Una neblina sutil era corona en las altas cúspides y velo en la lejanía azul. Hacia el pueblo brillaban algunas luces indecisas. Un hombre se destacó en el muelle, gritando:

—¡Un botero!

Y no recibiendo respuesta, tornó a gritar:

—¡Una lancha por una hora!

El bote se acercó lentamente, guiado por un hombre fornido que, cuando llegó a tierra, llamó a un rapaz para servirse de su ayuda. Los paseantes querían merendar fuera del puerto, pasada la barra; y no consintieron al muchacho llevar hasta la embarcación el cesto de las provisiones.

—¡Abre!

El chico se apoyó en el malecón hasta desatracar la barca; luego, sentándose, empezó a bogar.

—Cía.[1]

Viraron poniendo la proa en la dirección del canal. El patrón, acompasando la maniobra con movimientos de su intonsa cabeza, aún ordenó al chico:

¡Avante!

Y los remos, aleteando unánimes, imprimieron al bote una marcha suave y rápida.

En el pueblo, donde la falta de comodidades no permitía colonia veraniega, todos conocían a los señoritos. Estaban allí desde hacía dos meses, y nadie sabía su residencia habitual. Componían la familia un matrimonio con una hija enferma, a quien nadie había logrado ver. Vivían acariciados de comodidades, pero con una sola criada, tomada al servicio en uno de los pueblecillos próximos.

Dijo el botero:

—¿Cómo está la salud de la señorita?

—Mejor, gracias.

La mujer preguntó afectando inocente curiosidad:

—Pasada la barra, ¿hay mucho fondo?

—Mucho, señorita.

Y callaron. Los estrobos[2] chirriaban monorrítmicamente. Sentados en las bancadas de popa, los señoritos hablaban en voz baja:

—Es preciso. Es el único medio de salvar la honra. El que huyó antes, no ha de venir a preguntar nada . . .

El hombre, abatida sobre el pecho la cabeza, meditaba. Ella insinuó:

—Si te vuelves atrás lo dejamos—y después en voz bronca:—¿Consentirás sufrir tamaña vergüenza?

—Tienes razón.

—Lo principal está ya consumado y nada debemos temer. Con serenidad . . . ¿Calculaste bien el peso?

De afuera llegaba viento frío. El agua se rizaba con ondulaciones más violentas. Las olas se perseguían hasta chocar contra los peñascos, donde se alzaban sonoras, vestidas de espumas. Sobre el fondo pardo de las colinas desvanecíase la nota blanca de las casas diseminadas en ellas. Fundíase en un tono rojo la amplia gama de verdes que acusaba los bosques, los pinares, los pequeños huertos. Las gaviotas recortaban en el azul su rauda candidez; de vez en vez alguna turbaba el vuelo majestuoso, descendía, y tornaba a elevarse llevando en el pico un despojo argentado y sangriento. Un faro destelló súbitamente alumbrando hasta gran distancia. Interrogó el chiquillo:

—¿Más allá, señoritos?

—Sí, un poco más.

Marcharon breve rato. La mujer dijo en tono quedo al oído de su esposo:

—¡Ahora!—y en voz alta, ligeramente enronquecida: —Aquí ya podemos merendar; abre la cesta.

Su mirada fulgía dramática en la sombra. En un silencio henchido de presagios fúne-

---

[1] Cía: *back up.*

[2] Los estrobos . . . monorrítmicamente: *The metal eyelets of the sails squeaked in regular rhythm.*

bres, percibiéronse el jadear del viejo y del muchacho inclinados sobre los remos. El señor levantó el canasto, apoyólo en la borda y, fingiendo un traspiés, lo dejó caer al mar, donde se hundió con un sonido en el que 5 dominaba la *ele*.

—¿Qué ha sucedido?

—La cesta.

—¿Se ha caído la cesta?—interrogó el botero . . . ¡Cía, chico!

—Tal vez se haya sumergido ya. ¡Tenía tanto peso!

—Será muy difícil encontrarla.

—Se está picando la mar.

—¿Es aquí donde hay tanto fondo?

—¿Aquí? Lo menos veinte brazas.

—¿Y eso es mucho?

—Mucho, sí, señora.

—Será mejor volvernos a tierra. ¡Buena tarde!

—Cuando ustedes quieran señoritos.

Todavía la mujer volvió a mirar al sitio del percance. El regreso fue difícil; el viento batía la proa, mermando el esfuerzo de los remeros. Durante el trayecto no hablaron nada, y, cual si temiesen mirarse, distrajeron la vista en la fosforescencia que los remos arrancaban al mar. En la monotonía negra de las casas reflejándose invertidas, denotaba el cabrilleo áureo de algunas luces. El muelle avanzaba su mole férrea, sostenida por erectos pilares, que parecían en el agua haber 10 perdido su resistencia y culebreaban fláccidos, cual si fueran a ceder al peso.

Desembarcaron. El caballero regateó el precio exigido por el patrón.

—Es muy caro; ha sido una tarde des- 15 graciada. Está usted bien pagado con esto.

Llegaron a la quinta. Era domingo y la criada no había vuelto aún del pueblecito en donde estaba desde el día anterior. Abrieron el cuarto de la enferma, cerrado con llave. 20 Sobre la albura del lecho mostraba la paciente su lividez. Interrogó con una mirada a sus padres. Ellos nada dijeron. En la almohada una tenue huella acusaba un sitio vacío.

(Los siete pecados, 1920)

ꙮNAUFRAGIO

Mientras el trasatlántico se iba separando lentamente del muelle y el alarido de la sirena echaba sobre la multitud pulverizada lluvia, comentábase el repentino amor de la pareja que iban a despedir.

—¡Así sí vale la pena de quererse!—suspiraba una muchacha ojerosa.

—El verdadero amor sólo surge de raro en raro; lo demás son imitaciones—añadió un profesor calvo de cansada sonrisa.

Y, bajo la toldilla,[3] un grupo formado por el busto hercúleo contra el cual se apretaba la cabeza femenina envuelta en el velo que fingía flotante cabellera azul, respondía en silencio, afirmativamente, a los comen- 15 tarios.

Ella era alta, de hermosura violenta, boca de gula y ojos donde hasta los ensueños sugerían formas corporales; él era bello, de fuerza multiplicada en los deportes y de voluntad irritada ante los obstáculos. Había en los dos una exuberancia fisiológica que los hizo tiranos de sus familias desde niños. 5 Faltóles siempre el espacio y el tiempo; y un ansia indómita de ser protagonistas y de usurpar a los otros su parte de botín de la vida, envolviólos, a partir de los bancos de la escuela, en una atmósfera de admiración 10 veteada de miedo. Y al conocerse luego en el predestinado azar de un baile, fueron el uno hacia el otro, rasgando la multitud, con la fuerza fatal de dos corrientes ávidas de unirse.

La fiesta quedó un momento interrumpida. Una hora después se hablaban en el tono alternativamente sumiso e imperioso de la pasión. Y cuando las miradas empezaron a murmurar con parpadeos malignos, ellos las

[3] *round-house.*

desafiaron con mirar de reto diciéndoles que esa actitud sería la de los dos frente a todos los futuros obstáculos.

La batalla fue dura; mas la oposición de las familias al ver rotos de súbito sus lentos cálculos, estrellóse contra estas dos palabras inexorablemente sencillas: «Nos queremos.» Y el dolor de un muchacho enteco embriagado durante muchos meses por el efluvio de la beldad un poco gigantesca, y la pena de una pobre anémica fascinada años y años por la apolínea belleza de él, hubieron de borrarse, casi ruborosos de su insignificancia, ante la fuerza de aquel amor. Cuanto se puso entre ambos fue roto.

La boda hubo de ser decidida en pocos meses. El excepcional amor exigía abreviaciones excepcionales. Todos comprendieron que de aprisionarlos en la malla de la dilación, despedazarían sus hilos. Las dos familias doblegáronse por temor al escándalo, y empero, la boda tuvo algo de escandaloso. La iglesia se llenó de gente, de cuchicheos, de curiosidad. La marcha de esponsales de Mendelssohn parecía débil para celebrar tal unión, digna de los bronces de Wagner. Ante el altar, a pesar de las luces y de la figura del sacerdote, la pareja pujante de juventud sugería una visión pagana.

Ahora, apoyados lánguidamente contra la barandilla, la visión, libre de místicas trabas, adquiría fuerza plena. Lentamente el buque se alejaba y los pasajeros retirábanse de la borda para ir a ordenar las vidas provisionales que iban a comenzar. Cual si las miradas fijas en tierra fueran cadenas invisibles, al disminuir creció la velocidad del navío. Cuando ya no se veía el destellar del faro y el buque sólo era entre el cielo y el mar leve mancha salpicada de luces, en la ciudad hablábase de ella aún.

—¡Feliz la que logra ser querida así!— suspiraba la muchacha ojerosa.

Y el profesor, alzando de sus papelotes la vista para fijarla en su compañera que, al sentir el mirar, levantó la cabeza de la humilde labor de la aguja y sonrió dulcemente, pensó otra vez:

—El verdadero amor sólo surge de tarde en tarde . . . Lo demás son imitaciones despreciables, argucias del instinto en favor de la especie . . .

Durante ocho días la pareja constituyó para marinos y pasajeros un espectáculo donde el instinto ponía envidia y la inteligencia cólera. Medio tendidos en las sillas extensibles pasaban el día cara al mar, envueltos por la misma manta, con las cabezas muy juntas, las manos y los ojos entrelazados, y una dejadez melosa y ardorosa en todos sus movimientos. Desaparecían a la hora de la siesta, se retiraban muy temprano, y no volvían a surgir hasta el día siguiente. Las muchachas los miraban desde lejos; los jóvenes sonreían y cuchicheaban señalándoles; los oficiales, desde el puente, los atisbaban como otro peligro. Y un matrimonio inglés, viejo, que daba después de cada comida veinte vueltas en torno a la cubierta, no dejaba de pronunciar al unísono ni una sola vez la palabra *Shocking*, cuando se cruzaba con ellos.

La noche anterior a la llegada al primer puerto, mientras en el salón hervían las risas de la fiesta, se jugaba y bebía en el bar, y subía del sollado[4] el rumor de los emigrantes hecho de palabrotas ingenuas, de voces de niño y de cantos de acordeón y guitarra, la pareja feliz quedóse sola en el sitio de siempre. Fosforecía el mar y era dulce besarse en aquella inmensidad de silencio . . . De pronto, las cabezas se juntaron demasiado, hubo un crujido terrible, apagáronse todas las luces, y, tras un lapso de estupor, ayes, blasfemias y desorden, empezaron a brotar de las entrañas del buque.

En menos de dos minutos desnudáronse las almas y el egoísmo humano mostró su faz abominable. Los gritos imperativos de los oficiales naufragaban ya en el oleaje del pánico. Bajo la claridad estelar viéronse las corteses manos trocarse en garras y las sonrisas en muecas. Hachas frenéticas cortaron los sostenes de los botes prematuramente. En torno a cada salvavidas, a cada madero, riñóse una refriega; y antes de que

---

[4] sollado: *orlop, lowest deck.*

el mar causase la primera víctima, ya había sangre a bordo.

—¡Orden! ¡Calma! . . . ¡Cada uno a su bote, que hay tiempo de salvarse!

La reacción tardó en sobrevenir. El salva- 5 mento inicióse, y los niños y las mujeres empezaron a obtener sus derechos. Ante una escotilla[5] la vieja inglesa se negaba a separarse del compañero de toda su vida, y acabó por renunciar a dejar el buque y por 10 abrazarse al anciano con suave y heroica firmeza. Una mujer alta, de boca de gula y ojos llenos de terror, donde hasta los ensueños tomaban imágenes carnales, reclamó presurosa su turno.

—¡Quiero vivir!—gritaba, enloquecida, en el hacinamiento del bote.

El pavor de la muerte habíale oscurecido la inteligencia por completo. Sólo mucho después, cuando el ritmo de los remos, al castigar 20 el agua, impuso a las almas un sosiego atónito, recordó que la catástrofe la había separado de alguien que, echándola a un lado, fue a disputarse a golpes terribles la posesión de un cinturón de corcho.

Miró hacia atrás y vio al buque encabri- 25

tarse en un imponente esfuerzo para escapar, y hundirse en seguida entre torbellinos de espuma. En derredor quedaron despojos, gemidos dominados por el fragor del oleaje, puntitos ya móviles, ya inertes, que eran esfuerzo angustioso y resignación a sucumbir. «¡Allí estaría él!» Y, al pensarlo, la mano recogía la greca del vestido, para que no se mojara en el fondo del bote, y el ser íntimo se esponjaba en la cruel dulzura de ir proa a la vida, dejando el horror de la nada detrás.

Dos días después, los periódicos fueron revelando e hilvanando los episodios de la tragedia. Fuera de las mujeres y los niños, sólo un hombre que se arrojó al agua en el 15 primer instante, consiguió salvarse. Gracias a su complexión hercúlea y al salvavidas, logró sostenerse hasta recibir auxilio.

Cuando se encontraron cara a cara en las oficinas de la casa consignataria, ambos 20 bajaron la cabeza y palidecieron. Ahora que se conocían bien se saludaron casi como dos desconocidos. ¡Qué diferencia de aquel primer encuentro en el baile! Poco tiempo después, por divergencias fútiles, se separaron 25 para siempre.

(Piedras preciosas, 1927)

---

[5] escotilla: *hatchway*.

Manuel Rojas

Chile, 1896–   Hard manual labor and broad human contacts have served to mold the mind and body of Chile's outstanding short-story writer of our time. Wholesome, strong, well-built, and weather-tanned, Manuel Rojas imparts similar characteristics of strength and vitality to the heroes of his vigorous tales. His emphasis on these qualities would appear at times to stamp him as indifferent to the fate of the weak and the troubled, and yet many of his stories reveal, too, a deep sensitivity and a warm understanding of the helpless and the unfortunate. Characters and situations are treated with such quiet assurance that one feels they must have been an integral part of the author's own experiences. Rojas is equally gifted at conveying the impression of rapid, intense action or at portraying an episode of a tragic inner struggle. Stories of the latter type are usually tinged with a subtle irony so artistically achieved that they may well be placed in a class by themselves. Restraint, vigor, balance, and sympathy, these are the qualities that distinguish his best stories. Settings are sharply outlined with a minimum of descriptive detail. Manuel Rojas writes with ease, a quality best revealed in scenes of intense dramatic character.

El delincuente

Yo vivo en un conventillo.[1] Es un conventillo que no tiene de extraordinario más que un gran árbol que hay en el fondo de su patio, un árbol corpulento, de tupido y apretado ramaje, en el que se albergan todos los 5 chincoles, diucas y gorriones del barrio; este árbol es para los pájaros una especie de conventillo; es un conventillo dentro de otro. Ignoro si la vida que se desarrolla en ese conventillo de ramas y hojas tiene algún parecido 10 con la que se vive en el mío. Bien pudiera ser. He leído que algunos sabios han encontrado analogías entre la vida de ciertas aves y animales y la de los seres humanos. Si los sabios lo dicen, debe ser verdad. Yo, como soy peluquero, no entiendo de esas cosas.

Bien; a este conventillo, es decir, al mío, se entra por una puerta estrecha y baja, que tiene, como el conventillo, sólo una cosa extraordinaria: es muy chica para un conventillo tan grande. Se abre a un pasadizo largo y oscuro, pasado el cual aparece el gran patio de tierra, en cuyo fondo está el árbol de que le he hablado. Al pie del tronco de este

1 conventillo: *tenement.*

árbol, en la noche, las piadosas viejecitas del conventillo encienden velas en recuerdo de un inquilino que asesinaron ahí un día dieciocho de septiembre. Con palos y latas han hecho una especie de nicho y dentro de él 5 colocan las velas. De ahí se surten de luz los habitantes más pobres del conventillo.

Enfrente de este patio, y a la derecha del pasadizo, hay otro patio, empedrado con pequeñas piedras redondas, de huevo, como 10 se las llama. En el centro hay una llave de agua y una pileta que sirve de lavadero. Alrededor de este último patio están las piezas de los inquilinos, unas cuarenta, metidas en un corredor formado por una veredita 15 de mosaicos rotos y el entablado del corredor del segundo piso, donde están las otras cuarenta piezas del conventillo. A este segundo piso se sube por una escalera de madera con pasamanos de alambre, en los 20 cuales, especialmente los días sábados, los borrachos quedan colgando como piezas de ropa puestas a secar.

Como usted ve, mi conventillo es una pequeña ciudad, una ciudad de gente pobre, 25 entre la cual hay personas de toda índole, oficio y condición, desde mendigos y ladrones hasta policías y obreros. Hay, además, hombres que no trabajan en nada; no son mendigos ni ladrones, ni guardianes, ni 30 trabajadores. ¿De qué viven? ¡Quién sabe! Del aire, tal vez. No salen a la calle, no trabajan, no se cambian nunca de casa, en fin, no hacen nada; por no hacer nada ni siquiera se mueren. Vegetan, pegados a la 35 vida agria del conventillo, como el luche y el cochayuyo[2] a las rocas.

Bueno; veo que me he excedido hablándole a usted del conventillo y sus habitantes, cuando en realidad éstos y aquél no tienen 40 nada que ver con lo que quería contarle.

Discúlpeme; es mi oficio de peluquero el que me hace ser inconstante y variable en la conversación.

Yo vivo en la primera pieza que hay a la 45 entrada del patio, a la salida del pasadizo. Debido a esto, soy el primero que siente a las personas que entran desde la calle. Conozco en el paso a todos los habitantes del conventillo; sé cuándo vienen borrachos y cuándo sin haber bebido, cuándo alegres y cuándo de mal humor, cuándo la jornada ha sido buena y cuándo ha sido mala. De noche, echado en mi cama, los cuento uno a uno. Y la otra noche, día sábado, como a eso de las doce y media, en momentos en que estaba por acostarme, oí las voces de dos personas que discutían a la salida del pasadizo. Me sorprendí, pues no las había sentido entrar y desconocía las voces. Escuché. Una voz era alta y llena, sonora; la otra delgada, empezaba las palabras y no las terminaba o las terminaba sin que se entendieran.

—¡Ah!—me dije—. He ahí dos compadres, uno más borracho que otro, que han entrado al conventillo equivocadamente y que ahora discuten si éste es o no es el conventillo donde viven.

Diciéndome estaba estas palabras, cuando uno de los amigotes dio con su cuerpo contra mi puerta y casi la abre hasta atrás. Juzgué prudente intervenir en la discusión y abrí la puerta, saliendo en mangas de camisa al patio. En ese mismo momento un carpintero que vive en el segundo piso, el maestro Sánchez, venía entrando de la calle. Me tranquilicé al verlo venir, y digo me tranquilicé porque la mirada que eché a los dos compadres no me produjo ningún sentimiento de confianza. Debajo del chonchón de parafina que hay a la salida del pasadizo, chonchón que el mayordomo enciende solamente los días sábados, veíase a dos personas, dos hombres; uno muy delgado, con sombrero de paja echado hacia atrás; los ojos azules, pero un azul claro, trémulo, desvanecido, un color de llama de alcohol; la frente muy alta; la nariz larga y delgada, un poco roja en la punta. La cara, es decir, la nariz y los ojos, era lo único notable en ese individuo. Lo demás iba vestido con un traje oscuro y calzado con unos zapatos largos y puntiagudos. Todo él daba la impresión de una persona que se iba andando de puntillas, con aquellos ojos azules, esa nariz delgada y larga y esos zapatos puntiagudos . . . ¡Ah!, además

---

[2] luche y el cochayuyo: *edible seaweeds*.

llevaba un enorme cuello que parecía no ser de él y una corbata negra con un nudo muy grande. Hablaba con una voz que no tenía nada que ver con su débil aspecto físico, ni con sus ojos ni con su nariz, una voz enérgica, 5 fuerte, constructiva, parecía persuadir . . .

Este individuo sostenía, haciendo un gran esfuerzo, a su acompañante, que, en contraste con él, daba la impresión de algo que se quedaba, que no se iba a ninguna parte. 10 Más alto que el otro, ancho y derecho de hombros, grueso todo su cuerpo, llevaba un sombrero claro, achatado de copa y de alas cortas; rostro moreno, con bigote negro hacia abajo; camisa sin cuello, traje oscuro, zapatos 15 manchados de cal o de pintura. Toda su persona parecía saturada o llena de algo que no lo dejaba moverse.

Cuando el hombre delgado me vio aparecer, hizo un movimiento como para soltar al 20 otro y marcharse, pero la presencia del maestro Sánchez lo detuvo. Yo seguí examinándolos hasta que el carpintero llegó donde estábamos. Dio una mirada al grupo y preguntó: 25

—¿Qué pasa, maestro Garrido?

—Lo ignoro; me estaba acostando, sentí discutir a estas dos personas y he salido a ver lo que sucedía. Este señor nos lo dirá.

El hombre de la nariz delgada retrocedió y 30 pareció hundirse en la muralla, al mismo tiempo que el gordo, al ser soltado por su compañero, se dobló violentamente hacia el suelo. Lo sujetamos, enderezándolo. Estaba borracho hasta la idiotez. 35

—¿Qué pasa? Conteste—dije al hombre delgado.

Se encogió de hombros, sonriendo, y estiró una mano que parecía una ganzúa, larga y fina. 40

—Nada, pues, señor; ¿qué va a pasar? El maestro que me convidó a su casa, diciéndome que había unas niñas que cantaban y ahora se está echando para atrás.

El gordo resoplaba ruidosamente, como si 45 el vino ingerido luchara dentro de él con el aire que aspiraba. Lo sacudí por un brazo; enderezó la cabeza, abrió un ojo y haciendo un esfuerzo poderoso buscó dentro de sí algo

que no estuviera saturado de alcohol y que le permitiera responder. Por fin, dijo con una voz de falsete:

—Sí, échale no más . . .

La frase fue más larga, pero no le entendimos más que eso; lo demás se enredó y ahogó entre su bigotazo negro, haciendo un ruido de borboteo.

En ese momento el maestro Sánchez dijo:

—¡Bah! ¿Y esto?

Y acercándose al hombre gordo tomó un pedazo de cadena que pendía de su chaleco.

—¿Y esto?—repitió, mirando al hombre del ojo azul desvanecido.

Éste retrocedió un paso más y abriendo los brazos contestó.

—¡Chis! ¿Qué sé yo?

Nos quedamos un instante silenciosos. Yo, francamente, no tengo nervios para soportar esos momentos expectantes que se alargan y me estaba sintiendo molesto.

—¿Qué hacemos?—pregunté al maestro Sánchez.

Le tomaba el parecer nada más que por cortesía y por el interés que demostraba. Al estar solo hubiera procedido de la siguiente manera: habríale dado un puntapié al hombre delgado, diciéndole:

—¡Vete, ladrón!

Y otro al gordo, agregando:

—¡Ándate, idiota!

Y entrándome al cuarto me habría acostado, quedándome dormido tan ricamente. Pero el maestro Sánchez, que es demócrata, no tiene iniciativas ni ideas propias y prefiere siempre acogerse a lo acostumbrado. Contestó:

—Vamos a buscar un guardián y se los entregaremos. Acompáñeme, maestro . . .

Estuve tentado de echarlo al diablo, meterme en mi cuarto y cerrar la puerta; pero, no sé si se lo he dicho: soy un hombre tímido; mis iniciativas, al encontrarse en oposición con otras, quedan siempre en proyecto; no sé discutir ni me gusta imponer mis ideas.

—Bueno; espérese . . .

Entré a mi cuarto, me eché un revólver al bolsillo trasero del pantalón—ignoro por qué motivo hice esto, ya que el arma estaba descargada y tampoco la necesitaría—, me puse el saco, desperté a mi mujer, y después de decirle que iba a salir y que tuviera cuidado con la puerta, me reuní con el maestro Sánchez, quien estaba parado en medio del pasadizo, dominando con su alto y musculoso cuerpo a los dos pobres diablos que allí estaban.

—Vamos, en marcha, y si intenta arrancarse le daré un puntapié que le va a juntar la nariz con los talones.

Al oír esta terminante declaración, el hombre delgado pareció encogerse. En seguida, malhumorado, tironeó de un brazo al borracho, y éste, desprevenido, dio una brusca media vuelta y se fue de punta al suelo. Lo levantamos como quien levanta un barril de vino, mientras gimoteaba, quejándose amargamente de que la policía procediera de ese modo con él, que era un obrero honrado y trabajador.

¿Para qué voy a contarle, detalle por detalle, paso por paso, el horrible viaje de nosotros tres, el maestro Sánchez, el ladrón y yo, en la noche, en busca de un guardián, empujando a aquel hombre borracho que caía y levantaba, gritando y quejándose como un niño, con aquella voz que parecía no pertenecerle? Teníamos el aspecto de descargadores de mercaderías. Yo tuve que quitarme el paletó; sudaba como un jornalero.

Anduvimos cuatro o cinco cuadras de ese modo, sin encontrar un solo policía. Hubo un momento en que los tres, sentados en el cordón de la vereda, descansando, olvidamos el martirio de nuestra diligencia y conversamos como viejos camaradas, hablando de los inconvenientes de beber hasta ese extremo. El borracho, tirado sobre los adoquines, roncaba plácidamente, como si estuviera durmiendo en su cama.

Eran ya como las dos de la mañana. Quise proponer que dejáramos al borracho sentado en el umbral de una puerta y los demás nos lanzáramos cada uno a su casa, pero en el momento en que iba a hacerlo, el maestro Sánchez se levantó y dijo:

—Iremos hasta la comisaría . . .

—¿A qué?—pregunté, distraído; pero en seguida repuse—: ¡Ah, sí! . . .

Me parecía tan estúpido todo aquello, y tan triste; las calles solitarias, oscuras, llenas de hoyos, con unas aceras deplorables y los tres cansados, sudorosos, los tres aburridos de aquella faena extraordinaria que nos había tocado. Sentía ira y desprecio contra aquel cuerpo inerte, fofo, tendido entre nosotros, que resoplaba como un fuelle agujereado, inconsciente, feliz tal vez, y que obligaba a tres hombres a andar a esas horas por las calles, llevándolo con tanta delicadeza como si se tratara de un objeto de arte o de un mueble frágil.

La comisaría quedaba a ocho cuadras de distancia. ¡Ocho cuadras! Eso era la fatiga, la angustia, el desmayo . . . En fin, andando, andando. Levantamos al borracho, que se despertó gritando y protestando que ni en su casa lo dejaran descansar tranquilo. Recurrimos a las buenas palabras.

—Camina, pues, ñatito;[3] ya vamos a llegar.

—Ya, hermanito; váyase, por aquí.

Entre dos lo tomamos de los brazos y otro marchó detrás, sujetándolo por la espalda. Resbalaba, se tumbaba ya a un lado, ya a otro, se echaba hacia atrás, se inclinaba. ¡Dios mío! Eran inútiles las buenas palabras y los cariñosos consejos. De pronto ocurrió algo inaudito: el maestro Sánchez, de ordinario tan paciente y tan constitucional, largó al borracho, echó un tremendo juramento y le soltó un puntapié, gritando:

—¡Camina, animal!

Yo quedé helado. En cambio, el ladrón se puso a reír a gritos. Reía con una risa asnal, estruendosa. Me contagió esa risa y de repente nos encontramos riendo los tres a grandes carcajadas y dándonos, unos a otros, golpecitos en la barriga y en los hombros.

—¡Ja, ja, ja!

Con la risa se nos espantó el cansancio; pero volvió de nuevo cuando reanudamos la marcha con aquella preciosa carga. Nuestro viaje no tenía ya sentido real. Nadie se acordaba de lo sucedido en el conventillo.

---

[3] ñatito: *flat-nose*.

Allí no había ni ladrones ni hombres honrados. Sólo un borracho y tres víctimas de él.

—¿A dónde me llevan?—preguntó de improviso el ebrio.

—¿A dónde? Al Hotel Savoy, viejo mío— contestó el ratero.

—Sí. Allí te servirán una limonada y en seguida te acostarás en una cama con colchones de pluma—agregó el maestro Sánchez.

Nos sentamos los tres a reír, dejando al borracho afirmado en un farol.

Así marchamos, unas veces silenciosos, otras riendo, pero ya mecánicamente, sin ganas de nada. Nos sentíamos vacíos de todo.

Llegamos por fin a la comisaría. Estaba cerrada. Golpeamos. Se sintieron pasos, alguien abrió una pequeña ventanilla y por ella asomó un casco y un rostro de guardián. Nos echó una mirada de inspección.

—¿Qué quieren?

¿Qué queríamos? Ninguno supo qué contestar.

—Abra usted; ya le explicaremos.

Se oyó el descorrer de una barra y la puerta se abrió pesadamente. Apareció un ancho zaguán y más allá de él un patio amplio y oscuro; ruido de cascos de caballos.

—Adelante. ¡Cabo de guardia!⁴

Acudió un hombre alto y moreno.

—Pasen por aquí.

Nos introdujo en un cuarto en el que había un escritorio, delante de éste una barandilla de madera y varias bancas afirmadas en la pared. Una luz en el techo.

—Vamos a ver, ¿qué pasa?

Yo tomé la palabra y conté lo acaecido. Había encontrado a esos dos hombres en tal y cual circunstancia y no sabiendo qué resolver, decidimos venir a la comisaría para que la autoridad tomara conocimiento y resolviera el caso. El cabo guardó silencio; después dijo:

—Mi inspector no está aquí en este momento; ha salido de ronda. Tendrán que esperar un rato.

Después, con voz de trueno, gritó:

—Y vos, siéntate en ese rincón. Tienes cara de pillo. ¿Cómo te llamas?

—Vicente Caballero, mi cabo.

—Caballero . . . ¡Miren qué trazas de caballero! ¿Has estado preso alguna vez aquí?

—Nunca, señor.

—¡Hum! Eso lo vamos a ver. Espérate que llegue el inspector.

Hizo ademán de retirarse, pero yo lo detuve.

—Dígame, ¿qué hacemos con este hombre?

—¿Con el borracho? Déjenlo ahí sentado que duerma.

Y salió. Sentamos en una de las bancas al borracho, que inmediatamente se tumbó, subió las piernas a la banca y se dispuso a dormir. Procedía como persona acostumbrada.

Y ahí nos quedamos los otros tres, mirándonos, examinándonos, viéndonos a plena luz por primera vez en esa noche, tomando cada uno la impresión que el otro le producía.

Todo quedó en silencio en la comisaría. Pasó una media hora, marcada minuto a minuto en un gran reloj colgado en la pared. Nadie hablaba; los tres pensábamos en nuestros asuntos, indiferentes al sitio donde nos encontrábamos y al motivo de nuestra estada allí.

Pasó otra media hora. Las tres y media de la mañana. Ya no podía más. Tenía los ojos pesados y el cuerpo todo dolorido. El maestro Sánchez empezó a cabecear. Solamente el ladrón, aquel hombre delgado, de ojo azul, permanecía imperturbable. Parecía acostumbrado a las largas y pacientes esperas y a los amaneceres sin sueño. Sentado, con las espaldas afirmadas en la pared, los brazos cruzados, miraba, parpadeando rápidamente, el reloj, las tablas del techo, las del suelo, la ampolleta eléctrica, parecía contar una y otra vez los barrotes de la ventana que daba a la calle y los travesaños de la barandilla de madera.

El cansancio y el sueño me rendían. Pensé fumar para distraerme y busqué en mis bolsillos el paquete de cigarrillos que siempre guardo en ellos; no los encontré. Con el apresuramiento de la salida se me habían olvidado encima de la mesa de mi cuarto.

---

⁴ cabo de guardia: *corporal of the guard.*

El ratero, que me vio hacer todos esos movimientos, se incorporó preguntando:

—¿Qué quiere, patrón? ¿Cigarrillos? Aquí tiene.

Se levantó y avanzó hasta donde yo estaba, ofreciéndome sus cigarrillos; pero en ese momento una voz terrible salió de la oscuridad del zaguán y dijo:

—¿Para dónde vas? Siéntate ahí.

Detenido por aquella voz, el hombre quedó inmóvil en medio de la oficina, con el brazo extendido.

—Voy a darle un cigarrillo al caballero—explicó.

—Siéntate ahí, te digo.

Retrocedió el ladrón, aturdido y confuso. Yo quedé silencioso, avergonzado por aquel hecho, doliéndome de que mi calidad de hombre honrado impidiera a otro hombre acercarse a mí y convidarme un cigarrillo.

Patrón, uno procede siempre por estado de ánimo y no por ideas fijas. A veces les tengo rabia a los ladrones; otras, lástima. ¿Por qué los ladrones serán ladrones? Veo que siempre andan pobres, perseguidos, miserables; cuando no están presos andan huyendo; los tratan mal, les pegan, nadie puede estar cerca de ellos sin sentirse deshonrado. Cuando le roban a uno, le da rabia con ellos; cuando los ve sufrir, compasión. Lo mismo pasa con los policías; cuando lo amparan y lo defienden a uno, les tiene simpatía y cariño; cuando lo tratan injustamente y con violencia, odio. El ser humano es así, patrón; tiene buenos sentimientos para con el prójimo, pero siempre que ese prójimo no le haga nada.

Así nos quedamos, mirándonos y sonriéndonos con simpatía. Él, entonces, sacó un cigarrillo del paquete y me lo tiró por el aire, y como le hiciese señas de que tampoco tenía con qué encenderlo, hizo lo mismo con una caja de fósforos. Pité, patrón, con ganas, gozando, echando grandes bocanadas de humo, regocijado, agradecido. ¡Aquel ladrón era muy simpático! Tan de buen humor, tan atento con las personas, tan buen compañero. Claro es que si me pillara desprevenido me robaría hasta la madre, y si yo lo pillara robándome le pegaría y lo mandaría preso, pero en aquel momento no era éste el caso. Yo estaba alegre fumando y esa alegría se la debía a él. Lo demás no me importaba.

Las cuatro. Y en el momento en que el reloj las daba, se sintió en la calle el paso de un caballo que se detuvo ante el portón. Abrieron y el caballo avanzó por el zaguán, deteniéndose ante la oficina. Una voz gritó:

—¡Cabo de guardia!

Se sintió correr a un hombre. Yo toqué en el hombro al maestro Sánchez, quien despertó e incorporóse sorprendido, diciendo:

—¡Ah! ¿Qué pasa?

Pero después de mirar hizo un gesto de hombre desilusionado y se sentó de nuevo. El cabo de guardia entró a la oficina y detrás de él el inspector, un joven alto, rubio, muy buen mozo. Se detuvo en medio del cuarto y mientras daba una mirada circular, examinando a todos los que allí estábamos, se quitó el quepis y los guantes. Después avanzó, abrió una puertecilla que había en la baranda de madera y se sentó ante el escritorio.

—Vamos a ver. ¿Qué pasa, señores?

Avancé y recité de nuevo la estúpida letanía: este hombre y aquél, etc. Luego que hube terminado, volví a mi sitio, y el oficial, estirando los brazos, juntó las manos sobre la mesa con un gesto de satisfacción.

—¡Ajá! Muy bien.

El asunto pareció interesarle. Después, sin mirar a nadie y levantando la voz, dijo:

—A ver, vos, ven para acá.

Cualquiera de los tres hombres despiertos que allí estábamos podía ser el llamado; pero el único que se movió fue el ladrón. Avanzó hasta quedar frente al oficial.

—Sácate el sombrero—dijo el oficial con una voz muy suave—. ¿No sabes cómo debes estar en una comisaría?

El infeliz, sacándose el sombrero, murmuró:

—Disculpe, señor . . .

Y descubrió su cabeza, una cabeza pequeña, calva hasta la mitad, con unos pocos pelos claros atravesados sobre ella; una cabeza humilde y triste.

El oficial le dirigió una mirada aguda, fina, que lo recorrió por entero.

—Tú eres Juan Cáceres—le dijo—. Alias "El Espíritu," ladrón, especialidad en conventillos y borrachos. ¿No es cierto?

El hombre delgado bajó la cabeza y estuvo un momento silencioso, mirando la copa de su sombrero, como si viera en ella algo que le llamara la atención. Cuando levantó el rostro, su expresión había cambiado. La pequeña y alargada cabeza pareció llenarse de malicia y astucia, y los ojos azules, a la luz del alba que entraba por la ventana, achicados, tenían un tinte más oscuro.

Abrió los brazos y dijo:

—No, señor; yo me llamo Vicente Caballero, clavador de tacos de zapatos; no soy ladrón ni tengo ningún apodo.

—Bueno, eso lo dirás mañana en la Sección de Seguridad. ¿Dónde están el reloj y el pedazo de cadena que le faltan a ese hombre?

—No sé, señor.

—¿No sabes, no?

—No, señor; y para que el señor inspector vea que soy inocente y que no he intentado robar a ese hombre, le pido que ordene su registro. Ustedes me acusan del robo de un reloj, sin saber si ese reloj ha sido robado o no.

—¡Hum! Tú conoces demasiado las leyes para ser un hombre honrado . . . Cabo de guardia, registre a ese borracho.

El cabo tomó de un hombro al borracho y lo sentó. El hombre gordo, a quien el sueño dormido había espantado bastante la embriaguez, abrió los ojos y preguntó estupefacto:

—¿Qué pasa?

Eran sus primeras palabras conscientes. Hizo ademán de resistirse al registro, pero al ver el uniforme del que lo registraba, se quedó callado, con los brazos abiertos, observando sorprendido todos los movimientos del cabo. Éste sacóle del ojal el pedazo de cadena que de allí colgaba y lo depositó en el escritorio. El borracho, al ver el resto de su cadena, dijo:

—¡Bah!

Y se miró el chaleco. En los bolsillos interiores del saco no tenía nada, ni una cartera, ni un papel, ni una caja de fósforos. Por fin, el cabo dijo:

—Aquí hay un reloj.

Y de un bolsillo exterior sacó un reloj negro, de acero, con un trozo de cadena colgando.

El ratero lanzó una exclamación de triunfo:

—¿No ve, señor, no ve? ¿Qué le decía yo?

Pero estas palabras fueron dichas de un modo tan exagerado y con un tono tan falso, que todos los que allí estábamos sentimos esa especie de vergüenza que produce el oír mentir descaradamente a una persona que se sabe que está mintiendo, y que ella misma lo sabe.

Este sentimiento nuestro alcanzó a ser percibido por el ratero. Miró nuestros rostros y viendo que en ellos no había sino compasión y piedad, se encogió de hombros, dejó caer el brazo que había extendido en demanda de aprobación y de ayuda y retirándose a un lado pareció entregarse.

—Cabo de guardia, registre a ese hombre.

El cabo de guardia puso una mano sobre el hombro de aquel pobre diablo y haciendo una pequeña presión sobre él lo hizo girar, y él giró con una condescendencia automática. Había perdido ya toda voluntad propia y el cabo de guardia hizo con él lo que quiso.

—Levanta los brazos.

Levantó los delgados brazos, seguramente tan ágiles y diestros en su oficio, pero en esos momentos tan tiesos como si hubieran estado sostenidos por resortes a los débiles hombros.

—Date vuelta.

A cada orden obedecida, el hombre empequeñecía más, perdiendo ante nuestros ojos, poco a poco, sus últimos restos de dignidad humana.

Una vez registrados todos los bolsillos, el cabo le ordenó nuevamente levantar los brazos, que había dejado caer cansados, e hizo correr sus manos a lo largo del cuerpo del ratero con un suave movimiento palpatorio, deteniéndose debajo de los brazos, hurgando alrededor de la cintura, entre las piernas. Y aquel movimiento recordaba el que hacen las lavanderas al estrujar una gran pieza de ropa, una colcha o una sábana, empezando por una punta, retorciendo, apretujando la tela hinchada de agua, que se estira, enroscándose, hasta reducirse a su mínimo volumen.

Cuando el cabo llegó a los zapatos, preguntó:

—¿Qué es esto?

—La llave de mi cuarto, señor.

—¿Llevas la llave de tu cuarto en los zapatos? Es una ganzúa, mi inspector.

—Colóquela sobre el escritorio.

Puso el cabo sobre la felpa verde del escritorio una ganzúa larga y fina, que brilló a la luz como un pececillo plateado al sol.

Hízose a un lado el cabo y en medio de la oficina sólo quedó Juan Cáceres, alias "El Espíritu," ladrón, especialidad en borrachos y conventillos. Los mechones de pelo castaño que detenían en mitad de la cabeza el avance de su calva, habían resbalado hacia abajo y aparecían estirados, pegados por el sudor sobre la alta frente. Los ojos habíanse redondeado y oscurecido, y la nariz, larga y colorada en la punta, avanzaba grotescamente, como pegada con cola a los pómulos demacrados. Con los forros de los bolsillos hacia afuera, el sombrero en la mano, el delgado pescuezo emergiendo del enorme cuello, el esmirriado cuerpo estrujado por las manos duras y hábiles del cabo, aquel ser no era ya ni la sombra del hombre que era cuando veníamos por la calle, alegres o fatigados, empujando a aquel otro hombre, el borracho, que sentado en la banca miraba la escena con ojos asombrados y tenía en el rostro la expresión del que oye narrar un cuento de ladrones y criminales.

El inspector dijo:

—Muy bien, compañero Cáceres, lo hemos pillado sin perros.

Después, dirigiéndose a mí, dijo:

—Podremos en el parte que este individuo fue sorprendido en momentos en que robaba a otro y que al ser registrado se le encontró encima el reloj de la víctima y una llave ganzúa. Con eso tiene para un rato. ¡Cabo de guardia!

—Mande, señor.

—Sáquele a ese hombre el cuello y la corbata y échelo a un calabozo. Mañana irá con parte al juzgado.

El cabo despojó al ratero de su enorme cuello y su gran corbata negra.

—¡Andando!

Y el hombre del ojo azul desvanecido salió, seguido del cabo, como resbalando en la luz cruda del alba.

Después que el ratero hubo salido, se levantó el borracho y preguntó al oficial:

—Señor, ¿qué piensa hacer de mí?

—Espérate, borracho indecente.

Volvió el cabo.

—A este individuo métalo al calabozo junto con el otro. Le haremos parte por ebriedad y escándalo.

—¡Andando!

Y el hombre gordo fue a reunirse con el hombre flaco.

—Ustedes pueden retirarse, señores . . .

Salimos silenciosos de la oficina. Un policía, que dormitaba afirmado en el portón del zaguán, al vernos preguntó hacia adentro:

—¿Y estos individuos?

—Déjelos salir; van en libertad—contestó la voz del oficial.

Salimos.

Y después, el regreso en el alba, patrón, el regreso a la casa; cansados, con los rostros pálidos y brillantes de sudor, sin hablar, tropezando en las veredas malas, con la boca seca y amarga, las manos sucias y algo muy triste, pero muy retriste, deshaciéndose por allá dentro, entre el pecho y la espalda.

(*El delinquente,* 1929)

～～～Eduardo Mallea

ARGENTINA, 1903–   Eduardo Mallea has distinguished himself both in the field of prose fiction and in the essay. Indeed, his novels and short stories are permeated with philosophical overtones which link them closely with the essay form and cause a definite diffuseness which sometimes makes for hard reading. One must be interested in ideas to enjoy Mallea; to this author ideas are always more important than persons or actions.

In one of his novels, *La bahía de silencio* (1940), Mallea has the protagonist (perhaps the author's alter ego) state that the complexity of our world demands a complex literature. The old system of narrative and unilateral notation of episodes is a medium that has necessarily been abolished; the preceptive and rhetorical principles of Aristotle have today ceased to rule; the present stormy, human autumn demands to be represented by a man in whom, like that complex atmosphere, a multitude of divergent and contradictory forces live, whose coexistence is recorded by words forced into no synthetic formula. Today's art cannot be simple, standardized, and balanced; it must be an art like a hurricane. That is, militant explosiveness surrounding a central germ, rather than elaborate craft and nice balance.

Reared in a home presided over by an aloof and cold father figure (the mother in the family was dead), Mallea at an early age sensed that anguish was at the heart of life. His writings all seek to exteriorize that anguish in the unending quest for peace. In 1937 he summarized his feelings as follows: "Lo que afirma Aristóteles respecto al fin purgativo del ánimo propio de la tragedia griega me ha parecido siempre una tremenda revelación, no sólo como juicio estético, sino como sentido de las necesidades del alma."

The constant insistence on this theme of human desperation may make the reading of Mallea's works somewhat depressing unless one is able to utilize them as a catharsis or examine them with an objective esthetic eye. The author's torment is always visible, and can easily infect the reader. The absence of a stated deity to be placated or a specific sin to be atoned for, the aimless torture and dread of the lonely soul, recall Kafka, who is one of the men whom Mallea most admires, both as a person and as a writer.

In Mallea's thinking, man is alienated from man by "la infructuosidad, el desierto, el vacío, y la soledad." Each person represents an individual wilderness. "¿Qué valor tienen las palabras?" he writes in *Todo verdor perecerá* (1941). "No están hechas para entenderse las palabras. Están hechas para que nos comentemos, no para que nos entendamos." This inability of man to communicate is the crux of Mallea's spiritual isolation.

∾EL INVIERNO DE LAS IDEAS

* * * Los hombres que nacimos con los primeros años de esta centuria hemos sido, en efecto, los silenciosos acompañantes de un terrible cambio de clima en el mundo. No habíamos salido todavía del primer sueño de 5 la infancia cuando se nos llamaba ya a un tremendo insomnio, al tocar el mundo de Occidente el punto crítico de su desgarramiento central; este desgarramiento dejó un estéril campo universal librado al peor invierno, un vasto dominio humano habitado por conciencias en dispersión y masas exigentes. Nada de otoño: el verano racional de nuestros padres no declinaba en su natural trayecto hacia el invierno, sino que acababa 15 de hacer quiebra, y sobre la gran comunidad de los hombres no caían las hojas del entretiempo, sino que se abría de pronto afligente, la visión del páramo. (T. S. Eliot, *The Waste Land*).[1] Primero se manifestó esta aridez 20 repentinamente sobrevenida en el terreno de las conciencias, bajo la forma de un cansancio, de una estupefacción de los confiados en el progreso positivo del hombre, y de un grande y fundamental desconcierto. La 25 humanidad se veía encarada con algo que tenía la apariencia de la quiebra misma. En realidad, lo que había quebrado era un estilo de inteligencia y de existencia, junto con las esencias que embriagaban a la una y a la otra. 30

Nuestra conciencia, pues, se formó en pleno ambiente de dispersión. A los dieciséis años, cuando por lo general las generaciones abren los ojos a un cuadro de gozosa y clara proyección, nos hallábamos nosotros frente a los comienzos no de una era pacífica al cabo de una guerra, sino de ese "crepúsculo gris e informe" cuyo advenimiento aterraba a Max Scheler[2] y del que iba a surgir, según él mismo, un creciente abandono de las libertades y la pérdida de la sensibilidad, con la consiguiente ruina para la condición primordial de la cultura. Era menester improvisarse una suerte de aire interior, construirse las defensas contra semejante estado de desolación, atravesar las tierras confusas y llegar al pleno horizonte. Era menester acabar con los colgajos de cierta ideología racionalista y estúpida, destruir los aparatos de la razón ensoberbecida y señalar al espíritu rutas ignoradas. Era menester, en una palabra, reconstruirse, o sea reconstruir un estado de fe.

Pero, ¿qué es reconstruir un estado de fe? ¿Acaso tienen esos términos el valor de una adquisición espontánea e inmediatamente posible? ¿O bien se trata de la consumación de un proceso?

Sin duda. Y más. No sólo la consumación de un proceso, sino la estructuración misma del alma. Hacerse el alma de nuevo. Esto implica grandes destrucciones y grandes sacrificios. El sacrificio, tal vez, de una generación entera.

Nuestra generación nació así a la primera lucidez de la adolescencia con un convencimiento neto: el de que tenía que darse a sí misma, antes que nada, tormento; su gloria

---

[1] T. S. Eliot (1888–1964), American-born poet who lived in England from 1914 until his death. His *The Waste Land* (1922) was one of the most influential poems of this century.

[2] Max Scheler (1874–1928), German philosopher and professor.

consistiría en el modo de padecerlo y en la causa y modo como lo empeñara y como lo sufriera. Tal vez, por la mejor providencia de Dios, en verlo, en ver ese tormento, allá muy tarde en el camino de la generación, definitivamente glorificado en un orden, en un nuevo tipo de vida, en un gozo universal y común del que se hubieran al fin desalojado esos elementos de auto indulgencia que esgrimidos por los hombres acaban por aherrojarlos en una cadena de pequeñas depravaciones y grandes inmoralidades.

He aquí cómo de pronto, al cabo de los tiempos, traído en la espalda de los años, misteriosa y trágicamente, recogía nuestra generación, para detenerla y pesarla, la frase de Arturo Rimbaud,[3] que había pasado ya por una muerte: "Yo soy de la raza de los que cantan en el suplicio." He ahí el hermoso destino con que nuestra generación entró en el sentimiento de las cosas humanas y en la inteligencia de las otras, mucho más incalculables: Trayendo el suplicio bajo la forma de un canto. Yo no sé que pueda darse para una juventud responsabilidad y grandeza más grandes.

Veamos el cuadro ante el cual nuestra generación se encontraba.

Es demasiado conocida, aunque no por eso indigna de ser evocada una vez más, la apoteosis del cientificismo y el racionalismo liberal en que se sumergía el mundo de Occidente hacia la fecha de los prolegómenos europeos del 14: Por un lado, plétora de cierto humanismo crudamente empírico, apogeo típico de la burguesía, preparación de la levadura colectiva que culminaría más tarde en la primera revolución proletaria de tipo marxista; por otro lado, falacia total del sentimiento heroico del espíritu humano, sumisión a ciertas comodidades normativas, prosperidad de un tipo de civilización eminentemente conservadora bajo su apariencia intrépidamente liberal, adiós a todos los fundamentos específicamente religiosos de la existencia. Todo lo cual venía a ser, debido a su esencia fuertemente racionalista, una extrema habilitación de las ideas en su faz pragmática y positiva. Era, propiamente dicho, el verano de las ideas, la estación inicial de las ideologías. El globo del progreso continuaba su camino ascendente; el siglo comenzaba siendo a semejanza del hidrópico, hinchado abdomen de un riente y próspero burgrave.[4] Pero los hartazgos[5] traen las apoplejías. Los canales arteriales estallan, y con la fuerza de un rompimiento cismático, nos hallamos entonces, tras los últimos festejos brutales del armisticio, en plena desolación del planeta.

Lo que nos importa ahora es examinar el carácter de semejante decadencia glacial y las alternativas de tiniebla y voluntad que suscita en conciencias e inteligencias, desde el momento en que se inicia hasta su cúspide presente o terrible "climax."

Ha habido para nuestra generación, además, otro cuadro. Quisiera poder arrancar de mi imaginación este otro, el cuadro con que el mundo actual se me presenta vez tras vez, teñido de los colores más yertos.[6] Es el cuadro de un bosque poseído por los hielos inmóviles y cruzado por los vientos diurnos y nocturnos de tantas furias desatadas que trae constantemente al ánimo una insuperable aflicción; aflicción tal, que la necesidad de una solidaridad humana nos invade hasta hacerse un dolor mucho más que de la carne, un dolor flúido y central, un dolor, categóricamente hablando, de la sangre. La escena de esta tremenda alegoría de desamparos y espantos frenéticos parece una de esas imágenes que los pintores medievales proponían como advertencia o castigo a la atención de los donadores, campos de desastre con el suelo poblado por los muertos helechos de Dios. Veamos cómo se organizan las fuerzas negativas de este cruel episodio en el que todos nos movemos con arreglo a quién sabe qué desacomodación nefasta. Si quisiéramos transportar a una reducción pictórica la imagen de nuestro tiempo, veríamos ante todo, en la

---

[3] Arthur Rimbaud (1854–1891), French poet identified with the symbolists. He wrote most of his work before he was twenty, and led a wild vagabond life.

[4] burgrave: *burgher.*
[5] hartazgo: *stuffing one's self with food.*
[6] yerto: *stiff.*

vasta selva de invierno, los grandes árboles yertos, símbolos de los males convocados: la ira, la persecución, la muerte, el fraude, la invasión y el cinismo principal. Bajo el seco y árido ramaje de esos árboles se mueve el mundo contemporáneo en medio de un fuerte actuar de masas, agitación cuyo carácter más visible es *la brutal aceleración* de su ritmo sensorial y vital. No cabe duda que el ritmo de la actividad interior es hoy en un hombre medio considerablemente superior al de la actividad del mismo hombre en cualquier momento anterior del curso de la historia. *El ritmo actual es un ritmo abusivo.* Las condiciones de serenidad y permanencia que acompañan específicamente a toda meditación sistemática o creación libre o cultura esencial se ven medularmente trastornadas. La humanidad sufre un vicio de precipitación. Todo es, en la selva invernal del planeta, precipitación; precipitación de las ideologías, las místicas, las acciones; precipitación pública y privada, mental y profesional, en el hecho y en el derecho; precipitación de las tiranías, los imperialismos, las depredaciones, las agresiones y los predominios; precipitación del conocimiento—intelectual, filosófico, científico—en numerosos sentidos, cada vez menos puros; precipitación de las conciencias; precipitación en grupos, asociaciones, sectas, hermandades social-políticas, teorías, clubs. Y todas estas precipitaciones, aparte de asumir un carácter colectivo, poseen una doble faz vuelta hacia afuera y vuelta a la vez hacia adentro, una faz ofensiva y una faz defensiva. Y no contento el hombre de nuestros días con precipitarse en ésta o la otra secta, en ésta o la otra fronda, asiste (lo que señala su diferenciación radical con aquel que tomaba furiosamente partido en los antagonismos bifrontes de otros tiempos) a una precipitación más importante que todas las demás, *su precipitación interior*. Contra las asechanzas de una disolución instaurada por los elementos tóxicos de la vida contemporánea, que ha acabado (por las vías de la electricidad y de la radiotelefonía) en ser, toda, una vida por

excelencia ciudadana, el ánimo no ha tenido tiempo de preparar sus defensas, de cambiar sus contravenenos, y de este modo el panorama moral de la especie pasa por su hora más crudamente crítica.

El panorama a que asistimos con los ojos de la entraña es, pues, entendámoslo bien, *un panorama de hombres precipitados*. ¿Qué quiere decir precipitación? Precipitar a alguien no es tan sólo despeñarlo o derribarlo de un lugar alto—nos lo dirá cualquier enciclopedia—sino incitarle, exponerle a una ruina temporal o espiritual. Y el grito de la época es el grito de la gente que se precipita, que clama por aferrarse, temporal o espiritualmente, a una rama, una ventana, una roca, a un elemento cualquiera de salvación.

¡Qué civilizada selva de plantas que se secan, el mundo actual, de semblantes aparentemente felices que se descomponen por dentro, de libertades arrebatadas, criaturas perseguidas, ensañamientos cesáreos,[7] violencias sueltas, prisiones sin muros, ahogos urbanos, silencios forzados, propagandas ordenadas, actitudes violentadas y espíritus que se ven confinados en la amargura de la represión y el desaliento! ¡Qué civilizada selva de mandatarios en los que ciertas inconfesadas opresiones se vengan oprimiendo! Y las grandes masas de hombres exaltadas o desconcertadas, precipitándose, sin apenas tiempo de deliberar a solas con sus almas, en un sitio adonde no llegue el grito del furor público, o el llamado al arrebato, o la comunicación secreta o las noticias inquietantes que, en el plato de los micrófonos, el cinematógrafo, los informativos y la prensa, son, en lugar de las nutriciones que nos faltan, el pan nuestro de cada día.

¿Cuál es la respuesta del siglo ante las violencias y las depredaciones que quieren llamarse un orden? Improvisarse la salvación de que hablábamos, *asirse*. Pero las salvaciones temporales no bastan: en el fondo de una naturaleza no hay lugar para justificarse mediante las ignominias y la sangre. Al cabo de unos años de guerra el combatiente ya no se engaña a sí mismo: cada vez que siente la

---

[7] ensañamientos cesáreos: *Caesaristic sadisms.*

mano ensangrentada siente en la boca el gusto de su propia sangre. (Sólo las guerras de liberación—de pueblos o de principios esencialmente humanos—acompañan secretamente a la mano de cierto motor eterno en el que ya se empieza a perdurar antes de empezar a morir). La criatura contemporánea busca oscuramente salvaciones intemporales: tiene ya poco crédito puesto en la palabra humanidad y sólo la ayuda a manifestarse y a manifestar la esperanza en otra que difiera sustancialmente de lo que hoy es. Más allá de muchos ímpetus ostensibles vemos dormir opacos desencantos. Todo se vuelve secreta aspiración intemporal. ¿Pero en qué, sobre qué poner la mano dentro del grande y temible territorio de las salvaciones abstractas? Cunde un pavor bastante profundo, bastante vago, bastante subterráneo por los pisos fundamentales del cuerpo social. Todo se vuelve metafísico y el que tenga los sentidos alerta podrá derivar conclusiones asaz interesantes de algunas evidencias groseramente expuestas en la corteza de la vida cotidiana de Occidente. En efecto: ni la medicina es ya medicina, ni la filosofía es ya filosofía, ni la física es ya física, ni los conocimientos se pliegan ya a la experiencia empírica. Todas esas ciencias se vuelven tentadoras metafísicas. El adivino y el astrólogo se apoderan de la clientela del médico. El ademán del filósofo al regresar a ciertos sistemas de sentido existencial, por contraposición a los anteriores esenciales, no es más que una caída en la metafísica religiosa, un modo de tentalear ante Dios. Los físicos avanzan en un territorio misterioso y Mr. Arthur Eddington[8] sostiene que el mundo externo de la física se ha vuelto un mundo de sombras. En tanto que el psicoanálisis y los estudiosos del organismo interior buscan el modo de aproximarse, mediante una expedición cada vez más profunda a los subterráneos del ser, a una zona que trasciende al hombre mismo y está directamente comunicada con el misterio y, por consiguiente, con la materia eterna ...

He ahí cómo el mundo presente se halla situado en una posición de aterramiento real. Casi, en la universalidad de los casos, sin saberlo. Intuyéndolo, sí, más del modo menos lúcido. Lejos de elevarlo sobre sí, sus propias invenciones lo aterran más (no olvidemos que *aterrar* es el verbo del que se ha precipitado, del que está en la tierra, pero caído). Y, al aterrarse, el mundo se dispersa en su fondo. La diáspora grita en pos de una nueva unidad.

Entre los choques, los desastres, las vociferaciones, las demagogias, las petulancias, los histrionismos, vemos a nuestro alrededor una gran confusión de criaturas que echan una mano insegura en el territorio de lo desconocido, que avanzan como apestados del alma en los campos de una esperanza que los prolongue, los mejore o los trascienda, en ese dominio que parece reservarles una aparente evasión pero donde es sin embargo más fácil que se hunda aquel que no lleva el paso seguro, los ojos orgánica e intrépidamente despiertos.

Nuestra generación se ha encontrado—así—con esta realidad, la de millones de seres humanos poseídos de una fuerte violencia de actitud y un gran desconcierto de fondo, seres mediocremente convencidos de que abrazar tal o cual secta es abrazar la verdad, grandes gritadores de muchas causas sin voz. Y los que tal vez abrigábamos en la primera adolescencia, con el nacimiento natural de las aspiraciones, una vocación de creación libre y poética, hemos visto, poco después, que la única vocación que podíamos permitirnos era una vocación de humanidad.

Mucho más grave y compleja en virtud de pertenecer nuestra generación a una familia temporal en la que el humanismo no podía ya tener crédito, pues la sangre de que nuestro espíritu llegaba secretamente alimentado era una sangre pura de gérmenes racionalistas. El mismo extraño designio por el que traíamos adentro una aspiración de fe, comunidad y eternidad, venía a comandarnos cierto grande e imprevisto sacrificio.

---

[8] Sir Arthur Stanley Eddington (1882–1944), English astrophysicist, author of *The Nature of the Physical World* (1928).

Y éste era el de servir a un estado general de penuria con una asistencia totalmente desprovista de ese rasgo tan frecuente en el artista y que consiste en la aplicación a la materia de un egoísmo transformador y creador; el de servir mediante un compromiso no de la inteligencia o la sensibilidad desgajados según su mera expresividad potencial, sino compromiso de espíritu y cuerpo. El sacrificio de no evadirse, sino de venir a morir con su tiempo, sólo que dando a esta muerte la forma, la categoría y el sentido de un canto. Esto es: de una esperanza activa y segura de sí.

Vocación de humanidad, vocación de hacerse uno, por la inteligencia y la entraña, con el pueblo fundamental, del que todo sale cuanto es viviente irrigación, siembra de goce o dolor. Hacerse uno con esa materia ardiente a fin de hacerse, en consecuencia, su verbo—lo cual equivale a decir: a fin de hacernos nuestra propia justificación; porque aquel que no ha hecho de su pasión y de su intelecto un instrumento de liberación común, ni ha tenido verdaderamente pasión ni ha tenido verdaderamente intelecto.[9]

La forma de una naturaleza creadora debe ser igual a la del árbol, que abarca por donde se nutre como por donde exhala, la misma vasta porción de materia viva.

¿Qué quiere decir esto? *Que la inteligencia ha de cambiarse hoy de pensamiento pasivo en pensamiento activo, y que este pensamiento actuado no es lo que llamaba Nietzsche un acto cultural sino un acto eminentemente ético y humano.*

El alimento de nuestra estética se transforma cada vez más en una nutrición estrictamente moral. Y si esta nutrición moral no constituye por sí en él un hondo yacimiento religioso, el artista de nuestro siglo es un descastado puro o una mente subalterna.

Era, por lo demás, necesario—y cómo—este regreso a la inspiración trágica por el camino de una existencia comprometida y jugada. Desde los tiempos de la tragedia griega el fondo grandioso de la literatura no se renovó esencialmente sino con los grandes consumidores personales de tragedias como un Bjoernson,[10] un Kierkegaard,[11] un Dostoievski o un Gorki,[12] y los más grandes espíritus creadores de nuestra edad son hoy aquellos que viven con un tormentoso viento en el alma, con un lúcido sobrecogimiento, desde un Péguy[13] y un Lawrence[14] hasta un Frank,[15] un Malraux[16] y un Eliot.[17]

Espíritu e inspiración deben servir hoy al que los entrañe para sostener en la calle con peligro de la vida, sus leyes universales, su voz, su validez.

He ahí nuestro destino, el destino de una generación: no salvarse sino enfrentando la destrucción y el orden con el mismo expuesto y desnudo rapto del habitante más oscuro—pero también más castigado—de la tierra. Ni estética ni delicia, sino una ética creadora. Una moral llevada a hacerse verbo por lo intenso y encendido de su ardor, por su belleza activa, por la llama de su expresión inmediata, cada vez más despojada de retórica, más rica de medios simples, más grande de sustancia y fundamento, no de palabras, ni de argucias, ni de cálculos, porque todos éstos son los expedientes de un ocio y el ritmo de nuestra edad carece de él hasta lo indecible. Una moral combatiente. El "amor fati," la lucha encarnizada con las bestias del tiempo, la disposición de espíritu que se tiene cuando todo se ha dado a un combate y nada importa conservar vida y hábitos sino darlos, quemarlos, meterlos en el pasto colectivo del siglo a ver si en el fuego y la muerte no dan más que muerte o dan otra

[9] Mallea's long footnote points out that power based on robbery, division or conquest is illusory, while he who refuses to divide maintains his inner plenitude and dignity and embraces humanity much more completely than any Caesar.

[10] Bjornstjerne Bjornson (1832–1910), Norwegian playwright.

[11] Soren Kierkegaard (1813–1855), Danish philosopher.

[12] Maxim Gorki (1868–1936), Russian short-story writer and dramatist.

[13] Charles Péguy (1873–1914), French poet and nationalist.

[14] D. H. Lawrence (1885–1930), English poet, essayist, novelist.

[15] Waldo Frank (1889–1967), North American novelist and critic greatly admired in Latin America.

[16] André Malraux (b. 1901), French writer and critic.

[17] T. S. Eliot: see page 733, note 1.

cosa más rica y extraña, como está escrito de un insigne poeta inglés en la piedra de un pequeño cementerio de Roma. No escatimar, no guardar el verbo en bodegas; llevarlo en los labios, adecuado al movimiento vivo del espíritu, siempre pronto, al lado de unos ojos que nada pierdan del formidable proceso terrestre. Sí, una moral combatiente.* * *

(El sayal y la púrpura, 1941)

Alejo Carpentier

CUBA, 1904–   Dame Edith Sitwell has characterized Carpentier as "one of the greatest living writers," and J. B. Priestley praises his novels as being outstanding in our generation. Similar high praise has been bestowed on the author from many other quarters, and his works have been translated into ten languages. Carpentier's novel, *Los pasos perdidos* (1953), from which the following passage is taken, brings "the abstractions of anthropology under the significance-creating form of the novel," and gives them a dramatic immediacy. The reader may recall such provocative works as Malraux's *The Walnut Trees of Altenberg* (1943) and *The Voices of Silence* (1953).

Commenting on *Los pasos perdidos* Ralph Ellison writes: "I found it especially attractive that its hero is obsessed by those resonant questions which the Sphinx always puts to the Hero when old certainties are being shattered by change and the citadels of the mind have been shaken ajar to chaos: What is the meaning of human society? How must one live and act to achieve the creative life? What, really, when he's stripped of the garments, the conceits and prejudices of his class and culture, is man? . . ."

The author himself in his prologue to the novel states that *Los pasos perdidos* emerged from his own archaeological experiences and travels in "little known and rarely, if ever, photographed places." He specifies some of these places in the Venezuelan hinterland. The novel itself, however, is much more than reminiscence. In it imagination has clothed reality with a mythical symbolism which is artistic and universal. The novel's hero (perhaps Carpentier himself) is, during this odyssey, in search of the meaning of human life, of history, and of the place of the individual within history. The author-*anthropologist* sees time as the crucial dimension of history and recognizes that civilization itself is the creation of historic forces operating within time. The author-*artist*, on the other hand, has put together a work of art by dissolving the barriers that fragment time into past, present, and future. He believes that contemporary man will be able to find the meaning and value of his present life only if he understands the forces that for centuries have been at work constructing the present level of culture. "Past and present must be brought together in a meaningful now." However, man cannot live and *be* in two different epochs (stages) at the same time, and the basic values of life are rooted in a past that is gone: spontaneous creativity, understanding, tolerance, authentic love. In the novel the protagonist's existence had become absurd because he had lost these fundamental values. Perhaps it is an impossible adventure for man to return into the past to recover these *pasos perdidos*, but the creative artist, on his divine mission, may retrace the journey for all mankind.

∿∿LOS PASOS PERDIDOS

XXII

* * * Al salir de la choza en busca de lianas para atar, observé que un alboroto inhabitual había roto el ritmo de las faenas de la aldea. Fray Pedro se movía con ligereza de danzante, entrando y saliendo de la churuata,[1] seguido de Rosario, en medio de un corro de indias que gorjeaban. Frente a la entrada había dispuesto, sobre una mesa de ramas tornapuntadas, un mantel de encajes, muy roto, remendado con hilos de distintos grosores, entre dos jícaras rebosantes de flores amarillas. En medio, plantó la cruz de madera negra que le colgaba del cuello. Luego, de un maletín de cuero pardo, muy raído, que siempre llevaba consigo, sacó los ornamentos y objetos litúrgicos—algunos muy mellados—, mordidos por negras herrumbres, a los que frotaba con el vuelo de las mangas antes de disponerlos sobre el altar. Yo veía con creciente sorpresa cómo el Cáliz y la Hostia se dibujaban sobre la Piedra de Ara; cómo el Purificador se abría sobre el Cáliz, y el Corporal se situaba entre las dos luminarias rituales.[2] Todo aquello, en semejante lugar, me parecía a la vez absurdo y sobrecogedor. Sabiendo que el Adelantado se las daba de espíritu fuerte, lo interrogué con la mirada. Como si se tratara de una cosa distinta, que poco tuviera que ver con la religión, me habló de una misa prometida en acción de gracias durante la tempestad de la noche anterior. Se acercó al altar, ante el cual se encontraba Rosario. Yannes, que debía ser hombre de iconos pasó a mi lado mascullando algo acerca de que Cristo era uno solo. Los indios, a cierta distancia, miraban. El Jefe de la Aldea, a medio camino, observaba una actitud respetuosa—todo arrugado en medio de sus collares de colmillos—. Las madres acallaban los chillidos de sus críos. Fray Pedro se volvió hacia mí: "Hijo: estos indios rehusan el bautismo; no quisiera que te vieran indiferente. Si no quieres hacerlo por Dios, hazlo por mí." Y apelando a la más universal de las dudas, añadió, con acento más áspero: "Recuerda que tú estabas en las mismas barcas y también tuviste miedo." Hubo un largo silencio. Luego: *In nómine Patris, et Filií et Spiritus Sancti. Amén.* Una dolorosa sequedad se hizo en mi garganta. Aquellas palabras inmutables, seculares, cobraban una portentosa solemnidad en medio de la selva—como brotadas de los subterráneos de la cristiandad primera, de las hermandades del comienzo—, hallando nuevamente, bajo estos árboles jamás talados, una función heroica anterior a los himnos entonados en las naves de las catedrales triunfantes, anterior a los companarios enhiestos en la luz del día. *Sanctus, Sanctus, Sanctus, Dominus Deus Sabaoth* . . . Troncos eran las columnas que aquí hacían sombra. Sobre nuestras cabezas pesaban follajes llenos de peligros.

---

[1] churuata: *hut.*

[2] el Cáliz . . . rituales: *the Chalice and Host were taking their place on the Altar; the Purificator unfolded over the Chalice, and the Corporal-cloth laid between the two ritual candles.*

Y en torno nuestro estaban los gentiles, los adoradores de ídolos, contemplando el misterio desde su nartex de lianas. Yo me había divertido, ayer, en figurarme que éramos Conquistadores en busca de Manoa. Pero de súbito me deslumbra la revelación de que ninguna diferencia hay entre esta misa y las misas que escucharon los Conquistadores del Dorado en semejantes lejanías. El tiempo ha retrocedido cuatro siglos. Ésta es misa de Descubridores, recién arribados a orillas sin nombre, que plantan los signos de su migración solar hacia el Oeste, ante el asombro de los Hombres del Maíz. Aquellos dos—el Adelantado y Yannes—que están arrodillados a ambos lados del altar, flacos, renegridos, uno con cara de labriego extremeño, otro con perfil de algebrista recién asentado en los Libros de la Casa de la Contratación, son soldados de la Conquista, hechos a la cecina y a lo rancio, curtidos por las fiebres, mordidos de alimañas, orando con estampa de donadores, junto al morrión dejado entre las yerbas de acres savias. *Miserere nostri miserere nostri. Fiat misericordia*—salmiza el capellán de la Entrada, con acento que detiene el tiempo—. Acaso transcurre el año 1540. Nuestras naves han sido azotadas por una tempestad y nos narra el monje ahora, a tenor de la sacra escritura, cómo fue hecho en el mar tan gran movimiento que el barco se cubría de las ondas; mas Él dormía, y llegándole sus discípulos le despertaron diciendo: *Señor, sálvanos que perecemos*; y Él les dice: *¿Por qué teméis, hombres de poca fe?*, y entonces, levantándose, reprendió a los vientos y a la mar y fue grande bonanza. Acaso transcurre el año 1540. Pero no es cierto. Los años se restan, se diluyen, se esfuman, en vertiginoso retroceso del tiempo. No hemos entrado aún en el siglo XVI. Vivimos mucho antes. Estamos en la Edad Media. Porque no es el hombre renacentista quien realiza el Descubrimiento y la Conquista, sino el hombre medieval. Los enlistados en la magna empresa no salen del Viejo Mundo por puertas de columnas tomadas al Palladio, sino pasando bajo el arco románico, cuya memoria llevaron consigo al edificar sus primeros templos del otro lado del Mar Océano, sobre el sangrante basamento de los teocalli. La cruz románica, vestida de tenazas, clavos y lanzas, fue la elegida para pelear con los que usaban parecidos enseres de holocausto en sus sacrificios. Medievales son los juegos de diablos, paseos de tarascas, danzas de Pares de Francia, romances de Carlomagno, que tan fielmente perduran en tantas ciudades que hemos atravesado recientemente. Y me percato ahora de esta verdad asombrosa: desde la tarde del Corpus en Santiago de los Aguinaldos, vivo en la temprana Edad Media. Puede pertenecer a otro calendario un objeto, una prenda de vestir, un remedio. Pero el ritmo de vida, los modos de navegación, el candil y la olla, el alargamiento de las horas, las funciones trascendentales del Caballo y del Perro, el modo de reverenciar a los Santos, son medievales—medievales como las prostitutas que viajan de parroquia a parroquia en días de feria, como los patriarcas bragados, orgullosos en reconocer cuarenta hijos de distintas madres que les piden la bendición al paso—. Comprendo ahora que he convivido con los burgueses de buen trago, siempre prestos a catar la carne de alguna moza del servicio, cuya vida jocunda me hiciera soñar tantas veces en los museos; he trinchado los lechoncillos de tetas chamuscadas, de sus mesas, y he compartido la desmedida afición por las especias que les hicieron buscar los nuevos caminos de Indias. En cien cuadros había conocido yo sus casas de toscas baldosas rojas, sus cocinas enormes, sus portones claveteados. Conocía esos hábitos de llevar el dinero prendido del cinturón, de bailar danzas de pareja suelta, de preferir los instrumentos de plectro, de echar los gallos a pelear, de armar grandes borracheras en torno a un asado. Conocía a los ciegos y baldados de sus calles; los emplastos, solimanes y bálsamos curanderos con que aliviaban sus dolores. Pero los conocía a través del barniz de las pinacotecas, como testimonio de un pasado muerto, sin recuperación posible. Y he aquí que ese pasado, de súbito, se hace presente. Que lo palpo y aspiro. Que vislumbro ahora la estupefaciente posibilidad de viajar en el tiempo, como otros viajan en el espacio . . . *Ite misa est, Benedicamos Dómino, Deo Gratias*. Había concluido la misa, y con ella el Medioevo. Pero las fechas seguían perdiendo guarismos. En fuga desaforada, los años se vaciaban, destranscurrían, se borraban, rellenando calendarios, devolviendo lunas, pasando de los siglos de tres cifras al siglo de los números. Perdió el Graal su relumbre, cayeron los clavos de la cruz, los mercaderes volvieron al templo, borróse la estrella de la Natividad, y fue el Año Cero, en que regresó al cielo el Ángel de la Anunciación. Y tornaron a crecer las fechas del otro lado del Año Cero—fechas de dos, de tres, de cinco cifras—, hasta que alcanzamos el tiempo en que el hombre, cansado de errar sobre la tierra, inventó la agricultura al fijar sus primeras aldeas en las orillas de los ríos, y, necesitado de mayor música, pasó del bastón de ritmo al tambor que era un cilindro de madera ornamentado al fuego, inventó el órgano al soplar en una caña hueca, y lloró a sus muertos haciendo bramar un ánfora de barro. Estamos en la Era Paleolítica. Quienes dictan leyes aquí, quienes tienen derecho de vida y muerte sobre nosotros, quienes tienen el secreto de los alimentos y tósigos, quienes inventan las técnicas, son hombres que usan el cuchillo de piedra y el rascador de piedra, el anzuelo de espina y el dardo de hueso. Somos intrusos, forasteros ignorantes—metecos de poca estadía—, en una ciudad que nace en el alba de la Historia. Si el fuego que ahora abanican las mujeres se apagara de pronto, seríamos incapaces de encenderlo nuevamente por la sola diligencia de nuestras manos.

XXIII

(*Jueves, 21 de junio*)

Conozco el secreto del Adelantado. Ayer me lo confió, junto al fuego, cuidando de que Yannes no pudiese oírnos. Hablan de sus hallazgos de oro; lo creen rey de antiguos cimarrones, le atribuyen esclavos; otros se imaginan que tiene varias mujeres en un selvático gineceo, y que sus solitarios viajes se deben a la voluntad de que sus amantes no vean otros hombres. La verdad es mucho más hermosa. Cuando me fue revelada en pocas palabras, quedé maravillado por el vislumbre de una posibilidad jamás imaginada—estoy seguro de ello—por hombre alguno de mi generación. Antes de dormirme en la noche del colgadizo, donde el leve balanceo de nuestras hamacas arranca un acompasado crujido a las cabuyeras, digo a Rosario, a través de los estambres, que proseguiremos el viaje durante algunos días. Y cuando temo encontrar alguna fatiga, algún desaliento, o una pueril preocupación por regresar, me responde un animoso consentimiento. A ella no importa adónde vamos, ni parece inquietarse porque haya comarcas cercanas o remotas. Para Rosario no existe la noción de *estar lejos* de algún lugar prestigioso, particularmente propicio a la plenitud de la existencia. Para ella, que ha cruzado fronteras sin dejar de hablar el mismo idioma y que jamás pensó en atravesar el Océano, el centro del mundo está donde el sol, a mediodía, la alumbra desde arriba. Es mujer de tierra, y mientras se ande sobre la tierra, y se coma, y haya salud, y haya hombres a quien servir de molde y medida con la recompensa de aquello que llama "el gusto del cuerpo," se cumple un destino que más vale no andar analizando demasiado, porque es regido por "cosas grandes" cuyo mecanismo es oscuro, y que, en todo caso, rebasan la capacidad de interpretación del ser humano. Por lo mismo, suele decir que "es malo pensar en ciertas cosas." Ella se llama a sí misma *Tu mujer*, refiriéndose a ella en tercera persona: "*Tu mujer* se estaba durmiendo; *Tu mujer* te buscaba" . . . Y en esa constante reiteración del posesivo encuentro como una solidez de concepto, una cabal definición de situaciones, que nunca me diera la palabra *esposa*. *Tu mujer* es afirmación anterior a todo contrato, a todo sacramento. Tiene la verdad primera de esa *matriz* que los traductores mogigatos de la Biblia sustituyen por *entrañas*, restando fragor a ciertos gritos proféticos. Además, esta definidora simplificación del léxico es habitual en Rosario. Cuando alude a ciertas intimidades de su naturaleza que no debo ignorar como amante, emplea expresiones a la vez inequívocas y pudorosas que recuerdan las "costumbres de mujeres" invocadas por Raquel ante Labán. Todo lo que pide *Tu mujer* esta noche es que yo la lleve conmigo adonde vaya. Agarra su hato y sigue al varón sin preguntar más. Muy poco sé de ella. No acabo de comprender si es desmemoriada o no quiere hablar de su pasado. No oculta que vivió con otros hombres. Pero éstos marcaron etapas de su vida cuyo secreto defiende con dignidad—o tal vez porque crea poco delicado dejarme suponer que algo ocurrido antes de nuestro encuentro pueda tener alguna importancia—. Este vivir en el presente, sin poseer nada, sin arrastrar el ayer, sin pensar en el mañana, me resulta asombroso. Y, sin embargo, es evidente que esa disposición de ánimo debe ensanchar considerablemente las horas de sus tránsitos de sol a sol. Habla de días que fueron muy largos y de días que fueron muy breves, como si los días se sucedieran en tiempos distintos—tiempos de una sinfonía telúrica que también tuviese sus andantes y adagios, entre jornadas llevadas en movimiento presto. Lo sorprendente es que—ahora que nunca me preocupa la hora—percibo a mi vez los distintos valores de los lapsos, la dilatación de algunas mañanas, la parsimoniosa elaboración de un crepúsculo, atónito ante todo lo que cabe en ciertos tiempos de esta sinfonía que estamos leyendo al revés, de derecha a izquierda, contra la clave de *sol*, retrocediendo hacia los compases del Génesis. Porque, al atardecer, hemos caído en el habitat de un pueblo de cultura muy anterior a los hombres con los cuales convivimos ayer. Hemos salido del paleolítico—de las industrias paralelas a las magdalenienses y aurignacienses, que tantas veces me hubieran detenido al borde de ciertas colecciones de enseres líticos con un "no va más" que me situaba al comienzo de la noche de las edades—, para entrar en un ámbito que hacía retroceder los confines de la vida humana a lo más tenebroso de la noche de las edades. Esos individuos con piernas y brazos que veo ahora, tan semejantes a mí; esas mujeres cuyos senos son ubres fláccidas que cuelgan sobre vientres hinchados; esos niños que se estiran y ovillan con gestos felinos; esas gentes que aún no han cobrado el pudor primordial de ocultar los órganos de la generación, que *están desnudas sin saberlo*, como Adán y Eva antes del pecado, son hombres, sin embargo. No han pensado todavía en valerse de la energía de la semilla; no se han asentado, ni se imaginan el acto de sembrar; andan delante de sí, sin rumbo, comiendo corazones de palmeras, que van a disputar a los simios, allá arriba, colgándose de las techumbres de la selva. Cuando las aguas en creciente les aíslan durante meses en alguna región de entrerríos, y han pelado los árboles como termes, devoran larvas de avispa, triscan hormigas y liendres, escarban la tierra y tragan los gusanos y las lombrices que les caen bajo las uñas, antes de amasar la tierra con los dedos y comerse la tierra misma. Apenas si conocen los recursos del fuego. Sus perros huidizos, con ojos de zorros y de lobos, son perros anteriores a los perros. Contemplo los semblantes sin sentido para mí, comprendiendo la inutilidad de toda palabra, admitiendo de antemano que ni siquiera podríamos hallarnos en la coincidencia de una gesticulación. El Adelantado me agarra por el brazo y me hace asomarme a un hueco fangoso, suerte de zahurda hedionda, llena de huesos roídos, donde veo erguirse las más horribles cosas que mis ojos hayan conocido: son como dos fetos vivientes, con barbas blancas, en cuyas bocas belfudas gimotea algo semejante al vagido de un recién nacido; enanos arrugados, de vientres enormes, cubiertos de venas azules como figuras de planchas anatómicas, que sonríen estúpidamente, con algo temeroso y servil en la mirada, metiéndose los dedos entre los colmillos. Tal es el horror que me producen esos seres, que me vuelvo de espaldas a ellos, movido, a la vez, por la repulsión y el espanto. "Cautivos—me dice el Adelantado, sarcástico—, cautivos de los otros que se tienen por la raza superior, única dueña legítima de la selva." Siento una suerte de vértigo ante la posibilidad de otros escalafones de retroceso, al pensar que esas larvas humanas, de cuyas ingles cuelga un sexo eréctil como el mío, no sean todavía *lo último*. Que puedan existir, en alguna parte, cautivos de esos cautivos, erigidos a su vez en especie superior, predilecta y autorizada, que no sepan roer ya ni los huesos dejados por sus perros, que disputen carroñas a los buitres, que aúllen su celo, en las noches del celo, con aullidos de bestia. Nada común hay entre estos entes y yo. Nada. Tampoco tengo nada que ver con sus amos, los tragadores de gusanos, los lamedores de tierra, que me rodean . . . Y, sin embargo, en medio de las hamacas apenas hamacas—cunas de lianas, más bien—, donde yacen y fornican y procrean, hay una forma de barro endurecida al sol: una especie de jarra sin asas, con dos hoyos abiertos lado a lado, en el borde superior, y un ombligo dibujado en la parte convexa con la presión de un dedo apoyado en la materia, cuando aún estuviese blanda. Esto es Dios. Más que Dios: es la Madre de Dios. Es la Madre, primordial de todas las religiones. El principio hembra, genésico, matriz, situado en el secreto prólogo de todas las teogonías. La Madre, de vientre abultado, vientre que es a la vez ubres, vaso y sexo, primera figura que modelaron los hombres, cuando de las manos naciera la posibilidad del Objeto. Tenía ante mí a la Madre de los Dioses Niños, de los totems dados a los hombres para que fueran cobrando el hábito de tratar a la divinidad, preparándose para el uso de los Dioses Mayores. La Madre, "solitaria, fuera del espacio y más aún del tiempo," de quien Fausto pronunciara el sólo enunciado de *Madre*, por dos veces, con terror. Viendo ahora que las ancianas de pubis arrugado, los trepadores de árboles y las hembras empreñadas me miran, esbozo un torpe gesto de reverencia hacia la vasija sagrada. Estoy en morada de hombres y debo respetar a sus Dioses . . . Pero he aquí que todos echan a correr. Detrás de mí, bajo un amasijo de hojas colgadas de ramas que sirven de techo, acaban de tender el cuerpo hinchado y negro de un cazador mordido por

un crótalo. Fray Pedro dice que ha muerto hace varias horas. Sin embargo, el Hechicero comienza a sacudir una calabaza llena de gravilla—único instrumento que conoce esta gente—para tratar de ahuyentar a los mandatarios de la Muerte. Hay un silencio ritual, preparador del ensalmo, que lleva la expectación de los que esperan a su colmo. Y en la gran selva que se llena de espantos nocturnos, surge la Palabra. Una palabra que es ya más que palabra. Una palabra que imita la voz de quien dice, y también la que se atribuye al espíritu que posee el cadáver. Una sale de la garganta del ensalmador; la otra, de su vientre. Una es grave y confusa como un subterráneo hervor de lava; la otra, de timbre mediano, es colérica y destemplada. Se alternan. Se responden. Una increpa cuando la otra gime; la del vientre se hace sarcasmo cuando la que surge del gaznate parece apremiar. Hay como portamentos guturales, prolongados en aullidos; sílabas que, de pronto, se repiten mucho, llegando a crear un ritmo; hay trinos de súbito cortados por cuatro notas que son el embrión de una melodía. Pero luego es el vibrar de la lengua entre los labios, el ronquido hacia adentro, el jadeo a contratiempo sobre la maraca. Es algo situado mucho más allá del lenguaje, y que, sin embargo, está muy lejos aún del canto. Algo que ignora la vocalización, pero es ya algo más que palabra. A poco de prolongarse, resulta horrible, pavorosa, esa grita sobre un cadáver rodeado de perros mudos. Ahora, el Hechicero se le encara, vocifera, golpea con los talones en el suelo, en lo más desgarrado de un furor imprecatorio que es ya la verdad profunda de toda tragedia—intento primordial de lucha contra las potencias de aniquilamiento que se atraviesan en los cálculos del hombre—. Trato de mantenerme fuera de esto, de guardar distancias. Y, sin embargo, no puedo sustraerme a la horrenda fascinación que esta ceremonia ejerce sobre mí . . . Ante la terquedad de la Muerte, que se niega a soltar su presa, la Palabra, de pronto, se ablanda y descorazona. En boca del Hechicero, del órfico ensalmador, estertora y cae, convulsivamente, el Treno—pues esto y no otra cosa es un *treno*—, dejándome deslumbrado con la revelación de que acabo de asistir al Nacimiento de la Música.

XXIV

(Sábado, 23 de junio)

Hace dos días que andamos sobre el armazón del planeta, olvidados de la Historia y hasta de las oscuras migraciones de las eras sin crónicas. Lentamente, subiendo siempre, navegando tramos de torrentes entre una cascada y otra cascada, caños quietos entre un salto y otro salto, obligados a izar las barcas al compás de salomas de peldaño en peldaño, hemos alcanzado el suelo en que se alzan las Grandes Mesetas. Lavadas de su vestidura—cuando la tuvieron—por milenios de lluvias, son Formas de roca desnuda, reducidas a la grandiosa elementalidad de una geometría telúrica. Son los monumentos primeros que se alzaron sobre la corteza terrestre, cuando aún no hubiera ojos que pudieran contemplarlos, y su misma vejez, su abolengo impar, les confiere una aplastante majestad. Los hay que parecen inmensos cilindros de bronce, pirámides truncas, largos cristales de cuarzo parados entre las aguas. Los hay, más abiertos en la cima que en la base, todos agrietados de alvéolos, como gigantescas madréporas. Los hay que tienen una misteriosa solemnidad de *Puertas de Algo*—de Algo desconocido y terrible—a que deben conducir esos túneles que se ahondan en sus flancos, a cien palmos sobre nuestras cabezas. Cada meseta se presenta con una morfología propia, hecha de aristas, de cortes bruscos, de perfiles rectos o quebrados. La que no se adorna de un obelisco encarnado, de un farallón de basalto, tiene una terraza flanqueante, se recorta en biseles, afila sus ángulos, o se corona de extraños cipos que semejan figuras en procesión. De pronto, rompiendo con esa severidad de lo creado, algún arabesco de la piedra, alguna fantasía geológica, se confabula con el agua para poner un poco de movimiento en este país de lo inconmovible. Es, allá, una montaña de granito casi rojo, que suelta siete cascadas amarillas por el almenaje de una cornisa cimera. Es un río que se arroja al vacío y se deshace en arcoiris sobre la cuesta jalonada de árboles petrificada. Las espumas de un torrente bullen bajo enormes arcos naturales, acrecidos por ecos atronadores, antes de dividirse y caer en una sucesión de estanques que se derraman unos en otros. Se adivina que arriba, en las cumbres, en el escalonamiento de las últimas planicies lunares, hay lagos vecinos de las nubes que guardan sus aguas vírgenes en soledades nunca holladas por una planta humana. Hay escarchas en el amanecer, fondos helados, orillas opalescentes, y honduras que se llenan de noche antes del crepúsculo. Hay monolitos parados en el borde de las cimas, agujas, signos, heneduras que respiran sus nieblas; peñascos rugosos, que son como coágulos de lava—meteoritas, acaso, caídas de otro planeta. No hablamos. Nos sentimos sobrecogidos ante el fausto de las magnas obras, ante la pluralidad de los perfiles, el alcance de las sombras, la inmensidad de las explanadas. Nos vemos como intrusos, prestos a ser arrojados de un dominio vedado. Lo que se abre ante nuestros ojos es el mundo anterior al hombre. Abajo, en los grandes ríos, quedaron los saurios monstruosos, las anacondas, los peces con tetas, los laulaus cabezones, los escualos de agua dulce, los gimnotos y lepidosirenas, que todavía cargan con su estampa de animales prehistóricos, legado de las dragonadas del Terciario. Aquí, aunque algo huya bajo los helechos arborescentes, aunque la abeja trabaje en las cavernas, nada parece saber de seres vivientes. Acaban de apartarse las aguas, aparecida es la Seca, hecha es la yerba verde, y, por vez primera, se prueban las lumbreras que habrán de señorear en el día y en la noche. Estamos en el mundo del Génesis, al fin del Cuarto Día de la Creación. Si retrocediéramos un poco más, llegaríamos adonde comenzara la terrible soledad del Creador—la tristeza sideral de los tiempos sin incienso y sin alabanzas, cuando la tierra era desordenada y vacía, y las tinieblas estaban sobre la haz del abismo.

~~~~~Agustín Yáñez

MEXICO, 1904–   Agustín Yáñez, from the state of Jalisco, Mexico, is perhaps the outstanding representative of the stylized poetic novel in Spanish America today. His *Al filo del agua* (1947), from which the passage which follows was taken, is one of the most beautifully written pieces of prose ever produced in that area. The first edition of this work is illustrated with marvelous engravings by Julio Prieto. Yáñez says that the title of the novel might be *El antiguo régimen*, or *En un lugar del Arzobispado*, "cuyo nombre no importa recordar." In other words, the village he describes is not geographic, but psychical and symbolic. With very few changes it could be placed in the Andalusia of García Lorca as well as in the Mexico of Agustín Yáñez.

Antonio Castro Leal, in his prologue to the second edition of the novel, refers to it as "una serie de cuadros de la vida triste, conventual, hipócrita, estrecha y sombría de un pueblo del Bajío en que el cura, el jefe político y las principales familias mantienen la vida de la comunidad dentro de convenciones y conveniencias que, sin beneficiar a nadie, no hacen tampoco la felicidad de ninguno. Uno de tantos pueblos perdidos en los valles y las serranías de la República, en donde la inercia y los prejuicios, una religión hecha de supersticiones y una moral erizada de tabús no han dejado encontrar ni la cultura ni la verdad, ni siquiera la vida con su limpia y gozosa alegría. Un pueblo que, como todos los de su clase, ahoga o expulsa a los que quisieran marcarle un camino hacia el progreso o a los que piensan que deben de ser otras las normas de la existencia en común."

The striking thing about the novel is that the author assumes a poetic and psychologic rather than a social point of view. He does not make a great issue of economic poverty, nor does he blast off against landowner, government or Church in the typical "revolutionary" manner. He is more interested in what is going on inside his characters than in what is going on outside. Dreams, the subconscious mind with its Freudian overtones, repressed feelings of sex, guilt, violence and hostility—all these are grist for the novelist. In an evocative, almost hypnotic style, which suggests a kind of liturgy of the prison-pent human psyche, these dark currents are delineated with consummate skill and understanding. The following *Acto preparatorio*, which sets the mood for *Al filo del agua*, is characteristic of the author's best writing.

∾∾AL FILO DEL AGUA

ACTO PREPARATORIO

Pueblo de mujeres enlutadas. Aquí, allá, en la noche, al trajín del amanecer, en todo el santo río de la mañana, bajo la lumbre del sol alto, a las luces de la tarde—fuertes, claras, desvaídas, agónicas—; viejecitas, mujeres maduras, muchachas de lozanía, párvulas; en los atrios de iglesias, en la soledad callejera, en los interiores de tiendas y de algunas casas—cuán pocas—furtivamente abiertas.

Gentes y calles absortas. Regulares las hiladas de muros, a grandes lienzos vacíos. Puertas y ventanas de austera cantería, cerradas con tablones macizos, de nobles, rancias maderas, desnudas de barnices y vidrios, todas como trabajadas por uno y el mismo artífice rudo y exacto. Pátina del tiempo, del sol, de las lluvias, de las manos consuetudinarias, en los portones, en los dinteles y sobre los umbrales. Casas de las que no escapan rumores, risas, gritos, llantos; pero a lo alto, la fragancia de finos leños consumidos en hornos y cocinas, envuelta para regalo del cielo con telas de humo azul.

En el corazón y en los aledaños el igual hermetismo. Casas de las orillas, junto al río, junto al cerro, al salir de los caminos, con la nobleza de su cantería, que sella dignidad a los muros de adobe.

Y cruces al remate de la fachada más humilde, coronas de las esquinas, en las paredes interminables; cruces de piedra, de cal y canto, de madera, de palma; unas, anchas; otras, altas; y pequeñas, y frágiles, y perfectas, y toscas.

Pueblo sin fiestas, que no la danza diaria del sol con su ejército de vibraciones. Pueblo sin otras músicas que cuando clamorean las campanas, propicias a doblar por angustias, y cuando en las iglesias la opresión se desata en melodías plañideras, en coros atiplados y roncos. Tertulias, nunca. Horror sagrado al baile: ni por pensamiento: nunca, nunca. Las familias entre sí se visitan sólo en caso de pésame o enfermedad, quizás cuando ha llegado un ausente mucho tiempo esperado.

Pueblo seco, sin árboles ni huertos. Entrada y cementerio sin árboles. Plaza de matas regadas. El río enjuto por los mayores meses; río de grandes losas brillantes al sol. Áridos lomeríos por paisaje, cuyas líneas escuetas van superponiendo iguales horizontes. Lomeríos. Lomeríos.

Pueblo sin alameda. Pueblo de sol, reseco, brillante. Pilones de cantera, consumidos, en las plazas, en las esquinas. Pueblo cerrado. Pueblo de mujeres enlutadas. Pueblo solemne.

La limpieza pone una nota de vida. Bien barridas las calles. Enjalbegadas[1] las casas y ninguna, ni en las orillas, ruinosa. Afeitados los varones, viejos de cara cenceña, muchachos chapeteados, muchachos pálidos, de limpias camisas, de limpios pantalones; limpios los catrines, limpios los charros, limpios los jornaleros de calzón blanco. Limpias las mujeres pálidas, enlutadas, pálidas y enlutadas, que son el alma de los atrios, de las calles ensolecidas, de las alcobas furtivamente abiertas. Nota de vida y de frescura, las calles bien barridas bajo el sol y al cabo del día, entre la noche. Mujeres enlutadas, madrugadoras, riegan limpieza desde secretos pozos.

En cada casa un brocal, oculto a las miradas forasteras, como las yerbas florecidas en macetas que pueblan los secretos patios, los adentrados corredores, olientes a frescura y a paz.

Muy más adentro la cocina, donde también se come y es el centro del claustro familiar. Allí las mujeres vestidas de luto, pero destocadas, lisamente peinadas.

Luego las recámaras. Imágenes. Imágenes. Lámparas. Una petaquilla cerrada con llave. Algún armario. Ropas colgadas, como ahorcados fantasmas. Canastas con cereales. Algunas sillas. Todo pegado a las paredes. La cama, las camas arrinconadas (debajo,

---

[1] enjalbegadas: *whitewashed*.

canastas con ropa blanca). Y en medio de las piezas, grandes, vacíos espacios.

Salas que lo son por sus muchas sillas y algún canapé. No falta una cama. La cama del señor. En las rinconeras, las imágenes principales del pueblo y del hogar, con flores de artificio, esferas y tibores. La Mano de la Providencia, el Santo Cristo, alguna Cruz Milagrosa que fue aparecida en algún remoto tiempo, a algún ancestro legendoso.

De las casas emana el aire de misterio y hermetismo que sombrea las calles y el pueblo. De las torres bajan las órdenes que rigen el andar de la casa. Campanadas de hora fija, clamores, repiques.

Pueblo conventual. Cantinas vergonzantes. Barrio maldito, perdido entre las breñas, por entre la cuesta baja del río seco. Pueblo sin billares, ni fonógrafos, ni pianos. Pueblo de mujeres enlutadas.

El deseo, los deseos disimulan su respiración. Y hay que pararse un poco para oírla, para entenderla tras de las puertas atrancadas, en el rastro de las mujeres con luto, de los hombres graves, de los muchachos colorados y de los muchachillos pálidos. Hay que oírla en los rezos y cantos eclesiásticos a donde se refugia. Respiración profunda, respiración de fiebre a fuerzas contenidas. Los chiquillos no pueden menos que gritar, a veces. Trepidan las calles. ¡Cantaran las mujeres! No, nunca, sino en la iglesia los viejos coros de generación en generación aprendidos. El cura y sus ministros pasan con trajes talares y los hombres van descubriéndose; los hombres y las mujeres enlutadas, los niños, les besan la mano. Cuando llevan el Santísimo, revestidos, un acólito—revestido—va tocando la campanilla y el pueblo se postra; en las calles, en la plaza. Cuando las campanas anuncian la elevación y la bendición, el pueblo se postra, en las calles y en la plaza. Cuando a campanadas lentas, lentísimas, tocan las doce, las tres y la oración, se quitan el sombrero los hombres, en las calles y en la plaza. Cuando la Campana Mayor, pesada, lentísimamente, toca el alba, en oscuras alcobas hay toses de ancianidad y nicotina, toses leves y viriles, con rezos largos, pro-

fundos, de sonoras cuerdas a medio apagar; viejecitos de nuca seca, mujeres y campesinos madrugadores arrodillados en oscuros lechos, vistiéndose, rayando fósforos, tal vez bostezando, entre palabras de oración, mientras la Campana ronca da el alba con solemne lentitud, pesadamente.

Los matrimonios son en las primeras misas. A oscuras. O cuando raya la claridad, todavía indecisa. Como si hubiera un cierto género de vergüenza. Misteriosa. Los matrimonios nunca tienen la solemnidad de los entierros, de las misas de cuerpo presente, cuando se desgranan todas las campanas en plañidos prolongados, extendiéndose por el cielo como humo; cuando los tres padres y los cuatro monagos vienen por el atrio, por las calles, al cementerio, ricamente ataviados de negro, entre cien cirios, al son de cantos y campanas.

Hay toques de agonía que piden a todo el pueblo, sobre los patios, en los rincones de la plaza, de las calles, de las recámaras, que piden oraciones por un moribundo. Los vecinos rezan el "Sal, alma cristiana, de este mundo . . ." y la oración de la Sábana Santa.

Cuando la vida se consume, las campanas mudan ritmo y los vecinos tienen cuenta de que un alma está rindiendo severísimo Juicio. Corre una común angustia por las calles, por las tiendas, entre las casas. Algunas gentes que han entrado a ayudar a bien morir, se retiran; otras, de mayor confianza, se quedan a ayudar a vestir al difunto, cuando sea pasado un rato de respeto, mientras acaba el Juicio, pero antes de que el cuerpo se enfríe.

Las campanas repican los domingos y fiestas de guardar. También los jueves en la noche. Sólo son alegres cuando repican a horas de sol. El sol es la alegría del pueblo, una casi incógnita alegría, una disimulada alegría, como los afectos, como los deseos, como los instintos.

Como los afectos, como los deseos, como los instintos, el miedo, los miedos asoman, agitan sus manos invisibles, como de cadáveres, en ventanas y puertas herméticas, en los ojos de las mujeres conlutadas y en sus pasos precipitados por la calle y en sus bocas contraídas, en la gravedad masculina y en el silencio de los niños.

Los deseos, los ávidos deseos, los deseos pálidos y el miedo, los miedos, rechinan en las cerraduras de las puertas, en los goznes resecos de las ventanas; y hay un olor suyo, inconfundible, olor sudoroso, sabor salino, en los rincones de los confesionarios, en las capillas oscurecidas, en la pila bautismal, en las pilas del agua bendita, en los atardeceres, en las calles a toda hora del día, en la honda pausa del mediodía, por todo el pueblo, a todas horas, un sabor a sal, un olor a hume-dad, una invisible presencia terrosa, angustiosa, que nunca estalla, que nunca mata, que oprime la garganta del forastero y sea quizá placer del vecindario, como placer de penitencia.

En las noches de luna escapan miedos y deseos, a la carrera; pueden oírse sus pasos, el vuelo fatigoso y violento, al ras de la calle, sobre las paredes, arriba de las azoteas. Camisas de fuerza batidas por el aire, con-torsionados los puños y las faldas, golpeando las casas y el silencio en vuelos de pájaro ciego, negro, con alas de vampiro, de tecolote o gavilán; con alas de paloma, sí, de paloma torpe, recién escapada, que luego volverá, barrotes adentro. Los deseos vuelan siempre con ventaja, en las noches de luna; los miedos corren detrás, amenazándolos, imprecando espera, chillando: vientos con voz aguda e inaudible. Saltan los deseos de la luz a la sombra, de la sombra a la luz, y en vano los miedos repiten el salto. Dura la vieja danza media noche. Pasa el cansancio. Y a la madrugada, cuando hay luna, cuando la campana toca el alba, recomienza el brincar de los deseos jugando con los miedos. La mañana impone la victoria de los últimos, que ya por todo el día serán los primeros en rondar el atrio, las calles, la plaza, mientras los deseos yacen tendidos en las mejillas, en los labios, en los párpados, en las frentes, en las manos, tendidos en los surcos de las caras o metidos en oscuras alcobas, transpirando sudor que impregna el aire del pueblo.

En las noches de luna, en casas de la orilla, quién sabe si en lo hondo de alguna casa céntrica, rasguean guitarras en sordina, preñadas de melancolía, lenguas de los deseos. En las noches de luna, cantan en las cantinas vergonzantes una canción profana, canción de los terrores, jinetes de los deseos. En las noches de luna hay dulce tristeza en los pilones exangües de la plaza, cuyas piedras reverberan melancolía por un ausente pensamiento nazareno y una emoción samaritana, también ausente. Nunca estas pilas, ni en las noches de luna, quién sabe si ni en las más negras noches, han oído un diálogo de amor; nunca vienen a sentarse más que deseos en soledad; nunca sobre sus bordes una pareja estrechó las manos con resortes de fiebre. Secas pilas pulidas por el tiempo.

En las tardes cargadas de lluvia, en las horas torrenciales, en las tardes cuando ha llovido y queda el olor de las paredes, maderas y calles mojadas, en las noches eléctricas cuando amenaza tormenta, en las mañanas nubladas, en los días de llovizna interminable y cuando aprieta el agobio veraniego, en las noches de intenso frío cuando la transparencia del invierno, salen también los deseos y se les oye andar a ritmo bailarín, se les oye cantar en cuerda de gemido una canción profana, invisibles demonios que a vueltas emborrachan las cruces de las fachadas, de los muros, de las esquinas, de las garitas, y la gran cruz en el dintel del camposanto. Los miedos alguaciles, loqueros, habrán de sujetarlos con camisas negras y blancas, con cadenas de fierro, al conjuro de las campanas y a la sombra de los trajes talares.

Pueblo de perpetua cuaresma. Primavera y verano atemperados por una lluvia de ceniza. Oleo del *Dies irae* inexhausto para las orejas. Agua del *Asperges* para las frentes. Púas del *Miserere* para las espaldas. Canon del *Memento, homo,* para los ojos. Sal del *Requiem aeternam* para la memoria. Los cuatro jinetes de las postrimerías, gendarmes municipales, rondan sin descanso las calles, las casas y las conciencias. *De profundis* para lenguas y gargantas. Y en los lagrimales, la cuenca de vigilia tenaz, con dársenas en las frentes y en las mejillas.[2]

Pueblo de ánimas. Las calles son puentes de necesidad. Para ir a la iglesia. Para desahogar estrictos menesteres. Las mujeres enlutadas llevan rítmica prisa, el rosario y el devocionario en las manos, o embrazadas las canastas de los mandados. Hieráticas. Breves, cortantes los saludos de obligación. Acaso en el atrio se detengan un poco a bisbisear, muy poco, cual temerosas. (Pero habrá que fijarse bien, mucho, para ver cómo algunas veces llegan a las puertas, lentamente, y se diría que no tienen ganas de que les abrieran, y entran con gesto de prisioneras que dejan sobre la banqueta toda esperanza. Habrá que fijarse bien. Quizá suspiran cuando la puerta vuelve a cerrarse.) Hay, sí, hombres en las esquinas, en las afueras de los comercios, en las bancas de la plaza; son pocos, y parcos de palabras; parecen meditantes y no brilla en sus pupilas el esplendor de la curiosidad que acusara el gozo de la calle por la calle. A la noche habrá pasos obsesionados y sombras embozadas bajo las oscilaciones de los faroles municipales; y a la media noche o muy de madrugada podrían oírse bisbiseos junto a las cerraduras de las puertas o entre las resquebrajaduras de las ventanas. ¡Ah! es el gran misterio, triunfante sobre los cuatro jinetes; la vida que rompe compuertas; pero entre sombras, con vieja discreción, como lo exige —y lo permite— la costumbre del pueblo. Mientras duermen las campanas. Y es mejor, más recomendable, más honesto, el lenguaje escrito: guardan las tiendas con cautela de mercancía vergonzante ciertos pliegos ya escritos, capaces de reducirse a toda circunstancia; pero también hay hombres y mujeres emboscados que pueden redactar misivas especiales, para casos difíciles o perdidos.

No se ven, pero se sienten los cintarazos de los cuatro jinetes en las mesnadas de los instintos, al oscurecer, a las altas horas de la noche. Rechinan los huesos, las lenguas enjutas y sedientas.

Jinetes misteriosos de carne y sangre transitan en horas avanzadas, rumbo a las afueras, por los caminos aledaños. El pueblo amanece consternado, como si un coyote, como si un lobo dejara huellas de sangre por todas las banquetas, muros, puertas y ventanas; como si todos los vecinos se sintieran cómplices del rapto. Allí engéndranse, con futuras vidas, futuras venganzas y muertes. No hay dolencia en el pueblo como la del honor mancillado: preferibles todas las agonías, todas las miserias y cualquier otro género de tormentos ¡Cuán difícil aceptar los hechos consumados! En las máquinas paternas ha sido para siempre rota la cuerda más sensible, y aunque de los males el menos, ya el próximo matrimonio, ya los próximos nietos habrán de ser frutos para siempre amargos, arrancados a la fuerza. Y no es frecuente tal resignación, antes la venganza sin cuartel o el desconocimiento de por vida, inflexible, hacia la hija frágil, hacia el yerno execrado, hacia los extraños nietos, que ni quien los miente si se quiere guardar la amistad del ofendido.

Aun las pretensiones en forma, las relaciones cautelosas y bajo todos los respetos y disimulos, aun los pedimentos por boca del cura y apadrinados por vecinos de influencia, caen como centellas devastadoras, hienden el ánimo paterno, hacen llorar a las familias, ponen luto en las casas, ojeriza en los hermanos, cuarentena para el responsable, por ventajosos que parezcan, por esperados que hayan sido. La novia es una yerba bamboleante y mal tratada; pararrayo de desprecios e invectivas; ¡qué gloria familiar si cediera y a tiempo se arrepintiese! Cuando se obstina, qué pálida llega a la parroquia en el forzoso amanecer de la ceremonia nupcial y cómo no se atreve a mirar a quien le da las

---

[2] Oleo . . . mejillas: *Anointing oil of the perpetual Day of Judgment for the ears. Water from the aspergillum* (sprinkler of Holy Water) *for the forehead. Barbs of the "Miserere"* (Lord, have mercy on us, miserable sinners) *for the shoulders and back. Canon of the "Remember, man, that thou art dust"* (prayer said when ashes placed on brow) *for the eyes. Purifying salt of the "God help this soul to eternal rest" prayer for the memory. The four horsemen of the fina stages of man* (death, judgment, hell, heaven), *municipal police, restlessly patrol the streets, the homes and the consciences. The prayer "Out of the depths"* (hear us, O Lord, and redeem this soul) *for the tongues and throats. And in the tear ducts, the socket of ceaseless vigil, with its harbors on the forehead and on the cheeks.*

arras y le ciñe el anillo. Qué vergüenza los primeros días. No quiere salir con el marido ni a la iglesia. Cuán externa vergüenza de sentirse madre, brújula de miradas e íntimos comentarios. Qué calvario del matrimonio 5 bajo la hostil, cerrada extrañeza colectiva, tradicional. También los hombres se sienten señalados, marcados por invisibles manos, por miradas capciosas, por reticencias, en los primeros meses matrimoniales, y evaden 10 hablar de sus goces, de sus problemas, de su mujer, como si fueran ladrones prófugos; tiemblan las púberes cuando los ven venir, porque han oído vagas conversaciones que les ponen espanto, vagas conversaciones que los 15 hacen odiosos, temibles, aunque allá muy en el fondo del terror bullan informes inquietudes ávidas, como las de los adolescentes varones que quisieran hablar con los recién casados, y la vergüenza los contiene, los aleja 20 de quienes fueron compañeros de andanzas y juegos.

Pueblo de templadas voces. Pueblo sin estridencias. Excepto los domingos en la mañana, sólo hasta medio día. Un río de 25 sangre, río de voces y colores inunda los caminos, las calles, y refluye su hervor en el atrio de la parroquia y en la plaza, tiñe las fondas, los mesones y los comercios; río colorado cuyas aguas no se confunden o 30 impregnan el estanque gris; pasada la misa mayor y comprados los avíos de la semana, los hombres de fuertes andares y gritos, las enaguas de colores chillantes—enanaranjadas, color de rosa, solferinas, moradas—, crujien- 35 tes de almidón, los zapatos rechinadores, los muchachitos llorones, las cabalgaduras trepidantes, toman el rumbo de sus ranchos y dejan al pueblo con su tarde silenciosa, con sus mujeres enlutadas, con sus monótonos 40 campaneos, y lleno de basuras, que los diligentes vecinos barrerán presurosos. Ya toda la semana fondas y mesones bostezarán.

Fondas y mesones vacíos de ordinario. El pueblo no está en rutas frecuentadas. De 45 tarde en tarde llega un agente de comercio, un empleado fiscal, o pernocta un "propio" que trae algún recado, algún encargo, para vecinos de categoría. No hay hoteles o aloja-

mientos de comodidad. La comodidad es un concepto extraño. La vida no merece regalos.

La comida es bien sencilla. Ordinariamente, caldo de res, sopa de pasta o de arroz, cocido y frijoles, al medio día; en la mañana y en la tarde, chocolate, pan y leche. El pan es muy bueno; su olor sahuma las tardes.

Las gentes viven de la agricultura. Se cultiva mucho maíz. Hay una sola cosecha en el año. Carece la comarca de presas y regadíos. Una constante zozobra por malos temporales deja su huella en el espíritu de las gentes. Panaderos, carpinteros, unos cuantos herreros y curtidores, varios canteros, cuatro zapateros, un obrajero, tres talabarteros, dos sastres, muchos curanderos, algunos huizacheros, cinco peluqueros, completan el cuadro de la economía. Pero no se olviden las manos de los usureros; hay muchos y parecen sepulcros blanqueados.

Los más pobres vecinos van pasándola bien, aunque con agobios. Nadie se ha muerto de hambre por estas tierras. Los ricos miserables y estoicos, estoicos los pobres, igualan un parejo vivir. La conformidad es la mejor virtud en estas gentes que, por lo general, no ambicionan más que ir viviendo, mientras llega la hora de una buena muerte. Entienden la existencia como un puente transitorio, a cuyo cabo todo se deja. Esto y la natural resequedad cubren de vejez al pueblo, a sus casas y gentes; flota un aire de desencanto, un sutil aire seco, al modo del paisaje, de las canteras rechupadas, de las palabras tajantes. Uno y mismo el paisaje y las almas. Foscura luminosa, como de prolongado atardecer, como de rescoldo inacabable. Así en los ojos, así en las bocas, en las canterías, en las maderas de puertas y ventanas, en la dura tierra parda. Pardo el mirar y pardos los ademanes. Tardo el resolver, el andar, el negociar, el hablar. Tardo, pero categórico.—"Toda la noche lo he pensado . . ."—"Hablaremos mañana con despacio . . ."—"El año que entra . . ."— "Para las secas . . ."—"Para las aguas, Dios mediante . . ."—"Si para entonces no nos morimos . . ."

Pueblo seco. Sin árboles, hortalizas ni

jardines. Seco hasta para dolerse, sin lágrimas en el llorar. Sin mendicantes o pedigüeños gemebundos. El pobre habla al rico lleno de un decoro, de una dignidad, que poco falta para ser altanería. Los cuatro jinetes igualan cualesquier condiciones. Vive cada cual a su modo, para sentirse libre, no sujeto a necesidades o dependencias.—"Éste no me quiere de mediero, con otro lo conseguiré."— "Aquél me despreció, aquí la cortaremos." —"Guárdese su dinero y yo mi gusto."— "Más vale paz que riqueza."

Pueblo seco. Pero para las grandes fiestas —Jueves Santo, Jueves de Corpus, Mes de María, Fiesta de la Asunción, Domingo del Buen Pastor, Ocho y Doce de Diciembre[3]—, las flores rompen su clausura de patios y salen a la calle, hacia la iglesia; flores finas y humildes: magnolias, granduques, azucenas, geranios, nardos, alcatraces, margaritas, malvas, claveles, violetas, ocultamente cultivadas, fatigosamente regadas con agua de profundos pozos; nunca otros días aparecerán en público estos domésticos, recónditos tesoros, alhajas de disimulada ternura. Distanciamiento y adustez también se rompen cuando llegan las horas graves de la miseria humana: enfermedades, muertes, tristezas, reveses; brazos y manos mueven sus goznes, humedécense las palabras y los ojos, las casas se abren, las gentes se visitan. Y transcurrido el motivo, las manos y las almas vuelven a cerrarse, impasiblemente.

Muchas congregaciones encauzan las piadosas actividades de grandes y chicos, hombres y mujeres. Pero son dos las más importantes, a saber, la de la Buena Muerte y la de las Hijas de María; en mucho y casi decisivamente, la última conforma el carácter del pueblo, imponiendo rígida disciplina, muy rígida disciplina, en el vestir, en el andar, en el hablar, en el pensar y en el sentir de las doncellas, traídas a una especie de vida conventual, que hace del pueblo un monasterio. Y es muy mal visto que una muchacha llegada a los quince años no pertenezca a la Asociación del traje negro, la cinta azul y la medalla de plata; del traje negro con cuello alto, mangas largas y falda hasta el tobillo; a la Asociación en donde unas a otras quedan vigilándose con celo en competencia, y de la que ser expulsadas constituye gravísima, escandalosa mancha, con resonancia en todos los ámbitos de la vida.

La separación de sexos es rigurosa. En la iglesia, el lado del Evangelio queda reservado exclusivamente para los hombres, y el de la Epístola para el devoto femenino sexo. Aun entre parientes no es bien visto que hombre y mujer se detengan a charlar en la calle, en la puerta, ni siquiera con brevedad. Lo seco del saludo debe extremarse cuando hay un encuentro de esta naturaleza, y más aún si el hombre o la mujer van a solas; cosa no frecuente y menos tratándose de solteras, que siempre salen acompañadas de otra persona.

Caras de ayuno y manos de abstinencia. Caras sin afeites. Labios consumidos. Pálidos cutis. Mas los varones tostados, consumidos por el sol. Manos rudas, de las mujeres, que sacan agua de los pozos; de los varones, que trabajan la tierra, lazan reses, atan el rastrojo, desgranan maíz, acarrean piedras para las cercas, manejan caballos, cabrestean novillos, ordeñan, hacen adobes, acarrean agua, pastura, granos.

Entre mujeres enlutadas pasa la vida. Llega la muerte. O el amor. El amor, que es la más extraña, la más extrema forma de morir; la más peligrosa y temida forma de vivir el morir.

---

[3] Jueves Santo . . . de Diciembre: *Holy Thursday* (before Easter), *Corpus Christi* (a variable feast after Pentecost), *Month of Mary* (May), *Feast of the Assumption* (August 15), *Sunday of the Good Shepherd* (a variable feast), *the Eighth and Twelfth of December* (December 8 is the Feast of the Immaculate Conception and December 12 is the Day of the Virgin of Guadalupe, Mexico's patron saint).

ᨒ Juan José Arreola

MEXICO, 1918–   Arreola is the inventor of a new kind of fantastic
short story which is not inspired by reality or observation but finds its
roots in literary readings and in the imagination. In 1943 his story *Hizo
el bien mientras vivió* gained for the author an immediate recognition; his
Varia invención, 1949, and *Confabulario*, 1952, cemented this reputation.
"Arreola nació adulto para las letras," writes the Mexican critic
Emmanuel Carballo, "salvando así los iniciales titubeos. Poseedor de un
oficio y de una malicia, dueño de los secretos mecanismos del cuento,
rápidamente se situó en primera línea."

   A subtle and ironic humor pervades all of Arreola's pages. He moves
from the absurd to the logical and back again to the absurd with convincing strokes and a clear, balanced style. He is especially successful
in making the unreal have the appearance of reality. He loves the
mysterious and the incongruous, the grotesque and the startling aspects
of imagination and of human life. His stories may be taken as fables, as
sociological sketches, or as pure literary invention. It does not greatly
matter. The author's view of the world is what is important, and it is a
view which sees man and the natural forces of the universe unfolding
themselves in a series of grotesque confrontations. In the background,
usually distorted but invariably evident, is man's awkward and unending
search for ultimate truth. Reading the stories of Arreola is a stimulating
and exciting verbal adventure. It may also be an exciting adventure for
the intellect and for the emotions.

ᨒEL SILENCIO DE DIOS

Creo que esto no se acostumbra: dejar cartas
abiertas sobre las mesas para que Dios las lea.

   Perseguido por días veloces, acosado por
ideas tenaces, he venido a parar en esta
noche, como en una punta de callejón 5
sombrío. Noche puesta a mis espaldas como
un muro y abierta frente a mí como pregunta
inagotable.

   Las circunstancias me piden un acto
desesperado y no puedo hacer otra cosa que
poner esta carta delante de sus ojos, que lo ven
todo. Sepa usted que vengo retrocediendo
desde toda la vida, desde la infancia, aplazando siempre esta hora en que he caído por fin

   No piense usted que trato de aparecer a sus
ojos como el más atribulado de los hombres.

Nada de eso. Cerca o lejos debe haber otros que también han sido acorralados en noches como ésta. Pero yo le pregunto: ¿Cómo han hecho para seguir viviendo? ¿Han salido siquiera con vida de la travesía?

Necesito hablar y confiarme, y sólo le tengo a usted como destinatario para este mensaje de naufragio. Quiero pensar en que usted lo recogerá. Mi carta no va a flotar en el vacío, abierta y sola, como sobre un mar inexorable.

¿Es poco un alma que se pierde? Millares caen sin cesar, faltas de apoyo, desde el día en que se alzaron para pedir las claves de la vida. Pero yo no quiero saberlas. No pretendo que me dé usted la razón del universo. No voy a buscar en esta hora de sombra lo que no hallaron en espacios de luz los sabios y los santos. Mi necesidad es breve y personal.

Quiero ser bueno y solicito unos informes. Eso es todo. ¿Me los dará usted? Estoy balanceado en un vértigo de incertidumbre, y mi mano, que sale por último a la superficie, no encuentra una brizna para detenerse. Y es poco lo que me falta, sencillo el dato que necesito. Escuche usted:

Desde hace algún tiempo he venido dando un cierto rumbo a mis actos, una orientación que me ha parecido razonable, y estoy alarmado. Temo ser víctima de una equivocación, porque todo me ha salido, hasta la fecha, muy mal.

Me siento sumamente defraudado al comprobar que mis fórmulas de bondad producen siempre una masa explosiva. Mis balanzas funcionan mal. Hay algo que me impide elegir con claridad los ingredientes del bien. Siempre se adhiere una partícula malvada, y el resultado estalla en mis manos.

¿Es que estoy incapacitado para la elaboración del bien? Dígamelo usted. Me dolería reconocerlo, pero confieso que soy capaz de un aprendizaje.

No sé si usted se habrá dado cuenta, pero yo paso la vida cortejado por un afable demonio que me sugiere delicadamente maldades. No sé si tiene la autorización de usted, el caso es que no me deja un momento. Sabe dar a la tentación atractivos insupe-

rables. Es agudo y oportuno. Como un prestidigitador, saca cosas horribles de los objetos más inocentes, y está siempre provisto de extensas series de malos pensamientos que proyecta en la imaginación como rollos de película. Se lo digo a usted con sinceridad: nunca voy al mal con pasos deliberados; él facilita los trayectos, pone todos los caminos en declive. Es el saboteador de mi vida.

Por si a usted le interesa, pongo aquí el primer dato de mi biografía moral:

El dieciocho de julio de 1924 la vida me pone en contacto con unos niños que saben cosas secretas, atrayentes, que participan con misterio.

Naturalmente, no me cuento entre los niños felices. Un alma infantil que guarda pasados secretos es algo que vuela mal, es un ángel lastrado que no puede tomar altura. Mis días de niño, que decoraron suaves paisajes, ostentan a menudo manchas deplorables. El maligno, con apariciones puntuales de fantasma, daba a mis sueños un giro de pesadilla y puso en los recuerdos pueriles un sabor punzante y criminoso.

Cuando supe que usted miraba todos mis actos, traté de escondérselos por obscuros rincones, ¿recuerda? Pero después, por indicación de mayores, mostré abiertos mis secretos para que fueran examinados en tribunal. Supe que entre usted y mi conciencia había seres comisionados para fungir de intermediarios, y durante algún tiempo tramité por su conducto mis asuntos, hasta que un día, pasada la niñez, quise atenderlos personalmente.

Entonces se suscitaron problemas cuyo examen fue siempre aplazado. Empecé a retroceder ante ellos, a huir de su amenaza. A vivir días y días cerrando los ojos, dejando al bien y al mal que hicieran conjuntamente su trabajo. Hasta que una vez, volviendo a mirar, quise delimitar sus funciones y tomar el partido de uno de los dos trabados contendientes.

Con ánimo caballeresco, me puse al lado del más débil. Vea usted el resultado de nuestra alianza.

Hemos perdido todas las batallas. De todos

los encuentros hemos salido invariablemente apaleados, y aquí estamos batiéndonos en retirada durante esta noche memorable.

Dígame usted, ¿por qué es el bien tan indefenso? ¿Por qué tan pronto se derrumba? Apenas se elaboran cuidadosamente unas horas de fortaleza, cuando el golpe de un minuto viene a echar abajo toda la estructura. Cada noche me encuentro aplastado por los escombros de un día destruido, de un día que fue bello y amorosamente edificado.

Siento que una vez no me levantaré más, que decidiré vivir entre ruinas como una lagartija. Esta noche, vea usted, mis manos se hallan cansadas para el trabajo de mañana. Y si no viene el sueño, siquiera el sueño como una pequeña muerte a saldar la cuenta pesarosa de este día, en vano esperaré mi resurrección. Dejaré que fuerzas obscuras vivan en mi alma y la empujen, en barrena, hacia una caída acelerada.

Pero también le pregunto: ¿se puede vivir para el mal? ¿Cómo se consuelan los malos de no sentir en su corazón el ansia tumultuosa del bien? Y si detrás de cada acto malévolo se esconde un ejército de castigo, ¿cómo hacen los malos para defenderse? Por mi parte, he perdido siempre esa lucha, y bandas de remordimiento me persiguen como espadachines hasta el callejón de esta noche.

Muchas veces he revistado con satisfacción un cierto grupo de actos bien disciplinados y casi victoriosos, y ha bastado el menor recuerdo enemigo para ponerlos en fuga. Me veo precisado a reconocer que muchas veces soy bueno sólo porque me faltan oportunidades aceptables para ser malo, y recuerdo hasta dónde pude llegar en cierta ocasión cuando el mal se puso con todos sus atractivos a mi alcance.

Entonces, para conducir con certeza el alma que usted me ha confiado, pido, con la voz más necesitada, un dato, un signo, una brújula.

Comprenda usted, el espectáculo del mundo me ha desorientado. Sobre él desemboca el azar y lo confunde todo. No hay lugar para recoger una serie de hechos y confrontarlos. La experiencia va brotando siempre detrás de los actos que hemos solventado, inútil como una moraleja.

Veo a los hombres en torno de mí, llevando vidas ocultas, inexplicables. Veo a los niños que beben aguas contaminadas, y a la vida, como una nodriza criminal, que los alimenta de venenos. Veo pueblos que se disputan las palabras eternas, que se dicen predilectos y elegidos. A través de los siglos, se ven hordas de sanguinarios y de imbéciles, y de pronto, aquí y allá, un alma que parece señalada con un sello divino.

Miro a los animales que soportan dulcemente su destino y que viven bajo normas distintas, a los vegetales que se consumen después de una vida misteriosa y pujante y a los minerales duros y silenciosos.

Enigmas sin cesar caen en mi corazón, cerrados como semillas, que una savia interior hace crecer.

De cada una de las huellas que su mano admirable ha dejado sobre la tierra, distingo y sigo el rastro. Pongo agudamente el oído en el rumor informe de la noche, me inclino al silencio que se abre de pronto y que un sonido interrumpe. Espío y trato de ir hasta el fondo, de embarcarme al conjunto, de sumarme en el todo.

Pero quedo siempre aislado. Ignorante, individual, siempre a la orilla.

Desde la orilla entonces, desde el embarcadero, dirijo a usted esta carta, que, sin duda, irá a perderse en el silencio . . .

* * *

Efectivamente, tu carta ha ido a dar al silencio. Pero sucede que yo me encontraba allí en tales momentos. Las galerías del silencio son muy extensas, y hacía algún tiempo que no las visitaba. Varios miles de años acaso.

Desde el principio del mundo, tengo mandado que vengan a parar aquí todas estas cosas. Una legión de ángeles especializados se ocupa en recoger impresiones de todo lo que se escribe, se habla o se piensa de mí sobre la tierra. Después de ser cuidadosamente clasificados, los mensajes humanos se guardan en unos ficheros dispuestos a lo largo del silencio.

Yo vengo de cuando en vez a revisarlos. Después de leídos, los voy colocando otra vez en los inmensos anaqueles. Me hallaba en esta labor cuando recibí en mis manos la impresión de tu carta. Quise examinar el original, y aquí estoy haciendo en él algunas modificaciones.

Cosa muy simple: estoy ordenando de otro modo las palabras, haciéndolas resbalar sobre el papel, desmontando muchas de ellas que suenan mal, para componer otras más bellas y armoniosas. En una palabra, estoy contestando a tu carta con tus propias letras.

Mientras tú duermes y olvidas, yo realizo este trabajo de cajista, para que al despertar te encuentres con una vida más apacible.

No te sorprendas porque contesto a tu carta, que según la costumbre debería quedar depositada en el silencio. Como atinadamente expresas en tu carta, no voy a poner en tus manos los secretos universales, sino a darte algunas indicaciones de provecho. Creo que serás lo suficientemente sensato para no conducirte desde mañana como un iluminado o para juzgar que me tienes definitivamente de tu parte.

Cada pasaje de mi carta te irá diciendo la interpretación que tienes que dar a su conjunto. Respecto al uso que puedes hacer de la misma, te concedo todas las libertades. No tiene un carácter de revelación o milagro y puedes mostrarla a cuantas personas gustes. Como nadie creerá que yo la escribo, no me perjudicas en lo más mínimo.

Por lo demás, esta carta va escrita con tus palabras, que, dicho sea de paso, no son de las mejores que se pueden encontrar. Material evidentemente humano, tal cual son las letras, mi intervención no deja en ellas el uso que corresponde y creo poder darles una soltura de que en tu carta carecían. Acostumbradas al manejo de cosas más espaciosas, estos pequeños signos, resbaladizos como guijarros, resultan poco adecuados para mis manos.

Para expresarme a mi gusto necesitaría crear un lenguaje especial, condicionado a mi substancia. Pero entonces volveríamos a nuestras eternas posiciones, y tú quedarías sin entenderme. Así, pues, no busques en mis frases atributos excelsos. Son tus propias letras incoloras y naturalmente humildes que mis dedos manejan sin experiencia.

Hay en tu carta un acento que me gusta. Acostumbrado a oír solamente recriminaciones o plegarias, tu carta me trajo un timbre de novedad. El contenido no es nuevo, pero hay en ella sinceridad, una voz de hijo doliente y una falta de altanería.

Comprende que los hombres se dirigen a mí de dos modos: bien el éxtasis del santo, o bien las blasfemias de los ateos. La mayoría utiliza también para llegar hasta aquí un lenguaje sistematizado en oraciones mecánicas que generalmente quedan sin archivar, excepto cuando un alma conmovida las reviste de nueva emoción.

Tú me hablas tranquilamente, y sólo te podía reprochar el que hayas dicho con tanta resignación que tu carta iba a parar al silencio. Como si lo supieras de antemano y provocaras con ello una contestación de mi parte. Ya has visto cómo fue una casualidad el que yo me enterase de tu carta cuando acababas de escribirla. Si retardo un poco mi visita a los ámbitos del silencio, cuando leyera tus apasionadas palabras ya no existiría sobre la tierra ni el polvo de tus huesos.

Quiero que veas al mundo tal cual yo lo contemplo: como un grandioso experimento. Hasta ahora los resultados no son muy claros, y confieso que los hombres han destruido ya mucho de lo que yo tenía presupuestado. Pienso que no sería difícil que acabaran con todo. Y esto gracias a un poco de libertad mal empleada.

Tú apenas rozas problemas que yo examino a fondo con amargura. Hay el dolor de los animales y el de los niños, que se les parecen tanto en su pureza. Veo sufrir a los niños y saber cosas impropias a su edad y quisiera salvarlos siempre. Sin embargo, debo esperar y espero confiadamente. Sobre esto me gustaría que consultaras las tablas de mortalidad infantil.

Si tú tampoco puedes soportar la brizna de libertad que llevas contigo, cambia la posición de tu alma y sé solamente pasivo, humilde. Acepta con emoción lo que la vida ponga en tus manos y no intentes los frutos celestes. No vengas tan lejos.

Respecto a la brújula que me pides, siento decirte que no puedo dártela. En el balanceo de tu vida está el mérito de tu alma. El equilibrio que consigas será tu mejor indicador. Lo que yo puedo darte, ya te lo he concedido. Ahora me es imposible acudir para salvarte, del mismo modo que no pude hacerlo el dieciocho de julio de 1924.

Quizás te convendría reposar en alguna religión, pero esto también lo dejo a tu criterio. Yo no puedo recomendarte alguna de ellas porque no soy el indicado para hacerlo. De todos modos, piénsalo, y decídete si hay en ti una voz profunda que lo solicita.

Lo que sí te puedo recomendar, y lo hago muy ampliamente, es que en lugar de ocuparte en investigaciones amargas, te dediques a observar más bien el pequeño cosmos que te rodea. Registra con cuidado los milagros cotidianos y acoge dentro de tu corazón a la belleza. Recibe sus mensajes inefables y tradúcelos en tu lengua.

Desgraciadamente, esto no te proporcionará ningún beneficio económico. Debes de buscar alguna ocupación que satisfaga a tus necesidades y que te deje algunas horas libres. Toma esto con la mayor atención, es un consejo que te conviene mucho. Al final de un día laborioso no suele encontrarse con noches como ésta, que por fortuna estás acabando de pasar profundamente dormido.

En tu lugar, yo me buscaría una colocación de jardinero o cultivaría por mi cuenta un prado de hortalizas. Con las flores que habría en él y con las mariposas que irían a visitarlas tendría suficiente para alegrar mi vida.

Quiero que me escribas. Me interesa este juego de las palabras que ganan y pierden significados con sólo cambiarse de lugar. Al ir destrabando tus frases para construir las mías,

he penetrado en los secretos de la expresión, y me gustaría seguir practicando ese mágico ejercicio.

Escríbeme si es que renuncias claramente a tratar temas desagradables y a usar palabras que yo me vea precisado a desarmar. Son tantos los temas de que nos podemos ocupar, que seguramente tu vida va a alcanzar para muy pocos. Escojamos los más hermosos.

No hables de ese compañero diabólico que sólo existe en tu imaginación. Lo has inventado para responsabilizarlo de tus fracasos y para atribuirle tus propias creaciones; por ejemplo, esos rollos de película que tú mismo has filmado.

Aquí te digo algo muy importante: si te sientes muy solo, busca la compañía de otras almas y frecuéntalas. Pero no olvides que cada alma está especialmente construida para la soledad.

Habría querido puntuar mejor mis oraciones, pero me ha hecho falta un buen número de puntos y comas, lo mismo que unos subrayados que dejo a tu discreción. En cambio, he dejado sin usar una media docena de signos de interrogación. Te ruego no emplearlos más.

Me quedan ya muy pocas letras y aún tengo muchas cosas por decir. Es curioso, gasto las palabras restantes en decir que se me están acabando.

Veo que mi carta no tiene otro mérito que el de estar escrita con un restringido número de palabras. Tuve que tomar precauciones para que al final no quedasen puras consonantes.

Quiero ver pronto otras cartas sobre tu mesa. En lugar de firma, y para acreditar esta carta, te ofrezco lo siguiente:

Voy a mostrarme a ti durante el día de un modo en que puedas fácilmente reconocerme, por ejemplo . . ., pero no, tú solo, solo habrás de descubrirlo.

(Varia invención, 1949)

~~~~~Juan Rulfo

MEXICO, 1918–   Juan Rulfo is one of the most popular of the younger *cuentistas* of Mexico. His first book of stories, *El llano en llamas* (1953), from which the selection below is taken, won immediate attention for the author from the élite reading public of his native land. Luis Leal, in his *Breve historia del cuento mexicano*, writes of this collection: "Los personajes y el ambiente descritos por Rulfo son los de Jalisco, su estado natal, del que posee un conocimiento directo. Su método favorito para contar la historia es el de permitir a un personaje que hable, ya sea como simple monólogo interior, o como reminiscencia, comenzando o terminando con las palabras 'de esto me acuerdo.' En cuanto a los temas, predominan los cuentos a base de venganzas, asesinatos y, en general, lo violento, tanto en las acciones como en las emociones."

Besides using the interior monologue Rulfo also uses most effectively "la simultaneidad de planos, la introspección, el paso lento." Time is obliterated and human character emerges as a living ghost in somewhat the same manner that characters emerge in history, long after they are dead, when one goes back in his mind to relive their lives, and imposes them against his own present moment. This aspect of Rulfo's writing is particularly notable in his widely praised but somewhat abstruse novelette, *Pedro Páramo* (1955), in which the reader is taken "through the normal barriers of existence into a world that is deathless because it is already dead . . . People emerge with the intense and unique quality of the figures that accosted Dante in the *Inferno*." Terse, highly suggestive dialogue, couched in the pungent local idiom, heightens greatly the impact of what the author has to say.

~~~NO OYES LADRAR LOS PERROS

—Tú que vas allá arriba, Ignacio, díme si no oyes alguna señal de algo o si ves alguna luz en alguna parte.

   —No se ve nada.

   —Ya debemos estar cerca.

   —Sí, pero no se oye nada.

   —Mira bien.

   —No se ve nada.

   —Pobre de ti, Ignacio.

La sombra larga y negra de los hombres
5 siguió moviéndose de arriba abajo, trepándose a las piedras, disminuyendo y creciendo

según avanzaba por la orilla del arroyo. Era una sola sombra, tambaleante.

La luna venía saliendo de la tierra, como una llamarada redonda.[1]

—Ya debemos estar llegando a ese pueblo, Ignacio. Tú que llevas las orejas de fuera, fíjate a ver si no oyes ladrar los perros. Acuérdate que nos dijeron que Tonaya estaba detrasito del monte. Y desde qué horas que hemos dejado el monte. Acuérdate, Ignacio.

—Sí, pero no veo rastro de nada.

—Me estoy cansando.

—Bájame.

El viejo se fue reculando hasta encontrarse con el paredón y se recargó allí, sin soltar la carga de sus hombros.[2] Aunque se le doblaban las piernas, no quería sentarse, porque después no hubiera podido levantar el cuerpo de su hijo, al que allá atrás, horas antes, le habían ayudado a echárselo a la espalda. Y así lo había traído desde entonces.

—¿Cómo te sientes?

—Mal.

Hablaba poco. Cada vez menos. En ratos parecía dormir. En ratos parecía tener frío. Temblaba. Sabía cuándo le agarraba a su hijo el temblor por las sacudidas que le daba, y porque los pies se le encajaban en los ijares como espuelas. Luego las manos del hijo, que traía trabadas en su pescuezo, le zarandeaban la cabeza como si fuera una sonaja.[3]

Él apretaba los dientes para no morderse la lengua y cuando acababa aquello le preguntaba:

—¿Te duele mucho?

—Algo—contestaba él.

Primero le había dicho. "Apéame aquí . . . Déjame aquí . . . Vete tú solo. Yo te alcanzaré mañana o en cuanto me reponga un poco." Se lo había dicho como cincuenta veces. Ahora ni siquiera eso decía.

Allí estaba la luna. Enfrente de ellos. Una luna grande y colorada que les llenaba de luz los ojos y que estiraba y oscurecía más su sombra sobre la tierra.

—No veo ya por dónde voy—decía él.

Pero nadie le contestaba.

El otro iba allá arriba, todo iluminado por la luna, con su cara descolorida, sin sangre, reflejando una luz opaca. Y él acá abajo.

—¿Me oíste, Ignacio? Te digo que no veo bien.

Y el otro se quedaba callado.

Siguió caminando, a tropezones. Encogía el cuerpo y luego se enderezaba para volver a tropezar de nuevo.

—Éste no es ningún camino. Nos dijeron que detrás del cerro estaba Tonaya. Ya hemos pasado el cerro. Y Tonaya no se ve, ni se oye ningún ruido que nos diga que está cerca. ¿Por qué no quieres decirme qué ves, tú que vas allá arriba, Ignacio?

—Bájame, padre.

—¿Te sientes mal?

—Sí.

—Te llevaré a Tonaya a como dé lugar.[4] Allí encontraré quien te cuide. Dicen que allí hay un doctor. Yo te llevaré con él. Te he traído cargando desde hace horas y no te dejaré tirado aquí para que acaben contigo quienes sean.

Se tambaleó un poco. Dio dos o tres pasos de lado y volvió a enderezarse.

—Te llevaré a Tonaya.

—Bájame.

Su voz se hizo quedita, apenas murmurada:

—Quiero acostarme un rato.

—Duérmete allí arriba. Al cabo te llevo bien agarrado.

La luna iba subiendo, casi azul, sobre un cielo claro. La cara del viejo, mojada en sudor, se llenó de luz. Escondió los ojos para no mirar de frente, ya que no podía agachar la cabeza agarrotada entre las manos de su hijo.

—Todo esto que hago, no lo hago por usted. Lo hago por su difunta madre. Porque usted fue su hijo. Por eso lo hago. Ella me reconvendría si yo lo hubiera dejado tirado allí, donde lo encontré, y no lo hubiera recogido para llevarlo a que lo curen, como estoy haciéndolo. Es ella la que me da

---

[1] llamarada redonda: *round burst of flame.*
[2] se fue reculando . . . hombros: *backed up against the wall and got a better grip on his load.*

[3] le zarandeaban . . . sonaja: *jiggled his head as if it were a rattle.*
[4] a como dé lugar: *somehow, one way or another.*

ánimos, no usted. Comenzando porque a usted no le debo más que puras dificultades, puras mortificaciones, puras vergüenzas.

Sudaba al hablar. Pero el viento de la noche le secaba el sudor. Y sobre el sudor seco, volvía a sudar.

—Me derrengaré,[5] pero llegaré con usted a Tonaya, para que le alivien esas heridas que le han hecho. Y estoy seguro de que, en cuanto se sienta usted bien, volverá a sus malos pasos. Eso ya no me importa. Con tal que se vaya lejos, donde yo no vuelva a saber de usted. Con tal de eso . . . Porque para mí usted ya no es mi hijo. He maldecido la sangre que usted tiene de mí. La parte que a mí me tocaba la he maldecido. He dicho: "¡Que se le pudra en los riñones la sangre que yo le di!" Lo dije desde que supe que usted andaba trajinando por los caminos, viviendo del robo y matando gente . . . Y gente buena. Y si no, allí está mi compadre Tranquilino. El que lo bautizó a usted. El que le dio su nombre. A él también le tocó la mala suerte de encontrarse con usted. Desde entonces dije: "Ése no puede ser mi hijo."

—Mira a ver si ya ves algo. O si oyes algo. Tú que puedes hacerlo desde allá arriba, porque yo me siento sordo.

—No veo nada.

—Peor para ti, Ignacio.

—Tengo sed.

—¡Aguántate! Ya debemos estar cerca. Lo que pasa es que ya es muy noche y han de haber apagado la luz en el pueblo. Pero al menos debías de oír si ladran los perros. Haz por oír.[6]

—Dame agua.

—Aquí no hay agua. No hay más que piedras. Aguántate. Y aunque la hubiera, no te bajaría a tomar agua. Nadie me ayudaría a subirte otra vez y yo solo no puedo.

—Tengo mucha sed y mucho sueño.

—Me acuerdo cuando naciste. Así eras entonces. Despertabas con hambre y comías para volver a dormirte. Y tu madre te daba agua, porque ya te habías acabado la leche de ella. No tenías llenadero.[7] Y eras muy rabioso. Nunca pensé que con el tiempo se te fuera a subir aquella rabia a la cabeza . . . Pero así fue. Tu madre, que descanse en paz, quería que te criaras fuerte. Creía que cuando tú crecieras irías a ser su sostén. No te tuvo más que a ti. El otro hijo que iba a tener la mató. Y tú la hubieras matado otra vez si ella estuviera viva a estas alturas.

Sintió que el hombre aquel que llevaba sobre sus hombros dejó de apretar las rodillas y comenzó a soltar los pies, balanceándolos de un lado para otro. Y le pareció que la cabeza, allá arriba, se sacudía como si sollozara.

Sobre su cabello sintió que caían gruesas gotas, como de lágrimas.

—¿Lloras, Ignacio? Lo hace llorar a usted el recuerdo de su madre, ¿verdad? Pero nunca hizo usted nada por ella. Nos pagó siempre mal. Parece que, en lugar de cariño, le hubiéramos retacado el cuerpo de maldad. ¿Y ya ve? Ahora lo han herido. ¿Qué pasó con sus amigos? Los mataron a todos. Pero ellos no tenían a nadie. Ellos bien hubieran podido decir: "No tenemos a quién darle nuestra lástima."[8] ¿Pero usted, Ignacio?

Allí estaba ya el pueblo. Vio brillar los tejados bajo la luz de la luna. Tuvo la impresión de que lo aplastaba el peso de su hijo al sentir que las corvas[9] se le doblaban en el último esfuerzo. Al llegar al primer tejabán,[10] se recostó sobre el pretil de la acera y soltó el cuerpo, flojo, como si lo hubieran descoyuntado.[11]

Destrabó difícilmente los dedos con que su hijo había venido sosteniéndose de su cuello y, al quedar libre, oyó cómo por todas partes ladraban los perros.

—¿Y tú no los oías, Ignacio?—dijo—. No me ayudaste ni siquiera con esta esperanza.

(El llano en llamas, 1953)

---

[5] Me derrengaré: *I'll break my back.*

[6] Haz por oír: *Try to listen.*

[7] No tenías llenadero: *You couldn't be filled.*

[8] No tenemos . . . lástima: *Nobody cares about us.*

[9] las corvas: *the bend of the knees.*

[10] tejabán: *tile-roofed shed.*

[11] descoyuntado: *dislocated all the joints.*

～～～Mario Benedetti

URUGUAY, 1920–   Mario Benedetti of Uruguay is one of the most popular of the younger generation of city *cuentistas* of the River Plate. His best stories and novels all have to do with daily life in Montevideo, but there is very little that might be called regional in them. The lives he depicts are ordinary city lives without heroic proportions, lives that might be found in almost any large urban center of the western world. There is a tendency among the citizens of Montevideo to regard their metropolis as just another average city where nothing happens that might deserve a place in the pages of literature. In spite of this widespread belief Mario Benedetti shows an uncanny ability to make his nondescript characters seem very much alive, and he is able to catch and to pass on to the reader those qualities which demonstrate their uniqueness, their human condition. Benedetti humanizes even the insignificant, the anodyne and the mediocre traits of personality so that they become redeemable for art.

Benedetti is also a literary critic of note. In his *Literatura uruguaya siglo XX* (1963) he comments pungently on recent literary criticism, which many believe has not done Uruguayan literature justice: "Unos la escriben, otros la leen, otros la sufren. Aunque pueda resultar una paráfrasis ya gastada, habría que decir que cada país y cada cultura, y además, cada momento de un país y de una cultura, tienen siempre la crítica que se merecen . . . Por eso, cuando le pregunto al lector y me pregunto a mí mismo: ¿Qué hacemos con la crítica?, me gustaría que pudiéramos estar de acuerdo en que la respuesta adecuada fuese: 'Merecer una mejor.'" Benedetti is one of the writers of his country today whose works will undoubtedly help very much to bring just this about.

～～FAMILIA IRIARTE

Había cinco familias que llamaban al Jefe. En la guardia de la mañana yo estaba siempre a cargo del teléfono y conocía de memoria las cinco voces. Todos estábamos enterados de que cada familia era un programa y a veces cotejábamos nuestras sospechas.

Para mí, por ejemplo, la familia Calvo era gordita, arremetedora, con la pintura siempre más ancha que el labio; la familia Ruiz, una pituca[1] sin calidad, de mechón sobre el ojo; la familia Durán, una flaca intelectual, del tipo fatigado y sin prejuicios; la familia Salgado, una hembra de labio grueso, de esas que convencen a puro sexo. Pero la única que tenía voz de mujer ideal era la familia Iriarte. Ni gorda ni flaca, con las curvas suficientes para bendecir el don del tacto que nos da Natura; ni demasiado terca ni demasiado dócil, una verdadera mujer, eso es: un carácter. Así la imaginaba. Conocía su risa franca y contagiosa y desde allí inventaba su gesto. Conocía sus silencios y sobre ellos creaba sus ojos. Negros, melancólicos. Conocía su tono amable, acogedor, y desde allí inventaba su ternura.

Con respecto a las otras familias había discrepancias. Para Elizalde, por ejemplo, la Salgado era una petisa[2] sin pretensiones; para Rossi, la Calvo era una pasa de uva;[3] la Ruiz, una veterana más para Correa. Pero en cuanto a la familia Iriarte, todos coincidíamos en que era divina, más aún, todos habíamos construido casi la misma imagen a partir de su voz. Estábamos seguros de que si un día llegaba a abrir la puerta de la oficina y simplemente sonreía, aunque no pronunciase palabra, igual la íbamos a reconocer a coro, porque todos habíamos creado la misma sonrisa inconfundible.

El Jefe, que era un tipo relativamente indiscreto en cuanto se refería a los asuntos confidenciales que rozaban la oficina, pasaba a ser una tumba de discreción y de reserva en lo que concernía a las cinco familias. En esa zona, nuestros diálogos con él eran de un laconismo desalentador. Nos limitábamos a atender la llamada, a apretar el botón para que la chicharra sonase en su despacho y a comunicarle, por ejemplo: "Familia Salgado." Él decía sencillamente "Pásemela" o "Dígale que no estoy" o "Que llame dentro de una hora." Nunca un comentario, ni siquiera una broma. Y eso que sabía que éramos de confianza.

Yo no podía explicarme por qué la familia

Iriarte era, de las cinco, la que lo llamaba con menos frecuencia, a veces cada quince días. Claro que en esas ocasiones la luz roja que indicaba "ocupado" no se apagaba por lo menos durante un cuarto de hora. Cuánto hubiera representado para mí escuchar durante quince minutos seguidos aquella vocecita tan tierna, tan graciosa, tan segura.

Una vez me animé a decir algo, no recuerdo qué, y ella me contestó algo, no recuerdo qué. ¡Qué día! Desde entonces acaricié la esperanza de hablar un poquito con ella, más aún, de que ella también reconociese mi voz tal como yo reconocía la suya. Una mañana tuve la ocurrencia de decir: "¿Podría esperar un instante hasta que consiga comunicación?," y ella me contestó: "Como no, siempre que usted me haga amable la espera." Reconozco que ese día estaba medio tarado, porque sólo pude hablarle del tiempo, del trabajo y de un proyectado cambio de horario. Pero en otra ocasión me hice de valor y conversamos sobre temas generales, aunque con significados particulares. Desde entonces ella reconocía mi voz y me saludaba con un "¿Qué tal, secretario?," que me aflojaba por completo.

Unos meses después de esa variante me fui de vacaciones al Este. Desde hacía varios años, mis vacaciones en el Este habían constituido mi esperanza más firme desde un punto de vista sentimental. Siempre pensé que en una de esas licencias iba a encontrar a la muchacha en quien personificar mis sueños privados y a quien destinar mi ternura latente. Porque yo soy definidamente un sentimental. A veces me lo reprocho, me digo que hoy en día vale más ser egoísta y calculador, pero de nada sirve. Voy al cine, me trago una de esas cursilerías[4] mexicanas con hijos naturales y pobres viejecitas; comprendo, sin lugar a dudas, que es idiota, y, sin embargo, no puedo evitar que se me haga un nudo en la garganta.

Ahora que en eso de encontrar la mujer en el Este, yo me he investigado mucho y he hallado otros motivos no tan sentimentales.

---

[1] pituca: *skinny girl.*
[2] petisa: *short and fat.*

[3] pasa de uva: *a dried-up grape, raisin.*
[4] cursilería: *cheap and mawkish movie.*

La verdad es que en un balneario uno sólo ve mujercitas limpias, frescas, descansadas, dispuestas a reírse, a festejarlo todo. Claro que también en Montevideo hay mujeres limpias; pero las pobres siempre están cansadas. Los 5 zapatos estrechos, las escaleras, los autobuses, las dejan amargadas y sudorosas. En la ciudad uno ignora prácticamente cómo es la alegría de una mujer. Y eso, aunque no lo parezca, es importante. Personalmente, me 10 considero capaz de soportar cualquier tipo de pesimismo femenino, diría que me siento con fuerzas como para dominar toda especie de llanto, de gritos o de histeria. Pero me reconozco mucho más exigente en cuanto a la 15 alegría. Hay risas de mujeres que, francamente, nunca pude aguantar. Por eso, en un balneario, donde todas ríen desde que se levantan para el primer baño hasta que salen mareadas del Casino, uno sabe quién es 20 quién y qué risa es asqueante y cuál maravillosa.

Fue precisamente en el balneario donde volví a oír su voz. Yo bailaba entre las mesitas de una terraza, a la luz de una luna que a 25 nadie le importaba. Mi mano derecha se había afirmado sobre una espalda parcialmente despellejada que aún no había perdido el calor de la tarde. La dueña de la espalda se reía y era una buena risa, no había que 30 descartarla.[5] Siempre que podía yo le miraba unos pelitos rubios, casi transparentes que tenía en las inmediaciones de la oreja, y, en realidad, me sentía bastante conmovido. Mi compañera hablaba poco, pero siempre decía 35 algo lo bastante soso como para que yo apreciara sus silencios.

Justamente, fue en el agradable transcurso de uno de éstos que oí la frase, tan nítida como si la hubiera recortado especial- 40 mente para mí: "¿Y usted qué refresco prefiere?" No tiene importancia ni ahora ni después, pero yo la recuerdo palabra por palabra. Se había formado uno de esos lentos y arrastrados nudos que provoca el tango. La 45 frase había sonado muy cerca, pero esta vez no pude relacionarla con ninguna de las caderas que me habían rozado.

Dos noches después, en el Casino, perdía unos noventa pesos y me vino la loca de jugar cincuenta en una última bola. Si perdía, paciencia; tendría que volver en seguida a Montevideo. Pero salió el 32 y me sentí infinitamente reconfortado y optimista cuando repasé las ocho fichas naranjas de aro que le había dedicado. Entonces alguien dijo prácticamente en mi oído, casi como un teléfono: "Así se juega: hay que arriesgarse."

Me di vuelta, tranquilo, seguro de lo que iba a hallar, y la familia Iriarte que estaba junto a mí era tan deliciosa como la que yo y los otros habíamos inventado a partir de su voz. A continuación fue relativamente sencillo tomar un hilo de su propia frase, construir una teoría del riesgo y convencerla de que se arriesgara conmigo, a conversar primero, a bailar después, a encontrarnos en la playa al día siguiente.

Desde entonces anduvimos juntos. Me dijo que se llamaba Doris, Doris Freire. Era rigurosamente cierto (no sé con qué motivo me mostró su carnet)[6] y, además, muy explicable: yo siempre había pensado que las "familias" eran sólo nombres de teléfono. Desde el primer día me hice esta composición de lugar: era evidente que ella tenía relaciones con el Jefe, era no menos evidente que eso lastimaba no menos mi amor propio; pero (fíjense qué buen pero) era la mujer más encantadora que yo había conocido y arriesgaba perderla definitivamente (ahora que el azar la había puesto en mi oído) si yo me atenía desmedidamente a mis escrúpulos.

Además, cabía otra posibilidad. Así como yo había reconocido su voz, ¿por qué no podría Doris reconocer la mía? Cierto que ella había sido siempre para mí algo precioso, inalcanzable, y yo, en cambio, sólo ahora ingresaba en su mundo. Sin embargo, cuando una mañana corrí a su encuentro con un alegre "¿Qué tal, secretaria?," aunque ella en seguida asimiló el golpe, se rio, me dio el brazo y me hizo bromas con una morocha de un *jeep* que nos cruzamos, a mí no se me escapó que había quedado inquieta, como si alguna sospecha la hubiese iluminado. Des-

---

[5] descartar: *repulse.*

[6] carnet: *identity card.*

pués, en cambio, me pareció que aceptaba con filosofía la posibilidad de que fuese yo quien atendía sus llamadas al Jefe. Y esa seguridad que ahora reflejaban sus conversaciones, sus inolvidables miradas de comprensión y de promesa, me dieron finalmente otra esperanza. Estaba claro que ella apreciaba que yo no le hablase del Jefe; y, aunque esto otro no estaba tan claro, era probable que ella recompensase mi delicadeza rompiendo a corto plazo con él. Siempre supe mirar en la mirada ajena, y la de Doris era particularmente sincera.

Volví al trabajo. Día por medio cumplí otra vez mis guardias matutinas junto al teléfono. La familia Iriarte no llamó más.

Casi todos los días me encontraba con Doris a la salida de su empleo. Ella trabajaba en el Poder Judicial, tenía un buen sueldo, era el funcionario-clave de su oficina y todos la apreciaban.

Doris no me ocultaba nada. Su vida actual era desmedidamente honesta y transparente. Pero ¿y el pasado? En el fondo a mí me bastaba con que no me engañase. Su aventura—o lo que fuera—con el Jefe no iba por cierto a infectar mi ración de felicidad. La familia Iriarte no había llamado más. ¿Qué otra cosa podía pretender? Yo era preferido al Jefe y pronto éste pasaría a ser en la vida de Doris ese mal recuerdo que toda muchacha debe tener.

Yo le había advertido a Doris que no me telefoneara a la oficina. No sé qué pretexto encontré. Francamente, yo no quería arriesgarme a que Elizalde o Rossi o Correa atendieran su llamada, reconocieran su voz y fabricaran a continuación una de esas interpretaciones ambiguas a que eran tan afectos. Lo cierto es que ella, siempre amable y sin rencor, no puso objeciones. A mí me gustaba que fuese tan comprensiva en todo lo referente a ese tema tabú, y verdaderamente le agradecía que nunca me hubiera obligado a entrar en explicaciones tristes, en esas palabras de mala fama que todo lo ensucian, que destruyen toda buena intención.

Me llevó a su casa y conocí a su madre. Era una buena y cansada mujer. Hacía doce años que había perdido a su marido y aún no se había repuesto. Nos miraba a Doris y a mí con mansa complacencia, pero a veces se le llenaban los ojos de lágrimas, tal vez al recordar algún lejano pormenor de su noviazgo con el señor Freire. Tres veces por semana yo me quedaba hasta las once, pero a las diez ella discretamente decía buenas noches y se retiraba, de modo que a Doris y a mí nos quedaba una hora para besarnos a gusto, hablar del futuro, calcular el precio de las sábanas y las habitaciones que precisaríamos, exactamente igual que otras cien mil parejas diseminadas en el territorio de la república, que a esa misma hora intercambiarían parecidos proyectos y mimos. Nunca la madre hizo referencia al Jefe ni a nadie relacionado sentimentalmente con Doris. Siempre se me dispensó el tratamiento que todo hogar honorable reserva al primer novio de la nena. Y yo dejaba hacer.

A veces no podía evitar cierta sórdida complacencia en saber que había conseguido (para mi uso, para mi deleite) una de esas mujeres inalcanzables, que sólo gastan los ministros, los hombres públicos, los funcionarios de importancia. Yo: un auxiliar de secretaría.

Doris, justo es consignarlo, estaba cada noche más encantadora. Conmigo no escatimaba su ternura; tenía un modo de acariciarme la nuca, de besarme el pescuezo, de susurrarme pequeñas delicias mientras me besaba, que, francamente, yo salía de allí mareado de felicidad y, por qué no decirlo, de deseo. Luego, solo y desvelado en mi pieza de soltero, me amargaba un poco pensando que esa refinada pericia probaba que alguien había atendido cuidadosamente su noviciado. Después de todo, ¿era una ventaja o una desventaja? Yo no podía evitar acordarme del Jefe, tan tieso, tan respetable, tan incrustado en su respetabilidad, y no lograba imaginarlo como ese envidiable instructor. ¿Había otros, pues? Pero ¿cuántos? Especialmente, ¿cuál de ellos le había enseñado a besar así? Siempre terminaba por recordarme a mí mismo que estábamos en mil novecientos cuarenta y seis y no en la Edad Media, que ahora era yo quien importaba para ella, y me dormía abrazado a la almohada como en un basto anticipo y débil sucedáneo de otros abrazos que figuraban en mi programa.

Hasta el veintitrés de noviembre tuve la sensación de que me deslizaba irremediable y graciosamente hacia el matrimonio. Era un hecho. Faltaba que consiguiéramos un apartamiento como a mí me gustaba, con aire, luz y amplios ventanales. Habíamos salido varios domingos en busca de ese ideal, pero cuando hallábamos algo que se le aproximaba, era demasiado caro o sin buena locomoción o el barrio le parecía a Doris apartado y triste.

En la mañana del veintitrés de noviembre yo cumplía mi guardia. Hacía cuatro días que el Jefe no aparecía por el despacho; de modo que me hallaba solo y tranquilo, leyendo una revista y fumando mi rubio. De pronto sentí que, a mis espaldas, una puerta se abría. Perezosamente me di vuelta y alcancé a ver, asomada e interrogante, la adorable cabecita de Doris. Entró con cierto airecito culpable, porque—según dijo—pensó que yo fuese a enojarme. El motivo de su presencia en la oficina era que al fin había encontrado un apartamiento con la disposición y el alquiler que buscábamos. Había hecho un esmerado planito y lo mostraba satisfecha. Estaba primorosa con su vestido liviano y aquel ancho cinturón que le marcaba mejor que ningún otro la cintura. Como estábamos solos se sentó sobre mi escritorio, cruzó las piernas y empezó a preguntarme cuál era el sitio de Rossi, cuál el de Correa, cuál el de Elizalde. No conocía personalmente a ninguno de ellos, pero estaba enterada de sus rasgos y anécdotas a través de mis versiones caricaturescas. Ella había empezado a fumar uno de mis rubios y yo tenía su mano entre las mías cuando sonó el teléfono. Levanté el tubo y dije: "Hola." Entonces el teléfono dijo: "¿Qué tal, secretario?," y aparentemente todo siguió igual. Pero en los segundos que duró la llamada y mientras yo, sólo a medias repuesto, interrogaba maquinalmente: "¿Qué es de su vida después de tanto tiempo?," y el teléfono respondía: "Estuve de viaje por Chile," verdaderamente nada seguía igual. Como en los últimos instantes de un ahogado, desfilaban por mi cabeza varias ideas sin orden ni equilibrio. La primera de ellas: "Así que el Jefe no tuvo nada que ver con ella," representaba la dignidad triunfante. La segunda era, más o menos: "Pero entonces Doris . . .," y la tercera, textualmente: "¿Cómo pude confundir esta voz?"

Le expliqué al teléfono que el Jefe no estaba, dije adiós, puse el tubo en su sitio. Su mano seguía en mi mano. Entonces levanté los ojos y sabía lo que iba a encontrar. Sentada sobre mi escritorio, en una pose provocativa y grosera, fumando como cualquier pituca, Doris esperaba y sonreía, todavía pendiente del ridículo plano. Era, naturalmente, una sonrisa vacía y superficial, igual a la de todo el mundo, y con ella amenazaba aburrirme de aquí a la eternidad. Después yo trataría de hallar la verdadera explicación, pero mientras tanto, en la capa más insospechable de mi conciencia, puse punto final a este malentendido.[7] Porque, en realidad, yo estoy enamorado de la familia Iriarte.

Montevideanos, 1959)

---

[7] malentendido: *misunderstanding.*

INDEX OF TITLES AND AUTHORS